司法文明

司法文明集览

司法机构卷

主　编　郭立新
副主编　付　磊　操宏均

法律出版社
北京

图书在版编目(CIP)数据

司法文明集览. 司法机构卷 / 郭立新主编. -- 北京:
法律出版社, 2023
ISBN 978-7-5197-7798-2

Ⅰ. ①司… Ⅱ. ①郭… Ⅲ. ①司法制度—法制史—研究—世界 Ⅳ. ①D916

中国国家版本馆 CIP 数据核字(2023)第 064099 号

司法文明集览 · 司法机构卷
SIFA WENMING JILAN · SIFA JIGOU JUAN

主　　编 郭立新
责任编辑 陈　慧　陆帅文
编辑统筹 法律教育出版分社
装帧设计 汪奇峰
责任校对 晁明慧
责任印制 刘晓伟
出版发行 法律出版社/北京市丰台区莲花池西里7号(100073)
网　　址 www.lawpress.com.cn
经　　销 新华书店
印　　刷 三河市龙大印装有限公司
版　　本 2023年5月第1版
印　　次 2023年5月第1次印刷
字　　数 1070千
开　　本 787毫米×1092毫米 1/16
印　　张 43
定　　价 260.00元
书　　号 ISBN 978-7-5197-7798-2
投稿邮箱 info@lawpress.com.cn
举报盗版邮箱 jbwq@lawpress.com.cn
咨询电话 010-63939796
销售电话 010-83938349
客服电话 010-83938350
凡购买本社图书,如有印装错误,我社负责退换。电话:010-83938349

本卷编写组

主　编

郭立新

副主编

付　磊　操宏均

本卷撰写人员（以姓氏笔画为序）

马小红　王士硕　王　恒　王晓红　王　欣　王晨辰
王靖雅　王韵洁　元　轶　邓维瀚　付　磊　米铁男
汤　唯　许身健　孙珮玲　刘方权　刘亚男　刘晓蕤
杨殿升　张田田　张雅利　张亚逸　吴宏耀　吴宗宪
吴夏帆　陈丽莉　孟昭容　季美君　郑　红　周晓霞
俞建平　施鹏鹏　钱　舫　高鸿钧　袁　钢　郭立新
郭　勇　倪晨辉　韩　啸　程欢欢　彭玉伟　董　坤
蒲　坚　靳　婷　潘华仿　操宏均

凡　　例

一、概览

1.《司法文明集览》是一套以展现古今中外司法文明成果为主的综合性法学文献丛书，涵盖司法理论、司法制度、司法机构、司法人物、司法方法、司法技术、司法文化、司法案例，主要供志于法学研究的学者、学生，以及敏于法律兴趣的业余爱好者阅读、检索之用。本卷（司法机构卷）主要从司法机构的维度进行集中展示。

2. 本卷共收录条目 1100 余条，以司法机构类别和国家（地区）为单元呈现，收录范围涵盖古今中外各类司法机构，既有最高司法机构、专门或特殊司法机构的介绍，也有机构历史沿革、法律地位、主要职能、内部组织构成的阐释，展现了古今中外司法机构设置和运行的实践智慧。

3. 本卷采用古今分置的原则：以近代为界，近代以前的文明区域和国家（地区）以司法机构综述展开；近代以后的国家和地区则专门论述，分为审判机构、检察机构、侦查机构、司法行政机构、律师机构、仲裁机构、公证机构。

二、体例

1. 行文表达。条目阐释层层递进，条分缕析；语言精炼，表意精准；释文起首不重复条目标题。

2. 辅助标识。释文末节标注条目撰写者。

3. 注释方式。夹注与尾注相结合，与行文关系密切者，采夹注；资益拓展理解词条者，采尾注。

4. 纪年标识。古代、近代采年号纪年，夹注公元纪年；公元元年后，省略“公元”二字。

5. 索引检索。书末附有全部条目的索引，以拼音为序。

6. 特殊处理。因历史原因，我国香港、澳门特别行政区和台湾地区的司法机构设置和运行与内地（大陆）有所差异，为全面、准确展现司法文明的实践智慧，条目编排与内地（大陆）并列。

本卷编写说明

司法文明是法治文明的基本标志,是现代法治国家先进的司法理念、司法制度和司法文化的体现,是一个国家法治文明的指示器。司法机构是司法运作的重要载体,是文明的司法理念得以彰显和落地生根的物化符号,是文明的司法制度的重要组成部分。司法机构的演进是人类司法文明演进的指示标、显示器。司法文明集览将“司法机构”作为独立一卷正是体现了司法机构在司法文明中的独特地位。

司法机构在不同国家所指的范围有很大差别,从司法文明的角度,本卷将司法机构作广义理解,包含审判机构、检察机构、侦查机构、司法行政机构、律师机构、仲裁机构、公证机构。本卷以司法机构的类别为主线,以国别为辅线,将其分为近代以前的司法机构和近代以来的司法机构两个阶段。近代以前的司法机构有的已不存在,成为司法文化意义上的符号。有的演变成为现代司法机构,成为当今司法制度的重要内容。国别分为中国司法机构[包括中国内地(大陆)、香港特别行政区、澳门特别行政区、台湾地区]和外国司法机构,外国司法机构按照国家的汉语拼音序列进行排序。为了对各国相关司法机构有一个全面的认知,条目的选择分为体现该国司法机构整体情况、最高司法机构、专门的或具有特殊性的司法机构条目。每个条目释文包括概括性定性叙述、历史沿革、法律地位、主要职能、内部组织构成等。为了避免司法机构卷与司法制度卷、司法文化卷等内容重复,有些司法机构在本卷中没有编辑,如检察委员会(中国检察机关的决策机构)、司法鉴定机构。

由于资料的有限和语言的局限,有些国家的司法机构没有编写进去。限于编写人员的知识和能力有限,本卷中不免存在差错和缺点。我们真挚地期待读者提出批评和建议,以便修订时改正。

总　目

第一部分　近代以前的司法机构　1

第二部分　审判机构　221

第三部分　检察机构　377

第四部分　侦查机构　475

第五部分　司法行政机构　527

第六部分　律师机构　575

第七部分　仲裁机构　601

第八部分　公证机构　625

条目索引　651

分　　目

第一部分　近代以前的司法机构

中国 3

安抚司 3
奥鲁 4
犴狱 4
案狱仁恕掾 4
保甲 5
北军狱 5
北洋巡警 5
边区政府审判委员会 6
病囚院 6
兵马司 7
比部 7
伯克 8
捕快 8
布宪 8
裁判部 9
蚕室 10
长安狱 10
长沙巡捕局 10
厂卫 11
朝士 11
陈告司 12
丞相 13
丞相府 13
初级检察厅 14
初级审判厅 14
黜陟使 15
辞曹 15
刺史 15
大理寺 16
大理寺卿 19
大理寺狱 19
大理寺左右寺 19
大理院 20
大司寇 21
大司马 22
大司徒 23
大宗正府 23
大宗正司 24
登闻鼓厅 25
登闻鼓院 26
登闻检院 26
地方检察厅 27
地方审判厅 27
地方刑事简易庭 28
典签 28
典史 29
殿中侍御史 29
东厂 29
东市狱 30
督捕司 31
都察院 31
都官 33
都官从事 34

都官尚书 34
都尉 34
督邮 35
都虞候 35
都指挥使司 36
断事官 36
二千石曹 38
法部 38
法曹 39
法曹参军 39
法直官 39
藩镇幕府 40
方士 41
坊正 41
风俗使 41
高等检察厅 42
高等审判厅 42
皋陶 42
弓兵 43
工巡局 43
观察使 44
官代书 44
瓯匣司 45
国家政治保卫局 45
候官 46
户部现审处 46
户曹 46
湖南保卫局 47
虎头牢 48
圜土 49
皇城司 49
皇帝 49
黄门北寺狱 50
黄沙狱 50
黄沙御史 50
会审公廨 51
给事中 52
嘉石 52
检察厅 52
监察院 53
监察御史 55
监督检察官 55
监督推事 56
检法 56
检校御史 57
监军司 57
监司 58
谏议大夫 58
监御史 58
江上诸军都统制司 59
节度使 59
禁暴氏 59
禁杀戮 60
锦衣卫 60
锦衣卫狱 61
警察总署 62
京师城瀐局 62
京师地方审判厅 62
京师高等检察厅 62
京师高等审判厅 63
京师警察厅 63
京师内外城巡警总厅 63
京师预审厅 65
警巡院 66
京兆尹 67
京兆狱 67
警政司 67
纠察在京刑狱司 68
鞫司 68
决曹 69
军事裁判所 69
军头引见司 70
军巡院 71
开封府 72
开封府尹 72
勘事官 72
考工狱 73
牢城 73

劳动法庭 73
劳动改造管教队 74
劳动感化院 74
理 76
理曹 76
理藩院 76
理检院 77
吏目 78
理事厅 78
理问所 79
理刑清吏司 79
里长 79
临时最高法庭 80
令曹 80
令史 81
领事法院 81
领事公堂 81
囹圄 82
六察官 82
六官 83
六科给事中 84
陆军部 86
录事参军 86
律案检 87
律例馆 87
律令师 88
马步院 88
满洲将军 88
媒氏 89
门下督 89
门下省 89
盟长 90
明法 90
墓大夫 91
南北镇抚司 91
南京刑部 92
内阁 92
内宫狱 94
内监 94
内侍省 94
内台 94
内务府 95
内务府慎刑司 96
内务府御史处 96
牛录额真 97
排岸司 97
平政院 98
清吏司 99
请室 100
求盗 100
秋官府 100
秋审处 100
若卢诏狱 101
三法司 102
三辅都尉 102
三公曹 102
散骑 103
三司 103
三衙 104
啬夫 105
僧正 105
陕甘宁边区高等法院 106
山虞 107
上林诏狱 107
尚书台(省) 108
申明亭 108
审检所 109
审判衙门 109
审刑司 110
审刑院 110
慎刑司监所 111
士 111
士师 111
市掾 112
侍御史 112
枢密院 113
书状人 114
司败 114

司刺 114
司法部(民国) 115
司法参军 116
司法院 116
司户参军 118
司圜 118
司稽 118
司救 118
司空 119
司空诏狱 119
司寇 120
司厉 120
司隶 120
司理参军 121
司隶台 121
司隶校尉 121
司理院 122
司录参军 122
司录司 123
司盟 123
司市 123
司徒 124
司刑 124
司狱司 124
司约 125
司直 125
诉理所 126
肃政廉访司 126
肃政厅 128
遂士 128
太常 129
太守 129
太尉 129
太子家令 130
提点大理寺 130
提点刑狱公事 130
提督九门步军巡捕五营统领 131
提法使司 131
提举常平司 132
提牢厅 132
提刑按察使司 133
亭长 134
通判 134
投下官 135
土司 135
推丞 136
推官 136
推勘院 136
推事 137
外监 137
外宗正司 138
卫所 138
五城兵马司 138
五城察院 139
五军都督府 140
仵作 141
西厂 142
西市狱 142
夏台 142
县丞 142
县令 142
县士 143
县司法处 143
县廷 144
县尉 144
乡士 144
乡师 145
详刑寺 145
详谳处 145
乡谳局 146
乡谳局检察局 146
乡正 146
小司寇 146
校事 147
刑部 147
刑部八案 149
刑部尚书 149
刑部十三案 150

刑部狱	150
刑部左右厅	150
刑名师爷	151
行御史台	151
行冤狱使者	153
行政法院(民国)	154
绣衣御史	154
胥吏	154
巡按御史	156
巡捕房	157
巡城御史	157
巡抚	158
巡检司	158
巡警部	159
讶士	160
谳司	160
谒者台	161
夷离毕院	161
译人	161
议狱堂	162
游徼	162
羑里	162
有秩	162
圄	163
狱丞	163
狱史	163
御史大夫	163
御史府	163
御史台	164
御史台狱	164
御史中丞	164
狱掾	164
狱卒	165
贼捕掾	165
贼曹	165
札萨克	165
掌囚	166
掌戮	166
诏狱	166
政事堂	167
知法	167
知府	167
知匦使	168
知匦院	169
职金	169
执金吾	169
制勘院	169
质人	170
治书侍御史	170
治书执法	170
知州	170
中都官曹	171
中都官狱	171
中书省	172
中尉	172
中央司法人民委员部	173
州牧	173
州院	173
驻藏大臣	173
转运使司	175
准人	176
自新学艺所	176
总部	176
总督	177
总检察厅	178
宗人府	178
宗人府空房	179
宗正	179
罪犯习艺所	180
最高法院检察署	180
左右尉	180
外国	182
阿拉伯	182
沙里阿法院	182
穆哈台斯布	183
穆夫蒂	183

马扎里姆 184
卡迪 184
哈里发 185
听诉法院 185

俄国 186
波雅尔杜马 186
沙皇 186

法国 187
伯爵公证人 187
承审官 187
宫廷公证人 187
国王库里亚 187
火焰法庭 188
监察官 188
拉欣布尔格 189
王室公证人 189
掌玺大臣 189

古埃及 189
法老 189
六人院 190
十人委员会 190

古巴比伦 190
拍达西 190
拉比阿努姆 190
沙根那库 191
王室法官 191

古罗马 191
保护人 191
辩护士 192
承审员 192
独裁官 193
护民官 193
监察官 194
人民大会 194
十人委员会 194
市政官 195
外事裁判官 196
外事仲裁人 196
王 196
执政官 196
职业代书人 197

古希腊 197
阿留帕克 197
埃非特法院 198
巴息力斯 198
迪埃德特 198
陪审法院 199
四百人会议 199
五百人会议 200
雅典十将军委员会 200
长老会议 200
执政官 201

教会 202
大主教法庭 202
副主教法庭 202
教皇法庭 202
异端裁判所 203
宗教裁判官 203
主教法庭 204

印度 204
迪凡－伊－魁柴 204
魁齐 204
潘查耶特 205
萨德尔－乌斯－萨德尔 205
萨德尔－乌斯－索杜尔 205

英国 205
鲍街跑探 205
财政法院 206
城市法院 207
大陪审团 207
高等法院 208
海事法院 209
衡平法院 210
灰脚法院 211
棋盘法院 211

森林法院 211
四季法院 212
四大律师学院 213
上诉法院 213
上议院 214
枢密院司法委员会 215
特区法院 215
王座法院 216
乡民大会 218
乡村法院 218
星座法院 218
庄园法院 219
小陪审团 219
最高法院 220

第二部分　审判机构

中国 223

中国内地(大陆) 223
中华人民共和国人民法院 223
中华人民共和国最高人民法院 225
中华人民共和国军事法院 226
最高人民法院巡回法庭 228
基层人民法院派出法庭 229

中国香港特别行政区 229
香港特别行政区法院 229
香港特别行政区终审法院 230
香港特别行政区高等法院 231
香港竞争事务审裁处 233
香港特别行政区区域法院 234
香港区域法院家事法庭 235
香港特别行政区裁判法院 235
香港死因裁判法庭 236
香港少年法庭 236
香港土地审裁处 237
香港劳资审裁处 237
香港小额钱债审裁处 238
香港淫亵物品审裁处 238
香港陪审团 239

中国澳门特别行政区 240
澳门特别行政区法院 240
澳门终审法院 242

中国台湾地区 243
中国台湾地区法院 243
中国台湾地区“司法院”大法官 243
中国台湾地区“最高法院” 244
中国台湾地区“最高行政法院” 244

外国 245

澳大利亚 245
澳大利亚法院 245
澳大利亚高等法院 245
澳大利亚联邦法院 246
澳大利亚家事法院 246
其他联邦专门法院 247
澳大利亚州法院 247
澳大利亚联邦巡回法院 248

巴西 248
巴西法院 248
巴西联邦最高法院 249
巴西高等法院 250
巴西劳动法院 251
巴西选举法院 251

秘鲁 252
秘鲁法院 252
秘鲁刑事法院 253
秘鲁最高法院 253
秘鲁宪法法院 253
秘鲁军事法院 254
秘鲁高等法院 254
秘鲁一审法院 255

秘鲁调解法院 255

德国 255

德国法院 255

德国宪法法院 257

德国联邦最高法院 258

德国地方法院 259

德国地区法院 259

德国行政法院 260

德国劳动法院 261

德国社会法院 262

德国财政法院 263

俄罗斯 264

俄罗斯联邦法院体系 264

俄罗斯联邦最高法院 265

俄罗斯联邦宪法法院 266

俄罗斯联邦共和国最高法院、边疆区法院、州法院、联邦级市法院、自治州法院、自治区法院 267

俄罗斯联邦区法院 268

俄罗斯联邦调解法官 268

俄罗斯联邦军事法院 269

俄罗斯联邦仲裁法院 270

法国 271

法国法院 271

法国最高法院 272

法国上诉法院 273

法国大审法院 274

法国小审法院 275

法国近民法院(街区法院) 276

法国商事法院 276

法国劳资争议委员会 277

法国社会保险法院 279

法国农村租约对等法院 279

法国预审法院体系 280

法国违警罪法院 281

法国轻罪法院 282

法国重罪法院 283

法国未成年人法院体系 284

法国军事法院 285

法国海商事法庭 286

法国最高行政法院 286

法国上诉行政法院 287

法国初审行政法院 288

法国审计法院 289

法国大区审计法庭 290

法国财政与预算纪律法院 291

法国宪法委员会 291

法国权限争议法院 292

法国特别高等法院 293

法国共和国法院 293

芬兰 294

芬兰法院 294

芬兰普通法院 294

芬兰最高法院 295

芬兰行政法院 295

芬兰专门法院 296

芬兰军事法院 297

韩国 298

韩国法院 298

韩国大法院 298

韩国宪法法院 299

韩国高等法院 300

韩国地区法院 300

韩国家庭法院 301

韩国行政法院 301

韩国专利法院 301

韩国军事法院 302

加拿大 302

加拿大法院 302

加拿大联邦最高法院 302

加拿大联邦法院 303

加拿大税务法院 303

加拿大军事法院 303

加拿大省高级法院 303

加拿大省立法院 304

美国 304
美国联邦法院 304
美国联邦最高法院 305
美国联邦上诉法院 306
美国联邦地区法院 307
美国州最高法院 308
美国州上诉法院 308
美国州初审法院 309
美国联邦索赔法院 310
美国国际贸易法院 310
美国联邦税务法院 311
美国联邦关税法院 311
美国联邦关税及专利权上诉法院 312
美国退伍军人上诉法院 312
美国联邦军事上诉法院 312
美国家庭法院 312
美国青少年法院 313
美国破产法院 314
美国遗嘱检验法院 314

墨西哥 315
墨西哥法院 315
墨西哥联邦最高法院 315
墨西哥巡回法院 316
墨西哥地区法院 316
墨西哥联邦群众陪审团 317
墨西哥选举法院 317
墨西哥州法院 317

日本 318
日本裁判所 318
日本最高裁判所 319
日本家庭裁判所 320

瑞士 321
瑞士法院 321
瑞士联邦最高法院 321
瑞士联邦刑事法院 322
瑞士联邦行政法院 322
瑞士联邦专利法院 323

西班牙 323
西班牙法院 323
西班牙最高法院 324
西班牙宪法法院 325
西班牙国家法院 326
西班牙自治区高等法院 327
西班牙省高等法院 327
西班牙军事法庭 327

新加坡 328
新加坡法院 328
新加坡最高法院 329
新加坡初级法院 330

新西兰 330
新西兰法院 330
新西兰最高法院 332
新西兰上诉法院 332
新西兰地区法院 333
新西兰高等法院 334
新西兰环境法院 334
新西兰家庭法庭 336
新西兰仲裁法庭 336
新西兰就业法庭 337
毛利土地法院及毛利上诉法院 337

意大利 338
意大利法院 338
意大利宪法法院 339
意大利普通法院 340
意大利行政法院 340
意大利审计法院 341
意大利军事法院 342

以色列 342
以色列法院 342
以色列最高法院 342
以色列地区法院 343
以色列治安法院 343
以色列劳动法院 344
以色列军事法院 344

以色列犹太教宗教法院　344
以色列非犹太教宗教法院　345

英国　345
英国法院　345
英国高等法院　346
英国上诉法院　347
英国刑事法院　348
英国治安法院　349
英国郡法院　350
英国少年法庭　351
英国验尸法院　352
英国行政法庭　352
英国军事法院　353
英国军事上诉法院　354

印度　354
印度法院　354
印度最高法院　355
印度高等法院　357
印度地区法院　358
印度乡村法院　359
印度人民法庭　359

印度尼西亚　360
印度尼西亚法院　360
印度尼西亚最高法院　361
印度尼西亚宗教法院　362
印度尼西亚军事法院　362
印度尼西亚行政法院　362

国际法院　363
国际法院　363
国际海洋法法庭　364
国际海洋法法庭海底争端分庭　364
国际刑事法院　365
纽伦堡国际军事法庭　365
远东国际军事法庭　366
前南斯拉夫问题国际刑事法庭　366
卢旺达问题国际刑事法庭　367
塞拉利昂问题特别法庭　367
柬埔寨法院特别法庭　368
东帝汶国际法庭　368
黎巴嫩问题特别法庭　368
联合国行政法庭　369
国际劳工组织行政法庭　369
世界银行集团行政法庭　369
欧洲联盟法院　370
欧洲联盟普通法院　370
欧洲法院　371
欧洲联盟普通法院专门法庭　371
欧洲人权法院　372
欧洲人权委员会　372
美洲国家间人权法院　373
美洲国家间人权委员会　373
非洲人权与民族权法院　374
非洲人权与民族权委员会　374
独立国家联合体经济法院　375
东部和南部非洲共同市场法院　375
联合国人权理事会　375

第三部分　检察机构

中国　379

中国内地(大陆)　379
中华人民共和国人民检察院　379
中华人民共和国最高人民检察院　381
中华人民共和国军事检察院　382
中国铁路运输检察院　383
林区人民检察院　384
农垦区人民检察院　384
工矿区人民检察院　385
水上运输检察院　385
人民检察署　385
最高人民检察院特别检察厅　386

最高人民检察署　386
税务检察室　386
乡镇检察室　387
军事检察所　387
工农检察部　388
革命法庭公诉处　388
国家政治保卫局检察科　388
边区高等检察处　389

中国香港特别行政区　389
香港廉政公署　389
香港律政司　390

中国澳门特别行政区　390
澳门特别行政区检察院　390
澳门廉政公署　392
澳门反贪污暨反行政违法性高级专员公署　393

中国台湾地区　394
中国台湾地区检察署　394
中国台湾地区“最高法院检察署”　394
中国台湾地区“法务部调查局”　394
中国台湾地区“廉政署”　394

外国　395

澳大利亚　395
澳大利亚检察机构　395
澳大利亚联邦检察总署　395
澳大利亚联邦检察总署地方办公室　396
澳大利亚州检察机构　396
澳大利亚新南威尔士州检察总署　397
澳大利亚新南威尔士州检察总署 G6　398
澳大利亚新南威尔士州反腐败独立委员会　398

德国　399
德国联邦总检察院　399
德国驻州高等法院检察院　400
追诉纳粹主义暴力犯罪的德国州司法行政中心　401
德国中央证据和记录中心　401
德国驻地方法院职务检察院　402
驻联邦行政法院的联邦利益代表人　402
驻黑森州宪法法院州检察院　403
驻律师纪律法庭检察院　404

俄罗斯　404
俄罗斯联邦检察机关　404
俄罗斯联邦总检察院　405
俄罗斯联邦军事检察院　407
俄罗斯联邦总军事检察院　408
俄罗斯联邦主体检察院　409
俄罗斯联邦总检察院驻联邦区总局　409
俄罗斯联邦自然保护检察机关　410
俄罗斯联邦检察院侦查委员会　411
俄罗斯联邦检察院预审和侦查搜查活动监督局　412
俄罗斯联邦劳动改造机构检察机关　413
苏联检察机关　413
苏联总检察院　415
苏联军事总检察院　416
苏联铁路运输总检察院　417
苏联水上运输总检察院　418
苏联社会控诉人协会　419

法国　420
法国检察院　420
法国驻最高法院检察院　422
法国驻上诉法院检察院　422
法国驻大审法院检察院　423
法国驻军事法院检察院　423
法国驻审计法院总检察院　424
法国驻财政与预算纪律法院检察院　425
法国公共报告人　425
国王代表　426
法国总检察长　427

菲律宾　427
菲律宾检察机构　427

韩国 429
韩国检察系统 429
韩国大检察厅 431
韩国高等检察厅 432
韩国地方检察厅及地方检察厅支厅 432

加拿大 433
加拿大刑事法律局 433
加拿大联邦检察署 433

柬埔寨 434
柬埔寨检察机构 434

马来西亚 435
马来西亚检察院 435

美国 437
美国检察机构 437
美国联邦检察机构 437
美国联邦地区检察官办公室(联邦地区检察署) 438
美国州检察机构 438
美国市检察机构 438
美国司法部刑事局特别侦查办公室 438
美国司法部联邦检察官行政办公室 439
美国总检察长联邦检察官顾问委员会 439
美国独立检察官处 439
美国大陪审团 440

缅甸 441
缅甸检察机关 441

老挝 442
老挝检察院 442
老挝最高人民检察院 443
老挝上诉人民检察院 444
老挝地方人民检察院 444

葡萄牙 444
葡萄牙检察院 444

日本 445
日本检察厅 445
日本最高检察厅 446
日本检察厅特别搜查部 447

瑞典 448
瑞典检察机构 448
瑞典总检察长办公室 448
瑞典经济犯罪局 449

泰国 450
泰国检察院 450
泰国总检察院 451

文莱 452
文莱检察机关 452

新加坡 453
新加坡总检察院 453

意大利 455
意大利检察机关 455
意大利驻最高法院总检察院 456
意大利驻上诉法院总检察院 457
意大利反黑手党检察机关 457

印度尼西亚 457
印度尼西亚检察机构 457
印度尼西亚总检察院 458

英国 461
英国检察机关 461
英国总检察长办公室 461
英国皇家检察署 462
英国地区检察院 463
英国反重大欺诈局 463
英国税务海关起诉署 464
英国社会保障部 464
英国皇家检察署督察院 464
英国财政律师部 464
英国皇家刑事司法委员会 465
英国刑事案件复审委员会 465
苏格兰检察总署 465
苏格兰地区检察院 465
苏格兰地方检察院 466

越南 466
越南人民检察院 466
越南最高人民检察院 467
越南省、中央直辖市人民检察院 468
越南县、郡、省辖市人民检察院 469
越南军事检察院 469

国际检察机构 470
国际检察官联合会 470
欧洲检察署 471
东南欧检察官咨询组织 471
上海合作组织成员国总检察长会议 471
伊比利亚美洲检察官协会 472
中国—东盟成员国总检察长会议 472

第四部分　侦查机构

中国 477

中国内地(大陆) 477
国家安全部 477
公安部 477
海关总署缉私局 478
中国人民解放军保卫部门 478
中国狱内犯罪侦查部门 479
中国共产党中央特别行动科 479

中国香港特别行政区 480
香港警务处 480

中国澳门特别行政区 481
澳门特别行政区警察机构 481

中国台湾地区 481
中国台湾地区警政署 481
中国台湾地区警政署刑事警察局 481

外国 482

澳大利亚 482
澳大利亚联邦警察局 482
澳大利亚全国犯罪控制署 482
澳大利亚联邦犯罪情报局 483

德国 483
德国警察机构 483
德国联邦刑事警察局 484
德国联邦宪法保卫局 485
德国侦查法官 486

丹麦 486
丹麦警察机构 486
丹麦国家警察总局 486
丹麦军事警察 487
丹麦国土保卫警察部队 487

俄罗斯 488
俄罗斯警察机构 488
俄罗斯联邦内务部 488
俄罗斯联邦安全局 488
俄罗斯联邦保卫局 489
俄罗斯联邦税警总局 489
俄罗斯联邦对外情报局 490
克格勃 491

法国 491
法国警察机构 491
法国内政部国家警察总局 492
法国国家宪兵总局 492
法国国家司法警察中心局 494
法国预审法官 494

芬兰 495
芬兰警察机构 495
芬兰中央刑事警察局 496
芬兰海关和边境保卫部队 496
芬兰国防武装部队 496

韩国 497
韩国警察机构 497

加拿大 497
加拿大警察机构 497
加拿大皇家骑警 498
加拿大军事警察 498
加拿大边境武装部队 499
加拿大太平洋铁路武装警察部队 499

美国 499
美国警察机构 499
联邦调查局 500
中央情报局 500
美国陆军犯罪调查司令部 501
美国陆军反间谍部 502
美国海军犯罪调查局 502
美国海岸警卫队调查署 503
美国海关和边境防卫局 503
美国国土安全部 503
美国联邦邮政检查署 504
美国五角大楼犯罪和内部事务调查处 504
美国联邦储备委员会警察署 505
美国毒品执法管理局 505
美国国家公园警察 505
美国海关空中和海上管理办公室 506
美国特勤局 506

南非 507
南非警察机构 507
南非国家警察服务部 507
南非国家警察服务部侦查局 507

日本 508
日本警察机构 508
日本警察厅 508
东京警视厅 509
日本特高课 509

瑞典 510
瑞典警察机构 510
瑞典国家警察委员会 510
瑞典国家犯罪调查局 511
瑞典国家安全武装部队 511
瑞典海岸警卫队 511
瑞典经济犯罪侦查局 512

沙特阿拉伯 512
沙特阿拉伯公共安全警察局 512

土耳其 513
土耳其国家公共安全总局 513

新加坡 513
新加坡警察总司令部 513
新加坡警察总局刑事侦查局 514
新加坡海岸警卫队 514

新西兰 515
新西兰警察机构 515
新西兰警察部犯罪侦查局 515

意大利 516
意大利国家警察总局 516
意大利宪兵部队 516
意大利财政警察总司令部 516
意大利国家森林警察部队 517

英国 517
英国警察机构 517
英国刑事犯罪侦查局 518
英国国家犯罪调查局 518
英国皇家军事警察特别调查分局 519
伦敦大都市警察厅 519

越南 519
越南警察机构 519
越南人民武装公安司令部 520

国际侦查机构 521
反恐怖主义委员会 521
反洗钱金融行动特别工作组 522
国际刑事警察组织 522
国际刑警组织中国国家中心局 523
联合国毒品和犯罪问题办公室 524
欧亚反洗钱与反恐融资小组 524

欧洲刑警组织 525
上海合作组织地区反恐怖机构 525
亚太反洗钱小组 526

第五部分　司法行政机构

中国 529

中国内地(大陆) 529
中国司法部 529
中国司法部监狱管理局 530
中国司法部社区矫正管理局 531
中国劳动改造机关 531
中国拘留所 531
中国拘役所 532
中国看守所 533
中国劳动教养管理所 534
中国强制隔离戒毒所 535
中国社区矫正机构 536
中国司法所 537
中国未成年犯管教所 537

中国香港特别行政区 537
赤柱监狱 537
香港惩教署 538
香港法律援助署 538
香港善导会 538

中国澳门特别行政区 539
澳门司法委员会 539
澳门法律和司法研修中心 540

中国台湾地区 540
中国台湾地区“法务部” 540
中国台湾地区司法官学院(司法官训练所) 541
中国台湾地区看守所 541
中国台湾地区管收所 541
中国台湾地区少年观护所 541
中国台湾地区少年辅育院 541

外国 542

阿尔巴尼亚共和国 542
阿尔巴尼亚共和国最高司法委员会 542
阿尔巴尼亚共和国司法部 542
阿尔巴尼亚共和国监狱总局 543

埃及 543
埃及司法部 543

澳大利亚 544
澳大利亚联邦司法部 544

德国 544
德国联邦司法部 544

丹麦 545
丹麦司法部 545

俄罗斯 545
俄罗斯联邦司法部 545

法国 546
法国司法部 546
法国司法官最高委员会 547
法国国家司法官学校 548
法国地方押候监狱 549
法国拘留中心 549

芬兰 549
芬兰司法部 549

哈萨克斯坦 550
哈萨克斯坦司法部 550

韩国 550
韩国法务部 550
韩国法务部矫正局 551
韩国司法研修院 551

荷兰 551
荷兰司法部 551
荷兰押候所 551

加拿大 552
加拿大联邦司法部 552
加拿大矫正局 552
加拿大地方看守所 553

老挝 553
老挝司法部 553

罗马尼亚 553
罗马尼亚司法部 553

美国 554
美国联邦司法部 554
美国联邦监狱局 555
美国看守所 555
美国拘留所 556
美国临时拘留所 556
美国日间报告中心 556
美国少年缓刑机构 557
美国少年假释机构 557
美国中途之家 558

墨西哥 559
墨西哥联邦司法部 559

南非 560
南非司法部 560

瑞典 560
瑞典司法部 560

日本 561
日本法务省 561
日本法务省矫正局 561
日本司法研修所 562
日本更生保护委员会 562
日本拘置所 562
日本留置场 563
日本刑务所 563
日本少年院 563

斯里兰卡 564
斯里兰卡司法部 564

泰国 564
泰国司法部 564

西班牙 565
西班牙司法部 565
西班牙内政部监狱总署 565

希腊 565
希腊司法部 565

新加坡 566
新加坡法制部 566

新西兰 566
新西兰司法部 566
新西兰国家法律办公室 567

意大利 567
意大利司法部 567

英国 568
英国法律大臣办公室 568
英国内政部 569
英国皇家监狱管理局 569
英国法律援助委员会 570
英国青少年犯罪人教养院 570
英国少年管教所 571
英国霍华德协会 571

印度 572
印度司法和公司事务部 572

印度尼西亚 572
印度尼西亚司法部 572

越南 573
越南司法部 573

第六部分 律师机构

中国 577

中国内地(大陆) 577
中国法律顾问处 577
国家出资设立的律师事务所 577
合作制律师事务所 578
个人律师事务所 578
普通合伙律师事务所 579
特殊的普通合伙律师事务所 579
中华全国律师协会 580

中国香港特别行政区 580
香港出庭律师 580
香港事务律师 581
香港公证律师 582
香港政府律师 582
香港大律师公会 583
香港律师会 583

中国澳门特别行政区 584
澳门法律代办 584
澳门律师公会 584
澳门律师业高等委员会 585

中国台湾地区 585
中国台湾地区律师联合会 585
中国台北地区律师公会 586

外国 587

澳大利亚 587
澳大利亚律师协会 587

德国 587
德国联邦律师协会 587
德国地方律师公会 588
德国律师法院 588

法国 589
法国代诉人 589
法国出庭律师 589
法国律师公会 590

韩国 591
大韩辩护士协会 591

加拿大 591
加拿大律师公会 591
加拿大律师协会 591

美国 592
美国个人开业律师事务所 592
美国普通合伙律师事务所 592
美国普通公司律师事务所 592
美国职业公司律师事务所 593
美国有限责任公司律师事务所 593
美国有限合伙律师事务所 593
美国有限责任合伙律师事务所 593
美国在线法律服务机构 594
美国律师协会 594
美国各州律师协会 595

日本 595
日本司法书士 595
日本税理士 595
日本专利代理人 596
日本律师联合会 596
日本律师协会 597

英国 597
英国“巴律师”律师公会 597
英国“沙律师”同业行会 598
英国律师学院 598

国际律师机构 600
国际律师协会 600

第七部分 仲裁机构

中国 603

中国内地(大陆) 603

北京仲裁委员会 603

华南国际经济贸易仲裁委员会/深圳国际仲裁院 604

人民调解委员会 604

上海国际经济贸易仲裁委员会/上海国际仲裁中心 605

中国仲裁庭 605

中国国际经济贸易仲裁委员会 605

中国国际商会仲裁院 607

中国海事仲裁委员会 607

中国国际经济贸易仲裁委员会网上争议解决中心 608

中国国际经济贸易仲裁委员会天津国际经济金融仲裁中心 609

中国香港特别行政区 609

香港国际仲裁中心 609

中国国际经济贸易仲裁委员会香港仲裁中心 610

中国澳门特别行政区 610

澳门世界贸易中心仲裁中心 610

澳门消费争议仲裁中心 612

澳门律师公会自愿仲裁中心 612

澳门保险及私人退休基金争议仲裁中心 612

澳门楼宇管理仲裁中心 613

中国台湾地区 614

中国台湾地区"中华民国仲裁协会" 614

中国台湾地区仲裁协会 614

外国 615

法国 615

巴黎国际仲裁院 615

巴黎海事仲裁委员会 616

韩国 616

韩国媒体仲裁委员会 616

美国 617

美国仲裁协会 617

美国国际争议解决中心 618

美国国家仲裁论坛 618

日本 618

日本商事仲裁协会 618

瑞典 619

瑞典斯德哥尔摩商事仲裁院 619

英国 620

伦敦国际仲裁院 620

国际仲裁机构 621

国际商会国际仲裁院 621

国际体育仲裁委员会 621

国际体育仲裁法庭 622

解决投资争议的国际中心 623

世界贸易组织争端解决机制 624

第八部分 公证机构

中国 627

中国内地(大陆) 627

中国行政体制公证机构 627

中国事业体制公证机构 627

中国合作体制公证机构 628

中国公证协会 628

中国香港特别行政区 629
香港委托公证人 629
香港国际公证人 629
香港国际公证人协会 630
中国委托公证人协会 630
中国法律服务(香港)有限公司 630

中国澳门特别行政区 631
澳门立契官公署 631
澳门公职兼职公证员 631
澳门私人公证员 631

中国台湾地区 632
中国台湾地区地方法院公证部 632
中国台湾地区民间公证人事务所 632
中国台湾地区法院公证人 632
中国台湾地区民间公证人 632
中国台湾地区公证人公会 632
中国台湾地区公证人公会联合会 632

外国 634

阿根廷 634
阿根廷公证人事务所 634
阿根廷公证人公会 634
阿根廷监督法院 635
阿根廷副公证人 635

德国 636
德国公证人事务所 636
德国专职公证人 636
德国律师公证人 636
德国国家公证人 637
德国联邦公证人协会 637
德国公证人联合会 637

俄罗斯 638
俄罗斯国家公证所 638
俄罗斯公证人事务所 638
俄罗斯联邦领事机构 638
俄罗斯公证人协会 638
俄罗斯联邦公证人协会 639

法国 639
法国公证人事务所 639
法国省公证人公会 640
法国地区公证人理事会 640
法国公证人高等理事会 640

韩国 641
韩国公证人事务所 641

墨西哥 641
墨西哥公证事务所 641
墨西哥公证人会 642
墨西哥公证人协议会 642
墨西哥联邦直辖区行政机关 642

美国 643
全美公证人协会 643
美国公证事务所 643
美国市民法公证人 643
美国公证协会 643

日本 644
日本公证人事务所 644
日本地方公证人会 644
日本公证人联合会 644

西班牙 645
西班牙公证人事务所 645
西班牙公证人协会 645
西班牙全国公证人协会管理委员会 645

意大利 646
罗马公证人培训学校 646
意大利公证人事务所 646
意大利公证人协会 646
意大利地方公证委员会 646
意大利全国公证人高等理事会 647

英国 647
斯克莱温公会 647
威尔士地区执业公证人 648
英国普通公证人 648
英国教会公证人 648

英国地区公证人 649
英国海外地区公证人 649
英国执业资格办公室 649
国际公证机构 650
国际拉丁公证联盟 650

第一部分　近代以前的司法机构

中　国

安抚司

全称“经略安抚司”，简称“帅司”，宋朝地方行政机构名。宋初，地方分州、县两级，后为加强中央对地方的控制，又于州上设置路，作为地方最高一级行政机构。宋代的路不仅是一级行政机构，同时还具有监察区的性质。路的权力一般分为四司，即帅司（经略安抚使）、宪司（提点刑狱使）、漕司（转运使）和仓司（提举常平使），分别管理一路的军政、司法、财赋与边防，以及监察、赈灾或专卖等政务。四司互不隶属、彼此监督，直接对皇帝负责。宪、漕、仓三司又称“监司”，并确立了独具特色的监司巡检制。安抚司设有安抚使一人，以直秘阁以上品级的官员担任，一般是由本路最重要的州、府长官兼任，负责一路兵民之事，职权很大。不但负责边疆的军事，还负责当地的民事，“听其狱讼，颁其禁令，定其赏罚，稽其钱谷、甲械出纳之名籍而行以法。若事难专决，则具可否具奏。即干机速、边防及士卒抵罪者，听以便宜裁断”（《宋史・职官志七》）。安抚使其属官有安抚副使、参谋官、参议官、勾当公事（南宋改称干办公事）、管勾机宜文字（南宋改称主管机宜文字）、管勾书写机宜文字（南宋改称主管书写机宜文字）、准备差遣、准备差使、准备将领等。在河东、陕西、岭南路的安抚使以经略安抚使兼任都总管以统制军旅，属官有典领要密文书、奏达机事等。在河北及京畿地区的安抚使则不兼任都总管，属官有干当公事、主管机宜文字、准备将领、准备差使等。“诏沿江三大使司许置参谋、参议官、主管机宜文字、主管书写机宜文字各一员，干办公事三员，文臣准备差遣、武臣准备差使、准备将领各以五员为额”（《宋史・职官志七》）。安抚司人员不定，战时比平时所属的人员要多。

安抚司起源于唐朝的安抚大使，唐太宗贞观初年，曾派遣安抚大使 13 人“巡省天下”，后地方出现水陆灾伤，则派“巡察”“安抚”“存抚”等前往视察。宋承唐制，凡边境用兵或诸路灾伤皆特遣使安抚，此时的安抚使并非地方常设机构，仅仅因事而设，事了则罢。如宋真宗咸平三年（1000 年），以王钦若为西川安抚使，梁颖为峡路安抚使，负责镇压王均起义。咸平四年（1001 年），“命兵部尚书张齐贤为泾、原、仪、渭、翼、环、庆、延、保安、镇戎、清远军等州军安抚经略使，知制诰梁颖副之”（《续资治通鉴长编》卷四十九）。又如宋真宗大中祥符八年（1015 年），因江淮地区灾荒而设安抚使。其后，安抚司逐渐成为地方的常设机构，北宋时仅河北、河东、陕西及广东、广西等路常置安抚司，南宋时才成为各路常设机构。淳熙二年（1175 年），诏扬州、庐州、荆南、襄阳、金州、兴元、兴州分为七路，每路委文臣一员充安抚使以治民，武臣一人充都总管以治兵。庆元五年（1200 年），裁撤诸地经略安抚司，仅余广南东、西两路存有经略安抚使。

安抚司还拥有对路内案件的复审权，案件经由提刑司、转运司判决后，由安抚司进行复审。

“契勘诸路推勘翻异公事,在法于提刑、转运、安抚司以次差官”(《宋会要辑稿》刑法三之八五)。

参考书目

张希清等:《宋朝典制》,吉林文史出版社 1997 年版。

(倪晨辉)

奥鲁

元朝基层行政官员。奥鲁是蒙古语 auruq 的音译,明代译为“老小营”,该译名源于蒙古部队出征后,留下老人小孩在后方,蒙古把这称为奥鲁。元朝在万户、千户及百户中均设有奥鲁官,“又定蒙古奥鲁官,大翼万户下设奥鲁总管府,从四品。小翼万户下设奥鲁官,从五品。各千户奥鲁,亦设奥鲁官,受院劄。各千户奥鲁,不及一千户者,或二百户、三百户,以远就近,以小就大,合并为千户翼奥鲁官,受院劄。若干碍投下,难以合并,宜再议之。又定首领官受敕牒,元帅、招讨司经历、知事,就充万户府经历、知事,换降敕牒,如元翼该革,别与迁除。若王令旨、并行省劄付、枢密院劄付经历,充中、下万户府知事”(《元史·选举志二》)。奥鲁官主要负责管理军户、签发军役和征收封桩钱,凡签发丁壮,替换老弱,供应军需,赡养征戍军人老小等事都由奥鲁官府直接管理,不受地方路府州县管辖。各路奥鲁官府自成系统,受枢密院节制。奥鲁官常常贪污受贿,放富差贫,压榨贫苦军户。元朝鉴于汉军奥鲁官府对中央集权和地方行政颇多障碍,至元元年(1264 年)以后,逐步改由地方路府州县长官兼领诸军奥鲁,管理军户。奥鲁官还兼管所属军户婚姻、负债、斗殴、私奸、杂犯等“不系官军捕捉”的民事诉讼,“枢府议得军人犯重刑,各令总府归断完备结案,申部。其余杂犯理从诸军奥鲁总府归结。仰依上施”(《元典章》卷三十九《刑部一·刑制·刑名·重刑总府归结》)。

参考书目

1. 李穆文编著:《完善周密的军制军法》,西北大学出版社 2006 年版。
2. 李淑娥:《独具特色的元朝法制》,载《西北大学学报(哲学社会科学版)》1997 年第 2 期。

(倪晨辉)

犴狱

西周地方与中央的监狱名。《荀子·宥坐》载:“狱犴不治。”杨倞注:“犴亦狱也。”《诗·小雅·小宛》载:“宜岸宜狱。”据陆德明释文“《韩诗》作犴,音同。乡亭之系曰犴,朝廷曰狱”,意即犴为地方上的监狱,狱为中央的监狱。

西周时期监狱又称圜土,有司圜一职负责监狱管理,参见圜土条。

(张田田)

案狱仁恕掾

主案狱察访诸事的地方官,汉代郡守属吏。《后汉书·百官志》注引《汉官》,河南尹有案狱仁恕掾三人。一说仁恕掾不仅主案狱,且负有纠察之责。

(张田田)

保甲

中国古代基层社会组织名。《周礼・地官・大司徒》载:“令五家为比,使之相保。”《管子・立政》载:“十家为什,五家为伍。”汉代依此设置五家为“伍”,十家为“什”,百家为“里”。隋、唐时,县以下的基层组织是乡、里、保、邻,四家为邻,五邻为保,百户为里,五里为乡。“保有长,以相禁约”(《唐六典》卷三),彼此监督,形成一张严密的统治网,把人民紧紧地束缚起来。保甲制度已见雏形。北宋王安石变法时提出了十户为一保,五保为一大保,十大保为一都保。明朝前期为里甲制,十户为甲,十甲为里,十里为乡。明洪武十四年(1381 年),居民行里甲制,以十户为一甲,各户轮流充任甲长,协助里长办理本甲差役,征收钱粮等。明朝中后期亦推行保甲制,组织架构与里甲制同,主要侧重于军事治安方面。清代改里为保,县以下的基层组织实行牌甲制。“世祖入关,有编制户口牌甲之令。其法:州、县城乡十户立一牌长,十牌立一甲长,十甲立一保长”(《清史稿・食货志一》)。牌长、甲长、保长由“有身家之人报官充点”。官府通过牌甲组织,勾结土豪劣绅,催逼赋役、监视人民行动,镇压人民反抗,维持地方封建秩序。民国时期部分地区仍实行保甲制。

保甲为“保”这一区域内的长官,主要负责本保内的劳役钱赋、社会治安、军事训练等事务。“熙宁初,王安石变募兵而行保甲,帝从其议……每一大保夜轮五人警盗,凡告捕所获,以赏格从事。同保犯强盗、杀人、放火、强奸、略人、传习妖教、造畜蛊毒,知而不告,依律伍保法”(《宋史・兵志六》)。保甲长通常由民众自行推选产生,并须得到州县官员的确认。通常保甲长由当地才力为众所服者才能担任,所谓的“才”,是指组织才能,“力”为武力,“为众所服”表示需要有一定的社会声望,三者缺一不可。保甲制度是我国古代非常重要的基层行政制度之一,对稳定社会秩序、维护封建王朝统治,起到了一定的作用。

(倪晨辉)

北军狱

关押上奏违法之人的特别监狱,汉代设于京师北军中。北军,保卫京城安全的军队,驻于城北,为武帝时京师屯兵八校之一的中垒校尉所管辖。西汉时向皇帝上奏章,必先通过公车司马令传达,如发现违反章奏之制的官员,即交北军尉以法治之,并将违法者送入北军狱。《汉书・刘向传》载:“章充公车人满北军。”如淳曰:“《汉仪》注中垒校尉主北军垒门门内,尉一人主上书者狱。上章于公车,有不如法者以付北军尉,北军尉以法治之。”东汉时撤。

一说北军狱属中都官狱诏狱系统,参见中都官狱条。

(张田田)

北洋巡警

清末袁世凯为顺利接收天津,从其所训练的北洋新军中抽调 3000 人改编而成的警察部队。1900 年,八国联军进入北京后,不准许清政府军队在天津周围 20 里内驻扎,袁世凯将 3000 新军改编为巡警,其中 1500 人驻扎在天津,称南段巡警局,派赵秉均为总办;其余 1500 人分驻在西沽、塘沽、北塘、山海关、秦皇岛等处,称北段巡警局,派刘金标为总办。这支巡警队伍成为维护清末天津卫地区统治秩序的得力工具,不但得到清朝统治者的赞许,而且对全国警察机构的设置也产生了重大影响。清光绪二十八年(1902 年)九月十六日,清廷发布上谕,命令各省依照袁世凯的方法办理警察:“前据袁世凯奏定警务章程,于保卫地方一切甚属妥善。著各直省督抚依照直隶章程奏明办理。不准视为缓图,因循不办,将此通谕之。”同年冬,袁世凯派人在天津设警务学堂,并于次年将保定警务学堂归并天津,更名为“北洋巡警学堂”,由日本警官教习,以“造就通省巡警官弁”。

北洋政府建立后,袁世凯又进一步加大了对警察机构建设的力度,尤其是对各专业警种职权的行使分别作出了明确的规定。其中司法处主管缉捕案犯、搜查证据、刑事案件的预审、押解和法医检验、传唤证人及取保释放等,搜查赃证和缉捕案犯之职由行二科掌管。在这一浪潮的影响下,京师、各省会、主要商埠乃至县级机关都纷纷设立了各种专业警察队伍,如保安警察队、警卫队、侦缉队等。

(刘方权)

边区政府审判委员会

抗日战争时期陕甘宁边区最高审判机构名。边区政府审判委员会始设于1942年8月,陕甘宁边区政府政务会议颁布《陕甘宁边区政府审判委员会组织条例》,决定成立边区政府审判委员会。边区政府审判委员会由委员五人组成,边区政府正副主席兼任正副委员长,其余委员由政务会议在政府委员中聘任。委员长、副委员长的任期与政府主席、副主席任期相同,其余委员任期三年,但得连聘连任。委员会每月开会一次,必要时临时召集。下设秘书长1人,秘书1人,书记官1~2人。秘书长主要根据委员长、副委员长的命令,负责诉讼文件的草拟,以及掌管印信等事宜。边区政府审判委员会主要负责解释法令,审理不服边区高等法院判决而上诉的一审二审刑事案件、一审民事、行政诉讼案件和死刑复核案件。处理职权范围内的上述各种问题时,必须由委员会讨论通过,但刑事案件徒刑在五年以下;民事案件讼诉标的物,其契约成立于1941年1月以前,价值在法币2000元以下的;1941年1月以后成立,契约价值在边币一万以下的,可由委员长、副委员长负责处理,事后应向全体委员报告。1944年2月,陕甘宁边区政府政务会议召开第六十五次会议,鉴于不服高等法院判决而上诉于边区政府的案件,可由边区政府责成高等法院再审,审判委员会的其他职权也可由高等法院行使,而对法令的解释则分别属于参议会、边区政府和高等法院的职责范围,因此没有必要成立边区政府审判委员会这样单独的机构,最终于1944年2月16日被撤销。

参考书目

张希坡、韩延龙主编:《中国革命法制史》,中国社会科学出版社2007年版。

(倪晨辉)

病囚院

五代及宋朝地方狱政机构。后唐天成二年(927年)在诸道所设的监狱中设置病囚院。后唐明宗长兴二年(931年)则下敕要求在全国设立病囚院,四月,前濮州录事参军崔琮上言:“诸道狱囚,恐不依法拷掠,或不胜苦致毙,翻以病闻,请置病囚院,兼加医药。”中书覆云:“有罪当刑,仰天无恨;无病致毙,没地衔冤。燃死灰而必在至仁,照覆盆而须资异鉴。《书》著‘钦哉’之旨,《礼》标‘侀也’之文,因彰善于泣辜,更推恩于扇暍。所请置病囚院,望依,仍各委长吏,专切经心。或有病囚,当时遣医人诊候,治疗后,据所犯轻重决断。如敢故违,致病囚负屈身亡，本处官吏，并加严断。兼每及夏至，五日一度，差人洗刷枷匣”（《旧五代史·刑法志》）。五代时期有作为的帝王，之所以注意改善狱政，恰恰反映了这个时期狱政的黑暗与狱吏的贪酷。宋初并未设置病囚院，宋真宗咸平四年（1001 年）因黄州太守王禹偁奏请，于各路监狱重置病囚院，负责治疗监狱内部徒、流以上犯人的疾病问题。“诸路置病囚院，徒、流以上有疾者处之，余责保于外”（《宋史·刑法志一》）。对于重罪病囚虽然不许保外就医，南宋却规定必须安置于别牢，派医诊治，目的是防止交叉传染。“或有患疮者，亦须别牢，时其濯洗，毋使与余囚相近，盖囚者同匣而卧，朝夕薰蒸，必至传染”（《宋史·刑法志一》）。

参考书目

1. 陈邦贤：《中国医学史》，商务印书馆 1957 年版。
2. 杜文玉：《论唐宋监狱中的医疗系统——兼论病囚院的设置》，载《江汉论坛》2007 年第 5 期。

（倪晨辉）

兵马司

明代两京（北京、南京）特有的城市管理机构，全称是“中东西南北五城兵马指挥司”。兵马司所管事务涉及城市生活的各个方面，维护京城治安是其核心职能。兵马司每司设指挥一员，副指挥四员、吏目一员，额外设弓手八十名、火甲多名，均由兵马指挥统帅。据《明会典·五城兵马指挥司》记载：五城兵马司的主要职责有：第一，缉捕盗贼，“境内有游民、奸民则逮治”，“凡地方或有盗贼生发，即督领弓兵火甲人等擒捕”。第二，维持秩序。“凡军民人等在街市斗殴，及奸淫赌博、撒泼抢夺，一应不务生理之徒，俱许擒拏。”第三，巡夜。“各司每日轮官二员，赴尚宝司关领铜牌两面。”第四，查缉计户口。“凡从地方军匠人等，旧例令各家具于门前置粉壁一面，开写本家籍贯、人口、身份营生，并写不敢窝藏逃军、逃匠、囚徒、盗贼等项，以凭换究。”除上述职责外，五城兵马司还负责疏理街道沟渠，防火救火，协助刑部和都察院勘验、押解犯人、追赃及禁私盐等，其活动不仅受锦衣卫的监视，而且也受巡视五城御史的监督。

（刘方权）

比部

中央政府内设掌管法制及文书勾检等事的机构，初为尚书省（台）属曹，后置于刑部之下。曹魏初除保留汉时三公曹、二千石曹外，增设比部司刑狱。《晋书·职官志》载：“至魏，尚书郎有殿中、吏部、驾部、金部、虞曹、比部……凡二十三郎。”《通史·职官·刑部尚书》载：“魏尚书有比部曹，晋因之。宋时比部主法制，齐、梁、陈皆有比部曹，后魏亦然、北齐掌诏书律令勾检等事。后周曰计部中大夫，盖其任也。”南朝宋、齐比部属吏部，北齐移属都官尚书。隋沿置为比部侍郎，“比部掌诏书、律令、勾检等事”（《隋书·百官志中》）。后都官尚书改为刑部尚书，比部列为刑部四司之一，掌审计勾检之事。唐代比部掌勾检内外诸司经费、俸禄、公廨及公私债负、徒役、工程、赃物等事，设比部郎中。宋刑部有比部曹，掌勾复中外帐籍。明初为刑部所属，洪武二十三年（1390 年）刑部按地区划分为河南、北平、山东、山西、陕西、浙江、江西、湖广、广东、广西、四川、福建十二部，比部从此取消。

（张田田）

伯克

清朝新疆地区官职名。伯克为突厥语 beg 的音译，含有“王”“首领”“头目”等意思，是维吾尔地区对各级官吏的统称。伯克制度起源于唐朝时的回纥，清朝乾隆年间平定回疆后，在北疆设置札萨克制度，在乌鲁木齐、昌吉、奇台、阜康、吉木萨尔、木垒、巴里克等地实行郡县制度，而在南疆却依旧沿袭伯克制度。清廷以喀什噶尔为参赞大臣建牙之所，节制南路各城。各城大者设办事大臣，小者设领队大臣。西四城为喀什噶尔、叶尔羌、英吉沙、和阗。东四城为乌什、阿克苏、库车，辟展，并东路哈密、土鲁番哈喇沙拉三城，共十一城皆设办事大臣或领队大臣，各城所辖回城或五六、或十余、二十余不等，皆设阿奇木伯克治理之，自三品至六品。各按年班入觐，不得专生杀之权。

清朝取消了伯克的世袭，确定了伯克的官品，把伯克的选拔纳入政府的管辖范围。清朝认可的伯克有三十余种，其中负责司法的伯克有：哈子伯克“管理刑名”（《平定准噶尔方略》正编卷七十五）；斯帕哈子伯克“办理头目词讼”（《钦定皇舆西域图志》卷三十《官制二》）；拉雅哈子伯克“办理细民词讼”。但不论是哈子伯克，还是斯帕哈子伯克、拉雅哈子伯克，皆受阿奇木伯克的管理。同时“如枷号鞭责轻罪人犯准其自行办理，仍令察明驻扎大臣存案备查”（《钦定新疆识略》卷三《南路舆图》）。由此可知，新疆地区的伯克衙门，主要负责审判当地维吾尔等当地民族之间发生的民事诉讼案件与轻微刑事案件。

清朝政府对伯克制的改革并不是一次完成的，而是遇事请示，由皇帝定夺，逐渐形成制度。它没有也不可能解决当时维吾尔族社会中的阶级矛盾及其他各种社会矛盾，因而随着历史的发展，伯克制越来越成为社会生产力发展的桎梏，导致清政府最终在 1887 年宣布废除这一制度。但从历史上看，清政府对伯克制度的改革，对于发展新疆与我国其他地区的政治经济联系，巩固祖国统一，促进维吾尔族地区的社会进步和经济发展，仍有积极作用。

参考书目

1. 梁海峡：《近代新疆南疆司法制度研究》，陕西师范大学 2010 年博士学位论文。
2. 史继忠、侯绍庄：《中国封建社会结构研究》，云南大学出版社 1992 年版。
3. 苗普生：《历史上的新疆》，新疆人民出版社 2006 年版。

（倪晨辉）

捕快

又称捕役、捕手，中国古代衙门内专门负责抓捕罪犯的衙役。捕快原本是捕役和快手的合称，但在历史发展中人们逐渐模糊了二者的区别，最终把衙门内专门负责缉捕盗贼的衙役称为捕快。中国古代的捕快，并非由有官身的人充任，而是一种劳役。但这种劳役具有一定的专业性，因此通常担当此劳役的人不需要负担其他劳役或赋税，而专门从事该劳役。捕快分为马捕和步捕，区别在于是否配备马匹作为缉捕盗贼的工具。古代各种文献及文学作品中经常会出现对捕快的描述。

（倪晨辉）

布宪

《周礼》所记掌宣布法令之官，秋官司寇的属官，掌执持旌节盗各诸侯邦国宣布法令，告示四方各族人民使之遵守。凡国有大事召集民众以刑禁相号令。“布宪掌宪邦之刑禁。正月之吉,执旌节以宣布于四方,而宪邦之刑禁,以诘四方邦国及其都鄙,达于四海。凡邦之大事合众庶,则以刑禁号令”(《周礼·秋官·布宪》)。布宪一职主要是负责悬挂王国的刑法禁令。《管子·立政》载:“正月之朔,百吏在朝,君乃出令,布宪於国。”正月初一的时候,布宪手持旌节到四方去宣传,并且悬挂王国的刑法禁令,以使四方诸侯国及采邑遵照施行,使刑法禁令传达于天下。当王国有大事需聚集民众时,布宪就宣布刑法禁令以约束人们的言行。

北周依《周礼》置官,其秋官有布宪中大夫,以下有布宪下大夫、布宪上士。参见秋官府条。

(张田田)

裁判部

又称革命法庭,第二次国内革命战争时期中央苏维埃政府在各地方设置的临时性审判机构。根据中央执行委员会1932年6月颁布的《裁判部的暂行组织及裁判条例》,“裁判部为法院未设立之前的临时司法机关,暂时执行司法机关的一切职权、审理刑事民事案件的诉讼事宜”。中华苏维埃共和国在地方各级法院未建立以前,在省、县、区三级地方苏维埃政府内设立裁判部,唯有乡苏维埃政府不设裁判部,在较大城市苏维埃政府内设立裁判科,行使各级地方法院的一切职权。

裁判部主要分为省裁判部、县裁判部、区裁判部三级,采取双重领导制:下级裁判部直接隶属于上级裁判部,同时应受同级政府主席团指导。裁判部设有刑事法庭和民事法庭,县、区裁判部还可设劳动法庭,审理有关劳动纠纷案件。裁判部有宣布对被告人处以警告、罚款、没收财产、强迫劳动、监禁、枪决之权。区裁判部审理一般不重要的案件,其判决处罚强迫劳动或监禁的期限,不得超过半年;县裁判部是区裁判部所判决案件的终审机关,同时又是审判有全县意义的案件的初审机关,有死刑判决权,但没有死刑执行权。县裁判部判决死刑的判决书,需要经由省裁判部批准后,才能执行。与省政府不相连的县裁判部,可不经由省裁判部批准,即可执行。省裁判部为县裁判部所判决案件的终审机关,同时又是审判有全省意义的案件的初审机关,有死刑判决权,但须送临时最高法庭去批准后方可执行。未与中央苏区连成一片的省,省裁判部有最后决定案件的权力。

省裁判部设部长一人,副部长兼裁判员二人,书记一人;县裁判部设部长一人,裁判员一人,书记一人;区裁判部设部长一人,书记一人。省、县裁判部下设裁判委员会。省裁判委员会由省裁判部长和副部长组成;县裁判委员会由县裁判部长、裁判员及市民警所长等组成。各级裁判部可以组织刑事法庭、民事法庭和巡回法庭,以审理刑事、民事案件。法庭由三人组成,裁判部长或裁判员为主审,其余二人为陪审员。陪审员由职工会、雇农工会、贫农团及其他群众团体选出,每审判一次得调换二人。裁判部还设有检察员,省裁判部设有正副检察员各一人,县裁判部有检察员一人,区裁判部不设检察员。检察员主要负责:(1)管理案件的预审事宜。凡送到裁判部的案件,除简单明了、无须经过预审的案件之外,一切案件,必须经过检察员去预审。经过预审手续之后,检察员认为有犯罪的事实和证据,作出结论后,转交法庭审判。检察员在开庭审案时是代表国家的原告人。(2)一切犯罪行为,检察员有检察之权。当检察案件时,凡与该案件有关系的人,检察员有随时传来审问之权。无论问被告人和见证人,必须写成预审记录,由被审问者(被告人和见证人)及检察员签字盖章,作为该案件的证据。(3)发觉犯罪行为,如必须预先逮捕,然后才能进行检察的案件,检察员有先逮捕犯罪人之权。各级裁判部还下设看守所,以监禁未审判的犯人,或判决短期监禁的犯人。省、县两级裁判部除设立看守所外,还须设立劳动感化院,以备监闭判决长期监禁的犯人。各级裁判部在审理民、刑事案件时还实行回避制度和辩护制度。

参考书目

1. 张启安编著:《共和国的摇篮——中华苏维埃共和国》,陕西人民出版社2003年版。
2. 卓帆:《中华苏维埃法制史》,江西高校出版社1992年版。

(倪晨辉)

蚕室

西汉对腐刑犯人实施囚禁和行刑的监狱。《汉书·张安世传》颜师古注:"凡养蚕者,欲其温而早成,故为密室蓄火以置之。而新腐刑亦有中风之患,需入密室乃得以全,因呼为蚕室耳。"后汉光武帝建武二十八年(52年)冬,"诏死罪系囚皆一切募下蚕室,其女子宫"。注:"蚕室,宫刑狱名;宫刑者畏风,须暖,作窨室蓄火如蚕室,固以名焉"(《后汉书·光武帝纪》)。初受腐刑的犯人身体虚弱,畏惧风寒阳光,需要在温暖阴暗的房间内休养百日,这与养蚕场所的环境很相似,"蚕室"之狱是以得名。

"蚕室"本为帝王宫苑之内养蚕及祭祀蚕神的场所,可以追溯到周代。西汉朝廷在上林苑内也设有蚕室,养蚕取茧,以供织作,并置蚕官令、丞以司其职,监督妇女和被遣送来的各地犯罪官吏在此劳动。

(张田田)

长安狱

一是特指属长安县,由长安令统辖的监狱。《汉书·酷吏传》载,尹赏以三辅高第选守长安令,得一切便宜从事,"赏至,修治长安狱。穿地方深各数丈,致令辟为郭,以大石覆其口,名曰'虎穴'"。

二是泛指中央诸特别监狱。《汉书·宣帝纪》载:"巫蛊事连岁不决。至后元二年,武帝疾,往来长杨、五柞宫,望气者言长安狱中有天子气,上遣使者分条中都官狱系者,轻、重皆杀之。"参见中都官狱条。

(张田田)

长沙巡捕局

中国历史上独立警察机构的发端。1894年,中国在甲午战争中失败后,日本逼清政府签订了《马关条约》。清政府军机大臣翁同龢和湖南巡抚陈宝箴在奏章中提议仿效资本主义国家的做法,设立专门的警察机构,作为变法富强之道。1897年6月,黄遵宪离京赴湖南任长宝盐法道并署湖南按察使,到任不久即向陈宝箴提出设立保卫局的建议。当时,陈宝箴正在湖南推行新政,也看到旧有保甲制度不足依靠,而社会治安又亟须整顿,遂赞成黄遵宪的提议,并委派其主持筹备工作。光绪二十四年农历六月初九(1898年7月27日),以通商口岸租界内的巡捕房为借鉴,湖南在长沙设置"巡捕局",委派地方绅士为头目,招募贫民为巡捕,以维护地方社会治安。

长沙巡捕局的职权概括说来就是“去民害、卫民生、检非违、索罪犯”，具体包括：第一，预防犯罪、缉捕盗贼、维护公益；第二，编查户口；第三，管理街道；第四，司法审判。巡捕局的主要职责由各级巡查人员具体行使。巡查人员在值班期间可以处理职权范围内的各项事务，如缉捕罪犯。“遇有杀人放火者、斗殴伤者、强盗、盗窃及小窃掏摸者、奸拐诱逃者、当街赌博者”等现发案犯，“均即行捕拏”。对“所有地方人民违犯本局禁令即第十二、十三、十四、十五、十六条所载各事”，保卫局有权审讯发落。

随着清朝末年“百日维新”的失败，“长沙巡捕局”于 1898 年 10 月 31 日更名为保甲，其正式存在时间不过三个月。虽说存在时间短暂、空间有限，但作为“戊戌变法”的一项重要成果，是维新派在理论和实践领域的双重收获，从而揭开了中国建立近代警察制度的序幕，影响深远。

（刘方权）

厂卫

明朝特务机构东厂、西厂、内行厂和锦衣卫的统称。明朝特务机构主要有锦衣卫、东厂、西厂和内行厂，其中厂是指东厂、西厂和内行厂，卫是指锦衣卫，合称厂卫。虽不是正式的司法机构，但被皇帝特许兼管刑狱，赋予巡察缉捕、专理“诏狱”和审判之权，这些特务机构的长官均由皇帝的亲信担任，如禁卫军首领与司礼监秉笔太监等人。厂卫机构只听命于皇帝，其权力之大，举世罕见。锦衣卫初设于明太祖时期，由武将担任长官，后曾废置，明成祖时复置，后终明一朝不曾废止。东厂创设于明成祖时期，由宦官担任长官，其成员选自锦衣卫，终明一朝不曾废止。西厂创设于明宪宗时期，后迫于朝臣压力废止，又于明武宗正德元年（1506 年）复设，正德五年（1511 年）废止后不曾重设。内行厂创设于明武宗正德元年，后与西厂一同于正德五年废止。厂卫负有秘密逮捕审判权，其地位高于三法司，是对法制的一种践踏。厂卫屡兴大狱，冤死者无数。清人评论说：“刑法有创之自明，不衷古制者，廷杖、东西厂、锦衣卫、镇抚司狱是已。是数者，杀人至惨，而不丽于法。踵而行之，至末造而极。举朝野命，一听之武夫、宦竖之手，良可叹也”（《明史·刑法志三》）。

参考书目

张晋藩主编：《中国司法制度史》，人民法院出版社 2004 年版。

（倪晨辉）

朝士

《周礼》所记掌管外朝官爵次序和刑禁之类的机构，属秋官司寇。朝士掌管建立外朝的政法，诸如排定卿、大夫、士及公、侯、伯、子、男和其他地方官吏的朝见位次以及有关刑禁等事务。《周礼·秋官·朝士》载：“朝士掌建邦外朝之法。左九棘，孤、卿、大夫位焉，群士在其后。右九棘，公、侯、伯、子、男位焉，群吏在其后。面三槐，三公位焉，州长、众庶在其后。左嘉石，平罢民焉。右肺石，以达穷民焉。”郑玄注：“外朝，路寝门之外庭。”孙希旦集解：“愚谓外朝，治朝也。”朝士一职主要负责建立王国外朝的法律。左边种九棵棘树，是孤、卿、大夫的朝位，群士的朝位在其后。右边也种九棵棘树，是公、侯、伯、子、男的朝位，群吏的朝位在其后。前面种三棵槐树，是三公的朝位，州长与民众的朝位在其后。朝门的左边设置着嘉石，用来使不良之民改过向善。朝门右边设置着肺石，用来帮助受了冤屈之人的冤情上达。

据《周礼》，朝士的职责还在于："帅其属而以鞭呼趋且辟。禁慢朝、错立、族谈者。凡得获货贿、人民、六畜者，委于朝，告于士，旬而举之：大者公之，小者庶民私之。凡士之治有期日：国中一旬，郊二旬，野三旬，都三月，邦国期。期内之治听，期外不听。凡有责者，有判书以治则听。凡民同货财者，令以国法行之，犯令者刑罚之。凡属责者，以其地傅，而听其辞。凡盗贼军乡、邑及家人，杀之无罪。凡报仇雠者，书于士，杀之无罪。若邦凶荒、札丧、寇戎之故，则令邦国、都家、县鄙虑刑贬。"朝士率领属下在朝外巡行，拿着鞭子驱赶行人，禁止在朝不肃静、擅离朝位，以及相聚交谈。凡是拾到财物、逃亡的奴婢和牲畜，须交到外朝，报告朝士，十天之后无人认领，就加以没收：大的物件归公家所有，小的物件归拾到者所有。司法官受理狱讼有时间规定：都城中十天，城郊二十天，野地三十天，诸侯国一年。在期限之内受理，期限之外不受理。当发生债务纠纷时，有借贷契约的才受理。民众有收购或抛售货物的，命令他们按照国家规定进行经营。违反者加以处罚。接受已故债主委托而收债的，负债人拒不偿还的，通过与受委托人居处相近的人的证明，然后受理他们的诉讼。当盗贼攻击乡遂、公邑以及平民人家时，杀死盗贼无罪，当为亲人报仇时，书面报告司法官的，杀死仇人无罪。当国家有大的灾荒、瘟疫或军事行动时，朝士就命令诸侯国、采邑、公邑考虑减缓刑罚和经费开支。

（张田田）

陈告司

西夏中央司法机构名。陈告司是西夏设在中央的专门负责案件举告和受理的司法机关，类似于同时期宋朝的登闻鼓院。西夏建立后，仿宋制设尚书令。唐、宋六部均分二十四司，西夏改为十六司，即经略司、正统司、统军司、殿前司、皇城司、三司、内宿司、巡检司、陈告司、磨勘司、审刑司、农田司、总领閤门司、群牧司、受纳司、承纳司。《天盛律令》卷九《越司曲断有罪担保门》规定："诸人有互相争讼陈告者，推问公事种种已出时，京师当告于中兴府、御史，余文当告于职管处，应取状。"西夏政府允许并提倡举告，举告足实有赏，特别对恶罪等重大罪行的举告有重赏，有的甚至因举告而得官职。在《天盛律令》卷十《举虚实门》中有具体规定："诸人举告，谓官畜、谷、钱物种种中有为虚杂时，三厅缗以内举实之举赏依强盗执武器法。三万缗以上举实者，其举人中，人堪遣用，则应得某大小职位。人不堪得职位，则前述举赏上应如何赏等，依时节，视所举情状及况等，奏量实行。"

陈告司隶属于尚书省，与审刑司一样属于中等司（仁孝时期，政府机构分为上、次、中、下、末五等司，中书、枢密为上等司，陈告司则属于第三级）。陈告司下设六正、六承旨、六都案、十七案头，其中都案由"干练，晓文字，知律法，善解之人"担任，案头由"属司司吏中旧任职、晓文字、堪使人、晓事业、人有名者，依平级法量其业，奏报而遣为案头"（《天盛改旧新定律令》卷十《司序行文门》）。

参考书目

1. 江应梁主编：《中国民族史（中）》，民族出版社 1990 年版。
2. 宁夏审判志编纂委员会编：《宁夏审判志》，宁夏人民出版社 1998 年版。

（倪晨辉）

丞相

秦汉时中央的行政总汇，承君而设的最高领导决策者（集团）。丞相辅佐皇帝，综理政务，统领群僚，为百官之长，位极人臣。丞同"承"，意为承受皇帝之命。一说丞之名始于夏，裴骃集解引《尚书大传》载："古者天子必有四邻：前曰疑，后曰丞。左曰辅，右曰弼。"相，助也，意为辅助君主掌管全国的行政。西周时期，有关礼仪的场合，辅佐王掌管礼仪的重要官职名"相"。《荀子·王霸篇》载："相者，论列百官之长，要百事之听，以饰朝廷臣下百吏之分，度其功劳，论其庆赏，岁终奉其成功，以效于君，当则可，不当则废。"

丞相为秦制，战国时期，秦武王二年（公元前 309 年）始设左右丞相。秦丞相金印紫绶，掌丞天子助理万机。"相国、丞相，皆秦官……掌丞天子，助理万机。秦有左右。高帝即位，置一丞相，十一年更名相国"（《汉书·百官公卿表》）。秦以丞相、太尉、御史大夫作为辅佐皇帝的三大宰辅职能系统（三公），但太尉常虚置，御史大夫爵秩，比丞相与太尉差一个等级，宰辅实际是丞相独任。汉武帝时将太尉改称大司马，后专在宫内辅政，以致朝廷实际协助皇帝处理日常政务的主要为丞相及其副贰御史大夫（银印青绶，秩中二千石），其机构并称二府。西汉初年沿秦制，丞相独兼三公之事（《汉书·朱博传》）。

汉初丞相职权包括总掌国家的政策，并检查执行情况；参与商讨军国大事；任免官吏之权，朝廷选举贤良方正，通常是丞相主持，封赏与考课；监督官吏之权；司法权；等等。丞相事繁权重，与皇帝朝堂一样，有百官朝会殿。

丞相必须秉承皇帝的旨意，在皇帝的监督下工作，定期向皇帝报告，对皇帝负责。丞相可自辟僚属，有权开府，丞相府诸曹因事而设，分曹治事，层级分明，有庞大的属官佐史，协助丞相处理各项具体工作。

汉武帝后，皇帝有意识地削弱丞相权力。汉成帝将御史大夫改称大司空，升其爵秩万石，封列侯，绥和元年（公元前 8 年）司马（太尉）、司徒（丞相）、司寇（御史大夫）三公制成立。三公皆万石，鼎足承君，是级别最高的官职。西汉的丞相必须是列侯，方为真宰相。三公之设，使丞相不能独揽相权，且三公排位大司马第一，握有实权，司徒、司空反倒成为附属。三公之职，无所不统（《后汉书·杨震传》附杨秉），东汉以后，实权为尚书台等所取代。东汉的三公必须附加录尚书事的职衔，方为真宰相。东汉末复称丞相。

三国两晋南北朝时期，或称丞相，或改司徒，或称大丞相、相国，时废时设，无定员，也无定名，大多由权臣担任，且任此职者，往往由此夺得皇位。隋、唐废丞相，而以三省长官等为宰相，采集体宰相制，朝廷大事由宰相集议。

元代行省中也设丞相，与平章政事同为从一品。丞相和平章多由蒙古亲王担任。明初，丞相参与国家要务的决策，有权发号施令，直接指挥六部及其他部门的工作，成为皇帝以下第一重臣，既是皇帝助手，又在一定程度上制约皇权。朱元璋借丞相胡惟庸谋反，诛杀胡党及功臣，趁机废除中书省，罢除丞相官职，丞相所属权力收归皇帝独揽。

（张田田）

丞相府

秦汉以丞相为首的中央行政总汇机构，丞相的办事班子。秦之丞相，其僚属有长史、舍人、侍中等，汉分曹治事，丞相府设有贼曹、决曹、辞曹等。据《后汉书》及注解，丞相府中有百官朝会殿,天子与丞相决大事。长安丞相府有四出门随时听事,国每有大事,天子车驾亲幸其殿。

丞相可自辟僚属,庞大的属官佐史,协助丞相处理各项具体工作;丞相府诸曹因事而设,层级分明,丞相府也成为国家领导机关、决策机关、行政中枢。丞相府中除司直等少数官员为皇帝任免,其余几乎全体掾属均由丞相自辟,人员庞杂。东汉时,实际上新的全国行政中枢为尚书台;同为行政总汇,但与丞相府不同的是,尚书台直辖于皇帝,台内属官均由皇帝任免。

东汉以太尉、司徒、司空为三公,又称三司,皆可自置掾吏组建宰相衙门分曹办事。这一制度是直接继承秦朝的丞相府。然而东汉位从"公"者,开府是威仪而非办公,太尉府、司徒府、司空府不再是秦及汉初的领导决策机构,只能算咨询机构。

(张田田)

初级检察厅

清末及民国时期基层检察机构名。初级检察厅为清末民国初年设在初级审判厅内的具有独立地位的检察机构。不设检察长,只设检察官数人行使检察权,以其中资深者为监督检察官,监督全厅事务。初级检察厅的主要职责为对刑事案件依法实行搜查处分,提起公诉、实行公诉,并监察判决的执行。对民事及其他事件,则负责依法作为诉讼当事人或公益代表人,实行特定事宜。实际上,初级监察厅并未在全国全面设立,并且在1915年修改《法院编制法》时,因司法人才缺乏、各省财力不足不能负担司法经费等原因,废除了初级审判厅和初级检察厅,其业务由地方审判厅行使。

(倪晨辉)

初级审判厅

清末基层审判机构名。始设于光绪三十三年(1907年),民国三年(1914年)五月被废除。初级审判厅根据工作量多少,设置推事一至二人负责具体审判工作。如推事为二人或以上,则以其资深者为监督推事,负责监督该厅行政事务。如推事为一人,则由当地地方审判厅厅长或厅丞负责监督初级审判厅的行政工作。初级审判庭负责审理轻微的刑、民事案件,并负责登记其他非诉事件。《法院编制法》第14条规定:"初级审判厅视事之繁简,酌置一员或二员以上之推事。"第15条规定:"初级审判厅如置推事二员以上,得以资深者一员为监督推事,监督该厅行政事务。其置推事一员者,该厅行政事务由该管地方审判厅厅丞或厅长监督之。"第16条规定:"初级审判厅按照诉讼律及其他法令,有管辖第一审民事、刑事诉讼案件并登记其他非讼事件之权。"

对于刑事案件而言,初级审判厅负责审理法定最高刑为杖刑的案件;对于民事案件而言,标的额在300元以下的初级审判厅均有审理权,除此之外,初级审判厅还可以审理下列案件:(1)业主与租户因接收房屋或迁让、使用、修缮或因业主扣留租户之家具物品涉讼者,业主或租户与转租人因以上情事涉讼者亦同;(2)雇主与雇人因雇佣契约涉讼,其雇佣期限在一年以下者;(3)旅客与旅馆或酒饭馆主人或水陆运送人因关于食宿、运送所负之义务或因寄放行李财物涉讼者;(4)因求保护占有状态涉讼者;(5)因定不动产之界线或设置界标涉讼者。初级审判厅实行独任制,所有案件均有一名推事独任裁判。实际上,初级审判厅在清末及北洋政府时期并未普遍设立,仅在一些大中城市才存在。在未设置初级审判厅的地区,其职责大多由县知事代为行使。

初级审判厅内还设有初级检察厅，设置检察官一至二人，录事二人。看守所所官一人。《清史稿·职官志六》记载："京师初级审判厅：(区为五处)刑科、民科推事各1人，(从六品。奏补)；录事2人。于轻罪为初审，推事1人讯断之，是为单独制。"

参考书目

1. 张勤：《中国近代民事司法变革研究——以奉天省为例》，商务印书馆2012年版。
2. 张培田、张华：《近现代中国审判检察制度的演变》，中国政法大学出版社2004年版。

(倪晨辉)

黜陟使

唐代监察使职。将全国分为十几个道，即监察区，由中央派官员前往巡视。其职掌是"察长吏之不肖，问民间疾苦，礼高年，赈穷乏，起久淹"(《资治通鉴》卷一九四)，"掌察所部善恶，举大纲。巡省天下诸州，有巡察、安抚、存抚之名"(《新唐书》)。可以便宜行事，直接处置一些违法犯忌的官员。唐太宗贞观八年(634年)，派李靖等13人为"黜陟大使"，贞观二十年(646年)又派大臣以六条巡察全国各地，考察官吏，进行奖惩，并了解各地情况。唐玄宗、肃宗时，也曾遣使出巡。唐德宗建中元年(780年)，在各道设黜陟使，以统一税制，同时考察地方官吏的政绩。后废此官。在唐德宗之后，黜陟使和采访使又演变为观察使，由观察使行使中央对地方的行政监察的职能。参见观察使条、采访使条。

(张田田)

辞曹

汉中央及地方政府中分掌辞讼的机构。中央公府如丞相府、太尉府置，主辞讼事。《后汉书·百官志》载："太尉……掾史属二十四人……辞曹主辞讼事。"《汉旧仪》载："丞相府辞曹以明晓法令者任之。"郡国县因置为辞曹掾、史。

(张田田)

刺史

由出巡地方的监察官演变而成的地方行政区域州的最高行政长官。秦代设有监御史，监督各郡，汉初废除秦朝常驻地方的监御史，由丞相府派遣"丞相史"监察郡、县。据《汉书·百官公卿表》载："监御史，秦官，掌监郡。汉省，丞相遣史分刺州，不常置。武帝元封五年初置部刺史，掌奉诏条察州，秩六百石，员十三人。成帝绥和元年更名牧，秩二千石。哀帝建平二年复为刺史，元寿二年复为牧。"汉武帝于元封五年(公元前106年)废除监察郡国的丞相史，分全国为十三州部，除京师所在的州长官称司隶校尉外，其余十二州各设部刺史一人，秩六百石，无固定治所(官署驻地)。顾炎武评价："夫秩卑而命之尊，官小而权之重，此小大相制，内外相维之意也。"(《日知录》卷九《部刺史》)汉成帝绥和二年(公元前7年)因刺史秩仅六百石，而监二千石守相，以下临上，多有不便，乃改为州牧，秩二千石，位次九卿。汉哀帝建平二年(公元前5年)复为刺史。元寿二年(公元前1年)再改州牧。东汉建武十八年(42年)复为刺史，中平五年(188年)再置牧。东汉以后，州刺史的权力逐渐增加，有固定治所、官署和幕僚组织，州逐渐由监察区变为地方行政区，州刺史也由监察官变化为一州之长，成了地方最高一级的行政长官，以后渐渐发展成为地方割据势力。

“刺”，是指刺举，侦视揭发不法；“史”，是指为天子所遣之使者。刺史到地方，“掌奉诏条察州”，省察治状，“以六条问事”：“一条，强宗豪右田宅逾制，以强凌弱，以众暴寡。二条，二千石不奉诏书遵承典制，倍公向私，旁诏守利，侵渔百姓，聚敛为奸。三条，二千石不恤疑狱，风厉杀人，怒则任刑，喜则淫赏，烦扰刻暴，剥截黎元，为百姓所疾，山崩石裂，袄祥讹言。四条，二千石选署不平，苛阿所爱，蔽贤宠顽。五条，二千石子弟恃怙荣势，请托所监。六条，二千石违公下比，阿附豪强，通行货赂，割损正令也。”（《汉书·百官公卿表》颜师古注引《汉官典职仪》）诸州部刺史开始时，不得于“六条”之外过问其他工作，后来限制渐松。到西汉末年，部刺史的权力已很重，超出六条诏书监察范围，侵夺郡国守相的权力。十三部州刺史是全新的地方监察制度，刺史在监察区设立了固定的办公衙署，高居郡国之上，不受郡国管控，却又就近监督郡国守相，充当中央的特派员，受理吏民的检举告发。刺史也不受丞相府管辖，而是隶属中央专司监察的御史中丞。郡县制下，从中央到地方郡县政府，分别有州刺史、郡督邮、县廷掾，形成层层监督的监察网。

三国魏晋南北朝，重要州、郡的刺史由都督兼任，权力更大。隋初雍州置牧，其余各州并置刺史，开皇三年罢郡，以州统县，刺史名存实亡。唐朝的节度使、观察使兼任驻地的州刺史，辖境内的各州刺史皆为其属官，以刺史为太守之互名，降为节度使、观察使的下属，刺史的职位渐轻。其地位相当于汉代郡守。

宋制，以朝臣充知州，管理一州行政事务，虽仍有刺史一官，但仅属虚衔，并不赴任。到元、明、清以后，刺史之官名也废而不用，刺史成为太守的别称。顾炎武《日知录》称：“汉之刺史犹今之巡按御史，魏晋以下之刺史犹今之总督，隋以后之刺史犹今之知府及直隶知州也。”

（张田田）

大理寺

中国古代司法机构名，又名法寺、棘寺。大理寺为中国古代三大司法机构之一，与刑部、御史台（明清为都察院）并称为三法司。中国古代把法官称为“理”“李”“士”。夏朝时负责司法审判的机构为“大理”；春秋战国时期，主管司法审判的官员为“司寇”；秦汉时为“廷尉”，汉景帝曾一度改名为“大理”，后又重新称为“廷尉”。魏晋南北朝时期，中央审判机关仍为廷尉（仅三国时的孙吴称大理，北周因仿效西周而称秋官大司寇）；曹魏时，曾在廷尉以下增设律博士一人。北齐时始设大理寺，之后历代相沿不变。原来秦汉时代的廷尉，既是官府机关的名称，又是职官的官名。从北齐开始，才将机关与官职分称为大理寺与大理寺卿。唐高宗龙朔二年（662 年）曾一度将大理寺改名为详刑寺，咸亨元年（670 年）恢复其原名。唐睿宗光宅元年（684 年）又将大理寺改名为司刑寺，唐中宗神龙元年（705 年）恢复其原名。“大唐龙朔二年改大理为详刑，咸亨元年复旧。光宅元年改为司刑，神龙元年复旧”（《唐会要》卷六六）。宋元明清均称为大理寺。清朝光绪三十二年（1906 年）机构改革，改大理寺为大理院，大理寺遂不复存在。

北齐时，大理寺设大理寺卿、大理寺少卿、大理寺丞、正、监、平等属员外，还增设律博士四人，明法掾二十四人，捉事督二十四人，掾十人，狱丞、掾各二人，司直、明法各十人，机构规模显著扩大，但职权却比秦汉廷尉略有缩小，仅掌司法审判，失去原廷尉拥有的司法行政权。唐朝大理寺设大理寺卿一人，正三品；少卿二人，正二人，丞六人，主簿二人，录事二人，狱丞四人，狱史、亭长、掌固、问事、评事、司直若干人。宋朝大理寺还设置有左断刑、右治狱，专门负责不同类型的案件。宋朝大理寺组织略同于唐制，但多为虚职，司法实权为审刑院所掌握。明清时期大理寺内设左右寺，专门负责复审京畿地区和十三省布政司上报的刑事案件，明清时期的大理寺还会与都察院、刑部一同负责审理重大疑难案件，俗称“三司会审”制度；遇有应议大政、大狱的，大理寺还与六部、都察院、通政司一同进行会审，俗称“九卿会议”制度。

隋唐时大理寺的职权逐渐稳定，成为中央最高审判机构，主要负责审理中央百官及京城徒刑以上的案件。隋文帝开皇十二年（592 年）以法官引用律令审断案件常常出现差错，罪同论异，于是下诏各州死罪不得独立断决，要全部移送大理寺案覆，大理寺审判完后再上报刑部奏裁。

唐朝大理寺卿主要负责“掌邦国折狱详刑之事”，少卿“为之贰”，正负责“参议刑辟，详正科条之事。凡六丞断罪不当，则以法正之”，丞负责“掌分判寺事”，主簿负责“掌印，省署抄目，勾检稽失”，录事负责“受事发辰”，狱丞负责“率狱吏，检校囚徒，及枷杖之事”，问事负责“决罪人”，评事负责“出使推核”（《旧唐书·职官志三》）。唐朝大理寺对于徒刑以上的囚犯，要告诉囚犯与其家属所定的罪名，问其犯罪情况，如果犯人不伏法，则允许犯人自己论理。若犯人无理，就依犯人原先的犯罪情况断定罪名，再上报刑部，刑部复核有不同或相同意见的，要把案件发回大理寺，大理寺再次详尽其情理上报，或重新作出判决。大理寺受理州府疑案，除把犯人押到京城审判外，有时还派法官前往外地审判案件。大理司直职掌“承制出使推覆，若寺有疑狱，则参议之”。评事掌“出使推按”，凡如果大理寺中有疑难狱案，大理司直也参与审议。凡是大理寺审断案件，法官们即大理卿、少卿、丞、司直、评事都要连署其名，共同负责。由此可见，唐代大理寺内部分工较细，法官们各自的职责都规定得较为明确，且各法官之间互相制约。如丞所审断的案件，大理正可以依据法律加以监督；所有大理寺断的案件，各法官们都要连署其名，对案件共同负责。这有助于增强法官们的责任感，防止法官枉法裁判。大理寺作为中央审判机构，主要职掌审判，但也兼有其他职责，主要包括对监狱的管理，参与修改律令，以及奉旨临时当差出使。大理寺对监狱的管理要受到刑部的监督，唐朝刑部不设监狱，也没有典狱官。但它却是管理监督全国监狱事务的最高职能机关。太宗贞观年间定制，刑部每月都要向皇帝奏报一次京城地区禁囚的状况，大理、京兆府都要在每月二十五日以前将所管囚犯原由和关押时间申报刑部。大理寺官员也参与律令修改，但究竟是什么级别的大理寺官员才能参与律令的修改，唐朝没有明确的制度规定，具体哪次由谁参加修订要由皇帝的诏敕临时决定，具有很大的随意性和灵活性。唐朝大理寺审判的范围是犯罪的中央政府官以及京城辖区徒刑以上案件，金吾卫纠获的犯罪人，也送大理寺审决。大理寺还负责审判刑部移交复审的地方死刑、疑案。在京城诸司杖刑以下的罪囚，则由该司审断，不用送大理。大理寺对流刑、徒刑判决后要送刑部复核。地方司法机关对死刑只有判处权，而无批准权，大理寺对死刑有审批权，但要申报刑部，由中书门下详复。死刑还要上奏皇帝批准后才能执行。对审判不当的案件，大理寺有否决权，可以驳回其审判。若是处杖刑、笞刑等罪刑，大理寺可独自判决。若是特别重大的疑难案件，则由大理寺与刑部、御史台组成“三司”，联合审讯。大理及京兆、河南判处徒刑的案件要上报刑部审核，官员被判刑后又昭雪或减刑的案件，也要上报刑部审核，如果案情清楚，引用律文无误，量刑适当，即批复下来交原审官署执行。如有不当者，刑部则加以驳正。大理寺和各州判处流刑、死刑的案件，以及要除、免、官当的案件，都要写明案件事实申报刑部，经过刑部复核，情节清楚，罪刑相当则奏请皇帝裁决。若案件情节不明，罪刑不当，在京外的由刑部派遣官员到案件发生地点复审，在京城的发交刑部复审定案。由此看出，大理寺负责具体案件的审判。刑部是大理寺的上级机构，对大理寺所判决的流刑以上的案件有复核和监督权。但刑部不是一级审判机构。即使在与大理寺、御史台共同组成"三司"，审理重大案件（称三司推事）、受理冤案申诉（称三司受事）的情况下，也并不具有独立的审判机构的性质。对于应当报刑部批准复核的案件，大理寺不得擅自决断。

宋朝初期，大理寺为慎刑机构，主要负责复核审刑院作出的判决。"凡狱讼之事，随官司决劾，本寺不复听讯，但掌断天下奏狱，送审刑院详讫，同署以上于朝"（《宋史·职官志五》）。宋神宗元丰三年（1080年）审刑院并归刑部后，大理寺重新成为中央最高审判机构，此时具体负责审判事宜的机构是大理寺下设的左断刑、右治狱。左断刑负责审理文武官员犯罪及死刑复核，"天下奏劾命官、将校及大辟囚以下以疑请谳者，隶左断刑"（《宋史·职官志五》）。右治狱负责京师地区的刑案及特旨委勘、追究官物等事宜，"若在京百司事当推，或特旨委勘及系官之物应追究者，隶右治狱"（《宋史·职官志五》）。北宋前期，大理寺不置狱，与审刑院一起负责天下奏狱的复审工作，从这个角度讲，大理寺与审刑院均属于"谳司"，即负责检法断刑。然而，由于审刑院以大理寺审断结果为工作对象，重新加以详议，因而宋人更多的套用普遍施行的鞫谳分司原则，将大理寺列为"鞫司"，以审刑院为"谳司"。在负责天下上请狱案复审的中央司法系统中，大理寺、刑部负责复断，为"鞫司"，审刑院职在详议奏谳，为"谳司"。宋朝大理寺作为中央审判机构，主要职掌是审判，但也兼负着与法律相关的其他职责，主要包括修改、编订律令，组织法律考试，管理监狱等。元丰元年（1078年）十二月，因开封府狱事繁多，宋神宗认为宋初废除大理狱不妥，于是决定复置大理狱，京师百司之狱归于大理。元丰改制后，大理寺下设右治狱，掌审讯京师刑案。具体规定为：凡原属送三司和各寺、监等承受断遣的刑狱公事，除本司公人犯杖、笞罪，不属应该追究、随处裁决外，其余并移送大理寺结断。大理寺狱流以下罪长官亲自"录问决遣"，大辟罪要碟报御史台，选差曾任亲民常参官一员，与纠察司官员，一起就寺复审。

元朝不设大理寺。明太祖洪武十五年（1382年）废除丞相，改由皇帝直接统领六部。为防止刑部断案不明，重设大理寺复核刑部所作的判决，明朝大理寺的职权因此发生了重大变化，从原本的中央最高审判机构变为中央最高复核机构，审判职能改由刑部负责。"明大理寺掌审谳平反刑狱之政令"，"凡刑部、都察院、五军断事官所推问狱讼，皆移案牍，引囚徒诣寺详谳"（《续文献通考·职官五》）。"刑部受天下刑名"，"大理寺驳正"（《明史·刑法志二》）。明朝大理寺下设左、右寺，大理寺左、右寺专门负责复审京畿地区和十三省布政司上报的刑事案件。"左、右寺分理京畿、十三布政司刑名之事"（《明史·职官志二》）。清沿明制，设大理寺卿满汉各一人，正三品；大理寺少卿满汉各一人，正四品。清末机构改革，于光绪三十二年（1906年）改大理寺为大理院，重新成为全国最高审判机关。大理院为中央最高审判机关，除宗室官员犯罪及抵抗政府行为等案件外不得受理其他案件，但可作为复审机关审理当事人不服高等审判厅判决的上诉案件，并可作出终审判决。民国时大理院仍为中央最高审判机关。

（倪晨辉）

大理寺卿

中国古代司法官名。大理寺卿是中国古代最高司法机构之一的大理寺的长官。前身为秦汉时的廷尉。北齐始置，后世沿之。“廷尉，北齐曰大理寺，置卿，少卿各一人”（《文献通考·职官十》）。宋朝大理寺卿为寄禄官，并不掌有实际权力，而是以朝臣一至二人判寺事，负责具体事务，“大理寺掌断天下奏狱，以朝官一员或二员判寺事，一员权少卿事”。“判大理寺事”成为此时大理寺长官的称谓，简称“判大理寺”。辽国南面官中的大理寺也不设大理寺卿，而是以提点大理寺为大理寺的长官。

大理寺卿为中国古代九卿之一，官秩正三品。北齐至宋时主要拥有案件的最高审判权：“掌邦国折狱祥刑之事，少卿为之贰。凡犯至流，死，皆详而质之，以申刑部，仍于中书，门下详复。凡吏曹补署法官，则与刑部尚书，侍郎议其人可否，然后注拟”（《旧唐书·职官志三》）。大理寺卿在具体办案过程中，主要使用“五听”来审查案件，即气听、色听、视听、声听、词听。用“三虑”来使案件的审理更为合情合理。即一要明慎，以谳疑狱；二要哀矜，以雪冤狱；三要公平，以鞫庶狱。大理少卿为大理卿的辅佐，凡是各机构官员所送的犯徒刑以上的案件，九品以上官吏犯了要减免状的案件以及庶人犯流刑、死刑以下的案件都由其审断。如果被囚禁的犯人没有被审讯判决完，或被关押于监狱中案子还未结断，每隔五日一审断。对于因为拖延而长期被关押于监狱中没有被审问的，或知道其犯罪情况但推证不详尽的，或告一人犯数件案子，以及被告人有数罪，重罪已证明是事实，而轻罪还没有审决的，都加以审理判处。凡是中外官吏有犯罪的，已审断且已上奏皇帝，犯人仍然称冤，对该案件也要重新详细审理。总之，凡重大疑狱，一般由大理卿、少卿亲自审讯。

明清时大理寺主要拥有案件的最高复核权，因此大理寺卿主要负责：“掌平反重辟，以贰邦刑。与刑部，都察院称三法司。凡审录，刑部定疑谳，都察院纠核。狱成，归寺平决。不协，许两议，上奏取裁。并参豫朝廷大政事。少卿佐之”（《清史稿·职官志二》）。参见大理寺条。

（倪晨辉）

大理寺狱

中国古代中央司法机构大理寺下设的监狱，北齐时改廷尉为大理寺，廷尉狱因此改名为大理寺狱，也称大理狱，后历朝基本沿用之。唐朝时大理寺狱主要拘禁诸司有罪者及左右金吾卫捕获的人犯。“凡州县皆有狱，而京兆河南狱治京师，其诸司有罪及金吾捕者，又有大理狱”（《新唐书·刑法志》）。宋初不置大理寺狱。“旧制，大理寺谳天下奏案而不治狱”（《宋史·职官志五》）。神宗元丰元年(1078 年)复置，“大理有狱尚矣……其复大理狱……应三司、诸寺监吏犯杖、笞不俟追究者，听即决，余悉送大理狱”。宋哲宗元祐三年(1088 年)罢大理寺狱，绍圣三年(1096 年)复置。元朝不设大理寺，因此也不存在大理寺狱。明朝初期复置大理寺狱，但之后取消了大理寺的审判权，改由刑部负责审判，大理寺负责复核，因此大理寺狱也不复存在。清沿明制，大理寺下不设大理寺狱。

（倪晨辉）

大理寺左右寺

明清时期大理寺内设的司法机构名。明朝时，大理寺左、右寺为专门负责复审京畿地区和十三省布政司上报的刑事案件的机构。“左、右寺分理京畿、十三布政司刑名之事。……左、右寺寺正,各随其所辖而覆审之”(《明史·职官志二》)。大理寺左、右寺各设寺正一人,正六品;寺副二人(后革右寺寺副一人),从六品;评事四人(初设右评事八人,后革四人),正七品。最初左右寺分工为:两京、五府、六部、京卫等衙门上报的刑事案件,属左寺管辖。顺天、应天二府,南、北直隶卫所、府州县与浙江等布政司、都司、卫所上报的刑事案件,属右寺管辖。后因当时“天下罪囚,类不解审”,故右寺所负责的案件数远远少于左寺。为了优化机构设置,在万历九年(1581 年),重新对大理寺左右寺的职责进行了划分,其中“浙江、福建、山东、广东、四川、贵州六司道,左寺理之。江西、陕西、河南、山西、湖广、广西、云南七司道,右寺理之”(《明史·职官志二》)。左、右寺寺正,对于所管辖的案件进行复审:“既按律例,必复问其款状,情允罪服,始呈堂准拟具奏。不则驳令改拟,曰照驳。三拟不当,则纠问官,曰参驳。有牾律失入者,调他司再讯,曰番异。犹不惬,则请下九卿会讯,曰圆审。已评允而招由未明,移再讯,曰追驳。屡驳不合,则请旨发落,曰制决。凡狱既具,未经本寺评允,诸司毋得发遣。误则纠之”(《明史·职官志二》)。

清朝大理寺左、右寺各设寺丞满人一人、汉军一人、汉一人,评事汉一人,笔贴式满人四人、汉军二人。左、右寺丞最初为满人四品,汉人六品,顺治十六年(1659 年)并定为六品,康熙六年(1667 年)升五品,康熙九年(1670 年)改定为正六品。大理寺左、右寺寺丞“掌覈内外刑名,质成长官,参纠部谳。评事掌缮左、右两寺章奏”(《清史稿·职官志二》)。清朝大理寺左右寺主要负责分核内外之刑名。“凡重辟,在京者,左右寺各会其刑司,与其道而听之,以质成於卿,少卿。左右寺官暨各道御史过部,与承办之司官会审,日‘小三法司’,各以供词呈堂。大理寺堂官复与部院堂官会审,无疑义者,俟刑部定稿送寺,堂属一体画题。在外者,寺受揭帖。各省总督巡抚具题重辟,皆以随本揭帖投寺,各按其应分轮,发左右寺。各定谳,以质成於卿、少卿,而参合於部谳。左右寺先据揭帖,详推案情,与所拟罪名,所引律例,是否符合,预定谳语呈堂,俟刑部定稿送寺,谳语相合无疑义者,堂属一体画题。凡重辟,必三法司之议协於一,而后狱成。三法司会核之案,由刑部定稿钤印,会都察院及寺画题。限八日送回,如有改易,亦限八日内声明缘由交回酌议。刑部定期移知院寺赴部,细绎案情,详推例意,各秉虚公,画一定谳。不协,许两议,候上裁决焉。三法司核拟重案,如迹涉两是,有一二人不能尽归画一者,许各抒所见,候旨酌夺。但不得一衙门立一意见,判然与刑部立异,其有两议者,刑部进本时,亦不得夹片申明前议之是,指驳后议之非,惟当两议并陈,静候上裁”(《大清会典》卷六十九)。大理寺左、右寺不但负责复审各地上报的刑事案件,还负责热审的复核工作。“凡热审左右寺各会其刑司,与其道而决之。每年小满后十日起,至立秋前一日止,如立秋在六月内,以七月初一日为止,左右寺会刑部各司与各道,将刑部现审之案审拟呈堂,笞罪宽免,枷杖减等,其犯暂行保释,俟立秋后送部发落,按奉汇题。重囚内有可矜疑者,请旨定夺”(《大清会典》卷六十九)。

(倪晨辉)

大理院

清末及北洋政府最高审判机构名。大理院前身是大理寺,在光绪三十二年(1906 年)机构改革中改名为大理院,专门负责审判工作。大理院长官为大理院正卿,副手为大理院少卿,首任大理院正卿为沈家本。大理院下设推丞、民科、刑科、典簿厅、详谳处等机构,附设总检察厅、看守所。大理院在京直辖厅、局有：京师高等审判厅，京师城内、外地方审判厅，京师分区城谳局。大理院的属官有：推丞2人、刑事推事19人、民事推事9人，总检察厅丞1人、检察官6人、主簿1人、录事4人，及看守所所长等。

大理院属于清末中央最高审判机关，"正卿掌申枉理谳，解释法律，监督各级审判，以一法权"（《清史稿·职官志六》）。少卿则"佐之"。虽然大理院正卿是大理院最高行政长官，但他并不能指挥具体案件的审判，仅对大理院事务进行全局上的统筹把握。大理院民、刑二科的推事大多为归国留学生。据统计，民国十一年（1922年）时，大理院43名推事中，40人留学日本，2人留学欧美，仅一人没有海外留学经历，可见大理院具体审判人员专业素质之高。大理院下设的机构职责主要为：推丞二人分别负责民、刑案件，参议疑狱。推事主要负责具体的审判工作，如受理各类上诉案件、官犯、国事犯及会同宗人府审理重罪案件。民科掌宗室诤讼，披详民事京控上诉法状；刑科掌被旨推鞫宗室官犯，披详刑事京控上诉法状；都典簿掌簿籍罪囚；典簿掌出纳文移。大理院附设总检察厅，掌管大理院民、刑案件之检察事务，监察各级检察厅，调度司法警察官吏。总的来说，大理院主要负责：（1）终审案件，其中包括不服高等审判厅第二审判决而上告之案件，不服高等审判厅之决定或其命令而按照法令而抗告之案件。（2）第一审并终审案件，即依法令属于大理院特别权限之案件。简言之，大理院受理不服高等审判厅第二审判决的上告案件和不服高等审判厅的决定或命令的案件及大理院负责的第一审案件。值得注意的是，大理院从未审理过作为第一审开庭的案件。此外，大理院还负责进行案例汇编及司法解释工作。大理院以合议庭的方式进行案件审理，合议庭成员共五人，以资历最深者为合议庭庭长。1929年，国民党政府时期改大理院为最高法院。

参考书目

1. 张兆凯主编：《中国古代司法制度史》，岳麓书社2005年版。
2. 张勤：《中国近代民事司法变革研究——以奉天省为例》，商务印书馆2012年版。

（倪晨辉）

大司寇

《周礼》所记秋官之长，辅佐天子掌管刑狱的最高司法官。《周礼·秋官·大司寇》载："大司寇之职，掌建邦之三典（法），以佐王刑邦国，诘四方。一曰刑新国，用轻典；二曰刑平国，用中典；三曰刑乱国，用重典。以五刑纠万民：一曰野刑，上功纠力；二曰军刑，上命纠守；三曰乡刑，上德纠孝；四曰官刑，上能纠职；五曰国刑，上愿纠暴。"大司寇负责建立和颁布治理天下的三法，即治理新建之国的轻法、治理旧国的中法、惩罚乱国的重法。此外还用五种刑法来考察民众：对野民的刑法、对军队的刑法、对六乡之民的刑法、对官府的刑法、对国都之民的刑法。大司寇在周王领导下主管全国重大司法审判事务。对一些不能独立决定的案件，则需上报周王最后裁断，或由周王指派高级贵族进行议决。如《礼记·王制》所载："大司寇以狱之成告于王，王命三公参听之；三公以狱之成告于王，王三宥然后制刑。"

大司寇"以圜土聚教万民。凡害人者，寘之圜土而施职事焉，以明刑耻之。其能改过，反于中国，不齿三年。其不能改而出圜土者，杀。以两造禁民讼，入束矢于朝，然后听之。以两剂禁民狱，入钧金，三日乃致于朝，然后听之"。意即大司寇用狱城管理那些不良民众：能在三年之期内改过自新者，将其释放；不能改过且逃窜者，处死。在处理诉讼的时候，采取两造、两剂之法，入矢、入钧金之法，以防止虚假之辞。

大司寇“以嘉石平罢民。凡万民之有罪过而未丽于法，而害于州里者，桎梏而坐诸嘉石，役诸司空。重罪，旬有三日坐，期役；其次九日坐，九月役；其次七日坐，七月役；其次五日坐，五月役；其下罪三日坐，三月役。使州里任之，则宥而舍之。以肺石达穷民。凡远近茕独老幼之欲有复于上，而其长弗达者，立于肺石三日，士听其辞，以告于上，而罪其长”。意即大司寇用嘉石改造不良之民。根据罪的大小，分别罚坐嘉石十三天、九天、七天、五天、三天，服役一年、九个月、七个月、五个月、三个月。此外大司寇还用在民间立肺石的方法来使受了冤屈的民众能够有冤可诉。其做法是让有冤之人立于肺石之上三日，将其冤情诉于朝士，由朝士上报朝廷。

大司寇还负责在“正月之吉日，布刑于邦国都鄙，乃悬刑象之法于象魏，使万民观刑象”。即在正月朔日，向邦国都鄙宣布刑法。

大司寇“凡邦之大盟约、莅其盟书”，即在诸侯订立盟约时，亲临监视记载盟书。在王与诸侯订立盟约的时候，大司寇必须亲自监督，并将盟书上交天府藏于祖庙之中。大史、内史、司会、六卿收藏盟书的副本。

在处理狱讼时，根据对象不同，大司寇适用不同的法律。“凡诸侯之狱讼，以邦典定之，凡卿大夫之狱讼，以邦法断之，凡庶民之狱讼，以邦成断之”。在处理诸侯之间的狱讼时，大司寇使用王国的六典来断定是非；卿大夫之间的狱讼，使用王国的八法来裁断；庶民之间的狱讼，用王国的八成来判断。

大司寇还兼有礼仪方面的职责。在大的祭祀的时候，大司寇负责奉进犬牲。用禋祀祭祀五帝，宣告祭祀的时间，告诫百姓和府吏，为王做向导。在举行朝觐、会同德时候，也为王的向导，大丧的时候也是。

大司寇还兼有军事管理上的职责。在诛戮违反军法的将士时，亲临监刑。在重大军事活动的时候，亲自监斩犯罪的将士；王国有大事时，宣布禁止闲人通行。

北周设秋官府，以大司寇卿为长官。参见秋官府条。

（张田田）

大司马

掌军事的高官，职权与刑法相关，负有一定的监察、司法责任。《周礼》所记夏官司马之长，主兵事、掌邦政。《周礼·夏官·司马》载：“惟王建国，辨方正位，体国经野，设官分职，以为民极，乃立夏官司马，使帅其属而掌邦政，以佐王平邦国。”其属官有小司马、军司马、舆司马、行司马等。

大司马除掌管军政、统帅军队外，“掌建邦国之九法，以佐王平邦国，制畿封国，以正邦国，设仪辨位，以等邦国；进贤兴功，以作邦国；建牧立监，以维邦国；制军诘禁，以纠邦国；施贡分职，以任邦国；简稽乡民，以用邦国；均守平则，以安邦国；比小事大，以和邦国；以九伐之法邦国；冯弱犯寡，则告之；贼贤害民，则伐之；暴内陵外，则壇之；野荒民散，则削之；负固不服，则侵之；贼杀其亲，则正之；放弑其军，则残之；犯令陵政，则杜之；外内乱，鸟兽行，则灭之”。大司马负责建立有关诸侯国的九项法则，以辅佐王成就诸侯国的治理。制定诸侯国的疆域，确定它们各自的界限；为诸侯国设定仪法、辨别尊卑，明确等级；选举贤能有功的人，激发臣民的积极性；设立州牧和国君，维系邦国的臣民；建立军队惩治和严禁违法者，纠正邦国的失误；分配诸侯国交纳的贡赋，确定诸侯国的合理负担；审查诸侯国的民数，以便于诸侯国任用民力；建立合理的守卫土地之法，以安定诸侯国。使大国和小国相亲，使小国服从于大国，从而使各诸侯国之间和睦相处。用九伐之法来规制诸侯国。对于以强欺弱、以大欺小的诸侯国，就削弱它；对于杀害贤良的民众的诸侯国，就讨伐它；对于对内暴虐、对外欺凌邻国的，就推翻它，另立新君；对于有土地荒芜、人民离散的诸侯国，就削减它的领地；对依仗险固地形而不服从的诸侯国，就派兵进入它的国境以示惩罚；对于无辜杀害亲族的，就抓起来问罪；对于放逐或弑杀国君的，就处死它；对于违反王的命令、轻视国家法令的，就堵塞它与邻国交通的途径；对于行为如同禽兽的，就诛灭它。

春秋时各国大司马多为最高武官、作战总指挥，专掌军法，兼掌制赋、教军旅等；其佐助称为少司马，战国沿之。秦以太尉掌军事行政，汉初承秦制，置太尉掌军事行政。汉武帝元狩四年初，废太尉，置大司马，以冠将军之号。任此职位者，大权在握，实际上已掌握了宫廷全部政务及军事。汉宣帝地节三年（公元前 67 年）置大司马，不冠将军，无印绶官属。成帝绥和元年初赐大司马金印紫绶，置官属，禄比丞相，与丞相、御史大夫并为三公。哀帝建平二年（公元前 5 年）复去大司马印绶、官属，冠将军如故。元寿二年（公元前 1 年）复赐大司马印绶，置官属，去将军，位在司徒上。有长史，秩千石。东汉时，又改名太尉，掌四方兵事，与司徒、司空共治国事，合称三公。光武二十七年（51 年），三公去“大”字，为司徒、司马、司空。至汉灵帝末，又别置大司马。《后汉书・百官志》载：“太尉，公一人。本注曰：掌四方兵事功课，岁尽即奏其殿最而行赏罚。凡郊祀之事，掌亚献；大丧则告谥南郊。凡国有大造大疑，则与司徒、司空通而论之。国有过事，则与二公通谏争之。世祖即位，为大司马。建武二十七年，改为太尉。职责包括商议朝政大事。可开府自辟僚属，府中掾属分曹治事，下设贼曹、辞曹、决曹、法曹等。”

三国以后多以丞相掌实权，三公为虚衔。晋代大司马为“八公”之一。南北朝时大司马、大将军为二大。南朝刘宋政权及北魏都曾置大司马掌武事。北周时为夏官，称大司马卿，掌国政。隋以后废。

（张田田）

大司徒

《周礼》所记主管教化之官，地官之长，后世三公之一，参议国事。“大司徒之职，掌建邦之土地之图与人民之数，以佐王安抚邦国”（《周礼・地官・司徒》）。西汉哀帝元寿二年（公元前 1 年）罢丞相，置大司徒，与大司马、大司空，并称三公。

（张田田）

大宗正府

金元时期掌管宗族事务的中央机构。秦代始置宗正，为皇族事务机关的长官，九卿之一，多由皇族充任，汉代沿置。以后各代均置，职掌大体相同。唐时称为宗正寺，宋设大宗正司，辽称特里衮。金代在中央设置大宗正府，负责掌管与皇族宗室相关的事务，长官为判大宗正事，官秩从一品，由皇族成员担任，负责“敦睦纠率宗属钦奉王命”（《金史・百官志一》）。属官有同判大宗正事一员，从二品，由宗室成员担任；同签大宗正事一员，正三品，由宗室成员担任；大宗正丞二院，从四品，一员由宗室中有才干者担任，一员不限亲疏；知事一员，从七品；检法若干员,从八品。章宗泰和六年(1206 年),因避睿宗讳,改名为大睦亲府。

元代大宗正府为札鲁忽赤的官署,不再负责管理宗族事务,而以负责刑狱事宜为主,以其他事务为辅。"凡诸王驸马投下蒙古、色目人等,应犯一切公事,及汉人奸盗诈伪、蛊毒厌魅、诱掠逃驱、轻重罪囚,及边远出征官吏、每岁从驾分司上都存留住冬诸事,悉掌之"(《元史·百官志三》)。元世祖至元二年(1265 年)始置十人,至元三年(1266 年)减为八人,至元九年(1272 年),降从一品银印,不再负责一切公事,只理蒙古公事。以诸王为府长,其他官为御位下及诸王的有国封者。至元十四年(1277 年),增为十四人。至元十五年(1278 年),减为十三人。至元二十一年(1284 年),增至二十一人。至元二十二年(1285 年),增至三十四人。至元二十八年(1291 年)增官属至四十六人。大德四年(1300 年),减少五人。皇庆元年(1312 年),减少二人,以汉人刑名之事归刑部。泰定元年(1324 年),复命兼理汉人刑名之事,置札鲁忽赤四十二人,令史改名为掾史。致和元年(1328 年)始定上都、大都所属蒙古人并怯薛军站色目与汉人相犯者,归大宗正府断处;其余路府州县汉人、蒙古、色目词讼,悉归有司与刑部掌管。元代大宗正府长官为札鲁忽赤四十二员,从一品。属官有郎中二员,从五品;员外郎二员,从六品;都事二员,从七品;承发架阁库管勾一员,从八品;掾史十员,蒙古必阇赤十三员,通事、知印各三员,宣使十员,蒙古书写一员,典吏三员,库子一员,医人一员,司狱二员。明朝洪武三年(1370 年)设立大宗正院,后于洪武二十二年(1389 年)更名为宗人府,清沿用之。

参考书目

李孔怀:《中国古代行政制度史》,复旦大学出版社 2006 年版。

(倪晨辉)

大宗正司

宋朝中央行政机构名,主管皇室宗族各项事务,也负责宗族成员杖以下犯罪的审讯工作。宋仁宗景祐三年(1036 年)始置,设知大宗正事一人,同知大宗正事一人,由宗室贤者担任。元丰改制后,增设丞二人,由在京朝官担任。"元丰官制行,诏宗正长、贰不专用国姓。盖自有大宗正司以统皇族也"(《宋史·职官志》)。大宗正司负责纠合宗室族属加以训导,接受族属词讼纠其违失,对于皇族宗室犯罪的,先由宗正司负责审理,杖以下径自裁决,徒以上报由皇帝裁决。如无法审理的,则上报皇帝裁决。诸王宫邸官因事出入者,大宗正司需要每日予以登记,按季上报。大宗正事还负责总管宗室服属远近之数和赏罚规式,每年抄录存亡之数报宗正司。"掌纠合族属而训之以德行、道艺,受其词讼而纠正其愆违,有罪则先劾以闻;法例不能决者,同上殿取裁"(《文献通考·卷二五九》)。

大宗正司属官有记事一人,掌版奏;讲书、教授十二人,分位讲授,兼领小学之事。宋高宗渡江后,大宗正司不常置正官,只保留少卿一人,以太常兼。绍兴三年,复置少卿一人。五年,复置丞;十年,置主簿;隆兴元年并省。次年,诏丞、簿复旧制。嘉定九年,诏以宗学改隶宗正寺,自此寺官又预校试之事。分案二;曰属籍,曰知杂。吏额,胥长一人,胥史一人,胥佐二人,楷书二人,贴书二人。

参考书目

郭松义、李新达、李尚英:《宋朝典章制度》,吉林文史出版社 2001 年版。

(倪晨辉)

登闻鼓厅

清朝中央司法机构名。顺治初期，仿照宋朝制度于都察院外设置登闻鼓，由御史一人兼管，以通外情。顺治十三年（1656 年）改设在右长安门外，由给事中或御史一人轮流管理。康熙六十一年（1722 年）［一说为康熙六十年（1721 年），参见《钦定大清会典则例》卷一百五十《通政使司》］因通政使司与登闻鼓厅职权划分不明，于是把登闻鼓厅从都察院中分出并入通政使司，遂成定制。“通政使司通政使……其兼领者：登闻鼓厅，以参议一人分直，知事帅役巡察。笔帖式，满洲、汉军各一人，掌叙雪冤滞，诬控越诉者论如法。……康熙六十一年，以登闻鼓厅笔帖式来属。故事，通状、通政司状。鼓状，登闻院状。纷争无已。自控诉者赴都察院，以给事中或御史一人主受诉讼，至是停科道差，改隶本司”（《清史稿·职官志二》）。“登闻鼓，顺治初立诸都察院。十三年，改设右长安门外。每日科道官一员轮值。后移入通政司，别置鼓厅。其投厅击鼓，或遇乘舆出郊，迎驾申诉者，名曰叩阍。从前有擅入午门、长安门、堂子跪告，及打长安门内、正阳门外石狮鸣冤者，严禁始绝。即迎车驾而衝突仪仗，亦罪至充军。京控及叩阍之案，或发回该省督抚，或奏交刑部提讯。如情罪重大，以及事涉各省大吏，抑经言官、督抚弹劾，往往钦命大臣莅审。发回及駮审之案，责成督抚率同司道亲鞫，不准复发原问官，名为钦部事件。文武官犯罪，题参革职。道府、副将以上，遴委道员审理。同知、游击以下，遴委知府审理”（《清史稿·刑法志三》）。

登闻鼓厅长官由参议兼管，属官有知事、笔贴式满洲、汉军各一人，经承六人，分吏、户、礼、兵、刑、工六房办理所属事务。知事率役巡察登闻鼓，笔贴式负责“叙雪冤滞，诬控越诉者论如法”（《清史稿·职官志二》），经承负责处理与六部相关的事宜。击鼓鸣冤的案件，经查属实，或发回原审地方，由督抚审理；或交由刑部审理。如案情重大，或事涉地方大员，或言官御史各地督抚因此弹劾，则由中央派遣钦命大臣参与审理。若属诬告越诉，则送刑部按律加一等论处。《钦定大清会典则例》卷一百五十一记载：“顺治元年，设登闻鼓斗于部察院门首，每目御史一人，轮流监直。十三年，将鼓厅衙门移设于长安右门外，满汉科道轮流监直。六十年，停差科道，将鼓厅事务交司管理。其旧没笔帖式二人、书吏六名、皂隶六名并隶焉。雍正八年题准：鼓厅衙门，旧有科道轮流巡直，自归并通政使司管理以来，因未有专管之员，致有越过官墙妄行击鼓等事。嗣后鼓厅衙门，应令通政使司每日令参议一人轮流掌管。并令该衙门知事、委役昼夜巡察，如遇有击鼓之人，由司汛取口供。果有冤抑确据，奏闻请旨交部昭雪。若有诬妄越诉等情，即送部按例治罪，加一等发落。如有捏开大款，欲思泄忿，并将法司督抚衙门已结事件辄图翻案。聚众击鼓谎告者，将首犯照擅入午门、长安等门内口诉冤枉例发边卫充军，余人减一等发落。如究出教令主使之人身虽不行，亦照首犯治罪。”又载顺治十七年（1660 年）上谕：“凡登闻鼓之设，原以伸辨冤枉。近有无赖棍徒，本无冤枉，或希图报复，或受主使劈鼓抹项、持刀诈害者，明系无赖刁徒。嗣后如有此等，除原状不准外，将本人送刑部责四十板，照例于长安门外枷一日示众。凡设鼓，原恐民间受屈于贪官污吏，及官民被陷重罪冤枉无伸，俾得直，达天听。近见复辨官职者，纷纷见告，事多虚罔，不惟长嚣陵之风。且原非国家设鼓之初意也。嗣后凡官员被革被降者，既系职官，均应赴通政使司具奏。庶蝇营之徒，不致日集都门觊仕宦之捷径矣。至于奸民假托条陈，希图幸进，尤可痛恨，并应严禁。凡告鼓状，必明白开具情节，不许沾列款单，如列款单，不与准理。状后仍书代书人姓名，如不书代书人姓名，亦不与准理。凡民间冤抑，必亲身赴告，果本身羁禁，亦应的亲正身，确具籍贯年貌保结，方准抱告，违者不准。其有奸徒,代人击鼓挟骗者,即令直鼓官,即时拿送五城,严汛的实,照光棍例治罪。”

（倪晨辉）

登闻鼓院

简称“鼓院”,宋辽金元时期司法机构名。晋朝时初设登闻鼓,立于衙门之外,含冤之人可击鼓鸣冤。“西平人麴路伐登同鼓,言多袄谤,有司奏弃市”(《晋书·武帝纪》)。唐朝时于长安、洛阳东西朝堂设置“登闻鼓”,由右监门卫负责奏闻。宋初设置鼓司,负责处理击鼓鸣冤的案件,由内臣执掌。宋真宗景德四年(1007年)改鼓司为登闻鼓院,隶属于谏院的司隶、正言,由谏官担任,后也以京官兼任。“登闻鼓院,隶司谏、正言”(《宋史·职官志一》)。登闻鼓院负责受理文武官员及普通百姓的章奏表疏,具体包括朝政得失、公私利害、军期机密、陈乞恩赏、理雪冤滥,及奇方异术、改换文资、改正过名等事项。这些章奏表疏须先交由登闻鼓院处理,如果登闻鼓院不受理的,才可交登闻检院处理。“(登闻鼓院)掌受文武官及士民章奏表疏。凡言朝政得失,公私利害,军期机密,陈乞恩赏,理雪冤滥,及奇方异术,改换文资,改正过名,无例通进者,先经鼓院进状。或为所抑,则诣(登闻)检院。并置局于阙门之前”(《宋史·职官志一》)。辽朝于辽景宗保宁三年(971年)设置登闻鼓院,设登闻鼓使为长官,隶属于南面官门下省。金朝亦置登闻鼓院,设知院、同知院各一人,“掌奏进告御史台、登闻检院理断不当事”(《金史·百官志二》)。元朝时登闻鼓院隶属于中书省,元太祖至元十八年(1281年)三月辛酉,“立登闻鼓院,许有冤者挝鼓以闻”(《元史·世祖纪八》),负责处理杀人命案无处申诉者的申诉。如果申诉人以一些琐碎小事胡乱击鼓,则依法追究其刑事责任。“如为人杀其父母,兄弟,夫妇,冤无所诉,听其来击。其或以细事唐突者,论如法”(《元史·世祖纪五》)。清朝改登闻鼓院为登闻鼓厅。

参考书目

赵旭:《论唐宋之际登闻鼓职能的强化及影响》,载《唐史论丛》第十一辑。

（倪晨辉）

登闻检院

简称“检院”,宋辽金时期司法机构名。登闻检院前身为唐朝武则天时设置的理匦制度。武则天时,在洛阳东南西北四个方向各放置了一个匦(箱子),曰延恩、招谏、申冤、通玄。文武官员及普通百姓有冤屈或需告密,则把文书投入匦内。负责收集这些文书的官员叫理匦使,唐德宗后称为知匦使,宋初沿用。宋太宗雍熙元年(984年)改匦为检,并改四匦之称,东延恩为崇仁,南招谏为思谏,西申冤为申明,北通玄为招贤。太宗淳化三年(992年)设置理检司负责投匦文书的收集整理,宋太平兴国九年(984年)改名为登闻院。真宗景德四年(1007年)改名为登闻检院,以朝官判院事,隶属于谏议大夫。神宗元丰改制后登闻检院等级略高于登闻鼓院,登闻检院负责受理登闻鼓院不予受理的文武群臣及百姓的章奏表疏,平时五日上奏一次,如有重要情况,则即刻送交皇帝阅览。“登闻检院,隶谏议大夫;登闻鼓院,隶司谏、正言掌受文武官及士民章奏表疏。凡言朝政得失、公私利害、军期机密、陈乞恩赏、理雪冤滥,及奇方异术、改换文资、改正过名,无例通进者,先经鼓院进状;或为所抑,则诣检院。并置局于阙门之前”(《宋史·职官志一》)。宋朝的登闻鼓院、登闻检院逐渐独立成为正式的官署,设官分职更加制度化。南宋建炎三年(1129 年),诏“谏院不隶两省,别置局于中书门下后省之侧,许与两省官相见议事,以登闻检、鼓院专隶焉”。

辽、金亦设登闻检院,金代登闻检院隶属于御史台,设知登闻检院、同知登闻检院各一人,“掌奏御进告尚书省、御史台理断不当之事”(《续文献通考·职官四》)。

参考书目

赵旭:《论唐宋之际登闻鼓职能的强化及影响》,载《唐史论丛》第十一辑。

(倪晨辉)

地方检察厅

清末及民国时期市级检察机构名。地方检察厅为清末及民国时期设置在地方审判厅内的具有独立地位的检察机构。长官为检察长,正五品。属官为检察官二人以上,正六品。如辖区过大,可视情况设置地方检察厅分厅。其管辖范围与地方审判厅相同。

地方检察厅检察长的职责为纠正同级审判,监督下级检察厅。检察官的职责为对于刑事则遵照刑事诉讼律及其他法令之所定,实行搜查处分,提起公诉,实行公诉及检察判断之执行。对于民事及其他事件,则遵照民事诉讼律及其他法令所定,为诉讼当事人,或公益代表人,实行特定事项。遇有紧急事项,并可于管辖区域外行其职务。如与大理院审判特别权限之诉讼案件有关系时,并须服从总检察厅,检察长之命令,办理一切事务。书记官长与书记官的职责为负责检察厅内部的会计文牍及其他一切庶务。

参考书目

1. 钱端升等:《民国政制史》,上海人民出版社 2011 年版。
2. 张兆凯主编:《中国古代司法制度史》,岳麓书社 2005 年版。
3. 王桂五主编:《中华人民共和国检察制度研究》,中国检察出版社 2008 年版。

(倪晨辉)

地方审判厅

清末及民国时期地方审判机构名,中华民国国民政府时期改称为“法院”。清末改制,把各级审判权归于审判衙门,设立四级三审制,最高审判机构为大理院,在地方则为高等审判厅、地方审判厅及初级审判厅。地方审判厅设在京师及各地州府,长官为厅丞或厅长,总理全厅事务并监督其他行政事务,兼任某一庭庭长职务。地方审判厅根据案件数量分设民事、刑事庭数个,置二员以上之独任推事,每庭设置庭长一人,除厅长兼任的审判庭外,均以该庭推事兼任,负责监督该庭事务与案件分配,并置独任推事二人以上。更有书记长一人,书记官若干人。书记长的职责为听从厅长之命令,分配各书记官之事务,并监督书记官。凡录供编案、会计、文牍及庶务皆由书记长及书记官任之。此外更有翻译官,京师及商埠地方审判厅,可以特设以司翻译。各省因地方情形,得于地方审判厅所管之初级审判厅内设地方审判分厅。

地方审判厅主要负责审理民事、刑事案件及登记其他非诉事务,包括:第一审不属初级审判厅权限及大理院特别权限内之案件;第二审不服初级审判厅判决而控诉的案件;第二审不服初级审判厅的决定或其命令,按照法令而抗告的案件。地方审判厅实施合议制和独任制相结合的审判模式。对于地方审判厅负责审理的第一审案件,由推事一人独任审判;如果案件复杂的,经当事人请求或依审判职权,以三人组成合议庭进行审判。二审案件均由合议庭进行审理。

参考书目

钱端升等:《民国政制史》,上海人民出版社 2011 年版。

(倪晨辉)

地方刑事简易庭

全称为"地方审判厅刑事简易庭",民国时期地方初级审判机构。地方刑事简易庭始于民国三年(1914 年)四月,根据司法部第 215 号令《地方审判厅刑事简易庭暂行规则》设在京师地方审判厅内,负责简易刑事案件的初审工作。后因成效显著,在财力不足撤销初级审判厅的情况下,于各地地方审判厅下普遍设置地方刑事简易庭,专门负责地方上简易刑事案件的审理工作。地方刑事简易庭设在地方审判厅内,地方刑事简易庭设独任推事一人并配置检察官,主要负责审理下列案件:(1)有关犯罪事实的证据确凿的;(2)对于犯罪之刑为四等以下有期徒刑、拘役或罚金的;(3)刑事案件属于第一审的。案件是否属于简易刑事庭管辖,由地方检察厅检察长认定,凡不服简易庭判决的,可在地方审判厅合议庭声明上诉。

简易庭对收受的简易案件在 1 小时内开庭审理。审理终结后,即时谕知判决。简易庭推事自收受案件至谕知判决不得逾 2 日,必要时由地方审判厅厅长延长至 5 日。简易庭推事审理简易案件时,发现被告人另有未受公诉的犯罪或另有未受公诉的共犯应速知照检察官,另行处分。但本案仍得依简易形式判决。简易庭的判决宣告后,经询问当事人均表示舍弃上诉权时即为确定判决。依简易形式送交执行。简易庭的审判官和检察官,于每日收受及判决案件,应于次日报告审判厅长和检察长交书记课(科)登记。简易案件的起诉可以用口头方式,但应在笔录中记明。简易案件不付预审。简易庭推事如认为起诉案件不合管辖范围,得报地方审判厅厅长另行分配于其他审判庭。

参考书目

钱端升等:《民国政制史》,上海人民出版社 2011 年版。

(倪晨辉)

典签

原为掌管文书的下级官吏,南朝时被赋予监察宗室诸王和领兵都督职能而成为特务机关。宋齐时期,为监视出任方镇的宗室诸王和各州刺史,常由皇帝派亲信担任此官。皇帝为加强控制,乃派寒门出身的亲信为典签,监视方镇及刺史,出纳教命,密报方镇行藏,奉密旨处置方镇,实握全权。南朝宋中叶以下,幼小皇子出任方镇,君主皆以亲近左右领典签,刺史行事之美恶系于典签之口,其权渐重。职主伺察,一府或有三四员,常轮流还都奏事,或密疏启闻。梁以后权势渐衰,仍兼伺察之职。北齐州府皆置典签及史,多加将军号。北周大将军、丞相府亦置典签。

典签对于州镇没有明确的行政权,但由监察权推行而派生出来的对州镇刺史、行事的影响,使之间接获得了对州镇政治的决策权。南朝宋、齐时,诸王大多位处方面重任,往往威胁中央,骨肉相残之事史不绝书。典签则权重藩君,威行州郡,诸王言行举止多受其限制,齐明帝杀诸王,往往假其手以行,时人号为“主帅”“签帅”“典签帅”。

隋因置,诸府皆置二员。唐初,天策上将府曾置四人,后唯亲王府置,掌文书、宣传与教命。宋以后多无。明洪武初诸王府曾置典签司,设典签,不久即废。

(张田田)

典史

基层官职名。元朝时始设典史,为知县的属官,主管文书收送,明清沿用之。明朝建立后,在基层行政组织设置中废除了县尉,县尉的缉捕职责转由主簿负责,在主簿未到任或空缺时,由典史代为负责。清朝时典史负责缉捕和监狱事宜,如主簿、县丞空缺,典史也兼领其职务。典史官阶并不入流,只有京师下属县的典史才属从九品。在编户不及二十里的小县不设佐贰官,典史则分领佐贰之职。明朝初期典史还主要负责文书收发整理工作,在明嘉靖中期后逐渐负责巡捕监狱事宜,从原本的幕职官,逐渐转为知县下面主管缉捕、监狱的属官。

参考书目

柏华:《明代州县官吏设置与州县政治体制》,载《史学集刊》2002 年第 3 期。

(倪晨辉)

殿中侍御史

唐宋御史台中掌朝会礼仪的监察官,为御史三院之殿院的长官,简称“殿中”“殿院”“侍御”。得名于曹魏兰台遣御史居殿中察非法之事,据《文献通考·职官七》,曹魏御史台遣二御史居殿中,察非法,即殿中侍御史之始也。《魏书》记载,以二御史居殿中,纠察百官上朝时礼仪有失之处。晋以后多置,隋讳“忠”字,改称殿内侍御史,唐称殿中侍御史。《旧唐书·职官志三》载:“殿中侍御史掌殿廷供奉之仪式。凡冬至,元正大朝会,则具服升殿。若郊祀,巡幸,则于卤簿中纠察非违,具服从于旌门,视文物有所亏缺,则纠之。凡两京城内,则分知左右巡,各察其所巡之内有不法之事。”百官站班时,凡有左顾右盼、交头接耳、越班问事、无精打采等违礼行为者,都要受到殿中侍御史的纠举与弹劾。官员要服从殿中侍御史的纠正,违反朝会仪规者,一般都要受到不同程度的处罚,轻者警告,重者夺俸,直至贬官、罢官。同样,殿中侍御史及其上司御史大夫若不能及时有效地纠正违礼行为,也会受到处罚。朝廷主办的各种重大祭祀活动也要受到殿中侍御史及其他各部门御史的监督,祭物的规格、祭礼的程序、参祭人的言行举止、主祭人的身份地位等,都在审查监督之列。殿中侍御史也有推按狱讼、监京城仓库和分巡两京的任务。宋沿唐制。《宋会要·职官》载:“御史台……殿中侍御史二人,正七品,掌言事,分纠大朝会及朔望、六参官班序。”元御史台设殿中司,置殿中侍御史二名,据《续文献通考·职官四》,“凡大朝会百官班序,其失仪失列,则纠罚之;在官百官到任,假告事,故出三日不报者,则纠举之;大臣入内奏事则随以入,凡不可与闻之人则纠避之”。明废。

(张田田)

东厂

明朝特务机构名。东厂是明朝最重要的负责侦缉刑狱的特务机构之一。始建于明成祖永乐十八年(1420 年),一直存在至明朝灭亡。明成祖朱棣为了巩固其统治地位,缉访官民中的谋逆、妖言、大奸恶者而设立了东厂这一特务机构。“至是以北京初建,尤锐意防奸,厂布锦衣官校,专司缉访。复虑外官瞻徇,及设东厂于东安门北,以内监掌之。自是中官(宦官)益专横不可复制”(《明通鉴》卷十七)。东厂以皇帝的亲信宦官任最高长官,常以司礼监秉笔太监排名第二、第三的宦官充任,称为“钦差总督东厂官校办事太监”,简称“提督东厂”,厂内称为“督主”或“厂公”。属官有掌刑千户、理刑百户各一员,由锦衣卫拨充,也称为“贴刑”;进行侦查缉访的有役长和番役,役长又称“档头”,番役又称“番子”“干事”。上述人员均从锦衣卫中择优拨充。“提督东厂,掌印太监一员,掌班、领班、司房无定员。贴刑二员,掌刺缉刑狱之事。旧选各监中一人提督,后专用司礼、秉笔第二人或第三人为之。其贴刑官,则用锦衣卫千百户为之。凡内官司礼监掌印,权如外廷元辅;掌东厂,权如总宪。秉笔、随堂视众辅。各设私臣掌家、掌班、司房等员”(《明史·职官志》)。东厂虽自设立直到明亡一直存在,但并无专职人员,只是由司礼太监兼领厂务,属员多由锦衣卫拨充。

东厂一般根据皇帝指示审理某些政治性案件,也负责查处一些皇帝关注的重大刑事案件。东厂审理的案件一般不能上诉,属于一审终审,除非皇帝不批准,则即为定案。即使是经东厂缉捕审讯,交由刑部审理的案件,刑部也不敢擅自更改东厂的处理意见,“刑官洞见其情,无敢擅更一字”(《明史·徐珪传》)。以东厂为代表的特务机构在办案过程中肆意践踏法律,草菅人命,无恶不作,史称:“当是时,东厂番役横行,所缉访无论虚实辄糜烂”(《明史·魏忠贤》)。东厂与锦衣卫作为终明一朝一直存在的特务机构,被人并称为“厂卫”,而东厂的权力却大于锦衣卫。虽然东厂的大部分成员来自锦衣卫,但东厂可以监督锦衣卫,而锦衣卫却不能监督东厂。

《明史》中对东厂的办案过程有这样的记载:“京师亡命,诓财挟仇,视干事者为窟穴。得一阴事,由之以密白于档头,档头视其事大小,先予之金。事曰起数,金曰买起数。既得事,帅番子至所犯家,左右坐曰打桩。番子即突入执讯之。无有左证符牒,贿如数,径去。少不如意,搒治之,名曰乾醡酒,亦曰搬罾儿,痛楚十倍官刑。且授意使牵有力者,有力者予多金,即无事。或靳不予,予不足,立闻上,下镇抚司狱,立死矣。每月旦,厂役数百人,掣签庭中,分瞰官府。其视中府诸处会审大狱、北镇抚司考讯重犯者曰听记。他官府及各城门访缉曰坐记。某官行某事,某城门得某奸,胥吏疏白坐记者上之厂曰打事件。至东华门,虽夤夜,投隙中以入,即屏人达至尊。以故事无大小,天子皆得闻之。家人米盐猥事,宫中或传为笑谑,上下惴惴无不畏打事件者。卫之法亦如厂。然须具疏,乃得上闻,以此其势不及厂远甚。有四人夜饮密室,一人酒酣,谩骂魏忠贤,其三人噤不敢出声。骂未讫,番人摄四人至忠贤所,即磔骂者,而劳三人金。三人者魄丧不敢动。”东厂特务行径的恶劣与猖獗可见一斑。

参考书目

张晋藩主编:《中国司法制度史》,人民法院出版社2004年版。

(倪晨辉)

东市狱

汉代监狱名,位于长安。汉武帝时期囚禁官署吏卒的有上林狱、寺互狱、别火狱、共工狱、内官狱、未央厩狱、北军狱、东市狱、西市狱、京兆尹狱等,由各署令丞掌管。东市狱由京兆尹管辖。《汉旧仪补遗》卷上载:“东市狱属京兆尹,西市狱属左冯翊。”沈家本认为东市狱属中都官狱，据其《历代刑法考·狱考》，此狱用于囚禁市内被捕的各类罪犯，“其东、西市狱虽分属于京兆尹、左冯翊，自有市官主之，或仍为中都官也”。一说东市兼作公开处决死刑犯的刑场。参见中都官狱条、京兆尹条。

（张田田）

督捕司

全称为“督捕清吏司”，清朝中央司法机构名。清朝于顺治十年（1653 年）十二月在兵部设置督捕衙门负责八旗或地方军民逃亡案件。康熙三十八年（1699 年）裁撤督捕衙门，并入刑部，另设督捕前、后司及督捕厅。雍正十二年（1734 年）并督捕前后司及督捕厅为督捕清吏司，简称“督捕司”，遂成定制。督捕司负责八旗及各省驻防旗人逃亡事宜，凡旗人有逃者，向该管旗衙门报告，该旗需让地方衙门抓捕逃人，并上报刑部。逃人拿获后，由各地负责审判，结果上报刑部，由督捕司核办。督捕司长官为满、汉郎中各一人，属官有满人员外郎一人，满、汉主事各一人，经承四人，笔贴式若干人。

参考书目

吴爱明：《清督捕则例研究》，南开大学 2009 年博士学位论文。

（倪晨辉）

都察院

明清时期中央最高监察机构名。汉以后在中央设置御史台作为最高监察机构，明朝建立后，于洪武十五年（1382 年）建立都察院，代替之前的御史台，作为中央最高监察机构。建文二年（1400 年）曾改都察院为御史府，明成祖时复为都察院。迁都北京后，在南京仍设南京都察院。明朝都察院设左、右都御史各一人，正二品；左右副都御史各一人，正三品；左、右佥都御史各两人，正四品。下设经历司、司务厅、照磨所、司狱司。经历司设经历一人，正六品；都事一人，正七品。司务厅设司务二人，从九品。照磨所设照磨一人，正八品；检校一人，正九品。司狱司设司狱一人，从九品。明朝都察院还内设御史一百一十人，分为十三道监察御史（后增为十五道），负责分巡全国，纠察不法之事，并考核吏治与武备、刑狱、财政、科举及民俗风情等。都察院还负责与刑部、大理寺组成三法司进行会审及朝审活动，都察院还负有对刑部、大理寺所作的判决进行监督的职责。明朝都察院长官为左、右都御史。

清朝建立后，沿袭明制，同样设置都察院为中央最高监察机构。清于皇太极崇德元年（1636 年）始设都察院，以承政、参政掌之。顺治元年（1644 年）改承政、参政为左都御史、左副都御史。清朝都察院与明朝都察院在职能方面没有太大的差别，但在人员构成上还是略有区别。清朝都察院以左都御史为长官，左副都御史为副官，撤销左佥都御史，而右都御史、右副都御史、右佥都御史为各地督抚的虚衔。清朝都察院下设经历司、都事厅和值月处、督催所，承办院内行政事务。经历司设经历，正六品。都事厅设都事，正六品，均为满、汉各一人。笔帖式四十有二人。值月处设满洲御史一人，负责收取各部院、八旗一切文移，并内阁传抄事件。笔帖式一人，负责登记册籍，在署值宿。督催所设满，汉御史各一人，负责督催各厅、各道、五城承办事件，按规定日期办理。清朝都察院设十五道监察御史，稽核各省刑名案件并稽察在京中央各部门事务。光绪三十二年（1906 年）改为二十二道监察御史。雍正元年（1723 年）并六科给事中入都察院,自唐以来的台谏并列模式,被合二为一,称为“台谏合一”或“台省合一”。都察院的监察职权因此大大加强了,成为集监察、弹劾及建议于一身的司法机关。

都察院有“风宪衙门”之称,监察是其主要职掌。皇太极曾下谕说:“凡有政事背谬及贝勒大臣有骄肆侵上,贪酷不法,无礼妄行者,许都察院直言无隐”(《光绪会典事例》第九九八卷)。按《大清会典》规定:都察院“掌司风纪,察中外百司之职,辨其治之得失与其人之邪正。率科道官而各矢其言责,以饬官常,以兼国宪。……凡重辟则会刑部、大理寺以定谳,与秋审、朝审”(《清光绪会典》卷六九)。司法事务乃其职责之重要部分。主要有以下两方面。一是会谳。即与刑部、大理寺共同复核、拟议全国的死刑案件。清代沿袭了隋唐以来确立的死刑案件由中央最高司法机关核拟制度。京师的死刑案件,由刑部承办“现审”,都察院、大理寺参加会审,有“会小法”与“会大法”之分别。“会小法”由承办的刑部清吏司长官充当召集人,大理寺派出一名寺丞或评事,都察院则派出一名御史参加。由于参加会审的并非各机构的最高长官,因此,这种会审又被称作“会小法”。“会小法”对会审案件所作出的处理意见被送往刑部会堂以后,即由该部堂召集三法司的高级会审。参加高级会审的成员都是组成三法司各机构的长官,因此,与“会小法”相对应,这一会审又被称作“会大法”。如果会大法所作出的判决与会小法的判决不一致,会大法则将其判决以书面形式上奏皇帝。皇帝以书面形式签署对三法司所奏报的意见。顺治十五年(1658 年),奏准“嗣后凡三法司核拟事情,御史会同大理寺官(与刑部)面审同议”(《钦定台规》卷十)。各省的死刑案件,奉旨“三法司核拟具奏”者,刑部拟定出谳语意见,“送都察院参劾”,都察院参劾无异再转送大理寺审核。《刑部事宜》也载:斩绞人犯俱会三法司,过堂定稿题奏。另外热审减等处人犯俱送稿知会三法司。二是参加“会审”及“朝审”。都察院作为“九卿”之一,参加秋、朝审的会审大典。除此之外,都察院在秋、朝审中还有单独的职责,包括复奏和勾到等。由于都察院属于“风宪衙门”,为充分发挥其监督职能,都察院所属“科道”官在执行公务时,如上条陈,参劾官员,办理复奏,勾到题本,都不必呈报都察院主官左都御史。他们可以直接上书皇帝,这一点是其他部院司官所不具备的。所以在清朝的文牍中,科道常与九卿并列。

都察院下设的经历司主要负责“掌董察吏胥”,都事厅主要负责“掌缮写章疏”。乾隆六年(1741 年)则规定:“科道差、五城注销,并管辖吏役等事,系经历承办;缮本及满官册籍,系都事承办”(《光绪会典事例》卷一百三十)。后来又规定,吏、户、刑等部关涉事件,归并经历掌管;礼、工、刑等部事,归并都事掌管。到光绪年间,经历厅下设印房、稿房、火房、承发科、知印科,封简科和注销科,置经承十二,分别在各房,科承办具体行政事宜。值月处主要负责“收各部院八旗一切文移,并内阁传抄事件”。值月处的笔帖式则负责“登记册籍,在署值宿”(《光绪会典事例》卷一百三十)。督催所主要负责“督催各厅、各道、五城承办事件,按规定日期办理”。

为了“察吏安民”“澄清吏治”,都察院还需要选派御史到各地进行巡按,依照巡按的目的可以分为巡按、巡盐,巡漕、巡仓,巡查和巡农等。在巡按过程中,除了对专门的事项进行巡查监督外,御史还会进行以下几方面的任务:第一,纠劾地方文武百官。“凡在外有司,扰害贤良,贪赃坏法,致令田里荒芜,民人受害,体访得实,具奏提问。”巡按弹劾之权很大,凡巡按御史访查出有违法失职情节的官员,五品以上指明实迹摻劾,由皇帝作出裁决;六品以下贪酷显著者就便拿问。第二,荐举人才。巡按在视察地方时,负有发现人才举贤荐能的使命。洪武二十六年(1393 年)所制定的监察御史《出巡事宜》中规定,巡按凡至地方“体知有司等官守法奉公、廉能昭著者,随即举奏”。《监管遵守条款》中规定,监察御史所至之外,“博采诸司官吏,廉勤公谨者，礼侍之，荐举之”。隆庆二年(1568 年)规定：御史出巡，举荐官员不超过三至七人，吏人不超过五至八人，荐语应以四五句为准。第三，断理冤狱。断理冤狱是巡按地方的一项重要任务。《出巡事宜》规定，监察御史“凡至按临处所，先将罪囚审录”。复核以结案件，然后受理诉讼。第四，贩济灾荒，兴利革弊。巡按在视察地方时，有向皇帝报告灾情及赈济灾民的责任。《满日造报册式》特别强调，巡按御史回道汇报监察工作必须开报“兴革过军民利病若干事，如某处兴某利，某处除谋害”。第五，督查仓库、税粮、户口、均平赋役。巡按到地方，须督查地方官盘点仓库。各府要岁办税粮、诸色课程各项数目开报，并将现在库存钱粮等物，分列上年旧管，今岁收除、实在备细数目同官吏结罪文状缴报。如有损坏即便修理，并设法防范库吏作弊。此外还要了勘籍定户口，分为城市、乡都、旧管、收除、实在、增减数字、开坐回报，检查地方科差赋役。第六，督修农田水利及公共设施。凡有荒闲土地的州县，巡按御史必须责成该地官吏召民开垦，并将每年开垦田数缴报。农田水利如河岸、坝堰、阪塘等，公共建筑如桥梁、道路、仓库、房屋等，巡按都要亲自查勘。如有损坏，须督促及时修理。第七，检查学校教育。巡按到地方时，有检查学校的义务，如遇学校损坏，就应督促当地官员修缮完备。并要延请明师，教训生徒，务要作养成材。并要把学校师生员额造册上报朝廷。第八，存恤孤老，族表孝义。巡按出巡到地方，对鳏、寡、孤、独生活无法自理者，要责成府州县收入养济院，按月支给衣粮，加以赡养。此外，遇有孝子、顺孙、义夫、节妇之类的善人善事，巡按也要加以表扬奏报，以便维护封建纲常伦理。巡按御史除上述八项权责外，还有很多监察之外的权力。如行政方面，“布政使掌一省之政”，但一省之内，“凡有大兴革及诸政务，会都、按议，经画定而请于抚、按若总督”。这样巡按御史实际上就有了部分行政决定权。军事方面，取得了部分军事指挥权。地方战守事宜，巡按可以参与谋议；地方出现“盗贼”，要巡按下令征剿。

参考书目

1. 张晋藩主编：《中国司法制度史》，人民法院出版社 2004 年版。
2. 焦利：《清代监察法研究》，中国政法大学 2006 年博士学位论文。
3. 刘双舟：《明代监察法制研究》，中国检察出版社 2004 年版。

(倪晨辉)

都官

中国古代司法机构名。都官一词始见于战国，战国时秦国设置都官一职。西汉时司隶校尉的属官有都官从事，掌中都官不法事，都官由此开始参与司法活动。东汉时设置中都官曹，负责京师的水火、盗贼事。三国魏青龙二年(234 年)，应尚书陈矫所请，魏国设置尚书都官郎一职，负责佐督军事。南朝宋设都官尚书，统领都官、水部、库部、功论四曹，此后南北朝历代均置，其中都官负责军事与刑狱，“宋高祖初，又增都官尚书。都官尚书领都官、水部、库部、功论四曹。都官主军事刑狱。其余曹所掌，各如其名”(《宋书·百官志》)。北齐时都官尚书统领都官、二千石、比部、水部、膳部五曹，其中都官曹主要负责京畿地区的非违得失事。隋朝建立初设都官尚书一职，其下有都官侍郎二人、司门侍郎二人、刑部侍郎一人、比部侍郎一人，“都官尚书统都官侍郎二人，刑部、比部侍郎各一人，司门侍郎二人”(《隋书·百官志下》)，其中都官侍郎掌非违得失事。隋文帝开皇三年(583 年)改都官尚书为刑部尚书，下设刑部、都官、比部、司门四司。唐沿之，唐时都官司设都官郎中一人，从五品上；都官员外郎一人，从六品上；都官主事二人，从九品上；令史九人，书令史十二人，掌固四人，负责“掌配没隶，簿录俘囚，以给衣粮、药疗,以理诉竞、雪免,凡公私良贱,必周知之”(《唐六典》卷六)。唐高宗龙朔二年(662年),改都官名为司仆,咸亨元年(670年)复其名都官。唐朝的都官司主要掌管已被判徒刑、流刑的罪犯的执行管理,以及因家人犯罪被罚没为管奴婢的名籍管理。因奴婢而发生争执引起的诉讼,也由都官司审理。五代时刑部下设有都官司,但无文献记载该司处理的有关事务或活动。宋朝时刑部仍设有都官司,但史书记载:“刑部判事二人,以御史知杂已上或朝官充。详覆官四人,法直官一人,并以选人充。令史十二人,驱使官一人。吏额:主事一人,令史四人,书令史九人,守当官八人,贴司十八人,都官、比部、司门皆无所掌,各以朝官一员主判”(《宋会要辑稿》职官一五之一)。与五代时的情况一样,都官司、比部司、司门司三司存而不用,刑部司已经完全成为刑部的主体。元朝不设都官司,明初刑部曾有都官部,后刑部按地方行政区分为十三清吏司,都官部遂废。

(倪晨辉)

都官从事

司隶校尉高级属官即十二从事之一,负责监察京师地区官吏,主察百官犯法。据《后汉书·百官志》,从事史十二人。本注曰:都官从事,主察举百官犯法者。“司隶都官从事,主洛阳百官,朝会与三府掾同。”(《后汉书·窦武传》注引《北堂书钞·设官部》)都官从事主察京畿百官犯法者,因事奏弹,任颇雄剧,贵戚豪猾多为之肃然。魏晋因置,一作都部从事。东晋罢司隶校尉。南朝宋大明元年(457年)九月“建康、秣陵二县各置都官从事,司水火劫盗”(《南史·宋孝武帝纪》)。北魏北齐复魏晋旧制,于司州置都官从事。隋以后无。参见司隶校尉条。

(张田田)

都官尚书

尚书省内掌司法等职能之部门及长官名。晋以三公尚书主刑事,都官尚书郎主狱讼,比部尚书郎主法制。南朝增设都官尚书,为六尚书之一,领都官、水部、库部、功论四曹。《宋书·百官上·尚书令》载:“都官尚书领都官、水部、库部、功论四曹……都官主军事刑狱。其余曹所掌,各如其名。”此后齐、梁、陈、北魏、北齐均沿置。北魏孝文帝“罢三都”而以都官尚书取代之。北齐尚书省总理六尚书事,都官尚书是其一,领都官、二千石、比部、水部、膳部五曹。据《通典·职官五·刑部尚书》,隋初设有都官尚书,开皇三年(583年),改都官为刑部尚书,统都官、刑部、比部、司门四曹,因后周之名,其长官都官尚书为隋唐刑部尚书的前身。参见都官条、尚书台(省)条、刑部条。

(张田田)

都尉

秦汉时期各郡专管军事、缉捕盗贼的长官。秦朝始设郡为地方的最高一级政权,受中央垂直领导,郡设郡守,由皇帝指派,主掌一郡之政治、经济、军事、司法诸项事务。秦亡之后,汉承秦制,凡人口达二十万的郡,便举郡尉一人,禁备盗贼。据《通典》引《汉旧仪》载:“汉承秦(制),郡置太守治民,断狱都尉治狱,都尉治盗贼甲卒兵马。”汉景帝中元二年(公元前148年)将郡尉改为都尉。汉武帝时期,开始设置许多新的都尉,包括在三辅地区各置二名都尉,在函谷关、阳关等地监管出入的关都尉，在边郡屯田殖谷的农都尉，以及监管各夷降者的属国都尉。至东汉，汉光武帝废除各郡都尉，职权并入各郡太守，但是边郡、属国仍然设置都尉。如有大批盗贼等突发事件，各郡往往临时任用都尉，事毕即除。汉安帝就曾因为西羌势大，而复置右扶风都尉与京兆虎牙都尉。三国魏晋时期，各州、郡、国仍常有都尉之职，至南北朝后则不再设立。

（刘方权）

督邮

汉代郡政府的专职监察官，又称“无害吏”，负责郡对县的监督。每年秋天郡太守派督邮行县案讯诸囚平其罪法，论课殿最。

督邮原为督邮掾或督邮书掾的简称，原来司职督送邮书，因为掌管送递属县的文书，成为郡守了解属县的耳目，便兼督察属县之责，遂扩大职权至主督察属县、奉宣教令、检核非违、兼及讯捕稽案诸事，包括：“分明善恶”“考长吏治迹”；逐捕盗贼，押送囚徒；“顺天气取奸恶”，监察地方豪强；存抚良善，“明政化之本”；催督租赋；“行塞”“警戒”，检查边郡戍务。凡属县长吏、豪右、亲贵的善恶及称职与否，往往系于其口，权任甚重，时人称为郡佐之极位、守相之耳目。

秦及汉初，郡对属县的监察并没有特定的官员，有事则临时派遣属吏循行，即称“都吏”。一说都吏即大吏，盖秦及汉初，有事但遣大吏循行属县。中叶以后始形成督邮查县之制。汉中叶以后置督邮掾，或称督邮书掾、督邮曹掾，简称“督邮”。汉郡县制下，从中央到地方郡县政府，分别有州刺史、郡督邮、县廷掾，形成层层监督的监察网。

督邮多分部巡行，不可自督本部。据《后汉书·百官志》：其监属县有五部督邮。一说五部为泛指。事务繁剧之郡至有分为中东西南北五部督邮。魏晋南朝沿置。员额随事增减，或多至数十人。北齐畿郡置。隋以下无。

（张田田）

都虞候

一为唐、宋、辽统兵武官名。唐代后期，藩镇亲信武官有都虞候、虞候，为军队中的执法官。“勋以许佶为都虞候，赵可立为都游弈使，党与各补牙职，分别诸军。”《资治通鉴·唐纪·懿宗咸通九年》五代君主均以藩镇称帝，都虞候遂成为侍卫亲军中的高级武官。宋朝沿置，殿前司、侍卫亲军马军司、侍卫亲军步军司均设有都虞候，官秩从五品。辽朝有北面边防官诸军都虞候司、南面五京都虞候司，均设置有都虞侯一职。

二为五代时地方司法官名。在五代时，都虞候本为各节度使下设马步院的武职将校。各节度使割据一方，拥兵自重，以军法治民，因此作为武职将校的都虞候便参与到司法过程中。都虞候原本负责军法、地方治安，但逐渐掌握了州县的司法权，残忍暴虐，草菅人命，是宋朝地方司理参军的前身。《燕翼诒谋录》卷一载，“今之司理参军，五代之马步军都虞候判官也，以牙校为之，州镇专杀，而司狱事者轻视人命”。

（倪晨辉）

都指挥使司

简称“都司”“都阃”，是明朝地方军事机构。都指挥使司为明朝地方军事机构，明太祖洪武八年(1375 年)始设，共有十三个都司，包括北平、陕西、山西、浙江、江西、山东、四川、福建、湖广、广东、广西、辽东、河南；又设置了两个行都指挥使司：甘州和大同。洪武十五年(1382 年)平定云南后，又增云南、贵州二都司。二十年(1387 年)置大宁都司，二十七年(1394 年)置四川行都司。永乐元年(1403 年)迁都北京，于是废除北平都司。宣德五年(1430 年)置万全都司，成化十二年(1476 年)置湖广行都司，嘉靖十八年(1539 年)置兴都留守司。此后遂定制，除南北直隶不置都司外，共有十六都司、五行都司、二留守司。共计十七个都指挥使司，五个行都指挥使司。都指挥使司原隶属于大都督府，洪武十三年(1380 年)为防止中央军权过于集中，分大都督府为五军都督府，遂改隶属五军都督府。嘉靖后，浙江、山东、辽东都司属左军都督府，陕西、四川、广西、云南、贵州都司及陕西、四川行都司属右军都督府，中都留守司、河南都司属中军都督府，兴都留守司与湖广、福建、江西、广东都司及湖广、福建行都司属前军都督府，大宁、万全、山西都司及山西行都司属后军督督府。都指挥使司还受兵部统辖，因此都指挥使司既要听从兵部，也要听从五军都督府的指挥。

都指挥使司长官为都指挥使，正二品。属官有都指挥同知二人，从二品；都指挥佥事四人，正三品。下设经历司、断事司、司狱司。经历司设经历，正六品；都事，正七品；断事司设断事一人，正六品；副断事一人，正七品；吏目一人，无品。司狱司设司狱一人，从九品。都指挥使司还拥有仓库、草场，设有大使、副使各一人。

都指挥使司负责“一方之军政，各率其卫所以隶于五府，而听于兵部。凡都司并流官，或得世官，岁抚、按察其贤否，五岁考选军政而废置之。都指挥使及同知佥事，常以一人统司事，曰掌印，一人练兵，一人屯田，曰佥书。巡捕、军器、漕运、京操、备御诸杂务，并选充之，否则曰带俸。凡备倭守备行都指挥事者，不得建牙、升公座。凡朝廷吉凶表笺，序衔布、按二司上。经历、都事，典文移。断事，理刑狱”(《明史·职官志四》)。都指挥使司还负责其所属卫所军官、军人犯罪的审理事宜，其中断事司负责审理刑狱，司狱司负责关押囚犯。明代中期以后，卫、所制度逐渐被破坏，都指挥使司的地位逐渐下降，总揽一省军政事务的也变为总督、巡抚。

参考书目

赵望秦、白玉林主编：《明史解读》，华龄出版社 2008 年版。

(倪晨辉)

断事官

最初为元朝司法官名，又名“札鲁忽赤”。元朝建立前，在草原上统领各部落时，便设置了断事官负责政刑事宜，“元太祖起自朔土，统有其众，部落野处，非有城郭之制，国俗淳厚，非有庶事之繁，惟以万户统军旅，以断事官治政刑，任用者不过一二亲贵重臣耳”(《元史·百官志一》)。此时的札鲁忽赤主要职责在于记录“扎撒”(习惯法)，以扎撒作为处理民刑诉讼案件的根据。元朝建立后，沿用断事官一职，官秩正三品，负责掌管刑政事宜。元朝建立之初，元太祖曾把断事官设为丞相，地位尊崇：“断事官，秩三品，掌刑政之属。国初，尝以相臣任之，其名甚重，其员数增损不常，其人则皆御位下及中宫、东宫、诸王各投下怯薛丹等人为之。中统元年，一十六位下置三十一员。至元六年，十七位下置三十四员。七年，十八位下置三十五员。八年,始给印。二十七年,分立两省,而断事官随省并置。二十八年,十八位下置三十六员,并入中书。三十一年,增二员。后定置,自御位下及诸王位下共置四十一员。首领官:经历一员,知事一员。吏属:蒙古必阇赤二人,令史一十二人,回回令史一人,怯里马赤二人,知印二人,奏差八人,典吏一人"(《元史・百官志一》)。

随着元朝疆域的不断扩大,断事官的设置日益广泛,地位也开始日渐重要,逐渐发展成大蒙古国时期的主要行政制度。在元朝诸多机构内,都设置有断事官,如中书省、大宗正府、枢密院等,其职权主要为掌管本部刑政事宜。随着元朝官制的逐渐完善,断事官与札鲁忽赤的含义开始有所区别,札鲁忽赤被用来专指大宗正府及其长官,而断事官则被用来指除前者以外的其余相关官员。

大宗正府中的札鲁忽赤负责:"会决庶务。凡诸王驸马投下蒙古、色目人等,应犯一切公事,及汉人奸盗诈伪、蛊毒厌魅、诱掠逃驱、轻重罪囚,及边远出征官吏、每岁从驾分司上都存留住冬诸事,悉掌之。"最初于至元二年始置十员。后于至元三年,减至八员。至元九年,降从一品银印,止理蒙古公事。以诸王为府长,余悉御位下及诸王之有国封者。又有怯薛人员,奉旨署事,别无颁受宣命。至元十四年,增为十四员。十五年,减为十三员。二十一年,增加到二十一员。二十二年,增至三十四员。二十八年,增至四十六员。大德四年,省五员。皇庆元年,省二员,以汉人刑名归刑部。泰定元年,复命兼理,置札鲁忽赤四十二员,令史改为掾史。致和元年,以上都、大都所属蒙古人并怯薛军站色目与汉人相犯者,归宗正府处断,其余路府州县汉人、蒙古、色目词讼,悉归有司刑部掌管。最终定制为:"正官札鲁忽赤四十二员,从一品;郎中二员,从五品;员外郎二员,从六品;都事二员,从七品;承发架阁库管勾一员,从八品;掾史十人,蒙古必阇赤十三人,通事、知印各三人,宣使十人,蒙古书写一人,典吏三人,库子一人,医人一人,司狱二员"(《元史・百官志三》)。

中书省与尚书省断事官多为各位下私臣,有的还担任王府属官。中书省断事官的职掌,史书记载为"掌刑政之属",大体可分为以下方面:一是审断案件。断事官审断案件,继承大蒙古国札鲁忽赤的司法职能。断事官常常奉命审理各地罪囚。断事官和大宗正府一样,主要负责处理与奸盗诈伪有关的案件。由于它的管辖范围与汉官职权相冲突,故而引起汉族官员的反对。另外,中元以后,元朝还出现了五府官这一名称:"凡大狱之当折,要囚之当录,必中书省、枢密院、御史台、宗正府、刑部,参五听之,号称五府,而中书所任者,断事官也。"到了顺帝时期,伯颜当权,五府官开始每三年出巡一次以审断全国各地重囚,实际上是代表朝廷处决各地死囚。在此之后,五府官出巡制度虽然被废止,但五府官本身一直到元朝末年都还存在。二是分拣民户、理算钱谷。"中书省差断事官帖木烈、三岛等前去北京、松州、兴州、平滦、西京、宣德等处,钦依圣旨,一户户检照乙未、壬子籍册,对证分检,定造到备细文册"。三是其他事务。遇到其他一些具体事务需要派人经办,朝廷也往往"每事复委断事官、宣使、奏差"。断事官在这里与宣使、奏差等的作用是相同的,由于断事官地位比后者高,它实际上扮演的是钦差的角色。

后为明朝司法官名。明朝断事官隶属于大都督府,专门负责审理五军刑狱事宜。洪武十三年(1380年)撤销大都督府,改设五军都督府,以中军都督府断事官为五军断事官,官秩从五品。洪武二十三年(1390年),"升五军断事官为正五品,总治五军刑狱。分为五司,司设稽仁、稽义、稽礼、稽智、稽信五人,俱正七品,各理其军之刑狱"(《明史・职官志五》)。此外,在地方的都指挥使司也设有断事司,长官为断事,官秩正六品;副官为副断事,官秩正七品;属官有吏目、司狱各一人。洪武四年(1371 年),还在各都卫置断事司,以理军官、军人词讼。明朝断事官不但负责军队的刑狱事宜,还对军户案件享有相对独立的审判权。除了军政事务不许地方官干涉外,对武官的司法审判也不许行政长官插手。如果六部、都察院、按察司以及地方行政长官在审理案件中牵连到军官,或者告军官犯不公不法之事,“俱要密切实封奏闻,不许擅自勾问”(《大明律·刑律》卷二十五)。但严禁断事官受理民事诉讼案件,“若管军官越分辄受民讼者,罪亦如之”(《大明律·刑律》卷二十五)。

参考书目

1. 刘晓:《元朝断事官考》,载《中国社会科学院研究生院学报》1998 年第 4 期。
2. 姚大力:《从“大断事官”制到中书省——论元初中枢机构的体制演变》,载《历史研究》1993 年第 1 期。

(倪晨辉)

二千石曹

尚书台(省)中职掌辞讼的机构。西汉始设。汉成帝时初置尚书五人,分四曹,其一为二千石曹。《后汉书·百官志》载:“尚书六人,六百石。本注曰:成帝初署尚书四人,分为四曹……二千石曹尚书主郡国二千石事……世祖承遵,后分二千石曹。”《汉官仪》:“尚书四员,武帝置,成帝加一为五。……二千石尚书,主刺史、二千石事。”自两汉至南北朝职掌有变化,西汉二千石曹主郡国二千石(郡国守相和刺史的官俸都是二千石)事,即主管郡国守相和刺史事务。东汉沿置,但职掌不同,《通典》称“二千石曹掌中都官水火盗贼辞讼罪法,亦谓之贼曹”,其职重于诸曹。一说二千石曹所掌盗贼辞讼罪眚事,并不局限于中都官,也应包含郡国断狱文书。三国魏及西晋仍沿置,但其职权已分并于其他各曹,地位下降。东晋康穆以后省去,南朝无闻。北齐于都官尚书下置二千石曹,其职仅限于掌畿外得失等事。

一说在汉魏时代的“三十六曹”中,三公曹、二千石曹所主辞讼、刑狱职能接近,可能合并而成为后来的刑部。隋唐后尚书六部建成,断狱、法制归尚书刑部,二千石曹遂不设。参见刑部条。

(张田田)

法部

清末中央最高司法行政机关名。法部原为刑部,光绪三十二年(1906 年)官制改革,改刑部为法部,大理寺为大理院。刑部原本执掌中央最高审判权,大理寺原本执掌案件复核权,官制改革后,法部不再执掌中央最高审判权,转而负责中央最高司法行政工作。中央最高审判权改由大理院执掌。

法部长官为尚书一人,副手为左右侍郎各一人。属官有承政厅左、右丞各一人,参事二人。参议厅左、右参议各一人,参事二人。法部下设八司一所,八司为审录、制勘、编置、宥恤、举叙、典狱、会计、都事,一所为收发所。还设有律学馆、宪政筹备处、统计处、查办处、看守教练所等机构。八司各设郎中三人,员外郎、主事各四人。收发所设员外郎、主事各二人。宪政筹备处设总理一人,提调一人,总纂一人。统计处设总办一人,总纂一人,提调一人,帮办一人,分纂三人,稽核一人。其职官额定总数为一百一十四人,较刑部大为减少。

司法大臣负责:“主法职,监督大理院及京、外审判、检察,以维法治。副大臣贰之。”审录司负责："朝审录囚，覆覈大理院、审判厅刑名。兼稽云南、贵州、广东、广西、察哈尔左翼案状。"制勘司负责："秋录实缓，定科刑禁。兼稽四川、河南、陕西、甘肃、新疆、乌里雅苏台、科布多案状。"编置司负责："盗犯减等，定地编发。兼稽奉天、吉林、黑龙江、山东、山西、察哈尔右翼、绥远城、归化城案状。"宥恤司负责："恩诏赦典，清理庶狱。兼稽江苏、安徽、江西、福建、浙江、湖北、湖南案状。"举叙司负责："升迁调补，籍纪功罪，徵考法官、律师、书记。"典狱司负责："修葺囹圄，严固扃钥，习艺所俘隶簿录并典司之。"会计司负责："财用出入，勾稽罚锾钧金。"都事司负责："翻译章奏，收发罪囚文移"（《清史稿·职官志六》）。总的来说，法部主要负责管理全国民事、刑事、监狱及一切司法行政事务；核定大理院之死刑案件及秋审案件，与大理院会奏请旨后，死刑由法部宣布执行，一般犯人由法部收监；监督大理院，执法司、高等审判厅、地方审判厅、城乡谳局及各厅局附设之司直局调查检察事；当审判厅及检察厅官员有缺时，会同大理院奏补等。民国后，设立司法部行使法部的职责。

参考书目

1. 谢如程：《清末检察制度及其实践》，上海人民出版社2008年版。
2. 孟昭华、王涵编著：《中国民政通史》，中国社会出版社2006年版。

（倪晨辉）

法曹

中央及地方政府内设掌狱讼司法的机构。西汉丞相府始置，掌邮驿科程事，以掾主之。另有贼曹，主捕盗贼及刑罚。东汉、魏、晋丞相府、太尉府等置，人员由丞相、太尉掌握自行选聘。南朝、北魏、北齐的公府、将军府，隋朝王府、诸卫，唐朝亲王、都督府皆置，掌按讯、决刑，狱讼、罪法诸事。地方政府亦设对口属曹。其长官汉称法曹掾，西晋末改为法曹参军，隋称司法书佐，唐代改称法曹参军事。唐于府州设法曹，在府称法曹参军事，在州称司法参军事；掌管刑法狱讼等事。《唐六典》载其职能为"掌律、令、格、式，鞫狱定刑，督捕盗贼，纠逖奸非之事，以究其情伪，而制其文法。赦从重而罚从轻，使人知所避而迁善远罪"，主管地方刑事案件审判事务。宋代沿设，但专掌谳议之事。

（张田田）

法曹参军

唐朝各府州行政长官府尹、少尹、刺史下设的专掌刑事案件侦查审判的官吏，也称司法参军。根据《唐六典·三府督护州县》记载，法曹参军的职责是司"律令、定罪、盗贼、赃赎之事"，"掌律、令、格、式、鞫狱定刑，督捕盗贼，纠逖奸非之事，以究其情伪，而制其文法，赦从重而罚从轻，使人知所避而迁善远罪"。另据《新唐书·百官志》载："法曹，司法参军事，掌鞫狱丽法，督盗贼，知赃贿没入。"

（刘方权）

法直官

五代及宋时司法官名称。始设于唐后期，为割据藩镇的节度使或副大使知节度事府中掌管法律条文的属官。后唐长兴三年（932年），"大理正张居碌上言：'所颁诸州新定格式律令，请委逐处各差法直官一人,专掌检讨'。从之"(《旧五代史・明宗纪九》)。五代时已成为专门的司法官吏,参与司法活动,并于大理寺置法直司,设法直官若干人。宋朝大理寺、刑部均设有法直官,从幕职、州县中熟悉法令者选拔,可以由人举荐,也可自行申请。自行申请者须通过五考,举荐者则考律三道、疏二道、断案二道,全过者才可任用。"大理寺详断、刑部详覆法直官,皆举幕职、州县晓法令者为之。自请试律者须五考,有举者,乃听试。试律三道,疏二道,又断中小狱案二道,通者为中格"(《宋史・选举志六》)。大理寺、刑部各设法直官二人,"法直官二人,以幕府、州县官充,改京官则为检法官"(《宋史・职官志五》)。

大理寺中的法直官掌检选律条,以供断狱之官判案使用。按照规定,法直官只应该将法律条文检索出来并且备入案卷之中,至于对法律条文的适用以及相关的判决则应该由判官作出。并且还应该做到:"其本断官仍于断状后具言,臣所断前件文案,皆是将法直司所检条文,一一周细详认,系是罪人所犯科条;或言将某色律条,比附详断,逐件参检,并无漏落法律,及无欠少案内事节。"照此规定实际上是要求判官做到对法律的准确适用,即对于法直官所检出的法律条文要确认是否全部适用,同时对于相关的法律条文没有遗漏。如此,判官则对于法直官的详检律文行为就有一个相关的制约,二者之间就形成了相互的制衡,要求判官以及法直官对于案件的事实以及适用的法律都要做到客观、准确的衡量以及裁定,从而保证对案件的公正处理,最大限度地减少枉法裁判。

刑部中的法直官与详覆官共掌记录每旬从各地向刑部奏申的大辟人数,并检查其执行情况。"刑部分四按,大辟居其一,月覆大辟不下二百数,而详覆官才一人。明道二年,令四按分覆大辟,有能驳正死罪五人以上,岁满改官。法直官与详覆官分详天下旬奏,狱有重辟,狱官毋预燕游迎送"(《宋史・刑法志一》)。此外,刑部法直官还负责大赦时官员赦免的复审工作,"审刑、大理寺降赦前十日,录官员名衔送刑部,至(前)一日时赴省,与详覆、法直官分勘"(《宋会要辑稿》职官一五)。宋神宗熙宁三年(1070年)十一月三日,令法直官负责记录诸路灾伤情况,如遇地方上报捉贼求赏,则由法直官检索是否因灾伤而为盗贼,决定最终是否给予酬赏。"置逐路灾伤簿,委法直官专切封掌。凡遇送下捉贼酬奖,令一就检簿定夺系与不系灾伤,明具合该酬奖等文状申奏。如有差错,其本部官吏取旨,重寘之法"(《宋会要辑稿》职官一五)。

(倪晨辉)

藩镇幕府

藩镇官署。藩镇亦称方镇,唐朝中、后期设立,藩是"保卫"之意,镇是指军镇。唐代朝廷设置军镇,本为保卫自身安全,后藩镇统帅拥兵自重,掌握全部军政大权,兼管民政、财政,形成地方割据,常与朝廷对抗。长官为观察使(节度使),其官署为使府或幕府,由藩镇统帅自置幕府,自辟僚属。据《容斋续笔》卷一《唐藩镇幕府》,唐世士人初登科或未任者多以从诸幕府辟署为重。幕职为地方政府的实际主持者,地方军政财法大权掌诸幕职,使常规府州县户法诸曹参军事形同虚设。幕僚,如支使、参谋、掌书记等员常带侍御史之衔,称为"宪衔",不为正员官。如由幕职入朝,转为京朝官,始正授。但为例不多。

(张田田)

方士

《周礼》所记掌王城四方采地的狱讼的机构，属秋官司寇。据《周礼》载："方士掌都家，听其狱讼之辞。辨其死刑之罪而要之，三月而上狱讼于国。"就是负责地方贵族、邦伯违法案件的审判。"凡都家之大事聚众庶，则各掌其方之禁令。以时修其县法，若岁终则省之，而诛赏焉。凡都家之士所上治，则主之。"意即在都家有大事需要聚集民众时，方士掌管各自地方管理民众的禁令。按照四季来实施县法，到年终时，检查县法的实施情况，并对采邑内的官吏实施奖惩。对都士、家士上报的疑难案件，负责初审工作，之后上报大司寇。

方士之职与乡士、遂士、县士三职类似，区别在于掌管领域不同，方士掌都家。此外方士掌管的狱讼，一般需要在了解案情之后的三个月才开始由大司寇审断。参见乡士条、遂士条、县士条。

（张田田）

坊正

中国古代城市的基层管理人员。唐朝时加强了对基层的控制，把城市划分为坊，"两京及州县之部内，分为坊，郊外为村。里及坊村皆有正，以司督察"（《旧唐书·职官志二》）。坊既是设在城镇的基层行政单位，也是基层居民组织。唐初，长安城除皇城外，居民区和商业区，划有110坊，每坊皆用围墙围起，或用大栅圈起，四面设有坊门，供人出入，按时开闭。坊正主要负责本坊内的坊门锁钥、检查户口、督催赋税、摊派徭役及夜间的防火防盗，平日的维持治安等工作。"在邑居者为坊，别置正一人，掌坊门管钥，督察奸非，并免其课役"（《通典》卷三引《唐令》）。宋沿之。金、元时期亦设坊正，金代在城市中置坊正，以有物力人户充，二年一代。"京府州县郭下置坊正。职司比户口，催督赋役，劝课农桑。以坊户十分内取三分，富民出雇钱，募强干有抵保者充任，酬劳每人不得过百贯，初供役不得过一年"（《金史·食货志》）。金章宗时改为两年一轮役。元代城市录事司中分设隅、坊两级，隅设隅正，坊设坊正，在当役人户中轮流差充，任期为一季或一年，负责催办赋税、递运官物及杂务等。

参考书目

万晋：《唐长安的"里"、"坊"与"里正"、"坊正"》，载《东岳论丛》2013年第1期。

（俞建平　倪晨辉）

风俗使

由皇帝临时差遣巡察地方、观风采俗的使职。两汉"风俗使"源于三代周秦时期的采风制度，使者受皇帝临时差遣，未形成固定的官职，也没有具体的职掌，往往由精通吏治、明达政事，具有一定执法水平的在朝官吏充任，以考察官吏，监察地方行政得失。风俗使"观风采俗"职能扩展为巡行郡国，录问怨狱，禁苛暴，查吏治得失，赈灾济贫，存问鳏寡，显贤进能，推进教化等。风俗使之设，弥补了中央行政职能的不足，在加强社会统治、维护社会稳定方面起到了一定的积极作用。唐贞观八年（634年）太宗曾派大臣巡察各地，了解政情民风得失，称观风俗使。后未再置。

（张田田）

高等检察厅

清末及民国时期省级检察机构名。高等检察厅是清末民国时期设置在高等审判厅内的独立的检察机构。长官为检察长，属官为检察官二人以上。主要职责为：(1)凡刑事案件，依法实行搜查处分、提起公诉，并监察判决的执行；(2)凡民事及其他事件，依法作为诉讼当事人或公益代表人参与诉讼，以实行特定事宜。高等检察厅的管辖范围和高等审判厅完全相同，但当有紧急事件时，可在辖区以外执行职务。高等检察厅设书记室，有书记官长一人，分设总务（辖文牍、会计庶务两股）、记录、监狱三科。1927年后，国民政府将总检察厅改为检察署，配置于最高法院；将高等检察厅和地方检察厅更名为检察处，分别配置于高等法院和地方法院。

参考书目

1. 钱端升等：《民国政制史》，上海人民出版社2011年版。
2. 张兆凯主编：《中国古代司法制度史》，岳麓书社2005年版。
3. 王桂五主编：《中华人民共和国检察制度研究》，中国检察出版社2008年版。

（倪晨辉）

高等审判厅

清末及北洋政府时期地方审判机构名。清末改制，于光绪三十三年（1907年）设置了大理院、高等审判厅、地方审判厅、初级审判厅四个审级，实行四级三审终审制。高等审判厅为在省一级的审判机构，设置在京师及各省省会城市，长官为厅丞或厅长，正四品，负责掌理厅务并监督下级审判厅，下设刑科、民科，置推事十二人，从五品；典簿厅，其中有典簿二人，正七品、主簿四人，从七品、录事六人，正九品；高等检察厅，设检察长一人、检察官二人，负责纠正同级审判，监督下级检察厅。各地方高等审判厅视案件繁简情况，酌设若干刑庭和民庭。有些省份因地域辽阔，或其他不便情形，为审理方便，可在该地高等审判厅内设高等审判分庭。高等审判厅主要受理：不服地方审判厅第一审、第二审判决或裁定的上诉案件以及不属大理院受理范围的涉及宗室、觉罗的第一审案件。高等审判厅的审判采取合议制，由三位推事共同审理案件。

（倪晨辉）

皋陶

夏朝最高的刑事司法长官，专掌刑事犯罪的侦查与审判之职，又名咎陶或咎繇。据《尚书·舜典》载："帝曰'皋陶，蛮夷猾夏，寇贼奸宄，汝作士'……"意为外族不断侵犯中原地区、为非作歹，部落内部各种盗窃贼杀现象屡禁不止，严重威胁族人的生命财产安全，在社会秩序不稳定的情况下，舜任命皋陶为"士"，负责对外防御蛮夷入侵，对内维护社会治安，揭露犯罪，实施刑罚。《尚书·大禹谟》记载，"帝曰：皋陶……作士，明五刑"。此后，皋陶作为夏朝最高的刑事司法长官，专掌刑事犯罪的侦查与审判之职，并以五刑、五流惩治犯罪，是我国刑事侦查官职的始祖。据《论衡·是应篇》记载，皋陶治狱已有神明裁判的思想："廌，一角之羊也，性知有罪。皋陶治狱，其罪疑者，令羊触之，有罪则触，无罪则不触。"

由于中国古代司法机关名称与职官的名称同一，故"士"也是我国古代最早的侦查机关。从历史记载来看，皋陶所担任的"士"应当具有两个方面的职能：一是对外的军事防御职能，打击外来入侵者，保卫国家安全和巩固统治地位；二是对内的警察职能，打击"寇贼奸宄"，维护夏朝奴隶制社会秩序的稳定。

（刘方权）

弓兵

又称"弓手"，宋元明时期负责基层治安的士兵。弓兵原指冷兵器时代中，以弓、弩等轻型抛射兵器作为作战装备的兵种，是古代战争中陆军的重要组成部分。北宋初期在各地设置县尉负责治安，以弓手为其部属，故弓手属于胥吏的一种。弓手人数，每县配置十人至三十人不等，皆用于协助县尉维持治安，抓捕盗贼，勾摄公事。其服役，或三年或七年。神宗时则由差役改为雇役。采用禁兵中都一级编制，其首领为都头、副都头。南宋时明确规定其与士兵同为地方治安武装，改为隶属于提点刑狱司。元朝称为"弓兵"，隶属于巡检司。明初在军事冲要之地均设巡检司，各州县普设三十名，从纳粮三石以下、二石以上民户内差点，一年更替。除纳税外，免除杂泛差役。《清史稿·食货志一》载："凡衙署应役之皂隶、马快、步快、小马、禁卒、门子、弓兵、仵作、粮差及巡捕营番役，皆为贱役。"

（倪晨辉）

工巡局

清末警察机构名。庚子事变后，八国联军占领了北京城，要求清政府保证城市治安，否则不予归还北京城。迫于压力，清政府于光绪二十八年（1902 年）四月，成立"内城工巡局"，隶属于步军统领衙门，后又于光绪三十一年（1905 年）成立"外城工巡局"。工巡局主要有三方面职责：其一，维持治安、缉拿盗贼。其二，负责杖以下案件、简易民事案件、京控案件及涉外民刑事案件的审判工作。其三，修治街道、经营土木、管理交通卫生。除此之外，工巡局还有整顿户口、办理社会救济等职责，可以说工巡局是一个以警政为首，兼有城市管理的庞杂的近代市政管理机关。

工巡局初设亲王一人管理内城工巡事务，后设管理内外城工巡事务大臣一人，由大学士、尚书内特简，会办外城工巡局事务大臣二人，下设监督、总办、帮办等官员。内城工巡局的内部设有事务处、巡查处、守卫处、待质所、军装库、图表处、文案处、发审处、支应处、马号、司狱科、消防队（其中有消防巡捕队，专管使馆界址）、巡捕队。所属机构有内城巡捕东分局、中分局、西分局，分巡处、东西城路工局及习艺所、警务学堂、街道局等。外城工巡局的内部机构设文案处、支应处、待质所、发审处。外城工巡局下设有巡捕东分局、巡捕西分局、教养局等部门。

由于光绪三十一年（1905 年）发生的五大臣遇刺事件，使得清政府更加认识到治安形势的危急和警察机构的重要，所以于十月谕旨设立了巡警部，并于次年将原来的内外城工巡局纳入其中而成为下辖的一个机构，并更名为内外城巡警厅。这样，巡警部作为全国治安管理的主要机构也接收了原来京城内、外工巡局的全部事务。虽然巡警部作为最高警察管理机构，具有督促地方警察体系建立和完善的责任，但实际上更多负责的是京城地面的治安管理工作。

之后由于预备立宪的需要，以"警察为民政之一端，东西各国无特设专部者"为由，故在光绪三十二年（1906 年）九月，裁撤了工巡局，由内外城巡警厅代替。于是，内城工巡局存在不足 4 年，外城工巡局仅存在 4 个月。总的看来，工巡局是完全仿照外国警察制度设立的。其组织机构、运作方式大多是照搬外国或租界的模式。从某种程度上讲，工巡局的机构设置与下属区域划分已经基本实现正规化和近代化，它确实是中国近代城市警察制度正规化道路上的重要一步，是清末国家体制近代化的重要内容。当然，工巡局仍然保有一些旧制度的痕迹。比如，东、南、西、北、中的分局设置与过去的五城御史制度是有相当继承性的。

参考书目

1. 孟昭华、王涵编著：《中国民政通史》，中国社会出版社 2006 年版。
2. 刘子扬：《清代地方官制考》，紫禁城出版社 1988 年版。
3. 公一兵：《北京近代警察制度之区划研究》，载《北京社会科学》2004 年第 4 期。
4. 吴沙：《清末传统治安制度向近代警察制度的转变》，载《公安研究》2001 年第 2 期。

（倪晨辉）

观察使

唐巡行地方各道的监察使职，权重无所不领，名义上督察州县，实为游离于中央政府的独立地方政府即藩镇的长官。唐后期的道是军事、行政、监察的综合实体。安史之乱时中原兴兵，刺史统军，有防御使团练使等名目，要剧之地有节度使。又改采访处置使为观察处置使，后观察使一般兼节度使。宋代洪迈《容斋随笔》载："唐世于诸道置按察使，后改为采访处置使，治于所部之大郡。既又改为观察，分天下为四十余道，大者十余州，小者二、三州，但令访察善恶，举其大纲。然兵甲、财赋、民俗之事，无所不领，谓之都府，权势不胜其重，能生杀人，或专私其所领州，而虐视支郡。"有的观察使兼节度使兼领数镇，权力极大，手握重兵，为藩镇统帅。

观察使为《唐六典》不载，其官署为使府或幕府，其于任免僚属有自主性，不同于人事权归中央的府州县政府。

（张田田）

官代书

清朝民间司法辅助人员。由于封建时期民众普遍文化程度较低，大部分农民均为文盲，并没有能力起草诉状，更遑论掌握必要的诉讼知识了。因此一旦需要提起诉讼，则需要寻找相关专业人员代为书写状纸，而这些专业人员有可能存在勒索当事人或教唆词讼的情况。为了杜绝这一现象，清朝对这些代人书写状纸的人员进行规范引导，通过进行考试录取，合格者由官方颁发印章，准许在衙门口替人起草诉状，称为"官代书"。平民百姓若想提起诉讼，则需在官代书处描述案情，由官代书书写案状，并加盖官府颁发的印章。如无印章的状纸官府不予受理，因此，有无加盖官代书戳记为衙门决定是否审理案件的前提。"凡有呈状，皆令其照本人情词据实誊写。呈后登记代书姓名，该衙验明，方许收受。如无代书姓名，即严行查究。其有教唆增减者，照律治罪"（《大清律例》卷三十《刑律·诉讼·教唆词讼》）。官代书并非朝廷属吏，因此朝廷并不对其发放俸禄，其收入来自书写状纸时收受当事人的润笔费。官代书所通过的考试，均有各地衙门自行负责，并不具有统一的标准或内容，如认为其在考核通过后并不称职，可以剥夺其官代书的身份。

官代书有义务检查当事人控诉是否真实，据之书写状纸并以此向当事人收取费用。代书制度的设置，弥补了诉讼制度的一些不足，但主要目的在于去除讼师行业、协助衙门限制过多的诉讼、提高衙门的审判效率。官代书虽有为私人服务的现代律师色彩,但工作性质更像是庭前立案审查机制,成为协助公权力运作的工具。

参考书目

邓建鹏:《清朝官代书制度研究》,载《政法论坛》2008 年第 6 期。

（倪晨辉）

匦匣司

西夏中央审判监督机构名。匦,即箱子,最早可追溯至武周时期。武则天时期于朝堂上设置四匦(箱子),用于接受臣民议论时政、陈诉冤屈、治国谋略等方面的投书,由谏官负责每晚收集奏报。匦匣司为西夏设置的独立审判监督机构,属于次等司,设有四正四承旨,主要负责管理枉法裁判的案件及上诉案件等。匦匣司在受理上诉案件时,应"入状于匦匣中,匦匣司人当问告者,如何枉误,有何争讼言语,当仔细明之"(《天盛改旧新定律令》卷九《越司取断有罪担保门》)。并对上诉材料中的文字判写进行审查,有显见枉误,即予以纠正。如果"匦匣司人亦枉误,则当依文武次第报于中书、枢密",如果"中书、枢密人亦枉误,则可告御前而转司,另遣细问者奏量实行"。但要是不依程序无故越诉到御前,则不管案情曲直,判处徒三个月的刑罚。"其中无故越司而告御前并击鼓等时,徒三个月"。匦匣司通过受理上诉案件,提出判断意见,发回重审或上奏皇帝请求上谕,达到监督审判的目的。

参考书目

1. 陈永胜:《西夏法律制度研究》,民族出版社 2006 年版。
2. 杜建录:《论西夏的司法制度》,载《西北民族研究》2003 年第 4 期。

（倪晨辉）

国家政治保卫局

第二次国内革命战争时期中华苏维埃共和国的肃反机构。国家政治保卫局是中华苏维埃共和国专门设立的负责镇压反革命,对一切反革命案件进行侦查,对反革命分子给予逮捕和预审的司法机构,设立于 1931 年 11 月 27 日中华苏维埃共和国中央执行委员会第一次会议。在审理反革命犯的过程中,国家政治保卫局处于检察的原告地位,并负有拘捕审问权,判决和执行权则属于司法机关。国家政治保卫局一开始隶属于中央执行委员会,1934 年 2 月后隶属于人民委员会,在组织上采取下级服从上级及委任制度。

国家政治保卫局设有执行部、侦察部、总务处等机构,在省及中央直属市县及省直属市,均设有分局,区及其直属市则设有特派员。在红军各军团和军区设立分局,师、团及独立营设特派员及干事。必要时,某些机关也可直接设特派员。各级政治保卫局之下,由委员会负责审查和讨论保卫局工作及其所得材料,各局局长担任委员会主席,参加的委员有共产党代表及裁判部的检察员。最高国家政治保卫局委员会委员,由中央人民委员会批准委任,各分局委员会委员,则由国家政治保卫局委任。省、中央直属市及方面军、军团的各分局,设执行部、侦察部、总务处。其中执行部下,设立执行科、预审科;侦察部下,设侦察科、检查科;县、省直属市的各分局则设执行科、侦察科、总务科。在各级机关的局、部、科、处分别设立局长、副局长、部长、科长各一人。局长管理全局工作,指导下级分局或特派员。执行部(科)管理拘捕审问及处理犯人,并领导保卫队监督护照、通行证、路条的发给。侦察部(科)组织工作网,指导侦察工作,检查邮件与白区书报,总务处(科)管理政治局内的事务工作。各局有权组织武装队伍以备使用。

国家政治保卫局对打击革命根据地内的反革命分子的活动、维护革命秩序起了重要的作用。但是,它在体制上有着严重的缺陷:一是得不到来自任何方面的有效监督。除人民委员会外,任何一级党、政、军机关都无权过问它的事务。各级保卫局及其特派员变成了凌驾于同级党、政、军机关之上的司法机构。二是政治保卫局实行严格的局长单一集权制,日常行政和实际工作,完全由局长一人决定处理。加上当时党内"左"倾错误思想的影响,最终导致肃反工作严重扩大化,一大批优秀的共产党员被错误杀害,对革命事业造成了不可挽回的损失。

参考书目

1. 彭光华、杨木生、宁群:《中央苏区法制建设》,中央文献出版社 2009 年版。
2. 中共江西省委党史研究室编:《江西苏区党的建设与政权建设》,江西人民出版社 2006 年版。
3. 曾维东、曾维才主编:《中华苏维埃共和国审判史》,人民法院出版社 2004 年版。
4. 张静如、梁志祥、镡德山主编:《中国共产党通志》,中央文献出版社 2001 年版。

(倪晨辉)

候官

北魏设于内省以监察百官的机构,与三国校事、南朝典签相似,亦为御史台以外临时设置的非正式监官。"候"有守望、侦察之意。原本迎送宾客的候人,主管斥候的军候,占卜吉凶的官员等,都可称候官。除了执掌侦伺刺探情况外,候官还指占候之官。北魏初年曾仿汉制设置过御史台(兰台),道武帝天兴四年(401 年)罢废,改在内省(内侍官系统)中设立候官以司监察百官之职。此后一直至孝文帝改革以前始终没有改变。曹内有候官,伺察诸曹及外部州镇中官员不法事。候官员数甚多,造成诬滥之弊,扰乱朝政,"其所穷治,有司苦加讯侧,而多相诬逮,辄劾以不敬"。到孝文帝太和初,内外候官多达一千余人,"奸巧弄威,重罪受赇不列,细过吹毛而举"。后不得不改良,太和二年(478 年)五月,减置候职四百人,司察非违。以谨直者为之,司察违法举动,以防喧闹械斗于街道。至取消内侍官制时,候官曹即行罢废。

(张田田)

户部现审处

清朝中央司法机构名。户部现审处为清朝户部下设的专门负责旗人民事诉讼的司法机构,始设于乾隆十三年(1748 年),下设郎中、员外郎、主事等,无固定员额,皆由户部堂官委派。户部现审处主要负责八旗子弟的田产、房产、户口等方面的诉讼,"现审处,平八旗户口田房争讼"(《清史稿·职官志一》),"八旗地亩之讼,属诸户部现审处"(《清史稿·刑法志三》)。

(倪晨辉)

户曹

中央及地方政府中掌户籍赋税、户婚田土案件审理的机构。汉代始置,为丞相府、将军府、州、郡属官,掌辖区内户籍赋税等事。汉、魏以下,州郡僚佐有户曹掾,主管民户。后世王公府、军府及州置军府者并置,为府佐诸曹参军之一。北魏初曾置,后省。隋初复置,雍州置户曹从事，上上以下州，置户曹参军事。开皇三年（583 年）罢郡，以州统县，置司户参军事。大业三年（607 年）改州为郡，改司户参军事为司户书佐。隋炀帝对县行政机构也作了调整。改县正为户曹、法曹，分曹与郡曹对口。

唐武德初复改郡为州，改司户书佐为司户参军事，置于上、中、下州，掌户口、籍帐、婚姻、田宅、杂徭等事；因其所掌事务较繁，故有时又置司田参军事以分掌田宅之事。上、中、下州均置司户佐，司户史及帐史，以佐助司户参军事办事。唐开元时定制，掌户婚田土案件审判。据《唐六典》载："户曹、司户参军掌户籍、计账，道路、逆旅，田畴、六畜、过所，蠲符之事，而剖断人之诉竞。凡男女婚姻之合，必辨其族姓，以举其违。凡井田利害之宜，必止其争讼，以从其顺。凡官人不得于部内请射田地及造碾磑与人争利。"在府称户曹参军，在州称司户参军。诸亲王府、都督都护府及京畿府并置户曹参军一至二人，随曹置府史，掌户口、籍帐、婚嫁、田宅、杂徭、道路之事。

宋唯开封府置，各州则置司户参军，亦称户曹参军，掌户籍，考课，赋税、仓库、受纳之事，后代皆无。参见司户参军条。

（张田田）

湖南保卫局

清末警察机构名。湖南保卫局是中国最早的近代警察机构，始创于 1898 年。湖南保卫局是长沙维新运动中出现的其他任何省份所不具有的一项新政。最早提出设保卫局，并为之作出重大贡献的当推时任长宝盐法道并署湖南按察使的黄遵宪。他认为："警察一局，为万政万事根本。"

黄遵宪为湖南保卫局制定了一系列"条理精密"的规章制度。除上述《湖南保卫局章程》外，还有《湖南迁善所章程》、《保卫局增改章程》、《保卫局公启》、《湖南保卫局分局员绅职事章程》（附《巡查长职事章程》和《巡查吏职事章程》）、《湖南保卫局巡查职事章程》（附《巡查各项章程》）、《湖南保卫局清查户籍章程》、《湖南保卫局清理街道章程》等。这些规章制度对保卫局各级机构设置、人员配备、职能权责、待遇奖惩、办事程序等都作了严格而详密的规定。

《湖南保卫局章程》规定了保卫局"实为官绅商合办之局"，按该章程规定，议事绅商（或称董事、议员）会议是保卫局的最高立法、议政机构。该章程原来规定设"议事绅商十数人"。以后，在《保卫局公启》中又修改为每小分局公举董事四人，"合十局共计一百二十人"。董事会议两年一届，"定期会议"，"期满再由本城各绅户公举"。董事会议由本局总办任主席。其职权是制定和修改章程、讨论局政。"一切章程，由议员议定，禀请抚宪核准，交局中照行；其抚宪批驳不行者，应由议员再议"；"抚宪拟办之事，亦饬议员议定禀行"。同时，该章程还规定"本局总办以司道大员兼充，以二年为期，期满应由议事绅士公举，禀请抚宪札委"。该章程还规定，"凡议事均以人数多寡定事之从违。议定必须遵行章程，苟有不善可以随时商请再议"。

湖南保卫局的机构设置和内部权限划分，是以"官民合办"思想为出发点的。其机构设置为总局、分局、小分局三级体制，人事组织采取官绅并立的原则。各级机关之间、官绅之间权责分明。

此外，湖南保卫局还于长沙府城内设有迁善所，负责安置、改造流民及轻微罪犯，令其学习工艺、充当劳役。迁善所由保卫局会办大员负责领导，实际事务由会办士绅一人主持，下设有提调、坐办委员、帮办委员各1人,理事委员2人,以上均由官吏充任。又有副理事2人,由绅士充任。此外,还雇有工役、工匠和教习人员等。迁善所不是旧监狱,而有点类似于后来的收容所、教养所。

湖南保卫局不但是中国最早的近代警察机构,同时也可视为初具地方自治特征的新式权力机关。其特点有二:一为官民合办。这是湖南保卫局最显著的特点。湖南保卫局在商民的支持下开办,经费由官绅共同商定筹集,正体现了官民合办的特点,也体现了维新派启民智、兴民权,促进湖南地方自治,进而推动全国自救的政治理念。二为民主议事。湖南维新派创办保卫局的意图之一,是为了增进人民的自立精神,促进地方自治。这一精神在上述保卫局议事制度中也得到了体现,其实质与近代西方资产阶级的民主精神相类似。但作为中国首个近代警察机构,湖南保卫局只是初具地方自治的雏形,在很多方面都不如后来的上海总工程局完善。

参考书目

1. 谭仲池主编:《长沙通史(近代卷)》,湖南教育出版社2013年版。
2. 万川主编:《中国警政史》,中华书局2006年版。
3. 朱英:《戊戌至辛亥地方自治的发展——湖南保卫局与上海总工程局之比较》,载《近代史研究》1999年第4期。

(倪晨辉)

虎头牢

又称苏三监狱,明朝洪洞县县狱的别称。始建于洪武二年(1369年),因在正德年间关押京城名妓苏三而闻名于世。有诗云:"虎头牢里羁红妆,一曲搅乱臭水浆。王三公子今何在?此处空留丈八墙。"苏三案为京剧《玉堂春》的原型,名妓苏三与富家公子王景隆相爱,王景隆却花光了身上的钱财,被赶回了家乡,从此发愤图强,最终考上了进士。苏三因意中人的离去,伤心不已,心灰意冷之下被卖到洪洞县沈家为妾,沈某之妻与沈某不合,故与人合谋杀死了沈某,买通县太爷,嫁祸于苏三,苏三便被关押在洪洞县县狱内等待秋后处斩。此时已考上进士,升任八府巡按的王景隆来到山西,最终为苏三洗脱冤情。

洪洞县县狱大门仅高一米六,门前有狴犴像,狴犴形状似虎,死囚进门前都需在狴犴像处低头,故将县狱命名为虎头牢。虎头牢面积为610平方米,由过厅、普通牢房、死囚牢三部分组成。通过过厅,有东西两面相对称的12间坡式瓦房,为普通牢房,监禁一般犯人。两排监房的中间是一条狭窄的南北通道,其上方,铁网密布,且挂有很多响铃,代表"天网恢恢,疏而不漏"之意。普通牢房的南尽头,向东拐一直角,是死囚牢。牢门共有两层,形成一条高1.6米、宽1米、长3米的通道,通道两端各有一道门槛和门扇,一道朝左开,一道朝右开,为明代标准的死囚牢门。牢门内是一四合小院,北面有两间无窗窑洞式监舍,是关押死刑女犯的女监。院心有一水井,井旁放一水槽和一捶衣石,供犯人汲水和洗衣之用。"虎头门"对面大墙的半腰里,嵌着一个用沙石制作的神龛,里面供奉着狱神,即传说中的皋陶。在狱神庙左下方的墙根处,开有一小洞,高与宽不过半尺,与大街相通。这就是死囚洞,俗称"老虎屁股"。犯人被囚死在狱内,只能由此洞口拖出去,不准从大门拖出。虎头牢是我国现存唯一保存完好的明朝监狱。

(杨殿升　袁　钢　倪晨辉)

圜土

先秦监狱名,《竹书纪年》有"夏帝芬三十六年,作圜土"的记载,郑玄注:"圜土,狱城也。"据《尔雅·释名·释宫室》,狱"又谓之圜土,土筑表墙形圜也",即建成圆形的土墙,将犯人囚禁在里面。商朝圜土发展了夏朝圜土的功能,除使罪犯"幽闭思愆"外,还增添了"苦役惩罚"。《墨子》载:"昔者傅说,居北海之州,圜土之上,衣褐戴索,庸筑于傅岩之城。"据《周礼》载:"以圜土聚教罢民,凡害人者,寘之圜土而施职事焉,以明刑耻之,其能改过反于中国,不齿三年。其不能改而出圜土者,杀。"注:"圜土,谓狱城也。聚罢民其中,困苦以教之为善也。"圜土除了监禁未决犯之外,还关押已决犯并监督其劳役。"若无授无节,则准圜土内之"(《周礼·地官·比长》)。郑玄注:"圜土者,狱城也。狱必圜,规主仁,以仁心求其精,古之治狱,闵以出之。"意即圜土就是狱城。圜土牢狱呈圆形,表明圆的中心是恩,从仁心出发悯恤、感化罪犯,施以天德,就能化恶为善,古人治狱的良好宗旨就出于此。据《周礼》,圜土在西周主要用于关押轻刑犯,设司圜掌管。《周礼·秋官·司圜》载:"司圜掌收教罢民。"一说圜土之制是中国监狱史上利用囚禁的罪犯从事劳役,并通过劳役对人犯进行改造的最早记载,为徒刑和劳教的雏形。参见司圜条。

(张田田)

皇城司

宋朝官署名。皇城司五代时始置,宋初名为武德司,后于宋太宗太平兴国六年(981 年)改名为皇城司。"改武德司为皇城司"(《续资治通鉴长编》卷二二·太平兴国六年十一月甲辰)。"皇城司,在左承天门内北廊,本名武德司,太平兴国六年十一月改今名"(《宋会要辑稿》职官三四之一五)。皇城司主要负责拱卫皇城,掌管皇城出入管答钥契,亲从官与亲事官名籍等事,也有密探京师各类不法事的职责。"应宫城出入请纳官物,呈禀公事,传送文书,并御厨、翰林、仪鸾司非次祇应,听从便门出入,即不由所定门者,论如阑入律。应差办人物入内,及内诸司差人往他所应奉,并前一日具名数与经历诸门报皇城司"(《宋史·职官志六》)。

皇城司设皇城使、副使各一人,但因其为武臣阶官,所以不负责具体事务,仅为虚职。实际负责皇城司事务的长官为勾当皇城司公事。具体职责由干当官负责,皇城司共设干当官七人,以武功大夫以上及内侍都知、押班充任。南宋初并没有皇城司,后于高宗绍兴元年(1131 年)改行营禁卫所为行在皇城司,置提举、提点及干办皇城司公事,以诸司副使、内侍都知、押班充任。后以知阁门事、带御器械兼领。

(倪晨辉)

皇帝

中国封建时期最高统治者的称谓。"皇帝"一词始于秦朝秦始皇,公元前 221 年,秦王嬴政消灭六国,建立了统一的君主专制中央集权的封建国家。为表示自己至高无上的地位和专断一切的权威,显示自己的功勋,嬴政曾召集朝廷会议,命群臣商议更改称呼的问题。王绾、李斯等人商议后奏曰:"古有天皇,有地皇,有泰皇,泰皇最贵。臣等昧死上尊号,王为泰皇,命为制,令为诏,天子自称曰朕。"而嬴政并不满意,以为"泰皇"仍"无以称成功",他自以为"德兼三皇,功包五帝",应把传说中的三皇五帝的功德都包括进去,于是"(秦)王曰:去'泰',著'皇',采上古帝位号,号曰'皇帝'"(《史记·秦始皇本纪》)。古人认为:"皇帝,至尊之称,皇者,煌也,盛德煌煌,无所不照也,帝者,谛也,能行天道,事天审谛,故称皇帝"(《独断·上》),"明一者皇,察道者帝"(《管子·兵法第十七》)。从此以后,中国古代的历朝帝王都称为皇帝。

皇帝是封建时期中国各朝代的最高统治者,拥有一切最高权力。皇帝的传承主要是通过世袭而非选举,统揽国家的政治、经济、军事、行政、司法等各方面的权力。虽然皇帝在名义上拥有国家的全部权力,但实际上,皇帝权力的行使仍然需要得到大臣的认同。中国古代皇权与相权始终处于一个动态平衡的状态,二者相辅相成,缺一不可。一旦平衡被打破,则帝国的统治就会动摇。如果相权威胁到了皇权,则可能出现废立皇帝、谋权篡位的情况;如果皇权肆意侵占相权,则可能出现暴君政治的情况。在司法权方面,皇帝名义上拥有对死刑的最终裁判权、对重大案件的最终裁定权,他的言行通过诏令等方式变为法律,他也可以通过个人喜好废除某些法律。但这也不是绝对的。例如,宋代皇帝颁布的诏令,需经由专门机构的确认才能获得正式的法律效力。皇帝不受法律的制裁,法律对皇帝不具有约束力。辛亥革命后,中国结束了两千多年的封建帝制统治。

(俞建平　倪晨辉)

黄门北寺狱

东汉管押党人等不同政见者的特别监狱,亦称黄门北寺狱,属黄门署。东汉光武帝变革狱制之初,撤销了西汉武帝建置中都官狱,只留下廷尉诏狱和洛阳诏狱。和帝时复若卢诏狱。东汉末年,党锢之狱起,又设黄门北寺狱,由宦官中常侍主管。一说黄门北寺狱即若卢诏狱。《汉书》卷八十二《王商传》载:"臣请诏谒者召商诣若卢诏狱。"注:"孟康曰:'若卢,狱名,属少府黄门北寺是也。'"清沈家本认为,"北寺、若卢实非一狱":"《后汉书·窦武传》自黄门北寺、若卢、都内诸狱系囚,以北寺与若卢并言,此其证也。宋张方平上论谓汉有乱政,而立黄门北寺之狱。若卢复置于和帝时,汉政尚清明,盖亦以黄门北寺自为一狱,由于党事之起也"(《历代刑法考·狱考》)。

黄门北寺狱收监的囚犯首先是在任官员,以中央官吏为主。其次是所谓的"党人",多为一时之名士。再次是禁内的宦官。此外还包括连坐的犯人亲属,规模相当可观。

(张田田)

黄沙狱

西晋置主管诏狱案件之审理及复核廷尉所办之案的机构。《晋书·职官志》载:"泰始四年(268年)又置黄沙狱治书侍御史一人,秩与中丞同,掌诏狱及廷尉不当者皆治之。后并河南,遂省黄沙治书侍御史。"一说太康五年(284年)始置黄沙狱。《晋书·武帝纪》载:"太康五年元月,初置黄沙狱。"《高光传》载:"是时,武帝置黄沙狱,以典诏囚,以光历世明法,用为黄沙御史。"后废,并入河南狱。参见治书侍御史条,黄沙御史条。

(张田田)

黄沙御史

即黄沙治书侍御史。西晋所设御史台内"黄沙狱"中负责审理诏狱及复核廷尉审案的官员,简称“黄沙御史”。《晋书·职官志》载:“秩与中丞同,掌诏狱及廷尉不当者皆治之。后并河南,遂省。”《晋书·高光传》中“是时,武帝置黄沙狱,以典诏囚,以光历世明法,用为黄沙御史”,为魏晋南北朝时期的御史权限扩大并临时增派监察御史的体现。参见黄沙狱条、御史台条、治书侍御史条。

(张田田)

会审公廨

又称“会审公堂”,清末及民国时期设立于我国租界内的审判机构名。清朝同治三年(1864年),英国迫使清政府同意在上海共同组建了“中外会审理事衙门”,但该衙门并无固定章程。同治七年(1868年)英国、美国领事与清朝上海道台议定了《洋泾浜设官会审章程》,约定在租界内建立会审公廨。同治八年(1869年)上海英美租界会审公廨成立,简称“会审公廨”,亦称“会审公堂”,地址在洋泾浜(今延安东路)北首原“中外会审理事衙门”处。清光绪二十五年(1899年),会审公廨由南京路移至北浙江路(今浙江北路)新厦。新的会审公廨建有西式会审公堂、管押所等建筑,面积达7000平方米。会审公廨设正会审官1人,总管公廨事务;副会审官6人,办理刑民案件,另设秘书处、华洋刑事科、华务民事科、洋务科,管卷室等。陪审官则由外国领事担任。随租界不断扩张,上海英美租界会审公廨改名上海公共租界会审公廨,裁判权实际由会审官操纵,判决结果不得上诉。宣统三年(1911年),因上海小刀会起义,会审官弃职逃匿,英、美等国乘机侵占会审公廨,并彻底控制了会审公廨的职权。第二年,列强于廨内增设检察处,设洋检察员1人,由工部局推选经领事团委任,负责分配案件、指定审理日期、收发文件、保释、会计、保存案卷、民事羁押与女监管理等所有行政事务。廨内大权均由检察员掌握。检察员下设交保、收支、洋务案、华务案、写字间等处,各以洋员为主任,华人为辅佐,直接受检察员指挥。附设华人捕快10人,办理拘传各类传达及民事判决的执行事项。

最初,会审公廨只负责审理华人、洋人控告华人的案件,当洋人为原告时,领事可以观审,其中民事案件可断“钱债与交易各事”,刑事案件限于发落枷杖以下罪名,军流徒罪以上案件由上海县审断,审判官由外国领事或其委派人充任,名义上与中国会审官“会同审理”,但会审官由领事团委任。但后来,中国人之间的案件,外国领事亦有权观审,变相地侵占了我国的司法主权。上海领事团曾对这个机构明确指示:凡与外国个人、外人团体或外国商人有关的案件,判决都要有利于外国人。会审公廨在审理案件时,中国官员对外国人是否科刑“例不过问”,而外国领事对中国人却“径定监禁数年”,从而造成了“外国人不受中国之刑章,而华人反就外国之裁判”的反常现象。1911年辛亥革命后,各国驻上海领事团于11月10日发出通告和照会,宣布会审公廨官员改由领事团任命而不再由中国政府委派;租界内纯属中国人的民刑案件,亦由外国领事派员会审;民事案件以一审为终审,刑事案件可判10~20年的重刑;会审公廨的监狱由公共租界巡捕房管理,传讯和拘留人犯由首席领事盖章,交巡捕房执行;凡与外国人有关的案件,不论发生在租界外或被告住租界外,会审公廨均可越界提人审讯。会审公廨于是从原为中国政府在租界特设的司法机关,变为由外国领事共同控制的审判机关。因中国民众不断抗议要求收回领事裁判权,特别是1925年上海发生五卅惨案后,废除会审公廨的浪潮席卷全国,中国政府与各国签订了《收回上海会审公廨暂行章程》,并于1927年1月1日改会审公廨为上海临时法院。虽然会审公廨被取代了,但列强拥有的领事裁判权并未得到收回,直到新中国成立后,才彻底地收回了全部治外法权。会审公廨除了在上海设立外,还在汉口、鼓浪屿等地设立了类似机构。

参考书目

郭天成等主编:《闸北区志》,上海社会科学院出版社 1998 年版。

(倪晨辉)

给事中

监察、谏诤之官,处理公文,有封驳权和对有司刑狱的监督权。汉魏时本以给事(供职)于官省之中得名,为得在宫殿中任职者之加官,本无员额,是侍中的属官。侍中原为秦朝的丞相史,地位很低,至西汉中叶职权逐渐提高,东汉中叶开始建置侍中寺,名义上属少府。晋时发展为门下省,凡属重要政令,皇帝要征取侍中的意见。魏晋时采询侍中参与大政的办法,钳制中书省职权的行使。隋无此官,后移尚书吏部之给事郎于门下省。唐代改名给事中,定员四人,具体执行门下省的封驳权。给事中参与三司判狱,刑名不当,轻重或失,则援法例而裁之。职权为"制敕有不便于时者得封奏之,刑狱有未合于理者得驳正之,天下冤滞无告者得与御史纠理之,有司选补不当者得与侍中裁退之"(《白居易集》卷四十八《郑覃可给事中制》)。一说此为明朝六科给事中监察之先导。

(张田田)

嘉石

《周礼》所记将罪犯示众悔过的狱所。据《周礼·秋官·大司寇》载:"以嘉石平罢民。凡万民之有罪过,而未丽于法而害于州里者,桎梏而坐诸嘉石,役诸司空。重罪旬有三日坐,期役。其次九日坐,九月役。其次七日坐,七月役。其次五日坐,五月役。其下罪三日坐,三月役。"即对拘禁的有罪过但尚未触及刑律而危害社会的人犯,在拘禁期间,给他们戴上狱具,令坐嘉石。坐后还要把他们交付司空根据罪行轻重强制罚服一定的劳役,并建立了一定的劳役周礼制度。类似后世在监狱中对徒刑人犯的执行。一说嘉石寓教于刑的举措之一,明代的申明亭与之类似。参见申明亭条。

一说据"坐诸嘉石,役诸司空",嘉石或为在监狱中执行徒刑的一种形式。

(张田田)

检察厅

清末及民国时期各级检察机关的统称。清末司法改革,建立了审检合一的司法体制。最高审判机构为大理院,下设高等审判厅、地方审判厅和初级审判厅。在各级审判机构内设置检察厅,包括总检察厅、高等检察厅、地方检察厅及初级检察厅。总检察厅长官为厅丞,从三品;属官有检察官六人,正八品;主簿二人,录事四人。其他各级检察厅长官为检察长,属官为检察官。初级检察厅不设检察长,只保留检察官职务。北洋政府时期,除将厅丞改检察长外,余均沿用。国民党政府一度将审判与检察机关合并于法院之内,1932 年起,依据颁布的《法院组织法》,在最高法院中设检察署,长官为检察长,置检察官若干人。其他法院及分院,各设首席检察官一人,检察官若干人。

地方各级检察厅于其所在的法院管辖区内执行任务。检察厅的主要职责为:对刑事案件进行调查、提起公诉、监督审判及执行情况等;对民事案件充当诉讼当事人或公益代表人等。检察厅虽设在审判机构内,但对于审判机构独立行使检察权,检察厅也不得干涉审判或掌理审判事务。检察厅还可以指挥司法警察官,调动司法警察协助侦察,或命在场和附近的人为相当的辅助侦察;遇到紧急情况,有权指挥军警协助侦察,特殊案件还可请求派遣军队辅助侦察,进行弹压。清末的检察机构虽未独立于审判系统之外,但作为司法审判的监督、制衡机关,其调查取证、提起公诉的运作程序,无疑是我国现代司法制度的滥觞。

检察厅对于审判厅独立行其职务,不问情形如何,检察官不得干涉推事之审判,或掌理审判事务。推事及检察官,须照法官考试任用章程经二次考试合格后,始准任用,书记官为委任职,亦须经过考试合格后录用。推事检察官在职中与职务外,不得从事以下行为:(1)干预政治。(2)为政党员、政社员,及中央议会或地方议会之议员。(3)为报馆主笔及律师。(4)兼任其他公职。(5)及经营商业及官吏不应为之业务。地方审判厅长、检察厅检察长,及各推事、检察官,皆为荐任官,推事及检察官之廉俸,虽在惩戒调查,或刑事被控时,仍照常给予,退职后,并可受恩俸。

参考书目

1. 钱端升等:《民国政制史》,上海人民出版社 2011 年版。
2. 张兆凯主编:《中国古代司法制度史》,岳麓书社 2005 年版。
3. 王桂五主编:《中华人民共和国检察制度研究》,中国检察出版社 2008 年版。

（倪晨辉）

监察院

中华民国国民政府最高监察机构名,国民政府五院之一。监察院筹置于民国十七年(1928年)10 月,民国二十年(1931 年)正式成立,依 1928 年 10 月 8 日公布的《国民政府组织法》,设院长、副院长各 1 人。监察委员 19 ~ 29 人,由监察院院长提请国民政府任命,并不能兼任中央及地方政府各机关之职务。1931 年 6 月修正《国民政府组织法》,据此增加监察委员到 29 ~ 49人,由国民政府主席提请国民政府依法任免之;12 月时改监察委员为 30 ~ 50 人,由监察院院长提请国民政府主席依法任免。1932 年再次修正《国民政府组织法》,复改监察委员为 29 ~ 49人,由监察院院长提请国民政府依法任免。监察院内还设置有秘书、参事处、人事室、统计室、会计室等,监察院下设有监察使署与审计部两大职能部门。1947 年,监察院根据行政院各部会的设置增设了内政地政、外交侨务、国防、财政粮政、经济资源农林水利、教育、交通、司法、社会卫生、蒙藏 10 个委员会,以便对应监察行政院各部会的工作。

监察院为最高监察机关,职掌弹劾和审计事项。1929 年 6 月,国民党三届二中全会通过《治权行使之规律案》,其中规定凡对于公务员过失之举发,应呈由监察院处理,非监察院及其所属机关不得受理。其不经监察院而公然攻讦公务员或受理此项攻讦者,以越权论。

监察院的最高决策机构为监察院会议,由监察院院长、副院长和监察委员组成,以院长为主席。会议以监察委员过半数出席为法定人数,以出席委员过半数之同意议决事项。每周至少开会一次。监察院会议议决下列事项:(1)关于监察院主管事项得提出于立法院的议案;(2)关于弹劾案的提出;(3)关于监察院内事务的决定;(4)院长依法交议事项。

监察院院长的职权有:(1)综理全院行政事务;(2)提请国民政府任免监察委员、监察使以及审计部部长、次长等所属;(3)主持监察院会议;(4)国民政府发布有关于监察院主管事务的命令或处分,须由院长副署;(5)为便利分区监察,提请国民政府特派监察使,分赴各监察区巡回视察。

监察院以监察委员行使弹劾权,并得特派监察使,分赴监察区,行使弹劾权;监察委员得单独提出弹劾案,由院长指定监察委员三人审查,如通过,则付司法院下设的官吏惩戒委员会议决及惩戒。监察委员是监察院实施监察权的主体,国民政府对他们的地位作了保障。《监察委员保障法》规定:“监察委员除现行犯外,非经监察院许可,不得逮捕、监禁”,“监察委员非有下列情事之一者,不得免职、停职或罚俸:(1)经中国国民党开除党籍者;(2)受刑事处分者;(3)受蔡治产之宣告者;(4)受惩戒处分者”,“监察委员非有下列情事之一者,不得以失职论:(1)受公务员之馈遗供应有据者;(2)在中央或该监察区内之公务员有应受弹劾之显著事实、经人民举发而不予弹劾者;(3)受人指使、捏造事实而提出弹劾者。”监察委员行使职权时,所发言论对外不负责;除现行犯外,非经监察院的许可,不得对监察委员逮捕监禁、惩戒。监察委员提出的弹劾案,经审查认为不应交付惩戒,而提案人仍再提出,监察院应将被弹劾人移付惩戒;如此项弹劾案经惩戒机关审查,认为不应受惩戒时,原弹劾人则应受《监察委员保障法》的处理。

监察院设秘书处、参事处为事务组织。秘书处设秘书长1人,秘书6~10人;参事处设参事4~6人。秘书处主要负责下列事项:(1)文书收发、编制以及保管事项;(2)秘书分配事项;(3)文件之撰拟及翻译事项;(4)典守印信和会计庶务事项;(5)其他不属于参事处的主管事项。参事处主要负责撰拟、审核关于监察的法律命令事项。

根据1935年3月9日修正公布的《监察院组织法》规定,监察院院长得提请国民政府特派监察使分赴各监察区巡回监察,行使弹劾权。据此,监察院向全国各地派出监察使,并在必要时得在规定地区组织监察使署,对各该地进行监察。监察使由监察委员兼任,任期2年。此前在1931年,监察院就将全国分为14个监察区,即江苏、皖赣、浙江、闽台、两湖、两广、河北、豫鲁、晋陕、云贵、川康、甘宁青、新疆及辽安北等。到1934年,监察院在江苏、皖赣、闽浙、湘鄂、河北、豫鲁、甘宁青7个监察区派有监察使,设立监察使署。表面上,监察使的职权较尊崇。根据1935年10月31日公布的《监察使巡回监察规程》和有关法律的规定,监察使必须将其所在监察区内的政情,包括地方概况、社会情况、地方政治制度等,制出情况调查表,作为展开监察活动的根据。在行使职权时,监察使可以向“所派监察区内各官署及其他公立机关查询或调查档案册籍,遇有疑问,该主管人员应负责为详实之答覆”。监察使“对于所派监察区内公务员违法及失职之行为,认为情节重大,须急速救济者,除提起弹劾案件外,并得径行通知该主管长官予以急速救济之处分”。主管长官如果“不为急速救济之处分”,则在被弹劾人受惩戒时,应负责任。此外还规定监察使可以“接受人民举发公务员之违法或失职之书状”。

监察院设置的审计部,负责审核政府所属全国各机关的决算、预算,监督政府所属全国各机关预算的执行,核定政府所属全国各机关收入命令及支付命令,稽查政府所属全国各机关的冒滥及其他关系财政的不法或不忠于职务的行为。在北洋政府时期,审计权属于行政部门,由国务院设立的审计处行使。国民政府成立初期,以审计院行使审计权,地位同监察院并列。随后在讨论如何设置五院制政府时,国民党中央将审计权从行政权中分离出来,规定由监察院行使。审计院改为审计部,隶属于监察院。1931年3月9日,审计部正式成立。审计部内设第一厅至第三厅,分别负责对全国各机关之事前审计、事后审计和稽查事务。此外,审计部要在中央机关及各省市设立审计处,办理各省市内中央及地方机关之审计及稽查事务。审计部的人员设置具有专业性，除了部长、政务次长、常务次长之外，设审计、协审、稽察等各若干人。前两者执行审计职务，后者执行稽察职务。“审计部关于处理审计、稽察重要事务及调度审计、协审、稽察人员，以审计会议之决议行之。审计会议以部长、政务次长、常务次长及审计组织之。”

参考书目

1. 徐矛：《中华民国政治制度史》，上海人民出版社1992年版。
2. 张皓：《中国现代政治制度史》，北京师范大学出版社2010年版。
3. 柏桦：《中国政治制度史》，中国人民大学出版社2011年版。

（倪晨辉）

监察御史

出使地方、分道巡查地方官员与地方司法等的御史台官员。前身为秦监御史、隋检校御史。据《通典》，初，秦以御史监理诸郡，谓之监御史。汉罢其名。至晋太元中，始置检校御史，掌行马外事，亦兰台之职。宋、齐以来无闻。后魏太和末，亦置此官，宿直外台，不得入宿内省。北齐检校御史十二人，后周司宪旅下士八人，盖亦其职。隋开皇二年，改检校御史为监察御史，凡十二人。隋炀帝增置十六员，掌出使检校。唐代御史台下设察院，设监察御史十员，里行五员，掌内外纠察并监祭祀及监诸军、出使等。自唐太宗始，全国共分十道（后增至十五道），以“道”为监察区，每道设监察御史一人执掌地方州县官吏的监察工作，包括行政与司法。据《唐六典》载：“监察御史，掌分察百僚，巡按郡县，纠视刑狱，肃整朝仪。凡将帅战伐，大克杀获，数其俘馘，审其功赏，辨其真伪；若诸道屯田及铸钱，其审功纠过亦如之。”《新唐书·百官志三·监察御史》载官吏十道巡按所遵循的由唐太宗发布的“六条诏书”，包括：“其一，察官人善恶；其二，察户口流散，籍帐隐没，赋役不均；其三，察桑农不勤，仓库减耗；其四，察奸猾盗贼，不事生业，为私蠹害；其五，察德行孝悌，茂材异等，藏器晦迹，应时用者；其六，察黠吏豪宗，兼并纵暴，贫弱冤苦不能自申者。”其纠察事项以惩治贪官污吏、察举为官优劣为原则，所察对象包括所有地方官吏，以及妨碍社会治安、影响政治稳定的盗贼、豪强。监察御史因此又称“六察官”。据《唐会要·御史台下·出使》，主要由监察御史出使巡察地方，也有省寺其他官员出使的。则上述六条为监察御史与监察使职共同遵循。监察御史和皇帝临时指派的监察使职并存，既有分工，又有交叉，其品级虽低，但权力非常大，可以不预先经过御史台长官而直接向皇帝奏弹，是皇帝设在地方的耳目。延载（694年）后地方巡按任务多由监察使职承当。

唐监察御史属御史台察院，在御史台诸御史中品秩最低，但权任颇重。大抵由新进的士人中择取刚强果断者充任监察。唐朝的监察官位卑权重，虽不过八品，不及县令，但上可以纠百司长官，下可以察地方大员。位卑便于皇帝控制，权重源于皇帝的倚重，因此监察官职能的发挥同皇帝个人的品德密切相关。此后历代均沿置。明清时监察御史属都察院。参见御史台条、都察院条。

（张田田）

监督检察官

清末及民国时期基层司法官名。监督检察官为清末民国时期初级检察厅或地方检察分厅内的资深检察官。除负责检察官的一般事务外，还需要负责监督全厅的行政事务。清宣统二年(1910年)制定的《法院编制法》规定:“初级检察厅如置检察官二员以上,得以资深者一员为监督检察官,监督该厅事务。其设于地方之检察分厅亦同。”同时,监督检察官还可根据《法院编制法》对监狱进行监督,并按法部或提法司的命令视察监狱。

参考书目

刘清生:《中国近代检察权制度研究》,湘潭大学出版社2010年版。

(倪晨辉)

监督推事

清末及民国时期司法官名。监督推事是清末民国时期设在各级审判厅内的负责审判事务与行政事务的资深推事。宣统二年(1910年)制定的《法院编制法》规定:初级审判厅如置推事二员以上,得以资深者一员为监督推事,监督该厅行政事务。地方审判分厅、高等审判分厅及大理分院,如置民、刑二庭以上者,均保以资深者一员为监督推事,监督行政事务。监督推事不但负责具体案件的审判,还负责监督其他推事、管理相关行政事务。

(倪晨辉)

检法

宋金时期司法官名。始设于宋神宗熙宁六年(1073年),因大臣吕惠卿奏请,宋神宗在当年三月于诸路提点刑狱司设置检法各一名,以达到平反狱讼,使民不冤的效果。提刑司设置之初,仅有提刑和同提刑使臣二人。然而后发现职事繁重,人手不够,于是有大臣上奏说:“国家置提点刑狱司,盖欲平反狱讼,使民不冤,自罢武臣以来,多止一员,兼河渠、农政、常平、盗贼、兵甲,而刑事繁多,省阅不给。若委之吏,则为大弊。”因此建议朝廷于各路提刑司置检法官。始置诸路提刑司检法官各一员,掌审复州县案犊。元丰元年(1078年)曾罢,后于元丰六年(1083年)复置,此后有宋一朝不再废置。

提刑司检法官是提刑司的重要官员,负责处理大部分州县上报提刑司的案件,因此也只在精通刑案的京官或选人中选拔。后朝廷又规定提刑司检法官必须由吏部按照程序选拔,其他官员不得征辟或荐举,可见其选拔之严格。其选用标准为:“承务郎以上,次选人并曾任大理寺断刑官,次曾任此职(谓在职二年以上,非因本职过犯离任人),次试中刑法第三等中以上,次曾为律学生公试三预第一人,次试中刑法第三等下人。以上并谓经任人。”可见,京官和选人需精通刑律者才可担任这一职务。后朝廷又规定,提刑检法官必须由吏部依格差注,“宪司毋得妄辟”。可见朝廷对检法官重视。

提刑司检法官职掌为“审复州县案牍”,主要负责复查州县处理的案件适用法律是否允当。元丰八年(1085年)朝廷曾规定提刑司检法官负责复审州县官、小使臣公罪杖以下案件,“提刑司检法官复审州县官、小使臣等公罪杖以下案,申吏、刑部、大理寺注籍”。之后提刑司检法官的职权逐渐扩大,南宋时提刑司检法官对死刑等大案也有复核权。检法官还负责审核州县上报的案件罪犯身份信息、案件事实情况是否真实,对于案件的判决也有建议权,可先行拟定判决,由提刑司提刑斟酌采用。检法官还负有详覆编配本路罪犯年甲、犯状真实与否等方面的责任,在对复审案件中,检法官也可提出拟判决结果,供长官斟酌采用。在财政方面,高宗建炎三年(1129年)始令东南八路提刑司管勾经制钱事务,检法官充属官,每月可支二十贯食钱。在绍兴十六年(1146 年)又规定:“以诸路岁取经总制钱,本路提刑并检法、干办官拘催,岁终通纽,以课殿最。”这样,南宋时的检法官和提刑官一样,要为敛财而劳心费力。在军事方面,检法官也负有一定的责任,如宁宗嘉定年间,四川制置大使司遣兵分道讨叙州蛮,调兵千人,“又遣本路提刑司检法官安伯恕往叙州节制之”。在徽宗时亦有检法官没认真催督州军差拨屯驻人兵而降官的情况。此外,在提刑司不设立主管本司事务及文字官的时候,提点刑狱司检法官“听兼主管本司事务及文字,并不得别差干办”。即全面负责提刑司的文书管理和各项事务工作,权力之大,可见一斑。此外,在提刑司提刑外出巡查州县时,检法官有兼管提刑司司法事务的职责,元丰年间就规定:转运司管勾文字官和提刑司检法官,“各不得随本司出巡”,可见其在保证提刑司司法职能的正常行使中有重要作用。除在各路提点刑狱司设置检法官以外,宋朝还于刑部、大理寺、御史台及户部、三司设置检法官,掌检详法律,一稽参故事,以法断案。

金承宋制,于户部、都元帅府、大宗正寺、御史台置检法一至四员不等;于礼部置左右三部检法司,均置司正二员,检法二十二员;于工部置右三部检法司,置司正二员,检法二十二员。职责与宋检法官职责大体一致。

参考书目

1. 王晓龙:《宋代提点刑狱司制度研究》,人民出版社 2008 年版。
2. 张希清等:《宋朝典制》,吉林文史出版社 1997 年版。

(倪晨辉)

检校御史

御史台中掌内外纠察的监察官。晋朝以后,御史中丞以下设殿中侍御史,偶置检校御史、监军御史、督运御史等。晋孝武帝太元中,罢司隶校尉,以其职归扬州刺史。太元中,遂置检校御史。一说设此职补行使原属司隶校尉的中央监察权。检校御史与殿中侍御史的监察对象是同一的,管辖区域即检察权限有区分。监察权限按办事机关所在“行马内、外”即是宫廷禁区内、外划分。在宫殿内的违法案件由殿中侍御史负责纠察,宫殿外的则由检校御史负责。北魏、北齐亦置。隋唐时称监察御史。一说为唐、宋检校官源头。

(张田田)

监军司

西夏前期设置在地方上的最高军事机构,之后在其之上设置有经略司,因此转而负责地方重大军政及司法事务。西夏曾在各军事要地设置了 10 多所监军司。西夏分全境为左右厢,下设十二监军司。每监军司另有专名,即左厢神勇士军司(以下“军司”二字略)、祥佑、嘉宁、静塞、西寿保泰、卓罗和南、右厢朝顺、甘州甘肃、瓜州西平、黑水镇燕、白马强镇、黑山威福。谅祚时又增设翔庆军司,驻西平府,总领兵事。各监军司的长官为都统军、副统军、监军使,属有指挥使、教练使、左右侍禁官等。“国境中诸司判断习事中,有无获死及劳役、革职、军、黜官、罚马等,司体中人当查验,明其有无失误。刺史人当察,有疑误则弃之,无则续一状单,依季节由边境刺史、监军司等报于其经略,经略人亦再查嘉有无失误,核校无失误则与报状单接。本处有无判断及尔后不隶属于经略之各逆境、京师司等,皆依文武次第分别当报中书、枢密”(《天盛改旧新定律令》卷九《诸司判罪门》)。监军司还负有审判职责:“不系属于经略之……监军司者,自杖罪至六年劳役于其处判断。获死罪、长期徒刑、黜官、革职 、军等行文书,应奏报中书、枢密,回文来时方可判断”(《天盛改旧新定律令》卷九《事过问典迟门》)。监军司还需要对盗贼进行抓捕,维护地方治安。

参考书目

邵方:《西夏的诉讼审判制度初探》,载《法学评论》2009 年第 4 期。

(倪晨辉)

监司

宋代中央派下监督指挥地方军政刑财诸事务的四个官司。宋代共置十五路,每路置经略安抚使掌一路兵民之事,因其统辖军队,往往带“都总管”衔,故又称“帅司”;又置转运使掌一路财赋,又称“漕司”;提点刑狱公事掌司法,称“宪司”;提举常平茶盐公事掌赈灾和盐铁专卖,称“仓司”或“茶盐司”。四司均直接对皇帝负责,互不统属,互相监督。其中转运使为履行掌管财赋之权,行巡察辖境、稽考簿籍、举劾官吏等事,逐渐成为事实上的行政长官,与明清时的布政使略同。

(张田田)

谏议大夫

中国古代谏官名。谏议大夫始置于秦代,“秦置谏议大夫,属郎中令,无常员,多至数十人,掌论议”(《初学记》卷十二《职官部下》)。谏议大夫负责对皇帝及文武百官的行为进行规谏,需要侍从皇帝左右,因此秦代把谏议大夫隶属于负责宫廷警卫的郎中令。西汉武帝元狩五年(公元前 122 年),“始更置之”(《通典》卷二十一),重新设置谏大夫一职,隶属于光禄勋,无定员。东汉光武帝时复称谏议大夫,一说称无常员,一说称“置三十人”。后魏、北齐置谏议大夫,北齐谏议大夫有七人,隶属于集书省。后周称谏议大夫为保氏下大夫,负责规谏天子。隋代设谏议大夫七人于门下省,隋炀帝废之。唐武德五年(622 年)复置,龙朔二年(662 年)改称正谏大夫,隶属于门下省。后又另设谏议大夫一职,隶属于中书省。唐玄宗开元年间,废正谏大夫,复以谏议大夫四人隶属于门下省,负责侍从规谏。宋代在中央设置谏院,以左右谏议大夫为谏院长官,“掌规谏讽谕。凡朝政阙失,大臣至百官任非其人,三省至百司事有违失,皆得谏正”(《宋史·职官志一》)。同时兼管登闻检院。辽代设左、右谏院,长官为左、右谏议大夫。金代亦设谏院,长官为左、右谏议大夫,正四品。下设“左司谏、右司谏,皆从四品。左补阙、右补阙,正七品。左拾遗、右拾遗,正七品”(《金史·百官志二》)。元代不设谏议大夫一职,明初于洪武十年(1377 年)复置,为谏院长官,不久废之。洪武二十五年(1392 年)复置,旋即废除。

(倪晨辉)

监御史

秦代设有监御史,监督各郡,常驻地方。汉初废除秦朝的监御史,由丞相府派遣“丞相史”监察郡、县。《汉书·百官公卿表》载:“监御史,秦官,掌监郡。汉省,丞相遣史分刺州,不常置。武帝元封五年初置部刺史,掌奉诏条察州,秩六百石,员十三人。成帝绥和元年更名牧,秩二千石。哀帝建平二年复为刺史,元寿二年复为牧。”一说为检校御史、监察御史前身。参见刺史条、检校御史条、监察御史条。

（张田田）

江上诸军都统制司

南宋军事机构名。南宋时的军人案件，由三衙和江上诸军都统制司的后司审理。南宋时，为了抵御金兵入侵，在长江沿岸驻扎了大量军队，统称江上诸军，负责指挥这些军队的机构名为都统制司，南宋一共设有十个都统制司。江上诸军都统制司除了负责管理沿江军队外，还负责本司内发生的军事案件的审理工作，其职责与三衙大体相同。三衙及江上诸军都统制司下设的审判机构名曰“后司”，有吏，有法司。狱成，则决之主帅，略不经官属之手。诸军每月公事解赴帅司，必先计会后司人吏，或非理锻炼，或轻重任情，贿赂得行，奸弊百出，军中冤抑无所赴愬。于是在光宗绍熙二年（1191 年）有大臣要求今后诸军后司公事并令主帅选委通晓条制属官二员兼管，庶几可无冤滥。宁宗嘉定五年（1212 年），又下令“三衙及江上、四川诸军，以武举人主管后司公事”。

（倪晨辉）

节度使

唐代使职。为了防止外族侵扰和镇压被征服的西北人民，唐初曾在边境诸州划定军区，设置总管。以后扩大军区为都督府，总管改成都督，总揽数州军事。高宗以后，将带“使持史”衔的都督改成节度使。睿宗时，专设节度使管辖数州军事，不问行政。由于数州为一镇，州刺史遂成为节度使的下属。节度使既带京官和御史大夫衔，又多兼按察、安抚、度支等使，得以统管军事、民政、财政和监察，职高任重，所辖机构也日渐庞大，逐渐发展成为地方割据势力，实为游离于中央政府的独立地方政府即藩镇的长官。

安史之乱时中原兴兵，要剧之地有节度使，有的节度使兼领数镇，权力极大，手握重兵，为藩镇统帅，自辟的幕职为地方政府的实际主持者。

宋代节度使不同于唐，无职掌，遥领一地而不到任，其设置是为优待不愿离开京师的宗室、外戚、国婿与勋功者，实际职务由本州的知州、通判行使。

（张田田）

禁暴氏

《周礼》所记掌禁民暴乱、聚众犯禁的机构，属秋官司寇。《周礼·秋官·禁暴氏》载：“禁暴氏，掌禁庶民之乱暴力正者，挢诬犯禁者，作言语而不信者，以告而诛之。凡国聚众庶，而戮其犯禁者以徇；凡奚隶聚而出入者，则司牧之，戮其犯禁者。”禁暴氏一职负责管理制止民众暴乱，对于以强力欺凌人的人、矫命欺诈和违反禁令的人、造谣惑众的人，查明情况之后，上报司寇加以惩罚。在国家聚集民众时，负责诛杀违犯禁令的人示众。在男女奴隶集中出入时，禁暴氏负责对其严加看管，诛杀其中违犯禁令的人。

（张田田）

禁杀戮

《周礼》所记纠察四类情况即吏民杀伤、重于伤人见血之罪而未告官、官吏不受理被害者申诉、被害者受人威胁不敢申诉并加以受理、立案及惩办的机构，属秋官司寇。据《周礼》载："禁杀戮掌司斩杀戮者，凡伤人见血而不以告者，攘狱者，遏讼者，以告而诛之。"禁杀戮一职负责侦查杀人凶手，以及伤人至流血而未被控告的罪犯，对于拒不受理诉讼的官吏，阻止他人诉讼的官吏，查明真相之后，上报司寇加以惩罚。

北周亦于秋官府置禁杀戮中士、下士。参见秋官府条。

（张田田）

锦衣卫

全称"锦衣卫亲军都指挥使司"，明朝特殊军事机构名。明朝建立之初，设置拱卫司，隶属于都督府，后更名为拱卫指挥使司，旋即改名为都尉司。明太祖洪武二年（1369 年），改名为亲军都尉府，管左右中前后五卫，负责皇宫的护卫工作，下设仪鸾司，主要负责皇帝出行的仪仗。"国初设拱卫司，领校尉，隶都督府。洪武二年定为亲军都尉府，统中左右前后五卫军士，而仪銮司隶焉。"（《大明会典》）洪武十五年（1382 年）明太祖朱元璋为加强其专制统治，改革负责拱卫京师的禁军，设置了十二卫，其中把仪鸾司改为锦衣卫，官秩从三品，下设十七所（一说十四所，参见《明史·职官志五》及《大明会典》）及南北镇抚司，锦衣卫正式成立。明太祖洪武二十六年（1393 年）因锦衣卫办案太过残酷而撤销其对外司法权，后明成祖于永乐年间出于统治需要又重新恢复其对外司法权，"锦衣卫之狱，太祖尝用之，后已禁止，其复用亦自永乐时"（《明史·刑法志三》），后终明一朝一直沿用。

锦衣卫由亲军都尉府和仪鸾司整合、发展而来，侍卫君王自然是其基本职能之一。洪武二十年（1387 年），朱元璋特命"锦衣卫选精锐力士五千六百人随驾"。永乐六年（1408 年），明成祖在北征之前令"锦衣卫仍选将军五百人、校尉二千五百人、力士二千人"随驾出征。不仅皇帝本人，皇亲也可以享受锦衣卫的保护。此外，分封到各地的亲王也需要校尉等人员保护，这些校尉同样由锦衣卫派出。此外，锦衣卫作为一个卫所，也需要在战争发生后，外出征战。在无战事时，屯田以自给。但在孝宗弘治十二年（1499 年）后，锦衣卫被免除了出征的义务。锦衣卫还有执行外交使命的职能。因锦衣卫中存在大批外族、外国归附人员，熟知外国情弊，因此以锦衣卫作为外交人员便理所当然了。正统七年（1442 年），英宗敕谕建州右卫都督同知凡察："比因尔遗下镜城人口，与朝鲜各执一词，积久不已。联虑尔等构怨日深，特敕锦衣卫指挥佥事吴良等赍敕谕朝鲜国王李裪，令拘前项人口对众面审，果愿还尔处者，即付领回；愿留朝鲜者，亦听在彼安住"（《明英宗实录》卷九二）。又如嘉靖十五年（1536 年），嘉靖帝命"锦衣卫千户陶凤仪、百户王桐于广西，千户郑玺、百户纳朝恩于云南诘勘安南国篡夺罪人及武严威等犯边事情"（《明世宗实录》卷一九三）。

锦衣卫除了上述职能外，还兼掌缉捕审讯、审理刑狱的职责，"锦衣卫，掌侍卫、缉捕、刑狱之事"（《明史·职官志五》）。皇帝还经常下令让锦衣卫逮捕官员，秘密审讯，此即称为锦衣狱或诏狱。掌问理本卫刑名、兼理军匠，是为南镇抚司。其北镇抚司，专理诏狱。锦衣卫最高长官为指挥使，多以皇帝亲旧担任，下设十七所，负责銮舆、擎盖、扇手、旌节、幡幢、班剑、斧钺、戈戟、弓矢、驯马、将军、力士、军匠、驯象等事。镇抚司，负责锦衣卫内部刑罚，兼管军匠。属官有同知、佥事、镇抚司镇抚、将军、力士、校尉等。明成祖时把镇抚司一分为二（一说明太祖洪武十五年即分南北镇抚司，参见《明史·职官志五》及《明史·刑法志三》），南镇抚司负责军匠等诸多杂务及本卫内部刑事与违纪案件，北镇抚司专门负责诏狱事宜，“洪武十五年添设北司，而以军匠诸职掌属之南镇抚司，于是北司专理诏狱”（《明史·刑法志三》）。锦衣卫在明朝屡兴大狱，审讯时采用酷刑逼供，“幽系惨酷，害无甚于此者”，“冤号道路者不可胜记”（《明史·刑法志三》）。明朝中后期，锦衣卫还出现诬陷无辜，以求赏赐的情况，“其后冒滥无纪，所报百无一实”（《明史·刑法志三》）。锦衣卫采取行动时，派出的力士、校尉身着锦绣红衣，骑着高头大马，故谓之“缇骑”。锦衣卫虽然也抓捕了不少贪官污吏，更在万历朝鲜战争中发挥了比较大的情报作用，但其特务机构的特性，导致其掌握了不受控制的生杀大权，严重破坏了明朝的官场生态与正常的统治秩序，正如《大明会典》所言：“举朝野命，一听之武夫、宦竖之手，良可叹也。”

此外，锦衣卫是皇帝的耳目，是皇帝了解民间情况的一个桥梁。锦衣卫还可以与御史一同巡察地方。宣德三年（1428 年），宣宗敕锦衣卫指挥任启、参政叶春、监察御史赖瑛同太监刘宁“往镇江、常州及苏松嘉湖等府巡视军民利病”（《明宣宗实录》卷四九）。让锦衣卫与御史一同巡察地方的原因在于，在特定时刻，锦衣卫可以利用他们特有的职权，完成科道官无力完成的稽查、纠错任务。

锦衣卫是一个职能广泛的军事化管理的机构，在文官政治高度发达的明代，锦衣卫以侦缉为主要手段的监察职能的存在对于克服文官间因裙带关系等因素导致的体内监察机制不健全无疑具有相当的弥补作用。在缉捕侦查等司法职能的背后，锦衣卫还拥有十分广泛的非司法职能，简单地把锦衣卫等同于特务机构的说法或观点是偏颇的。但不可否认的是，锦衣卫在执行司法职能的过程中屡屡出现践踏法律、罔顾事实的情况，也是造成明朝官场动荡、统治黑暗的原因之一。

（倪晨辉）

锦衣卫狱

又称“镇抚司狱”，明朝特别监狱名。明朝除刑部、大理寺、都察院分别设有监狱外，锦衣卫、镇抚司、东厂、西厂等专设诏狱。锦衣卫狱为明朝锦衣卫下设的监狱，因锦衣卫通常根据皇帝特旨抓捕罪犯而又被认为是诏狱。锦衣卫狱者，世所称诏狱也”（《明史·刑法志三》）。其实权凌驾于三法司之上，且侦缉、审因、系囚既无常法，又无定制。锦衣卫中的北镇抚司专门负责锦衣卫狱，“洪武十五年添设北司，而以军匠诸职掌属之南镇抚司，于是北司专理诏狱”（《明史·刑法志三》）。至明世宗时，“朝廷专任一镇抚，法司可以空曹，刑官为冗员矣”。明神宗时，“即东厂所获，亦必移镇抚再鞫，而后刑部得拟其罪”（《明史·刑法志三》）。

锦衣卫狱虽然是诏狱，但在审讯时却采取酷刑逼供的方式，“幽系惨酷，害无甚于此者”，“冤号道路者不可胜记”（《明史·刑法志三》）。明人沈德符在《万历野获编》中详细描绘了狱中的情况：“镇抚司狱，亦不比法司。其室卑人地，其墙厚数仞，即隔壁嗥呼，情不闻声。每市一物入内，必经数处验查，饮食之属，十不能得一。又不能举火，虽严寒，不过啖冷炙、披冷衲而已。家人辈不但不得随人，亦不许相面，惟拷问之期，得于堂下遥相望见。”

（倪晨辉）

警察总署

中华民国政府于 1946 年 8 月 15 日根据《内政部警察总署组织法》正式成立的最高警察机构,承接前警政司各单位的全部业务。警察总署的作用在于加强中央警政机构,以指挥、督导全国警政的推进,下设六个主要职能机构。其中第一处负责行政,包括警察制度的厘定改进,警察机关的设置裁并,警察勤务的规划改进,警察职权的调整,驻卫警察的规划监督,水上警察和航空警察的编组配备,卫生防疫、建筑、风俗、禁烟等警察业务的督导,有关铁路、公路、航业、森林、渔业、工矿、税务、盐务及其他专业警察的统筹规划和督导考核,警察机关工作竞赛的督导考核等事项;第二处负责警察教育训练的统筹规划、督导、考核、校阅、警察智力测验的督导推行,专业警察教育训练的规划督导,警卫人员训练的规范督导,警察教材及刊物的编撰审核,刑事警察、外事警察、国境警察教育训练的规划督导,警察教育师资的储备,警察体育的推进以及警察学术的倡导奖励等事项;第三处负责保安,地方治安行政的督导考核,各级警保机关的整饬、督导及考核,保安警察的配备,地方警卫组织的规划督导,自卫枪支的管理以及户口调查的督导等事项;第四处负责刑事警察和出版检查,刑事警察的设置及督导,刑事警察应用的科学设备,刑事鉴定的审核,违警处理的考核,出版品的登记及著作权的注册,集会结社的保护等事项;第五处负责外事,外侨出入国境的稚,外国使领馆人员的保护,外侨的调查、登记和保护,外事警察的设置及督导、考核,国境警察的设置及督导、考核,国与国之间警察工作的联系等事项;第六处负责总务,警察经费、装备、抚恤、福利、出纳、庶务、公物保管以及警察通讯设备等事项。其中第四处(刑警处)是全国性的刑事警察组织。此后各省警察机关也以此为模式,于 1947 年起将侦缉队陆续整编为刑事警察。

(刘方权)

京师城谳局

即"京师初级审判厅",清末京师基层审判机构名。其机构设置可参见初级审判厅。

(倪晨辉)

京师地方审判厅

又称"京师城内外地方审判厅",清末及北洋政府时期京师基层审判机构名。其机构设置可参见地方审判厅。

(倪晨辉)

京师高等检察厅

清末和中华民国北京政府设置在京师高等审判厅内的检察机构,享有独立的检察权。设检察长 1 人,检察官若干人。根据中华民国北京政府制定的《京师高等检察厅暂行处务规则》的规定,检察官的职责范围主要包括:(1)对所属地方检察厅或各县知事公署处理的案件发现如有不当,应详列事实,提出意见请示检察长;(2)对地方审判厅裁判的案件如有被告人或地方检察官提出抗诉或控告的,应迅速审查该案件是否合法,并提出是否准许或驳回控诉或抗告的意见,请检察长核办;(3)对所属各县知事公署裁判的案件,被告人或其代诉人提起控诉或抗告,或者虽无关系人声明不服,但检察官察觉后应提起控诉的均应提出意见,请示检察长后分别办理;(4)地方审判厅裁判案件如原判中有违法错误的,检察官可以请求书面审理;(5)对于同级审判厅裁判,被害人或被告人声明上告或抗告的,应详加审查附具意见请示检察长后办理;(6)对于同级审判厅以及地方审判厅或各县知事公署判决的案件,认为应当提起再审的,检察官应提出再审意见书,请示检察长后办理;(7)检察官在侦查中认为有必要实施强制处分的,应请示检察长,但对现行犯不在此限。

(郭立新 付 磊)

京师高等审判厅

清末及北洋政府时期京师审判机构名。京师高等审判厅始设于光绪三十三年(1907年),主要负责京师地区不服地方审判厅判决的一审或二审案件,及不属大理院管辖的宗室、觉罗第一审案件。京师高等审判厅的职权与机构设置均与高等审判厅同。京师高等审判厅长官为厅丞,正四品,负责掌理厅务并监督下级审判厅,下设刑科、民科,置推事十二人,从五品;典簿厅,其中有典簿二人,正七品、主簿四人,从七品、录事六人,正九品;京师高等检察厅,设检察长一人、检察官二人,负责纠正同级审判,监督下级检察厅。京师高等审判厅视案件繁简情况,酌设若干刑庭和民庭。京师高等审判厅的审判采取合议制,由三位推事共同审理案件。

(倪晨辉)

京师警察厅

中华民国初期京师警察厅下设机构之一,总揽刑事案件的侦查、违警事件的处置等事项。1913年年初,袁世凯下令将京师内外城巡警总厅合并为京师警察厅,设总监为长官,直属于北洋政府内务部管辖。下设五处十四科,即总务处第一、二、三科;行政处第一、二、三科;司法处第一、二、三科;卫生处第一、二、三科;消防处第一、二、三科。各处设处长、科长各1人,科员1~3人。司法处的第一科掌管刑事案件的预审和解送、法医诊断、赃物管理、证人及取保省释、死伤者救护检视等;第二科掌管搜查赃证、缉捕案犯、遗失物处理、被监视人及流浪者、精神病、弃儿的检查管束、预戒令执行等;第三科掌管司法警察训练和派遣、违警科罚及行政处罚、拘留所管理、罚金缴纳、司法警察考核等。到1914年8月,内务部又将原京师内外城巡警总厅所辖的23个警察署合并为20个区署。每个警察署均设署长一人,署员2~4人,办事员若干人。署内设总务、行政、司法、卫生四课和内勤、外勤、拘留三所。司法课与京师警察厅下设的司法处职权类同,负责刑事案件的侦查和违警事件的处罚。

(刘方权)

京师内外城巡警总厅

清末京城警察机构名。京师内外城巡警总厅设置于光绪三十一年(1905年),前身为京师工巡总局。初属巡警部,光绪三十二年(1906年)后隶属于民政部,主掌京城警政。

内、外城巡警总厅各设厅丞一人(正四品),由巡警部奏请补授,为各该厅长官,掌理徼循坊境,在皇帝出巡时主持开路清道,加强警卫。厅丞下设参事官、警官等官员。两总厅内各设三处,处下设股。设官职掌如下:

总务处:设参事官(正五品,官阶如郎中)一人,受厅丞指挥,管理本处的一切事务。负责承办机要，考核厅员，支配长警，编存文牍，收发经费，统计、报告等事。下设五股：警事股，负责“酌令所属分厅及区所应设各项额缺暨办事细则，并巡长、巡捕之赏罚、进退及考核、训练、稽查之事”；机要股，负责“管理印信、电报、电话，各分厅机要事之报告及厅员升转、进退、派差、请假事项”；文牍股，负责各项公牍的审议、缮写、收发、编存等事；支应股，负责“收发一切款项及薪饷、物件，修筑房屋、置办器具，管束服役人等”；统计股，负责“分类统计巡警厅所各项事件，年终报部刊布全国以考成绩”。

警务处：设参事官（从五品，官阶如员外郎）一人，受厅丞指挥，管理本处的一切事务。负责整饬风俗、保护治安、编查户口、稽核工程、交涉外事、预审人犯，科罚违警、捕送犯人、侦探秘密，并管理行政、高等、司法警察事项。下设九股：护卫股，负责“警卫銮舆出入及恭备道差，并中外大员来往之须保护者，所有一切添设巡捕等事均归管理”；治安股，负责“督察街、市、站、店，大众集会并新闻纸出版暨商民刊布传单告白等事，所有一切保持治安、预防危险、潜察奸宄诸务皆隶之”；交涉股，负责“调查公使馆员役及寓居内外城之各国官商教士等户口并一切交涉翻译”；刑事股，负责“督捕追赃，搜查、护送罪人，司法警察服役事务及遗失物件之检查”；户籍股，负责“编纂、稽核户口总、分册籍及临时径行调查”；营业股，负责“考查保护一切市政及稽核路灯、电线、电话等事”；正俗股，负责“稽查庙宇、市场、客店、戏、茶、烟、酒等馆并娼优聚住处所，一切卖技、弹唱、妨害风俗等事”；交通股，负责“车马通行之督查，道路桥梁危险之预防，铁路车站之检察”；建筑股，负责“调查衙署、公所及民间建造之应准、应验，制作测绘警察分区地图”。

卫生处：设参事官（从五品，官阶如员外郎）一人，管理本处事务，负责清道，防疫，检查食物、屠宰，考验医务、药料，并管理卫生警察事。下设四股：清道股，负责“督察扫除道路，通泄沟渠、整理厕所，应会同路工局办理”；防疫股，负责“检察种痘，预防兽疫，并考察市脯、饮食用具及瘗埋等事”；医学股，负责“考核病院，并检查各种病情及死生人数之统计”；医务股，负责“考验巡长、巡捕及消防队之体格，检查路途病倒及斗殴杀伤者之急治药物并消毒法，稽查工场卫生兼办化分事务”。以上各股，每股设股长一人，为正六品警官；副股长二人，为正七、八品警官。

两总厅各设五所：事务所，设巡官二人、巡长四人，巡警二十人，掌收发文件，押解人犯，传差，管理茶役灯夫人等，发放马匹草料事；巡查所，设巡官四人，巡长八人，巡警二十人，掌稽查分厅岗位线路，救护火灾，弹压暴动，保卫中外大员事；守卫所，设巡官一人，巡长一人，巡警十六人，掌站岗守卫，接受控诉呈状事；军装所，设巡官一人，巡长一人，巡警四人，掌购置、保存军装器具，修理枪械事；刑事巡查所，设巡官四人，巡长四人，巡警十人，掌密查、侦查事件，检查广告、传单、集会演说等事。

内城巡警总厅下辖五分厅，即内城中分厅、内城东分厅、内城南分厅、内城西分厅、内城北分厅；外城巡警厅下辖四分厅，即外城东分厅、外城南分厅、外城西分厅、外城北分厅。每分厅设知事（正五品）一人，总理本分厅事务。

各分厅内设三课六所治事：总务课，掌警事、机要、文牍、支应、统计事；警务课，掌护卫、治安、正俗、刑事、外事保卫、户籍、营业、建筑、交通事；卫生课，掌清道防疫、医务、医学事。每课设课长（正六品）一人，总理课务；副课长（正七品）一人佐之；课员（八、九品）二至四人，办理课务；书记官（正九品）四至八人；司书生八人。

各分厅内设六所：事务所，设巡官二人，巡长四人，巡警十二人，掌收发文件，押解人犯，管理杂务、马匹事；巡查所，设巡官四人，巡长五人，巡警十人，掌分区巡查岗线，救护火灾，弹压

“暴动”，保护中外大员事；刑事巡查所，设巡官三人，巡长四人、巡警八人，掌密查、侦查事件，检查广告、传单、集会演说事；守卫所，设巡官一人，巡长一人，巡警十二人，掌站岗守卫、接受诉讼呈状事；拘留所，设巡官一人，巡长二人，巡警四人，掌看管违警人犯，查验人犯物件事；清道所，设巡官一人，巡长二人，巡警四人，掌管理清道，厕所、街道、器具事。

内外城各分厅之下设区：内城中分厅设六区，东分厅设五区，南分厅设五区，西分厅设五区，北分厅设五区；外城东分厅设六区，南分厅设四区，西分厅设六区、北分厅设四区。每区设区官（七品警官充）一人，区副（八品警官充）一人，警官（九品）一人，司书生一人，巡官二至四人，巡长十至十二人，巡警一百二十至一百三十人，管理本区事务。内外城总厅还辖有内城官医院，设监督（由卫生处参事兼充）一人，管理该院一切事务；管理员一人，由厅员兼任，秉承监督指挥，分管本院一切事务，稽查员二人（由厅员兼）稽查本院事务，庶务官一人，掌庶务、文牍事。中医官、西医官各五人，管诊治病人；看护生十人，协助医官看护来院病人。中司药、西司药各三人，管药物收发保存事。此外还设巡警七人，夫役十九人。徐世昌称：“考之舆论，咸谓该监督等择方审慎，用药精良，务体人情，不染官司，是以就医愈众，全济愈多，受诊之人以辨证之明，起痾之速，且有登报致谢者，此医院开办渐著成效之实在情形也。”

外城教养局：原属外城工巡局，巡警部成立后改隶外城总厅。原掌刑部及各衙门移交之工作人犯，至光绪三十二年（1906 年），巡警部援引王振声奏请变通粥厂章程规定：“改设教养局，所有京城内外各粥厂均应遵照办理……仍由臣部严饬外城厅员随时稽查，以昭核实。”教养局的职掌是收养贫民和工作人犯，令其学习工艺，并管理各粥厂和济善堂。该局设有拘留所、待质所、蒙养学堂、工艺半日学堂等。

内外城巡警厅纠正和完善了工巡局时期的一些不适应近代城市要求的旧制度。从光绪三十一年（1905 年）到宣统元年（1909 年）发生的清代京师频繁剧烈的警政改革最终确立了北京甚至全中国之后近 100 年的警察制度模式。城市警政的厅（局）、区署（分局）、所三级管理制度和以派出所设立为代表的基层治安和户籍制度共同标志着中国的警察制度至少在形式上已经基本成熟，并且充分具备了近代（或者现代）警察的相关特性。换言之，可以说京师内外城巡警厅是中国最早的真正意义上的近代城市警察机构。

参考书目

1. 李鹏年编：《清代中央国家机关概述》，黑龙江人民出版社 1983 年版。
2. 穆玉敏：《北京警察百年》，中国人民公安大学出版社 2004 年版。

（倪晨辉）

京师预审厅

清朝末年设立的案件侦查机构之一。清朝光绪二十八年（1902 年）于京师创设工巡局，下设发审处，专办内城词讼，审理各项案件。光绪三十一年（1905 年）于外城又建立工巡局，亦设发审处，专门承审外城的词讼案件。同年九月设立巡警部，所有内外城工巡事务划归其管理，并将发审处改为预审厅，由巡警部直辖。内、外城预审厅各设正审官一人（正五品），总理厅务；陪审官一人（从五品），陪审诉案；检察官一人（从五品），检验证据、协同审讯；民事审判官一人（从五品），专理钱粮债务案件；副审官一人（正六品）、书记官三人（正六品），掌临时听讼及缮写诸事；译员三人、医官二人、司书生七人、巡官二人、巡长五人、巡警五十人，以供任使。每厅下面分设看守所及待质所各一处。内、外城预审厅的职责是:“除犯异常违警罪可由各分厅讯结外,其刑事诉讼之案皆讯断。如遇徒流以上重大之件,须先由预审厅说明情由,再分别奏咨送交刑部。”光绪三十二年(1906 年)九月巡警部更名为民政部,内、外城预审厅遂成为民政部管理的直属机构。光绪三十三年(1907 年)京师地方审判厅设立,内、外城预审厅被撤销,其职权、人员俱并入京师地方审判厅。

(刘方权)

警巡院

辽金元时期地方司法机构名。警巡院这一机构可追溯到唐代末期长安城中设置的军巡院,经过五代发展,已具有城市管理的某些职能。辽代在五京设置警巡院,长官为警巡院使,副官为警巡院副使,主要负责上、东、中、南、西京的治安刑狱及户口审查事宜。金代亦于诸京设警巡院,长官为警巡使,正六品,主要负责“平理狱讼、警察别部,总判院事”(《金史·百官志三》)。副官为警巡副使,从七品,负责具体的警巡之事。判官二员,正九品,掌检稽失,签判院事。还有女直司吏与汉人司吏若干人,其中女直司吏,中都三人,上、东、西三京各二人,余各一人。汉人司吏,中都十五人,南京九人,西京八人,东京六人,北京五人,上京四人。东、西、北、上京不设警巡副使。元初在大都设置有左、右两个警巡院,至元十二年(1275 年)增设大都新城警巡院,至元二十四年(1287 年)撤并一个警巡院,剩下左、右警巡院。成宗大德九年(1305 年)增设大都南警巡院,“以治都城之南”。到武宗至大三年(1310 年)又“增大都警巡院二,分治四隅”,至此,元代大都共有五个警巡院。其中大都南警巡院,设达鲁花赤一员,警巡使一员,副使二员、判官二员、典二员,司吏二十名。其余警巡院官员设置情况因资料缺乏不详。但据大都左、右二院与南警巡院官员设置情形推测,亦应设有达鲁花赤,警巡使,副使、判官、典史与司吏等,是完整的一套行政机构。

历史上警巡院的设立,由辽初的一个警巡院,到中后期增设契丹警巡院,到金代中期增加到两个,到元代中期再增加到五个。这个过程是伴随着城市地位的提高和城市规模的不断扩大这一历史背景的,继续依赖附郭县实行传统的治理和统治显然已经不够。于是,对城市进行专门管理的行政实体——警巡院就从附郭县中分离开来,这无论对城市的管理,还是对城市的发展都具有毫无疑义的积极作用。

永乐年间,明成祖将都城迁回北京,按照南京城的例子,把北京城划分为东、西、南、北、中五个城,每个城设兵马司;并实行御史监察制度,进而形成了明代的巡城察院。巡城察院与警巡院名称不同,但却与元大都的五个警巡院无实质区别。城下分坊,坊下设牌,牌下置铺,以居民多寡而定,从而形成了明代城市管理的新体系。这个城市管理系统看起来很完善,但在管理体制上,却是五城与大兴、宛平二个县共同治理,不像辽、金、元的警巡院那样,与县之间的管理是相互独立的,不利于城市的统一治理和健康发展。与辽、金、元时期的城市警巡院制比较,明代对北京城市实行形式上的双重管理不是成功的经验,而是失败的教训。因此,辽、金、元各代建立独立的城市行政机构警巡院是中国古代加强城市治理的成功创举,也是中国古代国都城市文与发达的重要标志。

参考书目

1. 韩光辉:《宋辽金元建制城市研究》,北京大学出版社 2011 年版。

2. 穆玉敏:《北京警察百年》,中国人民公安大学出版社2004年版。
3. 李昌宪:《金朝京府州县司制度述论》,载《中国史研究》2012年第3期。

(倪晨辉)

京兆尹

为三辅(治理京畿地区的三位官员,即京兆尹、左冯翊、右扶风)之一,治所在长安。一说京、兆有大、多之意,显示出京师气派。秦以内史掌治京师,汉武帝时分置左右内史,太初元年(公元前104年)改右内史为京兆尹,分原右内史东半部为其辖区,因地属畿辅,故不称郡。"汉初……内史主治民……后改汉内史为京兆尹"。据《宋书·百官志》,京兆尹职掌相当于郡太守,离首都近的三辅河南诸郡地位最高,京兆尹和河南尹均秩中二千石,得以奉朝请,即与中央公卿大夫一样参加朝会,而一般郡太守无此资格。三国魏辖区改称京兆郡,官名改称太守。西魏、周、隋仍称郡,改太守为尹。唐开元初改雍州为京兆尹,并增设少尹,以理府事。后世不置。唐开元元年(713年),唐玄宗李隆基设立京兆府。京兆尹任重,更换频繁。

京兆设狱,一说京兆狱属中都官狱诏狱系统。参见京兆狱条。

(张田田)

京兆狱

古代监狱名。京兆通常指古代管理京城的衙门,因此京兆狱通常为古代的京师监狱。西汉即有关于京兆狱的记载。西汉时的京兆狱并不从属于中都官狱。西汉还在京兆府设有东市狱,虽同样隶属于京兆尹,但却是由市官负责。唐朝时长安置京兆狱,长安、万年两京县亦均有狱。京府、京县的监狱不仅由府尹、县令管辖,而且直接受朝廷监督,中央官员犯罪也常拘系于京兆狱。因此京兆狱兼具中央监狱和地方监狱双重性质。参见京兆尹条。

(倪晨辉)

警政司

清末警察机构名。光绪三十二年(1906年),改定中央官制,把巡警部与步军统领衙门、户部、工部合并为民政部,其下设民治、警政、疆理、营缮、卫生五司,分别执掌相关事宜。从表面上看,巡警部缩小为警政司,其实,不过是将该部权限稍作变通。只实际上,是把原巡警部内的警政司行政科、警法司司法科、国际科、警保司保安科、营业科及警学司课程科所掌事务并入警政司中,"原有者量为合并,原无者分别增入"。

警政司设郎中二人,员外郎四人,主事五人,七品小京官一人。负责"核办行政警察、司法警察、高等警察及教练巡警等事"。下设四科:行政警务科,负责巡警职制,考核巡警官吏,管理风俗、消防、营业稽核及涉外警察等事;高等警务科,负责非常保安、新闻杂志及各种图书出版检查,集会结社及检查凶器及其他危险物品等事项;司法警务科,负责搜索、逮捕、解送罪犯,搜索检查罪证,复核违警罪处分等事项;警学科,负责管理各等巡警学堂、巡警教练所,外国警务留学生之派遣,巡警学生之考验、给凭、注册等事项。

(倪晨辉)

纠察在京刑狱司

简称纠察司,宋朝京师司法监察机构名。宋真宗大中祥符二年(1009 年)七月丁巳,为缓解京师案件繁多、积压现象严重、冤案频发的情况,置纠察在京刑狱司,设纠察在京刑狱公事一至二人,以朝官充任,拨开封、浚仪两赤县手力十人,步军司剩员军士四人供役。"以京师刑狱多滞冤,置纠察司"(《宋史·刑法志一》)。

最初规定御史台、开封府所判徒刑以上案件,须及时上报该司,如果纠察司发现案件审理不当或积压不报者,可以根据具体情况驳奏之。如经手官吏玩忽职守,导致冤案发生,纠察司可以对其进行处罚。"其御史台开封府在京应有刑禁之处,并得纠举,逐处断徒已上罪,于供报内未尽理及淹延者,并追取案牍,看详驳奏,若旷于举职,致有枉滥,因事彰露,则重论其罪"(《宋大诏令集》卷一六一)。后殿前司、马军司、步军司所判徒罪以上案件也由纠察司进行复核。"应在京府刑狱司局,每日具已断见禁轻重罪人因由供纠察司。其殿前、马步军司徒已上,亦依此供报"(《宋会要辑稿》职官一五之四四)。纠察官若在复核过程中发现疑点,可直接提审人犯。"若理有未尽或置淹恤,追复其案,详正而驳奏之。凡大辟,皆录问"。如因拷问致冤者,可向纠察司陈状,经复勘后实为冤案,则将原推勘官从严处治。纠察官从报状中发现疑点,可提罪人就司审问,涉及大辟或密切事务,即委纠察官一员前往审问。遇有公事上殿,纠察官"即赴内殿起居,仍免常朝"。凡涉及死刑的案件,都须委派纠察官前往陪同审讯。仁宗天圣八年(1030 年)御史上言,以为将御史台诏狱移报纠察司有失大体,御史台的案件遂不复由纠察司复核。"乃诏,御史台狱自今勿复关纠察司"(《续资治通鉴长编》卷一百零九)。神宗熙宁三年(1070 年)"诏殿前、马步军司,大辟囚并如开封府法送纠察司录问"。于是将京畿地区的刑狱,置于中央严密控制之下,纠察在京刑狱司成为京畿地区负责刑狱的监司,不少中央机构,也要受到约束。

关于纠察司勘鞫案件的问题,真宗天禧三年(1019 年)十月,纠察官吕夷简奏曰:"本司累奉诏旨,勘鞫定夺公事,或止将公案详阅亦无妨碍,若勘鞫公事,即动须追逮罪人,辨证词理。显是兼置刑狱,不便。"因此"诏纠察刑狱司,自今免鞫劾公事,如有定夺,即仍旧"。此后,大体上将纠察司职事,限制在审判监督的范围内。神宗元丰三年(1080 年)官制改革后与审刑院归并刑部,刑部案件由御史台刑察复核、御史台案件由尚书省右司纠察。"旧制,纠察在京刑狱以察违慢,自罢归刑部,无复申明纠举之制,请以御史台刑察兼领。其御史台刑狱,令尚书省右司纠察"(《宋史·职官志三》)。

参考书目

1. 王云海主编:《宋代司法制度》,河南大学出版社 1992 年版。
2. 王立民主编:《中国法律与社会》,北京大学出版社 2006 年版。
3. 郭松义、李新达、李尚英:《宋朝典章制度》,吉林文史出版社 2001 年版。

(倪晨辉)

鞫司

又称推司,宋朝司法机构名,专门指代负有审讯调查职能的机构或官名。如在中央刑部、大理寺的详断官,在地方的司理参军、录事参军、司录参军、推直官、左右推、推勘官均属鞫司。宋朝实行审判分离制度,在同一衙门内,专门负责侦查审讯的部门称为鞫司,"鞫司"专任审理刑案而无检法断刑之权;专门负责根据案件事实适用法条的部门称为谳司,谳司专掌"检法断刑"而无权过问审讯。鞫司取得案件实情后,交由谳司适用法条,谳司再把结果上报本衙门长官判决,这种制度被称为鞫谳分司制度。鞫谳分司制度强调审判分离,双方各司其职,"无偏听独任之失",相互监督制约,责任明确,对防止官员舞弊、冤假错案的发生都起到了积极作用。正如高宗朝的周林所上《推司不得与法司议事札子》中所说:"狱司推鞫,法司检断,各有司存,所以防奸也。"

需要说明的是,宋代并非每个州都具备这种分工。有些州因为州小事简,官职设置不全,会出现鞫司和谳司合二为一的情形。此外,宋代县令审理民事及杖罪以下轻刑时,不设谳司,只有胥吏协助审理。这种机构的设置,看似与鞫谳分司制度相悖,其实不然。更进一步说,宋代的鞫谳分司制度是指在同一案件的审理过程中,同一官员在负责审问的同时不能又负责检断。从这个角度讲,鞫谳分司不仅是"审"与"议"分离的制度,更是审判过程中应当坚持的原则。参见谳司条。

参考书目

1. 郭松义、李新达、李尚英:《宋朝典章制度》,吉林文史出版社 2001 年版。
2. 薛梅卿、赵晓耕主编:《两宋法制通论》,法律出版社 2002 年版。
3. 王云海主编:《宋代司法制度》,河南大学出版社 1992 年版。
4. 吕志兴:《宋代法制特点研究》,四川大学出版社 2001 年版。
5. 张兆凯主编:《中国古代司法制度史》,岳麓书社 2005 年版。

(倪晨辉)

决曹

汉代中央及地方政府下设主罪法事、掌治狱的机构。中央如丞相府、太尉府置决曹,主罪法事。地方诸郡因置为决曹,与中央对口。决曹有掾、史,掾史之下还有书佐等小吏。决曹掾、史多以晓习法律者充任。郡决曹掾掌罪法决狱诸事,每岁巡行属县,录囚徒。决曹史辅助决曹掾,大郡事务繁剧者或置有左右决曹史。

(张田田)

军事裁判所

第二次国内革命战争时期中华苏维埃政府设置的军事司法机构名。1932 年 2 月 1 日,中华苏维埃共和国中央执行委员会颁布《中华苏维埃共和国军事裁判所暂行组织条例》,正式设立军事裁判所。军事裁判所主要负责对触犯苏维埃法律和红军战场纪律的红军军人依法进行审判。军事裁判所分为三级,即初级军事裁判所、高级军事裁判所和最高军事裁判会议。初级军事裁判所又分为部队初级军事裁判所和阵地初级军事裁判所。部队初级军事裁判所设在红军的军师部及军区指挥部和独立师部内,阵地初级裁判所则设在作战阵地的最高级指挥部内,高级军事裁判所设在中央革命军事委员会内及未与中央苏区连成一片的苏区最高军事委员会内,最高军事裁判会议设在最高法院内,在最高法院成立前,相关案件由临时最高法庭审理。初级军事裁判所隶属于高级军事裁判所,高级军事裁判所隶属于最高法院。

初级军事裁判所设所长一人、副所长一人、裁判员一至二人,由士兵代表大会推举产生,检察员一至二人、文书一至二人、法警若干人。所长由士兵代表大会推举并经高级军事裁判所批准产生。初级军事裁判所组织裁判委员会负责裁判工作。初级军事裁判委员会由五至七人组成,成员有正副所长、裁判员、检察员、国家政治保卫局分局长或特派员、军队的政治机关的代表及其他工作人员中能任此职者,所长为主任。初级军事裁判所组织军事法庭,必要时组织巡回法庭。初级军事裁判所的审判法庭由三人组成,其中有一名裁判员和二名陪审员,陪审员每星期更换一次。初级军事裁判所负责审理军级以下军人的初审案件、审理作战地带居民的违法案件、审判敌军的侦探及内奸。凡经其判决的案件,须由上级军事裁判所终审判决。有判决死刑之权力,但须报上级军事裁判所核准后方能执行;在紧急作战的情况下,对所判死刑案件可执行后抄录全部案卷送高级军事裁判所追认。

高级军事裁判所有裁判所长一人、副裁判所长一至二人、检察员二至三人、裁判员一至三人、巡视员二至五人、秘书一人、文书一至三人、法警及其他工作人员若干人。其中所长和裁判员由中央革命军事委员会提名,经临时最高法庭批准。高级军事裁判所内组织裁判委员会,负责审判工作,由七至九人组成,成员有正副所长、裁判员、检察员、国家政治保卫分局局长或特派员、军队的政治机关代表及其他工作人员中能胜任此职者,所长任裁判委员会主任。高级军事裁判所下设军事法庭及巡回法庭,分别审理各类案件。高级军事裁判所主要负责审理不服初级军事裁判所判决的上诉案件,同时又是审理军级以上指挥员、革命军事委员会的直属部队及其他人员案件的初审机关,案件经初审后须送交最高军事裁判会议终审;判决死刑案件全部案卷须送交最高法院(最高法院建立前送交临时最高法庭)核准后执行,但在紧急情况下可先执行后抄录全部案卷送临时最高法院(最高法院建立前送交临时最高法庭)追认。

最高军事裁判会议由最高法院(最高法院成立前由临时最高法庭)指定若个人组成,并有中央革命军事委员会的代表参加,是中华苏维埃共和国审判军事案件的最高司法机关,主要审理不服高级军事裁判所判决的上诉案件。

初、高级军事裁判所还设有初级军事检查所、高级军事检查所,对案件的审理进行监督,并负责提起公诉。军事检查所是代表国家对于军事罪犯的原告机关,他可以检查军队中或与军事有关系的一切犯法案件,并可以向法庭提起公诉,开庭审判时可以代表国家出庭告发。军事检查所的职责是检查和预审军事犯一切案件,除已明白无须检查的简单案件外,都先交该级军事检查所检查。军事裁判所的设立,对加强军队的法制管理起了积极的作用。

为顺利实现军事审判任务,军事裁判所实行三级两审终审制度、公开审判制度,陪审员制度、上诉制度和死刑复核制度。

抗日战争爆发后,中国工农红军改编为国民革命军第八路军和新编第四军,各级军事裁判所相应改为军法处。军事裁判所是共产党军队军事法院的雏形。

参考书目

舒龙、凌步机主编:《中华苏维埃共和国史》,江苏人民出版社 1999 年版。

(倪晨辉)

军头引见司

宋朝官署名。主要负责一些禁军事宜,同时还负责在皇帝出巡临幸时,讯问、审查拦路喊冤者的申诉,并向皇帝汇报。“掌禁军拣阅、引见、分配之事”,“凡乘舆行幸有自诉者,审诘事状禀奏”。(《宋会要辑稿》职官三六之八一)军头引见司属入内内侍省下属机构,宋太宗端拱元年(988 年)改军头司为御前忠佐军头司,引见司为御前忠佐引见司,合称御前忠佐军头引见司。宋王巩《甲申杂记》载:“祖宗旧制:后殿引公事,则军头引见司、皇城司、殿前司三司祗应。”清徐松《宋会要辑稿·职官》三六之七七:“《两朝国史志》:军头引见司,旧称御前忠佐引见军头司。……掌崇宁殿供奉,诸州驻泊、捕捉权管之事并军头之名籍、诸军拣阅、引见、分配,并马直、步直、后殿起居军员之政令及诸司引见之事。”下设勾当官(南宋为干办官)五人,以内侍都知、押班及阁门宣赞舍人以上充任。

参考书目

1. 郭松义、李新达、李尚英:《宋朝典章制度》,吉林文史出版社 2001 年版。
2. 王云海主编:《宋代司法制度》,河南大学出版社 1992 年版。

(倪晨辉)

军巡院

五代及宋时地方司法机构名。军巡院五代时始设,后梁曾在四京设左右军巡院,以左右军巡使为长官,下置军巡判官,后唐则在三京设军巡院。五代时期在京城以及陪都的所在地都设置有军巡院,其长官为军巡使。“后梁开平三年十月,置左右军巡使,以断明远为左军巡使,邓成为右军巡使,时以迁都之始,凡吾河南尹侍卫诸军,虽合差人巡警,京都往往滥发,分曹异职,多扰于民。乃置左军巡管水北,右军巡管水南,各置巡院,罢诸军巡检人员,仍令判六军诸卫张宗奭都管辖。”而后唐则在三京,即河南府、京兆府、太原府设置有军巡院:“其三京军巡使、诸州府马步都虞侯。”由于军巡使的职能在于警卫京师的治安状况,并且设置有军巡院监狱,因此在处理案件的同时应该享有一定的司法权。在皇帝颁布的司法处置方面的敕书中对于军巡院多有提及,例如后唐庄宗同光二年(924 年)六月敕:“应御史台,河南府行台马步司、左右军巡院,见禁囚徒,据罪轻重,限十日内并须决遣申奏。”说明在当时军巡院作为司法机关拥有重要的司法职能。军巡院在军巡使的领导下处理相关的案件,具体办案是由军巡判官来负责的。五代时期的军巡判官一般是由军队的校尉来充任。但由军队校尉来充任军巡判官所带来的问题就是,武夫的法律素质较差,刑狱枉滥也就在所难免。

五代时军巡院主管巡查治安及刑狱审讯事宜,主要包括:(1)处理与军队相关的案件。最初设置军巡院的目的在于警卫京师的治安,因此赋予其一定的司法权。同时军巡院对于军队系统内部的案件,如军人犯罪的案件享有司法权。后唐明宗天成二年(956 年)三月敕:“访闻京城坊市、军营,有故犯条流,杀牛卖肉者,仰府县,军巡严加纠察”(《五代会要》卷九《断屠钓》)。(2)处理官员犯罪的案件。旧五代史中曾提到这样一个案件:“后唐天成初,拜琦殿中侍御史,迁驾部员外郎,兼侍御史知杂事。会河阳帑吏窃财事发,诏军巡院鞫之”(《旧五代史·吕琦传》),这便是军巡院对于官吏犯罪案件有管辖权的例子。(3)处理皇帝交给的秘密案件。军巡院作为军事司法机关是隶属于军事系统的,五代时期军巡院一般受侍卫亲军的领导。因此,由其对涉及国家机密的案件进行审理,更利于皇帝的掌控。(4)管理军巡院下属监狱事宜。此外,军巡院还会涉及当时京师的商业管理、土地管理等职能。

宋朝在开封、应天、大名、河南四府下设置左右军巡院,主要负责贼盗火禁及刑狱之事。军巡院长官为左、右军巡使,下设左、右军巡判官。“军巡使掌京城内风火盗贼及推鞫之事,判官为之副。”“左右军巡使判官各二人,分掌京城争斗及推鞫之事”(《宋史・职官志六》)。军巡院分为左、右军巡院是为了避免官员徇私舞弊。案件发生后,当事人可以向任一军巡院控诉,如对军巡院作出的审理结果不满的,可直接向另一军巡院申诉。《宋会要・刑法》五《亲决狱》门,记载太宗太平兴国九年(984 年)开封府刘寡妇,诬其子王元吉毒己一案,“事下右军巡按之,未得其状,移左军巡”。军巡院负责审理案件,但不能召唤证人,“合要证佐之人,非本府或三司无得擅追摄”。宋初,左右军巡使由武官担任,“选牙校为之”。开宝六年(973 年)六月,改由文官担任,“选士流任之”。宋代军巡院具有缉捕权,而且其缉捕权有时候与其他部门共同行使。宋代推行鞫谳分司制度,军巡院是鞫司,享有侦查推鞫权。“开封府……其属有判官、推官四人,日视推鞫,分事以治,而佐其长。领南司者一人,督察使院,非刑狱诉讼则主行之。司录参军一人,折户婚之讼,而通书六曹之案牍。功曹、仓曹、户曹、法曹、士曹参军各一人,视其官曹分职往事。左右军巡使判官各二人,分掌京城争斗及推鞫之事。左右厢公事干当官四人,掌检覆推问,凡斗讼事轻者听论决”(《宋史・职官志六》)。

参考书目

贾玉英、赵文东:《北宋开封府管理制度研究》,载《史学月刊》2001 年第 6 期。

(倪晨辉)

开封府

五代、北宋时掌管京师民政、司法、捕捉盗贼、赋役、户口等政务的机构。开封府初建于五代后梁,也称南衙。北宋开封府规模最为宏大,置“牧”和“尹”为其长官。“牧”由皇太子兼任,“尹”由文臣担任,实际由“权知府”职掌府事。北宋的太宗、真宗、钦宗,未当皇帝之前也曾坐镇开封府,体察民情,治理京畿。

南宋改杭州为临安府,其置官与开封府略同。

(张田田)

开封府尹

开封府长官,总领府事,掌管京师民政、司法、捕捉盗贼、赋役、户口等政务。统揽京城汴梁一应行政、司法、民生要务,掌尹正畿甸之事,以教法导民而劝课之,中都之狱讼皆受而听焉,小事则专决,大事则禀奏。五代、宋初,这一职务多由皇族亲王兼任;任开封府尹者,多为事实上的储君。周世宗、宋真宗于即位前都曾担任此职。寇准、欧阳修、包拯、范仲淹、苏轼、司马光、宗泽等北宋名臣先后出任开封府尹。开封府尹,位在尚书下、侍郎上,一般是从一品或二品官衔,若为储君担任,则为一品官衔。下设官吏有判官、推官、府院、六曹等。实际上担任开封府尹的亲王只是挂名,并不管事,管事的是少尹或是临时委派的官员(称“权知开封府事”)。

(张田田)

勘事官

金代地方司法官名。金代于边疆设立招讨司,负责安抚地方、总揽军政大权。勘事官为招讨司属官,官秩从七品,专门负责地方司法事宜。初期,招讨司处理西北边部的狱讼,没有相应的规定,比较随意,于是金便在招讨司内设置勘事官专门负责审理各部的诉讼纠纷:“初,诸部有狱讼,招讨司例遣胥吏按问,往往为奸利。道请专设一官,上嘉纳之,招讨司设勘事官自此始”(《金史·移剌道传》)。金代西北路招讨司设有勘事官二人,西南、东北路招讨司各设勘事官一人。

(倪晨辉)

考工狱

汉代京师特别监狱,一说属中都官狱诏狱系统。武帝太初元年(公元前104年)更名为共工,属少府寺,主管狱官为考工室令丞。《汉书·刘辅传》记载:刘辅被送往掖庭狱后,“上乃徙系辅共工狱”,颜师古注,“少府之属官也,亦有诏狱”。《汉书·百官公卿表》载:“少府属官有考工室,太初元年更名考工。”一说入此狱者要强制罚服制作兵器及织绶等的各种劳役。参见中都官狱条。

(张田田)

牢城

五代及宋代监狱机构名。牢城始设于五代时期,至迟在后晋时期就已经具备了督管罪囚配隶的司法机构性质。史书称:“天福八年(943年)敕:‘如乡村妄创户,及坐家破逃亡者,许人纠告,勘责不虚,其本府与乡村所由,各决脊杖八十,刺面配本处牢城执役。县司本典知情并同罪,告事人放三年租税、差徭’”(《五代会要》卷二十·县令下)。五代时期还以牢城军充役:“后唐安彦威为河中节度,上言:‘被省符课丁夫运石修河堤,农事方急,请以牢城军千人代役。’从之。”

宋朝时牢城大行其道,一般犯刺配者均要前往偏远军州的牢城进行关押,“有盗主财者,五贯以上,杖脊黥面配牢城”(《文献通考·刑五》)。由于宋朝刺配之法繁多,如在神宗熙宁三年(1070年),“刺配之法,大抵二百余条”。因此各地牢城所收押的犯人也越来越多:“国朝之制,减死一等及胥吏兵卒配徒者,涅其面而刺之,本以示辱,且使人望而识之耳。久而益多,每郡牢城营,其额常溢,殆至十余万。”(《容斋续笔》卷五)牢城,是宋朝根据形势的需要创制的。宋朝虽号称统一,但疆域狭小,外有辽、金不断入侵,内有大小农民起义不断,所以,两宋时期战事不断,可供流配之地也大为减少,不得不设立牢城对徒流犯、刺配犯集中收治进行惩役。最初宋朝对配地的确定,是根据罪人罪情的轻重“立定地,分远近”,罪人多配往西北沿边地另服军中苦役,死罪特贷者则配往登州沙门岛及通州海岛牢城服苦役。由于“罪人配西边者,然多亡投塞外,诱羌戎为寇”,于是,改发沿边海岛和广南等地牢城,并形成一个完整的牢城体系,即海岛牢城,远恶州军牢城和内地牢城体系。

参考书目

1. 万安中主编:《中国监狱史》,中国政法大学出版社2003年版。
2. 杜文玉:《五代十国制度研究》,人民出版社2006年版。

(倪晨辉)

劳动法庭

第二次国内革命战争时期中华苏维埃政府设立的审判机构名。1931年11月,中华苏维埃工农兵第一次全国代表大会通过《中华苏维埃共和国劳动法》,首次提出组织劳动法庭。鉴于在此之前,各级裁判部对工人利益的保障有所忽视,同时对于资本家违犯劳动法令及违犯集体合同、劳动合同等的案件,也很少过问,只由工人及工会自行解决,因此使工人不能真正享受劳动法上所规定的权益。为保障工人享受劳动法上规定的权益,切实解决资本家违反劳动法或劳动合同的案件,中央特决定组织劳动法庭。于是在1933年4月12日,根据《中央政府司法人民委员部第九号命令》,劳动法庭正式设立。各城市裁判科必须制定专人组织劳动法庭,主要负责审理资本家违反劳动法及已颁布或未颁布的各种关于劳动问题的法令与集体合同、劳动合同的案件。劳动法庭仅设置在县或区裁判科内,或由县、区裁判部兼办。劳动法庭受理案件后需在三日内开庭审理,法庭判决后,双方如有不服,可以提起上诉。如资本家方面不服,提起上诉,而上级裁判部还未复审,在上诉期间原判仍须执行。如工人不服而上诉时,须经过上级裁判部复审后才能执行。担任劳动法庭工作的裁判员,由职工会选举出来,经过各该级裁判所加以委任,并填写履历表,交上级裁判部备案。劳动法庭的设立,对维护劳动法,保障工人阶级的利益,打击不法资本家,起了积极作用。

参考书目

卓帆:《中华苏维埃法制史》,江西高校出版社1992年版。

（倪晨辉）

劳动改造管教队

简称“劳改队”,是解放战争后期解放区设置的通过生产劳动教育改造刑期较短的徒刑犯的机构。解放战争后期,随着解放区的不断扩大,大量战犯及现行反革命分子被宣判,而监狱无法容纳全部犯人,因此在东北等解放区从省、市司法机关中抽调一些干部,带领案情轻、刑期短的犯人到农村、矿山开辟新的劳动改造基地,于是便出现了劳动改造管教队的形式。最初主要将犯人直接分到一些国营矿山、农场进行劳动,后专门建立了用于罪犯劳动改造的场所。早期的劳改队有双鸭山劳改队、弓长岭劳改队、松哈劳改队等。劳动改造管教队的建立,为新中国劳改制度的建立提供了宝贵的经验。

劳动改造管教队与监狱的主要区别是:(1)根据生产的需要和生产单位的客观条件对犯人实施监管,既没有监狱那样的警戒设施,也没有特建的监房。(2)按照军事组织形式管理犯人,分为组、班、小队、中队、大队。小队长和班长均由犯人中的积极分子担任,由劳改队大队部统一管理大队一切事务。(3)把生产劳动作为改造犯罪的基本手段。综合生产劳动加强对犯人的政治思想教育,以调动犯人自我改造和生产劳动的积极性。

劳动改造队可以较大规模地组织犯人参加生产,大大节省了政府的财政开支,为国家增加了财富,同时解决了有些大城市犯人监房拥挤的现象;同时,犯人从事生产劳动,创造财富,可改善犯人的生活,犯人的活动空间也比在封闭式的监狱中大得多,对犯人的身体健康未必不是好事。劳动改造队的创制是我国对犯罪分子进行改造的一个智慧结晶。

（杨殿升　袁　钢　倪晨辉）

劳动感化院

第二次国内革命战争时期中华苏维埃政府各级裁判所下设的刑罚执行机关。1932年6月

9 日,中华苏维埃共和国中央执行委员会颁布的《裁判部暂行组织及裁判条例》规定:"在各级裁判部下可设立看守所,以监禁未审判的犯人,或判决短期监禁的犯人。县、省两级裁判部,除设立看守所外,还须设立劳动感化院,以备监闭判决长期监禁的犯人。"1932 年 8 月 10 日,根据中央司法人员委员部制定的《中华苏维埃劳动感化院暂行章程》,终于建立了劳动感化院。劳动感化院是县及县以上裁判所的下设机构,各劳动感化院之间没有隶属关系,主要负责看守、教育及感化判决长期监禁(最长的监禁期为 10 年)的犯人,使他们在监禁期满之后,不再违反工农民主政权的法令。

劳动感化院设院长、副院长各一人,科长若干人,管理员、收发员、文书、看守队员若干人。副院长可兼任科长。在劳动感化院内组织劳动感化院管理委员会,以院长为委员会主任,负责全部工作,随时向裁判部汇报,管理委员会其他成员有副院长及各科科长。劳动感化院下设总务、劳动管理、文化科,各科设科长一人。

劳动感化院院长领导全院工作,接收案犯,遵照法庭判决或裁定执行,管理全院一切事务,没有对外办理任何事务之权。副院长帮助院长工作,可兼任科长工作。管理员负责管理案犯参加劳动生产及教育、卫生等事宜。看守队负责看押案犯与担任警戒任务。

总务科管理劳动感化院的一切财产、器具、经费,生产品的出卖、原料的购置、预算决算等事项。预算与决算须经过劳动感化院管理委员会通过并经各该级裁判部批准。总务科还管理劳动感化院开设的店铺,销售劳动感化院的一切产品,并且兼卖其他种类的商品,以增加劳动感化院的收入。

劳动管理科负责组织感化院的各项建设及管理感化院的各种工场,监督和指导犯人的劳动等事宜。劳动管理科要设法不断地扩大工场的生产规模,不断地提高工场产品的质量,以工场生产的收入,使感化院的经济充裕,自给有余,使感化院不但不要政府拨给经费,而且要成为国家财政收入的重要一项。在管理犯人的劳动时,严格执行八小时工作制,按时上下班。安排犯人劳动,须按犯人各自专长、体力、年龄分配工作,督促每个犯人在规定的劳动时间内必须到岗参加劳动。

文化科负责组织和管理犯人的教育事项,如识字班、政治课、俱乐部、列宁室、图书馆、墙报编辑、游艺晚会、音乐、弈棋、编辑剧本等。文化科所组织的各种文化工作内容的取材,应以教育感化犯人为前提。感化犯人的工作,是感化院的主要工作。文化科须根据需要不断地充实文化工作人员,提高文化工作人员素质。要有计划地教育犯人,经常地给犯人上政治课,上识字课等,把俱乐部、列宁室、图书馆健全起来。安排好犯人劳动、休息以外的时间,充分利用这些文化活动教育感化犯人。

劳动感化院实行"感化主义"方针,彻底废除旧监狱封建主义、法西斯主义的管理思想和作风,废止肉刑,禁止一切不人道待遇,用共产主义精神和劳动纪律教育犯人,改变犯人犯罪的本质。在对犯人进行思想教育的同时,还采取多种方式组织犯人从事生产劳动。各地劳动感化院设立了各种手工工场,组织犯人生产革命根据地所需的各种物品。劳动感化院实施以劳动教育为主的改造策略,为新中国劳动改造制度的设立提供了有益的经验和借鉴,是新中国劳改制度的雏形。

参考书目

1. 曾维东、曾维才主编:《中华苏维埃共和国审判史》,人民法院出版社 2004 年版。
2. 舒龙、凌步机主编:《中华苏维埃共和国史》,江苏人民出版社 1999 年版。

3. 彭光华、杨木生、宁群:《中央苏区法制建设》,中央文献出版社 2009 年版。

(杨殿升　孙珮玲　倪晨辉)

理

先秦法官。《礼记·月令》载:"命理瞻伤、察创、视折。"郑注:"理,治狱官也,有虞氏曰士,夏曰大理,周曰大司寇。"《吕氏春秋·孟秋纪》载:"命理瞻伤察创,视折审断,决狱讼,必正平。"《管子·法法》载:"舜之有天下也,禹为司空,契为司徒,皋陶为李,后稷为田。"《史记·五帝本纪》载:"皋陶为大理,平;民各伏得其实。"

一说理为春秋战国时期两种主掌狱讼的官职系统之一,"理"(李)是自西周晚期以来所发展起来的负责刑罚的职务,相比之下"士"则更多保留上古传统。古代泛称法官为理,"古司刑官有士师,即今之大理是也,夫理也者,理其情之是非、罪之轻重而已矣"(韦商臣:《应诏陈言平大狱疏》,《明经世文编》卷二百八)。参见士条、大理寺条。

(张田田)

理曹

设于军中掌刑狱的部门,掾为长官。据《通典》卷二九《职官十一》载,东汉建安十九年(214 年),魏武令曰:"军中典狱者,或非其人,任以三军死生,吾甚惧之,遂置此。选明达法理者为之。"曹操对丞相理曹掾高柔说:"夫治定之化,以礼为首;拨乱之政,以刑为先……掾清识平当,明于宪典,勉恤之哉"(《三国志·魏书·高柔传》)。据《宋书·百官志上》载,东晋元帝为镇东大将军及丞相,诸曹中法曹、理曹并置。南朝宋以后则并为一。

(张田田)

理藩院

清朝中央行政机构名,专门负责少数民族相关事宜,也为少数民族地区相关案件的最高审级。清军起兵反明后,因与蒙古联系紧密,于是设置了蒙古衙门,有承政、参政各官,专门负责与蒙古相关的事宜。后于崇祯十一年(1638 年),改蒙古衙门为理藩院,为礼部下属机构,顺治十八年(1661 年),改与六部同级。设有理藩院管理院务大臣,满洲一人,由大学士为之。尚书,左、右侍郎各一人,以满、蒙贵族充任。额外侍郎一人,以蒙古贝勒、贝子之贤能者任之。属官有郎中、员外郎、启心郎、堂主事、司务等,下设旗籍、王会、柔远、典属、理刑、徕远六个清吏司,负责少数民族各项事宜,后又负责与俄国有关的事宜。理藩院属官的人数具体为:堂主事,满档房满洲二人、蒙古三人,汉档房汉军一人。领办处,员外郎、主事,满、蒙各一人。司务,满、蒙各一人。笔帖式,满洲三十有六人,蒙古五十有五人,汉军六人。旗籍、王会、柔远、典属、理刑、徕远六清吏司中:郎中,宗室一人,柔远司置。满洲三人,旗籍、王会、典属司各一人;蒙古八人,旗籍、王会、理刑司各二人,典属、徕远司各一人。员外郎,宗室一人,旗籍司置。满洲十人,王会、柔远、典属、理刑司各二人,旗籍、徕远司各一人。蒙古二十有四人,旗籍二人,王会三人,柔远五人,典属六人,理刑、徕远司各一人。主事,满洲二人,旗籍、典属司各一人。蒙古七人,柔远、典属、理刑司各一人,王会、徕远司各二人。银库,司官二人,司官内奏委。司库一人,正七品。库使、笔帖式各二人。以上俱满洲缺。

理藩院尚书掌内外籓蒙古、回部及诸番部，制爵禄，定朝会，正刑罚，控驭抚绥，以固邦翰。侍郎辅佐之。旗籍掌考内扎萨克疆里。王会掌内扎萨克宾礼，典朝觐、贡献仪式。凡飨赉、馆饩，视等级以为差。典属掌外扎萨克部旗封爵。柔远掌治外扎萨克众部，凡喇嘛、番僧禄廪、朝贡，并司其仪制。徕远掌回部扎萨克、伯克岁贡年班，番子、土司亦如之；并典外裔职贡。理刑掌蒙古、番、回刑狱诤讼。领办处掌综领众务。银库掌帑金出纳。

理藩院还有以下一些机构：蒙古翻译房，员外郎、主事各一人，司官内奏委。校正汉文官二人，满、蒙内阁侍读学士、侍读、翰林院侍读、侍讲学士、侍读、侍讲内奏派，主章奏文移。内、外馆监督各一人，六部司员内充补，主宾馆缮完涤除，光绪三十三年（1907 年）省；乌兰哈达、三座塔、八沟司官各一人，分驻塔子沟笔帖式一人，主蒙古部落民人讼事。嘉庆十五年（1810 年）撤回，并四处司员俱改为理事官，隶热河都统，仍由本院司员内简放分；察哈尔游牧处理事员外郎十六人，以在京蒙古各旗与察哈尔各旗官员内番选。由护军、骁骑校选用者授员外郎，由中书、笔帖式选用者，先授主事，三年称职，升员外郎，分主游牧察哈尔民人讼事；张家、喜峰、独石、杀虎、古北诸口管理驿站员外郎、司员内奏委，笔帖式各一人，主蒙古邮驿政令；围场总管一人，康熙四十五年（1706 年）置。乾隆十四年（1749 年）始来隶。嘉庆七年（1803 年）后，改隶热河都统。左、右翼长各一人，章京八人，初制六品。乾隆十八年（1753 年）升五品。骁骑校八人，主守木兰围场，专司巡察。

理藩院拥有对少数民族地区的最高审判权，“掌外藩之政令，制其爵禄，定其朝令，正其刑罚。尚书侍郎率其属以定议，大事上之，小事则行，以布国之威德”（《大清会典》卷六三）。所谓“外藩”，是指内外蒙古、青海、蒙古、新疆之额鲁特部、回部与西藏喇嘛所属各处。例如，蒙古地区札萨克、盟长审理的案件当事人不服的，可以前往理藩院上诉。蒙汉人之间发生法律纠纷，由扎萨克或理藩院派出司官会同地方官审理。理藩院执掌蒙古、新疆、西藏等少数民族地区事务，同时还掌管一部分属国事务，以及由北、西方陆路来的外回交往事务（东、南海路往来由礼部掌管），例如掌理与俄国的交涉事宜。但理藩院审理案件受到刑部、三法司的监督与审定，因此其拥有的是不独立的司法权。理藩院内部处理少数民族案狱的机构为理刑清吏司，主要审理蒙古、回部和西藏的相关上诉案件。由于理藩院专门执掌“外藩之政令，正其刑罚”，并审查少数民族的死刑案件和接受上诉审，从而加强了对少数民族地区的司法管辖，维护了法律政令的统一，巩固了多民族的国家。

咸丰十一年（1861 年），朝廷成立总理衙门，理藩院中对俄相关事务转由总理衙门负责。光绪三十二年（1906 年）改理藩院为理藩部。宣统三年（1911 年）改尚书为大臣，左、右侍郎为副大臣。辛亥革命后撤销。

（倪晨辉）

理检院

宋朝司法机构名。始设于宋太宗淳化三年（992 年），“（淳化三年）辛亥，置理检院，命右正言、知制诰钱若水领之，复唐制也”（《续资治通鉴长编》）。理检院负责审阅官民的上书并送呈皇帝阅览，凡“登闻院、鼓司进状人，有称冤滥沉屈者，即引送理检院审问”。至道三道（997 年）废。仁宗天圣七年（1029 年）闰二月复置，以御史中丞为理检使。元丰以后，改隶谏院。“淳化三年置（理检）院……令登闻、鼓司进状人有称冤滥沉屈者即送理检院审问。至道三年废。天圣七年置理检使,以御史中丛充……于鼓、检院侧近别置理检院”(《职官分纪》卷十四《理检使》)。又有一说称理检院为登闻检院的前身,宋人王楙曾在《燕翼贻谋录》写道:“唐有理匦使,五代以来无闻。太宗皇帝淳化三年五月辛亥诏置理检使,以钱若水领之。其后改日登闻院,又置鼓于禁门下,以达下情,名日鼓司。真宗景德四年五月戊申,诏改鼓司为登闻鼓院,登闻院为检院。应卜书人并诣鼓院,如本院不行,则诣检院,以朝官判之。判院之名始于此。”

宋代在中央所设置的登闻鼓院、登闻检院、理检院、军头引见司等均是受理向皇帝直诉的机构。凡经州县监司等审断不能直的案件,可直接向登闻鼓院、登闻检院、理检院书而投诉,请求皇帝指定某一机构重新审理。如果登闻鼓院、检院、理检院不予接收,仍可拦驾,由军头引见司转奏皇帝。上述机构在接收直诉时应当遵循法定程序,即“初诣登闻鼓院,次检院,次理检院”。参见登闻鼓院条、登闻检院条。

(倪晨辉)

吏目

古代基层官职名。吏目始设于金朝,为衙门内的首领官,不入流,负责管理衙门内的案牍及其他吏员。元明清时为知州的直接属官,元朝时为中、下州设置的属官,不入流;明清时升为流内官,官秩从九品,主要负责管理刑狱及文书整理。清朝还于五城兵马司设置吏目,不入流,负责缉捕、道路维护、稽检囚徒事宜。“兵马司……吏目,未入流。自正指挥以下俱汉员。五城各一人,掌巡缉盗贼,平治道路,稽检囚徒,火禁区为十坊领之。”“州……吏目一人。从九品。吏目掌司奸盗、察狱囚、典簿录”(《清史稿·职官志三》)。

(倪晨辉)

理事厅

清朝专管旗人事务的行政机构名。清军入关前,各部门的主管官员名为理事官,入关后沿用明制,但保留了自身的特色,专管旗人事务的官员名称前均加“理事”二字,由旗人担任,他们的办公机构便称为理事厅。此外,清朝还在旗人聚居区和八旗军驻扎地设置理事厅,专门负责处理与旗人相关的事务及诉讼。“凡外省驻防旗人,遇有命案,该管旗员即会同理事同知、通判,带领领催、尸亲等人,共同检验,一面详报上司,一面会同审理。如无理事同知、通判之处,则会同司官,共同检验,详报审拟”(《大清律例·刑律·断狱下》)。旗人与汉民之间的民事诉讼,由州县官审理,如错在汉民,则依律例惩处;如错在旗人,则须将该案移送理事厅处理。如果旗人犯杀人、强盗等重罪,由理事厅官员和州县官会审拟罪,并按程序报呈。“凡旗人谋、故、斗杀等案,仍照例令地方官会同理事同知审理外,其自尽人命等案,即令地方官审理。如罪情已明,供证已确,免其解犯,仍由同知衙门核转。倘持旗狡赖,不吐实供,将案内无辜牵连人等,先行摘释,止将要犯解赴同知衙门审明。如该同知事外苛驳,借应质名色,缆差提扰,该上司立即题参。”“凡各省理事厅员,处旗人犯命、盗重案 仍照例会同州县审理外,其一切田土、户婚、债负细事赴本州县呈控审理。曲在民人,照常发落;曲在旗人,录供加看,将案内要犯审解该厅发落。至控告在官人犯,不论原、被,经州县两次据传,别无他故,抗不到案者,将情虚逃避之犯,严拿治罪”(《大清律例·刑狱·诉讼》)。理事厅还设置了监狱,“理事同知衙署各有囹圄”(《光绪大清会典》卷七二七·刑部·名例律·犯罪免发遣)。乾隆四十三年(1778 年)定例,驻防地方如有秋审人犯，不必解部，即于同知监狱监禁。

参考书目

张可：《清代审级制度研究》，中国政法大学2011年博士学位论文。

（倪晨辉）

理问所

元明清时期地方司法机构名。元朝行省中设理问所，负责勘合刑名、诉讼等事宜。下设理问、副理问等官，其中理问二人，正四品；副理问二人，从五品；知事一人，提控案牍一人。明朝于各地承宣布政使司中设有理问所，下设从六品理问一人、从七品副理问一人、提控案牍一人，“理问典刑名”（《明史·职官志四》）。清承明制，亦于布政使司设理问所，“理问掌推勘刑名”（《清史稿·职官志三》）。

（倪晨辉）

理刑清吏司

清朝司法机构名。理刑清吏司是清朝专门负责少数民族刑罚事务的中央机构，是理藩院下属的六个清吏司之一。顺治十八年（1661年）设立，长官为满、蒙郎中各一人；属官有员外郎，满洲二人、蒙古三人；满洲主事一人。理刑清吏司主要负责蒙古、新疆及回部的刑事案件审理工作，“理刑掌蒙古、番、回刑狱诤讼”（《清史稿·职官志二》）。除此之外，理刑清吏司还负责各地寺庙喇嘛与太仆寺牧丁逃逸的缉拿工作。“理刑清吏司，承办内扎萨克六盟、外扎萨克各部落、盛京、吉林、黑龙江、察哈尔、归化城等处蒙古案件，兼核缉逃限期，咨行各处，缉拿内处寺庙喇嘛并太仆寺牧丁逃逸等事”（《大清会典》卷六十八）。如所审理的案件罪至发遣，须会同刑部裁决，死罪须经三法司会审定案。

（倪晨辉）

里长

又称“里正”，中国古代基层管理人员名。中国古代实行乡里制，里为基本行政单位的一级，早在春秋时期便有里长，“是故，里长者，里之仁人也，里长发政里之百姓”（《墨子·尚同上》）。春秋时一里为八十户，以有治事才能者为里正：“一里八十户……其有辩护伉健者为里正”（《公羊传·宣公十五年》）。秦汉百家为里，置里正，一称里典、里魁，掌教化、治安等事。晋、南朝又作里吏。北魏里长亦称里正。东魏、北齐、隋、唐皆置。隋地方以五家为保，保有长；保五维闾，闾四为族，皆有正；畿外置里正，比闾正，党长比族正。唐朝时实行乡里制，一百户为一里，五百户为一乡，里设里正，乡设乡正。宋以里正、户长等督赋税，宋太宗淳化五年（994年）始令各县以一等户为里正，二等户为户长。金、元也设里正。明朝时实行里甲制，十户为一甲，百户为一里，一里设一名里长、十名甲长。“凡各处人民，每一百户内议设里长一名，甲首一十名，轮年应役，催办钱粮，勾摄公事”（《大明律·附例四》）。“洪武十四年诏天下编赋役黄册，以一百十户为一里，推丁粮多者十户为长，余百户为十甲，甲凡十人。岁役里长一人，甲首一人，董一里一甲之事”（《明史·食货志》）。里长主要负责协助官府征收赋税劳役，还负有稳定治安、协助抓捕盗贼、调解民间纠纷等职责。具体而言，里甲拥有民事与轻微刑事案件的一级管辖权。洪武三十一年(1398 年)三月十九日户部《教民榜文》颁行,巩固和扩大了里老的司法审判权,使之成为兼理民刑事案件的名副其实的一审组织。可以说,里长是中国古代民间纠纷解决机制中不可或缺的一环。到民国时,某些地区仍存在里长这一职务。新中国成立后,彻底废除了里甲制。

(倪晨辉)

临时最高法庭

第二次国内革命战争时期中华苏维埃政府最高审判机构名。临时最高法庭在 1932 年春始设于瑞金的东坑村,在最高法院尚未正式成立前作为临时最高审判机构而存在,受中华苏维埃共和国中央执行委员会领导,代行最高法院职权。临时最高法庭设主席一人,副主席一人,由中央执行委员会任命,并设检察长一人,检察员若干人。临时最高法庭组成以主席为首的委员会,讨论和决定法庭范围内一切重大问题和案件。临时最高法庭下设刑事、民事、军事法庭,以审理不同性质的案件。临时最高法庭设立后,临时中央政府执行委员会任命中央工农检察部部长、中央内务部代部长何叔衡兼任临时最高法庭主席。1934 年 2 月 3 日中央执行委员会第一次会议任命董必武为第二任临时最高法庭主席。当时审判机关分为四级,在中央则设立临时最高法庭,在地方则设立省、县、区三级裁判部(为各级地方法院未成立前的临时司法机关),另外在中央直辖市或省直属市设裁判科,在军队设裁判所。

临时最高法庭主要职能包括:(1)代行最高法院职权,对中央执行委员会及其主席团负责并对其报告工作;(2)对国家的一般法律作法定的解释;(3)审查各省裁判部及高级军事裁判所判决书及决议,并指导这些司法机关的审判工作;(4)审查中央执行委员会之下的其他高级机关职员在执行职务期间的犯法案件;(5)审判不服省裁判部或高级军事裁判所的判决而上诉的案件,或检察员不同意省裁判部或高级军事裁判所的判决而提起抗议的案件;临时最高法庭是中华苏维埃政府最高审判机关,经其判决的案件为终审判决。临时最高法庭如遇有全国意义的重大民事、刑事案件,或中央执行委员会、中央委员会的委员个人提出的质问案件(但须中央执行委员会或中央执行委员会主席团特别决定),在全体委员会之下,可组织特别司法委员会进行审查。虽然临时最高法庭是当时中华苏维埃政府的最高审判机构,但因各根据地分隔,交通、信息不畅的原因,导致实际上临时最高法庭只能审理中央根据地内的案件。

参考书目

1. 张启安编著:《共和国的摇篮——中华苏维埃共和国》,陕西人民出版社 2003 年版。
2. 彭光华等:《中央苏区法制建设》,中央文献出版社 2009 年版。

(倪晨辉)

令曹

两汉侍御史属下机构的五曹之一,掌律令之事。据《晋书·职官志》,侍御史“五曹:一曰令曹,掌律令;二曰印曹,掌刻印;三曰供曹,掌斋祠;四曰尉马曹,掌厩马;五曰乘曹,掌护驾”。

(张田田)

令史

中国古代秦汉时期负责刑事侦查工作的主要人员，负有调查取证和追捕犯人以为审判案件提供证据的职责。从秦到西汉，令史普遍设置于县级政府，其他一些政府机关有时也有设置，但未制度化。东汉以后，令史主要为中央公卿的属吏，县级政府中已比较少见，仅边塞军事系统仍有令史设置。令史在秦汉各级政府中地位较高，有固定的任用升迁途径，有一定的政治经济待遇，是重要的属吏。令史最基本的职能包括：主典文书、主管籍账、调查犯罪、征发民众，镇压盗贼、举劾违法失职官吏等。《睡虎地秦墓竹简·封诊式·争牛》有记载，“即令令史某齿牛”，意即派令史检查牛的年龄；《穴盗》记载，“即令令史某往诊，求其盗”，意即派令史勘查现场，追查盗贼。令史被派遣调查案情、勘查现场或抓捕犯罪人时，一般要写出书面报告。从史料记载的情况看，《睡虎地秦墓竹简》《贼死》《经死》《穴盗》等都有以“令史某爰书”开头的记载，详细记录了现场情况和当时所调查到的案件情况。就某种程度而言，秦汉时期的令史是负责刑事侦查的主要人员，也是实施现场勘验的专业技术人员，其职责是进行现场勘验，包括对尸体、人体的活体检验，以追捕罪犯，身兼侦查员、法医、痕迹检验技术人员等多项身份。

（刘方权）

领事法院

清末民国时期各国列强在华设立的审判机构统称。鸦片战争后，我国的司法主权逐渐被践踏，帝国主义列强在中国获得了治外法权。从光绪八年（1882 年）起，列强纷纷在我国境内建立领事法院，专门负责审理享有治外法权的本国侨民。一国侨民在中国境内成为民、刑事诉讼的被告时，由该国领事法院进行审理。如为重大的刑、民事案件，则多数国家规定由其本土的一审法院或设在邻近中国的附属国法院管辖。有的国家还在中国设立了受理不服领事法庭判决的上诉机关，如“美国驻华法院”和“英国驻华上诉法院”。为了便于执行领事法庭作出的刑事判决，一些国家还在中国租界内设立监狱，如英国在上海的“西牢”，日本、沙俄在东北的监狱。各国都以设在本国首都的最高审判机关作为终审机关。领事法院的法官一般由该国领事兼任，意大利、日本两国的领事法院则由专门的审判官担任。在中国设立领事法院的，有英国、美国、法国、日本、意大利、比利时、丹麦、荷兰、挪威、葡萄牙、西班牙、瑞典、瑞士、巴西等国，其中日本共设领事法院 35 处，美国共设领事法院 18 处，法国共设领事法院 17 处。领事法院的设立是我国半殖民地半封建化在司法领域的表现之一。

参考书目

王立民：《上海租界法制史话》，上海教育出版社 2001 年版。

（倪晨辉）

领事公堂

晚清民国初期帝国主义国家在华设立的基层审判机关名。领事公堂是租界早期的司法审判机关，专门受理控告公共租界的管理机构工部局的案件。领事公堂成立于光绪八年（1882 年），依据的是同治二年（1863 年）的《土地章程》，其规定，凡要控告工部局的都要到“领事公堂投呈控告”。领事公堂的建立，标志着我国司法权的再一次丧失。领事公堂的法官由英、德、美三国各派一名领事担任（后增为五人），1882 年 7 月 10 日，《领事公堂诉讼条例》经领事团批准后公布,主要内容如下:(1)所有投呈领事公堂的诉讼状、答辩书及法庭发出的通知文件,均须加以"领事法庭"字样。(2)法庭任用书记官1人,任职期限由法庭自定。其职责系掌理一切文件,并在法庭指导下发出及传达各种通知及文件,并办理来往公文。(3)法庭陈述等概用英语。(4)诉讼事宜,须亲自或请代理人办理。原告延用律师出庭与否,听其自便。(5)控诉人须先投呈文,缮写4份,呈明案件关系事实。(6)法庭将诉讼副本交予被告,并通知于14日内具答辩书。该答辩书须缮写4份,并由法庭将答辩书副本1份发交原告。(7)判决书由法庭裁判官拟发。(8)开庭费10元,传达费3元。(9)所有征收之费,包括记录费、诉讼费的保证金、诉讼费和律师费,由法庭处置,作为书记官的酬劳。1937年,驻沪领事团曾对条例中有关费用问题做过修改,将开庭费改为20元,另增卷宗费5元,传达费仍为3元。根据《领事公堂诉讼条例》,领事公堂受理以上海公共租界工部局为被告的诉讼案件,凡不服工部局行政处分或认为工部局行为侵权的个人或法人均可向该公堂控诉。此后,领事团每年推选领事3人,充当该公堂法官,以后又增加当年的领袖领事为法官。公堂设书记官1人,推选结果在工部局公报上发表,专事办理文书、记录等事务,以所收开庭费为其俸给。领事公堂自诞生起就存在难以弥补的缺陷,它的法官为各国驻上海领事,处理的案件涉及的国家也很多,这就产生了一个实质性问题,即对案件的处理到底适用哪国法律?这个问题无明文规定,法官也无所适从,从而导致领事公堂形同虚设,所审案件寥寥无几。

参考书目

王立民:《上海租界法制史话》,上海教育出版社2001年版。

(倪晨辉)

囹圄

先秦监狱名称之一。殷曰羑里,周曰囹圄。《释名》载:"狱又谓之囹圄。囹,领也;圄,御也;言领录囚徒禁御之地。"《礼记·月令篇》载:"仲春三月命有司省囹圄。"郑玄注:"囹圄,所以禁守系者,若今之别狱矣。""囹,牢也,圄,止也,所以止出入,皆罪人所舍也。""圄,与也。言令人幽闭思愆,改恶从善,因原之也。"其"禁守系""止出入""幽闭思愆""改恶从善",即是对犯人加以强制拘禁,辅以感化教育,令其思愆改过的意思。

春秋时监狱亦称囹圄。《管子》里有"善为政者,仓廪实而囹圄虚,不能为政者,仓廪虚而囹圄实","惠赦加于民,而囹圄虽实,杀戮虽繁,奸不胜矣"。

据《周礼》,狱中已有较明确的监管制度,依犯人身份和罪行轻重而戴不同刑具,有梏、桎、拲等。一般轻罪用梏,中罪用桎梏,重罪则并用。有爵者重罪只加桎,王族重罪加拲。并形成了分关分押制度。

(张田田)

六察官

古代监察官名,由监察御史担任。唐代宗大历十四年(779年),首先规定由监察御史一人负责监察尚书省六司。"以监察御史分察尚书省六司,繇下第一人为始,出使亦然"(《新唐书·百官志三》)。唐德宗兴元元年(784年)更是把监察六司的御史人数由一人增加为三人,每年年底考核诸司功绩。"以第一人察吏部,礼部,兼监察使;第二人察兵部,工部,兼馆驿使;

第三人察户部，刑部；岁终议殿最”（《新唐书·百官志三》）。唐宪宗元和中期，首次设置六察官。“元和中，以新人不出使，无以观能否，乃命专察尚书省，号曰六察官”（《文献通考》卷五十三·职官考七）。

北宋前期，三省六部制名存实亡，六察官也不复存在。宋神宗元丰改制后，于元丰三年（1080 年），在御史台中设六察官，负责纠察六部及文武百官。“奉诏复置六察，在京官司今请以吏部及审官东、西院、三班院等隶吏察，户部、三司及司农寺等隶户察，刑部、大理寺，审刑院等隶刑察，兵部、武学等隶兵察，礼、祠部、太常寺等隶礼察，少府、将作等隶工察”（《宋史全文》卷十二下）。并根据御史中丞李定的意见，用六察司按察诸路监司。具体的办法是：“以户案察转运、提举官，以刑案察提点刑狱。”五月，宋政府又把“开封府界提点提举司、发运、辇运、拨发、提点盐事、籴便粮草、市易、盐税、坑冶、铸钱、茶场、淤田、营田司，及河北屯田司、陕西制置解盐司、经制熙河路边防财用司、措置陕西缘边四路边防公事司、外都水监丞司、提举买马监牧司、麟府路军马司、诸路经略总管安抚钤辖司”等，皆隶御史台台察。由于六察司职掌过于繁多，元丰五年（1082 年）十一月，宋神宗对御史台内部的职掌作了一些调整：“罢（监察）御史察诸路官司，如有不职，令言事御史弹奏”，且“著为令”（《续资治通鉴》卷七十七）。宋代六察司虽因袭唐代六察官的名称，但其职已大不相同。唐代六察官主要是巡按十道和“分察尚书省六司”，而宋代六察司所按察的不仅是尚书省六司，而是京师的所有官府机构；唐代六察官按察的最高机构仅限于六部，而对中书、门下及尚书等三省是不能按察的，宋代元丰六察法明确规定：御史台“岁遣御史诣三省、枢密院检察，付受稽失”。元丰改制后的三省“统领百职”，已成为中央政府的最高行政机构，枢密院是最高军事机构。六察司对三省、枢密院的按察，标志着宋代的六察制度已比唐代的六察法大有发展。元祐更化，吕公著攻击元丰六察法是“废国家治乱之大计，察官司簿领之细过”，宣仁太后令减监察御史二员，并下诏“监察御史兼言事”，六察制度遭到了破坏。宋哲宗亲政后，又恢复了六察法。宋徽宗崇宁年间，六察制曾一度因人废法。如皇城司以郓王（赵楷）提领，阁门宾省四方馆以内侍邓文诰提领，皆“不隶台察”。大观二年（1108 年）三月，宋政府把辟雍、大晟府及算学、太官局、翰林、仪鸾司等“皆隶六察”。宣和三年（1121 年）三月，又把东西上阁门客省引进四方馆等原不隶台察的机构并以旧制隶台察。北宋灭亡后，六察制度荡然无存。南宋初年，宋高宗在金兵的追逐之下，四处逃难，六察制度未能恢复。绍兴元年（1131 年）九月，宋高宗根据侍御史沈与求的请求，下诏恢复了六察法。绍兴三年（1133 年）八月，根据三省合一的变化需要，宋政府对御史台按察三省、枢密院的时间又重新作了规定，即“诸上下半年轮两院御史四人就三省、枢密院取摘诸房文簿等点检”；以仲月中旬按察三省，仲月下旬按察枢密院。同年十一月，高宗又下诏把原不隶台察的三馆秘阁隶吏察，阁门宾省四方馆隶礼察，皇城司隶兵察，使六察制度基本上得以恢复。

六察官在明清时期则为六科给事中所取代，参见“六科给事中”条。

参考书目

贾玉英：《宋代监察制度》，河南大学出版社 1996 年版。

（倪晨辉）

六官

或称“六卿”。《周礼》所记主要办事机构，包括（1）天官，掌“邦治”，故谓“治官”，以冢宰

(太宰)为长官,小宰为副贰,下设数个官职机构,各有分工。(2)地官,掌“邦教”,故谓“教官”,以大司徒为长官,小司徒为副贰,下设数个官职机构,各有分工。(3)春官,掌“邦礼”,故称“礼官”,以大宗伯为长官,小宗伯为副贰,下设数个官职机构,各有分工。(4)夏官,掌“邦政”,故谓“政官”,以大司马为长官,小司马为副贰,下设数个官职机构,各有分工。(5)秋官,掌“邦禁”,故谓“刑官”,以大司寇为长官,小司寇为副贰,下设数个官职机构,各有分工。(6)冬官,掌“邦事”,故谓“事官”。以秋官司寇主掌刑狱司法之事。北周有六官,仿《周礼》而设天地春夏秋冬六官,秋官府主掌刑狱司法等事。一说六官为隋唐以后置六部的张本。

(张田田)

六科给事中

明清中央官职名。六科给事中源于唐宋的六察制度与给事中制度。唐宋时期的六察官由监察御史充任,负责监督尚书省六司。给事中自唐时起一直设于门下省,执掌封驳。明朝洪武十五年(1382年)废除三省六部制,改为吏、户、礼、兵、刑、工六部,直接对内阁负责。为了加强对六部的监督,于各部内设给事中一人,左右给事中各一人,为部内监察机构。“吏、户、礼、兵、刑、工六科。各都给事中一人,正七品左、右给事中各一人。从七品给事中,吏科四人,户科八人,礼科六人,兵科十人,刑科八人,工科四人。并从七品,后增、减员数不常。万历九年裁兵科五人,户、刑二科各四人,礼科二人。十一年复设户、兵、刑三科各二人,礼科一人。”

六科给事中的主要职责为向皇帝提出建议、规谏及监察六部百司的工作。“六科,掌侍从、规谏、补阙、拾遗、稽察六部百司之事。凡制敕宣行,大事覆奏,小事署而颁之;有失,封还执奏。凡内外所上章疏下,分类抄出,参署付部,驳正其违误。”其中吏科负责:“凡吏部引选,则掌科即都给事中,以掌本科印,故名,六科同。同至御前请旨。外官领文凭,皆先赴科画字。内外官考察自陈后,则与各科具奏。拾遗纠其不职者。”户科负责:“监光禄寺岁入金谷,甲字等十库钱钞杂物,与各科兼莅之,皆三月而代。内外有陈乞田土、隐占侵夺者,纠之。”礼科负责:“监订礼部仪制,凡大臣曾经纠劾削夺、有玷士论者纪录之,以核赠谥之典。”兵科负责:“凡武臣贴黄诰敕,本科一人监视。其引选画凭之制,如吏科。”刑科负责:“每岁二月下旬,上前一年南北罪囚之数,岁终类上一岁蔽狱之数,阅十日一上实在罪囚之数,皆凭法司移报而奏御焉。”工科负责:“阅试军器局,同御史巡视节慎库,与各科稽查宝源局”(《明史·职官志三》)。

具体来说,主要有六大职权:(1)钞发章疏,驳正违误。六部向皇帝提交的奏章均须先交由六科给事中审查,再行上报;皇帝下达的诏令,也需由六科给事中先行审核,六科给事中对不符合法律的诏令可以行使封驳权,要求重拟。“(六科给事中)掌封驳之任,旨必下科,其有不便,给事中驳正到部,谓之科参,六部之官,无敢抗科参而自行者,故给事中之品卑而权特重”(《日知录集释·卷九·封驳》)。(2)侍从规谏,拾遗补网。六科给事中有拾遗补阙的职责,对于朝廷大事均有参政议政的权利。当出现“主德阙违,朝政失得,百官贤佞”的情况时,由各科“或单疏专达,或公疏联署奏闻。虽分隶六科,其事属重大者,各科皆得通奏。但事属某科,则列其科为首”。此外,在“凡日朝,六科轮一人立殿左右,珥笔记旨。凡题奏,日附科籍,五日一送内阁,备编纂。其诸司奉旨处分事目,五日一注销,核稽缓。内官传旨必覆奏,复得旨而后行”(《明史·职官志三》)。(3)朝政有失,建言匡救。对于朝廷已实行的政策,六科给事中有批评检讨、纠正谬误的权利。“凡大事廷议,大臣廷推,大狱廷鞫,六掌科皆预焉”(《明史·职官志三》)。(4)稽察百官,检举弹劾。六科给事中负有对六部百司的日常工作进行稽察的职责,对六部实施国家政务的全过程要作详尽的记载,并形成档案,定期注销。同时还监察文武百官。(5)参与铨选,考核群臣。六科给事中可以监督官员的选任,考察是否存在舞弊、不称职的行为。六科给事中还负有监督科举考试的职责。吏科、兵科必参与吏部、兵部日常铨选文武官吏,对各衙门推举、保举官员也要进行监督。同时,给事中还要监临科举的全过程,在乡试中充任考试官,在会试、武举中任同考官,殿试时任阅卷官。科举考试过程中如出现徇私舞弊现象,给事中还可随时予以纠劾。考核在职官员,文官由吏部和都察院主持,给事中也要参与监督。当外官三年、京官六年考察之际,"大臣自陈,去留既定,而居官有遗行者,给事、御史纠劾,谓之拾遗。拾遗所攻击,无获免者"。官员往往"以挂察典为终身之沾"(《明史·职官志三》)。很显然,给事中对选拔考核官吏有监督作用。(6)监审狱案,察理冤抑。给事中有权参与三法司会审、判决重大案件,还有权监察刑部受理的所有上诉案件。三法司已判死刑的罪囚,行刑前须经刑科最终复审,"遇决囚,有投碟讼冤者,则判停刑",由"刑科三覆奏,得旨行刑" 。明代由皇帝直接指挥的锦衣卫、东厂等御用特务机关,其权力超过三法司。然而给事中同样有权监督厂卫。凡厂卫缉捕、廷杖、处决囚犯,必经给事中签驾帖。这对厂卫滥用职权、横行肆虐、陷害无辜有所钳制。

六科给事中还负责轮值登闻鼓院,对于前往登闻鼓院上诉的案件审查后提交皇帝处理:"凡登闻鼓楼。每日各科轮官一员。如有申诉冤枉、并陈告机密重情者、受状具题本封进。其诉状人先自残伤者、参奏。如决囚之日、有诉冤者。受状后、批校尉手、传令停决候"(《大明会典》二百一十三卷)。此外,六科给事中还掌朝参门籍,入坛陪祀,奉命出使,册封宗室、诸藩,告谕外国,出巡抚安军民,赈济灾民,监军纪功,监工营建,署理黄册,等等。六科给事中的这些职能,构成了较为完整的监控系统,成为封建政治体制的重要组成部分。

清承明制,于顺治元年(1644 年)设置六科给事中,其中吏、户、礼、兵、刑、工六科掌印给事中设置满、汉各一人。初制,满员四品,汉员七品。康熙二年(1662 年)改满员七品,六年(1667 年)复为四品。九年(1670 年)俱定七品。雍正七年(1729 年)升正五品。光绪三十二年(1906 年)升正四品。给事中设置满、汉各一人。初制七品。雍正七年升正五品。笔帖式八十人。吏、户、兵、刑各十有五人,礼、工各十人。光绪三十二年酌留三十人。

清朝六科给事中主要负责"掌言职,传达纶音,勘鞫官府公事,以注销文卷"。其中吏科"分稽铨衡,注销吏部、顺天府文卷"。户科"分稽财赋,注销户部文卷"。礼科"分稽典礼,注销礼部、宗人府、理藩院、太常寺、光禄寺、鸿胪寺、国子监、钦天监文卷"。兵科"分稽军政,注销兵部、銮舆卫、太仆寺文卷"。刑科"分稽刑名,注销刑部文卷"。工科"分稽工程,注销工部文卷"。

清朝建立之初,六科自为一署,给事中无员限,并置汉军副理事官。顺治十八年(1661 年),定满、汉都给事中,左、右给事中,各一人,都给事中由左给事中转,左给事中由右给事中转。汉给事中二人,省副理事官。康熙三年(1664 年),六科止留满、汉各一人。五年(1666 年),改都给事中为掌印。雍正元年(1723 年)六科给事中改为从属于都察院,从此科道合一。光绪三十二年(1906 年),省六科名,别铸给事中印,额定二十人。参见给事中条。

参考书目

张薇:《六科给事中制及对明代政治体制的监控和调节》,载《武汉大学学报(社会科学版)》1989 年第 4 期。

(倪晨辉)

陆军部

陆军部设立于光绪三十二年(1906 年),由六部之一的兵部与练兵处、太仆寺合并而成。长官为尚书,副首长为左、右侍郎,其下有承政厅、参议厅,设有左右丞、左右参议各一人,以及无定额的咨议官、检察官、正副从事官。此外又有军衡司、军乘司、军计司、军实司、军制司、军需司、军学司、军医司、军法司、军牧司等十司,每司设有司长一人,下有科长、科员、承发官、译员、艺师、录事等职员。陆军部还兼辖军谘处和海军处,为当时最庞大的机构,官员人数居各衙门之首。宣统二年(1910 年)进行改制,改尚书为陆军部大臣,左右侍郎为陆军部副大臣,左右丞、参议、咨议官、承发等官被裁撤,两厅十司并为八司,把原有的十司裁撤掉军乘、军计、军学三司,增加承政司,另设军学处与审计处。宣统三年(1911 年)军实司并入军制司,军牧司与军学处改为暂设,拟过渡为军马总监和军学院。陆军部大臣、副大臣之下设有参事、检察官、部副官、录事、司长、处长、科长、科员等职。

陆军部作为晚清时期中央最高军事行政机构,负责全军的行政事务,其中也包括军事司法方面。其中陆军大臣主要负责管理全国陆军行政,统辖军人军属。陆军部副大臣则负责协助陆军大臣。陆军部参事主要负责军队的法律章程的制订修改。检察官主要负责监察军队学校局厂。陆军部副官主要负责传宣命令。承政司掌文牍收发、军费出入、旌别员司功过。军制司掌编制征调及军械制造、交通建设。军衡司掌班秩阶品,封赠袭荫。军需司掌粮饷及军需人员教育。军医司掌卫生治疗、军医教育和升调。军法司掌对军人犯罪进行审判、监狱、勾检军事条约。军牧司掌马政,如太仆寺原有职掌。审计处掌预算决算,审覆支销。军学处掌军队训练与学校教育。“(陆军部)大臣掌主陆军,稽颁营制钂章,以巩陆防。副大臣贰之。参事掌法律章制。检察官掌察军队、学校、局厂。部副官掌传宣命令。承政掌出纳文移,旌别员司功过。军制掌编制徵调,凡军械制造,交通建筑,并审验法式。军衡掌班秩、阶品。军需掌粮饷廪饩,兼司军需人员教育。军医掌防疫、治疗,兼司军医升迁教育。军法掌审判、监狱,勾检军事条约。军实所掌,视旧武库司。军牧所掌,视旧太仆寺。军学掌学校教育,队伍操演。审计掌预算、决算,审覆支销。所辖:宪政筹备处,银库,捷报处,马馆,俱派员分治其事”(《清史稿 · 职官志六》)。

参考书目

张侠等编:《北洋陆军史料(1912—1916)》,天津人民出版社 1987 年版。

(倪晨辉)

录事参军

古代基层官职名。汉朝时郡设主簿官,为录事参军之滥觞。三国时改名为督邮主簿。“掌总录众曹文簿,举弹善恶”(《文献通考 · 职官十七》)。此后一直沿用。晋朝置录事参军,亦称录事参军事,为王府,公府及大将军府等机关的屠官,掌管各曹文书,纠查府事。其后刺史掌军开府者亦置。北朝后魏(386 ~ 557 年)至隋朝皆设录事参军,“后魏洎隋皆有录事参军”(《文献通考 · 职官十七》)。隋炀帝置郡,改录事参军为主簿,唐武德(618 ~ 626 年)年间复为录事参军,开元改名为司录参军。此时的司录参军负责“正违失,莅符印”。宋朝沿唐制,府一级名为司录参军,州一级名为录事参军,但并不是全部州都设有录事参军。“州有录事参军,然不尽置也,诸府为司录。诸州为录事。”宋朝的录事参军主要负责狱政管理工作,还负责纠察其他诸曹。“掌州院庶务，纠诸曹稽违”（《宋史·职官志七》）。“凡诸州狱，则录事参军与司法掾参断之”（《宋史·刑法志一》）。“司录参军一人，折户婚之讼，而通书六曹之案牍”（《宋史·职官志七》）。州院指一州的监狱及审判机构，诸曹则包括司户参军、司理参军、司法参军等，可见录事参军为诸曹之首。因为宋代录事参军必须参与司法事务，因此审刑判案也是其重要的职能。宋太祖乾德三年（965年），“始令诸州录参与司法掾同断狱”。《宋会要》一记载，州属官中：“录事、司理、司户参军，掌分典狱讼，司法参军掌检定法律。”南宋臣僚指出：诸州录参、司理并系狱官，“录参以治狱为职”。正是录事参军也是州级司法官，其选用时有时会以“明审端恕、善治狱”为标准。宋时的录事参军官秩为从八品，一般由选人充任，重要州邑则以京朝官充任。金时于各府镇置录事司录事一员，掌同警巡使。元以后不设。

参考书目

1. 张希清等：《宋朝典制》，吉林文史出版社1997年版。
2. 贾文龙：《卑职与高峰：宋朝州级属官司法职能研究》，人民出版社2014年版。

（倪晨辉）

律案检

西夏司法官名。西夏为加强司法监察，在具体的司法活动中，设置了律案检这一职务。律案检主要负责在官府查阅律令时，会同七名案头、司吏一同查阅；所有审判的刑事案件，经审问后，由官吏将应有罪情记录在案，并在案卷后留下空白，经主管官员确定罪名后，由律案检在法律中找出相应的条文，用红字写于空白处，作为量刑的依据。如果负责审问的官吏定罪有误或负责检索法律的官吏引用法律有误，以及有受贿、挟嫌报复等情形，导致判罪轻重出入的，需要承担相应的刑事责任。“诸司查律令者，二案头、五司吏等一共当设七人，另当设一律案检。所有判断公事时，问处案人当告案，应有罪情，罪纸其后留白纸空头，经大人处判断口，当载律案检中，当查律令、罪法，以红字写于空头白纸上，律案检、案头、司吏当为实状，相接继，当予局分处，经判断实行。倘若问公事，处案局分人核罪情及查律令有误时，受贿、相恶而增减者，当令与所增减比较，贿多则与枉法贪赃罪比较，从其重者判断。无意受贿，核检失误而致判断增罪，则减二等。已减罪，则减三等。尚未判断，则依次当再减一等。”

参考书目

陈永胜：《西夏法律制度研究》，民族出版社2006年版。

（倪晨辉）

律例馆

掌律例修订以及稽核刑部各司所办案件的机构。清顺治二年（1645年）置，由皇帝特简王大臣为总裁，以各部院通习法律者为提调、纂修等官。后各部则例归各部自行修纂。律例馆于乾隆七年（1742年）隶刑部。总裁无定员，以刑部尚书、侍郎兼充；提调官一人，纂修官四人，以刑部郎中、员外郎兼充；收掌官、翻译官各四人，誊录官六人，以刑部笔帖式充任。掌修法令律例，刊定条式，随时审定。主要职能有两方面：一是定期修订律例，每五年汇辑一次，谓之小修；每十年，增损删定，颁行全国，谓之大修。二是平时参与商议疑难案件的拟断。刑部为天下刑名总汇，律例馆又为各司之总汇（《说帖辨例新编》），刑部长官称，各省案件“其有情罪介在疑似,该司未经议驳者,即由臣等饬交律例馆司员覆加确复,分别准驳缮稿呈堂阅定”(《续增刑案汇览》卷十六《刑部事宜》)。律例馆提调等官员擢自刑部司官中例案娴熟者,各司覆核地方题奏的重刑案件拟断,有应驳审、驳回者及应更正者也“交馆查核”,馆中司官查找比对成案,酌量律例适用,以审查各司办稿,出具或准或驳意见即撰写说帖呈堂,协助刑部长官裁定准驳。光绪三十三年(1907 年)《大理院奏拟请专司核稿差使折》中称:“从前刑部核覆分隶各司,其情罪不符者则交律例馆议驳,事权分,故案无留牍,比例熟,即法无歧义,此亦部务归属之大端也。”据《东华续录(光绪朝)》,律例馆事繁任重,提调“皆选自各司中最精于法律者”,“刑部京察向以律例馆提调四人、秋审处坐办四人列入一等”。

（张田田　郑小悠　李　明）

律令师

汉司隶校尉及诸州刺史所属,主平法律。

（张田田）

马步院

五代及宋前期地方司法机构名。马步院前身为马步司,严耕望先生在《唐代府州上佐与录事参军》一文中根据《资治通鉴》僖宗乾符六年(1879 年)的记载指出:“河东节度府所属有马步司,置踰虞候,职涉刑狱,此殆五代马步院之萌芽。然此为使府之职。盖其后诸州亦置,遂夺州院法曹参军掌刑狱之权。”马步司本为五代时期各地藩镇所属的军事机构,由武将负责,主要负责逮捕和处决违犯军法以及反抗作乱的军人。但五代时期军人干预行政的现象严重,因此马步司通过参与处理与军人有关的一般民事刑狱,进而把一般民刑事案件以触犯军法为由参与审判,逐渐掌握了地方的司法权。后更名为马步院,为五代时期州一级的司法机构。马步院通常以牙校充任马步院都虞侯、判官,负责刑法狱讼事宜,“后晋天福二年,近日马步判司,多是差摄官充马步判官”(《册府元龟》)。马步院内还设有监狱,称为“马步狱”,主要作为军狱而存在,但也关押非军事人员。“时诸镇皆有马步司,置狱以鞫囚”(《资治通鉴》卷二七六)。

宋朝建立之初,沿用五代旧制,仍设马步院。开宝六年(973 年),宋太祖以武人任私无识,改诸州马步院为司寇院,不再以军人担任司寇参军,改由科举出身的士人任司寇参军,专治刑狱,据《续资治通鉴长编》载:“以新及第进士、《九经》《五经》及选人资序相当者为司寇参军。”太宗时又改司寇院为司理院,但当时仍习惯把司理院称为马步院。

参考书目

贾玉英:《唐宋时期州僚佐体制变迁初探》,载《中州学刊》2012 年第 6 期。

（倪晨辉）

满洲将军

清朝地方军事长官名。满洲将军是清朝设在地方的负责掌管驻防军队的军事长官,在没有设置将军的地方则由都统、副都统为最高军事长官。将军,最初为正一品,乾隆三十三年(1768 年)改为从一品;都统,从一品;专城副都统,正二品。将军及都统、副都统负责“镇守险要,绥和军民,均齐政刑,修举武备”(《清史稿 · 职官志四》)。各地的满人诉讼,由满洲将军或副都统负责审理，流刑以上案件须申报中央。清朝在各地设置的将军及都统、副都统如下：盛京驻防将军一人，副都统四人；吉林驻防将军一人，副都统七人；黑龙江驻防将军一人，副都统七人；江南驻防将军一人，副都统二人；福建驻防将军一人，副都统二人；湖北驻防将军一人，副都统二人；四川驻防将军一人，副都统一人；广东驻防将军一人，副都统二人；绥远城驻防将军一人，副都统一人；陕西驻防将军一人，副都统二人；甘肃驻防将军一人，副都统二人；新疆驻防伊犁将军一人，副都统二人；热河驻防都统一人；游牧察哈尔驻防都统一人，副都统一人；直隶驻防副都统二人；山东驻防副都统一人。

（倪晨辉）

媒氏

《周礼》所记掌管男女媒合婚姻事之官，属地官司徒。《周礼·地官·媒氏》载："媒氏掌万民之判，凡男女自成名以上，皆书年月日名焉，令男三十而娶，女二十而嫁。凡娶判妻入子者，皆书之。中春之月，令会男女，于是时也，奔者不禁。若无故而不用令者，罚之。司男女之无夫家者而会之，凡嫁人娶妻，入币纯帛，无过五两。禁迁葬者与嫁殇者。凡男女之阴讼，听之于胜过之社，其附于刑者，归之于士。"注："判，半也。得耦为合，主合其半成夫妇也。"媒氏登记男女姓名及出生年月，通行男子三十、女子二十必须嫁娶；每年仲春二月让成年男女举行婚礼；对违背礼法规定的要加以处罚，淫佚而构成犯罪者则移交法官"士"惩处。参见士条。

（张田田）

门下督

汉公卿以下至三百石县长并置的主侍卫、侦察之官，汉、魏、西晋时郡国守相的属吏。汉全称为"门下督盗贼"，简称"门下督""督盗""督盗贼"。魏、晋或称"门下督"，或称"帐下督"。出则带剑导从，居则徼循察禁，以备盗贼。魏晋制，骠骑以下及诸大将军、诸郡多置门下督一人。三国蜀诸葛亮为丞相，府中亦置门下督（《三国志·蜀书·马忠传》）。南北朝时唯北齐清都郡有此职。为将帅府属官。骠骑将军、车骑将军、卫将军等府均置门下督一人，第七品。下属有门下录事、门吏、门下书吏各一人。公卿以下至县三百石长导从置门下五吏：贼曹、督盗贼、功曹皆带剑三车从导，主簿、主记两车为从。多以豪侠有才武者充任。北魏北齐诸州及畿郡县亦置。隋以下无。

一说据汉简督盗贼不仅有"职主兵卫，防非常，故居则巡察，出则导从"的职能，还有调查解决民事纠纷的职能。

（张田田）

门下省

掌审查中枢决议的机构，魏晋至宋的中央最高政府机构之一。《旧唐书·职官志》载："秦汉初，置侍中，曾无台省之名。至晋，始置门下省。南北朝皆因之。龙朔改为东台，光宅改为鸾台，神龙复旧。"初名侍中寺，东汉时设，秩比二千石，属于少府，职掌为侍从皇帝左右、赞导众事、顾问应对，皇帝外出，则侍从参乘。晋称门下省。门下省原为皇帝的侍从机构，南北朝时权力逐渐扩大，北朝政出门下，成为中央政权机构的重心。隋唐时与中书省同掌机要，共议国政，并负责审查诏令,签署章奏,有封驳之权,与尚书省、中书省构成三省。设有:侍中二人,正二品。掌出纳帝命,相礼仪。凡国家之务,与中书令参总,而颛判省事。其长官称侍中,或称纳言、左相、黄门监,皆因时而异。领有散骑常侍、给事中、谏议大夫、拾遗、补阙等谏官,掌部从朝直,兼出使劳问。宋初门下省仅主朝仪等事。神宗元丰改官制,始恢复审查诏令的旧制。南宋初,中书、门下合并为一。辽金亦置门下省。元以后废。

(张田田)

盟长

清朝地方行政机构名,主要负责管理蒙古地区的各项事务,为札萨克的上级,同时负责审理不服札萨克判决的案件。清朝在蒙古地区实行盟旗制度,旗为基本行政组织,盟为旗的上级。各旗设札萨克一名,管理旗务。若干旗为一盟,设一盟长管理盟务,但盟长不能干预各旗内部事务。盟长在各旗会盟时由众人推举产生,一般由某旗的札萨克兼任,并由清政府任命。会盟时,盟长会同各旗札萨克按比丁壮,训练军队清理民刑,检查财务;战时则统率各旗兵丁出征。其下设有副盟长,以佐理盟务。蒙古的民事案件,如钱债、牲畜、水草牧地、户籍、婚姻等先由札萨克审理;札萨克不能决,则上报盟长共同审讯;若札萨克、盟长俱不能决,可将全案上交理藩院;或札萨克和盟长均判断不公,亦准当事人赴京师到理藩院呈诉。凡派驻有司官的地方,则由司官会札萨克共同审办。蒙古内属者之案,由司官审拟后,再听将军、都统、大臣复核。蒙古人与其他边民发生的案件,由札萨克、司官与地方州县官会审,再由将军、都统、大臣与总督、巡抚复核。一般来说,内蒙古的案件由热河都统、察哈尔都统、盛京将军等地方督抚复核;外蒙古的案件由乌里雅苏台将军复核。拟罪皆依法律。“凡蒙古之狱,各以札萨克听之。不决,则盟长听之。不决,则报于院。驻司官者,司官会札萨克而听之。蒙古内属者,将军、都统、大臣各率其属而听之”(《大清会典》)。史料记载:“喀尔喀四部落盟长处理各部落内事务,应调查各自牧地之境界、办理比丁等事务。盟内发生贼盗命案时所属扎萨克必须呈报该管理盟长审理,据实办理后报理藩院,待理藩院定夺。盟长等如有不能秉公处理牧地内事务,随意违犯禁令、惊扰苦累属民之事,或被人控告、或被驻喀尔喀大臣等上奏弹劾,经查证属实,必加重罚。另外,众扎萨克中或有苦累属民者。对此,令四部落盟长对所辖扎萨克等妥为管束,经常监督其有无扰累属民者。如有任意扰累属民者,盟长据实上报理藩院,由理藩院上奏,查实后严加处罚,以示惩戒”(《清高宗实录》卷一一一八)。

参考书目

徐实:《清朝对外蒙古管理体制研究》,中央民族大学2011年博士学位论文。

(倪晨辉)

明法

第一种情形指大理寺下设通晓法律的掾吏。明法掾主掌依法定刑。北齐置,为大理寺属官,备法律顾问,大理寺“正、监、评各一人,律博士四人,明法掾二十四人”。(《隋书·百官志中》)又有“明法”十人,一说其地位在明法掾之下。第二种情形指西汉的选官制度之一,明法即通晓法令。汉高祖下诏:“其有明法者,御史中执法,下郡守,必身劝勉,遣诣丞相府,署其行、义及年,有其人而不言者,免官。”令下之后,所在郡国纷纷荐举,郑崇之父郑宾以明律令被征召为御史,薛宣以明习文法而诏补御史中丞。第三种情形指唐、宋科举制度的科目之一。

(张田田)

墓大夫

《周礼》所记掌公墓官吏、解决墓地争讼之官,属春官宗伯。《周礼·春官·墓大夫》载:"墓大夫掌凡邦墓之地域。为之图,令国民族葬,而掌其禁令;正其位,掌其度数。使皆有私地域。凡争墓地者,听其狱讼。帅其属而巡墓厉,居其中之室以守之。"墓厉即墓地周围界域的标志。古代万民墓地同处,称为邦墓。与冢人所掌的公墓不同,公墓为王、诸、侯、卿、大夫的墓地。

(张田田)

南北镇抚司

明朝特务机构锦衣卫的下属机构。锦衣卫成立之初仅有一个镇抚司,负责锦衣卫各项事务,"镇抚司职理狱讼,初止立一司,与外卫等"(《明史·刑法志三》)。后于明太祖洪武十五年(1382年)增设一个镇抚司,于是原来的称为南镇抚司,新设的称为北镇抚司。"成祖时复置。寻增北镇抚司,专治诏狱"(《明史·职官志五》)。南北镇抚司各设镇抚一员,分管理刑、军匠。下设直厅百户一员、当该吏典十名、办事吏二十名、总旗一名、校尉三十名。看监百户五员、总旗五名、校尉一百名、皂隶三十名、直堂把门皂隶十一名(《明会典》卷二二八)。

南镇抚司主要负责军匠及皇宫守卫、出巡仪仗等工作,北镇抚司主要负责刑狱事宜。"洪武十五年添设北司,而以军匠诸职掌属之南镇抚司,于是北司专理诏狱。然大狱经讯,即送法司拟罪,未尝具狱词。成化元年始令复奏用参语,法司益掣肘。十四年增铸北司印信,一切刑狱毋关白本卫。即卫所行下者,亦径自上请可否,卫使毋得与闻。故镇抚职卑而其权日重"(《明史·刑法志三》)。北镇抚司所谓的"专理诏狱",所辖案件并不限于"察不轨妖言,人命强盗重事",也涉及其他词讼和州县案件,并专达皇帝。锦衣卫北镇抚司权力极大,史称:"朝廷专任一镇抚,法司可以空曹,刑官为冗员矣"(《明史·刑法志三》)。北镇抚司审理的案件,即使是锦衣卫也不得干预,"成化间,刻印畀之,狱成得专达,不关白锦衣,锦衣官亦不得干预"(《明史·职官志五》)。

北镇抚司断狱时也要遵循一定的程序:"凡问刑。悉照旧例、径自奏请、不经本卫。或本卫有事送问、问毕、仍自具奏、俱不呈堂凡鞫问奸恶重情、得实。具奏请旨发落。内外官员有犯送问、亦如之"(《明会典》卷二二八)。北镇抚司在明代具有很大的司法权,有时其权势甚至凌驾于东厂之上。"而外廷有扞格者,卫则东西两司房访缉之,北司拷问之,锻炼周内,始送法司。即东厂所获,亦必移镇抚再鞫,而后刑部得拟其罪"(《明史·刑法志三》)。尤其在正德、嘉靖年间,镇抚司权势大张。正德时"刘瑾、钱宁用事,专任镇抚司,文致冤狱,法纪大坏";嘉靖时这种状况也未能改观。

参考书目

1. 张晋藩主编:《中国司法制度史》,人民法院出版社2004年版。
2. 徐连达:《明代锦衣卫权势的演变及其特点》,载《复旦学报(社会科学版)》1992年第6期。

(倪晨辉)

南京刑部

明朝地方司法机构名。明朝建立初，定都南京，仿唐制设置六部，其中刑部主管司法，"（刑部）总领天下刑名之政，在外词讼自府州县上于行省以达于京"。明成祖继位后，迁都北京，永乐十六年（1418年）官属皆北迁至北京，南京六部仅留礼、刑、工三部，各设一侍郎为长官。仁宗即位，仍改南京为京师，南京各部去"南京"字，并补置吏、户、兵三部。正统六年（1441年）后再复永乐迁都之制，始定为南京六部。南京刑部在洪武年间负责全国的刑名事宜，而永乐十八年（1420年）之后，迁都北京，规定"四方刑名俱归于北京刑部"，南京刑部实际并不负责任何事务。宣德三年（1428年）令南京刑部"止理京城词讼"（庞嵩《南京刑部志》卷二）。弘治元年（1488年）奏准附近常熟、镇江等府县，滁州等处卫所词讼，亦令本部受理。自此，在两京制度形成和演变的过程中，南京刑部从掌全国刑名到仅仅负责南京诸司、南京、南直隶各卫所及公、侯、伯刑名之事，权力大大缩小。南京刑部还负责审录重囚，永乐年间需连同人卷类解至北京该部审奏裁决。宣德以后不需押送至北京，只需送往南京大理寺审查即可。如果是判处斩、绞立决的，由本部即行覆奏。秋后处决者，监候秋分后覆奏。具体而言："本部照天顺二年事例，每岁霜降后，但有该决重囚，会南京五府、六部、都察院、通政司、大理寺、锦衣卫堂上官，并六科於太平门外法司公馆审录。其情真矜疑等项俱奏请裁决"（《大明会典》卷一百八十）。对于执行死刑来说，如处决重囚不及十人，则具本回奏即可。如处决人数为十人以上则需由南京刑部与御史、锦衣卫共同监决，并在处决后赴京复命。

参考书目

张英聘：《明代南京行政功能初探》，载《明史研究》第七辑。

（倪晨辉）

内阁

明清时期中央机构名。明朝建立之初，仿照元朝旧制，在中央设立中书省，以左右丞相领之，中书省"总揽政事"，主管全国行政事务，直接领导六部，指挥地方行政机关，皇帝诏令要经中书省下达。后因胡惟庸案，明太祖朱元璋于洪武十三年（1380年）废除了中书省，取消了宰相制度，以六部直属于皇帝。但全国大小事务繁多，如果均由皇帝亲自决断，势必不能考虑周全、事事尽善，于是在洪武十五年（1382年），明太祖仿照宋制，设立华盖殿、武英殿、文渊阁、东阁大学士，作为皇帝的顾问，掌献替可否，奉陈规诲，点检题奏，票拟批答等事。此时的大学士权力较小，品阶甚低，内阁大学士也不过五品，而六部尚书为正二品。大学士没有属官，无管辖六部、参署诏令、独立处理政务之权，只起皇帝的秘书、参谋和幕僚的作用，一切问题的决定和批答奏章，皆由皇帝亲理。明成祖即位后，特迁解缙、胡广、杨荣等人为文渊阁大学士，赋予他们参与机务的权力，"阁臣之预务自此始"（《明史·职官志一》）。因为这些人在宫内殿阁办公，故叫"殿阁大学士"；又因为殿阁地处内廷之中，故又称"内阁大学士"，正式称为"内阁"。但此时，内阁诸臣品级不高，为编修、检讨、讲读等官，不置官属，不得专制诸司。仁宗以后，内阁大学士地位愈发尊崇，入阁者多为尚书、侍郎，或兼任六部尚书，凌驾于六部之上，成为皇帝的最高幕僚兼决策机关，事实上内阁成了实际上的宰相。宣宗（1426～1435年）时期，以六部尚书甚至以少师、少保身份入阁兼内阁大学士，阁权渐趋显重。英宗（1436～1445年）初年，大学士多为四五朝元老，官位既高，加之皇帝幼小，内阁大学士权势更重，"六部承奉旨意，靡所不领”。世宗嘉靖以后,内阁长官的“朝位班次,俱列六部之上”,“遂赫然为真宰相”(《明史·职官志一》),但内阁大学士只能称“辅臣”。明中叶以后,有“首辅”“次辅”“群辅”的区别。内阁首辅威权益崇,虽无宰相之名,却有宰相之权。不过,内阁大学士不仅在名义上,而且在实质上,都与以前的宰相有所不同。在明朝官僚机构的体制上,内阁不是最高政务机关,六部不是它的下属机构。内阁仅有处理政务的票拟权,即建议权,而是否依此执行则需皇帝的同意,即批红权。明朝皇帝为了对抗内阁的相权,也为了摆脱政务的束缚,进行享乐,把批红权授予亲信太监代其行使。对于内阁与宦官之间的纷争,进行裁断,平衡两者之间的力量,但实际上由于皇帝久居深宫,容易受到宦官的蒙蔽,在大臣与宦官的冲突中往往偏帮宦官,导致了宦官专政,颠倒是非黑白的情况在明朝时有发生。

清沿明制,清朝的内阁起源于天聪十年(1636 年)的内三院(内国史院、秘书院、弘文院)。顺治十五年(1659 年)仿明制,改内三院为内阁,由内阁大学士领之,大学士兼殿阁衔,共分四殿二阁:中和殿、保和殿、文华殿、武英殿、文渊阁、东阁。其下有学士、侍读学士、侍读、典籍、中书、中书舍人等官。内置典籍厅、办本五房、诰敕房、稽查房、收发红本处、批本处(又称红本房)等。兼辖中书科、稽查钦奉上谕事件处及修书各馆。乾隆十三年(1748 年),去中和殿,增体仁阁,遂成三殿二阁之制。但当时实权掌握在满族贵族手中,参与重要政务的人多由皇帝指定委任。雍正七年(1729 年),设立军机处,把内阁的行政事务处理权交由军机处负责,内阁成为传达谕旨、公布文告的机关,但名义上依旧为清代最高级的官署。“雍正以后,承旨寄信有军机处,内阁宰辅,名存而已”(《清史稿》卷一百七十四)。宣统三年(1911 年),内阁和军机处合并为责任内阁,由内阁总揽政权,对国会负责,为全国最高政务机关。北洋军阀统治时期改称国务院,但习惯上仍称为内阁。

明清时期内阁在法律上并无直接的司法权限,但实际上,作为中央最高行政机构,不可避免地会对司法事务进行某种程度上的干预。明代三法司直接向皇帝负责,与内阁首辅并无统属关系,因此首辅不能直接干预司法。但是,皇帝不可能亲自过问所有案件,因此有时不得不让内阁首辅代替皇帝行使最高司法权。内阁首辅具有票拟权,他通过对三法司题本的票拟可以对案件施加一定的影响。通常三法司题本必须经过内阁的票拟才能送达皇帝批红,因此从制度上来看,如果皇帝的批红认可了内阁首辅的票拟,那么内阁首辅就能代行皇帝的最高司法权。除此之外,内阁首辅还可以奉命拟旨处分有罪的官吏。嘉靖八年(1529 年)二月,武定侯郭勋有罪,世宗“谕辅臣杨一清拟旨处分”,杨一清因为阁中有郭勋的私交,怕内情泄露后遭致报复,因此不敢拟票,世宗训斥道:“卿等辅导重臣,当以公非,为朕拟判……岂可推曰‘难以拟票’”(《明世宗宝训》卷八)。“为朕拟判”一语点出了首辅票拟如何处分官员的实质,充分说明首辅的司法权属于皇帝司法权的一部分。此外,首辅在重大司法案件上充当皇帝的顾问,因此还可以通过向皇帝提建议干预司法。

参考书目

1. 张晋藩主编:《中国司法制度史》,人民法院出版社 2004 年版。
2. 怀效锋:《明代首辅与司法(上)》,载《中国法学》1987 年第 6 期。
3. 怀效锋:《明代首辅与司法(下)》,载《中国法学》1988 年第 1 期。

(俞建平　倪晨辉)

内宫狱

主要囚禁皇室亲属中的有罪者的特别监狱,设于宫廷内,《史记·始皇本纪》载:“公子将闾昆弟三人囚于内宫,议其罪独后。”汉代属宗正,一说汉代属中都官狱诏狱系统。参见中都官狱条。

(张田田)

内监

清朝监狱名。清朝把监狱分为内、外两监,其中内监关押强盗或被处以死刑的罪犯,“各监有内监以禁死囚,有外监以禁徒、流以下,妇人别置一室,曰女监”(《清史稿·刑法志三》)。“凡监狱均有内监、外监、女监之分。内监则强盗及斩、绞重犯居之;外监则军流以下轻罪居之;女监则妇人犯奸及实犯死罪者居之”(《大清会典》卷五十六)。“各处监狱,俱分建内外两处。强盗并斩绞重犯,俱禁内监;军流以下,俱禁外监”(《大清会典·刑部·刑律捕亡》)。内监看守极为严密,外墙周围堆满荆棘突刺,内监与外监还用墙隔开,“外垣周堆棘刺,内外监皆隔以墙垣”。

参考书目

张晋藩主编:《中国司法制度史》,人民法院出版社2004年版。

(倪晨辉)

内侍省

专掌宫廷内部事务的宦官机构。北齐置中侍中省,隋初改为内侍省,全由宦者充任。隋炀帝时改内侍省为长秋监,置令、少令等员,并用士人,所属宦官员额减少。唐初复为内侍省。

(张田田)

内台

元朝御史台的别称。元朝建立时,在中央未设实施监察职能的御史台。但由于“今任职者多非其才”,致使“政事废弛”,并可能导致“大厦将倾,非良工不能扶”的情况出现。于是有大臣提出:“古有御史台,为天子耳目,凡政事得失,民间疾苦,皆得言;百官奸邪贪秽者,则纠弹之。如此,则纪纲举,天下治矣。”“宜仿前代,置御史台以肃官常”。于是,元世祖忽必烈在至元五年(1268年)七月下令,在中央建立了御史台,“以正宏纲”。之后,由于形势的需要,元世祖又在江南、陕西等地设置了行御史台,以便就近监察当地的各项事务,提高元朝对这些地方的统治力。为了区别中央的御史台与地方的行御史台,便把中央的御史台称为“内台”,地方上的行御史台称为“行台”。“江南诸边行御史台,设官品秩同内台,监临东南诸省,统制各迈宪司,而总诸内台”(《元史·百官志二》)。

元朝内台设御史大夫二员,从一品;御史中丞二员,正二品;掌纠察百官善恶、政治得失,“弹劾中书省、枢密院、制国用使司等内外百官奸邪非违,肃清风俗,刷磨诸司案牍,并监察祭祀及出使之事”(《元典章》卷五《内台·设立宪台格例》)。此外还有侍御史、治书侍御史各两人。殿中司设殿中侍御史两人,察院设监察御史三十二人。元代御史台大体上沿袭唐宋之制,但也有不同:唐宋时期的御史台下设台殿察三院,为一台三院制;而元代的御史台不设台院,保留察院,把台院的职权并入察院,实行一台两院制,把殿院降格为殿中司,设殿中司和察院两级。

最初内台只负责监察中书省、枢密院、制国用使司的“奏享公事”的情况。但枢密院以“天下军马总数目”是绝密的,只有皇帝、枢密院“为头儿的蒙古官人知道”,“外处行省里头军马数目,为头的蒙古省官每知道”为理由拒绝刷卷,逃避监察。大德二年(1298 年),因有人告发贪污,朝廷决定:“里头院里、外头行省里军马总数目,这边关军情机密勾当,不交刷卷外,委付大小军官,选各宗文卷,并勾补逃亡事故军文卷,都要照刷。”于是最终内台可以监察中央全部机构的事务。除此之外,内台还负责管辖河南、辽阳、岭北三行省的监察工作及山东、山西、河北、河南、淮东、淮西、山南、辽东八道的肃政廉访司。

参考书目

周继中:《论元朝监察制度的特点》,载《中国人民大学学报》1987 年第 3 期。

(倪晨辉)

内务府

全称为“总管内务府衙门”,清代特设专掌皇室事务的机构。凡皇宫庆典、仓储、财务、工程、畜牧、警卫、刑狱等事,皆由内务府负责。

内务府最高长官是总管内务府大臣,正二品,无定员。总管内务府大臣直属于皇帝,而出任此职务者多为皇帝亲自任命的亲信,抑或是八旗贵族与宗室。据《清史稿·职官志》记载:“内务府总管大臣,无员限。其属:堂郎中、主事各一人,正五品。笔帖式三十有六人。”但据《乾隆会典》卷八十七和《光绪会典》卷八十九的记载,其属人数则应为堂郎中一人,主事二人。内务府所辖机构有七司三院,府内七司为广储司、都虞司、掌礼司、会计司、营造司、庆丰司、慎刑司;府外三院为上驷院、奉宸院、武备院。七司三院之外,还辖有江宁、苏州、杭州三织造处、织染局、御茶膳房、御药房、养心殿造办处、敬事房等。内务府诸员的职责为:“总管大臣掌内府政令,供御诸职,靡所不综。”“堂郎中、主事掌文职铨选,章奏文移。广储掌六库出纳,织造、织染局隶之。会计掌本府出纳,凡果园地亩、户口徭役,岁终会核以闻。掌礼掌本府祭祀与其礼仪乐舞,兼稽太监品级,果园赋税。都虞掌武职铨选,稽聂俸镶恩恤,珠轩岁纳,佃渔岁输,并定其额以供。慎刑掌本府刑名,依律拟罪,重谳移三法司会讯题结;番役处隶之。营造掌本府缮修,庀材饬工,帅六库三作以供令。庆丰掌牛羊群牧,嘉荐牺牲。钱粮衙门掌三旗庄赋,治其赏罚与其优恤。内管领处掌承应中宫差务,并稽官三仓物用、恩丰仓饩米。官房租库掌收房税。养心殿造办处掌制造器用。中正殿各司员掌喇嘛唪经。武英殿修书处掌监刊书籍。雍和、宁寿两宫司员掌陈设汜埽,兼稽宫监勤惰。御书处掌镌摹御书。御茶膳房掌供饮食。御药房掌合丸散。牺牲所掌牧养黝牛。总理工程处掌行营工作。凡遇工程,简勘估大臣、承修大臣,事毕简查验大臣。”

内务府本府及所属机构超过 50 个,职官 3000 余员,堪称清中央政府规模最大的机关。其所掌管的皇帝“内库”,财力的富厚,乾隆中期以后,户部银库不敷支出时竟从广储司银库调拨。

内务府的组织渊源于满族社会的“包衣”制度,其主要人员分别由满洲八旗中的上三旗(镶黄、正黄、正白旗)所属包衣组成。最高长官为总管内务府大臣,初为三品衙门,雍正十三年(1735 年)升为正二品,由皇帝从满洲王公、内大臣、尚书、侍郎中特简,或从满洲侍卫、本府郎中、三院卿中升补。凡皇帝家的衣、食、住、行等各种事务,都由内务府承办。可见,内务府是清朝皇宫的总管家、皇帝日常生活事务的管理者,是自成体系的独立于外朝政府组织的机构。内务府由清代首创,是对历代皇帝家务管理制度的改革。在中国历史上,皇帝家务归宦官掌管,因此宦官往往能得到皇帝的重用,从而可以执掌大权,因此就出现了宦官专权之祸。而清代设立的内务府,则有大臣统领,革除了明代宦官二十四衙门,把宦官权力都归入内务府,让宦官从事洒扫之役。这就排除了宦官干政,杜绝宦官专权。在清代,虽也有受到宠幸的宦官,但从未有太监因此得以侵权乱政,就是得益于这一制度。

1911 年辛亥革命后,根据中华民国政府与清皇室议定的“优待条件”,废帝溥仪仍居宫内,为皇帝服务的内务府也得以保留,直至 1924 年溥仪被驱逐出宫才被废除。

(倪晨辉)

内务府慎刑司

清朝司法机构名。内务府慎刑司为内务府所属的七司之一,最初为内十三衙门之一的尚方司,顺治十二年(1655 年)改名为尚方院,顺治十八年(1661 年)裁撤内十三衙门时改组为内刑部,康熙十六年(1677 年)改为慎刑司,并沿用至清末。内务府慎刑司设有郎中二人,员外郎四人,主事、委属主事各一人,笔帖式二十人,书吏三人。内务府慎刑司主要负责审理内务府所属的上三旗旗人徒罪以下的案件,还负责审理宫廷案件,主要为太监犯罪案件。此外,内务府慎刑司还可以审理一些僧道案件。内务府慎刑司负责的上三旗徒以下案件,徒以上案件交由刑部审理。步军统领衙门、五城察院等机构拿获有关内务府旗人的案件,如果是斗殴之类的案件,经初步预审,如系轻罪,交由内务府慎刑司审结;如罪至徒者,则送刑部审理,同时报告内务府。“掌谳三旗之狱”,“佐领、管领下人,获罪及互控,并各部院衙门咨送审议者,罪在杖一百以下即议结;至徒以上移送刑部定案。其军、流、徒罪折枷及本应枷之犯,皆送刑部枷示,满日仍由部责放;应刺字者同。凡应杖责、鞭责者,司设鞭隶六人以掌刑;如审理重案有应夹讯者,移咨刑部取刑具并用刑人役;有应检验尸伤者,亦移咨刑部,委官率仵作、稳婆会同检验。旗民交涉者亦如之”(《光绪大清会典》卷九五)。内务府慎刑司下设管辖番役处,以内务府人员兼充司员,设番役四十人,正副头目各四人,担任缉捕内务府三旗案犯及逃亡太监诸事。

参考书目

胡祥雨:《清前期京师初级审判制度之变更》,载《历史档案》2007 年第 2 期。

(倪晨辉)

内务府御史处

又称“稽查内务府御史衙门”,清朝监察机构名。雍正二年(1724 年),于内务府置御史四人,稽查内务府相关事务及混入紫禁城的闲杂人等,雍正十三年(1735 年)裁撤。乾隆三年(1738 年)复设,置御史二人,由史台委派协理陕西道及贵州道满族御史二人兼管。乾隆五年(1740 年)增置宗室御史二人,御史数量达到四人,乾隆十四年(1749 年)又改为二人。光绪三十二年(1906 年)机构改革,废除内务府御史处,从此不再设。“雍正二年,置内务府御史四人。十三年省。乾隆三年复置二人,本院御史内奏派。光绪三十二年停。五年,增置宗室御史二人。满缺改。乾隆十四年复改二人,通旧为四人”(《清史稿·职官志二》)。内务府御史处掌稽查内务府事务,如稽查府中所属各司、院每年所用钱粮数目,并依所造黄册注销核对。对内务府广储司六库，则随时稽查，定期注销。除此之外，内务府御史处还需稽查紫禁城门禁情况，以防闲杂之人于各处客留和混行出入。

参考书目

1. 张晋藩主编：《中国司法制度史》，人民法院出版社 2004 年版。
2. 焦利：《清代监察法研究》，中国政法大学 2006 年博士学位论文。

（倪晨辉）

牛录额真

又称“牛录厄真”，清朝基层官职名。牛录，汉语是大箭，额真是主，意为箭主。“初，太祖辛丑年，始编三百人为一牛录，置一额真。先是出兵校猎，人取一矢，一长领之，称牛录，至是遂以名官”（《清史稿·职官志四》）。明朝万历二十九年（1601 年），努尔哈赤设置牛录为基本的户口和军事编制单位，一牛录三百人，首领即为牛录额真，“每旗三百人为一牛录，以牛录额真领之”（《清史稿·兵志一》）。“天命元年编制满洲牛录。八年增编蒙古牛录。天聪四年，汉军牛录成。先分四旗，寻增为八旗。乙卯年，定五牛录置一扎兰额真，五扎兰置一固山额真，左、右梅勒额真佐之”（《清史稿·职官志四》）。明朝崇祯七年（1634 年），即清天聪八年，改牛录额真为牛录章京，“管牛录曰牛录章京”，雍正元年（1723 年）又改称佐领，“牛录章京称佐领”（《清史稿·职官志四》）。

在清军入关之前，牛录额真是后金的基本行政单位，牛录额真俱是朝廷命官。牛录下人的农业生产、日常琐事纠纷，俱由牛录额真审理，司法、行政、军事各方面事无巨细，均由其掌管，其职责与知县无异。在司法上，牛录额真主要负责轻微的刑民案件：“天聪五年（1631 年），七月癸巳，上谕曰：各牛录额真所属，凡以粮食贷人者，止许取利一年，虽年久，亦不得于利上加利。如犬啮牲畜致死者，以肉归畜犬之家，令其赔偿。若二人斗殴，不直者依例责惩，毁衣服者，令偿之。……以上诸项，俱令各该牛录额真，即行审结；事有大于此者，送部审理”（《清太宗实录》卷九）。当牛录改为佐领后，佐领仍负有审理田土纠纷的职责，旗人的田土纠纷必须先经佐领裁判后，不服的才能向户部或步军统领衙门上诉，“八旗人等如有应告地亩，在该旗佐领处呈递，如该佐领不为查办，许其赴部及步军统领衙门呈递”（《大清律例·刑律·诉讼之一》）。

参考书目

1. 王景泽：《论早期满洲牛录》，载《东北师大学报（哲学社会科学版）》1998 年第 2 期。
2. 王彬：《八旗的基层组织——牛录》，载《中央民族学院学报》1991 年第 3 期。
3. 周远廉：《清代前期的八旗制度》，载《社会科学辑刊》1981 年第 6 期。

（倪晨辉）

排岸司

宋朝漕运管理机构名。北宋在开封府分京东、京西，京南、京北四司，掌纲船分仓交卸、交付雇直等事，称为四排岸司。东司“掌汴河，东运江淮等路纲船输纳，及粮运至京师，分定诸仓交卸”；西司“领汴河上锁”；南司“领惠民河、蔡河”；北司“领广济河”，皆配有役卒一千至一千五百人负责纲粮运输。后来因广济河漕运衰落，事务减少，熙宁四年（1071 年）京北排岸司与京西排岸司合并，“将京北排岸司权令京西排岸司就便兼行管勾”（《宋会要辑稿》职官二六之七)。最初排岸司隶属于三司,后于宋神宗元丰改制后隶属于司农寺。南宋时于建康府、临安府复置。

排岸司主要掌管各地送往京师的漕运,并负责审理与漕运有关的杖以下案件,“杖罪以下公事,则日有推鞫禁系”(《宋会要辑稿》职官二六之七)。“狱咸决于主帅,不经属官”。北宋时期四排岸司依法设有监狱,关押欠纲不纳者,宋真宗咸平五年(1002 年)曾诏:“四排岸司系囚无亲属者,量给薪米,仍速裁断。”但南宋时复置的排岸司并无设置监狱的权力,亦不具有判决权限,已不具备北宋四排岸司原有的司法职能。例如宁宗开禧三年(1207 年)七月四日,大臣上书道:“狱者,人命所系,不可以私置也。今农寺之排岸司亦有狱焉,大率皆诸州县之欠纲运而不纳者,亦有所欠甚微而禁至数月者。且州县之狱,饮食、季点、虑囚、濯荡、医药各有其法,今排岸司无狱之规法,而有狱之桎梏。况寻丈之地而聚百人之众,春夏之交,人气薰蒸,必有死于非命者矣。乞严禁不得擅置私狱。凡有纲欠至多,将合干人照条施行,仍下元州县补发;其少欠者,与责保立限监纳;如更抵顽,则寄禁于赤县,照条惩戒。或更擅置私狱,仰司农寺常切觉察以闻,将排岸官吏重置典宪”(《宋会要辑稿》职官二六之七)。因此《文献通考》《宋史·刑法志》中记载拥有司法权限的机构中只称“四排岸”而非“排岸司”,盖因专指北宋排岸司,至于南宋行在排岸司,是不应包括在内的。

参考书目

王云海主编:《宋代司法制度》,河南大学出版社 1992 年版。

(倪晨辉)

平政院

北洋政府时期中央司法机构名,主要负责受理行政诉讼和审理官吏违法行为。1914 年 3 月 31 日,北洋政府颁布《平政院编制令》,平政院正式成立。同年 4 月 10 日公布《纠弹条例》,5 月 17 日公布《行政诉讼条例》《诉愿条例》,后于 7 月 20 日将上述三项改为《纠弹法》《行政诉讼法》《诉愿法》。6 月 8 日公布《平政院裁决执行条例》,自此,行政诉讼的相关法律已大体完备。平政院最初隶属于大总统,1924 年改为隶属临时执政,1927 年又改为隶属大元帅。平政院是北洋政府时期审理行政诉讼的最高审判机构。

平政院设院长一人,评事十五人。院长负责指挥、监督全院事务,院长有事故时,由该院官等最高之平政院评事代理之,官等同者,以任官在前者代理之;评事由平政院院长、各部总长、大理院院长和咨询机关等密荐年满 30 岁、具有下列两项资格之一的,呈请大总统选择任命:一为任荐任官以上行政职三年以上卓有成绩的。二为任司法职两年以上卓有成绩的。评事或肃政史在职期间,不得加入任何政治组织,不得担任议员、律师,也不得作为商业执事人。平政院内设三个庭,各由评事五人组成,其中一人为庭长。每庭必须有司法职出身一人或二人,评事分往何庭,由院长决定,但须呈报大总统。分庭后,非因不得已之事由,一年内各庭不得更调。每庭以平政院评事一人为庭长,由平政院院长开列平政院评事呈请大总统任命之。庭长因故不能担任时,以该庭官等最高之平政院评事代理之,官等同者,以任命在前者代理之。平政院下设总会议、书记处、惩戒委员会及肃政厅等。总会议是平政院讨论院部事务的机构,成员为平政院院长及评事。除法令有特别规定者外,由院长决定应经总会议议决的事项。会议时,以院长为议长,非有评事全体三分之二以上出席,不得开议,非有出席评事过半数之同意,不得议决,可否同数,由议长决定。书记处掌记录、文牍、会计、庶务等事务;惩戒委员会负责评事的惩戒处分;肃政厅置都肃政史一人、肃政史十六人,负责纠弹违法的行政官吏。

平政院的职权,可分二部分,一为行政诉讼,一为纠弹。行政诉讼由平政院内三个行政庭负责,纠弹由平政院内独立的肃政厅负责。平政院主要对下列各项行使行政诉讼审理权:一为中央或地方最高级行政官署的违法处分,致损害人民权利经人民陈诉的。二为中央或地方行政官署的违法处分,致损害人民权利,经人民依诉讼的规定诉愿至最高行政官署,不服从决定而陈诉的。三为肃政史职权,人民依上举第一项的规定得提起诉讼,经过陈诉限期而未陈诉者;人民依诉愿期而不诉愿者,均得在陈诉期限过后 60 日内提起诉讼,对于中央或地方行政官署违法之命令或处分,则得在 60 日之内提起诉讼。肃政厅主要是执行对官吏的纠弹,肃政厅按《平政院编制令》规定,它既是平政院的下属机关,又在平政院外,独立行使职务,具有检察官性质。肃政史对于国务卿、各部总长有违法的行为或对于官吏有违宪违法、行贿、受贿、滥用威权、漠视民瘼等行为,均得进行纠弹。对于人民的陈诉,得依法令向平政院提出行政诉讼,并监视平政院的裁决的执行。

由于平政院专理行政诉讼事宜,因此法律还对其作出了特别保护,例如法律规定:“评事及肃政史非受刑法之宣告及惩戒之处分,不得强令退职、转职及减俸。但有精神病或其他不治之障碍不能执行职务者,得平政院院长呈请总统令其退职。平政院评事及肃政史之惩戒处分,由平政院惩戒委员会行使之。惩戒委员会置会长 1 人,委员 8 人,遇有惩戒事件时,由统选任平政院院长或大理院院长为会长。委员由大总统于平政院评事、肃政厅肃政史、大理院推事、总检察厅检察官中选任之。被选任之惩戒委员会委员,与惩戒事件有关系时,应声明回避。”

平政院及肃政厅虽分别独立行使职权,但实际上都属闲曹,无须也无法实行弹劾和审理,甚至要求赔偿损害的行政诉讼,平政院也无权受理。1932 年国民党政府将平政院改为行政法院,将肃政厅改为公务员惩戒委员会,均隶司法院。

参考书目

1. 钱端升等:《民国政制史》,上海人民出版社 2011 年版。
2. 徐矛:《中华民国政治制度史》,上海人民出版社 1992 年版。
3. 张皓:《中国现代政治制度史》,北京师范大学出版社 2010 年版。

(蒲　坚　倪晨辉)

清吏司

明清时期中央司法机构名。清吏司为明清时期下设在刑部的专门负责核查各省刑狱的司法机构。清吏司还兼管刑部内部的各项司法行政事务与其他事务。明朝洪武二十九年(1396 年),刑部清吏司共分为河南、北平、山东、山西、陕西、浙江、江西、湖广、广东、广西、四川、福建十二清吏司,浙江清吏司兼领云南地区刑名事。永乐元年(1403 年)改北平清吏司为北京清吏司。永乐十八年(1420 年),革北京清吏司,增置云南、贵州、交趾清吏司。宣德十年(1435 年),革交趾清吏司,遂定为十三清吏司。十三清吏司各掌其分省及兼领所分京府,直隶之刑名。四方有大狱,则受命往鞫之。四方决囚,遣司官二人前往监决。

清朝取代明朝后,在刑部设立十四清吏司,康熙三十八年(1699 年)定为十六清吏司:直隶、奉天、江苏、安徽、江西、福建、浙江、湖广、山东、山西、陕西、四川、广东、广西、云南、贵州。吉林、黑龙江有关刑名事归于奉天清吏司,甘肃、新疆有关刑名事归于陕西清吏司。雍正元年(1723 年),

添置现审左右二司,审理八旗命盗及各衙门钦发事件,后复改并,定为十七清吏司。凡各省刑名咨揭到部,各司具稿呈堂。京曹各署关涉文件,亦分隶于十七司。现审则轮流签分。

各清吏司除负责各自省份的有关刑名事,十七清吏司还兼有其他职责。

参见刑部条。

(倪晨辉)

请室

汉代羁押或软禁有罪官吏听候审判的临时囚室,非正式监狱,属光禄勋。"右属光禄勋……有请室令,车驾出,在前请所幸,徼车迎白,示重慎"(《后汉书·百官志》)。汉人以此为古制。《汉书·贾谊传》载:"故贵大臣定有其罪矣,犹未斥然正以呼之也,尚迁就而为之讳也。故其在大谴大何之域者,闻谴何则白冠氂缨,盘水加剑,造请室而请罪耳,上不执缚系引而行也。"应劭注:"请室,请罪之室。"苏林注:"音系清,胡公《汉官》车驾出有请室令在前先驱,此官有别狱也。"一说"请室"原是周代贵族大臣犯法后入宫向君主请罪待罚的场所。东汉撤销了"请室令",但以郎兼,事讫罢。通常情况下是将已经犯罪但是尚未予以判决的朝廷官员拘押于此,并命其在请室中对自己的罪行进行忏悔和反省,同时等待司法部门的审讯。一说汉代请室在皇宫之内正殿东西两侧的厢房,悬有铜钟之类的乐器,以故又被称为"钟室"或"钟下",并非正式监狱,属于临时拘禁的囚室,西汉长乐宫的"钟室"可能就是囚禁犯罪大臣的"请室",惠帝以后移到未央宫内,至东汉时更名为"钟下"。

(张田田)

求盗

秦汉掌逐捕盗贼的基层吏卒。《史记·高祖本纪》载刘邦为泗水亭长。《集解》引应劭曰:"旧时亭有两卒。其一为亭父,掌开闭扫除;一为求盗,掌逐捕盗贼。"同纪《索隐》引应劭曰:"旧亭卒名弩父,陈楚谓之亭父,或云亭部;淮泗谓之求盗。"参见亭长条。

(张田田)

秋官府

北周按《周礼》所记(天地春夏秋冬)划分而成的六官中央政府部门之一,下设主管监察、司法、刑律的机构。秋官府以大司寇卿为长,小司寇上大夫二人为副,下设刑部掌刑法,布宪掌治安,司隶掌捕盗执囚,蕃部掌诸侯朝觐,宾部掌宾客接待等,还有司要、司调、田正等,所掌不详,各署亦设中大夫、下大夫主之。

参见大司寇条、布宪条。

(张田田)

秋审处

全称为"总办秋审处",清朝中央临时司法机构名。清朝为了防止冤假错案、贯彻哀矜仁恕的慎刑理念,实行秋审制度。按清律规定,凡严重犯罪,应立即处决者称为"斩立决"或"绞立决",如危害性较小或有可疑者,可暂判"斩监候"或"绞监候",缓期处决,延至秋天由刑部三法司或九卿会审复核。每年八月，由九卿、詹事、科道一同核查各省上报的死刑案件，谓之秋审。秋审前的准备工作是由秋审处负责的，最初是由刑部尚书指派，从刑部下设的四川、广西清吏司抽调人手，于每年四月结束清吏司工作，进行秋审前的准备工作。后于雍正十二年（1734年）始置秋审处，刑部各清吏司选出前往秋审处工作的人员，从原来的四月提前至三月结束清吏司工作前往秋审处处理秋审各项事宜，秋审结束后便返回原所属的清吏司继续工作。可以说，秋审处只是为秋审活动进行前期准备工作而仅在一定的时期活动的部门。秋审处由各清吏司抽调到秋审处的满、汉司员各一人主持，协办四人，“秋审处，主覆秋录大典。初以四川、广西二司分理。雍正十二年，始别遣满、汉司员各二人，曰总办秋审处。寻佐以协办者四人”（《清史稿·职官志一》）。后因秋审事务愈加繁重，秋审处人数不断增加，乾隆十九年（1754年）后，秋审处人员达到十六人之多，“乾隆十九年以后，凡核直省审册辨实缓矜疑之当否，以白于长官，皆以总办司员任之。先后增至十六人”（《皇朝通典》卷二十五）。秋审处最初仅负责对刑部各清吏司处理的案件进行归纳整理，“满汉两员总司出入经费按年奏销，及刊板校对装潢之事，其复校案情分别实缓可矜仍以各本司分别定拟，呈堂之后，始发本处，缮写红格付梓”（《秋谳志略》）。可见秋审处设立当初，招册是按以下程序制作的。各清吏司将负责范围内的秋审案件，撰写应该记录在招册的文章，并进行情实、缓决、可矜的判断。刑部堂官批准的原稿会被提交到秋审处。秋审处的工作仅仅是把提交上来的原稿原样抄写，制作版本，进行印刷、装订，并管理随之产生的经费。乾隆二年（1737年）秋审处进行了人员的扩充，扩充后的秋审处有“总办秋审满汉司员各二员”“笔帖式四员”，以及新设的“书办二名”“张写四名”。乾隆七年（1742年），秋审处开始参与秋审的具体审判工作，在检查抄写各清吏司提交的案卷时，经过调查案件事实后，拟定情实或缓决，并向堂官报告改驳案件数目。

一说刑部乃全国刑名总汇，特设秋审处律例馆以备覆核议驳各省案件（《清续文献通考》卷二百五十二《刑考十一》）。

秋审处事繁任重，坐办“皆选自各司中最精于法律者”，要求任职者“历练勤能”，为考课迁转之正途。刑部京察向以律例馆提调四人、秋审处坐办四人列入一等……行之二百余年矣……从未有不提调不坐办不正途而得一等者（《东华续录（光绪朝）》）。其刑官选任受重视，嘉庆朝皇帝指出，刑部总办秋审处为天下刑名总汇自应将在部年久谙习刑名之员派令行走以资办案（《东华续录（嘉庆朝）》）。“刑部则以秋审处为要地，多有陟封疆进卿贰者，人才最盛。盖案情万变，小民情伪，无所不有，必能洞达物情，通晓律例，而文笔又足以达之，方登上驷。各部皆汉司员主稿，满司员回堂，独刑部则主稿、回堂皆任汉司员也。”（欧阳兆熊《水窗春呓》“户部为六部首”）。至清末，“秋审处坐办四员，提调四员，皆选自刑部各司中最精于法律者，有八大圣人之称”（《方家园杂咏纪事》）。

（张田田）

若卢诏狱

西汉羁押奉皇帝诏令逮治的将相大臣等的监狱，设于东都洛阳，一说为中都官狱诏狱之一。直属少府，由属官若卢令丞主管，原职掌铸造兵器，因所铸兵器锋利如同楚国湛卢剑，因而称官名为“若卢”。据《汉旧仪》载，主鞫将相大臣。东汉光武帝裁撤若卢狱，和帝永元九年（97年）恢复设置，改属廷尉。《后汉书·安帝纪》载：“永初二年五月，旱。丙寅，皇太后幸洛阳寺及若卢狱,录囚徒,赐河南尹、廷尉卿及官属之下各有差。”一说东汉黄门北寺狱即若卢诏狱。《汉书》卷八十二《王商传》载:“臣请诏谒者召商诣若卢诏狱。”注曰:“孟康曰:‘若卢,狱名,属少府黄门北寺是也’。”清沈家本认为非是。参见中都官狱条。

(张田田)

三法司

中国古代三大中央司法机构的统称。中国古代在司法方面实行分权原则,并不由一个机构独揽司法权。在战国时,“天子置三法官,殿中置一法官,御史置一法官及吏,丞相置一法官”(《商君书·定分》)。此乃三法司之滥觞。汉朝时以廷尉、御史中丞、司隶校尉为三法司,重大案件由三法司共同审理。隋唐宋以刑部、御史台、大理寺为三法司,唐朝时以刑部尚书、御史中丞、大理寺卿为“三司使”,设置有“三司推事”制度。明清时以刑部、都察院、大理寺为三法司,其中刑部负责审判,为最高审判机关、大理寺负责复核,为最高司法行政机关、都察院负责监察,为最高监察机关,遇有重大案件则三法司共同审理,称为“会审”,“三法司会审,初审刑部、都察院为主,复审大理寺为主”(《续文献通考·职官五》)。清朝时把刑部、都察院、大理寺称为“大三法司”,把刑部下属清吏司司员、都察院监察御史与大理寺寺官合称为“小三法司”,“凡大辟,御史、大理寺官会刑司录问,案法随科,曰会小三法司。录毕,白长官。都御史、大理卿诣部偕尚书、侍郎会鞫,各丽法议狱,曰会大三法司”(《清史稿·职官志一》)。明朝与清朝三法司职权上的唯一区别在于明代刑部审办的所有案件均须移交大理寺复核;而清代刑部负责审理京师的所有案件,并复核地方的刑事案件,大理寺只能复审由“三法司”会审所审理的案件。光绪三十二年(1906年)官制改革,刑部改名为法部,专门负责司法行政事务;大理寺改名为大理院,专门负责审判事务,三法司之名遂止。

(倪晨辉)

三辅都尉

西汉治理京畿地区的三个职官的合称,掌分区徼循京师、维护治安。汉初京畿官称内史,景帝二年(公元前155年)分置左、右内史,与主爵中尉(后改都尉)合称三辅。武帝太初元年(公元前104年)更名主爵都尉为右扶风,右内史为京兆尹,左内史为左冯翊,治所皆在长安城中。《汉书·景帝纪》载:“三辅举不如法令者,皆上丞相御史请之。”颜师古注曰:“此三辅者,谓主爵中尉及左右内史也。”《太平御览》卷一六四引《三辅黄图》载:“武帝太初元年改内史为京兆尹,以渭城以西属右扶风,长安以东属京兆尹,长陵以北属左冯翊,以辅京师,谓之三辅。”三辅都尉为中尉(执金吾)属官。东汉省去。《后汉书·百官志》《集解》引李祖楙曰:“《前书》秦每郡有尉一人,典兵禁,景帝更名都尉,孝武帝置京辅都尉各一人,二千石。中兴初,张余为京辅都尉,建武六年省。”

(张田田)

三公曹

尚书台(省)中职司刑狱(司法行政兼理刑狱)的机构,汉代始置,其时尚书台分曹治事。据《后汉书·百官志三·尚书》载:“成帝初置尚书四人,分为四曹。”注:“《汉旧仪》曰:初置五曹,有三公曹,主断狱。蔡质《汉仪》曰:“三公尚书二人,典三公文书。”《通典·职官·尚书》载:“汉成帝初置尚书五人,其一为仆射,四人分为四曹:常侍曹、二千石曹、民曹、客曹。后又置三公曹。”三公尚书是其长官。西汉三公曹主断狱事。旋废。东汉又设,一说认为由两千石曹分出,主三公(太尉、司徒、司空)文书,与其曹名相符。后掌天下岁尽集课州郡。魏晋沿置。曹魏保留了东汉的三公曹、二千石曹,又增设比部,以“司刑狱”。晋初以三公尚书“掌刑狱”,后以吏部尚书取代之。南朝宋、齐三公曹属吏部尚书,主法制,梁、陈亦有。北齐三公曹属殿中尚书,以殿中尚书所属三公曹掌“诸曹囚账、断狱”,掌五时读令、诸曹囚帐、断罪、赦日建金鸡等事。一说为刑部前身。参见刑部条。

(张田田)

散骑

由皇帝侍从演变而来的谏官,接受皇帝指派任务,参与诏狱审理等司法活动。

秦汉散骑为皇帝侍从,常骑从乘舆车后。东汉省散骑,改以宦官任中常侍。魏文帝黄初初年将散骑与原宦官中常侍合并,移散骑常侍,并用士人,同掌规谏、顾问应对,成为谏职。入则规谏过失,出则骑马散从。晋以后沿置,常为显职(《晋书·职官志》)。东晋时将散骑省附属于门下省,置散骑常侍四员,秩三品,散骑侍郎四员,秩五品,后又陆续置员外散骑常侍、通直散骑常侍、员外散骑常侍、通直散骑侍郎,统称“六散骑”,职能自成一系。魏晋时门下省和散骑省主官共平尚书奏事。散骑职能偏重于规谏,参与朝廷机要决策,接替了西汉时期尚书直接接受皇帝诏书执行临时任务的权限,与中常侍职能相近,参与审理诏狱。

散骑常侍本隶门下,南北朝属集书省。梁曾另设散骑省,旋省。隋属门下省。唐太宗曾以散骑常侍为散官,旋省去,去复置为职事官。唐高宗显庆二年(657 年),分为左右。左散骑常侍二人,正三品下,属门下省;右散骑常侍二人,属中书省。职掌同为规谏过失,侍从顾问,并无实权,而为尊贵之官,常作为将相大臣的加官。宋不常置。辽属门下省。金、元不设。

给事中亦隶散骑省,位在散骑常侍之下、给事黄门侍郎之上,无定员。参见给事中条、门下省条。

(张田田)

三司

中国古代三个行政机构的合称。每个时期三司的含义均有不同:东汉时的三司为太尉、司徒、司空,“三司,三公也,即太尉、司空、司徒也”(《后汉书·顺帝纪》)。

唐三司一指由中书舍人、给事中、侍御史组成的三司,是受理上诉、详决大狱的机构。其职能有二:一为受理上诉,《唐六典》卷一三载,侍御史“凡三司理事则与给事中、中书舍人更直与朝堂受表”,《通典》卷二四载,侍御史“又分值朝堂与给事中、中书舍人同受表理冤讼迭知一日,谓之三司受事”。唐代司法制度中规定了严密的诉理程序,对有司断罪量刑不服者可以逐级上诉,据《唐律疏议》卷二四载,“依《令》,尚书省诉不得理者听上表,受表恒由中书舍人、给事中、御史三司监受, 若不于此三司上表,而因公事得入殿庭而诉,是名越诉 ”,即是在尚书省左右丞申详之后还不服者须向三司陈述,经三司于朝堂受表后方可申诉,“自诉不实有罪”。二为参鞫大狱。胡三省注《资治通鉴》卷一九七记贞观十七年四月事,称“唐制:凡国之大狱三司详决,三司谓给事中、中书舍人与御史参鞫也”。高宗朝则天武后掌政后,审理大狱之权逐渐移入新三司即“尚书刑部、御史台、大理寺”。

唐代还把刑部、御史台及大理寺共同审理的重大刑事案件称为“三司推事”。因此,唐三司又指“尚书刑部、御史台、大理寺”组成的较为固定的使职,有审判职能。《新唐书·刑法志》载:“自永徽以后武后已得志,而刑滥矣。当时大狱以尚书刑部、御史台、大理寺杂按,谓之三司。”肃宗收复两京后,由此确立“凡鞫大狱以尚书侍郎与御史中丞、大理卿为三司使”(《新唐书·百官志一》)。常由大理司直或评事与御史及刑部郎中、员外郎组成“三司”,办理“诏狱”。其中由职位较高的刑部侍郎、御史中丞、大理寺少卿会审,称大三司;由职位较低的刑部郎中或员外郎、侍御史、大理司直或评事会审,称小三司。

五代后唐承继唐制,合并户部、度支、盐铁三司为一独立机构,称三司。其长官为三司使,常委派宰臣一人专判。北宋因之,称盐铁、户部、度支为三司,号称计省,其长官为三司使,掌管统筹国家财政。“三司之职,国初沿五代之制,置使以总国计,应四方贡赋之入,朝廷不预,一归三司,通管盐铁、度支、户部,号曰计省”(《宋史·职官志二》)。金朝取消了户部,另置三司,掌劝农、盐铁、度支,其长官称三司使。明朝把地方上的都指挥使司、承宣布政使司、提刑按察使司合称为三司,分管军事、行政及司法。清朝把地方上的布政使司、按察使司和提学使司合称为三司,分管行政、司法及文教。

（倪晨辉）

三衙

宋朝殿前都指挥使司(殿前司)、侍卫亲军马军都指挥使司(侍卫马军司)和侍卫亲军步军都指挥使司(侍卫步军司)的总称,为宋朝掌管禁军与厢兵的最高军事机构。五代后梁开始设置侍卫亲军,作为皇帝亲兵的一支,后晋时遂成皇帝亲兵的总称。后周时另设殿前司,扩充其军力,形成与侍卫亲军司对峙的“两司”。宋初,侍卫亲军马军司、侍卫亲军步军司统隶于侍卫亲军司,与殿前都指挥使司并称两司。自景德二年(1005年)罢去侍卫亲军司,分设侍卫亲军马军都指挥使司和侍卫亲军步军都指挥使司,从此位列殿前都指挥使司之下,与殿前都指挥使司统称三衙。“殿前司、侍卫司马军、步军为三衙。其实两司,而侍卫司都指挥使外,又分置马、步军都指挥使……两司三衙合十一员,分天下兵而领之,此祖宗制兵之大略也”(《玉海》卷一三九《三衙》)。“自王超(时任侍卫马步军都虞侯、天平军节度使)罢职,无复任者,而侍卫司马军、步军遂分为二,并殿前号三衙,而马、步二军始居殿前司之下焉”(《群书考索·后集》卷一二《三衙》)。

三衙统领全国禁军,侍卫马、步军司还在名义上统领全国厢兵,形成了相互制约的机制。三衙各设都指挥使、副都指挥使及都虞侯作为统兵官,南宋时三衙已不再统领全国军队,仅仅负责统领驻守行在的军队。宋孝宗时,侍卫马军司的队伍移驻建康府。

三衙还负责审理其所属的军人案件,“掌禁军之政令,随其官名所隶而分颁之。训练、戍守及军事之赏罚,皆行以法,而治其狱讼。若情不中法,则秉奏听旨”。三衙各设推案,负责“鞫勘取会追呼诸军班诸般词讼公事”,但三衙仅负责杖以下案件的处罚,徒以上案件还需奏裁,“自犯杖罪以下,本司决遣,至徒者奏裁”(《续资治通鉴长编》卷六十)。之后三衙的司法权限有所扩大,神宗熙宁三年(1070年)八月十八日,“诏殿前、马步军司,今后大辟罪人,并如开封府条例，送纠察司录问”。三衙所判死罪，除要经纠察司录问外，并须呈枢密院审核进奏。宋哲宗元祐四年（1089 年），殿中侍御史孙升在奏疏中也言及三衙审判管辖权：“恭唯祖宗深得治军之法，设三卫管军之官，付以流配之权，自非死刑，不付有司按覆。”据此，三衙有流配之权，唯军人死罪案须有司复核。南宋光宗绍熙二年（1191 年）臣僚上言：“三衙及江上诸军都统制司所有推狱名曰后司，有吏，有法司。狱成，则决之主帅，略不经官属之手。诸军每月公事解赴帅司，必先计会后司人吏，或非理锻炼，或轻重任情，贿赂得行，奸弊百出，军中冤抑无所赴愬。乞今后诸军后司公事并令主帅选委通晓条制属官二员兼管，庶几可无冤滥。”南宋的三衙和江上诸军都统制司的后司，是专门审理本军案件的军事司法机构，因为由吏人审判，主帅决定，不经其他官署之手，出现弊端后，改由主帅选官兼管司法。

参考书目

1. 王云海主编：《宋代司法制度》，河南大学出版社 1992 年版。
2. 张明、陈峰：《宋代军事审判管辖问题考论》，载《人文杂志》2007 年第 5 期。

（倪晨辉）

啬夫

秦汉基层官吏，负责县民诉讼、赋税等。县以下的基层组织乡，设有啬夫处理民事纠纷，协助县郡缉捕罪犯，有时也直接受理案件。啬夫根据管理对象不同亦有区分，如主管粮仓的仓啬夫，如因管理不善造成雨漏霉烂或者丢失，主管轻者斥责，重者赀一至二甲，更严重者处以刑罚。据《汉书·百官公卿表》载，乡有三老、有秩、啬夫、游徼。啬夫职听讼，收赋税。《后汉书·百官志五》载：“乡置有秩、三老、游徼。”本注曰：“县置啬夫一人。皆主知民善恶，为役先后，知民贫富，为赋多少，平其差品。”晋及南朝宋因之。晋代五百户以上置乡，亦设啬夫一人。

（张田田）

僧正

中国古代掌管地方佛教事务的僧官。僧正始置于南北朝时期，后秦以道碧法师为僧正，这是僧人立官之始。南朝宋、梁均置，梁名为大僧正。金朝每路均设有僧正一职，负责管理一路僧众，裁决有关僧尼的词讼。“僧录、僧正，帅府僧职也，皆择其道行高者，限三年为任，任满则又别择人。张官府，设人从，僧尼有讼者，皆理而决遣之，并服紫袈裟。都纲，列郡僧职也，亦以三年为任。有师号者赐紫，无者如常僧服。维那，县僧职也。僧尼有讼者，杖以下决遣之，杖以上者并申解僧录、僧纲司”（《大金国志》卷三六《浮图》）。元朝在各州设置僧正司，长官为僧正，负责审理杖以上有关僧尼的词讼，由于存在僧职人员借机制造冤狱，多行不义，“设官统治，权抗有司，扰乱政事”（《元史》卷一七《李孟传》），因此朝臣多有罢僧司的要求，终于在元武宗至大四年（1311 年）罢之。明朝洪武十五年（1382 年）设僧正司于各州，主要负责管理一州僧人、颁发度牒，长官亦为僧正。但此时的僧正不入流，仅“设官，不给禄”（《明史·职官志四》），清朝沿之，由礼部拣选通晓经义之僧人担任，移咨吏部注册。

参考书目

谢重光、白文固：《中国僧官制度史》，青海人民出版社 1990 年版。

（倪晨辉）

陕甘宁边区高等法院

抗日战争时期陕甘宁边区的最高审判机关。1937 年 7 月 12 日,陕甘宁边区高等法院建立,这是边区的最高司法机关,它的前身为中华苏维埃共和国西北办事处司法部。1939 年 1 月,陕甘宁边区第一届参议会制定并通过了《陕甘宁边区高等法院组织条例》,同年 4 月 4 日由边区政府颁布施行。《陕甘宁边区高等法院组织条例》规定,边区高等法院受边区参议会的监督和边区政府的领导,为边区的最高司法机关。边区高等法庭向参议会负责并直接向边区政府报告工作,掌管全边区的审判和司法行政工作,审理重要的第一审刑事案件及不服地方法院判决、裁定的上诉、抗告案件,此外,边区高等法庭还受理非诉讼案件。

陕甘宁边区高等法院设院长 1 人,由边区参议会选举,边区政府委任,1946 年起增设副院长 1 人。院长管理边区的司法行政事宜,监督及指挥该院的一切诉讼,并负责对司法人员违法的惩戒等。院长之下分设刑事法庭和民事法庭。民事法庭管辖债务、物权、亲属、继承等案件;刑事法庭管辖汉奸、土匪、破坏政权、破坏军队、贪污、盗窃、赌博、侵占、杀伤、妨害个人自由、妨害公务以及其他犯罪案件。民庭和刑庭各设庭长和推事,行使审判权,其管辖范围包括重要的刑事第一审案件、不服地方法院和县司法处第一审判决而上诉之案件、不服地方院和县司法处的裁定而抗告的案件、非讼事件,必要时可以组织巡回法庭。此外还设有书记室、检察处、看守所和总务科,1942 年和 1945 年分别增设了执行处、法律研究组和司法行政处,分管有关事务。自 1943 年开始为便利人民诉讼,加强对各县司法的领导,依据《陕甘宁边区高等法院分庭组织条例草案》,在陕甘宁边区内又增设了绥德、关中、陇东、王边、黄龙等高等法院分庭,作为边区高等法院的派出机关。其管辖区域与各该专员公署所辖行政区域相同。高等法院分庭设庭长 1 人(由专员兼任),推事 1 人,书记员 1 人或 2 人,代表高等法院受理不服各该分区所辖地方法院或县司法处第一审判决而上诉的民、刑案件,但拟判三年以上徒刑的案件,则应将判词及卷宗送高等法院审核,得同意时即判。高等法院如发现各分庭所作之民刑判决有误、可径自纠正或责令分庭另审。边区高等法院还另设有检察处、书记室、看守所和劳动感化院(监狱)等。

1949 年 3 月 8 日,根据时局的发展,陕甘宁边区高等法院改名为陕甘宁边区人民法院。1950 年 1 月 19 日,随着陕甘宁边区政府的撤销而撤销。

陕甘宁边区高等法院是一个集审判、司法行政、狱政管理及生产自给于一身的综合性机关,这一机构设置模式有如下考虑:

首先,这一模式是战争环境下精简、效能、权力相对集中的现实需要,保证边区政府能够及时、便利地实现对司法工作的领导;同时,这一模式适应了当时边区较为简单的经济结构状况、司法人才缺乏与机构流动性大的战时环境。前已述及,边区的经济形态一直以低水平农业种植为主,商业、交通运输及工业等均处于辅助地位,且具有满足边区自给的战时生产性质,使边区高等法院在实践层面具有较强的灵活性和适应性。边区高等法院历史上曾经七度搬迁,并以较少的人力物力完成了其历史使命。

其次,这一机构设置模式,表明边区司法工作并非单纯的审理案件,而是一种综合性的社会治理。因而,对于边区高等法院而言,司法审判、监狱改造以及法制宣传教育是一个整体中的不同环节,从而把对于犯罪者的司法审判与刑罚的执行看作一体,把罪犯回归社会作为监狱改造目的,进而认为应加强普遍的法制教育,从而减少犯罪。马锡五 1949 年在延安大学的报告中指出:“司法工作中的第三种偏差,便是司法机关把自己的工作,局限于应付诉讼——审理民刑案件，惧怕官司，于是不告不理，而没有懂得司法任务是广义的、多方向的、主动的，而不是不告不理的、被动的。”这一思路正是边区在艰苦的条件下能够在狱政管理方面取得显著成效的原因。司法行政机关的职能并入边区高等法院，在司法干部培养方面紧密结合实际，偏重实践，注重能力的培养。所以，这种综合性的机构设置，更多地关注到了全局目标实现中不同机构之间协调作用的发挥。

边区高等法院在特定历史时期和特殊的历史条件下，面对当时的司法环境和社会现实，主张法制建设应当从改造社会、治理社会的目标出发，以解决中国社会问题为中心，紧密关注边区特殊的社会条件和环境。边区高等法院进行了体现综合性、创造性、恢复性等为特色的司法活动，对法律的功能定位、法律与社会的互动，以及人际关系的改善，进行了探索和尝试。在边区法制的建立、形成及发展中，边区高等法院起到了连接立法目的和社会现实的桥梁作用。经过十多年的摸索、发展，尤其是国共合作背景下孕育成长起来的边区高等法院的司法实践及其经验，不仅是革命法制发展历程与经验的凝结，为新中国司法制度的起步安放了一块基石，也为中国当代的司法改革提供了历史经验。

参考书目

1. 高海深、艾绍润编著：《陕甘宁边区审判史》，陕西人民出版社 2007 年版。
2. 汪世荣：《新中国司法制度的基石——陕甘宁边区高等法院（1937 – 1949）》，商务印书馆 2011 年版。

（倪晨辉）

山虞

周朝掌管山林律令的官吏。据《周礼·地官·山虞》记载：“每大山，中士四人、下士八人、府二人、史四人、胥八人、徒八十人。中山，下士六人、史二人、胥六人、徒六十人。小山，下士二人，史一人、徒二十人。”该文献同时明确山虞职责为“掌山林之政令，物为之厉而为之守禁，仲冬斩阳木，仲夏斩阴木。凡服耜，斩季材，以时入之。令万民时斩材，有期日。凡邦工入山林而抡材，不禁。春秋之斩木，不入禁。凡窃木者，有刑罚。若祭山林，则为主而修除，且跸。若大田猎，则莱山田之野；及弊田，植虞旗于中，致禽而珥焉”。《周礼·地官·林衡》记载：“林衡掌巡林麓之禁令，而平其守，以时计林麓而赏罚之，若斩木材，则受法于山虞，而掌其政令。”“山虞官尊故设之林衡，若斩木材期于虞边受焉。山虞从时斩材，而林衡受法于山虞，以严其戒，一有不平则计其守者之功过而赏罚之矣。”据此，民国时期的李仕珍在《警察行政》一书中认为，山虞即为现代意义上的森林警察。

（刘方权）

上林诏狱

汉代于上林苑所设特别监狱，本主治苑中禽兽宫馆事，属水衡，日常收审苑内的违法人员，但是遇到皇帝下诏办理的重大案件，涉案人证较多时，有些就被送到上林诏狱。一说此狱属独立于廷尉狱之外的“中都官狱”诏狱系统，为中都官狱规模最大的一所。一说因水司空属水衡都尉，其管理的刑徒必多从事上林苑中水利工程的劳作。汉成帝即位初罢。参见司空条、中都官狱条。

（张田田）

尚书台(省)

负责协助皇帝处理文书、政务的中央机构,原设于禁中,后归外朝,掌最高行政权。汉代“光武皇帝愠数世之失权,忿强臣之窃命,矫枉过直,政不任下,虽置三公,事归台阁”(《后汉书・仲长统传》)。台阁即尚书台,因地处禁中,又称中台,与谒者台(外台)、御史台(宪台)合称三台。

尚书台分数曹,每曹设尚书各主其事。其中包括负责司法刑狱、缉捕盗贼的三公曹、二千石曹等。据《后汉书・百官志三・尚书》载,尚书六人,秩六百石。本注曰:成帝初署尚书四人,分为四曹:常侍曹尚书,主公卿事;二千石曹尚书,主郡国二千石事;民曹尚书,主凡吏上书事;客曹尚书,主外国夷狄事。世祖承遵,后分二千石曹,又分客曹为南主客曹、北主客曹,凡六曹。《汉官仪》载:“尚书四员,武帝置,成帝加一为五。有常侍曹尚书,主丞相御史事。二千石尚书,主刺史、二千石事。户曹尚书,主人庶上书事。主客尚书,主外国四夷事。成帝加三公尚书,主断狱事。”意即尚书台原设五曹,后汉光武帝以三公曹主岁尽考课诸州郡事,改常侍曹为吏部曹,主选举祠祀事,民曹主缮修功作盐池园苑事,客曹主护驾羌胡朝贺事,二千石曹主辞讼事,中都官曹主水火盗贼事,合为六曹(《晋书・职官志》)。《通典・职官・尚书》载:“汉成帝初置尚书五人,其一为仆射,四人分为四曹:常侍曹、二千石曹、民曹、客曹。后又置三公曹。”尚书台协助皇帝处理万机,成为总理国政的实际中枢。三国两晋南北朝沿置,改尚书台为尚书省。据《隋书・百官志》记载,北齐尚书省总理六尚书事。

内朝掌决策,外朝掌行政的原则下,“天下事皆上尚书,与人主参决,乃下三府”,“众务悉归尚书,三公但受成事而已”(《唐六典》尚书省条)。但东汉尚书令秩一千石,仆射和六曹尚书秩六百石,尚书台附属少府寺,性质仍是皇帝御用组织。东汉时司隶校尉和尚书令、御史中丞朝会时均有专席,有“三独坐”之称,均为受皇帝直辖不受公卿领导的特殊官职。此后演变为隋唐三省制下的尚书省。隋尚书省已汇总全国行政,“事无不总”,唐称“尚书万机本”,唐太宗认为“尚书省天下纲维,百司所禀”。隋唐尚书省主奉行制敕,组织编制较中书省、门下省庞大,包括尚书都省、六部及二十四司,分三个层级,办事人员众多。尚书六部中即包括刑部。参见刑部条。

(张田田)

申明亭

明清时期民间处理纠纷的机构。申明亭,顾名思义,即申明教化的凉亭。洪武五年(1372年),明太祖下令在各州县设立申明亭、旌善亭,以惩恶扬善。每月定期组织本里的人员前往申明亭,讲读律令及各地违法案件,并赞赏鼓励本里人员所做的善事,惩戒本里犯错之人。“太祖开国之初,惩元季贪冒,重绳赃吏,揭诸司犯法者于申明亭以示戒”(《明史・刑法志二》)。申明亭中放置有善恶簿,“民有善恶,则书之,示劝惩”。其中“劝善簿”为红面,“纠恶簿”为黑面。对于合于圣谕者,记善簿奖之;对于游惰、赌博、酗酒、打架、好奢、抗粮、唆讼之人,则记恶簿戒之。申明亭除了有教化的功能,还是解决邻里纠纷的场所。对于民间户婚、田产、打架斗殴等邻里、家庭矛盾,由里老或里甲在申明亭进行调解。“各州县俱设申明亭,民间词讼,除犯十恶强盗及杀人外,其户婚田土等事,许老人里甲在亭剖决,及书不孝不弟与一应为恶之人姓名于亭,能改过自新则去之”(《正谊堂文集》卷三十)。“各州县设立申明亭,凡民间应有词状许耆老,里长准受于本亭剖理,及书不孝不悌与一应为恶之人姓名于亭,以示惩戒”(《大明律集解附例》卷二十六)。到一年年底,选其始终为善者或免徭役,或表其门间;对屡教不改者,以杖笞惩罚。洪武十五年(1382年),朱元璋要求礼部重新议定,对原规定进行了完善:凡是犯“十恶、奸盗、诈伪,干名犯义”,以伤风化,以至犯赃至徒罪的,将其罪行书于亭上,以示惩戒,其他“杂犯公私过误”,不关风化者,全都除掉,“以开良民自新之路”。如果有人私毁亭舍,消除亭中所悬挂的法令以及涂抹自己的姓名,则“罪如律”(《明太祖实录》卷一四七)。明清时期还专门立法防止有人蓄意破坏申明亭,“凡拆毁申明亭房屋及毁板榜者,杖一百,流三千里”(《大明律》刑律·杂犯)。

(倪晨辉)

审检所

中华民国北洋政府时期地方审判机构名。审检所是北洋政府在未成立法院的县内设置的临时性审判机构,始设于民国二年(1913年)。审检所设置于县公署内,由县知事兼理,属员有帮审员一人至三人,及书记员一人至三人,人数多寡视事务之繁简而定。帮审员须经考试及格或曾任推事、检察官一年以上,由县知事呈司法筹备处委任,并报司法总长。帮审员主要负责辖区内民、刑诉讼的一审具体审理工作和邻县的上诉案件的具体审理工作。除审理诉讼外,帮审员不可兼任本县的行政事务。不服审检所判决的,属于初级管辖的案件可以上诉至地方审判厅或分厅,其距厅较远的地方可以以邻县审检所为上诉机关。其属于地方管辖的案件,则上诉至高等审判厅或分厅。检察事务则由县知事兼理。民国三年(1914年)四月六日《县知事兼理司法事务暂行条例》公布后,审检所遂废止。审检所的设立,为以后新式法院的设立奠定了良好的基础,创造了条件,具有一定的积极意义。

参考书目

1. 钱端升等:《民国政制史》,上海人民出版社2011年版。
2. 张勤:《中国近代民事司法变革研究——以奉天省为例》,商务印书馆2012年版。

(倪晨辉)

审判衙门

清末及北洋政府时期各级审判机构的统称。清末改制,根据宣统元年(1909年)制定的《法院编制法》,把全国的审判机构分为四个审级,即:初级审判厅、地方审判厅、高等审判厅及大理院,统称为审判衙门。清末设置各级审判机构,参照的是德国、日本的审判机构设置。德国与日本民事、刑事审判机构,均为四种,即区裁判所、地方裁判所、控诉院、大审院。清末的初级审判厅对应区裁判所,地方审判厅对应地方裁判厅,高等审判厅对应控诉院,大理院对应大审院。审判衙门掌审判民事、刑事诉讼案件,但其关于军法或行政诉讼等另有法令规定者不在此例。民事者,指当时《民律》《商律》等所规定的事宜。刑事者,指当时《刑律》所规定的事宜。审判衙门除了负责处理民刑案件外,还需要按照规定管辖一些非讼事件。非讼事件,是指并无争讼情形的事件,包括注册登记、监督后见人或财产管理人等。如关于商业及不动产或船舶等事,皆当由审判衙门注册,谓之登记事件。此外如监督未成年者、疯癫者、白痴者之后见人,及失踪者或因法律与判决受治产之禁者之财产管理人。虽然清末并未制定后见人、管财人制度的相关法规,但在实践中,比照日本相关制度进行处理。北洋政府时期,根据民国四年(1915年)制定的《暂行法院编制法》,把全国的审判机构分为三个审级:地方审判厅、高等审判厅和大理院。初级审判厅在民国三年(1914年)5月被废除,其职权改由地方审判厅内的简易庭所取代。

(倪晨辉)

审刑司

一指西夏中央司法机构名。审刑司为西夏中央十六司之一,属于五个等级中的中等司。负责全国的审判及司法行政工作,审刑司所属的官员有二正、二承旨、二都案、二案头等。西夏似乎没有设置类似于中原王朝的刑部和大理寺,而是直接由审刑司对皇帝和中央政府负责。根据《天盛律令》来看,很多刑事案件要奏请皇帝裁决,或分别报请中书、枢密审核、定案。除审刑司总理审案外,政府机构中的一些司也可以审案,但死罪、无期徒刑要经审刑司核审,报中书或枢密批准,方可定案。

二指明朝中央司法机构名。明太祖洪武十四年(1381年)始置,洪武十七年(1384年),改建刑部、都察院、大理寺、审刑司、五军断事官署于太平门外,名其所曰贯城。洪武十九年(1386年)罢。审刑司负责复审大理寺所断之案,"又置审刑司,共平庶狱。凡大理寺所理之刑,审刑司复详议之"(《文献通考·职官五》)。审刑司长官为左、右审刑各一人,正六品;下设左、右详议各三人,正七品(《明史·职官志二》)。

参考书目

1. 宁夏审判志编纂委员会编:《宁夏审判志》,宁夏人民出版社1998年版。
2. 李鸣:《西夏司法制度述略》,载《西南民族大学学报(人文社科版)》2003年第6期。

(倪晨辉)

审刑院

北宋司法机构名。始设于宋太宗淳化二年(991年),于宋神宗元丰三年(1080年)取消其独立地位,归于刑部管辖。"审刑院,淳化二年置,元丰三年八月,并归刑部"(《宋会要辑稿》职官一五之五)。宋太宗建立审刑院的初衷是"又惧刑部,大理寺用法之失,别置审刑院谳之"(《宋史·刑法志一》),为了避免冤假错案的发生,也害怕中书权太重,且考虑到众宰相不能悉领理所有案件,宋太宗在刑部与大理寺之外另设了一个专门的中央复审机构审刑院。"淳化中,赵韩王出镇,太宗患中书权太重,且事繁,宰相不能悉领理,向敏中时为谏官,上言请分中书吏房置审官院,刑房置审刑院"(《涑水纪闻》卷三)。真宗时,令审刑院奏报皇帝的案件须先送中书省"看详"然后再奏请皇帝论决。此外,凡属"奏裁"重案,由制勘院负责审理。审刑院的建立限制了大理寺和刑部的职权,以致大理寺不设长官,而由其他官员兼理。审刑院并不隶属于中书门下,而是由皇帝亲领,保证了其独立性和公正性。审刑院下设"知院事一人,以都官以上至两省充"(《宋史·职官志三》),"详议官六员,以京朝官充任"(《续资治通鉴长编》卷三二、《宋史·职官志三》),主要职责是负责把各地上报的案件先进行审核后交由大理寺、刑部断案复核,再交审刑院详议裁决,由知院事与详议官出具书面意见上报中书,中书同意其意见的直接施行,不同意其意见的则上报皇帝裁决。"凡狱具上奏者,先由审刑院印讫,以付大理寺、刑部断覆以闻，乃下审刑院详议，中覆裁决讫，以付中书，当者即下之；其未允者宰相复以闻，始命论决”（《续资治通鉴长编》卷三二）。这样从法律程序上较为严密，从而加强了中央集权。元丰三年八月，诏审刑院归刑部，审刑院至此不复设。“诏：‘省审刑院归刑部，以知院官判刑部，掌详议、详覆司事。刑部主判官为同判刑部，掌详断司事，审刑议官为刑部详议官。’官制行，悉罢归刑部”（《宋史·职官志三》）。明朝也曾短暂地设置了类似的机构审刑司。明太祖洪武十四年（1381 年）设置审刑司，主要负责详议大理寺审理的案件，“凡大理寺所理之刑，审刑司复详议之”（《文献通考·职官五》），洪武十九年（1386 年）罢，此后不复置。

参考书目

1. 张希清等：《宋朝典章制度》，吉林文史出版社 2001 年版。
2. 傅礼白：《北宋审刑院与宰相的司法权》，载《山东大学学报（哲学社会科学版）》2000 年第 2 期。

（倪晨辉）

慎刑司监所

又称“内务府监狱”，清朝中央监狱名。清朝为了吸取明朝宦官擅权的教训，康熙时设内务府，总务宫廷各种事宜，直接为皇帝及其家族服务。慎刑司监所是下设在内务府慎刑司内的监狱，主要负责关押由内务府慎刑司负责审理的镶黄、正黄、正白上三旗的刑事案件及内务府中犯罪的官员、匠役、太监等。慎刑司监所中的男女犯分别关押，男犯由上三旗各委官一人，领催三名，马甲七名，每日轮班看守。女犯由掌关防的内管领处派年老妇人看守（《钦定大清会典》卷九十五）。雍正三年（1725 年）奏准“慎刑司监禁人犯，并无官饭，伊身虽有应得之罪，亦照刑部之例，赏给官饭”（光绪《大清会典事例》卷一千二百一十二），给予囚犯一定照顾。

参考书目

1. 薛梅卿：《中国监狱史知识》，法律出版社 2001 年版。
2. 曹强新：《清代监狱研究》，湖北人民出版社 2011 年版。

（倪晨辉）

士

先秦法官。传说尧舜时已设，据《尚书·尧典》记载，舜时在部落联盟议事会上命皋陶“作士”，兼管兵刑之事，为九官之一。《尚书·舜典》载：“帝曰：‘皋陶，蛮夷猾夏，寇贼奸宄，汝作士，五刑有服。’”注：“士，理官也。”《周礼》则以“士”为各级法官的通称，在周称士师，在外则有乡士、遂士等；东汉学者郑玄注解认为“士”的本义乃“察”，即辨别是非、察明事实，故用以称法官。春秋战国时期有的诸侯国法官仍称为“士”。参见士师条，理条。

（张田田）

士师

先秦时期主察狱讼等事的法官。《尚书·舜典》载：“汝作士。”据传皋陶在舜时为士师。据《周礼·秋官·士师》记载，为秋官司寇之属，是国都之内的司法官吏，职掌国之五禁之法，以左右刑罚。“左右刑罚”即把法律禁止的事项“悬于门闾”，使人人皆知，以期达到预防犯罪的目的。士师掌管六乡的联合，以及民众从军组成什伍，使他们相安，一起配合抗击外敌和抓捕盗贼,同受刑罚、同享奖赏。此外士师还掌管大司寇府中的政令,向大司寇提供建议,以辅助其断案。在国家遭遇灾荒的时候,士师用荒年减损的方法来处理事务:命令灾民转移、运输财物救灾、加强守备、减缓刑罚。在处理因财物发生的诉讼时,按照契约来裁决。如果祭祀亡国的社稷,就充当尸(以代神受祭)。王出游时,士师为王做向导并清除路人。祭祀五帝的时候,就浇水供尸和王盥手,负责给镬添水,举行畔礼的时候,士师负责奉进犬牲。诸侯来王都做客时,士师率领下属在王宫附近,负责守卫,并禁止路人通行。大丧时也是如此。在大的军事行动时,士师率领下属严禁违反军令,以及干扰队伍行军者,并实施对违背者的诛杀。年终,士师命令属下整理所审理案件的簿书,以备考核。正月,率领下属在国都和郊野悬挂禁令。

春秋战国时期,有些诸侯国仍设。《论语·微子》载“柳下惠为(鲁国)士师”,《管子·立政》载:“州长以计于乡师,乡师以著于士师。”战国时齐国设置士师,如《孟子·梁惠王下》所载:“士师不能治士,则如之何?”《汉书·刑法志》颜师古注:“士师,理官,谓司寇之职。”参见士条。

(张田田)

市掾

主市政治安之吏。战国时郡县诸市置市掾,汉郡国县亦沿置,或称监市掾、都市缘、市啬夫、市吏。职责主掌治安,校定度量衡、物价,催缴租课。魏晋以后沿置。隋以后无。

(张田田)

侍御史

御史台中的监察官。据《汉书·百官公卿表》记载,秦汉为御史大夫的属官。侍为近、从之意,即居于殿中禁近之地,掌管御史之事,后由御史台长官御史中丞领录,秩六百石,有十五人,其职为掌察举非法,受公卿群吏奏事,有违失劾举之。侍御史若专做某事,则称某某侍御史,如持书给事殿廷者,称治书侍御史或持书侍御史。此外,绣衣御史、符玺御史等亦均属侍御史系统。

魏晋以后,侍御史分为侍御史和殿中侍御史,各有分职。唐代御史台有台院、殿院、察院。其中台院为三院之首,由侍御史领之,官阶为从六品,比殿中侍御史和监察御史为高。《通典》载,侍御史之职有四,即推、弹、公廨、杂事。推是推问案件,弹是弹纠百官,公廨是监察台外诸衙署之事,杂事是管理御史台内部诸事,常由年长资深者充任,称为知杂事。宋代以侍御史为御史台的副长官,其地位仅次于御史中丞。此外。唐代尚有侍御史里行、侍御史内供奉之名,均为在侍御史定额以外所增添的人员。又唐自中叶以后,节度使、观察使的幕僚,如支使、参谋、掌书记等官员常带侍御史之衔,称为“宪衔”,不为正员官。如由幕职入朝,转为京朝官,始正授。但为例不多。金沿宋制,三院名目犹存。元时侍御史升为二品,称为堂上官,明初置都察院,侍御史其名遂废。参见御史台条。

(张田田)

枢密院

中国古代最高军事机构名。枢密院始设于唐朝代宗永泰元年(765 年),一开始为内枢密使,由宦官充任,统率禁军,执掌内外机密章奏,传达诏旨。与中书门下、翰林学士分权鼎立,类似西汉中叶以前的尚书令,以分割宰相政事堂的机要国务权。以后,随着宦官势力的膨胀,内枢密使渐渐干预朝政,且往往握有兵权。自德宗(780 ~ 805 年)以后,内枢密使掌有兵权,职权扩大。懿宗(859 ~ 874 年)时,枢密使“公参国政”,宰相之权,多落于其手。昭宗(889 ~ 904 年)借朱温之力,尽诛宦官,由士人任枢密使。五代后梁开平元年(907 年)建崇政院,改枢密使为崇政使,知院事,由文臣充任。崇政使多为皇帝的亲信大臣,参与国家军政决策,与闻机要,以备顾问,位比宰相。至后唐庄宗同光元年(923 年)改称枢密院,改崇政院使为枢密使,主顾问参议、传达诏命,并置枢密直学士等官。“枢密之任重于宰相”(《廿二史札记》卷二十二)。与宰相分理朝政,凡文事出中书,武事出枢密,其权益重,逐渐形成中书门下主管民政,枢密院主管军事的格局。后周时枢密院专职军事,不再负责民政。

宋朝立国后,以枢密院为最高军事机构,与中书对持文武二柄,号称“二府”。其长官为枢密使,或知枢密院事、签书枢密院事、同签书枢密院事。下设枢密副使、同知枢密院事、枢密直学士签署院事、同签署院事、枢密都承旨、副都承旨等官。主要负责军国机务、兵防、边备、戎马之政令,出纳密令,管理军队的招募、阅试、迁补、屯戍、赏罚之事,及武官的选授。“枢密院掌军国机务、兵防、边备、戎马之政令,出纳密命,以佐邦治。凡侍卫诸班直、内外禁兵招募、阅试、迁补、屯戍、赏罚之事,皆掌之”(《宋史·职官志二》)。宋朝枢密院还设有北面房,掌行河北、河东路吏卒,北界边防、国信事;河西房掌行陕西路、麟、府、丰、岚、石、隰州、保德军吏卒,西界边防、蕃官;支差房,掌行调发军,湖北路边防及京东、京西、江、淮、广南东路吏卒,迁补殿侍,选亲事官;在京房,掌行殿前步军司事,支移兵器,川陕路边防及畿内、福建路吏卒,军头、皇城司卫兵;教阅房,掌行中外校习,封桩阙额请给,催督驿递及湖南路边防;广西房,掌行招军捕盗赏罚,广南西路边防及两浙路吏卒;兵籍房,掌行诸路将官差发禁兵、选补卫军文书;民兵房,掌行三路保甲、弓箭手;吏房,掌行差将领武臣知州军、路分都监以上及差内侍官文书;知杂房,掌行杂务;知马房,掌行内外马政并坊院监牧吏卒、牧马、租课;小吏房,掌行两省内臣磨勘功过叙用,大使臣已上历任事状及校尉以上改转迁遣。熙宁元年(1068 年)增设审官西院,专领阁门祗侯以上至诸司使、差遣。元丰(1078 ~ 1063 年)改制,随事分录六曹。

辽朝设有北、南枢密院。北枢密院视同兵部,掌契丹军机、武官铨选及牧马之政;南枢密院视同吏部,掌契丹部族、文官铨选及丁赋之政。辽南面官有汉人枢密院,掌汉人兵马之政。各设枢密使、知枢密使事、知枢密院事、枢密副使、知枢密副使事、同知枢密使事、同知枢密院事、签书枢密院事以及枢密直学士等官。金太祖天辅七年(1123 年),设枢密院,总领汉军。章宗泰和六年(1206 年)改为都元帅府,八年,复改为枢密院。置枢密使、枢密副使、签书枢密院事、同签书枢密院事等官。元世祖中统四年(1263 年)设枢密院,掌兵甲机务,凡宫禁宿卫,边防军备,征讨戍守,简阅差遣及武官铨选等无不统之。以皇太子虚领枢密使之职,实由知枢密院事管领。下设同知枢密院事、枢密副使、佥枢密院事、同佥枢密院事、枢密院判官等官。明朝不设枢密院,改由大都督府掌军事,后废大都督府,分设五军都督府负责全国军国机务。

枢密院不但为最高军事机构,还负责军人犯罪的审理工作。宋初规定,“文臣,吏民断罪公案归中书,武臣、军士归枢密院”。但时议认为案件审理权分属文武两机构,容易造成同案不同罚的现象，因此在宋神宗元丰改制后，取消了枢密院对军人犯罪的审理权，仅保留枢密院对军人犯罪的监督权。宋哲宗元祐六年（1091 年）下诏重申了这一原则，“文武官有犯同按干边防军政者，刑部定断，仍三省、枢密院同取旨”（《宋史·刑法志一》）。

（俞建平　倪晨辉）

书状人

中国古代替人撰写诉状的人。代人书写状纸这样的活动出现很早，类似的业务至少早在唐宋时期就受到法律规范。“书状人”一名至迟在宋代已经出现。代书业宋元以来一直沿袭。元初，书铺中代写词状的书状人，多为不谙吏事、蝇营狗苟之徒，官府也没有明确书状人的法律责任与要求，以致书铺成为营利之所。“有钱告状者，自与状饰词语，虚捏情节，理虽曲而直。无钱告状者，虽有情理，或与之削去紧关事意，或与之减除明白字样，百般调弄，起灭词讼”（《元典章》卷五三《刑部》一五《籍记吏书状》）。为了改变告状之人所写的状词经常出现无中生有、捏造情节的情况，元朝于成宗大德五年（1301 年）规定从籍记司吏中选取，轮番充任，任期一年。大德十一年（1307 年）改由官府派负责籍记的吏员一人管理当地的书状人，“今后举会有司于籍记吏员内遴选行止谨慎，吏事熟娴者轮差一名专管书状，年终更换，果无差错，即便收补，仍先责书状人甘结状”（《元典章·刑部·籍记吏书状》）。根据加强书状人法律责任的要求，规定书状人代写诉状时，先要询问所争之事有无明白验证，是否应告，是否属于代书的职责范围，然后“依例书写”词状，“当日须要了毕”，不得“故作停难”。书状人所写词状“并宜短简，不可浮语泛词”，书状人须写立甘结文状，以示负其责任。如“妄行刁蹬，取受钱物……当该书状人等黜罢”。但是在元朝，法律的文字规定是与实际状况脱节的。法条上对书状人的要求虽很具体，而在实践中却是另行其道。书状人往往不问事之大小，不论贫富之别，一律额外榨取，即所谓“费钞”。或四五两，或一定（锭）半定（锭），而后得状，以致成为平民告诉的一大难关，完全丧失了建置书铺“欲使词讼静简，易于杜绝”的初衷。

明朝则直接在有司中设置书状人吏一人，专门负责受理案件，附簿发附书状。如果认为案件不应受理的，则需要写明不予受理的理由，并附簿署押，以便稽考，“凡诉讼之人，有司置立口告文簿一扇，选设书状人吏一名，如应受理者，即便附簿发付书状，随即施行。如不应受理者，亦须书写不受理缘由，明白附簿，官吏署押，以凭稽考”（《大明令·刑令》）。清朝则有官代书，负责诉状的起草。参见官代书条。

（倪晨辉）

司败

春秋时法官，掌刑狱，职掌与司寇相似，设于陈楚诸国。参见司寇条。

（张田田）

司刺

《周礼》所记以三刺三宥三赦之法审判罪犯之官，属秋官司寇。刺，杀；宥，宽减；赦，免罪。据《周礼·秋官·司刺》载：“司刺掌三刺三宥三赦之法，以赞司寇听狱讼。一刺曰讯群臣，再刺曰讯群吏，三刺曰讯万民。一宥曰不识，再宥曰过失，三宥曰遗忘。一赦曰幼弱，再赦曰老旄，三赦曰蠢愚。以此三法者求民情,断民中,而施上服下服之罪,然后刑杀。”所谓三刺是征询群臣、群吏、万民;三宥是宥误杀、过失杀人、因遗忘而杀人;三赦是赦幼童、年老者、痴呆者。司刺即可以此三法科罪,然后执行刑罚。北周仿《周礼》设置,为秋官府刑部中大夫属官,协助审判事务。参见秋官府条。

（张田田）

司法部(民国)

中华民国中央司法行政机构名。民国司法部始设于南京临时政府时期,隶属于大总统,北洋政府时期先后隶属于国务院、总统、执政府。国民政府时期直属于国民政府,后于 1928 年隶属于司法院,1931 年改司法部为司法行政部,隶属于行政院,1934 年重新隶属于司法院,1943 年再次隶属于行政院,1949 年迁往我国台湾地区。

在南京临时政府时期,根据《中华民国临时政府组织大纲》和《修正中华民国临时政府组织大纲》的规定,南京临时政府设立临时中央裁判所,作为民事和刑事诉讼的最高审判机构。但实际上,南京临时政府直至《中华民国临时约法》公布时,始终没有设立临时中央审判所,实由司法部负责,并明确规定司法部管理民事刑事诉讼、户籍、监狱、保护出狱人员,并负责管理其他司法行政事务,监督法官。

司法部设总长、次长各一人,参事、秘书长、秘书若干人。下置承政厅及法务、狱务二司。司法部总长主要负责管理关于民事刑事非讼事件、户籍、监狱及出狱人保护事务,并其他一切司法行政事宜;监督所辖各官署及法官;规定司法部内设置承政厅及法务、狱务两司以及各类职员额数。承政厅设秘书长、参事、秘书及六科。秘书长,承部长之命,掌管机要文书,并总理承政厅事务。参事,承部长之命,掌理审议及草拟稿案事务。秘书,承上官之命,分掌承政厅事务。承政厅内设以下六科:铨叙科、经划科、统计科、稽核科、文牍科、交涉科。其主要负责:(1)关于司法警察事项;(2)关于法院之设置废止及其管辖区域事项;(3)关于法官及其他职员之考试任免事项;(4)关于律师事项;(5)关于国际提解罪犯事项;(6)关于稽核罚金赃物事项;(7)关于司法统计事项。六科各置科长一人,科员若干人,由部长酌定。

承政厅内还设置有下列事务官:(1)庶务官,掌本部厅司各庶务,掌理一切夫役人等事务;(2)会计员,掌收支本部金钱事项;(3)收发员,掌收发本部文牍事项;(4)监印员,掌保管及启用本部印章事项。

法务司置司长一人,承部长之命,总理本司一切事务。下设民事科、刑事科、户籍科和执行科。主要负责:(1)关于民事刑事及非讼事项;(2)关于审判及检查事项;(3)关于赦免减刑复权及执行死刑事项;(4)关于户籍事项。

狱务司设司长一人,承部长之命,总理本司一切事务。设以下三科:经划科、监视科、营缮科,各科各置科长一人,科员由司长酌量事务之繁简,呈部长定置。主要负责:(1)关于监狱之设置及废止事项;(2)关于监狱官之监督事项;(3)关于罪犯习艺所事项;(4)关于假出狱、免幽闭、监视假免及出狱人保护事项;(5)关于全国监狱营缮事项。

参考书目

邱远猷、张希坡:《中华民国开国法制史:辛亥革命法律制度研究》,首都师范大学出版社 1997 年版。

（倪晨辉）

司法参军

中国古代地方司法官名。汉魏以来,州、郡设法曹、贼曹或墨曹执掌司法。北齐于州设法曹从事,于郡设法曹掾。隋文帝开皇三年(583年)在州中设置司法参军事,主管司法。隋炀帝大业三年(607年)改州为郡,改司法参军事为司法书佐。唐武德初改郡为州,改司法书佐为司法参军事,于三府及各州设置,简称"司法参军",其中府设二人、都督府一人、都护府一人、上州二人、中州与下州一人。司法参军事主要负责"掌律、令、格、式,鞫狱定刑,督捕盗贼,纠逖奸非,以究其情伪而制其文法"(《唐六典》卷三百三)。"掌鞫狱丽法、督盗贼、知赃贿没入"(《新唐书·百官志四下》)。宋代同样于各州设置司法参军,其中"国朝上州(户满四万以上)司法参军事一人,从七品下。中州(户二万以上)司法参军事一人,正八品下。下州(户不满二万)司法参军事一人,从八品下"(《职官分纪》卷四十《总州牧》)。同时又在各州增置司理参军,司理参军负责审判事宜,司法参军专掌检法,实行鞫谳分司制度。"司法参军掌议法断刑,司理参军掌讼狱勘鞫之事"(《宋史·职官志七》)。"凡诸州狱,则录事参军与司法掾参断之"(《宋史·刑法志》)。南宋乾道(1165~1173年)后,经常出现司户参军兼任司法参军的现象,绍熙元年(1190年)规定不曾铨试人不许注授司法。元朝不置,遂废。

宋代的司法参军的职权范围比唐代要小很多。唐制司法参军事"掌鞫狱丽法、督盗贼、知赃贿没入",宋制司法参军只掌"议法断刑",且不许提供判决建议:"诸州法司吏人,只许检出事状,不得辄言予夺。"宋朝司法参军的鞫狱权被录事、司理参军取代了,督盗贼之职则被巡检等武臣拥有。司法参军所剩的主要司法职能是在录事、司理参军等审理案件后检出适应的法律条文,以供判决时照用。因为中小州军诸曹参军不备置,在不设录参及司理参军的州军,司法参军可兼任录参或司理之职;在州院和司理院已审案件被翻异别推时,未参与过同一案件的司法参军也可以担任重审官。因此,司法参军仍较多地参与了州一级的司法活动。如果司法参军检法有误,据以判断的案件发生了错判误断,被监察官或上级官员驳正,则司法参军与鞫司官均受处罚。除检法议刑外,司法参军还被赋予一些理财职能。史称:"祖宗时,有会计录,备载天下财赋收入,有账,一州以司法掌之,一路以曹属掌之,驱磨申发,赏罚条置甚严。"司法参军也"兼管诸库",参与管理常平仓与义仓、均平差役、兴修水利等事务。

参考书目

1. 张希清等:《宋朝典制》,吉林文史出版社1997年版。

2. 贾文龙:《卑职与高峰:宋朝州级属官司法职能研究》,人民出版社2014年版。

（倪晨辉）

司法院

中华民国国民政府最高司法机构。司法院始设于1928年10月,前身为司法部。司法院主要负责司法审判、司法行政和官吏惩戒及行政审判等工作,受国民党中央政治会议的指导监督。司法院设正副院长各一人,最初司法院根据《国民政府组织法》《司法院组织法》的规定,下设司法行政、司法审判、行政审判三署和管理惩戒委员会,后于1931年根据修正公布的《国民政府组织法》改为最高法院、行政法院及公务员惩戒委员会。1947年根据修正公布的《国民政府组织法》司法院增设大法官十七人,组成大法官会议,由司法院院长为主席,负责解释宪法并统一解释法律及命令。

司法院的职权主要有:(1)司法立法的建议权。对于司法院主管的有关事项,司法院有权向立法院提出议案。(2)解释法令及变更判例权。司法院院长经最高法院院长及所属各庭庭长会议议决后,统一解释法令及变更判例。(3)行使特赦、减刑及复审权。关于特赦、减刑及复权事项,由司法院院长依法提请国民政府主席署名执行。(4)对私立法政学校的设立有特许权,对国立大学法政科有监督权。(5)行政院等机关在制定各种行政法规时,照例须和司法院磋商。

具体而言,司法院院长主要负责:(1)综理全院事务,掌理司法行政权与司法审判权;(2)主持司法院会议;(3)对于行政法院和公务员惩戒委员会的审判,在必要时得出庭审理;(4)提出特赦、减刑及复议权等事项;(5)担任最高法院院长及其所属各庭庭长会议主席;(6)国民政府颁布关于司法院主管事项的法律或命令,须由院长副署。此外,在必要时,院长得召集最高法院院长及各庭庭长开会审议,以统一解释法令及变更判例。

司法院会议,由司法院正副院长、司法行政部部长、政务次长和常务次长,最高法院院长、书记官长和检察署检察长,行政法院院长、书记官长,公务员惩戒委员会委员长、书记官长,司法院秘书长和法官训练所所长等人组成。每月开会两次,议决下列事项:(1)关于司法之法律案和预算案等;(2)司法机关荐任以上人员的任免;(3)司法院所属各部、院、委员会间不能解决事项;(4)院长或所属各院、部长及委员长以为应交会议议决的事项。

司法行政部职掌全国司法行政事务,其下设置总务司、民事司、刑事司和监狱司四司,和秘书处、参事处两处,并设法医研究署。最高法院为全国终审审判机关,对于民事、刑事诉讼案件,依法行使最高审判权。

最高法院设院长一人,特任,由司法院院长提请国民政府任命。院长综理全院事务,但不得指挥审判。院长下设民庭、刑庭,每庭设推事五人,以一人为庭长。各庭之审判,为合议制,合议审判以庭长为审判长。院长下又设检查署,置检查长一人,指挥监督并分配所管检查事务。

行政法院置院长一人,综理全院行政事务,兼任评事,并充庭长。每庭置评事五人,掌理审判事务。行政法院在审判案件时,以评事三人组成合议庭,以庭长为合议庭审判长。行政诉讼前,必先经过诉愿这一程序。诉愿的管辖次序为,由县、市政府而到省政府,再到中央主管部会,最后为中央主管院。但凡不服不当处分者,只能上诉两级,即再诉的决定为最终决定。如果官吏因违法处分或不当处分涉及刑事责任或应付惩戒者,由最终决定的官署于决定后送主管机关受理。凡人民因中央或地方官署之违法或不当处分,经过诉愿及再诉愿不服其决定时,或提起再诉愿三十日内不为决定时,得向行政法院提起诉讼,并得请求损害赔偿。行政法院接到行政诉讼状后,认为不应提起行政诉讼或不合法定程序者,应说明理由以裁定驳回。如受理诉讼,应将诉讼附本送达被告,限定期间命其答辩。行政法院之判决人,不得上诉或抗告。判决之执行,由行政法院呈请司法院转呈国民政府以训令行之。

公务员惩戒委员会掌管全国荐任以上及中央各官署委任以上公务员之惩戒事宜。设委员长一人,由司法院副院长兼任。委员长综理会务,但不得干涉惩戒。下设委员九至十人。惩戒委员会在作议决时,必须有委员五人以上出席才有效力。

参考书目

1. 徐矛:《中华民国政治制度史》,上海人民出版社 1992 年版。

2. 钱端升等:《民国政制史》,上海人民出版社 2011 年版。

(倪晨辉)

司户参军

中国古代地方行政官名。司户参军始设于隋,前身为汉魏时期州郡上的户曹掾。西晋始置户曹参军于公府、将军府,主户曹事。东晋、南朝沿置。品秩随府主地位而定。南朝宋七品,梁自四班至流外七班,陈自八品至九品。北朝称户曹参军为司户参军,北魏时为六品上至八品。北齐为六品上至七品。隋文帝开皇三年(583年)于地方设置司户参军,官秩为从六品至从八品。隋炀帝大业三年(607年)改司户参军为司户书佐。唐则把府一级的称为户曹参军,州一级的称为司户参军。"户曹司户参军事,掌户籍计帐"(《新唐书·百官志四》)。宋承唐制,于诸州设司户参军。但与唐相比,宋代司户参军职责范围大为缩小,唐朝时"户曹、司户参军掌户籍、记帐、道路、逆旅、田畴、六畜、过所、蠲符之事。而剖断人之诉竞,凡男女婚姻之合,必辨其族姓,以举其违;凡井田利害之宜,必止其争讼,以从其顺;凡官人不得于部内请射田地及造碾硙与人争利"(《唐六典》卷三十)。而宋朝的司户参军主要负责掌管户籍、赋税、仓库受纳,同时还负责处理婚姻、土地方面案件的审理工作。"宋朝沿唐制,诸州置司户参军,掌户籍、赋税、仓库交纳"(《文献通考》)。

(倪晨辉)

司圜

《周礼》所记负责掌管监狱犯人、收教恶人的狱官,属秋官司寇。司圜掌"圜土"关押之人的教育改造,掌收容教养为恶乡里的不良之民,标明姓名、罪状,并使服劳役一至三年,能改者,加以释放。若不受感化而僭逃者,捕得即杀。《周礼·秋官·司圜》载,"司圜掌收教罢民,凡害人者弗使冠饰,而加明刑焉,任之以事而收教之;能改者,上罪三年而舍,中罪二年而舍,下罪一年而舍;其不能改而出圜土者杀",即司圜负责管理犯罪的人们并加以教育。对于有罪之人,不让其戴冠饰,在他们的背上写明他们所犯何罪,让他们服劳役以改过自新。对于能改过的人,罪重的服刑三年之后释放;罪轻一点的服刑两年之后释放;罪更轻的服刑一年之后释放。对于不能改过的而逃跑的人,抓住之后就将他处死。

司圜所掌均系刑期不超过三年轻犯,也不伤害其肢体。对于改过之后被释放的人,在三年之内,他们不能按照年龄和乡民排列尊卑位次。对于被拘禁在狱城中身受明刑的人,不施加肉刑损害他们的身体;被惩罚服劳役的人,不没收他们的财产。同为典狱之官,重罪之囚归"掌囚"监守,死罪之囚由"掌戮"诛杀。参见圜土条、掌囚条、掌戮条。

(张田田)

司稽

先秦时期掌管巡查市场、察访并逮捕违禁犯罪者的官吏。据《周礼·地官·司稽》记载:"掌巡市而察其犯禁者,与其不物者而搏之。掌执市之盗贼,以徇且刑之。"司稽还负责在市场上捉拿盗贼,并有权根据情节,将盗贼游街示众或加以责打。

(刘方权)

司救

《周礼》所记掌纠察民众的过失并区别处理的官员,地官司徒的属官。据《周礼》载,"司救掌万民邪恶过失，而诛让之，以礼防禁而救之……凡岁时有天患民病，则以节巡国中及郊野，而以王命施惠”。司救据所掌握情况，分别予以训斥、鞭挞、交司空服劳役或交司寇送入牢狱。如有天灾疾病，则巡视国野，以王的命令施惠赈恤。

（张田田）

司空

本为掌管土地、水利和工程建设的官僚机构，亦掌刑徒，能治狱，汉代曾改称御史大夫为（大）司空。

据称商周时已设此官，金文作“司工”或作“司空”。《尚书·周官》载：“司空掌邦土，居四民，时地利。”《周礼》称冬官为司空；司救条有“役诸司空”，徐广注“司空，掌刑徒之官也”。春秋战国时沿置，掌工程。秦及西汉因工程多用刑徒，故以司空兼管刑徒。朝廷九卿属下也有监管刑徒劳作的多种“司空”机构，如宗正属下有都司空令丞，少府属下有左右司空令丞，都司空与左右司空均设有囚禁未决犯的“诏狱”，收审京师及郡国的重大案犯及人证。水衡都尉掌治上林苑，下设水司空，一说与“上林诏狱”相关。

郡国县乡设置“司空”掌管水利、土建工程、役使罪犯劳作，并负责徭役征发和追缴逋贷等事务。《汉书·百官公卿表》注引如淳曰：“律，司空主水及罪人。贾谊曰：‘输之司空，编之徒官。’”《秦简》中有关司空职务的法律，称《司空律》。据《睡虎地秦墓竹简·秦律杂抄》载，“县司空”为一县司空机构之主官，为工程总监，下属有“司空佐史”负责文书工作，还有“署君子”或简称为“君子”是率领戍卒修筑城墙的监工。《张家山汉简·二年律令·秩律》明确记载汉初各县设立“司空”官职，并根据县境大小、人口多少或距离京师的远近程度将其秩俸分为三等。另据贾谊《新书》称，当时“司空”机构中监管犯人者有“司寇、牢正、徒长、小吏”。

秦与西汉中叶到东汉前期，中央和地方行政组织中的“司空”机构逐渐发生变化，纷纷裁撤，仅在三公中保留“司空”，但与罪犯劳动管理无关。

汉成帝绥和元年（公元前 8 年），改御史大夫为大司空。哀帝建平二年（公元前 5 年）又改称为御史大夫，元寿二年（公元前 1 年）又复改称大司空。东汉初，刘秀置大司空。后去“大”字，但称“司空”，与大司徒、太尉合称三公。汉献帝建安十三年（208 年）又罢司空，置御史大夫。据《后汉书·百官志》载：“司空，公一人。本注曰：掌水土事。凡营城起邑、浚沟洫、修坟防之事，则议其利，建其功。凡四方水土功课，岁尽则奏其殿最而行赏罚。凡郊祀之事，掌扫除乐器，大丧则掌将校复土。凡国有大造大疑，谏争，与太尉同。世祖即位，为大司空，建武二十七年，去‘大’。”献帝建安十三年（208 年），又罢司空，置御史大夫，职如司空，不领侍御史。

魏初复置。晋代有司空，为八公之一，地位隆贵，但为虚衔。北周为冬官，称“大司空卿”。隋唐复为三公之一，为高官加衔，并无实权。明清不设。

（张田田）

司空诏狱

即左右都司空狱。汉代设于京师囚禁列侯、二千石等高级官员犯罪者之狱，一说属中都官狱诏狱系统。直属宗正，由都司空管理。参见中都官狱条、司空条。

（张田田）

司寇

先秦掌管刑狱、纠察等事的中央司法机构与官职名,也是天子之下的次高一级审判机关。

西周始置,春秋、战国时沿袭。一说司寇是以商王领导下的中央司法之长。辅佐商王的主要大臣为尹。其下有主管力役的司徒、主管工程的司空和主管刑狱的司寇。《礼记·曲礼》曰:"天子之五官:曰司徒、司马、司空、司士、司寇,典司五众。"

《国语·周语上》载:"司寇协奸。"注称:"司寇,刑官,掌合奸民,以知死刑之数也。"司寇负有保护道路安全、防备奸盗的职责。一说主要职掌是防治盗贼、维持治安,并非专职审判。据《周礼·秋官》载,刑官之属有"大司寇卿一人,小司寇中大夫二人"。大司寇助天子掌全国司法,以辅佐君王,小司寇助大司寇"以五声听万民之狱讼",掌管全国狱讼。秦汉以廷尉代之。据考金文有司寇一职,但金文所见西周贵族间较大的争讼,主要由公卿包括司徒、司马、司空三有司加以处理,而未见司寇参与。

春秋战国时期,陈、楚等国称司寇为"司败"。郑国除置司寇外,另有野司寇。司寇掌都城之内,野司寇掌农村。《左传·昭公十八年》载:"使野司寇各保其征。"徐中舒注:"野司寇,主野人刑狱的官。"参见大司寇条、小司寇条、司败条。

(张田田)

司厉

《周礼》所记掌处置盗贼和没收其财物的机构,属秋官司寇。《周礼·秋官·司厉》载:"司厉掌盗贼之任器货贿,辨其物,皆有数量,贾而楬之,入于司兵。其奴,男子入于罪隶,女子入于舂槀。凡有爵者,与七十者,与未齿者,皆不为奴。"司厉没收盗贼的兵器及财物,分别其种类、数量、价格,标签后转交司兵。因盗窃罪而没入为奴的,男子入于罪隶,女子入于舂槀;凡有爵位或年在七十以上和七、八岁以下的免为奴隶。

(张田田)

司隶

《周礼》所记管理奴隶、俘虏,使之服劳役的机构,秋官司寇的属官。据《周礼》载,"司隶掌五隶之法,辨其物,而掌其政令。帅其民而搏盗贼,役国中之辱事,为百官积任器,凡囚执人之事。邦有祭祀、宾客、丧纪之事,则役其烦辱之事。掌帅四翟之隶,使之皆服其邦之服,执其邦之兵,守王宫与野舍之厉禁"。司隶主要掌管着有关五隶的法律,即罪隶(盗贼的家人没入为奴者)、蛮隶(征南蛮所俘获的奴隶)、闽隶(征闽蛮所俘获的奴隶)、夷隶(征东夷所俘获的奴隶)、貉隶(征貉蛮所俘获的奴隶),辨别他们的衣服、器物,掌管有关他们的政令。率领手下的隶民追捕盗贼,从事着国家中比较低贱的事情,为文武百官积聚有用的器物,缉拿罪犯。王国祭祀、接待宾客或丧事时,司隶命令隶民从事繁杂低贱的事情。此外司隶还负责率领四翟隶官属下的隶民,使他们都穿本国的服装,持本国的兵器,守卫王宫和王在野外停宿地方的周围的屏藩。

汉哀帝时置司隶,掌察太子以下,行马内事皆主之,专道而行,专席而坐。魏晋沿置,以京辅所部定名置司州。东晋罢司隶,变其职为扬州刺史。北魏、北齐置为司州牧。北周置司隶下大夫,掌徒隶捕盗贼囚执之事。隋初有雍州牧,炀帝时置司隶台,有司隶大夫一人,掌诸巡察。

唐无。参见司隶校尉条、司隶台条。

（张田田）

司理参军

简称“司理”，宋朝基层司法官职名。五代时在各州设有马步院，以牙校任马步都虞侯，掌司法刑狱。北宋建立后，仿照马步院在诸州设置了司寇院，置司寇参军，掌理刑狱，“掌讼狱勘鞫之事……不兼他职”（《宋史·职官志七》）。北宋太宗太平兴国四年（979 年），“改司寇参军为司理参军，以司寇院为司理院，令于选部中选历任清白、能折狱辨讼者为之”（《续资治通鉴长编》卷二十）。司理参军由新晋进士或选人担任，还要求“试中刑法”，不兼他职，专任狱讼鞫勘之事，“司理参军掌讼狱勘鞫之事。中兴，诏曹掾官依旧，惟司理、司法并注经任及试中刑法人”（《宋史·职官志四》）。官秩为上州司理参军为从八品，中下州的司理参军为从九品。司理参军专门负责州内刑事案件的侦查审理工作，但不涉及具体的定罪问题。此外，因为要审理狱案，复察案情，所以司理参军还负责与案件相关的人证物证的检验工作。为了加强朝廷对地方司法权的控制以及监督地方司法机关的活动，还限令各州十日一报囚帐，不许谎报。元以后不设。

参考书目

1. 张希清等：《宋朝典制》，吉林文史出版社 1997 年版。
2. 贾文龙：《卑职与高峰：宋朝州级属官司法职能研究》，人民出版社 2014 年版。

（倪晨辉）

司隶台

巡察京畿以外全国郡县的隋代监察机构，长官为司隶大夫，其职掌为巡察京畿内外。掌诸巡察。隋炀帝时设司隶台（外台），与谒者台（中台）、御史台（宪台）并称三台。主官有大夫一人，正四品，驻守京师，负责地方官吏的考课。所属有别驾二人，从五品，分察畿内，一人案东都，一人案京师。刺史十四人，由诸郡从事四十人辅助。刺史巡察标准有六条，即一察品官以上理政能否；二察官人贪残害政；三察豪强奸猾侵害下人及田宅逾制，官司不能禁止者；四察水旱虫灾，不以实言，枉征赋役及无灾妄蠲免者；五察部内贼盗，不能穷逐，隐而不申者；六察德行孝悌、茂才异行，隐不贡者。不久废司隶台，改派京官清明者以司隶从事之名出使巡察。隋设司隶台与御史台并立，并非重复汉制，汉晋时御史台长官与司隶校尉组成二元中央监察系统，隋时设司隶台将汉司隶校尉之制与刺史之制结合起来主管地方官的监察兼考绩，设御史台主要纠弹朝中官吏，分工明确，实行中常遇障碍，如大业年间，御史台与司隶台即发生业务纠纷。参见御史台条、司隶校尉条、刺史条。

（张田田）

司隶校尉

监察京师百官的机构，掌察三辅，但朝廷百官均在其监察范围内，不受刺史出巡“以六条问事”之限，实权可比御史大夫。司隶校尉负责督大奸猾，“掌察举百官以下及京师近郡犯法者”。

汉武帝征和四年（公元前 89 年）以捕巫蛊事初置司隶校尉，后罢兵去节掌察京师百官，三公以下无所不纠;部畿辅七郡。省称司隶。御史台长官与司隶校尉组成二元中央监察系统,分督百官。西汉时司隶校尉受御史大夫节制,御史大夫改为大司空后仍属大司空,秩比二千石,位在司直下,但职权很重,与御史中丞大致相仿,并科纠举包括丞相在内的百官,直接弹劾三公。《后汉书 · 百官志》载,司隶校尉,建武中复置,并领一州。东汉权力尤大,《通典 · 职官十四 · 司隶校尉》记其掌察皇太子以下,行马内朝官皆可纠察,唯独不察三公。实际上除皇帝外无所不察,所察包括宰相和御史大夫。名曰无所不纠,行事仍有顾忌。司隶校尉和尚书令、御史中丞朝会时均有专席,有"三独坐"之称,即受皇帝直辖不受公卿领导的特殊官职。外戚与宦官争权均设法笼络司隶校尉。司隶校尉的属官有:都官从事,主察百官犯法者;功曹从事,主州选署及众事;别驾从事,校尉行部则奉引,录众事;簿曹从事,主财谷簿书;兵曹从事,主兵事;郡国从事,每郡国各一人,主督促文书,察举非法;律令师,主平法律;等等。

魏晋沿置,以京辅所部定名置司州。司隶校尉除监察权外还有治安权。司隶校尉虽称司州,但并未如刺史般演变成行政官,其从事有涉及行政庶务的,但仍以查举百官犯法的都官从事为第一。"司隶都官从事,主洛阳百官,朝会与三府掾同"(《后汉书 · 窦武传》注引《北堂书钞 · 设官部》)。"汉武初置十三州,刺史各一人,又置司隶校尉,察三辅、三河、弘农七郡,历汉东京及魏晋,其官不替。属官有功曹、都官从事、诸曹从事、部郡从事、主簿、录事、门下书佐、省事、记室书佐、诸曹书佐守从事、武猛从事等员,凡吏一百人,卒三十二人。及渡江,乃罢司隶校尉官,其职乃扬州刺史也。州置刺史,别驾、治中从事、诸曹从事等员。所领中郡以上及江阳、硃提郡,郡各置部从事一人,小郡亦置一人"(《晋书 · 职官志》)。及至东晋南渡,洛阳失守而无复司州,兼领司州又掌监察的司隶校尉被废,其职并于御史台,中央监察事权趋于统一。北魏、北齐置为司州牧。北周置司隶下大夫,掌徒隶捕盗贼囚执之事。隋初有雍州牧,有司隶大夫一人,掌诸巡察。隋炀帝时,设司隶台,与谒者台、御史台并称三台。唐无。一说京畿采访使亦类似其职。

（张田田）

司理院

宋朝地方监狱机构名。司理院原名马步院,始设于五代时期。唐末藩镇割据,各地藩镇皆于马步司内另置监狱,由牙校担任都虞侯、判官,负责刑狱事宜,称为马步院或马步狱。宋初沿用,太祖开宝六年(973 年),以武官任私无识,改马步院为司寇院,以进士或选人担任司寇参军,专门负责刑狱事宜。太宗太平兴国四年(979 年),改司寇院为司理院,司寇参军为司理参军,另设置判官一人,由诸州牙校中选择"有干局、晓法律、高赀者"为之,负责各州府的刑狱事宜。"改司寇参军为司理参军,以司寇院为司理院,令于选部中选历任清白、能折狱辨讼者为之"(《续资治通鉴长编》卷十六)。

（倪晨辉）

司录参军

宋朝基层司法官职名。宋朝时府一级设司录参军,州一级设录事参军,主要负责民事案件及纠察诸曹,"折户婚之讼,而通书六曹之案牍"(《宋史 · 职官志六》)。司录参军官秩为正七品,由京朝官充任,"司录参军国朝司录参军事一人,正七品以上朝官充,通管府院事"(《职官分纪·卷三八》)。元以后不设。

录事参军作为曹官之首,"掌州院庶务,纠诸曹稽违",担负监督纠察其他曹官及所辖诸县县官之责:"录事于古为州主簿……职纠录一郡诸曹、属县,上及太守,苟有过举,覆无所避。"熙宁年间,实行新法,曾专为司录参军"立稽违差失,许法司纠举赏罚法"。徽宗政和三年,又专为司录参军制定了纠举各官司失职的纠察簿,以督促其勤于职守。诏令规定:"诸道监司置簿,应一路州司录事,各以其簿授之,将事之稽违,已经纠举者,具载其上,候逐司巡历到,检察曹案,对簿所记,考其勤惰。岁终诸监司参校,定为优劣,悉闻于上,以俟升黜。"此外,司录参军还与判官一起掌领一州户籍税帐。司录参军与司户参军一起,分掌粮料院的给纳,并与通判一起监管军资库,军资库的簿书由司录参军与通判共同签署,以防知州挪用。司录参军在州级行政中处于重要地位,在部分不设判官或推官的地方由其兼代,如乾道时和州司录参军兼管判官,嘉定时高邮军司录参军兼行推官事。

(倪晨辉)

司录司

宋朝司法机构名,又称"府院"。司录司为宋朝开封府下设的主要负责民事诉讼的司法机构,偶尔也负责一些刑狱案件的审理,"折户婚之讼,而通书六曹之案牒"(《宋史·职官志六》)。其中户婚之讼不仅是指竞田宅婚姻债负之类的民事诉讼,而且还包括差科赋役不均及擅敛增税等案件。"通书六曹之案牒",则指审查功曹、仓曹、户曹、兵曹、法曹、士曹等诸曹的案牍。司录司还设有监狱,主要关押犯罪嫌疑人、证人及与案件有关联的人。司录司长官为司录参军。

参考书目

1. 王云海主编:《宋代司法制度》,河南大学出版社 1992 年版。
2. 贾玉英、赵文东:《北宋开封府管理制度研究》,载《史学月刊》2001 年第 6 期。

(倪晨辉)

司盟

《周礼》所记管理盟书证据、解决纠纷之官。属秋官司寇。"司盟掌盟载之法。凡邦国有疑会同,则掌其盟约之载及其礼仪,北面诏明神。既盟则贰之。盟万民之犯命者,诅其不信者,亦如之。凡民之有约剂者,其贰在司盟。有狱讼者,则使之盟诅。凡盟诅,各以其地域之众庶共其牲,而致焉。既盟,则为司盟共祈酒脯。"司盟是掌管订立盟辞之法的官职。当诸侯之间因不和谐而会同时,司盟负责记载盟约之辞以及负责主持盟约的礼仪,面朝北宣读盟辞以告知神明。盟约订立之后,司盟抄写盟辞的副本交给六卿保管。盟诅民众中违背国君命令的人,盟诅违背誓约的人,也是如此。对于民众之间订立的契约卷书,副本由司盟负责收藏。在发生诉讼时,先让他们盟诅。凡举行盟诅,让当事人所在地民众供给所需的牲畜,将民众聚集在一起。盟诅之后,为司盟提供祈神所需的酒脯。

(张田田)

司市

《周礼》所记掌管市场的治教政刑、量度禁令的机构,属地官司徒。司市为市官之长,其职责为:治、教、政、刑、量度、禁令,通过此六种方式,对市场及上市商品进行管理。据《周礼》记载,其具体工作为:“以次叙分地而经市,以陈肆辨物而平市,以政令禁物靡而均市,以商贾阜货而行市。以量度成贾而征价,以质剂结信而止讼,以贾民禁伪而除诈,以刑罚禁虣而去盗,以泉府同货而敛赊。”意即掌理市的治、教、政、刑,负责制定度量衡器和各种市场规则,按商品种类等级划分市场经界范围,平抑物价,征收市税,查禁假伪商品和惩治偷盗等。

(张田田)

司徒

掌土地、人民、教化等的官僚与机构名。西周中后期“三有司”是政府三大官署,领掌国家重要政务,《尚书·牧誓》记有“司徒、司马、司空”。司徒又记为司土,掌管土地,有兼职,有僚属。《周礼》载“乃立地官司徒,使帅其属而掌邦教,以佐王安扰邦国。教官之属,大司徒卿一人,小司徒中大夫二人”;“大司徒之职,掌建邦之土地之图,与其人民之数,以佐王安扰邦国”;“小司徒之职,掌建邦之教法,以稽国中及四郊都鄙之夫家,九比之数,以辨其贵贱老幼废疾,凡征役之施舍,与其祭祀饮食丧纪之禁令”。

秦代省司徒而置丞相。西汉哀帝元寿二年(公元前1年)罢丞相,置大司徒,掌助天子理万机,与大司马、大司空,并称三公(《汉书·百官公卿表上·国相》)。东汉光武二十七年(51年),三公去“大”字,司徒掌民事,并以礼义教化人民。君臣不正,人道不和,国多盗贼,民怨其上,则责之司徒(《后汉书·百官志》)。

魏沿汉制,但三公为虚衔。北周以司徒为地官,称大司徒卿。隋唐时,司徒复为三公之一,参议国事。历代沿用。宋代司徒为宰相、亲王、使相的加官。宋徽宗政和二年(1112年)废。

(张田田)

司刑

《周礼》所记主刑书、掌依法治罪的法官,属秋官司寇。《周礼·秋官·司刑》载:“掌五刑之法,以丽万民之罪。墨罪五百,劓罪五百,宫罪五百,刖罪五百,杀罪五百。若司寇断狱弊讼,则以五刑之法诏刑罚。而以辨罪之轻重。”意即其专司执行刑罚事宜。掌墨、劓、宫、刖、杀五刑之法,按人民所犯罪行量刑之轻重。在大司寇审断狱讼时,司刑就依据五刑之法来辨别罪行的轻重,并建议大司寇施行相宜的刑罚。司寇断狱即根据五刑之法加以判处。唐龙朔二年(662年)刑部改称司刑,咸亨元年(670年)复称刑部。参见大司寇条、刑部条。

(张田田)

司狱司

中国古代监狱管理机构名。司狱司始设于金朝,“诸京留守司,司狱一员,正八品。诸司狱司,司狱一员,正九品,提控刑囚”(《金史·百官志三》)。凡中央和地方监狱机关均置有司狱官,专管囚系狱具及门禁启闭之事,属狱政管理人员。元朝也设置有司狱司,大德七年(1303年)于刑部置司狱司,设司狱一人,正八品;狱丞一人,正九品;狱典一人;部医一人,掌调视病囚。此外,元朝还在大都路及南、北两城兵马司下设置司狱司,掌率狱吏、典囚徒之事。明朝在刑部、都察院、五军都督府、地方各省布政使司、提刑按察使司、各府下设司狱司,有司狱一至六人不等，从九品，负责“率狱吏，典囚徒”（《明史·职官志一》）。其中刑部司狱司有司狱六人，都察院司狱司有司狱五人，各省布政使司、提刑按察使司、各府司狱司有司狱一人。清沿明制，其机构设置与职能范围均与明朝相同。

（倪晨辉）

司约

《周礼》所记管理盟约契约文书证据、解决纠纷之官，属秋官司寇。据《周礼》记载，“司约掌邦国及万民之约剂，治神之约为上，治民之约次之，治地之约次之，治功之约次之，治器之约次之，治挚之约次之。凡大约剂书于宗彝，小约剂书于丹图。若有讼者，则珥而辟藏，其不信者服墨刑。若大乱，则六官辟藏，其不信者杀”。疏云：此六约者，诸侯以下至于民，皆有焉。剂，谓券书也。治者，理其相抵冒上下之差也。神约，谓命祀、郊社、群望及所祖宗也。夔子不祀祝融，楚人伐之。民约，谓征税迁移，仇雠既和，若怀宗九姓在晋，殷民六族七族在鲁、卫皆是也。地约，谓经界所至，田莱之比也。功约，谓王功国功之属，赏爵所及也。器约，谓礼乐吉凶车服所得用也。挚约，谓玉帛禽鸟，相与往来也。司约掌理券书契约，对因契约而发生争执时，根据其所藏的约书进行裁判。其中以祭祀神明的命祀之约为最重要，其次则为民约及有关土地、功勋、礼乐器、贽物等契约。凡邦国间的大契约需刻于宗庙的常器，民间的小契约则书之竹帛。若有违约者一般判以墨刑；发生重大僭约事件，则请六官会同，启视约书，判以死罪。

（张田田）

司直

原为掌辅佐丞相、纠举不法的官员，设于丞相府，后为置于廷尉、大理寺的法官。《汉书·百官公卿表》载：“武帝元狩五年，初置司直，秩比二千石，掌佐丞相，举不法。”武帝时丞相司直确有督录诸州事务及州部刺史的权力。一说司直不但举劾地方官员，也劾举中央官员，丞相府中司直为皇帝任免，与其他由丞相自辟的僚属不同，能监督牵制丞相。东汉光武帝即位，依汉武帝故事，置司直，居丞相府，助督录诸州事。《后汉书·百官志》本注曰：世祖即位，以武帝故事，置司直，居丞相府，助督录诸州。李贤引《献帝起居注》曰：“建安八年十二月，复置司直，不属司徒，掌督中都官，不领诸州。九年十一月，诏司直比司隶校尉，坐同席在上，假传置，从事三人，书佐四人。”《汉官仪》载：“武帝置丞相司直，元寿二年（公元前121年）改丞相为大司徒，司直仍旧。”《后汉书·光武纪下》载：建武十一年（35年）“夏四月丁卯，省大司徒司直官”。以后汉献帝建安八年复置司直，不属司徒，掌督中都官，不领州。九年诏司直比司隶校尉，坐同席，在上，假传，置从事三人，书佐四人。《后汉书·马严传》载：“故事，州郡所举，上奏，司直察能否以惩虚实。”司直这方面的权力很大。

汉代中央监察机关或职务先后设置有御史大夫、丞相司直、司隶校尉、御史中丞。徐天麟《西汉会要》卷三十七《职官七》有班序表，丞相司直、司隶校尉班位在关内侯之后，司直排在最前，其后是司隶校尉，再其后是御史中丞。司直的职责主要是主管监察检举，职掌虽不如御史中丞广泛，但在劾举官吏方面，与御史中丞又相似。历史学家祝总斌指出，“司隶校尉偏重在通过直接发现百官的不法行为进行检举，如行驰道中在京师活动违犯禁令等。御史中丞在汉初则为‘受公卿奏事，举劾按章’，也就是通过发现公卿给皇帝所上言事文书之违失处进行举劾。

而(丞相)司直和他们不同,主要是通过审阅经过丞相府的各类文书,发现不法行为,进行纠察”。一说司直并非只据文书案牍察举官员,在发现不法时,可直接上书举劾。

后魏孝庄帝永安三年(530年)隶廷尉,掌复理御史检劾事,负责审理御史的检劾。北齐以后改属大理寺,改称大理司直,隋唐沿置。据《唐六典》《通典》记载:司直六人,从六品上,掌承制出使推复,若寺有疑狱,则参议之。大理司直承制出使推鞫地方长吏,根据诉状认为该官员应当停职或拘禁者,当以鱼书请示朝廷,批准后依据诉状内容尽情推按,甚至可以对官员依法实行刑讯。大理司直与评事的连署地位当为主典,但有时也可为判官。《新唐书·刑法志》载,“自永徽以后武后已得志,而刑滥矣。当时大狱以尚书刑部、御史台、大理寺杂按,谓之三司”。则天武后时期后,大理司直与评事的地位日益重要,常与御史及刑部郎中、员外郎组成“三司”,办理“诏狱”。宋代分断刑司直和治狱司直,各司其职。金代司直“掌参议疑狱,披详法状”。明废。

另据《唐六典》记载,高宗龙朔三年(663年)置太子司直二人,正七品上,掌弹劾宫寮,纠举职事,属詹事府。明废。

(张田田)

诉理所

全称为“管勾看详诉理所”,宋朝司法机构名。宋哲宗元祐元年(1086年)置,最初设置的目的是平反在宋神宗时期因变法而遭贬黜的官员。“尝置诉理所,申理冤滥”,“凡得罪熙宁,元丰之间者,咸为除雪”(《宋史·刑法志二》)。最初平反的范围限于熙宁元年(1068年)正月以后,至元丰八年(1085年)三月六日大赦以前有冤抑的官吏,需要在半年内提交诉状,申请平反,后将期限延长至元祐二年(1087年)三月五日。“命官诸色人被罪,合行诉理,并限半年进状,先从有司依法定夺,如内有不该雪除及事理有所未尽者,送管勾看详诉理所。”提出平反申请的案件,先由刑部审核;刑部不能昭雪的,交由诉理所审查处理。后哲宗于元符元年(1098年)亲政,又将经诉理所平反的八百三十家官吏重新定罪。当其时,御史中丞安惇上奏说:“神宗励精图治,明审庶狱,而陛下未亲政时,奸臣置诉理所,凡得罪熙宁、元丰之间者,咸为除雪,归怨先朝,收恩私室。乞取公案,看详从初加罪之意,复依元断施行。”于是“因伸雪复改正重得罪者,八百三十家”(《宋史·刑法志二》)。宋徽宗即位后,又改正元祐诉理之人。

参考书目

王云海主编:《宋代司法制度》,河南大学出版社1992年版。

(倪晨辉)

肃政廉访司

又称“宪司”“监司”,元朝地方监察机构名。元朝建国后,在全国划分出若干道作为监察区,初为四道,至元十四年(1277年)增为八道,后来又不断增置,到至元三十年(1293年)正式定为二十二道。各道设置专职监察机构,最初称为提刑按察司,后于至元二十八年(1291年)改称肃政廉访司,具体负责对全国一百八十五路的监察工作。事实上,肃政廉访司属于行御史台,常驻各道监察区,对地方官吏进行监督。所谓“外察行人……理达民庶冤辞”(《元史·刑法一》)。对于官吏失职、渎职等行为,如“赃污、欺诈、稽违,罪入于刑书者”,也要“岁会其数及其罪状上之”(《元史·刑法一》)。

各肃政廉访使司设有肃政廉访使二人,正三品;肃政廉访副使二人,正四品;佥事二到四人,正五品,其中“二使留司以总制一道,余六人分临所部,如民事、钱谷、官吏奸弊,一切委之。俟岁终,省、台遣官考其功效”(《元史·世祖纪十三》)。此外还有经历一人,从七品;知事一人、正八品;照磨兼管勾一人,正九品;书吏十六人,译史、通事各一人,奏差五人,典吏二人。

肃政廉访司主要负责:(1)纠劾地方官吏非违不法。纠劾地方官吏非违不法,是廉访司最基本、最常见的监察活动。它涉及面广,几乎是以司县到行省的所有官府为纠劾对象。但同时又带有只是检举揭发和听从朝廷裁决的局限性,故常因朝廷内外政治斗争及皇帝对台察官态度等影响而成败相参。廉访司正式介入对行省的监察,始于至元二十九年(1292 年)。廉访司纠劾行省官吏定制后,有时还被行御史台长官用作打击行省政敌的工具。除行省、宣慰司外,廉访司对万户、蒙古军大都督府、都转运司、海道都万户、行宣政院等诸色官府均有纠劾权。廉访司在纠劾方面拥有很大权力,几乎可以涉及本道和与本道有关的所有官府,但是,纠劾本身是一种向朝廷的检举揭发,究竟如何处理发落,权在朝廷。又因肃政廉访司散处各地,远离权力中心,不可能直接上奏皇帝,他们的弹劾表章需要御史台的转达和严格审查。如系行御史台所属,则先呈行台,由行台大夫署字后咨送内台,“分拣奏事”。凡是内台认为“合奏的”,可以转奏皇帝。凡是行台大夫不署字或内台官认为“不合奏的”,就会胎死腹中。这无形中增加了廉访司弹劾获得成功的难度。尤其是对宣慰司、行省等秩高权重官员的纠劾,并非轻而易举。为了增加成功率,廉访司官或“条其宿恶”,以个人名义弹劾,或以廉访司官府名义弹劾。(2)照刷案牍并按问处罚犯罪官吏,即通过对官府文牍的检查复核,确认各地官吏是否存在稽迟、违错、诈冒不实等情况,并对犯罪官吏予以处罚。照刷案牍虽然是比较繁琐的文案检核,但它将行政监察贯彻于“簿书期会”之中,某种意义上应该是廉访司监察活动深入、细致的表现。在案牍照刷中,发现“诈冒不实”,廉访司有权“究治”处罚。处罚包括笞责和罚俸等方式。廉访司照刷案牍,遍及地方诸官府,而且严格苛细,工作量颇重。照刷检核案牍,涉及诸色地方官府所办理的庶务,使廉访司的监察职司在唐宋监察御史“六察”及金提刑按察司兼掌“照刷案牍”的基础上进一步深入和扩充。由此,廉访司也就成为名副其实地凌驾于地方官府之上并对其日常政务进行细致严密监督的“监司”了。然而,照刷案牍,繁重芜杂,事无巨细,悉查无略,不仅引起了有司的不满和抵触,也费去了廉访司官许多精力。这对廉访司纠察非违不法的基本职能,客观上也有些消极影响。廉访司官还可在朝廷规定的范围内较独立地审查讯问,乃至处罚犯罪官吏。与纠劾、照刷相比,审讯处罚对地方官吏的利害影响似乎更直接,更能体现宪司的崇高权威。(3)兼管刑狱,具体包括录问囚徒、详谳重刑疑案、受理百姓称冤词讼、管理下设的司狱司、关押待罪官吏等职责。肃政廉访司的前身为提刑按察司,无论官名和实际职事,刑狱都是最重要的职责。录囚,是指讯视记录囚徒罪状,复查路府州县已结案或久禁不决的囚犯。详谳重刑疑案,是廉访司“平刑议断”的另一项内容。元制,诸路流以上重刑狱案均要由按察司或廉访司“亲行参照文案,察之以情,当面审视。若无异词,行移本路总管府结案”。若有“番异及别有疑似者,即听推鞫”。廉访司的另一项司法职能是受理百姓称冤词讼。元制,“诉讼等人先从本管官司自下而上,以次陈告。若理断不当,许赴提刑按察司陈诉”。此外,廉访司还可接受投下民户“状告本投下提领所衙门”和吐蕃喇嘛“箠驿吏几死”等案件。诸王投下和吐蕃喇嘛是元代享有许多特权的集团或阶层。状告他们的词讼,一般官府根本不敢受理。尤其是受理吐蕃喇嘛不法案,也只有在世祖近侍不忽木出任按察副使的特殊条件下才可能实施。这些均表现了廉访司在地方司法中不可替代的功用。廉访司还兼辖本道路府州的司狱司。元朝中期以后,有些廉访司还自备刑具,以待"命官及有出身之吏"。(4)劝农桑、举贤、赈灾、体覆等民政职责。廉访司职司虽重在监察及刑狱,但"民事、钱谷、官吏奸弊,一切委之","于政事无所不得治"的特色,一直十分显著。诸如劝农桑、举贤、赈灾、均役、体覆、兴学等,通常也由本道廉访司兼管,或由廉访司监督实施。廉访司作为朝廷的耳目之司,也担负替国家访求举荐贤能的任务。廉访司在赈济灾荒方面所负的责任,也比一般官府重要。廉访司官在均平劳役方面、廉访司在其他兴利除弊方面也能发挥积极作用。

肃政廉访使司作为元代地方常设的专门性监察机构,是中国古代监察制度的一大进步。从某种意义上说,肃政廉访司的设置开创了古代地方分道专职监察的新体制,对明清各省按察司监察也发生了较为直接的影响。

参考书目

李治安:《元代行省制度》(下),中华书局2011年版。

(倪晨辉)

肃政厅

中华民国北洋政府时期平政院下设的监察机构名。肃政厅始设于1914年,是平政院下设的独立机构,专门负责纠弹官吏违法事宜并提起行政诉讼,此外,肃政厅还负责监督平政院裁决的执行。肃政厅设都肃政史一人,由大总统任命,负责指挥监督全厅事务;肃政史十六人,负责纠弹官吏违法失职事宜。肃政史由平政院院长、各部总长、大理院院长和高等咨询机关等密荐年满30岁,具有下列两项资格之一者,呈请大总统选择任命:(1)任荐任官以上行政职三年以上著有成绩者;(2)任司法职二年以上著有成绩者。虽然肃政厅设置于平政院内,但其不受平政院命令和制约。在其职权行使过程中,平政院院长及三庭评事无权干涉。同时,平政院的裁决,由肃政史监督执行。1916年被撤销。

参考书目

1. 王超:《中国历代中央官制史》,上海人民出版社2005年版。
2. 钱端升等:《民国政制史》,上海人民出版社2011年版。

(倪晨辉)

遂士

《周礼》所记掌地方民刑事案件审判之官,属秋官司寇。国都百里之内为郊,四邻之内设有六遂。郑玄注言"掌四郊"者,此主四郊狱也。六遂之狱在四郊。遂士主管本遂的狱讼,兼掌四郊之狱讼纠纷以及本遂民众的数目和有关戒令,审察诉辞,辨明罪行轻重和刑罚判处,摘要呈报并协助大司寇正式审断等事务。《周礼·秋官·遂士》载:"遂士掌四郊,各掌其遂之民数而纠其戒令,听其狱讼,察其辞,辨其狱讼,异其死刑之罪而要之。若邦有大事聚众庶,则各掌其遂之禁令,帅其属而跸。六卿若有邦事,则为之前驱而辟。其丧亦如之。凡郊有大事,则戮其犯命者。"遂士掌管所属领域内的狱讼,由大司寇审断,掌管刑法的官员给出参考意见,案件结束之后由士师保管。择日进行刑、杀,陈尸三日等。在王国有大事需要聚集六遂之内的民众时，遂士各自掌管所属民众的禁令，率领属下禁止闲人通行。在六卿有国事外出时，遂士为他们做向导并清除路上行人。六卿有丧事时也是如此。在郊地有大事时，遂士负责诛杀违反命令的人。

同为地方法官，在乡士所管理的狱讼中，王欲赦免有罪之人，需亲自到场参与议罪。而在遂士所管理的狱讼中，王只需派三公到场即可。

参见乡士条、县士条。

（张田田）

太常

掌宗庙礼仪等事务的机构，为汉九卿之首。古曰秩宗，秦曰奉常。汉以后称太常，取国家盛大社稷常存之意。唐曾改称奉常、司宗。秦汉太常卿承商周太史寮职事掌宗庙礼仪。据《唐六典》所记，太常掌邦国礼乐郊庙社稷之事。秦汉属官有丞，比千石，相当于“秩千石”的丞相长史和御史中丞。《后汉书·百官志》注又引《汉旧仪》曰：太常“丞，举庙中非法者”。唐设卿一员为首长，秩正三品，为诸卿监中长官品秩最高。少卿二员，秩正四品，也较其他部门少卿高一级。下辖八个署，分而理事。卿和少卿总其官属行其政令。历代沿置。清末改制废。

（张田田）

太守

又称“郡守”，中国古代地方行政长官名。秦始皇统一中原后，实行郡县制，其中郡一级的长官即为郡守，汉景帝中元二年（公元前148年）改称为太守。“郡守，秦官，掌治其郡，秩二千石”，“景帝中元二年更名太守”（《汉书·百官公卿表》）。太守负责该郡的军民治安，“凡郡国皆掌治民，进贤劝功，决讼检奸。常以春行所主县，劝民农桑，振救乏绝。秋冬遣无害吏案讯诸囚，平其罪法，论课殿最。岁尽遣吏上计，并举孝廉”（《后汉书·百官志五》）。隋唐时屡有兴废，宋朝后不设太守，改用知州、知府。但仍把知州、知府及刺史俗称为太守。

（倪晨辉）

太尉

秦汉中央重要官员，初为武职之首，后为三公之一，论决国家大事的主要宰相。据《汉书·百官公卿表》记载，本为秦官，金印紫绶，掌武事。秦以丞相、太尉、御史大夫三大宰辅职能系统辅佐皇帝，但太尉不常设。西汉废置无常，多与军事有关，有虚位性质。东汉光武帝建武二十七年（51年）将大司马改为太尉，实为丞相，三公之首，国有过事则与司徒、司空二公通谏争之，有大案大疑则议事（《后汉书·百官一》）。掌军事行政，其余则是礼仪论道之事，并无统率军队之职。

长官个人开府，辟僚属。太尉府比照西汉丞相府，也是分曹理事，层级分明。其下包括辞曹（主辞讼事）、法曹（邮驿科程）、尉曹（卒徒转运）、贼曹（盗贼）、决曹（罪法）等。“光武皇帝愠数世之失权，忿强臣之窃命，矫枉过直，政不任下，虽置三公，事归台阁”（《后汉书·仲长统传》）。魏晋后仍为三公之一，起初依然开府，自隋撤销府与僚佐后则少有实权，成为优待宰相亲王等的加官赠官。内朝掌决策，外朝掌行政的原则下，“天下事皆上尚书，与人主参决，乃下三府”,“众务悉归尚书,三公但受成事而已”(《唐六典》尚书省条)。元不常置。明废。

（张田田）

太子家令

太子东宫属官,即太子东宫总管。《汉书 · 百官公卿表》载:“詹事,秦官,掌皇后、太子家,有丞。属官有太子率更、家令丞、仆、中盾、卫率、厨厩长丞。”张晏曰:“太子称家,故曰家令。”汉太子家令主仓谷饮食,职比廷尉、司农、少府。西汉属詹事,后汉属太子少傅。魏因之,晋代家令兼管刑狱。宋、齐、梁、陈、北魏、北齐均置。隋太子家令掌刑法、食膳、仓库、奴婢等。唐与隋同,唯不主刑法,总食官、典仓、司藏三署及其官属。唐以后各代亦设家令,职掌随时不同。辽代称太子家令,属太子家令寺。明清不设。

（张田田）

提点大理寺

辽代大理寺长官名。辽国建立后,设立了专职的司法机构——夷离毕院,最高长官为夷离毕,掌刑狱方面的事务。属官有左夷离毕、茌夷离毕、知左夷离毕事、知右夷离毕事等一系列司法官员执掌刑狱事宜。后于圣宗统和十二年(994 年),仿照汉制,设立了大理寺。辽大理寺为南面官,长官为提点大理寺,属官有大理寺正,为南面官。“大理寺。有提点大理寺,有大理正,圣宗统和十二年置”(《辽史》百官志三)。辽代大理寺专门负责审理重大的汉人诉讼案件,而契丹人的诉讼案件则由夷离毕院负责审理。参见大理寺条、夷离毕院条。

（倪晨辉）

提点刑狱公事

简称“提刑”“提点刑狱”,宋朝地方司法官名。提点刑狱公事是宋朝地方重要的司法官员之一,是宋朝各路提点刑狱司的长官,元朝设置的肃政廉访使、明清时期设置的提刑按察使均为其在后世的延续。宋太宗淳化二年(991 年),于诸路转运司下设置提点刑狱,淳化四年(993年)罢。宋真宗景德四年(1007 年)复置,这时提点刑狱已从转运司中独立出来,成为地方主管司法的专门机构,在地方名为提点刑狱司,简称“宪司”;在京畿地区名为提点开封府界诸县镇公事,南宋改称提点京畿刑狱。其长官为提点刑狱公事,以朝官充任,其副职为同提点刑狱,以武官充任。后提点刑狱公事又兼管劝课农桑,因此改称“提点刑狱劝农使”。仁宗天圣六年(1028 年)尽废;明道二年(1033 年)复置,其后屡废屡设。宋神宗熙宁初,“以武臣不足以察所部人材,罢之”。熙宁六年(1073 年),复置诸路提刑司,并在诸路提刑司下设置检法官一名,提点刑狱司自始才彻底稳定下来。南宋孝宗时定制武臣不得为同提点刑狱,武官任提刑司副职从此成为历史。提点刑狱公事的职责主要为:管理该路刑狱、治安和监察事务,审问囚徒、复查案牍,凡淹滞狱案及贼盗逃窜不能获者,皆上报朝廷;举劾有关官吏违法失职,并兼管农桑。“提点刑狱公事,掌察所部之狱讼而平其曲直,所至审问囚徒,详核案牍,凡禁系淹延而不决,盗窃逋窜而不获,皆劾以闻,及举刺官吏之事”(《宋史 · 职官志七》)。可见,提刑是一个监督州县司法工作、加强司法活动的官职,后世巡按使即由提刑发展而来。参见巡按御史条、监司条、转运使条。

参考书目

1. 王晓龙:《宋代提点刑狱司制度研究》,人民出版社2008年版。
2. 张希清等:《宋朝典制》,吉林文史出版社1997年版。

(倪晨辉)

提督九门步军巡捕五营统领

简称“九门提督”“步军统领”,清朝京师武官名,主管京师守备及治安。设置步军营提督九门步军巡捕五营统领一人,初为正二品,嘉庆四年升为从一品;左、右翼总兵各一人,正二品。主要职责为“统领掌九门管钥,统率八旗步军五营将弁,以周卫徼循,肃靖京邑。总兵佐之”(《清史稿·职官志四》)。其下属有:司务僖司务一人,笔帖式十二人,左、右二司郎中各一人,员外郎、主事各三人。司务负责档案整理,财务审计分发;左右司郎中负责管理文件,解决争讼。九门提督统领巡捕五营,其统兵军官为翼尉一人,正三品;副翼尉一人,从三品;协尉一人,正四品;副尉一人,正五品。满、蒙、汉军俱各八人。捕盗步军校、步军校,正五品;委署步军校,正六品。城门领,初为正四品,乾隆十四年改为从四品;门千总,正六品;城门吏,正七品。巡捕五营副将一人,中营置。参将四人。南、北、左、右营各一人。游击、都司各五人,守备十八人,千总四十六人,把总九十二人。信砲总管,正四品,满洲一人;监守信砲官,正五品,满洲、汉军各四人。其中,翼尉各官负责统领步军,守卫京师。城门领负责看守城门,检查人员出入情况。巡捕营各官负责按区域分别防守,巡逻纠察,维持治安。信砲总管负责遇警根据命令发信号示众。

清军入关后,于顺治元年(1644年)根据统治需要,在北京设置了步军统领衙门,主要统领北京城内及城郊的八旗步军。康熙十三年(1674年),“始命步军统领提督九门事务”,康熙三十年(1691年),“复命步军统领兼管巡捕三营”(《清史稿·职官志四》)。乾隆四十六年(1781年),以三营辖区过大为由,增设巡捕左、右二营,一共为巡捕五营,并置副将各官。至此,步军统领才被称为提督九门步军巡捕五营统领,并一直延续到清朝灭亡。袁世凯建立北洋政权后,仍然保留这一机构,用来镇压、维护其专制统治。1924年冯玉祥率部进入北京后,于同年10月5日,步军统领衙门才被裁撤。

(倪晨辉)

提法使司

清末地方司法行政机构名。清朝光绪三十二年(1906年)官制改革,把中央的刑部改为法部。光绪三十三年(1907年)颁布《关于各省按察使改为提法使的谕令》,把地方上的按察使司改为提法使司,主管当地的司法行政事务。一开始从东三省试行,至宣统二年(1910年)终在全国施行。提法使司的长官为提法使,官秩正三品,负责地方司法行政工作,如监督本省各级审判厅、检察厅和监狱事务。内设总务、刑民、典狱三科,长官为科长,正五品;一等科员各一人,正六品;二等科员无定额,正七品。三个科室负责职员进退、草拟法律、解释疑义、请示各级审判厅之设立废止、辖区更改、编纂刑民案件、改良监狱等事务。

参考书目

刘子扬:《清代地方官制考》,故宫出版社2014年版。

(马小红 倪晨辉)

提举常平司

简称“仓司”,宋朝地方行政机构名。提举常平司主要负责常平仓、免役、市易、水利、坊场、河渡等事项,也负有监察官员的职责。提举常平司前身为设置于太宗淳化三年(992年)的常平仓,真宗时于京东等路设置常平仓,由转运司选拔清干官员打理日常事务。至神宗年间,全国各路广设“提举常平广惠仓”,提举常平司应运而生。宋神宗熙宁二年(1609年)始设,哲宗元祐初年废置,绍圣初复置,南宋初因战乱时置时废,绍兴五年(1135年)与提举茶盐司合并,绍兴十五年(1145年)恢复监司地位并成为定制。提举常平司长官为提举常平官,其下属有相度农田水利差役利害、管干、管勾官、给纳官、干办官等。

提举常平司的主要职责为:(1)主管常平仓、义仓,行赈济灾民、救助孤幼等慈善之举。宋代设置常平仓、义仓的目的是保证地方政府能够在大灾之年有足够的粮食赈济灾民,“以备凶灾”。同时,常平仓还有平抑粮价的作用。遇到具体赈灾事宜,提举常平司的职责即为“粜给借贷”。同时,提举常平司还设有“慈幼局”,以收养那些因家境贫寒,或受“生子不举”观念影响而遭遗弃的孩童。(2)监察本路州县官吏。提举常平司的监察权,始于神宗熙宁三年(1070年):“提举诸司库务司勾当公事官,不得擅诣诸司库务点检取索文字,追呼公人,违者,提举司劾奏。”虽然北宋时期提举常平司监察权几经损益,到了南宋按察官吏的职能却颇受重视。(3)管理地方矿业、盐业生产与贸易。宋徽宗崇宁二年(1103年),“隶提举常平司,置场官监处,冶户无力兴工,许借常平司钱,俟中卖,于全价内克留二分填纳,不堪置场,召人承买处,中卖人官,价钱以常平司钱,限当日支还”。此项权力于建炎元年(1127年)重新划归转运司。绍兴十五年(1145年),全国各路提举常平司和提举茶盐司合并,是为提举常平茶盐司,掌管“摘山煮海之利,以佐国用”。(4)管理本路没官、户绝等田产。没官田产一般来自贪官污吏或强盗、劫匪,户绝者则因为田产没有合法继承人成为无主之产。此类田产一般由提举常平司处置,“没人官田悉归常平司”。

参考书目

1. 王成、谢新清:《中国地方政府发展史》,山东大学出版社2011年版。
2. 贾玉英:《宋代监察制度》,河南大学出版社1996年版。
3. 李之亮编:《宋代路分长官通考》,巴蜀书社2003年版。
4. 陈长征:《北宋中央控驭地方的派出机构——路》,载《山东大学学报(哲学社会科学版)》2003年第2期。

(倪晨辉)

提牢厅

明清时期中央狱政管理机构名。提牢厅始建于明朝洪武年间,前身是元朝时的提点牢狱。元朝的提点牢狱“专管狱事,扫除牢房,涤洗器杻,时其衣食,病则亲临看视,设有冤枉,申达本道廉访使”,“委佐二幕职分轮一员,须三日一次,亲于狱内点视每月一替”(《元典章新集·刑狱》)。

提牢厅始建于明朝正统年间,“兹厅若司建自正统”(《提牢备考·杂事考·重修提牢司狱司记》)。但此时的提牢厅仍不是负责全国狱政管理的机构,而仅仅是负责京师一地监狱管理事宜的机构。此时的提牢厅主官,由刑部每月委派一名主事负责,“凡提牢、刑部每月札委主事一员接管,先五日旧提牢官、将提牢须知、封送接管官看阅。至日将囚数、并一应煤米等项文簿、呈堂查验、批发新提牢官管理。除朔望日升堂、及有事禀堂外。余日不得擅出。专一点视狱囚、关防出入……查理病囚医药、禁革狱中一应弊端。每日仍会同巡风官点视封监”(《大明会典》卷一百七十八),“凡提牢,月更主事一人”(《明史·职官志一》)。提牢厅的职责极为广泛,凡有关牢狱安全,囚犯的起居生活管理及提审出入监、狱官履行职责等,都是提牢厅的负责事项,另外各府州县也由佐贰官提调牢狱,“修葺囹圄,严固扃钥,省其酷滥,给其衣粮。囚病,许家人入视,脱械锁医药之。簿录俘囚,配没官司奴婢,咸籍知之”(《明史·职官志一》)。此后,提牢厅的职权得到加强,刑部十三司下设的监狱皆由提牢厅负责管理,“天下之狱,分听于刑部之十三司,而十三司之狱又并系于提牢厅,故提牢厅天下之狱皆在焉”(《提牢备考·杂事考》)。甚至对于在押的犯人,如有冤抑,提牢官也可进行审察,如确为无辜,则呈堂纠治。“其有冤抑不伸及淹禁日久不与决者,提牢官审察明白,呈堂整治”(《大明会典》卷一百七十八)。

清朝时的提牢厅制度日趋完备,提牢厅的长官也由明朝时的轮流担任变为固定职位。长官为提牢主事,满汉各一人,例由本部试俸及额外主事内拣选引见补授,一年期满,试俸者作为实俸,额外者咨吏部提请实授;经承二人;属官有满汉司狱各四人,任期三年,均由本部笔帖式中补授,不开笔帖式缺,三年期满,回原任升用,或咨吏部铨选;如实缺司狱不敷使用,可再特派帮班数人,待实缺者期满,将帮办者奏补。提牢厅职掌为:管理狱卒,稽察南、北所监狱收禁人犯,发放囚衣,囚粮、医物等。在京衙门移送现审人犯由当月司发交该厅,外省解到人犯由承审司发交,核准“移付”,验明收禁。犯人衣粮等物,分由各承办司由该厅支领。“掌管狱卒,稽查罪囚,轮流分值。每月派御史查监,有瘐毙者亦报御史相验”(《清史稿·刑法志三》)。

参考书目

张晋藩主编:《中国司法制度史》,人民法院出版社2004年版。

(倪晨辉)

提刑按察使司

简称“臬司”,明朝地方司法机构名。提刑按察使司始设于唐朝,唐太宗贞观二十年(646年)曾派巡察使巡察地方、按察官吏违失。唐中宗景龙二年(708年)设十道按察使,分察天下。“贞观二十年,遣大理卿孙伏伽等二十一人,以六条巡察四方,多所举刺”,“景龙二年,置十道按察使,分察天下”(《文献通考》卷六十一·《职官考十五》)。唐玄宗开元二十二年(734年)设十道采访处置使,后又改为观察使。“唐世于诸道置按察使,后改为采访处置使,治于所部之大郡,既又改为观察”(《容斋三笔》卷七)。宋朝于地方设提点刑狱司,始成为固定的地方司法机构。宋太宗淳化二年(991年)始设于各路,隶属于转运使,主管司法,兼管农事,官署号称“宪司”。真宗时改置诸路提点刑狱公事,京畿地区设提点开封府界诸县镇公事。南宋改称提点京畿刑狱,职管京畿地区县镇司法。金朝设提刑使,后改为提刑按察使。元朝时设提刑按察使,后改为肃政廉访使。

明朝时于地方设提刑按察使司,长官为提刑按察使,正三品,属官有提刑按察副使一人,正四品;佥事无定员,正五品。下设经历司、照磨所、司狱司等机构。其中,经历司设经历一人,正七品;知事一人,正八品;照磨所设照磨一人,正九品,检校一人,从九品;司狱司设司狱一人,从九品。“按察使一人,正三品。副使,正四品。佥事无定员,正五品。详见诸道。经历司,经历一人,正七品。知事一人,正八品。照磨所,照磨一人,正九品。检校一人,从九品。司狱司,司狱一人,从九品”(《明史·职官志四》)。提刑按察使司主要负责审理一省的刑事案件、监察本省官吏是否存在违法行为。“按察使,掌一省刑名按劾之事。纠官邪,戢奸暴,平狱讼,雪冤抑,以振扬风纪,而澄清其吏治。大者暨都、布二司会议,告抚、按,以听于部、院。凡朝觐庆吊之礼,具如布政司。副使、佥事,分道巡察,其兵备、提学、抚民、巡海、清军、驿传、水利、屯田、招练、监军,各专事置,并分员巡备京畿。”“凡官吏贤否、军民利病,皆得廉问纠举”(《明史·职官志四》)。值得注意的是,提刑按察使虽然负责审理一省的刑事案件,但只对流以下案件具有处理权,流以上案件须提出处理意见后上报刑部处理。明朝中后期中央派遣巡察御史巡察地方,提刑按察使司的职权逐渐被侵夺,地位有所下降。“至于审刑议事,考核官吏之际,与夺轻重,皆惟巡按出言,而藩臬唯唯承命”(《皇明经世文编》卷一百三十六《守令定例疏》)。

清朝时总督、巡抚成为定制,提刑按察使成为督抚的属官。提刑按察使司除主管一省的治安及保甲外,还负责审理自理案件。大清律例中有“按察使自理事件,限一月完结”的规定,但哪些属于按察使自理案件,却没有明确规定。大致有两个方面:一是审理督抚、藩司、学政、提督及本司等衙门书吏、差役、幕友、长随等人的轻微刑事案件,犹如刑部审理京师五城的刑事案件一样;二是审理所属州县上控的民间词讼。按察司最重要的司法职能是复审府级上报的刑案,对徒刑案卷进行复核(徒刑人犯不解省),对军流、死刑人犯进行复审。如无异议,便可加上“审供无异”的看语,上报督抚。如发现上报的案情有疏漏,供词、证据不符,可以驳回重审,或改发别的州县“更审”。军、流人犯,按察司复审后,就可将人犯发回原审州县关押待罪。而死刑人犯,按察司审后尚不能发回,要报督抚复审。清末改名为提法使司。参见提法使司条目。

参考书目

张晋藩主编:《中国司法制度史》,人民法院出版社2004年版。

（倪晨辉）

亭长

中国古代基层官吏名。亭长始设于战国时期,各国于边境处设置亭,用以守望防敌,迎来往送,传递信件,逐捕盗贼。秦汉时乡村十里设一亭,亭有亭长、亭候,多以服兵役满期之人充任,主管关照行旅、课征赋役、缉捕盗贼、传达政令、治理民事等。“大率十里一亭,亭有亭长。十亭一乡,乡有三老、有秩、啬夫、游徼……皆秦制也”(《汉书·百官公卿表》)。城内及城厢设“都亭”,城门设“门亭”,皆置亭长,其职责与乡村的亭长大体相同。魏晋时期沿用,但逐渐式微。隋唐时于尚书省各部在都事、主事下设亭长,掌启闭门户、传递禁约等,职责与秦汉时的亭长不同。

（俞建平　倪晨辉）

通判

“通判州事”的简称,中国古代地方行政官员名。五代吴王杨溥于顺义元年(921年)始设通判一职,南唐亦设此官职。宋朝平定南唐后,借鉴南唐官制,于宋太祖乾德元年(963年)于各州设置通判一职,目的在于牵制知州,防止藩镇割据。“宋初惩五代藩镇之弊,乾德初,下湖南,始置诸州通判,令刑部郎中贾玭等充”(《宋史·职官志七》)。“乾德元年四月乙酉,始命刑部郎中贾玭等通判湖南诸州”(《续资治通鉴长编》卷四)。大州置二员,小州一员,州不及万户者不置,小郡则称“签判”。通判由京中朝官儒臣充之,与知州同为州府长官,其地位略次于州府长官,但其权力很大,“事得专达”皇帝,即直接向皇帝负责,以分知州的职权。通判可以随时向皇帝报告州内的情况,成为皇帝设在地方上的耳目,因而有“监州”之称。通判与知州共理政务,知州在履行公务时,须有通判的署名方可执行。有关兵民、钱谷、户口、赋役、狱讼听断等事,通判可否决已作出的裁判。通判还负有监督知州、察举所属官吏的职责。西夏仿宋制,为州一级副长官,与州主共掌地方政务,选党项或汉人充任。金朝、元朝不设通判,改称判官。明清复称通判,为正六品官但职权有所缩小,仅负责粮运、督捕、水利等事务。

参考书目

李裕民:《通判不始于宋》,载《晋阳学刊》1997 年第 6 期。

（俞建平　倪晨辉）

投下官

元朝地方行政官员名。投下为元朝独特的行政单位,主要指贵族领主的私人封地。贵族领主在投下内可自主任命投下官负责管理自己的封地,投下官受贵族领主的指派,向贵族领主负责,不受地方政府管辖。投下官虽然相对独立于官府,但其权力仍受到限制。虽然投下内的奴隶为贵族领主的私属,投下官对其行使行政、税收、词讼等权力受到法律的承认,但根据有关规定,投下官府只能处理较轻案件,奸盗以上重案则须由有司归问。而且,投下官府处理的狱案,肃政廉访司亦有权“审录”。

参考书目

1. 李治安:《元代分封制度研究》,天津古籍出版社 1992 年版。
2. 多杰才旦主编:《元以来西藏地方与中央政府关系研究》,中国藏学出版社 2005 年版。

（倪晨辉）

土司

元明清时期少数民族地区最高行政长官。土司制度是元明清时期的一项基本政治制度,具体是指在政治上隶属、经济上朝贡的前提下,国家保持少数民族原有的社会组织形式,任命民族首领为土司,承认其在本民族和本地区的政治统治地位,管理领地内一切事务。元明清时期朝廷为了管理少数民族地区而对当地部落首领、头人授予一定官职,这类官职一般属于世袭,朝廷并不给予其俸禄,土司在其辖区内的行为也不必经过朝廷许可,只需在一定期限以其土地所产为贡物向朝廷进贡一次。

元朝时,在湖、广、川、滇、贵、甘等西南西北少数民族聚居地区,委派当地该族人为行省、宣慰司、宣抚司、安抚司、招讨司、巡检司、千户所及路、府、州、县之长官。其中,宣慰、宣抚、安抚等司及指挥使司等为武职,隶属兵部;知府、知州、知县等为文职,隶属吏部。子孙世袭其职,无俸禄,罚而不废。因与内地之流官相对而言,故统称之为土官,也叫土司。明、清时的土官制度大体上有两种形式:一种是由中央任命各地少数民族的上层人物,担任宣慰、宣抚、安抚、招讨等使司,俗称“土司”;另一种是仿内地州、府、县制,在边疆设土州、土府、土县,由吏部任命少数民族上层人物,担任土知州、土知府、土知县,由省的布政使管辖。明清时在云南、贵州、广西、四川、湖广等地,都设有土知府、土知州、土知县等文职土官。土官袭替,按嫡长继承,若一族中无可继承者,则选其妻、婿能得族人信任者承袭。但需经吏部验封司审批,并亲自赴京受职。明代规定,土官凡九等,自正三品至从七品。平时则受布政司领导。清代土官受督、抚领导,并受所在府、州、县、厅之节制。又各宣慰司、宣抚使、安抚使、招讨使等及副使、同知、佥事等武职土司官,亦通称为土官。

土司在其管辖范围内拥有类似于皇帝般的地位,甚至对本辖区的人民具有生杀予夺大权。土司既是辖区最高立法者,也是最高司法者。辖区内的民刑纠纷,一般先由所属地区的头人调解处理,重大案件上报土司进行处理。头人基本都由土司任命,通常为终身制,负责调解基层纠纷、用习惯法解决轻微案例,然后定时向土司汇报所发生的案件。案件的审判十分不公,严刑逼供的情况十分严重,而且对于地位不同的人判决结果完全不同,身份尊贵的人处罚十分轻微,而普通百姓则处罚严苛。案件判决后一般不能上诉,属于一审终审制。

参考书目

1. 张晓松:《论元明清时期的西南少数民族土司土官制度与改土归流》,载《中国边疆史地研究》2005 年第 2 期。
2. 杨华双:《土司制度下藏族传统社会秩序的法律调控分析——以川、甘、青、滇地区为例》,载《西南民族大学学报(人文社科版)》2013 年第 8 期。

(俞建平　倪晨辉)

推丞

一为宋朝司法官名。宋朝元丰三年(1080 年)始设。为大理寺属官,属右治狱,掌审理京师百官或制勘刑狱及追究官物。“元丰官制行,置……推丞四人”(《宋史·职官志五》)。

二为清末民国时期司法官名。大理院内负责刑科、民科的审判官。“刑科、民科推丞各一人”,“分掌民、刑案款,参议疑狱”(《清史稿·职官志六》)。负责监督本科事务,并决定案件的分配。审判时,推丞仍兼任某一庭的庭长。

(倪晨辉)

推官

中国古代司法官名。始置于唐朝,为观察使、团练使、防御使或节度使的属官,地位仅次于副使和判官,负责勘问刑狱。宋沿唐制,于地方设有节度推官、观察推官,另外在郡也置推官:“小郡推官、判官不并置,或以判官兼司法,或以推官兼支使”(《宋史·职官志七》)。金朝诸京留守司、诸总管府、诸府等部门皆置此官。诸京留守司,各设推官一员,从六品,掌同府判,分判刑案之事,上京兼管林木事;诸总管府各设推官一员,正七品,掌通府判,分判兵、刑、工案事。元代大都路都总管府设推官二员,与达鲁花赤、总管一起管理民政。明代顺天府、应天府及其他诸府皆置推官,掌刑名等。清初沿明制,诸府置推官,掌刑狱,康熙六年(1667 年)撤销。

(倪晨辉)

推勘院

宋朝司法机构名。推勘院为宋神宗设立的临时审判机构,还有一说认为,太祖、太宗时期特设推直官和推勘官,直到神宗改制始一并撤销。推勘院之名,取自遇重大案件,由皇帝钦差官员就案件发生地的邻近州县置院推勘。由皇帝亲自下令审理的诏狱称为制勘院,由中书下令审理的案件称为推勘院,案件审理结束后即时撤销。“诏狱,本以纠大奸慝,故其事不常见。初,群臣犯法,体大者多下御史台狱,小则开封府、大理寺鞫治焉。神宗以来,凡一时承诏置推者,谓之‘制勘院’,事出中书,则曰‘推勘院’,狱已乃罢”(《宋史·刑法志二》)。“凡因事置推,已事而罢者,诏狱谓之制勘院,非诏狱谓之推勘院”(《文献通考·刑考六》)。当诸州出现稍大或案情复杂的案件,或长吏犯赃私罪,才由监司派官置推勘院;其长吏公罪及其他一般案件,皆由本州审理。监司所派置推官,要依照朝廷的规定办理。太宗淳化三年(992年)七月三十日诏“逐路转运司,今后应勘事,只差勘官一人,如公案了当,依旧例请录问官、检法官一员,或有大段刑狱公事,临时取旨”。推勘官的人选,“须使副亲差强干能勘事人”。南宋孝宗时,又申严此令,并责成大理寺左断刑“如置推鞫狱官,罪有出入合取坐者,若所差违法,并监司贴说取旨”。选推官不当,监司使副要承担责任。推勘官员的费用,“令所属州县,将一行官吏,依条合得券食,挨日批支;应有供须之属,无令缺误”。所有推勘官员的生活及置院所须钱物,皆由所属州县供应。推勘院设置的地点,本来也和制勘院一样,设在案件发生地的邻近州军。推勘院也具有关押犯人的强制权力。监司派官所置推勘院,主要包括以下几种类型:皇帝诏旨批下的重案;监司巡历州县,发现疑难案件,带走词状,差官置院推勘;监司按发的重要案件;大辟罪犯录问或临刑翻异,由本路或邻路置院推勘;州县多次翻异的案件,监司差官别推。

参考书目

1. 张希清等:《宋朝典章制度》,吉林文史出版社2001年版。
2. 王云海主编:《宋代司法制度》,河南大学出版社1992年版。

（倪晨辉）

推事

一说宋代大理寺属官推丞、评事的省称。宋朝元丰(1078~1085年)改制后,大理寺属官推丞、评事被称为“推事”,主要负责处理折狱、鞫谳等事宜。后世对直接推案审讯人犯的官吏通称为“推事”。

一说清末及民国时期的司法官吏名。推事是清末及民国时期各级审判机构中专门负责审理案件的官吏,即后世的法官或审判官。推事按负责审理的案件分为刑事推事与民事推事;按在审判中的作用分为受命推事和受托推事;按地位分为首席推事、陪席推事和独任推事。清政府规定,推事应照《法官考试任用章程》,“经二次考试合格者,始准任用”。凡法政学堂毕业经第一次考试及格者,或京师法科大学及在外国法政大学毕业,已获进士、举人出身者,经地方审判机构二年学习期满,得参加第二次考试。民国政府规定,担任推事所需的条件是:(1)需通过司法官考试的;(2)大学或专门学校毕业有专门著作或讲授主要法律科目两年以上的;(3)经律师考试及格,并执行律师一年以上或曾任推事、检察官等的。

（倪晨辉）

外监

一说唐代奉皇帝命在外监军的宦官。“外监多假帝王尊,威胁偏裨势不存。”

一说宋代都水监的别称,掌管河流堤堰浚治事务。“都水监,旧隶三司,嘉佑三年始专置监以领之,置局于澶州,号曰外监”(《宋史·职官志五》)。

一说清代监狱名。清代把监狱分为内、外两监,其中外监关押军流刑以下的罪犯,“各监有内监以禁死囚,有外监以禁徒、流以下,妇人别置一室,曰女监”(《清史稿·刑法志三》)。“外监则军流以下轻罪居之”(《大清会典》卷五十六)。内监与外监还用墙隔开,“内外监皆隔以墙垣”。

(倪晨辉)

外宗正司

宋朝地方行政机构名,主要负责地方上皇族宗室的各项事宜,同时负责地方上宗室人员杖以下犯罪。宋徽宗崇宁三年(1104 年)因宗室“今疏属外居,仅遍都下,出入无禁,交游不节,往往冒法犯禁”,因此下令在西京河南府设置西外宗正司,在南京应天府设置南外宗正司,各选宗室贤者一人主管,另选本州通判、幕职官二人担任丞、主簿。大观四年(1110 年)曾罢,政和二年(1112 年)复置。“崇宁三年,置南外宗正司于南京,西外宗正司于西京,各置敦宗院,初,讲议司言:‘宗室疏属原居两京辅郡者,各置敦宗院,其两京各置外宗正司。’从之。仍诏各择宗室之贤者一人为知宗,掌外居宗室,诏复定宗学博士、正录员数。大观四年罢,政和二年复旧”(《宋史·职官志四》)。南宋建立后,西外宗正司辗转迁往福州,南外宗正司则迁往泉州,宋亡后不设。

参考书目

张希清等:《宋朝典章制度》,吉林文史出版社 2001 年版。

(倪晨辉)

卫所

明朝基层军事机构名。明朝建国后,在全国各地设置卫所,其官兵均为世袭。明朝于府设卫,长官为指挥使;卫下设五个千户所,长官为千户;千户所下设十个百户所,长官为百户;百户所下设两个总旗,每个总旗下设十个小旗。“天下既定,度要害地,系一郡者设所,连郡者设卫。大率五千六百人为卫,千一百二十人为千户所,百十有二人为百户所。所设总旗二,小旗十,大小联比以成军”(《明史·兵志二》)。卫内设有镇抚二人,负责卫内刑名事宜,所同样设有镇抚,负责所内刑名事宜。

(倪晨辉)

五城兵马司

明清时期京师警察机构名。五城兵马司原本属于军事机构,最初只有一个兵马指挥使司,后于东南西北四城各设兵马指挥司。“明初,置兵马指挥司,设都指挥、副都指挥、知事。后改设指挥使、副指挥使,各城门设兵马。”洪武五年(1372 年)在中都设兵马指挥分司,明太祖洪武二十三年(1390 年)最终定为五城兵马司,“二十三年,定设五城兵马指挥司,惟中城止称中兵马指挥司”(《明史·职官志三》),相当于现在的警察机构。五城兵马指挥司各设指挥一人,正六品;副指挥四人,正七品;吏目一人。主要负责抓捕盗贼、清理街道、预防火灾、押送囚犯、检验尸体、追缴赃物、维护治安等职务,此外在皇帝出巡时,率属民在辖区处等候差遣。“巡捕盗贼,疏理街道沟渠及囚犯、火禁之事。凡京城内外,各画境而分领之。境内有游民、奸民则逮治。若车驾亲郊，则率夫里供事”，“检验死伤，理刑名盗贼”（《明史·职官志三》）。“街道坍塌、沟渠壅塞、及皇城周围坍损，工部都水司行委分管填垫疏通；凡地方或有盗贼生发，即督领弓兵火甲人等擒捕；凡官民房舍火起，不分地方、各司督领弓兵火甲人等、俱持器具救火；凡巡城御史批发囚犯，该司取供、送法司拟罪发落；凡刑部都察院照勘、提人、检尸、追赃，分委该司承行；凡各司地方堆垛发卖食盐，户部行该司官巡察有无文引、曾否掣割。其有夹带兴贩、及不由崇文门放入者、捕送治罪；凡军民人等、在于街市赌博、撒泼抢夺、一应不务生理之徒，俱许擒拿”（《大明会典》卷二百二十五）。此外，五城兵马司还负责京师市场的运营秩序，“洪武元年，命在京兵马指挥司并管市司，每三日一次校勘街市斛斗、秤尺，稽考牙侩姓名，时其物价”（《明史·职官志三》）。

清承明制，也在京师设置五城兵马司。最初设置五城兵马司指挥各一人，正六品；副指挥各二人，正七品；吏目各一人。康熙十一年（1672 年）省五城各一人。清朝五城兵马司所辖事务与明朝大体相同，但清朝的五城兵马司受制于巡城御史，与巡城御史一同管理京师地区的保甲、治安、诉讼、社会救济等事务。

参考书目

1. 张兆凯主编：《中国古代司法制度史》，岳麓书社 2005 年版。
2. 胡祥雨：《清前期京师初级审判制度之变更》，载《历史档案》2007 年第 2 期。

（倪晨辉）

五城察院

又名“五城御史衙门”，清朝司法机构名。顺治三年（1646 年），为稽查外地来京官员钻营嘱托、交通贿赂，串通京棍，破坏官场风纪和京师治安，始命都察院派出巡城御史，督令五城兵马司指挥和各坊官员，加强访缉违法之人。“并置五城汉军理事官，是为巡城之始。”顺治十年（1653 年）在京师设置满、汉、汉军五城御史各一人，顺治十八年（1661 年）各增满、汉、汉军五城御史一人。雍正元年（1723 年）定五城御史各有满、汉御史一人。康熙三十九年（1700 年）裁撤汉军五城御史。“十年，定满洲、汉军、汉五城御史各一人。十八年各增满员一人。雍正元年定满、汉各一人。乾隆三十九年汉军停开列”（《清史稿·职官志二》）。清朝在北京设置五城察院，监督五城兵马司和各坊官员的工作，主要是监督五城兵马司进行缉捕盗贼、平治道路、甄别囚徒等事宜，“兵马司……五城各一人，掌巡缉盗贼，平治道路，稽检囚徒”，“绥靖地方，厘剔奸弊”（《清史稿·职官志二》）。此外，对于在五城中发生案件，由五城察院进行审理，杖以下案件径行裁决，徒以上案件交由刑部断谳。“京师笞、杖及无关罪名词讼，内城由步军统领，外城由五城巡城御史完结，徒以上送部，重则奏交”（《清史稿·刑法志三》）。五城各设公所，规定每月初一、十五，由巡城御史及坊长率领乡老向百姓宣讲皇帝诏令，劝民向善。五城察院于五城各设满汉巡城御史一人，从都察院中派出。“巡视五城御史，满、汉各一人，科道中简用。一年更替”（《清史稿·职官志二》）。

五城御史本来是监察官，只是负责对其职责范围之内的官员行使监督权，但由于五城兵马司实际上被视为五城御史的属官，因此五城巡城御史就具有双重身份，一方面，作为监察官行使监察权；另一方面，作为地方官员，与五城兵马司一起管理京城尤其是外城和城外城属地区的保甲、治安、诉讼、社会救济等事务。顺治三年（1646 年），为防止外地入京官员有钻营贿赂等事,令"五城御史督令司坊官时加访缉"。顺治十八年(1661 年)题准,"缉捕盗贼、审理人命、盘获逃人及禁约赌博、稽查奸宄、邪教谣言煽惑人心、恶棍衙蠹指官吓诈、奸徒恶官潜住地方、聚伙烧香,并僧道寺院坊店等事务,责令巡城御史通行严饬。又定,在城捕盗官兵人等,遇有地方杀人劫财事件,不行用心缉捕,听巡城御史指实题参"(光绪《清会典事例》卷一零三一)。作为监察官,尽管内城未曾设有司坊兵役,但五城御史一样可以在内城稽察。五城御史不是地方官,但职同地方官。顺治十年(1653 年)议准:五城御史各率所属,办理地方之事,厘剔奸弊,整顿风俗。顺治十三年(1656 年)复准:"京城内斗殴钱债等细事,如原告被告皆旗人,则送部审理。如与民互告仍听五城审结。"顺治十七年(1660 年)督捕衙门奏准窃盗案件,系民者,送该城审结。顺治十八年(1661 年)都察院题准民间词讼事情如系满洲责一百鞭、如民责四十板以下之罪竟行审结,罪重者审明送交刑部。如有应题之事,自行具题(《钦定台规》卷五)。至康熙十一年(1672 年)又题准:"五城词讼,御史自行审结,徒罪以上送刑部。"康熙二十七年(1688 年)议准,城外居住旗人有在城控告者,笞杖以下由巡城御史审结。康熙三十九年(1770 年)再次议准只有徒以上及罪名疑似案件方可送部。道光十一年(1831 年)又谕五城和步军统领衙门只有徒以上案件及涉及宗室觉罗的案件方可送部,不得以案情疑似滥行送部。五城对于京城讼诉,不分旗民,笞杖以下均可审结,徒以上则送刑部审理。其司法审判权限与步军统领衙门相同。当然,涉及皇族人员的案件,五城察院必须送刑部同时咨宗人府。涉及内务府所属人员的案件,徒以下送内务府审理,徒以上案件则送刑部审理,同时咨照内务府。

参考书目

1. 张晋藩主编:《中国司法制度史》,人民法院出版社 2004 年版。

2. 胡祥雨:《清前期京师初级审判制度之变更》,载《历史档案》2007 年第 2 期。

(倪晨辉)

五军都督府

明朝最高军事机构名。五军都督府前身为大都督府,洪武十三年(1380 年)明太祖废中书省,改设六部,并把大都督府改为五军都督府,分为左、右、中、前、后军都督府,直接听命于皇帝。由于将不专军,军不私将,领兵权与发兵权分离,使得汉唐时期悍将跋扈得到了克服。军事体制改革是明初加强专制主义的重要一环。

五军都督府为正一品机构,分别统领全国诸军司卫所,但只有统兵之权而无调兵之权。"十三年,始改都督府为五军都督府,分领在京各卫所,惟锦衣等亲军,上直卫不隶五府,及在外各都司、卫所"(《明史·职官志五》)。设左右都督,正一品;都督同知,从一品;都督佥事,正二品;下设经历司经历,从五品;都事,从七品。以中军都督府断事官为五军断事官,正五品,负责全军的刑狱事宜。洪武十五年(1382 年),增设五军十卫参军府,设左、右参军一职。洪武十七年(1384 年),五军都督府各设左、右断事二人,提控案牍一人,均为从九品。洪武二十三年(1390 年),五军断事官升为正五品,下设稽仁、稽义、稽礼、稽智、稽信五司,各置一人,正七品,分理各军刑狱。洪武二十九年(1396 年),置五军照磨所,专掌文牍。明成祖于永乐元年(1403 年)在北京设置行在五军都督府,永乐十八年(1420 年)改五军都督府为南京五军都督府,负责管理大校场及江上守备事宜。行在五军都督府改为五军都督府。"(洪武十三年)……以中军都督府断事官为五军断事官。十五年,置五军十卫参军府,设左、右参军。十七年,五军各设左、右断事二人，提控案牍一人，并从九品。二十三年，升五军断事官为正五品，总治五军刑狱。分为五司，司设稽仁、稽义、稽礼、稽智、稽信五人，俱正七品，各理其军之刑狱。二十九年，置五军照磨所，专掌文牍。建文中，革断事及五司官。永乐元年，设北京留守行后军都督府，置左、右都督，都督同知，都督佥事，无定员，经历、都事各一人。后又分五府，称行在五军都督府。十八年，除'行在'字，在应天者加'南京'字。洪熙元年，复称行在，仍设行后府。宣德三年又革。正统六年，复除'行在'字。"

中军都督府是五军都督府制中的核心机构。除领导部分卫、所以外，中军都督府还专门负责保卫皇驾的安全、京城的防务、审查公舍比试、应付脚力、填发本府所属都司勘合等事。而此外的左军都督府、右军都督府、前军都督府、后军都督府均是五军都督府重要的组成部分。除统领部分卫、所以外，还负责填发本府所属都司勘合、协同政府其他部门履行武职袭替、武官任命、武职诰敕、军情通报、军人犯罪等事。

明代的都督府与兵部是两个相互独立的机关，二者相互不存在隶属关系。"都督府掌军旅之事，各领其都司、卫所，以达于兵部。"五军都督府与兵部相互牵制，"五军都督府总兵籍，而不与调发；兵部得调发，而不治兵"。

五军都督府本为军事行政机关，但在各都督府中设有断事官及其属官稽仁、稽义、稽礼、稽智、稽信，专门负责各都督府内军事诉讼案件、案情严重的军人案件及所管辖的军司卫所的上诉案件，还负责相关司法行政事务。一般来说，都督府主管比较重大的军人案件和都督府内部军人的犯罪，以及对地方军人案件的复审。

参考书目

1. 周忠：《明代南京守备研究》，南京师范大学 2013 年博士学位论文。
2. 张晋藩主编：《中国司法制度史》，人民法院出版社 2004 年版。

（倪晨辉）

仵作

中国古代负责检验刑事伤害或尸体的专业人员，类似于现在的法医。在战国时我国即已出现类似仵作的吏役，当时称之为"令史"。在睡虎地云梦竹简中出土的秦律中有对检验尸体的相关记载，可知当时对于伤势、尸体检验有一定的了解和认识。唐宋时出现"仵作"一词，但在当时仵作仅仅指从事殡葬业的一类人，并无检验尸体的成分。宋朝郑克的《折狱龟鉴》一书中即有对仵作的描写："更令仵作行人各供近日来与人家安厝坟墓去处文状。"表明当时的仵作是从事殡葬行业人员的称呼。但在宋朝仵作也开始从事伤势、尸体检验的工作，南宋人宋慈所撰《洗冤集录》中多次提到仵作在尸体检验上的作用："令仵作行人以手按小腹下，其肾子自下，即其验也。然后仔细看要害致命处"（《洗冤集录》卷一《疑难杂说上》）。元朝时仵作成为官府中固定的衙役，仵作从此走向了专业化、职业化道路。清朝在各州县设置一到三名仵作，另外还配备一至二名学徒跟随学习。"大州县额设三名，中州县二名，小州县一名。仍各再募一、二名，令其跟随学习，预备顶补"（《皇朝文献通考 · 职役三》）。

（蒲　坚　倪晨辉）

西厂

明朝特务机构名。明宪宗成化十三年(1477 年),在旧灰场处设置西厂,太监汪直任提督,其番子比东厂要多一倍,气焰冲天,缇骑四出,罗织大狱,陷害忠良。“至宪宗时,尚铭领东厂,又别设西厂刺事,以汪直督之,所领缇骑倍东厂。自京师及天下,旁午侦事,虽王府不免”(《明史·职官志三》)。成化十八年(1482 年)废置。后明武宗正德元年(1506 年)复置,由皇帝的亲信太监谷大用为提督。正德五年(1511 年)权阉刘瑾因谋反罪被杀,西厂随之废止。此后不复置。

(倪晨辉)

西市狱

汉代监狱名,位于长安,由左冯翊管辖。沈家本认为属中都官狱,据其《历代刑法考·狱考》记载,此狱用于囚禁市内被捕的各类罪犯。参见中都官狱条。

(张田田)

夏台

夏朝监狱名。一说夏台位于今河南禹县境内。《史记·夏本纪》载:“桀不务德而武伤百姓,百姓弗堪。乃召汤而囚之夏台……已而释之……桀谓人曰:吾悔不遂杀汤于夏台。”《风俗通义》载:“三王始有狱,夏曰夏台,言不害人,若游观之台,桀拘汤是也。”据考,夏台原是夏启即天子位时,宴享诸侯之地。《竹书纪年》载:“夏启之年,帝即位于夏邑,大飨诸侯于夏台,诸侯从之。”司马贞在《史记·夏本纪》“夏台”条下索隐:“狱名,夏曰钧台。”沈家本非之,认为宴享之所不应与狱同名(《历代刑法考·狱考》)。一说夏台非夏朝唯一的监狱,与之并存的还有丛棘、圜土等。

(张田田)

县丞

中国古代基层行政官员名。县丞始置于战国时的秦国,秦国实行郡县制,在县内设置县令、县丞共同执掌县事。秦国统一天下后,于全国推行郡县制,各地均设县丞一职。由于实行行政与司法合一的制度,郡县之长同时也是司法掌管,县丞负责主管一县司法事务。汉朝时县丞与县尉并称为“长吏”,当时的县丞主管文书、仓储及刑狱。此后一直沿用至清末。

(倪晨辉)

县令

又称“县长”“知县”,中国古代基层行政长官名。县令一职始于春秋时期,战国时秦国在商鞅变法后实行郡县制,县一级行政长官即为县令或县长,秦制:县置令、长,“万户以上为令,不及万户者为长”(《后汉书·百官志五》)。汉朝时于全国各地设县,长官为县令,属官有县丞与县尉。后世沿用之。宋朝县令改由京朝官知县事,简称知县。元朝称县令为达鲁花赤,副官为县尹。明朝称县令为知县,清沿用之。县令为一县之长,负责辖区内的大小行政事务,既负责劳役赋税征收，又负责治安教化，还需赈济灾民，扬善惩恶。"皆掌治其民，显善劝义，禁奸罚恶，理讼平贼，恤民时务，秋冬集课，上计于所属郡国"（《后汉书·百官志五》）。"京畿及天下诸县令之职，皆掌导扬风化，抚字黎氓，敦四人之业，崇五土之利，养鳏寡，恤孤穷，审察冤屈，躬亲狱讼，务知百姓之疾苦"（《唐六典》卷三十）。

（倪晨辉）

县士

《周礼》所记掌管"野"（郊外）至五百里王畿内甸、稍、县、都四等公邑的狱讼以及本县民众的数目和有关戒令的机构，负责审察诉辞，辨明罪行轻重和刑罚判处，摘要呈报并协助大司寇正式审断等事务，属秋官司寇。因县士掌野，亦谓之野司寇。《司马法》称，距王都二百里为州，三百里为野，四百里为县，五百里为都。其中不为王之子弟及公卿大夫之采地者，王使大夫治之，均为公邑。县士即治此等地区狱讼之官。

《周礼·秋官·县士》载："县士掌野而听其狱讼。察其辞，辨其狱讼，异其死刑之罪而要之；三旬而职听于朝，司寇听之，断其狱。弊其讼于朝，群士、司刑皆在，各丽其法以议狱讼。狱讼成，士师受中，协日刑、杀，各就其县肆之三日。如欲免之，则王命六卿会其期。"县士的职责和乡士、遂士有相似之处。只是所管辖领地不同，县士掌野。另外县士在处理案件的时效性上和乡士、遂士也有所不同，乡士在了解案情之后十日开始审断，遂士在了解案情之后二十日开始审断，而县士则需要在了解案情之后的三十日开始审断。此外对于县士所审理的案件，王想要赦免犯人，只需派遣六卿到场听审即可。据《周礼》记载，"若邦有大役聚众庶，则各掌其县之禁令。若大夫有邦事，则为之前驱而辟。其丧亦如之。凡野有大事，则戮其犯命者"。在王国有大规模的劳役时，县士负责聚集民众，各自掌管本地的禁令。在大夫有国事外出的时候，县士为他们做前导并清除路人。大夫有丧事的时候也是如此。在野地有大事时，县士负责诛杀违反命令的人。

北周仿其制，设县法上士、中士。此所谓县，当专指距国都三百里至四百里之地。

（张田田）

县司法处

民国时期基层司法机构名。县司法处为民国时期最低一级司法机构，设在没有设立法院的县内。民国二十五年（1936 年），国民党政府因为当时政府财政收入、法律专业人才均不足，无法在全国所有的县设立基层法院，因此在所有县长兼理司法的县中设置县司法处，专门负责司法审判事务，作为将来设置地方法院的基础。县司法处设立于县政府之内，所需经费由政府直接支给，所需杂役雇员由政府雇员兼任，司法处审判官的党政关系由县政府、县党部控制。依据职责与案件性质不同，县司法处分民庭、刑庭等。其管辖范围与地方法院相同，在审判业务方面受高等法院院长的监督。县司法处受理民事、刑事第一审诉讼案件及非讼事件，设有主任审判官、审判官、主任、书记官、主任录事、执达员、检验员、法警长、法警、庭丁、公丁等。下设看守所，有所长、看守长、看守、法医等。审判官以上的人员，以推荐产生，由高等法院确认；书记官以委任产生，如书记官出缺时，审判官可临时派人代理，再向高等法院上报申请委任。县司法处的审判官及书记官均需达到一定条件才可担任。

陕甘宁边区政府亦在解放区内设置县司法处,以县司法处为一审,边区高等法院及其分庭为二审,以边区政府行使部分司法职能为补充的过渡性审级结构,具有鲜明的特点,既明确了职权划分,也适应当时的特殊环境。

参考书目

谢冬慧:《县司法处:近代中国基层审判机构论略》,载《东南学术》2010年第1期。

(倪晨辉)

县廷

秦汉以县令或县长为首的县级地方政府,县为郡县制中郡的下级行政建制,设令、长为亲民之官,其下有僚属若干。《汉书·百官公卿表》称县大率方百里,其民稠则减,稀则旷,皆秦制也。县大者置令,小者置长。有主簿、录事史、主记室史、门下书佐、干、游徼、议生、循行功曹史、小史、廷掾、功曹史、小史书佐干、户曹掾史干、法曹门干、金仓贼曹掾史、兵曹史、吏曹史、狱小史、狱门亭长、都亭长、贼捕掾等员(《晋书·职官志》)。

令、长秩禄从千石至三百石不等,一般为六百石。令、长掌行政,县尉与其平行,主武事军政,文武分职。县丞为县令的副手,秩四百石至二百石,兼主刑狱囚徒(《通典》卷三三《职官十五·总论县佐》)。县令、县尉、县丞均为朝廷命官,有国家编制。

县廷中其他官吏由县令辟除,秩禄出于县财政,均在百石以下,称为"斗食之吏",曰掾,曰史,各有所职。和郡府一样分曹办事,诸曹略如郡员,与郡曹大致对口,规模逊之。主管司法的有贼曹、狱司空、狱掾史等。还有功曹、廷掾、主簿等。秦时县还平行设监,掌官吏监察。汉武帝以后县政监察由郡属督邮执行。

(张田田)

县尉

中国古代基层司法官员名。县尉始置于战国时的秦国,当时秦国实行郡县制,于县一级设置县令为长官,县丞与县尉为属官的行政结构。其中县尉主要负责维持治安、抓捕盗贼、案察奸宄。"爵吏而为县尉,则赐虏六,加五千六百"(《商君书·境内篇》)。秦朝统一六国后,于全国各县均设置县尉。汉朝时县尉与县丞合称为"长吏"。后历代沿用,但时有废置。隋炀帝时改县尉为县正,后又分其权为户曹、法曹。唐朝复置县尉,宋沿唐制,亦置县尉。元朝在县尉之外又设置典史,明朝则废县尉专任典史,又置巡检负责治安及抓捕盗贼事,清与明同。因典史职责与县尉相同,所以明清时典史亦被称为县尉。

(倪晨辉)

乡士

《周礼》所见掌地方民刑事案件审判之官,属秋官司寇。《周礼·秋官·乡士》载:"掌国中,各掌其乡之民数而纠戒之,听其狱讼,察其辞。辨其狱讼,异其死刑之罪而要之,旬而职听于朝。司寇听之,断其狱,弊其讼于朝……大祭祀、大丧纪、大军旅、大宾客,则各掌其乡之禁令,帅其属夹道而跸;三公若有邦事,则为之前驱而辟;其丧亦如之。凡国有大事,则戮其犯命者。"国都的近郊区百里之内为乡,王国有六乡,即所谓"国中"。乡士负责其乡的民刑案件的审理。一是掌管六乡以及国都中的狱讼，各掌所属的民数并对乡民加以纠察和禁戒，受理狱讼，审查讼辞，辨别罪状轻重，区别死罪或施刑之罪，写出判决意见，十天之后再在外朝对案件加以审断。大司寇主持审判，对重案、轻案作出判决。掌管狱讼和刑法的官员都到场，各自提出法律依据，以参议判决。案件判决之后，士师接受判决书并加以保存。乡士选择合适的时间施刑会诛杀，杀后陈尸三天。如果王想要赦免的罪犯，王就在大司寇审断的日子前往参预议罪。二是乡士在举行大的祭祀、丧事、军事行动、迎接诸侯时，掌管所属乡的禁令，率领下属在道路两旁禁止闲人通行。三是三公有国事外出时，乡士为他们做向导，同时清除路人，在三公有丧事的时候，乡士也做同样的工作。四是乡士在王国有大的军事活动时，负责诛杀违反禁令的罪人。参见遂士条、县士条。

（张田田）

乡师

《周礼》所记负责“乡”的治理、教化等的官员，属地官司徒。掌其乡之教而听其治，掌其戒令纠禁，听其狱讼等。乡师四人，其乡有六，二人共主三乡，各掌其所治乡之教也。自乡大夫以下至伍长，各自听断其民今乡师又听其治者，恐乡官有滥失审察之故。乡师在其辖区参与听讼，监督乡官。《周礼·地官·乡师》载：“乡师之职，各掌其所治乡之教而听其治……掌其禁令纠禁，听其狱讼。大役则帅民徒而至，治其政令；既役，则受州里之役要，以考司空之辟，以逆其役事。凡邦事，令作秩叙……大军旅、会同，正治其徒役，与其輂辇，戮其犯命者。大丧用役，则帅其民而至，遂治之……凡四时之田，前期，出田法于州里，简其鼓铎、旗物、兵器，修其卒伍。及期，以司徒之大旗，致众庶而陈之。以旗物辨乡邑，而治其政令、刑禁，巡其前后之屯，而戮其犯命者。断其争禽之讼。凡四时之征令有常者，以木铎徇于市朝。以岁时巡国及野，而赒万民之艰厄，以王命施惠。岁终，则考六乡之治，以诏废置……若国大比，则考教、察辞，稽器、展事，以诏诛赏。”

（张田田）

详刑寺

唐高宗龙朔二年（662年）改大理寺为详刑寺，咸亨元年（670年）恢复其旧名大理寺。“大唐龙朔二年改大理为详刑，咸亨元年复旧”（《通典·职官七·大理卿》）。

（倪晨辉）

详谳处

清末大理院下设负责死刑覆核的机构，前身为刑部律例馆和秋审处。因秋审逐渐“删繁就简”，而斩绞监候案件覆核交由大理院，《大理院奏拟请专司核稿差使折》中总结“直隶各行省每年斩绞案件统计立决监候两项不下一千六七百起，从前刑部核覆分隶各司，其情罪不符者则交律例馆议驳，事权分，故案无留牍；比例熟，即法无歧异。此亦部务归宿之大端也”，因此奏请“仿从前刑部律例馆之制，于臣院设一详谳处，择各庭推事中之熟悉例案者，派为总核或分核，专司覆判外省死罪案件，其应行驳审者亦由该处拟稿”，总核、分核呼应为“差使”，“不增缺额”。光绪三十三年（1907年）六月十九日奉旨依议（《大清新法令》第二册《光绪新法令》）。

然则详谳处作为律例馆部分司法职能的替代机构，专司死刑复核。其他类型案件如徒流案件则未被提及。

大理院设详谳处覆死刑，遭到质疑："从前刑部为全国刑名总汇，特设秋审处、律例馆，以备复核议驳各省案件。现在刑部为行政机关，故大理院仿从前刑部法律馆之制，另设详谳之处，但新制司法独立，所有各级审判厅案件，该院并无议驳之权，此举岂非骈枝，不过留以位置闲员而已"（《续文献通考》）。

（张田田）

乡谳局

"初级审判厅"，清末地方基层审判机构名。光绪三十二年（1906年）颁布的《大理院奏审判权限厘定办法折》要求建立乡谳局，并设定了乡谳局的受案范围为法定最高刑为杖以下的刑事案件及无关人命的徒以下刑事案件、民事诉讼标的额为二百两白银以下的民商事案件，"乡谳局则管杖罪名及无关人命之徒罪并民事讼案银价二百两以下者，皆得收审"（《大理院奏审判权限厘定办法折》）。但在光绪三十三年（1907年）十月制定的《各级审判厅试办章程》及宣统元年（1909年）制定的《法院编制法》改称为"初级审判厅"，但事实上不管是乡谳局还是初级审判厅，均未普遍设立，其职责大都由县知事代为行使。

（倪晨辉）

乡谳局检察局

中国清末官制改制时确定的行使检察权的地方国家机关。清光绪三十二年（1906年）9月20日内阁提出的《大理院奏审判权限厘定办法折》提出，改区裁判所为乡谳局（城市则为城谳局），其内附设检察局。根据当年12月27日清政府通过的《大理院审判编制法》的规定，检察局之检察官于刑事有提起诉之责。检察官可请求用正当之法律，并监视判决后正当施行。由于《大理院审判编制法》仅在京师一地施行，《各级审判厅试办章程》颁布实施后，《大理院审判编制法》随即废止，乡（城）谳局检察局也为初级检察厅所取代。

（郭立新　付　磊）

乡正

又称"乡长"，中国古代基层官员名。春秋时即有国家设置了乡正一职，如鲁国、宋国置乡正、遂正，齐国置乡长。隋唐时设置乡里制，一百户为一里，五百户为一乡，里设里长，乡设乡正，负责本里本乡的轻微词讼、劳役赋税、治安征兵等事。此后虽不设乡长乡正，但乡作为一种民间基层组织结构却一直存在。乡规民约的出现，再次赋予了乡长对民间纠纷拥有一定的处理权，而官府在实际上也默认了乡长对这种处理权的行使。乡长与里长、族长等民间人士对民间轻微案件的定分止争，一同构建了中国古代的民间纠纷解决机制。

（倪晨辉）

小司寇

《周礼》所记具体负责全国政法、审判的机构，"掌外朝之政"。

小司寇为大司寇的助手,“以五刑听万民之狱讼”,主要职责是审理具体司法案件,特别是发生在王畿范围之内的案件,小司寇用“五刑”“五听”“三刺”来审理案件。所谓“五刑”,即“墨、劓、刵、宫、大辟”;五听,即“辞听”“色听”“气听”“耳听”“目听”;“三刺”,即“一曰讯群臣,二曰讯群吏,三曰讯万民”。

小司寇还执掌八辟制度,即在碰到“议亲之辟”“议故之辟”“议贤之辟”“议能之辟”“议功之辟”“议贵之辟”“议勤之辟”“议宾之辟”,即亲、故、贤、能、功、贵、勤、宾八种人触犯刑法时,给予减免刑罚。

小司寇与大司寇一样,兼有一定军事上的职责,“小师,戮”,即在军事行动中,诛杀违反命令将士时,亲临监刑。

小司寇对地方一级的司法机构起直接领导作用。“岁终,则令群士计狱弊讼”,即命令乡士、遂士等在年终时统计已审理的判决。“正岁帅其属而观刑象,令以木铎曰,不用法者,国有常刑,令群士,乃宣布于四方”,即命令群士向四方公告刑禁。此外,在“国危、国运、立君”的情况下,召集人民垂询他们的意见。

小司寇以下,设士师“掌国之五禁之法,以左右刑罚”。士师还负责将法禁“县(悬)于门闾”(《周礼·秋官·士师》),使人知法,以预防犯罪。参见大司寇条、士师条。

(张田田)

校事

三国时魏、吴所设侦察刺探军民言行之特务机构。《三国志·程晓传》云:“昔武皇帝大业草创,众官未备,而军旅勤苦,民心不安,乃有小罪,不可不察。故置校事,取其一切耳。”《太平御览》卷二百四十一《职官部·都尉》引《魏略》曰:“抚军都尉,秩比二千石,本校事官。”清人杨晨在其《三国会要·职官》“魏相国官属”条下载:“魏武为丞相时,有校事,后改抚军都尉,嘉平中罢。”曹魏的校事为皇帝或执政的耳目,掌刺探臣民言行,最初设置于军中,以身兼侦察、纠举、惩罚三职的临时特殊监察官面目出现,职能从严肃军纪,震慑不法,以至监视百官吏民,其特征是无固定的机构名称,也无定员。曹丕称帝后,校事权任增重,执法苛刻,深为吏民之害。嘉平年间,黄门侍郎程晓奏废。《魏书》载,魏自武帝曹操至齐王曹芳均置校事。吴孙权时有校事吕壹、钱钦(《三国志·吴书》)。曹魏的校事主要职掌是“刺举”,在孙吴则主“典校诸官府及州郡文书”外加“刺举”。孙吴的校事由于职权更大的缘故,造成的损害也更大,人称之为“吏民之仇”(《三国志·吴书》)。校事官监察的内容非常广泛,上至丞相,下至县令、百姓无所不纠、无所不举,有刺举权、检查权,又有治狱权、判决权、缉捕权,与常设司法机关、监察机关的职权发生冲突,可能侵夺正式监察机关御史台的职权,扰乱朝政。清俞正燮《癸巳存稿·七·校事》载:“魏吴有校事官,似北魏之候官,明之厂卫,或谓之校郎,或谓之校官。”

(张田田)

刑部

中国古代司法机构名。刑部之名始于隋朝,前身为都官尚书。三代尧舜时,以士官正五刑;周朝时秋官大司寇负责刑狱事宜;汉朝置二千石曹、三公曹主刑狱;三国时始置尚书都官郎负责军事、刑狱;晋以三公尚书主刑狱;南北朝时设都官尚书负责刑狱事宜。隋朝建立后,设置都官尚书一职,开皇三年(583 年),改都官尚书为刑部尚书,刑部之名自此始。“唐虞之时,士官以正五刑。周礼秋官,大司寇掌邦之三典,以佐王刑邦国,盖其任也。汉成帝时,尚书初置二千石曹,主郡国二千石;又置三公曹,主断狱。后汉光武改三公曹主岁尽考课诸州郡政;二千石曹掌中都官水火、盗贼、词讼、罪法,亦谓之贼曹,重于诸曹。魏青龙二年,置尚书都官郎,佐督军事。晋复以三公尚书掌刑狱。宋三公、比部皆主法制,又置都官尚书,主军事、刑狱,领都官、水部、库部、功论四曹。齐、梁、陈并有都官尚书。后魏亦有都官尚书。北齐都官尚书统都官、二千石、比部、水部、膳部五曹。都官,掌畿内非违得失。二千石,掌畿外得失。又有三公曹,掌诸曹囚账、断罪、赦日建金鸡等事,又掌五时读时令,属殿中尚书。后周有秋官大司寇卿,掌刑邦国;其属官又有刑部中大夫,掌五刑之法。隋初有都官尚书,开皇三年,改都官为刑部尚书,统都官、刑部、比部、司门四曹,亦因后周之名”(《通典·职官五·刑部尚书》)。隋炀帝时设置刑部侍郎为刑部尚书的副官。隋朝时刑部下设刑部、都官、比部、司门四司,其中刑部司主刑狱,都官司主京畿内非违得失事。唐沿隋制,于尚书省下设刑部。唐高宗龙朔二年(662 年)改刑部尚书为司刑太常伯、刑部侍郎为司刑少常伯,咸亨元年(670 年)复其旧名刑部尚书、刑部侍郎。武则天光宅元年(684 年)改刑部为秋官,刑部尚书为秋官尚书,刑部侍郎为秋官侍郎,唐中宗神龙元年(705 年)复其旧名。五代沿用唐制,宋初设刑部尚书一人、刑部侍郎二人,刑部分为左右厅,由刑部郎中、员外郎负责。元朝刑部不设在尚书省,而把其置于中书省中。明朝建立后,废除丞相,改由六部直接向皇帝负责。洪武元年(1368 年)即在中央设置刑部,洪武六年(1373 年)于刑部增置尚书、侍郎各一人,刑部下设总部、比部、司门部、都官部四部,洪武二十二年(1389 年)改总部为宪部,洪武三十二年(1399 年)把刑部四部按地域划分为十二清吏司,宣德十年(1435 年)改为十三清吏司。清沿明制,于中央设刑部,长官为刑部尚书满汉各一人,从一品;刑部侍郎满汉各一人,正二品,属官有郎中三十八人,正五品;员外郎四十六人,从五品;主事四十四人,正六品。顺治元年(1644 年)刑部下设十四清吏司,后屡次增设,终于乾隆六年(1741 年)定为十八清吏司。此外,清朝的刑部还设有秋审处、减等处、律例馆、提牢厅、赃罚库、赎罪处,又有管理内部行政事务的馆银处、清档房、汉档房、司务厅、督催所、当月处等机构。清末改制,改刑部为法部,刑部自此不复设。

刑部在宋以前为尚书省下设机构,元时为中书省下设机构,明清直属于皇帝。在元以前主要是作为中央司法行政机构而存在的,兼有复审案件的权力,而元以后刑部权力得到扩张,成为全国最高审判机构,同时也为中央司法行政机构。隋唐时刑部掌管司法行政事宜,掌管法律、法令及制定各级司法机关在诉讼审判中的各种行为规范;复核大理寺流以下案件及州、县上报的徒以上案件,对于疑案、错案,徒、流以下案件有权驳回原审机关重审,死刑案件则移送大理寺重审。同时,刑部还负责全国的狱政管理、受理各地在押囚犯的申诉。刑部尚书“掌律令,定刑名,案覆大理及诸州应奏之事”(《通典·职官五·刑部尚书》)、“掌天下刑法及徒隶句覆、关禁之政令”(《唐六典》卷六)。刑部下设的刑部司“举其典宪而辨其轻重”、都官司“掌簿录、配役、官私奴婢、良贱诉竞、俘囚等事”、比部司“掌内外诸司公廨及公私债负、徒役公程、赃物账及勾用度物”、司门司“掌门籍、关桥及道路、过所阑遗物事”(《通典·职官五·刑部尚书》)。刑部尚书还要参与大理寺、御史台对重大案件的共同审理,称“三司推事”。宋朝时刑部“掌刑法、狱讼、奏谳,赦宥、叙复之事”(《宋史·职官志三》)。宋朝刑部虽仍设四司,但“都官、比部、司门皆无所掌,各以朝官一员主判”(《宋会要辑稿》职官一五之一)。宋朝刑部还分左右厅,由郎中、员外郎负责。左厅负责复核狱案,右厅负责对官员的考核处理。南宋建立之初,因诸事简陋,因此刑部不分左右厅,绍兴二十六年(1156 年),复设刑部左右厅。元朝中央不设大理寺,大理寺之职权交由刑部行使,因此刑部职权大为扩大,刑部的主要职责也从司法行政事务逐渐转为司法审判事务。元朝刑部"掌天下刑名法律之政令。凡大辟之按复,系囚之详谳,孥收产没之籍,捕获功赏之式,冤讼疑罪之辨,狱具之制度,律令之拟议,悉以任之"(《元史·百官志一》)。但在司法实践中,刑部的审判权常常被大宗正府、宣政院、枢密院等机构所侵夺和限制。蒙古贵族、僧侣、军官的犯罪案件,刑部均不得审理。明朝恢复大理寺,但大理寺仅"掌审谳平反刑狱之政令""凡刑部、都察院、五军断事官所推问狱讼,皆移案牍,引囚徒,诣寺详谳"(《明史·职官志二》)。仍由刑部作为中央最高审判机构。刑部各清吏司负责受理该地上报的刑狱案件,审核各省的大案要案及中央文武百官的案件。明朝刑部还负责参与朝审、热审、大审、秋审等特殊审判活动。清朝刑部与明朝基本类似,但在职权范围上又有所扩大。清朝刑部主要负责复核全国徒以上案件;审理京师地区徒以上案件;办理秋审、朝审事宜;主持修订律例;处理全国监狱及司法行政事务。光绪三十二年(1906 年)改制,改刑部为法部,剥夺其最高审判权,法部因此专门负责全国的司法行政事务。参见法部条。

参考书目

1. 张晋藩主编:《中国司法制度史》,人民法院出版社 2004 年版。
2. 那思陆:《清代中央司法审判制度》,北京大学出版社 2004 年版。

(倪晨辉)

刑部八案

北宋元丰新制后将刑部分为八案,据《宋会要辑稿·职官》载,包括:(1)制勘案,掌审理案犯;(2)体量案,掌审问、调查、追究案犯犯罪事实,以上两案元祐四年(1089 年)合并为制勘体量案;(3)详覆案,覆审诸路所上大辟死刑案件;(4)注籍点检案,掌纠正或处理量刑失误,对本部及诸路上奏论决、详覆大辟案作备案与检查;(5)举叙案,掌大赦后犯罪官员重新录用事;(6)进拟案,掌上奏定案文书;(7)随时拨却行案,掌移放罪人事;(8)随时拨却不行案,掌移放编配罪人的登记备案。

(张田田)

刑部尚书

中国古代司法官名。刑部尚书是中国古代最高司法机构之一的刑部的长官,前身为三国两晋南北朝时期的都官尚书,隋文帝开皇三年(583 年)改都官尚书为刑部尚书,刑部尚书之名自此始。"隋初有都官尚书,开皇三年改都官为刑部尚书,统都官、刑部、比部、司门四曹"(《通典·职官·刑部尚书》)。唐高宗龙朔二年(662 年)改刑部尚书为司刑太常伯,咸亨元年(670 年)复其旧名刑部尚书。武则天光宅元年(684 年)改刑部为秋官,刑部尚书为秋官尚书,唐中宗神龙元年(705 年)复其旧名,此后不再易。"刑部尚书一员,正三品。隋初改都官尚书,又改为刑部,龙朔改为司刑太常伯,光宅改为秋官尚书,神龙复旧"(《旧唐书·职官志二》)。

刑部尚书作为刑部长官,主要负责全国的司法行政事务及司法审判事务。唐朝时,"尚书,侍郎之职,掌天下刑法及徒隶,勾覆,关禁之政令"(《旧唐书·职官志二》)。副官为刑部侍郎,其属有四:"一曰刑部、二曰都官、三曰比部、四曰司门,总其职务而行其制命,凡中外百司之事,由于所属，咸质正焉”（《旧唐书 · 职官志二》）。宋朝时，刑部虽仍有刑部、都官、比部、司门四司，但都官、比部、司门司并不拥有实际的权力，仅仅为虚职，刑部所有的权力全部归于刑部司。此外，宋朝刑部还设有左右厅，以刑部郎中、员外郎提领，也受刑部尚书的节制。“尚书掌天下刑狱之政令。凡丽于法者，审其轻重，平其枉直……应定夺，审覆，除雪叙复，移放，则尚书专领之”（《宋史 · 职官志三》）。元朝不设大理寺，因此刑部尚书的职权大为扩大，不但总揽司法行政事务，还兼掌部分的司法审判事务。元朝刑部尚书“掌天下刑名法律之政令。凡大辟之按复，系囚之详谳，孥收产没之籍，捕获功赏之式，冤讼疑罪之辨，狱具之制度，律令之拟议，悉以任之”（《元史 · 百官志一》）。明朝刑部职权继续扩大，并从之前的三省下设机构转为直接向皇帝负责，刑部尚书也进一步成为朝廷要职。清沿明制，刑部尚书“掌折狱审刑，简核法律，各省谳疑，处当具报，以肃邦纪”（《清史稿 · 职官志一》）。清末官制改革，以法部取代刑部，刑部尚书一职就此不设。

参考书目

王建峰：《唐代刑部尚书研究》，山东大学2007年博士学位论文。

（倪晨辉）

刑部十三案

南宋刑狱倍增，刑部下分十三案，据《宋史 · 职官志》载：包括：（1）制勘案，审理诸路上奏刑狱公事；（2）体量案，仍掌审问、调查、追究案犯犯罪事实；（3）详覆案，仍覆审诸路所上大辟死刑案件；（4）举叙案，仍掌大赦后犯罪官员重新录用事；（5）进拟案，仍掌上奏定案文书；（6）定夺案，掌受理冤案申诉与平反冤案；（7）纠察案，掌死刑案件疑点的审问；（8）检法案，掌本部法律规定的检索；（9）颁降案，赦宥时颁布赦罪条法；（10）追毁案，犯法官员被判罪后，此案掌销毁武官之宣、文官之敕即官员的任命凭证；（11）会问案，掌会审案件的对质；（12）捕盗案，掌督促期限追捕奸盗；（13）帐籍案，掌京师诸库务财会出纳账册并督催欠数。

（张田田）

刑部狱

中国古代中央监狱名。隋唐时刑部不拥有独立的审判权，仅仅负责大理寺及诸州上报案件的复核工作及相关司法行政工作。宋承唐制，也不在刑部设监狱。元朝不设大理寺，由刑部负责具体案件的审理工作，因此在刑部设刑部狱关押相关人犯。明称刑部监，由刑部司狱管辖，负责关押地方上报的死刑重犯和京师笞以上案犯，有已决监、未决监各六监。清沿之。

（倪晨辉）

刑部左右厅

宋朝刑部下设的司法机构名。刑部左右厅始设于宋神宗元丰五年（1082年），其中左厅掌详复、右厅掌叙雪。通俗地说，就是左厅负责复核狱案，右厅负责对官员的考核处理。刑部左右厅由刑部郎中、员外郎各二人负责。南宋建立之初，因诸事简陋，因此刑部不分左右厅。绍兴二十六年（1156年），考虑到“分厅治事”有利于互相监督和纠察，因此依元丰法，复设刑部左右厅。“旧法，刑部郎官四人，分左、右厅，或以详覆，或以叙审，同僚而异事，有防闲考覆之意。

南渡以来，务从简省，大理少卿止一员，刑部郎中初无分异，狱有不得其情，法有不当于理者，无所平反追改。二十六年，右司郎中汪应辰言之。诏刑部郎官依元丰法，分左、右厅治事”（《宋史·刑法志二》）。

参考书目

陈玉忠：《宋代刑事审判权制约机制研究》，河北大学2009年博士学位论文。

（倪晨辉）

刑名师爷

明清时期协助官员办案的幕宾。掌握专业的法律知识的知识分子，因种种原因不参加科举考试，转而被各级长官私人聘请，协助长官处理案件的幕宾，被尊称为“刑名师爷”。师爷行业起源于明朝，在清朝达到顶峰。在清朝时期，师爷遍布全中国，其中以绍兴师爷最为知名。绍兴师爷以知识专业，价钱合理，诚信可靠著称。很多师爷都家学深厚，祖传为幕之道。最著名的师爷便是汪辉祖，他不但当师爷，后来还做过知县，他的《佐治药言》《学治臆说》等著作具有非常大的影响力。据推断，到18世纪末，幕友的总人数估计已达7500人，并应在19世纪有所增加。直到清末民初，幕友制度才走向衰落，在中国历史舞台上活跃了大约300年时间。

刑名师爷参与案件的主要形式有：（1）受理案件。对于当事人提交的案状，师爷需要进行批复，并决定是否受理。（2）案前准备。受理案件后，师爷需要根据实际情况安排庭审时间，发传票召集当事人、证人，整理案卷材料。（3）审理案件。在案件审理过程中，师爷不但要详细询问当事人，还需要明辨是非，辨明证据真伪，确保案件得到妥善处理。（4）结案上报。案情清晰后，师爷需要根据实际情况作出判决或向长官提出判决意见，并整理好案卷材料以便上报。（5）审转复核。对于上报的案件或驳回的案件需师爷做出解释或处理意见，能否婉转得体，则是考验师爷的功力。

刑名师爷并不食朝廷俸禄，不属于衙门在编人员，对外是幕主请来的客人，由幕主支付报酬，但师爷们在协助幕主处理衙门事务时，往往深知官场各种禁忌和潜规则，有时协助幕主处理一些较为棘手的个人隐秘事务。刑名师爷对于中国传统司法文化影响非常大，在当时，有“无幕不成衙”的说法，甚至可以说他们是中国古代法庭中的幕后听审者，地方衙门处理民刑及经济案件，均由刑名师爷进行处理或给予参考意见，可谓“不是法官的法官”。

参考书目

1. 李灿：《初论清代刑名幕友》，载《西南政法大学学报》2013年第5期。
2. 张仁善：《传统中国“法律人”的角色定位及功能分析》，载《华东政法学院学报》2006年第2期。

（倪晨辉）

行御史台

简称“行台”，元朝地方监察机构名。元朝在中央设置御史台作为中央最高监察机构，在地方设置行御史台，负责主管全国十个行省的监察事务，同时又总制二十二道肃政廉访司，御史台被称为“内台”，行御史台被称为“行台”或“外台”。为了保证行御史台的权威，行御史台官员的品秩与御史台一致。元代的行台先后设过四个，分别是江南诸道行御史台、河西行御史台、云南行御史台和陕西诸道行御史台，但长期保存下来的只有两个，即江南诸道行御史台与陕西诸道行御史台。

江南诸道行御史台设置于至元十四年(1277年),简称"南台","始置江南行御史台于扬州,寻徙杭州,又徙江州。二十三年,迁于建康,以监临东南诸省,统制各道宪司,而总诸内台。初置大夫、中丞、侍御史、治书侍御史各一员,统淮东、淮西、湖北、浙东、浙西、江东、江西、湖南八道提刑按察司。十五年,增江南湖北、岭南广西、福建广东三道。二十三年,以淮东、淮西、山南三道,拨隶内台。三十年,增海北海南一道。大德元年,定为江南诸道行御史台,设官九员,以监江浙、江西、湖广三省,统江东、江西、浙东、浙西、湖南、湖北、广东、广西、福建、海南十道"(《元史·百官志二》)。江南诸道行御史台设有御史大夫一人,御史中丞二人,侍御史二人,治书侍御史二人,经历一人,都事二人,照磨一人,架阁库管勾一人,承发管勾兼狱丞一人,令史一十六人,译史四人,回回掾史、通事、知印各二人,宣使十人,典吏、库子、台医若干。

陕西诸道行御史台设置于大德元年(1287年),简称"西台",前身为云南行御史台,后"移云南行台于京兆,为陕西行台,而云南改立廉访司。延祐元年罢。二年复立,统汉中、陇北、四川、云南四道"(《元史·百官志二》)。陕西诸道行御史台设有御史大夫一人,御史中丞二人,侍御史二人,治书侍御史二人,经历一人,都事二人,照磨一人,架阁库管勾一人,承发司管勾兼狱丞一人,掾史一十二人,蒙古必阇赤二人,回回掾史一人,通事二人,知印一人,宣使十人,典吏五人,库子二人。

行御史台的主要职能为:(1)监察行省官吏的不法行为,包括上奏弹劾官吏、照刷文卷和审问官吏罪过等。行台上奏弹劾,可以以监察御史的名义,也可以以御史台的名义。一般情况下,行台监察御史奏劾,首先要呈行台转交御史台,以御史台名义上奏皇帝,但有时也会出现皇帝拒不批准的情况。所以监察御史处于比较被动的地位,较依赖皇权,如果行台御史弹劾的是受皇帝宠信的权臣或其亲朋党羽,往往还会受到迫害。江南行御史台成立时,每年专门派人去刷卷,"每年那里台里一个官人,监察、令史、通事骑着铺马照刷文卷去呵,重了有",之后由监察御史主要负责,即"诸内外台,岁遣监察御史刷磨各省文卷"。但是由于行省官高势重,起初监察御史照刷行省文卷,非常慎重,即使发现有过错稽迟,也只等回察御史台后定罪,以致行省令史先行逃窜回避罪罚,后改为"照刷出稽迟违错底轻罪过呵,教监察就便斟酌断者",只有"犯赃"之类的重罪,才需"申台定夺"(《元典章》卷六《台纲二·行省令史稽迟监察就断》)。这样涉及一般问题的案差,行御史台就可以照刷。对畏罪潜逃的不法官吏,监察御史有权拘捕讯问,对行省官的私属人口犯罪,更是毫不留情,以杖刑相待。行御史台对行省进行纠问,自然引起行省的恐慌,和行台的关系就非常紧张。行省也开始对行台进行反纠问,以牵制行台。这样行台与行省的关系变得更加复杂化,皇帝便会命令中书省、御史台杂议,或不予理睬。很多时候,都是靠台臣官的据理力争才能纠问成功,但也有时候行御史台官反遭诬陷,被迫害致死的也大有人在。(2)领导监督所属诸道肃政廉访司。肃政廉访司是元朝建立的新的地方监察体制。行御史台除了监察行省之外,还通过对所属各道廉访司的监察,来达到监督地方吏治的目的,这也是行御史台的一个重要职能。首先,行御史台可以监督廉访司的活动,对所属各道宪司的疑难政务以及各宪司官之间的不同意见拥有斟酌指导的权力。元朝还曾赋予行御史台淘汰各道按察司官的权力。廉访司官上任,往往先要到行台报道,在审查行台交办的案件时,查到违法事件也要先呈送行台。这些都说明了行御史台对廉访司的节制,而且元代还规定所属各道廉访司应将各道积年已久、不能判决的案件呈送行台裁决,还允许被廉访司等纠问或有冤错的官吏向行御史台申诉。很多时候,行御史台不仅要审核所属廉访司办理的案件,而且还代其处理纠察按治的善后事宜。其次，行御史台通过体察廉访司声迹来节制所属的各道宪司。按察司和廉访司声迹的“检核”“体察”“体究”，始终由御史台、行御史台负责，并由监察御史具体执行。至元二十一年(1284 年)八月，元政府颁布了十二项《禁治察司等例》，作为监察御史等体察宪司声迹的依据，对廉访司的活动作出了明确的规定，有效地发挥了监督职能。(3)上书言事。由于宋朝的监察制度由御史兼任谏官，元朝继承了这一传统，台谏更加合一。行御史台自御史大夫至监察御史，“凡利害可以兴除，军民休戚，切于时政者，皆职分之所当言，各宜尽心敷陈，以备采择”(《宪台通纪续集·作新风宪制》)。但是行台无权直接上奏，只是将建言内容写成奏疏，由御史台转呈。而且行台的上书并不一定能被朝廷采纳，有一些就被内台压制。(4)考核官吏。元朝仿照唐宋管制，也对其官吏进行考核，这有利于促进监察官员忠于职守。元朝对监察官吏的考核主要由行御史台负责，划分称职和不称职，“照刷尽心，按治有法，使官吏畏谨，一道镇静者，为称职”，“合察大事，不为尽心，专为苛细，暗于大体者为不称职”。考课后，行御史根据实迹“差官体究，一听黜涉”(《元典章》卷六《台纲二·察司合察事理》)。对于廉访司官，一道镇静，谙知大体，所察得实，冤滞称职，共事生细，谙于大体，官吏贪暴，民多怨抑，为不称职，“在事有成者，任满升职，贪污不称职者，罢黜除名”(《元典章》卷五一《台纲二·行台体察等例》)。(5)掌管刑狱。行御史台作为监察机关，也拥有一些司法权力，主要是纠察违法冤案，处理上诉案件。至元十四年(1277 年)，元朝设置江南行台时曾颁布《行台体察等例》，其中就规定，“枉被囚禁及不合考讯之人，并从初不应受理之事，纠察”，“刑名词讼若审听不明及拟断不当，释其有罪，刑及无辜，或官吏受财而故有出入，一切违枉者，纠察”。可见行御史台拥有纠正错案冤案的权力，可以对行省以下的司法疑难案件予以监督、纠察。(6)赈济灾荒。元朝路府州县粮仓储粮少，在荒年时就很难救济当地灾民，但行御史台大夫管辖着大量的赃罚财物，在地方官府赃灾困难时就能派上用场。

行御史台的设立对后世的影响深远，元代以前，历代王朝都没有在地方上建立过正规的监察机构，只是采取各种各样不同的监察措施与方式，形成了一定规模的地方监察系统。如汉代的十三州(部)的监察系统，采取的是派置刺史、以《六条问事》监察所属郡、国的监察方式；唐代是十道、十五道；宋代是监州和诸路监司，而元代则在地方上建立了正规的监察机构，即行御史台和诸道肃政廉访司。明清时期的督抚制度即渊源于元代的行台制。元朝是中国古代一个地域极为辽阔的大帝国。它“北逾阴山，西极流沙，东尽江左，南越海表”，其东南疆界与汉、唐时期差不多，而西北疆界则超过了汉、唐。如此广袤的疆域，势必造成统治上前所未有的困难。在元代以前，历代统治者鉴于加强专制主义中央集权的需要，常常由皇帝从中央监察机构派出巡按御史到地方上巡回监察，以广视听，借以弥补中央与地方监察工作上下不衔接、了解情况不深入的弊病，防止地方大员拥权自重。元朝统治者因疆域空前广大，唯恐御史台鞭长莫及，因此迫切需要通过某种有效方法加强中央与地方监察系统之间的联系，而行台的创设，正好起到了这种桥梁与纽带的作用，比较好地解决了中央与地方监察的结合问题，同时也使中国古代的监察制度与组织结构产生了深刻的变化。

(倪晨辉)

行冤狱使者

汉代掌巡行视察各地监狱的官职，专职稽查冤狱。《汉书·张敞传》载：“会立春，行冤狱使者出。”一说认为属于廷尉,为暂设之官。

（张田田）

行政法院（民国）

中华民国国民政府最高行政诉讼审判机构。行政法院始设于1928年10月,最初为行政审判署,主要负责行政诉讼审判事宜,1928年11月改为行政法院,隶属司法院。行政法院设院长一人,分置二庭或三庭,每庭设庭长一人,除由院长兼任者外,就其余评事中遴充,监督各该庭事务,并定其分配。评事五人,主要负责具体审判事务。评事非年满三十岁,对党义有深切之研究,并曾任国民政府统治下简任职公务员二年以上者,不得充任;且每庭评事应有曾充法官者二人。此外还设有书记官长,书记官等,并可酌情聘用雇员及庭丁。

行政法院接到行政诉讼状后,认为不应提起行政诉讼或不合法定程序者,应说明理由予以裁定驳回。如受理诉讼,应将诉讼附本送达被告,限定期间命其答辩。行政法院做出的判决,不得上诉或抗告。判决的执行,由行政法院呈请司法院转呈国民政府以训令的形式施行。行政法院的审判为合议制,以庭长为审判长,若庭长因故不能参与审判时,以评事资深者代充。虽然国民政府设立了完善的行政法律体系,但行政法院实际上并未起到多少作用,可以说效果乏善可陈,流于形式。

（倪晨辉）

绣衣御史

绣衣直指侍御史、绣衣直指,为皇帝临时派出,出讨奸猾,可以直接处理重大狱案的监察、司法特使,因“衣以绣者,尊宠之也”得名。属御史府（台）,为临时官职。出使时持节仗,衣绣衣,可以调动郡国军队,独行赏罚,甚至可以诛杀地方官员。《汉书·百官公卿表上·御史大夫》载:“侍御史有绣衣直指,出讨奸猾,治大狱,武帝所制,不常置。”服虔曰:“指事而行,无阿私也。”颜师古曰:“衣以绣者,尊宠也。”《汉书·武帝纪》载,“泰山、琅邪群盗徐纡等阻山攻城,道路不通,遣直指使者暴胜之衣绣衣杖斧分部逐捕,刺史郡守以下皆伏诛”。意即汉政府特派官员衣绣衣持节发兵镇压农民起义,并有权诛杀镇压起义军不力的地方官员。东汉光武时（25～57年）曾罢。顺帝时（126～144年）复设。王莽时改称绣衣执法。曹魏废。

（张田田）

胥吏

中国古代在官府中负责帮办公务的吏员。中国封建社会里,在机构与职官设置上,始终坚持精简的原则,在职官设置上始终坚持主官只有一个,属官也从简的原则,这样使得各级衙门国家正式编制的官员很少。但是部门的工作又很多,这就促使各级衙门不得不在国家正式编制之外,再聘请一些人员协助处理日常事务。于是,就产生了封建社会特有的胥吏制度。

秦汉之际的胥吏称为斗食,也叫掾吏。《汉书·百官公卿表上》云:“百石以下有斗食、佐史之秩,是为小吏。”这些掾吏收入非常可怜,不到百石,所以称之为斗食。掾吏或者斗食,只是泛称,根据每个人所从事的具体工作又有不同的名称,如东曹掾、西曹掾、佐史、书佐、录事、小吏等。从历史记载可以看到,很多衙门都有众多的胥吏从事着不同的工作,尽管他们收入很低。在汉代,各级主官对于所聘用的胥吏都是信任的,无论是中央,还是郡县衙门的具体工作都交给他们去办理。这些胥吏也都不负长官之托,尽职尽责地去完成分内工作。他们有的从事具体的业务,还有的充当参谋,出主意,搞策划,特别是刑事案件更是帮主官想法破案。就当时的形势而言,封建制度刚刚建立,官场对于胥吏还不像后代那样歧视、贬低。作为胥吏来说,尽管收入比较低,但一般还没有后代胥吏的恶习。有的胥吏从低级掾吏干起,成为名臣。当时的胥吏同正式官员一样,还没有达到泛滥的程度,其存在能够为百姓的承受能力所接受。

唐代胥吏称为"流外"。流内为官,流外为吏。对于这些流外小吏,唐代也给他们分品级,只是在品级前面加上流外。在唐代,这些流外胥吏在整个官场中,占有很大的比重,甚至自成一个系统。这些流外胥吏主要有录事、令史、书令史、府、史、典事等。隋唐时代的胥吏也是有区别的。吏作为流外官,有一定的经济待遇,有的免除税课,可以不服徭役。胥吏"其叙次六七年有至本司主事及上县县尉者"。主事与县尉虽属流内官,但都级别较低。流外官转成流内官还要进行考试,考一经一史。这些胥吏虽然转成流内官,成为国家的正式官员,仍被视为杂途,不受重视。而且从唐代开始,胥吏很少有当大官的,胥吏一旦解除了职务,就要继续缴纳赋税。一大批没有报酬或者报酬很少的胥吏,担负着国家各级衙门的大量工作,虽然减轻了国家的财政支出负担,但是也存在很大的弊端。胥吏制度也造就了一大批刀笔小吏夤缘为奸。

到了宋代,胥吏已经成为一部分人的固定职业。胥吏大多熟悉各种法律法规和公文格式,尤其是擅长文字,更重要的是他们都是本乡本土,不但熟悉衙门的规矩和办事程序,还非常熟悉民俗民情。无论官员怎样调动变迁,谁来上任,都离不开胥吏。但胥吏的劣根性在宋代越来越明显地暴露出来。胥吏本身多是一些不守本分的农民,让他们担任胥吏,收入没保证,前途更是没有希望,要滑弄奸成了胥吏的行规,更何况官场为他们提供了这样的条件。所以,宋代百姓被逼得破产破家的,并不仅仅是国家赋税太重的原因,还有胥吏横行的原因。

北宋中央衙门的胥吏有主事、录事、令史、书令史、勾覆官、贴司、守当官、贴房、贴书、孔目官、都勾押官、法司、楷书、通引官、驱使官等。各个衙门的胥吏多少,国家都有编制名额限制,胥吏的编制与国家各级衙门官员的编制是两个概念。中央衙门的胥吏分为正名、守阙、私名三种。正名和守阙是正式的吏职,守阙要比正名低个等次。私名是从州县胥吏中考取的,私名也有编制名额限制,并不是各个衙门想用多少就用多少。

府州县胥吏有孔目官、衙前、押司、录事、散从官、手力、手分、造账司、祗候典、院虞侯、攒司、贴司、典书、专知、杂职、所由、医人、解子、斗子、厅子、库子、门子、狱子、弓手、杖直等。名堂繁多,其中孔目官、衙前只有州衙门有,押司则是县衙有。

元代因为前期不实行科举制度,各级衙门往往就是胥吏的天下。蒙古统治阶级人数较少,分到全国各地,只能当官,要当胥吏,根本就人数不够。元代不但大胆放手使用胥吏,还大胆提拔胥吏,一些胥吏还成为中央和地方政府的大员。元代有的名臣都是胥吏出身。不重科举重胥吏,这是元代与历代的最大不同。各个衙门的胥吏工作还被一些家族世代把持。所以,当时的文人就说"我元有天下,所与其治出刀笔吏十九"。

明代建立后,朱元璋认为,元代之所以腐败不堪,就是胥吏弄权,架空长官,祸害百姓,民不聊生。于是他专门作出规定,胥吏不得为官。所以,明代的胥吏制度,将掌权的称为官,将具体办事的称为吏。明代的胥吏吏职有:提控、都吏、令史、通史、掾史、司吏、典吏、书吏、承发、攒典、狱典等。除了典吏各个衙门都设置外,其他衙门根据自己的工作需要来设置。六部与都察院的主管胥吏叫都吏,其他衙门叫令史或司吏,地方衙门则叫通吏或者司吏。南北五军都督府和各省总兵府的主管胥吏则叫提控或者掾史。司法、财政部门的主管胥吏则叫狱典和攒典。明代的胥吏大体可分为四类:主管胥吏、案牍胥吏、司财胥吏、司狱胥吏。主管胥吏主要协助长官检查起草文案,统领其他胥吏的工作。案牍胥吏主要是典吏,这是衙门中使用最多最广的胥吏,无论是中央衙门还是地方衙门都有设立,他们的职责是抄写、收发、保管文案。司财胥吏的任务是协助长官和大使、副使保管、收支钱粮以及其他仓库材料实物。司狱胥吏主要任务是带领狱卒管理监狱人犯。除此之外,明代还有其他胥吏,如驿吏、闸吏、坝吏等。

清代继续歧视控制胥吏,但是又离不开胥吏。清代的胥吏根据服务的衙门,有不同的称呼。在宗人府、内阁、中书科、翰林院、詹事府、总理各国事务衙门的胥吏,叫供事。在六部、都察院、理藩院、内务府以及几大寺的,叫经承。经承按照从事的不同工作,又有堂吏、门吏、都吏、书吏、知印、火房、狱典等称呼,在户部工作的则叫攒典,在总督、巡抚、学政等衙门的叫书吏,在司道州县衙门的则叫典吏。在县衙,清代县太爷还按照朝廷六部设立了吏、户、礼、兵、刑、工六房。各房都有专门的胥吏。除了六房胥吏,其他名称的胥吏数不胜数。清代给胥吏的俸银叫"食米",单从字面上就可以看到,食米只是口粮钱,数量有限。尽管如此,还有很多人趋之若鹜,这其中自有奥秘,看来胥吏所得到的绝不仅仅是勉强养家糊口的食米。

从胥吏的发展演化过程看,吏额日渐繁冗,胥吏队伍不断膨胀。虽然各朝都对吏额有所定制,但是现实却是胥吏队伍日益膨胀,最终演变为统治者不容忽视的吏弊。胥吏凭借熟悉刑名律例这个条件,往往相互勾结、上下串通,对上架空、对下索贿,作奸犯科,巧弄权术。虽然胥吏阶层相对于职官群体来说,名不见经传,事不载青史,并且他们在百姓眼中、士大夫官僚笔下也总是以负面形象出现在我们面前,但是作为政府部门中的低级行政办事人员,胥吏的分工非常细密,是整个国家、政府机构顺利运转的基本依靠。因为正是这些在封建官僚政治框架结构中处于连接层的胥吏,承担着维持政务运行所必要的最繁重、最具体的工作,起着承上启下、沟通和润滑官僚机器的作用。他们不仅是官员不可或缺之左膀右臂,也是与百姓生死、利益息息相关之人物。所以不能简单地认为胥吏是只能危害社会,危害封建统治基础的群体,或是一帮完全意义上的维护封建统治秩序的爪牙、执行者。

参考书目

鹿谞慧、曲万法、孔令纪主编:《中国历代官制》(增订本),齐鲁书社2013年版。

(倪晨辉)

巡按御史

明清时期中央监察官名。巡按御史从十三道监察御史中选派,程序十分严格。每名巡按御史的产生,都是先由都察院选出两名候选人,引至皇帝面前,请皇帝钦点一名。十三道监察御史平时归中央都察院管理,但在履行职能时又不受都察院控制,直接对皇帝负责。巡按御史职责是代天子出巡,"大事奏裁,小事立断"。巡按御史代表皇帝巡视地方,又叫"巡方御史",俗称"八府巡按",专门负责监察,一般不理其他事务,权力极大。他们代表皇帝行使监察权,能够"以小监大""以卑督尊"。明代有很完善的出巡法规,先后制定有《出巡相见礼仪》《奏请差点》《巡历事例》和御史回道考察法规,划定了监察范围。这些做法既是对出巡官员职责的明确也是对出巡官员的约束。另外,职掌巡察的监察机构通常实行自上而下的垂直领导,只对皇帝一人负责,不受其他部门干扰,便于独立行使职权。

（倪晨辉）

巡捕房

清末民国时期帝国主义列强在中国租界内设置的警察及拘留机构。巡捕房主要负责维护租界内的治安,抓捕危害租界秩序的人员。从 1854 年起,各国列强仅在上海租界内便设立了 14 座巡捕房,包括中央捕房、老闸捕房、虹口捕房、静安寺捕房、新闸路捕房、杨树浦路捕房、汇司捕房、汇山捕房、嘉兴路捕房、戈登路捕房、狄思威路捕房、榆林路捕房、成都路捕房、普陀路捕房。巡捕房还设有监房,主要关押未决人犯及被判处 3 个月以下监禁的犯人。

参考书目

史梅定主编:《上海租界志》,上海社会科学院出版社 2001 年版。

（倪晨辉）

巡城御史

明清时期京师司法官名。明朝初年并未设置监察御史巡视京师,“京城设巡城御史,始于正统时”(《天府广记》卷二)。正统十三年(1448 年),“令五城巡视御史,凡事有奸弊,听其依法受理送问”(《大明会典》卷二百一十)。此时的巡城御史并没有审判权,而只能在受理案件后,把案件送往刑部或都察院审理,可见此时的巡城御史只有案件受理权,而无案件审判权。成化以后,巡城御史之职权日趋扩大。“成化四年,令锦衣卫、五城兵马司禁约赌博,缉捕盗贼。巡城御史,通行提调”(《大明会典》卷二一)。但至嘉靖以前,巡城御史仍无司法审判权。嘉靖年间,巡城御史辄受理民间词讼,取得部分京师案件事实上的司法审判权,但该审判权并未以法律形式固定下来。直到万历二十七年(1599 年),巡城御史的司法审判权仍未见诸法律,可以说,终明一朝巡城御史都没有取得真正的司法审判权,其本职工作仍为监察御史或给事中,巡城仅仅是他们的差遣而已,并且,这一差遣“俱小差”,即督导五城兵马指挥司做好京师治安等工作。

清朝的五城御史,也就是明朝时的巡城御史,每城满汉各一员,“凡五城地方,各以巡视科道为统辖官,指挥为专管官,副指挥、吏目为分管官,各治一坊”(《大清会典则例》卷八一)。五城御史为五品官,由科道官兼任,五城各设兵马司,辖有正副指挥、吏目,该正副指挥、吏目等职任由各城御史管辖。正副指挥、吏目辅助五城御史维持地方秩序。五城御史有部分司法权,但是相对于其他司法衙门,很不完善,因此也导致了很多弊病。光绪庚子之后,五城与顺天府、步军统领均获得就地正法权,五城司法审判权力随之扩张。清末宪政改革前后,五城及司坊官之司法权限逐渐削弱,日益成为京师地面的治安衙门。

参考书目

1. 那思陆:《明代中央司法审判制度》,北京大学出版社 2004 年版。
2. 王洪兵:《清代顺天府与京畿社会治理研究》,南开大学 2009 年博士学位论文。

（倪晨辉）

巡抚

又称“抚院”“抚台”“抚军”,明清地方行政长官名。巡抚之名始于明洪武二十四年(1391年),明太祖派懿文皇太子巡抚陕西,但并非定制。后仿汉刺史制度,以省为单位,划分大监察区,派监察御史前往稽查,称为“巡按某处监察御史”。明成祖永乐十九年(1421年)又派尚书、侍郎、都御史、少卿等十三人,各配给事中一人一同巡行天下,谓之巡抚,此时仍为临时差遣。之后巡抚的人选不拘尚书、侍郎、都御史、少卿等官。明仁宗洪熙元年(1425年)八月,以“大理卿胡概、参政叶春巡抚南畿、浙江”(《明史·宣宗纪》),始设巡抚专职,胡概直到宣德五年才卸任回朝,可见此时巡抚已为定职。巡抚大多加都察院都御史,副都御史或副佥都御史等衔,在行政上隶属于都察院,属于中央官员。景泰四年(1453年)始加都御史衔。凡巡抚兼军务者,加提督;有总兵地方,加赞理或参赞;所辖职事多而重者,加总督。有总督兼巡抚,提督兼巡抚等。此后,巡抚虽名为中央部院官,但已成为事实上的地方最高长官,总揽一省或一地的军、民、刑、政,秩正二品,布政使、按察使均听其节制。巡抚的职权比一般巡按御史更大,甚至有“便宜行事”之权,即不授告皇帝自行决定重大问题之权。但终明之世,巡抚在组织上仍隶属都察院,属于都察院系统的监察大员,不属于行政机关,不被视为省级地方官,不算正式的地方大员。

清承明制,也于各省设置巡抚总理民政、兼察军政,与总督一道均被称为封疆大吏,此时的巡抚已不再是中央官员,而变为地方最高行政长官。最初有一省置一巡抚,也有一省置数巡抚者或数省置一巡抚者。康熙四年(1665年)五月,确立巡抚以每省设一员为原则,其不置巡抚省份则以总督兼巡抚事。此后遂成定员。巡抚秩从二品,为管辖一省的封疆大吏,别称抚军、抚台,其地位仅次于总督。例兼都察院右副都御使衔,其应否兼兵部侍郎衔由吏部请旨决定,加兵部侍郎衔后升秩为正二品。巡抚主要职责为“掌宣布德意,抚安齐民,修明政刑,兴革利弊,考核群吏”(《清史稿·职官志三》),对一省的军事、吏治、刑狱等事务均有管辖权。管理一省地方政务,宣布诏令,管理民事,执行法律,考察官吏,省内的关税、漕政、盐政等亦无不总其成。遇用兵,则督理粮饷。清代既设总督,又置巡抚,本意在于建立军民分治。总督权兼文武,重在保障一方;巡抚宣达政令,重在察吏安民。

(俞建平　倪晨辉)

巡检司

明清基层行政机构名。明朝在各县及地势险要或交通要道处设置巡检司,“凡在外各府州县关津要害处俱设”(《明史·职官志四》)。巡检司作为基层维护治安的机构,还被广泛地设置在暴乱频发之地。巡检司设巡检一人,从九品;副巡检一人,从九品,统领徭役弓手二十至三十人,“巡检、副巡检,俱从九品”(《明史·职官志四》)。巡检司官署通常不设在县城,而是在关津要冲之地或离州县治所较远的繁华市镇。负责侦查往来奸细,禁止私盐贩运,抓捕逃军、逃犯,盘查无路引或面目可疑之人。“盘诘往来奸细及贩卖私盐犯人、逃军、逃囚、无引、面生可疑之人”(《大明会典》卷一百三十九)。具体而言:第一,盘诘往来奸细,以维护国家政治的稳定。在关津要口,巡检司负责盘诘往来奸细,“凡缘边关塞及腹里地面,但有境内奸细走透消息于外人,及境外奸细入境内探听事情者,盘获到官,须要鞫问接引起谋之人,得实,皆斩。经过去处,守把之人知而故纵及隐匿不首者,并与犯人同罪。失于盘诘者,杖一百。军兵杖九十”

(《大明律》卷十五《盘诘奸细》)。对捕获的奸细,他们还要负责"追究来历根因明白",然后"依律坐罪"(《问刑条例·兵律·盘诘奸细》)。第二,盘查贩卖私盐之人,以维护国家的经济利益。"凡守御官司及有司、巡检司,设法差人,于概管地面,并附场紧关去处,常川巡禁私盐"(《大明律》卷八《盐法》)。对查获贩私盐者"即发有司归勘,各衙门不许擅问"。第三,查获逃军,以保持军队数量的稳定。巡检司负责查获逃军以送归所在部队。如果失于盘查,致使逃军逃脱,巡检司有关人员要处以"杖一百"的刑罚。此外,在其辖境内,若一年中发现有十名以上逃军隐匿者,首领官要"提问如律",从而迫使巡检人员不得不细心排查。第四,查获逃囚。对此虽没有明确的任务指标,只是要求在自己的辖区范围内"警备不虞",但若想升迁,必须在任期内查获一定数量的逃囚方有可能。第五,盘查无引及面生可疑之人。第六,捕获强人盗贼,这是巡检司最重要的任务,也是维持地方社会治安的具体表现。

明代对捕盗的期限和人数都有严格的规定:"凡捕强窃盗贼,以事发日为始,当该应捕弓兵,一月不获强盗者,笞二十;两月,笞三十;三月,笞四十;捕盗官罚俸钱两月。弓兵一月不获窃盗者,笞一十;两月,笞二十;三月,笞三十;捕盗官罚俸钱一月。限内获贼及半者,免罪。若经隔二十日以上告官者,不拘捕限。捕杀人贼,与捕强盗限同"(《大明律》卷二七《盗贼捕限》)。巡检司除"捕盗贼,诘奸宄"(《清史稿·职官志三》)外,作为与乡里接触最密切的政府机构,往往还协助知县履行其他职能,如调解民间纠纷,司法救济及社会救济等。清承明制,官秩、职责与明朝均同。

另有一说认为巡检司始于五代,盛于两宋,金及西夏也有类似设置。元因宋金遗制,所设巡检司主要为州县所属捕盗官,另有京师、沿海、蛮夷地区的较特殊形态。在元代官署中,巡检司是品级最低的一种。但因澎湖巡检司之设,以闻名通途,颇为世人所瞩目,而且在宋元明清巡检司系列中社区捕盗官属性最为典型。元代时,巡检司通常为管辖人烟稀少地方的非常设组织,除了无行政裁量权之外,也没有常设主官管,其功能性以军事为主。明朝依其例沿用,不过佐以行政权力。

参考书目

1. 王伟凯:《试论明代的巡检司》,载《史学月刊》2006 年第 3 期。
2. 沈大明:《〈大清律例〉与清代的社会控制》,上海人民出版社 2007 年版。

(倪晨辉)

巡警部

清末中央警察机构名。巡警部设立于光绪三十年(1904 年),负责掌管全国警政以及京城内外工巡事务及督饬各省巡警,"光绪三十年,设巡警部……警政、警法,警保、警学、警务五司"(《清史稿·职官志六·民政部》)。巡警部的前身为光绪二十八年(1902 年)创立的工巡局。巡警部设有尚书一人;左、右侍郎各一人;左右丞各一人,掌日常公务,并协助尚书、侍郎处理全国警政,筹议警察制度;左右参议各一人,分判各司事务,稽核司员以下功过,与左右丞协同核辞全国警章。巡警部下设警政、警法、警保、警学、警务五司。其中警政司分置行政、考绩、统计、户籍四科;警法司分置司法、国际、谓查、检阅四科;警保司分置保安、卫生、工筑、营业四科;警学司分置课程、编辑两科;警务司分置支牍、庶务两科。各司长官为郎中一人,员外郎若干人;下设主事、小京官、书记官等。五司十六科官员合计 71 人。此外有机务所,掌使用印信、收发文件,值日值宿,纠七品京官4人轮流管理。警务部下设机构有内、外城巡警总厅,分管京城地方司法、内务、公安。总厅各设厅丞一人掌管,厅直属机构有总务、警务、卫生三处,事务、巡查、守卫、军装、刑事巡查五所。下辖机构有分厅,内城巡警总厅下辖内城中、东、南、西、北五个分厅,外城总厅辖外城东、南、西、北四个分厅。各分厅下辖四至六区,九分厅合计下辖四十六区。警务部下设机构还有京师习艺所,掌京师地区劳教事务。设监督一人掌管。光绪三十二年(1906年)被撤销,并入民政部。

清末巡警部的成立原因有二:一是警政思想的传播以及各地警政的经办,提供了丰富的理论和实践经验;二是规范各地警政建设,以实现集权中央。至1906年11月6日被民政部取代前,巡警部主要开展了三个方面的工作:一是接收、改组内外城工巡局;二是开展组织机构建设;三是指导各省警政。巡警部存在的时间十分短暂,不可能做出很多显著的政绩,但巡警部各机构的建立及其活动,为此后的警政事业打下了基础。巡警部的设立无疑是近代中国警政史上的里程碑。

参考书目

1. 穆玉敏:《北京警察百年》,中国人民公安大学出版社2004年版。
2. 李鹏年:《清代中央国家机关概述》,黑龙江人民出版社1983年版。

(倪晨辉)

讶士

《周官》所记掌裁断或报送四方诸侯狱讼之官,属秋官司寇。《周礼·秋官·讶士》载:"讶士掌四方之狱讼,谕罪刑于邦国。凡四方之有治于士者造焉。四方有乱狱,则往而成之。邦有宾客,则与行人送逆之;入于国,则为之前驱而辟;野亦如之。居馆,则帅其属而为之蹕。诛戮暴客者,客出入则道之,有治则赞之。凡邦之大事,聚众庶,则读其誓禁。"讶士与小行人等掌迎接四方宾客,又兼掌四方诸侯的狱讼,如向诸侯邦国解释制订刑法的意义。诸侯国有疑难案件需要向"士"请示时,必须先见讶士,由讶士向士师通报。当诸侯国内发生君臣淫乱、上下相虐之类的案件时,讶士须亲自前往审理。王国有宾客来访时,讶士与小行人一起前往迎送。宾客入王都,就负责做向导并清除路人。在野地也是如此。宾客居住的地方,也由讶士率领属下负责守卫,禁止闲人通行。诛杀侵犯宾客的人。宾客出入时,讶士为他们做前导,宾客有事询问或提出请求,讶士就帮助传达。王国有大事聚集民众时,讶士宣读誓词和禁令。

谳司

又称法司,宋朝司法机构名,专门指代负有审判职能的机构或官名,如在中央刑部、大理寺的详议官、检法官,在地方的司法参军、法曹参军或检法案。谳司与鞫司是相对而言的,鞫司负责调查审讯,谳司负责适用法条,这便是宋朝的鞫谳分司制度。鞫谳分司就是将"审"与"判"分开,由鞫司审问案情,传集人证,搜集证据,查证落实犯罪事实,而由谳司根据鞫司已经查证落实的犯罪事实,依宋朝法律之规定,检出应当适用的相应法规,评议确定应当判处的罪名和刑罚的制度。鞫司只负责审问案情,查明案件事实,无权检法断刑;而谳司只负责检法断刑,无权过问审讯,使鞫司和谳司分工明确,互相制约,起到防止司法官员舞弊弄权的目的。参见鞫司条。

参考书目

1. 张希清等:《宋朝典章制度》,吉林文史出版社 2001 年版。
2. 薛梅卿、赵晓耕主编:《两宋法制通论》,法律出版社 2002 年版。
3. 王云海主编:《宋代司法制度》,河南大学出版社 1992 年版。
4. 吕志兴:《宋代法制特点研究》,四川大学出版社 2001 年版。
5. 张兆凯主编:《中国古代司法制度史》,岳麓书社 2005 年版。

（倪晨辉　张田田）

谒者台

掌朝会宾赞,百官班次,并参与巡行地方、平反冤案的机构,为隋代监察"三台"之一。战国时始置谒者。秦置,汉沿置,属郎中令(后改称光禄勋),掌傧赞受事,即是行宾礼时掌唱赞,选孝廉年未五十,容貌端正,声音洪亮者任此职,以谒者仆射为领班。东汉时名义上仍隶属于光禄勋,实际上已发展为独立的机构。掌朝会宾赞,百官班次,奉诏出使。晋代谒者已独立于光禄勋,废置不常,武帝时废谒者仆射,以谒者归属兰台,东晋时又置谒者仆射,恢复谒者台,不久又废。南朝宋复置,齐梁陈沿置,北魏北齐谒者台掌诸吉凶公事,导相礼仪,有仆射二人。谒者三十人,北周与隋初不置。隋炀帝复置,改谒者仆射为谒者大夫,掌受诏劳问,出使抚慰,持节察授,并可受理冤案。唐废谒者台,改通事谒者为通事舍人,归属中书省。

（张田田）

夷离毕院

辽代中央司法机构名。辽代在中央设置夷离毕院,属于北面官,类似于宋朝的刑部,专门负责审理与契丹人有关的案件,"夷离毕视刑部","夷离毕院掌刑狱"(《辽史·百官志一》)。夷离毕院长官为夷离毕,副官有左、右夷离毕,知左、右夷离毕事,属官有选底、掌狱等。辽朝刑事案件的审判,先由基层地方或部族司法机关进行审判,再报夷离毕院、大理寺或枢密院终审、裁决、备案。涉及皇族谋反等重大案件,直接由夷离毕院、枢密院审理。

参考书目

武玉环:《辽代刑法制度考述》,载《中国史研究》1999 年第 1 期。

（倪晨辉）

译人

中国古代的诉讼参与人之一,负责案件中的翻译工作。古代审理涉及外国人的犯罪,需要翻译在旁协助,翻译之人即为译人。"诸证不言情,及译人诈伪,致罪有出入者,证人减二等,译人与同罪"(《唐律疏议·诈伪律》)。所谓译人与同罪是指:"若夷人承徒一年,译人云承徒二年,即译人得所加一年徒坐,或夷人承流,译者云徒二年,即译者得所减二年徒之类"(《唐律疏议·诈伪律》)。对于译人在审理过程中故意或过失翻译错误导致案件审理不公的,规定了相应的处罚。唐以后历代均设有译人协助审理涉外案件。

（蒲　坚　倪晨辉）

议狱堂

唐末及五代后唐中央慎刑机构。唐末唐懿宗咸通十年(869年)在大理寺内设置议狱堂,每当大理寺断狱后,再召集大卿二、少卿二、正六、丞四、司直八、评事十司在议狱堂重新审议已做出的判决。“每寺丞详断刑狱毕,集大卿二、正六、丞四、司直八、评事十司于议狱受参详,令依典式。其法官中能辨玄冤狱迹状尤异者二人已上者,请书上下考;三人四人已上者,超资与官”(《五代会要》卷十六)。议狱堂的设立是为了使大理寺审判案件在大理寺官员的全部参与下进行,其目的是保证案件更加公开透明,以使其得到公正的处理。议狱堂制度要求所有的法官一同详议案件,然后连署奏闻,从而确保案件处理的公开性。由于其审判人员均为大理寺的判官,从而保证了其审判人员的专业素质,有利于对案件的判断处理。后唐长兴四年(933年)二月,唐明宗在大理寺内重设议狱堂。

(张田田)

游徼

秦汉掌乡的巡查、治安、捕盗之官。秦始置。秦时,县以下有乡,为县下的地方基层组织。乡置三老、啬夫、游徼。游徼主管一乡的治安,“掌徼循禁盗贼”,巡行地方以纠不法。汉沿之。十亭为一乡,乡置游徼,掌“徼循禁贼盗”(《汉书·百官公卿表》)。东汉同,徼掌循,禁司奸盗。一说故两汉书均由“徼巡”二字,徼与循同义,巡行于乡以禁盗贼,故称游徼,意即游徼是直属于县而派往各乡徼巡者。魏晋南北朝沿用。晋为县佐吏(《晋书·职官志》)。

(张田田)

羑里

商朝的监狱叫“羑里”,又称“牖里”,本指监狱里的小窗,后成为监狱的名称。羑里位于河南汤阴,因北有羑水而得名。《玉篇》载:“二王始有狱,殷曰羑里,周曰囹圄。”《风俗演义》载:“殷曰羑里,言不害人,若于闾里,纣拘文王是也。”《史记·殷本纪》载:“以西伯昌、九侯、鄂侯为三公。九侯有好女,入之纣,九侯女,不喜淫,纣怒,杀之,而醢九侯。鄂侯争之强,辨之疾,并脯鄂侯。西伯昌闻之窃叹,崇侯虎知之,以告纣,纣囚西伯羑里。”《竹书纪年·帝章》载:“二十三年囚西伯于羑里。”一说羑里是商朝的中央监狱。

(张田田)

有秩

汉代掌乡民诉讼、赋役的基层官员。《汉书·百官公卿表》云:“大率十里一亭,亭有长;十亭一乡,乡有三老、有秩、啬夫、游徼。”《后汉书·百官志》亦云:“乡置有秩、三老、游徼。本注曰:有秩,郡所署,秩百石,掌一乡人,其乡小者,县置啬夫一人。皆主知民善恶,为役先后,知民贫富,为赋多少,平其差品。”

一说“有秩”最早的含义是对无秩而言,是低级官吏中有秩禄者的泛称。秦汉乡官中“有秩”与“啬夫”并举。汉初景帝时,凡主管各监、治、所的官吏均叫“有秩”。自西汉到东汉,凡主管五千户以上大乡“知民善恶,为役先后,知民贫富,为赋多少”的官吏,也叫“有秩”或“乡有秩”,其职掌虽与县“啬夫”相同,但地位不同。

(张田田)

圉

商朝甲骨卜辞中指监狱。商朝奴隶被称为“幸”，外面再加以方框，象形奴隶在监狱里的关押状态。甲骨卜辞中还经常看到“圉”字前面冠以地名的现象，如川圉、敦圉、爻圉、六圉等。

《说文》释圉为囹圄，“所以拘罪人也”，《尔雅》释：“圉，禁也。”均作监狱解。一说圉和狱声近，圉圄相通，这也可能是狱字的音源。

（张田田）

狱丞

中国古代监狱行政官员名。狱丞始置于三国时期，魏国在廷尉下设诸狱狱丞各一人，官秩七品，掌管诸狱。晋朝亦设廷尉狱左右狱丞各一人，南北朝各国均置狱丞。隋朝不设狱丞，只设狱掾八人。唐在大理寺内设狱丞四人，“掌率狱吏，检校囚徒及枷杖之事”（《旧唐书·职官志三》）。

（倪晨辉）

狱史

中央与地方掌管狱讼之吏、佐狱掾。秦汉设于诸县狱中，协助狱掾主罪法事，位在狱掾之下。

（张田田）

御史大夫

掌辅佐丞相，属丞相、太尉、御史大夫辅佐皇帝的三大宰辅职能系统之一。秦始皇始置，由皇帝亲信御史发展而来，原为商周太史寮文官。御史本地位低微，掌管文书，受公卿奏事，管理国家图籍。秦擢为尊官，御史大夫为丞相副贰，位上卿，银印紫绶，掌副丞相，为侍御史之长，故称大夫，其下有御史中丞及侍御史。御史大夫属官有御史中丞、侍御史、绣衣御史等。御史大夫主掌监察，举劾按章，主治重大案件。汉成帝将御史大夫改称大司空，升其爵秩万石，封列侯，绥和元年（公元前8年）成立司马（太尉）、司徒（丞相）、司寇（御史大夫）三公制，以制约相权。后设御史台，长官后改为御史中丞。晋以后多不置御史大夫。唐复置，专掌监察执法。宋不除大夫，以中丞为台长。明洪武中改御史台为都察院，御史大夫之官遂废。

（张田田）

御史府

汉代以御史大夫为长官的办事机构。长官之下，机构组织包括御史丞、御史中丞；治书御史、绣衣御史、五曹御史等侍御史；以及其他掾史。据《晋书·职官志》记载，五曹御史指令曹（掌律令）、印曹（掌刻印）、供曹（掌斋祠）、尉马曹（掌厩马）、乘曹（掌护驾）。后长官改为御史中丞，改称御史台。东汉时内廷文书由尚书台负责掌管，御史台专司监察，组织上仍附属于少府。魏晋南北朝时期，御史台成为直属皇帝的监察机构。参见御史台条。

（张田田）

御史台

最高中央监察机构,参与司法,主掌纠察、弹劾官员、肃正纲纪,亦派出御史出巡地方。西汉初御史大夫之官署称御史府,后御史之长由御史中丞担任,中丞原在殿中兰台办事,为御史之长后仍留台中,因而称其官署为御史台。御史台又称宪台,南北朝又称南台或兰台,北周称司宪。长官为御史中丞或御史大夫。其下有侍御史若干。晋时御史台长官与司隶校尉组成二元监察系统,分督百官。及至东晋南渡,洛阳失守而无复司州,兼领司州又掌监察的司隶校尉被废,其职并于御史台,中央监察事权趋于统一。唐御史台分台院、殿院、察院三院,各有分工。御史台监察之职常被特务机关侵夺。则天武后时期一度改名肃政台。

唐贞观年间,御史台设置台狱,受理特殊的诉讼案件。开元十四年(726 年)后,专设受事御史一员,以御史充任,每日一人轮流受理词讼。从此,凡重大案件,御史台和刑部、大理寺组成三司联合审理。大理寺负责审讯人犯、拟定判词,刑部负责复核,同时报御史台监审。元在御史台以外,尚有江南诸道行御史台及陕西诸道行御史台。明改称都察院。参见都察院条。

(张田田)

御史台狱

中国古代中央监狱名。御史台狱为中国古代御史台下设的监狱,始建于南北朝时期,唐太宗贞观二十二年(648 年)“别置台狱,由是大夫而下各自禁人”(《唐会要》卷六十)。宋朝沿用,“群臣犯法,体大者多下御史台狱”(《宋史·刑法志二》)。金、元与宋同。明朝废除御史台,改设都察院,于是御史台狱也改名为都察院狱,清朝沿用都察院狱之名。

(倪晨辉)

御史中丞

中央监察官员,属御史台。秦官也,掌贰大夫。汉因之。御史大夫本有两丞,一曰御史丞,一曰御史中丞,谓之中者,以其别在殿中,掌兰台秘书。汉朝为御史大夫的次官,或称御史中执法,秩千石。汉哀帝时以御史中丞为御史台长官,外督部刺史,内领侍御史,受公卿章奏,纠察百僚,休有光烈。至成哀间,改大夫为大司空,而中丞更名御史长史,出外为台主。光武复曰中丞,与尚书令、司隶校尉专席而坐,京师号曰“三独坐”。献帝权置大夫,而中丞不省。后历代相沿,唯官名时有变动:曹操曾改御史中丞为宫正,取其纠弹百官朝仪的职掌而言;北魏亦曾改称中尉。南北朝,御史大夫时置时废,即令置大夫亦往往缺位,中丞实为御史台长官。隋置御史大夫,不置御史中丞。唐、五代、宋均大夫与中丞并置,唯大夫极少除授,仍以中丞为长官。明朝废御史台、改设都察院,此官遂废。

(张田田)

狱掾

中央与地方掌管狱讼之吏。始于秦汉。在中央,秦汉时属廷尉,魏晋以后在大理寺设狱掾,北齐时在大理寺下设狱掾二人,隋大理寺增置狱掾八人。在郡县,为主掌狱讼的法官属员,秦汉于诸县置狱掾,下或置狱史,主罪法事。

(张田田)

狱卒

又称“禁子”“狱子”“狱丁”，中国古代监狱中负责看管囚犯的人员。狱卒是中国古代看守监狱人员的统称，在汉朝即有此称谓：“范于是东至洛阳，变名姓，求代廷尉狱卒”（《后汉书·廉范传》）。唐朝时也有关于狱卒的记载：“每有制书宽宥囚徒，俊臣必先遣狱卒，尽杀重罪，然后宣示”（《旧唐书·刑法志》）。《元典章》中亦有关于狱卒的记载：“禁子赵林元受钞三定五两，没官”（《元典章·刑部·卷之四·故杀》）。狱卒作为监狱的看守者，是保证监狱安全稳定的最重要一环，但历史上狱卒敲诈勒索，草菅人命的记载时有发生。这是由于狱卒的社会地位低下、文化程度不高、制度设计方面缺乏规制等几个方面因素造成的。

（杨殿升　钱　舫　倪晨辉）

贼捕掾

主捕贼事的地方官员，为郡县佐吏。汉置，一作捕贼掾，主捕贼事。在郡守的佐官中，可以承担并执行逮捕任务的主要为都尉，而在属吏中，则为督邮和贼曹、贼捕掾等。晋诸县沿置。一说贼捕掾当即贼曹掾的异称。参见贼曹条。

（张田田）

贼曹

汉魏中央及地方政府下设掌缉捕盗贼的机构，其属官有参军、掾、史等。“贼曹主盗贼事”（《后汉书·百官志》）。汉代中央丞相府、太尉府设贼曹。郡县因置为贼曹掾、贼曹史，事物繁剧者置数员，或分为中左右。据《通典》载，两汉有决曹、贼曹掾，主刑法。历代皆有。或谓之贼曹，或为法曹，或为墨曹。公府则称贼曹参军。东晋及南北朝时有长流贼曹、刑狱贼曹、城局贼曹等名，北齐仅畿郡县有贼曹掾。隋以后无。

（张田田）

札萨克

亦称“扎萨克”“紥萨克”，清朝蒙古地区官职名，主要负责本地区的各项事宜，也负责本地区的各类案件的审理工作，但如果是蒙汉人之间发生法律纠纷，则由札萨克或理藩院派出司官会同附近的地方官审理。札萨克为蒙古语的音译，意思是执政。清时，旗为蒙古、新疆地区蒙古部落基层行政机构，札萨克为旗最高长官，主要由王、公、贝勒、贝子担任，其任命方式为世袭或特选，并不以爵位高低论处。其下属有协理台吉或塔布囊二至四人；管旗章京一人，副章京二人；还有参领、佐领、骁骑校等。佐领之下，设领催六人，每十家设什长一人，分别管理所属民户（《清史稿·职官志四》）。札萨克管理一旗的行政、民事、军事、司法等各项事务。蒙古地区的刑狱，初审主要由札萨克负责，如当事人不服审理结果，可上诉至盟长，如对札萨克和盟长的判决皆不服的，可上诉至理藩院。如案件一方当事人为旗人，另一方为非旗人的，应当由札萨克与地方官吏共同审理。死刑案件判决应当由盟长上报理藩院，由理藩院会同三法司核准。“蒙古刑狱，内外札萨克王公、台吉、塔布囊及协理台吉等承审。……沿边与民人交涉案件，会同地方官审理，死罪由盟长核报理藩院，会同三法司奏当。在京犯斩、绞，刑部审讫，会理藩院法司亦如之”（《清史稿·刑法志三》）。

参考书目
1. 徐实:《清朝对外蒙古管理体制研究》,中央民族大学2011年博士学位论文。
2. 张晋藩主编:《中国司法制度史》,人民法院出版社2004年版。

(倪晨辉)

掌囚

《周礼》所记掌囚犯看守即五刑未决者之关押及死刑犯押送的专职狱官机构。《周礼·秋官·掌囚》载:"掌囚掌守盗贼,凡囚者,上罪梏拲而桎,中罪桎梏,下罪梏。王之同族拲,有爵者桎,以待弊罪。及刑杀,告刑于王,奉而适朝士,加明梏,以适市而刑杀之。凡有爵者,与王之同族,奉而适甸师氏以待刑杀。"意即对应处五刑的未决犯不入圜土,判决之前,在特定的场所加以关押,对他们加戴刑具,由掌囚监管。掌囚一职的职责有二:一是看守盗贼和有罪被囚禁的犯人。对于重罪的犯人,让他们戴梏、拲、桎;罪轻一点的犯人,让他们戴拲;罪更轻的犯人,让他们戴梏。王的同族的犯人只让他们戴拲,有爵位的犯人只戴桎,以等待判决。二是在施刑或处死犯人的那天,掌囚将行刑的犯人名单上报于王,负责押送犯人至朝士那里,待朝士给犯人戴上写有各自名字的梏后,再由掌囚押送到市上施刑或处死。对于有爵位的人以及王的同族,就押送到甸师氏那里,以等待施刑或处死。

(张田田)

掌戮

《周礼》所记掌刑罚执行,即死刑犯之行刑及墨、劓、宫、刖、髡者之劳役的机构,属秋官司寇。《周礼·秋官·掌戮》载:"掌斩杀贼谍而搏之。凡杀其亲者焚之,杀王之亲者辜之,凡杀人者踣诸市,肆之三日,刑盗于市。凡罪之丽于法者亦如之;唯王之同族与有爵者,杀之于甸师氏。"掌戮主要是负责处死盗贼和间谍,杀死之后分尸。对于杀害亲属的犯人,处死之后将其尸体焚化;杀害王的亲属的犯人,处死之后分尸。对于杀人的犯人,处死之后,陈尸三天。对于盗贼是在街市上行刑。有罪犯法的人,也在街市上行刑。对于王的同族和有爵位的犯人,由甸师氏处死。出征、田猎、劳役的情况下,实施刑罚,也是如此。让受过墨刑的犯人守门,受过劓刑的犯人守关,受过宫刑的犯人守宫内,受过刖刑的犯人守苑囿,受过髡刑的犯人守粮草。

(张田田)

诏狱

中国古代监狱名。诏狱为中国古代由皇帝下诏拘禁罪犯的特别监狱,始设于汉朝。汉文帝时"绛侯周勃有罪,逮诣廷尉诏狱"(《汉书·文帝纪四》),这是有记载以来诏狱的第一次出现,这时的诏狱设在廷尉狱内。在汉朝,诏狱一般设置在廷尉狱内,由廷尉卿负责审理,"廷尉卿一人,中二千石。……左平一人,六百石。本注曰:掌平决诏狱"(《后汉书·百官志二》)。但也有时把诏狱设置在若卢狱或上林狱中,若卢狱为少府所属的监狱,上林狱则设置在禁苑中。"汉高后四年,绛侯周勃有罪,逮诣廷尉诏狱。臣按:诏狱之名始于此。然其狱犹属之廷尉,则典其狱者犹刑官也,其后乃有上林诏狱,则是置狱于苑囿中,若卢诏狱则是置狱于少府之属,不复典于刑官矣"(《大学衍义补·慎刑宪·制刑狱之具》)。之后历朝均设诏狱,但诏狱作为皇帝特旨而成的案件，“本以纠大奸慝，故其事不常见”（《宋史·刑法志二》）。但许多诏狱皆为权奸恣意而为，宋高宗时，秦桧“屡兴大狱以中异己者，名曰诏狱，实非诏旨也”（《宋史·刑法志二》）。明朝锦衣卫等特务机构横行无忌，“锦衣卫狱，世所称诏狱也……幽絷残酷，害无甚于此者”（《明史·刑法志三》）。

（倪晨辉）

政事堂

唐“中书出诏令，门下封驳”制度下三省宰相集议的场所与机制。政事堂会议非皇帝参与的御前会议，而是由宰相进行例行行政决策会议。凡军国大事都在政事堂经宰相集体讨论后，再呈皇帝决断。一般行政事务则不必呈奏皇帝。政事堂汇集大权，过问广泛，但其职关乎司法审判、生杀予夺。一说后演变为中书门下。

（张田田）

知法

金代司法官名。知法广泛设置于中央及地方各部门内，主要负责“掌断各司取法文字及检断刑名事”（《金史·百官志》）。枢密院、登闻鼓院、登闻检院、三司及各地司、州、府、军、镇均置知法一至三员，大理寺置知法十一员，其中女直司五员，汉人司六员。各处知法的官秩均为从八品。

（倪晨辉）

知府

中国古代地方行政长官名。唐朝时把首都、陪都及曾为皇帝驻跸之所称为府，府的长官为府尹。“隋以前，未有府之名。其以京都称府者，自唐始。”唐代的府分三种：都督府、京都府与都护府。都督府为军区性质，都护府为少数民族区最高行政机构，此二者与后世的府无因缘关系，唯有“京府”，可视作后世府之滥觞。唐代“京府”由皇帝所在及曾驻地之州升格而来。府的长官牧、尹并置或只置府尹，实际政务由府尹主持。府尹从三品，掌宣教化，岁行属县，观风俗，录狱囚，恤孤寡，为地方“道”以下、“县”以上的中级行政机构。尽管府尹品级高于后世之知府，但其职掌基本相同。唐代的府在法律上与州平级，但地位高于州。宋朝为防止藩镇割据，由京朝官出任府一级长官，称为知府事，简称知府。

宋代“知府”职掌民政，有其独特之处，如知府除本职外，尚有许多军政方面的兼职，如太原、延安两知府兼“经略安抚使、马步军都总管”。宋朝知府有一定的人事自主权，有时可直接征辟僚属。宋朝为了防止知府权力过大，威胁中央统治，便通过设置通判一职制约知府。知府在处理政务时必须由通判联署，方能生效。

西夏在兴庆、西平设府，号称东西京，长官为府尹，府尹为腹地地方最高行政机构。辽、金地方政制大体沿宋，设道（路）、府（州）、县三级。辽代的府有“五京留守府”和“大蕃府”，前者设留守使兼府尹，后者设“知府事”。金仿辽制，设五京府与散府，以府尹为主要长官。元代地方大致分行省、路、府（州）、县四级。府的正官为府尹或知府。元代知府无实权，其权力被达鲁花赤所侵夺。明朝时把郡改为府，郡一级长官皆名为知府。

明朝知府最多时有159个,所有府按纳粮多寡,即按经济发展程度分为上、中、下三等:粮二十万石以上者为上府,从三品;二十万石以下者为中府,从四品。后皆为正四品。明朝以同知、通判为知府之佐贰官,分掌清军、水利、巡捕、管粮、治农、电田、牧马等具体事务。一府大政,决于知府。还设有推官,掌理刑名。经历司的经历,掌收发文移。照磨所的照磨,掌磨勘卷宗。检校,负责检查文书。司狱司的司狱,负责鞫狱。税课司的大使,掌管税事。仓设大使,主管仓庚。儒学教授、训导,负责教诲生员。此外,还有医学正科、阴阳学正术、僧纲司都司、道纪司都纪等属官。明代改变了唐宋时代府下分曹办事的惯例,分吏、户、礼、兵、刑、工六房办事,置书吏、衙役等主管文书档案及杂物。另外,明代知府的任用也有规定,一般以大臣会推和吏部推举两种形式交替使用。但明朝知府的来源无一定之规,上下品级流动幅度大。尚书、侍郎可出为知府,知府亦可入为尚书、侍郎。清沿之。"若夫京都称府始于唐代,每府置尹及少尹以治之,诸郡不得伤侪焉。宋代又以潜藩建节之地,皆升为府,元明因之,置府浸广,而天下诸郡尽以府名,郡守则尽以知府名。然知府之称实起于宋之以京朝官出莅府事,因其犹带本衔,故曰以某官知某府耳。若不由京朝官出者,曰守、曰尹,原不相混。元代散府,尚存府尹之目,至明而一概皆称为知府,无所区别矣"(《历代职官表·知府直隶州知州等官·历代建置》)。

知府总一府之政,赋役、刑狱、教化、军事皆由其执掌。在司法方面,知府其对于辖区内发生的案件进行审理。府设有推官一人,专门负责对案件进行司法审判。"知府掌总领属县,宣布条教,与利除害,决讼检奸"(《清史稿·职官志三》)。

参考书目

赵秀玲:《论清代知府制度》,载《清史研究》1993年第2期。

（倪晨辉）

知匦使

则天武后设置的掌查看匦、受理举报投诉的机构。常以谏议大夫、补阙、拾遗一人为知匦使,侍御史一人为理匦使。共掌其事;后来也曾命中书门下择正直清白官一人知匦,以给事中、中书舍人为理匦使。以谏议大夫、补阙、拾遗一人充使知匦事。御史中丞、侍御史一人为理匦使。其后同为一匦。天宝九载(750年)玄宗以匦声近鬼,改理匦使为献纳使,至德元年(756年)复旧。宝应元年(762年)命中书门下择正直清白官一人知匦,以给事中、中书舍人为理匦使。建中二年(781年)以御史中丞为理匦使,谏议大夫一人为知匦使,投匦者使先验副本(《新唐书·百官志二》)。知匦使专知受状,每日审查匦即举报箱内所有投书,至暮并进于上,事关紧要者当时处断,一般情况则出付中书及理匦使据状申奏。为防止"不逞之徒,或至攻讦阴私,谤讪朝政者,令中书、门下官一人,专监其所投之状,仍责识官,然后许进封"(《旧唐书·刑法志》卷五十)。为防止伪滥,匿名状需先具本由知匦使检查,发现诈伪,则不予受理。开成三年罢验副封之制。

《唐六典》虽记有知匦使,但知匦使作为品官并无品秩,仍由谏官、御史等兼任,为临时性任职。此使职侵夺御史台职权,名义上是广开言路的一种措施,实出于当政鼓励告密以打击政敌的需要。

（张田田）

知匦院

则天武后设置的受理举报投诉机构。有院,初设有四门,内有举报箱即匦,受纳诉状。武后为了告密的需要,于垂拱二年(686 年)接受鱼保宗的请求,置匦四只,共为一室。列于庙堂,分四门以受四方所上之书。"匦"以铜铸成,是投放上书的匣子。四匦分别涂以象征方位的颜色。东面的涂以青色,叫"延恩"匦,事关养民劝农者投之;南面的涂以红色,叫"招谏"匦,论时政得失者投之;西面的涂以白色,叫"伸冤"匦,陈诉冤屈者投之;北面的涂以黑色,叫"通玄"匦,告天文密策者投之。后因铜匦规制太大,分四门投书,不便往来,于是合为一匦,四面仍饰以四色。《唐六典》载,立匦之制,一房四面,各以方色。东曰"廷恩",怀材抱器,希于闻达者投之;南曰"招谏",匡正补过,裨于政理者投之;西曰"申冤",怀冤负屈,无辜受刑者投之;北曰"通玄",献赋作颂,谕以大道及涉于玄象者投之。初置有四门,其制稍大,难于往来。后遂小其制度,同为一匦,依方色辨之。其匦出以辰前,入以未后。知匦院置使,由御史等兼任,有专人及专门程序检查投书,知匦使"每日暮入内而晨出之也"。参见知匦使条。

(张田田)

职金

《周礼》所记掌金、玉、锡、石、丹青的戒令、收藏供应及金罚、货罚等的机构,属秋官司寇。《周礼·秋官·职金》载:"职金,掌凡金玉锡石丹青之戒令,受其入征者,辨其物之媺恶与其数量,楬而玺之,入其金玺于为兵器之府,入其玉石丹青于守藏之府,入其要。掌受士之金罚货罚,入于司兵。旅于上帝,则共其金版,飨诸侯亦如之。凡国有大故而用金石,则掌其令。"

(张田田)

执金吾

汉代掌徼循京师缉捕盗贼之官。汉武帝太初元年(公元前 104 年)由中尉更名而来。颜师古称:"金吾,鸟名,主辟不详。天子出行,职主先导,以御非常,故执此鸟之象,因以名官"(《汉书·百官公卿表》注)。《汉书补注》载:"俞樾曰:崔豹《古今注》:金吾,棒也,以铜为之,黄金涂两末,御史大夫、司隶校尉亦得执焉。"王莽时,执金吾改名为奋武,东汉复用执金吾旧称。西汉执金吾位居列卿,秩中二千石,掌京师盗贼缉捕与皇帝出行的清道、仪仗与警卫,参与治大狱。东汉但专徼循,不与他政,掌宫外戒司非常水火事,月三绕行宫外及主兵器,领持戟五百二十人,缇骑二百人(《后汉书·百官四》)。三国魏、蜀、吴俱有执金吾卿,西晋罢去。

(张田田)

制勘院

宋朝司法机构名。制勘院为宋神宗时建立的临时性审判机构,主要受理皇帝直接下令审判的诏狱,案件审理完毕后即撤销。"神宗以来,凡一时承诏置推者,谓之'制勘院',事出中书,则曰'推勘院',狱已乃罢"(《宋史·刑法志二》)。"凡因事置推,已事而罢者,诏狱谓之制勘院,非诏狱谓之推勘院"(《文献通考·刑考六》)。宋神宗设立制勘院之前,朝廷群臣犯法的,大案由御史台负责审理;小案由开封府或大理寺负责审理。在设立制勘院与推勘院后,官吏犯重罪就由制勘院与推勘院负责审理。虽然制勘院之名设于宋神宗时期,但事实上在神宗以前便有皇帝直接任免官员前往各州军制勘公事的记载了。制勘公事的地点主要在涉案官员所在州军的临近州军，由御史台推勘官或其他由皇帝直接委派的文武官员前往审理。

参考书目

1. 王云海主编：《宋代司法制度》，河南大学出版社 1992 年版。
2. 张希清等：《宋朝典章制度》，吉林文史出版社 2001 年版。

（倪晨辉）

质人

《周礼》所记掌书契审查、交易管理的官吏。《周礼》地官司市的属官，掌管市场货物、奴婢、牛马、兵器、车辇及四时所产珍奇食物的定价和书券交易等事。《周礼·地官·质人》载："质人掌成市之货贿、人民、牛马、兵器、珍异。凡买卖者质剂焉。大市以质、小市以剂。掌稽市之书契，同其度量，壹其淳制，巡而考之，犯禁者举而罚之。凡治质剂者，国中一旬，郊二旬，野三旬，都三月，邦国期，期内听，期外不听。"

（张田田）

治书侍御史

御史台中掌律令之属官。据称汉宣帝幸宣室斋居而决事，令侍御史二人治书侍侧，后因别置，谓之治书侍御史。《后汉书·百官志》注引胡广云，汉宣帝幸宣室，斋居而决事，令侍御史二人治书，治书侍御史起此。表明侍御史若专做持书给事殿廷者事。多选择御史高第明晓法令者充任，凡天下诸谳疑事，掌以法律当其是非。魏晋以后，掌律令，位居御史中丞之下。及魏，又置治书执法，掌奏劾，而治书侍御史掌律令，二官俱置。及晋，唯置治书侍御史，员四人。泰始四年（268 年），又置黄沙狱治书侍御史一人，秩与中丞同，掌诏狱及廷尉不当者皆治之。后并河南，遂省黄沙治书侍御史。及太康中，又省治书侍御史二员（《晋书·职官志》）。治书侍御史地位提高，分统侍御史所掌诸曹。北魏时，掌纠禁内朝会失时、服章违错、飨宴会见等事。唐避高宗李治讳，改名御史中丞，元复置，掌纠察百官，明洪武九年（1376 年）废。

（张田田）

治书执法

御史台中掌奏劾的官员，三国曹魏置，一说缘于王莽代汉，改易官名，称御史为执法。《晋书·职官志》载："及魏，又置治书执法，掌奏劾，而治书侍御史掌律令，二官俱置。"于长官之下，治书执法、治书侍御史有分工，并分管侍御史诸曹。《三国志·魏书·高柔传》载："文帝践祚，以柔为治书侍御史，赐爵关内侯，转加治书执法。"及晋，唯置治书侍御史，员四人（《晋书·职官志》）。治书执法遂省。

（张田田）

知州

中国古代地方行政长官名。知州一职始设于宋朝，宋朝为防止藩镇割据，于各州不设节度使等职，而改设京朝官知军州事，简称知州。知州掌握本州的军政大权，亦负责本州的司法事务。明清时正式称为知州,直隶州知州为正五品,散州知州为从五品。

（倪晨辉）

中都官曹

尚书台(省)中主水火盗贼的机构。东汉六曹之一。尚书台原设五曹,后汉光武帝以三公曹主岁尽考课诸州郡事,改常侍曹为吏部曹,主选举祠祀事,民曹主缮修功作盐池园苑事,客曹主护驾羌胡朝贺事,二千石曹主辞讼事,中都官曹主水火盗贼事,合为六曹,治理国事(《晋书·职官志》)。据《续汉书·百官志三》记载,有三公曹、吏部曹、民曹、南北两主客曹、二千石曹、中都官曹。一说为刑部前身。参见刑部条。

（张田田）

中都官狱

汉代京师特别监狱的合称,多为诏狱。直属于中央各行政官署,分别由各官属的长令管辖,不受九卿中主司法事的廷尉所辖。所收监对象并非限于所属部门。每兴大狱,囚犯众多,遍及中都官各狱。

既为关押处所,又具法庭之实。其职能涉及侦察及起诉到判决与执行的全过程,包括接受告劾、上奏立案;发递"逮书",传捕罪犯和证人;收审案犯和证人;拟奏判决意见;秘密处决人犯。

中都官狱系统于武帝时规模膨胀,后逐渐萎缩。汉成帝即位初"罢上林诏狱"。东汉光武帝时更是大部裁撤。《后汉书·百官志》"廷尉"本注"孝武帝以下,置中都官狱二十六所,各令长名。世祖中兴皆省,唯廷尉及洛阳有诏狱",即只留下廷尉诏狱和洛阳诏狱。其后略有恢复,和帝时复置若卢狱。

关于"中都官狱"的数量,有"二十六所""三十六所""二十四所"三种说法。沈家本认为"二十六所"之说为长。关于具体名称,沈家本曾在《历代刑法考·狱考》考述出十九处,排除廷尉狱、振贲狱和请室。"二十六所之名:曰郡邸,曰暴室,曰上林,曰左右都司空,曰居室,曰京兆尹,曰掖庭,曰共工,曰导官,曰若庐,曰都船,曰寺互,曰内官,曰别火,曰太子家令,曰未央厩,曰北军,曰东市,曰西市,可考者凡十九。廷尉诏狱不在此数。《北堂书钞》振贲狱不能明,亦不数请室,则非汉狱名。"

囚禁将相大臣与皇族的监狱,包括属少府的若卢诏狱,属宗正的左右都司空狱、属少府寺的居室狱(保宫狱)、属太子太傅、囚太子属官有罪者的太子家令狱、属大鸿胪郡、囚禁各郡国未完成国家上计任务的官员的鸿胪狱。参见上林诏狱条、若卢诏狱条、司空诏狱条、居室狱条。

囚禁宫内女性、妇人女官的监狱,包括少府寺的掖庭狱(永巷狱)、掖庭令所辖暴室狱。

囚禁官署吏卒的监狱。包括属水衡的上林诏狱,属中尉寺、囚犯罪水官的都船诏狱和囚主管制作兵品及织绶等失职致罪的人员的寺互狱,囚禁管理皇帝舆马失职致罪的人员的未央厩狱,管押导官署内的官员犯罪者的导官狱、属少府的共工狱(考工狱),属宗正的内宫狱。参见上林诏狱条、内宫狱条、考工狱条。

此外,还有北军狱。参见北军狱条。

一说认为中都官狱不包括廷尉狱,一说认为廷尉诏狱亦属中都官狱诏狱系统。另有一说认为中都官狱均为中央机构下设,不应包括京师地方,即排除长安的东市狱和西市狱。参见东市狱条、西市狱条。

又以"长安狱"泛指中都官狱诸狱。参见长安狱条、诏狱条。

(张田田)

中书省

掌起草文书章奏的机构,后为政务中枢。秦汉宦官曰中官,宦官任职带中字,宦官出任尚书称中尚书,简称中书。又因兼谒者之职,故又名中书谒者。成帝时增尚书为五,废除由宦者担任中书之制,此后至东汉末,改以士人为尚书。

中书省初为皇帝于禁中的机要秘书班子,后为中枢部门中的草诏机构,隋唐三省之一。其长官有令、仆射。《唐六典》门下省条称,秦汉初置侍中,曾无台省之名,自晋始有门下省。曹魏时成立中书机构,按"禁内掌决策、禁外掌行政"原则,是以权较尚书省重。魏晋时中书省设监、令各一,郎四,舍人一至二人,草诏职权逐渐形成。西晋以后,历代都沿袭曹魏立中书省。南朝陈时中书舍人专政,"分掌二十一局事,各当尚书诸曹,并为上司,总国内机要,而尚书唯听受而已"。北周实行六官制,无中书之名。但其春官府有内史中大夫、下大夫等职,即相当于中书令、侍郎的职务。

至隋唐,遂成为全国政务中枢之一。隋代废六官制,置内史省,即中书省。炀帝末又曾改名内书省。唐初亦名内史省,武德三年(620 年)始复名中书省。高宗龙朔二年(662 年)改称西台,咸亨(670 ~ 674 年)初复旧;武后光宅元年(684 年)改名凤阁,中宗神龙(705 ~ 707 年)初复旧;玄宗开元元年(713 年)改名紫微省,开元五年,复旧。

元代以中书省总领百官,与枢密院、御史台分掌政、军、监察三权。门下、尚书两省皆废,故中书省较前代尤为重要。地方行政一部分亦由中书省掌握。元朝中书省在远方还有一些派出机构即各个行中书省,后来代指其辖区,再后来即地方上的省。明清时期废其名称。参见行中书省条。

(张田田)

中尉

秦汉掌巡捕盗贼等的武职。《汉书·百官公卿表》载:"中尉,秦官,掌徼循京师,有两丞、候、司马、千人。武帝太初元年更名执金吾。属官有中垒、寺互、武库、都船四令丞。都船、武库有三丞,中垒两尉。又式道左右中候、候丞及左右京辅都尉、尉丞兵卒皆属焉。初,寺互属少府,中属主爵,后属中尉。"在朝廷中,中尉主北军;在地方上,中尉主内史地方兵。王先谦《汉书补注》指出,中尉不独秦有。

汉武帝太初元年(前 104 年)更名执金吾,属官有中垒、寺互、武库、都船四令丞。中尉一人,比二千石。本注曰:职如郡都尉,主盗贼(《后汉书·百官志》)。汉初,王国置太傅,掌辅导;内史主治民;丞相统众官;中尉掌武职。后改汉内史为京兆尹,中尉为执金吾,郎中令为光禄勋,而王国如故(《宋书·百官志》)。西汉中尉之官非只设于京师,设于京师者乃天子属下之中尉,而各王侯之国都城亦设中尉,乃王侯国之属官。汉武帝只是把汉朝中央直属之中尉改称执金吾,而其余诸王侯国之中尉仍用旧名。东汉诸王国之中尉,秩比二千石,其职如郡都尉,主盗贼。元代内史府也有中尉。

（张田田）

中央司法人民委员部

第二次国内革命战争时期中华苏维埃政府最高司法行政机构名。中央司法人民委员部始设于1931年,是中华苏维埃政府最高司法行政机构,隶属于中央人民委员会。中央司法人民委员部由中央人民委员会的司法人民委员担任领导,并设副人民委员一至二人。中央司法人民委员由中央执行委员会选任,副人民委员由中央执行委员会主席团委任。中央司法人民委员部下设民事处、刑事处、劳动感化处、总务处,分别掌管民事诉讼、刑事诉讼的行政事宜,各地看守所和劳动感化院的事宜,以及审判机关的设置,司法工作人员的任命和培训,法制宣传和制度建设,等等。

参考书目

1. 彭光华、杨木生、宁群:《中央苏区法制建设》,中央文献出版社2009年版。
2. 中共江西省委党史研究室编:《江西苏区党的建设和政权建设》,江西人民出版社2006年版。
3. 张静如等主编:《中国共产党通志》,中央文献出版社2001年版。

（倪晨辉）

州牧

中国古代地方行政官名。相传尧舜时即把中原分为十二州,每州各置州牧一名,负责该州具体行政事务。“唐虞稽古,建官惟百,内有百揆四岳,外有州牧侯伯”(《尚书·周官》)。汉成帝绥和元年(公元前8年)改刺史为州牧,秩二千石,掌奉诏条察州,地位仅次于九卿。后又改称刺史,汉哀帝元寿二年(公元前1年)复改为州牧。此后屡遭兴废,至唐时仍称京畿地区长官为雍州牧,宋以后不复用。州牧为古代一州的最高行政长官,因此需要负责该州的各项事务,其中就包括司法事务,如案件的审理,官员的监察等。参见刺史条。

参考书目

王谨:《王莽与州刺史改州牧》,载《山西师大学报(社会科学版)》2002年第1期。

（倪晨辉）

州院

宋朝地方司法机构名。州院为宋朝各州府录事参军的官衙,与司理院一同负责地方刑狱的审理工作。在各州为州院,在各府则为府院。州院的长官为录事参军,从八品。参见录事参军条。

参考书目

苗书梅:《宋代的“使院”、“州院”试析》,载《宋代文化研究》2009年第2期。

（倪晨辉）

驻藏大臣

全称“钦差驻藏办事大臣”或“钦命总理西藏事务大臣”,清朝西藏地区最高行政官职名。

驻藏大臣始设于雍正五年(1727 年),共两人,负责统领前后藏官兵。乾隆五十八年(1793 年)颁行《钦定藏内善后章程二十九条》(以下简称《章程二十九条》),明文规定了驻藏大臣拥有行政人事任免权、宗教监督管理权、军事领导指挥权、司法审判决定权、外事活动独断权、财政税收管理权。"置驻藏大臣以统前藏、后藏而理喇嘛之事,乃正其官族,治其营寨,练其兵队,固其边隘,核其财赋,平其刑罚,定其法制,以安唐古特"(《钦定大清会典事例·理藩院》)。后改为办事大臣一人、帮办大臣一人,分别驻扎前后藏。宣统二年(1901 年)裁撤帮办大臣,设置左右参赞各一人,其下属有理藩院司官一人、笔贴式一人。

驻藏大臣是清朝在西藏地区的最高行政长官,权力极大,具体而言有六大权力:(1)行政人事任免权。行政事务权,是驻藏大臣的重要职权。《章程二十九条》规定,西藏大小事务,均由达赖喇嘛、班禅额尔德尼、驻藏大臣进行平等商议。以噶伦为首在西藏任职的大小活佛等都必须服从驻藏大臣的领导。札什伦布的事务,虽有索本堪布办理,但须先呈报驻藏大臣,并由驻藏大臣在巡边时稽查。驻藏大臣还拥有官吏任免权。驻藏大臣有权和达赖喇嘛荐举噶伦、代本的候选人并呈报中央任命,有权与达赖喇嘛会同商上共同任命前藏的孜本、强佐等官,有权与班禅额尔德尼全面共同任命后藏强德、索本、森本及大宗宗本等官员。(2)宗教监督管理权。《章程二十九条》规定,堪布应由达赖喇嘛、驻藏大臣、济仲呼图克图等协商选定,并颁发加盖三人印章的委任书。这一条文把各大寺堪布的任免权由单纯的达赖喇嘛任免变成了达赖喇嘛与中央驻藏代表的共同任免,强化了驻藏大臣对宗教管理权的管理力度。(3)军事领导指挥权。关于西藏的驻军、粮饷、武备、校阅等事项,均由驻藏大臣负责,从而实现了驻藏大臣在西藏军事指挥权的行使有章可循。(4)外事活动独断权。《章程二十九条》对西藏与境外交接的相关事宜的处理权、管理权仅赋予驻藏大臣独断,是清中央政府治藏措施日臻完善的重要标志。《章程二十九条》规定了尼泊尔、不丹、哲孟雄、宗巴等地的来藏客商,须登记造册,呈报驻藏大臣衙门备案,无论前往何地经商,均须向驻藏大臣衙门承领路证,随时接受沿途关卡的稽查。同时《章程二十九条》还规定,为防止西藏地方与境外势力相互交结,西藏对外往来信件根据具体情况由驻藏大臣酌定回覆。凡廓尔喀特使面见达赖喇嘛和驻藏大臣时,其回文须按照驻藏大臣授意办理。凡来自外方的书信,均须呈报驻藏大臣过目。各藩属国给驻藏大臣的信件,可由驻藏大臣自行回覆。给达赖喇嘛等的信件,由驻藏大臣酌定回覆。噶伦不得擅自与外方诸国通信。外方来信均应送交驻藏大臣会同达赖喇嘛协商之后回覆。(5)财政税收管理权。《章程二十九条》规定,由驻藏大臣设置专门机构并派人铸造货币,统一货币成色,确定货币兑换比价。关于达赖喇嘛和班禅额尔德尼二人的财政收入,《章程二十九条》规定由驻藏大臣进行审核,按照圣旨,每年春秋二季各呈报一次。《章程二十九条》还规定,凡因私往来的,一律不得支派乌拉,也不得擅发执照;凡因公务往来的,也要报经驻藏大臣和达赖喇嘛发给印照。(6)司法审判权。《章程二十九条》中把这一重要职权确定为驻藏大臣拥有最后的决定权,是对以往西藏司法权旁落的纠治。对于协尔帮、朗仔辖、噶布伦等基层番官审结的案件需要通过驻藏大臣的核定。《章程二十九条》规定:"今后处罚多少,按例进行登记后呈送驻藏大臣,对罪大恶极之重犯,要报驻藏大臣处理。同时,需没收财物充公时,要请示大臣酌情处理。今后无论公私,如有诉讼事务,均须公正办理。噶伦中如有依仗权势无端抢占民财者,则将其革职,没收其财产充公。"对于汉官和宗本等有扰害军民等情形的,要向驻藏大臣呈报,由驻藏大臣依法予以惩处。对于驻藏大臣判决不服的,可以前往京师上诉至理藩院。"番民犯罪,仍依其俗论罚。按罪名轻重,以定纳赎多寡,译写定例,存驻藏大臣处。凡罪经协尔帮、朗仔辖、噶布伦剖断后,皆呈驻藏大臣核定。除婪赃至多者，仍籍家产示惩，其余犯公私罪者，不准辄议查抄”（《乾隆朝内府抄本理藩院则例》）。

参考书目

1. 孙镇平:《清代西藏法制研究》，知识产权出版社2004年版。
2. 张羽新:《驻藏大臣政治地位和职权的历史考察》，载《中国藏学》1998年第2期。

（倪晨辉）

转运使司

简称“漕司”，宋朝地方行政机构名。转运使始设于唐中期玄宗开元年间，设置的初衷是为了转输江淮财赋到长安。五代时亦设置转运使，主要负责军用物资的输送。唐与五代时的转运使均为临时设置，并未形成固定的专门机构。宋朝建立后，为防止军镇割据，把地方财政收归中央，于宋太宗太平兴国二年（977年）设置了转运使司专门负责将各地财赋送往京师汴京。转运使司主要掌握当地财政大权，也负有向中央举荐、弹劾地方官员的职责，参与地方民政事务，其也有监督并审理地方刑狱的权力。“掌经度一路财赋，而察其登耗有无，以足上供及郡县之费；岁行所部，检察储积，稽考帐籍，凡吏蠹民瘼，悉条以上达，及专举刺官吏之事”（《宋史·职官志七》）。转运使司设置转运使一名，转运副使、判官各一名。转运使由京朝官以上并有知州以上经历的官员担任；转运副使、判官由京朝官以上并有通判以上经历的官员担任。转运使司的属官有勾当公事（或称干办公事）、管勾文字（或称主管文字），以京朝官以上并有知县以上经历的官员担任。转运使司在察举官吏时，需先审查该官吏经办的案件，实际上便拥有了对该官吏所判案件的复审权。宋太宗淳化三年（992年）诏：“转运使案部，所至州县，先录问刑禁”（《续资治通鉴长编》卷三十三）。淳化四年（993年）太宗撤销提点刑狱司后，地方的司法审判、监督权全部归转运使司所有，有宋一朝，提点刑狱司时废时置，转运使司的司法权也因此时大时小，不过一直没有被完全剥夺。此外，转运使司还逐渐获得了对于州县所判案件的复审权。太宗太平兴国六年（981年）把刑狱中的从犯的复审权交由转运使司负责，“（诸州罪犯）自今令只遣正身，家属别俟朝旨。干系人非正犯者，具报转运使详酌情理，免锢送”（《续资治通鉴长编》卷二十二）。真宗景德二年（1005年）转运使司获得了对于州县所判案件完全的复审权，“诣阙诉事人，须因州县理断不当，曾经转运使诉理月日，鼓司、登闻院乃得受”（《续资治通鉴长编》卷六十）。当转运使司与提点刑狱司同时存在时，由转运使司主要负责民事案件的审理；提点刑狱司主要负责刑事案件的审理，“祖宗之制，天下诸路分遣部使者。以婚田、税赋属之转运，狱讼、经总属之提刑”（《庆元条法事类》卷四），但这并不是一成不变的，即使民事案件由提点刑狱司审理后，其结果也需告知转运使司。

参考书目

1. 白钢主编:《中国政治制度通史》，人民出版社1996年版。
2. 薛梅卿、赵晓耕主编:《两宋法制通论》，法律出版社2002年版。
3. 张希清等:《宋朝典制》，吉林文史出版社1997年版。
4. 王云海主编:《宋代司法制度》，河南大学出版社1992年版。

（倪晨辉）

准人

西周官职，属卿事寮。《尚书·立政》载，立政：任人、准夫、牧，作三事。周宣王时的“毛公鼎”铭文曰“及兹卿事寮、太史寮，于父即尹，命汝摄司公族三有司、小子、师氏、虎臣与朕亵事”。卿事寮和太史寮是中央政府两大官署，是承殷商而设的内服行政和神职机构。卿事寮掌行政，其主要职责是“三事”和“四方”诸事。其后内部有职司划分。商周官名与所掌之事不分，官司之名即该机构长官名，“准夫”又称“准人”，一说准乃公平之意，准夫为职掌司法的长官与机构名，与负责执行政务的常任、管理民事的掌伯一同构成卿事寮内各司行政、司法、民事三个分工。

（张田田）

自新学艺所

抗日及解放战争时期晋察冀边区设置的特殊监狱。自新学艺所前身是1940年设置的感化院，1941年改造成自新学艺所。自新学艺所设有所长、指导员各一人，下设总务、管教、生产三科和警卫队。所内分为三个管区，各设正副主任，以生产组织为管理犯人的基本形式，以生产和对犯人的改造为基本任务，实现生活必需品的全部自给。

自新学艺所主要收容受日伪训练派遣的少年犯和由沦陷区“逃来”边区的政治嫌疑分子。后经过整顿而成为关押被判处较长徒刑犯人的机关。自新学艺所对犯人实行教育感化的方针，坚持以教育为主，监管、教育、生产三结合的原则。在教育方法上，强调分类教育，因人施教，各有侧重等。解放战争时期的晋察冀边区自新学艺所，把生产和对犯人进行劳动改造作为该所的基本任务，实际上已不是通常的监狱，而是一个劳动改造队。晋察冀自新学艺所将劳动作为主要改造手段的成功做法，为解放战争后期劳动改造队的大量创建提供了有益经验，为未来具有中国特色的劳改制度的建立奠定了实践基础。

参考书目

1. 杨殿升、张金桑主编：《中国特色监狱制度研究》，法律出版社1999年版。
2. 王恒勤主编：《中国特色社会主义监狱理论体系研究》，河北大学出版社2011年版。

（倪晨辉）

总部

明初中央六部内设行政机构名。明朝建国后，在中央仿照唐制设置六部，洪武六年（1373年），于吏、礼、兵、刑、工部内设总部。洪武十三年（1380年），于户部内设总部。总部设郎中、员外郎、主事。洪武二十二年（1389年），总部之名舍弃不用，吏部总部改名为选部，户部总部改名为民部，礼部总部改为仪部，兵部总部改名为司马部，刑部总部改名为宪部，工部总部改名为营部。其中，刑部总部负责全国各地上报的刑事案件的审理工作。洪武二十三年（1390年），因刑部事务日益繁忙，故把刑部下设的总部（已改称宪部）、比部、都官部、司门部合并分拆成河南、北平、山东、陕西、山西、浙江、江西、湖广、广西、广东、四川、福建十二部。洪武二十九年（1396年）复改名为十二清吏司。宣德十年（1435年）又改为十三清吏司。参见刑部条、清吏司条。

参考书目

张晋藩主编:《中国司法制度史》,人民法院出版社2004年版。

(倪晨辉)

总督

明清地方行政长官名。总督是明朝在执政过程中为了在军事上加强事权、弥补巡抚制度的不足而设置的。明朝沿袭元代行省制度,省下设三司,以分掌财政、民政、刑事、军事等职权,但事权不一、协调不便、应变迟滞,尤其不利于突发事变之应对,因而设巡抚以节制三司,以统一事权。其后,为适应较大的军事行动,又在更大地域范围或重要军事地区设置总督,以便调动军队、粮饷,统一军事活动,因而总督的职掌更着重于军事,也多带有临时性特点。正统六年(1441年)正月,朝廷命兵部尚书王骥"总督军务",发兵15万大举征讨麓川,此设总督之始。明宪宗成化五年(1469年)始设两广总督,其后各地增置,成为定制,掌地方军民大政。"总督两广军务、监理粮饷、带管盐法、兼巡抚广东地方一员"(《明史·职官志二》)。明朝时的总督是由兵部或都察院主要官员至某地总督军务,兵部尚书、侍郎,或都察院都御史、副都御史、佥都御史为其本官。可以说,明代的总督,还只是中央临时派遣的官员而非地方大吏,因而其体制归属仍列入中央都察院系统内。总督成为地方大吏,至清代前期才真正完成。

清沿明制,也于各地方设置总督总领军务,作为朝廷派遣官员,授予右都御史、右副都御史、右佥都御史衔,"无定员"。清朝初期总督管辖范围并无一定规律可循,有的统领两省,有的对几个省份的某些区域进行管辖。直到乾隆中期,才在全国构成了"八总督、十五巡抚"的基本格局,共有直隶、两江、陕甘、湖广、闽浙、两广、四川和云贵八位总督,每位总督统管一省或二、三省,其中,两江总督辖三省,直隶、四川总督辖一省,其余均辖二省。总督的职责主要是节制所辖之省高级文武官员、察吏安民,且偏重于军事以及与军事相关的各种政务。在刑名方面,总督负责犯罪武官的鞫审,缉捕并鞫审盗贼。又如事关军务及洋盗重案,也由总督主审,督抚联衔会题,总督列衔于前。秋审,凡督抚同省或总督兼辖省份,总督也参与其事。"总督(从一品),掌釐治军民,综制文武,察举官吏,修饬封疆"(《清史稿·职官志三》)。可以说,清朝的总督由承袭前明偏重于军事的长官逐渐转化为地方的军政长官。清代督抚制度的形成,使总督和巡抚既是朝廷派遣官员,又各有固定辖区,成为守土之官、封疆大吏,使地方事权集中归一,改变了明代地方权力分散的局面。总督的职责也从统筹各地民政,为军事活动服务,转变为节制所辖之省高级文武官员,察吏安民,而偏重于军事以及与军事相关的各种政务。通省武职,也由总督专管,即上谕所说:"各省武职,凡有总督驻扎者,向由总督专政,巡抚并不与闻。"具体而言,在军事方面,节制所辖省区巡抚、提督、总兵及这些文武大员及所统绿营兵,是总督军事职权的最高体现。定期与提督、总兵巡阅、操练绿营兵丁,是总督的重要职责。边区省份之总督,另有巡边之责。督抚并设省份之平日缉捕盗贼、盐务缉私等有关动用营兵之事,总督应督同巡抚或提督、总兵等办理。在司法方面,犯罪武官之鞫审,缉捕并鞫审盗贼,为总督之职责。乾隆六十年(1795年)又增定,嗣后凡审拟事关军务及洋盗重案,由总督主审,督抚联衔会题,总督列衔于前。秋审,凡督抚同省或总督兼辖省份,总督也参与其事。在财政方面,总督参与的与财务有关的事项,除有关吏治的清查亏空外,还有事关军务、兵营之粮饷、协饷事务,有漕省份的漕务,以及事关社会民众的社仓、赈灾、开矿及盐务、鼓铸与其缉私等问题。这类事务,只是事关财务中的某些特殊事项,而且有的具有临时性,有的属于"职责",是具有机动性的责任,而不像巡抚所专司的钱谷财政事务那样的日常性例行职掌。

参考书目

龚小峰:《两江总督的定制及职掌探述》,载《史林》2007 年第 6 期。

（倪晨辉）

总检察厅

中国清末及中华民国北京政府时期设于大理院内的检察机构,依法独立享有检察权。清宣统元年(1910 年)12 月 28 日颁布的《法院编制法》规定,检察厅分初级检察厅、地方检察厅、高等检察厅和总检察厅四级;大理院分院可以设置总检察厅分厅。设有厅丞一人,检察官若干人。总检察厅厅丞监督总检察厅及其各级检察厅司法行政事务。厅丞有权亲自处理其管区内检察官事务,并有权将其管区内检察官的事务移于别厅检察官。大理院审判特别权限的诉讼案件时,与该案有关的各级检察官,应听从总检察厅厅丞的命令,办理一切事务。总检察厅检察官如有不得已的事故,大理院院长得因请求派本院推事临时代理。检察官不得干涉推事的审判或掌握审判事务。

（郭立新　付　磊）

宗人府

明清中央行政机构名,为管理宗室内外事务的最高机构,负责审理宗室之间的争讼。宗人府的前身是历朝的宗正寺(府),明朝建立后,明太祖朱元璋在洪武三年(1370 年)依照元朝管理宗室的机构——大宗正府创设了大宗正院,洪武二十二年(1390 年),改大宗正院为宗人府,一直沿用至清。

明朝宗人府设“宗人令一人,左、右宗正各一人,左、右宗人各一人,并正一品”。职责为“掌皇九族之属籍,以时修其玉牒,书宗室子女嫡庶、名封、嗣袭、生卒、婚嫁、谥葬之事。凡宗室陈请,为闻于上,达材能,录罪过”。洪武二十二年(1390 年)改大宗正院为宗人府后,“以亲王领之”,但其后便“以勋戚大臣摄府事,不备官”,宗人府的职能逐渐被剥夺,仅为虚职,其职权转移到礼部,“所领亦尽移之礼部”。宗人府属官有经历司经历一人,正五品,职责为“典出纳文移”(《明史·职官志一》)。明成祖靖难成功后,在南京还设置了南京宗人府。

清朝建立后,于顺治九年(1652 年),仿明制设宗人府,掌管皇族属籍,纂修“玉牒”,审理皇族之间的争讼,位居内阁六部之上。清宗人府设“宗令一人,亲王、郡王为之。左、右宗正,贝勒、贝子兼摄。宗人,镇国公、辅国公及将军兼摄。后择贤,不以爵限。俱各二人”。宗令主要负责“掌皇族属籍,以时修辑玉牒,奠昭穆,序爵禄,丽派别,申教诫,议赏罚,承陵庙祀事”。宗正、宗人则负责辅佐宗令负责具体事宜。清宗人府的下属主要为“堂主事,汉主事,经历司经历,并正六品。左、右二司理事官,正五品。副理事官,从五品。主事,委署主事,俱各二人;笔帖式,效力笔帖式,各二十有四人。俱宗室为之”(《清史稿·职官志一》)。清乾隆之前,宗室觉罗的刑民事案件及其审判,均由宗人府负责,体现了清朝皇族宗室的司法特权。乾隆朝后,宗人府的司法职权被削弱,“凡宗室觉罗之讼,则会户部、刑部而决之”(《钦定大清会典》卷一·宗人府)。具体情况为:涉及人命、斗讼案件,若宗室犯法,由宗人府会同刑部审理,宗人府主导;若觉罗犯法,由刑部会同宗人府审理,刑部主导;涉及户婚田土案件,若为宗室,则由宗人府会同户部审理，宗人府主导；若为觉罗，则由户部会同宗人府审理，户部主导。如果判其有罪，轻则折罚，重则施惩，而加圈禁，若罪重则奏闻皇帝裁决。

参考书目

1. 屈春海：《清末司法改革对皇族司法制度之影响》，载《历史档案》2001 年第 2 期。
2. 韩涛：《晚清最高司法审判权的形塑——以晚清大理院审判权限的厘定为中心》，载《华东政法大学学报》2011 年第 5 期。

（倪晨辉）

宗人府空房

又称"宗人府空室"，俗称"高墙"，清朝监狱名。宗人府空房是清朝宗人府的内设机构，专门负责关押犯罪的宗室、觉罗。设有司官二人，负责管理罪犯事宜，笔贴式四人，均由宗人府长官从理事官、副理事官、经历、主事等府堂官中选择委任。宗人府空房实际上是优待皇族犯人的特殊监狱，狱中犯人的待遇不同于一般案犯。例如，不加锁扭狱具、行动较自由、生活待遇也很优厚等。宗人府空房规定：每月初二、十六为宗室亲族探视日；初三、十七日准许觉罗家属入内看视；被关押在空房的宗室、觉罗，如遇其父母过世而无人理丧，可由该族请示后暂行回家治丧；应在空房永远圈禁的宗室、觉罗，每三年即可向该族尊长询明，如愿将其释放，奏明后责打四十大板即可释放；如遇皇帝特赦，圈禁之宗室觉罗亦可在家代行圈禁。如乾隆五十五年（1790 年），正值皇帝八十大寿，谕："本年乃朕八旬大庆，寰宇普被恩膏，宗室、觉罗内，永远圈禁人等，亦应加恩。曾命宗人府将此等所犯情节查明具奏。今据宗人府将空房圈禁宗室、觉罗原犯情节查奏，此内宗室平住、明强、博端，觉罗舒明阿、安福、巴通阿之妻孀妇及闲散觉罗花沙布之女等七名，原犯情节，尚属可原。着加恩俱行放出，仍交各族长严加约束，如不安分，复又滋事，不但圈禁，仍加重治罪。将此交宗人府明切晓谕，其情节较重者，照常圈禁"（《清高宗实录》卷一千三百五十九）。由此可见，宗人府空房只是统治者为维护宗室特权，实施的"大罪薄惩，小罪宽免"（《清世宗实录》卷二）的一种手段。史称："宗人府空室，向系有名无实。从前监禁宗室，尚有蹦垣宵遁，近更肆无忌惮，白昼游行街市，甚至持枪在内仓左右轰击飞鸟，居人侧目，无敢谁何"（《钦定宗人府则例》卷三十《律例》）。

参考书目

1. 薛梅卿：《中国监狱史知识》，法律出版社 2001 年版。
2. 朱崇武、沈坤平：《中国监狱罪犯行刑分级处遇研究》，华东师范大学出版社 1996 年版。
3. 曹强新：《清代监狱研究》，湖北人民出版社 2011 年版。

（倪晨辉）

宗正

掌皇帝亲属管理的机构，秦汉以后属九卿。西周时有宗正。《周礼》有小宗伯，秦汉时称宗正，为九卿之一，秩中二千石，均由皇族成员担任，主要属官有宗正丞、都司空令、内官长丞及公主家令、门尉等。汉平帝元始四年更名宗伯。王莽时曾一度废止，并入秩宗（太常）。东汉时复名宗正。《汉书·百官公卿表》载："宗正，秦官，掌亲属，有丞。平帝元始四年更名宗伯。属官有都司空令丞，内官长丞。又诸公主家令、门尉皆属焉。王莽并其官于秩宗。初，内官属少府，中属主爵，后属宗正。”《汉官》曰：“员吏四十一人，其六人四科，一人二百石，四人百石，三人佐，六人骑吏，二人法家，十八人学事，一人官医。丞一人，比千石。

宗正管理皇族和外戚事务。皇族、外戚均有名籍，藏于宗正府。宗室外戚如果犯罪，则除其属籍，降为平民，这类除籍的事也由宗正掌管。据《后汉书·百官志》记载，宗正，卿一人，中二千石。本注曰：掌序录王国嫡庶之次，及诸宗室亲属远近，郡国岁因计上宗室名籍。若有犯法当髡以上，先上诸宗正，宗正以闻，乃报决。宗亲犯罪当髡以上，也要先报宗正，宗正再上报皇帝，始能处置，一般司法机构不能过问。

魏、晋因之，东晋并入太常。梁复置，陈、北魏因之。北周改称宗室，属大冢宰。唐、宋皆置，掌叙皇族属籍，以别昭穆亲疏，领陵台、崇玄二署。唐龙朔二年(662年)改称司宗，咸亨元年(670年)复旧，光宅元年(684年)改称司属，神龙初复称宗正，有卿、少卿，掌皇族、外戚簿籍及邑司名账，领崇元署及诸陵、太庙等。

宗正的办事机构称为宗正寺。秦置宗正，两汉至南北朝唯东晋与南朝宋齐不置，梁陈与北齐始加寺字称宗正寺。北齐以宗正寺卿与少卿为正副主官，丞助理寺事。掌宗室属籍，统皇子王国、诸王国、诸长公主家。隋沿北齐之制置宗正寺。唐、宋宗正寺其官有卿一人，从三品；少卿二人，从四品上；丞二人，从六品上(《新唐书·百官三·宗正寺》《宋史·职官四·宗正寺》)。

(张田田)

罪犯习艺所

清末特殊监狱名。罪犯习艺所是光绪二十八年(1902年)由山西巡抚赵尔巽倡议，经刑部批准，作为改革刑罚制度的一项措施而设立的专门负责关押徒流军遣罪犯，并对其强制做工习艺的特殊场所，隶属于民政部警政司。犯人在罪犯习艺所内强制劳动习艺的内容是根据监禁期限而定，长则授以较难工艺，短则授以易成工艺。所内附设讲习所，在罪犯习艺之余，隔日分班授课，教以识字明理、学习算术。清王朝覆灭后，北洋政府把罪犯习艺所全部改为监狱。

(倪晨辉)

最高法院检察署

中华民国南京政府时期的最高检察机构。1928年10月，中国国民党中央政治会议通过《中华民国最高法院组织法草案》，依该法设立最高法院检察署，设检察长一人，统领检察官；设检察官七至九人，处理一切检察事务；书记官长一人，掌理书记事务；书记员若干人，分掌文牍、记录、编案、统计、会计、庶务及典守印信等事务。检察署检察长及检察官均为简任职，书记官长为荐任职，书记官为荐任职或委任职。另设司法警察为署役。中华民国南京政府迁至我国台湾地区后，最高法院检察署得以保留并得到了新的发展。

(郭立新　付　磊)

左右尉

中国汉代各县负责缉捕盗贼的官吏。汉代县设县令、长、丞、尉等官，审理狱讼、案察奸宄。

大县设左、右两尉，小县设一尉。县尉系武职，其主要职责是捕盗贼。《后汉书·百官志五》记载，“尉主盗贼，凡有贼发，名主不立，则推索行寻，案察奸宄，又起端绪”。尉下有功曹，其中尉曹主士卒，贼曹管盗贼事。一旦发生刑事案件，县尉有责任开展侦查活动，查清案情。

（刘方权）

外　国

阿　拉　伯

沙里阿法院

又称“伊斯兰法法院”“沙里亚法院”“卡迪法院”，为阿拉伯语的音译。“沙里阿”在阿拉伯语中原义为“通向水源之路”，后引申为“通往先知的大道”。沙里阿法院起源于倭马亚王朝（661－750年）中后期，当时王朝已经形成了专门的司法官（卡迪）集团，并于8世纪左右在全国建立了沙里阿法院。沙里阿法院由1名卡迪（Qadi）和其助手组成，助手的人数通常为1－2人，审理地点为清真寺内或卡迪的家中。

由于倭马亚王朝的行政与司法职能的分工并不明确，最高行政和司法权掌握在哈里发之手，而许多行政官员，如行省总督、军事指挥官、金库的司库、市场检察官甚至是负责供水的官员，在他们各自的活动范围内，都可以行使审判权，而警官则对刑事案件绝对拥有审判权。这样，沙里阿法院的管辖范围就相当狭窄，一般只审理完全私人性质的纠纷，如婚姻、家庭、继承、宗教义务等方面的纠纷，也包括某些普通刑事案件。沙里阿法院作出的判决不能上诉。沙里阿法院的卡迪在审理案件时以《古兰经》和“圣训”为基础，此外也适当吸收习惯法和外来法的某些做法，但也受到行政长官命令的影响。到了阿巴斯王朝时期，沙里阿法院则纯粹依照伊斯兰法进行审判。除审理案件外，沙里阿法院还受托管理其他事务，如管理未成年人和无行为能力人的财产等法律事务和监督清真寺等宗教事务。

沙里阿法院有一套特别的诉讼审判程序和证据制度。其审判席应设在宽敞的大厅，听审时需有证人和法律顾问在场。如事实清楚，应当即作出判决。如情况不明，则需先查明案情，再行判决。基本程序是原告举证，被告盟誓。卡迪听取原告诉词后，如认为理由充足，即要求被告就所诉事实作出解释。被告如表示承认，则作支持原告的判决。被告否认所诉事实，则要求原告举证。如原告提不出证据，则要求被告盟誓否认，然后宣布被告胜诉。除债务诉讼外，法院一般不接受书面证据，而以证人的证词为主要证据。法院只接受成年穆斯林自由人的证词，奴隶或非穆斯林无权作证，妇女没有完全的证人资格，在民事诉讼中两名女证人相当于一名男证人。证人须具有诚实、高尚的品行，这项要求出自一种宗教道德信念，相信一位虔诚的穆斯林绝不会在庄严的“安拉之法庭”面前讲假话、作伪证。证人的资格审查主要涉及证人的身份和一贯品行。关于穆斯林身份问题，通常以本人的声明为据。而品行问题，则须经过一段秘密的调查以后才能作出结论。

沙里阿法院的卡迪针对纠纷根据经训过于笼统的规则,具体权衡,个案裁量,具有相当大的自由裁量权。往往导致同类案件不同法官会做出完全不同的判决。德国法学家 R. 施密特将这种司法称作“卡迪司法”。著名德国社会学家马克斯·韦伯则将这种司法作为非理性的司法类型的代表。

20 世纪 50 年代后,各伊斯兰国家对司法体制进行改革,沙里阿法院的司法权限大受影响,有的国家甚至废除了沙里阿法院,如土耳其、埃及、叙利亚、突尼斯、利比亚等。也有国家仍以沙里亚为基本法,设有由多名卡迪组成的多级沙里亚法院和上诉制度,如沙特阿拉伯和一些海湾国家。大部分伊斯兰国家则是把沙里亚法院纳入全国统一的司法体系中,沙里亚法院为辅助性的第一审法院,以调解民事纠纷为主。

参考书目

1. 陆昕、徐世红主编:《中外法律文化大典——中外法律比较编年》,中国政法大学出版社 1994 年版。
2. 郑祝君:《比较法总论》,清华大学出版社 2010 年版。

（倪晨辉）

穆哈台斯布

阿拉伯文 Mu－hta－sib 的音译,意为“检查者”“监督者”,专指“检查官”,是伊斯兰教教职官名。穆哈台斯布是模仿拜占庭的市场检查官设置的,由行政长官或卡迪(Qadi)任命,负责监督商业道德、巡查违反教规(如不按时做礼拜或不守斋戒规定等)的行为,并负责维护市场秩序、涉及宗教道德的社会秩序,并对轻微的财产及人身损害进行确认及评估。除此之外,穆哈台斯布还可以直接对轻微刑事犯罪进行处罚。穆哈台斯布的设置是对沙里阿法院和警察活动的一种补充。

参考书目

1. 陆昕、徐世红:《中外法律文化大典——中外法律比较编年》,中国政法大学出版社 1994 年版。
2. [英]彼得·诺兰:《十字路口——疯狂资本主义的终结和人类的未来》,丁莹译,中信出版社 2011 年版。

（倪晨辉）

穆夫蒂

又称“穆夫提”,阿拉伯语 Mufti 的音译。

一说为伊斯兰教教法说明官。穆夫蒂负责教法的解释说明,即依据《古兰经》、“圣训”的规定来解释和决定有关教法的问题。对于一些在《古兰经》和“圣训”中找不到解释和决定依据的宗教、社会和法律问题,则运用“公议”和“类比”的原则演绎教法,并作出“正式法律见解”(法特瓦 Fatwa),并可在之后的案件中作为判决依据。在伊斯兰教创立之初,穆夫蒂为私人性的宗教学者和法律学者,以其名望和学问上的权威,常对当地居民提出的宗教问题的法律问题进行解答。后逐渐转变为行政官吏的官方法律顾问。名望最高的穆夫蒂被选为“哈里发”或“苏丹”的法律顾问,称为“大穆夫提”。穆夫提只对当事人提出的具体事实本身发表意见,不对事实的真伪进行调查核实。其意见虽常受到法官的尊重,但不具有法院判决的效力。穆夫提还常被法官邀请出席审判。某些伊斯兰教国家和地区,现仍有此职。

一说为印度莫卧儿帝国阿克巴统治时期(1556－1605 年)的司法官员之一。穆夫蒂主要负责解释伊斯兰教法和习俗,在各种诉讼中依伊斯兰教经典提出意见,其意见可作为涉及穆斯林的婚姻、继承案件的判决依据。印度沦为英国殖民地后,穆夫蒂一职仍被保留下来,但仅作为协助英国法官审理涉及穆斯林利益的案件的助手。某些伊斯兰教国家和地区,现在仍有此职。

参考书目

黄金兰:《法律移植与法律文化变迁——以伊斯兰法文化变迁为例》,载《比较法研究》2007 年第 5 期。

(倪晨辉)

马扎里姆

全称为"撒赫布·欧·马扎里姆",是古代阿拉伯国家的一种特别法院。马扎里姆是古代阿拉伯帝国设立的受理民众控告官吏不法行为、处理土地、税收及一些刑事犯罪的特别法院,与伊斯兰法法院(沙里阿法院)相并列。马扎里姆源于倭马亚王朝(661 – 750 年)末期。一开始由哈里发本人或委托钦差大臣受理对帝国官吏不法行为的控告。到阿拔斯王朝(750 – 1258 年)时,马扎里姆的管辖权扩大到土地、税收和刑法的某些方面,同时兼有行政法院的某些功能,是对卡迪所主持的伊斯兰法法院(沙里阿法院)职能的一种补充。在处理案件时,适用伊斯兰法,但也可根据社会需要和哈里发的旨意,适用世俗性法律。在军事行动活跃的地区,马扎里姆法院几乎享有所有的司法权。土地争议引起的纠纷也由马扎里姆法院处理。其案件管辖范围主要是"公法"领域。

参考书目

[美]马丁·夏皮罗:《法院:比较法上和政治学上的分析》,张生、李彤译,中国政法大学出版社 2005 年版。

(潘华仿　高鸿钧　倪晨辉)

卡迪

又译"卡孜"或"哈的",为阿拉伯语的音译,意谓"教法执行官",伊斯兰国家法官名。各伊斯兰国家都曾设置,我国元朝也曾在中央及各地设置有哈的所,专门用来处理伊斯兰教徒之间的纠纷。倭马亚王朝时期(661 – 750 年),逐渐出现了"卡迪"一职,最初只是作为各地总督的"司法书记官",是由行省总督任命的处理地方的法律纠纷的行政官员,而且大都属于兼职。直到倭马亚王朝末期和阿巴斯王朝初期,国家开始从通晓宗教法的法学家中选任卡迪,卡迪才转为专职法官,卡迪主持的沙里亚法院也逐步转为宗教法院。沙里亚法院一般由一个卡迪主持,由书记员等助手协助。除主要审理法律案件外,还管理未成年人和无行为能力人财产等法律事务,以及监督清真寺等。卡迪在审理案件时,除根据《古兰经》、"圣训"外,主要依循其所属教法学派的学说观点。卡迪作为下级官吏,必须服从总督的命令,总督有权随时任免卡迪。但实际上,统治者一般很少过问宗教法律事务,卡迪们具有广泛的司法权力。由于卡迪工作的特点是执行地方法律,而各地的法律传统差异很大,同时,法官个人拥有不受限制的根据自己意见断案的权力,这就使各个地区的司法实践尤其在私法领域中呈现各自不同的特点。卡迪司法制度的建立"促进了智力的发展,提高了逻辑推理、思维判断的能力,为后来意见、创制、类比、公议等法学思想和方法的提出创立了条件"。也为后来四大法学派的兴起奠定了基础。阿巴斯王朝时期大批法学家被任命为卡迪、从法学家中间录用卡迪成为一项固定不变的司法制度。这时候的卡迪不再是代表行省或地区总督命令的法律发言人,而是只忠诚于真主的法律裁判者。目前在某些伊斯兰国家,仍有卡迪这一职位的存在。

参考书目

李光:《阿拉伯帝国的政教关系及其对伊斯兰法的影响》,载《山西农业大学学报(社会科学版)》2013 年第 1 期。

(倪晨辉)

哈里发

一为阿拉伯文 Khalifa 的音译,又译“海里凡”“哈利发”, 原意为“代理人”或“继位人”,是伊斯兰国家的最高统治者。穆罕默德及其以前的众先知即被认为是安拉在大地上的代理人、代治者。因此,哈里发也用作伊斯兰教和伊斯兰教国家领袖的称号。632 年穆罕默德逝世后,阿布・伯克尔被选为继承者,即“安拉的使者的继承者”,简称“哈里发”。阿布・伯克尔及其继任者欧麦尔、奥斯曼和阿里,史称“四大正统哈里发”,这一时期也称为四大哈里发时期。661 年,倭马亚王朝建立后,确立了哈里发的世袭制。后来一些地方王朝的统治者也用此称号。1517 年奥斯曼帝国征服埃及,掳走哈里发。故土耳其苏丹又兼哈里发,成为伊斯兰教最高领袖。1924 年为土耳其共和国宣布废除。

在伊斯兰国家,哈里发掌握最高司法权,在各地区、各城市进行审判的法官均由哈里发任命。法官相当于哈里发的代表,同样执掌司法审判与行政执法两个方面的实施法律大权,只是必须由哈里发委任、向哈里发负责罢了。

二为一般称谓。苏非派提加尼教团对领袖、卡迪里教团对派往边远地区的负责人,摩洛哥对政府官员,土耳其以及多哥等西非国家对教师,中国穆斯林对清真寺的学员,皆称为哈里发。

参考书目

倪证茂:《比较法学探析》,中国法制出版社 2006 年版。

(倪晨辉)

听诉法院

古代伊斯兰国家的一种特殊审判机构名。听诉法院兼具上诉法院及行政法院的职责。在古代伊斯兰国家,最高司法权属于哈里发。在倭马亚王朝以后,逐渐形成了“沙里亚”法院和“听诉法院”两个不同的审判机构。

听诉法院制度来源于古代波斯。古代波斯国王曾亲自受理民众对官吏不法行为的控告。在倭马亚王朝末期采用了这一制度,当时主要是由哈里发及其钦差大臣处理行政官吏或法官的不法行为。稍后,哈里发便选派行政官员在各地组建了“听诉法院”,主要管辖有关土地、税收等事务,并受理对行政官员和法官不法行为的控告。这种法院的地位优于“沙里亚”法院,它们在处理案件时,虽可以根据伊斯兰法律,但往往遵循哈里发和总督的命令。在司法实践中,是对“沙里亚”法院的重要补充,对维护古代阿拉伯帝国各王朝的统治秩序起到了重要作用。

参考书目

陆昕、徐世红主编:《中外法律文化大典——中外法律比较编年》,中国政法大学出版社 1994 年版。

(倪晨辉)

俄　国

波雅尔杜马

俄国封建时代最高封建主会议。由俄国大公设立,15 世纪末成为常设机关。波雅尔杜马成员大部分为波雅尔,通过大公推荐,正式获得“波雅尔杜马”之称。

波雅尔是俄国封建时代大贵族的称号,源于氏族部落的显贵和公社的长老、城堡的头人,后来王公的高等亲兵也因得到赏赐的土地逐渐变成波雅尔。11 - 14 世纪指大公的近侍顾问,15 - 16 世纪正式指大贵族。波雅尔是大土地占有者,拥有世袭领地。波雅尔的土地是世袭领地或者叫采邑,这是一种可以自行支配的具有所有权的领地,是与西欧类似的封建领地,每一个庄园就是一个“微型的国家管理系统”,每一个封建领地都是一个独立的经济和行政单位(包括一个或几个设防的贵族庄园、教堂、面包房、磨坊和几个属于封建主的村庄)。它是可以自由出售、转让、租赁、继承、捐赠,在自己的领地上由战俘、家奴、债农、契约农、对分农、投献农等从事劳动。作为统治层的主体,波雅尔是封建主阶级中最有特权的阶层,享有广泛的政治权力。波雅尔在其领地上享有司法、纳税和豢养军队等特权。但随着 16 世纪沙皇专制统治的逐渐加强,波雅尔制度逐渐式微,18 世纪被彼得一世(1672 - 1725 年)废除。

波雅尔杜马会议在沙皇宫廷举行,由沙皇任主席和大公共同解决立法、管理、审判、对外政策等重大问题。波雅尔杜马也是最高审判机关,主要负责审理政治罪、渎职罪及门第之争的案件,并为各部判决的最高上诉审级。杜马成员代表着最有势力的王公附庸集团的意见和愿望。属于大公的职权同样也属于波雅尔杜马,波雅尔杜马在审判、管理及立法方面辅佐大公,涉及重要问题的解决一般由大公和波雅尔杜马一起作出决定。在沙皇王位空缺期间,波雅尔杜马是唯一的权力机关。自 15 世纪末起,波雅尔杜马的政治意义开始降低,在瓦西里三世时期这种低落现象尤为明显。波雅尔杜马的组成人员也出现了变化,杜马的书记基本上由同贵族关系密切的官吏担任,作用明显增加,与大公最亲近的小波雅尔以及普通贵族也成为波雅尔杜马的成员。波雅尔杜马逐渐成为大公的咨议性机关。可见,随着俄国沙皇专制统治的发展,波雅尔杜马的权力逐渐缩小,作用日益下降,1711 年被时任沙皇彼得一世撤销。

参考书目

1. 王海军:《〈罗斯法典〉研究》,北京大学出版社 2014 年版。
2. 苗正达:《俄罗斯社会变迁中的宪政逻辑》,黑龙江科学技术出版社 2007 年版。

(倪晨辉)

沙皇

俄国皇帝的通称。“沙皇”一词是从古罗马帝国皇帝“恺撒”演化而来的。俄语中“皇帝”一词音与中文“沙儿”类似,这个词是从古罗马帝国皇帝“恺撒”演化而来的,翻译成沙皇是以“沙”取其音,“皇”则译其意。1547 年,莫斯科和俄罗斯大公伊凡四世加冕为皇帝,自称沙皇,建立起俄国第一个沙皇专制政权。伊凡四世亲政后,建立“缙绅会议”和衙门制度,加强中央集权，司法权也明令收归中央。他颁布《兵役条例》，规定大世袭贵族和服役贵族为沙皇提供一定数量的全副武装的骑兵。在地方上废除总督制，实行督军制。为了加强皇权，伊凡四世一方面严厉镇压大贵族的叛乱，另一方面废除了世袭领地。为此，他实行特辖领地制。特辖领地制是将全国土地分为特辖区和普通区。特辖区约占全国土地面积的一半，由沙皇直接管理。其余边陲地区的土地为普通区，授予贵族作为领地。这一制度大大削弱了地方势力，沙皇专制集权统治进一步得到了加强。沙皇是俄国的最高统治者，拥有最高行政权、军事权和司法权。1917年2月，沙皇俄国爆发资产阶级革命，历经300余年的沙皇统治被推翻。

参考书目

赵玉霞、韩金峰：《外国政治制度史》，青岛出版社1998年版。

（倪晨辉）

法 国

伯爵公证人

主要负责诉讼事件中的诉讼记录以及非诉事件（包括制作公证书）的人。伯爵公证人出现在中世纪的法国，他们在制作公证书时，不以法庭的名义，而是先由公证人拟稿，誊清后再到伯爵处盖用法庭印鉴。经过上述程序而制成的文书，才具有公文书的效力。11世纪，伯爵公证人、宫廷公证人以及王室公证人名称及性质上的区别均归消灭，公证人职务至此宣告统一。

（许身健 王士硕）

承审官

音译“司卡宾”。法兰克王国后期普通法院的审判官。从法院所在地贵族中选任，终身任职。由早期的拉欣布尔格（“智者”）演变而来。

参考书目

华东政法学院《简明法制史词典》编写组：《简明法制史词典》，河南人民出版社1988年版。

（张田田）

宫廷公证人

为法国宫廷服务，有一定居所的典册管理员。主要负责掌管典册、诉讼记录以及制作公证书等事宜。宫廷公证人出现于中世纪的法国，其一般设置在法国皇家法庭。11世纪，伯爵公证人、宫廷公证人以及王室公证人名称及性质上的区别均归消灭，公证人职务至此宣告统一。

（许身健 王士硕）

国王库里亚

法国中世纪的封建主代表大会。源于古罗马时期王政时代（公元前8世纪－公元前6世纪)的库里亚大会(Corritia Curiata)。库里亚(Curia)原意为“大氏族”,库里亚大会即氏族代表大会,封建法国沿用此称,但其职权、性质和作用都有所不同。库里亚大会是由各氏族代表组成的公民大会,会议由王(Rex)召集,限于氏族成年男子参加,以库里亚为单位分组议事,并通过大会表决。大会有权宣布战争、选举包括王在内的高级官吏、通过或否决法令以及审理重大案件。

法国在封建时代也设有库里亚大会。法国库里亚大会是由法国国王主持召开的封建主贵族代表大会,因此俗称国王库里亚,与中央御前会议、名士会议等同为封建时期的重要国家机关。国王库里亚的组成人员为大封建领主、贵族及高级僧侣,为国王的顾问参议单位。法王路易九世(1214－1270 年)改革后,把国王库里亚分为财务院和司法院,前者负责财政、税收和货币铸造;后者负责司法审判,为重要案件的第一审法院和领主法院的上诉法院。14 世纪后,法国又成立了三级会议,也享有一定的参政议政、监督财政司法活动之权,从而削弱了库里亚大会的一部分权力。但封建时期的重大政治事务,一直由封建贵族所把持,包括库里亚在内的国王顾问参议机构在法国国家机关政治体制中居于不可忽视的重要地位。

(汤 唯 倪晨辉)

火焰法庭

又译“火刑法庭”,法国中世纪的一种特别法庭。法王法兰西斯一世(1494－1547 年)于 1535 年设立,最初设立火焰法庭的目的在于审判犯有叛国罪的贵族,火焰法庭在开庭时四周用黑布遮盖,通过火炬进行照明,以表示法庭的正大光明和受审者的灵魂黑暗,故名火焰法庭。又有一说认为火焰法庭得名于其受审者通常被判处火刑。法王亨利二世(1519－1559 年)于 1549 年把火焰法庭改为专门负责审判加尔文教派成员的法庭,用刑十分残酷。胡格诺战争期间(1562－1594 年)火焰法庭的活动尤为猖獗,法王路易十四(1638－1715 年)用来迫害罪犯,1780 年后法国还在其殖民地马提尼克岛用来残害奴隶。

(倪晨辉)

监察官

法国封建时期设于各省的国王临时代理人,是 16、17 世纪法国君主专制政体进入发展阶段后所出现的一种新型官僚统治机构,一个后起的官僚实力集团。监察官设立于法王亨利二世(1519－1559 年)时期,路易十三宰相黎塞留掌权(1624－1642 年)时,是中央政权在地方上的代表、司法机关的最高官吏。监察官拥有地方上的行政、司法和财政全权,监督地方的管理,干涉各省一切活动。受首相直接控制,完全依附于中央政权。

监察官的产生、发展与法国君主专制政体的不断发展密切相关,也是法国封建官僚政治制度不断完善、健全,加强社会管理机能的一种手段和结果。监察官一开始并不是地方上的固定官职,而是由法王派遣到各地的临时性特别官员,其职权也比较狭窄,仅负责司法、财政税收或行政的某一方面。17 世纪 30、40 年代监察官制度逐渐转为普遍的、常规性的政治制度,监察官开始对所在地区行使完全的行政、司法和财政大权。在法国大革命爆发前,监察官一直为法国地方的基本统治机构。

参考书目

[法]让·里韦罗、让·瓦利纳:《法国行政法》,鲁仁译,商务印书馆2008年版。

(倪晨辉)

拉欣布尔格

法兰克王国百户法院审理案件时的审判官。百户法院是法兰克王国早期基层法院的名称,以百户为单位组建的审判组织。因当时审判职能由民众大会行使,故实际上是百户为审判案件而召集的民众大会。大部分案件均由其管辖。百户法院在审理案件时,由"柯姆特"(comte,国王的仆从中专管司法的人)主持,选出至少7名以上叫作"拉欣布尔格"(rachimbourg)的"判决发现人"(也称"智者")参加审理。审判案件时,百户的全体自由居民都要参加,并以表决的方式最后决定拉欣布尔格提出的对案件的判决书,经与会自由人通过后即生效力。查理大帝(768－814年)时期进行了司法改革,取消了自由人出席审判会议的规定,拉辛布尔格逐渐发展为出自大地主的终身任职的承审官。参见承审官条。

参考书目

华东政法学院《简明法制史词典》编写组:《简明法制史词典》,河南人民出版社1988年版。

(张田田)

王室公证人

10世纪,接受皇室任命的专员在巡行各地、掌理裁判的过程中,被要求任用公证人随行,这些钦差大臣的随行公证人成为王室公证人。王室公证人主要负责掌管典册、诉讼记录以及制作公证书等事宜。11世纪,伯爵公证人、宫廷公证人以及王室公证人名称及性质上的区别均归消灭,公证人职务至此宣告统一。参见伯爵公证人条、宫廷公证人条。

(许身健　王士硕)

掌玺大臣

封建时期法国的中央御前会议成员,负责掌管国王的印玺,为国王的近臣。掌玺大臣以国王的名义颁布命令、在文件上用玺,并可以行使司法权,在国王亲自审判案件时充当法律顾问。后来掌玺大臣的名称和职权逐渐发生了变更,在现在的法国,掌玺事务由具有国务长官头衔的掌玺、司法部长主管。

(倪晨辉)

古埃及

法老

古埃及国王。"pharaoh"在埃及语意为"大房子",原指埃及古代的王官。在新王国时期

(公元前16世纪－前11世纪)第十八王朝(公元前1584年－前1343年)开始为埃及国王的同义语,后来逐渐成为埃及所有国王的通称。集立法、行政、司法、宗教及军事大权于一身。古埃及人信奉法老为神,他的命令就是法律,审判在王宫的圆柱大厅进行,法律文书也保存在那里。

参考书目

华东政法学院《简明法制史词典》编写组:《简明法制史词典》,河南人民出版社1988年版。

(张田田)

六人院

古埃及的最高审判机构。始设置于第五王朝(约公元前2500－前2350年)时期,由宰相任主席,统辖全国司法机构,握有最高司法权。行政权与司法权合一。

参考书目

华东政法学院《简明法制史词典》编写组:《简明法制史词典》,河南人民出版社1988年版。

(张田田)

十人委员会

古埃及早期的最高司法机关,由宰相任主席。行政权与司法权合一。从第五王朝(约公元前2500－前2300年)起改为“六人院”,仍由宰相领导。

参考书目

华东政法学院《简明法制史词典》编写组:《简明法制史词典》,河南人民出版社1988年版。

(张田田)

古巴比伦

拍达西

一作“恩西”(ensi)。公元前3000年,古代西亚两河流域南部苏美尔地区各城邦的宗教与世俗统治者的称呼,既是当地的宗教最高祭司,又是世俗行政的最高权威,也是各邦的军事领袖。

参考书目

华东政法学院《简明法制史词典》编写组:《简明法制史词典》,河南人民出版社1988年版。

(张田田)

拉比阿努姆

古巴比伦王国基层地区的行政长官。在汉谟拉比时代地方上的司法权分别由国王下属的大小官吏来执行。大城市由沙根那库管辖,基层管理者称为拉比阿努姆。由国王委派,对基层行政单位如公社进行管理。负责本地区的征税、司法、水利工程等事务。公社是由长老会议来管理,长老会议的首领是由国王任命的官吏拉比阿努姆来担任。拉比阿努姆经常以法官身份,带领本地区的长老四人或八人组成有审判团的法庭,由他任首席法官共同办案。

参考书目

华东政法学院《简明法制史词典》编写组:《简明法制史词典》,河南人民出版社 1988 年版。

(张田田)

沙根那库

古巴比伦王国大城市和地区的行政长官。大城市由沙根那库管辖,在审理有关破坏社会秩序的重大案件时,如债务人被债权人扣押、夫与有病之妻发生争吵、子与其母再继之夫发生纠纷、出售不动产发生地界纠纷等,均由沙根那库亲自充任法官,并由 6 - 10 人组成陪审团共同审理管辖区内的上述有关破坏社会秩序、债务纠纷、婚姻和家庭、财产、继承等案件。陪审团成员有可能是当地长老,也可能是当地名流士绅或达木卡尔。

参考书目

华东政法学院《简明法制史词典》编写组:《简明法制史词典》,河南人民出版社 1988 年版。

(张田田)

王室法官

巡回审判机构。《汉谟拉比法典》规定,王国内有一批“王室法官”,由国王直接任命,常被派往各大城市,按照国王的旨意进行司法监督和审判活动。

参考书目

华东政法学院《简明法制史词典》编写组:《简明法制史词典》,河南人民出版社 1988 年版。

(张田田)

古 罗 马

保护人

公元前 6 世纪,雅典共和国内就出现了保护人。根据当时雅典的法律规定,只有雅典男性公民才能享有起诉权,而妇女、奴隶以及异邦人均无起诉权,他们如果有诉讼问题,只能通过保护人代行起诉。

到了罗马共和国时期,商品经济不断发达,经济关系日益复杂,从而使法律上的财产关系也日益复杂起来。同时,随着商业的发展和罗马征服地区的扩大,罗马的公民以及异邦人以及被征服地区广大居民间关于适用法律的矛盾越来越突出。为此统治阶级颁布大量法律以求适应罗马奴隶制经济的发展和统治阶级的要求。然而无论罗马私法在当时怎么完备,都始终无法将层出不穷的多种法律关系概括无遗,这就需要司法活动来弥补法律的不足。而在诉讼实践当中,就形成了一种所谓的“保护人制度”。保护人代表被保护人进行诉讼行为,他可以出庭并在法庭上替被告人发言,反驳控诉人提出的种种指控。最终,罗马皇帝用诏令的形式确认了这种诉讼代理制度。

参考书目

茅彭年、李必达主编:《中国律师制度研究》,法律出版社 1992 年版。

(许身健 邓维瀚)

辩护士

公元前 6 世纪,雅典共和国境内出现了辩护士。辩护士在雅典的诉讼中发挥着显著的作用。案件审理过程中,裁判庭不仅允许双方当事人进行辩论,而且允许他们委托他人协助其进行辩论,被委托的人就是辩护士。辩护士在法庭上能言善辩,常常对法官的判决产生极大的影响,因此许多当事人都会花钱聘请精通法律又善于辩论的人协助其进行诉讼。雅典的辩护士制度因此逐渐确立下来并对后世产生了重大影响。

(许身健 邓维瀚)

承审员

古罗马"法定诉讼"和"程式诉讼"时期的审判人员。其任务为根据长官(初为王、执政官,后为大法官等)的指示,就具体案件的事实进行审理,作出诉讼当事人的胜败的判决。一经宣判,其职务即终止。执行则由胜诉者自行处理。故他们为临时性的,并不是裁判官,没有独立的案件管辖权,也没有审判权。承审员对承审案件的判决须以裁判官名义作出。

最初限元老院议员充任,公元前 122 年改由骑士担任。苏拉(Lucius Cornelius Sulla,公元前 138 – 前 78 年)于公元前 81 年恢复仍在元老院议员中选任。公元前 70 年《奥勒利亚法》(Lex Aurelia)将承审员分为三组:第一组为元老院议员,第二组为骑士,第三组为税务员。公元前 46 年独裁者恺撒(GaiusJulius Caesar,约公元前 100 – 前 44 年)取销税务员为承审员的资格而由骑士补充之。共和国末期,每组人数约为 300 人,奥古斯都帝时增至每组 1000 人,并另加一组,由有 20 万银币财产以上者担任。卡利古拉帝(Caligula,37 – 41 年在位)复增设第五组,其征选办法与第四组同。在外省,由于各地经济情况不同,由有一定财力的市民担任。承审员的年龄初限 35 岁以上,后降低为 30 岁,帝政后又递减为 20 岁,但不得为 30 岁,帝政后又递减为 20 岁,但不得强迫未满 25 岁的未成年人担任。

其产生是由当事人在长官编造的审判员名单中挑选,再经长官任命。亦称民选推事,由双方当事人于长官编制的承审员名册中选定一人,然后由长官任命。如果当事人对审判员的人选不能达成协议时,如被告拒绝接受原告所提出的人选,则原告应另选一人,至被告同意时为止,如被告固执拒绝原告所提的人选,通常谓由拈阄决定,后限制被告可以否定的人数。帝政后,遇当事人对承审员的人选有分歧时便直接由法官任命。因审理案件时为一人故又称独任承审员。广义的承审员也包括仲裁人(arbiter),但仲裁人审理案件时是数人合议。其职权仅在于审查当事人是否完全履行法律规定的形式而判定原告的要求是否成立,其职务为公役性质,一经任命,非有正当理由,不得拒绝。就职时应宣誓忠于职守,如有渎职受贿等情况,须受刑事制裁,重的可判处死刑。其判决不能超越长官所指定的范围。广义的承审员也包括仲裁人,但仲裁人审理案件时,应由数人合议,他们并有根据公平原则酌情处理之权。

由于诉讼程序的改革，承审员制度延至地奥克莱体亚努斯帝时被正式废止。

参考书目

华东政法学院《简明法制史词典》编写组：《简明法制史词典》，河南人民出版社 1988 年版。

（张田田）

独裁官

又译独裁者，音译“狄克推多”，拉丁文意为“一个下命令的人”，也通称为 magister populi（人民统领），Praetor maximus（最高走在前头的人），以及 Magister Peditum（步兵统领）。

独裁官是古罗马共和国的非常任长官，职能是执行特殊的任务，超过任何一位正规长官的威权。当国家处于紧急状态时，经元老院提名，由执设官担任，任期不得超过 6 个月，任内权力不受任何限制。因战事而任命的独裁官较多，也有为召开公民大会、主持公共比赛等设立的独裁官。

共和国后期，独裁官的性质发生了很大的变化，其有限任期常遭破坏，苏拉、凯撒均享有终身独裁官之权。

苏拉以后的凯撒又在结束内战后成为罗马的终身独裁官，力图永远成为凌驾于共和国之上的主人。

凯撒被谋杀之后，他的执政官同僚马克·安东尼通过了安东尼法（lex Antonia），撤销了独裁官任期，并且将它从共和国的宪法除去。这个职务后来提供给凯撒·奥古斯都乌斯，此人并未接受，而是任保民官、执政官。

参考书目

华东政法学院《简明法制史词典》编写组：《简明法制史词典》，河南人民出版社 1988 年版。

（张田田）

护民官

又译“保民官”“平民保民官”，职责是保护平民利益防止贵族滥用权利，是古罗马维护平民利益与贵族斗争的一种特殊官职，其行使职权人身不受侵犯。约在公元前 494 年，罗马共和国平民反抗贵族的斗争日益激烈。大批平民以分裂为武器，迫使贵族接受承认平民政治权力的协议，创立了护民官（Tribuni）制度，并通过“神圣约法”强调了护民官在宗教上的不可侵犯性。初从平民中选二人，后增为十人，到公元前 449 年，护民官的人数增加到十个，成为一整体机构。护民官由平民大会每年选举产生。护民官负责召集平民大会，主持大会并向大会提出议案和执行法案。公元前 287 年，护民官获得否决行政官制定法案的权利。他们还可建议元老院做出决议，召集元老院开会和行使管辖权。公元前 100 年，护民官可成为元老院议员。随着平民上层之趋近贵族，护民官就丧失了平民领袖的意义。护民官是消极性的，仅仅对元老院决议有否决权，自身不做出任何决定。也就是说，拥有监督权而不是决策权。与单纯的平民政体与寡头政体相比，护民官制度权限既能尊重贵族精英的智慧，又能照顾平民的利益，可以说是阶级斗争的缓冲带、政体稳定的压舱石。共和国末期，由于向个人独裁的过渡，护民官的权力受到了极大的限制。到罗马帝政时期，护民官原有的权力转移到皇帝手中。

参考书目

华东政法学院《简明法制史词典》编写组:《简明法制史词典》,河南人民出版社1988年版。

（张田田）

监察官

罗马共和时期的政府官职,是罗马文职官员体系中仅次于独裁官的职位。其职权包括人口普查、监督公共道德及政府财政。为了避免人口普查权落入平民之手,贵族将人口普查权从执政官和保民官手中分了出来,改由两名“监察官”负责,而且监察官只能从罗马贵族中选出。直到公元前351年,当时的执政官盖乌斯·马尔基乌斯·鲁蒂卢斯才任命了第一个平民监察官。又过了12年,到公元前339年,《披罗法》正式规定了两名监察官中的一人必须由平民担任。

监察官的职责是:(1)审查元老的名单(1ectio senatus);(2)进行公民调查(census);(3)监督公民的道德(cura moruIn,关心道德风俗);(4)管理国有财产和公共工程。公民调查每五年举行一次。监察官以在玛尔斯原野上对每一个家长进行个人询问的办法记载下他的名字、年龄、最近的亲属、居住地点和财产。监察官便根据这些资料编制公民名单,并把他们分别列入有产的阶级和特里布斯。结合着公民调查还要审查元老的名单。

对公民的道德的监督表现在,监察官惩罚那些真正的法律所管不到的、违反善良风俗的一些行为。属于这一类的,如虐待孩子、不敬父母、浪费、暴饮、奢侈、对奴隶过分残酷等。在这样的情形之下,监察官可以公布相应的命令(edicta censoria),如反对奢侈的命令,可以把人们开除出元老院或是特里布斯,从乡村特里布斯调到城市特里布斯,对于有污点的不良行为提出批评(nota censoria)等。

参考书目

华东政法学院《简明法制史词典》编写组:《简明法制史词典》,河南人民出版社1988年版。

（张田田）

人民大会

古代罗马的主要权力机关之一,具有公民大会的性质。曾有过三种形式:库尼亚会议(Comitia curiata,王政时期按库里亚即胞族召集的人民集会,以库尼亚为单位表决)、百人团会议(森都里亚会议)和特里布斯会议。人民大会没有创制立法的权力,只能整个通过或否决事先经元老院同意的法案,不能讨论或修改。罗马于27年实行帝制后,人民大会的权力进一步削弱,几乎不召开会议。

参考书目

华东政法学院《简明法制史词典》编写组:《简明法制史词典》,河南人民出版社1988年版。

（张田田）

十人委员会

拉丁文的名词表示“十人”。广义的十人委员会指任何在罗马共和中由十人组成的不同形态的委员会。

立法方面,在公元前452年,古罗马的平民与贵族同意组成一个十人委员会进行立法,把历来罗马社会都普遍认可遵循的一些习惯法成文化、公开化。十人委员会全部由贵族身份的人出任,但在制定完成文法之后,要由一个体现平民利益的机构通过,这是平民与贵族之间达成的妥协。在十人委员会任职的期间,所有其他的长官职务,会被暂时停止,而他们的决定,将不被诉请民意公决。第一个十人委员会在公元前451年成立,完全由贵族组成,并且由当年的两个执政官阿庇乌斯·克劳狄·克拉苏与提图斯·盖努奇乌斯·奥古里努斯(Titus Genucius Augurinus)领导,十人委员会制定了十表。公元前450年第二个十人委员会(只有阿庇乌斯·克劳狄乌斯再次成为十人之一),在他们前任的法律中增加了两项条款,完成了十二铜表法(Lex Duodecim Tabularum),这就是在那之后几个世纪中罗马体制的核心。《十二铜表法》是在罗马国家形成过程中历代相承的规则,进行了公开。十人委员会职能还包括审判方面等,但十人委员会的委员们常常以个人的爱好而不是法律的公正来断案,因为权势使他们处于永远正确的地位。他们可以私下编造裁决,然后拿到广场去公布。如有人向另一位十人委员会成员请求平反,结果肯定会因不接受第一个人的裁决而感到悔恨。卢梭称,十人委员会"被选举出来后,便不断地连任,试图用阻止罗马公民集会的方式来保持永远的权威;正是通过这种简单的方式,世界上所有的政府在获得公权力之后,迟早都会篡夺主权的权威"。一说元老们宁愿保留十人委员会的主要动机是为了压制保民官。

参考书目

华东政法学院《简明法制史词典》编写组:《简明法制史词典》,河南人民出版社1988年版。

(张田田)

市政官

罗马共和的官职,负责公共秩序的维护等。半数来自平民阶级,半数来自贵族,后者被称为有资格座椅的市政官。最初的市政官是平民的官员,主要负责平民庙宇的维修和档案的管理。之后也负责管理元老院决议案。同时平民市政官和保民官可以主持部落平民会议,并且保护个人不受胁迫提供劳役,并且可能对平民街区及市场的治安权。同时和保民官一样,市政官的个人也是神圣不可侵犯的。

在贵族市政官设立之后,这个职务主要负责罗马的市政、公共设施维护和治安工作。市政官并非晋升体系(光荣之路)中的一个必需的步骤,但是一般情况下,罗马的政治人物在担任裁判官(praetor)和财务官(quaetor)之间都会担任市政官的职务。

在共和时期,官员是没有薪酬的,官员薪酬的概念直到帝国时期才出现。同时,担任官员的花费往往需要任职者自行承担。作为市政的主管官员,市政官在任职期间对于市政的个人捐献,是取得选民好感从而获取政治资本的必要和有效手段。但是这也通常导致官员个人破产,比如凯撒,因为在市政官任职期间欠下巨额债务,在以裁判官职务外放总督时被债权人讨债几乎无法离开。

参考书目

华东政法学院《简明法制史词典》编写组:《简明法制史词典》,河南人民出版社1988年版。

(张田田)

外事裁判官

相对内事裁判官而言。裁判官始设于公元前366年，主要管辖罗马公民间的诉讼案件，故又称内事裁判官。随着罗马商业发达起来，罗马人同外国人的交往也越来越频繁。罗马于公元前242年设置外事裁判官(praetor urbanus)，建立了新的裁判官制度，把裁判官分为两类：一类处理罗马公民之间的纠纷，称为“内事裁判官”；另一类处理罗马人与外国人和在罗马领土上的外国人之间的纠纷，称为“外事裁判官”。外事裁判官的设立对于弥补市民法上的不足，发展万民法起了决定性的作用。

参考书目

华东政法学院《简明法制史词典》编写组：《简明法制史词典》，河南人民出版社1988年版。

（张田田）

外事仲裁人

罗马共和国时期专门处理罗马市民与外国人之间的贸易争议的裁判人员。其设立是为了解决外国人不享有罗马市民权、不能利用市民法来保护自己的利益的问题。外事仲裁人凭借其司法裁判权和颁布告示的权利，对贸易当事人所属国家或民族的法律和习惯加以承认，并将这些法律与罗马原有的法律融会贯通，适用于罗马公民和非公民之间，使之成为罗马法律的一部分。在外事仲裁人的判例基础上形成了以私法著称于世的罗马万民法。

参考书目

华东政法学院《简明法制史词典》编写组：《简明法制史词典》，河南人民出版社1988年版。

（张田田）

王

音译“勒克斯”。古罗马王政时代(约公元前753－前509年)的军事首长。相当于古希腊的“王”(巴息力斯)。一说由库里亚大会选举产生。主要负责军事指挥，享有统帅权(imperium)；又为最高祭司和审理重大案件的审判长。通常无民政权力。为氏族社会末期的部落首领，连同长老议事会(元老院)、库里亚大会，合成军事民主制的三种权力机构。王政时代历经七王。公元前510年(一说公元前509年)，第七王塔克文被逐，由执政官管理国家事务，并建立罗马共和国。

参考书目

华东政法学院《简明法制史词典》编写组：《简明法制史词典》，河南人民出版社1988年版。

（张田田）

执政官

音译“康梭”(Consul)，古罗马共和国常任高级长官中的首脑。在拉丁文中，*consules* 的意思是“那些走在一起的人”。

从公元前509年王政时代结束开始，每年由百人团会议即森都里亚大会从贵族中选举二人担任执政官，任期一年，当年就以两名执政官的名字纪年。执政官主要掌握最高军事权，战时为军队统帅,平时行使民政权和司法权,召集和主持人民大会和元老会议,并执行决议。执政官最初只能由贵族担任,由于平民和贵族的斗争,公元前 445 年,保民官卡奴留提议平民也可以当选执政官。贵族提出折中方案即废除执政官,设立贵族和平民都能担任的军事保民官(军政官)3－6 人,行使执政官的权力,但卸任后不能进入元老院。公元前 367 年废止了军事保民官,恢复选举 2 名执政官的制度,其中必须有 1 人是平民。从公元前 366 年起平民也可以担任执政官。执政官在出行时有 12 名仪仗官肩扛法西斯作为执政官的扈从。执政官卸任后可以进入元老院。罗马帝制建立后,执政官任期不定,形同虚设,随后废止。

当国家遇到危急情况时,元老院旋即宣布国家处于紧急状态,经元老院提名,就以执政官中的一人为独裁官,称为狄克推多,有至高无上的权力,但其任期不能超过 6 个月。由于执政官任期短,两个执政官权位相等,相互牵制,一切政令如果得不到两人一致同意,就不能付诸施行。法律的制定和内外政策的决定都要通过元老院。所以实际上仍是由贵族组成的元老院真正操纵国家大权。

参考书目

华东政法学院《简明法制史词典》编写组:《简明法制史词典》,河南人民出版社 1988 年版。

（张田田）

职业代书人

古罗马时期专门从事代为书写法律文书工作的人。在罗马共和国时期,罗马有一种奴隶叫“诺达里”(Notarial),他们除了负责则民事法律事务上的诉讼记录外,还协助奴隶主处理各种函件,并撰写文书契约。但到了罗马共和国末期,由于罗马法和罗马诉讼程序特别强调形式要件,广大的罗马平民也开始感到需要有人替他们把法律行为拟定成书面形式,这样社会上就出现了专门从事代书职业的人——代书人,当时称这种人为“达比伦”(Tabelliones)。他们具有法律专业知识,为当事人提供法律帮助,代拟各种法律文书,并在文书上签字证明。政府规定只要将“达比伦”做成的文件向政府登记并保管于国家档案馆,就可以取得公文书效力。也由此,“达比伦”拥有了制作公文书的效力,并取代了“诺达里”成为现代公证人的起源。

（张田田）

古 希 腊

阿留帕克

古雅典国家最早的司法机关。又作“阿留帕格斯”,来源于雅典一座小山的名称。开始,它作为氏族贵族的权力机关,拥有审判权。原为提秀斯改革后新设的行政机关,即由贵族代表所组成的贵族会议,是国王的顾问团体。后由退职执政官中任命法官,终身任职。主持阿留帕克的是身为第二执政官的巴息力斯。

到公元前 5 世纪,逐渐演变为具有司法性质的普通审判机关,主要审理故意杀人、投毒及纵火案件。负责审理故意谋杀、毒害和纵火等案件。开庭时,原告和被告各站在一块大石头上,露天当众审理。阿留帕克还监督民众大会活动和公职人员的工作。阿留帕克法院负责审理故意杀人、毒害及放火的案件;埃非特法院审判误杀、教唆杀人、致人残疾以及杀死异邦人等案件,职能有较明确的划分。公元前 462 年改革后,阿留帕克的权力遭到削弱,但还保留着司法职能。

参考书目

华东政法学院《简明法制史词典》编写组:《简明法制史词典》,河南人民出版社 1988 年版。

（张田田）

埃非特法院

古雅典国家的专门审判机构,埃非特法院由 51 人组成,故又称“五十一人委员会”。审理误杀、教唆杀人、致人残疾及杀死异邦人等案件,同时审理被告自认为合法的杀人案件(如自卫杀人、杀死当场捕获的盗贼、杀死奸夫等),以及因误杀罪被逐出境后又犯杀人罪的案件,在审理后者时,被告人不得进入雅典国境,只许坐在船上靠近岸边,听取岸上的法官审讯。该法院还审理因动物或非生物物件而致人死命的事故,如某物倒塌致路人死亡等。如果不是出于任何人的过失,这些致人死亡的生物或物件均须被移出国境。

参考书目

华东政法学院《简明法制史词典》编写组:《简明法制史词典》,河南人民出版社 1988 年版。

（张田田）

巴息力斯

公元前 12 世纪至前 8 世纪古代希腊荷马时代的最高法官兼部落领袖、部落军事长官、最高祭司。恩格斯在《家庭、私有制和国家的起源》中的指出:“希腊人的‘王’(巴塞勒斯),正像罗马的‘王’(勒克斯)一样,必须是或者由人民选举的,或者为人民的公认的机关(议事会或人民大会)所认可的。”

王有权处理本部落成员之间发生的各种争议和纠纷。在雅典奴隶制国家形成以后,执政官集团的建立,使巴息力斯成了第二执政官,主要负责监督宗教祭祀,主持阿留帕克,并行使某些司法职权。

参考书目

华东政法学院《简明法制史词典》编写组:《简明法制史词典》,河南人民出版社 1988 年版。

（张田田）

迪埃德特

古雅典审理财产案件的法官。由国家任命,组成法院也称迪埃德特法院,专门审理 10 德拉克马(drachma,古希腊银币单位)以上案件的第一审级,其上诉审级法院为陪审法院。负责审理财产纠纷案件的一审法院是四十人法院和迪埃德特,前者负责审理不超过 10 德拉的财产争议案件,后者负责审理超过 10 德拉以上的财产案件,其上诉法院均为陪审法院。

参考书目

华东政法学院《简明法制史词典》编写组:《简明法制史词典》,河南人民出版社 1988 年版。

（张田田）

陪审法院

音译“赫里埃”,古代雅典城邦的陪审法院(陪审团),古雅典最高司法机关。公元前6 世纪执政官梭伦改革时设立。公元前462 - 前461 年,埃菲厄尔特和伯利克里以临时性的司法集会(ekklesia)为原型,创制了持久的陪审法庭制度。赫里埃由6000 名成员组成,每年用抽签方法从年满30 岁的公民中选出,每年从各部落(共10 个部落)按抽签方式从年满30 岁的男性公民中各选600 人组成。对候选人没有财产资格限制,但由于履行司法职务没有报酬,最贫困的公民很难参加。公元前5 世纪中叶改革时,对所有的公职人员规定了报酬,这才使贫苦公民也可能成为陪审团成员。为工作方便,内部分为10 个委员会——陪审庭,每个委员会由500 人组成,剩余1000 人留作后备。

陪审团成员来自审判当天所有10 个部族(phylai)的城邦民。凡年在30 岁以上,不曾欠国库的债和不曾失去公民权利者,皆有充任陪审官的权利。由9 名执政官按部族抽签选举,第十部族则由司法执政官的书记抽签。法庭有10 个入口,每部族1 个,20 个房间,每部族两个,在法庭庭审室抽签分配陪审员的法庭。在法庭庭审之前,诉讼人和法庭官员都不知道哪些城邦民会对案件进行判决。来自10 个部落的陪审员(dikastai)组合在一起,然后进一步把他们的位置打乱分配,将会阻止从这些陪审员(数量在201 至1501)中形成支持原告或被告的团体,或妨碍发表法庭演说。在法律审判中,判断事实的原则不是最主要的,而是提供公平机会的原则。陪审团在案件中双方的演说之后立即做出决议,判决是简单的是或非(有罪或无罪)。

陪审法院的主要职权:审理各级法院的上诉案件;国事犯渎职罪等重要案件的第一审级;监督考核公职人员及批准工作报告;参加立法工作,是民众大会决议案最后的核准机构。陪审法院的判决一般为终审判决。

陪审法庭和四百人会议打破了贵族对立法、行政、司法的各种垄断,为政治制度的民主化开辟了道路。参见四百人会议条。

参考书目

华东政法学院《简明法制史词典》编写组:《简明法制史词典》,河南人民出版社 1988 年版。

（张田田）

四百人会议

古雅典执政官梭伦于公元前584 年立法时设立的国家机构,近似民众大会的常设机构,由雅典四个部落各选100 人组成,按财产较多的被划分为第一、二、三等级的公民方可当选。其主要职责是为民众大会准备议程,预审提交大会的重要决议。其设立在于使经济实力不断增强的工商业奴隶主能够在政治上享受与氏族贵族同等的待遇。在梭伦改革以前,元老院是国家权力结构的中心,贵族通过元老院掌握和操纵立法、行政、司法大权。四百人会议和陪审法庭打破了贵族对立法、行政、司法的各种垄断,为政治制度的民主化开辟了道路。公元前509 - 前508 年,克里斯提尼立法时,改为五百人会议。参见五百人会议条。

参考书目

华东政法学院《简明法制史词典》编写组:《简明法制史词典》,河南人民出版社1988年版。

（张田田）

五百人会议

又称“议事会”,音译“布雷”,古希腊城市国家(城邦)的最高行政机构。有资格选任为议事会成员的仍限于公民中富农和骑士两级,而在其以下的中农和贫民两级仍不得选任为议事会成员。每个选区还出一个将军,统率本区征集的公民军,并组成一个“十将军委员会”统率全军。以后,雅典最高政权实际上操纵在“十将军委员会”手中。

据史书记载,从公元前6世纪末起,在科林斯、雅典、希俄斯和昔兰尼等希腊城邦几乎都设有五百人会议。在雅典,始于公元前509年执政官克里斯提尼当政时,从年满30岁的男性公民中按十个地域性部落各选50人组成,以代替梭伦时创设的四百人会议。克利斯提尼将这种新的五百人会议与其十大新部落联系起来。五百人会议每年都分片选举,每个宗族出50名。其主要任务是提出草案以供民众议会讨论并通过。五百人会议也有权处以罚金并在法院提起诉讼,这主要是针对反国家的罪行。

五百人会议首要任务是起草议案交付民众大会讨论和批准,监督国家各管理部门的日常工作,确定国家经济收入来源,经管国库收入,办理国债,拍卖充公财产,支配和监督骑兵的经费,办理和建立外交关系,接待使节,订立和批准条约,鉴定官吏人选是否称职,担任军事顾问,关心神殿建设和庆典事宜等。五百人会议下分10个委员会,依次轮流执行任务,任期为1个月零6天(一年的1/10),由抽签决定顺序,每一委员会逐日选出主席,主持民众大会,掌管国玺、国库与档案所在地的神殿钥匙,成为雅典奴隶主民主政治的重要机构。

参考书目

华东政法学院《简明法制史词典》编写组:《简明法制史词典》,河南人民出版社1988年版。

（张田田）

雅典十将军委员会

古雅典最高军事机构,约创设于公元前6世纪末克里斯提尼改革时,每年从10个部落中各选1位将军(strategi)组成。起初所有将军地位平等,轮流执掌军事大权。遇战事,出征的指挥官由民众大会的将军中选定。希波战争(公元前5世纪上半叶)中其作用逐渐增强,原执政官的作用相应减弱,公元前5世纪后半叶,伯里克利当政时,连续15年被选举为首席将军,掌握最高军权及某些行政权力,成为事实上的国家元首。公元前4世纪时,民众大会常以表决方式、规定各将军的职权范围。

参考书目

华东政法学院《简明法制史词典》编写组:《简明法制史词典》,河南人民出版社1988年版。

（张田田）

长老会议

一说为荷马史诗所记荷马时代希腊人民族贵族的代表会议,有权决定一切重要问题。

二说为在斯巴达，传说来库古遵照特尔斐神所托阿波罗神谕，为斯巴达人订立了“律特拉”（箴言或法律、公约），立法中，规定长老会议是最高的权力机关和司法机关，一切国家大事先由它讨论决定，然后交公民大会通过，一切民法案件、刑事案件和国家案件都由它来审理。在斯巴达，长老会议、国王、监察官和公民大会均享有司法权。刑事案件一般由长老会议审理，民事案件由监察官审理，而国王则审理继承案件、未婚女继承人的出嫁纠纷案件以及使用道路的争执案件。

参考书目

华东政法学院《简明法制史词典》编写组：《简明法制史词典》，河南人民出版社 1988 年版。

（张田田）

执政官

音译“雅康”，古代希腊各城市国家（城邦）的主要长官。古雅典提秀斯改革后，执政官取代了巴息力斯成为最高长官。

古雅典约自公元前 683 年起，废止“王政”。次年由贵族中选出执政官，一年一任，初 3 人，后增至 9 人，第一执政官为最高长官或称元始执政官，当年即以其名纪年，初步审查家庭案件以便提供法院判决。第二执政官为巴息力斯，主要是监督宗教祭祀，主持审查有关祭祀的案件，第三执政官原是军事领袖，至公元前 5 世纪其职权已削弱，仅担任庆贺战神的祭祀工作，兼管异邦人及雅典公民间的纠纷案件。其余 6 名执政官均为司法官，他们组成法庭，审查现行法律，主持非法议案诉讼，国事犯案件等。从公元前 7 世纪中叶开始，雅典的行政权已掌握在 9 名执政官手中，但从克里斯提尼立法后，其职权已大为缩小，执政官会议也很少召开。梭伦时代改由部落推选的 40 名候选人以抽签方法推举，后又恢复选举方式，但最终仍确立抽签产生的方法。

执政官自产生到梭伦改革前，各执政官由元老院负责推举和监督，交公民大会形式上通过。梭论改革扩大了当选执政官的公民范围，第一、第二等级的公民都有资格当选执政官。伯利克里的改革则使所有雅典公民都获得了当选执政官的资格。梭伦改革对执政官的产生方式进行变革，实行抽签选举制。执政官的当选人数与候选人的比例为 3∶1。每年由民众大会选举执政官 5 人，组成执政会议，各项决定按表决方式通过。执政会议由第一执政官任主席。任期 1 年，执政官的职责是召集元老会议及民众大会并领导工作，管理国家内部和对外关系、监督风俗与纪律、审查公职人员的工作报告以及处理民事案件等。

公元前 6 世纪－前 5 世纪初，雅典的执政官享有很大权力、希波战争（公元前 5 世纪上半叶）中，其权力渐为十将军会所取代。此后，仅限于管理某些宗教事务和司法事务。罗马统治希腊（公元前 2 世纪）后，执政官制继续存在。

参考书目

华东政法学院《简明法制史词典》编写组：《简明法制史词典》，河南人民出版社 1988 年版。

（张田田）

教 会

大主教法庭

教会法体系中的第二审级，地位仅次于教皇法庭。大主教法庭由首席推事(Official Principal)主持，所以该法院又称为首席推事法院，特殊案件由大主教亲自主持审判。大主教法庭既是初审法院，又是上诉法院，它有权受理来自辖区内各主教法院的上诉案件。对大主教法庭判决不服的，还可上诉到教皇法庭。大主教法庭名义上负责处理轻微宗教事件，实际上则是专门控制和监督民众思想动向的机构。

参考书目

毛玲:《论英国民事诉讼的演进与发展》，中国政法大学2004年博士学位论文。

(倪晨辉)

副主教法庭

欧洲中世纪的宗教法庭名。在中世纪，欧洲的教会法院已经相当完备，其法院体系主要为:主教法庭为宗教法庭的第一审级法院，由主教或主教代理人以“寺院裁判官”的名义主持审判;其下设有副主教法庭，专管有关一般人较为琐细的纠纷;第二审判法院为大主教法庭，由大主教主持;此外还有专门法庭，由大修道院、皇宫礼拜堂自设;最高审判为罗马教皇法庭，教皇对各类法院的上诉案件，可授权当地寺院裁判官根据“教皇训令”进行审判，也可由教皇委派全权代表组成特别法庭开审。

副主教法庭行使小事件管辖权(petty jurisdiction)。然而此种小事件管辖权较诸高级法院的普通管辖权，更深入普通人民的生活之中，与人民的关系更为密切。实际上，它严密地控制和监视人民的思想和生活。例如在17世纪的上半叶，当局鼓励具名向副主教法庭举报邻居的“不良行为”，然后由副主教法庭对“犯法者”进行处罚。那时，村社就像一个公开的舞台，邻居们谈论别人家庭生活中的最隐秘的细节。那些违反当地“习俗”的事情，通过邻里间的议论，很快就让教会法庭知道并加以处罚。

参考书目

1. 程汉大主编:《英国法制史》，齐鲁书社2001年版。
2. [美]孟罗·斯密:《欧陆法律发达史》，姚梅镇译，中国政法大学出版社1999年版。
3. 许洁明:《十七世纪的英国社会》，中国社会科学出版社2004年版。

(倪晨辉)

教皇法庭

教会法院体系中的最高法院。教皇法庭是教会法体系中的最高审级，各级教会法庭处理的案件均可上诉至教皇法庭。教皇是教会法院的终局裁判者，各级教会法院一般由当地的主教或其他神职人员主持,其工作受教皇的监督,并有义务执行教皇及宗教会议的训令和法规。一般情况下,教皇法庭由教皇授权当地教会的宗教裁判官根据教皇训令进行审判,也可由教皇委派全权代表组成特别法庭加以审理。教皇对事实清楚的上诉案件,采用训令将案件发回原审法院,原审法院根据训令中所指示的法律进行裁判。对于案件的法律问题有异议的上诉案件,往往直接诉诸最高法院加以解决。宗教改革前,任何宗教案件均可上诉到罗马教皇法庭。宗教改革后,上诉教皇法庭被明令禁止,受理上诉案件的权力转入国王的手中。

参考书目

1. 毛玲:《论英国民事诉讼的演进与发展》,中国政法大学 2004 年博士学位论文。
2. 彭小瑜:《教会法研究》,商务印书馆 2011 年版。

（倪晨辉）

异端裁判所

又译“宗教裁判所”“宗教法庭”“特别刑事法庭”,为天主教会专门侦察和审判异端分子的特别法庭。教皇英诺森三世(1160－1216 年)在位时设立,因其专门负责侦查和审判异端分子和异端嫌疑分子而得名。异端裁判所直属于罗马教皇,裁判官由教皇任命,不受地方教会机构和世俗政权管辖。主要设在法国、意大利、西班牙等国的修道院中,内设监狱。对被害人实行秘密审讯,严刑拷打,处以监禁、流放、火刑和没收财产等刑罚。除迫害异端分子和异端嫌疑分子外,还迫害进步思想家和自然科学家。自 16 世纪中叶起,随着教皇权势削弱而日渐衰落。到 19 世纪末 20 世纪初,形式上较为完备的异端裁判所才不复存在。

宗教裁判所实行残酷的审判与刑罚制度,如在庭审阶段秘密进行审讯:被控告人不知道控告人及见证人的名字,审判依靠的主要是口供及证人证言,有两人作证即可定罪。证人如想撤回证词,即被认为是同谋,任何人给被告人提供法律援助,或兼以减刑均被革除出教;抗辩阶段,罪人的抗辩权利只是宣布证人是罪人的死敌,此外再没有其他的权利;判决是由审判官在主教的协助下在教堂进行,有时不经审判,异端也可直接被处死。罪人若表示悔改,则要终身监禁;若认罪后又翻供,也可不经审判直接用火烧死。宗教裁判所的刑法以“拯救灵魂”为依据,极端残酷,除苦修、罚金、鞭打监禁外,还有没收财产及火刑。对已死的人他们也不放过,死人被判处异端而没收财产的要溯及后裔第三代。

参考书目

毛玲:《论英国民事诉讼的演进与发展》,中国政法大学 2004 年博士学位论文。

（倪晨辉）

宗教裁判官

主教法庭审判官的通称。教会法体系中基层法院为主教法庭,其审判官由该地的主教或由主教授权的教职人员担任。通常负责审理较为轻微的宗教案件,甚至可以对一些民事案件进行审判。宗教裁判官还负责审理教皇法庭授权进行审理的上诉案件。

（倪晨辉）

主教法庭

教会法体系中的基层法院。主教法庭的审判官为主教本人或由主教授权的教职人员担任。最初的主教法庭并没有专门的办公机构及经费,仅仅是在教堂或修道院进行审判,由主教本人进行审判,并没有法律专业人才在旁辅佐。从12世纪开始,随着法律制度的成长、律法条文的繁复和司法教育的发展,西欧教会和世俗国家司法开始有专业化的趋势。到12世纪末,许多主教任命法官(Officiales Principales)来代理自己负责司法。逐渐地,在这些法官的周围出现文书和其他吏员,主教法庭得以制度化和实体化。主教本人也会偶尔主持法庭的审判,但涉及教徒品行的大量日常司法事务主要还是由大助祭和助祭所主持的法庭处理的。诉讼当事人若对主教法庭的判决不服的,可以上诉至大主教法庭,甚至是教皇法庭。在有些地区,主教法庭之下还设立了副主教法庭,以分担繁重的司法活动。

参考书目

毛玲:《论英国民事诉讼的演进与发展》,中国政法大学2004年博士学位论文。

(倪晨辉)

印　度

迪凡－伊－魁柴

印度德里苏丹统治时期(1206－1526年)的中央司法官员,相当于现在意义上的司法部。迪凡－伊－魁柴与处理宗教事务和布施的部迪凡－伊－拉萨勒特一同受国家最高审判机关审判长萨德尔－乌斯－索杜尔的管辖,协助萨德尔－乌斯－索杜尔管理国家司法行政事务。由于德里苏丹国是伊斯兰教王国,伊斯兰教徒充任国家的高官显爵,“迪凡－伊－魁柴”的领导人,一般也由伊斯兰教徒担任。

(孟昭容　倪晨辉)

魁齐

印度德里苏丹政权时期(1206－1526年)的地方审判官。在德里苏丹时期,魁齐主要设于各重要城市,审理发生在穆斯林之间及穆斯林与印度教徒之间的案件,由萨德尔－乌斯－索杜尔委派。莫卧儿帝国阿克巴统治时期(1556－1605年)设“魁齐长”,由皇帝任命。经皇帝批准,“魁齐长”可委任下级魁齐。魁齐主要负责审理“沙里亚特”,即违反宗教法或天则的案件。穆斯林关于继承、结婚的诉讼只能由“魁齐”和“穆夫蒂”判决。但在契约和刑事审判的诉讼中,阿克巴作了某些修改,要求“魁齐”不要单单依靠证人,也要依靠其他的材料来源。印度沦为英国殖民地后,“魁齐”和“穆夫蒂”仍协助英国法官审理案件。

参考书目

[印度]辛哈、班纳吉:《印度通史》,张若达、冯金辛、王伟译,商务印书馆1964年版。

(倪晨辉)

潘查耶特

又称“五人会”“五人长老会”“五老会”“五人委员会”，印度基层审判机构。在中世纪印度，潘查耶特是管理村社的自治组织。它由五位高种姓村社长或基层柴明达尔等上层种姓组成，他们的职位有的由上一级指定，有的经选举产生，有的是通过继承获得的。潘查耶特拥有该村社的行政、司法、立法权，几乎控制了村社生活的各个方面。其主要职责有二：一是监督本种姓的成员遵守各项规定和习俗，调解种姓内部的争端，对于违反本种姓法律的成员有权予以处罚；二是组织宗教活动。潘查耶特下设种姓长、种姓长老会和种姓全体大会，协助潘查耶特进行工作。德里苏丹时期（1206 - 1526 年）潘查耶特还负责审理只涉及印度教徒的案件，若是穆斯林和印度教徒之间的案件则不由潘查耶特负责。莫卧儿帝国统治（1526 - 1858 年）的后期，随着农村公社的逐渐瓦解，其权力也逐渐减弱。印度沦为英国殖民地后，潘查耶特的权力明显缩小，只能处理离婚之类的轻微案件，成了为英国殖民统治服务的农村基层政权。印度独立后，潘查耶特成为乡村自治体制的最基层部分。每个村庄都有潘查耶特，印度宪法规定其主要职能是管理本村内部事务，实行农村自治，故又译为“村自治委员会”。

参考书目

黄思骏：《印度农村潘查亚特制度的历史演变》，载《南亚研究季刊》1990 年第 1 期。

（孟昭容　倪晨辉）

萨德尔 - 乌斯 - 萨德尔

印度莫卧儿帝国阿克巴统治时期（1556 - 1605 年）的中央主要官员，为四大臣之一。萨德尔 - 乌斯 - 萨德尔主要负责教会和司法，是中央最高审判官和宗教事务官员。萨德尔 - 乌斯 - 萨德尔与掌握税收和财政的大臣“地万”（Dewans）、军事部门领袖“米尔·巴克希”（Mir BakhShi）及管理工厂和仓库的主要行政官“米尔·萨曼”（Mir Saman）并称为“帝国的四根支柱”。

（倪晨辉）

萨德尔 - 乌斯 - 索杜尔

又称“魁齐 - 伊 - 曼曼立克”，是印度德里苏丹政权时期（1206 - 1398 年）的中央最高审判长。萨德尔 - 乌斯 - 索杜尔的主要职责是接受下级法院的上诉及委派地方审判官“魁齐”（Qazi），领导主管宗教事务和布施的迪凡 - 伊 - 拉萨勒特（Diwan - i - rasalat）以及主管司法的迪凡 - 伊 - 魁柴（Diwan - i - qaza）。莫卧儿帝国时期保留了这一官职。

（倪晨辉）

英　国

鲍街跑探

英国历史上第一个专业的犯罪侦查机构。鲍街跑探又被称为弓街警探，前身为 1740 年设立的鲍街治安法官。1748 年,亨利·菲尔丁担任鲍街治安法官时,为有力打击当地犯罪活动,采取了一些新措施。由于当时的审判经常因证据不足导致罪犯逍遥法外,他便开始雇用社会上的一些"耳目"来为其收集犯罪情报和查缉罪犯,并于 1750 年创建了英国历史上第一个专业侦查机构——鲍街侦缉队。这支队伍最初只由 6 名曾担任过警务官或巡夜人的侦探组成。他们经常化装后到盗贼聚集的地方去侦查和收集情报。当抓到罪犯后,他们便将其交由菲尔丁进行审讯,使当地犯罪活动大为减少,社会治安状况也明显好转。1754 年,约翰·菲尔丁接任鲍街首席治安法官。他不仅扩大了鲍街侦缉队的规模,而且于 1763 年创办《通缉季刊》和《特别通缉周刊》并在其上描述罪犯的罪行和人身特征,同时将周刊免费赠送给各地区的治安法官,大大促进了英国各地的犯罪侦查协作。由于鲍街治安法院在打击犯罪上的明显成效,威廉·皮特领导的内阁政府于 1785 年向国会提交了一项方案,要求在伦敦及其周边地区按照鲍街治安法院的模式建立治安法院体制。1792 年该议案终获通过。根据该议案,伦敦地区又建立了 7 个治安法院,每个法院设立 3 名领薪治安法官并配备 6 名警探。至 19 世纪初,伦敦地区各治安法院中都有 6 名以上的警探负责犯罪侦查工作,鲍街治安法院所属的警探和巡逻队员已达 350 人。随着伦敦现代警察机关的建立,治安法院的职能逐渐被警察所取代。1839 年,鲍街侦缉队终被解散。

(刘方权)

财政法院

英国中世纪专门审判机构名。财政法院派生于财务署。财务署创建于亨利一世时期,最初只是每年春秋两季为收缴税款和处理国王财政事务而专门召开的两次御前小会议,重要的王室官员都要出席,其首脑是政法官。后来,财务署逐步从小会议中独立出来,成为英国中央政府中第一个专业化职能机构。到 12 世纪中叶的格兰威尔时期,财务署名义上仍是一个主要负责政府岁入的收缴、保管与核算的财政管理机构,而不是一个司法机构。但是,在行使其财政管理职能时,经常会遇到一些财政争议问题,每当遇到这种情况,则由财务署进行裁决。因此,财务署从一开始就兼有财政和司法两种职能。后来,英国逐步确立了凡是与政府有直接或间接关系的财政纠纷,当事人一方可以向财务署申请令状,传唤对方当事人到财务署应诉。再后来,审理财政案件进一步演变为财务署的专有职权,其他法院无权受理。此外,国王经常授予某些与政府有财政往来的大商人以向财务署投诉追讨他人欠款的特权,财务署本身也出于增加司法收益的考虑,积极招揽诉讼,甚至受理一些与财政事务无关的一般民事案件。于是,司法便成为财务署正当而重要的两大职权之一。

随着垄断性财政司法权的确立,财务署的内部组织发生了相应的变化,分成了上、下两部分,分别行使司法和财政两种不同职能。到 13 世纪末,"上财务署"即"财政诉讼署"(Exchequer of Pleas)和"下财务署"即"财政核算署"(Exchequer of Ac - count and Receipt)已经界限分明,前者就是财政法院,其成员称作"财务署男爵"。1236 - 1237 年开始出现单独的财政案件审判记录(Plea Rolls),是为财政法院取得独立地位的标志。爱德华一世时,威廉·卡尔顿首次获得"首席男爵"(Chief Baron)称号。当时,这一称号可能仅仅意味着他是一名资深男爵,但到 14 世纪初,"首席男爵"的权力已明显高于其他男爵,成为财政法院的主持人,在法律界的权威等同于另外两个中央法院中的首席法官。中世纪,首席男爵一般由法律职业者担任,但其他男爵多是行政官员兼任，所以后者在人们心目中的法律地位略低于另外两个普通法中央法院的法官。但是，从 1579 年起，只能任命御用状师为财政法院男爵成为一种制度。从此，财政法院男爵取得了与普通诉讼法院和王座法院的法官完全平等的法律地位。

财政法院审理的案件主要是国王政府与纳税人、债权人及债务人，国王与政府财政管理人员之间的财政纠纷案件，另外，像普通诉讼法院一样，财政法院对涉及财务署官员和职员的案件拥有垄断性司法权。

（倪晨辉）

城市法院

英国中世纪城市内的审判机构名。中世纪时期的英国是一个封建的农业国家，大多数居民居住在农村，以自给自足的农业为生。但也有少数城市，城市有自己的法院，甚至有自己的法律习惯。早期城市法院大多是通过国王特许状授权建立的，位于某个贵族领地内的城市法院，则是经由领主准许建立的。城市法院不受所在郡区郡长的司法管辖，但处于国王法院即普通法法院的监督之下。城市法院种类繁多，形式不一，十分复杂。在刑事司法方面，许多城市享有独立的治安权，因而有自己的治安法院。属于国王管辖的城市，治安法院由市长主持召开；属于领主管辖的城市，治安法院由领主管家主持召开。治安法院可以受理除叛逆罪和重罪之外的刑事案件。多数城市的治安法院在 16 世纪后趋于消亡。19 世纪中叶，英国对法院制度进行了重大调整后，除伦敦、布里斯托尔、利物浦等个别大城市保留了自己的民事法院外，其他城市的所有民事、刑事法院统统被新建的地方郡法院和治安法院取代。1971 年的《法院法》和随后的相关立法废除了所有残余的城市法院。

（倪晨辉）

大陪审团

又称“起诉陪审团”。大陪审团是为对案件进行审查决定是否起诉的审判组织。1166 年，亨利二世颁布了《克拉灵顿诏令》，将陪审制正式确立下来。它规定，发生刑事案件后，必须由熟悉情况的 12 名陪审员向法庭控告，并证明犯罪事实。这就是所谓的起诉陪审团，即大陪审团，负责起诉，决定是否对嫌疑犯提出控诉，这是英国大陪审团制度的开始。1275 年英国颁布《威斯敏斯特条例》，规定对刑事案件必须实行陪审制。1352 年爱德华三世颁布诏令，禁止大陪审团参与判决，改由新设立的小陪审团负责。大陪审团由此专门负责审查犯罪证据，决定案件是否予以起诉。由于大陪审团对案件的认定难以突破检察官或者警察已经作出的结论，因此在 1933 年，英国取消了大部分地区的大陪审团制度，仅在伦敦等地区仍保留大陪审团制度。1948 年颁布的《刑事审判法》正式废除了大陪审团制度，改由治安法官负责大陪审团的职责。法国资产阶级革命胜利后，也曾仿行英国的大、小陪审团制度。1808 年通过的《刑事诉讼法典》废除了大陪审团。美国的陪审制度与英国基本相同。美国宪法修正案第 5 条规定，凡审理严重的犯罪或其他不名誉犯罪时，均需经大陪审团审查。美国大陪审团通常由 16 人组成，接受法官领导。

大陪审团通常有 12 名成员，其人员组成由该地区有资格的公民抽签随机决定。宣誓之前，法院可以提出任何理由对陪审团的人选予以变动，但宣誓之后却只能因为其有不端行为而将其除名。对大陪审团成员的资格要求包括年龄、国籍、是否犯罪、是否与嫌疑犯有利害关系或偏见、文化程度、财产状况、精神是否健全、职业等,种族与性别不得作为限制理由。陪审团选定并宣誓之后,通常自行选举或由法庭指定一人为首席陪审官。大陪审团听取控辩双方的法庭辩论及相关证据,决定对嫌疑人进行正式刑事起诉,还是宣布其无罪予以释放。

参考书目

丁玮:《人民监督员制度的法理基础——司法民主与正当程序研究》,中国检察出版社2010年版。

(倪晨辉)

高等法院

19世纪英国审判机构名。在英国,高等法院是19世纪由若干独立的法院合并而成。最初,高等法院分为五个法庭:王座法庭(Queen’s Bench Division);大法官法庭(衡平法庭)(Chancery Division);一般诉讼法庭;财政法庭(Excheguer Division);遗嘱、离婚与海事法庭(Probate,Divorce and Admiralty Division)。1880年,英国国会又将王座法庭、一般诉讼法庭和财政法庭合并为王座法庭,这样,高等法院就剩下三个部分:王座法庭,大法官法庭,遗嘱、离婚与海事法庭。通过这次改组,高等法院的所有部门对于普通法院或衡平法院的判例均可适用。从而大体上解决了普通法和衡平法之间的冲突。1970年,英国又将遗嘱、离婚与海事法庭改为家庭法庭,把遗嘱和海事诉讼分别划归大法官法庭和王座法庭。

高等法院是审理重大民事案件的法庭。它不是一个单一的法院,而是由王座法庭、大法官庭和军事法庭共同组成。总的来看,高等法院的管辖权非常广泛。就管辖范围而言,它的权力范围覆盖了整个英格兰和威尔士;从审级上看,它既有初审权,又有复审权,而且其初审权没有标的数额上的任何限制。但是,对于郡法院管辖范围内的案件,法律并不鼓励人们向高等法院提起诉讼。从内部分工来看,高等法院的各个组成部分又各有自己的管辖范围和自己的法官。

王座法院由1名首席法官和大约22名法官组成,其管辖范围在高等法院中是最为广泛的。它既受理民事案件又受理刑事案件,既受理初审案件又受理上诉案件。另外,它还行使司法监督权。除普通的民事诉讼案件和刑事上诉案件外,王座法庭主要管辖有关契约和侵权行为的案件。同时,该法庭的法官还可以组成商事法庭和海事法庭,专门审理商事案件和海事案件。商事案件大致包括进出口、保险、银行、代理及商业文件的解释等方面的诉讼;海事案件大致是有关救助、拖带、碰撞、船舶维修及对外国船舶的货物供应等方面的案件。王座法庭的司法监督权是通过发布令状实现的。对下级法院的诉讼审理活动,高等法院可以通过禁止令状、移送令状和执行令状予以干涉。当王座法庭认为下级法院有司法越权行为时,可以通过禁止令状禁止其继续审理此案;王座法庭认为需要把某一案件由下级法院移交上级法院审理时,便可以发布移送令状;而在下级法院或公共机关不履行法定职责时,王座法庭可以发出执行令状,强制有关机关执行。另外,王座法庭还可以根据利害关系人的申请,发布人身保护令状,防止非法拘禁。

大法官庭名义上是由大法官主持,但由于大法官既是内阁成员,又是上议院议长,事务繁忙,难以亲自主持该庭审判事务,故通常由1名副职大法官和其他11名普通法官负责审理案件。大法官庭下设两个地方分支机构,即兰开斯特大法官分庭和达勒姆大法官分庭。它们分别在各自的地区内享有衡平司法权,其中,兰开斯特分庭的活动较为频繁,而达勒姆分庭现已很少开庭,几乎等于自行废弃了。

家事法庭由原来的遗嘱、离婚和海事法庭改组而来的,由庭长和大约16名法官组成,主要审理有关家庭纠纷、离婚、儿童监护和有争议的遗嘱验证以及有关申请收养、婚姻财产等方面的案件。

高等法院的法庭并不是各自独立的法院。各庭地位平等,高等法院的法官可根据大法官的指示至任何一个庭担任法官。各庭所分配的各类案件主要考虑诉讼进行的方便。在某庭开始的诉讼可以在以后移送到其他庭。一般而言普通法关系的案件归王座庭,衡平法关系的案件归大法官庭,但并不是一方的法庭只用一方的法律,每个法官都可运用普通法、衡平法两种救济方法,并且可以适用于同一问题。当普通法规范与衡平法规范有抵触时,应优先适用衡平法规范。普通法与衡平法之运用由此得以融合,而同一案件的原告也不必向两个法院分别请求救济。

参考书目

1. 程汉大主编:《英国法制史》,齐鲁书社2001年版。

2. [日]望月礼二郎:《英美法》,郭建、王仲涛译,商务印书馆2005年版。

(倪晨辉)

海事法院

英国中世纪专门审判机构名。海事法院起源于经营海运业和海外贸易的沿海港口城市,法院的主持人原是出现于13世纪的商船队队长(admiral)。商船队长取得司法权是与打击海盗的需要分不开的。14世纪前期,英吉利海峡的海盗活动十分猖獗,1360年,约翰·帕夫利就任商船队长时,除维持船队纪律外,还被明确授予了司法权。第二年,又为这位队长配备了一名法官,作为他行使司法权的代理人。这便是英国海事法院的雏形。

14世纪时,英国存在多个商船队和海事法院,议会和谘议会也不时受理海事案件。在这些因素的影响下,该时期海事法院发展缓慢。14世纪末,出现了"商船总队长"(Lord High Admiral)之职。不久,一个全国统一的海事法院建立起来。进入16世纪后,英国开始走上海外扩张道路,对外贸易发展迅猛,海事案件成倍增长,这为海事法院的发展提供了发展机遇。从1524年起,海事法院建立起了庭审档案制度。1585年以后,海事法院的刑事和民事司法权都大为扩展,同时确立了一条新的法律原则,即尽管法官是总队长的代理人,但他可以不受总队长职位空缺或更迭的影响,连续不断地坐庭审案,这意味着从此海事法院拥有了独立行使司法权的专职法官。

英国的海事法院包括位于伦敦的高级海事法院、英国各地方以及殖民地设立的初级海事法院和审理海事上诉案件的法院。这些法院一起构成了英国海事法院体系。英国海事法院的人员构成包括法官、登记官、执行官、辩护律师、代诉人和财务官等。

17世纪到19世纪初,海事法院的管辖权一直被压缩。除普通法院在民事和商事管辖权方面对海事法院的限制外,海事法院的刑事管辖权也在收缩。到19世纪中叶,海事法院恢复了17世纪以前的地位,而且取得了"记录法院"的资格。在1875年的法院组织调整中,海事法院合并到新成立的高等法院,成为海事、遗嘱检验和离婚法院的一部分。再后来,海事以及商务案件的审判权都划归王座法院管辖。

（倪晨辉）

衡平法院

又称“大法官法院”、“大法官法庭”（Court of Chancellor）、“良心法院”（Court of Conscience），是与普通法法院（Court of Law）相对应的一种法院系统，是英国14－19世纪为解决使用普通法无法处理的新型财产纠纷而专门设置的一种采用公平、正义和公正的衡平原则审理案件的法院。

在英格兰，衡平法院随衡平法的形成而形成，它曾经独立于普通法法院，即依据普通法程序、原则和规则审理案件的法院。大法官法庭是历史最悠久和最主要的衡平法院。英国的衡平法出现于14世纪。在13世纪时，英国的普通法面对由繁复多样的各种经济关系和社会关系带来的大量法律纠纷，显得无能为力。它的令状和救济方法有限，诉讼程序僵化繁琐，造成审判的不公正，受害人的权益得不到有效保护。遭受不公正判决的当事人和权利无法在普通法法院中得到救济的臣民向国王请愿，申请公正的救济。针对这种情况，国王命令大法官（Lord Chancellor）采用公平、正义原则，利用强制执行令、禁止令等行政性手段，迫使当事人一方履行义务，维护当事人的财产利益，这便是衡平法院的雏形。1340年，英格兰颁布一项法令，正式确定大法官的办公机构为法院，审理不能在普通法法院起诉的民事案件，这标志着衡平法院的诞生。

1474年，大法官首次以自己的名义发布命令，标志着完全独立的衡平法院正式诞生。衡平法院不实行陪审制，由大法官独自进行审理，自由裁量的余地很大，每个法官的判决也有很大的差别。因此有人说，衡平法院的判决是由大法官脚的长短来决定的。衡平法官处理案件主要依据“衡平与良心”的原则（the rules of equity and good conscience），后来逐渐开始适用前衡平法官所创设的先例的原则。在衡平法院管辖的案件中，大量属于欺诈案件。

衡平法院由大法官负责案件的审理，在衡平法院设置之初，其组织构成极为简单，大法官是唯一的法官。作为对普通法的补充，衡平法院的诉讼程序较普通法院简便。大法官有很大的自由裁量权，不受令状的限制，适用的程序较为简捷灵活，不设陪审，一般采用书面审理。15世纪初，都铎王朝的司法权由星座法院和衡平法院行使。到16世纪，大法官开始将其审判权授给衡平法院助理法官，自己只负责发布判决；17世纪时，由于衡平案件大量增加，导致衡平法院法官及其他人员急剧增长。18世纪后期，衡平法院逐渐形成了遵循先例原则，适用的诉讼程序越来越僵化，大法官滥用职权、舞弊腐败的行为使衡平法院名声败坏。进入19世纪后，要求改革衡平法院的呼声越来越高。英国议会通过了一些改革性法律，以提高衡平法院的办案效率，防止大法官滥用职权。为改变英国两种法院、两种法律及两种诉讼程序的局面，1873－1875年英国通过法律设立了最高法院，将衡平法院与普通法院合为一体，衡平法院从此成为高等法院中的大法官法庭，审理有关信托，合伙、转账、公司和财产管理等方面的案件。

普通法法系的国家或地区大多承认衡平法为正式的法律渊源，有衡平法和普通法的划分，但不一定设有独立的衡平法院或衡平法庭，普通法法院既可以审理衡平的权利请求和抗辩，同时可以审理严格依法提出的权利请求和抗辩。现在的英国没有衡平法院。美国的衡平法院源于英国,1798 年的宪法修正案规定,衡平法案件由各州管辖。但现在的美国只有密西西比等三个州还有衡平法院。

（张雅利　倪晨辉）

灰脚法院

又称“泥足法院”“行商法院”,中世纪英格兰地区最基层和最简易的法院。灰脚法院主要负责审理集市上发生的轻微商事和刑事案件,因参与诉讼的大多为前往集市的小贩,腿上布满尘土,故名灰脚法院或泥足法院。灰脚法院的长官为该地的贵族管家、市长或执行官,负责审理案件的法官则由参加集市的商人担任,依照当地风俗习惯,即席审理集市中发生的各种商事损害案件和轻微犯罪案件,诉讼程序简易、处理时间较为迅速。不服灰脚法院判决的当事人最终可以上诉至威斯敏斯特法院。从 15 世纪起,该法院的重要性逐渐下降,后来被取消。

参考书目

程汉大、李培锋:《英国司法制度史》,清华大学出版社 2007 年版。

（倪晨辉）

棋盘法院

又称“国库法院”“理财法院”“财税法院”,专门处理涉及皇家财政税收的案件,为王室法院分出的普通法院,13 世纪后英国新建的最高专门审判机关之一。因该院的桌面上覆盖油布,以今人所不用的犹如西洋棋戏的方法记载收支决算,故称“棋盘法院”。

公元 14 世纪,棋盘法院与后来从王室会议分立出的王座法院和民事法院共同构成英国历史上的三大普通法法院,因这 3 个法院的地址均固定于英国的威斯敏斯特(Westminster),故又统称为威斯敏斯特法院。最初,棋盘法院也跟随国王共同巡回审案,因其管辖权曾涉及一般民事诉讼。但从 13 世纪末,其只管辖有关国王财政方面的诉讼。14 世纪后,棋盘法院与王座法院一同利用法律上的虚拟手段,扩大管辖权,终于又获得了关于物的诉讼以外的民事管辖权。棋盘法院审理案件,适用陪审制。

根据 1873 年至 1875 年的《最高法院审判法》,棋盘法院成为高等法院下属的法庭之一。议会于 1873 年制定了《司法条例》,于 1875 年 12 月 1 日颁布实施。按照《司法条例》,英国创设了最高法院,取消了普通法院和衡平法院的双重体制。最高法院包括高等法院和上诉法院两部分。高等法院下设五个法庭:衡平法庭、王座法庭、普通诉讼法庭、棋盘法庭,第五个是遗嘱、离婚及海事法庭。

1881 年,英国国会又将其与王座法庭和一般诉讼法庭合并为新的王座法庭,从此,作为独立的一级司法审判机关的棋盘法院消失。

参考书目

华东政法学院《简明法制史词典》编写组:《简明法制史词典》,河南人民出版社 1988 年版。

（张田田）

森林法院

英国中世纪的特殊审判机构名。森林法院是独立于普通法体系之外,直接建立在国王特权法基础之上,由国王特命官员组成,履行特殊司法职能的一种特权法院。

诺曼征服后,威廉一世宣布全国森林统归国王个人所有,主要目的是保证建筑王宫、城堡的木材供应和用作王室猎场。为保护国王对森林资源的专有权,威廉一世明确划定了各地林区的边界,制定了一套专门适用于林区的森林法。森林法禁止当地居民擅自进入林区打猎和砍伐林木,如果到林区内放牧牛羊,必须交费,违者处以罚款。最初,由郡长负责林区的守护管理和森林法的实施,后来改由国王任命的一批林区法官负责,其中1人是首席林区法官,总管全国所有林区和森林法的贯彻落实。1238年后,以特伦特河为界,国王将全国林区划分为南北两大管区,每一管区除设有1名主管法官外,还配有数名助理法官。后来,助理法官实际上控制了森林法的实施权,主管法官变成了挂名闲职。在基层,每个林区都设有若干名护林员、巡视员,他们的主要职责是林区管理与守护,譬如,向进入林区放牧的居民收费,发现林中野兽跑出来要及时安全地把它们驱赶回去,等等。

这些基层官员都有权召开森林法院,审理违犯森林法的案件,所以森林法院很不规范,形式多种多样。由基层护林官员主持召开的森林法院主要有两种:一种每年召开3次,主要审理未交费而私自到林区放牧的案件;另一种大约40日召开一次,主要审理偷猎和盗伐林木的案件。对于较为重大的案件,基层法院仅仅负责事实调查,没有处罚权,如果确认属于违法行为,一般将违法者暂时关押,或通过抵押形式取保假释,听候林区巡回法官到来时再依法给予制裁。

由国王任命的巡回法官主持召开的林区巡回法院(Forest Eyre)是最主要和最正规的森林法院,它的构成和运作程序与普通法的综合巡回法院大致相同,也是每7年巡回一次。开庭时,由当地郡长从林区内各村分别召集4名村民和村长组成大陪审团,检举并控诉森林法的违反者。对违法者的惩罚一般是罚款,这类罚款是中世纪英国国王的一项重要财政来源。

森林法和森林法院因为明确代表国王特权利益,限制了当地居民对森林资源的利用。加之林区法官都是义务性的,没有薪酬,他们为弥补自己的经济损失,总是利用职务之便,向当地居民巧取豪夺。所以,森林法和森林法院制度始终遭到各阶层人民的反对。由于不得人心,从14世纪起,森林法院就出现衰落趋势,林区巡回审判越来越稀少。到16世纪末,森林法和林区管理体制已名存实亡。17世纪英国宪政革命之后,林区管理转入议会手中,森林法院便彻底退出了历史舞台。

(倪晨辉)

四季法院

中世纪英国基层法院名,14世纪至20世纪70年代前设在英国各郡或自治市的基层刑事法院。1361年,英国设置了治安法官来处理劳工和社会治安问题,这些治安法官缺乏法律素养,因此规定每个季度各郡治安法官集体开会共同审理案件。1388年规定,每个季度四季法院必须至少开庭一次,故名四季法院或季法院。1590年,四季法院的法官被授权管辖包括死刑、重罪在内的一切刑事案件。各郡的四季法院由地方治安委员会的治安法官组成,由1名主席及1名或几名副主席主持。各自治市的四季法院由首席法官主持,首席法官由定期到该自治市主持开庭的律师担任。除法律另有规定外,四季法院拥有对所有刑事案件的初审管辖权。对于各地方治安法院所判处的刑事案件,四季法院拥有上诉管辖权。对于民事案件,四季法院仅在法律有明确规定的情况下才具有初审管辖权。对于有关私生子的继承顺序以及某些法律规定的其他案件,四季法院拥有广泛的上诉管辖权。不服季审法院判决的,可以向上诉法院刑事法庭上诉。1842 年,四季法院对叛逆、谋杀和处终身监禁等重罪的审判权被取消。1971 年,四季法院被撤销,与巡回法院合并改组为刑事法院。

(倪晨辉)

四大律师学院

林肯律师学院、内殿律师学院、中殿律师学院和格雷律师学院,是英国培训和训练专门律师的组织,是至少从 13 世纪起就存在于伦敦的自愿组织的非公司性协会。

林肯学院据有记载的历史始于 1422 年;格雷律师学院据有记载的历史始于 1569 年;内殿律师学院前身是 14 世纪的一个学术团体,1440 年成为学院;中殿律师学院原为 1404 年成立的一个学术团体,15 世纪时继内殿律师学院之后成为学院。最初,学法律的学生在学院中过着一种半学院式的生活,服从公共纪律和管理,学院实行公共教育制度,在取得律师资格后,则从事职业性工作。这类学院从建立起的重要任务便是通过阅读、讨论会,或模拟审判以及训练,向学生提供实践性的法律教育。1852 年,学院的法律教育归于法官控制之下,而法官仅授予那些满足了一定条件的学院学员以专门律师的资格。

现在,学院由三个等级的人组成:法庭的主事官或学院主管委员,他们组成学院的领导机构,共同挑选学院成员,对其成员实行严格管理,批准符合律师条件的学生成为专门律师;各学院每年都选举一个学院主管委员任司库和学院的名誉领导人。尽管各个学院是相互独立的,但它们按照共同的规定批准专门律师资格,而且联合管理法律教育委员会,法律教育委员会负责对学生辅导和考试,确定他们是否能成为律师。至今只有四大律师学院有权批准人们成为专门律师,并且有权问责律师甚至取消其专门律师资格。

参考书目

华东政法学院《简明法制史词典》编写组:《简明法制史词典》,河南人民出版社 1988 年版。

(张田田)

上诉法院

英国设置的审判机构名。最初,英国的上诉法院仅审理民事案件,1907 年,英国根据《刑事上诉法》的规定,专门设立了刑事上诉法院,使经审理被定罪的人首次获得上诉的权利。1966 年,英国制定了《民事上诉法》,将上诉法院与刑事上诉法院合并,仍称上诉法院,下面再设民事庭和刑事庭,分别受理民、刑上诉案件。

上诉法院设 23 名专职的上诉审判大臣。参与审理某一案件的法官人数通常为奇数,至少是 3 人,判决以多数通过为准。人手不够时,可以从高等法院抽调法官参加案件的审理。上诉法院不要求有证人,也没有陪审团,只是根据初审法庭的庭审笔录进行审查,但在一定条件下,如证据确定不当,它也可以传讯证人,或责令初审法院重审。

上诉法院民事庭是民事案件的上诉机构,审理郡法院、高等法院以及全国劳资关系法院、各种行政裁判所的上诉案件。民事庭的庭长称为书记长官。此外,大法官、王座法院的首席裁判大臣也在职务上自然可以出任上诉审主审人。上诉法院一般由 3 名法官组成合议庭开始审案,对事实问题及法律问题都可进行再次审理。有时也会认可新提出的证据。

上诉法院刑事庭审理对于刑事法院正式起诉罪犯的有罪判决的上诉。事实问题、法律问题皆可成为再次审理的对象。法官及法庭的组成可参照前述上诉法庭民事庭的情况。只是刑事庭的庭长相当于"首席审判大臣"——高等法院王座庭的庭长。上诉法院刑事庭无初审权,在某些情况下,受理内政大臣或总检察长提交的刑事案件。在某些法定情况下,不服上诉法院判决的还可以向上议院提出上诉。

参考书目

1. 程汉大主编:《英国法制史》,齐鲁书社 2001 年版。
2. [日]望月礼二郎:《英美法》,郭建、王仲涛译,商务印书馆 2005 年版。
3. 李昌道、徐静琳主编:《外国法律制度导论》,复旦大学出版社 2003 年版。

(倪晨辉)

上议院

英国的立法机构,也有受理上诉的权力。在英国,受理上诉的法院有上诉法院、高等法院和上议院。上议院也是英国的中央法院之一,是英国民事、刑事案件的最高上诉审级,是最终审判机关,行使国家的最高司法权。上议院作为最高审级审判机关,受理上诉法院的民刑上诉案件、高等法院越级上诉案件、苏格兰高等法院的上诉案以及军事法院的上诉案,但只限于受理具有普遍意义下重大法律问题的上诉案件。向上议院提出上诉,必须事先取得上诉法院和上议院本身的许可。此外,上议院还可以审理平民院提出的弹劾案和被指控犯有叛国罪及重罪的上议院议员。上议院在行使审判权时,由议员中的法律专家代表上议院进行,上议院的其他议员不得行使司法审判权。

从理论上讲,上议院议员都是这个上诉法院的当然法官,但实际上只有大法官和根据法律规定由英王任命的法律专家议员,才是真正行使上议院司法权的法官,其他议员并不参与司法权的行使。1876 年的《上诉管辖条例》在上议院只设置了 2 名法律议员,但随着社会的发展,法律议员的数目逐渐增加为 7 名。根据 1947 年的《上诉管辖条例》的规定,现在的法律议员共有 9 名。

上议院开庭的法定人数是 3 人,但通常有 5 - 7 人参加。审理案件时,议员们只听取上诉人和被上诉人双方的代理律师的口头陈述,只有在他们认为必要时,才听取上诉人本人的陈述。凡是向上议院上诉的案件,必须得到上诉法院或上议院的准许,一般先由部分上议院议员组成一个上诉委员会、对上诉案件进行审查,然后在委员会审查报告的基础上,由上议院作出是否受理的决定。因为只有涉及重大法律问题的案件才能上诉至上议院,所以,上议院实际审理的案件非常少,不过,绝大多数案件都涉及对议会制定法的修正。

参考书目

1. 程汉大主编:《英国法制史》,齐鲁书社 2001 年版。
2. [日]望月礼二郎:《英美法》,郭建、王仲涛译,商务印书馆 2005 年版。
3. 李昌道、徐静琳主编:《外国法律制度导论》,复旦大学出版社 2003 年版。

(倪晨辉)

枢密院司法委员会

英国中央审判机构名。枢密院司法委员会根据 1833 年的法令设立，由现任和前任枢密院议长、大法官、普通法院首席法官、上诉法院高等法官、坎特伯雷大主教法院法官等组成。

枢密院司法委员会是英国一个比较特殊的司法机构。它是一个常设委员会，由大法官、前任大法官和枢密院顾问官组成，并有 17 个英联邦成员国参加，是英联邦某些成员国、殖民地、保护国和托管地的法院的最高上诉审级，受理来自这些法院以及英格兰、威尔士各个专门法庭判决的上诉案件，若是重要案件，委员人数要增至 5 人。枢密院司法委员会判决的作出和其他法院有所不同。它通过建议和报告的形式向英王提出解决办法，对它提出的解决办法，英王必须接受，并以枢密院令的形式予以颁布。这就是说，枢密院的这种建议和报告就是终审判决，不能再上诉了。从这个意义上讲，枢密院司法委员会是一个终审法院。应该指出的是，并非所有的殖民地或自治领的案子都可以上诉到枢密院司法委员会。根据《威斯敏斯特法》的规定，任何自治领都可以排除这种上诉，只有出现严重的审判不公等情况，才可以向枢密院司法委员会提起上诉。

在第二次世界大战前，枢密院司法委员会是审理一般法院管辖之外的、由海外领地提起的上诉的机构。这种上诉采用向国王请愿的形式，枢密院司法委员会则应国王的谘询，帮助国王进行审理。

第二次世界大战结束后，英国的殖民地大多成为独立国家，这些独立国家大多废除了向枢密院上诉的制度。但是至今尚有新西兰、马来西亚等几个国家仍承认对于枢密院的最终上诉权。

枢密院司法委员会的判例对于英国国内并不具有先例的权威，但由于“委员会”主持审判的实际上大部分是上议院的法官，因此其判例作为英国法的解释具有很高的说服性。枢密院司法委员会的判例被英国一般法院蹈袭而成为英国法内容的例子并不罕见。

参考书目

1. 程汉大主编：《英国法制史》，齐鲁书社 2001 年版。
2. [日]望月礼二郎：《英美法》，郭建、王仲涛译，商务印书馆 2005 年版。
3. 李昌道、徐静琳主编：《外国法律制度导论》，复旦大学出版社 2003 年版。

（倪晨辉）

特区法院

英国中世纪的特殊审判机构名。特区法院是少数大贵族凭借国王授权在自己领地内召开的拥有准国王法院权力的特许法院。在中世纪早期，英国王权虽然较为强大，但因国家机器不完备，国王还无力把全国各地完全置于自己的直接统治之下，于是便把某些具有特殊意义的地区封赐给某个大贵族，并授予其类似国王一般的统治权，所以英国也存在少量类似于欧洲大陆上诸侯邦国一样的特区。特区的主人享有高度的自治权，就像一个小国王。他可以仿照国王法院建立司法组织，独立地行使司法权，国王的司法令状和国王巡回法院不能进入特区之内，国王在特区内唯一的保留权利就是征税权。在这类特区法院中，最著名的有德勒姆（Durham）主教领法院、兰开斯特（Lancaster）公爵领法院、切斯特（Chester）伯爵领法院以及威尔士边区领主法院。

德勒姆主教领特区建制于盎格鲁—撒克逊时期,位于北部苏格兰边境,隶属于德勒姆主教。设置该特区的最初目的是防御苏格兰人的侵扰,后来诺曼王朝和安茹王朝先后通过特许状予以确认。德勒姆主教领内设有自己的谘议会、民事法院、刑事法院、财政法院、大法官和衡平法院,谘议会可以自行纠正民事、刑事法院的错误判决,也可以派遣巡回法官到领内各地巡回审案。不过,这些法院全部采用普通法的实体规则和程序方法。

兰开斯特公爵领特区设立于1351年,当时的国王爱德华三世把兰开斯特地区封赐给自己的侄子兰开斯特公爵,终生所有,后经议会同意,改为兰开斯特家族世袭所有。根据国王的特许状,公爵在领地内可建立民事、刑事、衡平、巡回等各种形式的法院,受理包括国王诉讼在内的所有类型的讼案,还可以对领地内下级法院的错案行使纠错权,可以对死刑罪犯行使本属国王所有的赦免权。

在英格兰西部的威尔士边区有一组包括切斯特伯爵领法院在内的特区法院,这些特区首建于诺曼王朝初期。当时,威廉一世试图侵占仍沿用古代凯尔特法的威尔士。出于战争需要,威廉在便于入侵威尔士的边区通道上分封了若干具有相当独立性的伯爵领,切斯特伯爵领是其中最大的一个。这些边区领主都享有准国王的权利,可自设特区法院,依据当地习惯法审判案件。1284年,爱德华一世征服了威尔士,宣布将其并入英国。他按照英格兰的郡区划分模式,把威尔士分为6个郡,授权切斯特伯爵和其他边区领主分享这6个郡的司法管辖权,于是,西部边陲特区法院的权力范围进一步扩大到威尔士全境。不过,爱德华许诺威尔士人继续适用自己的凯尔特习惯法。在亨利八世以前,西部特区法院可以审判任何案件,可以自行任命巡回法官,可以给予犯人任何惩罚,包括死刑,也可以赦免任何罪行。国王不能对它们签发司法令状,只有当诉讼一方是领主本人,或与教会司法权直接相关的案件,才提交国王法院审理。

(倪晨辉)

王座法院

英国古代最重要的普通法法院之一。之所以称为王座法院,一方面因为它以国王的名义记录和保存案件档案,另一方面因为原本国王时常亲自在此坐堂问案。它是国王的中央王室法院,伴随国王四处巡游,待几个世纪之后才固定在威斯敏斯特宫。王座法院是英国王室中央三大普通法院之一,被誉为"国王亲临"的法院,其在整个普通法的历史发展过程中发挥着极其重要的作用,在英国国民的心目中享有极高的荣誉地位,在英国法院体系中也享有崇高的地位。

王座法院的渊源可以追溯到"国王法院"。"国王法院"是一个综合性的王室中央管理机构,由御前会议即大会议(Great Council)及其常设机构国王库里亚即小会议(Small Council)两部分组成。更加准确地说,王座法院应该是从此综合性王室中央管理机构的国王库里亚小会议部分派生出来的。到了16世纪,王座法院的案件管辖权几乎已经囊括了英国所有诉讼案件,王座法院步入了案件大爆炸时期,无可争议地赢得了辉煌的复兴,而它的复兴在某种程度上推动着普通法的再次崛起。

王座法院的组成人员主要有:

大法官(chief justice)。王座法院的大法官经由国王亲自任命产生,起初,王座法院大法官的职位大都是由国王的亲信或者是贵族人员担任。后来,随着王座法院的司法业务专业性不断提高,对王座法院法官的任职要求也愈加严格。他们都必须接受系统的法律教育以及严格的专业培训,并且当然地需要拥有相当丰富的法律实务经验,对他们的任命相当地讲究资历情况。此外,法官的任职具有较强的流动性,即王座法院的大法官并非都永久地固定于王座法院任职,有时候他们也会被调往其他法院任职,或者从其他法院调至王座法院任职。

公诉书记官(clerk of crown office)。王座法院的公诉书记官顾名思义是专门负责王座法院里有关刑事事务的任职人员,其主要职责在于负责起草并宣读指控书以及对犯罪的起诉工作进行记录。事实上,王座法院的公诉书记官不仅负责涉及刑事诉讼案件的有关事务,同时处理发生于民事诉讼案件中有关金钱处罚等事项,并且他们需要将此事项逐条地记录于监督账目(controlment rolls)之中。

首席书记官(prothonotary)。王座法院的首席书记官均由王座法院的首席大法官任命,并直接对王座法院的首席大法官负责,担任王座法院的首席书记官职位的人员一般都需要有在王座法院经历一段相当长的学徒见习时期。王座法院的首席书记官的工作职责主要是:对王座法院的民事判决进行记录;草拟法院的意见并在其中加入法院先前的惯例以及国家的法令规定或者之前法院做出的相类似的审判与裁决意见等。一般情况下,王座法院的首席书记官不负责刑事案件的工作,因为刑事案件的工作主要是由刑事诉讼办公室的公诉书记官负责。

令状、案件卷宗管理员(keeper of the writs and rolls)以及印章管理员 (keeper of the seal)。王座法院令状以及案件卷宗管理员的主要工作职责在于:对从王座法院的令状归档官处派发的起始令状以及审判令状文件进行管理;检查地方初级审判案件的文件记录并且在其上盖章加以密封;对诉讼代理人的委任书或者授权书进行归档工作。王座法院令状以及案件卷宗管理员还负责一些重要的事务,即当王座法院巡回审判时,他们负责传送法院的审判记录,并且还被委派对有关罚没财产、赔偿金以及债务款项等方面的工作进行管理。王座法院的印章管理员与王座法院令状以及案件卷宗管理员一样也是由王座法院的首席大法官从法院的首席书记官办公室里挑选出来并进行任命的,其主要负责王座法院的相关印章管理工作。

令状归档官(filacer)。王座法院的令状归档官由王座法院的首席大法官任命,属于官方任命官员,其直接对王座法院甚至王室负责。因此,王座法院的令状归档官一旦被任命,就被要求宣誓忠诚地为王座法院工作以及忠诚地对待裁判记录的工作。对他们要求如此严格的原因在于,他们的工作职责包括记录王室从王座法院的判决中获取的全部罚金惩罚、没收财物以及其他各项利润,他们的工作直接涉及王室从王座法院审判中获取的利润,因此,王室必须对他们进行足够严格的要求。王座法院的令状归档官的其他职责主要包括:将令状进行分理并进行归档,登记并且派发各种令状;负责委派法院文书人员到其他法院进行有关法院裁判记录以及负责"法律保护之外人"事务工作的任务。

除此之外,王座法院的其他任职人员还有:主要负责王座法院诉讼当事人保释等相关事务的王座法院保释书记官(clerk of the bails);主要负责对可能造成未决案的声明进行整理并归档保存的王座法院声明书记官(clerk of the declarations);主要负责纠正王座法院诉讼中有关错误程序等相关事务的王座法院审误书记官(clerk of the errors);主要负责有关特别诉讼以及抗辩事务,并且将这些事务记录在案的王座法院档案书记官(clerk of the paper office);主要负责起草王座法院有关民事诉讼方面(plea side)的规则和指示(order)的王座法院规程书记官(clerk of the rules);主要负责执行王座法院绞刑判决的绞刑执行官(hangers on);王室司法官以及法律事务代理人(coroner and attorney);法庭传令官(crier) 以及法庭庭警(usher)等。

参考书目

程汉大、李培锋:《英国司法制度史》,清华大学出版社 2007 年版。

(倪晨辉)

乡民大会

11 世纪诺曼人入侵前后英国地方司法机关之一,只限于审理居民小事。从 17 世纪 30 年代开始,开放式乡民大会就为英国的殖民地所普遍采用,其形式一直延续至今。如在美国马萨诸塞州,人口少于 6000 人的乡镇必须召开开放式乡民大会,它是乡镇事务的最高立法机构。

参考书目

华东政法学院《简明法制史词典》编写组:《简明法制史词典》,河南人民出版社 1988 年版。

(张田田)

乡村法院

又译"百户法院"。英国封建时期设立于每一郡内各个区域(乡村)的地方法院。大约从 10 世纪起,英国就以海德作为划分土地的单位,一海德大致相当于 120 英亩,作为一户自由农民的生机所需要的土地面积。百户即意指拥有 100 海里土地的区域,是区与郡之间的行政单位,百户设有法院,在 12 世纪时每月开庭一次,从 13 世纪起通常每年开庭 17 次。地点一般选在贸易集市上或村边的大围墙下。审判由主教和百户长共同主持,处理一般的民刑案件,其审判权和诉讼程式与旧的州法院相似,其诉讼程序非常简单,神明裁判是常用的决案方法之一。盎格鲁-撒克逊时期对一切教俗案件均有管辖权,威廉一世后仅审理刑事纠纷和债务,契约及不超过 40 先令的土地案件。其每年开庭两次的特别会议庭,拥有刑事管辖权。19 世纪后期英国实行司法改革,1867 年绝大多数的百户法院已废除,最后剩下的索尔福德百户法院直到 1971 年才被取消。

参考书目

华东政法学院《简明法制史词典》编写组:《简明法制史词典》,河南人民出版社 1988 年版。

(张田田)

星座法院

又译"星法院"。15-17 世纪英国专门审理政治案件的特别法院。因其会议大厅威斯特敏斯王宫的天花板上画有一星(一说于该王宫的"星室"开会),故名。1487 年亨利七世为打击大封建主割据势力以巩固王权而设立。星法院由枢密院分设,其成员除枢密院某些人员外,还有高等法官。设立的目的,开始是惩罚反对中央集权的大贵族叛乱分子。星座法院拥有极大的权力,审理案件时经常采用严刑拷问的方式。刑罚主要有巨额罚金、监禁、枷锁、鞭笞、烙印及断肢等酷刑。在整个都铎王朝时期(1485-1603 年),星座法院活动频繁,打击大贵族的割据势力,促进国家的统一,后逐渐演变成镇压反封建斗争和迫害革命者的工具。英国资产阶级革命爆发以后,星座法院于 1641 年被国会以法令撤销。

参考书目

华东政法学院《简明法制史词典》编写组:《简明法制史词典》,河南人民出版社 1988 年版。

（张田田）

庄园法院

即“领地法院”。西欧封建割据时期设立于领地内的法院。在英国用于审判依附农民的案件,由领主管家主持,进行审理判决。庄园法院的权力大小不一,有些庄园领主只处理与维兰（非自由农）有关的事务,而且通常只处理庄园经济管理中出现的问题;有些庄园领主还可处理与自由人有关的问题,可调查刑事指控,征收罚金和税款,甚至处理一些本应由王室法庭解决的事务。到了 13 世纪末和 14 世纪,根据“特权依据调查令状”（Quo Warranto）对庄园领主依据何种理由行使司法权展开调查后,国王的法学家们发现,领主普遍声称他们有权进行十户联保组的督察（the view of frank – pledge）,有权召开刑事法庭（court leet）。有些封建领主可以拿出国王赐予之特许状,证明他的祖上曾得到这种权力,但很多根本提供不出有关证明,因而其权力被取消。

参考书目

华东政法学院《简明法制史词典》编写组:《简明法制史词典》,河南人民出版社 1988 年版。

（张田田）

小陪审团

又称“审判陪审团”“审理陪审团”,是参与案件审判,最终决定被告是否有罪的审判组织。1352 年英王爱德华三世颁布诏令,禁止大陪审团参与判决,改由新设立的小陪审团负责,小陪审团从此出现。大陪审团负责决定案件是否起诉,小陪审团负责决定被告人是否有罪,现代意义上的陪审团制度由此产生。

小陪审团的主要职责就是参加案件的审理,对案件事实进行判断,即确认或否定检察官所指控的犯罪事实。如果小陪审团裁决有罪,法官就可依照法律对被告人处以刑罚;如果裁决无罪,被告人则当庭释放。小陪审团的裁决必须经全体陪审团成员一致同意才可生效,如陪审团成员之间有不同意见,则重新表决;如最终仍无法达成一致,则重新选择所有陪审团成员进行表决。小陪审团由 12 名陪审员组成,这些陪审员由法院的书记官随机从本地区有资格的公民中抽签选定,被告及其律师可以要求其回避。如果审理某一案件时陪审团人数不足 12 人,法庭可以酌情从在场的人或附近的人中挑选合格的人补足,甚至还可以挑选法官认为适当的其他人为陪审团,当事人有权拒绝接受或提请回避。19 世纪中期后,陪审团制度逐渐走向衰弱。原因是多方面的,如陪审团成员参与陪审的费用由被告承担,因此许多被告甚至要求庭审时不设陪审团。此外,控辩交易制度的产生也对陪审团制度产生了消极的影响。当代英国的小陪审团只用于比较重大的刑事案件以及若干种特殊类型的民事案件。每年采用小陪审团参与审判的案件不足 500 件。

（倪晨辉）

最高法院

19 世纪英国建立的审判机构名。1873 年,英国国会通过的《司法法》(Judicature Act)规定,在中央建立最高法院,以期改变英国历来法院组织的混乱状况,统一法院组织系统。1875 年 11 月 1 日,最高法院开始办公,由高等法院、上诉法院和皇家法院三部分组成。它名义上虽为"最高",但由于上议院的存在,实际上不能行使最高司法权。参见英国高等法院、上诉法院条。

参考书目

程汉大主编:《英国法制史》,齐鲁书社 2001 年版。

(王 恒 倪晨辉)

第二部分　审判机构

中　国

中国内地（大陆）

中华人民共和国人民法院

中华人民共和国国家的审判机关，代表国家行使审判权。人民法院的任务是通过审判刑事案件、民事案件、行政案件以及法律规定的其他案件，惩罚犯罪，保障无罪的人不受刑事追究，解决民事、行政纠纷，保护个人和组织的合法权益，监督行政机关依法行使职权，维护国家安全和社会秩序，维护社会公平正义，维护国家法制统一、尊严和权威，保障中国特色社会主义建设的顺利进行。

中华人民共和国人民法院是新中国国家政权的重要组成部分之一。新中国成立初期，根据1951年《人民法院暂行组织条例》的规定，包括最高人民法院在内的各级人民法院是同级人民政府的组成部分，受同级人民政府的领导和监督。1954年9月，第一届全国人民代表大会召开并通过了《宪法》。作为新中国制定的第一部社会主义宪法，1954年《宪法》规定，人民法院独立于同级人民政府，对同级人民代表大会负责并报告工作，正式确立了人民代表大会制度下的"一府两院"的格局。

在中国宪法框架下，全国人民代表大会是最高国家权力机关。最高人民法院对全国人民代表大会负责；在全国人民代表大会闭会期间，对全国人民代表大会常务委员会负责。全国人民代表大会有权选举或罢免最高人民法院院长，听取和审查最高人民法院的工作报告；最高人民法院副院长、审判员、审判委员会委员和军事法院院长的任免，由最高人民法院院长提请全国人民代表大会常务委员会决定。最高人民法院院长每届任期同全国人民代表大会每届任期相同，连续任职不得超过两届。

地方各级人民法院对产生它的国家权力机关负责。地方各级人民法院院长由地方各级人民代表大会选举，副院长、庭长、副庭长和审判员由地方各级人民代表大会常务委员会任免。在省、自治区内按地区设立的和在直辖市内设立的中级人民法院院长、副院长、庭长、副庭长和审判员，由省、自治区、直辖市的人民代表大会常务委员会任免。在民族自治地方设立的地方各级人民法院的院长，由民族自治地方各级人民代表大会选举，副院长、庭长、副庭长和审判员由民族自治地方各级人民代表大会常务委员会任免。地方各级人民代表大会有权听取和审查本级人民法院的工作报告。在地方两次人民代表大会之间，如果本级人民代表大会常务委员会认为人民法院院长需要撤换，须报请上级人民法院报经上级人民代表大会常务委员会批准。

地方各级人民法院院长每届的任期同本级人民代表大会每届任期相同。

在法院组织上，人民法院包括最高人民法院、地方各级人民法院、专门人民法院和其他法院。

最高人民法院是中华人民共和国最高审判机关，负责审理各类案件，制定司法解释，监督地方各级人民法院和专门人民法院的审判工作，并依照法律确定的职责范围，管理全国法院的司法行政工作。除审判案件外，最高人民法院还负责统一管理、统一协调全国法院的执行工作。党的十八大以来，为依法及时公正审理跨行政区域重大行政和民商事等案件，推动审判工作重心下移、就地解决纠纷、方便当事人诉讼，最高人民法院从 2014 年至今共设立了六个巡回法庭，受理巡回区内相关案件。第一巡回法庭设在广东省深圳市，巡回区为广东、广西、海南、湖南四省区。第二巡回法庭设在辽宁省沈阳市，巡回区为辽宁、吉林、黑龙江三省。第三巡回法庭设在江苏省南京市，巡回区为江苏、上海、浙江、福建、江西五省市。第四巡回法庭设在河南省郑州市，巡回区为河南、山西、湖北、安徽四省。第五巡回法庭设在重庆市，巡回区为重庆、四川、贵州、云南、西藏五省区市。第六巡回法庭设在陕西省西安市，巡回区为陕西、甘肃、青海、宁夏、新疆五省区。北京、天津、河北、山东、内蒙古等五省区市有关案件由最高人民法院本部直接受理。巡回法庭是最高人民法院的组成部分。巡回法庭的判决和裁定即最高人民法院的判决和裁定。

地方各级人民法院分三级：基层人民法院、中级人民法院、高级人民法院。(1)基层人民法院。基层人民法院设立在县、自治县、县级市、市辖行政区。除法律另有规定外，《刑事诉讼法》《民事诉讼法》《行政诉讼法》规定的第一审案件由基层人民法院审理。此外，基层人民法院还负责指导人民调解委员会的工作。根据地区、人口和案件情况，基层人民法院可以设立人民法庭。人民法庭是基层人民法院的组成部分，它的判决和裁定就是基层人民法院的判决和裁定。(2)中级人民法院。中级人民法院设立在省、自治区与县之间的行政区，即省、自治区辖市，不设市的地区、自治州，中央直辖市内亦设中级人民法院。中级人民法院负责审判的案件包括：法律规定由其管辖的第一审案件；基层人民法院报请审理的第一审案件；上级人民法院指定管辖的第一审案件；对基层人民法院判决和裁定的上诉、抗诉案件；按照审判监督程序提起的再审案件。(3)高级人民法院。高级人民法院设立在省、自治区和直辖市。高级人民法院审判下列案件：法律规定由其管辖的第一审案件；下级人民法院报请审理的第一审案件；最高人民法院指定管辖的第一审案件；对中级人民法院判决和裁定的上诉、抗诉案件；按照审判监督程序提起的再审案件；中级人民法院报请复核的死刑案件。

专门法院包括军事法院和海事法院、知识产权法院、金融法院等。

其他法院主要指互联网法院。互联网法院是中国推动司法模式创新的成功尝试，主要集中管辖所在市辖区内的网络金融借款合同纠纷、网络侵权纠纷、网络著作权纠纷灯十一类互联网案件，推动技术创新、规则确立、网络治理向前迈进。根据党中央部署，2017 年 8 月 18 日成立杭州互联网法院，2018 年 9 月 9 日成立北京互联网法院，2018 年 9 月 28 日成立广州互联网法院。

各级人民法院由院长一人，副院长、庭长、副庭长和审判员若干人组成，并设审判委员会。各级人民法院设刑事审判庭、民事审判庭、行政审判庭，根据需要可以设其他审判庭；除审判庭外，人民法院内设立案庭、执行局、赔偿委员会办公室等业务机构，分别负责相应业务工作。在人民法院内部，院长统一领导法院的工作；审判委员会在院长的主持下，以民主集中制的方式总结审判经验，讨论重大的或者疑难的案件和其他有关审判工作的问题。

人民法院审理案件，除涉及国家机密、个人隐私和未成年人犯罪案件外，一律公开进行。人民法院审判第一审案件，由审判员组成合议庭或者由审判员和人民陪审员组成合议庭进行；简单的民事案件、适用简易程序的行政案件、轻微的刑事案件和法律另有规定的案件，可以由审判员一人独任审判。人民法院审判上诉和抗诉的案件，由审判员组成合议庭进行。

人民法院审判案件，实行两审终审制。地方各级人民法院第一审案件的判决和裁定，当事人可以按照法律规定的程序向上一级人民法院上诉，人民检察院可以按照法律规定的程序向上一级人民法院抗诉。地方各级人民法院审判的上诉期限内无上诉、抗诉的第一审案件的判决和裁定，中级人民法院、高级人民法院和最高人民法院审判的第二审案件的判决和裁定，最高人民法院审判的第一审案件的判决和裁定，都是终审的判决和裁定，但是死刑案件，除由最高人民法院判决的以外，应当报请最高人民法院核准。

最高人民法院监督地方各级人民法院和专门人民法院的审判工作。上级人民法院监督下级人民法院的审判工作。各级人民法院院长对本院已经发生法律效力的判决和裁定，如果发现在认定事实上或者在适用法律上确有错误，应当提交审判委员会讨论决定是否提起审判监督程序。最高人民法院对各级人民法院已经发生法律效力的判决和裁定，上级人民法院对下级人民法院已经发生法律效力的判决和裁定，如果发现确有错误，有权提审或者指令下级人民法院再审。

人民法院依照法律规定独立行使审判权，不受行政机关、社会团体和个人的干涉。

（吴宏耀　操宏均）

中华人民共和国最高人民法院

中华人民共和国的最高审判机关，对各类案件行使终审权，制定司法解释，监督地方各级人民法院和专门人民法院的审判工作，并依照法律确定的职责范围，管理全国法院的司法行政工作。

中华人民共和国最高人民法院成立于 1949 年 10 月 22 日。在新中国成立初期，中国人民政治协商会议第一届全体会议通过的《中央人民政府组织法》规定，中央人民政府委员会组织最高人民法院及最高人民检察署，以为国家的最高审判机关及检察机关。1949 年 10 月 1 日，中央人民政府委员会任命沈钧儒为中央人民政府最高人民法院院长。同年 10 月 19 日，中央人民政府委员会第三次会议又任命吴溉之、张志让为最高人民法院副院长，陈绍禹等十余人为委员。之后，以 1948 年 9 月 26 日成立的华北解放区华北人民法院的组织机构和工作人员为基础，成立最高人民法院，于 10 月 22 日正式办公。1949 年 12 月 20 日，中央人民政府委员会批准了《最高人民法院试行组织条例》。该条例规定，最高人民法院设民事、刑事和行政三个审判庭和办公厅等。此外，最高人民法院可以在各大行政区设立分院。至 1952 年 4 月，最高人民法院东北、西北、华东、中南、西南、华北 6 个分院先后建立。最高人民法院分院为大行政区最高审判机关，负责领导与监督本地区各级人民法院的审判工作。

根据现行《宪法》的规定，最高人民法院对全国人民代表大会和全国人民代表大会常务委员会负责。在全国人民代表大会闭会期间，全国人民代表大会常务委员会监督最高人民法院的工作。全国人民代表大会有权选举或罢免最高人民法院院长，听取和审查最高人民法院的工作报告;最高人民法院副院长、审判员、审判委员会委员和军事法院院长的任免,由最高人民法院院长提请全国人民代表大会常务委员会决定。最高人民法院院长每届任期同全国人民代表大会每届任期相同,连续任职不得超过两届。

根据现行《宪法》及《人民法院组织法》的规定,最高人民法院由院长1人,副院长、庭长、副庭长和审判员若干人组成。最高人民法院设院长1人,为首席大法官,依法领导最高人民法院工作。最高人民法院设审判委员会,在院长主持下依照民主集中制原则讨论和决定重大案件及其他重大问题。

目前,最高人民法院设1个立案庭、5个刑事审判庭、4个民事审判庭、环境资源审判庭、行政审判庭、审判监督庭、6个巡回法庭、赔偿委员会办公室、执行局以及负责司法行政等相关事务的其他机构。

根据《宪法》《人民法院组织法》及相关法律,作为国家最高审判机关,最高人民法院审理下列案件:(1)审理法律规定由它管辖的和它认为应当由自己管辖的第一审案件;(2)审理对高级人民法院判决、裁定的上诉、抗诉案件;(3)按照全国人民代表大会常务委员会的规定提起上诉、抗诉案件;(4)按照审判监督程序提起的再审案件;(5)高级人民法院报请核准的死刑案件。除审判案件外,最高人民法院还负责统一管理、统一协调全国法院的执行工作。

(吴宏耀)

中华人民共和国军事法院

国家在中国人民解放军中设立的代表国家行使审判权的审判机关,属于国家审判体系的专门人民法院之一。中国人民解放军创建初期,在中国工农红军中就设有军法机构。1931年9月1日,鄂豫皖区苏维埃政府颁布过《革命军事法庭暂行条例》。1932年2月1日,红军各级部队及地方武装指挥部组织军事裁判所,审理红军中的刑事案件。抗日战争时期,军事裁判所改为军法处。1939年,军法处建立在各师、旅、军区、军分区及后方留守处政治部内。1955年8月,中华人民共和国国防部根据第一次全国人民代表大会第一次会议将全军各级军法处改为军事法院,纳入国家审判机关的体系。

军事法院的任务是审判现役军人、军队在编职工的刑事案件和依照法律、法令规定由它管辖的案件,惩办危害国家和损害国防能力的犯罪分子及其他刑事犯罪分子,以保卫祖国安全,维护国家法制和军队秩序,巩固部队战斗力,保护军人和其他公民的合法权益,保障军队革命化、现代化、正规化建设和国家社会主义建设事业的顺利进行。军事法院用它的全部活动教育军队人员忠于社会主义祖国,恪守职责,自觉地遵守国家宪法、法律和军事法规。

根据中央军委《关于军队执行若干问题的暂行规定》,军事法院对军内人员犯罪的案件依法行使审判权。军内人员主要包括现役军官、文职干部、士兵等。其中,对于遗弃伤员案、虐待俘虏案,军事法院可以直接受理。

军事法院设三级:基层军事法院、"中院级"军事法院、中国人民解放军军事法院。中国人民解放军军事法院对中华人民共和国中央军事委员会和中国人民解放军总政治部负责,其他各级军事法院对本级政治机关负责。各级军事法院的审判工作受中华人民共和国最高人民法院监督,下级军事法院的审判工作受上级军事法院监督。中国人民解放军军事法院院长由最高人民法院院长提请全国人民代表大会常务委员会任免。

中国人民解放军军事法院是中华人民共和国在中国人民解放军内设立的司法管辖全国武装力量(含解放军和武警部队)的最高级别军事法院,是执行高级人民法院审判权限的专门人民法院。解放军军事法院是中国人民解放军总政治部直属正军级单位,接受中华人民共和国最高人民法院和中国人民解放军总政治部的双重领导。中国人民解放军军事法院管辖以下案件:审判正师职以上人员犯罪的第一审案件;审判涉外刑事案件;最高人民法院授权或指定审判的案件以及它认为应当由自己审判的其他第一审刑事案件;负担二审、死刑复核、再审的审判任务。

“中院级”军事法院,包括五大战区军事法院和总直属军事法院,执行中级人民法院的审判权限,负责审理所属部队、院校等单位的部分刑事和民事的一审、二审案件,并承担审判监督、申诉案件、来信来访、民事案件生效判决的执行等工作。该层级军事法院管辖以下案件:审判副师职和团职人员犯罪的第一审案件;审判可能判处死刑的案件以及上级军事法院授权或指定审判的案件;负担上诉、抗诉案件的审判。全国共有 7 个“中院级”军事法院,包括中国人民解放军东部战区军事法院、中国人民解放军南部战区军事法院、中国人民解放军西部战区第一军事法院、中国人民解放军西部战区第二军事法院、中国人民解放军北部战区军事法院、中国人民解放军中部战区军事法院、中国人民解放军总直属军事法院。

基层军事法院。各“中院级”军事法院,均对应若干基层军事法院,执行基层人民法院的审判权。基层军事法院管辖以下案件:审判正营职以下人员犯罪,可能判处无期徒刑以下刑罚的第一审案件;上级军事法院授权或指定审判的第一审案件。其中,中国人民解放军东部战区军事法院下辖上海军事法院、南京军事法院、杭州军事法院、合肥军事法院、福州军事法院 5 个基层军事法院;中国人民解放军南部战区军事法院下辖长沙军事法院、广州军事法院、南宁军事法院、海口军事法院、昆明军事法院、驻香港部队军事法院 6 个基层军事法院;中国人民解放军西部战区第一军事法院下辖成都军事法院、拉萨军事法院 2 个基层军事法院;中国人民解放军西部战区第二军事法院兰州军事法院、西宁军事法院 、乌鲁木齐军事法院 3 个基层军事法院;中国人民解放军北部战区军事法院下辖呼和浩特军事法院 、沈阳军事法院、哈尔滨军事法院、济南军事法院 4 个基层军事法院;中国人民解放军中部战区军事法院下辖北京军事法院、石家庄军事法院、郑州军事法院、武汉军事法院、西安军事法院 5 个基层军事法院;中国人民解放军总直属军事法院下辖直属军事法院。

此外,新疆生产建设兵团曾一度设置军事法院,隶属新疆军区军事法院领导,依法审理刑事及部分民事案件,并担负改造、教育在押罪犯的任务。1975 年 3 月,兵团建制被撤消,兵团各级军事法院相应并入自治区高级人民法院及地、州、市所在地中级人民法院。1983 年 11 月,兵团法院恢复建立。恢复组建后的兵团法院按三级设置,行使普通人民法院的审判权。1998 年 12 月 29 日,第九届全国人大常务委员会第六次会议通过《关于在新疆生产建设兵团设置人民法院、人民检察院的决定》,将新疆生产建设兵团法院正式纳入全国普通人民法院序列。2000 年 5 月,兵团各级法院改五角星印章而启用国徽印章。2005 年 6 月 6 日,最高人民法院公布实施的《关于新疆生产建设兵团人民法院案件管辖权问题的若干规定》,正式确定了兵团分院作为高级法院的审级地位。

(吴宏耀　程欢欢)

最高人民法院巡回法庭

我国最高人民法院派出的常设审判机构,主要审理跨行政区域重大行政和民商事案件。巡回法庭作出的判决、裁定和决定,就是最高人民法院的判决、裁定和决定。

最高人民法院设立巡回法庭是全面推进依法治国的具体举措之一。2014年10月,中国共产党第十八届中央委员会第四次全体会议审议通过了《中共中央关于全面推进依法治国若干重大问题的决定》。该决定提出,最高人民法院设立巡回法庭,审理跨行政区域重大行政和民商事案件。2014年12月,中央深化改革领导小组审议通过《最高人民法院设立巡回法庭试点方案》,并先后在深圳、沈阳两地分别设立最高人民法院第一和第二巡回法庭。2016年12月28日,最高人民法院对2015年发布的《关于巡回法庭审理案件若干问题的规定》予以修正,并明确规定,最高人民法院设立巡回法庭,受理巡回区内相关案件。第一巡回法庭设在广东省深圳市,巡回区为广东、广西、海南、湖南四省区。第二巡回法庭设在辽宁省沈阳市,巡回区为辽宁、吉林、黑龙江三省。第三巡回法庭设在江苏省南京市,巡回区为江苏、上海、浙江、福建、江西五省市。第四巡回法庭设在河南省郑州市,巡回区为河南、山西、湖北、安徽四省。第五巡回法庭设在重庆市,巡回区为重庆、四川、贵州、云南、西藏五省区。第六巡回法庭设在陕西省西安市,巡回区为陕西、甘肃、青海、宁夏、新疆五省区。最高人民法院本部直接受理北京、天津、河北、山东、内蒙古五省区市有关案件。最高人民法院根据有关规定和审判工作需要,可以增设巡回法庭,并调整巡回法庭的巡回区和案件受理范围。

最高人民法院设立巡回法庭的目的在于推动审判机关重心下移,就地解决纠纷、方便当事人诉讼,有利于最高人民法院本部集中精力制定司法政策和司法解释、审理对统一法律适用有重大指导意义的案件。

巡回法庭审理或者办理巡回区内应当由最高人民法院受理的以下案件:(1)全国范围内重大、复杂的第一审行政案件;(2)在全国有重大影响的第一审民商事案件;(3)不服高级人民法院作出的第一审行政或者民商事判决、裁定提起上诉的案件;(4)对高级人民法院作出的已经发生法律效力的行政或者民商事判决、裁定、调解书申请再审的案件;(5)刑事申诉案件;(6)依法定职权提起再审的案件;(7)不服高级人民法院作出的罚款、拘留决定申请复议的案件;(8)高级人民法院因管辖权问题报请最高人民法院裁定或者决定的案件;(9)高级人民法院报请批准延长审限的案件;(10)涉港澳台民商事案件和司法协助案件;(11)最高人民法院认为应当由巡回法庭审理或者办理的其他案件。此外,巡回法庭依法办理巡回区内向最高人民法院提出的来信来访事项。

巡回法庭设立诉讼服务中心,接受并登记属于巡回法庭受案范围的案件材料,为当事人提供诉讼服务。巡回法庭受理的案件在最高人民法院办案信息系统统一编号立案,统一纳入最高人民法院审判信息综合管理平台进行管理。对于依照本规定应当由最高人民法院本部受理案件的材料,当事人要求巡回法庭转交的,巡回法庭应当转交。

最高人民法院认为巡回法庭受理的案件对统一法律适用有重大指导意义的,可以决定由本部审理。巡回法庭对于已经受理的案件,认为对统一法律适用有重大指导意义的,可以报请最高人民法院本部审理。

当事人不服巡回区内高级人民法院作出的第一审行政或者民商事判决、裁定提起上诉的,上诉状应当通过原审人民法院向巡回法庭提出。当事人对巡回区内高级人民法院作出的已经发生法律效力的判决、裁定申请再审或者申诉的，应当向巡回法庭提交再审申请书、申诉书等材料。

（吴宏耀　操宏均）

基层人民法院派出法庭

派出法庭是基层人民法院的派出机构，职能上相当于基层人民法院的一个庭室，又称"人民法庭"。在称谓上，派出法庭的名称为"某某人民法院＋人民法庭所在地地名＋人民法庭"。作为基层人民法院的派出机构，派出法庭作出的裁判就是基层人民法院所作出的裁判。

为百姓提供诉讼便利，减轻群众讼累，1954年《人民法院组织法》规定，基层人民法院根据地区、人口和案件情况可以设立若干人民法庭。人民法庭是基层人民法院的组成部分，它的判决和裁定就是基层人民法院的判决和裁定。

派出法庭的设置、变更和撤销由基层人民法院层报高级人民法院批准。派出法庭至少由3名法官、1名书记员组成，设庭长1人，有条件的还应配备司法警察。派出法庭受基层人民法院领导，并由基层人民法院向当地党委、人大汇报其工作，接受领导与监督。

派出法庭的管辖范围，由基层人民法院在自己管辖的一审民事、刑事自诉和执行案件范围内，根据实际情况确定并向社会公布。派出法庭审理案件，一般适用简易程序，并可以根据需要在案件发生地、当事人所在地或巡回审判点对案件进行巡回审理。派出法庭依法行使下列职权：（1）经基层人民法院同意，派出法庭可以直接受理案件；（2）对受理的案件进行调解；（3）执行其审结的案件，但涉及执行审查事项或者基层人民法院认为不宜由派出法庭执行的除外；（4）指导人民调解委员会的工作，对人民调解委员会违法达成的调解协议，有权予以撤销或者确认无效；（5）预收、结算、退还诉讼费用；（6）办理基层人民法院交办的事项。

（吴宏耀）

中国香港特别行政区

香港特别行政区法院

香港特别行政区的审判机关。1997年香港回归祖国后，基于"一国两制"的基本原则，实行高度自治，享有行政管理权、立法权、独立的司法权和终审权。香港原有法律，即普通法、衡平法、条例、附属立法和习惯法，除同《香港特别行政区基本法》相抵触或经香港特别行政区的立法机关作出修改者外，予以继续施行。香港特别行政区各级法院是香港特别行政区的司法机关，行使香港特别行政区的审判权。

根据《香港特别行政区基本法》的规定，原在香港实行的司法体制，除因设立香港特别行政区终审法院而产生变化外，予以保留。香港的法院分为终审法院、高等法院（设有上诉法庭和原讼法庭）、区域法院、裁判法院、死因裁判法庭及少年法庭。此外，还有多个审裁处，包括土地审裁处、劳资审裁处、小额钱债审裁处和淫亵物品审裁处，各具司法管辖权，就指定范畴内的纠纷作出判决。

香港特别行政区法院独立进行审判,不受任何干涉,司法人员履行审判职责的行为不受法律追究。法官执行职务时,享有和继续享有广泛保障,不会因以法官身份审案时所做出的行为而负民事责任。此外,立法机关不得质疑法官的行为。同时,原在香港实行的陪审制度的原则予以保留。香港特别行政区的刑事诉讼和民事诉讼中保留原在香港适用的原则和当事人享有的权利。任何人在被合法拘捕后,享有尽早接受司法机关公正审判的权利,未经司法机关判罪之前均假定无罪。香港特别行政区的终审权属于香港特别行政区终审法院。终审法院可根据需要邀请其他普通法适用地区的法官参加审判。

香港司法机构的首长是终审法院首席法官,他在执行行政职务时,由司法机构政务长予以协助。香港特别行政区法院的法官,根据当地法官和法律界及其他方面知名人士组成的独立委员会推荐,由行政长官任命。一般而言,较高级的法官部分是从香港的杰出大律师中聘用,其他则从司法机构内部擢升或从香港律政司高级人员中聘用。香港特别行政区法院的法官只有在无力履行职责或行为不检的情况下,行政长官才可根据终审法院首席法官任命的不少于3名当地法官组成的审议庭的建议,予以免职。香港特别行政区法官以外的其他司法人员原有的任免制度继续保持。香港特别行政区的法官和其他司法人员,应根据其本人的司法和专业才能选用,并可从其他普通法适用地区聘用。香港特别行政区成立前在香港任职的法官和其他司法人员均可留用,其年资予以保留,薪金、津贴、福利待遇和服务条件不低于原来的标准。对退休或符合规定离职的法官和其他司法人员,包括香港特别行政区成立前已退休或离职者,无论其所属国籍或居住地点,香港特别行政区政府按不低于原来的标准,向他们或其家属支付应得的退休金、酬金、津贴和福利费。

(操宏均)

香港特别行政区终审法院

香港特别行政区的最终上诉法院。终审法院于1997年7月1日《香港终审法院条例》生效之日成立。1997年6月30日后,终审法院取代了伦敦枢密院的司法委员会,成为香港最高的上诉法院,维护香港的法治。

终审法院根据《香港终审法院条例》某些其他法例所赋予的权力,处理针对高等法院(上诉法庭及原讼法庭)的民事及刑事判决而作出的上诉及有关事项。具体而言,终审法院既可确认、推翻或更改上诉所针对的法院的决定,又可附上指引意见,将有关事项发还该法院处理,又可对有关事项作出它认为适当的其他命令。此外,终审法院亦可行使上诉所针对的法院所具有的任何权力。

同时,上诉到终审法院的案件,遵循"上诉许可"的原则,具体而言:(1)提出民事案件的上诉,须得到上诉法庭或终审法院的上诉许可。如上诉法庭或终审法院认为该上诉所涉及的问题具有重大广泛的或关乎公众的重要性,或因其他理由,以致应交由终审法院裁决,则有关法院会给予上诉许可。凡上诉法庭或终审法院决定给予上诉许可,有关法院可在给予许可时附加其认为有需要的条件。(2)提出刑事案件的上诉,须得到终审法院的上诉许可。除非上诉法庭或原讼法庭(视属何种情况而定)证明有关案件的决定是涉及具有重大而广泛的重要性的法律论点,否则终审法院不得给予上诉许可。凡上诉法庭或原讼法庭拒绝作出证明,终审法院仍可作出证明,并给予上诉许可。如申请人只是以有关案件的决定显示曾有实质及严重的不公平情况，必须直接向终审法院申请上诉许可。

上诉许可的申请，必须在上诉所针对的判决或决定作出当日起计28日内提出。上诉许可申请由3名终审法院成员组成的上诉委员会审理：终审法院首席法官及2名获任命的常任法官；或3名常任法官，如常任法官人数不足，则会任命1名非常任香港法官以组成上诉委员会。上诉委员会的决定是最终的决定，而对上诉委员会的决定不得提出上诉。

香港特别行政区终审法院的人员结构，由法官（首席法官、3名常任法官、若干名非常任法官）、司法常务官、司法助理三类人员组成。

根据《香港特别行政区基本法》的规定，香港特别行政区终审法院的首席法官，应由在外国无居留权的香港特别行政区永久性居民中的中国公民担任。同时，香港特别行政区终审法院的法官的任命或免职，先有司法人员推荐委员会推荐，再由行政长官征得立法会同意，并报全国人民代表大会常务委员会备案。香港特别行政区终审法院的首席法官只有在无力履行职责或行为不检的情况下，行政长官才可任命不少于5名当地法官组成的审议庭进行审议，并可根据其建议，依照本法规定的程序，予以免职。

最终上诉案件由五名法官组成的合议庭审理：终审法院首席法官、3名常任法官和1名非常任法官。如终审法院首席法官不参与上诉聆讯，则其中1名常任法官会获委任代替他参与及主持有关聆讯。在此情况下，其余2名常任法官将会与1名海外非常任法官及1名非常任香港法官聆讯案件。同样，如任何1名常任法官未能参与聆讯，则其位置将会由1名非常任香港法官代替。

海外非常任法官以轮流方式每次来港1个月。有关轮流安排属行政事宜，由终审法院首席法官决定。同样，有关甄选非常任香港法官参与合议庭或上诉委员会聆讯的工作，亦属行政事宜并由终审法院首席法官决定。目前，有多名来自英国、澳洲和新西兰的卓越法官已成为终审法院法官，并继续参加案件的审判工作。

司法常务官由香港特别行政区行政长官任命，负责管理终审法院登记处。司法常务官负责执行订明于《香港终审法院条例》及其附属规则和实务指示的各项司法及行政职务。司法常务官的职责范围广泛，案件在终审法院、上诉委员会或单一名常任法官席前进行正式聆讯之前，任何就程序方面所需采取的步骤，均属司法常务官的职责范围。

司法助理的主要工作，是协助终审法院的法官整理及研究有关法律观点的资料、就上诉及上诉许可申请事宜进行分析及拟写备忘录、就法律论点拟写备忘录、协助处理终审法院其他工作（包括拟写上诉案件的新闻摘要和案情摘要，以及拟写有关法官对外发表演讲和参与法律会议的笔记）。他们也可能需要协助编制陪审团指引、案例简讯及有关司法教育的刊物。司法助理一般按合约形式受聘，为期约1年，由每年9月初至下一年8月底。在个别情况下，部分司法助理的受聘期会稍作延长，以便他们协助将工作交给下一批司法助理。

（操宏均）

香港特别行政区高等法院

其前身是香港回归前的最高法院，回归后香港高等法院在香港法院体系中处于第二层，主要处理一些上诉案件。上诉权是香港法律制度的重要一环，因为上级法院可借此复核下级法院的判决。上诉制度旨在确保任何据称在法庭聆讯或甚至调查过程中出现的失误，或与法庭聆讯有关的失误,都可借着向上级法院上诉而得以纠正。

高等法院由上诉法庭及原讼法庭组成,具上诉及原讼司法管辖权,可以审理上诉及初审案件。上诉法庭审理的刑事及民事上诉案件源自原讼法庭、竞争事务审裁处、区域法院、土地审裁处及由有关条例所指定的审裁处和法定团体。(1)关于上诉法庭审理的刑事上诉案件,刑事案的被告人被定罪后,如不服原讼法庭或区域法院法官的判决,可在定罪/判刑当日起计 28 日内,向上诉法庭申请上诉许可。被告人如未能在限期内提出上诉,可向上诉法庭申请逾期上诉许可。被告人也可单就定罪或刑罚提出上诉,也可同时就定罪及刑罚提出上诉。上诉法庭可透过审阅呈交的文件或在进行聆讯后决定拒绝给予或给予上诉许可。其后,由 2 名或 3 名上诉法庭法官组成的上诉法庭可以口头宣告上诉驳回或上诉得直,及/或另定日期发下或宣读判决书。关乎刑罚的上诉如果成功,刑期可获缩减;但如上诉失败,则上诉法庭可以提高刑罚,或下令上诉人的羁押时间不得计算在刑期之内。(2)关于上诉法庭审理的民事上诉案件,一般来说,上诉人可针对原讼法庭或竞争事务审裁处法官就最终事宜作出的决定向上诉法庭提出上诉,这是一项当然权利;不过,上诉人不可以针对下列各项在民事案中作出的决定提出上诉:一是区域法院法官作出的决定(除非已获得上诉许可);二是原讼法庭法官就非正审事宜作出的决定(除非已获得上诉许可);三是原讼法庭法官单就讼费问题作出的决定(除非已获得上诉许可);四是竞争事务审裁处法官就非正审事宜作出的决定(除非已获得上诉许可);五是竞争事务审裁处法官单就讼费问题作出的决定(除非已获得上诉许可);六是土地审裁处的决定(除非关乎法律论点及已获得上诉许可)上诉许可的申请应向各法院作出有关决定的法官或聆案官提出。上诉法庭审理上诉时,通常由 3 名上诉法庭法官会审,但有时则由 2 名法官会审。

原讼法庭的审裁权在民事和刑事案件方面,均无限制,具有上诉及原讼司法管辖权。关于上诉司法管辖权,主要审理来自以下三方面的上诉案件:(1)来自裁判法院的刑事上诉案件。被告人如不服裁判官的决定,可在裁判官作出有关决定后 14 日内向原讼法庭提出上诉;(2)来自自审裁处的上诉案件,即来自劳资审裁处、小额钱债审裁处、淫亵物品审裁处及小额薪酬索偿仲裁处的上诉案件;(3)来自聆案官的决定的上诉案件,即不服聆案官的决定的人亦有权向原讼法庭法官提出上诉。然而,除非基于特别理由,否则法庭不会在上诉聆讯中接纳进一步的证据(除非证据所关乎的事宜是在有关的决定作出后才发生)。

关于原讼司法管辖权,在刑事方面,原讼法庭审理最严重的刑事罪行,如谋杀、误杀、强奸、持械行劫、贩运大量危险药物及复杂的商业诈骗等。这些案件大多在裁判法院完成交付审判程序后移交原讼法庭。案件通常由 1 名原讼法庭法官连同由 7 人(或由法官下令增至 9 人)组成的陪审团在公开法庭进行审讯。检控工作则由香港特别行政区律政司负责。被告人如不服法庭的决定,可向上诉法庭提出上诉。在民事方面,原讼法庭的民事司法管辖权并无限制,可处理所有民事事宜。原讼法庭处理的民事诉讼通常包括下列类别:海事、破产、违约、侵权、公司清盘、建造仲裁、婚姻法律程序中的子女管养权及附属济助、租购、禁制令、知识产权、司法覆核、按揭、人身伤害、遗嘱认证及遗产管理。如申索的数额稍微超过港币 300 万元,可考虑放弃超出之数,使案件可由区域法院审理,因为在一般情况下,区域法院的讼费会较原讼法庭为低。

根据《香港特别行政区基本法》的规定,香港特别行政区高等法院的首席法官,应由在外国无居留权的香港特别行政区永久性居民中的中国公民担任。香港特别行政区高等法院首席法官的任命或免职,先由司法人员委员会推荐,而后还须由行政长官征得立法会同意,并报全国人民代表大会常务委员会备案。

（操宏均）

香港竞争事务审裁处

香港的高级法院，根据 2012 年制定的《竞争条例》于 2015 年 12 月成立，负责聆讯及裁定本港与竞争法有关的案件。

在人员组成上，所有高等法院原讼法庭的法官均是竞争事务审裁处的成员，竞争事务审裁处可委任 1 名或多于 1 名的具特别资格的裁判委员协助，并可在该名或该等裁判委员的协助下，审理该法律程序全部或部分，但审裁处的决定只可由审裁处成员作出。而高等法院的每名司法常务官、暂委司法常务官、高级副司法常务官、暂委高级副司法常务官、副司法常务官、暂委副司法常务官及其他人员（如执达主任），凭借其委任，均在审裁处担任相应的职位或职责。

竞争事务审裁处具有聆讯和裁定以下事宜的司法管辖权：(1)竞争事务委员会或通讯事务管理局就指称违反或指称牵涉入违反竞争守则而提出的申请；(2)要求复核可复核裁定的申请；(3)就违反或牵涉违反行为守则而提起的私人诉讼；(4)某方提出违反或牵涉违反行为守则的免责辩护；(5)要求处置财产的申请；(6)要求强制执行承诺的申请；(7)与前述 1－6 提述的事宜有关的任何事宜，但只限于引致该等事宜的事实均属相同或实质上相同的情况；(8)从原讼法庭移交的案件。竞争事务审裁处亦聆讯针对司法常务官作出的任何非正审决定、裁定或命令而提出的上诉。

向竞争事务审裁处提出的申请，可由任何以下人士所组成的审裁处聆讯和裁定：主任法官；或主任法官及主任法官委任的 1 名或多于 1 名其他成员；或主任法官委任的 1 名或多于 1 名其他成员。

竞争事务审裁处在行使其司法管辖权时批给衡平法上或法律上的补救及济助的司法管辖权，等同于原讼法庭的司法管辖权。此外，审裁处就行使其司法管辖权所需的所有其他事宜，具有原讼法庭的所有权力、权利及特权。

审裁处的司法常务官可行使的权力，与高等法院司法常务官所行使的相同，而可执行的职责，亦与高等法院司法常务官所执行的相同，但以该等权力及职责适用于审裁处的事务及法律程序的范围为限。司法常务官亦具有权力处理所有根据该条例或借《竞争事务审裁处规则》可由审裁处成员在内庭处理的事务，并行使所有根据该条例或借《竞争事务审裁处规则》可由审裁处成员在内庭行使的权限及司法管辖权。

竞争事务审裁处的常规及程序受《竞争事务审裁处规则》及竞争事务审裁处实务指示 1 和 2 所规管。如该条例及《竞争事务审裁处规则》中均没有就某事宜作出规定，《高等法院规则》将在可适用于该事宜的范围内，适用于所有法律程序。如审裁处认为有以下情况，则可指示《高等法院规则》不适用于某特定个案：此举将会在符合秉行公义的原则的前提下，令审裁处能迅速而尽量不拘形式地进行其法律程序；此举将会节省讼费，并符合秉行公义的原则；或此举在其他方面有利于秉行公义。在符合秉行公义的原则的前提下，竞争事务审裁处进行其法律程序时，须尽量不拘形式。

（操宏均）

香港特别行政区区域法院

次于香港高等法院的原讼法院，回归前称为地方法院，具有有限的刑事及民事司法管辖权。

在处理刑事案件方面，区域法院处理由裁判法院移交的公诉罪行。公诉罪行是可循公诉程序审讯的刑事罪行，由法官单独或会同陪审团审理。区域法院法官则在没有陪审团的情况下单独进行审讯。区域法院可审理除谋杀、误杀和强奸外的所有严重刑事案件，可判处的最长监禁刑期是7年。

在处理民事案件方面，区域法院最常处理的民事案件包括下列类别：(1)合约；(2)准合约；(3)侵权（包括人身伤害申索）；(4)收回土地或楼宇；(5)根据衡平法提出的申索，如管理死者的遗产、信托、按揭、强制履行、未成年人的给养、解散合伙关系、就欺诈行为或过失申请济助等；(6)扣押；(7)雇员赔偿案件（申索款额并无上限）；(8)性别歧视、残疾、种族及家庭岗位歧视案件；(9)婚姻案件，包括离婚、赡养费、管养权及领养儿童（负责处理这类案件的法庭也称为家事法庭）。

与此同时，区域法院在相关民事案件处理上有一定限制：(1)涉及合约、准合约及侵权的申索。由区域法院处理的涉及合约、准合约或侵权的申索的款额必须多于港元7.5万元但不超过港元300万元，否则便须由高等法院原讼法庭处理。即使你所申索的款额不超过港元300万元，但如果被告提出反申索而款额又超过港元300万元的话，则有关的申索及反申索（或只是反申索）便可能会移交高等法院原讼法庭处理。不过，如果你有充分理由的话，区域法院可以在反申索的款额超过港元300万元的情况下继续处理有关的申索，但必须向高等法院作出报告，而高等法院仍可以将案件移交原讼法庭处理。即使你的申索款额超过港元300万元，但只要你放弃超出之数，则仍可以在区域法院展开诉讼〔同样地，即使你的反申索的数额超过港元300万元，你也可以放弃超出之数〕。如果超出之数不大，上述的建议可能是非常切合实际的做法，因为原讼法庭的讼费通常较区域法院为高。(2)收回土地或楼宇的申索。区域法院处理涉及年租、应课差饷租值或年值不超过港元32万元的建筑物或楼宇的诉讼。然而，大部分租务案件都是与因租约期满或租客违反租约条款而申请收回楼宇有关，这类申请亦可于土地审裁处提出。(3)衡平法司法管辖权之下的申索。一般来说，如果诉讼与土地无关，申索的最高款额不得超过港元300万元。如果诉讼与土地有关，申索的最高款额不得超过港元700万元。此外，如果诉讼涉及收回土地或土地的所有权，则有关的土地的应课差饷租值不得超过港元32万元。(4)只追讨欠租的申索。如果当事人只想追讨欠租而无意收回楼宇，可以采用一项称为“扣押”的特别程序，由法庭颁令，指示执达主任扣押租客的财物。如果租客仍然不缴付租金，便会将财物出售，并将所得收益用作偿还欠租之用。如果当事人追讨超过12个月的欠租，这项扣押程序便不适用，应该按照正常程序以违约理由提出诉讼。

同时，根据香港《区域法院规则》的规定，除任何成文法及本规则的条文另有规定外，区域法院的民事法律程序可借令状或原诉传票开展。涉及合约、准合约、侵权（侵占土地除外）、诈骗、因不履行责任而引致的包括人身伤亡或财物损毁的损害赔偿的诉讼，以及一般而言涉及实质事实争议的所有诉讼，区域法院均必须以传讯令状的形式展开。任何根据任何成文法向区域法院或区域法院法官提出申请的法律程序必须借原诉传票开展，但如有关申请由本规则或任何成文法或根据任何成文法明文规定须借或明文批准可借某些其他方法提出，则属例外。

法律程序可借令状或原诉传票开展（视乎原告人认为适宜者而定），但本规则或任何成文法或根据任何成文法规定须借令状或原诉传票开展的法律程序则属例外。

区域法院以首席区域法院法官为首，并由主任家事法庭法官协助，目前共有40余位区域法院法官，他们亦会在家事法庭及土地审裁处听审。区域法院登记处由司法常务官主管，并由副司法常务官协助，负责处理关于非正审和讼费评定的事宜。

（操宏均）

香港区域法院家事法庭

香港区域法院的一部分，负责聆讯关于离婚和分居的申请，以及其他相关的家事及/或婚姻诉讼事宜，例如关于子女及经济济助的申请。目前，香港共有10个家事法庭，有别于区域法院的一般民事司法管辖权，家事法庭处理的申索的款额并无上限。根据家庭暴力法例及《财产继承（供养遗属及受养人）条例》所提出的申请，也在家事法庭处理。除有抗辩的离婚案件及申请强制执行判决的诉讼外，家事法庭大部分聆讯均以非公开形式进行。

（操宏均）

香港特别行政区裁判法院

香港最初级的刑事法院。前身是香港裁判司署，该机构可进行聆讯的控罪包括简易程序罪行和可公诉罪行，较严重的可公诉罪行会移交区域法院或高等法院原讼法庭审理。所有刑事案件的程序都是在裁判法院开始。

裁判官对多种刑事罪行具审裁权。在一般情况下，裁判法院的最高刑罚一般为监禁2年和罚款港元10万元（就一宗案件只涉及单一罪行而言）。但是，当法庭同时处理两项或以上的可公诉罪行时，裁判官可判处最高3年的刑期。就某些条例而言，单一罪行可判处监禁3年和罚款港元500万元。裁判法院里的少年法庭负责审理被控人为儿童或16岁以下的少年人的案件，但不包括杀人罪。此外，少年法庭也可为儿童或少年发出照顾或保护令。有关违例小贩、交通违例事项和抛弃垃圾等轻微罪行，均由特委裁判官在裁判法院审理。特委裁判官不能判处监禁刑罚，而一般罚款的上限为港元5万元，除非在任何其他条例中明确订定一个较高的金额。

尽管所有可公诉罪行的诉讼程序皆始于裁判法院，但是律政司司长可视乎案情的严重性而申请将其转介区域法院或高等法院原讼法庭审讯。

与香港其他法院不同，裁判法院的裁判员称为裁判官（主权移交前称裁判司），而非法官。特委裁判官可由具备律师资格或丰富法律工作经验的人士出任，专门处理惯常性质的案件，如小贩摆卖或轻微交通违例案件等。特委裁判官通常没有判处监禁的权力，而可判处的罚款则以港元5万元为限。目前香港共有72位全职裁判官，分驻东区、九龙城、观塘、西九龙、沙田、粉岭和屯门共七个裁判法院及各审裁处。每个裁判法院由1位主任裁判官主管（除西九龙裁判法院由2位主任裁判官共同管理），而所有裁判法院及各审裁处均由驻于西九龙裁判法院的总裁判官负责管理。不服裁判官决定的上诉案件由高等法院的原讼法庭法官审理。

（操宏均）

香港死因裁判法庭

简称“死因庭”，是香港的一个特别法庭，源于英国的同等机构，由死因裁判官主持，由陪审团商议对案件的裁决。死因裁判法庭负责为若干类死亡个案展开研讯，确定死因及肇事情况。具体而言，每逢有死者的亲人或律政司觉得死者的死因有可疑，就可以向死因庭要求裁判，以决定死者的死因。此外，当死者的致死原因不清晰之时，亦会由死因庭裁决死者的死因。裁判官会引导陪审员各种可选择的裁决。死因庭的权限只在于决定死者的死因，一切与决定死因无关的内容，例如，嫌凶的行凶动机等，都不会是死因庭的结论。

死因裁判官有权就在本港及在外地发生（而尸体被运入香港）的突然、意外或暴力、非自然或可疑的死亡事件，进行死因研讯。除有人在受官方看管时死亡，或律政司司长作出要求外，死因裁判官有权决定是否进行死因研讯，或是否需要陪审团一同研讯。如属在受官方看管时死亡，则必须会同陪审团研讯。进行死因研讯的主要目的，在于找出死亡事件的原因及有关情况。死因裁判官或陪审团可在适当时候作出建议，以防止类似的死亡事件再发生。

死因裁判官为司法人员，有权发出埋葬命令、发出火葬命令、批准免将尸体剖验、发出尸体剖验命令、发出检掘遗骸命令、发出命令将尸体运离香港、命令警方调查死亡个案、命令进行研讯、批准切除及使用其死者部份器官、签发死亡事实证明书。一般情况下，死因裁判官按照如下程序处理须呈报的死亡个案：(1)当有死亡个案须向死因裁判官报告，尸体将被送往医院或公众殓房，并由病理学家展开以下程序：进行尸体外部检验；向死因裁判官提交检验结果及死因；若死因已确定，可建议豁免尸体剖验，并要求发出埋葬或火葬命令；若未能确定死因，则要求发出尸体剖验命令；向死因裁判官简述死亡情况，如临床病征、背景等。(2)死因裁判官仔细考虑病理学家提出的报告后，按个别情况发出尸体剖验命令、批准免将尸体剖验的命令、埋葬命令、火葬命令。(3)倘若死因裁判官不能断定死因或有其他原因，则会命令剖验尸体、研究病理学家提交的尸体剖验报告、考虑是否须要进行调查。倘若病理学家建议剖验尸体，而死者家属申请豁免，并想亲身向死因裁判官作出陈述，死因裁判官将于内庭会见家属，以便决定是否发出尸体剖验命令或批准豁免尸体剖验。在医学上的死因不详的情况下，豁免尸体剖验的申请将不获批准。倘若死因裁判官决定调查一宗须呈报的死亡个案，则由警方进行调查，然后向死因裁判官提交死亡调查报告。死因裁判官研究报告后，便决定应否开庭研讯，或征求专家的意见。死因裁判官亦可发出手令，授权有关人员进入任何处所和地方，搜查与死亡个案有关的证据。倘若死因裁判官决定无须进行研讯，有适当利害关系人士可致函死因裁判官，索取死亡调查报告的副本。

根据《死因裁判官条例》的规定，行政长官可委任除具有资格可在香港或任何其他普通法适用地区的具有无限民事或刑事司法管辖权的法院执业为大律师、律师或出庭代言人，为死因裁判官，并且该委任须在宪报公布。

（操宏均）

香港少年法庭

香港负责聆讯儿童(14岁以下)及青少年(14－16岁)被控案件的裁判机关，杀人控罪除外。凡年龄在18岁或以下的青少年，如在成长中并未获得应有的辅导或照料，有关人士可向少年法庭申请保护及监管令，加以督促。年龄未满10岁的儿童，获豁免刑事责任。

少年法庭的裁判官会以简易词汇向有关的儿童或少年解释控罪。若有需要,裁判官会向其提供协助。裁判官在判刑前会参考有关报告。媒体报道少年法庭的审讯程序时,不得披露被告的身分。现有的少年法庭设于东区、九龙城、西九龙、粉岭及屯门裁判法院。

(操宏均)

香港土地审裁处

根据香港《土地审裁处条例》而设立一所纪录法庭,是具原讼和上诉的司法管辖权的司法机构,主要审理有关建筑物及土地发展的申索及裁定上诉的案件。该法庭有4位专业法官,包括由1名高等法院原讼法庭法官出任的土地审裁处庭长,以及由3名区域法院法官出任的土地审裁处法官。审裁处还有两位身为认可测量师的审裁处成员。庭长和法官可单独或会同审裁处成员审理案件,审裁处成员亦可单独审理案件。

土地审裁处审理和判定下列几大类案件:(1)收回管有权案件。土地审裁处有权力裁定业主根据(香港法例第7章)《业主与租客(综合)条例》或普通法而提出的收回楼宇管有权申请。在这类申请中,审裁处除可以作出收回管有权的命令外,也有权作出缴纳租金及中间收益的命令,处置租客遗留在楼宇内的任何财物,就违反租赁或分租租赁的条件作出支付损害赔偿的命令。(2)建筑物管理案件。土地审裁处有权力裁定建筑物管理的争议,包括有关(香港法例第344章)《建筑物管理条例》及公契解释和执行的争议,委任或解散管理委员会,召开业主大会及委任管理人等事宜所引起的争议。(3)补偿案件。当政府因进行公共发展而根据有关条例强制收回某些人士的土地,或令他们的土地减值,审裁处有权力裁定政府所需支付的补偿款额。(4)强制土地售卖案件。多数份数业主根据(香港法例第545章)《土地(为重新发展而强制售卖)条例》为售卖土地作重新发展而提出申请,审裁处有权力作出裁定。(5)上诉案件。任何人士根据(香港法例第116章)《差饷条例》、(香港法例第515章)《地租(评估及征收)条例》和(香港法例第283章)《房屋条例》提出上诉,审裁处有权力作出裁定。在行使其司法管辖权时,审裁处具有与高等法院原讼法庭同等的权力去判予补救和济助,无论是法律上或衡平法上的补救和济助,诉讼当事人可以由大律师或律师代表,亦可亲自出庭应讯。

(操宏均)

香港劳资审裁处

香港雇员与雇主发生劳资纠纷时进行审裁的司法机构。审裁处的司法管辖权仅限于处理以下申索:(1)申索额超过港元8000元的申索。至于涉及不超过10名申索人而每人的申索金额不超过港元8000元的案件,则会由小额薪酬索偿仲裁处处理。(2)因任何人未有遵守《雇佣条例》《最低工资条例》《学徒制度条例》的条文而引起的申索,包括代通知金、欠薪、法定假期薪金、年假薪金、疾病津贴、产假薪金、花红/双薪、遣散费及长期服务金。申索人也可申请复职或再次聘用,以及索取补偿金或终止雇佣金的命令。(3)涉及违反雇佣合约条款的申索(无论违反事项是在香港履行的合约条款或是《往香港以外地方就业合约条例》适用的合约条款)。(4)由小额薪酬索偿仲裁处或小额钱债审裁处转介的申索案件。聆讯由一位审裁官主持,诉讼双方不得由律师代表。任何一方如不服裁决,可就法律观点向原讼法庭提出上诉。香港《劳资审裁处条例》第23条列明具有出庭发言权的人士。除工会代表以外,与讼双方一般须亲自出席法庭应讯。劳资审裁处并不容许当事人由律师代表出席应讯,但律师代表可于公众席观察聆讯的进行。法团可由雇员或1位干事代表出席聆讯。合伙公司可由其中1位或多位合伙人代表出席聆讯。如果希望由获授权的已登记职工会或雇主协会代表出席聆讯,必须先取得审裁处的批准,有关人士方可代表当事人出席聆讯。

审裁处由1名庭长、法官及根据本条例委任的其他成员组成。庭长须由其中1名高等法院法官出任,并须由行政长官委任。各区域法院法官及区域法院暂委法官,均凭借其所任职位出任法官。除另有规定外,审裁处的成员须为由行政长官所委任的符合以下说明的人士:(1)具有法律专业资格;(2)行政长官认为是在从事土地估价方面或在关乎审裁处法律程序的某些其他范畴具备足够经验出任审裁处成员的。

(操宏均)

香港小额钱债审裁处

1976年设立具有有限民事司法管辖权的纪录法庭。香港回归后,在新的法院组织体系中,该机构继续保留,现设于西九龙法院大楼,专门处理因合约问题或侵权行为引起的金钱申索,涉及的款额不超过港币75000元。审裁处的人员由根据《小额钱债审裁处条例》委任的审裁官及暂委审裁官组成。审裁处现有5位全职审裁官,包括1位主任审裁官。凡在审裁处进行的法律程序,均由1名审裁官或暂委审裁官单独开庭聆讯及裁定。诉讼双方不得聘用律师出庭,但如获法庭许可,则可授权与诉讼双方有紧密关系及完全熟悉案情的其他人士(律师除外)代表其出庭。任何一方如不服裁决,可就法律观点向高等法院的原讼法庭提出上诉。

(操宏均)

香港淫亵物品审裁处

根据香港《淫亵及不雅物品管制条例》于1987年设立的司法机构。香港回归以后,该机构继续得以保留,审裁处设于西九龙法院大楼。旨在阻止青少年接触不雅及淫亵物品。该机构由1位主审裁判官及2位或以上审裁委员组成,审裁委员来自社会各阶层。根据《淫亵及不雅物品管制条例》,审裁委员组成审裁委员小组,由终审法院首席法官委任,任期3年,并可再获委任。审裁委员须向终审法院首席法官发出通知,才可辞去职务。如有以下情况,终审法院首席法官亦可将其姓名从审裁委员小组名单中删除:不再通常居于香港;因任何罪行而被定罪;被宣布为破产人;或终审法院首席法官认为其疏忽职守或不能执行职责。为了确保审裁处所采纳的标准具代表性,并尽量符合社会规范,社会各阶层的人士、不同年龄组别、职业和专业均可申请成为审裁小组的成员。

该机构主要负责两项工作:事物及物品评定类别及裁定性质。根据《淫亵及不雅物品管制条例》,审裁处在裁定及评定物品类别时,须重点考虑以下内容:一般合理的社会人士普遍接受的道德、礼仪及言行标准;物品或事物整体上产生的显著效果;拟发布或相当可能发布物品的对象是什么人,属哪一类别或年龄组别;如属公开展示的事物,则须考虑展示地点及相当可能观看该事物的人属哪一类别或年龄组别;及该物品或事物是否有真正目的,还是用作掩饰其不可接受的内容。

(操宏均)

香港陪审团

香港参与案件审判,决定被告是否有罪的审判组织。香港陪审团制度由来已久,是根据1845年香港《陪审员与陪审团规管条例》成立。此后,陪审团制度在香港慢慢发展并扎根。时至今日,陪审团制度已成为香港司法制度中很重要的一部分,并得到《香港特别行政区基本法》的认可。回归以后,原在香港实行的陪审制度的原则予以保留。

根据香港陪审团条例,陪审员由香港居民出任,并具备下列条件:年满21岁但未满65岁;精神健全而并无任何使其不能出任陪审员的情况如听觉或视觉的损伤等;品格良好,及熟悉聆讯时所采用的语言,即中文或英文(视乎个别情况而定)。由于出任陪审员是每一位合乎资格的香港居民应尽的责任,所以只要符合出任陪审员的资格,人事登记处处长会将其纳入陪审员名单内,并由高等法院司法常务官向其发出通知,通知他/她将会把他/她列入陪审员名单内。高等法院司法常务官每2年编制一份陪审员临时名单,该名单于10月或以前拟定,然后在翌年2月或以前确认。司法常务官亦可随时增补该份名单。临时名单或增补名单一经备妥,司法常务官会在宪报及报章刊登公告,说明该名单已可供查阅。高等法院司法常务官每星期以随机抽选的方式,从陪审员名单内抽出若干数目的陪审员。若被抽中,法庭会以挂号邮递把传票寄给该陪审员。一般会向该陪审员发出最少21日通知,并请其在指定日期前往高等法院或死因裁判法庭。曾接受传召而出席的陪审员,一般在2年内不会再被传召。与此同时,由于出任陪审员有时会带来不便,所以法律赋予被传召出任陪审员的人,在收到司法常务官定向发来即将被纳入陪审员名单时;当陪审员临时名单或增补名单已经备妥并可供查阅时;或当收到传票,传召出任陪审员时,可以依据陪审团条例的相关规定,致函高等法院司法常务官,申请豁免出任陪审员。司法常务官对该豁免出任申请,可予以批准或拒绝。一般情况下,豁免申请是不会轻易获得批准的。以处理公事为理由而申请豁免出任陪审员,通常都不会获准。若司法常务官拒绝该豁免出任申请,当事人仍可在被抽签选中为陪审员时,在法庭上向法官申请豁免。根据陪审团条例第32条的规定,任何人士没有按照陪审员传票的规定出席法庭,即属违法。陪审团条例第33条规定,任何雇主因雇员出任陪审员而终止雇用或威胁终止雇用其雇员,或在任何方面歧视其雇员,即属违法,一经定罪,最高可被判罚款港元25000元及入狱3个月。

陪审员宣誓后可参与刑事案件及某些民事案件的聆讯,并就案件作出裁决。陪审团退庭商议时,不会有其他人士在场,他们会根据在庭上听取的证供而对案件的事实作出裁断。由于陪审员并非法律专才,所以主审法官会就法律论点向陪审团作清晰的指引。主审法官会决定陪审团可聆听什么证供,然而在陪审团考虑裁决时,则由陪审团自行决定有关证供的重要性。每位陪审员都有责任确保司法公正,这不单是陪审员对被告人应负的责任,也是对被告人及陪审员同属的社会应负的责任。在刑事案件审讯中,陪审员须根据案件中的事实,决定案中的被告人是否有罪。在死因研讯中,陪审员则须决定死者的致死原因及与死亡事件有关的情况。审讯时,陪审团商议的内容须绝对保密。陪审员不得与陪审团成员以外的任何人士谈论案件。

同时,不同性质的案件审理中,陪审团组成人员数量也不尽相同。最严重的刑事案件(如谋杀、误杀、强奸、持械行劫、某些涉及毒品和商业诈骗的案件),均由1位原讼法庭法官及7名陪审员聆讯。然而,法官也可下令将陪审员人数增至9名。某些民事案件,例如涉及诽谤或恶意检控等诉讼,案中任何一方均可选择把有争议的事实交由陪审团认定。死因裁判法庭进行的某些死因研讯也需要选任陪审团出席,但陪审团只需有 5 名成员。

（操宏均）

中国澳门特别行政区

澳门特别行政区法院

澳门特别行政区行使独立的司法权和终审权的机构。《澳门特别行政区基本法》规定,澳门特别行政区是中华人民共和国不可分离的部分。中华人民共和国全国人民代表大会授权澳门特别行政区依照基本法的规定实行高度自治,享有行政管理权、立法权、独立的司法权和终审权。澳门法院除继续保持澳门原有法律制度和原则对法院审判权所作的限制外,对澳门所有的案件均有审判权。澳门法院对国防、外交等国家行为无管辖权。澳门法院在审理案件中遇有涉及国防、外交等国家行为的事实问题,应取得行政长官就该等问题发出的证明文件,上述文件对法院有约束力。行政长官在发出证明文件前,须取得中央人民政府的证明书。

澳门法院设有第一审法院、中级法院和终审法院。第一审法院包括初级法院和行政法院。行政法院负责管辖行政诉讼和税务诉讼及海关方面的法律关系所生的争议。不服行政法院的裁决,可向中级法院上诉。终审权属于澳门终审法院。

澳门终审法院是澳门地区法院系统的最高机关,成立于 1999 年 12 月 20 日。在澳门回归以前,澳门的司法终审权属于葡萄牙高等法院。为了适应澳门回归后的司法体系,1991 年葡萄牙共和国议会通过《澳门司法组织纲要法》,设立澳门高等法院和检察院,以增强澳门司法自主权。1999 年 6 月 30 日,葡萄牙政府正式将除涉及总督和政务司以及葡萄牙国家机构以外的所有诉讼案件的终审权移交给了当时的澳门高等法院。1999 年 12 月 20 日零时,中国政府对澳门恢复行使主权。在司法领域,澳门终审法院开始对澳门地区诉讼案件行使最终审判权。

澳门中级法院是澳门特区的第二级法院。中级法院两个分庭组成,一个是负责审判刑事性质案件的刑事诉讼案件分庭,另一个是负责审判民事和行政案件的分庭。在审理案件时,中级法院以评议会及听证会的方式运作。参与评议会及听证会的人员有:院长(作为裁判书制作人或助审法官)、2 名法官及诉讼法律规定的实体;或院长(不作为裁判书制作人或助审法官)、3 名法官及诉讼法律规定的实体,但法律另有规定者除外。中级法院的评议会及开庭听证按日程进行,除在特别情况下由院长决定外,会议及开庭通常每周进行一次。

初级法院管辖除法律规定必须由特定法院(如行政法院)管辖外的其他案件,这些案件主要包括民事和刑事方面的案件。初级法院现时共有 33 名法官,当中包括第一审法院院长、8 名合议庭主席及 24 名独任庭法官。

初级法院以专门庭的方式运作,由民事法庭、刑事起诉法庭、轻微民事案件法庭、刑事法庭、劳动法庭、家庭及未成年人法庭组成。为响应社会各界对处理小额钱债方面的诉求,特区透过修改《司法组织纲要法》和《民事诉讼法典》,重组了初级法院的架构,并设立了轻微民事案件法庭。轻微民事案件法庭于 2005 年 1 月 4 日开始运作,专门审理利益值在澳门元 10 万元及以下的金钱债务及消费权益方面的诉讼。另外,为了使法院处理案件走向专门化以及加快案件的处理,劳动法庭以及家庭及未成年人法庭亦于 2013 年 10 月 16 日开始运作。

根据澳门《司法组织纲要法》第 29 条的规定,刑事起诉法庭的职权主要有两项:第一,在刑事诉讼程序中行使侦查方面的审判职能、进行预审以及就是否起诉作出裁判;第二,对徒刑及收容保安处分行使管辖权,如给予及废止假释,终止、重新审查、复查及延长收容等。刑事起诉法庭现时共有 3 名法官。刑事起诉法庭办事处的监管由属该法庭编制的法官根据法律的规定轮流负责管理,为期 3 年,并由年资最久的法官开始及按年资顺序轮流担任。刑事起诉法庭以专门庭的方式运作,现时共设有行政中心及两个分庭。

澳门行政法院是专门负责行政、税务及海关诉讼的专门法院,属澳门特区的第一审法院。不服行政法院裁决者,可向中级法院上诉。澳门行政法院现时共有 2 名法官。行政法院办事处的监管由属该法院编制的法官根据法律的规定轮流负责管理,为期 3 年,并由年资最久的法官开始及按年资顺序轮流担任。行政法院在审理案件时以合议庭或独任庭的方式运作。如无特别法律规定,通常由 1 名法官组成的独任庭审理案件,如须组成合议庭时,则由法官委员会预先指定的合议庭主席主持审判、并由负责卷宗的法官及另一名由法官委员会预先指定的法官共同审理案件。

根据《澳门特别行政区基本法》第 87 条的规定,澳门各级法院的法官,必须先经过一个由当地法官、律师和社会知名人士组成的独立委员会的推荐,由行政长官任命。法官的选用以其专业资格为标准,符合标准的外籍法官也可聘用,但终审法院的院长只能由澳门永久性居民中的中国公民担任。法官只有在无力履行其职责或行为与其所任职务不相称的情况下,行政长官才可根据终审法院院长任命的不少于 3 名当地法官组成的审议庭的建议,予以免职。终审法院法官的免职由行政长官根据澳门立法会议员组成的审议委员会的建议决定。终审法院法官的任命和免职须报全国人民代表大会常务委员会备案。

澳门各级法院的院长由行政长官从法官中选任。终审法院院长由澳门永久性居民中的中国公民担任。终审法院院长的任命和免职须报全国人民代表大会常务委员会备案。

澳门法官依法进行审判,不听从任何命令或指示,但在审理案件中,遇有涉及国防、外交等国家行为的事实问题,应取得行政长官就该等问题发出的证明文件,上述文件对法院有约束力。法官履行审判职责的行为不受法律追究。法官在任职期间,不得兼任其他公职或任何私人职务,也不得在政治性团体中担任任何职务。为了保障法官的独立,澳门根据基本法的一般规定以及《司法官通则》的规定,设立了推荐法官的独立委员会和法官委员会。其中,推荐法官的独立委员会由行政长官任命的 7 名澳门当地人士组成。其中,澳门的法官 1 名、律师 1 名、其他方面的知名人士 5 名。所有委员均以个人身份参加委员会,并以个人身份履行职责。推荐法官的独立委员会主席由委员通过互选而产生,主席行使《推荐法官的独立委员会内部规章》内所规定的权限。除向行政长官推荐法官人选外,委员会的职责还包括分别向行政长官推荐法官委员会及检察官委员会的 2 名社会人士。委员会设秘书 1 名并由法官委员会秘书兼任,以协助处理日常运作事务。

法官委员会根据《法官委员会内部规章》履行职责,是法官及司法辅助人员的管理及纪律机关。法官委员会的成员共有 5 名,包括:终审法院院长并由其担任主席;由推荐法官的独立委员会推荐并由行政长官委任的 2 名社会人士;由法院司法官选出的 2 名法院司法官。法官委员会的事务由一办事处负责,而该办事处由 1 名秘书主管。根据《司法官通则》第 95 条的规定,法官委员会的权限主要有:针对法官的免职、因无能力而退休及科处强迫退休或撤职处分,向有权限机构提出建议；对法官依法采取纪律行动；评核法官的工作；指定组成合议庭的法官；依法指定法官的兼任职务，并决定由其负责的案件种类；命令对法官进行查核、项目调查及全面调查，以及在此等情况下指定查核员；研究并建议采取立法或行政措施，以提高司法体系的效率或作出改善；评核司法辅助人员的工作，并对其依法采取纪律行动；通过内部规章及查核规章，并命令将之公布于《澳门特别行政区公报》。

（吴宏耀）

澳门终审法院

澳门特别行政区最高级别的上诉法院，对澳门司法管辖权范围内的诉讼案件享有最终审判权。

除澳门基本法外，澳门终审法院对澳门地区的法律享有最终解释权。同时，全国人民代表大会常务委员会授权澳门法院在审理案件时对本法关于澳门自治范围内的条款自行解释。澳门法院在审理案件时对基本法的其他条款也可以进行解释。但如果澳门法院在审理案件时需要对基本法关于中央人民政府管理的事务或中央和澳门关系的条款进行解释，而该条款的解释又影响到案件的判决，在对该案件作出不可上诉的终局判决前，应由澳门终审法院提请全国人民代表大会常务委员会对有关条款作出解释。如全国人民代表大会常务委员会作出解释，澳门法院在引用该条款时，应以全国人民代表大会常务委员会的解释为准。但在此以前作出的判决不受影响。全国人民代表大会常务委员会在对基本法进行解释前，征询其所属的澳门基本法委员会的意见。

澳门基本法规定，澳门终审法院院长由行政长官从法官中选任，但只能由澳门永久性居民中的中国公民担任。终审法院院长的任命和免职须报全国人民代表大会常务委员会备案。澳门政府的行政长官、主要官员就任时，应向澳门终审法院院长申报财产，记录在案。其中，在行政长官任职期间，如果立法会全体议员 1/3 联合动议，指控行政长官有严重违法或渎职行为而不辞职，经立法会通过决议，可委托终审法院院长负责组成独立的调查委员会进行调查。调查委员会如认为有足够证据构成上述指控，立法会以全体议员 2/3 多数通过，可提出弹劾案，报请中央人民政府决定。

根据《司法组织纲要法》第 44 条的规定，终审法院共有 16 项管辖权，具体包括六个方面：第一，负责审理法律所规定的必须由终审法院作为第一审级审理的案件，如审理由终审法院法官、检察长、中级法院法官及助理检察长作出的犯罪及轻微违反案件。第二，负责审理下级法院的上诉案件，其中既包括对中级法院作为第一审级所作的可予以争执的合议庭裁判提起上诉的案件；也包括对中级法院作为第二审级所作的民事、刑事或行政方面的合议庭裁判提起上诉的案件，但必须根据有关法律规定，以对此类合议庭裁判可提出争执者为限。第三，负责审理中级法院与第一审法院或中级法院与行政、税务及海关当局之间的管辖权冲突。第四，就人身保护令事宜行使审判权。第五，依据诉讼法律的规定统一司法见解。第六，其他诉讼程序的案件。

终审法院现时共有 3 名法官，其中包括由行政长官任命的终审法院院长。终审法院院长在所有法院司法官中享有居先的地位，其作为澳门特别行政区法院的代表，除担任法官及院长的职务外，还须确保终审法院的正常运作以及领导终审法院院长办公室。

终审法院设终审法院院长办公室，由终审法院院长领导，由办公室主任负责统筹办公室的一切日常事务，并由 1 名副主任辅助，是一个具有独立职能、行政及财政自治的机构。终审法院院长办公室负责统筹各级法院的事务，并向各级法院提供技术、行政及财政辅助，为履行相关职责，办公室下设三厅五处，分别是司法暨技术辅助厅、翻译辅助厅、行政暨财政厅，司法事务处和组织信息处隶属司法暨技术辅助厅，人力资源处、财政财产处和总务处隶属行政暨财政厅。

终审法院在审理案件时以评议会及听证会的方式运作，作为助审法官的终审法院院长、制作裁判书法官、助审法官以及诉讼法规定的实体均参与评议会及听证。

除非诉讼法律有特别规定，在一般情况下，当终审法院在审理上诉案件时，如作为第二审级审理，须负责审理事实上及法律上的事宜；如非作为第二审级审理，则仅审理法律上的事宜。当终审法院行使统一司法见解的审理权时，除所有终审法院法官参与评议会外，无须回避的中级法院院长及在中级法院年资最久且无须回避的法官也参加评议会；如须回避，则由按年资顺序在其之后的法官参加。

（吴宏耀）

中国台湾地区

中国台湾地区法院

中国台湾地区专门行使民事、刑事、行政诉讼的审判权机构，隶属于“司法院”。

就普通法院系统而言，我国台湾地区的法院分三级：(1)“最高法院”。“最高法院”是我国台湾地区民事、刑事案件的最高审判机关和终审法院，通过第三审和非常上诉程序审判具体案件并由此统一法律法令的解释。“最高法院”设民事庭和刑事庭各 5 个，分别审理不同性质的案件。(2)高等法院。高等法院设于省或特别区域，是我国台湾地区法院体系中的第二级。高等法院内分设民事庭和刑事庭若干个，并设庭长 1 人，法官 2 人，有些法院还设有专业法庭，并设公设辩护人，刑事资料室、书记室等。(3)地方法院。地方法院是我国台湾地区最低审判机关，原则上设于县、市；若县、市地域狭小，可数县、市合设一所地方法院；若县、市地域辽阔，可增设分院。地方法院审判案件一般由法官独任审判，对案情重大者，则由法官 3 名组成合议庭进行审判。三级法院之间实行审级独立，除依法上诉案件外，上级法院不得干预下级法院审判。

我国台湾地区的诉讼程序实行三级三审制，但简易的案件可以实行三级二审制。民事诉讼没有检察机关抗诉的制度。民商事案件的执行由法院负责，但刑事案件的执行则由“法务部”负责。

（吴宏耀）

中国台湾地区“司法院”大法官

我国台湾地区“司法院”的常设机构，依法享有“解释台湾地区宪制性规定”“统一解释法律及命令”之职务,以及审理所谓“政党违宪解散案”及“台湾地区领导人(副领导人)弹劾案”的权限。

(吴宏耀)

中国台湾地区“最高法院”

我国台湾地区司法案件的终审机关之一,属于一级普通法院,隶属于台湾地区“司法院”。

我国台湾地区“最高法院”设有民事庭共七庭、刑事庭共十三庭,依业务需要调整。每庭置庭长1人,法官4人,合议审判案件。此外,还设有财务收支审议委员会、律师惩戒复审委员会等10个专门委员会以及司法行政服务部门。

除了行政事件外,我国台湾地区“最高法院”为普通刑事、民事案件以及部分智慧财产案件、军事案件的终审案件。

(吴宏耀)

中国台湾地区“最高行政法院”

我国台湾地区行政案件的终审机关之一,隶属于台湾地区“司法院”。因现今台湾地区对民事、刑事事件与行政事件采二元诉讼制度,分属不同的审判体系,故与台湾地区“最高法院”于审级上不相隶属,分别为各该事件的终审法院。

“最高行政法院”为我国台湾地区行政诉讼之终审机关,管辖下列事件:不服高等行政法院裁判而上诉或抗告之事件;不服智慧财产法院行政诉讼裁判而上诉或抗告之事件;高等行政法院受理上诉或抗告事件,认有确保裁判见解统一必要,裁定移送“最高行政法院”裁判之事件;其他依法律规定由“最高行政法院”管辖之事件。

(吴宏耀)

澳大利亚

澳大利亚法院

澳大利亚是一个联邦制国家,其法院系统分联邦和州两个独立系统。联邦司法系统管辖涉及联邦法律的案件,以及各州之间的争议,主要包括澳大利亚高等法院、澳大利亚联邦法院、澳大利亚家事法院、澳大利亚联邦巡回法院及其他专门法院和裁判所。其中澳大利亚高等法院是澳大利亚的最高法院,拥有对各州最高法院的上诉管辖权。澳大利亚各州的法院都是独立的,不同的州法院设置和名称不尽相同,但各州均设有一个州最高法院,是本州的最高司法机关。州最高法院下设区域法院或治安法院等一到两级法院,因州而异。

澳大利亚高等法院的法官由联邦政府任命,州法院的法官由州政府任命。澳大利亚法官的任期基本上是终身制,除了受议会两院的弹劾或存在不端行为,可一直任职到退休年龄。法官种类包括司法官、治安官、法官、首席法官和首席大法官。澳大利亚法官的数量从下级法院向上级法院递减,上级法院的法官一般从下级法院的优秀法官中产生。

法院的刑事判决生效后由各州矫正部管理的监狱负责执行,民事判决生效后由司法部管理的执行官负责执行。执行官办公室设在各级法院内,执行官有权进入被执行人的住所、办公室,并可依据法院的判决,对被执行人的土地、物品、房产等可予以变卖。如果变卖所得不足以支付执行金额,执行官可以发出社区服务令,命令被执行人参加社区强制劳动,进行抵折。执行官属行政人员,由司法部雇佣和管理。

(吴宏耀　王靖雅)

澳大利亚高等法院

澳大利亚的最高司法机构。根据《澳大利亚宪法》第 71 章的规定,澳大利亚联邦议会授予的司法权归属于澳大利亚联邦最高法院,即澳大利亚高等法院。无论是属于联邦还是属于各州管辖范围,高等法院是所有案件的最终上诉法院。

高等法院在堪培拉审理大部分案件,但每年会在昆士兰、南澳和塔斯马尼亚首府各审理一次。同时,每月有一天会在墨尔本和悉尼受理上诉立案申请,必要时通过视频传输审理来自阿德莱德、布里斯班、达尔文、霍巴特和柏斯的案件。

高等法院的职能包括解释和应用澳大利亚法律,受理涉及宪法的案件,是其他联邦法院、州法院、地区法院的终审上诉法院。其主要审理的案件类型包括:(1)涉及宪法的案件,法院认为有关公共利益的案件,由全体 7 名大法官进行审理;(2)对各州最高法院、联邦法院和家事法院的判决进行上诉的案件,包括民事、刑事、行政、军事等各种类型,需要上诉人预先填写上诉申请书,一般由2 - 3 名法官决定是否受理。受理后由 5 名法官共同审理,合议庭内部按多数意见决。高等法院对上诉案件的判决是终审判决,不得再上诉。

高等法院由 1 名首席大法官以及 6 名大法官组成。曾经大法官为终身任职制,1977 年经过全民公投,法律规定大法官的退休年龄为 70 岁。根据《澳大利亚高等法院法》,由总统提名,参考内阁特别是司法部长的建议,联邦总署需要和各州总督协商后,才能对大法官进行任命。

根据两国 1976 年的协定,高等法院还是瑙鲁共和国的终审上诉法院,审理来自瑙鲁最高法院的民、刑上诉案件,但与瑙鲁宪法有关的案件则不能由澳大利亚高等法院审理。

(吴宏耀　王靖雅)

澳大利亚联邦法院

澳大利亚的高等法院,有权审理涉及联邦法律的大多数民事案件(家事案件除外)以及情节轻微的刑事案件。根据 1976 年《澳大利亚联邦法院法》建立,于 1977 年 2 月 1 日开始运作。在澳大利亚法院系统中,联邦法院与各州最高法院平级;在联邦法院系统中,联邦法院与家事法院平级,高于联邦巡回法院,低于高等法院。

澳大利亚联邦法院的初审管辖权包括涉及澳大利亚联邦法律的案件,如人权、土著人产权、竞争、破产、税收、贸易、海事、消费者权益保护、知识产权和劳资关系等纠纷。上诉管辖权包括:(1)除家事诉讼的上诉管辖权由家事法院享有以外,联邦法院享有对其余所有联邦巡回法院判决的上诉管辖权;(2)对澳大利亚首都地区最高法院、诺弗尔克岛最高法院所有的民事和刑事判决的上诉管辖权;(3)其他州最高法院涉及联邦事务判决的上诉管辖权。此外,联邦法院还对联邦政府的一些决定有司法审查权,如涉及国家安全、移民和税收等事项。

目前,澳大利亚联邦法院包括大法官在内大约有 50 名法官。根据《澳大利亚宪法》的规定,法官由总督任命,并且除被证明能力不足或行为不检点外,不能被随意免职,而只能在同任期的两院的提出下,由总督免职。澳大利亚联邦法院的大法官负责处理法院的行政事务,并可将行政权力授权给其他法官行使。

法官在初审案件时通常采取独任制,联邦法院内设的上诉法庭开庭时由 3 名法官组成合议庭。对上诉法庭的判决可以上诉到联邦高等法院。

(吴宏耀　王靖雅)

澳大利亚家事法院

澳大利亚拥有有限管辖权的高级联邦法院,根据《1975 年家事法》建立。20 世纪 90 年代除西澳洲以外的各州法院将其对儿童监护和登记结婚的管辖权移交给了联邦家事法院,进一步扩大了联邦家事法院在家事诉讼上的管辖权。而西澳州则于 1975 年成立了本州的家事法院,因此西澳州涉及《1975 年家事法》的诉讼由本州家事法院审理。

联邦家事法院对家庭和婚姻诉讼拥有专门管辖权,具体而言即监护权争议、共同财产争议、登记结婚、离婚诉讼等。联邦家事法院还受理来自联邦巡回法院的家事上诉,可以由 1 名法官独任审理。对联邦家事法院的一审判决不服,先由 3 – 5 名联邦家事法官组成合议庭审理,如再不服,可以上诉到高等法院。

（吴宏耀　王靖雅）

其他联邦专门法院

澳大利亚联邦法院序列还有大量的专门法院、法庭和裁判所,如行政上诉法院,对澳大利亚政府和非政府机构的行政决定拥有司法审查权;竞争委员会裁判所,对澳大利亚竞争和消费者委员会的行政决定拥有司法审查权;小额索赔法院;工人赔偿理事会等。

（吴宏耀　王靖雅）

澳大利亚州法院

澳大利亚州行使司法管辖权的机构,有州最高法院、区域法院和治安官法院。州法院有时可以行使联邦法院的司法管辖权,如对涉及联邦法律的事项进行裁判。州法院曾试图推动立法确立州法院与联邦法院享有一定共同管辖权,然而随着 1999 年联邦高等法院 27 号判决“Re Wakim”案违宪,这一尝试也宣告失败。然而从此却使州法院和联邦法院的管辖权都得到了一定扩张,即无论州法院还是联邦法院,都有权对所有类型案件的事实部分进行预审裁判,而法律审和正式判决则仍应当由有管辖权的法院作出。

州最高法院是本州的高级记录法院和最高法院。虽然澳大利亚各州的法院系统设置和名称各不相同,然而每个州都设立了州最高法院,并且内设上诉法庭,名为“合议庭”“上诉法庭”“最高法院(民事庭)”“刑事上诉法庭”等,各州不尽相同。作为州内最高审级的法院,州最高法院一般审理最严重的刑事案件,如谋杀罪、严重的毒品犯罪等,并且通常都有陪审团的设置。根据《1970 年最高法院法》第 25 条的规定,州最高法院应当由 1 名大法官、若干名上诉法庭上诉法官以及若干名由总督任命的法官组成。大法官通常是上诉法庭的资深上诉法官,其他法官则分到各专业法庭工作并以行使本庭的职责为限。此外,总督还有权任命有资格的人担任执行法官和执行上诉法官。联邦高等法院的判例对州最高法院具有拘束力,对州最高法院的判决不服可以上诉到联邦高等法院。

此外,大多数州在最高法院以下还设立了两级法院:(1)区域法院,维多利亚州称“郡法院”,管辖情节轻微的可诉罪,因而也就审理了大多数刑事诉讼,此外还有大多数民事诉讼,所受理的民事诉讼要求标的额应当在一定限额以上,大多州的限制为 100 万澳元以上,在没有设置区域法院或郡法院的州,此类案件的管辖权由最高法院享有。(2)治安官法院,或称“地方法院”,处理情节更加轻微即决罪,以及小额的民事诉讼。在塔斯马尼亚和澳洲大陆的两大地区,州最高法院之下只设置了治安法院一级。

澳大利亚高等法院的判例对州法院具有拘束力。对州最高法院的判决不服的,可以向联邦高等法院上诉。

在诺弗尔克岛、圣诞岛和科科斯(基林)群岛,设有一个最高法院和一个治安法院(或称即决法庭)。最高法院法官一般是由联邦法院法院担任。对这些院的判决上诉到联邦法院。由于这三地区人口较少,所以法院只在需要时才开庭工作。

（吴宏耀　王靖雅）

澳大利亚联邦巡回法院

根据1999年《澳大利亚联邦巡回法院法》建立的独立联邦法院。2000年6月受理了第一起案件,其管辖权范围最初是由1999年《联邦治安法》确立的,两部法案于1999年12月23日得到御准。

2009年《公平工作法》中的部分内容构成了对《澳大利亚联邦巡回法院法》的修正。根据该法,联邦巡回法院内部建立起了公平工作庭和综合庭,综合庭负责审理不能由公平工作庭审理的其他案件。自2009年7月1日起,联邦巡回法院受理的所有案件都必须在这两个庭中择一进行起诉、审理和判决。

澳大利亚联邦巡回法院的管辖范围十分广泛,与澳大利亚家庭法院、澳大利亚联邦法院和各州法院的管辖权存在重合,具体包括家事案件、未成年人抚养权案件、行政案件、海商案件、破产案件、著作权案件、人权案件、工业案件、移民案件、隐私权案件和贸易惯例案件等。自建立以来,联邦巡回法院的办案量迅速大量增长。目前,70%的联邦案件以及接近95%的移民案件和破产案件都由联邦巡回法院办理,而联邦巡回法院办理的案件中有接近90%都是家事案件。

澳大利亚联邦巡回法院是根据澳大利亚宪法建立的独立的联邦法院,是一所记录法院、普通法院,同时也是衡平法院。其建立的目标是缓解澳大利亚联邦法院和澳大利亚家庭法院的工作压力,为联邦案件提供更为简单方便的诉讼渠道。联邦巡回法院的建立标志着澳大利亚联邦法院系统发展的一大转折。在此之前,虽然联邦案件的数量十分之大,但由于初级联邦法院的缺位,主要由州法院根据《司法法》对管辖权的简要规定进行审理。联邦巡回法院十分注重案件办理效率,根据《澳大利亚联邦巡回法院法》使用非正式程序以及流水化手段处理案件,73.1%的案件能够在6个月内审结,91.1%的案件能够在12个月内审结。法官定期在全国范围内巡回听审,根据案件需要也可以专门到某地区进行特殊听审,当事人和证人得以通过电话或视频的方式出庭。

根据《澳大利亚联邦巡回法院法》第8章的规定,联邦巡回法院由1名首席法官和若干名任职法官组成,法官的任命须同时符合《澳大利亚联邦巡回法院法》和《澳大利亚宪法》第三章。法院的行政事务由首席法官负责,另设1名首席行政长官负责协助首席法官。目前,联邦法院约有60名法官,他们分别具有出庭律师、初级律师、学术律师、法律援助律师等广泛的职业背景。每位法官都配备1名法官助理和1名副法官助理,大多数法官助理都具有律师资格。

(吴宏耀　王靖雅)

巴　西

巴西法院

巴西行使审判权的机构,由普通法院系统和专门法院系统组成。普通法院则有联邦司法机构和地方司法机构之分。联邦最高法院作为宪法法院,对宪法问题享有最终裁判权;高等法院为非宪法问题上联邦法院和地区法院的最高上诉法院;联邦法院系统内分为初审法院、联邦地区法院;地方法院系统内分为审判法庭和司法法院。专门法院只能由联邦政府设立,分为三类:军事法院、劳动法院和选举法院。

巴西1988年宪法对联邦法院体系的组织和结构作了总括的规定,国家司法委员会是巴西联邦司法系统的专门行政机关。联邦法院跨越地方行政区域设立,可以管辖两个州以上的案件,为了工作需要,联邦法院在每个州均有派出机构。《巴西共和国宪法》第108条和第109条对联邦法院的管辖权范围进行了规定,包括:(1)联邦、独立实体或联邦公共公司作为有利害关系的原告、被告、利害关系人或诉讼参与人的案件,但破产案件、工伤案件和选举法院、劳动法院管辖的案件除外;(2)当事人一方为外国或国际组织,另一方为市,或者在国内居住、定居的个人的案件;(3)以联邦与外国、国际组织之间的条约或协议为基础的案件;(4)政治犯罪,损害联邦或其国有机构、公共公司财产、设施或利益的刑事犯罪,但轻微犯罪和军事法院、选举法院管辖的案件除外;(5)包括奴役在内的违反劳工组织法的犯罪;(6)涉及外籍人士及国籍问题;(7)发生在船舶或飞机上的犯罪;(8)原住民权利问题。

联邦法院在各州和联邦特区的首府设有初审法院,管辖本司法辖区的案件;二审法院为联邦地区法院,是巴西联邦法院体系的上诉法院,5个地区法院分管5个联邦司法区。巴西宪法规定联邦地区法院主要由职业法官组成,以资历和业绩交替晋升。4/5的法官应是在其现职位工作10年以上的联邦法官;其余1/5的法官应从律师和联邦检察机关成员中选任,但对律师要求具有10年经历,检察官则要求在其现职位至少工作10年。联邦地区法院通过建立巡回法庭和地方法庭,实现其司法职能。

地方法院体系有审判法庭和司法法院之分。每个州分为若干个司法辖区,每个司法辖区可包括一个或多个市,在一个司法辖区中至少有一个审判法庭,对大多数案件来说审判法庭即为一审法院;在有两个以上审判法庭的大的司法辖区,通常会根据家事诉讼、犯罪案件等诉讼性质将一审法院进行专门划分。在民事案件和大多数刑事案件中,由法官独任审理,但在关系生命的犯罪案件中,如杀人、堕胎、弃婴、教唆自杀等案件,则由陪审团审判。对审判法庭的判决可以上诉到司法法院。

地方法院系统的最高一级法院为二审法院,即司法法院。每个州有一个司法法院,司法法院被称为上诉法院,意在其只能审查审判法庭的判决,并在州级层面拥有最终裁决权。在某些州,如圣保罗和米纳斯吉拉斯州,曾经存在过与上诉法院平行但管辖权不同的法院,巴西宪法第45条修正案第4款废除了这些法院的存在,从而简化了二审制度。二审法院的判决通常由3名法官组成的合议庭进行判决。较大的法院一般分为民庭和刑庭,分管民事和刑事案件。司法法院的其他功能包括规制市级通过的宪法法令、公证组织以及民事登记服务。

(吴宏耀 张亚逸)

巴西联邦最高法院

巴西对宪法问题享有最终裁判权的宪法法院,位于巴西利亚,其前身是最高司法法院。根据1891年《巴西共和国宪法》,联邦最高法院于1891年2月28日正式组建,弗雷塔斯·恩里克斯为首任主席。联邦最高法院在刚成立时,就被赋予守护宪法、宣布法律合宪性与否的职权,从而开创了巴西法律合宪性的司法控制的历史。

巴西联邦最高法院的主要职能是守护、解释宪法。为了履行此项职能,联邦最高法院负责解释宪法有关事项,决定有疑问或争议的特殊法律行为的实施,以此为手段来评估法律和事项的合宪性问题。这些手段包括:对违背宪法文本的法律和规范性文件采取的直接违宪性行动(Direct Unconstitutionality Action,ADI);危险性宣布(Declaratory Action of Constitutionality,ADC),宣布与宪法解释有异议的宪法性法律或联邦规范违宪;违宪行动(Action of Unconstitutionality,ADO),衡量阻碍某些权利行使的疏忽立法的危险性;宣布违反基本原则(Claim of Breach of Fundamental Precept,ADPF),对违背宪法直到思想和基本原则的法律或规范性文件宣布违宪,解决有关的宪法争议。联邦最高法院同时也作为终审法院受理上诉和职权范围的事项:(1)为保护自由之权利,联邦最高法院在下列情况下,发布人身保护令:共和国总统、副总统、国会成员、最高法院的法官、共和国总检察长作为受制约方的案件或终审上诉案件;(2)在下列情况下,发布安全保护令和信息保护令:受限制方为共和国总统、副总统、众议院和联邦参议院执行委员会、联邦审计法院、共和国总检察长、联邦最高院自身的案件或终审上诉案件;(3)来自外国的引渡请求。当二审法院判决违宪时,可向联邦最高法院提出"特别上诉"。

巴西联邦最高法院由11名法官组成,其法官被称为部长,但与政府部门的部长并无相同之处。根据联邦宪法第101条,联邦最高法院法官应从35岁以上、65岁以下,具有卓越法律知识,声誉良好的巴西公民中选任。由共和国总统提名,参议院绝对多数通过,以70岁为强制退休年龄。与现任联邦最高法院法官有血缘或姻亲关系的,无论是直系或旁系亲属,三亲等以内不得担任联邦最高法院法官。最高法院院长和副院长由法官通过无记名投票选举产生,任期两年,不可连任。一般来说,下一任院长、副院长是由除现任院长和副院长之外最年长的最高法院法官担任。现任院长为里卡多·莱万多夫斯基。

自2002年以来,联邦最高法院的所有司法和行政会议在电视上现场直播,公民可进入法院聆听会议。2009年5月,《经济学家》称巴西联邦法院为世界上最不堪重负的法院,原因为1988年宪法赋予该法院过多的特权和权力,直到最近法院的决定对下级法院仍无约束力,这种情况导致联邦法院系统已经到了分崩离析的地步。

(吴宏耀　张亚逸)

巴西高等法院

一般是指巴西联邦高级法院,其位于巴西首都巴西利亚,对全国范围内的案件享有管辖权。高等法院(葡萄牙语为Superior Tribunal de Justiça,STJ),是巴西境内对联邦非宪法问题的最高上诉法院,巴西高等法院对一些案件也享有初始管辖权。为了缓解最高法院审理案件的压力,1988年巴西新设立了巴西高等法院,与已经存在的高等劳工法院、高等军事法院、高等选举法院平行。1988年《巴西共和国宪法》第105条规定了高等法院权限的范围。

巴西高等法院由33名经参议院提名、总统任命的终身制大法官组成,是除联邦最高法院以外的最重要的法院。高等法院除联邦宪法授予的职能外,对各州州长、联邦区长官的普通犯罪,以及州法院和联邦法院法官、州和联邦审计法院成员、联邦地区法院、选举法院和劳动法院机构之间职能划分的纠纷进行初审;对外国和国际机构为一方与居住在巴西的个人为另一方之间产生的纠纷进行审理;联邦地区法院或者州法院的裁决如果与联邦的条约或法律相抵触,高等法院有权进行审理并宣布上述裁决无效。根据联邦法律还可宣布地方政府指定的法令有无效力;有权否定其他法院对联邦法令所作的解释。

当二审法院的判决与联邦法令相抵触或二审法院对同一联邦法院作出不同的解释时，可以向高等法院提出特别上诉。一般情况下，高等法院仅审理法律问题，对案件涉及的事实问题和量刑因素由二审法院最终决定。

（吴宏耀　张亚逸）

巴西劳动法院

巴西审理劳动关系的专门法院。在各大城市有一审劳动法院，主要审理劳动者的个人诉讼，与劳动法有关的行政事项，以及其他不属于上级劳动法院管辖的事项；二审劳动法院为地区劳动法院，主要审理对一审劳动法院判决的上诉案件，对集体劳动诉讼案件，包括工会和雇主之间的冲突行为和涉及罢工权行使的行为，也有直接管辖的权利；劳动法院系统的最高层级为高等劳动法院，其职责是作为对与劳动法有关的非宪法性问题审理的最高上诉法院。高等劳动法院由 27 位法官组成，总统提名，经参议院绝对多数同意任命。劳动法院有权审理下列事项：(1)劳动关系产生的行为，包括外国公共法人实体，及进行直接或间接管理的联邦、各州、联邦特区和市的机构；(2)涉及罢工权行使的行为；(3)涉及工会代表的行为，包括工会之间、工会和工人之间，以及工会和雇主之间的行为；(4)当受挑战的法律涉及其管辖权事项时，发布安全令、人身保护令和资料保护令；(5)具有劳动管辖权机构之间的管辖权冲突，但依法由联邦最高法院审理的除外；(6)因劳动关系产生精神或物质损失的赔偿；(7)劳动监察机构对雇主做出行政处罚的行为；(8)根据法律规定，因劳动关系产生的其他争议。劳动法院的案件审理采用独任制。

参考书目

孙谦、韩大元：《司法机构与司法制度》，中国检察出版社 2013 年版。

（吴宏耀　张亚逸）

巴西选举法院

巴西审理选举案件的专门法院。选举法院系统最早成立于 1932 年，意在检查、遏制旧共和国时期日益猖獗的选举舞弊行为，重整巴西的选举制度，其于 1937 年解散，于 1945 年重新建立，直至现在。选举法院的主要司法任务包括对有关行政的和刑事方面的选举事务作出判决，审理与政治权利有关的案件。只要跟政党登记有关的各个领域都是选举法院的职权范围，如国会授权的当选人数、候选人的资格审查、计票的程序，甚至是地区治理的合宪审查。巴西选举法院系统的一个特别之处在于其司法外的角色，包括组织、执行、控制所有的正式选举，以及对选举结果的宣布。

巴西每个州都有一个地区选举法院，总部设在省会城市，主管本地区国家一级的选举事务；在地方一级设有选举法官和选举委员会，选举法官从该地区的法官中间任命，主管本地区的选举委员会，其余 4 名选举委员会成员由市民组成。选举法院系统的最高层级为高等选举法院，其任务为控制整个选举法院系统，在制定规则、解释选举程序方面拥有特殊权力，另外对地区选举法院判决的上诉案件享有终审权，但有宪法性问题、拒绝人身保护令、上级法院的执行令的案件除外。其总部在巴西利亚。选举法院系统没有自身的特殊规则，也没有长期工作人员，高等选举法院的法官由共和国总统任命的最高法院、高等法院的法官和两个律师组成，地区选举法院的法官则从由共和国总统任命的其他法院的法官和两个律师组成,选举期作为选举法官,非选举期作为普通法官工作。

参考书目

[美]阿尔蒙德等:《当代比较政治学——世界展望》,朱曾汶等译,商务印书馆1993年版。

(吴宏耀　张亚逸)

秘　鲁

秘鲁法院

秘鲁行使审判权的机构。秘鲁法律制度属于罗马-日耳曼法系。根据《秘鲁宪法》的规定,司法权由按照宪法和法律规定建立的等级制度组织来行使,即法院系统。秘鲁法院作为秘鲁政府机构的一个分支,通过适用秘鲁法律来解决争议和纠纷,确保法律面前人人平等。秘鲁法院分为普通法院和军事法院两个系统。其中普通法院系统分为四个等级,其最高等级为秘鲁最高法院,享有案件的最终裁决权;第二等级为28个高等法院,分管全国24个司法辖区(秘鲁共有25个行政地区,其司法辖区与行政区域的范围多有重合);第三等级为195个一审法院,分管该省的司法案件;第四等级为1838个调解法院,对法院所在地区的治安案件享有管辖权。各级法官均通过全国或地方法官委员会考核推荐,由总统任命,终身任职。最高法院主持司法工作,由院长和15名法官组成,院长由大法官选举产生,任期2年。各省首府设有高级法院和一审法院。

秘鲁共有24个审判区域,每一区域的最高司法机构为高等法院。根据一个区域可能发生冲突的数量和性质,建立了合适的专门法庭。因此,某一审判区域可能存在民事庭、刑事庭、劳资争议庭和家事庭,而其他审判区域可能建立不同的专门法庭。这些法庭既可审理初审案件,也可以审理上诉案件。

近年来,秘鲁进行了司法改革,以国会立法的方式创建了司法管理一体化改革特别委员会;创建了反腐败法庭;在利马设立了解决纠纷的7个商业法庭;更有效地利用宪法法院来进行法律的违宪审查,更广泛地运用治安法官来解决低级争端;为提高审判效率,将科技手段引入审判,制作了诉讼文电子范本;法官的人数增多、待遇提高等。但仍难以改善司法部门工作人员普遍存在的腐败现状,改革进程无法增进公众对司法部门的信心,无法解决案件的大量积压。

秘鲁最高法院特别法庭曾于2009年4月7日以践踏人权罪对前总统判处25年监禁,这也是拉美地区首次在本国以人权罪名对民选总统进行审判。秘鲁人权团体说,长久以来秘鲁司法体系脆弱,现在能审判前总统,这是秘鲁司法制度的一大胜利。

参考书目

黄文旭:《秘鲁对外国判决和仲裁裁决的承认与执行》,载《仲裁研究》2008年第1期。

(吴宏耀　张亚逸)

秘鲁刑事法院

秘鲁对犯罪和其他违反刑法的行为享有管辖权的法院。秘鲁法院系统分为四级，最高法院、高等法院、一审法院和调解法院。除调解法院不能审理刑事案件以外，秘鲁其他三个等级的法院均设有刑事法庭。秘鲁全国刑事法院为最高法院的一个部门，主要管辖全国性的恐怖主义罪行的处理和起诉，现已扩大审理这些人犯下的危害人类罪、专门侵犯人权罪以及其他相关的同样罪行。其主要管辖范围有下列几项：(1)恐怖主义罪行。指国家法律和国际法规定的危害人类罪，以及产生全国性影响的侵犯人权的犯罪，包括种族灭绝罪、绑架罪和酷刑的实施。(2)组织犯罪。指犯罪组织实施的复杂严重犯罪，包括洗钱罪和非法采矿罪、毒品犯罪。(3)贩卖人口、危害儿童的色情犯罪、生产非法武器或爆炸物犯罪、组织偷越国境等严重危害公共管理的犯罪。(4)产生全国影响的、复杂的贪污、贿赂犯罪。(5)在社会动荡情况下，最高法院针对紧急情况和动态发布的法令。(6)杀人、谋杀、拐卖、勒索等妨碍记者行使职能的恐怖犯罪。

（吴宏耀　张亚逸）

秘鲁最高法院

秘鲁的最高审判机关，对秘鲁全国拥有司法管辖权。总部位于首都利马，由院长和 15 名法官组成。院长从大法官中选举产生，任期 2 年。现任最高法院院长何塞·路易斯·莱卡罗斯·科尔内霍(José Luis Lecaros Cornejo)。最高法院法官由 7 名成员组成的独立机构——全国司法委员会考核推荐，总统提名，国会确认，并终身任职至 70 岁退休。最高法院院长有以下权力：代表司法机关；制定司法决策；召集并主持最高法院全体会议；安排法院全体会议决议的执行；汇报司法预算；任命最高法院特别法庭的法官等。

秘鲁最高法院包括三个常设最高部门：民事部门，主管与民事权利和商事法律有关的案件；刑事部门，主管与刑事法律有关的所有案件；宪法和社会部门，主管与宪法和劳动法律有关的所有案件。另有 3 个非常设部门。秘鲁最高法院是民事、刑事和行政事务的撤销法院，同时也可以是法律规定事项的初审法院。

最高法院负责审理根据法律起诉或上诉到最高法院的案件，并对案件作出最终判决。同样，对军事法庭所作判决的上诉也由最高法院审理，但受到秘鲁宪法 173 条的限制。最高法院还负责起草司法部门的预算，后提交给政府部门，预算不能低于政府总支出的 2%。

最高法院每个常设部门都设有最高发言人，正是他们使最高法院成为一个整体。当最高发言人不能履行职务时，由代理发言人代替履行职责。每个部门有 5 名最高发言人，其中有 1 名主要负责人。为保证独立行使职权，最高法院的院长和每个部门负责行政管理的首席发言人并不从属于任何一个部门。

（吴宏耀　张亚逸）

秘鲁宪法法院

秘鲁宪法解释和合宪性控制的最高机构，遵循独立、自主的原则，行使宪法权力而不受其他任何机构的干扰，只受宪法和组织法——28301 号法的规定。秘鲁宪法法院官方总部设在阿雷基帕市，但它拥有在任何其他城市进行庭审的权力。宪法法院有 7 名法官，由国会选举，其任期为5年,不能连任,其中3个法官在某种程度上与总统或其政党有联系,现任院长为Oscar Urviola Hani。宪法法院的职责是在一个案例中判断法律法规是否违宪;裁决终审的决议、人身保护令是否执行;依法处理符合管辖权或由宪法规定的冲突。要断定一个法律违反宪法,至少需要6名法官表示同意。

宪法程序根据案件的不同可以分为三种类型:(1)流程执行型,主要包括人身保护令、宪法保护令、信息保护令,以及执法行动是否遵守程序等涉及宪法权利的司法保护的案件;(2)过程控制型,其目标在于保障宪法或有关法律的法律效力,在相对低等级法律违宪的情况下,维持宪法的至高无上性;(3)冲突处理型,通过解释宪法、处理权力冲突和法律冲突等手段保障政府组织法符合宪法,维护宪法机构以及地方政府的权力。

(吴宏耀　张亚逸)

秘鲁军事法院

秘鲁对军事人员行为进行审判的机构。20世纪80年代末90年代初,暴力团伙“闪光之路”发动了一系列的恐怖行动,很多军事人员在恐怖分子的伏击和谋杀中丧生,正是这个原因导致了秘鲁秘密的军事审判制度的建立。

1979年宪法规定死刑只适用于在战争或恐怖主义中有叛国行为者,并限制了军事法庭的管辖范围。根据宪法第173条,武装部队和国家警察的职务犯罪由相应的军事法院根据军事法典审理,军事法典同时还可规范任何违反义务兵役制规范的行为。除叛国和恐怖主义外,关于死刑的条款不能适用于普通平民。只有军事法院判处死刑的案件,其上诉才不提交给秘鲁最高法院。

秘鲁军事法院的判决常常以无罪终结,另外军事法院往往只对较低等级的军事人员进行审判,军事法院的审判同时也会导致军事人员和普通平民的犯罪标准的差异,因此人权组织对在秘鲁军事法庭审判侵犯人权的军人的合理性常常提出质疑。

(吴宏耀　张亚逸)

秘鲁高等法院

位于秘鲁法院系统审判等级的第二等级,仅次于秘鲁最高法院。秘鲁全国有25个司法辖区,与行政管辖区域基本对应,每一个司法辖区都有一个高等法院。由于高等法院的主要功能是作为上诉法院,因此极少的案件直接由高等法院进行一审审理。

按业务内容不同,高等法院下设以下几类法庭:(1)民事法庭,管辖除家庭事务以外的与公民权利相关的案件;(2)刑事法庭,管辖犯罪案件和其他与刑事法律有关的案件;(3)劳工法庭,管辖与劳动法律有关的案件;(4)家事法院,管辖与家事法律有关的家庭内部案件;(5)商业法庭,管辖与商事法律有关的商业案件。

每个高等法院所拥有的法庭数量都不同,如位于秘鲁首都利马的利马高等法院有33个法庭,分别为8个民事法庭,16个刑事法庭,6个劳工法庭,2个家事法庭和1个劳工法庭。大部分高等法院设有混合法庭,混合法庭管辖两种或多种案件类型。在一个高等法院,如果一个案件不属于一个确定的法院管辖,而该高等法院又没有设立混合法庭,在这种情况下,除必须由刑事法庭管辖的案件之外,该案件由民事法庭管辖。每个法庭有5个法官组成,其中有1个为法庭庭长。高等法院的院长从不同法庭的庭长中选举。一个案件要得到有效判决，至少需要5个法官中的4个法官同意，对于不能达到4个法官同意的案件，称为悬而不决的案件。这种情况下，应当由同一个法院的另外一个法官投第六票。即使有6个法官也不能得到4票同意的案件，应当由另外一个法院的第七个法官投票，直至有4个一致票。

（吴宏耀　张亚逸）

秘鲁一审法院

处于秘鲁法院系统审判等级的第三等级，位于最高法院和高等法院之下。每个省有一个一审法院，按照不同的案件管辖范围，一审法院可以被划分为不同的法院。民事法院，管辖家事领域以外的与民事法律有关的案件；刑事法院，管辖与刑事法律有关的所有案件；劳工法院，管辖与劳动法律有关的案件；家事法院，管辖与家事法律有关的家庭内部案件；商业法院，管辖与商事法律有关的商业案件。管辖两种或多种类型案件的法院被称为混合法院。如秘鲁首都利马有229个一审法院，其中民事法院89个，刑事法院69个，劳工法院29个，家事法院21个，商业法院6个，混合法院15个。由调解法院一审审理的案件可以被上诉到一审法院。同理，由一审法院直接审理的案件，可以被高等法院重审。

（吴宏耀　张亚逸）

秘鲁调解法院

秘鲁法院系统中行使审判权最低一级的法院，每个地区有一个调解法院。调解法院对轻微案件享有管辖权，但不能审理刑事案件。调解法院初审的案件，可以由一审法院重审。与其他等级法院不同的是，调解法院不按照管辖范围划分。调解法院可以被划分为以下两种类型：执业调解法院（licensed courts of peace），即一般意义上的调解法院，法官是正式人员，有政府颁发的从业执照；非执业调解法院（unlicensed courts of peace），通常仅设立于极为偏僻、执业法官数量不足的农村地区，法官是由公众选举的普通市民。执业法官的权力高于非执业的市民法官。在非执业调解法院中，除国家法律外，法官还可以根据公平、平等等价值进行判决。

（吴宏耀　张亚逸）

德　国

德国法院

德国行使审判权的机构。德国法院系统严格按照德国法院法设置，由普通法院、专门法院和宪法法院三大类型构成。其中，宪法法院是德国违宪审查和解释宪法的机关，在德国享有特殊的地位；普通法院主要受理民事、刑事案件，包括地区法院、地方法院、州高等法院和联邦最高法院四个级别；专门法院包括行政法院、劳动法院、社会法院和财政法院，有各自的管辖范围。宪法法院、普通法院和四类专门法院均有各自的联邦最高法院，并受其约束。

德国是联邦制国家，全国划分为联邦、州、地区三级，联邦和各州独立拥有自己的司法体系。第二次世界大战后，德国对国家体制进行重构和调整，制定了《德意志联邦共和国基本法》，根据基本法制定一系列法律，富有德国特色的法院体系逐渐建立。《德国基本法》规定，联邦宪法法院、各联邦法院和各州法院行使司法权，但除宪法法院外，各州法院均受联邦法院领导，与联邦法院形成统一的法院系统。

德国宪法法院是独立于其他国家机关和法院的国家宪法机关，包括联邦宪法法院和州宪法法院两个审级。联邦宪法法院的地位高于其他法院，是德国的最高司法机关，对国家各机关行为的合宪性享有排他性的管辖权。

德国普通法院是一般民事、刑事和家庭案件的审理法院，包括地区法院、州地方法院、州最高法院和联邦最高法院四个审级。普通法院审理案件实行四级三审终审制，轻微民事、刑事案件由地区法院审理，重大民事、刑事案件由州地方法院审理，均可上诉至联邦最高法院，由联邦最高法院做出终审裁决。

德国行政法院负责审理与行政法有关的诉讼案件，包括一切非宪法性质的公法上争议。德国行政法院分为地方初等行政法院、州高等行政法院和联邦行政法院三个级别，实行三审终审制，联邦行政法院作为终审法院受理针对地方行政法院和高等行政法院判决依法提起的法律审上诉及抗告，并做出终审裁决。

德国劳动法院负责审理涉及劳动法及劳资领域的争议案件，包括雇主、雇员、社会机构、集体合同当事人之间的民事争议。德国劳动法院包括地方劳动法院、州劳动法院和联邦劳动法院三个级别，实行三审终身制。各级劳动法院审理案件除职业法官外，均需从雇员及雇主选聘名誉法官参与法庭审理。

德国社会法院负责审理包括社会保险纠纷、失业保险纠纷、护理保险纠纷、医疗保险纠纷、工伤事故保险的社会保障有关案件。德国社会法院分为地方社会法院、州社会法院、联邦社会法院三个级别，实行三审终审制。社会保障纠纷诉讼必须以向行政机关提起的异议审查为前置程序，对行政复议决定不服的可以在法定期限内向社会法院提起诉讼。各级社会法院除职业法官外，均需选聘名誉法官参与法庭审理。

德国财政法院责审理包括财税征收、财税行政处罚、税务协助行为在内的有关税收争议的案件。德国财政法院分为州财政法院和联邦财政法院两个级别，实行两审终审制。财政法院审理案件必须以行政复议为前置程序。纳税人对原税务机关或上级税务机关的行政复议决定不服的，可以在法定期限内向财政法院提起诉讼。

在德国，法院并非按行政区划进行划分设置，而是按司法区来确定的。司法区以案件和人口的数量作为划分标准，各州的高等普通法院数量并不统一。而州初级法院和中级法院的设置则由州议会决定，以方便居民诉讼为主要原则，允许根据社会发展情况进行适当调整。德国现有地区法院 693 个，地方法院 116 个，州高等法院 25 个，劳动法院 123 个，行政法院 52 个，社会法院 69 个，财政法院 19 个。

根据《德国法院组织法》的规定，联邦最高普通法院法官，由联邦司法部长与法官遴选委员会依法官选举法选举，并由联邦总统决定。联邦各最高法院法官的任用，由主管各该领域的联邦部长同法官遴选委员会共同决定。各州可以规定关于各州法官的任用，由州司法部长同法官遴选委员会共同决定。德国各法院均设置主席团，由院长或行使监督职务的法官担任主席，主席团决定合议庭之组织，任命调查法官，规定代理人及分配事务。

《德国法官法》规定，法官地位独立，只服从于法律；并在执法、职务、人身、工资等方面对法官予以保障，确保法官的独立性，保护法官依法行使职权。终身法官一经任命，不得违背其意愿，非因法定事由、非经法定程序，不得进行职务变动和工资调整。同时，《德国法官法》规定，任职于联邦各最高法院的法官退休年龄为68岁，其他法官的退休年龄为65岁。除法官外，法院内还有书记员、执行官、法医、司法警察、司法行政人员和缓刑监督官等司法辅助人员，均须依法任命。

（吴宏耀 吴夏帆）

德国宪法法院

根据《德国基本法》建立的国家宪法机关，独立于其他国家机关和法院，分为联邦宪法法院和州宪法法院。联邦宪法法院在德国享有特殊的地位，超过其他五个联邦法院，是德国的最高司法机关。

联邦宪法法院成立于1949年，地点设于卡尔斯德鲁，各州宪法法院的设立则无特别规定，既可单独设立，亦可附设于本州其他法院。联邦宪法法院和州宪法法院之间各自独立，联邦宪法法院依据基本法行使审判权，州宪法法院依据各州宪法行使审判权。

联邦宪法法院由联邦法官和其他成员组成，共有法官16名。两个审判庭各8名法官，其中3名法官应在曾服务于联邦最高等级法院3年以上的法官中选任。联邦宪法法院的法官，必须为年满40岁、具有联邦众议院议员候选资格的个人，由联邦议院和联邦参议员分别选举，并由总统任命产生。从联邦最高等级法院选任的3名审判庭法官中，由联邦众议院选出1名，联邦参议院选出2名；其余法官由联邦众议院选任3名，联邦参议院选任2名。联邦宪法法院的法官不得在联邦众议院、联邦参议院、联邦政府机关兼职，也不得为州相应机关的成员。法官任期最长12年，不得连任；法官退休年龄为68岁，即便任期未满，达到退休年龄时也必须退休。

联邦宪法法院的职能是审查国家各机关行为的合宪性，其案件管辖范围包括法律的合宪性问题，宪法机关、联邦和各州之间的争议，个人就法院裁决或实体法上的违宪审查提起的诉讼。就此，《德国基本法》第93条作出了详细规定：(1)某一联邦最高权力机关基于基本法所享有和承担的权利和义务范围，与由基本法或联邦最高权力机关通过议事规则授予既有权利的其他关系人的权利义务范围之间产生争议，要求对基本法进行解释的；(2)就联邦法律或州法律与基本法在形式或实体上是否一直产生异议或疑问时，或州法律与其他联邦法律是否一致的问题上，经联邦政府、州政府或联邦议院1/3议员请求裁判的；(3)就法律是否符合基本法第72条第2款要求有异议，经联邦议院、州政府或州立法机构请求裁判的；(4)就联邦和各州的和权利义务，尤其是就各州执行联邦法律和联邦实行监督权的问题产生分歧的；(5)联邦和州之间、各州之间或一个州内部发生其他公法上的争议，且无其他法院可以受理诉讼的；(6)认为自己的基本权利或第20条第4款、第33条、第38条、第101条、第103条和第104条规定的权利遭到公共权力机关侵犯时，任何人可以提起宪法性申诉；以上案件由联邦宪法法院进行审理。另外，联邦宪法法院还受理其他条文中规定的褫夺基本权利、宣告政党违宪、弹劾联邦总统、弹劾联邦或邦法官等案件。

联邦宪法法院内设置两个审判庭，各有独立的审判权和管辖范围。其中，第一庭审理中立的司法审查,包括法院和个人提起的法规审查和宪法性申诉;第二庭审理机关之间的宪法性争议。联邦宪法法院另设联合庭,由全体法官组成,负责议决其自身事务;其中一审判庭长期案件负担过重时,联合庭得就两庭的管辖权作出不同的决议;两个审判庭就某一法律问题产生分歧时,也应由联合庭进行裁判。

除宪法性申诉和具体的司法审查外,宪法法院的审理多采口头审理形式,允许争议双方在公开的庭审中进行口头辩论,其他案件由合议庭进行书面审理。宪法法院的公开审理可能在电视台或电台播出。判决采多数法官意见,少数案件须经 2/3 的表决;判决可以体现法官的反对意见。联邦最高法院的判决将在法院官方网站上公布,并会被出版成书籍。

联邦宪法法院在德国法院系统中具有至高无上的地位,被认为是世界上最富干预性和最有权力的法院。由于它对宪法的强大的控制力和对公民权益的有效保护,联邦宪法法院被视作基本法的后卫,在德国的现代民主中也发挥了重要的作用。

(吴宏耀 吴夏帆)

德国联邦最高法院

依据《德国基本法》第 95 条设立,是德国普通法院的最高审级法院,与联邦最高劳工法院、联邦最高财政法院、联邦最高社会法院、联邦最高行政法院共同并列为德国五个联邦终审法院。联邦最高法院建立于 1950 年 10 月 1 日,主要办公地点位于卡斯鲁,其中第五刑事审判庭设于莱比锡。

联邦最高法院共有 123 名法官,由院长、庭长及其他法官组成,每个审判庭由 1 名法官领导 4 名陪审员组成。联邦最高法院法官,由 8 名联邦参议员和 8 名联邦议员以及 16 个州的司法部长组成的联邦法院法官选举委员会选举,并由联邦司法部长提名,最后由总统任命。被选任为联邦最高法院法官者,须年满 35 岁。

联邦最高法院是民事、刑事案件的最高审级法院,主要受理不服地方法院和高等法院一审判决的上诉案件,其辖区不受州法院辖区限制。普通法院审理案件实行四级三审终审制,轻微刑事案件和民事案件由地区法院和州地方法院进行审理;重大民事案件由州地方法院进行一审,三审可诉至联邦最高法院;重大刑事案件由州地方法院一审,二审诉至联邦法院即为终审;家庭案件由地区法院进行一审,二审上诉至州地方法院,三审由联邦最高法院受理。联邦最高法院做出的是终审裁决,不可上诉。审理的有关案件涉及宪法上问题时,案件则被移送至宪法法院审理。

最高法院内设 12 个民事审判庭、5 个刑事审判庭,实行合议制,审理各类民、刑事上诉案件。另设 8 个特别审判庭,审理以下案件:土地经济案件、律师案件、公证案件、专利代理人案件、会计案件、税务顾问案件(纳税争议除外)、卡特尔案件、联邦政府公务员案件(兵役案件除外)。此外,最高法院内设 1 个联合审判庭和 1 个主席团,分别负责对审判问题和日常行政问题的处理和决定。

最高法院只对上诉案件进行法律审,不审理案件事实。联邦最高法院作为德国的上诉法院,其职责是通过对法律的根本内容和发展方向进行解释说明,从而确保法律的统一。当且仅当相关法律争议具有基础性意义,或者法律的发展和确保司法的统一要求法律审法院作出判决时,联邦最高法院才进行审理裁判。

关于法律问题，民事庭与其他民事庭或民事大法庭裁判不同、刑事庭与其他刑事庭或刑事大法庭裁判不同时，分别由民事大法庭或刑事大法庭裁判；民事庭与刑事庭或刑事大法庭的裁判见解不同、刑事庭与民事庭或民事大法庭的裁判见解不同、或一法庭与联合大法庭以往裁判见解不同的，由联合大法庭裁判。关于原则性问题，裁判法庭因促进法律发展或保证裁判一致之必要，得请大法庭做出裁判。

（吴宏耀　吴夏帆）

德国地方法院

州所设立的中级法院，负责审理不属于地区法院审理范围的民事、刑事案件和不服地区法院判决的上诉案件。由地方法院进行一审的案件包括标的额在5000欧元以上的民事案件和法律规定的重大刑事犯罪。

地方法院由院长1名、各庭庭长和其他法官组成，地方法院法官可以同时兼任地区法院的法官；法官人选由州司法部长同法官选举委员会共同决定。

地方法院设有民事审判庭和刑事审判庭，由法官组成合议庭进行审理。民事审判庭包括民事庭和商事庭。民事庭由3名法官组成，其中1人为庭长；少数案件根据诉讼法的规定由1名法官独任审理。州司法行政部认为有必要时，可与地方法院内，就地方法院管辖或特定地区，设立商事庭，审理商事案件。除有诉讼法规定由庭长独任审理之外，商事庭应由1名法官和2名陪审员组成，以法官为庭长。商事庭的陪审员要求为年满30岁的德国人，从经商事注册或曾经商事注册的商人、股份有限公司董事、有限公司执行业务股东或其他法人董事中选任，任期3年，可以连任。

刑事审判庭包括大刑事庭和小刑事庭。对案件进行书面审理时，由3名法官组成合议庭，其中1人为庭长；审理不服地区法院判决的上诉案件时，由庭长和2名陪审员组成小刑事庭，主要审理轻微刑事案件和刑事自诉案件；审理由地方法院进行一审的重大刑事案件时，由3名法官和2名陪审员组成大刑事庭，其中1名法官为庭长。地区法院与地方法院相距过远，州政府有权规定或授权司法行政部于一地区法院内，就某一地区法院或数个地区法院辖区，设立刑事分庭，并将地方法院刑事庭于该区域内事务全部或一部交于该分庭。刑事分庭由地方法院法官，或其区域内的地方法院法官组织，庭长和其他庭员由地方法院主席团任命。各刑事审判庭的陪审员由地方法院院长进行分派。

地方法院另设刑事执行庭，负责辖区内成年犯徒刑、矫正或保安处分的执行。刑事执行庭法官由地方法院主席团，就地方法院法官及在辖区内的地区法院法官，进行任命。宣告两年以下有期徒刑的简单案件，由1名法官裁判；两年有期徒刑以上以及案件有特殊困难或案件重大者，由3名法官进行裁判。

（吴宏耀　吴夏帆）

德国地区法院

德国普通法院的基层法院，审理一般民事、刑事和家庭案件。德国法院系统由宪法法院体系、普通法院体系、行政法院体系、社会法院体系、劳动法院体系和财政法院体系六个法院体系组成，地区法院为德国普通法院体系中最低审级的法院，全国设有地区法院约700个。

地区法院设院长1名,法官人数不定,地区法院法官可以兼任其他地区法院的法官或者州法院的法官。法官人选由州司法部长同法官选举委员会共同决定。地区法官的工作,由各州司法部授权其上级地方法院院长进行监督。地区法院设置主席团,由全体有被选举权的法官共同组成,由院长或上级地方法院院长担任主席。

除职业法官外,地区法院参审法庭中需要配置2名陪审员。陪审员必须从年满25岁的德国人中选任,任期为4年。各乡镇每4年应提出陪审员候选名单,由地区法院召开委员会进行选举,各地区法院所需陪审员人数由地区法院院长或上级地方法院院长决定。

根据《德国法院组织法》的规定,地区法院管辖以下一审案件类型:(1)诉讼标的额在5000欧元以下的民事案件;(2)判处刑期在四年有期徒刑以下的轻微刑事案件;(3)一般婚姻家庭案件;(4)行政登记注册案件;(5)租赁合同争议案件。对于地区法院的判决不服的,可以向地方法院提起上诉,也可以直接向州高等法院提请再审;不服地区法院对家事案件的判决的,直接上诉至州高等法院。

地区法院在审理民事案件和法定刑在两年有期徒刑以下的刑事案件时,由1名法官独任审理,必要时可由2名法官组成合议庭审理民事案件;应当判处两年以上有期徒刑的刑事案件,由陪审法庭进行审理。陪审法庭由1名专职法官和2名陪审员组成,专职法官任审判长,审理过程中陪审员与专职法官享有同等地位;依案件范围有必要者,可依检察官之申请裁定增加专职法官1名进行审理。

州政府可以在地区法院内设立家事法庭、少年法庭和成人监护法庭,由专门的法官组成,审理专门的民事、刑事案件。出于集中审理符合诉讼经济的目的或为了确保司法的统一,州政府或者经州政府授权的州司法部有权以成文法规将多个地区法院的家事案件和监护案件指定其中一个地区法院进行审理。

(吴宏耀　吴夏帆)

德国行政法院

德国负责审理行政诉讼案件的法院体系,它与宪法法院体系、普通法院体系、财税法院体系、劳动法院体系和社会法院体系共同构成德国法院体系,是德国最主要的法院系统之一。19世纪下半叶产生了德国行政法院的雏形。第一个独立的高等行政法院于1864年建立,19世纪70年代普鲁士首次建立包括三个审级的行政法院。直至1924年在德国各州建立行政法院,行政法院体系开始建立,并于1960年《行政法院法》出台后得到进一步完善。

德国行政法院分为地方初等行政法院、州高等行政法院和联邦行政法院三个级别。《行政法院法》规定,在普通行政审判管辖范围内,各州设立数目不等的行政法院与一个高等行政法院,并设立联邦行政法院。几个州可以协议设立一个共同的法院、法院的共同的法庭,也可以就司法辖区跨越州界,甚至某一类事项的管辖达成协议。目前德国联邦行政法院设置在莱比锡。

行政法院由院长、主审法官及其他相应数额的法官组成,内设有若干法庭,联邦最高行政法院还设置有大审判庭一个。地方行政法院以3名法官和2名陪审员审理案件,简单案件可由独任法官进行审理。高等行政法院法庭由3名法官组成并行使审判权;州法律可规定该法庭由5名法官组成,其中2名为陪审员。联邦行政法院法庭由5名法官组成。

法官的委任为终身制，担任联邦行政法院的法官必须年满35岁。陪审员每4年选举一次，必须为德国人且年满30岁。法院设置院委会，院委会成员经选举产生，负责法院的人员选任和业务分配。另外，每个法院设有办事处，配备一定数目书记官，负责日常审判的协助工作。

行政法院负责审理与行政法有关的诉讼案件，一切未被联邦法律划归为属其他法院管辖的非宪法性质的公法上争议均属行政法院管辖范围。高等行政法院管辖对地方行政法院判决的普通上诉案件和对其他行政法院裁决的抗告；对涉及核能设施、发电站、架空电线、以发电站垃圾处理法为基础的计划确定决议、机场、铁路、有轨电车和联邦长途公路等案件进行一审审理。联邦行政法院作为一审及终审法院依法审理联邦与各州、各州之间的非宪法性公法争议，针对联邦结社禁令提起的诉讼，以及联邦因其雇佣法律方面的先例作为联邦新闻的业务范围的依据而提起的诉讼。联邦行政法院同时作为终审法院受理针对地方行政法院和高等行政法院判决依法提起的法律审上诉及抗告。联邦行政法院是最高行政法院，其判决是最终判决，不可上诉。

参考书目

[德]平特纳:《德国普通行政法》，朱林译，中国政法大学出版社1999年版。

（吴宏耀　吴夏帆）

德国劳动法院

德国负责审理劳动关系诉讼的法院体系，它与宪法法院体系、普通法院体系、行政法院体系、财税法院体系和社会法院体系共同构成德国法院体系。最早起源于法国大革命时期里昂成立的“裁判所”，由雇主作为法官来裁决雇主与雇员之间的纠纷，后发展成由雇主和雇员共同组成的劳资纠纷调停所。1980年企业法院成立，德国建立了独立的劳动司法程序。至1953年，《德国劳动法院法》颁布，德国劳动法院体系最终确立。

德国劳动法院由地方劳动法院、州劳动法院和联邦劳动法院组成。各州设立地方劳动法院和州劳动法院，几个州可以就一共同劳动法院或一劳动法院共同法庭的设立、跨越州界的法院管辖区域以及有关特定业务管辖区达成协议。联邦劳动法院设立在卡塞尔。

劳动法院人员由职业法官和陪审员组成，名誉法官从雇员及雇主中产生，数量各占一半。名誉法官由联邦劳动与社会秩序部部长任命，任期4年。名誉法官须年满35岁，在劳动法及劳资领域方面有特殊的知识和经验，并应在一劳动法院担任名誉法官至少4年且在德国曾较长时间有过雇员或雇主身份。审理案件时，名誉法官与职业法官享有同等权限。

地方劳动法院由必要数目的主席和名誉法官组成，每一地方劳动法院的法庭由1名主席和来自雇员和雇主的各1名名誉法官组成。州劳动法院由院长、必要数目的主席及名誉法官组成，州劳动法院每一法庭由1名主席及由雇员和雇主中产生的名誉法官各1名组成。联邦劳动法院由院长、必要数目的主席法官、职业陪审法官以及名誉法官组成；现雇有35名法官和118名员工，其中10名为主审法官。

联邦劳动法院设判决委员会和大判决委员会。判决委员会由1名主席、2名职业陪审法官以及来自雇员和雇主方面的名誉法官各1名组成，判决委员会的数目由联邦劳动和社会秩序部部长与联邦司法部长协商一致决定。大判决委员会由院长、资格最老的主席法官、4名联邦法官以及来自雇主和雇员方面的名誉法官各2名组成，院长担任大判决委员会主席。如在一法律问题上某判决委员会和另一判决委员会或大判决委员意见发生分歧,则应由大判决委员会就此做出决定。如一判决委员会认为从法律的连续性或保证司法统一性方面有必要,大判决委员会可就一有根本意义的问题作出决定。

根据《德国劳动法院法》,劳动法院的管辖范围包括雇主与雇员及其遗属之间、雇员之间、雇员或其遗属和破产保险机构之间、集体合同的劳资双方当事人和第三方当事人之间、发展援助机构和发展服务承担机构之间、自愿社会服务年承担机构和援助人员之间发生的民事争议,法院必须经判决程序进行审理。此外,劳动法院还负责管辖企业组织范围内的事务争议、高级职员委员会范围内的事务争议、有关监事会雇员代表选举和撤销的事务争议、集体合同订立和适用的争议,以上争议须经决议程序审理。

劳动案件一审由地方劳动法院处理;对地方劳动法院的判决不服,可在州劳动法院提起上诉;对州劳动法院的判决不服,可在联邦劳动法院申请复审。对地方劳动法院所作决议不服的,可向州劳动法院提起申诉;对州劳动法院所作决议不服,可向联邦劳动法院提起法律申诉。600 欧元以下的争议原则上不准上诉。

地方劳动法院设立初步调解庭,对于诉至劳动法院的争议案件先行进行调解,达成协议;无法达成协议的案件则转入正式审理程序。对于原告缺席和被告自认的案件,也可通过初步调解庭迅速解决。

(吴宏耀　吴夏帆)

德国社会法院

德国负责审理社会保障纠纷诉讼的法院体系,它与宪法法院体系、普通法院体系、行政法院体系、财税法院体系和劳动法院体系共同构成德国法院体系。德国社会保障司法建设最早起源于 1900 年的劳动者保险仲裁法院建立。1911 年《帝国保险法》颁布,设置了解决社会保障纠纷的三级保险厅。第二次世界大战后,德国社会保障机构进行了调整,1949 年基本法将社会保障纠纷裁判权作为一项独立于行政权的权限,直至 1953 年《社会法院法》颁布,德国社会法院体系正式建立。

德国社会法院分为地方社会法院、州社会法院、联邦社会法院三个级别,实行三审终审制;联邦社会法院为最高审级法院,案件一经其裁决,不得上诉。社会法院负责审理社会保障相关案件,根据《社会法院法》的规定,包括社会保险纠纷、失业保险纠纷、护理保险纠纷、医疗保险纠纷、工伤事故保险,以及其他生活援助、社会服务等方面的保险纠纷。社会法院审理案件不得收费。

社会法院人员由职业法官和名誉法官组成,名誉法官主要从工会成员、雇主协会成员、社会保险参加者、保险机构工作人员、医师以及通晓社会保障法的人士中选任。审理案件时,名誉法官与职业法官享有同等权限。地方社会法院中各专业法庭由 1 名职业法官和 2 名名誉法官组成。州社会法院各专业法庭由 3 名职业法官和 2 名名誉法官组成。联邦社会法院各专业法庭由 3 名职业法官和两名名誉法官组成。联邦社会法院内另设大法庭,审理部分特殊案件。大法庭由联邦社会法院首席法官、6 名职业法官和 4 名名誉法官组成。

州和联邦社会法院的职业法官实行终身任职制。州社会法院职业法官由各州司法部长任命,联邦社会法院职业法官由联邦法官选举委员会选举产生,由总统决定。名誉法官则由各州政府或受委托的机构根据提名聘用,聘用期为4年。

社会保障纠纷诉讼必须以向行政机关提起的异议审查为前置程序,对行政决定不服的可以在法定期限内向社会法院提起诉讼。法院审理案件以口头辩论为主,仅以当事人约定书面审理为排除条件。对地方社会法院判决不服的,可以向州社会法院提起上诉;认为州社会法院的判决存在原则性错误、存在程序错误或与联邦社会法院的判决相矛盾,可以上诉至联邦社会法院。

联邦社会法院仅对上诉案件进行法律审,对事实问题不再进行审查,对确有错误的案件应当撤销原判,发回州社会法院重审。关于联邦与州之间、各州之间因社会福利事务发生争议而诉至法院时,由联邦社会法院进行审理,实行一审终审制。案件由联邦社会法院审理时,当事人必须委托诉讼代理人进行诉讼活动。

(吴宏耀 吴夏帆)

德国财政法院

根据《德国基本法》和《财政法院法》设立,负责审理税收纠纷诉讼的法院体系,与宪法法院体系、普通法院体系、行政法院体系、社会法院体系和劳动法院体系共同构成德国法院体系。

财政法院分为州财政法院和联邦财政法院两个级别,实行两级两审终审制。德国现有19所财政法院。各州一般设1个州财政法院,其中巴伐利亚州有2处,北威州有3处,柏林与勃兰登堡州设置一处共同的财税法院。联邦财政法院设址于慕尼黑。

州财政法院审判庭由3名专职法官和2名兼职法官组成,兼职法官一般从财政税收领域的专家学者中产生。联邦财政法院审判庭由5名专职法官组成,法官选任由具备法定资格的联邦部长与法官选举委员会联合选举产生,由总统决定。

财政法院主要负责审理有关税收争议的案件,根据《财政法院法》的规定,对下列案件享有排他管辖权:(1)因联邦或联邦税务机关征收有关联邦立法权限内的赋税而发生的争议;(2)因联邦或联邦税务机关为执行税法而做出行政处罚而发生的争议;(3)因税务案件协助行为的许可而发生的争议;(4)其他依据联邦或州法律规定由财政法院受理的案件。

财政法院审理案件必须以行政复议为前置程序。纳税人对原税务机关或上级税务机关的行政复议决定不服的,可以在法定期限内向财政法院提起诉讼,由法院组成合议庭,进行书面审理。对州财政法院的裁决不服的,可以向联邦社会法院提起上诉或抗告。联邦社会法院对标的额在1000欧元以上、对法律适用有争议的案件进行法律审,其判决为终审判决,不得上诉。财政法院对受理的案件可以采取调解方式结案,双方经调解达成一致的,即可结案。对于偷税漏税案件,查明违法情节触犯刑法的,应移交普通法院管辖。管辖权发生争议时,由联邦法院联合委员会进行协调。

参考书目

何勤华:《德国法律发达史》,法律出版社2000年版。

(吴宏耀 吴夏帆)

俄 罗 斯

俄罗斯联邦法院体系

在俄罗斯境内行使联邦国家司法权力的专门机关体系。俄罗斯联邦法院体系由俄罗斯联邦宪法及联邦宪法性法律《俄罗斯联邦法院体系法》确定。《俄罗斯联邦法院体系法》规定,俄罗斯联邦只有法院和法官以及根据法律规定的程序行使审判活动的刑事陪审员、人民陪审员和仲裁陪审员才能行使司法权。其他任何机关和个人均无权进行审判活动。司法权独立于立法权和执行权。司法权通过宪法、民事、行政和刑事诉讼实施。

俄罗斯联邦的法院体系由联邦宪法(宪章)法院、联邦法院、联邦主体法院组成。根据俄罗斯宪法的规定,联邦宪法法院在俄罗斯法院系统中具有最高的法律地位,直接解决宪法管辖权问题,审理法律冲突时作出的决定具有最终的法律效力。联邦宪法法院对联邦委员会和国家杜马的法律、决定,联邦总统的命令,其他联邦机构的文件,各共和国的宪法,联邦主体的法律、章程和其他法规,联邦内部条约和国际条约是否符合联邦宪法,以及社会团体的成立和活动是否符合宪法的案件作出裁决。联邦宪法法院还对联邦国家权力机关之间、联邦国家权力机关和联邦主体国家权力机关之间以及联邦各主体国家机关之间的权限纠纷作出裁决。联邦最高法院是民事、刑事、行政和其他案件的最高司法机关。根据联邦法律规定的诉讼程序对法院的活动实行司法监督,并对审判实践问题作出解释。联邦委员会根据总统提名任命联邦宪法法院、联邦最高法院法官。2013 年 11 月 21 日,俄罗斯国家杜马(议会下院)通过一项旨在成立新的最高法院的宪法修正案。根据这份修正案,俄罗斯最高仲裁法院将被撤销,其履行的职能将划归新的最高法院。2014 年 2 月 6 日俄罗斯总统普京签署了该法案。2014 年 8 月 6 日俄罗斯联邦最高仲裁法院被撤销。新的最高法院成为俄唯一的最高司法机关,处理民事、刑事和行政案件以及解决经济纠纷和处理其他司法管辖案件。新的最高法院由 170 名法官组成,由俄总统代表、社会院成员和法律专家组成的专门委员会负责法官的遴选工作。

俄罗斯联邦法院包括:构成普通管辖权的联邦法院体系的俄罗斯联邦最高法院,共和国、边疆区、州最高法院,联邦直辖市法院,自治州法院,自治区法院,区域法院,军事法院和专业法院;构成联邦仲裁法院体系的联邦地区仲裁法院(第二上诉审仲裁法院)第一上诉审仲裁法院,联邦主体仲裁法院。

联邦主体法院包括:联邦主体的宪法(宪章)法院,拥有联邦主体普通管辖权的治安法院。

至 2010 年年底,共有 83 个共和国最高法院、边疆区法院、州法院、联邦级市法院、自治州及自治区法院;12 个驻军法院;2319 个区法院;119 个卫戍区军事法院,其中 5 个位于俄罗斯境外。

不同法院的法官任职年龄条件不同,具体规定在《俄罗斯联邦法官地位法》中。凡是达到该法规定的年龄、受过高等法学教育、具有所要求法律职业工作经历并且未患有影响担任法官职务疾病的俄罗斯公民均有权在向有关考试委员会递交专业考试申请后参加法官任职专业考试。法官任职专业考试由考试委员会主持,考试委员会无权拒绝符合法定条件的申请人参加法官任职专业考试。凡是符合法定法官任职条件的公民有权向法官资格审查委员会提出担任空缺法官职务的推荐申请。向法官资格审查委员会递交推荐申请的同时，还要提交专业考试结果通知书。法官资格审查委员会应对申请人提交的文件和通知书的真实性进行审查，并有权要求相关机构对上述文件和通知书的真实性进行审查。法官资格审查委员会根据审查结果与其真实性的审查结论，以及专业考试成绩，作出是否推荐任职法官的决定。法官资格审查委员会将有关推荐公民担任法官职务的决定送达相应法院主席后，如法院主席同意该决定，则应按规定的程序任命被推荐人担任法官职务；如法院主席不同意该决定，则应将其退回原法官资格审查委员会重审。如果经重审，法官资格审查委员会又以2/3以上多数维持了原决定，则法院主席必须任命被推荐人担任法官职务。

在俄罗斯，法官任职终身，超出党派，依据法律独立审判，不受任何干涉。

（元 轶）

俄罗斯联邦最高法院

俄罗斯联邦普通法院管辖的民事、刑事、行政和其他案件的最高司法机关。俄罗斯联邦最高法院成立于1923年1月4日。2013年11月21日，俄罗斯国家杜马（议会下院）通过一项旨在成立新的最高法院的宪法修正案。根据这份修正案，俄罗斯最高仲裁法院将被撤销，其履行的职能将划归新的最高法院。2014年2月6日俄罗斯总统普京签署了该法案。2014年8月6日俄罗斯联邦最高仲裁法院被撤销。新的最高法院成为俄唯一的最高司法机关，处理民事、刑事和行政案件以及解决经济纠纷和处理其他司法管辖案件。

联邦最高法院院长由总统提名，联邦委员会批准。俄罗斯联邦最高法院在其授权内可作为第一审法院审理案件，也可审理上诉案件，对于下级法院作出的决议、判决、裁定等施行监督；研究并总结审判经验，分析司法统计资料，对下级法院在审理案件中所遇到的法律问题给予指导性的解释；最高法院全体会议作出指导性解释后，对下级法院执行情况施行监督。根据俄罗斯联邦宪法第104条，最高法院在其主管范围内具有立法动议权。俄罗斯联邦最高法院设有全体会议、主席团、民事审判会议、刑事审判会议（包括审理撤销原判申请的机构——上诉院）、军事法院。参加最高法院全体会议有最高法院所有审判员，以院长为首。全体会议必须有总检察长出席，也可以有司法部部长出席。最高法院主席团是审理由下级法院业已审理并作出决定、判决、裁定的民事、刑事案件最高级别的国家司法机关（终审法院）。最高法院主席团由最高法院主席、副主席以及其他成员组成。最高法院工作人员有审判会议顾问（或军事会议监督员）。最高法院还设有以下处级部门：总结审判经验处、立法工作处、监督程序案件决议执行监督处、决议执行监督、信访处、国际条法处、人事处等。

俄罗斯联邦最高法院管辖的一审案件有：对俄罗斯联邦总统非规范性法律文件、联邦会议各局的非规范性法律文件、俄罗斯联邦政府非规范性法律文件提出质疑的案件；对涉及公民、组织的权利、自由和合法权益的俄罗斯联邦总统规范性法律文件、俄罗斯联邦政府规范性法律文件、其他联邦国家权力机关规范性法律文件提出质疑的案件；对中止、终止法官权利或者终止法官辞职裁决提出质疑的案件；关于中止政党、全俄罗斯级别社会组织和国际组织活动或者将其解散的案件，将在两给以上俄罗斯联邦主体具有地方宗教组织的中央宗教组织予以解散的案件；对俄罗斯联邦中央选举委员会（不论选举和全民公决的级别）的决定（不予决定）提出质疑的案件,但对维持下级选举委员会和全民公决委员会决定的复议决定除外；俄罗斯联邦总统根据《俄罗斯联邦宪法》第85条之规定向俄罗斯联邦最高法院提交的解决联邦国家权力机关与俄罗斯联邦主体国家权力机关之间的争议、以及解决俄罗斯联邦主体国家权力机关之间的争议的案件；关于改组俄罗斯联邦中央选举委员会的案件；联邦法院规定由俄罗斯联邦最高法院管辖的案件。

根据《俄罗斯联邦法官地位法》的规定,俄罗斯联邦最高法院的法官必须年满35岁,并具有10年以上法律职业工作经历。新的最高法院由170名法官组成,由俄总统代表、社会院成员和法律专家组成的专门委员会负责法官的遴选工作。

（元　轶）

俄罗斯联邦宪法法院

俄罗斯负责宪法监督的司法机关,也是宪法解释机关。在俄罗斯法院系统中具有最高的法律地位,直接解决宪法管辖权问题,审理法律冲突时作出的决定具有最终的法律效力的司法机关。

联邦宪法法院成立于1991年,1993年俄罗斯以全民公决方式通过了由叶利钦主持制定的新宪法。1994年6月24日,俄罗斯联邦国家杜马通过了联邦宪法性法律《俄罗斯联邦宪法法院法》。1995年,俄罗斯联邦总统和议会按照新宪法规定的程序,组建了俄罗斯联邦新的宪法法院。

俄罗斯宪法法院由19名法官组成。19名法官的候选人由总统提名,联邦委员会批准。根据宪法法院法规定,联邦宪法法院法官,年龄不得小于40岁,同时还必须受过高等法学教育,拥有15年以上的专业职龄,并且要在法律界享有良好的声誉,每一位法官的任期最多不得超出12年,且不得两次担任俄罗斯联邦宪法法院法官。宪法法院法官不得参加政党和社会政治运动,不得从事政治性的宣传和鼓动,不得参加国家权力机关和地方自治机关的竞选活动。

根据俄罗斯联邦宪法和宪法法院法,宪法法院的主要职权包括审理联邦性法律文件是否符合联邦宪法的案件、解决国家权力机关之间的权限纠纷、对俄罗斯联邦的宪法进行解释、对指控俄罗斯联邦总统叛国或者犯有其他重大罪行是否符合法定程序作出结论,同时宪法法院还可以就俄罗斯联邦宪法划归宪法法院管辖的问题向国家杜马提出立法动议,以及根据俄罗斯联邦公民的投诉和法院的询问,对具体案件中适用或者应予适用的法律是否符合俄罗斯联邦宪法进行审查。

联邦宪法法院审查的范围主要包括四类:一是联邦法律,总统、联邦委员会、国家杜马、联邦政府制定的规范性文件;二是各共和国宪法,联邦各主体制定的相关法律和其他规范性文件;三是联邦和联邦各主体之间的条约,联邦各主体之间的条约;四是尚未生效的国际条约。提起诉讼的主体包括联邦总统、联邦委员会和国家杜马及其议员、联邦政府、联邦最高法院、联邦高等仲裁法院、联邦各主体立法和执行权力机关。如果是公民提起宪法诉讼,须符合一定的条件:一是诉求只能针对规范性法律文件;二是诉讼须涉及公民的具体权利问题,即公民只有在具体权利受到侵害时,才能向宪法法院提起诉讼,不能只针对抽象性文件提起诉讼。实践中,提交到宪法法院的案件大部分是公民提出的,多是因为其社会保障、劳动权利以及自由权利受到侵害提起的诉讼。国家机关提出的比较少,2009年只有两三件,主要涉及联邦主体的关系或者管辖问题。宪法法院平均每年接受的诉求大约有 2 万件,其中大多数因不符合要求而被拒绝。其原因主要是不属于宪法法院的管辖范围,或者诉求并不涉及法律文件的冲突问题。宪法法院每年选择 20 件左右案件进行公开审理,还有 40 件左右进行书面审理——由于这些案件材料和证据比较充分,只需书面审理即可。宪法法院审理后,只对规范性文件及其个别条款的效力作出裁定,宣布违宪的文件无效,并不对公民提出的具体问题作出裁定,具体问题还要由其他法院进行审理。

现行的《俄罗斯联邦宪法法院法》对宪法法院进行诉讼的程序,尤其是诉讼参与人的权利和义务、宪法法院的裁决方式及其效力等问题,有着非常明确和具体的规定。拒绝、回避审理和执行、违反审理和执行期限或者有意加以曲解的,都要追究法律责任。

按照规定,当宪法法院需要对它审理的案件作出决定时,只能采取逐个点名征求法官意见的方式公开表态,任何法官都没有权利弃权或回避表态。宪法法院就任何问题作出的任何裁决,都必须由参加表决的全体法官签字,不同意该决定的法官,有权以书面形式阐述自己的特殊意见。俄罗斯宪法法院的裁决书开始必须写明"以俄罗斯联邦的名义裁决如下"的字样。宪法法院的裁决应及时刊登到俄罗斯国家报纸和刊物上,以便全体国民掌握和执行。

俄罗斯联邦宪法法院的决定为最终决定,不得上诉,一经公布,立即生效,无须其他机关和官员予以确认。它的法律效力,不因违反宪法的文件重新通过而失效。如果宪法法院决定本身未就执行期限作出专门规定,该决定应在发表或正式文本送达后立即执行。不执行、拖延或阻挠执行该决定,依法追究责任。根据起诉者和该决定接收者的请求进行解释的权利仅属于联邦宪法法院。

（元　轶）

俄罗斯联邦共和国最高法院、边疆区法院、州法院、联邦级市法院、自治州法院、自治区法院

俄罗斯联邦相应主体的普通管辖法院。根据《俄罗斯联邦法院体系法》的规定,上述所列法院相对于联邦主体相对应的区法院来说是直接上级法院。共和国、边疆区(州)高等法院,联邦直辖市法院、自治州法院,自治区法院在其管辖范围内,作为第一审和第二审法院,审理监督和再审程序案件。根据《俄罗斯联邦法官地位法》的规定,俄罗斯联邦共和国最高法院、边疆区法院、州法院、联邦级市法院、自治州法院和自治区法院的法官必须年满 30 岁,并具有 7 年以上法律职业工作经历。

共和国最高法院、边疆区法院、州法院、联邦级市法院、自治州法院和自治区法院管辖的案件:(1)涉及国家秘密的案件;(2)对涉及公民和组织权利、自由以及合法权益的俄罗斯联邦主体国家权利机关的规范性法律文件提出质疑的案件;(3)对政党、跨区域及区域性社会组织活动予以中止或者将其解散的案件,将地方性宗教组织以及由在一个俄罗斯联邦主体内的地方宗教组织构成的中央宗教组织予以解散的案件,对不具有法人资格的跨区域和区域性社会组织、地方宗教组织以及由在一个俄罗斯联邦主体内的地方宗教组织构成的中央宗教组织的活动予以禁止的案件,对主要在一个俄罗斯联邦主体内进行活动的媒体活动予以中止或者终止的案件;(4)对俄罗斯联邦主体选举委员会(不论选举或者全民公决的级别)、选举俄罗斯联邦主体国家权力立法机关的区选举委员会的决定(不予决定)提出质疑的案件,但对维持下级选举委员会或者全民公决委员会决定的复议决定除外;(5)关于改组俄罗斯联邦主体选举委员会和选举俄罗斯联邦主体国家权力立法机关的区选举委员会的案件；(6)联邦法律规定由共和国最高法院、边疆区法院、州法院、联邦级市法院、自治州法院和自治区法院管辖的其他案件。

（元　轶）

俄罗斯联邦区法院

俄罗斯普通管辖法院系统的一部分，是其基础环节，审理其管辖范围内的民事、刑事及行政违法案件。区法院相对于调解法官来说是直接上级法院。根据《俄罗斯联邦法院体系法》的规定，区法院在其管辖范围内，作为第一审和第二审法院审理案件，以及根据联邦宪法性法律规定行使其他职权。

根据法律规定，除下列案件以外，所有案件均由区法院一审管辖：(1)调解法官管辖的案件；(2)联邦宪法性法律规定由军事法院和其他专门法院管辖的案件；(3)共和国最高法院、边疆区法院、州法院、联邦级市法院、自治州法院和自治区法院管辖的案件；(4)俄罗斯联邦最高法院管辖的一审案件。根据《俄罗斯联邦行政违法法典》的规定，区法院法官审理大量的行政违法案件。区法院同时也审理许多民事案件，包括公民、家庭、劳动关系产生的纠纷：追索财产损失、买卖合同纠纷、住房纠纷、遗产纠纷等。根据《俄罗斯联邦刑事诉讼法》第 323 条，区法院按照上诉审程序审理调解法官尚未生效的判决及其结案判决书。

根据《俄罗斯联邦宪法》第 128 条，区法院的法官由俄罗斯联邦总统根据俄罗斯联邦最高法院主席的提名任命。根据《俄罗斯联邦法官地位法》的规定，区法院的法官必须年满 25 岁，并具有 5 年以上法律职业工作经历。

（元　轶）

俄罗斯联邦调解法官

俄罗斯联邦具有一般司法管辖权的法官，列入俄罗斯联邦统一的法院体系。调解法官的权限，工作方式和设立程序由俄罗斯联邦宪法、联邦宪法性法律《俄罗斯联邦法院体系法》予以规定，而其任命(选举)程序和工作方式也可由俄罗斯联邦主体的法律加以规定。

调解法官以俄罗斯联邦的名义行使公正审判权。调解法官行使公正审判权的方式由联邦法律规定，而涉及对行政违法案件行使管辖权的部分也可由俄罗斯联邦主体的法律予以规定。调解法官生效的决定和合法的命令、传唤、委托、传票以及其他的要求无一例外地对所有的联邦国家政权机关、俄罗斯联邦各主体的国家政权机关、地方自治机关、社会团体、各负责人、其他自然人和法人都是必须履行的，在整个俄罗斯联邦领土上应当严格履行。

调解法官在司法区范围内行使公正审判权。俄罗斯联邦各主体调解法官的总人数和司法区的数量由相应的俄罗斯联邦主体依其法律创制权会同俄罗斯联邦最高法院或依俄罗斯联邦最高法院的主动权合同相应的俄罗斯联邦主体制定的联邦法律指定。司法区与调解法官职位依俄罗斯联邦各主体的法律可设立和撤销。司法区的设立须考虑在该地区应有 15000－30000 的居民人数。在领土管理组织内居民人数低于 15000 的，可设立一司法区。司法区或调解法官的职位，在属于该调解法官管辖的案件不能被同时提交其他法官或法院处理时不能被撤销。根据法律规定，年届 25 岁，受过高等法律教育，有不低于 5 年的法律职业工作经历，无使其人格蒙受耻辱之行为，通过职业技能考试并获得相应俄罗斯联邦主体的法官职业技能鉴定委员会的推荐的俄罗斯联邦公民可成为调解法官。有在联邦法院法官职位上不少于5年工作经历者无须通过相应的俄罗斯联邦主体的职业机能考试和获得其法官职业鉴定委员会的推荐。

调解法官由俄罗斯联邦主体的国家立法机关(权力代表机关)任命(选举),也可由相应的司法区的居民依俄罗斯联邦主体法律规定的程序选举。调解法官依相应的俄罗斯联邦主体的法律规定的,但最多不得超过5年的期限任职。任期届满,已居于该调解法官职位者有权再次提出自己作为拟任(选举)该职位的候选人。调解法官第二次和以后被任命(选举)为调解法官时,依相应的俄罗斯联邦主体的法律规定的,但最少不得低于5年的期限任职。调解法官的工作机构保障其工作,其组成和编制依俄罗斯联邦各主体的法律规定的方式确定。调解法官工作机构的工作人员是相应俄罗斯联邦主体的国家公务员。

(元 轶)

俄罗斯联邦军事法院

俄罗斯专门负责审理联邦武装力量、其他部队、军事单位和机关中的民事案件和刑事案件的法院体系,是俄罗斯国家法院体系的组成部分。军事法院的设立根据部队和舰队的部署区域原则确定,在军事服务法律的规定的部队、机关和编队中行使司法权。

按照《俄联邦国防法》的规定,军事法院在其管辖范围内作为第一审和第二审法院,审理监督和再审程序案件。军事法院审判的案件为:现役军人和参加集训公民的权力、自由和合法利益,因军事指挥机关、军队领导人的行为以及作出的决定而受到损害和引起争议的民事或行政案件;指控现役军人和参加军训公民犯罪的案件,以及指控退出现役公民和参加过军训公民在服役和军训期间犯罪的案件;军人和参加军训公民所犯的行政违法案件。

俄罗斯军事法院的设置与军事检察院的设置相对应,分为三级,即卫戍区军事法院、军区(舰队)军事法院和俄联邦最高法院军事审判庭。军事法院的管辖权,由案件发生的地点、案件的性质、刑期及被告的级别而定。俄军事法院实行两级终审制。军区(舰队)军事法院和俄联邦最高法院军事审判庭,对下级军事法院初审中作出的尚未生效但提出申述和异议的裁定、判决、鉴定和决议案件进行审理,有权改变或撤销下级法院的裁定、判决、鉴定和决议。俄联邦最高法院主席团和上诉委员会,可根据上诉和异议书,受理军事法院初审或终审的案件。

俄罗斯军事法院适用的法律与地方法院相同,即《俄联邦刑法》和《俄联邦刑事诉讼法》。《俄联邦刑法》中专门设有军职罪一章,主要种类有:不执行命令罪;对首长实施暴力罪;侮辱军人罪;擅离部队或服役地点罪;脱逃罪;装病或以其他方式逃脱履行兵役义务罪;违反值(执)勤规则罪;放弃正在沉没的军舰罪;以军用物资为对象的犯罪行为;违反车辆驾驶或使用规则罪等。针对军人违反履行军事职责所构成的犯罪,《俄联邦刑法》规定了七种军事刑罚,由轻至重依次为:(1)罚金;(2)剥夺担任一定职务或从事某种活动的权利;(3)剥夺专门称号、军衔或荣誉称号、职衔和国家奖励;(4)限制军职;(5)拘役;(6)军纪营管束;(7)剥夺自由。7个刑种中,罚金、限制军职、拘役、军纪营管束和剥夺自由5个刑种为主刑,可单独适用;其他2个刑种为从刑,仅可与主刑并用,不能单独适用。

俄罗斯对军事法院体系的建设非常重视,根据《俄联邦武装力量军事法制改革构想》,对军事法院在编制体制、审判权限、人员配备、物质保障等方面,采取了一系列的改革措施:一是确定军事法院体制。1999 年 5 月 20 日俄联邦国家杜马通过《俄联邦军事法院法》,确定了三审级军事法院体制,军事法院独立行使司法权,只服从俄联邦宪法、联邦宪法法律和联邦法律。二是简化军事法院体系。自 1999 年 6 月 22 日开始,卫戍区、兵团、军团、分舰队军事法院改为同一级别的卫戍区军事法院;各军区、舰队和战略火箭军军事法院改为同一级别的军区(舰队)军事法院。三是提高军事审判庭庭长和军事法院院长地位。军事审判庭庭长,经俄联邦总统提议,由俄联邦委员会任命;军区(舰队)和卫戍区军事法院院长,根据俄联邦最高法院院长依据俄联邦最高审判员资格鉴定委员会的鉴定所作出的推荐,由俄联邦总统任命。四是严格军事法院审判员选拔条件。只有年满 25 岁、无不良行为、受过高等法律专业教育、从事司法业务工作 5 年以上、通过专业考核、获得军事法院审判员资格鉴定委员会推荐的合同制军人,才能成为军事法院审判员候选人。五是提供经费和物资技术保障。自 2000 年 1 月 1 日开始,对军事法院、军事审判庭和司法司军事法院活动保障总局的财政拨款和物资技术保障,从联邦预算、俄联邦最高法院和司法司划拨的经费中支出,各种供给不再列入俄联邦国防部配额之内。六是为军事审判员及其家庭成员提供保护。军事法院所在地内务机关和部队司令部,根据联邦法律,采取必要措施保护军事法院和军事审判庭审判员及其家庭成员的安全,以及他们所有的财产完整无损。

(元　轶)

俄罗斯联邦仲裁法院

根据《俄罗斯联邦仲裁法院法》,负责仲裁解决法人或公民在经营活动或其他活动中的经济纠纷的法院系统。2013 年 11 月 21 日,俄罗斯国家杜马(议会下院)通过一项旨在成立新的最高法院的宪法修正案。根据这份修正案,俄罗斯最高仲裁法院将被撤销,其履行的职能将划归新的最高法院。因此,现行的俄罗斯联邦仲裁法院体系由三个级别的仲裁法院构成:81 个联邦主体仲裁法院,即为初审法院;20 个复审仲裁法院,分别位于 10 个相应的联邦仲裁区内,即每个联邦仲裁区内有 2 个复审法院,每个复审仲裁法院有各自的编号,如第 19 复审法院,复审法院没有单独的名称;10 个联邦区仲裁法院,为联邦终审法院,负责检验已生效的一审及二审法院文书的合法性。联邦区仲裁法院的名称是依据联邦区的名称命名(如莫斯科区的联邦仲裁法院即为中央区联邦仲裁法院)。

仲裁法院受理民事法律关系中的经济纠纷,通过一般诉讼程序审理。行政法律关系和其他公共性质法律关系中产生的经济纠纷,则通过行政诉讼程序受理,而这种性质的经济纠纷主要是由于组织和公民进行经营性活动和其他经济活动而产生的,例如,对规范性法律文件提出异议,如果这些文件涉及申请人在经营性和其他经济活动中的权利和合法权益,并且联邦性法律将这种纠纷的审理归于仲裁法院;对俄罗斯联邦权力机关、俄罗斯联邦主体国家权力机关和地方自治机关的非规范性文件以及国家机关、地方自治机关、其他机关和公职人员的决定和行为(不作为)提出异议,如果这些非规范性文件、决定和行为(不作为)涉及申请人在经营性和其他经济活动中的权利和合法权益;行政违法案件,如果联邦性法律将其审理归于仲裁法院;向进行经营性和其他经济活动的组织和公民征收强制性款项和罚款的案件,如果联邦性法律没有规定其他的征收方式;从行政和其他公共法律关系中产生的案件,如果联邦性法律将其管辖归于仲裁法院。

对仲裁庭裁决提出异议和对仲裁庭裁决颁发执行令的案件也归仲裁法院管辖,但是,其范围有严格限制,即仲裁庭的裁决必须是仅限于就进行经营性和其他经济活动中产生的争议而作出的裁决。承认和执行外国法院判决和外国仲裁裁决的案件归仲裁法院管辖,同样,外国法院的判决和外国仲裁裁决也必须是仅限于就进行经营性和其他经济活动中产生的争议而作出的判决和裁决。

专属仲裁法院管辖的案件包括:(1)破产案件;(2)组织设立、改组和解散纠纷;(3)对法人和个体经营者拒绝国家登记或者拖延登记的案件;(4)股份公司与股东之间以及其他形式公司出资人之间在公司活动中产生的纠纷,劳资纠纷除外;(5)关于保护经营性和其他经济活动中的商业信誉的纠纷。

(元 轶)

法 国

法国法院

法国行使审判权的组织体系。法国法院组织设立遵循如下原则:其一,权力分立原则及司法权的二元性。权力分立的思想源自孟德斯鸠《论法的精神》,区分立法权、行政权及司法权。基于此,法国以诉讼涉及国家或个人为依据衍生出司法权的二元性,区分行政法院体系及普通法院体系。其二,审判两级制。换言之,每个案件均可受到两次审判。该制度一方面便于法官权力的延展,另一方面为当事人提供了在上诉期间提交更为有力观点的机会。但所有法院的判决均可提起撤销之诉,即向最高法院或最高行政法院提起特别申诉。其三,法官合议制或独任制。依据法院的不同,法官或合议审判(3 名或 7 名法官)或独任审判(1 名法官)。选择的关键依据有三:(1)成本,合议制成本高于独任制。(2)迅速性,合议制所耗费的时间多于独任制。(3)庄重性,以合议制作出的裁判较之独任制所作裁判更为明确细致、理由更充分、形式更庄重。其四,程序对等。《欧洲人权公约》第 6 条规定所有公民享有程序对等权利。实现该权利的保障机制是法官审判的独立公正性、判决与辩论的公开性及司法的快捷性。

法国普通法院系统负责审理民事案件及刑事案件。特殊情况下,普通法院也有权处理国家与个人之间的纠纷。例如涉及征用的情况下,被征用者不同意赔偿金额;再如交通事故案件中,国家机关的车辆撞伤个人属于民事案件。法国行政法院系统则负责审理国家、地方行政区域或公共机构与个人之间的纠纷,或公共法人之间的纠纷。普通法院的法官从位于波尔多的国家法官学校中选拔;行政法院的法官则从国家行政学校中选拔或通过专门的选拔考试挑选。此外,法国还存在特殊法院系统,如权限争议法院,负责审理普通司法体系与行政司法体系管辖权冲突的情况;再如宪法委员会,其所作的判决适用于所有公权力机构。最后,法国还存在政治法院组织,分别是特别高等法院及共和国法院。前者是审判共和国总统的唯一机构,后者负责审理部长官员履行职责时实施的犯罪。

(施鹏鹏 王晨辰)

法国最高法院

法国普通法院体系中的最高级别的审判机构。《法国司法组织法典》第L411－1条规定，“法国仅设一个最高法院”。最高法院起源于旧制度国王参事院(Conseil du roi)时期的当事人委员会(Conseil des parties)，其负责对高等法院(Parlement)的判决进行法律复核审。法国大革命时期，当事人委员会废除。1790年11月27日及12月1日法律设立最高法庭(Tribunal de cassation)。立法者的初衷是设立最高审判机构统一法律解释。此时的最高法庭是立法机构的附属，通过提起“立法紧急程序”(référé législatif)统一法律解释及撤销明显违反法律的判决。1804年，最高法庭更名为最高法院(Cour de cassation)，如直译可称为撤销法院。1837年，法国取消了立法紧急程序，结束了最高法院对立法机构的附属性，最高法院成为真正意义上的最高审判机构。1938年，最高法院下设三个法庭：刑事庭、民事庭及审查庭。随着案件数量的增加，1938年11月12日法律又增设了社会庭，负责审理社会保险等类型的案件。1947年7月22日法律又增设了商事庭，撤销了审查庭。此后，最高法院又先后在1952年、1956年及1967年经历了三次改革，形成了最高法院现有的审判机构设置。依据《法国司法组织法典》，最高法院下设6个审判庭，包括1个刑事庭及5个民事庭。5个民事庭分别是第一民事庭、第二民事庭、第三民事庭、商事庭及社会庭。

最高法院的人员设置大致分为司法官、书记员及行政秘书三类。最高法院司法官包括院长、各庭庭长、法官、总检察长、副总检察长及总检察官。最高法院书记员属于公务员序列，在最高法院书记官及各庭书记官的领导下工作。书记员除履行传统职能外，还负有保证最高法院正常运转的职责。最高法院行政秘书主要负责协调工作及上传下达的工作，扮演着重要角色，最高法院院长及总检察长均设有秘书处。

最高法院的机构设置从性质上可分为三类：行政管理机构、审判机构及相关专业机构。行政管理机构由全体大会、办公室、文献及研究中心组成，主要负责最高法院行政事务；审判机构包括各审判庭、混合法庭、大法庭，负责最高法院的审判工作；相关专业机构主要包括：请示案件回复委员会、刑事案件纠正审理委员会、刑事案件违反人权审查委员会。

最高法院的职能有三：其一，负责对民事刑事案件法律复核审。法律复核审是对终审判决以违反法律、越权、无管辖权、形式不符、缺乏法律依据、判决出现矛盾等理由向最高法院提起的救济手段。法律复核审是最高法院最主要的职能，也是传统职能。通常情况下，当事人以终审法院适用法律错误为由向最高法院提起法律复核审。最高法院认为终审法院适用法律正确的，驳回法律复核审，终审判决成为不可撤销判决。反之，最高法院根据具体情况全部或部分撤销原判。其二，回复下级法院的请示。该职能创设的目的是防止法官在解释法律及适用法律过程中产生司法错误，其借鉴了最高行政法院的做法，通过1991年5月15日法律确立。向最高法院请示法律问题须满足三个条件：请示事项涉及新的法律问题，新的法律问题带来严重困难，新的法律问题引发大量的诉讼。最高法院在收到请示后，须在3个月内作出回复，但最高法院的回复对请示法院无强制约束力，请示法院有权另行作出判决。其三，刑事案件中的特殊职权。这一职权有两项：对刑事案件的纠正审理权及对违反人权刑事案件的审查权。前者由《法国刑事诉讼法典》第622条规定，“对重罪及轻罪案件的被告人作出有罪判决后，出现新事实或原审法院未掌握的事实且上述事实对被告人有罪判决产生影响的，司法部长、被告人或被告人的亲属有权请求最高法院启动纠正审理程序”。后者由2000年6月15日法律创设，该法赋予最高法院复查欧洲人权法院判决的权力。欧洲人权法院判决法国败诉时,最高法院总检察长、被告人或被告人代理人在判决作出后1年内有权向最高法院人权审查委员会请求复查。最高法院人权审查委员会认为欧洲人权法院的判决须纠正的,其有权将案件提交给最高法院大法庭作出裁决;反之,其有权将案件发回与原审法院相同审级的另一法院重新审查。重新审查后,被告人被判决无罪的,有权获得国家赔偿。

(施鹏鹏 王晨辰)

法国上诉法院

法国普通法院体系中的二审审判机构,负责重新审理一审案件的事实及法律问题。上诉法院的判决是终审判决,当事人不能再次上诉,但有权向最高法院提起法律复核审。目前法国共有36个上诉法院,其中法国本土有30个,海外省有6个。上诉法院可追溯至风月八年27日(1800年3月18日)法律所创设的上诉法庭(Tribunal d'appel)。上诉法庭的创设终结了1790年8月16日至18日法律所确立的巡回上诉制度。为体现上诉审判职能的重要性,上诉法庭后来更名为上诉法院。

上诉法院由院长统领工作,院长是上诉法院的首席司法官,负责法院审判管理及行政管理工作。上诉法院院长亦是最高法院大法官,最长任期为7年,任期届满前6个月,有权申请司法服务总观察员的职位。上诉法院的审判组织包括内设审判庭及特别审判组织。每个上诉法院设立的审判庭数量取决于法院的规模及重要性,例如巴黎上诉法院内设25个审判庭,埃克斯·普罗旺斯上诉法院是法国第二大上诉法院,内设16个审判庭。各审判庭由3名法官组成,由庭长主持庭审。依据上诉案件的性质,审判庭可分为:民事法庭、社会法庭、预审法庭、轻罪法庭、未成年人法庭、刑罚适用法庭、征收法庭。特别审判组织主要指重要庭(audience solennelle)及联席庭(assemblée des chambres)。重要庭负责审理法律明确规定的重要案件,如最高法院撤销并发回重审的民商事案件及社会案件。重要庭由上诉法院院长主持,两个庭法官组成合议庭,法官人数不少于5人。联席庭主要管辖涉及司法职业的事宜,如接受法官的宣誓、新法官的任命、宣布律师公会选举无效、对律师行业委员会决定上诉等。此外,上诉法院还有多个全体大会(assemblée générale),如法官全体大会、检察官全体大会、公务员及书记员全体大会。规模最大的全体大会由全体司法官、公务员及书记员组成。其中,法官全体大会在整个司法程序运转中起着重要作用,主要职能如下:指定上诉法院预审庭的组成人员;劳资争议委员会合议时票数均等的,指定小审法院法官参加审理;制定法院内部案件分配的基本标准;制作司法鉴定人名单等。

上诉法院对民事案件及刑事案件享有二审管辖权。在民商事领域,当事人对下列法院所作判决有权提起上诉:大审法院、小审法院、商事法院、劳资争议委员会、农村租约对等法院及社会保障法院内设的社会保险法庭。但对标的额低于4000欧元的案件,上述法院享有一审终审权,当事人不得就此提起上诉。在刑事领域,上诉法院内设预审庭、轻罪法庭、未成年人法庭、刑罚适用法庭分别管辖不同类型的上诉案件。预审庭负责审理对预审法官裁决不服的上诉案件;轻罪法庭负责审理对违警罪及轻罪判决不服的上诉案件;未成年人法庭负责审理对少年法庭所作判决不服的上诉案件;刑罚适用法庭负责审理对刑罚适用法官或刑罚适用法院所作判决不服的上诉案件。对重罪法院、特别重罪法院或未成年人重罪法院所作判决不服的,须上诉至对应的重罪上诉法院。上诉法院对某些特殊案件享有一审终审管辖权,包括两类:其一,涉及司法机构或司法职业机构的选举纠纷案件,如不服商事法院院长选举结果的案件或不服律师公会会长选举结果的案件;其二,不服某些职业培训中心决定的案件,如不服地区律师培训中心关于职业培训的决定。最后,需要特别指出的是,巴黎上诉法院对4类案件享有专门管辖权:不服特定行政机关决定的案件;不服全国律师公会理事会选举的案件;不服国家医疗赔偿委员会所作涉及艾滋病输血或赔偿受害人决定的案件;不服国家知识产权中心主任对居住于法国领土以外当事人所作决定的案件。

(施鹏鹏　王晨辰)

法国大审法院

法国最重要的民事一审审判机构,设立于1958年。大审法院的渊源可追溯至1790年法国制宪会议创设的区法院(tribunal de district)。之后,基于地域管辖的调整,先后出现几次重要改革。1795年立法者将区法院改为省法院,扩大管辖范围;1800年立法者又在法国行政区划改革的基础上设立了大区法院(tribunal d' arrondissement);1810年大区法院更名为区民事法院(tribunal civil d' arrondissement)。20世纪上半叶,为缓解区民事法院受理案件不平衡的现象,立法者撤销了一定数量的区民事法院。1958年,第五共和国进一步改革法国司法制度,以大审法院取代区民事法院,法院的案件管辖权不再与行政区划一致。目前法国共有181所大审法院,其中法国本土设175所,海外省设6所。原则上,各省均设有一所大审法院,位于省首府。但事实上,一些人口较多的省份设有多所大审法院,如诺尔省(Nord)设有7所大审法院。

各大审法院设有1名院长,负责管理全院的审判及行政工作。大审法院的院长由上诉法院的法官担任,院长任期为7年。院长职能包括行政管理职能及司法职能两方面。行政管理职能包括法院内部事务的管理、案件分配及刑事案件陪审团名单制定的监督。司法职能具有广泛性,如院长可作为紧急审理法官(juge de référé)或执行法官(juge d'exécution)履行司法职能。大审法院的法官数量超过5名的,内设审判庭。审判庭不具有独立地位,判决须以法院名义作出。审判庭的组成法官须定期轮换,以避免某个法官长期主持一个审判庭而拥有过多权力,损害合议制。大审法院还有权设立派出法庭。该权力由1995年2月8日第95-125号法令规定,旨在方便当事人诉讼。派出法庭与所属的大审法院拥有相同的管辖权。此外,大审法院还设有特别法官,如家庭案件法官、少年法官、征收征用法官等。大审法院内的行政机构是全体大会,包括司法官全体大会、法官全体大会、检察官全体大会或法院内部所有人员全体大会。全体大会仅有行政权限,如制定内部规定、确定庭审日期、人员分配、任命特殊法官等。大审法院内部还设有刑事犯罪受害人赔偿委员会(la commission d'indemnisation des victimes d'infractions pénales,CIVI)。起初,赔偿委员会设在各上诉法院,但1983年赔偿委员会作为一个民事审判机构正式设在大审法院。受害人赔偿委员会由3人组成,其中包括2名职业法官及1名陪审员。陪审员是具有民事权利能力且关注受害人利益的法国公民。这3名成员由大审法院法官全体大会指定。

大审法院的管辖权限较为广泛。从案件性质上看,除专属于其他法院(小审法院、商事法院、劳资争议委员会、社会保障法院等)管辖的案件外,其他案件均属大审法院管辖。但大审法院辖区内未设商事法院的，大审法院负责管辖该区域内的商事案件。从案件标的额看，大审法院管辖案件争议标的额较大的案件，通常而言标的额需高于10000欧元。但大审法院依据专属管辖权或特别管辖权审理案件的，不受标的额的限制。大审法院对如下案件享有专属管辖权：家庭案件，主要包括婚姻、国籍、亲权、亲子关系、宣告失踪等；不动产案件；民事继承案件；协会解散案件；非商事法人破产案件；部分税务案件；不动产扣押案件；汽车造成的损害赔偿案件。此外，大审法院还对特定案件享有特别管辖权，如对部分司法辅助人员（公证人、上诉法院出庭律师、执达员等）惩戒的案件；与上述司法辅助人员及律师相关的费用及报酬纠纷案件；承认及执行外国法院判决及仲裁裁决案件；商业租赁纠纷案件；部分上诉案件。

（施鹏鹏　王晨辰）

法国小审法院

法国专门处理小额民事案件的一审审判机构。审理程序比大审法院简化，适用法官独任制，不实行律师强制代理，采用口头审理，注重和解。小审法院设置的目的是实现诉讼的简易性、迅速性及低成本性。小审法院的历史渊源可追溯至1790年法国设置的和平法院（justice de paix）。和平法院设立于各市镇，仅设1名法官，一般从市镇中有威望的人中选出，称为和平法官。此时的和平法官并非真正意义上的法官，而是扮演了和解员的角色。随着时代的发展，和平法官的职能权限及录用制度均发生变化，职能权限扩大，逐步行使部分普通一审民事法院的职能；录用制度越来越严格，自1926年起，和平法官必须拥有法学学士学位。1958年12月22日第58－1273号法令撤销了部分和平法院，并将和平法院更名为小审法院。法国目前共有473所小审法院，主要设置于省会所在城市及各市镇，比较重要的地区设多个小审法院，平均每个省设5所小审法院。

小审法院采用独任审判制度。《法国司法组织法典》规定，小审法院由独任法官审理案件，在同一法院内，由独任法官主持审理案件并由独任法官作出裁判。因此，小审法院内不划分法庭。但一些比较大的小审法院会制定一些内部标准分类案件并分配给不同的法官审理。小审法院的行政事务由经过推选的1名法官负责，但该法官不具有法院院长的头衔，防止破坏各法官权力等同原则。小审法院的人员编制依据案件数量及管辖范围而定。巴黎各区的小审法院设2名法官，马赛的小审法院则设11名法官。

小审法院的普通管辖权是标的额在4000欧元至10000欧元的动产纠纷案件。特殊管辖权包括标的额不足4000欧元的不动产租赁及消费贷款案件，标的额超过10000欧元的支付令案件，特殊性质案件，如特殊劳动合同纠纷案件、田地及农作物损害赔偿案件、相邻关系案件、共同财产所有人之间的纠纷案件、养老金案件、丧葬案件、子女抚养金案件、国籍案件等。除此之外，小审法院法官还享有特殊司法权，如紧急案件审理权、成为监护法官及执行法官的权利。

小审法院最重要的特点是庭前和解。庭前和解程序不具有强制性，必须原告方有和解意愿方可启动。和解可以在小审法院法官或指定的和解员主持下进行，诉讼双方必须亲自到场。如果和解失败，法院应立即作出判决。如果案件尚不适合开庭审判，则法官可以推迟开庭。不启用庭前和解程序的，原告方或双方当事人须以提交共同诉状陈述诉讼请求。法院受理案件后应作出判决。

（施鹏鹏　王晨辰）

法国近民法院(街区法院)

法国非职业化的近民法官对数额较小、案情简单的民事案件或较轻微的刑事案件简易快捷审理的审判机构。近民法院是法国近民司法改的成果,由 2002 年 9 月 9 日第 2002 - 1138 号法律创设。近民法院设置最直接的原因是希拉克 2002 年竞选总统施政纲领的具体化,旨在让所有民众接近每项决定的核心。

近民法院采用法官独任审判,近民法官完全独立行使司法职权。近民法官与职业司法官具有相同的法律地位。但在某些特殊职权方面,近民法官与大审法院及小审法院的职业法官有所不同。近民法官最典型的特点是从公民中选拔,而非从职业司法官队伍中遴选。依据 1958 年 12 月 22 日法令第 41 - 17 条的规定,被选举人的资格范围是:(1)普通法院体系或行政法院体系中已离任的老法官;(2)年龄 35 岁以上、具有一定司法能力或工作经验足以从事司法审判活动之人;(3)在司法领域从事服务工作的资深公务员;(4)履行司法调解职能 5 年以上的司法调解员。近民法官的候选人直接由共和国总统以法令形式任命,之后须在国家司法官学校进行短期培训,但各候选人均须经过司法官高等委员会事先审查。近民法官的任期为 7 年,在此期间不得被罢免及调动,除非本人同意。但近民法官履职的前提是年龄不超过 75 周岁。近民法官一般一周只开一两次庭,审理案件期间会得到一定的补偿。法律未禁止近民法官同时开展个人从业活动,如律师及公证员除在部分时间内行使近民法官的职权外,还可以继续从事本人的业务工作。但这一兼职活动不得损害司法尊严及独立性。

近民法院的地域管辖范围与初审法院基本一致,各近民法院的大致管辖范围是 5 - 10 个县区。但随着近民司法改革的推进,近民法院的管辖范围也呈现复杂化。为弥补地域管辖给诉讼当事人带来的不便,近民法官可以在法律规定之外的任何地方公开开庭审理案件,这一理念被充分运用到实际审判中,许多案件的庭审即在公共集市上进行。近民法院设立之初,仅受理诉讼标的额不超过 1500 欧元的民事案件,补充小审法院的管辖。如今,近民法院的管辖范围有所扩展,有权受理标的额不超过 4000 欧元的民事案件。近民法院还有权管辖前四级违警罪,主要涉及罚款及附带性处罚,如中止驾照执照及没收物品等。

(施鹏鹏　王晨辰)

法国商事法院

法国负责审理一审商事纠纷案件的特殊民事审判机构。商事法院的法官并非职业司法官,而是从商人中选举产生,称为商事法官(juge consulaire)。商事法院源自意大利热那亚及威尼斯商人共和国时期,法国于 15 世纪引入这一制度。这种司法审判当时只在每次集市贸易期间方才临时存在。中世纪末期,查理四世在一些较大的商业贸易中心城市设立长期固定的商事法院,如里昂、图卢兹、鲁昂等。法国大革命时期,几乎所有旧制度下的司法机构均被废除,但商事法院幸存下来。1790 年 8 月 24 日及 16 日法律继受了商事审判制度,重新明确了商事法院的法律地位。商事法院幸存的理由很简单,法官由选举产生,符合当时执政者的思想。在这种有利形势下,商事法院的数量不断发展。近年来,商事法院的数量有所减少,立法者撤销了一些规模较小的商事法院。截至 2007 年 1 月,法国共设 185 所商事法院,3300 名左右商事法官。商事法院的设置并不以行政区划为标准,而更多考虑地区商事活动的频繁性。在未设置商事法院的地区,由所在地的大审法院行使商事管辖权。

商事法院的人员编制包括院长、副院长、庭长、商事法官及书记员。各商事法院均设有一名院长,由全体商事法官以不记名投票形式选举产生,任期为 4 年。只有从事审判工作至少 6 年的商事法官方才有被选举权。商事法院院长行使行政管理权及多项司法权,权限与大审法院院长基本一致。为协助院长工作,商事法院还设有 1 名或多名副院长。副院长由院长在从事商事审判工作 3 年以上的法官中任命。每年年初,院长会指定 1 名副院长在其不能正常行使职能时代为行使院长职能。商事法院按照受理案件的类型内设多个审判庭,专门审理某一类商事案件,如金融审判庭、交通运输审判庭等。巴黎商事法院规模最大,内设 22 个审判庭。各审判庭设 1 名庭长,负责主持该庭的工作。庭长由院长征求全体法官会议意见后在从事商事审判工作 3 年以上的法官中任命,每年均须重新任命。商事法官由商事法院管辖范围的选举团选举产生。选举团包括商事法院的在职法官和工商会成员以及已在选举人名册上登记的原商事法院法官与原工商会成员。商事法官的法律地位与职业法官完全不同:首先,商事法官从事的审判工作是无偿的,国家不向其支付工资;其次,商事法官不适用按工作年限晋级制度,但可以通过选举担任院长或直接被任命为副院长或庭长。实践中,商事法官的工作是无偿的,因此成功的商人或已退休的成功商人及企业领导者占了商事法官的大部分。商事法官的任职期限为 2 年,再次当选的任职期限为 4 年。商事法官可以多次连任,在 14 年内不间断任职后,其必须在间断 1 年后方能再次具有被选举人资格。商事法官在如下四种情况下终止职务:任职期限届满;商事法院依法令被撤销;商事法官因个人工作或其他原因申请辞职;商事法官因严重违反审判纪律被罢免。为强化对商事法院的管理,提高商事法官的业务能力及职业道德,2005 年 9 月 23 日法律专门设立了一个咨询性机构——全国商事法院委员会(Conseil National des Tribunaux de Commerce)。该委员会由司法部长主持,负责商事法官的法律培训及商事法官职业道德标准的界定等。商事法官的惩戒由全国商事法院纪律委员会(Commission Nationale de Discipline des Members des Tribunaux de Commerce)负责。该纪律委员会由一名最高法院庭长主持,其他组成人员包括:1 名最高行政法院大法官、2 名上诉法院法官及 4 名商事法官。商事法院的书记员是具有特殊法律地位的司法辅助人员,除履行传统的书记员职责外,其还负责商事登记工作。

商事法院审理商人之间的纠纷。依据法国《商法典》第 L721 - 3 条的规定,商事法院所管辖的案件包括:(1)商人之间、银行之间或商人与银行之间的债权纠纷;(2)商事公司的合伙人之间的纠纷;(3)所有人之间因商事行为产生的纠纷。值得一提的是混合行为的管辖,即商人与非商人之间的纠纷,最典型如消费法律关系。对此,法国最高法院民事庭于 1930 年 5 月 6 日的判决中确立了一个基本原则:原告是商人的,不得将非商人诉至商事法院,只能向普通民事法院起诉;原告是非商人的,其有权选择诉讼法院,或向普通民事法院起诉或向商事法院起诉。商事法院的审判程序采取口头原则及简易原则,当事人可聘请律师出庭诉讼,也可自行出庭诉讼或委托其他人参见诉讼。商事法院对 4000 欧元以下的案件均有一审终审权;对 4000 欧元以上的案件,当事人不服原判决的,有权向上诉法院提起上诉。

(施鹏鹏　王晨辰)

法国劳资争议委员会

法国负责处理劳动合同及试用合同纠纷案件的审判组织。劳资争议委员会的名称源自古法语,即审判法官应是贤明谨慎之人(hommes prudents)。劳资争议委员会最早出现于里昂的丝绸行业中,工厂主与工人之间的争议由双方等额人员组成的委员会主持调解或进行裁决。法国大革命期间,劳资争议委员会被撤销。之后,拿破仑颁布1806年3月18日法律重新设立劳资争议委员会。1848年及1853年,当时的政府出台了多项关于劳资争议委员会的改革方案,旨在解决工厂主与工人之间的冲突且保护双方利益。1924年的《劳动法典》进一步明确了涉及劳动争议诉讼的相关规定。1958年的司法改革则进一步明确了劳资争议委员会的职能权限。随着工业发展及劳动争议纠纷案件数量的增加,劳资争议委员会的数量与规模也在不断发展。法国目前设有271个劳资争议委员会。

劳动争议委员会的组织结构包括院长、内设部门及全体大会。各劳资争议委员会均设有1名院长负责管理工作,副院长负责协助院长工作。与其他法院院长不同,劳资争议委员会的院长没有紧急审理权。因为依据劳动审判对等原则,禁止来自雇佣方的法官或来自受雇方的法官单独作出司法裁判。是故,劳资争议委员会的院长仅具有行政管理职权:制定内部规则、管理教育法官及案件分配等职权。劳资争议委员会依据审理案件的类型内设5个部门分别负责如下案件:人员招募、工业、商业、农业及其他行业。各部门至少有8名以上的法官,法官人数较多时可内设法庭。由于劳动争议案件必须遵循调解前置原则,因此各内设部门又分设调解办公室(bureau de conciliation)及裁决办公室(bureau de jugement)。调解办公室由1名雇佣方法官及1名受雇方法官组成,负责对当事人进行事先调解,调解主持工作由雇佣方法官及受雇方法官轮流负责。如果当事人达成调解协议,法官制作调解笔录终结案件;如果当事人无法达成调解协议,案件进入裁决办公室审理。调解办公室调解案件具有非公开性,当事人必须亲自到场且有权聘请律师。裁决办公室由4名法官组成,2名雇佣方法官及2名受雇方法官,两方法官轮流主持庭审。4名法官合议时票数相等的,则案件中止审理。在1个月内,由所在地小审法院的1名法官及4名劳动法官组成审判组织重审案件。全体大会时劳资委员会唯一的行政管理机构,由全体劳动法官参加。其不仅有权任命院长及副院长,还有权制定法官内部行为规则,同时还有权建议设立新的审判庭。

劳资争议委员会的审判主体是劳动法官。劳动法官通过直接选举产生,任期5年,可以连任。劳动法官的选举分别在两个对立的群体中进行:雇佣方群体及受雇方群体。被选举人须满足以下条件:应在选举人名单上登记注册、年满21岁、具有法国国籍、具有完全民事行为能力。劳动法官具有与普通法官相同的权利义务。劳动法官一般有其他职业,因履行审判职能而缺席工作的,雇佣人有义务全额支付工资,国家给雇佣人相应的补偿。此外,劳动法官经常在正常工作时间外履行审判职责,国家会按照标准发放加班费。

劳动争议委员会所管辖的案件是因劳动合同或试用合同产生的纠纷。劳动纠纷应为雇佣人与受雇人因劳动关系产生的个人纠纷,至于因劳动合同产生的集体纠纷(如罢工、封港等)属于大审法院管辖。此外,对于一些特殊的劳动合同纠纷,劳资争议委员会无管辖权:薪酬制律师与律师事务所之间的劳动合同纠纷由律师公会会长裁决;保姆与家长之间的劳动合同纠纷、海员与船东之间的劳务合同纠纷属于小审法院关系;劳动合同中社会保险纠纷及劳动事故纠纷由社会保险法院管辖。

(吴宏耀　施鹏鹏　王晨辰)

法国社会保险法院

法国负责处理有关社会保险的普通法律问题及技术性问题的专门法院系统。由于法律问题及技术性问题并存,故立法者分别设立了相应的一审审判机构:社会保险法庭(tribunal des affaires de sécurité sociale)、无劳动能力及工伤法庭(tribunal du contentieux de l'incapacité)。为审理对无劳动能力及工伤法庭判决不服的上诉案件,立法者还设立了上诉法庭——全国无劳动能力和保险事故保险定价法院(La Cour nationale de l'incapacité et de la tarification de l'assurance des accidents du travail)。

社会保险法庭的前身是一审委员会。1958 年之前,社会保险类案件由两级委员会负责审理。一审委员会负责审理一审案件,大区上诉委员会负责审理二审案件。1958 年司法改革后,大区上诉法院撤销,由上诉法院社会法庭负责审理上诉案件。1985 年 1 月 3 日法令将一审委员会更名为社会保险法庭。法国目前共有 116 所普通社会保险法庭。该法庭由大审法院的 1 名职业法官与 2 名陪审员组成合议庭负责审判,这 2 名陪审员由上诉法院院长在征得社会保险法庭庭长同意后,在社会保险区负责人提供的具有代表性的雇主及受雇人名单中指定。陪审员任期与庭长相同,均为 3 年,任职前须在上诉法院宣誓。社会保险法庭负责审理一审社会保险普通纠纷,具体包括两方面:一方面是社会保险机构与社会保险参加人之间关于参加社会保险及社会保险分摊金纠纷;另一方面是社会保险机构与社会保险受益人之间关于社会保险支付的争议。社会保险法庭采用口头程序审理,判决前必须进行调解,当事人可以不亲自到场,由其律师全权代理。

无劳动能力及工伤法庭是专门负责审理具有医疗性质的技术性纠纷的一审法院,如残疾程度及丧失工作能力的认定。该法庭仅设于大区社会保险中心,共有 26 所。该法庭由 1 名职业法官及 4 名陪审员组成,其中 2 名陪审员代表受雇人,另 2 名则代表雇主及自由职业者。对无劳动能力及工伤法庭所作一审判决不服的,当事人有权上诉至全国无劳动能力与劳动事故保险定价法院。该法院是全法国唯一审理社会保险技术问题的上诉法院,由 1 名上诉法院的法官及 4 名陪审员组成合议庭负责案件审判。陪审员的指定遵循十分严格的程序:最高法院院长依据相关职业组织提议确立名单,司法部长从名单中指定陪审员。

(施鹏鹏 王晨辰)

法国农村租约对等法院

法国负责审理涉及农村租约纠纷的专门审判机构。农村租约对等法院可追溯至 1943 年 9 月 4 日维希政府所设立的调解判决委员会,该委员会是由土地出租人及土地承租人代表组成的审判机构。1944 年 12 月 4 日的改革重组了调解判决委员会,审判长由 1 名职业法官担任,确立农村租约案件的两级审判制度,一审由 1 名近民法官主持庭审,二审由区民事法院院长主持庭审。1958 年 12 月 20 日法律正式确立了农村租约对等法院的名称,取消了原来设立的二审审判组织,农村租约对等法院仅负责一审。

农村租约对等法院设立在相应的小审法院,其地域管辖范围与相应的小审法院相同。该法院由 5 人组成,由 1 名小审法院法官主持庭审,另外 4 名为通过选举产生的陪审员(2 名土地出租人代表及 2 名土地承租人代表)。被选举人必须年满 26 周岁且成为土地出租人或土地承租人 5 年以上。陪审员的任期为 6 年。主持庭审的小审法院法官扮演着重要角色:一方面,其在紧急情况下有权直接作出临时裁决;另一方面,法庭无法正常组成时,职业法官有权直接审理案件,以免因法庭的非正常运转导致司法程序瘫痪。但在这种情况下,职业法官庭审后须收集陪审员的意见,尔后作出裁判。

农村租约对等法院管辖与农村租约有关的纠纷,由于类似案件的专业性,由熟悉农村租约的陪审员参与庭审,可以较好地解决类似的纠纷。考虑到农村租约的多样化特点,该法庭内部又分成两部分,分别审理土地年金制租赁及土地收益分配制租赁引发的纠纷。农村租约对等法院的审判程序与小审法院大致相同,但存在细微差别。在庭前调解方面,农村租约对等法院与劳资争议委员会一样,要求当事人必须出庭。当事人可以请律师、执达员、家庭成员或农业职业组织成员参加庭审。对于4000 欧元以下的案件,农村租约对等法院的判决为终审判决,当事人不得上诉;反之,当事人有权向上诉法院社会法庭提起上诉。

（施鹏鹏　王晨辰）

法国预审法院体系

法国适用于严重犯罪案件的中间审审判组织体系。预审实行二审终审制,因此,预审法院体系亦分为两级,一审预审机构是预审法官(juge d'instruction)及自由与羁押法官(juge des libertés et de la détention),二审预审机构是上诉法院预审庭(chambre d'instruction de la cour d'appel)。

预审法官由 1808 年《重罪预审法典》所设。该法典完成了法国刑事诉讼基本原则的历史性转变,实体审判之间的诉讼阶段采取纠问式诉讼制度,实体审判中则采取对抗式诉讼制度,自此,纠问式及对抗式并存成为法国刑事诉讼的特色。依据法典条文,司法警察负责追查犯罪,预审法官负责案件预审。司法实践中,预审法官扮演着调查者及法官的双重角色。该制度随着拿破仑法典的广泛传播,对欧陆各国产生较大的影响。预审法官是大审法院的法官,任命遵循严格的程序,司法部长在征求最高司法委员会的意见后提名,共和国总统以命令形式任命。预审法官任期为 3 年,任期届满后可连任。各法院预审法官的人数依据法官受理案件情况而定。通常每个大审法院均设有 1 名预审法官,一些重要的大审法院所设预审法官人数相对较多,如巴黎大审法院的预审法官多达 78 名、马赛大审法院法院为 15 名、里昂大审法院为 13 名、里尔大审法院则为 11 名。预审法官的职能是预审案件,寻找犯罪证据及犯罪事实。对于重罪案件,预审程序为必须;对于轻罪案件及违警罪,预审程序为选择性。预审法官的职权主要有调查权及司法权。调查权是指,预审法官为搜集犯罪证据、查清犯罪事实而使用一些调查方法,如对质、讯问、扣押、鉴定等。预审法官有权亲自调查,也可以委托司法警察调查案件。为加强调查效率,预审法官还有权签发传票(mandat de comparution)、拘传票(mandat d'amener)、逮捕令(mandat d'arrêt)及追捕证(mandat de recherche)。司法权是指,预审法官有权依据具体情况裁定预审结果。证据不足时,预审法官作出不予追诉的裁定;反之,预审法官则作出移送案件的裁定。约束预审法官的权力是法国刑事诉讼领域由来已久的争议话题,几乎伴随着刑事诉讼法的发展而发展。纵观历史,法国立法者曾采取不同的措施限制预审法官的权力,如合议庭制、权力分割等,但几经反复。近年来最为典型的改革是 2000 年 6 月 15 日法律创设自由与羁押法官分割预审法官的权力,但随后爆发的乌特罗冤案证明这一改革的效果不尽如人意。2007 年 3 月 5 日法律在大审法院设立“预审中心”,旨在通过合议制限制预审法官的权力。在此期间,预审法官的存废问题也成为社会热议的焦点问题。但迫于传统的根深蒂固性及政治因素的影响,废除预审法官的提案搁浅。

自由与羁押法官是2000年6月15日法律所创设的法官,旨在分割预审法官决定羁押犯罪嫌疑人的权力,负责处理与羁押相关的事宜。自由与羁押法官一般由大审法院职位较高的法官担任,如大审法院的院长或副院长。自由与羁押法官的职能主要有两项:临时羁押权及保护个人自由权。对犯罪嫌疑人进行羁押的,预审法官或共和国检察官必须请求自由与羁押法官签发令状。自由与羁押法官在充分听取双方意见后作出说明理由的裁定。犯罪嫌疑人及共和国检察官不服裁判的,有权向上诉法院预审庭提起上诉,且有权请求上诉法院预审庭庭长终止裁判的执行。保护个人自由权则主要体现在:自由与羁押法官有权授权某些特殊搜查,如对于恐怖主义犯罪或有组织犯罪,有权授权夜间搜查;对于运输毒品犯罪或有组织犯罪,有权延长监视居住的法定(48小时);对处于非正常居留状态的外国人,有权延长其等待合法居留或签证的期限。

上诉法院预审庭的前身是控告庭(chambre d'accusation),2000年6月15日法律将其更名并调整了部分职能。2000年之前,控告庭主要有两项职能:负责对不服预审法官的裁决进行二审;强制性审查预审法官对重罪案件所作裁判。预审庭只保留了第一项职能,负责对不服预审法官及自由与羁押法官裁决进行二审。上诉法院预审庭由3名法官组成,其中1名作为庭长主持法庭工作。除司法权外,庭长还拥有行政管理权。为监督临时羁押的合法性,庭长还须每季度到拘留所检查一次。此外,对超过4个月羁押期限的案件,庭长有权启动预审庭进行司法审查。预审庭受理预审上诉案件后,必须在较短期限内审理案件(48小时或10－15日内)。预审庭受理紧急程序案件的,应快速作出裁决(3日或5日内)。预审庭作为二审机构须从法律及事实层面对一审裁判进行全面审查,有权重新审查或补充调查案件情况,必要时,还有权要求有关方出庭接受审查。预审庭还有监督预审法官工作的权力,在事实清楚的情况下,预审法官在4个月内未作出裁判的,预审庭有权直接提审案件。除此之外,预审庭还有其他相关职能,如监督司法警察、审查引渡申请、恢复司法名誉等。

(施鹏鹏　王晨辰)

法国违警罪法院

法国负责审理第五级违警罪案件的一审审判机构。违警罪法院与小审法院实际上是同一个法院,立法者在刑事审判领域称其为违警罪法院,在民事审判领域称其为小审法院。法国目前共有475个违警罪法院,原则上按区设立,但也可设立仅具有刑事管辖权的违警罪法院。这类法院主要设立在违警罪案件较多的大城市,如巴黎、里昂、马赛。

违警罪法院的法官均为职业法官。有些规模较小的违警罪法院,审理刑事案件的法官也有权审理民事案件。有些违警罪法院上午审理民事案件,下午审理刑事案件。违警罪法院负责审理第五级违警罪案件。被告人是未成年人的,由未成年法院体系审理。重罪或轻罪案件中出现第五级违警罪案件的,由重罪法院或轻罪法院审理。但法律有明确规定的,前四级违警罪案件仍由违警罪法院审理。如《刑事诉讼法典》第L41－3条规定,非公开诽谤伤害(第一级违警罪)及具有种族性或歧视性的诽谤罪(第四级违警罪)均有违警罪法院审理。对于违警罪法院的地域管辖权,立法者曾经仅规定由犯罪行为所在地法院管辖。实践中,这项例外的地域管辖权带来了诸多不便,如被告人需长途跋涉到另一城市参加诉讼。1983 年 7 月 10 日法律改变了这一状况,规定犯罪行为所在地、犯罪行为确认地及被告人所在地法院具有管辖权。违警罪法院实行独任审判制。审判遵循口头原则、公开原则及对抗原则。当事人对违警罪法院判决不服的,有权向上诉法院轻罪庭提起上诉。除普通程序外,违警罪法院也可以采用简易程序审理案件,即刑事裁定程序(ordonnance pénal)。该程序非常简单,法官以填写表格的方式进行裁判。为防止法官滥用权力,法律规定,公诉机关在 10 日内有权对该裁判提出异议;被告人在 30 日内有权对该裁判提出异议。一旦异议提出,案件必须转为普通程序公开审理。在司法实践中,大部分适用简易程序作出裁判均被接受,当事人很少提出异议。同样,被害人在被告人异议期限届满前亦有权提出异议,案件同样转为普通程序审理。原则上,简易程序仅适用于犯罪后果轻微的案件,但最近刑事简易程序的适用范围有扩大的趋势,法律规定轻罪案件也可以适用简易程序。

（施鹏鹏　王晨辰）

法国轻罪法院

法国负责审理普通轻罪案件的一审审判机构。轻罪法院与大审法院是同一个法院,立法者在刑事审判领域称之为轻罪法院,在民事审判领域称之为大审法院。轻罪法院是法国最主要的刑事审判组织,目前法国共有 186 个轻罪法院。

轻罪法院的院长即大审法院的院长,负责主持轻罪法院的日常工作。在绝大多数大审法院,仅设一个庭,同时审理民事案件及刑事案件。在一些较为重要的大审法院,内设多个庭负责审理刑事案件,如巴黎大审法院设 15 个轻罪法庭,里昂设 6 个,马赛设 5 个。在审判方式上,轻罪法院采用合议制及独任制两种审判形式。此外,为审理一些特殊性质的案件,轻罪法院还可以采用特殊的审判形式。轻罪法院采用合议制审判的,通常由 3 名法官组成合议庭,院长、副院长或最为资深的法官主持庭审。为缓解审判压力,克服法官人数不足所带来的困难,1972 年 12 月 23 日法律规定轻罪法院有权采用独任制审判。但独任制审判所适用的案件必须有法律明确规定,且存在诸多例外,如轻罪法院院长有权决定相关案件不采用独任制审判;独任法官有权拒绝独任审判;被告人已经被临时羁押的不得采用独任制审判。司法实践中,大约 50% 的轻罪案件均采用独任制审判,如交通法典所规定的轻罪、某些暴力犯罪、涉及支票或银行卡支付的犯罪、家庭遗弃罪、普通盗窃罪、窝藏罪及使用毒品罪等。随着 2002 年 9 月 9 日法律、2004 年法案及 2005 年法案的改革,独任制审判的适用范围不断扩大。但一些特殊案件不得适用独任制审判,如开庭时被告人处于临时羁押状况、累犯案件、当处 5 年以上监禁刑的案件。案件极为复杂的,独任法官有权依职权、当事人或公诉人的请求,将案件移送合议庭审理。反之,合议庭亦有权将案件移送独任法官审理,或由合议庭庭长独任审判。轻罪法院所采用的特殊审判组织主要分为两类:涉军审判组织及特别管辖审判组织。涉军审判组织是指轻罪法院内设的军事法庭,其负责审理和平时期针对国家根本利益的轻罪及军事犯罪。军事法庭的法官由大审法院全体大会指定。特别管辖审判组织主要负责审理一些极为复杂且具有一定专业性的案件,如金融财务案件、卫生健康案件、海上污染案件及有组织犯罪案件。轻罪法院所管辖的案件,顾名思义,轻罪案件。但在特殊情况下,其有权管辖违警罪案件,如与轻罪相关的违警罪案件。同时,有些轻罪案件因为犯罪主体的特殊由特殊的刑事法院管辖,如未成年人所犯轻罪案件由未成年人法院管辖、海员海上所犯轻罪案件由海商事法院管辖。此外，轻罪法院还有权管辖刑事附带民事案件。

（施鹏鹏 王晨辰）

法国重罪法院

法国负责审理重罪案件一审刑事审判组织。重罪法院是法国唯一设陪审团审理刑事案件的法院。重罪法院为非常设性审判机构，一般每3个月开庭一次，必要时，依据案件数量可增加开庭次数。原则上，重罪法院设在法国各省，但在人口密度较大的省可设多个重罪法院。重罪法院通常设在各省省府，也可设在本省其他城市。如果该省设有上诉法院，则重罪法院位于上诉法院所在地；如果该省未设上诉法院，则重罪法院位于省府大审法院所在地。

重罪法院实行参审制，设陪审员审理刑事案件。重罪法院一般由3名职业法官及9名陪审员组成，上诉重罪法院则由3名职业法官及12名陪审员组成。由于重罪法院为非常设性机构，故3名职业法官分别来自上诉法院及大审法院，其中1名担任审判长，2名担任审判员。审判长主持庭审，由上诉法院院长从院长、庭长或上诉法院普通法官中指定，任期为3个月；审判员由上诉法院院长从上诉法院法官或大审法院法官中选任，任期亦为3个月。对于一些特殊犯罪，如运输毒品罪、恐怖主义犯罪等，重罪法院不设陪审团审理案件，由1名审判长及6名审判员组成合议庭审理。为防止法官因病或其他合理理由无法出庭，重罪法院还增设1名以上的候补法官。候补法官由上诉法院院长任命。陪审团由9名陪审员组成，参与整个庭审及合议，与职业法官享有同等审判权。陪审员由年满23岁、通晓法语、享有政治权利、民事权利的公民担任。但如下人员无担任陪审员的资格：因重罪被判刑或因轻罪被判处6个月以上监禁刑的；正在被起诉的或抗拒传唤的或已对其签发传唤令或逮捕令的；被撤销职务的国家、省或市镇官员及工作人员；被撤销职务的司法助理人员及经司法判决最终禁止履职的职业公会成员；未复权的破产人；依据《刑事诉讼法典》第288条被判刑之人或依据《刑法典》第L131-26条被禁止履行陪审员职责之人；本案中司法警察、证人、鉴定人、民事当事人、被告人的配偶、父母等。被确定为陪审团成员的公民必须参加陪审，如果无合法理由而不到庭的，将被处以3750欧元的罚款。陪审员因参与审判所产生的全部合理费用均由国家财政支出，如交通费、住宿费、伙食费及误工费等。陪审员产生的程序由《刑事诉讼法典》明确规定。首先，每年9月之前，各市市长以公开抽签的方式从选民名单中确立预备陪审员名单，预备陪审员数量与省人口的比例一般为1∶1300的比例。其次，省议会审核预备陪审员名单，主要审查候选人是否超过70岁、在省内有无住址及是否自愿担任陪审员等。在剔除不合格人选后，委员会以抽签方式最终确定年度陪审员名单，交由当地重罪法院书记室留存。再者，重罪法院院长于开庭30日之前以抽签的方式从年度陪审员名单中选出40人，确立庭期陪审员名单及12名候补陪审员名单。庭期开始15日前，省国家代表将开庭时间、庭审持续期及开庭地点等事项通知当选的陪审员。开庭2日前，法院将庭期陪审员名单送达控辩双方，同时附带陪审员基本情况，以便控辩双方申请陪审员回避。最后，在开庭审理当日，法院须通知庭期陪审员到庭，已经死亡或丧失资格的除外。陪审员与审判法官或其他陪审员具有亲属关系的，法院须裁定除名。审判长从庭期陪审员名当中抽签决定9名参与审判的陪审员名单。抽签决定过程中，依次由被告人或其辩护人、检察官申请陪审员回避。前者最多可申请5名陪审员回避；后者最多可申请4名陪审员回避,申请回避的理由不公开。参加审判的陪审员名单确立后,审判长须告知法定权利及义务。陪审员当庭宣誓保证正确履行职责后,审判长宣布陪审团正式成立。

重罪法院对重罪案件享有普遍管辖权,即可能判处10年以上有期徒刑、无期徒刑的自然人犯罪案件及法律规定的法人重罪案件。重罪法院有权审判与重罪相关的所有犯罪案件,不论这些犯罪行为的严重程度如何。对因预审法官认定罪名错误而受理的违警罪、轻罪案件,重罪法院也有权审理。重罪法院审理遵循公开原则、口头原则、对抗原则、庭审不间断原则及缺席判决原则。庭审结束后,法官及陪审团立即进入合议室秘密合议,在形成最终决定之前,不得离开合议室。合议的依据是法官及陪审员通过庭审而直接获知的情况。为确保庭审实质化,案卷由书记官保管,审判长只能保留预审法官所作的起诉裁定书。合议中需审查案卷的,审判长必须通知控辩双方到场。合议采用书面表决的方式,法官及陪审员依据自由心证原则,依次对主要罪行、加重情节、附加问题及免除或减轻刑罚的合法原因等事项不记名投票。表决票填写完毕后折叠交给审判长投入表决箱,当场唱票并公布表决结果。决定被告人有罪的,至少有8票赞成方可定罪。对于陪审员不参加审理、由7名职业法官组成的重罪审判,仅需4票赞成即可定罪。处刑投票则采用绝对多数原则,至少有7票赞成方可通过。合议完毕后,法官、陪审员重回法庭,审判长当庭宣告判决。如果作出有罪判决,审判长须告知被告人有权上诉并告知上诉期限。

(施鹏鹏　王晨辰)

法国未成年人法院体系

法国专门审理未成年人刑事案件的特殊刑事审判组织。1912年7月22日法律首次设立了未成年人法院,已有逾百年历史。当时的未成年人法院负责审理两类案件:被告人年龄在13－18岁的轻罪案件及被告人年龄在13－16岁的重罪案件。经过近30年的实践,法国于1945年2月2日颁布了一项影响至今的法令,完善了未成年人法院体系并确立了关于未成年人犯罪的刑事政策。该法令的立法指导思想是,使触犯刑法的未成年人认识到自己行为的社会危害性,唤起未成年人的社会责任感,避免未成年人再次犯罪,但不排除对未成年人进行刑事制裁,处罚相对于成年人而言较轻。但近年来,法国未成年人犯罪率的居高不下,2007年3月5日犯罪预防法律出台后,法国加大了对未成年人犯罪的处罚力度。

依据违警罪、轻罪及重罪,法国分别设立了少年法院(Tribunal pour enfants)、未成年轻罪法院(Tribunal correctionnel pour mineurs)及未成年人重罪法院(Cour d'assises des mineurs)管辖相应的案件。少年法庭设于省府所在地的大审法院内,负责审理不满18岁的未成年人所犯的第五级违警罪与轻罪案件,以及不满16岁的未成年人所犯的重罪案件。少年法庭由3人组成,少年法官担任庭长,两名非职业法官担任审判员。未成年人轻罪法院亦设于大审法院内,于2012年1月1日创设,负责审理当处3年以上监禁刑的轻罪案件及16岁以上未成年人累犯的轻罪案件。未成年人轻罪法院由少年法官主持庭审,两名司法官参与庭审。未成年人重罪法院则负责审理16－18岁的未成年人所犯的重罪案件。除审判对象不同外,未成年人重罪法院与普通重罪法院的区别不大。法庭组成也是3名职业法官与陪审团,一审中陪审员人数为9人,二审中则为12人。值得一提的是,涉及成年人与未成年人共同犯罪的案件,预审法官或上诉法院预审庭有权选择将案件移送普通重罪法院或未成年人重罪法院审理。

未成年人法院的庭审须遵循有限公开原则，即只有证人、近亲属、监护人、青少年法律代表、律师、社会工作者可以参加庭审。新闻媒体不得报道未成年人案件的庭审。少年法官有权在办公室内独立审理涉及未成年人的第五级违警罪及轻罪案件，未成年人被告在父母及律师的陪同下接受审判。这种非正式的庭审方式在实践中适用非常普遍且在防止未成年人再次犯罪方面起到了良好作用。少年法庭的审判中，必须听取未成年人父母的陈述。未成年人父母受到传唤未到庭的，法庭有权处以3750欧元的罚款。未成年人重罪法院的审理程序与普通重罪法院程序基本相同，但仍存在一定的特殊性。如在评议过程中，院长必须提出补充性问题，否则程序无效：是否有必要对未成年人刑事处罚？如果结果是肯定，则院长还需提出第二个问题，是否应排除适用依据1945年2月2日法令所确立的减轻未成年人刑罚的原则？这两个补充性问题实际反映了重罪法院在审理未成年人犯罪中的特殊刑事政策，在实践中收效良好。法院判决未成年人有罪的，有权决定采取教育措施、教育性处罚或适用刑罚。教育措施包括：训诫、责令管教、赔偿受害人损失、自由管制、司法监督等。教育性处罚创设于2002年，是一种介于教育措施与刑罚之间的新型处罚方式，包括没收未成年罪犯用于犯罪的物品或犯罪所得、1年内禁止未成年罪犯出现在犯罪发生地或法院指定的其他地点、1年内禁止未成年罪犯接触或联系受害人、1年内禁止未成年罪犯接触或联系共犯、帮助或赔偿受害人、强制参加为期1个月以内的公民培训。

适用于未成年罪犯的刑罚主要有：罚金刑、强制公益劳动刑、监禁刑。罚金刑最高不超过7500欧元；强制公益劳动刑是监禁刑的替代刑，判令未成年人参加社会义务劳动（40－240小时），仅当征得未成年人本人同意时方可适用；监禁刑又非为实际监禁刑、附缓刑监禁刑及附考验期缓刑监禁刑。

（施鹏鹏　王晨辰）

法国军事法院

设立于1999年，旨在审理和平时期在法国领土之外实施的军人犯罪案件，本部在巴黎。自2012年1月1日起，法国撤销了巴黎军事法院。

2012年军事法院撤销之前，对于违警罪，军事法院可以组成临时派出法庭审理案件；对于重罪，案件必须在巴黎本部审理。对军事法院判决有异议的，共和国检察官有权向巴黎上诉法院上诉，甚至向最高法院提起撤销之诉。军事法院适用普通司法体系中的刑事程序，《军事司法法典》有例外规定的除外。

上述军事法院是和平时期的军事司法机构，除此之外，法国还有战争时期的军事司法机构，依据《刑事诉讼法典》的规定，“当国家处于被包围状态或紧急状态时，内阁会议可依据《军事司法法典》的规定设立军事法院，并适用战争时期军事审判规则”。在法兰西共和国领土内设立的战时军事法院有两种：国土内军事法庭（les tribunaux territoriaux des forces armées）及高等军事法庭（le Haut tribunal des forces armées）。前者负责审理一个或者多个军事区域内的部分或全部案件，按照其所在地命名；后者负责审理法国军队的将军、元帅或者军事总指挥官等高级军官，设在巴黎，必要时，可在法国领土任何地方开庭。在法兰西共和国领土外设立的战时军事法院亦有两种：军队军事法庭（les tribunaux militaires aux armées）及军事法庭（les tribunaux prévôtaux）。前者是当法国军队驻扎在国外或在国外执行任务时所设立的法庭，与国土内军事法庭具有相同的刑事案件管辖权;后者设立在法国军队领土外驻地,主要审理军人或非军事人员所犯的前四级违警罪案件。

(施鹏鹏　王晨辰)

法国海商事法庭

法国负责审理海上违法犯罪的专门刑事审判机构。管辖的案件仅限于法国《海上刑事与惩戒法典》所规定的海上违法犯罪案件(违警罪及轻罪案件,重罪由《刑法典》规定),不审理民商事纠纷。海商事法庭于1993年正式设立,法国的主要港口共设14个海商事法庭。

海商事法庭由5人组成,庭长由法庭所在地大审法院法官担任,另外4名分别是2名海上安全管理官员及2名船员。对于后4名组成人员,《海上刑事与惩戒法典》第90条又予以细化:1名未参加过案件起诉及预审的海上安全管理官员;1名负责船舶安全及海上救人的海上安全管理人员;1名具有丰富经验且年龄不超过60周岁的船长或大副。第4名法官则依据被告人的情况而定:被告人是具有一定等级资格或学历的船员的,由具有同等等级资格或同等学力的在职船员或离职不超过5年的船员担任;被告人是没有等级资格或学历的船员的,由同等级别或同等专业的人员担任;被告人不是船员的,则由负责船舶安全及海上救人的海上安全管理人员担任。

海商事法庭对船长、船员的海上违法犯罪案件享有管辖权,如危害航行安全、船长放弃船舶、船舶碰撞时拒绝救助、因航行过错而造成海事事故等。在特殊情况下,海商事法庭对乘客的海上违法犯罪行为也享有管辖权,如乘客严重违反纪律、侵犯船舶指挥权。海商事法庭的庭审公开,但无权审理刑事附带民事诉讼。海商事法庭的判决为终审判决,当事人不服判决的有权向最高法院提起法律复核审。

(施鹏鹏　王晨辰)

法国最高行政法院

法国行政法院体系中最高级别的审判机构。"Conseil d' état"从字面上翻译意指"国家参事院",但这种翻译无法涵盖该机构的所有职能。《行政司法法典》赋予"Conseil d'état"诉讼职能及行政与立法职能。最高行政法院源自旧制度中的国王参事院(Conseil du Roi)。国王参事院内设当事人委员会(Conseil des parties),负责审理对高等法院(Parlement)判决不服的案件,这是其诉讼职能所在。国王参事院还内设行政机构,如高等委员会、财经委员会及信件委员会,负责履行行政职能。法国大革命后,国王参事院内设的委员会全部撤销。1799年4月27日法律及5月25日法律创设国家参事院。从职能上讲,当时的国家参事院仅是执政官的法律顾问机构,具有强烈的政治色彩,但被赋予特殊的司法权,如撤销行政机关的行政行为。1799年12月3日宪法文件第52条进一步赋予国家参事院立法权。1872年5月24日法律最终确立了国家参事院的司法地位,该法第9条规定,"国家参事院对行政诉讼享有最终裁判权,对申请撤销行政越权行为的案件享有最终裁判权"。1889年卡多案(affaire de Cadot)通过判例进一步强化了国家参事院的司法职能。此后,国家参事院成为对行政案件兼具初审权及终审权的法院。1953年及1987年分别设立初审行政法院及上诉行政法院后,国家参事院逐步成为行政法院体系的最高审级的法院。

最高行政法院兼具行政职能及诉讼职能,因此内部机构设置上分为两个部分:行政组(sections administratives)及诉讼组(section du contentieux)。行政组最重要的角色即政府咨询机构,同时,其还有权对宪法性法律草案及一般性法律法规草案提出意见。行政组内设5个机构:内务组、财政组、公共工程组、社会组及报告与研究组。前四个机构负责对相应领域的法律法规草案提出意见,最后一个机构负责起草最高行政法院年度报告及其他研究报告。诉讼组是最高行政法院最重要的一个部门,负责行政案件的审判工作。为审理不同类型的案件,诉讼组下设10个诉讼分组(sous - section)。

最高行政法院在人员设置上主要包括院长、副院长、大法官(les conseilles d'état)、助理大法官(les maîtres de requête)、初级法官(les auditeurs)及司法助理(l'assistant de justice)。理论上而言,最高行政法院的院长由政府总理担任。总理不能履行职务的,由司法部长担任。但实际上,总理仅在一些重大仪式上方才出席主持最高行政法院,平时由副院长主持工作。副院长经司法部长提名由共和国总统确定并任命。最高行政法院的大法官分为两类:普通序列大法官(les conseillers en service ordinaire)及特殊序列大法官(les conseillers en service extraordinaire)。前者负责具体的行政审判活动,直接审理相关行政案件;后者不参加行政司法活动,仅负责行政活动。最高行政法院的助理大法官主要从符合条件的初级法官中内部选拔,也可从年满30周岁且有10年公共服务经历的公务员中外部选拔。初级法官则全部从国家行政学院的优秀毕业生中选拔,每年大约有5 - 7个职位。司法助理职位则由2002年9月9日法律创设,负责帮助行政法官完成一些准备性工作。

最高行政法院的行政职能是对政府提供法律草案咨询意见。咨询职能可分为强制性咨询及非强制性咨询。强制性咨询的法律草案包括:提交议会审议的所有法律草案、依据《法国宪法》第32条制定的法令草案、欧盟委员会向法国政府提交的欧盟法律草案。除法律明确规定之外,政府向最高行政法院咨询意见是非强制性的。最高法院的诉讼职能包括初审、上诉审及法律复核审,这一点与普通法院体系的最高法院有所不同。此外,最高行政法院还对行政法院体系起到一定的规范作用,主要体现在判例的统一及行政法院体系内部管辖权的协调方面。

(施鹏鹏 王晨辰)

法国上诉行政法院

法国行政法院体系的二审审判机构,主要负责审理对初审行政法院判决不服的上诉案件。1953年行政司法改革设立初审行政法院后,最高行政法院的案件积压现象短期内有所好转。但20世纪70年代起,行政诉讼案件继续增加,1986年最高行政法院在审案件数量高达23000件。为加速行政诉讼进程、解决最高行政法院案件积压问题,1987年12月31日出台的行政诉讼改革法创设了上诉行政法院。最初设立的上诉行政法院有5个,即波尔多、里昂、南锡、南特及巴黎上诉行政法院。1997年增设马赛上诉行政法院,1999年增设杜艾上诉行政法院,2004年增设凡尔赛上诉行政法院。目前,法国共有8个上诉行政法院。

上诉行政法院设院长主持法院各项工作,确保法院正常运转。院长拥有行政管理职能及司法职能。行政管理职能主要包括:制定内部规章制度、庭审安排、分配案件等;司法职能包括:普通案件审理权及紧急裁决权。上诉行政法院依据案件性质内设审判庭。依据2007年7月18日法令,巴黎上诉行政法院内设8个审判庭,马赛上诉行政法院内设7个审判庭,波尔多及里昂上诉行政法院内设6个审判庭,凡尔赛上诉行政法院内设5个审判庭,南锡及南特上诉行政法院内设4个审判庭,杜艾上诉行政法院则内设3个审判庭。上诉行政法院的审判形式有三种:普通庭审、重要庭审及特殊庭审。普通庭审由3名法官组成,负责审理普通案件;重要庭审由5名法官组成,负责审理复杂案件;特殊庭审由院长、各庭庭长及报告员组成,负责审理特别重大的案件。上诉行政法院还设政府特派员,其有权阅读案卷并在庭审中就案件提出中立的法律观点及法律意见。政府特派员于2009年2月1日起更名为"公共报告人"(rapporteur public)。上诉行政法院还设有书记官、司法助理(assistants de justice)及诉讼助理(assistant du contentieux)。书记官负责法庭记录、庭前准备等工作;司法助理任期为2年,每两期更换一次;诉讼助理包括行政专员、行政秘书及行政助理。

上诉行政法院所管辖的案件是对初审行政法院判决不服提起上诉的案件。对专门行政法院判决不服的上诉案件,仅当法律有明确规定时,上诉行政法院方才拥有管辖权,例如对海外财产剥夺补偿委员会所作裁判不服的上诉案件由上诉行政法院管辖。同时,上诉行政法院还享有特别程序管辖权,如保全证据行为及临时赔偿金等案件的上诉。此外,上诉行政法院对部分初审行政法院的上诉案件不享有管辖权,该类案件的二审仍由最高行政法院管辖。依据《行政司法法典》第R321－1条的规定,下列上诉案件由最高行政法院管辖:解释及审查行政决定的意义及合法性的上诉案件;市议会及省议会选举诉讼的上诉案件;依据紧急程序所作保护基本自由措施的上诉案件。最后,上诉行政法院还具有非行政诉讼职能,如接受大区国家代表的咨询;向行政机关下达执行判决命令及逾期罚款的权力。

(施鹏鹏　王晨辰)

法国初审行政法院

法国行政法院体系中的普通行政案件的一审审判机构。初审行政法院的前身是省际参事院。1799年拿破仑在各省创设省参事院,作为地方省长的咨询机关。1926年9月6日法律撤销了一些规模较小且不甚重要的省参事院,建立了22个省际参事院,实行跨省管辖。但这项改革给当事人诉讼带来的极大不便,为克服这种不便,省际参事院组织法官进行巡回审判。为解决最高行政法院案件大量积压的问题,1953年行政司法改革改变了省际参事院的地位,使其成为普通的法院,更名为初审行政法院。

初审行政法院设院长统领法院日常工作。院长既有行政管理职能,亦有司法职能。行政管理职能主要包括:日常法院管理,如案件管理、法院预算、法官的内部分配、提出关于法官晋升的意见等;协调与其他法院、行政机关、律师公会等机构的管辖。司法职能则包括:必要时主持庭审;指定专家证人;裁决紧急程序案件;处理案件管辖权争议。初审法院内设多个审判庭,负责审理不同类型的案件。各法院依据案件受理情况设置数量不等的审判庭,如南锡初审行政法院内设2个审判庭;马赛初审行政法院内设8个审判庭;巴黎初审行政法院内设17个审判庭。一般而言,各审判庭由1名庭长及2名法官组成。但巴黎初审行政法院较为特殊,由1名庭长及3名法官组成。通常情况下,初审行政法院以合议庭的形式审理案件,但为应对日益增多的行政案件,适用独任制审理成为近年来法国初审行政法院发展的普遍趋势。自1995年起,《法国行政司法法典》授权初审行政法院院长或受院长委任的法官独任审理一些争议较小或处理结果较为明确的行政案件。这些案件大致归为5类:以不动产为标的的争议;与公务员地位有关的争议;关于税收和附加税的争议;关于管家责任的争议;其他种类的争议,如抚恤金、个人住房补助、查阅行政档案等。自2003年7月24日期,对上述独任审理判决不服的,不得向上诉行政法院提起上诉,只能向最高行政法院提起法律复核审。初审行政法院的全体大会负责处理重大疑难案件。全体大会一般由法院副院长及承办案件的审判庭成员组成。巴黎初审行政法院全体大会的组成比较特殊,包括院长、副院长、5个诉讼组组长及具体承办人。与上诉行政法院一样,初审行政法院亦设有公共报告人。初审法院的书记员则负责审判辅助工作,如庭审记录、安排当事人交换证据等。

初审行政法院的行政审判管辖权非常广泛。除法律特别规定之外,所有属于行政法院管辖的一审案件均由初审行政法院受理。此外,初审行政法院还具有非诉讼职能。依据《行政司法法典》第R212－1条规定,初审行政法院负责回答地方国家代表提出的相关法律问题。但地方国家代表并不受初审行政法院意见的约束。地方国家代表提出的问题,不得涉及初审行政法院正在受理的案件。其他非诉讼职能如主持或参见各种组织机构或委员会(外国人在法居留证委员会、公共职务惩戒委员会、大学选举委员会等)。

(施鹏鹏　王晨辰)

法国审计法院

法国监督公共管理及审计账目以保障法国公共财政制度的专门行政审判机构。审计法院的前身是旧制度中于1807年设立的审计宫。当时的审计宫负责账目审计并向国王汇报工作。第二次世界大战之后,审计法院的职权得到扩张。1946年宪法及1958年宪法明确规定,审计法院协助议会及政府执行相关财政法律。审计法院在法国公共财政领域起着极为重要的监督作用。

审计法院设院长,负责主持审计法院的日常工作。主要职能包括:法院行政管理工作,如划分审计法院内部审判庭的职能权限、管理审计法院及大区审计法庭的法官;向受监督机构的负责人通报合议评论,应议会要求呈交并公布相关报告;主持审计法院高等委员会及大区审计法庭高等委员会;主持审计法院之外的专门机构,如财政与预算纪律法院、国家公共服务成本及利润调查委员会及国家强制扣划委员会。审计法院内设7个审判庭,各庭设1名庭长负责主持庭审。与最高行政法院相同,审计法院的法官可分为三类:大法官(conseille maître)、助理大法官(conseille référendaire)及初级法官(auditeur)。审计法院还设报告员及司法助理两类辅助人员。报告员从国家A级公务员中挑选,主要负责案件预审,不参加合议庭审理。报告员分为两种:全职报告员,任期最长6年;兼职报告员,任期2年。司法助理从公务员队伍中选拔,负责协助法官及报告员工作。在特殊情况下,审计法院还有权聘请专业财务助理,处理一些技术性较强的问题。审计法院依据案件类型内设7个审判庭 :第一审判庭负责预算与财政部及公共财政的整体运转;第二审判庭负责国防部、能源工业部级对外贸易部等;第三审判庭负责教育文化研究部及青少年与体育部;第四审判庭负责司法部、内政部、外交部及对大区审计法庭判决不服的上诉案件;第五审判庭负责劳动就业部、职业培训部、住房与社会保障部及依靠社会捐赠的组织;第六审判庭负责卫生及社会保险部;第七审判庭负责运输与国土管理部、农业与渔业部、环境部及旅游部。

审计法院的职能主要有三。其一,公共管理监督。监督国家公共管理方面的质量及规范性,考核监督公共权力机关及相关组织确定的目标。审计法院仅审查相关法案是否得到正确执行,保证国家及其他受监督的公职人员合理使用相关经费、资金及有价证券。审查发现问题严重的,审计法院须向有关单位负责人发出函件予以告知或写入汇报给共和国总统的年度报告中。实践中,由于公共机构数量庞大,审计法院的审查对象仅限于国家持有一半以上股份的公共机构。审计法院向上述公共机构寄送检查报告,同时递交国会财政委员会及参议院。其二,司法职能。审计法院主要负责审理公共会计的法律责任,该程序称为“账目判决”。审计法院通过分析账目及凭证,核实财政收入是否正常及财政支出是否符合国家现行法律的规定。审计法院的判决形式有两种:临时判决及“亏欠”判决。临时判决是指,将公共会计报送的不符合规范的账目退还本人,要求改正或补充;“亏欠”判决是指,会计人员必须承担相应的赔偿责任。需要强调的是,审计法院的这种审判方式应称为审核及审判国家公共会计账目,而非审判公共会计人员。其三,协助会计及政府工作职能。依据《法国宪法》第 47 条,审计法院负责协助议会及政府执行国家财经法律及国家社会保险财经法律。对于议会两院投票通过的预算法案,审计法院负责协助议会监督法律的执行。审计法院每年均须向议会提交年度报告,反映全年工作情况。审计法院还负责回答议会委员会提出的问题。

(施鹏鹏　王晨辰)

法国大区审计法庭

法国负责地方财政审计监督的专门行政审判机构。大区审计法庭设立于 1982 年,旨在分担审计法院的财政审计负担及迎合法国地方分权改革的需要。法国共有 26 个大区审计法庭,22 个设于法国本土,4 个设于法国海外省。

大区审计法庭的庭长由审计法院的法官担任,负责主持法庭的审判工作及行政管理工作。各大区审计法庭有权根据需要划分内设庭管辖案件的范围。划分标准主要有两种:行政区划管辖及案件种类管辖。内设庭由法官、报告员及司法助理组成。法官原则上从国家行政学院的毕业生中选拔,但亦可从公务员队伍选拔。报告员从 A 类公务员中选拔,司法助理从 A 类或 B 类公务员中选拔。各大区审计法庭均设秘书长 1 名,负责法庭的行政管理事务。其他行政人员包括书记员、档案管理人员、接待人员等,均从 A 类、B 类或 C 类公务员中选拔。

大区审计法庭的管辖对象是地方政府(大区、省、市镇)及附属公共机构(医院、大学、中学等)。但人口不超过 3500 人且财政收入不超过 75 万欧元的地方政府,由地方财政机关管辖。大区审计法庭的司法职能是指,审查辖区内所有公共会计账目,重点核实财政收入是否正常及财政支出是否符合国家现行法律规定。如果账目正常,大区审计法庭作出不承担责任的判决;如果账目不正常,则作出账目亏欠判决。对大区审计法庭判决不服的,当事人在收到判决后 2 个月内有权向审计法院提起上诉,但上诉不影响判决执行。除此之外,大区审计法庭还拥有监督地方预算及地方行政管理活动的权力。监督地方预算的五种情形如下:地方预算在法律所规定期限届满后出台的;预算呈现收支不平衡状况的;预算明显呈现财政赤字状况的;应偿还银行贷款未包含在财政预算中的;行政账目未经投票程序的。监督地方行政管理活动源自 1982 年 3 月 2 日法律。具体监督内容是审核与财政收支相关的凭证及用途;经费、资金及有价证券的合理使用。

(施鹏鹏　王晨辰)

法国财政与预算纪律法院

法国惩罚公务员、公共代表及相关人士在管理国家及地方财政过程中过错行为的专门行政审判机构。财政与预算纪律法院依据1948年9月25日法律设立,受理案件数量非常有限。

财政与预算纪律法院位于审计法院内,但司法职能上完全独立。内部司法人员来自审计法院及最高行政法院,院长由审计法院院长兼任,副院长由最高行政法院财经组组长担任。财政与预算纪律法院共有10名法官及6名候补法官。书记员及行政秘书由审计法院相关人员担任。财政与预算纪律法院主要管辖两类违法行为:其一,不规范行为,主要是指违反预算及公共账目规则的行为,实施者主要是公共会计或拨款审核者。其二,严重管理过错行为,主要是指在行政管理过程中出现严重过错而产生法律责任。但法律未对"严重过错"明确界定,因此实践中通常对此作宽泛解释。财政与预算纪律法院的诉讼程序受普通刑事诉讼影响,遵循对抗原则、证人出庭原则及辩论原则。起诉方可以是检察官、国民议会议长、参议院院长、总理、财政部长、其他政府成员、审计法院及大区审计法庭。涉及公民个人的判决未被执行的,公民方可向财政与预算纪律法院提起诉讼。财政与预算纪律法院的惩罚主要是罚金,且金额不得超过被处罚者一年的薪酬总额。不服财政与预算纪律法院判决,利害关系人有权向最高行政法院申请法律复核审。

(施鹏鹏 王晨辰)

法国宪法委员会

依据1958年《法国宪法》所设违宪审查机构。法国历史上曾设立诸多机构试图监督及保障《法国宪法》实施,但均未产生实际效果,如1799年设立的"元老院"、1852年设立的"参议院"、1946年设立的"宪法监督委员会"。第二次世界大战结束后,1946年《法国宪法》确立了议会权力至上的政治体制,议会与政府之间权力失衡,关系紧张,造成法国政局动荡。1958年10月4日,戴高乐将军重新制定《法国宪法》,改"议会内阁制"为"半总统制",削弱议会权力的同时加强行政权力,尤其是总统的权力。同时设立宪法委员会,赋予其违宪审查权,监督立法机构,保障行政权正常运转。宪法委员会的性质在法国存在争议,部分学者认为属于政治机构,但更多的学者认为属于司法机构,因为宪法委员会有权对受理的案件作出终局性判决。

依据《法国宪法》第56条,"宪法委员会的法官为9人,任期9年,不得连任。宪法委员会每3年改选1/3的法官。9位法官中的3人由共和国总统任命,3人由参议院议长任命,3人由国民议会议长任命。除上述9名法官外,历届前任共和国总统为宪法委员会终身法定法官"。宪法委员会主席由共和国总统任命,任期不超过9年。宪法委员会主席职责包括主持宪法委员会工作、召集宪法委员会法官开庭审理案件、确定庭期等。此外,合议案件出现票数相等的情况,主席的投票具有决定权。

宪法委员会的职能主要有三。其一,合宪性审查职能。宪法委员会必须审查组织法及议会议事规则。依据《法国宪法》第61条,"组织法颁布之前及议会议事规则执行之前,均须提交宪法委员会进行合宪性审查。组织法由政府总理向宪法委员会提交,议会议事规则由两院议长提交"。宪法委员会有权审查法律及条例的规范范围。《法国宪法》第34条规定法律由议会投票通过且列举了法律规范的范围。《法国宪法》第37条则规定法律规范范围之外的其他事项均属条例。因此,政府有权制定条例,其与议会的立法权可能产生争议。宪法委员会负责裁判议会与政府之间的争议,主要有两种矫正程序:事先预防程序及事后授权修改程序。前者是指,在法律草案讨论期间,政府认为提交的法律草案或法律修正内容属于条例范围的,须提交宪法委员会裁决;后者是指,在法律生效后发现法律条文中包含条例性质的条款的,宪法委员会有权判决宣布相关法律规定具有条例性质。此外,宪法委员会还有权审查普通法律及国际条约。共和国总统、总理、两院议长或60名以上的参议员或国民议会议员均有权就普通法律或国际条约向宪法委员会提起合宪性审查。其二,选举方面的职能。依据《法国宪法》第58条,"宪法委员会监督共和国总统选举的合法性,宪法委员会审查争议事项并公布投票结果"。宪法委员会参与总统选举的各个阶段:选举前,宪法委员会有权接受参选人的申请、审查候选人资格及确定候选人名单;选举中,宪法委员会有权在经过政府同意后派出专门监票人监督投票的合法性;选举后,宪法委员会负责汇总各地专员的统计报告,审查投票诉讼并公布投票结果。此外,宪法委员会还受理涉及两院议员选举费用资助的诉讼及涉及两院议员投票选举合法性的诉讼。最后,依据《法国宪法》第60条,"宪法委员会监督全民公决投票的合法性并公布全民公决的结果。同时,宪法委员会还有权受理对全民公决结果异议的诉讼"。其三,其他职能。宪法委员会具有咨询职能。依据《法国宪法》第16条,"共和国制度、民族独立、领土完整及国际义务的履行面临严重威胁且国家宪法公共权力正常运转中断的,共和国总统在正式咨询政府总理、两院议长及宪法委员会后有权采取必要措施。宪法委员会须接受关于采取措施的咨询。宪法委员会的咨询意见须说明理由并对外公布"。宪法委员会还有确认职能。依据《法国宪法》第7条,"宪法委员会应政府请求有权宣布共和国总统临时不能履行职务。必要时,宪法委员会有权宣布共和国总统最终不能履行职务,由参议院议长临时行使共和国总统的权力"。宪法委员会的这一职能旨在确保总统职责的连续性及合法性,不致造成政治上的混乱。

宪法委员会审理程序的特征具有书面性、非公开性、兼具对抗性及非对抗性及纠问式。宪法委员会以书面形式审理案件,不存在公开辩论。除选举争讼案件外,法律未明确规定律师出庭。宪法委员会在案件审理过程中不公开本院意见及程序性文件,审理遵循秘密原则。宪法委员会在审理与选举相关的案件时采用对抗性辩论程序,但在其他案件审理中则采用非对抗性程序。宪法委员会采用纠问式审理方式,可以依职权主动作出决定。为案件审理需要,宪法委员会的法官还有权向其他行政机关了解相关信息、调查相关文件或资料。

(施鹏鹏　王晨辰)

法国权限争议法院

法国主要负责处理普通案件管辖权及行政案件管辖权冲突的特殊审判机构。权限争议法院是法国司法法院体系及行政法院体系二元分立的特殊产物。1848年《法国宪法》首次设立权限争议法院,4年后被废除,直至1872年恢复。权限争议法院设在最高行政法院,由最高法院及最高行政法院的法官组成。庭长由司法部长兼任。除司法部长之外,权限争议法院共有8名法官,其中3名由最高法院选举产生,3名由最高行政法院选举产生,其他2名是候补法官。法官任期3年,可以连任。实践中,司法部长很少参加案件审理,仅当票数相等时,司法部长方才参加最终裁决。通常情况下,8名法官投票选举一名副庭长主持日常工作,副庭长由最高法院及最高行政法院的法官轮流担任。秘书工作则由最高行政法院负责。权限争议法院每年组织5–6次庭审,大约审理60件案件。权限争议法院主要有两项职能:处理司法法院体系与行政法院体系的管辖权争议;司法法院体系与行政法院体系就同一案件或同类案件作出相反判决的,直接对该案作出实体判决。权限争议法院作出的判决具有终审判决效力,当事人没有任何救济途径。此外,权限争议法院在推动行政立法上也扮演着重要角色。例如,法国行政法发展史上的重大判例布兰科案(affaire Blanco),该案由权限争议法院审理,其结束了公法人不承担赔偿责任的历史,区分了个人错误与公共服务错误,有力填补了行政立法的空白。

(施鹏鹏 王晨辰)

法国特别高等法院

法国审理共和国总统在职期间失职行为的特别审判机构。特别高等法院由2007年2月23日宪法修正案所设,前身是高等法院(Haute cour de justice)。高等法院是一个兼具政治色彩及刑事色彩的特别审判机构,仅对共和国总统履行职务过程中的“严重叛国行为”享有管辖权。但法国法律未对“严重叛国行为”作出明确定义。由于高等法院自1958年设立后从未作出裁判,因此该问题一直存在争议。高等法院由24名议员组成,包括12名国民议会议员及12名参议院议员,另外选有12名议员作为候补成员。除议员之外,高等法院的审判活动还有职业司法官参与。最高法院总检察长负责公诉,5名最高法院大法官组成预审委员会负责案件预审工作。2007年,高等法院退出历史舞台,特别高等法院取而代之。特别高等法院的职责仅限于总统罢免案裁决。这标志着共和国总统在职期间仅有政治责任,不具有刑事责任。《法国宪法》第68条对特别高等法院的组成作了修改,只有议员方可参与总统审判程序,最高法院司法官不再参与审判。特别高等法院院长由国民议会议长担任。与高等法院不同,特别高等法院管辖总统在职期间的失职行为,“严重叛国行为”被宪法修正案取消。但宪法修正案也未明确定义“总统在职期间的失职行为”,交由议会自由裁量,这充分体现了政治责任由政治群体界定的初衷。

(施鹏鹏 王晨辰)

法国共和国法院

法国专门审理政府成员的特别审判机构。共和国法院由1993年7月27日宪法修正案创设,是轰动一时的输血感染案后的司法改革成果。依据《法国宪法》第68条第2款规定,共和国法院由15名法官组成,其中包括12名经选举产生的议员(6名国民议会议员及6名参议院议员)及3名最高法院大法官,1名最高法院大法官担任院长。值得一提的是,上述12名议员不是陪审团成员,而是与职业法官具有相同权利及义务的法官。在诉讼中,最高法院总检察长及总检察官代表国家提起公诉。同时,在程序启动中还设有调查委员会及预审委员会。调查委员会是负责应个人起诉或国家公诉时审查起诉是否符合条件的专门机构。调查委员会由7名法官及7名候补法官组成,任期5年。预审委员会是负责仅对案件事实进行审查而决定是否将被告人移送共和国法院审理的专门机构,由3名最高法院大法官组成。共和国法院只对政府成员享有行使管辖权。政府成员仅限总理、部长、部长级代表及国务委员。共和国法院对政府成员在履行职务中的重罪及严重轻罪进行审理。这些违法行为必须与国家事务直接相关,涉及私生活及选举的案件则由普通法院管辖。共和国法院依据《刑事诉讼法典》所规定的程序审理案件。对共和国法院判决不服的,利害关系人有权向最高法院提起法律复核审。值得注意的是,共和国法院不接受当事人提出的刑事附带民事诉讼,但当事人有权向普通法院就损失提起诉讼。

(施鹏鹏　王晨辰)

芬　兰

芬兰法院

芬兰为大陆法系国家,其法院拥有独立的司法权,法院系统有两个相对独立的部分,一个是普通法院系统,一个是行政法院系统。目前,芬兰普通法院系统由20个地方法院、5个上诉法院和1个最高法院组成;行政法院系统由9个地方行政法院和1个最高行政法院组成。芬兰还设有专门法院,包括劳动法院、保险法院和市场法院。此外,芬兰还设有高等弹劾法院,专门负责审理对包括司法部长、国会议长、最高法院院长和最高行政法院的大法官在内的高级政府官员的职务违法行为提出的指控。

最高法院和独立设置的最高行政法院,共同组成芬兰三级法院体系的最高层级。最高法院由院长和19名大法官组成,负责审理民事和刑事案件。最高行政法院由院长和20名法官组成,负责审理政府机构和省、市(县)机构的行政案件。最高法院院长和最高行政法院院长,由最高法院提请任命的最高法院法官和上诉法院院长,以及由最高行政法院提请任命的最高行政法院法官,上诉法院的法官由芬兰共和国总统任命;地方法院法官、市长及土地划分法庭庭长,由最高法院任命。芬兰法院的人员分类可分为院长、法官、书记员、程序管理行政人员、初级法官和实习法官等类别。芬兰法律规定,只有在以下两种情况下才能免除法官职务:法官犯渎职罪或者法官因病、残疾失去工作能力。法官退休年龄为68岁。

参考书目

周泽民:《国外法官管理制度观察》,人民法院出版社2012年版。

(吴宏耀　张亚逸)

芬兰普通法院

由地方法院、上诉法院和最高法院组成。最高法院由院长和19名法官组成;5个上诉法院有154名法官;地方法院有20个,共457名法官,赫尔辛基地区法院是芬兰最大的地区法院。

普通法院处理刑事和民事纠纷。芬兰实行三级终审制,绝大部分案件先经过地区法院审理,再经上诉法院审理,很少案件能上诉到最高法院审理。实行陪审制,地方法院审判案件一般由1名法官和3名陪审员审理,较重的犯罪或纠纷由3名法官组成合议庭审理,最高刑罚为罚款或18个月的监禁等案件也可以采用独任法官审理。当事人对地区法院的判决不服,可以上诉到上诉法院。上诉法院的审理方式包括开庭审理和书面审理。对上诉法院的判决不服,可以继续上诉到最高法院。但最高法院是否审理,取决于其是否发放上诉许可证。最高法院不受理的案件,其二审判决为终审判决。

参考书目

1. 周泽民:《国外法官管理制度观察》,人民法院出版社 2012 年版。
2. [芬]Matti Jousen、[芬]Raimao Lahti:《芬兰刑事司法制度》,王大伟等译,中国人民公安大学出版社 2000 年版。

(吴宏耀 张亚逸)

芬兰最高法院

被芬兰宪法授予对民事、商事和刑事案件的最终裁决权的最高司法机关。芬兰最高法院位于芬兰首都赫尔辛基,于 1918 年成立。直到 1980 年,最高法院被赋予审理第二次上诉的职能,立法规定其应当通过发放上诉许可,审理上诉案件。根据《芬兰宪法》的规定,一般情况下,最高法院的判决应当由 5 名法官共同作出。芬兰最高法院的职能主要包括:第一,创制案例,通过对法律适用具有重大的案件争议发表判决,指导今后案件的审理工作。虽然根据芬兰法律,先前的判例不是法定的具有法律效力的法律渊源,但在司法实践中,最高法院的判例都对案件审理起着指导作用。第二,履行二次上诉的职能。通过发放上诉许可证,审理不服上诉法院判决的再次上诉案件。第三,法律咨询的职能。芬兰总统在对豁免、引渡等事项作出决定前,应当征求最高法院的意见;国家议会在通过有关法律、法令时,最高法院有权提出立法建议;最高法院还有权就单独有关事项,直接向总统和议会提出立法议案。最高法院裁决案件时主要依靠书面证据。但法官可召开公开听讯会,当事人双方、证人及专家须亲自出庭。

参考书目

周泽民:《国外法官管理制度观察》,人民法院出版社 2012 年版。

(吴宏耀 张亚逸)

芬兰行政法院

依照《芬兰宪法》,专门审理国家机关之间、国家机关或行政官吏在执行公务过程中由于越权和滥权而引起的与公民之间的行政纠纷。行政法院与普通法院分属两个体系,行政法院系统设地方行政法院和最高行政法院二级法院,实行二审终审制,地方行政法院作出的判决可以上诉到最高行政法院,最高法院作出的判决为终审判决。

行政行为的司法监督是行政法院的主要任务。公民或团体只要认为政府或当局的与其有关的决定是违法的,就有权对此决定提起诉讼。行政行为的一个标志是不经过他方的同意就对其产生约束,当局和私人的合同通常由普通法院管辖。在诉讼程序中,行政法院对政府决定的合法性进行审查。诉讼通常由相关的个人或者其他对公共利益具有监管权的组织在管辖范围内提起。由于案件类型和相关法律的不同,行政法院可能仅审查政府决定程序的合法性,但是也会扩展到行为的实际合理性上来。如果争议行政行为被推翻,行政法院则会对案件问题作出判决,或者退回至有权处理的政府部门对事实进行重新审查。若原告或者政府部门对判决有意义的,可以上诉到最高行政法院。最高行政法院通常仅进行书面审理,但在案件需要的情况下,也会进行调查、实行言词审理、听取证人证言和专家意见、接收其他部门的意见等。任何人都可以对市政府的决定提起诉讼,无论该决定是否与其有关。虽然行政法院同时审查决定的合理性和合法性,但是只能因为市政府的决定不合法而将其推翻。另外,行政法院不能修正市政府的决定,只能将其推翻。然而,在一些行政区域,市政府作为一个行政机关,可以对其决定以普通的方式起诉。

最高行政法院有25名法官,其中院长1名,法官20名,临时法官4名。地方行政法院有9个,共122名法官。行政法院审判案件地方法院由3名法官、最高法院由5名法官组成合议庭,重要案件由审判庭全体法官组成合议庭审理,对于特别重大案件,则由法院的全体法官会议讨论通过。如审判庭组成的合议庭审理的案件是水利案件或专利案件,除合议庭全体成员外,还要邀请两名工程专家参加审理,专家的投票决定权与法官相同。

最高行政法院对诉政府、政府部门或部位直属单位的决定的案件有专属管辖权,除另有规定者外,为行政诉讼的终审法院,并对下级机关在行政诉讼方面执行法律的情况实施监督。最高行政法院下设3个职能部门,一个审理税收、环保、知识产权案件;一个审理国家公务员案件;一个审理市场竞争、保险法案件。另外,在全国还设立了审理水利案件和间接税案件的专门行政法院。

参考书目

1. 马原等:《20余国行政诉讼程序简介——赴芬兰参加第三届国际最高行政法院会议专题报告》,载《人民司法》1989年第11期。

2. 林文学:《芬兰司法制度概况及启示》,载《中国司法》2004年第2期。

(吴宏耀　张亚逸)

芬兰专门法院

芬兰设立专门审理有关劳动、保险、市场等方面案件的司法机关,包括劳动法院、保险法院和市场法院。此外,芬兰还设有高等弹劾法院。

劳动法院主要审理集体协议和集体劳动争议纠纷,个别劳动关系纠纷由普通法院或行政法院审理,只有工会或雇主组织有权向劳动法院提起诉讼,同样,也只有工会或雇主组织可以被要求在劳动法院作证。当员工个人被要求在劳动法院上作证时,由工会为其利益代为回答。劳动法院的法官由芬兰总统任命,由4名受过法律培训的人士和12名由劳动市场背景的人员组成,任期3年。首席法官和另外1名法官是受过法律培训、与劳动市场组织无联系的全职法官,两个副法官是受过法律培训、与劳动市场组织无联系的兼职法官,雇主组织和工会分别可以任命4名非专业法官,其余的4名非专业法官由州或市的劳动市场部门和公务员工会分别任命,所有的非专业法官都是兼职的。劳动法院的审理程序与民事程序类似,实行一审终裁制度,不可被上诉。

保险法院的管辖事项包括意外伤害保险、就业养老金、公务员退休金及国民年金等社会保险事项。尽管其名称为保险法院,但保险法院并不管辖除意外险以外的其他私人保险公司签订的私人保险的合同。近来,保险法院因在有意外伤害保险合同的伤残抚恤金案件中经常作出有利于保险公司的判决而遭受批评;保险法院的法官必须是经认证的保险医生,但此认证由实质为私人俱乐部的芬兰医学会作出,该标准也备受诟病。

市场法院负责审理与不公平商业行动、竞争和政府采购有关的案件。市场法院可以对非法限制竞争的行为签发禁止令,责令金钱处罚。此外,市场法院还可以推翻公共采购决定,调整采购流程,并责令赔偿金。市场法院的一个特点是,审理市场竞争案件时采用民事程序,审理政府采购案件时采用行政程序。同样,市场竞争案件的上诉法院是最高法院,政府采购案件的上诉法院为最高行政法院。芬兰总统萨乌里·尼尼斯托(Sauli Niinistö)在2013年1月25日批准了一个新法案,法案的生效将使对知识产权事务的审理统一集中到芬兰市场法院。此举标志着自2013年9月1日起,从前由赫尔辛基地区法院初审、芬兰国家专利注册委员会(NBPR)上诉委员会复审的除刑事诉讼以外的所有与知识产权相关的争议和上诉都将统一由市场法院审理。此次改革使芬兰成为斯堪的纳维亚半岛上第一个将知识产权诉讼集中到一个专门法院进行审理的国家。

根据芬兰宪法的规定,高等弹劾法院专门负责审理对包括共和国总统、内阁大臣、司法部长、国会议长、最高法院法官和最高行政法院的大法官在内的高级政府官员的职务违法行为提出的刑事指控。自1922年成立以来,该法院仅开庭了4次。法官由包括最高法院、最高行政法院2个最高司法机关的首席法官和上诉法院3名最资深的首席法官在内的5名成员组成,由国会在每次任期之始选举产生,与国会任期时间相同。高等弹劾法院遵循刑事程序,可以使用所有地区法院可使用的手段。其判决是终局性的,除弹劾法院自身推翻或撤销之前判决以外,即使芬兰总统也不能赦免被弹劾法院确定有罪的人。

(吴宏耀 张亚逸)

芬兰军事法院

芬兰法律赋予芬兰政府战时设立军事法庭审理军事犯罪的选择权。军事法庭的首席法官应当是由最高法院任命的受过法律培训的人士,另外两个法官由上诉法院从军队人员中指定,其中一个应是军官,另一个可以是陆军准尉、军士或普通服务人员。军事法院的判决可以上诉到上诉法院。护卫队和国防军中的文职人员也要受到军事刑事立法和处理军队刑事案件的法院的管辖。在民事法庭不能运行的地区,军事法庭对所有的刑事案件都享有管辖权。

非战时,芬兰护卫队或国防军的现役人员所犯的与职务相关的刑事案件由民事法庭审理,但与普通程序略有差异。按照《芬兰军事法院(1983年/326号)法》(Military Court Act)的规定,军事案件由地方法官和两名军事法官共同审理,为避免军方当局在法庭程序中可能造成的影响,军事检察工作从军方改由一般检察官进行,军事案件的公诉人由专门的军事法律律师担当。两名军事法官中一名是军官,一名是其他军事人员,由上诉法院任命。现役军人与职务无关的犯罪不属于上述军事法庭的管辖。所有被害人为平民的案件被认为与职务无关,即使受害者是军人或是国家,也只有特定种类的案件被认为是与职务相关的。如暴力犯罪、叛国罪、盗窃、贪污、抢劫可能属于军事管辖权,但性犯罪、交通违规行为、战争罪、叛国罪、间谍罪、绝大多数经济犯罪、毒品犯罪和违反大规模杀伤性武器禁令的犯罪一般被认为属于民事罪行。

如果军事和平民犯罪同时发生,则二者均按平民案受理。但有一些与更恶性的军事犯罪同时发生的轻微平民犯罪可能会上军事法庭受审,如盗窃军队汽车(军事犯罪)并驾驶(平民犯罪)的案件,由军事法院管辖。

参考书目

[芬]Matti Jousen、[芬]Raimao Lahti:《芬兰刑事司法制度》,王大伟等译,中国人民公安大学出版社2000年版。

(吴宏耀 张亚逸)

韩 国

韩国法院

韩国行使国家审判权的组织体系,包括大法院、高等法院和地区法院。除此之外,还设有宪法法院、军事法院等特殊法院,以及家庭法院、专利法院和行政法院等专门法院。为方便公民诉讼,地区法院和家庭法院均下设有地区法院支院或市、郡法院,履行地区法院的审判任务,不作为一个审级。

韩国实行三审终审制,一般情况下,不服地区法院的判决可以上诉到高等法院;不服高等法院的判决可以上诉到大法院;大法院作为最高司法机关,享有终审权。为了减轻公民诉累,韩国法律规定,由地区法院法官独任审判的案件可以上诉至地区法院内设的上诉部,对于经合议庭审判的案件则须上诉到高等法院。高等法院作为二审法院,既要审查原判决事实认定是否清楚,又要审查适用法律是否正确。大法院作为终审法院,只审查法律适用是否正确。

法院的司法行政工作由法院自行管理。大法院设有法院行政处,负责指导和监督法院的行政事务。

(吴宏耀　刘亚男)

韩国大法院

韩国的最高法院,是国家最高审判机关,也是管理韩国司法系统的行政权力机构,位于韩国首尔瑞草区。

根据《韩国法院组织法》第4条第2项,韩国大法院由一名首席大法官和13名大法官组成,其中12人有审判权,另有1人为法院行政处处长,不参与审判。大法院院长是韩国司法机构的首领,院长由总统任命,须经国会同意,任期6年,不得连任,现任院长金命洙。依照韩国《宪法》的规定,大法院的大法官由首席大法官推荐,由韩国总统任命并由韩国国会批准。首席大法官还有权任命下级法院法官。大法官的任期为6年,可以连任。按照韩国法律,大法官的年纪必须在40岁以上,有至少15年法律实践或大学副教授或以上的教学科研经验。大法官的退休年龄为65岁,首席大法官的退休年龄为70岁。

大法院中除首席大法官以及13位大法官外,还聘有若干助理法官负责核查案件以及调研工作。助理法官大多数从地区首席法官中或高等法院助理法官中聘任。助理法官分为两类,一类是专门跟随某一位法官并协助其工作,一类是为所有法官提供帮助。自2007年6月,大法院的13位大法官每人配备有3位专职助理法官,并有39位一般助理法官协助工作。2012年共有助理法官106人。

大法院作为终审法院,对高等法院、地区法院上诉委员会、家庭法院、专利法院所作判决的上诉案件拥有管辖权。除此之外,大法院还有权对韩国海洋安全法院作出的判决进行审查;对总统或国会选举的有效性具有排他的管辖权;享有对法令、规则、条例以及行政主体的行为进行违宪性、违法性审查的绝对权力。

大法院内设有1个大法庭和3个小法庭。大法庭必须由大法院2/3以上的大法官召集组成,并由首席大法官主持。每个小法庭由4名大法官组成。经小法庭作出的判决须法官达成共识。与小法庭不同,大法庭通过简单多数票的形式进行判决,不需要达成共识。如果大法庭不能形成多数票,则不得推翻原法院的判决,案件默认为维持原判。上诉到大法院的案件大多数由小法庭受理。然而,如果小法庭对判决结果没有达成共识,案件将转由大法庭审理。大法院对案件的管辖有其自身突出的特点。如果上诉到大法院的案件不符合法律列举的上诉理由,大法院将直接驳回上诉而对案件不做进一步审查,且不必列明驳回理由。但该规定不适用于刑事案件的上诉。

韩国大法院作为韩国的最高法院,除在民事、刑事、婚姻家庭、行政以及军事案件领域享有终审审判权及最高审判权外,还有管理韩国司法系统的行政权力。韩国大法院内设法院行政处,处长由首席大法官任命的一位大法官兼任,负责法院的组织机构、预算、人事等日常工作。兼任法院行政处处长的大法官不参与法院的审判工作。法院内部的行政管理事务主要包括组织机构、人事、预算、财会、设备等保证司法正常运作的实务。首席大法官通常掌管法院的行政事务,任命并监督行政官员。首席大法官可以通过指导和监督法院行政处处长的方式将管理部分行政事务的权力授予行政处处长、每个法院的首席法官、司法研究和培训委员会主席、法官培训委员会主席,或大法院图书馆馆长。较为重要的行政管理事务需要大法院法官委员会的决策。

大法院内设法官委员会,是司法行政系统的审议部门。委员会由所有大法官组成并由首席大法官主持会议。委员会的决议需要全部大法官人数的2/3以上以及主要部门负责人同意才能通过。在投票结果持平情况下,首席大法官有一票决定权。法官委员会有权通过决议决定较低级院法官的提名、制定或修改大法院作出的规则或条例、颁布新的判例、要求司法机构提供预算、支出储备金以及处理首席大法官提出的其他重要事项。

根据法律制定权,大法院享有在法律框架内颁布或出台与司法程序、法庭秩序或者商务管理等相关的规则或条例的权限。如果确有制定或修正与组织机构、人事事务、运行机制、司法程序、注册登记、家庭登记及其他法庭事务相关法的必要,首席大法官享有以书面形式向国会提出意见权利。

根据《韩国法院组织法》,大法院内设各类附属机构,包括国家法院行政处、司法研究及培训委员会、法官培训委员会、大法院图书馆以及量刑委员会来行使其非司法职能。

(吴宏耀　刘亚男)

韩国宪法法院

韩国审查国会、政府制定的法律、行政法规是否违宪,对宪法规定的公民权利,社会团体、机关的权利是否受到侵害,对政府官员的弹劾决议是否合法,政党解散及国家机关权限争议等进行审查、判断并作出判决的独立司法机构。1988年,《韩国宪法法院法》生效,韩国宪法法院成立,位于首都首尔。在宪法诉讼领域,宪法法院作出的判决为终审判决。

宪法法院标志是由柱子组成的拱门,柱子代表了宪法,门代表了宪法要保护的基本权利。柱子的形状代表了宪法法院的职能在于维护宪法作为国家根本法的地位。一扇打开的门的图样以及辐射出去的蓝光代表了宪法法院努力通过保卫韩国公民的基本权利来实现真正的民主。

韩国通过建立宪法法院,形成了宪法审判制度。宪法审判制度通过判决维护宪法秩序,是现如今保护宪法、保护公民基本权利免受公权力损害以及确保政治权力在宪法框架内行使的重要手段。因此,宪法审判制度与代议制、权力分立制度、选举制以及地区自治制度一样,成为韩国管理体制不可分割的一部分。除此以外,通过规定行政权力服从于公民基本权利以及行政权力的行使必须依照法定程序,宪法审判制度的建立标志着法治的实现。

宪法法院由9位法官组成。9位皆由总统任命,其中3位由总统直接任命,3位由国会选举产生的候选人中任命,3位由大法院大法官提名任命。每一位法官或是参与"长椅法庭"的案件审判,或是参与普通法庭的案件审判。作为法官中的一员,宪法法院的法官对于与本法院相关的重要行政事务享有投票权。当法官出现空缺时,继任的法官人选必须在30日内选出。法官任期为6年,可连任。普通法官的退休年龄为65岁;宪法法院院长的退休年龄为70岁。除非遭受弹劾或因刑事犯罪背叛监禁,任何人不得违背法官自身意愿要求法官离职。

宪法法院院长由总统从法官中任命并经国会批准。宪法法院院长代表法院,负责法院事务,依职权指导并监督公职人员。宪法法院的院长是司法委员会的主席,主持宪法法院"长椅法庭"审判。司法委员会处理有关本法院的重大行政管理事宜,由本法院所有法官参加。除此之外,宪法法院院长享有宪法法院的人事任免权。由于不可预见的原因宪法法院院长出现空缺,由另一位法官根据《韩国宪法法院法》设置的程序出任代理院长。宪法法院院长的待遇及酬劳与大法院首席大法官等同。

宪法法院内设审判委员会。审判委员会由9位法官组成,院长任委员会主席。法庭审判要求至少有7位法官出席,以简单多数决的方式形成裁判结果。需要投票表决的事项由院长决定。需要投票表决的事项主要包括宪法法院法的颁布及修改,向国会提出与宪法法院相关的立法建议,提出预算,支出储备金以及做出决算,聘用及解雇秘书长、副秘书长、调研员、三级及以上公共官员。

(吴宏耀　刘亚男)

韩国高等法院

韩国法院组织体系的第二等级法院,韩国在首尔、釜山、大邱、光州和大田设有5个高等法院。高等法院的管辖范围包括:(1)不服地区法院独任法官判决的标的额为5000韩元以上1亿韩元以下的第一审判决的抗诉案件,不服地区法院合议庭、家庭法院合议庭及行政法院作出的第一审判决的抗诉案件;(2)不服地区法院合议庭、家庭法院合议庭及行政法院作出的决定、命令的抗告案件。

高等法院院长负责管理法院的司法行政事务,指挥并监督所属公务员。高等法院内设有各处,均由1名法官处长和一般法官构成,审理案件实行三人合议制,部长任审判长。担任高等法院的法官必须有10年以上从事法官职业的经历。

(吴宏耀　刘亚男)

韩国地区法院

韩国在全国各主要城市设置的负责审理民商事案件和刑事案件的审判机构。韩国地区法院的管辖范围包括:(1)决定由合议庭审理的案件;(2)诉讼标的1亿韩元以上的案件;(3)非财产权诉讼,或者虽属于财产权诉讼但难以计算诉讼标的的案件;(4)对合议庭审理的案件提出反诉或与第三人案件有牵连的案件;(5)可能被判处死刑、无期以一年以上有期徒刑或监禁案件;(6)针对地区法院法官提出的申请回避的案件;(7)其他法律规定由地方分院合议部处理的案件。

韩国地区法院的审判制度包括合议制和独任制。对由独任法官审理的案件不服的上诉案件由本院上诉处的合议庭审理。这样做的目的是减少当事人的诉累,在地区法院内部设置两个审级的方式弥补了韩国只设5个高等法院的不足。为方便当事人诉讼,在地区法院下另外还设有支院或市、郡法院,履行地区法院的一些审判任务,负责审理适用《韩国小额审判法》的民事案件(2000万韩元以下)及和解、督促、调解的案件,还有情节轻微的刑事案件。地区法院下设的支院或市、郡法院不作为独立审级存在。每个市、郡法院只有一名法官。为了处理市郡法院辖区内的大量案件,法院从辖区内的教师、公务员、医生等专业人员中选聘调解员,调解员分成4组,每组一天可以处理6-8件,只有在双方分歧过大时,才交由法官进行审理。

(吴宏耀　刘亚男)

韩国家庭法院

韩国专门受理婚姻家庭和青少年犯罪案件的审判机构。1963年10月,韩国家庭法院在首尔设立,与地区法院同级。1998年开始,家庭法院除受理婚姻家庭关系的案件以及青少年犯罪案件以外,还受理家庭暴力案件。有关婚姻家庭关系的案件可由3位法官组成的合议庭审理或1位法官独任审理,而有关青少年犯罪的案件以及家庭暴力的案件则全部由法官独任审理。

家庭法院内部设有一个调节委员会负责调节程序,除此之外还有若干专司调查的法官来对某些事项进行必要的调查。家庭法院在全国其他地区设有支院和市郡法院,受理首尔以外地方的具有管辖权的一审案件。

(吴宏耀　刘亚男)

韩国行政法院

韩国主要审理与税务、劳动、土地有关的行政案件的审判机构。1998年3月,韩国行政法院在首尔设立,与地区法院级别相同。行政法院的审判机制包括由3位法官组成的合议庭审判机制以及1位法官独任审判的机制。

(吴宏耀　刘亚男)

韩国专利法院

韩国受理对知识产权裁判所(下设于知识产权局,属于行政机关,类似中国专利复审委员会)、植物新品种保护委员会审查决定不服而提起诉讼的案件审理机构。1998年3月,韩国专利法院在大田设立,与高等法院级别相同。韩国形成了知识产权裁判所对知识产权授权争议一审、专利法院二审、韩国最高法院三审的审理格局。根据韩国的法院组织法以及专利法,专利法院隶属于最高法院,并且专利法院不管辖知识产权侵权案件,仅受理知识产权授权上诉案件,而知识产权侵权案件由韩国各地区法院管辖。目前,韩国专利法院的技术审查官绝大多数由韩国知识产权局派遣。

（吴宏耀　刘亚男）

韩国军事法院

韩国根据宪法设立专门管辖军队中发生的刑事案件的审判机构，其具体设置权限归于国防部。韩国的军事法院分为高等军事法院和普通军事法院。高等军事法院设立于国防部本部和各军本部；普通军事法院设立于国防部本部及其直属部队、各军本部及其直属部队。

军事法院行使审判的范围包括“身份审判权”和“其他审判权”。身份审判权是指对具有军人身份的犯罪嫌疑人行使的审判权。其他审判权针对特定事由的犯罪：一是在戒严紧急状态中，军事法院可依《戒严法》行使审判权；二是对严重违反《军事机密保护法》的犯罪行使审判权。其他审判权主要针对的犯罪主体是非军职人员。

军事法院内部设置军事法院管辖官，负责军事法院的行政事务的管理。高等军事法院的管辖官由国防部长及各军参谋长担任。普通军事法院的管辖官由各法院所在的部队或所在的地区的司令官、长官或指挥官担任。

（吴宏耀　刘亚男）

加　拿　大

加拿大法院

加拿大现行法院体系的基本框架由“1867 年宪法”所确立，包括联邦法院和省法院两个系统，其划分标准为法院建立所依据的法律，前者依据联邦法律建立，后者依据各省法律建立。联邦法院系统包括联邦最高法院和三个特别法院，即联邦法院、税务法院、军事法院等，法官的任命权限属于联邦；省法院系统包括各省（地区）高级法院（包括上诉法院和审判法院）以及省立法院，除省立法院法官由各省自行任命以外，高级法院法官由联邦政府任命。由于加拿大是联邦制国家，各省法院的名称以及设置都不尽相同。

（吴宏耀　刘亚男）

加拿大联邦最高法院

加拿大联邦最高审判机关，位于首都渥太华。加拿大最高法院没有初审管辖权，其职能主要有两个：一是审理上诉案件，二是提供司法建议。《加拿大最高法院法案》第 35 条规定，“加拿大最高法院在全加拿大拥有、行使受理上诉的民事、刑事案件的权限”，这不仅意味加拿大最高法院拥有最高上诉权，同时拥有将独立的十个省份和三个地区的法院纳入同一的全国性的司法体系之中的巨大权力。加拿大最高法院处理的上诉案件有些要得到上诉许可才能被最高法院受理，有的案件则无须许可。

加拿大最高法院现由 9 名法官组成且必须有 3 人来自魁北克省。法官由总督在内阁的建议下任命,实行终身制。

(吴宏耀 刘亚男)

加拿大联邦法院

依据《1867 年不列颠北美法案》设立的"国库法院"是联邦法院的前身,后根据《加拿大联邦法院法案》被联邦法院所取代。联邦法院位于渥太华,内置审判法庭和上诉法庭,法官在各省实行巡回审理,其管辖权限主要来自《联邦法院法案》,包括"听取任何驻扎海外的加拿大军人的诉讼;要求联邦政府各局、各委员会给予公平救济的案件;国籍案件;涉及专利权、版权、商标权、工业设计、发明专利权的案件;管辖以加拿大元首即英国国王为被告的案件;票据案件;航空案件;涉及跨省的工程、行业的案件;立法机构同意提交的省际、联邦——省际的争议;国王或检察长提起的诉讼;对官员、王室侍从人员渎职行为提起的诉讼;海事案件"。

联邦法院上诉法庭主要受理来自联邦法院审判庭和加拿大税务法院的上诉案件,除此之外还审理要求联邦政府各局、各委员会延长或搁置已有行政决定的案件;审理联邦政府各局、各委员会的法律权限等问题的案件;审理依据《加拿大联邦所得税法案》《加拿大不动产法案》《加拿大国籍法案》以外的联邦法律提出的上诉案件。

(吴宏耀 刘亚男)

加拿大税务法院

依据 1983 年加拿大《税务法院法案》取代原有的行政特别法庭——加拿大税务审查局而设立的审判机构,性质上属于联邦的法院。税务法院共有法官 23 名左右,包括 1 名首席法官、1 名副首席法官,主要审理以征税为目的,依据《加拿大收入所得税法案》、《加拿大养老金计划法案》对财产进行估价方面的案件。

(吴宏耀 刘亚男)

加拿大军事法院

依据 1985 年《加拿大国防法案》建立的军事审判机构,分为初审军事法院和军事上诉法院。初审军事法院又分为一般军事法院、惩戒军事法院、常务军事法院和特别军事法院。

(吴宏耀 刘亚男)

加拿大省高级法院

设立在各省或地区,主要管辖严重刑事案件、涉及大额财产的民事案件、离婚案件以及诸如涉及权利与自由宪章的宪法性问题案件审判机构。各省高级法院由上诉法院和审判法院组成。上诉法院主要负责来自审判法院和下级法院的上诉案件的审理。上诉法院是各省最高的上诉法院,经省最高法院的上诉法院审理后的上诉案件,只有经过批准才能上诉到加拿大最高法院。依据《加拿大最高法院法案》第 53 条的规定,在审理案件之外,加拿大最高法院还可以向联邦政府提供与案件有关的"建议性观点"。这些观点均涉及联邦法律、省级法律中的宪法问题,尽管没有法律效力,而只有宪法惯例上的意义,但对联邦政府和省政府均有相当的政治约束力。

（吴宏耀　刘亚男）

加拿大省立法院

加拿大最低一级的法院，通常由刑事法庭、民事法庭和家事法庭组成。刑事法庭，通常由1名法官主持审理，不设陪审团。民事法庭，负责审理小额民事案件，但各省对于小额的定义有所不同。家事法庭，处理涉及财产分割、抚养义务和儿童监护等家事的案件。但需要说明的是，1867年《加拿大宪法》规定结婚离婚属于联邦管辖事务，因此省立法院的家事法庭不处理离婚案件。依据“1986年离婚法案”，离婚案件只能在各省高级法院审理。

（吴宏耀　刘亚男）

美　国

美国联邦法院

美国联邦法院系统由94个联邦地区法院、13个联邦上诉法院和一个最高法院以及若干专门法院组成。美国联邦法院是根据美国宪法和美国法律成立的法院。其中美国宪法只指明要成立最高法院，其余法院由美国国会授权成立。美国联邦法院是美国联邦政府的一部分，可分为普通法院和专门法院。普通法院分为三级，从下到上分别是：地方法院、上诉法院（除了联邦区域上诉法院）、最高法院。专门法院有：破产法院、税务法院、国际贸易法院、联邦索赔法院、美国军事上诉法院、联邦区域上诉法院、退伍军人上诉法院。附属机构有：联邦司法中心、美国裁决委员会。

联邦最高法院、联邦上诉法院、联邦地区法院是根据宪法第3条设立的，因此被称为“宪法性法院”，又称“宪法第三条法院”，它们都属于一般管辖权的法院。另外，还有国会设立的特别宪法性法院，如国际贸易法院、索赔法院。此外，还有一类不是根据宪法第3条设立而是由国会为某些特别目的而设立的法院，或者说是由国会为行使宪法第1条所赋予的立法权而设立的法院，被称为“立法性法院”或者“宪法第1条法院”。立法性法院的法官一般由国会规定了明确的任期，并被授予非司法的职能，其挑选和任命程序也与宪法性法院的法官不同。如军事上诉法院审判案件应用军事法，由3名文职法官组成，法官由总统经参议院同意任命，但任期为15年；破产法院专门审理有关破产的案件，法官由联邦上诉法院任命，是联邦地区法院的附属机构。专门法院中与上诉法院同级的有：受理向政府要求损害赔偿的索赔法院，受理关税上诉案件和专利权案件的关税和专利权上诉法院（联邦区域上诉法院）。与地方法院同级的有联邦关税法院、联邦税务法院、美国国际贸易法院等。另外，某些联邦行政机构具有部分司法权，可以裁决其职权范围内的争议，这些行政机构有联邦贸易委员会和国家劳工关系局等。

联邦法院管辖的案件主要为：涉及联邦宪法、法律或国际条约的案件；一方当事人为联邦政府的案件；涉及外国政府代理人的案件；公海上或国境内供对外贸易和州际贸易之用的通航水域案件；不同州之间、不同州的公民之间的争议以及州政府向他州公民提起的诉讼。大部分的联邦刑事犯罪是反政府刑事犯罪和侵犯联邦财产的刑事犯罪。另外,如果原告和被告是来自不同的州或国家,那么即使这个案件可以根据州的法律来主张权利,它仍可以诉诸联邦法院来予以解决。当原告来自一个州,而被告是另一州的公民;或者当事人一方是外国国家;再或者一方是外国公民而另一方是美国公民,就存在多元管辖的问题,而在多元管辖的案件中,当事人所主张的损害赔偿不得低于75000美元。

联邦法官的产生过程由美国宪法第3条所规范。联邦法院法官的产生方式比较单一,采用任命制,即如前所述最高法院的大法官包括其他巡回法院、地区法院的法官均由总统提名,由国会批准任命。但地区法院的预审法官、破产法院的法官则由上级法院任命,其中预审法官的任期为8年,破产法院法官的任期为14年,并可连任。

美国联邦法官的职务为终身制,因此国会弹劾是强制解除联邦法官职位的唯一方法。虽然美国宪法并没有明确规定法官所需要的资格,但一般被提名者都有着杰出的成就,包括曾担任私人或政府律师、州级法院的法官或者法学院教授。为了秉持美国政府三权分立的原则,司法部门不会参与到提名过程之中。美国每一级别的联邦法院都设有首席大法官一职。首席法官除要行使法官职责外,还需处理法院日常的行政事务。美国联邦地方法院和美国联邦上诉法院的首席大法官在提名时必须为65岁以下,并不可担任此职位多于7年。

(王晓红)

美国联邦最高法院

美国联邦法院系统的最高审级和最高审判机关。1789年根据《美利坚合众国宪法》成立,设于首都华盛顿。最初由首席大法官1人和大法官5人组成,后来人数几经增减。1869年根据国会法令规定由首席大法官1人和大法官8人组成。法官均由总统征得参议院同意后任命,只要忠于职守,可终身任职,非经国会弹劾不得免职。但年满70岁、任职满10年或年满65岁、任职满15年者,可自动提出退休。

美国联邦最高法院的管辖权分初审管辖权和上诉管辖权。初审管辖权只适用于两类案件:一类涉及大使、其他使节和领事的案件,另一类是一州为一方当事人的一切案件。第二类案件中,州与州之间的法律争执,初审管辖权为最高法院所专有;而一个州与联邦政府之间的诉讼,或者一个州与另一州的政治实体、法人团体或公民之间的诉讼,最高法院虽然拥有初审管辖权,但最高法院也可以让联邦下级法院去初审。

联邦最高法院的上诉管辖权为对州最高法院或联邦上诉法院审理的案件的管辖。联邦最高法院有权就法律问题进行复审;有权颁发"调审令",调审下级联邦法院或州法院审理的案件。联邦最高法院通过马伯里诉麦迪逊案确立司法审查权,有权审查联邦或州的立法或行政行为是否违宪。无论是初审案件,还是复审案件,联邦最高法院的判决都是终审判决。联邦最高法院的开庭时间为每年10月的第一个星期一到翌年6月中旬,在一个开庭期里,最高法院要处理大约5000宗案件,实际上只占联邦法院系统处理的案件的大约3%。在大多数情况下,最高法院都是只做一个简短的判决,以"不合要求"或"无关紧要"为由,认为用不着由它复审。但对某些案件,最高法院必须审查,其中包括:州最高法院在终审判决中否定合众国条约和法律的效力的案件,州最高法院的终审判决支持了与合众国宪法、条约、或法律相抵触的州法律的案件,联邦上诉法院裁决州法律与合众国宪法、条约、法律相抵触而无效的案件,联邦地区法院在判决中宣布国会制定的法律违宪的案件,以联邦政府或其任何机构、官员为一方当事人的民事诉讼案件,联邦地区法院的其他某些判决。每年由最高法院判决的案件约有 200 - 250 件案件。判决以法官投票的简单多数为准,判决书需写明各方意见。1882 年开始发行官方汇编的《美国最高法院判例汇编》,其中的判例对法庭有约束力,是审理同类案件的依据。

对于是否受理上诉案件,最高法院有自由裁处权,其有权决定它想要审理哪些案件,它可以以“缺乏实质性联邦问题”或“没有适当的联邦问题”为由而拒绝受理上诉案件;也可以发出“调案令”,把它认为值得审理的重要案件调到最高法院来复审。无论是受理上诉案件,还是调审重要案件,都需要有 4 名法官同意。最高法院是否受理一个案件,不是取决于这个案件对当事人的意义,而是取决于这个案件对“整个政府系统的运行”的重要性。联邦最高法院在决定是否受理上诉案件时,需要遵循下列原则:(1)穷尽其他一切上诉可能。(2)确实涉及联邦法律问题。只有在州最高法院对州法律的解释违反了联邦法律或美国宪法时才能上诉到联邦最高法院。(3)要由 4 名大法官同意受理。

美国最高法院的首席大法官是美国政治制度中最重要的角色之一。最高法院的首席法官和其他 8 位大法官一样,都是由总统提名经参议院同意后任命,终身任职。四年一度的总统宣誓就职仪式由最高法院的首席法官主持,监督总统做出宪法所规定的宣誓,在形式上是由他赋予新任总统以合法地位和宪法权力。最高法院的首席法官又是最高法院的主持人,并作为整个联邦司法系统的头号官员履行管理责任。但他只是作为“首席法官”而不是“院长”,所谓“首席”,意味着他的角色仅仅是充当“同事中居首位者”。他的权力和影响主要是“劝说”而不是命令。除管理职责和薪俸略高以外,首席法官在做出判决时与其他大法官的权力是同等的。但首席法官可能用他的司法主张来影响其他大法官,他主持开庭和法庭辩论,主持讨论案件的会议,并可以提出处理案件的建议,安排和指派判决书的撰写。在讨论判决的秘密会议上,首席法官有权首先发言,可以起到“定调子”的作用,在就判决投票时,首席法官最后一个投票,如果其他法官分为两种不同意见又票数相等,他的一票就具有决定意义。因此,首席法官对判决过程和判决结果有较大的影响,在美国的政治发展史上发挥重要作用。

(王晓红)

美国联邦上诉法院

又称巡回上诉法院(circuit courts),是美国联邦司法系统中的中级上诉法院。1891 年建立,当时主要是为了缓解联邦最高法院日益增长的上诉案件。全美 50 州划分为 11 个司法巡回区,此外,首都华盛顿哥伦比亚特区作为一个巡回区,每个巡回区设立一个联邦上诉法院,全美共有 13 个联邦上诉法院,其中由 11 个以数字命名的巡回区法院、哥伦比亚特区上诉法院和联邦巡回区上诉法院组成。哥伦比亚特区上诉法院审理哥伦比亚特区内特区法院提起的上诉,而哥伦比亚特区之所以设立一个独立的上诉法院,是因为哥伦比亚特区作为联邦政府所在地,有大量的民事诉讼。

另外还有一个特别的“联邦巡回区”,其上诉法院称为联邦巡回上诉法院(United States Court of Appeals for the Federal Circuit,或译联邦巡回上诉法院,法律引用中常缩写为 Fed. Cir. 或 C. A. F. C.),是位于华盛顿的一个联邦上诉法院,该法院是由美国国会通过《1982 年联邦法院改善法》创设的,将原有的联邦关税及专利上诉法院,以及美国索赔法院中的上诉部门合并后建立的,由12名总统提名经参议院同意任命的法官组成,一般为终身制,办公地点也设在哥伦比亚特区。该上诉法院与其他12个上诉法院地位相同,但其管辖的地理范围涉及全国,而管辖的案件限于由各联邦地区法院及有关联邦独立管理机构转来的涉及专利、商标、版权、合同、国内税收的案件,以及索赔法院和国际贸易法院的判决。因此,在哥伦比亚特区有两个上诉法院,一个为哥伦比亚特区上诉法院,一个为联邦巡回上诉法院,两者是不同的。

每个巡回区所管辖的范围大小不同,联邦上诉法院主要裁定来自其联邦司法管辖区内对于地区法院判决的上诉,以及对联邦系统的专门法院的判决和某些具有部分司法权的行政机构的裁决不服而上诉的案件。联邦上诉法院还负责审理其他两类案件:一是对是税务法院判决的上诉。税务法院是受理某些税务案件的初审法院。二是对一些联邦行政机构的命令的上诉可以绕过联邦地区法院直接向联邦上诉法院提出。美国联邦上诉法院经常被看作美国司法系统中最具有影响力的法院之一。因其具有创建判例及听取地区法院上诉的权责,所以上诉法院对于美国司法有着极大的影响。由于美国最高法院每年仅接受少于100个司法案件的上诉,故大多数案件的终审判决均来自美国上诉法院。

每个联邦上诉法院有6-28名法官,在13个巡回法院中,第一巡回上诉法院拥有最少的法官,而总部设在旧金山市的第九巡回上诉法院则拥有最多的法官。到目前为止,美国联邦上诉法院中共有179位由美国总统提名并且成功获得国会批准的法官,皆为终身任职。上诉法院审理案件,一般由3名法官组成法庭,但特别重要和有争议的案件要求全体法官出席。除法官外,联邦上诉法院还雇佣了大量的工作人员。上诉法院系统配备有大批法律助理,上诉法院还雇佣了一批法院公务律师,这些律师虽然名义上不是法官,但实际上是准法官。法院公务律师负责筛选上诉案件,协助判决由其划定为普通案的案件,以节省法官的时间。

(王晓红)

美国联邦地区法院

美国联邦系统的基层法院,是普通民事、刑事案件的初审法院。联邦地区法院是由国会通过立法设立的。目前在美国的50个州中一共有89个联邦地区法院,另外还有一个在首都哥伦比亚特区,一个在波多黎各,这91个联邦地区法院都只拥有联邦管辖权,另外在关岛、维京群岛和北马里亚纳群岛也各有一个联邦地区法院,这3个法院则同时拥有联邦和地方管辖权,因此在所有美国领地中一共有94个联邦地区法院。最后提及的这3个法院虽然名称上都是联邦地区法院,但技术上却是根据《美利坚合众国宪法》第4条第3款而设立的,其上任法官的任期也只有十年,而不像其他法院法官那样可以终身任职。联邦地区法院审理案件一般为独任审理,重大案件由3名法官组成合议庭并召集陪审团进行审理。每一个联邦地区法院都有一个相应的联邦破产法院。

每个州至少有一个联邦地区法院,较大的州可能设立2-4个地区法院。现加利福尼亚州设有四个地区法院,办公地点分别在旧金山、萨克拉门托、洛杉矶和圣迭戈。纽约州和得克萨斯州也有四个地区法院。每个地区法院具体法官数由国会决定,设在纽约市的纽约州南部地区法院法官最多,有27名法官,联邦法院共有576名地区法官。联邦地区法院法官都是由总统经参议院同意后任命,终身任职。地区法院是初审管辖法院,也是联邦司法系统中"工作最重的"的法院。联邦地区法官审理的案件可能涉及不同州的公民,这时,他们也要应用有关州的法律。经联邦地区法院判决的案件,大多数可以上诉到联邦上诉法院,有少数几种可以直接上诉到最高法院,部分特殊案件上诉到联邦巡回上诉法院。

地区法官可以任命书记官、法警、法律书记员、法庭报告发布官、法庭记录员等协助他的工作。但最重要的角色是联邦执法官,联邦执法官分专职和兼职两种,全国现共有 287 名专职执法官和 168 名兼职执法官。他们也是由地区法官任命,但需要经联邦司法地区的居民组成的陪审员小组审查。执法官任期 8 年,可连任一次。其职责是发布逮捕状、决定被捕者是否应由大陪审团起诉。每个地区法院还有一名联邦执行官,由总统任命并受联邦司法部长的监督,主要职责是维持法庭秩序、实施逮捕、执行法院命令、传唤证人等。

(王晓红)

美国州最高法院

美国各州的最高上诉法院,也称最高法院,但也有其他名字。比如,在纽约州、马里兰州和肯塔基州,州最高法院叫做上诉法院。另外,德克萨斯州和俄克拉荷马州则设置了两个终审法院,即最高民事法院和最高刑事法院。州最高法院负责审理来自本州初审法院或上诉法院的上诉案件,受理的案件主要来自中级上诉法院。对于当事人的上诉,州最高法院可以酌情决定是否受理该上诉案件。如果其认为案件影响重大或涉及面广或具有很强代表性的法律问题,一般会受理此案而不管案件涉及的标的额大小。如果当事人上诉的案件是普通的民事或刑事案件而没有特别重大的影响或疑义的话,州最高法院一般不受理该上诉案件。通常,一些类型的案件必须先通过中级上诉法院,才能进入最高法院。另一些类型的案件则完全可以越过中级上诉法院,由初审法院直接进入州最高法院。例如许多州允许被告在收到死刑或终身徒刑判决后直接向州最高法院提起上诉。

州最高法院设有 5 – 9 名大法官,审理案件时一般没有陪审团审判,而是由全体法官进行合议审,任期从 6 年至终身不等。

所有的州最高法院都有权对涉及州宪法和其他州法律之间的冲突进行解释,并作出最后裁决。各州最高法院的判决对于所有问题的审理都是终局的,只有当州最高法院的判决涉及联邦法律问题时,联邦最高法院才能够将其推翻。对州最高法院涉及联邦问题的终审判决不服的唯一救济途径是上诉到联邦最高法院,不过能够上诉到联邦最高法院的案件微乎其微,必须是涉及联邦重大问题的案件才能得到联邦最高法院的受理。

在不设中级上诉法院的州,州最高法院的职能和工作与中级上诉法院类似,大部分来自初审法院的案件都是以强制管辖权进入州最高法院的,唯一的例外是西弗吉尼亚州,该州的最高法院拥有量衡管辖权,但这一做法背离了诉讼方有权进行一次上诉的原则。

(王晓红)

美国州上诉法院

美国各州设立的管辖上诉案件的审判机构。20 世纪初,美国各州的法院系统通常只设一个上诉法院,即最高法院。但随着案件的增加,给最高法院带来极大压力,各州决定在州最高法院之下建立一个或多个中级上诉法院以缓解案件压力。如今,有 3/4 的州将中级上诉法院设为一级上诉法院。有些州只设立一个中级上诉法院,另一些州则效仿联邦法院模式,在不同地区设立中级上诉法院。少数几个州民事案件和刑事案件的上诉由不同的法院受理。

各州中级上诉法院的司法管辖权的范围并不相同，但他们都有权审理对高级初审法院判决提出的上诉，尽管有些案件可直接进入州最高法院。在一些州，对低级初审法院判决提出的部分或全部上诉都直接提交给中级上诉法院，而不是提交给高级初审法院。在许多州至少有一些对行政机构判决的上诉由中级上诉法院审理。总体来看，所有中级上诉法院的管辖权都是强制性的，但弗吉尼亚州的上诉法院对刑事案件有裁量管辖权。初审法院处理的案件只有少数进入中级上诉法院，上诉法院对上诉案件诉讼额的要求比一般法院要高。

每一个州都至少有一个上诉法院（appellate court，or reviewing court），它可能是居中仲裁的上诉法院或者是州的最高法院。通常来说，上诉法院不受理新的案件，因为新的案件需要收集证据和询问证人。

通常，上诉法院不审查事实问题（如事实上一方当事人是否做了某种行为），但是审查法律问题（如某一行为是否是美国联邦宪法第一修正案中有关言论自由的一种表现形式）。只有法官，而非陪审团成员，才可以对法律问题作出裁决。正常情况下，在事实问题的查明上，上诉法院要尊重初审法院的意见，因为初审法院的法官和陪审团在调查证据的时候处在一个更有力的位置上——他们可以在审理中直接观察证人的姿势，行为举止，还有非语言的动作。在上诉阶段，法官重审的是初审法院提供的书面纪录，包括检查初审诉讼程序中的副本，这当中不包括那些非语言的要素，然后对初审是否有误做出裁决。上诉法院只有当发现初审法院所查明的事实明显错误（也就是审判中发现查出的“事实”与证据所证明的相反）或者根本就没有证据支持这些“事实”时，才能对其事实问题提出质疑。如果陪审团得出结论认为一个商家的产品对原告造成了损害，但是法庭却不能提供相应的支持这个结论的证据，上诉法院就将裁定初审法院的这个判决错误。

（王晓红）

美国州初审法院

美国各州进行初次审判和采集证据的法院。州初审法院有普遍和有限司法管辖权之分，具有普遍管辖权的州初审法院对各种事物都有管辖权，包括民事争议和刑事指控，一般限于较严重的案件。在某些案件中，具有普遍管辖权的州法院可以受理具有有限司法管辖权的法院的上诉案件。

有限管辖权的初审法院是州法院系统中的基层组织，又称低等法院。全美大概有 13231 个有限管辖权的法院。这些法院大都设在县市一级，法院名称各不相同，有治安法院、市法院、县法院、治安官法院、地方法院等。低等法院负责审理一些小案件：交通违法、违反地方法令、轻微犯罪以及数额在 500 – 1000 美元的民事纠纷。一般设立民事法庭和刑事法庭，刑事法庭仅有权处理 1000 美元以下罚金以及 1 年监禁以下的轻微刑事案件，又称轻罪法庭；民事法庭负责处理离婚、继承、未成年人抚养权等其他简单的民事案件。小额索赔法院是只听取包括数额在某一特定范围内如 5000 美元以下索赔的民事案件的低级法院（数额各州不尽相同）。小额索赔法院受理的诉讼案通常都采用的是非正式审理，并且在许多事项上，甚至不允许律师代表出庭。低级初审法院的另一种是主要负责处理交通案件的地方市镇法庭。小额索赔法院和市镇法院的判决可以上诉至具有普遍管辖权的州初审法院。

大部分有限管辖权法院都是由地方政府(县、市)建立的,因而它们不是州一级的司法机关,其法庭一般都比较简单,由 1 名法官独立审理,形式上很随便,法官甚至不出席法庭,司法程序也不是很严格。受理的案件都是一些事实清楚、适用法律清晰的简单案件,法官基本上不用经过复杂的程序去辨别案件事实和适用法律。当事人如果对有限管辖权法院的裁决不服可以上诉到普通管辖权法院,由其进行复审。

美国大约有 3200 个普通管辖权法院,这类法院主要是由州政府直接建立和管理,也有的是由县市政府管理。其名称各州不尽相同,有高级法院、巡回法院、地区法院、中等民事及刑事法院之称。普通管辖权法院通常管辖民事、刑事、衡平法以及遗产验证等案件。普通管辖权法院是州法院系统的初审法院,上诉至州上诉法院。大多数普通管辖权法院都设立了民事和刑事法庭。民事法庭负责审理争议标的额较大的民事案件;刑事法庭负责审理可能判处 1 年监禁以上刑罚的重罪案件,又称重罪法庭。

两类法院管辖权限的划分主要依据州法律,可能依制定法也可能依先例。有些管辖范围较广、案件数量较多的一般管辖权法院除设置民事法庭和刑事法庭之外,还设置了青少年法庭、家庭法庭、调解法庭、毒品案件法庭、抢劫案件法庭等专门法庭。

大部分地区的法官是由选举产生,但各区任命方式不同。大多数法官都曾是有威望的律师,竞选法官是为参政做铺垫,但一些偏远地区和不城镇的法官也有非律师出身的。

(王晓红)

美国联邦索赔法院

美国联邦法院系统的专门法院,于 1855 年建立,1992 年改为美国联邦索赔法院。其管辖的主要是个人针对美国政府的赔偿案件。包括:针对美国的金钱索赔案;针对美国宪法或国会行为的索赔案;针对行政部门规章制度的索赔案等,如"全国疫苗伤害赔偿项目"。根据法律,国会可以随时赋予该法院对某种特殊案件行使管辖权,法院的司法管辖范围是全国性的。

大部分案件都来自由行政合同引起的赔偿请求,其他一小部分案件则涉及出于公用目的而对私人财产进行征收的补偿问题。所有金额超过 10000 美元的针对政府提起的诉讼一直都在索赔法院审理(税收偿还案件是一个例外,对这一类案件,联邦地区法院与索赔法院拥有重叠管辖权)。对于联邦地区法院裁决的针对联邦政府的某些特别类型的侵权索赔案件,索赔法院还享有很小的一部分与联邦巡回上诉法院重叠的上诉管辖权。该法院所能提供的救济只有金钱上的损害。外国人及其政府也可以在索赔法院提起诉讼,但是如果外国法院不对美国公民提供同样的救济,联邦索赔法院则实行对等原则。

联邦索赔法院审理案件时,由 3 名法官组成合议庭进行,该法院的判决一般为最终判决,不准上诉,但可由联邦最高法院依调审令审查。

法院由 1 名首席法官和 15 名法官组成(现有 5 个空缺),法官由总统根据参议院建议任命,再由参议院认可,其任期是 15 年。另设审议官 15 人,其职权相当于法官。

(王晓红)

美国国际贸易法院

按照《美利坚合众国宪法》第 3 条设立的联邦专门法院,办公场所设在美国纽约州纽约市。

鉴于海关案件和外贸案件比一般的经济行政案件复杂，美国1890年设立了总评估局，对海关和外贸行政行为进行裁决。1909年修改《关税法》时设立海关上诉法院。1980年，国会颁布了《海关法院法》，对海关法院再一次进行改革和完善，新的《海关法院法》创设了进出口贸易领域中司法审查的制度，将海关法院更名为国际贸易法院，其权力相当于地区法院，为根据美国宪法第3条设立的法院。国际贸易法院由9名法官组成，其中有不得超过5名的法官来自同一个政党，法官由总统提名并经参议院咨询和同意后任命。首席法官由总统从法官中挑选并予以委任，首席法官的任职年龄截至70岁，届时由总统委任另一名法官担任首席法官。

国际贸易法院对关税争议的复审并不局限于各种国会立法的相关制定法条款。在进口税收的缴纳者和联邦政府之间存在的任何实际的法律争议都有权诉至该法院，国际贸易法院对根据关税法及国际贸易法律而向美国提出的大多数诉讼拥有专属管辖权。国际贸易法院受理以下案件：(1)对美国海关决定不服的司法审查案；(2)外国厂商对进口分类的争议案；(3)反倾销和犯补贴关税案；(4)对劳工、企业和社区的贸易调整补助案；(5)原产地国的争议案；(6)有关提供给国际贸易委员会的情况保密的争议案；(7)报关代理许可的案件；(8)进口商对分类决定不服案；(9)因任何法律规定而产生的，涉及进出口贸易的联邦收入，或进口限制（公共卫生与安全除外），美国作为被告的案件；(10)其他与国际贸易有关的诉讼案。

美国国际贸易法院一般由1名法官单独审理案件，但是如果首席法官发现有关案件涉及国会法案、总统文告以及行政命令的合宪性问题，或者该案件对于执行或解释关税法具有广泛而重大的意义时，首席法官可以指定任何3名本院的法官组成合议庭，由其进行审理和裁决。

（王晓红）

美国联邦税务法院

美国设立的联邦专门法院，其前身是1924年建立的联邦税务上诉委员会，1942年正式称为美国税务法院，1969年国会听取了胡佛委员会的长期建议后，改名为联邦税务法院，属于宪法第1条下的法院。它对税收争议案件拥有专属管辖权，其上诉审法院是所在巡回区的联邦巡回上诉法院，最后上诉由联邦最高法院以调取案卷令的方式进行。

它由19名法官组成，法官由参议院建议，由总统提名并由参议院最后确认，法官的任期是15年，并且其作为独立的管理委员会的成员是可以被罢免的。财税法院有一名首席法官，由同事选出，任期两年。此外还有若干名其他法官处理小额的税收案件，这些案件限于税收款项小于50000美元的案件。财税法院实际上仍然被看作一个独立于国内收入署的准行政机构，而非严格意义上的法院。它的权限包括复审受到相关纳税人质疑的、由政府方面提出的关于收入、礼品、自营职业报酬，以及优先性超额利润税的估价不足。主要受理涉及所得税、遗产和私人控股公司附加税中少缴税或多缴税的争议。财税法院可以在任何一个地方开庭审理，是一个工作相当繁忙的机构。它创设了自己的下属机构，每一个机构都由1名法官领导，每一场审判都由1名法官独立完成或者由首席法官任命的5位管理人中的一位完成。

（王晓红）

美国联邦关税法院

美国联邦法院系统的专门法院之一，是审理关税案件的联邦专门法院。其前身是1890年根据国会法令设立的一个独立的管理局,1928 年根据国会法令改称为关税法院。设于纽约,由 9 名法官组成,法官由参议院提名,总统任命,终审任职。该法院主要审理不服海关上税和免税决定的案件,对进口货物估价产生的争讼等有专属管辖权。法院除在纽约办案之外,还可指派法官到任何港口就地审理案件,不服关税法院的判决,可以上诉至联邦关税及专利权上诉法院。

（王晓红）

美国联邦关税及专利权上诉法院

美国联邦法院系统的上诉法院之一,1909 年设于首都华盛顿,共有法官 5 人,其中 1 人为首席法官,法官经参议院提名,总统任命,除受弹劾外,不得免职。美国联邦关税及专利权上诉法院主要负责受理不服联邦关税法院判决的上诉案件;不服联邦专利局和商标局对专利权和商标的申请等所作的裁决;不服联邦国际贸易委员会裁决的上诉案件;不服商务部长根据教育、科学与文化物质进口法所作的裁决的上诉案件;不服农业部长根据作物品种保护法所作的裁决的上诉案件。如果当事人对判决不服,可以请求联邦最高法院进行复查。

1982 年与美国索赔法院中的上诉部门合并成立美国联邦巡回上诉法院(CAFC)。

（王晓红）

美国退伍军人上诉法院

美国设立的联邦专门法院,1988 年由国会根据其对军队享有的权力而创设。该法院由 1 名首席法官和至少 2 名但不得多于 6 名的主力法官组成,法官由总统根据参议院的建议任命,并由参议院批准,任期 15 年。该法院对于退伍军人上诉委员会的所有裁决都有排他性复审权,而它的裁决又要经受联邦巡回上诉法院的复审。该法院位于哥伦比亚特区,是一个相当繁忙的法院。

（王晓红）

美国联邦军事上诉法院

审理美国各军兵种军事法院(法庭)判决的终审上诉法院,作为国防部的一个部门。该法院于 1951 年在华盛顿成立,由 5 名且非军人法官组成,其中 1 名为首席法官,均由总统从文职人员中任命,任期 15 年。一个任期结束后可连任或退休。该法院仅受理刑事上诉案件。开庭时全体法官出席。

（王晓红）

美国家庭法院

美国设立审理婚姻家庭案件的地方法院。1914 年,美国俄亥俄州辛辛那提市设立家庭裁判所,是美国设立家庭裁判所之先驱。20 世纪 60 年代,美国掀起成立独立的家庭法院运动,在这一运动的影响之下,已经有 1/3 的州建立了特殊法院审理与婚姻家庭有关的大量案件,这些法院由对此类问题有兴趣或者有特殊才能的法官、社会工作者及其他相关的专家组成。家庭法院以“诊断与治疗”为目标,以挽回家庭和平与秩序为主要目的。较之通常的法院,其在审理规则上更加简约灵活，更减少对抗性，它可为当事人提供专业性帮助，并为之提供解决争议、发表意见的机会。法官处理案件时，不仅从法律方面考虑，同时关注濒临危机的人际关系，还从事属于社会福利机构职责的工作。据统计，有大约20多个州已经建立了独立的家庭法院系统，专门审理与婚姻家庭有关的大量案件，但这一系统尚未统一，在许多州和城市仍由通常的法院审理裁判。

家庭法院既对离婚案件也对涉及家庭方面的案件都进行管辖。家庭法院审理的主要案件包括：结婚的资格、婚姻的效力、宣布婚姻无效、法定分居、非婚生子女的地位、推定父亲、婚姻关系存续期间的配偶及子女抚养、亲权、收养、离婚、离婚后的配偶抚养、子女的监护权、探望权、家庭暴力、家庭犯罪（包括婚内强奸、虐待、遗弃配偶、子女）等问题。

1993年，美国律师协会考虑子女与家庭对法律的需求，推荐下列原则作为法院改革的基本原则：审理此类案件的法院应负责为这些孩子和他们的家庭提供他们所需的法律服务和帮助，法院应具备适当的资源（包括经济能力和称职的工作人员）来完成其职能，在家庭法院工作的法官必须具备有审理此类案件的丰富经验，并经常能在审理不同的案件中作为最合理的判决，来达到设立家庭法院的根本目的。

（王晓红）

美国青少年法院

美国青少年法院诞生于100多年前。1899年4月21日，美国伊利诺伊州议会通过了《规范无人抚养、被遗弃和罪错孩子的处遇与控制法案》，即著名的《少年法院法》。根据这部法律，当年的7月1日，芝加哥市库克郡建立了美国同时也是世界上第一个少年法院，开创了独立于成人刑事司法体系之外的少年司法制度。少年法院以保护未成年人的福祉和健康成长为理念，旨在建立一种适应未成年人身心特性的康复、矫正型司法制度，在国家亲权和保护主义的前提下处理未成年人犯罪。《少年法院法》将少年法院的管辖范围界定为三类未成年人，即罪错少年、被忽视少年和16岁以下的无人抚养少年。其中，少年罪错案件是少年法院受理最多的案件类型，大多数州规定少年法院管辖少年的一切犯罪行为。在运作和执行方式上，少年法院完全独立于成人刑事法院并自成体系，对少年案件的审理不仅完全独立运作，而且在处理案件时少年法院拥有几乎无限制的自由裁量权或酌处权。少年法院法官有权选择某种安置（量刑）措施，而这些措施多为社会化的非机构方式，如缓刑监视、训练学校矫治、社区劳动等。与对成人犯的判刑不同，这些矫治措施通常没有期限限制，直到法院认定该触法少年已经完全矫治或其已经成年。

在司法程序方面，少年法院实行的是非正式程序方式。在案件受理上，少年法院有独立的收案权。案件一般由当地的缓刑部门启动，受理则完全由法院控制，受理时少年法院不仅要考虑法律因素，还要考虑涉案少年的处境等法律外因素。少年法院采取的是非正式和非对抗性的法庭审理方式，法官一般依据警方提供的被告人的犯罪史及犯罪情节作出判决。在涉案少年的个人隐私保护方面，少年法院采用“前科封存制”，不仅少年法院的审理过程不对公众开放，涉案少年的姓名不对外公开，而且相关资料要被封存。

20世纪40、50年代，美国少年法院的发展和影响达到了顶峰，少年法院的数量上升到了前所未有的3000多个，处理的案件平均每年已上升到近百万件。

20 世纪 60、70 年代，美国联邦最高法院通过典型案件的判决，扩大了对罪错少年的权利保障，促使少年法院走向正当法律程序，推动了少年法院的合宪性改革。20 世纪 80、90 年代，美国的青少年犯罪情况不断恶化，公众的安全危机感持续上升，在这种环境下，主张对青少年犯罪实行"严打"的刑事司法政策逐步占据了美国少年司法的主导地位，国家亲权和康复性少年司法的理念被严重动摇。

21 世纪初，少年法庭有向传统的国家亲权思想和福利性少年司法理念回归的明确倾向。2005 年 3 月，在罗珀诉西蒙斯一案的判决中，联邦最高法院以宪法第八修正案中的"禁止残酷和非常的惩罚"条款为主要依据，宣告"对未成年犯适用死刑"的法律违宪。之后，在 2012 年 6 月的米勒诉亚拉巴马州和杰克逊诉霍布斯案件的判决中，最高法院再次援引同一宪法条款，宣告"对未成年犯适用终身监禁不得假释"的法律违宪。

（王晓红）

美国破产法院

美国审理破产案件的联邦专门法院。美国破产立法属于联邦政府的权力范围，破产司法亦然。美国破产法院是联邦区法院的一个组成部门，每个区法院都有一个破产法院，美国国会将破产案件的原始管辖权赋予了区法院，区法院享有破产案件的管辖权，但是大部分区法院的法官无精力也无能力审理复杂的破产案件，实践中，区法院"一揽子"将与破产案件相关的审判权均授予破产法院及破产法官。而当区法院认为必要时，特别是案件可能影响到跨州贸易时，区法院可以全部或部分撤回破产法院对某个案件的管辖权，由区法院法官进行审理。破产法院具有财政独立、适用法律独立以及法官独立的特点。破产法院的体系完备，同时受到有效的监督。经过 100 多年的发展，破产法院在美国所有区均已建立，并且法官数量众多。每个破产法院至少有一个破产法官，最多会有 22 个破产法官（加利福尼亚州中心法院），全美的破产法官与非破产法官的比例也基本上达到了 1∶2 的程度。区法院可以对破产法院的判决进行上诉审理，而区法院的上诉则由巡回法院负责，通过层层上诉审判的监督，破产法院的判决被置于法律监督的框架之下。在破产案件审理过程中，如破产法官发现债权人或债务人的行为涉嫌构成犯罪，破产法官应将案件移送美国联邦地区法院。

1978 年《美国司法权与司法程序法案》决定破产法官属于依据《美利坚合众国宪法》第 1 条任命的法官。破产法官由联邦巡回法院进行任命，任期为 14 年。对破产法官的免职必须经过巡回区审判委员会的多数法官同意且必须经过严格的程序后才能生效。

美国破产法院经历了 100 多年的发展，已经成为美国法律体系中不可或缺的重要一环，在保护债权人切实利益、确保市场主体有效退出、维护市场良性信用体系方面发挥着举足轻重的作用。

（王晓红）

美国遗嘱检验法院

属于美国州法院系统专门的初审法院之一，但只在美国部分州设立。通常不仅涉及对死者遗产的管理，而且还涉及对未成年人和智力低下人的财产的管理。该法院主要负责管理死者遗产的适当分配，即决定遗嘱是否有效、执行有效遗嘱的规定、阻止遗产管理者和执行者的不当行为,为无遗嘱(或无有效遗嘱)的死者公平地分配财产。

美国的遗嘱管理人或执行人没有遗嘱管理法院的先行批准,无法得到允许采取任何步骤,未经法院同意,任何东西都不能出卖,没有一笔债权可以清算。

(王晓红)

墨 西 哥

墨西哥法院

墨西哥司法机构实行"双轨制",即联邦和各州都有相对独立的司法体系。联邦法院适用联邦宪法和联邦法律,各州法院除适用联邦宪法和联邦法律外,还适用州宪法和州法律。联邦法院主要受理涉及联邦性质的案件,如以联邦为当事人的诉讼,州与州之间的诉讼,州立法、行政、司法机关之间诉讼,关于大使、公使、领事的案件等。联邦法院系统包括联邦最高法院、联邦巡回法院、联邦地区法院;州法院系统包括高等法院、初级法院、治安法院。

(吴宏耀　郭　勇)

墨西哥联邦最高法院

墨西哥联邦的终审法院。根据《墨西哥联邦宪法》第 109 条规定,最高法院主要负责以下案件的审理:(1)以下各方之间产生的合宪性争议,有关选举事项除外:联邦和区或联邦特区之间;联邦与市之间;国家行政机构与国会;国家行政机构与任一议院,或其常设委员会,联邦机构成联邦特区的机构之间;州与州之间;州与联邦特区之间;联邦特区与市之间;不同州的两个区之间;同一州的两个权力机构之间,有关其行为或一般规定的合宪性;州与其所属的一个市之间,有关其行为成一般规定的合宪性;州与另一个州的区市之间,有关其行为为或一般规定的合宪性;联邦特区政府的两个机构之间,有关其行为或一般规定的合宪性。无论何时,有关州的一般规定或市的一般规定被联邦质疑,市的一般规定被国家质疑,或前段第 3、8、11 项规定的情况,以及最高法院宣布其决议无效,该决议由至少 8 票的多数批准通过方具有一般效力。在其他情况下,最高法院的决议仅对争议方具有效力。(2)违宪性行为,一般性质的规范和本宪法之间可能存在矛盾。违宪性行为可以在规范公布之日起的 30 个自然日内,由下列人员行使:联邦国会众议院 33% 议员,针对联邦国会通过的联邦法律或联邦特区法律;参议院 33% 议员,针对联邦国会通过的联邦法律成联邦特区法律,或墨西哥合众国批准的国际条约;合众国总检察长,针对联邦、州和联邦特区性质的法律,以及墨西哥合众国批准的国际条约;任何州立法机构 33% 成员,针对该机构通过的法律;联邦特区立法会议 33% 成员,针对该议会发布的法律;国家人权委员会,针对联邦、州和联邦特区的法律,以及合众国总统通过合众国参议院批准的,在本宪法中有关人权的国际条约,以及墨西哥作为一方的国际条约。州同等人权保护机构,针对地方立法机构通过的法律,以及联邦特区人权委员会针对联邦特区立法议会通过的法律。联邦选举法和地区选举法必须将其适用的选举程序至少提前 90 日颁布并公布,且不得有根本性的修改。最高法院的决议,由至少 8 票的多数批准才能宣布受质疑的规范无效。

(3)基于利益相关性或重要性考量,对于地区法官作出的联邦政府作为一方当事人的案件,单一巡回法院及其相关机构、合众国总检察长或类似官员是否可以予以上诉的认定。其中,第(1)和(2)项的决议宣布无效不具有溯及既往的效力,适用于本事项的一般原则和法律规定管辖的刑事事项除外。

联邦最高法院由11位法官构成,并在全体会议或法庭中履行职责。担任国家最高法院法官的条件要求如下:出生即为墨西哥公民,有能力履行其政治和民事权利;至少为35岁;至少10年前取得法律为该目的所合法授予的机构颁布的法律学位;信誉良好,并不得犯可惩罚性监禁1年以上的犯罪。但是如果犯罪为抢劫、诈骗、伪造、失信或任何严重损害良好信誉的其他犯罪,无论该惩罚何时进行,其应不适合任职;任职前在墨西哥居住至少两年;任职前的一整年未担任过部长、总检察长、联邦特区司法法官、参议员、众议员、政府官员或联邦特区政府领导人。此外,法官应是从事司法职业有效率、有能力和诚信的人,或者在法律领域信誉、能力和职业特别突出的人。最高法院的法官任职15年,法官仅可以因大过而辞职。辞呈应递交至合众国总统,如果接受该辞职,总统应将该辞呈递交至参议院。法官的假期不超过1个月可以由最高法院同意。超过该期限应由参议院批准并交合众国总统同意,任何假期不得超过两年期间。法官的选举由合众国总统向参议院提名3位候选人名单,参议院须在30日内(不可延长)由2/3多数成员投票选举出一位。如果参议院未能在该期间内作出决定,则由合众国总统从其提交的名单中选择一人。若参议院否决名单上的所有候选人,合众国总统应提交一份新的名单。如果参议院再次否决第二份名单,合众国总统应从该名单中指定一位任命为最高法院院长。

(吴宏耀　郭　勇)

墨西哥巡回法院

墨西哥联邦上诉级法院。其法官由全国最高法院任命,任期4年,巡回法院分合议制和独任制两种。合议制巡回法院由3名治安法官1名秘书组成,受理有关保护个人宪法权利的案件。协助最高法院审理要求保护的申诉。目前,一共有16个这种法院在10个巡回区工作。这些法院中的7个在墨西哥城有活动中心,1个是刑事,3个是行政方面,2个是民事方面,另外1个是劳动争议方面。其余的9个法院分设在瓜达拉哈拉、蒙特雷、埃莫西约、普埃布拉、韦拉克鲁斯、托雷翁、圣路易斯波托西和比亚埃尔莫萨等。独任制巡回法院由1名法官独立审判,只审理区法院法官初审终结的有关联邦性质的民刑第二审案件,属于上诉审级。根据最高法院和合议巡回法院之间有关职权范围的划分,对独任巡回法院的判决,可以通过向最高法院或合议巡回法院提出要求保护的申诉而加以推翻。目前独任法院有9个,在8个巡回区工作。其中2个设在墨西哥城,其余7个分设在托卢卡、瓜达拉哈拉、蒙特雷、埃莫西约、普埃布拉、梅里达和托雷翁等城市。

(吴宏耀　郭　勇)

墨西哥地区法院

墨西哥联邦的初审法院,其法官亦由全国最高法院任命,任期4年。地区法院均由一位法官主持,审理有关全联邦性的民事和刑事第一审普通诉讼案件。地区法院也审理对行政机关的法令或决定,对违反宪法的法律以及非终审的法院裁决所提出的保护申诉。目前,墨西哥共设有56个地区法院。

（吴宏耀　郭　勇）

墨西哥联邦群众陪审团

依据联邦刑事诉讼法，由7名墨西哥公民通过抽签予以指定，只能审理某些利用出版手段的犯罪行为，以及除由联邦国会才能指控的官员以外的联邦官员的犯罪。

（吴宏耀　郭　勇）

墨西哥选举法院

管辖选举事项的最高司法机构以及联邦司法机构中的专门法院。具体分为高级选举法院和地区选举法院，高级选举法院由7名选举裁判官组成，选举法院的院长任职期间为4年。主要负责以下事项：(1)有关众议员和参议员选举的上诉；(2)合众国总统选举争议，只有上级选举法院可以解决该等主张，上级选举法院和地区选举法院仅能因法律明确规定的原因取消选举；(3)联邦选举机构发布的行为和决议的争议，不同于前两段所述的行为和决议；(4)相关联邦机构发布的有关选举组织和评估的最终行为和决议，以及选举过程产生的可能影响该选举程序或结果的争议；(5)有关侵犯公民政治选举权利的行为和决议，系指侵犯宪法和法律规定的选举权、被选举权、自由加入政党、和平结社的权利；(6)选举法院和其员工之间的劳动争议；(7)联邦选举机构和其雇员之间的劳动争议；(8)联邦选举机构对国内外政党、政治协会，或私人或法律实体侵犯本宪法和法律规定的惩罚；(9)法律规定的其他事项。

（吴宏耀　郭　勇）

墨西哥州法院

根据《墨西哥联邦宪法》第116条规定，各州的公共权力分为行政权、立法权和司法权，其权力配置应符合国家宪法，并服从以下规范：各州的司法权应由设立的相关法院行使，治安法官和法官在行使职权的过程中，必须通过宪法和各州的组织法予以保障。一般来说，州法院包括：(1)治安法院。治安法院在墨西哥城市审判地区具有混合管辖权的审理诉讼标的不超过1000比索(约80美元)的民事案件和最高为6个月徒刑的刑事案件。只处理民事纠纷的兼理一般司法的地方治安法官，只能在首都地区之外处理民事案件，而且审理诉讼标的不超过1000比索的案件。(2)初级法院。初级法院在墨西哥城以外的其他地区也有混合管辖权，这些法院有权审理诉讼标的超过1000比索，但少于10000比索(80－800美元)的民事案件，以及犯有法定刑不超过6个月徒刑之罪的刑事案件。(3)民事法院。墨西哥城司法管辖区的民事法院在初审中可以审理诉讼标的超过10000比索的争议，因为这些地区也有初级混合管辖法院。(4)家庭法院。家庭法院是经过立法命令对法院规章修改后建立起来的。它们审理有关婚姻、离婚、监护人职责、托管人职责、扶养、义务、父权、父子关系、遗弃、死亡的推定等第一审案件。它们也审理婚姻财产案件和一切有关公民身份、人的代表资格及那些发生于家庭亲属关系，以及一切有关继承权的诉讼。(5)刑事法院。刑事法院只有1名法官，审理不属于治安法官或初级法院职权之内的一切第一审刑事案件。(6)群众陪审团。群众陪审团的成形式和联邦群众陪审团是一样的。它审理出版方面的犯罪行为。这个陪审团也审理那些在联邦区属部门和地区政府工作的官员及雇员的公职上的责任事件。这个陪审团的主席应是一位刑事法官。(7)联邦区和各地区的高级法院。它们是由墨西哥共和国总统每六年任命一次,并经国民议会批准的25名正式法官和3名辅助法官组成。他们可以重复当选。这些法院以全体会议的方式,在8个上诉区内工作。全体会议具有行政性质的作用,它任命初级法院的法官并监督他们的工作。

(吴宏耀 郭 勇)

日 本

日本裁判所

日本行使审判权的司法机关。第二次世界大战结束后,《明治宪法》修改和《日本国宪法》正式颁布,日本裁判所的组织体系和资源得到恢复和完善。根据《日本国宪法》的规定,日本实行三权分立的议会民主制,裁判所掌握司法权,裁判所系统从内阁的司法部系统彻底分离,自成体系,独立行使宪法赋予的以审判权、违宪审查权、批准逮捕权为核心的司法权。日本裁判所组织体系包括日本最高裁判所、日本高等裁判所、日本地区裁判所、日本家庭裁判所和日本简易裁判所。

日本最高裁判所是日本的最高级别裁判所和终审裁判所,受理不服下级裁判所裁判的上诉案件和诉讼法上特别规定的抗诉案件,做出终审裁决。除对案件的终审权外,日本最高裁判所有权就诉讼有关的程序、律师及裁判所内部规则和司法事务处理有关的事项制定相关规则,并得就法令、命令、规则或处分进行违宪审查。最高裁判所设立大法庭1个和小法庭3个对以上案件进行审理和裁判。

日本高等裁判所共有8个,分别位于日本的8个主要城市,部分高等裁判所设有分院。日本高等裁判所负责审理对地区裁判所及家庭裁判所的判决不服而提起上诉的案件或者对简易裁判所作出的刑事判决不服提起上诉的案件,对涉及选举、叛乱等行政案件有一审管辖权;高等裁判所通常由3名法官组成合议庭,部分重大案件由5名法官组成合议庭进行审理。

日本地区裁判所负责审理一般诉讼案件和对不服简易裁判所作出的民事判决的上诉案件。地区裁判所一般由1名法官独任审理,但对可能被判处死刑、无期徒刑或者最低刑期不少于1年的有期徒刑的刑事案件,不服简易裁判所判决的上诉案件亦即合议庭认为应当由合议庭进行审理的案件,必须由3名法官组成合议庭进行审理。

日本家庭裁判所负责审理《日本家庭审判法》和《少年法》所规定的家庭事务及未成年人犯罪案件,是审理家庭内部事务的专门裁判所。家庭裁判所在对应于地区裁判所的地方建立,与地区裁判所属于同一审级。家庭裁判所的案件由1名法官独任审理,案件的审结多采用调解形式,审理过程一般不公开。

日本简易裁判所负责审理诉讼标的额不超过90万日元的民事案件和可能判处罚金或者更轻刑罚的刑事案件以及其他轻微的刑事案件。其中标的额不超过30万日元的民事案件可以通过小额索赔程序进行审理。简易裁判所由1名法官独任审理,案件的审结多采用调解形式,调解工作由司法委员主持进行。

日本裁判所的人员构成包括法官和法官以外的裁判所其他工作人员两类。日本法官选拔需要经过司法考试制度和司法培训制度的选拔,保证法官具有一定专业水平。法官的选任需要经过严格独立的程序。其中,最高裁判所所长由内阁提名,天皇任命;最高裁判所其他法官由内阁提名任命,天皇认证;任命之初和任职后每10年均需交由国民审查;以上任命都先由最高裁判所提出意见。下级裁判所法官由最高裁判所提名,内阁任命,并由天皇认证。根据《日本国宪法》的规定,法官任期为10年,可以连任,但《日本国裁判所法》同时规定了退休年龄:最高裁判所和简易裁判所的法官年满70周岁、其他裁判所法官年满65周岁的,告退官职。同时,裁判所设置了法官保障制度,以保证法官的独立,维护司法公正。

法官以外的裁判所其他工作人员,是指具有一定专业法律知识,为确保裁判所司法权和司法行政权良好行使的辅助性人员,主要包括秘书官、书记官、调查官、执行官和其他法官工作人员。对这些人员的任命,由最高裁判所决定,各级裁判所各自实行。最高裁判所、高等裁判所和地方裁判所均设法官会议,行使司法行政职权,由各该裁判所的全体法官参加,各所的长官任主席。

根据《日本国宪法》《日本国裁判所法》的相关规定,日本裁判所包括四个审级:最高裁判所、高等裁判所、地方裁判所和家庭裁判所(二者属于同一审级)、简易裁判所;其中最高裁判所1个、高等裁判所8个、地方裁判所50个、家庭裁判所50个、简易裁判所452个。高等裁判所、地方裁判所和家庭裁判所均会根据地区情况设置支部或者派出庭,其级别等同于派出机关。根据《日本国宪法》第76条“不得设置特别裁判所”的规定,日本裁判所采取的是单一体制的组织设置,不另设宪法裁判所、军事裁判所等专门裁判所。

根据《日本国宪法》关于“一切司法权属于最高裁判所及由法律规定设置的下级裁判所”的规定,日本裁判所是唯一司法机关。根据《日本国裁判所法》的规定,裁判所除《日本国宪法》有特殊规定外,可裁判一切法律上的诉讼,并具有其他法律特别规定的权限。裁判所有权审判所有诉讼案件、审查违宪案件、批准逮捕和管理司法行政工作。日本各裁判所独立行使职能,上级裁判所对下级裁判所无指挥和监督的权力,上级裁判所判例除“差戾判决”,仅能通过审级制度对下级裁判所进行制约;但上级裁判所对下级裁判所的司法行政权享有指挥、监督的权利,以达到各级裁判所的司法行政权的有机统一。

参考书目

冷罗生:《日本现代审判制度》,中国政法大学2003年版。

(吴宏耀 吴夏帆)

日本最高裁判所

即日本最高法院,是日本最高级别法院和终审法院。其前身为1875年的大审院,1947年,伴随着《日本国宪法》和《日本国裁判所组织法》的施行,大审院正式废除,最高裁判所设立,成为日本最高级别的司法机关。

日本最高裁判所根据《日本国宪法》和《日本国裁判所组织法》相关规定建立和设置,由首席大法官1人和法官14人组成,法官人数不得增减。首席大法官由内阁提名,天皇任命;法官内阁提名任命,天皇认证;任命之初和任职后每个10年均需交由国民审查;以上任命都先由最高裁判所提出意见。

此外,为了处理司法行政事务,在最高裁判所设置法官会议和事务总局。法官会议由全体裁判官组成,最高裁判所首席大法官为主席,负责处理包括规则制定、判例编纂、经费审查、法官考选等在内的司法行政方面的繁杂事务,是统辖全国法院的司法行政事务最高的、最终的责任者。事务总局是为掌握最高裁判所的行政事务而设,负责处理法官会议的司法行政辅助事务,下设秘书课、宣传课、人事局、总务局、经理局、家庭局、行政局、刑事局和民事局。法官会议由裁判所长官每月召集一次,9 人以上出席即可讨论议题,会议过半数赞成即可通过决议、决定事务。

《日本国裁判所组织法》规定,日本最高裁判所受案范围为上诉的案件和诉讼法上特别规定的抗诉案件,上诉一般由不服下级裁判所判决的一方提起书面上诉状而启动。最高裁判所设立大法庭 1 个和小法庭 3 个对以上案件进行审理和裁判。大法庭以全体裁判官组成合议庭,小法庭以最高裁判所所规定人数的裁判官组成合议庭,但小法庭裁判官人数必须为 3 人以上。一般案件皆由小法庭进行审理并形成终审裁决,但以下案件必须由大法庭裁判:(1)基于当事人的主张,判断法律、命令、规章以及处理是否符合宪法的案件;(2)除前项情况外,认为法律、命令、规章以及处理均不符合宪法的案件;(3)关于宪法及其他法令的解释适用方面,意见与前在最高裁判所所作的审判相反的案件。

最高裁判所作为国家唯一的最高审判机关,依法掌握以下四项权力:(1)诉讼案件终审权。日本法院实行四级三审制,作为日本最高级的法院,最高裁判所行使的审判权具有程序终局性。最高裁判所审理上诉案件,一般为法律审,审判权主要的行使方式为书面审理。(2)规则制定权。《日本国宪法》第 77 条规定:"最高裁判所就诉讼有关的程序、律师及法院内部规则和司法事务处理有关的事项,有权制定规则。检察官必须服从最高裁判所制定的规则。最高裁判所有权制定下级法院相关的规则,对下级法院有权予以委任。"宪法赋予最高裁判制定规则的权力,但规则与法律相抵触时,优先适用法律。(3)违宪审查权。《日本国宪法》第 81 条规定:"最高法院是对一切法令、命令、规则或处分是否符合宪法规定拥有审查权限的终审法院。"(4)司法行政权。最高裁判所有权指挥裁判所的司法行政事务,包括人事的任免、物资的配置、上下级法院的监督等。

(吴宏耀　吴夏帆)

日本家庭裁判所

日本家庭裁判所是与地方裁判所并列的、专门审理《少年法》和《家庭审判法》规定的少年案件和家庭案件的裁判所。家庭裁判所的组成、设置、审级与地方裁判所基本相同,其特殊之处在于其管辖案件的专门性。

家庭裁判所的前身是隶属于地方裁判所的、专门解决家庭纠纷的审判法庭。随着日本在二战中遭受严重创伤战争遗留的孤儿寡母众多,国内产生许多家庭纠纷和青少年犯罪问题,《家庭审判法》应运而生,家庭裁判所于 1949 年 1 月 1 日正式分立,成为在审级上与地方裁判所并列的专门裁判所。

全国的家庭裁判所共有法官约 200 人,助理法官约 150 人,还有协助法官工作的调查官约 1500 人。每名法官有三四名调查官协助工作。家庭裁判所法官的选任与地方法院和高等法官的选任方式相同,根据最高裁判所的提名,由内阁任命,并经天皇认证,任期为 10 年。调查官从事对审判及调解工作所必要的调查工作，但并不对案件事实本身进行调查，而是调查如何更好地处理相关案件。具体而言，调查官主要调查当事人的家庭环境、案件产生的原因、何种处理方式更有利于个人和社会等。调查官听从裁判官的命令，执行职务。

家庭裁判所的管辖权广泛，它是审理家庭事务及未成年人犯罪案件的专门裁判所，对所有法律意义上的家庭内部事务都有管辖权。家庭裁判所依法享有以下权限：(1)《家庭审判法》规定的关于家庭案件的审判及调解；(2)《少年法》规定的少年违法案件和少年保护案件的审判；(3)成年人危害少年儿童案件的审判；(4)与户籍有关的案件、精神病患者的监督、少年院收容的决定等其他与家庭审判有关的案件。家庭裁判所进行审判或裁判时，由裁判官一人处理其案件。但其他法律规定需要裁判官合议庭处理的，由 3 名裁判官共同审理，其中 1 人为裁判长。家庭裁判所的审理注重调解，必要时可要求家庭调查官以及 2 名调解委员参加审理，协助法官调解纠纷。案件一般不公开审理，先由调查官调查事实，提出报告与处理意见。少年违法犯罪案件多数以免于处罚结案，少数移送行政处理，只有极少数案件予以保护性管制处分或移送检察官起诉。

（吴宏耀　吴夏帆）

瑞　士

瑞士法院

瑞士的司法机关，代表国家行使审判权。瑞士是一个联邦制国家，虽然 2011 年司法改革后，全国的民事诉讼和刑事诉讼程序得到了统一，但各个州都有自己独立法院系统，在法院组织体系上各不相同。

联邦法院体系包括联邦最高法院、联邦刑事法院、联邦行政法院和联邦专利法院。其中联邦最高法院是瑞士的最高司法机关，是所有州立法院终审裁判的上诉法院，同时也直接受理涉及联邦法律的案件。

州法院体系因各州设置不同而不一而足，但主要分为一审法院和二审法院。其中，一审法院，在大多数州被称为“地区法院”，负责审理大多数民事案件和刑事案件。就民事诉讼而言，瑞士法院十分鼓励当事人选择替代纠纷解决方式，通常调解不成才进入审判程序。对一审法院的判决不服可以上诉到二审法院。二审法院，在大多数州被称为“州法院”，主要负责审理对一审法院判决的上诉，但涉及竞争法和知识产权的案件，则只能由二审法院进行审理。对州二审法院的判决不服，可上诉到联邦法院。

瑞士的法官大多数由公民直接选举或由议会间接选举产生，部分由法院直接任命，任期为 4 –6 年。

（吴宏耀　王靖雅）

瑞士联邦最高法院

瑞士联邦的最高司法机关，位于瑞士洛桑。2007 年经瑞士全民公决通过的《联邦最高法院法》,规定了联邦最高法院的性质、管辖及行政设置等基本事项。

根据瑞士宪法与《联邦最高法院法》,联邦最高法院对下列案件享有初审管辖权:(1)涉及联邦法律的案件;(2)涉及国际法的案件;(3)涉及州宪法性法律的案件;(4)涉及公民政治权利的案件;(5)联邦政府与州政府之间或州政府之间的民事或公法争议;(6)联邦政府部长或联邦法官因执行公务造成的侵权索赔案件;(7)涉及自治州(市、镇)自治权。由于强调全民公决式的直接民主,瑞士宪法并没有赋予联邦最高法院对国会立法的审查权,除非法律有特别规定。

就上诉管辖权而言,包括:(1)对各州法院终审判决的上诉;(2)对联邦刑事法院、联邦专利法院和联邦行政法院一审判决的上诉;(3)对某些按照法律规定成立的仲裁处裁决的上诉,如国际体育仲裁院,但可审查的事项仅限于较窄的范围。

此外,联邦最高法院的职权还包括修正、更改、解释其决定和判决。

虽然联邦最高法院独立司法,仅受法律限制,但受国会监督,具体包括审批其财政预算、决算和年度报告,以及法官任命。其余行政事项皆由联邦最高法院自我管理,包括组织机构设置、除法官外的人员任命等。且国会不得以任何直接或间接的形式干涉法官判决。联邦最高法院法官的人数由国会立法确定,并由国会任命。其中,常设法官 38 名,兼职法官的人数不得超过常设法官人数的 2/3,目前为 19 人,一般为教授、律师或州法官。在以下情况作为替补法官工作:(1)常设法官声明回避;(2)常设法官生病;(3)备审案件过多时。所有法官的任期皆为 6 年,可以无限次担任法官,直到 68 岁。

(吴宏耀　王靖雅)

瑞士联邦刑事法院

瑞士联邦统一的刑事法院,建立于 2004 年,位于贝林索那。依据 1998 年宪法第 191 条建立:"联邦应当建立一所刑事法院,审理违反联邦法律的案件。联邦刑事法院的管辖权可通过立法授予。"《联邦刑事法院组织法》具体规定了联邦刑事法院的地位、管辖权、组织机构和诉讼程序。此外,联邦刑事法院内部的《组织规定》也对部分组织和行政事务进行了规范。

联邦刑事法院内设刑事法庭和上诉法庭。刑事法庭管辖涉及联邦法律的刑事案件,多为刑事诉讼法第 23 条和第 24 条规定的重罪,如有组织的犯罪、经济犯罪、恐怖犯罪和危害联邦利益(包括机构、官员等)的犯罪等。此外还有其他法院移送来的触犯行政性刑法或其他联邦法律的案件。上诉法庭审理特别程序案件,如针对警察、联邦公诉机关、刑事法庭、强制措施法庭的判决或裁定的案件,以及涉及国际司法协助的刑事案件,如引渡程序。

(吴宏耀　王靖雅)

瑞士联邦行政法院

受理针对联邦政府机构诉讼的法院,成立于 2005 年,位于伯恩。联邦行政法院成立之前,瑞士对各类行政机关决定的监督主体是 30 余个申诉机构。2005 年司法改革后,联邦行政法院取代了分散的申诉机构,统一了对行政机关决定的司法监督权。2007 年,联邦行政法院又收回了最高行政机关瑞士联邦委员会在部分行政诉讼中的终审权,确保了任何行政决定都可以由统一的司法机关进行审查,有独立的司法救济渠道。

联邦行政法院共有5个分庭，由72名法官组成，具体而言：第一分庭，管辖基础设施、财政和人事案件，有16名法官；第二分庭，管辖经济、教育和竞争案件，有15名法官；第三分庭，管辖涉外、健康和公共安全案件，有15名法官；第四分庭，管辖移民案件，有13名法官；第五分庭，管辖移民案件，有15名法官。法官由瑞士联邦议会选举任命，任期6年，可连任。

对联邦行政法院的判决不服可以上诉到联邦最高法院。

（吴宏耀　王靖雅）

瑞士联邦专利法院

瑞士专门审理专利纠纷的法院，坐落于圣加伦。建立于2012年，取代了各州法院对欧洲统一专利案件的管辖权，而统一了对该类案件的管辖。涉及欧洲统一专利的纠纷仅联邦专利法院享有管辖权，无论是瑞士本国的专利，还是欧洲其他国家的专利，都有权对专利有效性、专利侵权纠纷、专利使用协议等其他专利权纠纷进行审判，且判决具有执行力。对联邦专利法院的判决不服可以上诉到联邦最高法院。

联邦专利法院的法官共分为三类：行政法官、专业法官和法律职业法官。通常由3名、5名或7名法官组成合议庭对案件进行审理，要求成员既包括专业法官，也包括法律职业法官。合议庭成员的选拔以对涉案专利相关专业领域的技术水平为标准。

（吴宏耀　王靖雅）

西　班　牙

西班牙法院

西班牙是大陆法系国家，其法院组织的运行主要由以下法令来调整：司法权组织法、民事判决法、刑事判决法、行政管辖法、对劳动程序予以改造的皇家立法法令、调整军事刑事程序的组织法。根据司法组织法，尽管西班牙被划分为若干个自治区，其司法权的行使是统一的，自治区并没有司法权，自治区的法院属于联邦法院。统一的司法权也意味着特别法院、例外法院、荣誉法院是被禁止的。尽管西班牙有军事法院，然而其行使必须依据宪法原则的规定，仅限于军事案件和军事框架内部，军事管辖权也是司法权的一种类型。

西班牙的司法权适用于西班牙全境、所有公民、所有事项，包括公共组织，但西班牙国王享有不可侵犯的豁免权，是司法权管辖的例外。西班牙法官享有独立的地位，仅根据法律的规定行事，不受任何其他法官或政府的命令、权力的规制。法官享受法律规定的保护，仅可因为法律规定的事由被辞退、停职、调离或退休。

西班牙整个法院系统的领导机构为司法总委员会。司法总委员会本身并非一个法院，而是一个宪法性的司法机关，对全国范围内法院、法庭的运行起监管职能，并负责为各个法院指派法官。司法权总委员会的成员由国会和议会提名，并由国王任命，任期5年，除主席外不能连任。司法总委员会共有20名成员组成，其中12名为各类司法机构的法官和行政官，8名为超过15年专业经验的律师和其他法律从业者。司法总委员会主席也将同时被任命为最高法院院长。

根据行政区域的划分,西班牙法院系统可以被分为四个不同的层级:最高法院、自治区高等法院、省高级法院、市法院和地区法院。对全国范围内享有管辖权的法院包括最高法院与西班牙国家法院。最高法院(Tribunal Supremo,TJ)是西班牙的最高司法结构,管辖全国领土范围内的案件,其裁判为最终判决并不得上诉。然而,当事人若主张其宪法权利受到侵犯时,该案件可以由宪法法院重审;西班牙国家法院(Audiencia Naciona)是一个例外、特殊的法院,特指位于马德里的高等法院。该法庭管辖全国领土,还对可由西班牙审判的国际罪行享有专属管辖权。西班牙共有17个自治区,50个省,每个自治区包括一个或多个省,自治区高等法院(Tribunal Superior de Justicia)对一整个自治区享有管辖权,是自治区内的最高层级的法院,其判决不受最高法院的干预。省高级法院(Audiencia Provincial)对一个省享有管辖权,负责审判该省的民事和刑事案件。此外,省一级的法院还包括刑事法院,负责审判不太严重的刑事案件;行政法院,审理对政府机关颁发的文件提出异议而又不属于其他法院管辖的案件;社会法院,审理劳工案件等。市一级法院包括以下几种类型:一审法院,是管辖普通案件的基层法院,对不属于自治区高等法院管辖的所有案件进行审判,同时也可以作为不服调解法院判决的上诉法院,一审法院的法官通常也负责本地区的民事登记;调查法院,负责调查应当由自治区高等法院审理的刑事案件,在比较小的地区内,一审法院和调查法院通常合为一体,仅由一个法官负责;青少年法院,审理14-18岁的青少年所犯的罪行。地区法院是西班牙法院系统的最低一个层级,对一个地区内的轻微刑事和民事案件进行审理,没有一审法院和调查法院的地区会设立调解法院,由一个调解法官主管,负责审判轻微的刑事和民事案件。地区法院处理大多数轻微、琐碎的案件,这些案件中当事人如果被判监禁至多不会超过30日,其他的轻微案件以及地区法院没有裁判权的案件则由市法院审理。对地区法院判决不服的,可以上诉到市法院;对市法院不服的,可上诉到省法院。

宪法法院负责解释西班牙宪法,对于涉及当事人宪法权利的案件进行最终审理。虽然宪法法院被称为法院,其运行及其职责与其他司法机关都十分相似,然而,宪法法院不属于法院系统,而是一个独立的分支。

(吴宏耀　张亚逸)

西班牙最高法院

对西班牙境内所有不属于宪法法院管辖事宜以外的案件进行审判的最高等级法院,位于马德里,包括1个院长以及分管5个法庭的若干法官。最高法院是对所有法律问题提供最终解决途径的法院,其对一些极为重大的事项可以行使初始管辖权,但一般情况下,最高法院的作用是作为上诉法院,对国家法院以及省高等法院的程序瑕疵予以纠正,根据西班牙法律对下级法院的判决命令其采取普通和特殊补救措施。最高法院还负责处理对重要人士的实质性投诉,如政府部长、参议会议员、各地区议会代表、高级法官,包括宪法法院的院长及法官。此外,最高法院还处理检察官提出的取缔不法政党的申请。

一般情况下,最高法院的判决是最终判决,当事人没有上诉的途径。尽管对于刑事案件,政府可以行使其赦免权,从而使得最高法院判决或核准的裁定无效,但与一般的上诉不同,这种赦免是由部长议事会决定,并由国家元首正式颁布的。例外情况下,当判决违反1978年西班牙宪法所保障的公民的权利和自由时,最高法院的判决可以被宪法法院推翻;由于西班牙是欧洲人权公约的签署国,因此欧洲人权法院也可以推翻西班牙最高法院的判决。

西班牙最高法院具有充分的独立性,宪法规定了司法决定的最终性原则,因此,最高法院的决定具有优先执行的特权。西班牙最高法院建立了最高司法委员会,该委员会由最高法院的高级法官团组成,对最高法院的运行和决定进行监督,实行同行评议。为了保障法院决定的独立性,委员会的决议对最高法院的判决仅具有建议性,并且可以通过正当程序使该建议无效化。根据法律,西班牙司法组织、立法组织、行政组织的成员有义务勤勉、认真地履行公务,否则,最高法院可以决定对其予以拘留并要求他们履行附带民事和刑事义务。

最高法院有 5 个审判法庭,包括民事第一审判庭,刑事第二审判庭,争议行政行为第三审判庭(负责处理公共权力相关的相关问题),社会事务第四审判庭,军事第五审判庭,处理可能影响普通民众的法律问题。另有 4 个法庭专门负责最高法院的行政事务,分别为:(1)根据组织法 61 条成立的特别法庭,负责处理取缔非法政党、通过司法实践中的报告和问责机制对司法过失行为进行调查和纠正,以及其他具有特别重大意义的法律程序。特别法庭包括 1 名首席法官、5 个法庭的若干庭长以及 1 名独立的高级法官;(2)管辖冲突解决委员会(The Board of Conflicts of Jurisdiction),负责处理不同法庭之间的管辖权冲突,包括首席法官以及来自 5 个审判庭的 5 名法官。(3)管辖权争议解决委员会(The Board of Jurisdictional Disputes),负责处理平民法庭与军事法庭之间的管辖冲突,包括首席法官,2 名来自相关普通犯罪管辖庭的法官以及 2 名来自第五军事庭的法官。(4)管辖争议解决庭(The Court of Jurisdictional Disputes),负责处理普通法庭、军事法庭或争议行政行为第三审判庭的管辖权争议,包括首席法官、第三法庭的 2 名法官,以及来自西班牙司法委员会的 3 名常任理事。最高法院的领导部门包括:终审法院首席法官办公室;最高法院行政部门,包括首席大法官、各个部门的领导、满足西班牙组织法关于司法权规定的一定数量的其他法官。这两个领导部门均从属于最高司法总委员会。

最高法院当年的运行规则与不同法庭之间的案件分配报告由政府委员会批准,并会在司法总委员会的公报上刊发。每年 9 月在最高法院大楼举行由西班牙国王主持的年会,并将发布由政府委员会批准的当年最高法院的运行报告,通过这个途径,最高法院的工作可以受到公众媒体的监督。

(吴宏耀　张亚逸)

西班牙宪法法院

西班牙语为 Tribunal Constitucional de España,是对法律行为以及西班牙政府法令进行合宪性判断的最高机构。西班牙宪法第 9 章(第 159 – 165 条)对宪法法院的职能进行了定义,西班牙 1979 年宪法法院组织法对宪法法院的组织和运行进行了具体的规定。宪法法院是对宪法问题的最高解释机构,由于宪法法院并不属于西班牙司法机构,而是一个拥有特殊的规则和权力的独立分支,因此,最高法院是解决法律问题的最高机构。

宪法法院由经国王任命的 12 名成员组成,其中 4 名由众议院以 3/5 多数提名;4 名由参议院以同样多数提名;2 名由政府提名,其余 2 名由司法权最高委员会提名。宪法法院的成员从拥有 15 年以上法律从业经验的法官、检察官、大学教授、公务员和律师中选取,并且不得在任何可能影响其独立性的职位上兼职,如某政党的党员或其他机构的代表人。宪法法院成员任期9年,每三年更新1/3,院长由法院全体会议提名,由国王任命,任期3年,可以连任两次。

宪法法院有2个法庭,分别由法院院长和副院长任庭长,每个庭又可以分为2个部,每个部有3名法官。每个部的任务主要是在程序的开始阶段,决定上诉是否予以受理。宪法法院的所有决定都要求2/3以上的投票法官同意。宪法法院另设总秘书处,由资深法律顾问领导宪法法院内部的宪法法律顾问专家。

宪法法院的辖区为西班牙全国。它有权审理:对法律和具有法律效力的规定之违宪性的上诉案;侵犯宪法第53条第2款所保障的基本权利和公民自由的案件;国家与自治区或自治区之间的职权纠纷;有关自治区立法的合宪性的案件,政府组织之间的纠纷。宪法法院审理的案件来源于两种途径:违宪上诉,是当事人、政府机关对某种行为具有效力的法令的合宪性与否提起的上诉;违宪异议,司法机构在审理案件中,对本案所适用的法律可能与宪法相抵触所引起的违宪问题,向宪法法院提出的异议。西班牙签署的国际条约与宪法规定不同的,政府、国会可以在条约生效之前就条约中某条款的合宪性向宪法法院提出违宪上诉,要求宪法法院审查。

宪法法院的判决应在国家官方公报上公布,从公布之日第二天起具有判决价值,不得提出任何上诉。宣布一项法律或具有法律效力的规定违宪,以及所有不止限于判断某项权利的判决,对任何人都具有完全的效力。

参考书目

《西班牙宪法典》,潘灯、单艳芳译,中国政法大学出版社2006年版。

(吴宏耀　张亚逸)

西班牙国家法院

西班牙法院体系中一个特别、例外的法院,位于马德里,对西班牙全国享有管辖权,并可以对西班牙享有审判权的国际犯罪进行管辖。

国家法院包括法院院长、庭长,以及由法律规定的每个法庭、部门的法官。国家法院包括以下几个庭:刑庭,审判诸如针对王室的犯罪、恐怖犯罪、洗钱罪、种族灭族罪等严重犯罪,受理外国提出的引渡申请,执行欧盟的逮捕令,审理对全国刑事法院不服的上诉案件;上诉庭,审理不服刑庭的上诉案件;行政庭,对高级官员(如西班牙政府部长、外交部长等)和特殊机构(如西班牙信息保密局、竞争保护委员会等)的行政决定予以司法审查;社会庭,审理对多个自治区有影响的联合诉讼、不服全国社会法庭对全国范围内工业纠纷判决的上诉。对于国家法院判决的绝大多数案件,可以被上诉到西班牙最高法院。

1977年,佛朗哥统治时期的治安法院撤销后,建立了西班牙国家法院。很多人认为两个法院之间具有承继关系,但实际上两者的运行方式具有差别,西班牙宪法法院以及欧洲人权委员会均承认西班牙国家法院的合法性。2005年,西班牙宪法法院裁定,西班牙国家法院对发生在任何地方的反人类罪等严重违反人权的犯罪拥有管辖权,不再以是否有国内因素作为判断管辖权有效性的依据。西班牙国家法院本属于一个主权国家内的国内法院,却不当地定位为拥有“万国管辖权”的国际法院,受到了国际社会的谴责。

(吴宏耀　张亚逸)

西班牙自治区高等法院

自治区最高的司法机构。西班牙全国分为17个自治区,每个自治区设有1个自治区高等法院,自治区高等法院对自治区全境享有管辖权,不受最高法院的干涉。

自治区高等法院(Tribunal Superior de Justicia,TSJ)根据管辖案件的类别分为3个庭:民刑一庭、行政二庭、社会三庭。民事案件和刑事案件属于民刑一庭,在民事管辖权方面,对包括自治区主席、自治区政府及立法委员会委员等高级自治区官员作为当事人的民事案件享有管辖权,还可以根据自治区法院审理不服下级法院民事判决的上诉案件;在刑事管辖权方面,对检察官、法官、行政官、立法委员会及政府委员会会员等在自治区行使职权过程中所犯的罪行进行查询和审判。行政二庭负责审判不属于其他法院管辖的对政府机构决定的申诉、对自治区政府及其官员决定的申诉、对立法机构关于行政事务立法的异议、对选举委员会的申诉,以及对行政法院一审决定的上诉案件等。社会三庭的审判案件范围包括对社会法院一审决定的上诉、对整个自治区有影响的集体谈判协议。

(吴宏耀 张亚逸)

西班牙省高等法院

西班牙各省审理上诉案件的法院。西班牙17个自治区包括50个省,因此西班牙有50个省高等法院。省法院的管辖范围为整个省,负责审理民事案件和刑事案件。省法院一般分为两个审判庭,其一是民庭,负责审理不服一审法院民事判决的上诉案件;其二是刑庭,审判较为严重的刑事案件以及对市法院刑事判决不服的上诉案件。对于市法院判决的6年以上12年以下刑罚的案件,即使在被告人不上诉的情况下,也要接受省高等法院的审查;对于可能判处被告人12年以上监禁刑罚的,由市法院直接送交省高等法院审理,不服省法院判决的,可以直接上诉到西班牙最高法院。

(吴宏耀 张亚逸)

西班牙军事法庭

西班牙专门审理涉军案件的审判组织,军事法庭包括最高法院军事审判第五庭、中央军事法庭、中央军事法官、区域军事法庭、区域军事法官、国土领域外军事法官。军事法庭的组织和运行依据的主要法律为1987年颁布的《军事司法职权和组织法》。

最高法院军事审判庭由1名庭长和7名法官组成。8名法庭组成人员中,有4人是来自民间的平民法官,其任免方式与最高法院的其他四个审判庭的法官任免方式相同;其他4人则从军法部队中选任,由政府内阁根据司法部长的建议任命。他们一经任命,即成为最高法院的终身法官,只忠于其军事司法职责,不再担任原来的军事职务,也不再受国防部长节制。最高法院军事审判庭的职权范围涵盖军事刑事和行政诉讼两个方面,具体包括以下四项职权:(1)对被告人提起的刑事上诉案件和下级军事审判机关提交复核的一审刑事案件,行使军事司法终审权;(2)对被告人为武装力量总司令和军衔为中将或上将的军官的第一审军事犯罪案件,直接行使军事司法终审权;(3)对法律规定应由其审判的平民危害国家军事利益的第一审军事犯罪案件,直接行使军事司法终审权;(4)对不服由国防部长作出的纪律制裁而提起的军事行政诉讼案件,行使军事司法终审权。

中央军事法庭位于首都马德里，是国家在军队设立的最高审级的军事审判机构。法庭由7名军官组成，具体包括：与军区总司令相同军衔的庭长1名；来自军法部队的具有少将军衔的法官4名；在三军部队通过抽签任命的具有准将军衔的军事法官2名。中央军事法庭的司法管辖范围涵盖三军所有部队，管辖案件及其审判权限主要是一审审理少校以上军衔军官的军事犯罪案件，此外，对于不服由国防部副部长以及将官作出的纪律处分而提起的军事行政诉讼案件，还直接行使军事司法终审权。西班牙全国共编有2名中央军事法官，军衔为上校，办公地点设立在马德里，对三军所有部队均享有军事司法管辖权。中央军事法官行使职权的主要方式，是根据中央军事法庭作出的决定处理与诉讼程序有关的军事诉讼事项，如对军事犯罪案件进行初步调查等。

西班牙全国共设立5个区域军事法庭，分别位于马德里、塞维利亚、巴塞罗那、拉科鲁尼阿和特内里费岛的最高军事单位内，是属于军队建制的第二审级的军事审判机构。每个区域军事法庭均有5名军官组成，其中庭长1名，为来自军法部队的军衔为上校或中校的军官；法官2名，均为来自军法部队的少校军官；军事法官2名，须是从本区域内部队中通过抽签确定的少校军官。区域军事法庭的职权范围限于本司法管辖区内部队中发生的军事犯罪案件和军事行政诉讼案件，前者包括上尉及上尉军衔以下军官和所有士兵的军事犯罪案件，以及依法不应由普通法院审理的平民军事犯罪案件；后者包括针对由军衔为校官和尉官的各级军事指挥官作出的纪律处分而提起的军事行政诉讼案件。西班牙共编有区域军事法官10名，军衔从上尉到中校不等，平均分布在5个区域军事法庭的所在地。区域军事法官主要配合区域军事法庭工作，履行军事诉讼中涉及审前程序方面的职权。

当西班牙需要在国外驻军时，派驻部队在通常情况下应编配有1名或者1名以上军事法官处理本部队内的军事司法事务。对于军事法官具体名额的确定和任命，国防部长有权根据中央军事法庭的建议做出决定。国土领域外军事法官的职权，主要是配合以上各个军事法庭处理有关军事诉讼程序方面的事项。

参考书目

田友方、吴新元：《西班牙军事司法制度初探》，载 http://u.s.navy.blog.163.com/blog/static/73862622007224144872 5/。

（吴宏耀　张亚逸）

新　加　坡

新加坡法院

新加坡的司法系统以高效和强有力而著名。《新加坡共和国宪法》第93条规定：新加坡的司法权力归属最高法院以及按照现行成文法所规定的任何初级法院，由大法官担任司法机构的最高领导。

新加坡法院系统分为两个层级：第一层级为最高法院；第二层级为初级法院。最高法院系统由高等法庭和上诉庭组成；初级法院系统包括地方法庭、家事法庭、推事法庭、少年庭、小额索偿法庭，必要时可以设立紧急法庭和夜间法庭。

新加坡实行三权分立制,法院系统依程序公正独立地行使职权,不受政府或个人干涉。法官享有司法豁免权,不因其审判行为而被提起民事诉讼。为了保证司法的独立性,新加坡宪法明确规定:除非 1/4 的国会议员请求,国会不可审议法官的司法行为。

新加坡法院系统注重法官的整体素质,注重利用制度化的力量打造出一支高素质的法官队伍。依据宪法设立的"司法服务委员会"负责法律官员的聘任工作。新加坡的法官既是案件事实的仲裁者,又是国家法律的适用者,陪审团制度被严格限制适用,并于 1970 年彻底废除。新加坡不适用错案追究制度。

(吴宏耀 刘亚男)

新加坡最高法院

新加坡司法系统的第一层级,由上诉庭和高等法庭组成,内设大法官、上诉庭法官、高级法官、国际法官和司法委员会委员,对民事和刑事案件有普遍的管辖权,拥有上诉管辖权。

最高法院法官及司法委员会委员由总理推荐,总统任命。总理在提交法官、司法委员会委员推荐书之前,必须与大法官先行商议。最高法院法官及司法委员会委员必须属于法律专业法令第二章中所指"合格任职",并且曾在新加坡法律服务机构任职不少于 10 年。高等法院法官和司法委员会委员享有同样的司法权力和豁免权。最高法院内设注册处,由主簿监督和管理。主簿的工作由副主簿、高级助理主簿和助理主簿协助。法律秘书协助法官和司法委员会委员从事法律研究,尤其是与上诉庭受理案件有关的法律研究工作。法律秘书由大法官监管。

上诉庭受理高等法庭上诉的案件。高等法庭裁决的民事与刑事上诉案件,当事人不服的,可以向上诉庭提起上诉。1994 年 4 月 4 日,向枢密院司法委员会提出上诉的途径被彻底废除,上诉庭成为新加坡的终审法庭。上诉到上诉庭的案件由大法官和上诉庭法官联合审理,由大法官主持。若大法官提出要求,高等法庭法官应当到庭同席聆审。对国际商事法院作出的判决或法令不满而上诉到上诉庭的案件,若大法官提出要求,国际商事法院的法官应当出庭。若大法官因故缺席,案件可以由上诉庭法官或高等法官代为审理。上诉庭一般由 3 名以上法官组成。就某些对非正式程序中的命令不服的上诉案件,可以由 2 名法官审理。如果必要,上诉庭可以由 5 名或者更多法官组成,但法官数量必须为单数。

高等法庭由大法官和高等法庭法官组成。对于高等法庭审理的案件,如果大法官提出要求,上诉庭法官、高级法官以及司法委员会可以同席聆讯。除非法律另有规定,高等法庭审理案件实行独任制,但可以委托 1 名或多名专家在聆讯时从旁协助法官,对诉讼标的事项提供专家意见。

高等法庭除审理一审民事、刑事案件外,也受理对于不服地方法庭和推事法庭审理的民事及刑事的上诉案件。此外,对于地方法庭或推事法庭在特殊案件中保留的以待高等法庭作出裁定的法律论点进行裁决。高等法院对所有初级法院审理的民事和刑事案件享有进行监督和审查的司法管辖权。

除少数例外情况,高等法庭对新加坡领域内或经由高等法庭同意的新加坡以外地区,针对传讯令或其他原诉讼程序中的被告所作出的行为享有司法管辖权。若被告人自愿选择新加坡高等法庭为案件管辖法院,则高等法庭也享有司法管辖权。对于新加坡领域内所发生的刑事案件,高等法庭享有管辖权。在特殊情况下,对于发生在新加坡领域外的刑事案件,高等法庭也可以对其进行管辖。对于刑事案件中可能被判处死刑或10年有期徒刑以上的案件,通常情况下由高等法庭审理。

一般而言,除遗嘱认证事宜外,对于索赔金额超过新币25万新加坡元的民事案件,高等法庭享有排他的诉讼管辖权。此外,高等法庭管辖遗产价值超过新币300万新加坡元的遗嘱认证事宜,或涉及在由新加坡以外法院所授予的遗嘱认证书上重新盖章的案件。对于家庭诉讼程序中的附属事项所涉资产价值超过150万新加坡元的,必须交由高等法庭审理。此外,高等法庭对海事案件、公司结束营业程序案件、破产程序案件以及受理新加坡讼务律师资格呈请书均享有排他管辖权。最高法院内设司法委员会,协助处理最高法院业务。司法委员会委员由总统任命并决定任职期限。

(吴宏耀　刘亚男)

新加坡初级法院

新加坡司法系统的第二层级。初级法院既包括审理普通民事、刑事案件的地方法庭和治安法庭等普通法庭,还包括家事法庭、少年法庭、小额索偿庭等专门法庭。随着商业交易和有关法律的复杂化,初级法院内部也建立起商业民事和刑事法庭来处理更加复杂的案件。初级法院有五个运作部门:策略规划与培训管理处,法庭服务管理处,刑事司法处,民事司法处以及家事、少年司法处。

首席法官对初级法院全部行政管理事务负责。首席法官领导司法审判官员团队审理初级法院案件。首席法官由其副职、书记员或法庭服务管理处协助。法官及推事由最高法院大法官推荐,总理任命。法官、治安官以及初级法院的法律秘书均为司法服务官员,受新加坡司法委员会监督。

地方法庭与推事法庭在某些案件上的管辖权彼此重叠,如以债务、请求或损害赔偿为由的合同或侵权的索赔案件,以及追回财产的执行等,但也有所区分。一般情况下推事法庭民事案件的诉讼标的限额为60000新加坡元,而地方法庭为250000新加坡元。二者对于刑事案件的量刑权限也有所不同,推事法庭最高判处的监禁刑刑罚不能超过2年,而地方法庭为7年。家事法庭内设三大法庭,分别处理赡养费、家事以及青少年案件等。小额索偿法庭审理标的额为20000新加坡元以下的案件,但必须由纠纷当事人以书面形式表示同意。小额索偿法庭的特点为高效率、低成本、非形式化。

初级法院包括地方法庭和治安法庭在内,对普通民事、刑事案件的管辖范围与最高法院并不完全相同。新加坡超过95%的案件在初级法院审理,每年平均审理的案件约为350000件。

(吴宏耀　刘亚男)

新　西　兰

新西兰法院

新西兰行使审判权的组织系统。新西兰的法律以英国法为基础,承袭了英国司法制度以及普通法的传统。新西兰的法院体系设置为四级:最高法院、上诉法院、高等法院、地区法院和受理家庭、青少年事务、环境事务、就业、毛利人事务、毛利人土地等相关法律问题的专门法院。地区法院通常有300名左右法官,日常事务由地区法院裁定,地区法院主要审理涉及刑事、民事、家庭纠纷案件,通常审理监禁3个月以上的刑事犯罪案件和20万新西兰元以下的财务纠纷案件。高等法院对地区法院的案件可以重新审理。上诉法院只有一个,属于全国的最高司法机构,受理高等法院的刑民事上诉案件,家庭法院及地方法院的上诉案件。上诉法院由院长和9名法官组成。最高法院2004年1月1日成立,取代英国枢密院成为终审法院,受理不服上诉法院审理的刑事民事和毛利人土地、家庭和青少年事务的上诉案件。目前,由首席大法官和4名(最多6名)法官组成。高等法院由55名法官和1名高等法院院长组成。除某些小额赔偿案(标的在1万新西兰元以下)没有律师参加以外(小案件的公诉人通常是高级警官),所有的案件都由律师进行,即控辩双方都是律师,代表警方的律师为国家律师(警方负责向律师提供情况而由律师进行诉讼)。

根据新西兰的相关法律规定,大多数的案件由地区法院处理,这是由地区法院在整个法院系统中的基础地位决定的。轻微的刑事案件以及简单的民事案件都由地区法院审理。高等法院具有普遍管辖权,争端的标的额超过20万新西兰元以及严重的刑事案件由高等法院普遍管辖。对地区法院的上诉,可以向高等法院提出或者直接向上诉法院提出。最高法院是最终的上诉法院,但是,由于最高法院审理的案件只有一小部分,在司法实践中,大多数情况下上诉法院成为最终的上诉法院。

除一部分轻微刑事案件外,法庭审理刑事案件实行陪审团审判制。刑事案件由12名陪审员组成的陪审团,被告或被告的辩护律师若认为某个陪审员参加陪审可能对其不利,有权要求回避。地方法院处理轻微刑事案件不设陪审团,但被告有权向设有陪审团的法院上诉。若被告认罪或审理上诉的案件亦可不设陪审团。凡是有选举权的人(除有犯罪史和患有精神病的人以外),都有义务担任陪审团。陪审团根据起诉律师和辩护律师双方的辩论,有权认定犯罪事实,确定被告有罪或无罪。法官则负责对如何适用法律及如何量刑作出判决。新西兰的法院不设专业审判庭,刑事民事案件皆由法官直接审理。

法官在新西兰具有比较突出的地位,首席法官由总理推荐,高等法院法官由首席法官、首席检察官和司法部长推荐,均由总督任命。一经任命为法官即不得参与政党活动,以示公正。法官拥有解释法律的权力,首席大法官有解释宪法的权力。法官进入法庭时,在场所有人员都必须起立,以表示对法官的尊敬。当总督因故不能行使职务时,首席大法官可代理总督之职,法官的工资比政府官员高,并有专门的休假制度。法官由政府从私人律师中任命,7年以上从业经验的律师才可能被任命为地区法官,法官一旦被任命就是终身制。总之,新西兰法官的政治地位、经济待遇及社会地位颇高。

在新西兰,审判活动主要表现在法庭上。开庭前,法官除阅读起诉书外,不进行任何的庭前工作,只是待开庭之时才与被告见面。若被告在法庭上认罪,则法官依律师的提证和辩论定罪判决。若被告不认罪,则在下次开庭时请陪审团参加。陪审团负责对犯罪事实和有罪无罪作出裁决,法官向陪审员解释法律,并依陪审团的裁决作出判决。在开庭时,询问证人、提供证据均由律师进行,法官在法庭上主要是听取双方当事人律师的提证和辩论。

新西兰同英国一样,也是实行判例法的国家。上级法院的判决对下级法院具有约束力,同时作为最终上诉法院的最高法院判决,对所有的法院具有同样约束力。下级法院对于同类案件所做出的判决，应当与上级法院的判决相符合，并且确保在法律适用上的一致性和确定性。

（吴宏耀　郭　勇）

新西兰最高法院

新西兰的终审法院。为了确立新西兰是一个拥有自己的历史和传统的独立国家，2004 年 1 月 1 日成立，取代英国枢密院成为终审法院，是新西兰的终审上诉法院，也是最高一级法院，受理不服上诉法院审理的刑事、民事和毛利人土地、家庭和青少年事务的上诉案件。在新西兰最高法院成立之前，新西兰的最终上诉法院是位于伦敦的枢密院司法委员会，主要由英国的著名法官组成（也有新西兰的法官）。枢密院主要处理对民事裁决的上诉。枢密院向女王提出意见，而女王一般按照枢密院的建议行事。然而，枢密院实际上并不是一个法院，而只是女王的一个顾问机构。该委员会每年只处理为数不多的案件。英国的枢密院司法委员会是许多英联邦国家传统意义上的最终上诉法院，但是随着时间的推移，各殖民地相继独立，它们也都建立了自己的最高法院。

在现代新西兰的司法体系中，最高法院成立之前，枢密院只是作为形式上的最高司法机构。早在 100 多年前，新西兰就提出取消其与英国枢密院司法委员会的纽带关系。1996 年，新西兰向议会提交《新西兰法院结构条例草案》，要求结束新西兰的案件须上诉到枢密院司法委员会的状况，但是，该草案最终被驳回。直到 2000 年 12 月，新西兰内阁才批准了《重塑新西兰上诉结构》，并且在进一步征询公众意见后，共同形成了《最高法院条例草案》的框架，并于 2003 年通过。至此，新西兰最高法院正式成立，并开始受理 2004 年 7 月 1 日之后提出的上诉。

向最高法院提出上诉必须经过上诉法院的许可，只有在该上诉符合司法利益的需要时才能获得许可。例如，上诉涉及对公众有普遍重要性的问题；如果上诉不被审理，可能导致司法不公现象的发生；上诉涉及普遍的商业利益；上诉涉及有关怀唐伊条约的重要问题。一般情况下，最高法院只受理上诉法院裁决的上诉，但是在特殊情况下，最高法院也受理针对其他下级法院裁决的上诉。

（吴宏耀　刘亚男）

新西兰上诉法院

新西兰的中级上诉法院，于 1862 年建立。在上诉法院建立之前，对高等法院判决的上诉要到位于伦敦的枢密院司法委员会进行，这超出了许多公民的经济承受能力。上诉法院成立的最初目的是解决上诉到枢密院司法委员会而产生的不便和费用问题。由于 19 世纪中叶新西兰只有极少的司法需求，因此人们认为没有必要建立自己的上诉法院，直到后来法院工作量增加以及高等法院的法官必须具备处理上诉案件的能力等实际困难出现后，上诉法院的建立才显现出了应有的必要性。1957 年，新西兰上诉法院成立于惠灵顿并且首次拥有了专门任命的法官，在此之前，上诉法院的法官由高等法院的法官组成。

新西兰的上诉法院只设在首都惠灵顿一处，主要职能在于解释和澄清法律的疑难问题。它只有非常有限的初审管辖权。上诉法院受理针对高等法院所作出的刑事和民事案件判决的上诉。地区法院和其他专门法庭所受理的重大案件也可以上诉到上诉法院，但是必须经过上诉法院的许可。同时,上诉法院也可以接受对听证会刑事判决的上诉以及对就业法庭法律适用问题的上诉。

上诉法院由首席大法官(国家最高级别的法官)、上诉法院院长以及6名永久性的上诉法院法官组成。上诉法院的成员同时也是高等法院成员。一般而言,提交到上诉法院的案件要求至少3名以上上诉法院的法官审理,特别重大的案件则要求5名或全部7名上诉法院的法官都必须到庭。

上诉法院的审案程序是比较非正式的。法官和到席的其他顾问通常针对案例自由地讨论和交换意见。按规定上诉法院可以重新听审案件的事实。但是在通常情况下,上诉法院只是查看下级法院的审讯记录或者听取高等法院的1名法官的案情陈述,然后由上诉法院作出意见一致的判决。当然,有时判决由1名上诉法院法官单独作出。

上诉法院在创建法律规则以及维护法律一致性方面起到重要作用。上诉法院的作用和工作量并没有因为最高法院的建立而受到影响,最高法院对少量案件的审理意味着上诉法院仍然具有纠正错误判的法律权威性。最高法院的设立不是为了取代上诉法院的作用,一个强大的、中间一级的上诉法院仍然发挥了它对维护新西兰法律制度健康发展的重要作用。在司法实践中,上诉法院将继续作为新西兰主要的上诉法院,对于大多数的诉讼案件,将在效果上成为最终的上诉法院。

参考书目

田禾主编:《司法透明国际比较》,社会科学文献出版社2013年版。

(吴宏耀　郭　勇)

新西兰地区法院

新西兰设立在地方一级的司法机构,主要负责审理大量的民事和刑事案件,部分严重犯罪如性暴力和惯盗等也可以由高等法院移送地方法院审理。1978年,新西兰皇家法院委员会建议将裁判法院更名为新西兰地区法院,1980年地区法院正式成立。从1893年开始,原裁判法院只负责审理轻微的刑事案件和民事赔偿案件。直至1981年开始,地区法院的管辖权才开始扩大,并且成立了家事法院作为地区法院的一个分支机构,与家事法院相并列的青少年法院也是地区法院的一个分支机构,负责处理17岁以下的未成年犯罪案件。时至今日,新西兰已经成立了63个地区法院。较大的地区法院可能每周或者每月综合处理案件,负责处理案件的法官来自较大地区的法院。

地区法院受理刑事案件的数量远比其他法院多,超过95%的刑事案件都由地区法院审理。一般而言,除影响巨大的案件之外,所有陪审团审理的案件都在地区法院的管辖范围内。除受理案件数量巨大之外,地区法院受理案件的范围也非常广泛,从轻微的过失犯罪到强奸、抢劫等严重的刑事案件都属于地区法院的管辖范围,只有谋杀、误杀以及A类毒品犯罪等少数影响巨大的案件不是由地区法院负责审理。地区法院受理的民事案件为争议标的额在20万新西兰元以下的案件,其范围涉及财产纠纷、所有权纠纷以及商业交易纠纷等。

地区法院的法官是由司法部长推荐,检察总长任命。根据法律规定,法官人数全国不得超过103个。法官的人选必须是具有7年以上执业经验的律师。各地区法院有1名被指派的主法官。在家庭法院和青少年法院的法官必须是具有相关领域的丰富经验和特别资格的人选。

此外，对一些轻微的民事或刑事案件，有时也可以有 2 名治安法官来审理。

（吴宏耀　郭　勇）

新西兰高等法院

原称最高法院，具有与现代最高法院、上诉法院等上级法院相同的职能，其曾在刑事审判、遗嘱纠纷、精神病犯罪和海事事务问题上具有管辖权。同时，负责监督下级法院以及受理上诉案件。

19 世纪的英国对新西兰法院系统产生了巨大的影响，直到 20 世纪初，为了更好地适应新西兰的发展需要，新西兰开始改革其法院系统。1980 年，原最高法院更名为高等法院，其目的在于创建一个具有最终审判权的最高法院。与此同时，裁判法院更名为地区法院，并且具有了原先由最高法院（现高等法院）行使的部分管辖权。高等法院现在仍然是新西兰拥有普遍管辖权的高级法院，它通过对法院管辖权的监督和管理来维持相应的合法性。

在司法权上，高等法院享有直接的初审管辖权和上诉受理权。主要负责处理严重的刑事犯罪和重大的民事索赔案件，并聆讯下级法院和仲裁法庭的上诉。与之同级的还有毛利人事务、毛利人土地（用来处理有关《怀唐伊条约》的土著居民财产权和其他方面的纠纷）和环境事务的上诉法院。高等法院具有所有执行新西兰法律的权利。这不仅意味着它享有地区法院所没有的其他司法权，它还可以强制听取原本属于地区法院管辖权内的案件审理。按照法律规定，有些案件只有高等法院才有权听审，如财产托管、遗嘱、合伙关系、海事纠纷及选举请愿等。

在民事方面，所有在地方法院管辖权以外的案件都应由高等法院来审理。在标的额不足 5 万新西兰元时，地区法院法官可根据案件是否涉及有关法律和事实的疑难问题，决定是否准许将案件递交至高等法院审理。在刑事方面，高等法院审理较为严重的刑事案件，也对在地区法院中被告已认罪的案件作出刑事制裁宣判。所有在高等法院起诉的案件，一般都要求在地区法院作出初审，以便在高等法院的诉讼中有足够的证据。

高等法院的诉讼程序十分正式，有时必须有陪审团参加。高等法院有权受理由地区法院、家庭法院、青少年法院直接上诉的案件。民事案件涉及金额少于 500 新西兰元时，上诉到高等法院须得到地区法院的准许。对于刑事案件，除在地区法院有陪审团参加的判决可以直接上诉到上诉法院而不须经过高等法院外，其他情况都可以上诉至高等法院。另外，在得到检察总长许可时，高等法院也可以审理公诉人针对地区法院判决提出的上诉。对于采取陪审团参与高等法院审判的刑事案件，必须有 12 名成员组成的陪审团参与审判，而在民事诉讼中，就很少采用陪审团参与的形式，一般只由一名高等法院法官独自审理。

高等法院的法官是永久性的，由首席法官领导。高等法院的法官由检察总长推荐，总督任命。法官的资格必须是有执业经验 7 年以上的律师。高等法院的案件可由单独 1 名高等法官来审理，但有法律规定需 2 名以上法官来审理的情况例外。

（吴宏耀　郭　勇）

新西兰环境法院

新西兰法院系统里负责审理资源管理规划和开发事宜的一个专门机构。它在资源管理过程中起着举足轻重的作用。新西兰环境法院的历史最早可追溯至新西兰 1953 年《市镇和乡村规划法》设立的规划上诉委员会。1996 年修订的《资源管理法》正式宣告了新西兰环境法院的成立。

新西兰环境法院受理和处理的案件具体包括以下几种类型:(1)区域政策声明、区域规划以及地区规划内容相关的上诉案件。(2)资源许可相关的上诉案件。资源许可主要包括了排污、沿海、土地利用、水利用等六方面的许可。(3)设计相关的上诉案件。(4)削减通知相关的上诉案件。(5)申请执行令的案件。(6)申请声明的案件。

对于环境法院所作出的裁决,只有法律问题才可以向高等法院提起上诉。此外,高等法院的裁决可以上诉到上诉法院,上诉法院的裁决可以上诉到最高法院。环境法院是事实审判的终审法院,其上诉的成功率是极低的。同时,环境法院是环境资源管理方面的重要决策者之一。高等法院由 1 名法官进行审理,上诉法院由 3 名法官进行审理,而最高法院则由 5 名法官进行审理。环境法院受理的上诉案件主要有以下几类:(1)资源许可。资源许可是地方市政局针对某项有可能影响到环境的项目申请所做出的许可。在新西兰,市政局平均每年会做出 5 万多项资源许可的决定,而其中有超过 1% 的决定会被上诉到环境法院。(2)地区和区域规划草案。(3)区域政策宣示草案。(4)指令。指令是地区规划中的相关条款,其目的是把市政局(或者申请机关)为了某项特定工程而征用土地的意思表示告知给社会公众。(5)文物保护令。文物保护令是地区规划中有关保护特定区域文物遗产的相关规定,属于地区规划的一部分。(6)水资源保护令的建议。

环境法院在受理上诉案件时,必须要考虑市政局的决定(某些情况下,是申请机关或者特别法庭做出的决定),但环境法院并不受这些决定的约束。对于环境法院或者质询委员会就某项申请做出的判决,当事人不得在环境法院针对该项判决提起上诉,而应当向高级法院提起上诉,且所涉及的仅限于司法程序问题。

环境法院还拥有发布执行令的职权。在新西兰,执行令是促使他人遵守《资源管理法》的一种常用的手段,只能由环境法院发出。如果有人或单位正在造成环境问题,环境法院有权发布执行令命令其予以修正。此外,环境法院还有权质询特别法庭针对某项水资源保护令所做出的报告。环境法院会接收并审理意见书,然后向环境部建议是否应该接受或拒绝特别法庭的报告。

新西兰的环境法院由环境法官和环境专员构成,环境法官通常具有多年的律师工作经验,而环境专员必须具有与环境争议相关领域的专业知识和经历,具体包括调解、政府管理、资源管理、环境科学、建筑、工程、测量、矿产技术、《怀唐伊条约》等。一个环境法庭通常包括至少 1 名环境法官和 1 名以上的环境专员,最常见的组成结构是 1 名环境法官和 2 名环境专员。环境专员有权独立审理某些简单的案件并做出判决。环境法院设 1 名首席环境法官,主要负责环境法院的秩序、人员调度、紧急事务和特别问题的迅速处理。首席环境法官还负责当事人针对环境法官和环境专员的投诉。首席环境法官可以授权环境专员独立开展环境案件的审理工作。环境官员在庭审以前,通常会采用调解的方法以便促成案件的和解。此外,环境法院还设有 1 名登记官及其助手,负责处理环境法院的行政性事务。

参考书目

胡斌:《新西兰环境法院初探》,载《甘肃政法学院学报》2014 年第 3 期。

(吴宏耀 郭 勇)

新西兰家庭法庭

地区法院的一个专业分支机构,依据1980年家庭法庭法案于1981年设立,迄今已有30余年的历史。目前,境内共设有58个家庭法庭,配备有43个专业的家庭法庭法官。家庭法庭因其所处理事务的特殊性,而使得它与人们的生活息息相关。家庭法庭的设立主要有两个目的:一是帮助人们处理家庭纠纷;二是保护儿童、青少年等未成年人的最佳利益和权益。

家庭法庭的管辖事项以家庭组织为中心,以解决家庭成员之间的身份关系、财产关系、权利义务关系和保护儿童、青少年等未成年人的最佳利益和权益为主要管辖事项,具体分为以下几类:(1)处理与婚姻和准婚姻(公民结合婚姻、事实婚姻)关系相关的人身和财产争议;对婚姻关系和其他准婚姻关系(公民结合婚姻、事实婚姻)的认定;对婚姻关系和公民结合婚姻关系分居与离婚的处理;对上述分居与离婚时和事实婚姻关系终止时财产争议的处理;对家庭暴力事件的处理。(2)对亲子关系争议的处理。与孩子监护权相关的各项事宜;父亲权利的确认;父母分居或离婚后,对孩子的日常照顾和未与孩子共同生活一方对孩子的探视权;父母分居或离婚后,未与孩子共同生活一方对孩子的经济支持;父母一方或其他任何人违反抚养协议或抚养令规定,擅自将孩子带出新西兰境外。(3)对儿童、青少年等未成年人的权益保护。对虐待或疏于照顾儿童、青少年案件的处理;对儿童、青少年的抚养、照顾和支持权的保护;对收养关系的处理。(4)对智残、智障及有精神疾病的家庭成员的保护。对有犯罪记录的智残、智障残疾人员的强制照看和复员状况的审查;对精神疾病患者的强制鉴定、治疗和照看处理;对因年龄、疾病等原因造成的无法行使个人权利的人的个人事务及财产管理权的处理。

基于家庭纠纷中当事人之间身份关系的特殊性,家庭法庭首先鼓励当事人本着平等合作的态度,通过协商或第三人调解等方式自行解决家庭生活中出现的纠纷。但如果当事人经过上述努力仍无法解决家庭纠纷而寻求家庭法庭解决时,一般会经过以下几个程序:(1)由专业辅导人士提供免费帮助,在尊重当事人意愿的基础上,以协商方式促成当事人就争议事项达成一致意见。(2)如经过上述专业辅导人员的帮助,当事人仍未达成一致意见的,通常会由家庭法庭的法官或法官指定的专业调解人员与当事人就争议事项进行进一步的调解以促成当事人达成统一的解决方案。(3)如经过上述调解,当事人仍未就争议问题达成意见一致解决方案的,家庭法庭的法官将正式开庭审理。法官将依据审理程序,并以保障儿童、青少年等未成年人的最佳利益和权益为考量,以判决或法令的形式就争议事项做出最后决定。(4)当事人或家庭法庭判决或法令涉及的儿童、青少年等未成年人如对家庭法庭的判决或法令不服,可以向高等法院提起上诉申请。

(吴宏耀　郭　勇)

新西兰仲裁法庭

也称小额仲裁法庭、纠纷裁判所等,一般都设立在新西兰的地区法院,附设于地区法院但又不属于法院系统组织。其设立宗旨在于为人们提供一种更为便捷、低廉的非正式纠纷解决方式。仲裁法庭始建于1976年,目前全国地区法院设有59个仲裁法庭,分布于北部区10个、怀卡托区16个、中心区20个、南部区13个。每个仲裁法庭约有2-4个裁判官(Referee),少的有1人,个别也有5-7人,如奥可兰地区、北海岸地区,裁判官也有交叉在各所任职的。新西兰目前有65名裁判官。他们经过议会议员正式任命,一任3年,可以连任。在任职资格方面,虽然法律没有正式的要求,但90%是有法律资格的,除具有一定法律知识或训练外,还要求具备良好的个人品质,有适合作裁判人的知识经验,律师也可竞选裁判官,而且其中约80%是做过律师的。但是,裁判官不是法官,薪酬也比地方法官要少。仲裁法庭的经费,除向当事人收取的低额费用外(一般按案件标的额收取30-100新西兰元),主要还靠政府补贴,但所需的经费要比地方法院少。

仲裁法庭主要负责解决小额的民事纠纷,一般如费用纠纷、侵权等。受理标的额为500新西兰元增加到现在为15000新西兰元(如果纠纷双方同意,可以增至2万新西兰元)的合同、侵权、消费和公平贸易法、租赁购买法的纠纷等,还有一些特别纠纷如地租、可动产、雇佣和房屋租赁等也在它的管辖之内,但是土地纠纷、遗嘱或者没有遗嘱的纠纷、无形财产和权利纠纷除外。仲裁法庭不允许律师代为出庭,当事人必须自己出庭做出辩护或者陈述,诉讼地点则根据原告所在地选择。

一般来说,小额仲裁法庭会在地区法庭内部听审。一般的纠纷可以在1-2个小时内结束,裁判官会听取双方的解释,审阅证据,听取证人的证词,最终做出判决或者调解。如果判决的任何一方对判决不满意,可以有两种选择。第一种选择为重审,一般必须在判决28日之内递交,而且重审会由同一个裁判官决定是否进行。第二种选择是将案件上诉到高等法庭,但上诉主要审查的是程序问题。如果决定有错误,高等法院撤销回来交另一裁判官重审。

(吴宏耀 郭 勇)

新西兰就业法庭

负责审理有关雇佣纠纷事宜的专门审判机构。作为一个记录法院,其与新西兰高等法院同一级别。主要负责处理:对雇佣关系管理机关处理结果的质疑,针对整个决定或者某些问题;劳工行动,如罢工、停工、或相关的纠察,包括禁令;依据新西兰《雇佣关系法案(2000年)》,复审各类群体如何行使、拒绝、建议或试图行使其任何权利;由雇佣关系管理机关提起或移送法院的案件;确认雇员身份;被指控触犯《雇佣关系法案(2000年)》所列禁止行为;法院命令的执行,包括冻结或搜查令。就业法庭一般由1名法官独任审判,也可在首席法官的指示下,由至少3名法官组成的合议庭审理案件。

(吴宏耀 郭 勇)

毛利土地法院及毛利上诉法院

依据1993年Te Ture Whenua Māori Act建立,该法取代1953年的毛利事务法(Māori Affairs Act),是规范毛利人权益主要的法案。1993年的立法是首次以毛利人需求为取向完成的法律,主要原则有三:承认土地对于毛利人有重要意义;协助毛利所有人拥有土地;以最有利毛利所有人及其后代的方式来促进土地利用与发展。

毛利土地法院主要的功能在于进行毛利土地的行政管理、保存毛利珍贵文化资产,并以所有权登记的方式促进所有人对毛利土地的经营。同时,毛利土地法院是以毛利人的保护者地位(Guardianship Role),为毛利人解决相关的纷争与问题。依据1993年Te Ture Whenua Māori Act第17条,毛利土地法院的设置目的主要是:(1)保留毛利人所有之毛利土地与一般土地;(2)有效利用、管理与发展毛利人所有之毛利土地与一般土地;(3)终结或协助土地所有权人间有关土地纷争的解决;(4)保护压倒性多数下的少数者的土地上利益,并保护少数人缺乏理性下的多数者利益;(5)确保公平的处置土地上多数所有权之问题;(6)促进有关土地利用或管理问题之实际解决方案。

此外,毛利土地法院所适用的法律承认毛利习惯法,突显毛利文化本位的土地治理。具体而言,首先,以判例法承认毛利习惯。其次,将毛利习惯纳入制定法。1865 年《原居民权利法案》(The Native Rights Act)第 23 条规定,原住民土地法院必须依据原住民习惯认定土地权利;1991 年新西兰《资源管理法案》(Resource Management Act)将一些不容易与毛利习惯分离的毛利概念纳入该法中。

在与其他法院的关系上,由于欧洲殖民者与毛利人文化与传统大不相同,在关于人与土地的密切性以及权力结构等问题上亦不相同。于是,新西兰将由于历史缘由所产生的毛利土地问题,以另一个独立的司法系统加以运作,期望透过不同的司法判断标准以及弹性的程序运作,达到保护与开发毛利资产的目标。毛利土地法院在司法体系中之地位,有别于新西兰司法系统内之"特殊的地方法庭",毛利土地法院具有完整独立的司法权限,完整的二审制与审判规则及程序规定,以毛利人习惯法作为权利判断基准,并辅以弹性的程序运作。

毛利原住民上诉法院的主要业务,是处理来自毛利原住民土地法院的上诉案件。关于高等法院、军事法庭上诉法院,以及毛利原住民上诉法院的判决,当事人有权继续上诉至上诉法院。若当事人仍不满上诉法院的判决,便只有请求最高法院作出最终裁判。毛利土地法院或毛利上诉法院可向高等法院征求有关法律问题的意见,一旦获得意见,毛利土地法院必须遵守。

(吴宏耀　郭　勇)

意 大 利

意大利法院

意大利行使审判权的组织体系。按照意大利宪法设置,意大利法院系统由普通法院、特殊法院和宪法法院三大类型构成。其中,宪法法院是意大利唯一的宪法审判机关,在意大利享有特殊的地位;普通法院主要受理民事、刑事案件,包括初级法院、上诉法院和最高法院三个审级;特殊法院包括行政法院、审计法院和军事法院,有各自的管辖范围。对于为维护合法利益而控告公共行政的案件,以及在法律规定的特定事项中,包括为维护主观权利而控告公共行政的案件,行政法院有司法管辖权;审计法院对于公共会计事项以及法律规定的其他事项有管辖权;军事法院在战时享有法律规定的司法权,在和平时期仅对武装部队成员所犯军事罪行有管辖权。三大法院系统独立于其他国家权力机关,他们之间也是互相独立,各司其职。

司法部门构成独立自治的体系,即最高司法委员会,不从属于其他任何权力。最高司法委员会由共和国总统担任主席,最高法院的第一院长和总检察长是最高司法委员会的当然成员。最高司法委员会的其他成员,2/3 由全体普通法官在各种司法机关中选出,1/3 由议会联席会议在大学法学专业正教授和执业 15 年以上的律师中选出。根据司法组织条例的规定,由最高司法委员会决定法官的录用、任职、调动、提升和惩戒措施。

司法职能由根据司法组织条例设立并受其规范的普通法官执行。法官仅服从于法律。不得设立特别法官或专门法官，仅能就特定事项在普通司法机关内设立专业部门，而司法机关以外有资格的公民可以参加此类部门。法官须通过竞争性考试任命。根据最高司法委员会的提名，大学法学专业正教授和执业15年以上且被上诉法院录入特别名册的律师，因其卓越的成就，可以被任命为最高法院顾问。有关司法组织规范的法律亦允许任命或者选举名誉法官以履行属于单个裁判官的全部职能。法官不得被革职。除非依据最高司法委员会遵循司法组织规范所规定的辩护保障后并附理由而作出的决议，或征得法官本人同意，法官不得被停止或免职，也不得被调往其他法院任职。

参考书目

李修琼：《意大利宪法审判制度研究》，北京大学出版社2013年版。

（吴宏耀　吴夏帆）

意大利宪法法院

意大利唯一的宪法审判机关，与意大利普通法院、特殊法院系统共同构成意大利法院体系。随着1948年《意大利共和国宪法》公布，以专章对宪法法院的组织构成和职权范围作了简单的规定，意大利宪法法院制度得以确立。历经数年立法和实践上的完善，于1956年起正式运行。意大利宪法法院位于意大利首都罗马的奎利纳雷山，与意大利国家元首官邸奎利纳雷宫相对。

根据《意大利共和国宪法》第134条规定，宪法法院审理的是宪法性争议，包括：(1)对国家和大区颁布的有关法律及拥有法律效力的行为的合宪性争议；(2)国家权力间、国家和地区间以及地区之间的权限冲突；(3)根据宪法规定提出对共和国总统的弹劾。对法律的合宪性审查是宪法法院的主要工作。宪法法院的审查有以下两种方式：其一，主动审查，即由有权主体主动向法院提出审查某项法律合宪性的请求；其二，附带审查，即在具体诉讼案件审理过程中，由法官对涉及的法律进行附带式的审查。其中，仍以附带性审查为主要的审查方式。当宪法法院宣布某项法律规范或具有法律效力的行为规范违宪时，从该决定公开发表之日起，该规范即丧失法律效力。宪法法院的决定不能被上诉。

宪法法院由15名法官组成，其中1/3由共和国总统任命，1/3由议会联席会议任命，1/3由最高普通司法机构和最高行政司法机构任命。宪法法院法官在高等普通法院或高等行政法院的法官和行政法官（包括退休人员）、大学的法学专业正教授和执业20年以上的律师中进行选拔。宪法法院法官的任期为9年，从各自宣誓之日起算，期满后不得被重新任命；任期届满时应当离职且终止执行其职务。

根据法律规定的准则，宪法法院在其成员中选举1名院长，院长任期3年，可连选连任，但若其作为宪法法院法官的任期届满则应终止该职务的履行。宪法法院法官不可兼任议会成员、地区议会议员、执业律师及法律所指出的任何一种职业与职务。宪法法院同时设置副院长1名，并设有院长办公会、学习和规章委员会、图书馆委员会等行政机构。另外，宪法法院内设置秘书长、副秘书长和行政管理机构，履行相应的行政管理职责，维持宪法法院的日常运作。

除宪法中规定的相关内容外，意大利同时通过其他宪法性法律规定保障宪法法院和法官的独立。意大利国内相关立法给予宪法法院刑事保护,并在财政、人事和内部规范上赋予宪法法院自治权力,加强其独立性和权威性。同时,法律赋予宪法法院法官以高薪酬高待遇,以及不受审查、不得随意撤免、诉讼豁免等权力,以保障法官的独立。

参考书目

李修琼:《意大利宪法审判制度研究》,北京大学出版社 2013 年版。

(吴宏耀　吴夏帆)

意大利普通法院

意大利负责一般案件审理的法院,普通法院与意大利宪法法院、特殊法院系统共同构成意大利法院体系。意大利全国共设普通法院约 300 个。普通法院主要管辖民商事和刑事案件的审判。普通法院分为初级法院、上诉法院和最高法院三级,拥有不同的管辖范围。初级法院为一审法院,根据审理案件的种类不同,分设普通法庭、重罪法庭、少年法庭等。意大利全国设 27 个上诉法院,审理当事人不服初级法院判决的上诉案件。

对上诉法院判决不服的,可以上诉至最高法院。对由普通或特别司法机构所作判决及针对人身自由的措施不服的,可随时以其违反法律为由向最高法院提出上诉,但军事法院在战时所作判决除外。对国务委员会和审计法院的决定不服时,仅能就有关审判管辖权的问题向最高法院提出上诉。最高法院只从法律上对刑事、民事案件的判决进行审查,不对案件进行事实审。最高法院审理案件实行书面审,不进行辩论。

法官须通过竞争性考试任命。根据最高司法委员会的提名,大学法学专业正教授和执业 15 年以上且被高等法院录入特别名册的律师,因其卓越的成就,可以被任命为最高法院顾问。

(吴宏耀　吴夏帆)

意大利行政法院

意大利审理行政案件的法院,根据《意大利共和国宪法》,自 1971 年起设立。意大利行政法院与意大利军事法院、审计法院共同构成意大利的特殊法院体系。意大利行政法院分为地区行政法院和最高行政法院两级,主要职能是对国家行政机关的行政措施的合法性进行审查,对于存在违法、越权或者管辖权争议的案件进行审理。

地区行政法院作为一审法院,分布在各个大区的首府,有权对大区内的行政机关的行为或者在大区发生法律效力的中央行政机关的行为进行审理。各地区行政法院设有庭长 1 人,行政法官至少 5 人。每次开庭审判,应由法官 3 人组成合议庭。

最高行政法院又称为“国务委员会”,是第二审行政法院,也是行政案件的终审法院。国务委员会设于罗马,对不服地区行政法院判决的上诉案件拥有管辖权;对政府官员的渎职罪、滥用职权罪和侵犯公民合法权益的行政行为的案件享有专属管辖权。根据《意大利共和国宪法》,国务委员会作为政府的辅助机关,是提供行政和法律咨询的机关,并维护行政领域内的公正。国务委员会内部设有 4 个咨询部门和 3 个审判部门。为了解决司法职能中特别重要的问题,国务委员会同时设立 1 个特别咨询委员会,1 个由全体资议员参加的资议员大会和 1 个由 13 名成员组成的审判部门全体大会。审判部门全体大会由国务委员会主席主持,由各个部门分配的 12 名法官组成。

同时,意大利行政法院内设有主席委员会,由国务委员会主席、4 名国务委员会的法官、4 名地区行政法院的法官和 4 名非职业法官组成。作为行政法院系统的最高自主管理组织,主席委员会负责行政官员的委派、晋级、处分等相关事宜。意大利行政法院的法官在普通法官、具有一定年限的律师、法学院毕业并且有一定工作经验的公务员、大学讲师或者教授中,通过二级公共考试选任。国务委员会的成员,1/4 由政府任命,1/4 通过考试结果任命,其余成员由主席委员会从任期满 4 年地区行政法院法官中选拔任命。政府任命成员时,应当征询主席委员会的意见。这部分成员从大学教授、具有 15 年以上工作经验的律师、具有低于上诉法院资格的普通法官中选任,被任命的成员不属于行政法官,但也具有一定职权。

根据法律规定,对于公共行政机关的行为,普通法院和行政法院都拥有管辖权。除法律明确规定由特别法院专属管辖外,普通法院对侵犯公民权利的案件拥有管辖权。但普通法院和行政法院的管辖范围也有划分:侵犯主观权益的行政案件由普通法院管辖,侵犯合法利益的案件由行政法院管辖;对普通法院审理行政案件的情形也有所限制。普通法院与行政法院之间的管辖冲突,由普通最高法院合议解决。

参考书目

胡建淼主编:《世界行政法院制度研究》,中国法制出版社 2013 年版。

(吴宏耀　吴夏帆)

意大利审计法院

意大利保证国家公共财政相关法规正确理解和执行的专门司法机构。根据《意大利共和国宪法》和《审计法院法》建立,意大利审计法院与意大利行政法院、军事法院共同构成意大利的特殊法院体系。作为对国家财政的外部监督机关,审计法院具有其特殊的权威性。

意大利审计法院分为中央和地方两级,下设审计庭和审判庭,分别行使审判职能和司法职能。审计法院由院长、庭长、顾问、检察长、副检察长、首席法官、法官组成。其中,院长、庭长、顾问和检察长皆由总理提名,内阁通过后由总统任命,非经参众两院参加的特委会同意并由总统下令不得调离或解职,直至 70 岁退休。院长对审计法院全面负责。审计法院的法官与一般法院法官一样,拥有独立地位,行为只受法律的约束。

法律赋予审计法院审计监督权和司法裁判权,由其监督国家预算的编制和执行,监督决算情况,同时开展财政资金的绩效管理和审计。具体而言,其职权范围包括:审计共和国总统法令;审计国家支出;审计政府收入;对保管国家物资的仓库、堆栈,以及法律规定的国家资产进行审计;对提出推销要求的国家代理人所推销的债券进行审计;对国家行政机构的总资产负债表,在提交议会前予以调整;对所有掌握国家资金或贵重物品的机构以及法律规定的其他公共机构的账目进行评估;审计政府财产、国家会计总账目以及特别法规定的类似职责。在司法层面,审计法院也负责就公务员在行使职责中所造成的税务机关的损失的责任作出判决;对不服有关账目和债务的行政措施提起上诉所作的判决;对要求退还不应按征税法交纳的直接税问题所作的判决;对全部或部分由国家或其他法定机构支付的退休金起上诉所作的判决等。

经济财政部形成下年度预算草案后,应送交审计法院进行监督。其后由审计法院向议会提出审查意见,并作为议会讨论决议的重要参考。经济财政部形成年终决算报告后,同样送交审计法院进行监督,形成审计报告,再移交议会讨论。有关国家经费的付款凭证、支付官员的信贷凭证以及其他支付证明,依法应提交审计法院进行审计,否则不得签署止付命令。

参考书目

李敦嘉:《意大利政府审计现状及其特点》,载《审计研究》1994 年第 4 期。

(吴宏耀　吴夏帆)

意大利军事法院

意大利审理军事案件的专门法院。根据《意大利共和国宪法》设立,意大利军事法院与意大利行政法院、审计法院共同构成意大利特殊法院系统。意大利军事法院由两名具有律师身份且终生任职的平民法官及由抽签产生且任期为 2 个月的军官组成。

根据《意大利共和国宪法》,军事法院在战时享有法律规定的司法权,负责审理应判处死刑的犯罪。战时非常军事法院仅限于管辖专为其召集庭审的犯罪。在和平时期,仅对于武装部队成员所犯军事罪行有管辖权。军事法院在和平时期的判决,与其他一般法院判决一样可以上诉,但在战时不允许上诉。

(吴宏耀　吴夏帆)

以　色　列

以色列法院

以色列存在两个独立的司法体系,即世俗法院体系和宗教法院体系。世俗法院体系包括:(1)治安法院,负责审理民事和一般刑事案件;(2)地区法院,负责审理较重大的民事与刑事案件,以及对地方法院判决的上诉案件;(3)最高法院,既是最高上诉法院,又作为高等法院审理以政府机构及其代理人为被告的案件,还有权释放被非法羁押或滥禁者。除此之外,以色列还设有军事法院、劳动法院等专门法院。宗教法院体系包括:犹太教宗教法院、穆斯林伊斯兰教法庭、德鲁兹宗教法庭,以及被认可的以色列 10 个基督教社团的基督教法庭,负责审理本教教徒的婚姻、扶养、监护、收养等案件。

法官由总统根据政府选任委员会的推荐任命。选任委员会由最高法院院长、2 名从最高法院法官中推选出的法官、司法部长、1 名政府指派的部长、2 名国会议员以及 2 名律师协会代表组成。法官为终身制,法定退休年龄为 70 岁。

(吴宏耀　王靖雅)

以色列最高法院

以色列的最高司法机关,拥有对全以色列法院的上诉管辖权,以及某些案件的初审管辖权。成立于 20 世纪 80、90 年代,旨在保障人权、言论自由权,限制军事检查制度和军事手段,推动种族和信仰平等。

最高法院的司法管辖区包括整个以色列及以色列占领区。最高法院的判例对全国各下级法院都具有拘束力,而对其自身并不形成拘束力。最高法院的司法管辖权包括:(1)针对下级法院判决的上诉案件,包括民事、刑事和军事诉讼以及地区法院的一些决定;一般由 3 名法官组成合议庭。院长或副职可提出扩大审案法官数量,但必须是奇数;各合议庭也可以自己扩大。(2)作为高等法院处理涉及政府行为是否合法的第一审案件,并有权对议会立法进行宪法审查;(3)对本院判决的二审,包括本院审理的第一审案件、对下级法院判决的上诉案件、存在与本院既往判决相矛盾或重大疑难等其他情形的案件,由 5 名及以上大法官组成合议庭进行进一步审理。(4)刑事案件再审权,若发现据以定罪的证据是伪造的或遗漏了重要证据,或发现了可能推翻原判决的新证据,最高法院有权再审,实践中再审的情况并不多见。此外,最高法院还曾审理多宗涉及以巴冲突、阿拉伯公民权利及犹太人群体之间歧视的诉讼,并有权干预以色列国防军的军事行动。

以色列最高法院大法官的人数由议会决定(一般有 12 名),目前共有 15 名大法官,由司法选任委员会任命。该委员会由司法部部长领导,具体成员有:包括首席大法官在内的 3 名最高法院大法官,包括司法部部长在内的 2 名内阁大臣,2 名议会成员以及 2 名以色列律师协会代表。一旦被任命,除非在职业生涯中辞职、调任或被罢免,大法官即是终身的,直到 70 岁退休。纪律法庭和司法选任委员会拥有对大法官的罢免权,其中纪律法庭由首席大法官任命的法官组成,而司法选任委员会的罢免程序则是由首席大法官或司法部长提议,委员会 9 名成员中的 7 名表示同意,方可对大法官进行罢免。

以色列最高法院位于耶路撒冷,大楼中间有一座金字塔,顶部有圆形的洞,象征共济会的全知之眼。

(吴宏耀　王靖雅)

以色列地区法院

以色列的中级法院,有权管辖除治安法院和其他专门法院专属管辖以外的所有民事案件和刑事案件,包括对可能判处 7 年有期徒刑以上刑罚的刑事案件和标的额 250 万谢克尔以上的民事案件;对治安法院判决的上诉案件;还受理公司和合伙争议、囚犯请愿、税务上诉、有关议会选举注册的上诉等特殊案件。同时地区法院还承担以下特殊角色:作为处理行政争议的法院,受理政府反对军队的请求;作为海事法院,受理商业运输、海难等争议。接受对行政裁决所或其他部门的司法或准司法裁判的上诉。以色列共有 6 所地区法院,每一行政地区设置一所。

大多数案件由 1 名法官独任审理,法院院长也可指定 3 名法官组成合议庭。对可能判处 10 年有期徒刑以上刑罚或来自治安法院的上诉案件,由 3 名法官组成合议庭进行审理。法官数量由司法部部长决定。

(吴宏耀　王靖雅)

以色列治安法院

以色列的基层法院,民事刑事的初审法院,共有 30 所。治安法院之间的管辖权以地域划分,治安法院有权管辖可能判处有期徒刑 7 年以下刑罚的刑事案件,标的额在 250 万谢克尔以下的民事案件,以及涉及不动产物权的纠纷。治安法院内设交通法庭、家事法庭、市政法庭和小额诉讼法庭,其中小额诉讼法庭负责审理标的额在 3 万谢克尔以下的民事案件。

案件通常由 1 名法官审理,除非在特定情况下,院长指定 3 名法官组成合议庭进行审理。法庭上并不严格遵循证据原则和证明程序,案件事实主要通过内容详细的起诉状和答辩状书面证明。开庭后应当在 7 日内宣判。对治安法院的判决可以上诉到地区法院。

(吴宏耀　王靖雅)

以色列劳动法院

以色列负责审理劳动纠纷案例的法院,以色列共有 5 所基层劳动法院,在耶路撒冷有 1 所国家劳动法院。国家劳动法院受理来自基层劳动法院的上诉案件,并初审对全国有重大影响的劳动案件,是以色列劳动争议的终审法院,排除了最高法院在劳动法领域的管辖权。根据 1969 年以色列《劳动法院法》的规定,劳动法院对涉及雇佣关系、雇佣前和雇佣结束后的纠纷、罢工、工会纠纷、与劳工有关的国家保险协会诉讼以及涉及《国家健康保险法》的争议具有专门管辖权。

在劳动法院所审理的民事诉讼中,法庭并不必须严格遵守证据规则。案件通常由 1 名法官、1 名雇主代表、1 名雇员代表组成合议庭进行审理。

(吴宏耀　王靖雅)

以色列军事法院

以色列审理军人犯罪和军事犯罪的专门法院。根据 1955 年以色列《军事法》建立。就属人管辖而言,义务军人、职业军人或待役军人但实际上正在服役的,凡是军人都受军事法院管辖,战争期间的囚犯和平民雇员在一定条件下也受军事法院的管辖;就案件类型而言,凡是军事犯罪,都受军事法院管辖。

以色列军事法院体系包括:(1)地区军事法院,以色列将其军事法院管辖划分为了北部、中部、南部、空军、海军和总部等几大地区,并根据区域建立了若干地区军事法院;(2)特殊军事裁判所,包括海军军事裁判所、战地军事裁判所和特殊军事裁判所,其中特殊军事裁判所仅在战时运作,此外根据 1945 年的《国防法》,在以色列占领区也可以建立军事法院,由军事指挥官领导;(3)军事上诉法院,以色列国防军的最高司法机构。

基层军事法院审理案件时,由 2 名军官和 1 名专业法官共同组成合议庭进行审理。军事上诉法院通常也由 3 名法官组成合议庭共同审理,除非被告人可能判处死刑、法院院长提出要求等情形下,由 5 名法官组成合议庭共同审理。在个别情形下,对基层军事法院的判决不服可直接上诉到最高法院。

(吴宏耀　王靖雅)

以色列犹太教宗教法院

又称希伯来法院,审理犹太人的婚姻纠纷案件的宗教法院,对犹太夫妻的离婚案件具有专属管辖权。然而涉及离婚的其他事项,如抚养、监护、共同财产分割等,在宗教法院受理之前,当事人应当先到治安法院家事法庭备案。

宗教法院的法官由司法部部长领导的选任委员会任命。

(吴宏耀　王靖雅)

以色列非犹太教宗教法院

对伊斯兰教、经合法承认的基督教和德鲁兹教拥有宗教管辖权的法院，管辖本教教徒的结婚和离婚案件，其中伊斯兰教对穆斯林的家庭事务有更广泛一些的管辖权。各宗教法院受其宗教教会监督管理。根据以色列 1948 年建国以前同英国的约定，伊斯兰和德鲁兹教的法官由议会任命。

（吴宏耀　王靖雅）

英　国

英国法院

英国的审判机关，国家机关的重要组成部分。英国并没有一套统一的法院系统，而是分为英格兰和威尔士法院系统，苏格兰法院系统以及北爱尔兰法院系统。然而，涉及英国入境条例的案件，移民和庇护裁判所拥有对英国全境的管辖权；涉及雇佣法的案件，劳工法庭和劳工上诉法庭拥有对除北爱尔兰以外整个大不列颠全境的管辖权；军事法院和军事上诉法院也拥有全英的管辖权。

英格兰和威尔士以及北爱尔兰现行的法院体系可以分为地方法院、高级法院和最高法院三级，其中高级法院包括刑事法院、高等法院和上诉法院，地方法院包括治安法院和郡法院。英国法院又可以分为民事和刑事两类。民事法院系统包括郡法院、高等法院、上诉法院（民事庭）和最高法院。刑事法院系统包括地方法院、刑事法院、上诉法院（刑事庭）、高等法院（王座庭）和最高法院。除上述法院外，还有一些特别设立的专门法院，独立于民事和刑事法院系统之外，主要有行政法院、验尸院和军事法院等。苏格兰的法院系统设置略有不同，其刑事法院系统由低级到高级包括治安官法院、区域法院、郡长法院和高等刑事法院；民事法院系统由低级到高级包括郡长法院、高等民事法院和最高法院。此外，苏格兰也设军事法院、行政法院及儿童听证中心等专门裁判机构。

英国法院大部分不是由固定配属的法官组成，而是由一定等级的法官到法院组成法庭进行审判。法官无论是专职法官还是业余法官，一律经任命而不由选举产生。大法官、常任法官、上院议员和上诉法院法官由首相提名，国王任命。高等法院法官由大法官提名，国王任命。其他法官由大法官任命。法官一般很难被免职，而除大法官外，专职法官保持政治中立。法官由低级到高级共有 7 类，包括：(1)治安法官，即业余法官；(2)区域法官；(3)记录法官，即由律师兼任的法官；(4)巡回法官；(5)高等法院法官；(6)上诉法官；(7)最高法院终审法官，同时在枢密院司法委员会兼职的法官。全国 4 名最高级的司法官员是：大法官、高等法院首席法官、档案长和家事庭长。

（吴宏耀　王靖雅）

英国高等法院

英格兰和威尔士以及北爱尔兰审理民事案件和刑事案件的高级法院,英国三大高级法院之一。管辖一审案件和上诉案件,一审管辖并无金额限制,包括一切诉讼,但主要审理复杂、重大的民事案件;管辖权主要是受理对治安法院裁决上诉的案件。成立于1873年,最初有大法官庭、王座法庭、普通法法庭、财政法庭和遗嘱检验、离婚及海事法庭(以下简称PDA法庭)。1880年,普通法法庭及财政法庭被撤销,它们的管辖权由王座法庭行使。1971年,根据《1970年司法管理法》的有关规定,PDA法庭更名为家事法庭,它的一部分管辖权分别由其他几个法庭接管。现在的高等法院分成3个分庭,即大法官庭、王座法庭和家事法庭。

高等法院的法官包括大法官法庭的大法官(庭长)和副大法官、王座法庭的首席大法官(庭长)和副大法官、家事法庭的庭长、高级法官以及一定数量的助理法官(或称普通法官)。助理法官的人数不超过106人,但可以根据议会的有关命令予以增加。被任命为高等法院助理法官的人必须具备10年以上出庭律师的工作经历或担任过2年以上巡回法官的工作经历。助理法官由大法官以女王的名义任命,并且根据各法庭的业务量分配助理法官。

高等法院的民事管辖权几乎不受限制,而且也具有一定的刑事管辖权。三个法庭的管辖权具体分配如下:

1. 大法官法庭。管辖权与王座法庭存在部分交叉,但某些类型的案件专属大法官法庭管辖,包括公司和个人破产及清算、行业及产业纠纷、抵押的执行、信托、有争议的遗嘱事项、工业产权及著作权纠纷、税收、城镇和乡村规划、租赁、合伙、有关精神病人的事项等。就上诉管辖权而言,对税务专员、专利署专员裁决提起的上诉以及有关破产案件的上诉由大法官庭的独任法官审理。大法官法庭下属公司法庭和专利法庭。公司法庭受理公司强制清算以及根据《1986年破产法》和《1986年公司法》规定的其他申请事项。专利法庭受理涉及专利、商标、外观设计的案件及对专利署专员提起的上诉。专利法庭是根据《1977年专利法》成立的,行使原专利上诉法庭的职能。专利法庭的法官是由大法官从高等法院的助理法官中选拔任命的。大法官法庭的庭长是大法官,但在实践中他从不审理案件,而是由副大法官(副庭长)在一些助理法官帮助下完成法庭工作。副大法官的职位于1814年初次设立,目的是协助大法官处理大量的积案。1875年,该职位在法院重组中被撤销,直到1970年才重新设立。大法官法庭只在伦敦开庭,不实行巡回审判,也不设陪审团。

2. 王座法庭(Queen's Bench Division)。既受理民事案件,也受理刑事案件,在三个法庭中拥有最广泛的管辖权。审理除特别规定由大法官法庭管辖以外的普通法民事案件,主要包括违约之诉、侵权之诉和特别管辖事项,如对下级法院、裁判所、公共机构或政府部长的裁决申请司法复审的公法案件、名誉权诉讼(包括书面诽谤和言辞诽谤)、其他法定事由(如商事、海事案件)。王座法庭下属商事法庭和海事法庭。商事法庭于1971年正式成为王座法庭的组成部分,负责审理银行、保险、代理等方面的案件,具体包括商业文书和合同、商品的出口和进口、运输、石油和天然气储备的开发和利用、保险和再保险;银行和金融服务、市场的运作和交流、商业代理以及仲裁。商事法院的法官由助理法官担任,一般来说,他们都是王座法庭中具有专业知识和商业经验的法官。设立商事法院大大便利了商事活动,因为法院可以提供判例指导与便捷的诉讼程序。如果双方当事人同意的话,法院可以灵活执行证据规则,比如可以采纳在通常情况下不能被接受的证据。而且,法院也可以仅根据书面证据审理案件,这些做法节省了证人出庭作证所花费的时间和金钱。在适当情况下,比如诉讼费可能大于诉讼标的额的情况,法院鼓励双方当事人采用替代纠纷解决方式,如调解、和解、仲裁等途径解决纠纷。海事法庭是取代遗嘱检验、离婚、海事法庭而设立的,主要审理如下类型的案件,即根据《1995 年海商法》提出的商事诉讼,如海事对物诉讼、海事对人诉讼、海事碰撞诉讼、海难救助诉讼以及责任限制案件等。除海事法庭与商事法庭外,2 名王座法庭法官还可以组成选举法庭以审理涉及议会选举有效性的案件。选举法庭应当公开审理此类案件,且不设陪审团。选举法庭的判决以报告形式作出,具有拘束力,下议院必须执行。经选举法庭同意,在法律问题方面存在异议的案件可以上诉到上诉法院,后者做出的判决具有终局效力。王座法庭的庭长是首席大法官,副庭长和普通法官协助其工作。王座法庭的法官还要到伦敦以外的各个巡回区审理高等法院的民事案件,若他们兼任皇家刑事法院法官,则还要审理刑事案件。

3. 家事法庭。1971 年,遗嘱检验、离婚、海事法庭被重新命名为家事法庭,由庭长和 16 名法官组成。家事法庭拥有初审管辖权和上诉管辖权。其初审管辖权包括家庭纠纷、离婚、亲子、收养、监护等方面的案件,其中最主要的是离婚案件;上诉管辖权包括对治安法院、郡法院等初审法院关于监护、收养等案件的判决的上诉。一般来说,根据《1978 年家事诉讼与治安法院法》提起的上诉案件由 2 名或 2 名以上的法官审理。如果上诉仅仅涉及分阶段或一次性的费用支付,则一般由 1 名法官独任审理。根据《1989 年儿童法》提起的上诉案件一般由独任法官审理。

参考书目

1. 齐树洁主编:《英国司法制度》,厦门大学出版社 2007 年版。

2. 宋英辉、郭成伟主编:《当代司法体制研究》,中国政法大学出版社 2002 年版。

（吴宏耀　王靖雅）

英国上诉法院

英国受理上诉案件的法院,在英国法院体系中位列第二,仅次于最高法院。根据《1873 年司法法》设立,曾经是英国的最终上诉法院,管辖范围也限于民事上诉领域。《1966 年刑事上诉法》生效后,上诉法院与刑事上诉法院合并,设立了刑事分庭,而拥有了对刑事上诉案件的管辖权。

根据《1981 年最高法院法》,上诉法院的法官包括首席大法官、上诉法院民事庭首席法官、高等法院家事分庭庭长、高等法院大法官分庭的副大法官以及 38 名上诉法院大法官等,大法官的数量可以根据议会的命令增加。此外,大法官可以要求前任上诉法院和高等法院法官及现任高等法院法官参与上诉法院的案件审理,前任法官可以拒绝这种要求,而现任法官不可以。司法大臣依其职权是上诉法院的成员,但从未审理过案件。前任司法大臣、高等法院家事分庭庭长、高等法院大法官分庭的副大法官等人也几乎不参与上诉法院审理。实际上,上诉法院的工作主要是由首席大法官、上诉法院民事庭首席法官、上诉法院大法官以及那些被要求在上诉法院工作的高等法院法官完成的。被任命为上诉法院大法官的人必须是高等法院法官或具备 15 年出庭律师的工作经历。

就具体诉讼程序及管辖而言,民事审判庭与刑事审判庭存在很大的差别:上诉法院民事审判庭主要审理来自高等法院 3 个分庭、郡法院以及部分行政法院的上诉案件。民事上诉案件必须由3名以上并且是单数的法官审理。实践中,通常为3名。根据《1990年法院和法律服务法》的有关规定,在以下情况下上诉案件可以由2名法官审理:(1)对中间命令或中间判决的上诉,也就是对非终局性的命令或裁判的上诉;(2)对上诉许可的申请;(3)在审理前所有当事人一致同意由2名法官审理的;(4)在由3名或更多法官审理的上诉案件中,有1名或更多的法官因故无法继续进行审理,经所有当事人同意由剩下的2名法官继续进行审理的;(5)根据司法大臣或上诉法院民事庭首席法官的命令,由2名法官审理的上诉案件。民事审判庭总体上受自己先前民事判决的约束。它有权维持、改判或撤销下级法院的判决。一般情况下,其判决为终审判决。

上诉法院刑事审判庭审理来自刑事法院的刑事上诉案件,而不受理初审案件。上诉可以针对法院的定罪或量刑判决,但必须首先获得上诉法院允许,或者由审判法官以书面形式证明案件符合上诉条件。此外,刑事审判庭还审理由总检察长及刑事案件审查委员会提交的案件。对上诉法院刑事审判庭的判决不服可以上诉到最高法院。刑事案件上诉被告必须已被起诉,且已在刑事法院被审判。

参考书目

齐树洁主编:《英国司法制度》,厦门大学出版社2007年版。

（吴宏耀　王靖雅）

英国刑事法院

又称皇家法院,英国的高级刑事法院,受理可诉罪的一审和来自治安法院的上诉案件,英国三大高级法院之一。根据《1971年法院法》建立的全国性法院,其前身为巡回法院和季度法庭。

刑事法院虽是单一的法院,但可设在英格兰和威尔士的任何地方,并可以在6个巡回审判区开庭审案。每个巡回审判区还设立3个不同的审判等级中心,分别审理不同等级的刑事案件。刑事法院在伦敦老贝利大厦开庭时,称为“中央刑事法院”,伦敦市长和市政官员有权作为法官出席庭审。

刑事法院与治安法院在刑事案件管辖权上的分工以是否为可诉罪和可否适用速审程序为标准。刑事法院拥有下列案件的审判权:(1)经治安法院预审决定起诉的案件和验尸法院移送来的案件;(2)来自治安法院,包括少年法庭的上诉案件;(3)已经由治安法院定罪但未判刑而移送到刑事法院的案件;(4)有关法律特别规定的某些一审或上诉的民事案件。

刑事法院由高等法院法官、巡回法官、记录法官和不属于该管辖区且未参与预审的治安法官构成。在任何案件中,刑事法院的全体开庭法官人数不得超出9名。在每一个巡回审判区,由高等法院派出2名主事官负责该区法官的调遣,1名巡回行政官负责司法行政事务。

刑事法院是目前英国唯一实行陪审制的法院,对可诉罪的一审必须召集陪审团,否则审判无效。若判决是由区域法官和巡回法官作出的,则不形成有拘束力的判例,但高等法院法官坐审时作出的判决则可形成。对刑事法院的判决不服,可以上诉至上诉法院刑事庭,对量刑的上诉必须有法院发布的上诉许可。

参考书目

1. 王义公编:《中外司法体制比较研究》,法律出版社2013年版。

2. 齐树洁主编:《英国司法制度》,厦门大学出版社2007年版。
3. 张福森主编:《各国司法体制简介》,法律出版社2003年版。
4. 徐美君:《司法制度比较:以英、美、德三国为主要考察对象》,中国人民公安大学出版社2010年版。

(吴宏耀 王靖雅)

英国治安法院

英格兰和威尔士的基层法院,所有刑事审判的起点,同时也处理部分民事诉讼。北爱尔兰和苏格兰无治安法院的设置。

治安法院由治安法官、区域法官和法律顾问组成:(1)治安法官是负责审理案情简单、情节轻微案件的非职业法官,他们是选拔出来的品格高尚、公正纯良的当地居民。治安法官属于业余志愿者,可报销经费但无工资发放。治安法官审理案件时通常是由2-3名组成合议庭,并且尽量混合不同的年龄、性别和种族,其中1名为审判长,在庭上有发言权,以保障诉讼程序的合法进行,但裁判权与其他两位法官是平等的。(2)区域法官是负责审理重大复杂案件并有权决定逮捕、由司法部终身聘请的职业法官,任职前要求有法学学位以及5年以上职业经历律师。(3)法律顾问是负责确保诉讼程序合法有效进行、给予法官协助的法律专业人士,可以为法官提供法律上的建议,由于治安法官缺乏法律专业知识,法律顾问向治安法官提出的意见通常会在很大程度上影响判决,因此建议必须当庭公开作出,以防法律顾问在裁判中的作用超过治安法官。此外,多数治安法院还会常设1名公职律师,专门为没有聘请辩护人的被告人提供法律意见或出庭辩护。治安法院审理案件时由2-3名治安法官组成合议庭或1名区域法官独任审理,不设陪审团。

治安法院拥有简易审判权,又称快速审判权,即通过简易程序审理法律规定的犯罪。所有的刑事诉讼都是以治安法院为起点,或由治安法院一审,或由治安法院预审后移交刑事法院审理。根据犯罪行为的不同,作出以下三种区分:

(1)即决罪,成年人所犯的只能以简易程序进行审理的犯罪。其中包括许多比较轻微的罪行:第一,由法律明文规定为即决犯罪的罪行,如故意毁坏公共财物罪、轻微的暴力犯罪、低额的财产犯罪等;第二,《1977年刑法》附表一所列的罪行如放任驾驶罪、疏忽驾驶罪、酒后驾驶罪、驾驶无保险的机动车辆罪等;第三,煽动他人犯上述两种罪行的犯罪。治安法院可以进行缺席判决,但不得在被告人缺席的情况下对其判处监禁或拘留。对大多数即决罪所判处的刑罚是非自由刑。(2)可诉罪,也就是既可以在治安法院以简易程序审理,也可以在刑事法院以起诉程序审理的刑事案件。如盗窃罪、毒品犯罪。《1977年刑法》设置了用来确定该类犯罪应当依何种方式审判的听证程序,在《1980年治安法院法》中也有相应规定。法官可以独任审理,首先询问被告人是否认罪,然后对案情进行大致了解并听取控辩双方的意见。如果法院认为根据犯罪行为的严重程度,该案可能判处的刑罚并未超过治安法院的刑罚权,则由本院按简易程序审理,并确定后续开庭的日期;否则将适用起诉程序,移送刑事法院。此外,适用简易程序还应当经过被告人同意,被告人拒绝适用简易程序的,只能适用起诉程序。(3)必诉罪,由治安法院预审后移交刑事法院审判的犯罪,通常是强奸、抢劫、谋杀等重罪。治安法院根据起诉书对所有可诉事实进行审查,凡是属于刑法规定的必诉罪的,应当将全案移送给刑事法院进行审判。根据《2014年刑事诉讼规则》第9章第7节的规定,治安法院预审时,要向被告人宣读并阐明起诉书,解释为何该案应当移送刑事法院审判,询问被告人认罪态度。并且应当决定是否对被告人采取逮捕、取保候审等强制措施。

此外,治安法院还受理一些民事诉讼,即家事诉讼,主要是未缴家庭税或电视费的案件。由家事法庭经过特殊训练的治安法官审理,开庭时法官与各方当事人围坐在一张大圆桌前,设置较为不正式。

治安法院有逮捕决定权和取保候审决定权,并可颁布禁止令。这些强制措施的采取通常是出于调查案件事实的需要,或在案件应移送刑事法院审判的情况下而根据具体情况采取。在英格兰和威尔士,包括可诉罪在内,取保候审将自动适用。除非法庭认为被告人有可能会逃跑、实施新的犯罪或干扰证人作证,才会采取逮捕措施。而2013年以前,对所有的可诉罪被告人都必须逮捕,目前该规定已废止。治安法院的刑罚权是有限的,仅有权单处或并处:(1)6个月以下监禁,其中数罪并罚不超过12个月,执行方式上包括缓刑和立即执行;(2)5000英镑以下罚金,其中数罪并罚无最高额限制;(3)40－300小时的社区服务,且必须在法定的十二种附加条件中选择一种以上,如接受监督、禁止接触被害人、无酬劳动、宵禁、参加治疗项目(针对家庭暴力犯罪和性犯罪)、禁酒禁毒等;(4)对交通类犯罪可能判处驾驶证扣分或一段时间的禁驾。

参考书目

1. 王立宪、严军兴编著:《英国普通法制度之旅》,群众出版社2002年版。
2. 齐树洁主编:《英国司法制度》,厦门大学出版社2007年版。

(吴宏耀　王靖雅)

英国郡法院

英国专门处理民事案件的基层法院,存在于英格兰、威尔士和北爱尔兰,苏格兰无郡法院的设置。

英格兰和威尔士的郡法院。在2014年以前,英格兰和威尔士曾有大量的郡法院。郡法院的地域管辖范围与郡的行政区划其实并无关联,而是按照司法区设置,每个司法区设有一个郡法院,通常一个郡有若干所郡法院。然而自2014年改革以来,英格兰和威尔士的民事法院统一为郡法院,管辖范围也不再受案件标的额限制。改革后的郡法院仍分布坐落于各个郡法院旧址。

郡法院至少有1名巡回法官或1名区域法官,法官都要求具有初级律师或出庭律师的工作经历,大多案件为独任制审理。其中重大复杂或标的额在15000英镑以上的案件通常由巡回法官负责审理,而巡回法官亦可审理标的额在5000－15000英镑的案件。对听证程序的监督、无争议案件的损失认定则通常由区域法官负责。

郡法院对大部分民事纠纷都有管辖权,如契约、侵权、继承、收养、未成年人的监护、海事以及当事人约定管辖等类型,一些郡法院亦有权受理破产清算案件,以及标的额在30000英镑以下的信托、基金、房地产案件。其中,标的额在10000英镑以下的案件,由小额诉讼庭审理;标的额在10000－25000英镑的案件,由快速审判庭审理;标的额在25000英镑以上的案件,由多轨审判庭审理。当事人可以通过现场、邮件的方式起诉,某些类型的案件也可利用互联网的方式向郡法院案件中心提起诉讼。案件通常在被告住所地法院开庭审理。除非如妨碍警察、诽谤的个别特殊案件,民事诉讼一般没有陪审团。法官不仅负责查明案件事实、阐明并适用法律，还负责控制诉讼程序、保证诉讼效率，调解以及鼓励当事人寻求替代纠纷解决方式。案件判决后，法官还要判决双方当事人对诉讼费用的承担比例。虽然郡法院的判决结果通常是赔偿损失、清偿债务或返还原物，然而不遵从法官的判决则可能被逮捕或起诉。对郡法院的判决可以上诉到上诉法院或高等法院。

北爱尔兰的郡法院。目前北爱尔兰有 7 所郡法院，每所郡法院由 14 名郡法院法官、4 名区法院法官、特设的大量助理郡法院法官和助理区法官组成。其组织体系与英格兰和威尔士在 2014 年统一化改革前基本一致。

郡法院是北爱尔兰主要的民事法院，对大量的债权债务纠纷、物权纠纷、消费者权益纠纷、劳动纠纷、种族和歧视纠纷、收养和协议离婚以及治安法院的上诉案件有管辖权，负责审理标的额在 30000 英镑以下的普通民事纠纷，以及标的额在 45000 英镑以下的股权纠纷，案件标的额较大的则由高等法院审理。当审理来自家庭诉讼法庭的上诉案件或儿童权益案件时，郡法院被称为“家庭关爱中心”。同时，对于烈性酒销售许可以及酒吧营业许可也是由郡法院负责批准的。

小额诉讼程序通常适用于标的额较低的消费者争议案件。在小额诉讼程序中，法院鼓励当事人本人参加诉讼，而非聘请律师，同时也不支持法律援助。

（吴宏耀　王靖雅）

英国少年法庭

少年法庭是治安法院的一个特别法庭，专门负责审理被告人是未成年人的刑事案件。对下列性质严重的未成年人犯罪案件，由刑事法院审理：(1)暴力犯罪，包括谋杀罪、严重的性犯罪和抢劫罪；(2)犯罪时是未成年人，而审判时已成年的，可以在刑事法院审理；(3)少年法庭移送至刑事法院的案件。

少年法庭由一些经特别训练而富有经验的法官组成，要求为 3 名非法律职业的治安法官，或 1 名法律职业的区域法官主持。在治安法官主持法庭的情况下，除不可预见的特殊情形外，均要求必须有 1 名男法官和 1 名女法官，且量刑权受限。少年法庭没有陪审团。

少年法庭一律不公开审理。被害人基于自主意愿有权旁听庭审，但需向法庭提出申请。在青少年犯罪工作队的推动下，被害人的意见通常能够被法庭在量刑环节予以考虑。其他允许在庭的人员包括：(1)法官和法庭工作人员；(2)各方当事人及其律师、证人及其他与本案相关的人员（如缓刑监督官和其他社会工作者）；(3)父母或监护人，其中被告人为 16 岁以下的，其父母或监护人应当到场，被告人为 16 岁以上的，法庭有权要求其父母或监护人到场；(4)善意的媒体代表；(5)经法庭允许的其他人员。

此外，任何报道不得公布涉案未成年人的姓名、地址和学校，不得公布任何可以推导出这些身份信息的其他内容，也不得公布他们的照片。除非在下列情况下，法庭可以解除以上禁止公开报道的限制：(1)为了避免对未成年人的不公正审判；(2)未成年人涉嫌暴力犯罪、性犯罪的，或已满 21 周岁、可能判处 14 年以上有期徒刑且在逃的，有必要通过解除禁止公开报道限制的方式，以对其进行羁押或拘传到庭的；(3)未成年人涉嫌侵犯公共利益的。

少年法庭的审判程序更为不正式。被告人在法庭上得不被称姓而只呼其名，其父母或监护人列席在座旁。法官与律师不穿法袍、不戴假发，警察与监管人员也不穿制服。

在英格兰和威尔士，少年法庭对未成年人的年龄界定在10－17岁；北爱尔兰界定为18岁以下。苏格兰无少年法庭的设置。

（吴宏耀　王靖雅）

英国验尸法院

又称死因裁判所，负责对暴死、因暴力而造成的死亡、非正常死亡进行调查并作出裁定。最初建立于1994年，当时目的在于保护刑事案件中的皇家财产权。在历史上，验尸法院可以在作出死亡是被非法剥夺了生命的裁决之后，将犯罪嫌疑人提交巡回法庭审理。然而为了防止死亡立案调查裁决对民事和刑事法庭司法权的影响，这种权力在1926年被取消。验尸法院曾有权为埋藏物裁定所有权归属，但此权力已被《1996年宝藏法案》废止。

验尸官须有5年以上的出庭律师、初级律师或医疗人员职业经验，一般只是兼职。在重大、复杂案件，安排一位法官作为副验尸官。目前，英国共有350余名验尸官，其中大多数人同时具备法律和医学的专门知识与经验。

在英格兰和威尔士，验尸法院是一个独立的司法机构。当地政府负责其人员任免及财政支持，法院和裁判所委员会负责其管理，司法部负责制定与其相关的法律及政策。

虽名为法院，但验尸法院只适用调查程序，而不进行审判。其权力仅限于查明死者身份、死亡原因、死亡时间及死亡地点，除此之外不能作出其他任何无关结论，并且不能决定犯罪嫌疑人的刑事责任。地域管辖权依尸体所处的地理位置确定。如果死亡看起来是由非正常或者是暴力引起的，那么发现尸体的人则必须向验尸法院报告，验尸官有权决定是否进行立案调查、调查中是否召集陪审团。如果死亡发生在羁押期间或国家机关中，则必须开展立案调查并召集陪审团的程序。验尸官法院采用的是一种独特的纠问式程序，在立案调查中不存在对抗双方，验尸官将决定传唤哪些证人以及传唤的顺序。调查程序结束后，验尸法院将对死亡原因作出裁定，如"正常死亡""意外死亡""自杀""非法谋杀"等。该裁定不仅可以为警方及检察机关提供参考，也可适用于民事诉讼及保险索赔诉讼。

在英国，仅英格兰和威尔士、北爱尔兰设置了验尸法院。在苏格兰，死亡调查由检察机关的警长负责进行，而无验尸法院的设置。

（吴宏耀　王靖雅）

英国行政法庭

又称行政裁判所、裁判所，英国独立的公法法院系统，主要职能是对行政管理法律事项和公民相互间某些和社会政策有密切联系的争议进行裁判。

1. 英格兰和威尔士的行政法庭。《2007年裁判所、法院和执行法》建立了统一的裁判所体系，并承认了裁判所在司法系统中的合法地位。根据该法，英国将先前裁判所的管辖权全部移交给两个新的行政法庭，即初审裁判所和上诉裁判所。前者主要负责受理一审案件，可以审理事实和法律问题；后者主要负责受理不服初审裁判所裁决的上诉案件。在初审裁判所和上诉裁判所体系之外，还有劳工法庭和劳工上诉法庭，由此构成完整的英格兰和威尔士裁判所体系。

裁判所程序委员会负责裁判所程序规则的制定。法院和裁判所委员会对整个裁判所体系和任何一个裁判所的组织机构和日常工作进行监督，并提出报告。全国设立 1 名高级主席，在大法官的推荐下由女王任命，负责主持并代表全国裁判所，并有权赋予裁判所的某些判决以判例的拘束力。裁判所由相关领域的专家和上诉法院、高等法院、郡法院和治安法院的法官组成，分别是“裁判所成员”和“裁判所法官”的身份，享有同等的、独立的司法权。

初审和上诉裁判所内部每个法庭都设立 1 名主席，由大法官询问高级主席意见后任命。裁判所内部分设若干法庭，每个法庭负责一个类别的案件。初审裁判所内设社会保障法庭，健康、教育和社会福利法庭，移民和庇护法庭，战争补助与军人赔偿法庭，税务法庭，财产法庭；上诉裁判所内设行政上诉法庭、财政和税务法庭、土地法庭、移民和庇护法庭。

对于大多数案件，当事人不服初审裁判所的裁决可以向上诉裁判所上诉，但必须事前获得准许。在上诉案件中，上诉裁判所扮演着高级记录法院的角色。此外上诉裁判所可行使一定的司法审查权，但必须是经过高级法院首席法官或高等法院的授权。裁判所的审理程序相对灵活，不像普通法院那样严谨和规范，除少数法庭有一个正式的程序法规外，大多由法庭自主决定程序。通常由一位裁判所法官和两位裁判所成员共同审理，并由当事人本人诉讼，无律师代理，一般也不能申请法律援助。案件审理速度快，裁判所判决后，不服判决书可以上诉到英国上诉法院。极其例外情况下，还可进一步上诉到最高法院。

2. 苏格兰的行政法庭。目前苏格兰存在以下三种类型的裁判所：(1)处理委任事务并拥有苏格兰特别管辖权和组织体系的裁判所；(2)处理保留事务并拥有苏格兰特别管辖权和组织体系的裁判所；(3)处理保留事务并拥有全英国一般管辖权和组织体系的裁判所。由苏格兰裁判所委员会负责监管的裁判所包括苏格兰特需裁判所、苏格兰心理健康裁判所、苏格兰养老金上诉裁判所、苏格兰慈善上诉委员会、苏格兰土地裁判所和苏格兰个人租房委员会。由全英法院和裁判所委员会负责监管的裁判所包括移民和庇护裁判所、公共安全和儿童保护裁判所、苏格兰劳工裁判所。苏格兰没有统一的裁判所体系，各个裁判所的诉讼程序、救济机制都存在很大的差别。

3. 北爱尔兰的行政法庭。北爱尔兰的裁判所由北爱尔兰法院和裁判所委员会监管。目前，北爱尔兰的裁判所有上诉委员会、关护裁判所、慈善裁判所、北爱尔兰刑事被害补偿上诉委员会、土地裁判所、心理健康评审裁判所、北爱兰健康和安全裁判所、北爱尔兰交通处罚裁判所、北爱尔兰评估裁判所、社会安全委员和儿童保护委员办公室、养老金上诉委员会、出租评估委员会、养老金上诉裁判所、特殊教育和残疾人裁判所。北爱尔兰没有统一的裁判所体系，各个裁判所的诉讼程序、救济机制都存在很大的差别。

（吴宏耀　王靖雅）

英国军事法院

英国负责审理军职罪和军职人员所犯普通刑事罪的专门法院。根据《2006 年武装部队法》，依据《1955 年陆军法》《1955 年空军法》《1957 年海军军纪法》所设的平行军审机构整并为一。

对军职罪，军事法院有专属管辖权；对于军职人员所犯的普通刑事犯罪，军事法院与普通法院享有共同管辖权。如果军事法院的审判在前，普通法院仍可再次审判，但普通法院应当考虑军事法院已经给予的刑事处罚；如果普通法院先行审理的话，军事法院不得就同一罪刑再予追究。

军事法院的诉讼程序与大多刑事法院类似,也允许被告自我辩护和委托律师辩护。军事法庭由1名军法官主持,并根据犯罪情节的严重程度,确定3－7名军官或准尉组成陪审团。其中,对被告人是否有罪,由陪审团按多数意见作出;对法律适用与诉讼程序的裁定,由军法官独自作出;案件最终的裁判,由军法官连同陪审团共同作出。对被告人可以判处监禁于平民监狱中、在军事矫正中心拘留2年以下、开除军籍、无上限罚款,以及在指挥官简易听审程序中可判处的刑罚种类。然而如果被告人在指挥官简易听审和军事法院之中选择了后者,则对其所判处的刑罚不得超过前者可判处的最高刑罚。当被告人是平民时,陪审团成员应当包含一定数量的平民,然而他们并不能参与对案件的最终裁判,而应由军法官按照刑事法院的程序独自作出。对平民被告人可以判处监禁、罚款、社区服务,但不能拘留。对军事法院判决不服,可以向军事上诉法院提起上诉。

(吴宏耀　王靖雅)

英国军事上诉法院

军事上诉法院受理来自军事法院的上诉案件,法官多来自普通上诉法院。对军事上诉法院的判决不服,可以再向最高法院提出上诉。

(吴宏耀　王靖雅)

印　度

印度法院

印度是一个联邦制的国家,其司法系统独立于立法和行政系统,是国家机关的重要组成部分。司法机关主要负责维护国家的法律秩序和社会安定,解决全国范围内的民事和刑事犯罪案件。印度有29个邦,并进一步分为601个行政区,印度的法院系统分为不同层级,位于最高层级的是设立于联邦中央的印度最高法院,其次是在各邦设立的高等法院,各地区的地区法院和位于最低层级在村务委员会设立的人民法庭。不同于普通法院设立标准,印度还设立了许多跨地区的专门法院,主要有劳动法院、税收法院、军事法院、商业法院等,这些法院受所在地的高等法院监督。受英国200多年殖民统治的影响,印度司法系统的构建很大程度上以独立前普遍适用的英国法律体制为基础,只对极少部分进行了修改。印度的宪法是国家的最高法律,也是其他法律的渊源,生效于1950年1月26日,是世界上最长的成文宪法。它不仅奠定了印度司法体系的基本框架,同时也奠定了权力、职责、程序和联邦与各邦政府各部门的结构。

虽然印度采取了联邦制的国家结构形式,但是其法院体系是单一制的,所有的法院均适用联邦中央和各邦。除此之外,印度的法院系统还有三个重要特征:其一,印度属于普通法法系,但是又具有不同于普通法法系的特征。一般而言,普通法法系中法律的创制大多是基于法院的判决而形成的具有法律效力的判定,这种判定对以后的判决具有法律规范效力,能够作为法院判案的法律依据,这个过程一般被称为遵循先例。然而,并不像英国那样完全恪守普通法法系传统,印度兼采判例法与成文法之长。其二,与大多数普通法法系的法院一样,印度采用对抗制的诉讼模式。在对抗制模式下,诉讼双方分别向法官提出自己的主张,最终由法官依据案件事实居中裁判。其三,对不同法域先进经验的吸收。例如,最高法院和高级法院的司法审查权,最早源于美国法律体系。根据司法审查的理念,立法和行政行为受到司法机关的司法审查,司法机关有权最终决定是否违反宪法规定。换句话说,立法机关制定的法律和行政机关作出决定都必须符合印度宪法规定。

(吴宏耀　郭　勇)

印度最高法院

印度最高层级的法院和最终上诉法院,根据印度宪法,也是最高宪法法院,拥有审查宪法的权力。最高法院由印度首席大法官和其他 30 个法官组成,拥有初审管辖权、上诉管辖权和咨询管辖权。作为国家的最终上诉法院,其主要受理针对联邦各邦高等法院和其他法院的上诉。一方面,在保护公民基本权利方面,最高法院拥有广泛的初审管辖权;另一方面,其在解决各邦政府之间的争端方面发挥重要的作用。作为一个咨询法院,最高法院不仅可以审理由印度总统根据宪法交由其审理的事项,也可以依职权自己决定待审事项。

1861 年,印度高等法院法发布实施,准备在各邦建立高等法院,并取消早期在加尔各答、马德拉斯和孟买这些总督直辖城镇设立的、作为最高法院存在的萨达尔——阿德莱特。这些新的高等法院曾一度作为最高法院审理所有的案件,直到 1935 年印度政府法的颁布,创建了印度联邦法院。联邦法院主要解决各省和各邦的争议,并对高等法院的裁判具有上诉管辖权。

印度最高法院正式产生于 1950 年 1 月 28 日,它取代了印度法院系统顶端的印度联邦法院和枢密院司法委员会。最高法院最初在议会大厦内开庭,这也是印度联邦法院从 1937 年到 1950 年办公的地方,直到 1958 年,最高法院才迁至现在的位置。最初,印度宪法规定最高法院由 1 名首席法官和 7 名其他法官组成,法官人数的增减由议会决定。最高法院应在德里开庭,或由首席法官征得总统同意后,随时指定一地或数地作为开庭地点。

除宪法另有规定者外,最高法院对下列争执单独享有初审管辖权:印度政府与一邦或数邦间之争执;争执一方为印度政府及任何一邦或数邦,另一方为其他一邦或数邦;两邦或数邦间之争执,但问题(法律问题或实际问题)涉及法律权力的存废和范围。但是,上述司法权限不适用于宪法实施以前已经缔结或生效且于本宪法实施后继续有效之条约、协定、契约、协约或其他类似文件所引起的争执。

印度境内高等法院之判决、宣告或最终命令,无论是属于民事诉讼、刑事诉讼还是其他诉讼,若高等法院证明案件涉及解释宪法之实质法律问题时,则该案之上诉应向最高法院提出。在民事问题上主要是案件涉及重要法律的实质问题,而且高等法院认为必须由最高法院对上述问题作出裁决。除非议会以法律另行规定,如系高等法院法官作出的判决、宣告或最终命令,不得上诉至最高法院。在刑事问题上主要是高等法院接到上诉时将原判开释之被告改判死刑;高等法院由下级法院调出案件自行审理,在审理中判定被告有罪并判处死刑等。但是,议会可以通过法律授予最高法院以进一步之权力,使其受理对印度境内高等法院在刑事诉讼中作出的任何判决、处刑或最终命令提出的上诉,但此项权力须服从该法律规定的条件与限制。

对印度境内任何法院或法庭对任何诉讼或案件所作之判决、宣告、决定、定罪或命令提出的上诉,最高法院可以酌情准受理。但是这一规定不适用于根据有关武装部队之法律设立的任何法院或法庭作出的任何判决、宣告、决定、定罪或命令。最高法院可以根据议会法律的授权,对联邦管辖事项表中的任何事项拥有司法管辖权及权力。最高法院在同联邦政府或各邦政府达成专门协议后,可以对任何事项拥有协议授予的司法管辖权与权力,但此项权力的行使不应超出议会法律的规定。如果最高法院和一个以上的高等法院或有二个以上高等法院都面临涉及同一法律问题或基本上同一法律问题的悬案,而且最高法院主动地裁定或者基于印度总检察长或涉讼一方的申请裁定,该问题系一具有普遍意义的重大问题,最高法院可以向高等法院调卷,由最高法院自行审理。但是,最高法院在就上述法律问题做出裁决之后,可以将该案连同对该问题的裁决抄件一起发回原受理的高等法院,该高等法院在接到上述案卷后,可以根据最高法院的裁决继续审理此案。最高法院认为适当时,可以将任何高等法院悬而未决的任何上诉案或其他诉讼移送其他高等法院审理。总统认为出现或即将出现某一法律问题或实际问题,而该问题就性质与对公众的重要性而言,必须征询最高法院的意见时,总统可以将该问题提交该法院考虑。最高法院可于进行适当听讯之后将意见报告总统。

最高法院的所有法官,应由总统在同总统认为有必要征询其意见的最高法院法官及邦高等法院法官磋商后,签署盖印颁发委任状任命。最高法院法官任职至65岁时为止。首席法官以外的其他法官的任命,必须征询印度首席法官的意见,但是法官可以亲自向总统书面辞职;最高法院法官的年龄,由议会法令所指定的机构和按该法令所规定的方法确定。非印度公民以及不具备下列条件的印度公民,不得担任最高法院法官:在任一高等法院,或两个以上高等法院连续担任法官至少5年者;在任一高等法院,或两个以上高等法院连续担任律师至少10年者;总统认为卓越的法学家。

印度首席法官职位出缺时,或因缺席与其他原因不能履行职务时,总统应在其他法官中指派一人代行其职权。如果最高法院因法官不足法定人数不能开庭或继续开庭,应由印度首席法官事先征得总统同意,经与有关高等法院首席法官磋商,然后书面邀请高等法院法官中充分具备最高法院法官资格者,作为最高法院临时法官在最高法院出庭,其任职时间视需要而定。另可任命最高法院或高等法院退休法官临时为最高法院法官。临时法官的首要职责是在必要时期内按时参加最高法院开庭。在此期间他应具有如同最高法院法官的全部司法管辖权、权力及特权,但不承担最高法院法官的责任。被任命的最高法院法官在就职前,应在总统或总统指定的代表主持下,举行宣誓。最高法院法官不得被免职,除非两院于同一会期中以该法官行为失检或不适任为由向总统同时提出咨文由总统下令免除其职务,上述咨文须由各院分别以全体议员的过半数及出席投票议员的2/3多数通过方可提出。最高法院在任法官及退休后不得在印度境内任何法庭或机关执行律师业务。

最高法院的职员由印度首席法官或由他指派的该院其他法官或职员任命。但总统得以法规规定,凡属法规列举范围的案件,不得任命未在最高法院服务过的人员担任最高法院开庭时的职务,但事先征得联邦公务员委员会同意者不在此限。在议会法律的约束范围内,最高法院职役人员的待遇,由印度首席法官或他授权的该院其他法官或职员制定的条例予以规定。但是有关薪俸、津贴、休假、年金等事项的规定须经总统批准。最高法院的行政费用,包括一切职役人员之薪俸、津贴及年金等,应由印度统一基金内开支,而该法院收取的费用与其他款项均纳入该项基金。

(吴宏耀　郭　勇)

印度高等法院

在印度各邦或中央直辖区内设立的审判机关,各邦共有 24 个高等法院,根据印度宪法第 141 条规定,高等法院受到最高法院裁判的约束。高等法院一般在一个邦或中央直辖区内有管辖权,特殊情况下,也有 3 个以上的邦和中央直辖区建立联合高等法院。在高等法院层级之下是下级法院,如民事法庭、家庭法庭、刑事法庭和其他各种地方法院。印度宪法第六部分第五章第 214 条规定了高等法院的设置。根据宪法规定,各邦均设立高等法院。各高等法院均享有一般法院的一切权力,包括处罚藐视法庭罪的权力。高等法院由首席法官一人和法官若干人组成,总统认为必要时任命高等法院法官。

高等法院和地区法院都对本邦内的民事案件具有初审管辖权,然而,高等法院只有在下级法院因缺乏标的额或属地管辖无权审理(未经法律授权)时才行使其民事和刑事案件的初审管辖权。对于邦或联邦法律专门指定的事项,高等法院也享有某些方面的初审管辖权。例如,公司违法案件只能在高等法院提起。现有高等法院的司法权限,所遵循的法律,以及该院法官在该法院的司法权力,包括制定法院或法庭开庭事项的权力,均与宪法实施前相同。但是,宪法实施前夕,高等法院对税收或收税等事项行使初审管辖权时所受的限制,之后不再使用。

高等法院有权在其司法辖区内对任何人员、机关、政府在适当情形下发布指令、命令或令状,包括人身保护状、命令状、禁令追究权利以及移送复审令等性质的令状,以执行赋予它的一切权力。向任何政府、机关和个人发布指示、命令,或令状的权力,可由对于行使此项权力的本源行为发生地点拥有司法管辖权的高等法院行使。不管该政府、机关和个人是否位于或居住于该地区。

高等法院对辖区内所有下级法院及法庭均有监督权。一般情况下,高等法院可以:要求这些法院进行汇报;制定并发布统一此类法院诉讼手续的一般规则,并制定有关表格;制定此类法院官员保管图书、记录及账目的格式。高等法院还可以为下级法院的执行官、书记、职员以及在此类法院开业的代理人、辩护人、申诉人等制定收费标准。但是,制定的规则、格式、收费标准等不得与现行法律相抵触,并应事先征得邦长同意。高等法院对依法建立的军事法院或法庭并无监督权。

议会可通过法律做出规定,将高等法院的司法权限延伸到或排斥出中央直辖区。高等法院在中央直辖区行使司法权限时,不得解释为授权该邦议会扩大、限制或取消其司法权限。如果高等法院认为某下级法院的未决案件涉及解释宪法的重大法律问题,而处理该案件又必须首先解决这一问题,高等法院可将该案件撤回。它可以自行处理该案件,或裁决上述法律问题后将该案件连同对该问题的裁决副本发还原法院,该法院收到后应依照高等法院的裁决继续处理该案。

高等法院首席法官由总统征求印度最高法院首席法官与该邦邦长意见之后,任命高等法院其他法官时除需征求以上人员意见外,尚需征求该邦高等法院首席法官的意见。委任状须由总统签署并加盖印墨。除额外法官与代理法官外,其余法官可任职到满 62 岁时为止。但是法官可以书面向总统辞职,辞呈须由本人签名;法官可由总统根据法定程序免职:高等法院法官被总统任命为最高法院法官或者调往印度国内其他高等法院时其职务即出现空缺。非印度居民与不具备下列条件的印度居民没有资格出任高等法院的法官:在印度国内担任司法职务至少满 10 年;在某高等法院或两个以上此类法院连续担任律师至少满 10 年。如果对高等法院法官的年龄发生疑问,将由总统与最高法院首席最高法官磋商后作出决定。总统的决定是最后决定。曾任高等法院法官者,除最高法院和其他高等法院外,不得在印度境内任何法院或机关进行辩护或代理。

总统经与最高法院首席法官磋商后,可以将高等法院法官从某高等法院调往印度国内另一高等法院。当一法官如此调任时,他在1963年第十五号修宪法令实施后的高等法院法官任职时间内有权于薪俸之外额外领取补偿津贴。该项津贴的数额可由议会法令确定。高等法院首席法官缺位时或因缺席及其他原因不能履行职务时,可由总统在其他法官中指派一人履行其职务。由于高等法院业务临时增多或出现案件积压,总统认为应该临时为该法院增加法官时,总统可以任命具备资格的人员担任该法院的额外法官,其任职时间可由总统确定,但最长不得超过两年。高等法院一般法官因缺席或其他原因不能履行职务,或受命临时代理首席法官时,总统可以在该法官重新履职前任命一具备资格的人员担任高等法院代理法官。任何人员年满62岁后不得出任高等法院额外法官或代理法官。任何邦的高等法院首席法官,只要事先征得总统同意,即可随时邀请任何一个已退休的高等法院法官或代理法官出庭与履职。受邀的退休法官在出庭工作期间享有总统命令规定的津贴,并享有该高等法院法官全部司法权限、权利和特权。但在其他方面不得被视为该高等法院的法官。出任高等法院法官者,应于就职前在本邦邦长或邦长指定的监督人面前宣誓或宣读证词。誓词与证词须经本人签字。

(吴宏耀 郭 勇)

印度地区法院

印度地区层级的审判机关,由印度政府综合考虑各地区案件数量和人口分布等因素,在一个或多个地区设立。地区法院负责维护地区层级的公平正义。这些法院接受所在邦高等法院的行政管理,所作裁判受到相应高等法院上诉管辖的审查。

地区法官和巡回法官(the District and Sessions Judge)是每个地区最高的法官。地区法院是除各邦高等法院外,主要负责审理民事案件的法院。同时,也依据刑事诉讼法对部分刑事案件行使管辖权。地区法院由所在邦任命一名地区法官主持。除地区法官之外,根据工作量安排额外的地区法院法官和助理地区法官(Additional District Judges and Assistant District Judges)。额外的地区法官及其主持的法院与地区法官及其主持的法院有相同的司法管辖权。当然,地区法官具有监督管理附加和助理地区法官的权力,包括决定工作的分配。作为地区层级的最高法官,对国家分配给地方司法机关的资金,地区法官也享有管理的权力。当地区法官主持的地区法院所在地是由国家指定的"大都市区"(人口超过百万以上的地区被称为大都市区)时,地区法官也被称为"都市地区的巡回法官"(Metropolitan session judge)。

地区法院或其附属地区法院对所在地区的民事和刑事案件享有初审管辖权和上诉管辖权。民事案件的属地管辖和标的额通常由相关法规予以规定,而刑事管辖权则完全来自刑事诉讼法。按照该法规定,地区法官能判出罪犯的最高刑期是死刑。地区法院对于所在地区下级法院的民事和刑事案件都有上诉管辖权。下级法院,按升序排列,在民事方面分别是:少年民事法院、首席少年民事法院、高级公务员法院。在刑事方面分别是:二级司法裁判法院、一级司法裁判法院、行政司法裁判法院。由于某些民事和刑事案件不能由低于地区法院的法院审理,地区法院也就相应地取得了这些案件的初审管辖权。地区法院判决可上诉至所在地区的高等法院。

下级法院的法官由所在邦的总督与高等法院的首席法官协商后任命。一种方式是直接招聘,需要至少有7年从事律师职务经验,在通过笔试和高等法院法官的面试之后,由所在邦政府任命。另一种方式是选任,由下属法院中选拔符合一定任职年限的法官担任地区法官。担任地区法官的年限对选任高等法院法官具有很大参考意义,高等法院法官通常是从高等法院的出庭律师和地区法官选任服务年限最长的。如果地区法官或额外的法官司法擅断或者干预司法,邦政府可以与高等法院协商予以免职。

（吴宏耀 郭 勇）

印度乡村法院

又称人民法庭或村务委员会,是印度司法体系中一种替代性解决纠纷机制。乡村法院自1888年首次为马德拉斯乡村法院法予以认可以来,到1947年,已发展到印度各邦。该模式(1名法官和2名陪审员)由古吉拉特邦从20世纪70年代开始使用。1984年,法律委员会建议在乡村地区由受过教育的人组成村务委员会。2008年通过的法案准备在全国建立5000个县法庭来审理数额较小的民事案件和2年徒刑以内的刑事案件。然而,该法并未得到完全执行,截至2012年5月,只建立了151个县法院。之所以未得以完全执行主要是因为财政限制和来自律师、警察及其他政府官员的阻力。

（吴宏耀 郭 勇）

印度人民法庭

设立在乡村一级,由邦政府、区政府、最高法院法律服务委员会、高等法院法律服务委员会或行政区法律服务委员会设立,是印度司法体系中的一种替代性争议解决机制。人民法庭可以以自然正义原则解决纠纷,适用较为简便的程序,无须完全遵循刑事和民事诉讼法。主要处理民事案件、婚姻纠纷、土地纠纷、财产分割纠纷、劳动纠纷及可调解的轻微刑事案件。

在印度,通过法院外的调解方式解决纠纷的历史古老而悠久。从古代到20世纪的当代"五人长老会"(或"村务委员会")通过由村里有威望的长者主持的非正式会议解决纠纷,人民法庭的设立正是受"五人长老会"启发而演化产生。18世纪中期,随着英国殖民体系的侵蚀,"五人长老会"解决纠纷的使用频率很快下降。之后,随着印度1947年获得独立,印度国会曾探索"五人长老会"这样的司法形式,并在新宪法上明确规定,以取代英国的对抗式司法制度,来促进社会的和谐,但并未取得成功。尽管实践中并未取得预期效果,法学界仍然肯定了这种纠纷解决形式的积极意义。同时这种非正式的法庭制度能为广大的普通群众接近司法提供一种有效的途径。

人民法庭建立的初衷是为了扼守底层人士司法救济的最后通道,是一种替代性纠纷解决机制。1949年,印度前最高法院大法官帕格瓦蒂主持并撰写了一个国家司法调研报告,提出法律援助的政府责任,强调印度宪法第14条中"平等的法律保护和免费的法律援助是政府的职责"。"人民法庭"是在国家司法部门和法律学者推动的早期法律援助运动中逐渐形成和发展起来的。为普通民众提供比较便宜的司法服务,是自印度独立以来一直推行的司法平民主义司法改革,人民法庭可以被认为是司法平民主义的一种新的趋势。1982年3月,第一个"人民法庭”在古吉拉特省开始建立,并正式称为“人民法庭”。这是“人民法庭”的雏形,在1986年一个现代模式的“人民法庭”,在印度城市金奈形成。随着古吉拉特省“人民法庭”成功经验的传播,其他省份也开始纷纷仿效。在1986年和1988年之间,“人民法庭”进入快速发展时期。

1987年,政府颁布了《法律服务机构组织法》,正式以法律确认了人民法庭的形式。该法对人民法庭有三个方面的重大影响:第一,它规定了人民法庭的管辖权。第二,它允许双方或一方当事人直接向法院申请将已起诉到法院但还未审判的案件移交人民法庭。第三,确立人民法庭做出裁决的执行力。1999年,印度通过修订民事诉讼法增加第89条,进一步使“人民法庭”合法化。2002年,印度对《法律服务机构组织法》进行了一次修订。增加建立一种专门处理某些特别案件的固定人民法庭。

人民法庭通过调解和协商(非辩论法庭)促成当事人达成协议以解决争议,对起诉到法院但还没有判决的案件有管辖权;组织某“人民法庭”的法院对某案件有管辖权,如果该案件没有起诉到该法院,那么由其组织的“人民法庭”对此案件有管辖权。当然,一个重要的条件是争议双方当事人同意将争议提交“人民法庭”解决并遵守它的裁决。根据法律的规定,关于非复合性侵权的任何案件或事件“人民法庭”都没有管辖权,即使双方当事人一致同意提交“人民法庭”解决也不被允许。如果在人民法庭上双方未达成和解,该案则回到法院审理。但一旦人民法庭的裁决得到双方认可,根据法律的规定,人民法庭所作的每一个裁决都是终局性的并且对所有当事人都具有约束力,而且针对该裁决不能向任何法院提起上诉。印度最高法院曾多次强调该法律规定不可动摇。

在人民法庭开庭期间,各种法律援助组将建立起来。援助组是人民法庭的组成部分,具体数量根据案件的需要来定。每个援助组由2-3个调解员组成,其中组长为在职或退休法官,另两位通常是律师和社会工作人员。调解员由法律服务委员会根据候选人员的公共服务记录、在当地民众中的威望等条件进行筛选。在开庭期间,当地的法律援助委员会随同当地其他民众以及社会工作者与纠纷当事人交谈,评估双方接受协商调解的可能性。一旦双方当事人达成调解协议,就会形成书面协议,要求当事人签字。在当天或第二天,由法官审查该协议的合法性和公平性,审查通过即产生拘束力。如果没有形成和解协议,案件将会返还给原来的受案法院或者建议当事人寻求相关法院的保护和救济。

参考书目

文华良:《印度ADR发展困境及应对策略——以“人民法庭”为视角》,载《黑龙江省政法管理干部学院学报》2013年第3期。

(吴宏耀　郭　勇)

印度尼西亚

印度尼西亚法院

印度尼西亚的现行《宪法》即“四五年宪法”将信仰神道、人道主义、民族主义、民主和社会公平为立国基础。在此基础上,印度尼西亚规定司法权由法院行使。现行《宪法》第24条规定:“最高法院及其他司法机关根据法律行使司法权。各级司法机关的组织以法律规定之。”印度尼西亚的司法权属于最高法院及各级法院。法院由四种类型组成,分别为普通法院、宗教法院、军事法院、行政法院。

普通法院的管辖权涵盖所属辖区内所有人的民事以及刑事案件。印度尼西亚的普通法院可分为地方法院、高等法院和最高法院三个级别。地方法院是三个级别中的初审法院。在印度尼西亚,每个二级行政区(县、市级行政区域)都设有一所地方法院,共有 297 所地方法院。地方法院由最高法院所直接管理的司法部负责建立。基于对严格遵守法定程序的要求,地方法院开庭时必须由 3 名法官会同审理。但实际上,在长期的司法实践中,由于法院系统中缺乏专业性的法学人才,这种原则性程序往往被打破,尤其是民事案件通常只有 1 名法官进行审理和裁判。

高等法院是地方法院的上诉法院。同地方法院的设立相类似,其设置也是由行政区域决定。高等法院由一级行政区域(省级行政区域)设立。高等法院的管辖分为普通一审案件,其范围为:(1)民事案件,要求其争议的标的额价值超过 100 印度尼西亚卢比;(2)刑事案件,要求对被追诉人可能判处 3 个月以上有期徒刑。另外还管辖上诉案件,即对地方法院的判决不服的上诉案件。

最高法院是国家最高审判机关,由首席法官和法官组成。它维系着国家整个司法体系,凌驾于其他级别法院之上,是终审上诉法院。此外,最高法院对基于出现新证据原因的案件可以重新审理。

(吴宏耀　程欢欢)

印度尼西亚最高法院

印度尼西亚的最高审判机关,负责审理不服高等法院判决的上诉案件,由 3 名法官共同审理。最高法院监督所有下级法院的审判工作以及法院工作人员的行为;法院之间涉及管辖权的争议由最高法院裁决。最高法院拥有一定的法律监督权,但其监督权不包括人民代表会议的法律制定,最高法院无权使国会的法律无效,其法律监督权仅限于审议一般的行政案例是否符合人民代表通过的法律。

印度尼西亚宪法第三修正案赋予最高法院独立地位之权力。最高法院对高等法院和区法院进行监督。印度尼西亚高等法院共有 68 所,这 68 所法院分别由 31 所普通法院、29 所宗教法院、4 所行政法院和 4 所军事法院组成。除此之外,还将不时地因区的增加而增设 250 所区法院。对区法院上诉至高等法院的上诉案件,最高法院是终审上诉法院。如果新发现的证据充分,最高法院还可以对案件进行重审。

根据宪法规定,最高法院的法官候选人应当以正直、善良、熟悉法律业务为基本要求。候选法官由司法委员会提名至众议院,众议院若支持其为法官,再由总统正式任命其为最高法院法官。首席法官以及其助手由最高法院的法官从法官成员中选取。

跟印度尼西亚法律体系一样,最高法院对资源的需求不负重荷,对法庭审理方式的改革建议早已经被提上议程并在考虑之中。一项新建议认为新的审判庭结构将用以改善庭审活动。具体的建议是,建立一个五个审判庭的体制分别处理刑事、民事、宗教、行政和军事案件。但是,这些改革的争议之处应当符合正当程序原则。

(吴宏耀　程欢欢)

印度尼西亚宗教法院

与地方法院同级,设在县(市)级行政区域。宗教法院管辖对象是伊斯兰教的当事人,涉及的案件是伊斯兰教义立有教规的相关范围内的有争议的案件。宗教法院的管辖权主要集中在婚姻诉讼纠纷,有的也涉及财产继承问题的案件。

宗教法院的法官由宗教事务部部长从熟悉伊斯兰教教义的人们中予以指派,同时,宗教事务部部长对法院及其工作人员的活动进行监督。此外,在梭罗和爪哇设有伊斯兰教高等法院,由这些法院受理不服该地区各宗教法院判决的上诉案件。执行宗教法院判决须向地方法院提出执行申请,由地方法院签发执行许可令。

(吴宏耀　程欢欢)

印度尼西亚军事法院

审理以军人为被告的刑事案件。印度尼西亚的军事法院按照军种,分别设置陆军、海军、空军和武装警察部队军事法院。军事法院分初审法院和上诉法院。军事法院由精通法律的军官主持,由 3 名法官组成的专门小组宣布判决。除通常的军事法院外,在危机时期,如发生叛乱时,还可以成立特别军事法院。

(吴宏耀　程欢欢)

印度尼西亚行政法院

印度尼西亚于 1991 年将行政法院体制引进国内,一方面是为了以此规范印度尼西亚的法律规则,另一方面为公民对违法的行政行为提供救济。印度尼西亚的行政法院用于裁决各种行政争议,基于处理行政争议内容的不同,可以分为以下种类:(1)税务审议局,主要处理个人因政府税务机关征税行为不当或者派税过多而提出的指控。(2)土改法院,是 20 世纪 60 年代为实施《土地基本法》而设立的。它分为区级土改法院和中央级土改法院。中央级土改法院是受理上诉案件的法院。私人间的争议以及个人与当地土改委员会之间的争议须由审议局先行预审。各地法院院长要担任当地土改法院院长,法院的其他成员是来自政党和群众组织的代表。(3)住房事务委员会,依照印度尼西亚法律的规定,普通法院不受理有关住房和建筑物使用方面的争议,这方面的争议由住房事务委员会处理。

参考书目

Adriaan Bedne, *Administrative Courts in Indonesia: A Socio – Legal Study*, http://www.brill.com/cn/administrative – courts – indonesia#TOC_1, Adriaan Bedne.

(吴宏耀　程欢欢)

国际法院

国际法院

联合国常设性司法机关，位于荷兰海牙和平宫，联合国六大机构中唯一设于美国纽约以外的机构。负责依国际法解决国家之间的法律争端，并对联合国各机关和专门机构向其提出的法律问题发表咨询意见。前身为国际联盟设立的“国际常设法院”;1945 年《联合国宪章》设立“国际法院”以取代“国际常设法院”，次年法院正式成立。法院依照作为《联合国宪章》组成部分的《国际法院规约》以及 1946 年制定的《国际法院规则》而运作。

法院由 15 名独立法官组成，并由常设性书记官处协助履行职责。法官不论国籍，由选举产生，每届任期 9 年，可连选连任，同一任期内不得有同国籍者。法官选举同时在联合国大会和安理会分别进行，候选人在这两个机关中皆获绝对多数票方可当选。法院执行职务时一般由全体法官共同开庭(要求至少 9 人)，但也可设立常设或临时(特设)分庭;特定案件当事各国，如法官中无具有该国国籍者，有权选派一名专案法官参与该案裁判，专案法官在该案裁判中享有同等地位。

国际法院并非各国国家司法机关或其他国际法庭的上级法院，不接受个人申诉，也无针对个人的刑事管辖权，但享有就各国向其提交的国家间争端作出裁决的管辖权，并可将裁决交联合国安全理事会强制执行。依照《国际法院规约》，法院对涉案国均有权成为法院裁决案件当事方且均同意法院对该案行使管辖权的案件享有裁决管辖权。

以下三类国家有权成为国际法院裁决案件的当事方:(1)联合国会员国;(2)未参加联合国的《国际法院规约》当事国;(3)已向法院书记官处交存一份符合联合国安理会规定的声明，表示承认国际法院管辖权、保证认真遵行国际法院裁决的其他国家。以下三种方式视为对国际法院特定案件管辖权行使的同意:(1)涉案国共同将争端提交国际法院的特别协定;(2)国际条约中的管辖权条款，事先承诺接受由国际法院裁决缔约国之间将来发生的关于条约解释或适用的争端;(3)《国际法院规约》当事国事先作出的单方面声明，承认国际法院对本国与其他作出同种声明的国家之间发生的争端具有强制性管辖权。

法院据以作出裁决的法律依据包括:(1)国际条约;(2)国际习惯;(3)文明各国所承认的一般法律原则;(4)司法判例及各国权威公法学家的学说。经当事各方同意，法院可依公允和善良原则裁判，不局限于现行国际法规则。

除针对有权管辖的案件作出裁决之外，国际法院还应请求对法律问题发表咨询意见。联合国大会、安全理事会、经济社会理事会、托管理事会、大会临时理事会 5 个机关和国际劳工组织、国际原子能机构等 16 个联合国专门机构有权请求法院发表咨询意见，各国无权请求。与裁决不同，法院作出的咨询意见无强制性约束力。

（吴宏耀　刘晓薿）

国际海洋法法庭

依《联合国海洋法公约》（以下简称《海洋法公约》）设立的独立于联合国的国际司法组织，总部位于德国汉堡。1994 年《海洋法公约》生效时即设立，1996 年 10 月 1 日正式开始工作，同年年底成为联合国观察员组织。法庭负责裁判因解释或实施《海洋法公约》所引起的争端，专门审理国际海洋法案件。《海洋法公约》现有 161 个成员国。

法庭由 21 名独立法官组成，要求作为一个整体确保其能代表世界各主要法系和公平地区分配。法官由《海洋法公约》缔约国开会选举产生，除首届外，每届任期 9 年，可连选连任。法官应享有公平和正直的最高声誉，并在海洋法领域内具有公认资格；不得充任任何案件的代理人、律师或辩护人，不得执行任何政治、行政职务，不得对任何与勘探和开发海洋、海底资源或与海洋、海底的其他商业用途有关的任何企业的任何业务有积极联系、财务利益。法庭选举庭长和副庭长，任命书记官长；庭长、副庭长每届任期 3 年，可连选连任；庭长对外代表法庭，对内主持法庭所有会议、监督法庭行政工作，当然地作为简易程序分庭的法官。

法庭一般由全体法官共同开庭，要求至少 11 人。法庭下设海底争端分庭，由全体法官过半数选派其中 11 人组成。法庭还设有简易程序分庭、渔业争端分庭、海洋环境争端分庭等分庭；如当事各方请求，应成立特别分庭专门处理特定争端。

法庭对《海洋法公约》各缔约国开放，特别情形下缔约国以外的实体（如国际海底管理局或其企业部）也可成为法庭处理案件的当事方。法庭对按照《海洋法公约》向其提交的一切争端和申请及将管辖权授予法庭的任何其他国际协定中具体规定的一切申请享有管辖权。根据《海洋法公约》，与海洋法有关的国际争端也可由国际法院及依《海洋法公约》组建的仲裁庭、特别仲裁庭处理，不限于国际海洋法法庭。

依《海洋法公约》，法庭据以作出裁决的法律依据包括《海洋法公约》及其他与《海洋法公约》不相抵触的国际法规则；经当事各方同意，法庭可依公允和善良原则裁判，不局限于现行国际法规则。

（吴宏耀　刘晓薿）

国际海洋法法庭海底争端分庭

国际海洋法法庭的常设性分庭，依《海洋法公约》而设立，专门处理与国际海底区域有关的国际争端。

依《海洋法公约》，国际海洋法法庭海底争端分庭（以下简称海底争端分庭）由国际海洋法法庭法官以过半数选派其中 11 人组成（要求至少 7 人），选派法官应确保能代表世界各主要法系和公平地区分配。分庭法官每 3 年改选一次，连选可连任一次。分庭从其法官中选出庭长，庭长在分庭当选的任期内执行职务。

海底争端分庭为处理向其提出的争端，应成立专案分庭，由其法官 3 人组成。该组成的决定应先得到当事各方同意；如争端各方不同意专案分庭的组成，争端每一方应指派法官一人，第三名法官则应由双方协议指派；如双方不能达成协议或任何一方未能作出指派，海底争端分庭庭长应于同争端各方协商后迅速从海底争端分庭法官中作出指派。专案分庭的法官不得为争端任何一方的工作人员或其国民。分庭对《海洋法公约》各缔约国、国际海底管理局及作为合同当事方的国际海底管理局企业部、国营企业、自然人或法人开放。

依《海洋法公约》,法庭据以作出裁决的法律依据包括:(1)《海洋法公约》及其他与《海洋法公约》不相抵触的国际法规则;(2)依《海洋法公约》制定的管理局规则、规章和程序;(3)对有关国际海底区域内活动的合同的事项,适用该合同条款。此外,经当事各方同意,法庭可依公允和善良原则裁判,不局限于现行国际法规则。

(吴宏耀　刘晓蕤)

国际刑事法院

依《国际刑事法院罗马规约》(以下简称《罗马规约》)设立的政府间的独立性国际组织,首个常设性国际刑事司法组织,位于荷兰海牙(不排除在其他地方开庭的可能),工作语言为英语和法语。独立于联合国,以观察员组织身份参加联合国大会。法院于2002年7月1日《罗马规约》生效时成立,依《罗马规约》对实施灭绝种族罪、反人类罪、战争罪、侵略罪四种犯罪的个人进行起诉和审判,但实际上暂无法对其中的侵略罪行使管辖权;最高刑为无期徒刑,不适用死刑。

法院由院长会议、审判庭、检察官办公室和书记官处四个部门构成。院长会议负责整体管理除检察官办公室以外的法院各部门,由院长、第一副院长、第二副院长3人组成,3人由法院全体法官选出,每届任期3年,可连任一次。审判庭分为预审、初审和上诉三个审级,上诉庭由上诉审级五名法官全体组成,初审庭由初审审级法官中的3人组成,预审庭由预审审级法官中的3人组成或1人独任;法院法官由《罗马规约》缔约国大会从缔约国国民中选举产生,除建院初期外每届任期9年且不得连选。检察官办公室独立行事,负责调查及起诉,由1名检察官领导、1名或多名副检察官协助,检察官、副检察官亦由《罗马规约》缔约国选出,每届任期9年且不得连选。书记官处负责法院非司法方面的行政管理和服务。

法院仅就灭绝种族罪、反人类罪、战争罪、侵略罪追究个人的刑事责任,不追究国家责任。依《罗马规约》,法院在缔约国范围内行使普遍管辖权,并且无时效限制,但必须由法院检察官调查、起诉启动;检察官可应缔约国或联合国安全理事会请求而开始调查,也可自行根据资料开始调查。

依《罗马规约》,国际刑事法院裁判案件所适用的法律依据包括"应适用"与"可适用"两种。"应适用"者依次为:(1)优先适用《罗马规约》;(2)视情况适用可予适用的条约及国际法规则、原则;(3)无法适用以上两者时,适用法院从世界各法系国内法中得出的与《罗马规约》、国际法和国际承认的规范标准不相违背的一般法律原则。"可适用"者为法院判例所阐释的法律原则和规则。

(吴宏耀　刘晓蕤)

纽伦堡国际军事法庭

正式名称为欧洲国际军事法庭,审判纳粹德国主要战犯的国际军事法庭,依苏联、美国、英国、法国四国政府于1945年8月8日签署的《关于控诉和惩处欧洲轴心国主要战犯的协定》及其附件《欧洲国际军事法庭宪章》而设立。法庭由苏、美、英、法四国各 1 名法官和各 1 名助理法官组成，英国大法官杰弗里·劳伦斯被推选为庭长。法庭代表全体反法西斯盟国，对纳粹德国在第二次世界大战期间犯有破坏和平罪、战争罪、违反人道罪的个人和团体进行审判及处罚，被告除法庭认为公道的必要外不因服从上级命令而免责。

法庭于 1945 年 10 月 18 日接受检察与起诉委员会提交的起诉戈林、里宾特洛甫等 24 名主要战犯及 7 个组织的起诉书，于 1945 年 11 月 20 日在德国纽伦堡开庭。审判结束于 1946 年 10 月 1 日，戈林等 12 人被判处绞刑，赫斯等 7 人被判处徒刑，纳粹党领导机构、秘密警察（"盖世太保"）、党卫军被宣布为犯罪组织。

（吴宏耀　刘晓蕤）

远东国际军事法庭

审判第二次世界大战时日本主要战犯的国际军事法庭，依 1946 年 1 月 19 日公布的《盟军最高统帅部特别通告》及其附件《远东国际军事法庭宪章》而设立。法庭由美国、中国、英国、苏联、澳大利亚、加拿大、法国、荷兰、新西兰、印度、菲律宾 11 国共 12 名法官组成（美国 2 名），澳大利亚法官卫勃爵士被盟军最高统帅指派为庭长。法庭代表全体反法西斯盟国，对日本在第二次世界大战期间犯有破坏和平罪、战争罪、违反人道罪的作为个人或作为团体成员的战犯进行审判及处罚。开庭法定最少人数为 6 人，判决采取多数表决制；如意见不同的双方票数相等，以庭长投票为准。

法庭受理对东条英机、土肥原贤二等 28 人的起诉，于 1945 年 5 月 3 日在日本东京开庭。审判结束于 1948 年 11 月 12 日，除在终审前病死的松冈洋古、永野修身及因"精神失常"免予追诉的大川周明外，东条英机等 7 人被判处绞刑，荒木贞夫等 16 人被判处无期徒刑，东乡茂德、重光葵被判处有期徒刑。

（吴宏耀　刘晓蕤）

前南斯拉夫问题国际刑事法庭

全称起诉应对 1991 年以来前南斯拉夫境内所犯的严重违反国际人道主义法行为负责的人的国际法庭，联合国安全理事会附属机构之一，设于荷兰海牙。1993 年 5 月 25 日，联合国安理会通过附有《前南斯拉夫问题国际刑事法庭规约》的第 827 号决议，次年法庭正式成立，专门负责对 1991 年以来在前南斯拉夫境内违反《日内瓦公约》、违反战争法或惯例、种族灭绝及违反国际人道主义法的犯罪嫌疑人进行刑事起诉和审判，开创由国际法庭审理国内战争罪犯的先例。

法庭由四个分庭、检察官办公室、书记官处构成。法庭下设三个初审分庭和一个上诉分庭，每个初审分庭由 3 名常设法官和至多 6 名专案法官组成，常设法官由安理会提名、联合国大会选举产生（任何国家至多 1 名），每届任期 4 年，可连选连任，专案法官由联合国秘书长应法庭庭长请求而任命；上诉分庭由 5 名本法庭常设法官及两名卢旺达问题国际刑事法庭常设法官组成，其同时为卢旺达问题国际刑事法庭上诉分庭工作。检察官办公室负责调查和起诉工作，检察长由联合国秘书长提名、安理会任命，每届任期 4 年。书记官处负责法庭行政工作。法庭庭长、副庭长由全体常设法官以多数票选举产生，每届任期 2 年，可连任一届。

每个案件的初审均由同一初审分庭的3名法官负责，其中须至少包括一名常设法官。每个上诉案件由上诉分庭的5名法官负责审判。已接受法庭审判者包括前南联盟总统斯洛博丹·米洛舍维奇（审理期间去世）、前南联盟塞尔维亚总统米兰·米卢蒂诺维奇（已无罪释放）、波黑塞族共和国前总统卡拉季奇、前军队总司令姆拉迪奇等人。

（吴宏耀　刘晓蕤）

卢旺达问题国际刑事法庭

全称起诉应对1994年1月1日至12月31日卢旺达境内种族灭绝和其他严重违反国际人道主义法行为负责的人以及应对这一期间邻国境内种族灭绝的和其他该类违法行为负责的卢旺达公民的国际刑事法庭，联合国安全理事会附属机构之一。1994年11月8日，联合国安理会通过附有《卢旺达问题国际刑事法庭》的第955号决议，次年法庭正式成立，专门负责对卢旺达种族屠杀事件进行刑事起诉和审判，开创由国际法庭审理种族灭绝罪犯的先例。2012年完成所有工作。

法庭由四个分庭、检察官办公室、书记官处构成。法庭下设三个初审分庭和一个上诉分庭，初审分庭均设于坦桑尼亚阿鲁沙，每个初审分庭各有3名常设法官，常设法官由安理会提名、联合国大会选举产生（任何国家至多1名），每届任期4年，可连选连任；上诉分庭设于荷兰海牙，由两名本法庭常设法官及5名前南斯拉夫问题国际刑事法庭常设法官组成，其同时为前南斯拉夫问题国际刑事法庭上诉分庭工作。法庭设有9名专案法官，从安理会确定的18名专案法官名单中遴选。检察官办公室负责调查和起诉工作，检察长由联合国秘书长提名、安理会任命，每届任期4年。书记官处负责法庭行政工作。法庭庭长、副庭长由全体常设法官以多数票选举产生，每届任期2年，可连任一届。除阿鲁沙、海牙外，法庭另有办事处设于卢旺达基加利。

每个案件的初审均由3名法官负责，其中须同时包括常设法官和专案法官。每个上诉案件由上诉分庭的5名法官负责审判。目前，由法庭负责的全部案件皆已完成初审程序。卢旺达前总理坎班达在接受法庭审判者之列，已被判处无期徒刑。

（吴宏耀　刘晓蕤）

塞拉利昂问题特别法庭

依联合国与塞拉利昂政府间的协定而于2002年7月1日开始工作的特别司法机构，负责追究应对1996年11月30日以来塞拉利昂境内严重侵犯国际人道主义法行为和被塞拉利昂有关法律定为犯罪的行为负最大责任的人的刑事责任。法庭设立在塞拉利昂首都弗里敦。

特别法庭具有混合性质，融合国际和国家两方面的机制、人员及法律。法庭由初审分庭、上诉分庭、检察官及书记官处构成。现有法官12名。初审分庭由7名法官组成，其中2名由塞拉利昂政府任命，5名由联合国安全理事会任命。上诉分庭由5名法官组成，其中2名由塞拉利昂政府任命，3名由联合国安理会任命。分庭庭长各由本庭法官选举产生，上诉分庭庭长任特别法庭庭长。检察官负责调查和起诉工作，由联合国安理会任命，每届任期3年，可连任。书记官处负责法庭行政工作。

2012年4月26日，利比里亚前总理查尔斯·泰勒接受法庭审判（经联合国安理会授权，法庭实际审判地在荷兰海牙),被判处50年徒刑。除追究罪犯的刑事责任外,特别法庭亦协助塞拉利昂重建其国家法律体制。

(吴宏耀 刘晓蕤)

柬埔寨法院特别法庭

全称起诉民主柬埔寨时期罪行的柬埔寨法院特别法庭,又称红色高棉特别法庭,依联合国与柬埔寨政府间于2003年达成的协定而成立的特别司法机构,负责审判民主柬埔寨高级领导人及应对1975年4月17日至1979年1月6日违反柬埔寨刑事法律、国际人道主义法律和惯例及被柬埔寨承认的国际条约的罪行和严重暴力行为负最大责任的人。

特别法庭具有混合性质,融合国际和国家两方面的机制、人员及法律。法庭在司法机构上包括预审分庭、初审分庭、最高法院分庭、共同检察官办公室及共同调查法官办公室。预审分庭、初审分庭各由3名柬埔寨法官和2名国际法官组成。最高法院分庭作为上诉庭和终审庭,由4名柬埔寨法官和3名国际法官组成。共同检察官办公室负责初步调查和起诉工作,由柬埔寨检察官和国际检察官各1名组成。共同调查法官办公室负责司法调查工作,由柬埔寨法官和国际法官各1名组成。所有特别法庭的法官由柬埔寨最高司法官委员会从安理会提名的法官名单中任命,任期直到法庭完成工作结束。

接受法庭审判者包括红色高棉"二号人物"农谢、"三号人物"英萨利(审理期间去世)、"五号人物"乔森潘、S-21集中营监狱长康克由等人,其中康克由已被终审判处无期徒刑。

(吴宏耀 刘晓蕤)

东帝汶国际法庭

又称帝力地区法院特别小组、东帝汶严重犯罪特别小组,联合国东帝汶过渡行政当局设于东帝汶帝力地区法院的司法机构,负责追究1999年发生于东帝汶的杀人、强奸、酷刑等严重罪行的刑事责任,今已不存在。

联合国东帝汶过渡行政当局于2000年设立了一个"东帝汶严重犯罪特别小组",2003年另两个小组被设立;每个庭由2名国际法官和1名东帝汶法官组成。2006年,法庭终止。其间法庭对包括印度尼西亚前国防部长兼武装部队总司令维兰托在内的被告人进行了审判,但大量被告人的国籍国印度尼西亚不承认法庭的合法性,法庭司法文书的执行情况不佳。

(吴宏耀 刘晓蕤)

黎巴嫩问题特别法庭

依联合国与黎巴嫩政府间的协定而于2007年6月10日成立的特别司法机构,设于荷兰海牙,负责追究应对2005年2月14日造成黎巴嫩前总理拉菲克·哈里里身亡及其他伤亡的袭击事件负责的人的刑事责任。STL是第一个针对某一个人所犯的恐怖主义犯罪行为而成立的联合国国际刑事法庭。

特别法庭具有混合性质,融合国际和国家两方面的机制与人员。法庭由预审法官、初审分庭、上诉分庭、检察官、书记官处及辩护方办公室构成。预审法官为国际法官,初审分庭由1名黎巴嫩法官和2名国际法官组成,上诉分庭由2名黎巴嫩法官和3名国际法官组成;法官每届任期 3 年，可连任。分庭庭长各由本庭法官选举产生，上诉分庭庭长任特别法庭庭长。检察官负责调查和起诉工作，由联合国安全理事会任命，每届任期 3 年，可连任。书记官处负责法庭行政工作。辩护方办公室负责保护辩护方权利，其主任由联合国秘书长与法庭庭长协商任命。依《黎巴嫩问题特别法庭规约》，法庭适用黎巴嫩刑法，但死刑条款、强迫劳动条款予以排除。

（吴宏耀　刘晓蕣）

联合国行政法庭

联合国内部所设立的负责审判联合国秘书处工作人员雇用合同、任用条件未获履行案件的司法组织，今已不存在。1949 年 11 月 24 日，联合国大会通过《联合国行政法庭规约》，联合国行政法庭建立；后联合国大会通过决议建立由联合国争议法庭、联合国上诉法庭构成的新的二级审判体系，2009 年 12 月 31 日法庭解散。

法庭由法官 7 人组成，法官由联合国大会任命，每届任期 4 年，可连任一次；法庭自其法官中选举庭长 1 人、副庭长 2 人。每个案件均由法官 3 人审理；审理法官如认为案件足够重要，可于判决作出之前将案件提送全体法官审议（要求至少 5 人）。

依《联合国行政法庭规约》，法庭受理下列人员所提出的申请：(1)联合国秘书处的任何工作人员，即使其雇用业已终止，以及在工作人员死亡后继承其权利的任何人；(2)能证明其根据任何合同或任用条件，包括工作人员可依据的工作人员条例和细则，有权享受权利的任何其他人。除判决后发现新的决定性事实以外，法庭作出裁判的案件不可上诉。法庭决定的案件赔偿数额，由联合国或与联合国建立关系的专门机构给付。

（吴宏耀　刘晓蕣）

国际劳工组织行政法庭

国际劳工组织下设的司法机构，负责审理涉及若干国际组织的劳动案件，工作语言为英语和法语。前身为 1927 年建立的国际联盟行政法庭，接受工作人员对国际联盟秘书处和国际劳工局（国际劳工组织秘书处）的起诉；1946 年，国际联盟解散，法庭转入国际劳工组织系统继续工作。

自 1947 年起，法庭开放受案范围，除国际劳工组织外，对承认法庭管辖的其他国际组织，法庭亦接受其现任或现任工作人员对其的起诉。目前，法庭对来自约 60 个国际组织的 4.6 万余名现任或前任工作人员开放。

法庭由 7 名国籍不同的法官组成，法官由国际劳工大会任命，每届任期 3 年。法庭于每年春、秋两季各召集 1 次，每次为期 3 周，工作地点为国际劳工组织设于瑞士日内瓦的总部。

（吴宏耀　刘晓蕣）

世界银行集团行政法庭

世界银行集团下设的司法机构，负责以司法裁判的方式解决世界银行集团的工作人员与集团之间的争端。设于 1980 年，设立原因主要有二：一是当时集团工作人员数量急剧增加，需要相对正式的申诉程序的问题凸显；二是确保该集团及其内部事务免受各国管辖。

世界银行集团行政法庭由成员国 7 名国籍不同的法官组成，法官候选人由国际复兴开发银行(俗称“世界银行”)行长经协商后提出,由执行董事会任命,每届任期3年,可连任。

(吴宏耀　刘晓蕤)

欧洲联盟法院

简称“欧盟法院”,欧洲联盟法院系统的总称,设于卢森堡,与各欧洲联盟成员国的国内法院合作,确保欧盟法律在欧盟各成员国间能够有统一的解释和适用。包括欧洲法院、欧洲联盟普通法院、欧洲联盟普通法院专门法庭三级司法机构,原则上实行两审制,由欧盟普通法院进行一审,欧洲法院作为其上诉法院;涉及专门法庭管辖案件的,由专门法庭进行一审,欧盟普通法院作为其上诉法院,特殊情况下可由欧洲法院进行三审。

1952年,欧洲煤钢共同体成立,欧洲煤钢共同体法院同步设立;1958年,随欧洲经济共同体、欧洲原子能共同体成立,法院更名为“欧洲共同体法院”;2009年12月1日,《里斯本条约》生效,欧洲联盟中各司法机构得到整合,欧洲联盟法院系统正式建立。

依《里斯本条约》,欧盟法院遵照欧盟条约行使以下职权:(1)对欧盟成员国、欧盟机构、自然人或法人提起的诉讼作出裁判;(2)应欧盟成员国法院、法庭请求,对欧盟法律的解释和欧盟各机构所通过的立法的效力作出初步裁定;(3)对欧盟条约所规定的其他案件作出裁判。

(吴宏耀　刘晓蕤)

欧洲联盟普通法院

《里斯本条约》中正式名称为“普通法院”(General Court),面向欧洲的区域性司法机构,欧洲联盟法院的组成部分,设于卢森堡。前身为建于1989年1月1日的欧洲共同体一审法院,为减轻原欧洲共同体法院的负担而作为其前审、一审法院;2009年12月1日,《里斯本条约》生效,法院更名为“普通法院”。

一般情形下,普通法院作为欧盟法院系统的一审法院,对其作出的裁判仅得因法律适用问题上诉至欧洲法院;对特定领域,普通法院可成立专门法庭(目前仅有欧洲联盟公务员法庭),由专门法庭负责该领域案件的一审,对其作出的裁判仅得因法律适用问题上诉至普通法院,如案件在欧盟协议允许的特定范围内还可再上诉至欧洲法院。依欧盟协议,普通法院对以下案件进行一审管辖:(1)以违反欧盟法为由,由自然人或法人因欧盟机构、单位、局署的措施致公约所认定的权利受侵害而对其提起的诉讼、因上述对象的怠作为致公约所认定的权利不被充分保障而对其提起的诉讼、因欧盟法规侵犯公约所认定的权利且该法规的附属制度未包含救济途径而以立法单位为被告直接向普通法院请求救济的案件;(2)会员国对欧盟委员会提起的诉讼;(3)就欧盟理事会所通过的反补贴案、反倾销案或制裁案,会员国对欧盟理事会提起的诉讼;(4)就欧盟机构、单位、局署所致损害而提起的损害赔偿诉讼;(5)为欧盟协议所明文指定由普通法院管辖的案件;(6)对欧盟内部市场协调局或欧盟植物品种局提起的知识产权诉讼;(7)对欧洲化学品管理局提起的诉讼。

普通法院由每个欧盟成员国至少派任1名法官及1名书记官长组成,法官每届任期6年,可连任。法院院长和各庭庭长由法院法官自己选举产生,每届任期3年,可连任。

欧洲联盟普通法院有9个分庭,审判时由3名或5名法官组成合议庭,有时由1名法官独判。根据案件的法律复杂和重要性可由15名法官组成大审判庭。

普通法院自有其程序规则,每案包含书面审理、言词辩论两阶段,言词辩论和宣判都在公开法庭中进行;法院以法语为唯一工作语言,但当事方可选择任一欧盟官方语言,必要时法院为言词辩论阶段配备翻译,负责将双方陈述翻译成不同的欧盟官方语言。判决在2个月内可上诉至欧洲法院。

(吴宏耀　刘晓蕤)

欧洲法院

《里斯本条约》中正式名称为“法院”(Court of Justice),面向欧洲的区域性司法机构,欧洲联盟法院的组成部分,设于卢森堡。前身为1952年设立的欧洲煤钢共同体法院;1958年,随欧洲经济共同体、欧洲原子能共同体成立,法院更名为“欧洲共同体法院”;2009年12月1日,《里斯本条约》生效,“法院”名称得以恢复。

一般情形下,法院作为欧盟法院系统的二审法院和最高法院,仅接受对普通法院作出的一审裁判因法律适用问题提起的上诉;对特定领域,由普通法院下设的专门法庭(目前仅有欧洲联盟公务员法庭)负责一审,对其作出的裁判仅得因法律适用问题上诉至普通法院,如案件在欧盟协议允许的特定范围内法院还可再接受上诉进行三审。依《欧洲联盟运作条约》,就以下特殊情形,由法院直接进行一审:(1)针对欧盟成员国是否未履行欧盟法所规定的应尽义务,由欧盟委员会或其他成员国提起的诉讼;(2)废除欧盟机构措施诉讼;(3)审查欧盟机构违法不作为案件;(4)就欧盟成员国对其公民的非违约性侵权行为提起的损害赔偿诉讼。

法院由每个欧盟成员国1名的法官、9名佐审官及1名书记官、1名或多名助理书记官组成,法官和佐审官由各成员国指派,每届任期6年,法官须经全体欧盟成员国批准。审理个案的法庭,多由3名或5名法官组成,亦可由15名法官甚至全体法官组成;个案判决采取“合议判决”形式,即全体参与审理的法官以一致意见为结论。佐审官负责为个案独立提供法律意见,2003年起仅应法院请求方提出意见。

法院自有其程序规则,每案包含书面审理、言词辩论两阶段,言词辩论和宣判都在公开法庭中进行;法院以法语为唯一工作语言,但当事方可选择任一欧盟官方语言,而佐审官的法律意见书亦可使用任何欧盟官方语言。

(吴宏耀　刘晓蕤)

欧洲联盟普通法院专门法庭

面向欧洲的区域性司法机构,欧洲联盟法院的组成部分,附属于欧洲联盟普通法院。依《欧洲联盟运作条约》第257条,欧洲议会、欧洲理事会可通过通常立法程序在普通法院之下设置专门法庭,负责特定领域案件的一审。目前,仅有欧洲联盟公务员法庭。

对专门法庭负责的特定领域,由其进行案件的一审,对其作出的裁判仅得因法律适用问题上诉至欧盟普通法院,如案件在欧盟协议允许的特定范围内还可再上诉至欧洲法院。

2004年11月2日,欧洲理事会通过设立欧洲联盟公务员法庭的决议。法庭由7名法官组成,负责对欧盟公务员与欧盟之间的案件进行一审。法官由欧洲理事会任命,任期6年,可连任。

(吴宏耀　刘晓蕤)

欧洲人权法院

依《欧洲人权公约》设立的区域性常设司法机构,负责对该公约缔约国危害人权案件进行裁判,位于法国斯特拉斯堡,以英语和法语作为正式语言。1953 年《欧洲保障人权和基本自由公约》即《欧洲人权公约》生效,1959 年欧洲人权法院成立,但案件必须先经过欧洲人权委员会受理;1997 年欧洲委员会第二次首脑会议决定,自 1998 年 11 月起欧洲人权法院正式单一化,废止欧洲人权委员会,并将法院确定为永久性组织。

法院中,每个《欧洲人权公约》缔约国各有一名由其提名的法官,但其不必具有该国国籍;每个缔约国各提名 3 名法官候选人,缔约国全体参加的咨询会议从中以多数票选出法官;除首届外,法官每届任期 6 年,可连选连任,但法官年满 70 岁时其任期自动届满。2010 年以来,欧洲人权法院改革后的新规为:法官任期 9 年,不可连任;法官只有在 2/3 以上的其他法官认为其已不能满足需要时才可被撤职。法院共分为五个审判庭,每个庭各包含 1 名法官自己选出的庭长和 6 名法官;法院由全体法官自己选出 1 名院长,5 名庭长中两人兼任副院长,院长、副院长、各庭庭长每届任期 3 年。同时,法院设包含 17 名法官的大审判庭,院长、副院长、各庭庭长为当然成员,其他成员由法官自己依法院规则选出。

依《欧洲人权公约》第 34 条,世界范围内的任何个人、非政府组织、个人团体皆可以自己的《欧洲人权公约》及其议定书所保障的权利遭到《欧洲人权公约》缔约国侵犯为理由向法院起诉;但依《欧洲人权公约》第 35 条,起诉以穷尽国内法救济手段为前提。起诉须先经由 3 名法官组成的委员会审查,未被驳回的案件由审判庭进行审判,对其作出的裁判不服可于 3 个月内再将案件提交至大审判庭,不再提交、超期未提交或大审判庭拒绝受理的,审判庭判决具有终局效力;大审判庭在案件足够重要时也可在委员会审查后直接进行审判,大审判庭作出的裁判一律具有终局效力。法院的终局裁判,《欧洲人权公约》缔约国必须执行,欧洲委员会的部长委员会监督执行。

(吴宏耀　刘晓蕤)

欧洲人权委员会

依《欧洲人权公约》设立的区域性人权机构,欧洲委员会所属机构之一,负责监督和保证《欧洲人权公约》缔约国遵守对该公约所作的承诺,位于法国斯特拉斯堡,今已不存在。1953 年《欧洲保障人权和基本自由公约》即《欧洲人权公约》生效,次年欧洲人权委员会成立,但欲交欧洲人权法院裁判的申诉必须先经其受理;1997 年欧洲委员会第二次首脑会议决定,自 1998 年 11 月起欧洲人权法院正式单一化,欧洲人权委员会废止。

欧洲人权委员会委员由欧洲理事会的部长委员会根据咨询议会提出的候选人名单,以绝对多数票选出,每个缔约国各有 1 名委员。委员以个人名义当选,并非政府代表。委员每届任期 6 年,连选可连任。

欧洲人权委员会下设六个附属委员会、两个分院及一个秘书处。附属委员会各由 3 名委员组成,经 3 人一致同意可根据《欧洲人权公约》作出拒绝受理申诉的决定。分院可行使委员会职权,受理提交的案件。依《欧洲人权公约》第 25 条,委员会有权审理个人申诉,但以《欧洲人权公约》缔约国同意接受此种管辖为前提;依《欧洲人权公约》第 24 条,各缔约国可对另一缔约国提出指控。接到申诉或指控后,委员会首先进行初步调查,如申诉或指控成立,即进行实质性调查,并进行调解,力求友好解决。如调解失败,委员会则向欧洲理事会的部长委员会提交报告书,阐明事实并指出涉案缔约国是否未履行《欧洲人权公约》义务;报告无法律约束力,但部长理事会在作出决定时通常采纳其意见;该报告书一般不予公布,除非部长委员会决定公布。欧洲人权委员会提交报告后,其调查、调解任务即告结束,之后由部长委员会自行决定或再交欧洲人权法院、由其决定涉案缔约国是否违反《欧洲人权公约》。

(吴宏耀 刘晓蕤)

美洲国家间人权法院

也译作泛美人权法院,依《美洲人权公约》设立的附属于美洲国家组织的区域性司法机构,位于哥斯达黎加圣何塞。1978 年《美洲人权公约》生效,1979 年美洲国家间人权法院即开始工作,负责对《美洲人权公约》缔约国危害人权案件进行裁判,并有权应美洲国家组织的成员国及机构的请求,就《美洲人权公约》或与美洲国家人权保护问题有关的其他条约的解释提供咨询。

美洲国家间人权法院由来自《美洲人权公约》缔约国的 7 名法官组成(每国至多 1 名),法官由美洲国家组织大会选举产生,每届任期 6 年,可连任一届。审判案件时,具有涉案国国籍的法官无须回避。

美洲国家间人权法院仅受理《美洲人权公约》缔约国和美洲国家间人权委员会提交的案件,不受理个人、团体或非政府组织直接起诉的案件。法院裁判具体案件,以涉案国公开表示接受法院管辖为前提,该表示的形式可为根据《美洲人权公约》任意条款作出接受管辖的声明,亦可为签署包含接受管辖内容的特别协议。法院判决具有终局性,对当事国具有法律拘束力。

(吴宏耀 刘晓蕤)

美洲国家间人权委员会

也译作泛美人权委员会,附属于美洲国家组织的区域性人权机构,总部位于美国华盛顿哥伦比亚特区。1948 年《美洲人的权利和义务宣言》通过,泛美人权保护系统形成,1959 年美洲国家间人权委员会建立;1978 年《美洲人权公约》生效,承认美洲国家间人权委员会的既有权限,并赋予其若干新职责,令其监督《美洲人权公约》全体缔约国履行其所承担的各项保护人权的义务。

美洲国家间人权委员会由来自《美洲人权公约》缔约国的 7 名委员组成(每国至多 1 名),委员由美洲国家组织大会选举产生,每届任期 4 年,可连任一届。审查案件时,具有涉案国国籍的委员需要回避。

依《美洲人权公约》第 14 条,美洲国家间人权委员会对一切个人、团体或非政府组织开放,受理其对某缔约国侵犯《美洲人权公约》行为的指控,无论被告国是否事先表示接受《美洲人权公约》任意条款;委员会也接受来自缔约国之间的控告,但其仅在涉案国均已事先表示接受《美洲人权公约》任意条款第 45 条后方有权受理。美洲国家间人权法院不受理个人、群体或非政府组织直接向其起诉的案件,该种案件必须经委员会受理后由其向法院提交。

(吴宏耀 刘晓蕤)

非洲人权与民族权法院

依《非洲人权与民族权宪章关于建立非洲人权与民族权法院的议定书》(以下简称《议定书》)于2004年设立的区域性常设司法机构,附属于非洲联盟,位于坦桑尼亚阿鲁沙。负责裁判《非洲人权与民族权宪章》缔约国危害人权案件及应请求针对非洲人权文件的法律事项提供意见。

法院由11名法官组成(每个《议定书》缔约国至多1名),法官由各《议定书》缔约国提名、非洲联盟首脑会议选举决定,除首届外,每届任期6年,可连任一届。

法院仅受理《美洲人权公约》缔约国和美洲国家间人权委员会提交的案件,不受理个人、团体或非政府组织直接起诉的案件。法院裁判具体案件,以涉案国公开表示接受法院管辖为前提,该表示的形式可为根据《美洲人权公约》任意条款作出接受管辖的声明,亦可为签署包含接受管辖内容的特别协议。法院判决具有终局性,对当事国具有法律拘束力。

依《议定书》第5条,法院受理非洲人权与民族权委员会、向该委员会提出指控或被提出指控的缔约国、侵犯人权案件被害人国籍国及非洲各政府间组织起诉的任何案件;而对于在非洲人权与民族权委员会中具有观察员地位的非政府组织及个人直接起诉的案件,法院仅在被告国已宣布接受法院就此种案件进行管辖的前提下方受理。法院判决对当事缔约国具有法律拘束力,其有义务在法院限定的时间内执行判决。

依《议定书》第4条,非洲联盟、非洲联盟任何成员国、非洲联盟内任何机构及任何为非洲联盟所承认的非洲组织,皆可请求法院就与《非洲人权和民族权宪章》及相关人权文件有关的法律事项提供咨询意见,但要求该事项与非洲人权与民族权委员会正在审查的事项无关。

(吴宏耀　刘晓蕤)

非洲人权与民族权委员会

依《非洲人权与民族权宪章》设立的区域性人权机构,附属于非洲联盟,其秘书处现位于冈比亚班珠尔。《非洲人权与民族权宪章》于1986年10月21日生效,非洲人权与民族权委员会(以下简称委员会)随之建立。其宗旨为提升非洲的人权与民族权状况,确保权利得到保护。

委员会由来自《非洲人权与民族权宪章》缔约国的11名委员组成(每国至多1名),委员由各缔约国提名、非洲联盟首脑会议无记名投票选举决定,每届任期6年,可连选连任。委员独立履行职责,不代表其国籍国。委员会由全体委员自己选出主席、副主席各1名,每届任期2年,可连选连任。

委员会于每年春、秋两季各举行一次会议,春季会议通常在3月或4月,秋季会议通常在10月或11月;通常,每年其中一次会议在冈比亚班珠尔举行,另一次在非洲其他国家。

依《非洲人权与民族权宪章》第46条,委员会负有以下职责:(1)为提升人权与民族权状况进行调查、研究、立法等活动;(2)在《非洲人权与民族权宪章》所构建的框架内确保人权与民族权得到保护;(3)应《非洲人权与民族权宪章》缔约国、非洲联盟机构或非洲联盟承认的非洲组织的请求解释《非洲人权与民族权宪章》任何条款;(4)完成非洲联盟首脑会议安排的其他任务。

(吴宏耀　刘晓蕤)

独立国家联合体经济法院

独立国家联合体（以下简称独联体）下属司法机关，负责解决独联体范围内履行经济义务时发生的争端，设于白俄罗斯明斯克，工作语言为俄语。1992 年 5 月 15 日，独联体国家元首理事会作出《关于改善独联体国家经济组织间相互结算措施的决议》，独联体经济法院正式成立，同年关于法院地位和规约的《莫斯科协定》通过；1993 年 1 月 22 日，《独立国家联合体宪章》通过，法院正式成为独联体的司法机关，并于 1994 年开始实际运作。

法院由每个《莫斯科协定》成员国各任命的 2 名法官组成，2 名的其中 1 名为常设法官，须具有独联体国家最高经济或商业法院法官任职资格；另 1 名为非常设法官，一般应是成员国最高经济或商业法院院长。法官每届任期 10 年，无连任届数限制。法院院长、副院长由全体法官以多数票选举产生，但其任命须独联体国家元首理事会正式批准，每届任期 5 年。

在诉讼方面，依《莫斯科协定》，法院仅可管辖独联体成员国之间的经济争端；2004 年独联体与欧亚经济共同体通过协定，独联体经济法院开始行使欧亚经济共同体法院职能，其管辖范围大为扩展。除诉讼管辖权外，法院亦可应对独联体协定、法令作出解释的请求发表咨询意见。

法院诉讼程序分为初审程序和上诉审程序。法院下设若干由 3 – 5 名法官组成的审判庭，任何案件的初审程序均由院长分配给其中一个审判庭负责。经过审理和秘密评议，判决由审判庭法官多数意见产生，不同意见不予公开。法院由院长、副院长及各成员国最高经济或商业法院院长或同等经济纠纷解决负责人组成全体庭，对初审判决不服可向全体庭提出上诉。上诉仅可因法律问题而提出，全体庭不对任何新事实作出评断。败诉方有义务执行判决，但并无相应监督执行的机制。

（吴宏耀　刘晓蕤）

东部和南部非洲共同市场法院

东部和南部非洲共同市场（以下简称东南非共同市场）下属司法机关，有权依《东部和南部非洲共同市场协定》的规定对向其提交的事宜进行裁判，现位于苏丹喀土穆。1994 年 12 月 8 日，东南非共同市场正式成立，法院随之建立，原有东部和南部非洲优惠贸易区的下属司法体系被纳入法院系统。

东南非共同市场法院由 7 名法官组成（每个成员国至多 1 名），法官由东南非共同市场首脑会议任命；其中 1 名法官出任法院院长，亦由东南非共同市场首脑会议任命。应东南非共同市场法院请求，东南非共同市场首脑会议有权额外任命法官。

东南非共同市场法院确保《东部和南部非洲共同市场协定》各项条款的正确解释及运用，并裁判与之相关的任何争端而不对起诉主体作资格限制。法院的裁判具有法律约束力，其根据该协定的解释作出的决定效力高于各国国内法院的判决。法院在其管辖范围内，独立于东南非共同市场首脑会议和理事会而工作。

（吴宏耀　刘晓蕤）

联合国人权理事会

联合国下属的政府间机构，以维护各国人权免于侵害为目标，负责在全球范围内加强促进和保护人权的工作,解决侵犯人权的状况以及对此提出建议。前身为1946年成立的联合国早期功能委员会“联合国人权委员会”,作为联合国经济社会理事会的职司委员会,也帮助联合国人权事务高级专员办事处开展工作;联合国大会于2006年3月15日通过其第60/251号决议,创立“人权理事会”以取代“人权委员会”。自2011年起,人权理事会的工作和作用接受联合国大会层面的审议。

人权理事会由47个成员国组成,由联合国大会大多数成员通过直接和无记名投票选举产生。成员分配基于公平地域原则,具体席位分配为:非洲国家13席,亚洲国家13席,拉丁美洲和加勒比海国家8席,东欧国家6席,西欧和其他国家7席。成员每届任期3年,在连任两届后不得立即再选。理事会设主席团,由分别代表五个区域的一位主席和四位副主席组成,根据理事会年度周期,每届任期1年。

理事会在联合国日内瓦办事处举行会议,负责讨论全年所有需要关注的人权问题和状况。其会议分为常规会议和特别会议两种:每年举办不少于3次的常规会议,共计至少10周,分别在3月(4周)、6月(3周)和9月(3周)举行;如果经1/3成员国的要求,可决定在任何时间召开处理人权受到侵犯和紧急事件的特别会议。历史上人权理事会首次会议于2006年6月19日至30日召开。

2007年,人权理事会通过了指导工作和设立其程序与机制的“体制建设一揽子计划”,其体制包括普遍定期审议机制、咨询委员会和投诉程序。普遍定期审议机制,涉及对所有联合国成员国的人权记录的审议,由人权理事会主持并由各国主导,各国借此机会公开其为改善国内人权状况而采取的行动及其履行人权义务的情况;其旨在确保一视同仁地评估每个国家的人权状况,用以提醒各成员国有责任全面尊重并实施所有人权和基本自由义务,最终目标在于改善各国的人权状况、设法解决在任何地方发生的人权侵犯事件;截至2011年,已完成对所有193个联合国成员国人权记录的审议。咨询委员会,取代了其前身“增进和保护人权小组委员会”,由18名独立专家组成,行使理事会智囊团职能,为人权专题问题提供专业知识和建议。投诉程序(申述程序),受理由个人、组织提交的书面来文,对其进行初步筛查、进一步审议,就一贯严重侵犯人权和基本自由的问题提请理事会注意。

理事会也坚持由原人权委员会建立的联合国特别程序,旨在从专题角度或具体国别角度对人权问题提供建议和报告。特别程序由特别报告员、特别代表、独立专家和工作组组成,对具体国家专题问题或人权状况予以监督、审查、建议和公开报道。具体包括:在人权事务高级专员办事处(人权高专办)的支持下开展国别访问;通过发函提请各国及其他行为者关注指称侵犯虐待案件以回应个别案件及更广泛的结构性问题;撰写专题报告和组织专家讨论会;促进国际人权标准的发展完善;从事宣传活动;提高公众意识;为技术合作提供咨询意见等。特别程序每年向人权理事会作年度报告,大多数任务也向联合国大会作报告。

中国分别于2006年、2009年、2013年三次当选联合国人权理事会成员。中国政府在人权问题上立场明确,相信中国在联合国人权理事会今后的工作中能够发挥积极作用。

(吴宏耀　刘晓蕤)

第三部分　检察机构

中　国

中国内地(大陆)

中华人民共和国人民检察院

中华人民共和国的法律监督机关,国家机关的重要组成部分。人民检察制度源于革命战争时期,在 1931 年中央苏维埃政府成立之前,一些革命根据地已经尝试建立起检察制度。1931 年 7 月,鄂豫皖革命根据地第二次苏维埃代表大会通过《鄂豫皖苏维埃政府临时组织大纲》,规定在人民司法机关——革命法庭内设审判委员会、国家公诉员和辩护员。同年 10 月 4 日颁布的《鄂豫皖苏维埃政府革命法庭的组织与政治保卫局的关系及其区别》第 2 条第 7 项规定,"国家公诉处要研究对破坏苏维埃政权法令之案件提起公诉,当法庭审问被告人的时候,国家公诉员要来证明案犯之罪恶"。鄂豫皖革命根据地关于国家公诉处和国家公诉员的规定,是人民检察历史上首次关于检察机关和检察人员的专门设置。1931 年 11 月中国共产党在江西瑞金建立中华苏维埃共和国,人民检察制度开始创建与探索。1931 年 11 月,中央工农检察人民委员部成立。根据《工农检察部组织条例》的规定,各级工农检察部的职能是,监督苏维埃机关、企业及其工作人员正确执行苏维埃的政纲及各项法律、法令,保护工农群众利益,若发现苏维埃工作人员有行贿、浪费公款、贪污等犯罪行为,有权报告法院,提起公诉。1939 年 1 月,陕甘宁边区第一届参议会决定在陕甘宁边区高等法院设置检察处。1945 年抗日战争取得胜利后,各解放区基本上沿袭了根据地时期行之有效的检察制度,人民检察制度得到恢复重建,为新中国检察制度的建立奠定了制度基础。1949 年 9 月 29 日,中国人民政治协商会议第一届全体会议表决通过了《中央人民政府组织法》,其第 5 条规定:"……组织最高人民法院及最高人民检察署,以为国家的最高审判机关及检察机关";第 28 条确定最高人民检察署的职责是:"最高人民检察署对政府机关、公务人员和全国国民之严格遵守法律,负最高的检察责任。"1949 年至 1953 年人民检察院称"人民检察署",依 1954 年《宪法》和《人民检察院组织法》的规定改称"人民检察院"至今。因 1975 年《宪法》有关"检察机关的职权由各级公安机关行使"的规定被撤销,1978 年《宪法》恢复人民检察院的建制。1982 年《宪法》第 129 条明确人民检察院是国家的法律监督机关。

根据《人民检察院组织法》第 12、13 条规定,人民检察院分为:最高人民检察院;地方各级人民检察院;军事检察院等专门人民检察院。地方各级人民检察院分为:(1)省级人民检察院,包括省、自治区、直辖市人民检察院;(2)设区的市级人民检察院,包括省、自治区辖市人民检察院,自治州人民检察院,省、自治区、直辖市人民检察院分院;(3)基层人民检察院,包括县、自治县、不设区的市、市辖区人民检察院。同时,省级人民检察院和设区的市级人民检察院根据检察工作需要,经最高人民检察院和省级有关部门同意,并提请本级人民代表大会常务委员会批准,可以在辖区内特定区域设立人民检察院,作为派出机构。人民检察院根据检察工作需要,可以在监狱、看守所等场所设立检察室,行使派出它的人民检察院的部分职权,也可以对上述场所进行巡回检察。省级人民检察院设立检察室,应当经最高人民检察院和省级有关部门同意。设区的市级人民检察院、基层人民检察院设立检察室,应当经省级人民检察院和省级有关部门同意。

专门人民检察院的设置、组织、职权和检察官任免,由全国人民代表大会常务委员会规定。军事检察院设立在中国人民解放军军事系统内的专门检察院,分三级设置,主要负责办理涉军案件。此外,在省级检察院以下还设有铁路运输检察院,由所在地的省级人民检察院领导工作,分为铁路运输检察分院、基层铁路运输检察院两级,主要负责打击和防范在铁路运输系统所辖区域中(包括铁路沿线、列车、车站、铁路企业事业单位等)发生的各种违法犯罪活动和铁路工作人员危害交通运输的违法犯罪活动,确保国家法律、法令在铁路运输系统统一正确实施,维护铁路运输秩序、生产秩序和工作秩序,保护铁路财产和铁路运输物资不受非法侵害,保护旅客和铁路职工的人身权利、民主权利和其他权益不受侵害。

各级人民检察院独立于国家行政机关、监察机关和审判机关,只向产生它的权力机关负责并报告工作。各级人民检察院设检察长1人,副检察长、检察员若干人,并设检察委员会。最高人民检察院检察长由全国人民代表大会选举和罢免,副检察长、检察委员会委员和检察员由检察长提请全国人民代表大会常务委员会任免。地方各级人民检察院检察长由本级人民代表大会选举和罢免,副检察长、检察委员会委员和检察员由检察长提请本级人民代表大会常务委员会任免。地方各级人民检察院检察长的任免,须报上一级人民检察院检察长提请本级人民代表大会常务委员会批准。省、自治区、直辖市人民检察院分院检察长、副检察长、检察委员会委员和检察员,由省、自治区、直辖市人民检察院检察长提请本级人民代表大会常务委员会任免。

在各人民检察院内部,检察长统一领导检察院的工作;检察委员会在检察长的主持下,以民主集中制的方式讨论决定重大案件和其他重大问题。按照检察一体原则,最高人民检察院领导地方各级人民检察院和专门人民检察院的工作,上级人民检察院领导下级人民检察院的工作。人民检察院依照法律规定独立行使检察权,不受其他行政机关、团体和个人的干涉。人民检察院的职权由《人民检察院组织法》《刑事诉讼法》《民事诉讼法》《行政诉讼法》等法律规定。人民检察院行使的职权主要有:(1)依照法律规定对有关刑事案件行使侦查权。(2)对刑事案件进行审查,批准或者决定是否逮捕犯罪嫌疑人。(3)对刑事案件进行审查,决定是否提起公诉,对决定提起公诉的案件支持公诉。(4)依照法律规定提起公益诉讼。(5)对诉讼活动实行法律监督。(6)对判决、裁定等生效法律文书的执行工作实行法律监督。(7)对监狱、看守所的执法活动实行法律监督。(8)法律规定的其他职权。人民检察院行使规定的这些法律监督职权,可以进行调查核实,并依法提出抗诉、纠正意见、检察建议。有关单位应当予以配合,并及时将采纳纠正意见、检察建议的情况书面回复人民检察院。

（郭立新　付　磊）

中华人民共和国最高人民检察院

中华人民共和国行使检察权的最高检察机关，国家机构的重要组成部分。依 1949 年 12 月 20 日《最高人民检察署试行组织条例》建立，时称最高人民检察署，罗荣桓为首任检察长。1954 年《宪法》和《人民检察院组织法》颁布后，改称最高人民检察院至今。1968 年后，最高人民检察院被撤销，后依 1978 年《宪法》有关设置人民检察院的规定恢复重建。

最高人民检察院对全国人民代表大会及其常务委员会负责并报告工作，同时领导地方各级人民检察院和专门人民检察院依法履行法律监督职能，确保国家法律的统一正确实施。最高人民检察院设检察长 1 人，为首席大检察官，由全国人民代表大会选举和罢免并依法领导最高人民检察院工作；设副检察长、检察员、助理检察员、书记员若干人，并设检察委员会，在检察长主持下依民主集中制原则讨论和决定重大案件及其他重大问题。最高人民检察院副检察长、检察委员会委员和检察员由检察长提请全国人民代表大会常务委员会任免。2018 年最高人民检察院顺应新时代国家社会发展需要，进行内设机构改革，形成了"四大检察""十大业务"工作格局，改革后的最高人民检察院内设机构包括办公厅（新闻办公室）、政治部、第一检察厅（也称普通犯罪检察厅）、第二检察厅（也称重大犯罪检察厅）、第三检察厅（也称职务犯罪检察厅）、第四检察厅（也称经济犯罪检察厅）、第五检察厅（也称刑事执行检察厅）、第六检察厅（也称民事检察厅）、第七检察厅（也称行政检察厅）、第八检察厅（也称公益诉讼检察厅）、第九检察厅（也称未成年人检察厅）、第十检察厅（也称控告申诉检察厅）、法律政策研究室、案件管理办公室、国际合作局、检务督察局（巡视工作领导小组办公室）、计划财务装备局、机关党委、离退休干部局等。

最高人民检察院依法独立行使检察权，不受其他行政机关、团体和个人的干涉。按照《人民检察院组织法》《刑事诉讼法》《民事诉讼法》《行政诉讼法》的有关规定，最高人民检察院依法行使下列职权：(1)深入贯彻习近平新时代中国特色社会主义思想，深入贯彻党的路线方针政策和部署，统一检察机关思想和行动，坚持党对检察工作的绝对领导，坚决维护习近平总书记党中央的核心、全党的核心地位，坚决维护党中央权威和集中统一领导。(2)依法向全国人民代表大会及其常务委员会提出议案，向全国人民代表大会常务委员会提出法律解释要求，向全国人民代表大会常务委员会提出对行政法规、地方性法规、自治条例和单行条例是否符合宪法和法律进行审查的要求。(3)领导地方各级人民检察院和专门人民检察院的工作。对下级检察院相关业务进行指导，研究制定检察工作方针、总体规划，部署检察工作任务。(4)依照法律规定对由最高人民检察院直接受理的刑事案件行使侦查权，领导地方各级人民检察院和专门人民检察院开展对依照法律规定由人民检察院直接受理的刑事案件的侦查工作。(5)对全国性的重大刑事案件依法审查批准逮捕、决定逮捕、提起公诉，领导地方各级人民检察院和专门人民检察院开展对刑事犯罪案件的批准逮捕、决定逮捕、提起公诉工作。(6)负责应由最高人民检察院承办的刑事、民事、行政诉讼活动及刑事、民事、行政判决和裁定等生效法律文书执行的法律监督工作。(7)负责应由最高人民检察院承办的提起公益诉讼工作，领导地方各级人民检察院和专门人民检察院开展提起公益诉讼工作。(8)对最高人民法院的死刑复核活动实行监督。(9)对省级人民检察院报请核准追诉的案件进行审查、决定是否追诉。(10)负责应由最高人民检察院承办的对监狱、看守所等执法活动的法律监督工作，领导地方各级人民检察院和专门人民检察院开展对监狱、看守所等执法活动的法律监督工作。(11)受理向最高人民检察院的控告申诉，领导地方各级人民检察院和专门人民检察院的控告申诉检察工作。(12)对地方各级人民检察院和专门人民检察院在行使检察权中作出的决定进行审查，纠正错误决定。(13)对属于检察工作中具体应用法律的问题进行解释，发布指导性案例。(14)指导全国检察机关的理论研究工作。(15)负责检察机关队伍建设和思想政治工作。领导各级人民检察院和专门人民检察院依法管理检察官及其他检察人员的工作，协同中央主管部门管理人民检察院的机构设置及人员编制，制定相关人员管理办法，组织指导检察机关教育培训工作。(16)协同中央主管部门管理和考核省、自治区、直辖市人民检察院和专门人民检察院的检察长，协同省级党委管理和考核省、自治区、直辖市人民检察院和专门人民检察院的副检察长。(17)领导地方各级人民检察院和专门人民检察院的检务督察工作。(18)规划和指导全国检察机关的财务装备工作，指导全国检察机关的检察技术信息工作。(19)组织检察机关的对外交流合作，开展有关国际司法协助工作。(20)负责其他应当由最高人民检察院承办的事项。

（郭立新　付　磊　操宏均）

中华人民共和国军事检察院

中华人民共和国在军队系统设置的专门法律监督机关，属专门人民检察院，是中国检察机关的重要组成部分，是与军队保卫机关、军事法院并列的军队执法部门。中华人民共和国军事检察院始建于1955年，1968年后被撤销；中央军委和最高人民检察院根据1978年《宪法》有关设置人民检察院的规定，决定恢复重建军事检察机关。

1982年9月，中央军委印发军队体制改革精简整编方案的通知，规定全军军事检察院按三级设置：解放军军事检察院为一级；各大军区和海、空军军事检察院为一级；省军区、海军舰队、军区空军军事检察院为一级。1985年中国人民解放军开始"百万大裁军"，根据总参谋部通知，撤销了部队军级单位的军事检察院，按片设置陆军基层军事检察院。1996年5月25日，根据中央军委指示精神，武警部队成立两级军事法院、军事检察院。1996年7月23日，驻香港部队成立军事法院和军事检察院。1997年10月24日，军委批准成立解放军总直属队第二军事法院和第二军事检察院。1998年10月，根据中央军委文件的规定，全军各级军事法院、军事检察院的编制体制、员额作了新的规定，全军设解放军军事法院、军事检察院和军区、海军、空军、总直属队军事法院、军事检察院和基层军事法院、军事检察院。2004年7月，全军各级军事检察院的编制体制、员额再次作了新的调整，撤销了部分基层军事检察院。2014年3月，经中央军委批准，第二炮兵部队组建军事法院、军事检察院。

党的十八大以来，解放军军事司法体制改革深入推进，2016年中央军委政法委在北京召开全军军事法院、军事检察院调整组建大会，明确了军事检察院由过去按照军兵种和武警系统设置调整为区域化设置。目前军事检察院分三级设置：(1)"高层级"检察院(1个)：中国人民解放军军事检察院，相当于省级检察院。(2)"中层级"检察院(7个)：东南北中四大战区军事检察院、西部战区第一、第二军事检察院以及解放军总直属军事检察院，相当于地市级检察院。(3)基层检察院(26个)：中国人民解放军东部战区军事检察院下辖上海军事检察院、南京军事检察院、杭州军事检察院、合肥军事检察院、福州军事检察院5个基层军事检察院；中国人民解放军南部战区军事检察院下辖长沙军事检察院、广州军事检察院、南宁军事检察院、海口军事检察院、昆明军事检察院、驻香港部队军事检察院6个基层军事检察院；中国人民解放军西部战区第一军事检察院下辖成都军事检察院、拉萨军事检察院2个基层军事检察院；中国人民解放军西部战区第二军事检察院下辖兰州军事检察院、西宁军事检察院 、乌鲁木齐军事检察院3个基层军事检察院；中国人民解放军北部战区军事检察院下辖呼和浩特军事检察院 、沈阳军事检察院、哈尔滨军事检察院、济南军事检察院4个基层军事检察院；中国人民解放军中部战区军事检察院下辖北京军事检察院、石家庄军事检察院、郑州军事检察院、武汉军事检察院、西安军事检察院5个基层军事检察院；中国人民解放军总直属军事检察院下辖直属军事检察院。

各级军事检察院设检察长1人，副检察长、检察员、助理检察员若干人，并设检察委员会。中国人民解放军军事检察院检察长由最高人民检察院检察长提请全国人民代表大会常务委员会任命；副检察长经最高人民检察院检察长同意，按军队干部任免权限任免；检察委员会委员，经最高人民检察院检察长同意，由总政治部任免。“中层级”及以下军事检察院检察长、副检察长，经上级军事检察院检察长同意，按军队干部任免权限任免；检察委员会委员，经上一级军事检察院检察长同意，由本级政治部任免。

军事检察院在中华人民共和国中央军事委员会总政治部和最高人民检察院的领导下开展工作，其主要职责是通过对军职人员违法犯罪案件行使检察权，保障国家法律和各种军事法规、条例在军队范围内统一、正确实施，维护军队的合法权益。按照专属管辖的原则，军事检察院管辖下列案件：(1)现役军人的犯罪案件；(2)军内在编职工的犯罪案件；(3)军人违反职责罪中共同犯罪的非军人犯罪案件。

军事检察院在办案过程中，行使以下职权：(1)根据《刑事诉讼法》第19条及其他有关规定，对泄露、遗失军事机密案等案件以及军职人员实施的应由军事检察机关直接受理的刑事案件，由军事检察机关直接立案侦查，决定是否逮捕犯罪嫌疑人；(2)审查军队系统保卫部门立案侦查的刑事案件，决定批准逮捕、起诉或不起诉；(3)经审查，对军事检察机关和军队保卫部门立案侦查的案件提起公诉，并对法院审判活动的合法性进行监督；(4)其他应由军事检察机关行使的职权。

（郭立新　付　磊　操宏均）

中国铁路运输检察院

中华人民共和国在铁路运输系统设置的检察机关。1953年至1954年，天津、哈尔滨、上海等地建立铁路沿线专门检察署。1954年《人民检察院组织法》颁布后，1956年年初，最高人民检察院设铁路水上运输检察院，并普遍建立铁路运输检察院的各级机构。北京、太原等15个铁路局建立铁路运输检察院，在50个铁路分局建立铁路运输检察分院。1957年全部撤销。1979年8月，根据《人民检察院组织法》的规定，重新建立铁路运输检察院，并按三级设置，即全国铁路运输检察院、铁路运输检察分院、基层铁路运输检察院。1987年4月15日，最高人民法院、最高人民检察院联合下发《关于撤销铁路运输高级法院和全国铁路运输检察院有关问题的通知》，撤销全国铁路运输检察院，并在最高人民检察院设立铁路运输检察厅，负责对全国铁路运输检察业务进行指导，原铁路运输检察分院的工作改由所在省、自治区、直辖市人民检察院领导，更名为省、自治区、直辖市人民检察院铁路运输检察分院。铁路运输检察分院对一审刑事案件提出抗诉的，改由省、自治区、直辖市高级人民法院受理。基层铁路运输检察院仍予以保留。进入21世纪后，铁路运输检察院管理体制改革被纳入中央司法体制和工作机制改革的总体部署。2004年，《中央司法体制改革领导小组关于司法体制和工作机制改革的初步意见》提出，要改革有关部门、企业管理公检法的体制，将铁路公检法纳入国家司法管理体系。2009年7月8日，中央编办印发的《关于铁路公检法管理体制改革和核定政法专项编制的通知》提出了铁路运输检察院与铁路运输企业全部分离，一次性整体纳入国家司法管理体系，一次性移交给驻在地省（自治区、直辖市）党委和省级检察院，实行属地管理的总原则。2010年12月8日，中央编办、最高人民检察院等部门联合印发的《关于铁路法院检察院管理体制改革若干问题的意见》对铁路检察院管理体制改革后的干部管理、法律职务任免等问题作出了具体规定。截至2012年6月30日，全国17个铁路运输检察分院和59个基层铁路运输检察院全部移交给29个省级检察院实行属地管理。根据《最高人民检察院关于铁路检察院管理体制改革的实施意见》的规定，整体接收后的两级铁路检察院均属于所在地省级检察院的派出机构，省级检察院依照规定领导本省（自治区、直辖市）铁路运输检察分院的工作，尚未设置铁路运输检察分院的省级检察院，依照规定领导本省（自治区、直辖市）区域内的基层铁路运输检察院的工作。铁路检察分院依照规定领导设置在本省（自治区、直辖市）区域内的基层铁路运输检察院的工作，同时依法领导原所辖但设置在外省（自治区、直辖市）区域内的基层铁路运输检察院的工作。移交地方管理后，铁路运输检察院仍旧是国家依法设置的派出检察机构，其业务管辖范围、办案体制机制等暂时保持不变。

铁路运输检察院的主要职责是：（1）对铁路系统内的法律规定直接受理的犯罪案件进行侦查，并决定是否逮捕、提起公诉；（2）对铁路公安机关侦查的刑事案件进行审查批捕、审查起诉、提起公诉和支持公诉；（3）对铁路公安机关的侦查活动和铁路运输法院的审判活动是否合法进行监督。（4）依照法律规定提起公益诉讼。

（郭立新　付　磊）

林区人民检察院

中华人民共和国省级或县级人民检察院在林区设置的作为派出机构的检察机关。根据我国《人民检察院组织法》第16条的规定，省级人民检察院和设区的市级人民检察院根据检察工作需要，经最高人民检察院和省级有关部门同意，并提请本级人民代表大会常务委员会批准，可以在辖区内特定区域设立人民检察院，作为派出机构。林区人民检察院受派出的人民检察院的直接领导，依法独立行使检察权。根据需要在内部设置相应的业务机构，设检察长1人，副检察长、检察员、助理检察员、书记员、司法警察若干人，并设检察委员会。检察长、副检察长、检察委员会委员、检察院，均由派出的人民检察院检察长提请本级人民代表大会常务委员会任免。

（郭立新　付　磊）

农垦区人民检察院

中华人民共和国在农垦区设置的检察机关，是人民检察院的派出机构。根据我国《人民检察院组织法》第16条的规定，省级人民检察院和设区的市级人民检察院根据检察工作需要，经最高人民检察院和省级有关部门同意，并提请本级人民代表大会常务委员会批准，可以在辖区内特定区域设立人民检察院，作为派出机构。农垦区人民检察院受派出的人民检察院的直接领导,依法独立行使检察权。设检察长1人,副检察长、检察员、助理检察员、书记员、司法警察若干人,并设检察委员会。检察长、副检察长、检察委员会委员、检察院,均由派出的人民检察院检察长提请本级人民代表大会常务委员会任免。

(郭立新 付 磊)

工矿区人民检察院

中华人民共和国在工矿区设置的检察机关,是人民检察院的派出机构。根据《人民检察院组织法》第16条的规定,省级人民检察院和设区的市级人民检察院根据检察工作需要,经最高人民检察院和省级有关部门同意,并提请本级人民代表大会常务委员会批准,可以在辖区内特定区域设立人民检察院,作为派出机构。工矿区人民检察院受派出的人民检察院的直接领导,依法独立行使检察权,并根据需要设置相应的内部业务工作机构。工矿区人民检察院设检察长1人,副检察长、检察员、助理检察员、书记员、司法警察若干,并设检察委员会。检察长、副检察长、检察委员会委员和检察院,均由派出的人民检察院检察长提请本级人民代表大会常务委员会任免。

(郭立新 付 磊)

水上运输检察院

中华人民共和国在水上运输部门设置的检察机关,曾是专门人民检察院的一种。根据我国1954年《人民检察院组织法》的规定设立,1957年被撤销。1979年《人民检察院组织法》规定设置的专门人民检察院包括水上运输检察院,实际未恢复。1983年全国人民代表大会常务委员会通过的《关于修改〈中华人民共和国人民检察院组织法〉的决定》删去了有关设置水上运输检察院的规定,自此而后再未设置水上运输检察院。

(郭立新 付 磊)

人民检察署

中华人民共和国成立后至1954年9月前对检察机关的称呼。1949年9月29日,中国人民政治协商会议第一届全体会议通过《中国人民政治协商会议共同纲领》和《中央人民政府组织法》,规定设置最高人民检察署,领导地方各级人民检察署行使检察权。最高人民检察署在东北、华东、中南、西南、西北大行政区设立分署;在省级、专区和省辖市县(区、市)设置地方各级人民检察署。实行垂直领导体制,各级人民检察署独立行使职权,不受地方机关干涉,只服从最高人民检察署的领导。1951年又改为双重领导体制,即各级地方检察署既受上级人民检察署的领导,又是同级人民政府的组成部分,受同级人民政府领导。人民检察署内部实行检察委员会议与检察长负责制相结合的领导体制。检察委员会议以检察长为主席,如检察委员会议意见不一致时,取决于检察长。人民检察署的职权主要有:(1)检察全国各级政府及公务人员和全体国民是否严格遵守法律;(2)对各级司法机关之违法判决提起抗议;(3)对刑事案件实行侦查、提起公诉;(4)检察全国司法与公安机关犯人改造所及监所之违法措施;(5)对于全国社会与劳动人民利益有关之民事案件及一切行政诉讼,均得代表国家公益参与之。1954年9月,第一届全国人民代表大会第一次会议通过了《人民检察院组织法》,将人民检察署改称人民检察院。

（郭立新　付　磊）

最高人民检察院特别检察厅

专为检察特别重大案件而设置的临时性检察机构。在中国，1980年9月29日第五届全国人大常委会第16次会议决定成立最高人民检察院特别检察厅，由最高人民检察院检察长黄火青兼任厅长，最高人民检察院副检察长喻屏、人民解放军总政治部副主任史进前为副厅长，对林彪、江青反革命集团案进行审查起诉。同年11月5日，对江青、张春桥等10名主犯提起公诉，并出席法庭支持公诉。1981年1月25日，最高人民法院特别法庭宣告判决。在对林彪、江青反革命集团案10名主犯的检察起诉任务完成后，全国人大常委会于1981年3月3日决定撤销特别检察厅。

（郭立新　付　磊）

最高人民检察署

中国中央人民政府于1949年10月1日设置的行使检察权的最高检察机关。同年11月1日正式办公，1954年9月20日改称最高人民检察院。最高人民检察署设检察长、副检察长、检察委员会议、秘书长、副秘书长，以及办公厅、第一处、第二处、第三处、人事处和研究室等机构。第一处为反革命案件检察处，第二处为普通刑事案件检察处，第三处为行政诉讼和民事案件检察处。最高人民检察署的职权是：对政府机关、公务人员和全国国民之严格遵守法律负最高的检察责任。在内部领导体制上，实行检察委员会议与检察长负责制相结合的制度。检察长主持全署事宜，副检察长协助检察长执行职务，检察长是检察委员会议主席，如检察委员会议意见不一致时，取决于检察长。检察长、副检察长、检察委员会议委员，由中央人民政府委员会任免。最高人民检察署领导全国各级检察署工作，1950年先后在东北、华北、西北、西南、中南大行政区设置分署，对发生在本大行政区内各项检察事务代表最高人民检察署行使检察权。其检察长、副检察长、秘书长及检察委员会议委员，由最高人民检察署提请或专请中央人民政府委员会批准任免。

（郭立新　付　磊）

税务检察室

中国检察机关在同级税务机关设置的行使检察权的派出机构。1987年，中国吉林省人民检察院首先在该省税务局设置税务检察室。1988年8月，最高人民检察院会同国家税务局在长春联合召开关于加强税务检察工作的会议，决定各级人民检察院可以根据实际需要建立税务检察室，最高人民检察院还设立了相应的专门机构，负责对全国偷税、抗税、骗取国家出口退税犯罪案件侦查工作的指导和协调；研究答复查处偷税、抗税、骗税犯罪案件中有关政策、法律问题的请示；制定税务检察工作条例等。截至1993年，全国共设置税务检察室2613个。税务检察室由主任1人，副主任、检察员、助理检察员、书记员各若干人组成，其主要职责是：办理偷税、抗税犯罪案件，办理在偷税、抗税案件中涉及的税务人员利用职务上的便利贪污、受贿犯罪案件，办理人民检察院认为需要由税务检察室受理的其他犯罪案件，通过办案进行税收法制宣传教育,协助税务机关发现问题和堵塞漏洞。由于1996年《刑事诉讼法》对案件侦查管辖进行了调整,包括涉税犯罪案件等一批普通经济犯罪案件转由公安机关管辖,检察机关不再直接受理。根据这一案件侦查管辖范围的变化,1997年9月最高人民检察院、国家税务总局联合下发有关文件,撤销了税务检察室。

（郭立新　付　磊）

乡镇检察室

中国县(市)、市辖区人民检察院派驻乡(镇)的工作机构。随着1979年检察机关的恢复重建,向乡镇延伸检察职能迅速引起检察机关的重视。从1982年开始,检察机关陆续在一些经济发达、人口密集、交通便利的重点乡镇设置了派驻乡镇检察室。最高人民检察院于1989年12月颁布了《人民检察院乡(镇)检察室工作条例(试行)》,以规范和推动检察机关派驻乡镇检察室的建设。到1993年,中国已在重点乡镇设置检察室1020个。1993年4月22日中国最高人民检察院颁布了《人民检察院乡(镇)检察室工作条例》,进一步规范乡镇检察室的工作,促进派驻乡镇检察室的发展。根据中国《人民检察院组织法》和《人民检察院乡(镇)检察室工作条例》的规定,乡(镇)检察室根据乡(镇)地域、人口、经济状况和工作需要设置,设置和撤销由省一级人民检察院审批。1998年中国政法机关开展集中教育整顿活动,大部分派驻乡镇检察室被撤销。2001年3月中共中央明确要求:"调整派驻乡镇检察室设置。为有利于法律监督,兼顾工作效率,各地要根据实际情况,合理调整乡镇检察室布局,作用不大的,予以撤销;确需设置的,由省级人民检察院批准,报最高人民检察院备案。"2018年后,各地设置的乡镇检察室陆续被精简、撤销。最高人民检察院先后下发的《关于贯彻落实〈中央政法委员会关于深化司法体制和工作机制改革若干问题的意见〉的实施意见》《2009—2012年基层人民检察院建设规划》《关于进一步加强和规范检察机关延伸法律监督触角促进检力下沉工作的指导意见》等文件,对各地检察机关派出检察室的设置和有选择地开展部分试点工作,进行规范和行之有效的探索。

乡镇检察室设主任1人,检察员、助理检察员、书记员若干人,根据需要可设副主任1人,主任、副主任由检察员担任。乡镇检察室的主要职责是:(1)受理辖区内公民的举报、控告和申诉,接受违法犯罪分子的自首;(2)经检察长批准,对发生在本辖区内属于检察机关直接受理的刑事案件进行立案前调查以及立案后的侦查;(3)对辖区内执行缓刑、假释、管制、剥夺政治权利和监外执行的罪犯的教育改造工作进行考察,对刑满释放人员进行帮教;(4)结合检察业务工作,参加社会治安综合治理,开展法制宣传。

（郭立新　付　磊）

军事检察所

工农红军中的检察机构。1932年设立。分为两级,即初级军事检察所和高级军事检察所。初级军事检察所和高级军事检察所无隶属关系,分别设在初级、高级军事裁判所的所在地。设有所长、副所长、检察员等职。其职能是检察和预审。在军事裁判所审理案件时,军事检察所是代表国家对军事犯罪起诉的原告机关,可以向法庭提起公诉,代表国家出庭支持公诉。

（郭立新　付　磊）

工农检察部

中华苏维埃共和国临时政府中履行检察职能的组成部门，最高机关为中央工农检察人民委员部。根据《中华苏维埃共和国中央苏维埃组织法》和《工农检察查处问题的决议案》，1931年11月7日召开的第一次中华全国苏维埃代表大会成立了中央工农检察人民委员部，何叔衡任部长，下设部务委员会。1934年1月，第二次全国苏维埃代表大会选举项英为部长，下设控告局、突击队、轻骑队等机构，共70余人。1935年11月3日中华苏维埃共和国临时中央政府西北办事处成立后，作为其所属"七部一局"之"一局"的工农检察局继续行使工农检察部的职权。

根据1932年颁布的《工农检察部的组织条例》，中央政府设工农检察人民委员部，省、县、区三级苏维埃政府设工农检察部，城市设工农检察科。工农检察部受同级苏维埃代表大会执行委员会的领导，并接受上级工农检察部下达的任务和监督。各级工农检察部的任务是监督国家机关和国家企业及有国家资本在内的企业、合作社企业等，维护工农利益，保证一切政策、法令的实施，惩治贪污浪费、官僚主义等违法违纪行为，建议和直接处罚国家工作人员，并报告法院以法律制裁。《工农检察部的组织条例》还规定了各级工农检察机关的工作方式，规定工农检察部之下，须设控告局，以接受工农对于政府机关或国家企业的缺点和错误的控告事件；对于各机关内的官僚主义分子和腐化分子，有必要时，可以组织群众法庭，以审理不涉及犯法行为的案件，对于机关或团体工作人员有违法行为的，应将这些材料转交司法机关，以便提起诉讼。

中央工农检察部成立后，卓有成效地开展了检察业务。一是监督检查了中央苏维埃临时政府的各项政策、法规、条例、条令、训令的执行情况和各项工作的开展情况，保证了各项政令的正确执行和各项工作的顺利开展；二是深入开展了法制教育宣传活动，协助苏维埃中央政府及其各部建立和完善制度，一定程度上堵塞漏洞，防止腐败现象发生；三是在中央苏区大力开展检举运动和反贪污反浪费行动，从严惩治了一批贪污浪费、官僚主义等违法违纪人员；四是大力加强检察制度建设，富有成效地领导和监督了各级工农检察部开展工作。

（郭立新　付　磊）

革命法庭公诉处

中国土地革命时期鄂豫皖根据地设置的行使检察职能的国家机构。1931年7月，鄂豫皖革命根据地召开了鄂豫皖区第二次苏维埃代表大会，选举产生了人民委员会，下设革命法庭，其中专门设国家公诉处以履行检察职能。1931年7月《鄂豫皖区苏维埃临时组织大纲》明确规定，革命法庭内设国家公诉处，由公诉员代表国家向法庭提起公诉。

（郭立新　付　磊）

国家政治保卫局检察科

中华苏维埃共和国中履行检察职能的专门机构。1931年11月7日至20日，中华苏维埃第一次全国代表大会召开，成立了中华苏维埃共和国临时中央政府（人民委员会）成立，下设"九部一局"，国家政治保卫局即为其中之"一局"。国家政治保卫局设有检察科，与中央工农检察人民委员部及其后成立的军事检察（查）所和最高法院、各级裁判部内设的检察机构，共同组成了苏区检察机构体系。国家政治保卫局是专门办理反革命案件的机关，对一些反革命案件均有权侦查、逮捕和预审。国家政治保卫局在省、县及军队分别设分局，在区及某些特殊机关设特派员。各级政治保卫局均设检察科，行使检察权，主要负责政治保卫局侦查案件的预审和公诉。

（郭立新　付　磊）

边区高等检察处

陕甘宁边区高等检察处的简称，根据《陕甘宁边区政府命令》于1946年10月19日设立。由检察长1人、检察员2人、主任书记员1人、书记员2人组成。受陕甘宁边区政府领导，独立行使检察权。管辖对破坏民主政权，侵犯人民权利的违法行为的检举；对各级公务员触犯行政法规的检举；对违反政策事项的检举。经审查核实，属于违反法律的，向各同级法院提起公诉，属于行政处分的，呈送边区政府核办。1950年1月，随陕甘宁边区政府撤销而撤销。

（郭立新　付　磊）

中国香港特别行政区

香港廉政公署

中国香港特别行政区以肃贪倡廉为目标而设立并独立、直接向香港政府首长负责的纪律部队及执法机构。根据1974年2月15日香港立法局通过的《香港特派廉政专员公署条例》成立，简称"廉署"。廉政公署独立于香港政府，以廉政专员为其首长，廉政专员直接向行政长官负责。根据《香港特别行政区基本法》，廉政公署全权独立处理香港特别行政区内的一切反贪污工作。

廉政公署下设执行处、防止贪污处和社区关系处。执行处负责反贪调查，即接受香港市民举报贪污和调查怀疑贪污的行为，是廉政公署最为核心的部门，由1名廉政副专员兼任处长，有900余人。下设政府部门反贪调查、私营机构反贪调查、技术支援及情报研究4个科室。执行处的法定职责包括：接受及审阅贪污指控；调查任何被指控或涉嫌触犯《廉政公署条例》《防止贿赂条例》《选举（舞弊及非法行为）条例》的罪行；调查任何订明人员涉嫌滥用职权而犯的勒索罪；调查订明人员任何有关或可能导致贪污的行为。防止贪污处的职责是：审查各政府部门及公共机构的工作常规及程序，并建议修改容易导致贪污的工作方法及程序；应私营机构和个别人士的要求，提供防贪建议；在日常工作中与各机构及公司的管理层紧密合作，担当他们的顾问。社区关系处的职责主要是教育公众认识贪污的祸害，并争取公众支持肃贪倡廉工作。

廉政公署成立之初，其调查对象限于公务员，旨在查处公务人员的贪腐行为，后来扩展至公共事业机构，进而包括所有私人机构。廉政公署成立后，为维护香港社会的清廉环境起到了很大作用，也赢得了香港社会和国际社会的广泛关注。廉政公署获得成功，与通过制度设计保证其独立性关系密切。这种独立性包括：（1）机构独立，指廉署不隶属于任何一个政府部门，其最高官员"廉政专员"由香港最高行政长官直接任命；（2）人事独立，即廉署专员有完全的人事权，署内职员采用聘用制，不是公务员，不受公务员叙用委员会管辖；（3）财政独立，指廉署经费由香港最高行政首长批准后在政府预算中单列拨付,不受其他政府部门节制;(4)办案独立,指廉署有《廉政公署条例》《防止贿赂条例》《选举(舞弊及非法行为)条例》等赋予的独立调查权,包括搜查、扣押、拘捕、审讯等,必要时亦可使用武力,而抗拒或妨碍调查者则属违法。

廉政公署查办案件,主要依据《廉政公署条例》《防止贿赂条例》《选举(舞弊及非法行为)条例》所赋予的广泛权力。为防止这些权力被滥用,香港政府也设置了完备的监察与制衡机制,主要包括:(1)廉政专员需向特区行政长官负责,并定期向特区行政会议汇报廉署工作;(2)行政长官通过委任贪污问题咨询委员会、审查贪污举报咨询委员会、防止贪污咨询委员会及社区关系市民咨询委员会等监督廉署日常工作;(3)立法会有权赋予或撤销廉政公署的权力,并要求廉政专员出席立法会会议,也有权要求廉政专员就其政策及经费问题接受议员咨询;(4)廉政公署不享有检控权,所调查案件是否提交法庭,须由对行政长官负责的律政司长决定;(5)廉政公署在行使特定权力前,必须事先获得法庭的准许;(6)廉政公署事宜投诉委员会监察及覆检所有涉及廉署及廉署人员的非刑事投诉,以及监察针对廉署的职务投诉。

(郭立新　付　磊)

香港律政司

中国香港特别行政区政府中负责刑事检控工作的专门机构,1997 年之前称为律政署或律政司署。专责香港特别行政区政府的法律事务,包括提出刑事检控,草拟政府提出的所有法律草案,以及为香港政府提供法律意见。律政司下设律政司司长办公室、刑事检控科、民事法律科、法律政策科、法律草拟科、国际法律科、政务及发展科,其中刑事检控科专门负责在审讯中代表香港特别行政区政府进行刑事检控和处理上诉。

(郭立新　付　磊)

中国澳门特别行政区

澳门特别行政区检察院

中国澳门特别行政区唯一行使法律赋予检察职能的司法机关。在澳门回归中国前,澳门行使检察权的机构为澳门检察官公署,隶属葡萄牙检察官公署。直至依据 1991 年《澳门司法组织纲要法》(8 月 29 日第 112/91 号法律),澳门才开始设立自治独立的检察官公署。1999 年 6 月 1 日起,根据《澳门特别行政区基本法》第 90 条,澳门成立了完全自治且适应澳门特征的检察院组织体系,构成澳门特别行政区司法制度的重要组成部分,且与中国内地检察机关不存在隶属关系。

澳门特别行政区检察院司法官包括检察长、助理检察长及检察官。其中,检察长为检察院的领导者和最高代表,享有为领导检察院和维持检察院的正常运作所必需的一些权力。澳门特别行政区检察长由澳门特别行政区永久性居民中的中国公民担任,由行政长官提名,报中央人民政府任免。助理检察长和检察官经检察长提名,由行政长官任命。检察院司法官(包括检察官及助理检察长)的任命为确定性委任。《澳门特别行政区基本法》第 90 条第 1 款明确规定:澳门特别行政区检察院独立行使法律赋予的检察职能,不受任何干涉。根据《澳门特别行政区司法组织纲要法》第55条规定,相对于其他权力机关,检察院是自治的,依照合法性准则及客观性准则,独立行使其职责及权限,不受任何干涉,而检察院司法官在履行职能时,检察院司法官亦只须遵守法律规定的指示,而无须听从任何当局或任何人的命令。检察院的职责为在法庭上代表澳门特别行政区实行刑事诉讼,维护合法性及法律所规定的利益;依照诉讼法律规定行使监察《澳门特别行政区基本法》实施的权限。

根据《澳门特别行政区司法组织纲要法》第56条第2款的规定,澳门检察院的职责与权限涉及刑事诉讼、民事诉讼和行政诉讼以及律政方面的特定工作,概括起来包括领导和监督刑事侦查、提起及确保刑事诉讼、保护民事权益和监督法律实施四个方面,具体有以下权限:(1)代表澳门特别行政区、澳门特别行政区公库、市政机构或临时市政机构、无行为能力人、不确定人及失踪人;(2)在法律规定的情况下,维护集体利益或大众利益;(3)实行刑事诉讼;(4)依据诉讼法律的规定领导刑事调查;(5)监察刑事警察机关在程序上的行为;(6)促进及合作进行预防犯罪的活动;(7)在其职责范围内,维护法院的独立性,并关注法院的职责是否依法履行;(8)在具有正当性的情况下,促进法院裁判的执行;(9)依职权在法院代理劳工及其家属,以维护彼等在社会方面的权利;(10)在履行职责时要求其他有权限当局提供协助;(11)参与破产或无偿还能力的程序以及所有涉及公共利益的程序;(12)对因当事人为对法律作出欺诈而互相勾结所导致的裁判提起上诉;(13)在法律规定的情况下,或应行政长官或立法会主席的请求,行使咨询职能;(14)行使法律赋予的其他权限。

与澳门特别行政区三级法院的机构设置不同的是,只设立单一的澳门检察院,并基本承袭澳门原有检察体制中的派任制度,与三级法院相对应,分别在不同法院派驻不同的检察院司法官及其办事处,由不同级别的检察院司法官,包括检察长、助理检察长、检察官,分别在澳门的三级法院担任检察院的代表,参与司法诉讼。根据这一模式,检察院分别设立了以下办事处:(1)在终审法院,设立驻终审法院办事处,由检察长代表检察院,必要时由助理检察长协助检察长工作;(2)在中级法院,设立驻中级法院办事处,由助理检察长代表检察院;(3)在第一审法院,包括初级法院及行政法院,分别设立驻初级法院办事处及驻行政法院办事处,由检察官代表检察院,若案情严重复杂或涉及重大公共利益时,亦得由助理检察长在第一审法院代表检察院;(4)设独立运作的刑事诉讼办事处,由检察官领导刑事侦查及提起刑事诉讼。检察院设检察长办公室,负责向检察长提供技术和行政性质的辅助,在内设立专责检察院事务处理的下属部门,亦负责管理检察院司法辅助人员及行政人员。该办公室具有独立行政和财政管理权,其职权包括在检察院司法官依照诉讼法律履行职责时向其提供法律及技术的协助,管理司法辅助人员及行政人员,向检察长提供法律研究意见及管理检察长办公室的财政、财产等。

对检察院司法官、司法辅助人员和专业行政人员的相关制度,主要分别通过《司法官通则》《司法辅助人员通则》《澳门公共行政人员通则》予以规范。

检察院司法官及司法辅助人员的评核和纪律管理工作,是由独立的检察官委员会负责。检察官委员会由5名委员组成,由检察长担任主席,其他委员包括由检察院司法官选举产生之助理检察长代表1名,检察官代表1名,以及由行政长官任命的2名社会人士。司法官及司法辅助人员的评核每两年举行一次,分别进行,旨在全面考察相关人员的工作能力和职业操守。评核员和纪律程序的调查员由该委员会委任,评核和纪律处分之结果需由该委员会审议及确认。

(郭立新 付 磊)

澳门廉政公署

中国澳门特别行政区独立进行反贪污和处理行政申诉等的公共机关。澳门廉政公署是根据《澳门特别行政区基本法》第59条规定而设置,前身是澳门回归前的"反贪污暨反行政性违法高级专员公署"。其依据第11/90/M号法律而设立,并于1992年在通过《反贪高级专员公署之组成、组织及制度》之后正式成立。

1999年12月20日澳门特别行政区成立时,根据《澳门特别行政区基本法》设立了澳门廉政公署,并由其完全取代于1992年3月15日设立的反贪污暨反行政违法性高级专员公署。廉政公署独立工作,廉政专员对行政长官负责。

廉政公署的职责为预防及打击贪污行为,以及处理行政申诉等,具有反贪及反行政违法工作职能,其监督及调查的范围涵盖政府部门、公共机构及私人机构。廉政公署的主要职权为:(1)开展预防及遏止在公共部门及私营部门发生贪污犯罪及与贪污相关联的欺诈犯罪的行动;(2)针对由公务员实施的贪污犯罪及与贪污相关联的欺诈犯罪,依法进行调查及侦查;(3)针对在私营部门发生的贪污犯罪及与贪污相关联的欺诈犯罪,依法进行调查及侦查;(4)针对在因应澳门特别行政区机关选举而进行的选民登记及有关选举中实施的贪污犯罪及与贪污相关联的欺诈犯罪,依法进行调查及侦查;(5)执行行政申诉工作,以促使人的权利、自由、保障及正当利益得到保护,确保行使公权力的合法性及公共行政的公正与效率。

廉政公署除专员外,设有2名助理专员,廉政公署内设有廉政专员办公室、反贪局和行政申诉局3个从属部门,并设有廉政专员管辖下运作的情报处。其中廉政专员办公室负责廉政公署的财政、财产及人事管理,处理与廉政公署相关的信息,对外联系及作出宣传,下设综合事务厅、社区关系厅、信息处及研究组织部;反贪局是负责廉政公署职责及职权范畴所针对的犯罪及行为的调查及侦查工作的部门,反贪局由1名局长领导,局长由廉政专员委任,且可为其中1名助理专员,下设调查一厅、调查二厅、调查三厅、技术支援厅、财务及信息调查处及财产及利益申报处;行政申诉局则是负责分析及处理针对在行使公共权力时作出的不公正、违法或不当的行为的投诉及举报、研究及建议发出关于采取简化行政程序及改善公共部门运作的措施的劝谕,以及研究及分析有助预防及避免在行使公共权力时作出不公正、违法及不当的行为,以及在公共部门及私营部门实施贪污犯罪及与贪污相关联的欺诈犯罪的措施,行政申诉局由1名局长领导,局长由廉政专员委任,且可为其中1名助理专员,下设行政申诉厅及审查及研究厅,同时设置一技术审议委员会,该委员会具职权在行政申诉局的职能范围内,就投诉及举报的处理、对行政部门运作进行的审查及对不同法律制度作出的分析所涉及的复杂技术问题发表不具约束力的意见。

澳门廉政公署由廉政专员领导,不隶属立法、行政与司法系统。廉政公署只受行政长官领导,对行政长官负责,是一个独立行使职权的公共机关。廉政专员由特区行政长官提名并报请中央人民政府任命。而助理专员则由廉政专员在被认为有功绩、廉洁及具独立性的人士中提名,并报请行政长官任免。辅助人员包括顾问、技术顾问、调查员等,均由廉政专员自由任命及免职,并得被征用、派驻或以合同方式聘用。为了实现调查的目的,经廉政专员的批示,廉政公署参与调查的人员被赋予了一定的刑事警察权力。

(郭立新 付 磊)

澳门反贪污暨反行政违法性高级专员公署

澳门立法会于1990年7月通过法律设立的旨在打击日趋严重的贪污和行政违法行为的专门机构,简称“反贪污高级专员公署”“反贪公署”。根据法律,反贪污高级专员公署是一个公共机关,享有完全的独立性,不受任何指示或命令的约束,且仅依法行事。按照立法设想,成立反贪污高级专员公署的目的在于反对贪污,打击行政违法,提倡廉洁作风,使政府更有效率地运作,具体是:(1)监督行政活动的合法性与公正性,最主要的是促进及维护公民权利、自由,保障其权益不受损害;(2)协助改善公共行政,主要工作是消除官僚主义作风,简化行政工作,促进行政现代化,使行政程序更加清晰、行政行为更加迅速,建立有效率和透明的行政机制;(3)防止和调查贪污及行政失当行为。

反贪污高级专员公署负责开展防止贪污或欺诈行为的工作,对总督、立法会主席和议员、政务司、咨询会委员、中央和地方行政当局以及公法人等公共实体以及公营企业、公共服务企业和信用机构等机构的负责人和人员触犯的贪污罪与欺诈罪,依刑事诉讼法例作出不直接涉及基本权利的预审行为。反贪污高级专员公署有如下权力:(1)对有充分依据怀疑发生贪污或欺诈行为,对公有财产之犯罪,滥用公职或损害公益的行为等事实的迹象或消息予以查明;(2)进行履行职责所需的一切调查及其他预审行为;(3)不论事先通知与否,视察任何公共实体,查阅文件,听取机关领导人及人员的叙述或要求提供认为适当的资讯;(4)促使要求进行特定调查、深入调查或进行其他调查行为,以便查明在公共实体与私人关系的范围内行政行为与程序的合法性;(5)监督涉及财产利益行为是否符合规范性与行政正确性;(6)将查清的违法行为迹象检举;(7)基于情况所需,关注有权进行刑事或纪律程序的实体的任何程序;(8)向总督和立法会知会主要查明的结果,并通知两者关于在反贪公署职责范围内政治职务担任人的所作所为;(9)向总督或立法会建议,推动对影响公民的权利,自由、保障或正当利益的规定的违宪性与违法性加以审议;(10)向立法会及总督建议采取立法措施,以改善机关运作以及对行政合法性的遵守,尤其是消除有利于贪污以及不法行为或道德上应受谴责的做法的因素;(11)向总督建议采取行政措施,以改善公共机关;(12)直接向有关机关提出劝告,以纠正违法或不公正的行政行为等。反贪公署在开展工作时,只有澳门政府本身的机构(总督和立法会)在行使政治职能时和法院在行使司法职能时不受其监督,在某些个案中,反贪公署的工作范围可以延伸至某些私人机构。所有个人、团体或私法人均可向反贪公署求助,所有市民对于行政机构的任何违法或不公平的行为及不正常的运作,都可以做出举报。

反贪污高级专员公署有三种不同的工作方式:第一种是“治标”,即由反贪公署对涉嫌贪污及行政违法的案件展开的调查,将贪污分子绳之以法;第二种是“治本”,即研究和改善政府部门及公共机构的工作程序,堵住可能产生贪污及行政违法行为的漏洞;第三种是“除根”,即通过宣传和联络,提倡廉洁风尚,激励市民支持反贪污及反行政违法的工作。

反贪污高级专员公署是个财政行政自治机关,由立法会设立,其组织架构和人员编制、运用预算由立法会批准,但高级专员则由总督在听取咨询会的意见后任命,任期4年,可续任2次,每次为期2年。反贪污高级专员享受与政务司相等薪酬和待遇,且享有豁免权,只有犯可处重刑罚的罪行且属再行犯时才能被拘捕,羁押或监禁。除非犯重刑罚的罪行或长期无能力或产生不得兼任的情况,高级专员不得被中止职务或免职,但本人可向总督提出书面辞呈。

1999年12月20日澳门特别行政区成立后,根据《澳门特别行政区基本法》第59条的规定,澳门反贪污暨反行政违法性高级专员公署被澳门廉政公署取代。

（郭立新 付 磊）

中国台湾地区

中国台湾地区检察署

中国台湾地区行使检察权的机关。在我国台湾地区,基于检察一体原则,由“最高法院检察署”检察总长依法指挥监督该署检察官及高等法院以下各级法院及分院检察署检察官实施犯罪侦查、提起公诉、实行公诉、协助自诉、担当自诉、指挥刑事裁判之执行及执行其他法令所定之职务。

（董 坤）

中国台湾地区“最高法院检察署”

中国台湾地区的“最高检察机关”。台湾地区检察机关为三级设置:“最高法院检察署”、高等法院(分院)检察署和地方法院(分院)检察署。台湾地区“最高法院检察署”办理第三审检察事务,在审级上与台湾地区“最高法院”同列于第三审地位。

（董 坤）

中国台湾地区“法务部调查局”

中国台湾地区“法务部”下属的内设机构之一,任务是维护“台湾地区安全”和侦办社会重大犯罪案件。“法务部调查局”是我国台湾地区的司法调查机关,具体职责包括反制恐怖活动、打击经济犯罪、打击毒品犯罪、打击洗钱犯罪、打击电脑和互联网犯罪等,其中最为重要的一项是打击贪污渎职和贿选犯罪等公职人员犯罪。

（郭立新 付 磊）

中国台湾地区“廉政署”

中国台湾地区第一个肃贪(执法)、反贪(教育)和防贪(预防)相结合的专门机构,主要任务针对跨领域、跨机关、结构性、制度性的重大贪渎犯罪及社会关注的不法弊端加强查办以建立优质公务环境。

“廉政署”秉持“标本兼治”的核心价值,以降低犯罪率、提升定罪率和保障人权为三大目标,主要开展七项重点工作:(1)贯彻廉能施政,提供防贪指引;(2)结合公私部门,深化专业伦理;(3)开发反贪工具,推动行政透明;(4)健全廉政法制,同步接轨国际;(5)超然独立办案,杜绝任何干预;(6)遵守程序正义,保障基本人权;(7)定期公布资讯,接受各界监督。

（郭立新 付 磊）

外　国

澳大利亚

澳大利亚检察机构

澳大利亚行使检察权的专门国家机关。澳大利亚检察机构由联邦和州两个部分组成。在联邦一级，设有联邦检察总署（the Office of the Commonwealth Director of Public Prosecutions，CDPP），总部设在首都堪培拉，同时在各州及地区的首府如悉尼、墨尔本、布里斯班、珀斯（Perth）、阿德莱德、霍巴特和达尔文等设有地方办公室（Regional Offices）。另外，布里斯班地方办公室还在维拉镇和凯恩斯设有分部，负责昆士兰州中部和北部的起诉和财产没收等工作。各地方办公室都由一名副检察长领导工作，主要负责处理辖区内刑事案件的起诉工作及其他法律事务。澳联邦检察总署共有员工600多名，其中总署法律实践部的大部分工作人员都在各地方办公室工作。在州一级，各州在其州府设有州检察总署，同时按地域下设若干个地区检察院，受州检察总署的领导。作为起诉机构，州检察总署的目标是为民众提供高质量、高效率的起诉服务，内部主要包括起诉部门、为起诉做准备工作的部门和行政管理服务部门。但在具体部门的设置上，各州检察总署会有所不同，而且也在不断地改革调整。州检察总署是州一级的最高检察机关，与澳大利亚联邦检察总署之间并无隶属关系。它们根据相关法律规定，在各自职责范围内决定起诉事项，基本上是一种合作关系。

澳大利亚检察机关属于行政部门，其经费由财政拨款。除联邦检察总署和州检察总署外，其他检察院均按地域划分，互相之间平等、独立，不存在上下级关系。检察长作为检察院的首长，负有行政管理的职责，包括管理职员和办公室的资源。检察总署人员组成通常包括：1名检察长、2名副检察长以及法律和行政工作人员；皇家检察官及其行政工作人员；事务律师和法律执行及支持人员；为检察院提供管理和后勤服务的综合服务部门行政工作人员等。

（季美君）

澳大利亚联邦检察总署

澳大利亚总检察长领导下的一个政策发布中心和协调机构。自1981年成立以来，澳大利亚联邦检察总署已为公众提供了大量高质量的法律服务和法律政策建议，其服务对象为检察长、联邦政府各部门和各机构、广大公众和贸易团体。在联邦检察总署，副检察长和1名秘书协助检察长工作，执行委员会则协助秘书工作。检察长与副检察长们每年聚见两次，讨论政策和执行问题;执行委员会由1名秘书、1名澳大利亚政府律师和2名秘书助理组成。检察总署办理的所有刑事案件,必须在起诉书上以检察长的名义起诉。

联邦检察总署的总部设在首都堪培拉,在各地设有地方办公室。联邦检察总署的职责是,为检察长提供建议,并协调各地方办公室的工作,同时还负责首都地区和新南威尔士州南部地区的案件。联邦检察总署下设法律实践部、社区事务部、社区保护部和其他部门。法律实践部下设中心实践处、澳大利亚政府律师(Australian Government Solicitor,AGS)地方办公室、国际法办公室、法律起草办公室、民法处、刑法处、信息安全法处、协助处8个部门;社区事务部下设家庭法律援助服务处及澳大利亚个人破产和信托服务处2个部门;社区保护部下设澳大利亚保护服务处、安全保护协调中心和法律实施协调办公室3个部门;其他部门主要指检察总署内的1个商业性机构——奥斯科利普(ASCRIPT),其服务范围为:为诉讼进行录音和播放;设计法庭、听审室,安装和维修数字录音设备等,提供的相关服务包括提供法庭装修、法庭内的录像设备、文件印刷、手提式录音设备以及对询问进行特殊录制等。检察总署的其他部门还包括家庭法委员会秘书处、行政审查委员会秘书处、澳泰计算机联合处(以遏制毒品犯罪为目的)。

澳大利亚联邦检察总署隶属于司法部,由司法部长兼任总检察长,国家所有刑事司法事务都由他向议会负责。总检察长拥有民选议员和政府部长双重身份:作为一名议员,总检察长须就刑事公诉事务向议会负责;作为部长,又要充分尊重检察长的决定,确保其不受政治影响而正当地行使职权。

(季美君)

澳大利亚联邦检察总署地方办公室

澳大利亚联邦检察总署在各州及地区首府设立的办事机构。根据规模大小和工作需要,地方办公室通常会设置数个部门,如起诉部(Prosecutions Branch)、税收部(Tax Branch)、商业起诉部(Commercial Prosecutions Branch)、反恐怖部(Counter Terrorism Unit)、刑事评估部(Criminal Assets Branch)等。由于各州所要处理的案件都差不多,各部门职权范围类似。起诉部负责起诉所有违反联邦法律的犯罪,但不包括公司犯罪,同时还处理引渡程序及其他国家提出的有关法庭工作方面的要求。规模比较大的联邦检察总署地方办公室(如悉尼、墨尔本和布里斯班)还设有一个高级执行委员会(a Senior Management Committee),定期见面以协助副检察长处理该地方办公室的工作。税收部通常由专业律师负责对税收欺诈案件提起诉讼,具体工作包括起诉从最简化的税收方案以及与收入税收及商品和服务税收有关的欺诈所产生的犯罪。《1995年刑法典》第十章规定的洗钱犯罪也由税收部负责起诉。商业起诉部负责起诉违反《2001年公司法》和《2001年澳大利亚安全投资委员会法》规定的犯罪。反恐怖部主要负责起诉与反恐怖问题有关的犯罪。目前,只有联邦检察总署和悉尼、墨尔本两地办公室设有这一机构,但每一个地方办公室都配有专业的反恐怖主义检察官。刑事评估部则设立在规模比较大的地区办公室,负责处理侦查部门涉及的刑事没收问题。

(季美君)

澳大利亚州检察机构

澳大利亚各州设立的行使检察权的机构。在澳大利亚,各州根据工作需要,通常在州府所在地设州检察总署,然后按照地域设立相应的起诉机构。如维多利亚州检察总署设在该州首府墨尔本,该州检察总署巡回部(the Circuits Section)负责准备案件的起诉工作,并为出庭律师的出庭指控活动提供服务。该州检察总署巡回部的工作人员也去该州其他城市参加听审,如巴拉莱特、苯迪哥、瓦尔纳姆布等。当最高法院和地区法院(County Court)在维多利亚州的各个地方进行巡回审理时,由该州检察总署(the OPP)对案件提出指控。再如,南澳大利亚州检察总署(the South Australian Office of the Direction of Public Prosecutions)根据《1991 年检察长法》成立于 1992 年 6 月 30 日,其目的是为南澳大利亚州公众提供高效的、公正的、独立的刑事起诉服务,主要职能也是提起公诉。南澳大利亚州检察总署在检察长之下设立的内部机构包括:执行检察官(Managing Prosecutor)一部、二部、三部、四部、政策审议部和总经理。检察长在副检察长协助下全面负责该州检察总署事务,各部门分管不同的案件或工作。从职能上看,该州检察总署工作可以分为四个方面,即事务律师部(the Solicitor Section)、起诉部(the Prosecution Section)、证人援助服务部(the Witness Assistance Service)和行政支持部(the Administrative Support Team)。事务律师部为该州检察总署提供案卷方面的所有事务性的服务;起诉部则在审判、上诉及复杂的法律辩护中提供律师服务;证人援助服务部是为被害人和证人提供服务;行政支持部则提供所有的行政服务,包括秘书服务、法律管理员(law clerk)、接待等。行政工作人员通过行政经理向总经理报告工作。其他州的情况与之基本相同。

(季美君)

澳大利亚新南威尔士州检察总署

澳大利亚新南威尔士州的最高检察机关。新南威尔士州检察总署成立于 1987 年 7 月 13 日,总部设在该州首府悉尼市,同时在悉尼西部地区设有 4 个检察院,在较大城镇中设有 6 个检察院。1995 年以来,新南威尔士州检察总署的机构基本保持不变,主要由四部分组成:一是检察长、2 名副检察长及相关的法律和行政工作人员。在检察长办公室工作的事务律师被称为专职助理(professional assistants)。同时,还设有秘书处和媒体联络与交流人员(media liaison & communications officer)以及高等法院研究人员(high court research officer)以支持其工作。二是大检察官办公室(Senior Crown Prosecutor),包括皇家支援部(Crown Support)、高级检察官(Deputy Senior Crown Prosecutors)和皇家检察官(Crown Prosecutors)及配备的行政工作人员。大检察官配有皇家检察官和专职助理协助其工作,该专职助理领导审判准备部门的律师、研究部门的律师以及为大检察官服务的行政助理(手下有 3 名行政官员)。大检察官领导下的 7 名高级检察官各自分管悉尼、悉尼西、郊区、刑事上诉法院(2 名)、案件准备部门和职业持续发展部,而高级检察官的工作则由数名皇家检察官协助。三是大律师办公室(Solicitor for Public Prosecutions),包括大律师、两名高级律师(法律及其业务运作方面的)和 3 名律师助理(分管法律、业务、悉尼西部及郊区)以及为大律师办公室配备的事务律师和行政工作人员。四是行政事务官员领导的服务部,其职责是为检察长、大检察官办公室和大律师办公室提供全方位的管理及服务。服务部包括:总经理和公司支援部管理下的财务部(Financial Services)、人事部(Personnel Services)、信息管理和技术部(Information Management and Technology)、资产及设备管理部(Asset & Facilities Management)和服务提高部(Service Improvement Unit)。

新南威尔士州检察总署还设有专门的专家部门,包括:刑事上诉法院部(Court of Criminal

Appeal Unit),专门负责准备和指导由刑事上诉法院办理的上诉案件(通常设在悉尼市);研究部(Research Unit),主要为总署内的事务律师和皇家检察官提供法律事务方面的信息、建议和帮助,并且出版前沿摘要(Advance Notes),内容多为刑事上诉法院、上诉法院和高等法院重要判决的概要、最新立法以及量刑指南等,同时还负责维护和更新总署网页上的全部电子研究系统;建议部(Advising Unit),主要负责就在最高法院、上诉法院、刑事上诉法院和高等法院上诉的案件及相关问题向检察长提供建议。

新南威尔士州检察总署下设的每一个地方办公室都配有皇家检察官、事务律师及相应的行政工作人员。他们在相关的地方法院、地区法院和最高法院从事刑事起诉工作。每个办公室配有1位证人协助人员(通常为社会工作者或心理学家)。证人服务部(the Witness Assistance Service,WAS)为民间的起诉证人提供支持及其他服务、协助和信息等。

(季美君)

澳大利亚新南威尔士州检察总署G6

新南威尔士州检察总署在总部设立的专家部门之一。在机构设置上,新南威尔士州检察总署在总部除设立检察长办公室、大检察官办公室和大律师办公室等机构外,还设有一些专家部门,由大律师办公室下面的律师助理(法律部)领导其工作。这些专家部门包括刑事上诉法院部、研究部、建议部以及G6。G6主要起诉警察、警察委员会(the Police Integrity Commission)和反腐败独立委员会(the Independent Commission against Corruption)提交的属州检察总署管辖的犯罪案件以及其他高官涉嫌犯罪的案件。

(季美君)

澳大利亚新南威尔士州反腐败独立委员会

新南威尔士州最具影响力的反腐败机构。该委员会成立于1988年,享有极高的声誉,办理过不少腐败大案,如2014年新南威尔士州州长奥法雷尔一案等。为充分保障其独立性,反腐败独立委员会直接对新南威尔士州议会负责,但不是议会下属机构,不受政府和政党的制约,负责受理群众、公职人员对公共部门,包括政府机构、议会和司法机构等腐败现象的举报,并根据举报立案调查。其宗旨为维护公共利益,防止失去公众信任以及指导公务员行为等,以保证公共部门秉公廉洁。反腐败独立委员会内设三个部门:一是调查管理组,职责为调查案件、询问涉案人员;二是运作管理组,主要工作为监察委员会内部腐败、教育研究公共行为;三是执行管理组,职责为制定战略方针,回顾、拓展新的政策与程序。

反腐败独立委员会的主要职能,一是调查和揭发腐败行为,对公共部门内发生的严重腐败行为进行调查和曝光,提交调查报告,并及时与其他相关部门沟通以便进一步采取惩罚措施;二是防范公共部门腐败,为公共机构提供建议、信息与指导,并帮助公共部门推进系统内部信息公开,加强制度建设,建立内部约束机制,形成有效的监督系统机制,积极预防腐败行为;三是开展公众反腐败教育及自身职能教育,以办理腐败案件教育社会和公共部门,扩大其影响力。在实际运作中,反腐败独立委员会有权调查任何它认为有可能存在腐败的投诉和案件,还可以调查有可能放纵、鼓励或导致腐败的任何行为。

根据相关法律规定,反腐败独立委员会可以要求公共部门官员提供信息或文件,在获得许可的情况下,可以搜查、拦截电话、安装监听装置等。反腐败独立委员会通过对政府机构具体运行情况的监测,对公共部门廉洁程度及反腐败成效的评估,提出报告与改进建议,通过调查、教育、预防三大职能来实现其反腐败的最终目的。

(季美君)

德 国

德国联邦总检察院

德国设置在联邦最高法院内的行使联邦检察权的唯一国家机关。联邦总检察院受联邦司法部长的领导,主要任务是对涉及国家安全的犯罪进行侦查和起诉。德国《法院组织法》将这类犯罪分为两类:第一类是专属联邦总检察院管辖的案件,包括实施预备发动侵略战争、叛乱、叛国、针对外国机关及其代表的犯罪等案件,涉及20余个罪名。德国国际刑法典所规定的种族灭绝罪、反人类罪和战争罪也是联邦总检察院管辖的罪名。第二类是可归州检察机关负责,但是在一定条件下联邦总检察院须主动行使管辖权的犯罪案件,包括实施煽动侵略战争、维护被宣布为违宪之政党、谋杀、严重纵火犯罪等案件,涉及20多个罪名。当涉及第二类罪名的案件在全国具有重大影响,或者可能危害德国的内部及外部安全等特定情形时,联邦总检察院应当行使管辖权,这种管辖权称为“收办权”。在特定条件消失后,联邦总检察院可在起诉前将案件转回给相应的州检察机关。除直接负责侦查和进行起诉外,联邦总检察院还要参与刑事诉讼中上告或抗告到联邦法院的法律救济程序。同时,联邦总检察院在司法行政领域是联邦的代表,代表联邦参与涉及联邦法院、联邦行政法院、联邦财税法院、联邦纪律法院以及涉及自己的行政程序和法院诉讼中。此外,在州高级法院向联邦法院进行案件请示时,联邦总检察院也要发挥一定的作用。当州高级法院准备作出与联邦法院既有判决不一致的判决时,可以向联邦法院请示。而这种请示需经联邦总检察院提交给联邦法院,在此过程中联邦总检察院要提出自己的法律意见。联邦总检察院还是欧洲司法合作组织关于恐怖主义问题的联络单位。欧洲司法合作组织位于海牙,宗旨是服务各欧盟国家法院、检察院以及其他司法机构,对各国国内的刑事程序进行协调和支持。联邦总检察院有义务向欧洲司法合作组织提供自己侦查中获得的对欧盟反恐问题有重要意义的信息。这有利于在欧盟层面对恐怖主义进行刑事追诉,也有助于发现国际恐怖主义的跨国联络情况。

联邦总检察院一方面履行其作为驻联邦法院检察院的传统任务,即根据德国《法院组织法》第135条、第121条第2款的规定,在联邦法院的所有刑事诉讼程序中代表公诉;另一方面,德国《法院组织法》第142a条赋予联邦总检察院在高等州法院具有第一审管辖权的案件中的优先管辖权,即国家保护案件和恐怖主义案件以及其他跨州的严重犯罪案件。

联邦总检察院的最高首长为联邦总检察长,在联邦检察官的协助下处理联邦总检察院的工作。根据德国《法院组织法》第149条,联邦总检察长和联邦检察官由联邦司法部长建议,经联邦参议会同意,由联邦总统任命。联邦总检察长属于“政治公务员”,其首要职责是贯彻联邦政府制定的刑事政策,在其权限范围内保护国家的安全利益,并受联邦司法部长、联邦政府和联邦议会的政治监督,因此可能随时被解除职务。联邦总检察长可以通过直接处理案件或撤换案件经办人对整个检察工作施加影响,但对各州检察院没有指示权和监督权,其可以在法律规定的特殊情况下将其管辖的案件移交州检察院,也可将各州检察院管辖的案件提交本院处理。

由于实行联邦制,联邦总检察院不是州检察院的领导机关,联邦总检察院和驻高等州法院检察院、驻州法院检察院不存在任何上下级关系;对于州检察官,虽然联邦总检察长有在国家保护案件方面的权属决定权,但他没有任何指令权。而且联邦总检察院不得自行将州检察院向联邦法院所提之法律审上诉撤回,但当其认为该法律审上诉无理由时,得申请将之驳回。尽管联邦总检察院和州检察系统没有直接的领导与被领导关系,但两者之间还是存在一定联系。例如,联邦总检察院在修宪之前向各州检察院征求意见,汇总后提交议会讨论;每两年一度的驻高等州法院总检察长联席会议由联邦总检察院召集等。

联邦总检察院位于卡尔斯鲁厄市,在位于莱比锡市的联邦法院第五刑事庭设置了一个办事处。联邦总检察院设置有 TE 厅(反恐怖主义厅)、S 厅(反间谍、国际犯罪厅)、R 厅(上告厅)三个业务部门以及办公厅、财物、人事等服务部门。每个业务厅又分为不同的处。比如,反恐怖主义厅下设一个"侦查程序基本问题与安全机构合作处",该处负责协调联邦总检察院与联邦刑事局、情报局、共同反恐中心的合作。联邦总检察院的人员分为检察官和各种工勤人员。检察官按薪资级别分为联邦总检察长、联邦检察官、高级检察官和检察官。截至 2014 年年底,联邦总检察院共有工作人员 235 人。其中,联邦总检察长 1 人,联邦检察官 25 人,高级检察官和检察官共计 50 人。还有一类人员是各个州司法部派往联邦总检察院担任检察官助理的人员。这些人已经具有州法官或检察官资格,一般在联邦总检察院工作 3 年,带有挂职锻炼的性质。2014 年这类人员有 30 人。联邦总检察长对其下属人员拥有指令权和监督权,对本机构的其他检察官拥有案件的交办权和亲办权。

参考书目

1. 何家弘主编:《检察制度比较研究》,中国检察出版社 2008 年版。
2. 魏武:《法德检察制度》,中国检察出版社 2008 年版。
3. 黄礼登:《德国联邦总检察院被称为联邦总检察长》,载《检察日报》2016 年 1 月 26 日,第 3 版。

(郭立新　付　磊)

德国驻州高等法院检察院

德国各州附设于本州高等法院、行使检察权的检察机关。德国实行联邦制,目前 16 个联邦州中,每州至少有一个高等法院,由于每个高等法院都对应需要设置一个检察院负责处理该高等法院裁判的所有法律案件,因此每州也至少有一个驻高等法院检察院。例如,北威州分别在杜塞尔多夫、哈姆和科隆设有 3 个驻州高等法院总检察院。全国共有 24 个驻州高等法院检察院。

驻州高等法院总检察院的职权包括:(1)刑事追诉,即处理由州高等法院负责裁决的刑事案件,即对区法院和地方法院之判决的上告、对区法院罚金裁决的法律抗告、对 7 个月未决羁押后的逮捕维持及对地方法院决定的抗告。对于联邦检察院不予处理的发生在本检察院辖区的一些国家安全犯罪,如背叛和平、内乱、叛国和威胁外部安全等犯罪,驻州高等法院检察院可以进行侦查并起诉。(2)引渡。若国际通缉的犯罪嫌疑人和罪犯要被引渡到外国,州高等法院检察院执行该程序并请求州高等法院作出必需的裁决。针对欧盟成员国,州高等法院检察院可以作出终局的引渡决定,其他情形下,其要为司法部之决定提供相应准备。(3)职业惩戒法庭的程序。州高等法院检察院负责律师违反义务的侦查,提起指控和在律师法庭中的相关诉讼中支持指控。有些州高等法院检察院还集中处理针对税务师的职业惩戒法庭程序。(4)刑罚追究的赔偿。基于申请,州高等法院检察院决定对刑罚追究的特别措施予以赔偿。(5)参与民事法庭的程序,在涉及司法机关作为原告或被告的民事诉讼中,由相应的州高等法院检察院代表州参与诉讼。

驻州高等法院检察院的首长是总检察长,直接对州司法部长负责,是州检察系统和州司法部长之间的联系枢纽。其身份由所在州的法律确定,但各州对其身份的界定并不统一。在其有权进行专业监督和职务监督的范围内,总检察长立足于统一和平等裁决的利益,负责审查下级检察机关职员行为的合法性和目的性。这体现在通过对因下级检察院作出的侦查程序不起诉而提出的抗告作出裁决的行为,也包括对其他的职务监督抗告作出裁决。总检察长在其区划内有权裁决,确切地说是参与决定所有人事事务,并独立决定预算之分配。

参考书目

1. 何家弘主编:《检察制度比较研究》,中国检察出版社 2008 年版。
2. 魏武:《法德检察制度》,中国检察出版社 2008 年版。

(郭立新 付 磊)

追诉纳粹主义暴力犯罪的德国州司法行政中心

德国通过州司法部长的协定所建立的跨州刑事追诉机构。追诉纳粹主义暴力犯罪的州司法行政中心设在德国巴登州路德维希斯堡,专门负责纳粹主义暴力行为的登记和侦查,对于与此有关的刑事追诉事项,其权限及于所有的州。司法行政中心侦查结束后,并不自己提起起诉,而是将该刑事案件移交给行为人住所地的有管辖权的法院的检察院提起公诉。

参考书目

1. 何家弘主编:《检察制度比较研究》,中国检察出版社 2008 年版。
2. 魏武:《法德检察制度》,中国检察出版社 2008 年版。

(郭立新 付 磊)

德国中央证据和记录中心

德国通过州司法部长的协定所建立的跨州刑事追诉机构,对其职权范围内的事项,其权限及于所有的州。中央证据和记录中心由布伦瑞克总检察长负责,专门对前民主德国的国家机构的暴力行为进行记录(尤其是在柏林墙边和德国境内的杀人行为、身体伤害、处于政治原因的剥夺人身自由)。但是,除杀人罪外,对有关犯罪行为的追诉在大部分案件中都已过追诉时效。

参考书目

1. 何家弘主编:《检察制度比较研究》,中国检察出版社 2008 年版。
2. 魏武:《法德检察制度》,中国检察出版社 2008 年版。

(郭立新 付 磊)

德国驻地方法院职务检察院

德国设在特定地区的专门办理属于地方法院独任法官管辖案件的刑事追诉机关。德国各州一般只设两级检察机关,即驻州高等法院检察院、驻州法院检察院。按照德国《法院组织法》第141条的要求,对于每个法院,都有一个检察机关作为起诉机关行使检察职能,并没有规定在地方法院必须设置检察机关这样一个机构。因此,德国在地方法院一般并不设置检察院,仅设有驻州法院检察院的分支机构或外派机构,地方法院的检察职能由其所属的州法院的检察机关行使。但是,按照德国《法院组织法》第142条第1款第3项的规定,在地方法院,如果案件属于独任法官的管辖权,则职务检察官可以行使检察职能。根据州法律的规定,职务检察官的管辖权非常有限,仅对独任法官有管辖权的一定的犯罪行为行使管辖权。实践中,地方法院有很大一部分的检察机关的职能都是由驻州法院检察院行使的。目前,德国只在法兰克福和柏林两个城市设有独立的驻地方法院职务检察院,作为独立的刑事追诉机关。

参考书目

1. 何家弘主编:《检察制度比较研究》,中国检察出版社2008年版。
2. 魏武:《法德检察制度》,中国检察出版社2008年版。

(郭立新　付　磊)

驻联邦行政法院的联邦利益代表人

德国设在联邦内务部内为维护公益而接受联邦政府指令并参与联邦行政法院除战争纪律法庭诉讼外其他任何诉讼的独立的程序机构。联邦利益代表人的前身是1953年设立在联邦内政部内的高等联邦检察官。2002年1月1日,出于节约财政支出的考虑,高等联邦检察官被取消,转由联邦利益代表人继续行使其职权。联邦利益代表人属于联邦高级机构层次,其在联邦行政法院的设立是强制性的。根据德国《行政法院法》第37条的规定,联邦利益代表人及其具有高级职务的人员必须具有履行法官职务的资格,或满足德国《法官法》第110条第1款规定的条件。

联邦利益代表人由德国联邦总统任命,受联邦内政部长监督,因此其属于行政人员。根据联邦行政法院的一个判决,作为"非参与的中间人",高等联邦检察官被视为一个介于行政机关和法院之间的特别的司法机关。联邦行政法院在有关高等联邦检察官地位和性质的判决中,认为该中间人只为法律服务,而不是为行政服务。联邦利益代表人取代高等联邦检察官后,自然承继了高等联邦检察官的地位。德国《行政法院法》第35条赋予了联邦政府作为一个整体对联邦利益代表人的指令权,但后者并不受联邦政府个别部长指令的约束,因为这种指令权并不是各专业部长的指令权,而是德国《基本法》第62条意义上的作为一个整体的联邦政府的指令权。为了保障联邦利益代表人地位的独立性,联邦政府的指令权不得委托给其他机构行使。在必要时,联邦利益代表人在诉讼程序中必须阐述联邦政府的意见。作为公共利益的保障者,联邦利益代表人的保障职能,并不因其接受联邦政府的指令而受到削弱。

联邦利益代表人不是联邦或联邦政府的代表者,因此不能代表联邦或其他公共机构履行任务,其只接受联邦政府发出的指令。因此,联邦利益代表人参与联邦行政法院诉讼程序,与联邦财政部长参与诉讼,或有管辖权的高等州政府机构参与财政法院的诉讼是不同的。实践中,联邦政府极少向高等联邦检察官或联邦利益代表人发出指令。根据德国《联邦利益代表人工作条例》第6条第2款,如果联邦利益代表人不愿追随一个最高联邦机构的观点,则应在诉讼中寻求平衡。如果其未能达到平衡,最高联邦机构可以要求联邦政府作出决定,但这在实践中从未发生过。另外,具有职能管辖权的联邦机构的专业意见也预留了足够的裁量空间,供联邦利益代表人使用。值得注意的是,联邦利益代表人首先是在自己的职权范围内决定是否和以何种申请参与程序,因此不能将其理解为行政机构的传声筒。总体上可以说,联邦利益代表人属于执行机构,但其任务是帮助法院适用法律和发现法院。因此,联邦利益代表人是一个特殊的司法机构,旨在对联邦行政法院发现法律提供帮助;同时也是一个程序机构,以促进联邦行政法院程序的进行。

在支持法院适用和发现法律方面,联邦利益代表人主要有以下任务:(1)向法院展示和提供法律材料,尤其是向法院提供相关法律规定的立法背景、产生原因、立法目的、动机和整体关联,包括在相关法律材料中并未得到完全体现,但在现实中却发挥作用的产生历史和立法考虑;(2)向法院阐述事实、经济、财政、社会、政治的全方位关联,阐述联邦和州的行政实践,指出在联邦行政法院判例中尚未得到深入阐述的法律观点;(3)阐述对判决有重大影响的法律规范的不同解释和适用会产生的不同影响,在阐述事实中的法律问题时,向法院说明该法律问题已经成为现行法即将修改的对象,或正处于修改程序中;(4)阐述联邦政府的法律意见,在需要时,也阐述有关行政机构的不同法律意见。

只要联邦政府没有发出相应的指令,联邦利益代表人可以自行决定是否以及何时参与法院诉讼程序。其在作出该种决定时,受公共利益标准及其应履行的任务指引。联邦利益代表人在作出参与声明后,就成为程序参与人,而无须获得法院的同意。因为联邦利益代表人旨在维护公益而参与诉讼,所以公民个人没有要求联邦利益代表人参与诉讼的主观公权利。联邦利益代表人参与程序的方式有两种:一是其认为参与对保障公共利益具有必要性时;二是根据联邦政府的指令参与诉讼。联邦利益代表人必须将其参与诉讼的决定通知专业上具有管辖权的联邦最高机构,以便其能够对此发表意见。只有在专业上有管辖权的联邦最高机构发表意见后,或其接到通知后但在适当时间内并未对法律争端发表意见,联邦利益代表人才能在联邦行政法院就案件事实作出说明。

参考书目

1. 何家弘主编:《检察制度比较研究》,中国检察出版社2008年版。
2. 魏武:《法德检察制度》,中国检察出版社2008年版。

(郭立新 付 磊)

驻黑森州宪法法院州检察院

德国黑森州依法成立的维护公共利益的特殊检察机关。根据德国《黑森州宪法》和《宪法法院法》的规定,宪法法院应设置州检察院。州检察院可以参与任何程序,并提出自己的申请。如果公共利益要求启动宪法法院程序,但申请权利人没有申请,则州检察院有权申请启动法院程序。州检察院是德国《黑森州宪法》规定的一个公法职务,因此其不是行政机构,而是一个宪法机构,在德国法律体系中占有一定特殊地位。州检察院的检察官由州议院选举产生,但必须具有履行法官职务的资格。

参考书目

1. 何家弘主编:《检察制度比较研究》,中国检察出版社 2008 年版。

2. 魏武:《法德检察制度》,中国检察出版社 2008 年版。

（郭立新　付　磊）

驻律师纪律法庭检察院

德国依法设置的、在律师纪律法庭所进行的律师惩戒程序中履行职能的检察机关。德国《联邦律师法》规定,在地方法院、州法院、联邦法院设立律师纪律法庭,庭址设在律师协会。地方法院律师纪律法庭的法官为 3 名执业律师,州法院律师纪律法庭由 3 名执业律师和 2 名职业法官组成,联邦最高法院律师纪律法庭由职业法官组成。在德国,律师行业组织受司法部领导与监督。如果一个律师违反职务义务并有过错,律师纪律法庭将启动律师惩戒程序并最终决定处罚,具体包括:(1)警告;(2)训诫;(3)最高额为 25000 欧元的罚款;(4)在 1 年至 5 年期间禁止在一定法律领域作为代理人或辩护律师;(5)撤销律师资格。根据德国《联邦律师法》,在律师惩戒程序中,驻州高等法院总检察院履行检察院职能。律师法院的程序由总检察院提交指控书而开启。德国《联邦律师法》规定了两种启动律师法院程序的可能:一是律师协会会长有权请求总检察院开启律师法院程序,对此请求总检察院必须在一个月内答复;二是被怀疑违反义务的律师本身也有权请求总检察院开启律师法院程序,以洗脱自己的嫌疑。在这两种情况下,如果总检察院不向律师法院提出开启程序的申请,必须说明理由。驻州高等法院律师法院经申请可以对该理由进行审查,也可以强制总检察院提交指控书。

参考书目

1. 何家弘主编:《检察制度比较研究》,中国检察出版社 2008 年版。

2. 魏武:《法德检察制度》,中国检察出版社 2008 年版。

（郭立新　付　磊）

俄　罗　斯

俄罗斯联邦检察机关

俄罗斯联邦各级检察院行使法律监督职权的组织体系。俄罗斯联邦检察机关代表俄罗斯联邦对现行法律的执行情况进行监督,其使命是保障法律至高无上,保障法制的统一,强化法制,保护公民及其他个人的权利与自由,捍卫法律所维护的社会和国家的利益。俄罗斯联邦检察机关实行下级机关服从上一级机关及俄联邦总检察院的集中统一体制。1991 年 11 月 5 日俄罗斯联邦最高苏维埃通过了《关于组建俄罗斯苏维埃联邦社会主义共和国统一检察机关体系的决议》。该决议宣布,依照 1990 年 6 月 12 日《俄罗斯苏维埃联邦社会主义共和国国家主权宣言》的规定,并根据当时生效的 1978 年《俄罗斯联邦宪法》第 176 条、第 179 条的规定,俄罗斯联邦最高苏维埃决定在现有检察机关的基础上组建由俄罗斯联邦总检察长领导的统一的检察机关体系。1992 年 1 月 17 日,俄罗斯联邦最高苏维埃通过了《俄罗斯苏维埃联邦社会主义共和国检察机关法》,确立了不同于苏联时期的俄罗斯联邦检察系统,该法至今经过了多次修订。

1995 年 11 月 17 日俄罗斯联邦 168 号法律颁布了《俄罗斯联邦检察院组织法》。根据该法第 1 条第 1 款的规定,俄罗斯联邦检察院是统一的联邦中央集权机构系统,以俄罗斯联邦名义对俄罗斯联邦领域内现行法律执行状况及俄罗斯联邦宪法遵守情况进行法律监督。俄罗斯联邦检察院的职责包括:对联邦各部、国家委员会、公务部门与其他联邦执行权力机关、俄罗斯联邦各主体代议(立法)机关与执行机关、地方自治机关、军事管理机关、检察机关及其公职人员、商业性与非商业性组织管理机构及其负责人员的法律执行状况,以及上述机关颁布适用的法令是否具有合法性等情况予以监督;对联邦各部、国家委员会、公务部门与其他联邦执行权力机关、俄罗斯联邦各主体代议(立法)机关与执行机关、地方自治机关、军事管理机关、检察机关及其公职人员,以及商业性与非商业性组织管理机构及其负责人员对公民与其他人的权利与自由恪守状况予以监督;对从事侦讯活动、预侦(初步调查)与预审机关的法律执行状况予以监督;对司法警察的法律执行状况予以监督;对刑罚执行与法院下达的强制性处罚措施予以适用的行政机关与机构、关押被捕人员与被拘人员行政管理机关的法律执行状况予以监督;遵循俄罗斯联邦刑事诉讼立法赋予的职能而行使刑事追诉权;对各执法机关预防与惩治犯罪活动予以配合等。

俄罗斯联邦检察体系由俄罗斯联邦总检察院、俄罗斯联邦各主体检察院以及同级别军事检察院与其他专门检察院、科研培训机构、具有法人地位的编辑出版机构,以及市辖与区辖检察院、地区检察院、军事检察院与其他专门检察院构成。俄罗斯联邦总检察院、俄罗斯联邦各主体检察院以及同级别检察院、科研培训机构,各自都有专项的具有社会日常生活意义与经济意义的管理对象。除俄罗斯联邦下设的调查委员会以外,检察院及所属机构的组建、改组与撤销、检察院地位与管辖职能的确立等,均由俄罗斯联邦总检察长决定。在俄罗斯联邦领域内,禁止创建独立于统一的俄罗斯联邦检察系统之外的检察机构,禁止该机构从事公务性活动。在俄罗斯联邦检察系统内增设俄罗斯联邦检察院侦查委员会,由俄罗斯联邦检察院侦查委员会侦查管理总局、俄罗斯联邦检察院侦查委员会俄罗斯联邦各主体侦查管理局及与其同级别的俄罗斯联邦侦查委员会特别侦查管理局组成,其中包括俄罗斯联邦检察院侦查委员会军事侦查管理局,以及俄罗斯联邦检察院侦查委员会各区、市侦查处,及与其同级别的俄罗斯联邦检察院侦查委员会特别侦查处,其中也包括俄罗斯联邦检察院侦查委员会军事侦查处等机构。

俄罗斯联邦总检察长负责领导俄罗斯联邦检察系统的工作。为督促检察院及所属机构全体工作人员履行职责,检察长下达必要的命令、指令,公布指示、准则与条例,以便调整有关俄罗斯联邦检察系统内部组织的活动,确保实现与上述工作人员有关的物质与社会保障措施。俄罗斯联邦总检察长在划配所属的定员编制与劳动报酬基金范围内,确定俄罗斯联邦总检察院人员编制与机构设置,明确隶属机构的职权范围,规定下级检察院及所属机构的定员编制与机构设置,俄罗斯联邦侦查委员会人员编制与机构设置除外。俄罗斯联邦检察系统内部的科研培训机构所长(校长)与其副职职务,由俄罗斯联邦总检察长任免。

(米铁男)

俄罗斯联邦总检察院

俄罗斯联邦的最高检察机关,主要职责是对俄罗斯法律的执行和人权保障情况实施监督,进行刑事追究和协调执法机关的工作等。

俄罗斯联邦总检察长负责领导俄罗斯联邦总检察院的工作。俄罗斯联邦总检察长配备有第一副总检察长与副总检察长,第一副总检察长与副总检察长的职务由联邦会议下辖的联邦委员会依据俄罗斯联邦总检察长的提名予以任免。在俄罗斯联邦总检察院内部设立检察委员会,检察委员会由俄罗斯联邦总检察长(任主席)、第一副总检察长与副总检察长(依据不同职务进行分配),以及俄罗斯联邦总检察长任命的其他检察人员共同组成。俄罗斯联邦总检察院由下列机构组成:管理总局、管理局与行政处(局级行政处、局属行政处),管理总局局长、管理局局长与局级行政处处长为俄罗斯联邦总检察长高级助理,管理总局副局长、管理局副局长与局属行政处副处长为俄罗斯联邦总检察长助理。管理总局、管理局与各行政处设有高级检察官与检察官职务。俄罗斯联邦总检察长配备有顾问、高级助理与特别委托高级助理,上述人员职位与管理局局长职位相同,助理、特别委托助理职位与管理局副局长职位相同。俄罗斯联邦第一副总检察长与副总检察长配有特别委托顾问,职位与管理局副局长等同。俄罗斯联邦总检察院下设的隶属机构——俄罗斯联邦军事总检察院,由俄罗斯联邦副总检察长兼任军事总检察长。俄罗斯联邦总检察院设置学术咨询委员会,对检察院组织活动的相关问题予以研究,学术咨询委员会的地位与准则由俄罗斯联邦总检察长明确规定。

俄罗斯联邦总检察长职务,由俄罗斯联邦会议下辖联邦委员会依据俄罗斯联邦总统的提名予以任免。俄罗斯联邦总统递交的俄罗斯联邦总检察长职务候选人提名,如果未能获得联邦委员会成员通过提名时应获的法定票数,则俄罗斯联邦总统在30日内应当向联邦委员会递交新候选人提名。俄罗斯联邦会议下辖联邦委员会主席依据联邦委员会法定程序,主持举行出任俄罗斯联邦总检察长职务人员的就职宣誓仪式。俄罗斯联邦总检察长应当宣读以下誓言:“我宣誓,在行使俄罗斯联邦总检察长职权时,严格恪守俄罗斯联邦宪法与俄罗斯联邦法律、捍卫人与公民的权利与自由及法律保护的国家与社会利益。”在俄罗斯联邦总检察长职位空缺或不能履行自身职责的情况下,其职责由第一副总检察长代替履行。在俄罗斯联邦总检察长与第一副总检察长职位空缺抑或不能履行其自身职责的情况下,依据副总检察长之间职责权限分配的规定,由其中之一的俄罗斯联邦副总检察长代替履行职能。每届俄罗斯联邦总检察长的任期为5年,其职务任免应当通过报刊予以公布,每年应向俄罗斯联邦会议下辖两院与俄罗斯联邦总统进行关于俄罗斯联邦法律制度与法律秩序状况的报告,以及关于为加强俄罗斯联邦法律制度与法律秩序已完成的工作报告。俄罗斯联邦总检察长还应当亲自在议院会议上向俄罗斯联邦会议下辖联邦委员会陈述该工作报告。

2006年改组后的俄罗斯联邦总检察院下设24个总局、局和局级处。它们分别是组织检查总局,干部局,联邦立法执行情况监督总局,侦查监督总局,调查和侦查搜查活动监督局,特别重大案件调查监督局,联邦安全、族际关系和反极端主义立法执行情况监督局,反贪污贿赂立法执行情况监督局,检察官参加刑事案件庭审保障总局,检察官参加民事诉讼和仲裁程序保障局,刑罚执行情况法律监督局,法律局,国际法律合作总局,与大众新闻媒体沟通局,第一处(局级处),俄罗斯联邦总检察院驻7个联邦区的7个总局,检察机关体系各级机关与机构活动保障总局、俄罗斯联邦总检察院研究院。

(米铁男)

俄罗斯联邦军事检察院

俄罗斯联邦行使军事检察权的专门检察机关。俄罗斯联邦军事检察机关不受俄罗斯军事法庭的制约与管辖,直接隶属于俄罗斯联邦总检察院,由俄罗斯联邦总检察院副总检察长担任军事检察院总检察长并行使军事检察权职能。军事检察机关由联邦总检察院垂直领导,其内部也实行垂直管理制度。按垂直管辖区段不同,人员编制划分为三个等级:基层军事检察机关,各军事守备区、舰队军事检察机关,总军事检察机关。根据《俄罗斯联邦检察院组织法》第47条的规定,俄罗斯联邦军事检察机关只接受总军事检察机关与总检察长的直接领导,军事检察机关所在守备部队指挥官与负责人员或其他军事机构指挥官与负责人无权干涉军事检察机关的组织活动,军事检察监督权与军事侦查权的行使自主独立。

俄罗斯联邦军事检察系统由以下机构组成:俄罗斯联邦总军事检察机关、各军区军事检察机关、海军舰队军事检察机关、战略导弹(火箭)部队军事检察机关、联邦边防局军事检察机关、莫斯科市的军事检察机关与其他同俄罗斯联邦各主体的检察机关级别等同的军事检察机关、联合军事检察机关、兵团军事检察机关、警备军事检察机关及其他同市、区的检察机关级别等同的军事检察机关(以下简称军事检察机关)等。

军事检察机关的成立、改组与撤销以及军事检察机关的地位、职权、机构与定员编制等均由俄罗斯联邦总检察长予以明确。总检察长就这些问题下达的指令,同俄罗斯联邦武装力量总参谋部、俄罗斯联邦边防局、其他部队、新建军团与军事机关、指挥机关等下达的指令协调实行。其他组织编制问题由军事总检察长会同俄罗斯联邦武装力量总参谋部、俄罗斯联邦边防局、其他部队、新建军团与军事机关指挥部等在定员编制规定限度内解决。

军事检察机关由俄罗斯联邦副总检察长兼任的军事总检察长负责,领导军事检察机关内部活动,保障干部的选拔、调派与培养,对军事检察官进行考评,下达必要的执行命令与指令,督促所有检察机关履行职责。军事检察机关职权范围及于俄罗斯联邦武装力量与其他依据联邦立法与单行规范性法令创建的部队、新建军团与军事机关。

军事总检察长及其下属各级军事检察长,根据法律规定在自身管辖范围内可以行使《俄罗斯联邦检察院组织法》赋予的各项职权,并可依据俄罗斯联邦立法独立行使职权。在俄罗斯联邦,凡健康状况适合于履行兵役义务并曾履行过兵役,且具有军官军衔,符合《俄罗斯联邦检察院组织法》第40条规定的联邦公民,可担任军事检察官或者军事侦查官。军事总检察长由副总检察长担任,根据总检察长提名予以任命和解除;其他负责人员的职务任免均由俄罗斯联邦总检察长确定;军事检察官隶属于上级检察长与俄罗斯联邦总检察长,对其负有汇报工作的义务,其职务的任命与解除,由俄罗斯联邦总检察长确定;对军事总检察院其他检察官职务的任命与解除,由军事总检察长确定;军区、海军舰队检察机关检察长与同级别检察机关检察长,有权任命与解除本机关与下级检察机关的军事检察官职务。

军事检察官具有下列职权:参与检委会、军委会会议与军事指挥机关工作会议;对其他军事机关进行稽核与检查,稽核与检查的费用由为受检部队与军事机关提供给养的军事管理机关根据检察官命令承担;出示公务证件可自由出入部队、企业、机关、组织与指挥部的营区与驻地,不受该部门规章制度限制,允许查阅上述部门的文件与资料;对拘押在禁闭室、军纪惩戒营及其他关押地点的被判刑、被逮捕与被关押的军职人员进行羁押合法性审查,有权立即释放非法拘押人员;要求对相应的部队、警备司令、俄罗斯联邦内务部内卫部队押解警备队、俄罗斯联邦内务机关与机构保障军队禁闭室与警备部队禁闭室在押人员，以及其他地点在押的禁闭人员与拘押人员采取警戒、监押与押解措施等。

军事检察机关与军事侦查机关军职人员与非军事人员（文职人员）的编制，按俄罗斯联邦武装力量、其他部队与新建军团编制比例配置。军事检察机关与俄罗斯联邦检察机关侦查委员会的军事侦查机关的组成编制列入俄罗斯联邦武装力量、其他部队与新建军团的人员编制范围内。

俄罗斯联邦总检察长或军事总检察长有权指派军官进入军事检察机关履行兵役及决定是否将其转为预备役（退役）。俄罗斯联邦检察机关侦查委员会主席或俄罗斯联邦检察机关侦查委员会军事侦查管理局负责人有权指派军官进入俄罗斯联邦检察机关侦查委员会军事侦查机关履行兵役，并决定是否将其转为预备役（退役）。高级军官转为预备役（退役）的，由俄罗斯联邦总统按照俄罗斯联邦总检察长或俄罗斯联邦检察机关侦查委员会主席的提议予以决定。

（米铁男）

俄罗斯联邦总军事检察院

俄罗斯联邦最高级别的军事检察机关和俄罗斯联邦军事检察机关的最高领导机构。根据《俄罗斯联邦检察院组织法》的规定，军事总检察长配备第一军事副总检察长与军事副总检察长、特别委托高级助理，上述人员职位与局长职位等同，特别委托助理职位与副局长职位等同。

军事总检察机关由管理局、行政处（局级处与局属处）、办公室与接待处构成。管理局局长与局级行政处处长为军事总检察长高级助理，管理局副局长与管理局行政处长、办公室与接待处主任为军事总检察长助理。军事总检察机关的组织构成、分配条令等均由军事总检察长决定。管理局与行政处设有高级检察官与检察官职务。军事总检察机关内部设置检委会，由军事总检察长（任主席）、第一副总检察长与检察长（按职能划分）、其他军事总检察长指定的检察机关工作人员组成。检委会成员组成由俄罗斯联邦总检察长依据军事总检察长提议核准。

俄罗斯联邦副总检察长兼军事总检察长，负责全面领导军事检察机关的内部活动，保障干部的选拔、调派与培养，对军事检察官进行考评，下达必要的执行命令与指令，督促所有检察机关履行职责等。军事总检察长以下为一名负责军事检察机关基本工作的军事副总检察长，分管其他部门的副总检察长，高级助理与助理检察官，其下为垂直管辖的各军事检察机关管理局、行政处与服务机关，最低层级的是俄罗斯联邦十二个军区基层军事检察机关。

军事总检察长与其下属检察长，在各自管辖范围内，具有本联邦法赋予的各项权能，并可依据俄罗斯联邦立法独立行使职权，不受军事管理机关与指挥机关的约束。依据军事总检察长的决定，在与市、区的检察机关同级别的军事检察机关管辖范围内，可以划分检察区段、检察侦查区段与侦查区段。军事总检察长隶属于俄罗斯联邦总检察长，对其负有汇报工作的义务。军事副总检察长、军事总检察机关管理局局长、行政处长及副局长与副处长，以及军区、海军舰队军事检察机关副检察长及其同级别检察长的任免，由俄罗斯联邦总检察长决定。军事总检察机关其他检察官的任免由军事总检察长决定。

（米铁男）

俄罗斯联邦主体检察院

俄罗斯联邦主体检察院处于俄罗斯区域性检察机关系统的第二个层次,位于联邦总检察院之下,主要是指组成俄罗斯联邦的各共和国的检察院,与其处于同一层级的检察院还包括各边疆区(州、莫斯科市、圣彼得堡市)的检察院、犹太自治州检察院和各自治区的检察院以及其他一些相当于该级别的专门检察院。

俄罗斯联邦各主体检察院与同级别检察院以及其他专门检察院,均设有负责领导本检察院全面工作的检察长,并配备一名第一副检察长与若干副检察长等。俄罗斯联邦各主体检察院与同级别军事检察院及其他专门检察院均设置有检察委员会以及管理局、行政处(局级行政处、局属行政处)。检察委员会由俄罗斯联邦各主体的检察长(任主席)、第一副检察长与副检察长(依据不同职务进行分配)以及由俄罗斯联邦各主体的检察长任命的其他检察人员共同组成。管理局局长与局级行政处处长为俄罗斯联邦各主体的检察长高级助理,管理局副局长与局属行政处处长为俄罗斯联邦各主体的检察长助理。

俄罗斯联邦各主体检察院的检察长与同级别检察院检察长可以配备特别委托助理,特别委托助理职位与管理局副局长职位相同。另外,还设有高级刑事检察官和普通刑事检察官以及负责特别重大案件的高级侦查员和一般侦查员及其助理人员。

俄罗斯联邦各主体检察院的检察长以及同级别检察长,在俄罗斯联邦现行法律与俄罗斯联邦总检察长规范性命令的基础上,负责领导市、区的检察院与其他同级别检察院的公务活动,并发布必要的命令、指令与指示,以便指导下属机关全体工作人员完成工作,还可以在俄罗斯联邦总检察长决定的定员编制与劳动报酬基金范围内,对本机关与下级检察院工作人员编制予以调整。

(米铁男)

俄罗斯联邦总检察院驻联邦区总局

直属于俄罗斯联邦总检察院的地方法律监督机关。该总局的设立与俄罗斯联邦全权代表制度的推行密切相关。2000 年 5 月 13 日,俄罗斯总统普京签署第 849 号总统令,批准了《俄罗斯联邦总统驻联邦区全权代表条例》,决定将俄总统驻各地区全权代表制度改组为驻联邦区全权代表制度。根据这一条例,俄罗斯联邦领土划分为与传统经济区基本吻合的 7 个联邦区,分别是中部联邦区(中心城市为莫斯科市)、西北联邦区(中心城市为圣彼得堡市)、南部联邦区(中心城市为罗斯托夫市)、伏尔加河沿岸联邦区(中心城市为下诺夫哥罗德市)、乌拉尔联邦区(中心城市为叶卡捷琳堡市)、西伯利亚联邦区(中心城市为新西伯利亚市)、远东联邦区(中心城市为哈巴罗夫斯克市)。上述每个联邦区下辖 6 – 17 个联邦主体。为了实现全权代表制度,俄罗斯在联邦区设立了司法机关和护法机关,主要任务是建立和强化统一的法律秩序空间。目前,除部分联邦区仲裁法院、南部联邦区和远东联邦区的司法局、联邦区级内务机关等以外,俄罗斯联邦总检察院已经开始设立若干的联邦区总局。与前述总统令相适应,俄罗斯联邦总检察长于 2001 年 6 月 5 日签署了《关于成立俄罗斯联邦总检察院驻各联邦区总局的第 984 号命令》,规定成立俄罗斯联邦总检察院驻 7 个联邦区的 7 个总局,分别由一名俄罗斯联邦副总检察长领导。这 7 个总局是俄罗斯联邦运输检察机关体系的最高一级,分别设有 3 个二级分支机构。

俄罗斯联邦总检察院驻联邦区总局的主要职权包括：对联邦法律、俄罗斯总统命令和指示、俄政府决议和命令在本联邦区内的执行情况等实行监督；对联邦规划在本联邦区内的实现情况实行监督；联邦区辖区内的联邦主体权力执行机关颁布的文件，若与俄罗斯宪法、联邦法律以及俄罗斯的国际义务相抵触，或者侵犯了公民及其他人的权利与自由，俄罗斯联邦总检察院驻联邦区总局有权向俄罗斯总统提出中止该文件效力的建议；在本联邦区内有权组织检查联邦法律、俄罗斯总统命令和指示、俄罗斯政府决议和命令的执行情况，并同时可与俄罗斯总统总监察局、俄罗斯检察机关协同行动；分析护法机关在本联邦区活动的效率以及护法机关干部的状况，并向俄总统提出建议等。

（米铁男）

俄罗斯联邦自然保护检察机关

俄罗斯专门检察机关之一，对特定自然保护区的各级国家机关、自然保护监督机关、企业、机构、组织履行保护环境职能的情况和维护公民生态权的法律执行情况实施检察监督。早在20世纪90年代，苏联就第一个建立了复合式的自然保护检察制度。1990年4月，俄罗斯联邦境内第一个全流域性的自然保护检察院（州级检察院）——伏尔加河自然保护检察院成立，其驻地为加里宁州的首府加里宁市（苏联解体前夕已更名为特维尔州的特维尔市），下辖13个跨区自然保护检察院。随后，苏联全境还设立了一些独立的区、市级自然保护检察院。在未设立自然保护检察院的地区，由区域性检察院负责对自然保护和自然利用立法的执行情况实施监督。1991年苏联解体以后，俄罗斯联邦在继承苏联复合式自然保护检察制度的基础上，进一步完善了自己的自然保护检察制度，主要表现为在三种不同的地区，实行三种不同的自然保护检察制度。

一是继续完善伏尔加河全流域性的自然保护检察机关体系。俄罗斯联邦在伏尔加河流域下辖的15个联邦主体中设立了15个跨区自然保护检察院，属于区、市级的检察院。除马里埃尔共和国外，其余14个共和国中共设立了15个，均隶属于伏尔加河跨地区自然保护检察院。1998年1月26日颁布的《俄罗斯联邦总检察院关于伏尔加河自然保护检察院的第34号命令》将伏尔加河自然保护检察院正式更名为伏尔加河跨地区自然保护检察院。由于俄罗斯联邦主体检察院也享有自然保护监督职能，因此它们和伏尔加河跨地区自然保护检察院之间的关系是一种协调与合作的关系。伏尔加河跨地区自然保护检察院和辖区内与之平级的其他专门检察院之间也是协调与合作的关系，不存在领导和隶属关系。为解决因此出现的多头管理、重复监督问题，俄罗斯联邦总检察长于2008年5月7日签发了《关于划分区域性检察院、军事检察院和其他专门检察院检察长职权范围的第84号命令》，专门划分了伏尔加河跨地区自然保护检察院、区域性检察院以及其他专门检察院之间的职权。二是在生态保护的重点地区建立独立的跨区自然保护检察院。除在伏尔加河流经的15个联邦主体建立全流域性的跨地区自然保护检察院外，俄罗斯联邦还在其他36个联邦主体的生态环境重点保护地区，或者生态环境遭到严重破坏的地区，建立隶属于本联邦主体检察院的42个跨区自然保护检察院（属于区、市级自然保护检察院），负责对本地区执行生态法律情况实施监督。例如，位于俄罗斯秋明州境内的亚马尔涅涅茨自治专区就设有15个区、市级检察院，其中有1个跨区自然保护检察院。下辖有个别跨区自然保护检察院的联邦主体检察院，还设立了自然保护立法执行情况监督处，负责指导亚马尔涅涅茨自治专区内的自然保护检察院的工作以及其他 14 个区域性检察院对生态保护的检察监督工作。三是在其他 34 个联邦主体中仍由区域性检察院负责生态保护的检察监督工作。

俄罗斯联邦复合式的自然保护检察系统使得专门检察院能在分析区域性监督机关和护法机关统计信息和资料的基础上，全面、准确、及时地掌控特定自然保护地区的法治状况。跨地区自然保护检察院下辖的下级自然保护检察院则保证了预防和制止生态违法行为工作的系统性和连贯性，并保证在自然资源利用方面能够有效抵制狭隘的地方利益和部门利益。

（米铁男）

俄罗斯联邦检察院侦查委员会

俄罗斯联邦检察院的组成机构之一，职责是保障执行有关刑事诉讼程序的联邦性法律。俄罗斯联邦检察院侦查委员会中的侦查官，对俄罗斯联邦刑事诉讼立法规定的由其管辖的犯罪案件进行预侦工作。

俄罗斯联邦检察院侦查委员会系统由下列机构组成：俄罗斯联邦检察院侦查委员会侦查管理总局、俄罗斯联邦检察院侦查委员会各俄罗斯联邦主体的侦查管理局及与其同级别的俄罗斯联邦检察院侦查委员会特别侦查管理局，其中包括俄罗斯联邦检察院侦查委员会各军区、海军舰队、战略导弹（火箭）部队军事侦查管理局，以及其他与俄罗斯联邦检察院侦查委员会各俄罗斯联邦主体的侦查管理局级别等同的军事侦查管理局，以及俄罗斯联邦检察院侦查委员会各区、市侦查处及与其同级别的俄罗斯联邦检察院侦查委员会特别侦查处，其中也包括俄罗斯联邦检察院侦查委员会军事侦查处等机构，其中包括俄罗斯联邦检察院侦查委员会联合、兵团、警备军事侦查处及其他与俄罗斯联邦检察院侦查委员会各区、市侦查处级别等同的俄罗斯联邦检察院侦查委员会军事侦查处。

俄罗斯联邦第一副总检察长负责领导俄罗斯联邦检察院侦查委员会并担任俄罗斯联邦检察院侦查委员会主席职务，该职务由俄罗斯联邦委员会根据总统的提名决定任免。俄罗斯联邦检察院侦查委员会主席配备有第一副主席与副主席职务，该职务由俄罗斯联邦总统根据联邦检察院侦查委员会主席的提名任免。

俄罗斯联邦检察院侦查委员会主席在定员编制、俄罗斯联邦检察院侦查委员会工作人员劳动报酬基金及其隶属机构范围内，决定隶属机构与定员编制，并对各隶属机构的职能权限予以限定。

俄罗斯联邦检察院侦查委员会内部设立有管理总局、管理局、管理处与管理科，根据相应隶属机构设立领导职位，并配备第一副职与副职，以及高级刑事侦检官、刑事侦检官、负责极其重要案件的高级侦查官与负责极其重要案件侦查官、高级侦查官与侦查官等职务。俄罗斯联邦检察院侦查委员会的工作人员属于检察院的编制人员，其任免依照俄罗斯联邦检察院侦查委员会主席确定的程序予以实行。

俄罗斯联邦检察院侦查委员会内部设立有侦委会，按职务由俄罗斯联邦检察院侦查委员会主席、第一副主席与副主席以及其他由俄罗斯联邦总统依照俄罗斯联邦检察院侦查委员会主席提名任免的工作人员组成。俄罗斯联邦检察院侦查委员会侦委会规章由俄罗斯联邦检察院侦查委员会主席决定。

（米铁男）

俄罗斯联邦检察院预审和侦查搜查活动监督局

附设于俄罗斯联邦总检察院的24个总局之一。俄罗斯联邦总检察院曾经设有总侦查局，内设四局二处，内务机关侦查、初步调查和侦察搜查行动监督局就是其中之一。2006年俄罗斯联邦总检察机构开始进行改组，并最终形成了24个直接从属于总检察院的局级机关，其中就包括了预审和侦查搜查活动监督局。增设该局的目的在于保障犯罪嫌疑人在诉讼过程中的基本权利并监督规范侦查机关的诉讼行为。根据《俄罗斯联邦检察院组织法》第1条的规定，检察监督的对象之一，就是应对从事侦讯活动、预侦（初步调查）与预审机关的法律执行状况予以监督。该监督局对俄罗斯联邦有权实施侦查、搜查行为的机关进行法律监督。在俄罗斯，被授权实施侦查、搜查活动的机关有内务部、联邦安全局、海关机关局、税务警察局等诸多机关，其性质各不相同，但总检察院附设的预审和侦查搜查活动监督局有权对上述诸多机关的侦搜活动进行监督。

俄罗斯联邦检察院预审和侦查搜查活动监督局主要监督以下事项：(1)被监督机关是否遵守关于对已实施犯罪和预备犯罪的控告和举报的法定处理程序。根据《俄罗斯联邦检察院组织法》第29条的规定，具体就是指该机关对人和公民权利与自由的遵守状况、对犯罪实行与犯罪预备指控与举报的审核、采取侦讯措施与实施侦查是否遵循法定程序，以及实施侦讯活动、预侦（初步调查）与预审机关采取的决定是否具有合法性等。(2)侦查搜查机关的活动是否恪守人和公民的权利与自由，包括俄罗斯宪法和国际公约中确定的人的基本权利，如私生活不受侵犯的权利、个人秘密和家庭秘密不受侵犯的权利、住宅不受侵犯的权利以及通信秘密等。此外，宪法中还确认了成立联合组织之权利，并规定保障社会联合组织活动的自由。与此相对应，《侦查搜查活动法》中也规定，禁止为了任何政党、社会联合组织和宗教联合组织的利益实施侦查搜查措施；禁止秘密参与联邦国家权力机关、俄罗斯联邦主体国家权力机关、地方自治机关的工作，以及禁止为了对政党、社会联合组织和宗教联合组织的活动性质施加影响，而秘密参与依照法定程序登记的和未被禁止的政党、社会联合组织和宗教联合组织的活动等。该法还规定，在侦查搜查活动的实施机关（公职人员）侵犯自然人和法人权利及其他合法权益的情况下，上级机关、检察长或法官有依照俄罗斯联邦立法的规定采取措施，恢复这些权利和合法权益、赔偿所造成损失的义务。(3)侦查机关的活动是否遵守实施侦查搜查措施和进行侦查的法定程序，与此相关的法律规范如《刑事诉讼法》《法官地位法》《国家秘密法》《侦查搜查活动法》等。此外，俄罗斯联邦总检察长2000年4月25日签署了第56号命令《关于组织对联邦法律“侦查搜查活动法”执行情况的监督》，这也是对侦查搜查活动进行监督的重要法律依据。根据该命令，被授权的检察长应当关注根据保密原则使公民与侦查搜查活动的实施机关进行合作的合法性，以及公民与上述机关合作实行自愿同意原则的恪守情况。作为被监督对象的具体法定程序包括关于侦查搜查活动实施主体立法的执行情况，侦查搜查措施种类、实施根据、实施条件、文件证明程序立法的执行情况等。(4)对侦查搜查活动实施机关所作决定的合法性进行监督。在对特定范畴的侦查人员及其他人的侦查搜查活动实施监督的情况下，法律做出特殊规定，检察长行使监督权时，若涉及此类人员信息应征得他们的书面同意，但应追究此类人员刑事责任的情况除外。这些人员主要是指渗透进入有组织犯罪集团者、侦查搜查活动实施机关编制内秘密工作人员、根据保密原则向侦查搜查活动实施机关提供协助的人员等。

（米铁男）

俄罗斯联邦劳动改造机构检察机关

俄罗斯联邦检察系统中的专门检察机关之一，主要职能是监督劳动改造机构的执法情况。从级别上看，劳动改造机构检察机关处于整个检察体系中的第三层级，与由各市和区的检察院、相当于该级别的军事检察院和其他一些专门检察院，共同组成俄罗斯联邦区域性检察机关的基层体系。

早在苏联解体之前的1985年至1986年，苏联就成立了对刑事执行体系各级机构执行法律情况实施监督的专门检察机关，即“对劳动改造机构遵守法律情况实施监督的检察院”，其中设有检察长、副检察长、检察长的高级助理、助理、侦查员和其他办公室工作人员。除检察长外，劳动改造机构的其他人员由检察长以指令的形式分配职责。检察机关的工作计划编制，是在分析刑事执行体系各级机构法制和法律秩序状况的基础上，利用检察监督、部门监督的材料，统计资料和其他核算数据，包含关于促成违法行为原因和条件信息的刑事案件和民事案件的材料予以实施的。

俄罗斯联邦劳动改造机构检察机关的主要职责包括：(1)对检察院辖区内刑事执行体系各种机构执行刑事立法和其他立法的情况实施监督；(2)对关于受理、登记和处理已实施犯罪和预备犯罪的指控和抗诉的法律在上述机构内的执行情况实施监督，及时地提起刑事案件并就每一个违反法制的情况采取措施；(3)及时进入刑事执行体系各种机构的重大事故现场进行情况调查，发现和消除引起事故的原因和条件，并追究有罪过者的责任；(4)就法律划归检察机关侦查员管辖的，由被判刑者和刑事执行体系各种机构工作人员在刑事执行体系机构里实施的犯罪案件进行预审；(5)对侦查上述类型案件时执行法律的情况实施领导和监督；(6)对其他机关侦查员就刑事执行体系机构里的犯罪案件进行初步调查和预审时执行法律的情况实施监督；(7)参加一审法院对检察机关提起的刑事案件和民事案件的审理，参加法院关于假释案件、关于用较轻刑种取代刑罚未执行完部分案件的审理，以及参加法院对与执行判决相关的其他问题的处理；(8)对法院就检察机关移送给它的案件和材料所作决定的合法性实施监督；(9)利用刑事执行体系各种行政机构部门所掌握的累犯信息，以及关于上述机构刑满释放后1年内实施新罪者的其他信息分析产生累犯的原因，并采取措施消除累犯现象；(10)对在刑罚执行机构和机关中特赦令的准确适用情况实施监督；(11)对刑罚执行机构和机关行政部门颁布的命令、指令和决定的合法性实施监督。

俄罗斯联邦劳动改造机构检察机关的检察长在自己的权限范围内，对劳动改造机构遵守法律的情况实施监督，并经常地在这些机关里实施综合性检查。考虑到劳动改造机构的法制状况，检察长应当保证检查此类机构的频率，通常是每个月至少走访1次，以便受理被判刑者的个人问题，审查将被判刑者送至刑事执行立法规定的各种处罚场所的合法性，以及采取其他紧急措施等。

（米铁男）

苏联检察机关

苏联时期依法维护法制统一的国家机构。1917年十月革命后的四年间，苏维埃俄国并没有设立检察院，检察院的职能均由其他相关部门来行使，检察权的行使比较混乱。同时国家百废待兴，立法迟滞，地方司法机关在落实革命法制的过程中出现恣意现象，产生权力割据，分离主义倾向明显。对此,列宁曾一再强调法制建设的重要性,主张法制的统一,并把强化法律监督作为法制建设的重点。列宁主张设立检察机关来专门行使法律的监督权,加强对国家法律统一实施的监督。根据列宁的法律监督理论及其关于建设检察机关的倡议,1921 年俄罗斯联邦共和国人民委员会拟订了第一个检察机关条例草案,并着手建立新型的苏维埃检察机关系统。1922 年 5 月 28 日,全俄中央执行委员会通过决议,制定并通过了第一个《苏俄检察监督条例》,规定检察机关对所有权力机关、经济组织、社会组织和个人行为的合法性进行监督(所谓的一般监督);对侦查和调查行为进行监督;在法院庭审中支持起诉;对羁押的正确性进行监督。1922 年 12 月,苏联成立。此后,历经 1929 年《人民司法委员会条例》、1933 年《苏联检察院条例》、1936 年《苏联宪法》、1955 年《苏联检察监督条例》、1977 年《苏联宪法》、1979 年《苏联检察院法》等一系列法律法规的制定,其中 1979 年的《苏联检察院法》一直沿用至苏联解体,是苏联检察系统工作的最重要法律依据。

苏联检察机关根据其活动的主要方面设置了如下机构:一般监督局、侦查总局、法院刑事案件监督局、法院民事案件监督处、交通运输部门执行法律监督处、劳改机关执行法律监督处、对未成年人执行法律监督处、苏联法律分类与宣传处和其他单位,其中包括研究犯罪原因和制定防范措施的全国性的研究所,各种检察、侦查工作人员的进修学院等。

苏联检察系统中除常规的检察机关外,还包括军事检察机关,各加盟共和国、自治共和国、各边疆区、州和交通运输部门的检察机关(相当于州一级),以及自然保护检察机关等。这些机关参照苏联检察机关的组织结构设立相应的局和处,检察长的主任助理和助理由这些局的局长和副局长、处长和副处长担任。

自治区检察长、区和市的检察长下设几名副检察长和几名主任助理。在上述检察机关中都设置有一些专门负责特别重要案件的侦查员、主任侦查员和一般侦查员。

苏联检察机关、各加盟共和国检察机关、各自治共和国、边疆区、州、市(相当于州一级的市)的检察机关下设委员会。委员会负责审查各检察机关的工作情况,听取各局长、处长和下级检察长的工作总结,听取有关干部的挑选、分配和培养问题以及工作中发布命令和指示的报告。委员会的决议由相应一级的检察长颁布命令执行。

根据列宁的法律监督理论,苏联的检察制度呈现与西方检察制度不同的特点,那就是检察机关行使一般监督职能。它的特点在于它是对国家权力运行中的一切违法犯罪行为进行监督,只要违反了国家法律或者有关决议,无论其是行政机关还是司法机关,苏联检察机关都有权采用"抗议书"和"提请书"等方式进行检举和纠察。与诉讼权相比,这种监督权处于支配地位。

苏联检察机关的基本任务包括三个方面:(1)保卫苏联宪法规定的苏联社会制度,其政治体制与经济体制;(2)捍卫苏联宪法与法律所规定的公民权利和自由;(3)保护企业、机关、组织、集体农庄、合作社和其他社会团体的合法权益。

苏联检察机关的具体工作包括:(1)对国家管理机关、企业、团体、主管人员和公民执行法律实施一般监督;(2)对调查与预审机关执行法律的情况实施监督;(3)对法院审理案件时执行法律的情况实施监督;(4)在监禁被扣押者和拘留地点执行法院规定的惩罚和其他强制性措施时对遵守法律情况实施监督;(5)与有关侵占社会主义财产的违法行为作斗争;(6)与犯罪行为和其他违法行为作斗争,调查犯罪行为,追究罪犯的刑事责任;(7)与其他国家机关一起制定预防犯罪和其他违法行为的措施;(8)在与犯罪行为和其他违法行为作斗争时协调护法机关的活动;(9)参加修改法律和宣传法律的工作等。

（米铁男）

苏联总检察院

苏联监督法律执行的最高检察机关。苏联总检察院经历了与法院系统的合一到独立、再从苏联检察院到苏联总检察院的变迁过程。1922 年 5 月 28 日,全俄中央执行委员会通过了《俄罗斯社会主义联邦苏维埃共和国检察机关条例》,恢复了曾被撤销的检察机关并确立了集中统一的检察机关体系。同年 12 月 30 日苏联成立,先后制定和颁布了一批立法原则,其中《苏联和各加盟共和国法院组织原则》进一步扩大了检察机关权限,责成其对司法活动是否合法实施监督。苏联的成立,要求将各加盟共和国的检察机关联合为一个统一的苏联检察机关体系。在建立统一的苏联检察机关之前,最高法律执行的监督职能主要由设立在苏联最高法院的检察机关来行使,因此,这一时期的检察机关与法院系统是合一的。1933 年 6 月 20 日,为了继续加强全苏联范围内的革命法制,苏联中央执行委员会和人民委员会共同颁布了《关于革命法制的决议》。依照该决议的规定,撤销苏联最高法院检察院,建立一个独立的苏联检察院。1933 年 12 月 17 日又进一步通过了《苏维埃社会主义共和国联盟检察院条例》。依照该条例的规定,苏联检察院拥有下述六类职能:(1)对各加盟共和国检察机关的活动实施一般领导;(2)实施一般监督;(3)对各加盟共和国司法机关是否正确和一致地适用法律实施监督;(4)提起刑事追诉;(5)在苏联境内的各司法审级中支持公诉;(6)对苏联国家政治总局、警察局、刑事侦查局、劳动改造机构活动的合法性和正确性实施监督。依照《苏联检察院条例》的规定,由苏联中央执行委员会任命的苏联检察长领导整个苏联检察机关。苏联检察长向苏联中央执行委员会、苏联中央执行委员会主席团、苏联人民委员会负责。各加盟共和国检察长由苏联检察长与相应加盟共和国的中央执行委员会协商后任免;各边疆区、州、自治共和国和自治州的检察长,由各加盟共和国检察长征得苏联检察长同意后任免。因此,各加盟共和国的检察机关隶属于苏联检察长,并向其报告工作。

1936 年 7 月 20 日,苏联中央执行委员会和苏联人民委员会联合颁布了《关于组建联盟—共和国性质的苏联司法人民委员部决议》。该决议规定,各加盟共和国检察机关从本共和国司法人民委员部中分离出来,直接隶属于苏联检察长。1936 年年底,联盟国家一级检察机关(中央检察机关)下设 10 个分支机构。它们分别是军事总检察院、铁路运输总检察院、水上运输总检察院、一般监督处、刑事司法处、民事司法处、侦查处、专门案件处、监所监督处和申诉处。直接受苏联检察长领导的有负责完成特别任务的检察长、负责重大案件的侦查员、各种专家和顾问。

卫国战争时期,苏联检察长正式更名为苏联总检察长,苏联检察院成为苏联总检察院。1955 年 5 月 24 日,苏联最高苏维埃主席团以命令形式批准了苏联检察机关独立以来的第一个《苏联检察监督条例》。1959 年苏联最高苏维埃主席团再次发布命令,规定在联盟国家一级检察机关和各加盟共和国检察机关里设立检察委员会。

根据苏联 1977 年宪法,苏联总检察长由苏联最高苏维埃任命,对它负责并报告工作,在最高苏维埃闭会期间,对苏联最高苏维埃主席团负责并报告工作。各加盟共和国、自治共和国、边疆区、州和自治州的检察长由苏联总检察长批准任命。苏联总检察长和一切下级检察长的任期均为5年。各级检察机关独立行使职权,不受任何地方机关的干涉,只服从苏联总检察长。苏联总检察长的宪法地位体现了检察机关监督的最高性。与苏联宪法相对应,1979年颁行的《苏联检察院组织法》规定,苏联总检察长领导检察机关的活动并对其工作实施监督,一切检察机关都必须执行他的命令和指示。苏联检察机关的组织结构由苏联总检察长提出并经苏联最高苏维埃主席团批准实施,下级检察机关的组织结构和编制则由苏联总检察长确定。苏联总检察长下设多名负责特殊重要案件的侦查员和多名负责特殊使命的助理。

（米铁男）

苏联军事总检察院

专门对苏联武装力量执行法律情况实施监督的最高检察机关。苏联时期,较为重要的调整军事检察法律关系的规范是1966年批准颁行的《军事检察院条例》和1979年颁行的《苏联检察院组织法》。根据上述法律的规定,军事总检察院在苏联检察院编制内,由军事总检察长领导。军事总检察长由苏联最高苏维埃主席团根据苏联总检察长的提名任命,任期5年,隶属于苏联总检察长。苏联总检察长直接或通过军事总检察长领导军事检察院的工作。军事检察长隶属于上级军事检察长、军事总检察长和苏联总检察长。

军事检察院在军事总检察院和苏联总检察院的领导下,履行如下职能:同一切危害苏联安全、危害武装力量战斗力、违反军纪和各项勤务制度的行为作斗争,采取措施防范违法行为,消除违法根源;监督武装力量准确划一地执行苏联和各加盟共和国、自治共和国的各项法律,及时采取法定措施以制止任何人的任何违法行为;保护军人及其家属、武装力量职工和其他公民,以及部队、机关、院校、企业、团体的权利和合法利益。军事检察院以其全部活动,在苏联武装力量中加强社会主义法制,教育军人始终不渝、准确地执行苏联法律、军人誓词、各种条令、指挥员和首长的命令等。

包括军事总检察院在内的各级军事检察院中的军事检察员侦查的刑事案件包括:(1)苏联武装力量军人和集训中的预备役人员所犯罪行,国家安全机关军官、军士和士兵所犯罪行;(2)苏联武装力量职工在履行职责中或在部队驻地及军事机关、院校、企业和军事团体内所犯罪行。在个别地区,由于特殊情况,军事检察员可以受苏联总检察长委托侦查一切犯罪活动。

军事总检察长根据苏联总检察长的授权,领导并监督军事检察院的工作;总结检察和侦查实践经验;采取措施提高各级军事检察长和军事检察员的业务技能,并给其作出鉴定;在自己职权范围内颁布命令和指令。军事总检察长配有副职、高级助手和助手。军事副总检察长和高级助手由苏联总检察长任命。

军事总检察长和苏联武装力量总参谋部共同确定军事检察院的机构和编制。军事总检察院设若干处和一个办公室,各处长是军事总检察长的高级助手,各副处长和办公室主任为助手。各处中均编制有军事检察长。军事总检察长配有负责特殊要案的军事检察员。集团军、区舰队、兵团和卫戍区军事检察长由军事总检察长任命,任期为5年。

军事总检察长在职权范围内监督以下事宜:(1)各级军事指挥机关颁布的命令、指令、条例、教令和其他决定是否符合苏联和加盟共和国、自治共和国的宪法和法律,是否符合苏联和加盟共和国、自治共和国部长会议的决议;(2)全体军人、参加集训的预备役人员和苏联武装力量职工履行职责时是否遵守法律;(3)苏联武装力量调查机关、军事检察员和国家安全机关侦查员在侦查属于军事法庭管辖的案件中的执行法律情况；(4)军事法庭在依法审理属于其管辖的刑事案件和民事案件中，遵守法纪的情况；(5)拘留所关押人员和被判在劳改部队服刑人员的管理中遵守法纪的情况。

军事总检察长基于苏联武装力量中社会主义法制现状和同犯罪行为作斗争情况的汇总材料，向苏联国防部长、苏军总政治部主任、各军种总司令、边防军和内卫部队的指挥机关和政治机关提出报告。军事总检察长参加苏联国防部委员会和各军种军事委员会会议，讨论加强法制、军纪和同违法犯罪行为作斗争的问题；各军种、军区（方面军）、防空军区、军队集群、舰队、集团军、区舰队、兵团和卫戍区的军事检察长则参加相应的军事委员会会议和办公会议，讨论此类问题。

给军事检察院军人授军官衔，先由军事总检察长、各军种、军区（方面军）、防空军区、军队集群、舰队的军事检察长提出呈请，然后按《苏联武装力量军官服役条例》规定的程序办理。军事总检察长有权根据《苏联武装力量纪律条令》对军事检察长和军事检察员实施奖励和纪律处分。

（米铁男）

苏联铁路运输总检察院

苏联时期专门检察院中为预防和处理铁路沿线威胁正常铁路运输犯罪行为的检察机关。领导全国铁路运输检察院的是附设在苏联总检察院中的铁路运输总检察院。铁路运输总检察院的机构设置与普通检察院一样，但其职责范围主要是集中在对全国铁路沿线的刑事案件行使职权。铁路运输总检察院经历了复杂曲折的发展历程，至今已不复存在，而被俄罗斯联邦所谓的“大运输检察院”所取代。俄罗斯联邦统一的运输检察系统，由三级组成，分别是由 7 名俄罗斯联邦副总检察长领导的俄罗斯联邦总检察院驻 7 个联邦区的 7 个总局，8 个跨地区运输检察院和 136 个区级运输检察院。

十月革命胜利初期，苏维埃政权撤销了全部检察机关，其中也包括运输检察机关。与铁路运输相关的刑事案件均由区域性检察长处理，并不存在独立的铁路运输检察院。当时铁路是最重要的运输线，而且主要体现在军事活动中，因此，最早出现的就是在军事法庭中设立铁路运输检察长。1919 年 2 月 4 日，苏维埃革命军事委员会决议通过了《革命军事法庭条例》，同年 11 月 20 日，全俄中央执行委员会也颁布了《革命军事法庭条例》。1920 年 3 月 18 日，全俄中央执行委员会又通过了《铁路革命军事法庭条例》。该条例规定：(1)在交通人民委员部设立铁路革命军事高级法庭；(2)在苏俄每一铁路管理局设立铁路革命军事法庭。检察机关建立之后，在这些法庭之下，曾经设立了隶属于工农共和国检察长的军事检察长职务。1926 年苏联最高法院军事运输庭根据苏联中央执行委员会 12 月 3 日的决议，撤销军事运输法庭以及军事运输专属的军事检察长职务，此后，区域性的检察机关开始对铁路运输和内水水上运输的检察实施法律监督。

苏联中央执行委员会和人民委员会于 1930 年 11 月 27 日联合颁布了《关于铁路运输线法院和专门检察院的决议》，规定苏联在各加盟共和国的检察机关体系中，设立专门的铁路运输检察院，以加强与铁路运输领域犯罪行为的斗争。1936 年 7 月 20 日，苏联中央执行委员会和苏联人民委员会联合颁布了《关于组建联盟—共和国性质的苏联司法人民委员部决议》。根据该决议,各加盟共和国和自治共和国的检察机关从相应加盟共和国和自治共和国的司法人民委员部中划分出来,直接隶属于苏联检察长,以使各级检察机关的联合进程彻底完成。依照该决议的规定,苏联中央检察机关和地方各级检察机关的内部机构也进行了相应的改组。1936年年底,联盟国家一级检察机关(苏联检察院)下设的10个分支机构中就包括铁路运输总检察院,苏联铁路运输总检察院成立并附属于苏联总检察院(所谓的苏联检察院)。铁路运输总检察院下辖三级铁路运输检察院:各加盟共和国、州级和区级铁路运输检察院。此时,铁路运输总检察院及其铁路运输检察系统是独立于其他运输类检察机关的。

在卫国战争时期,为抵御德国法西斯的侵略,苏联最高苏维埃主席团于1941年6月22日发布了《关于实施战争状态的命令》。苏联检察机关体系的各级机构进行了必要的改组。在宣布实施战争状态的地区,区域性检察机关均按照《关于实施战争状态的命令》,改组为军事检察机关。1943年,在铁路运输和水上运输领域开始实施战争状态后,铁路运输检察机关和水上运输检察机关在组织上也被划入军事检察机关体系,由红军军事总检察长领导。1945年卫国战争获得胜利,1946年运输领域撤销战争状态后,军事铁路运输检察机关被重新恢复为普通运输检察机关。

1953年6月24日,苏联最高苏维埃主席团发布了《关于合并铁路运输线法院和内水水上运输线法院、铁路运输线检察院和内水水上运输线检察院以及苏联最高法院铁路运输审判庭和内水水上运输审判庭的命令》。依照上述命令的规定,所有的铁路运输检察院和内水水上运输检察院联合为苏联检察院组成中的统一的运输总检察院体系。铁路运输总检察院被撤销,与其他运输检察机关共同组成了统一的运输检察系统,成立了运输总检察机关。

1960年3月3日,苏联最高苏维埃主席团发布《关于撤销运输检察机关的命令》。依照该命令的规定,苏联的统一运输检察机关体系被撤销,其职能被转交给区域性检察机关(加盟共和国检察机关体系的各级机关),同时授权苏联总检察长在必要时建立一些独立的、拥有区级检察院权限,并隶属于相应区域性检察院检察长的铁路运输检察院。此后,苏联铁路运输总检察院再未重建。

(米铁男)

苏联水上运输总检察院

苏联时期运输检察机关中监督水运航线法律执行情况的最高专门检察机关。为了与水上运输领域的违法犯罪行为进行斗争,苏联中央执行委员会和人民委员会于1934年6月7日联合颁布了《关于组建水上运输法院和水上运输检察院的决议》。依照该决议的规定,作为苏联加盟共和国的俄罗斯社会主义联邦苏维埃共和国的中央执行委员会和人民委员会于1934年10月10日联合颁布决议,在本加盟共和国内组建了水上运输法院和水上运输检察院。

1936年4月7日,苏联中央执行委员会和人民委员会联合颁布决议进一步规定,水上运输检察院转交给苏联检察院(苏联总检察院)直接领导。1936年7月20日,苏联中央执行委员会和苏联人民委员会联合颁布了《关于组建联盟—共和国性质的苏联司法人民委员部决议》。该决议规定,各加盟共和国和自治共和国的检察机关从相应加盟共和国和自治共和国的司法人民委员部中划分出来,直接隶属于苏联检察长(苏联总检察长),以使各级检察机关的联合进程彻底完成。依照该决议的规定,苏联中央检察机关和地方各级检察机关的内部机构也进行了相应的改组。1936 年年底,联盟国家一级检察机关(苏联检察院)下设 10 个分支机构,其中包括铁路运输总检察院和水上运输总检察院。至此形成了由苏联、各加盟共和国、州级及区级等四级的水上运输检察院系统。由于在这一时期,苏联国内的水上运输线在整个运输体系中的地位越来越重要,因此虽然相关检察系统起步较晚,但此时已经与铁路运输检察系统并列,成为专门运输检察系统之一。

在卫国战争时期,为抵御德国法西斯的侵略,苏联最高苏维埃主席团于 1941 年 6 月 22 日发布了《关于实施战争状态的命令》。在实施战争状态时期,战胜德国法西斯的侵略是苏联各族人民的总任务。为了完成这一总任务,苏联检察机关体系的各级机关进行了必要的改组。1943 年,在水上运输领域开始实施战争状态,水上运输检察机关也同铁路运输检察机关一样,在组织上被划入军事检察机关体系,成为军事水上运输检察机关,由红军军事总检察长领导。1945 年卫国战争获得胜利,1946 年运输领域撤销战争状态后,军事水上运输检察机关被重新恢复为普通水上运输检察机关。

1953 年 6 月 24 日,苏联最高苏维埃主席团发布了《关于合并铁路运输线法院和内水水上运输线法院、铁路运输线检察院和内水水上运输线检察院以及苏联最高法院铁路运输审判庭和内水水上运输审判庭的命令》。依照上述命令的规定,所有的铁路运输检察院和内水水上运输检察院联合组成苏联检察院系统中的统一的运输总检察院体系。运输检察机关体系的各级机关不再有铁路运输检察院、内水水上运输检察院、航空运输检察院等种类的区分,而是根据其辖区的地理环境和运输企业、机构、组织的服务内容,拥有相应的各种运输领域(铁路运输、内水水上运输、航空运输、海洋运输领域)执行法律情况的检察监督权。至此,水上运输总检察院被撤销,水上运输检察系统不再是独立的运输检察系统。

1960 年 3 月 3 日,苏联最高苏维埃主席团发布《关于撤销运输检察机关的命令》。依照该命令的规定,苏联统一运输检察机关体系被撤销,其职能被转交给区域性检察机关。同时该命令授权苏联总检察长在必要时建立一些独立的、拥有区级检察院权限,并隶属于相应区域性检察院检察长的铁路运输检察院和水上运输检察院。

20 世纪 70 年代以来,苏联开始了恢复运输检察系统的进程。苏联总检察长于 1977 年 2 月 28 日签发了《关于组建运输检察院工作的命令》,依照该命令重新成立的运输检察院,拥有区级检察院的权限,直接隶属于加盟共和国检察院的检察长。苏联最高苏维埃于 1979 年 11 月 30 日通过了《苏联检察机关法》,苏联总检察长依据该法的相关规定于 1980 年 11 月 5 日签发了《关于组建运输检察院的命令》,虽然对水上运输检察系统的权限和职能进行了一些调整,但直到苏联解体,水上运输检察系统一直都处在整个统一的运输检察系统之中,而没有再获得独立地位。

(米铁男)

苏联社会控诉人协会

苏维埃政权建立统一的检察制度之前行使检察职权的机构,也被称为控诉人协议会或公设告诉人公会。十月革命后,由于新的对革命法制状况实施监督的专门机关没有马上建立起来,其职能便由许多国家权力机关和管理机关共同行使。1918 年 5 月 4 日,列宁签署了《人民委员会关于革命法庭的法令》,规定在每一个革命法庭中成立控诉人协会,作为苏维埃检察机关建立前在法院中行使检察职权的国家公诉机关。该协会由地方工农苏维埃代表直接选举产生,或由革命法庭或司法人民委员部提出的人员组成,其成员不得少于3人。

根据1918年5月4日的法令,控诉人协会的职责包括:(1)当革命法庭审查一切在革命法庭被控诉人等应否归革命法庭审理的问题时,由控诉人协会派1人出庭,即在审查被提起公诉人移交革命法庭的问题时,控诉人协会应派员参加侦查委员会的会议;(2)就案件管辖与侦查程序是否完备的问题向侦查委员会提供意见;(3)某人或某团伙、集团犯有革命法庭条例所规定的罪行或有反革命行为迹象的罪行,控诉人协会应建议侦查委员会提起公诉;(4)对于每一起侦查委员会交予革命法庭审理的案件,控诉人协会应对案件制作论罪提纲,即起诉要旨;(5)对革命法庭审理的一切案件,进行公开的告诉。

侦查委员会本身应将其关于将某人移交革命法庭的决定或关于停止案件的决定通知控诉人协议会。若在3日内控诉人协议会的告诉人对侦查委员会的决定不表示异议的,则案件可继续进行。控诉人协会享有下列权利:对任何案件进行预审的任何时候均得派遣其委员对侦查程序提出意见;参加证人的讯问;要求对证人进行再次讯问;要求调取与案件有关的新的证据等。

在案件侦查终结后,应将案件及所有材料向被告人及其辩护人提示。辩护人有权对于侦查的实质提出自己的意见。此后应将案件送交控诉人协会,在控诉人协议会中应制作成论罪提纲并选定控诉人,由该控诉人在法庭审理过程中支持公诉。案件附同论罪提纲应重新由控诉人协议会送交侦查委员会,以便决定将被告人移交法院的问题。在侦查委员会的会议上,控诉人协议会会员应就辩护上所提出的请求发表意见。侦查委员会应研究控诉人协议会的请求及将被告人移交法院的问题,并及时作出决定,然后将论罪提纲送达被告人。

1918年5月29日,全俄中央执行委员会颁布了《关于全俄苏维埃中央执行委员会附设革命法庭》的命令。该法令规定,在全俄苏维埃中央执行委员会革命法庭中附设中央控诉人协议会,由全俄苏维埃中央执行委员会选出3人组成,中央控诉人协议会除执行关于革命法庭的命令所规定的义务外,还统一领导各地方革命法庭控诉人协会的活动。

1918年6月11日,全俄中央执行委员会颁布了《关于全俄苏维埃中央执行委员会附设上诉庭及对于革命法庭刑事判决的上诉程序》的命令。该命令第2条规定,在全俄中央执行委员会中附设上诉庭,并责成中央控诉人协议会代表人在上诉庭中对控诉和对于革命法庭判决的抗诉提供意见。

(米铁男)

法　国

法国检察院

法国负责捍卫集体利益及适用法律的机关。起源于13世纪末的国王代理人制度,即国王通过委任代理人为自身利益辩护。法国大革命之前,检察院的职权由国王代表(Gens du roi)行使,包括律师总检察长(avocat général)及代理人总检察长(procureur général),其中代理人总检察长在旧制度中扮演着重要角色，是法国现代刑事检察制度的起源，而律师总检察长则是法国现代民事检察制度的起源。法国大革命爆发后，检察院的存废成为争议点。最终，1790 年 8 月 16 日至 24 日法律决定保留检察院，但削减了检察院在监督法律适用及制定刑事政策方面的权力和职责，将其另行委付于政府特派员，只保留检察院出庭应诉的职责。检察院面临着权力旁落和地位虚置的窘境。1808 年《重罪法典》确立了检察院上令下从的金字塔权力结构，将刑事公诉权交由检察官独占，并在相当程度上保障了检察官权力行使的广泛性及独立性，这些原则及制度构成了法国现代检察制度的基石。1804 年《法国民法典》及 1807 年《法国民事诉讼法典》则规定检察官在民事领域作为主当事人或联合当事人参加诉讼，以此基本确立法国民事检察制度。直至 1970 年，法国才区分驻有检察院的法院及不驻有检察院的法院，前者指普通司法体系中的民事及刑事法院，后者则指特殊的非刑事法院，如劳资争议委员会。1970 年 7 月 10 日第 70 - 613 号法律第 3 条赋予共和国检察官在所有初审法院行使公诉权的权力。与普通司法体系不同，法国亦试图在行政法院中（审计法院除外）设置检察院，1831 年 2 月 2 日及 3 月 12 日法令在最高行政法院中创设了“政府特派员”（commissaire du gouvernement）。因为行政司法体系功能运转的差异，政府特派员之间没有等级之分，故而政府特派员不能与普通司法体系中的一般检察院类比，但可以类比于驻最高法院的检察院。2009 年，“政府特派员”更名为“公共报告人”（rapporteur public）。

法国的检察院设在法院之中，但这并不意味着法国未设独立的检察院机构，也不意味着检察系统依附于法院系统。事实上，各级法院均采用二元首型（dyarchie）的行政管理体制：共和国检察官及总检察长是法院内各检察官的行政首脑，而法院院长则是法院内各法官的总负责人。依据《司法组织法典》第 L122 - 1 条及以下规定，法国在三个级别的法院中设置检察院，分别是大审法院、上诉法院及最高法院。检察院的组织建构严格奉行等级性原则。检察院参照法院系统进行建制，因此，在法国 181 个大审法院中共设有 181 个检察院，在 33 个地方上诉法院及海外上诉法院共设有 33 个总检察院，在最高法院设有 1 个总检察院。所有级别的检察院都设有若干检察官及代理检察官，由 1 名共和国检察官或总检察长统筹指挥。每个检察院都设有 1 个秘书处，其主要工作是负责检察院的日常行政管理，由一些负责司法事务的公务员组成。各级检察院每年至少应召开一次全体会议，由各级检察院的共和国检察官或总检察长召集或主持。依据《行政司法法典》，审计法院及财政与预算纪律法院中设检察院，检察院的组织设置与普通法院系统类似。其他行政法院中，检察院的职权由公共报告人行使。

检察院的职权繁复多样，按照活动领域可分为刑事诉讼、民事诉讼及行政诉讼领域的职权；按照行使职权的方法可分为起诉、建议及监督；按照追求目标可分为保护、监控及管理。检察院在刑事诉讼中的职责主要有 8 项：启动追诉程序；适用刑事替代措施及决定不起诉；提起公诉并出庭；建议具体刑罚；提起上诉；执行刑罚；指挥及监督司法警察；预防犯罪。检察院在民事诉讼中的职责主要有 4 项：作为主当事人提起诉讼，以保护公共利益；作为从当事人提供法律适用的意见；代表个人或政府机构，作为主当事人参与诉讼；执行民事判决。驻审计法院及财政与预算纪律法院的检察院职责是：介入案件审查；庭审时发表意见；对判决向最高行政法院提起法律复合审请求；确保法院管理的良好。公共报告人的职责仅限于在法庭上发表结论性意见，以完全独立的身份对案件事实、法律适用及案件的解决方案提出自己的看法和意见。除上述司法职能外，检察院也行使大量的行政管理职能。共和国检察官及总检察长都有传统的行政任务，即以司法部长的名义，作为当地的代表对律师、司法辅助人员、专家鉴定人、户籍主管官员、监督场所、精神病安置机构、私立学校、酒吧、新闻界、储蓄保护、商事法院与劳资争议委员会法官的选任、法律法令的传统与通告等进行监督。近20年来,检察院这方面的任务不断增长,如经营管理相关设施(司法机构的房产、动产、办公设备及信息技术设备)、管理财政收入(机构运行、装备及信息的预算)以及管理相关人员(包括公务员与临时雇员)。这些新的职能源于书记官的公务员化、地方分权及权力下放等诸多原因。

(施鹏鹏　王晨辰)

法国驻最高法院检察院

最高法院作为司法法院系统内最高级别的法院,负责保障各地区判例及法律适用的统一性。因此,最高法院内亦设有检察院,以协助其完成这一重要职责。驻最高法院的总检察院设有一名总检察长,负责日常的指挥及领导工作。总检察长享有人事调动权、职责分配权等重要权力。检察院还设有若干代理总检察长,以在总检察长因故不能履行职责时依授权代为履行。从严格意义上讲,驻最高法院总检察长并不属于典型的检察官,也不受检察系统等级位阶原则的统辖,这主要是因为驻最高法院总检察长仅仅以“法律守护者”的身份存在,其通常不直接参与或支持案件的公诉。因此,驻最高法院的总检察长和驻上诉法院的总检察长之间并不存在隶属关系或权力等级关系。

法国检察系统的行政首脑并不是驻最高法院的总检察长,而是司法部部长(le Garde des Sceaux)。依1958年12月22日《司法官身份法》(l' Ordonnance portant statut de la magistrature)第5条之规定,“司法部部长负责统辖各级检察官”。司法部部长的统辖权主要包括两个方面:其一,司法部部长可通过行政通令(circulaire)或一般性指示确立和协调全国范围内的司法政策尤其是关系国计民生的刑事政策,各级检察院应奉行之;其二,司法部部长可对个案进行监督,但这一权力受到严格的限制。例如,依《法国刑事诉讼法典》第36条之规定,司法部部长可要求检察官对既定案件的被告提起诉讼。但司法部部长不得命令检察官撤回对某一具体案件被告的诉讼。一般而言,检察官在书面的诉状中应遵循司法部部长的指示,但检察官也有权在言辞的庭审程序中自由表达自己的意见,甚至是与司法部部长相左的意见。司法部不属于检察系统,也与各级检察院保持较大的独立性。这在很大程度上有效避免了行政权力对检察机关独立性的干预和影响。

(施鹏鹏　王晨辰)

法国驻上诉法院检察院

驻上诉法院的总检察院设有一个总检察长,负责日常的指挥和领导工作。与共和国检察官相同,总检察长也集中掌握了总检察院的所有重大权力,包括人事调动权和职责分配权。同时,由于总检察长所驻法院为终审法院,总检察长作为“法律守护者”及“个人自由捍卫者”的身份及作用便显得尤为突出和重要:例如,总检察长可对上诉法院及上诉法院管辖区内重罪法院所作出的判决提起撤销之诉,以确保最高法院对相关的法律进行统一、准确的解释;总检察长有职责“监督上诉法院管辖区内法律的正确适用”,并协调统一管辖区内刑事政策的制定及推行;总检察长还有职责监督管辖区内司法警察的侦查行为,实现侦查程序的正当化和合法化,加强对公民个人自由的保护。总检察院还设有若干代理总检察长。代理总检察长在总检察长因故不能履行职责时,依默示或正式的授权行使职责。从这个意义上讲,代理总检察长并不享有总检察长的任何权力,而只能以共和国检察官的名义参与诉讼。总检察长还可在管辖区内授权 1 名共和国检察官代为行使总检察长之职,或者代为行使大审法院其他检察官之职,但授权期限不得超过 3 个月。总检察长也可授权 1 名或数名共和国检察官代为行使代理总检察长之职,这一授权则无期限限制。构建这一制度的根本目的在于防止总检察长因假期、生病、培训等缘由不能履行职责时而延误重大疑难案件的处理。

（施鹏鹏 王晨辰）

法国驻大审法院检察院

法国设置在大审法院依法行使检察权力的机构。驻大审法院的检察院设有 1 名共和国检察官,负责日常的领导和指挥工作。共和国检察官集中掌握了检察院的所有重大权力,既可在各法院的分庭及机构自由分配代理检察官,也可在任何时候改变各科室的人员组成;既可亲自介入各类案件的审判,也可授权代理检察官代为出席案件的审判。除该共和国检察官外,该级别的检察院还因大审法院的重要性设有 1 名或若干名代理检察官。代理检察官在共和国检察官因故不能履行职责时,依默示或正式的授权行使职责。从这个意义上讲,代理检察官并不享有共和国检察官的任何权力,只能以共和国检察官的名义参与诉讼。在这一级别的检察系统中,最大的检察院系巴黎大审法院的检察院,由 1 名共和国检察官及近百名代理检察官所组成;最小的检察院则仅由 1 名共和国检察官和 1 名代理检察官组成。从严格意义上讲,违警法院也设有若干检察官,即警察特派员(commissaire de police)和警察指挥官(commandant ou capitaine de police)。共和国检察官在其管辖区内负责指挥警察特派员及警察指挥官。在必要的情况下,共和国检察官可向警察特派员或警察指挥官发布指示,甚至取而代之。共和国检察官也可要求他们提供相关信息或者在案件庭审中代为履行检察官之职。可见,警察特派员及警察指挥官在违警法院里行使类似于代理检察官的职责。

如果大审法院设立于省会,而该省会却未设上诉法院,则驻大审法院的检察院也是省重罪法院的检察院。仅在这一特殊情况下,共和国检察官方成为总检察长的代理人。当然,总检察长也可在管辖区内亲自出庭应诉。除此之外,共和国检察官还应接受驻上诉法院总检察长的“指导和监督”。检察权力的位阶性和等级性在这两个级别检察院的互动关系上显得尤为突出。

共和国检察官的职责并不仅仅局限于出庭应诉,还应依地方的实际情况确立及推行具有实质意义的刑事政策。检察院应具有开放性,尽可能地接触地方民众及相关的国家机构和人员(如法官、司法辅助人员、国家行政机关和地方市镇机关等)。唯有如此,检察院才能精准、有效地制定出合乎本地情况的刑事政策。

（施鹏鹏 王晨辰）

法国驻军事法院检察院

军事法院设立于 1999 年,旨在审理和平时期在法国领土之外实施的军人犯罪案件,本部在巴黎。驻军事法院检察院的职权由 1 名派驻国防部的共和国检察官行使,同时配有书记员及执达员。但自 2012 年 1 月 1 日起,法国撤销巴黎军事法院,因此驻军事法院检察院也即不复存在。

2012年军事法院撤销之前,共和国检察官履行国家公诉职能,追诉的案件是军人在法国领土之外所犯的重罪、轻罪及违警罪。对于违警罪,军事法院可以组成临时派出法庭审理案件;对于重罪,案件必须在巴黎本部审理。对军事法院判决有异议的,共和国检察官有权向巴黎上诉法院上诉,甚至向最高法院提起撤销之诉。军事法院适用普通司法体系中的刑事程序,《军事司法法典》有例外规定的除外。此外,共和国检察官实际上还是军事法院的唯一行政首长,负责确保法院组织、法院运转、法院的人事及财政管理。驻军事法院共和国检察官受司法部任命及监督,协助司法部长工作。

军事法院是和平时期的军事司法机构,除此之外,法国还有战争时期的军事司法机构。依据《法国刑事诉讼法典》的规定,"当国家处于被包围状态或紧急状态时,内阁会议可依据《军事司法法典》的规定设立军事法院,并适用战争时期军事审判规则"。在法国领土内设立的战时军事法院有两种:国土内军事法庭(les tribunaux territoriaux des forces armées)及高等军事法庭(le Haut tribunal des forces armées)。前者负责审理一个或者多个军事区域内的部分或全部案件,按照其所在地命名;后者负责审理法国军队的将军、元帅或者军事总指挥官等高级军官,设在巴黎,必要时,可在法国领土任何地方开庭。在法国领土外设立的战时军事法院亦有两种:军队军事法庭(les tribunaux militaires aux armées)及军事法庭(les tribunaux prévôtaux)。前者是当法国军队驻扎在国外或在国外执行任务时所设立的法庭,与国土内军事法庭具有相同的刑事案件管辖权;后者设立在法国军队领土外驻地,主要审理军人或非军事人员所犯的前四级违警罪案件。驻上述四种战时军事法院检察院的职能由政府特派员(commissaire du Gouvernement)代为行使。

(施鹏鹏 王晨辰)

法国驻审计法院总检察院

法国在审计法院负责执行法律、向法院阐述意见、协助执行判决的检察机构,其还监督驻审计法院辖区内检察院职能的良好运行,委任其所选择的财政检察官。传统意义上,驻审计法院总检察院还是法院与其他政府机关之间的中间机构,负责统一法律适用,协调审计法院的判例与大区审计法庭的判例。

审计法院总检察长由内阁会议任命,由副检察长及3名总检察官协助工作。总检察长主要职能如下:(1)负责代表国家行使公诉职能;(2)监督公共会计在法律规定期限内提供账目;(3)行使司法职能,如对审计法院判决可提起法律复合审申请等;(4)对审计法院行使选择性管辖权时提出意见;(5)对审判庭转交的报告草案进行评论,在审判庭的要求下,还可以向有关机关通报有关情况或启动刑事程序;(6)指导并协调政府特派员在大区审计法院履行国家公诉职能。

总检察长负责统领驻审计法院总检察院的工作,组成人员包括司法官及行政人员。总检察长有权参与所有的诉讼、咨询会议、委员会及工作小组,并在诸多领域提出意见,如涉及法院财政、管辖权、规划、诉讼规则、任命与晋升、出版的立法及条例。总检察院的书面意见以"结论意见"的形式提出,由法庭予以审查。总检察院向法院提出的结论意见可能是监督时所发现的违反法律及判例的事项、采用对席程序的建议、不同意见重要性的宣告等。总检察院的成员有权协助法庭庭审。

总检察长监督受裁判机关或受监督机关的公共会计在法定期限内提供账目,如有延迟,可要求罚款。受裁判机关如具有公共会计部门的机构,受监督机关如国有企业。总检察长为维护公共财政秩序,有权依职权或依请求向法院申请开启管理程序或再审案件。总检察长还有权对审计法院辖区内法庭的判决提起上诉及撤销之诉,或者要求再次核查社会保险部门。

总检察长也有权依据审计法院或大区审计法庭的请求或依职权与行政机关沟通,其可以成为审计法院及司法机构的中间人,尤其是向司法机构提交审计法院所作的刑事犯罪的推定。此外,总检察长负责跟踪审计法院判决的执行,监督审计法院的工作并制作年度数据报告。

(施鹏鹏 王晨辰)

法国驻财政与预算纪律法院检察院

财政与预算纪律法院中承担国家公诉职责的机关。财政与预算纪律法院坐落在审计法院内,但从司法职能上看,完全独立于审计法院。驻财政与预算纪律法院检察院实质上也是驻审计法院检察院,但职权方面有所不同。为了惩罚在公共财政领域方面的犯罪,法国依据 1948 年 9 月 25 日法律设立了财政与预算纪律法院。设立该法院的初衷是惩罚在国家和地方财政管理中所出现的过错行为,惩罚对象是公务员、公共代表及相关当事人。故而检察院所追诉的案件具有刑事处罚性质。

驻财政与预算纪律法院检察院所追诉的案件可以分为两类:其一,追诉对象是人的案件。此类犯罪主体主要包括以下几类:拨款审核者;参加国家、地方及公共机构预算执行的所有人员;审计法院及大区审计法庭监督的所有对象。其二,追诉对象是行为的案件。首先是不规范行为,主要涉及违反预算及公共账目规则的行为。该行为可由公共会计实施,或由拨款审核者在行使职权中实施,如无充分资金保障下支出、违反预算规则、对第三人不合理赠与而造成国家或相关组织损失等。司法机构判决国家、地方机关或公共机构向有关方支付赔款,但该判决在作出后 2 个月内未执行的,市长等相关地方负责人均可能因不执行生效判决而成为被告。其次是特定的严重管理过错行为,主要涉及在行政管理过程中出现严重过错而产生的法律责任。虽然财政与预算纪律法院设立的初衷包括惩罚行政管理中的严重过错行为,但没有任何一项法律对“严重过错”作出明确的界定。实践中,财政与预算纪律法院对“严重过错”通常作较为宽泛的解释。

驻财政与预算纪律法院的诉讼程序受普通刑事诉讼影响,遵循对抗原则、证人出庭原则、当事人有权聘请律师辩论原则。因此,驻财政与预算纪律法院检察院与驻普通刑事法院的检察院职权相当,具有一般的公诉权,提起公诉的时效为 5 年,从违法行为实施之日起计算。对财政与预算纪律法院的判决不服的,检察院有权向最高行政法院申请法律复核审。

(施鹏鹏 王晨辰)

法国公共报告人

法国行政司法体系中的法官(行政法院或行政上诉法院)或组成人员(最高行政法院),参与公开庭审,分析诉讼争议并提出独立的解决意见。旧称“政府特派员”,自 2009 年 2 月 1 日起更名。公共报告人的职能始创于 1831 年 2 月 2 日及 3 月 12 日最高行政法院的法令,当时称

“履行检察院职权的请求主体”(maître des requêtes faisant fonction de ministère public)或“国王特派员”(commissaire du roi)。相较之下,更为著名的“政府特派员”称谓于1849年法兰西第二共和国时期出现。

公共报告人的职权几经修改。1998年7月29日,最高行政法院将公共报告人的职权描述为:“公共报告人有权陈述并了解每项案件事实争议问题,提出独立的结论意见,公共报告人须依据良心及案件争议公正评估案件的事实情况、所适用的法律规则及解决问题的意见。”公共报告人并非诉讼当事人,其在预审结束后提出结论意见,公共报告人的结论意见无须经过当事人的对席辩论。第2005－1586号政令修改了《行政司法法典》第R731－7条,“公共报告人参加合议,但无表决权”。2006年8月1日第2006－964号政令修改了《行政司法法典》的规章条例部分,也修改了上述法律规定。在行政法院及行政上诉法院中,“判决合议时,当事人及公共报告人不得在场”(《行政司法法典》第R732－2条);在最高行政法院中,“公共报告人参加合议,除非当事人提出相反的请求。但公共报告人无表决权”(《行政司法法典》第R733－3条)。

公共报告人的结论意见须与其在庭审中的自由陈述相对应。当事人有权在庭审之前询问公共报告人对结论意见的总体看法。这一“总体看法”不包括公共报告人所阐述的具体理由。公共报告人的结论意见因其特有属性而通常仅以口头方式作出。但公共报告人在庭审后收到请求的,也有权向请求人提供书面的结论意见。公共报告人的结论意见甚至可以出版发行。2009年2月1日之前,当事人在庭审过程中不能在公共报告人发表结论意见后发言,因为当事人的参与是在法庭辩论及预审结束之后。依据司法实务,当事人有权制作一个“合议笔记”,以补充其口头陈述意见或回应公共报告人的结论意见。依据第2005－1586号政令,《行政司法法典》第R731－3条吸收了这一权利。判决书须注明合议笔记的制作。如有必要,判决可依据当事人对席辩论的新要素重启预审程序。自2009年2月1日起,《行政司法法典》第R732－1条及第R733－1条规定,“当事人或其代理人有权在公共报告人陈述结论意见后发表简短的口头意见”。最高行政法院公共报告人的某些结论意见几乎很少得到真正处理,但其有助于理解最高行政法院最为重要的判例及重大判决。

公共报告人的任命依据所属法院须区分两种情况。根据第2005－1586号政令,《行政司法法典》第R122－5条规定,最高行政法院的公共报告人,由最高行政法院的副院长依据诉讼庭庭长的提议以决议的形式任命。依据《行政司法法典》第R222－23条的规定,行政法院及行政上诉法院的公共报告人,由最高行政法院副院长依据法庭庭长的提议,经过行政法院及行政上诉法院高等委员会的一致同意后,以决议的形式任命。

(施鹏鹏　王晨辰)

国王代表

法国检察制度的起源。国王代表是法国非常古老的司法职业制度,具体包括两种:国王代理人(Procureur du Roi)及国王律师(Avocat du Roi)。随着纠问式诉讼替代对抗式诉讼及王权的加强,国王代表制度也得到发展,逐渐成为唯一的官方起诉代表。国王代表制度正式确立于1302年及1347年国王法令,随着1670年法令的颁布,国王代表制度完成其演变过程。

国王代理人主要从中世纪裁判所的法官(bailli)及处理各种行政及司法事务的官员中选出,专门负责刑事案件的公诉,即在刑事案件中以国王的名义对犯罪嫌疑人提起控诉。国王代理人制度的确立,结束了刑事诉讼由被害人自行提起的历史,实现了从“自行起诉”向“国家(国王)公诉”的飞跃。国王代理人制度孕育了法国刑事检察制度。国王律师则从律师中选出,在涉及国王的民事案件中出庭应诉。据14世纪初的法国官方文献表明,当时的国王律师名单中包含了那个时代最负盛名的两名律师:竭哈尔·德·孟达依古(Gérard de Montaigu)和罗波特·勒·库克(Robert Le Coq)。国王菲利浦·德·瓦拉(Philippe de Valois)分别于1332年1月24日和1347年10月17日任命这两名律师担任国王律师,让他们作为“专门律师”在涉及国王的民事诉讼中出庭应诉。在当时,国王律师所履行的职责就已经十分类似于现代检察官在民事诉讼中的职责(主当事人),尽管在那个时代国王律师所维护的仅是王权利益,而非公共秩序。因此,法国学界一般认为,国王律师制度是法国民事检察制度的前身,并在很大程度上影响了法国民事检察制度的建构。国王律师制度一直沿用到法国大革命时期方被废除。

（施鹏鹏　王晨辰）

法国总检察长

法国旧制度中行使检察职权的最高级司法官。自1607年法令颁布起,“国王代表”(Gens du roi)的称谓改为“检察官”(parquet)。法语中的“parquet”原意是地板,以此作为检察官的称谓,形象地表现出当时国王代表站在法庭的地板上行使职权,而非如现代检察官一般在法庭上有专门的席位。与此类似的称谓还有“站着的司法官”(magistrature debout),取自检察官须站着向法官[“也称坐着的司法官”(magistrature assise)]提出请求或异议。

旧高等法院(Parlement)设有两类总检察长,一类称为代理人总检察长(Procureur général),另一类则称为律师总检察长(Avocat général)。顾名思义,代理人总检察长源自国王代理人,负责刑事案件的追诉,同时也负责监督司法警察及制订刑事政策。而律师总检察长则源自国王律师,负责在民事案件中出庭应诉,同时也负责对律师的监督及惩戒。代理人总检察长与律师总检察长互相独立,并不存在任何依附关系。原则上,代理人总检察长与律师总检察长都不可罢免,代理人总检察长由国王随意任命,而律师总检察长主要通过购买获得。

代理人总检察长及律师总检察长这两种称谓一直沿用至今。现代法国司法制度中,代理人总检察长是指上诉法院、最高法院或审计法院的最高级检察官,简称“总检察长”。在上诉法院中,“总检察长”是指领导公诉职能的司法官,是共和国检察官的最高级别领导。律师总检察长则指最高法院、审计法院、上诉法院或重罪法院中的检察官,受“总检察长”的领导,经过演变,已不再具有律师职能,简称“总检察官”。总检察官代表驻最高法院、驻上诉法院或驻重罪法院的检察院行使相应的检察职能。

（施鹏鹏　王晨辰）

菲　律　宾

菲律宾检察机构

菲律宾行使检察权的机关。在历史长河中,菲律宾检察制度几经更迭。在美国军事管理体制下,根据1916年2657号行政管理法,产生菲律宾群岛各省检控官,负责代表各省、直辖市、乡、社区出庭诉讼活动。1946年美国同意菲律宾宣布独立,菲律宾根据1947年94号法令和1947年机构重组法,修改了原来的行政管理法,由司法部负责监督各省、市检控官。1978年总统1275号法颁布,菲律宾在司法部内重组检察院,成立了国家检察署,并在各省、市成立检察院,主要负责刑事案件的侦查和起诉工作。司法部负责监督全国各级检察院工作。1987年,国家机构再次重组后,国家检察署仍隶属于司法部。292号行政管理法颁布后,检控官改名为现在的检察官。

菲律宾的检察机关是国家行政机关的组成部分,其设置与行政分级和区划基本相一致,分为国家(中央)、区、省或市三级。各级检察院独立运行,相互之间互不干扰,各自向任命或选举他的政府或选民负责,相互之间各不隶属,没有领导和被领导的关系,甚至也没有监督和指导关系。但各级检察院又同时隶属于国家司法部,由国家司法部监督各地市级检察院的运行。

国家检察署属于司法部的一个职能部门,菲律宾的各级检察院与作为国家政府部门之一的各级司法部(厅、局)在行政上存在隶属关系。当前,菲律宾检察机关在政府机构中发挥着重要作用。司法部长对全国检察工作的监管并不排斥检察权的独立性。在具体案件的侦查和处理上,司法部长仅对检察长行使监督权。司法部长有权审核、修改或撤销检察机关的任何行政行为或决定。根据1978年总统1275号法,国家检察署负责管理全国各级检察院,有权对全国检察院的决定和行动进行审查和修改、废除。

菲律宾所有检察官包括总检察长在内均由司法部长提请总统任命。任命检察官的条件是:取得律师资格,具有10年律师经验,菲律宾律师协会执业5年以上,年龄不能超过65周岁,没有刑事犯罪前科。总检察长的任期由总统决定。一般情况下,检察官履行职权时具有独立办案、独立对案件结果负责的权利。菲律宾的检察官按国家公务员管理,所有公职人员均应遵守公职人员职业规范,如不正确履行行政职责而违反该规范的,就算不构成犯罪,都可能受到行政处分或被免除公职。监察员办公室对政府机关选举或任命的公职人员有监督权力,对违纪人员可进行纪律处分。

国家检察署具有以下职责:(1)就针对检察官和其他检察人员的行政投诉进行调查;(2)有权对所有的刑事案件进行侦查和起诉;(3)就有关触犯修改后的刑法典和其他特别法律的质询提供法律意见;(4)就针对检察官和其他检察人员对刑事案件的处理决定的申诉进行复核;(5)向法院申请采取保释或不批准保释。

国家检察署检察官具有以下职责:(1)进行刑事案件侦查和起诉;(2)对所有检察官和检察院行政官员进行管理;(3)对检察官和其他检察院行政人员作出的决定上诉案件进行审查。

地区国家检察官具有以下职责:(1)负责实施司法部在其管辖区就刑事案件的侦查和起诉所制定的政策、计划、项目规划、通报、命令、公告和规则、条例等;(2)对其辖区内检察官和其他检察人员的工作进行监督;(3)对发生在该区的案件提起公诉;(4)在司法部指导下协调与本辖区内其他政府、委、局、办等的工作关系;(5)对省、市检察官及其他检察机关人员进行管理。

省、市检察官具有以下的职责:(1)对本省、市发生的所有刑事案件及违反市政条例轻微案件进行起诉;(2)对本省、市发生的刑事案件、违反市政条例轻微案件进行侦查和调查取证;(3)根据职责作为省、市、市辖区政府的法律顾问,根据需要提供法律意见等。

此外,菲律宾检察机构还设立了独立调查处,专门从事行政监督与反贪的调查。独立调查处设调查官和总助理各1名及助理若干名,也可单独任命1名驻军队的助理。对于以任何形式或方式提出的对政府或其下属部门、代理机关或机构,包括对政府所有或控制的公司的公职人员或雇员的指控,应当迅速及时地处理,并在适当的情况下将所采取的行动和结果通知申诉人。调查官及其助理应是菲律宾本土出生公民,任命时至少年满40周岁,被公认为正直独立,是菲律宾律师协会会员,并在任命前的最近选举中未担任任何选任职位的候选人。调查官必须曾任法官或在菲律宾任律师10年以上。调查官和助理每届任期7年,不得连任。独立调查处的其他工作人员由调查官根据国家文职人员的有关规定任命。调查官及其助理必须遵守宪法的规定,不得在任期内兼任其他职务或职位,不得从事任何职业,不得参与任何与其职务有关的私营经营,也不得直接或间接地同政府或其下属部门、代理机关或机构(包括政府所有或控制的公司或其附属机构)所签订的任何合同或所授予的特许权或特惠权有经济利害关系。法律还规定,他们不得参加离职后的第一次国家各级行政官员的选举。

独立调查处的主要职责是:(1)对公务员、雇员、行政管理机关或代理行政机关的渎职行为进行调查;(2)制止、防止、纠正政府管理机构人员履行职务时的滥用职权和其他与职务不相称的行为;(3)监督政府行政管理部门,指示其对犯有错误或违纪违法的工作人员给予撤职、停职、降级、罚款、训斥等行政处罚,甚至对那些违法人员直接起诉;(4)对那些工作效率低下、作风懒散、管理不当、营私舞弊、腐败贪污的行为进行调查,找出原因并提出遵守高标准道德的合理改革措施与建议;(5)监督公务人员的财产申报;(6)监督国家所有或控制的金融机构,防止其直接或间接地向现任总统、副总统、内阁成员、国会议员、最高法院法官、宪法规定的委员会成员、调查官以及前列人员拥有权益的公司或机构提供商业性贷款、担保或其他形式的金融帮助等;(7)要求任何政府机关为其提供履行职责所需要的协助和情况,必要时可以调阅有关案件文件;(8)根据指控,指示政府或其下属部门、代理机关或机构,以及任何政府所有或控制但保持原有章程的公司的任何公职人员或雇员,执行或迅速处理法律规定的行为或人物,制止、防止和纠正履行职务时的任何滥用职权或其他不当行为;(9)根据需要并遵守法律规定的限制条件,指示有关官员提供其所主管的机关签订或参与的涉及动用公款或公用财产的合同或交易文件的副本,并把其中的不当行为通报审计委员会以便采取适当行动。

(操宏均)

韩　国

韩国检察系统

韩国行使检察权的组织体系。1948年8月15日创立大韩民国政府以后,韩国国会制定了《检察厅法》,据此建立了韩国检察组织结构的框架体系。韩国检察厅是统辖检事事务的官署,即表示国家意思的公务所。虽然韩国检察厅是隶属于法务部的行政机关,但其职能和组织与司法权具有密切的联系,因此又称为准司法机关,进而区别于其他国家行政职能机构,属于法务部的外厅序列。韩国检察机关旨在保护个人、社会、国家免受犯罪侵害,因而提供各种法律保障,维护社会秩序,守护公民人权和生活安宁。

韩国检察机关负责开展调查、指挥和监督司法警察、提起和维持公诉、指挥审判执行等具体工作。这些工作由三类人员完成,即韩国检察人员由检察官、检察侦查官、行政人员三个类别构成。检察官的工作内容包括:调查犯罪、提起和维持公诉;指挥和监督司法警察调查犯罪;向法院提出妥当适用法律法规之请求;指挥和监督审判执行;进行以国家为当事人或参加人的诉讼和行政诉讼,指挥和监督其相关工作;其他法律法规规定之工作。检察侦查官的工作内容包括:根据检察官指示进行有关调查工作;书写和保存刑事案件记录;协助检察官进行以国家为当事人或参加人的诉讼和行政诉讼,书写和保存相关案件记录及其他资料;其他有关检察行政工作。行政人员的工作内容为负责行政事务和文秘等辅助工作,以协助检察官和检察侦查官开展办案调查。行政人员为检察官和侦查官做日常事务性工作,使办案工作得以顺利进行。

在组织体系上,韩国的检察机关与法院相对应,也分为三级,具体包括大检察厅、高等检察厅、地方检察厅。此外,在设置地方法院支院的地域,设置了对应的地方检察厅支厅。目前,韩国全国有大检察厅1所(设在首尔)、高等检察厅5所(分别设在首尔、大田、大邱、釜山、光州),另有包括首尔中央地方检察厅以及首尔东部、首尔南部、首尔北部、首尔西部以及议政府等在内的地方检察厅18所,其中首尔中央地方检察厅在级别上高于其他地方检察厅,但相互间无隶属和管辖关系。此外,全国还设有地方检察厅支厅41所。

大检察厅是韩国最高国家检察机关,管理和监督其他所有检察厅侦查与运行。检察总长管理和指挥所有检察工作。高等检察厅在检察长的监督下,处理抗诉案的诉讼,并代理进行以国家为对象的诉讼及行政诉讼。地方检察厅支厅设在相关地方检察厅的管辖地区,以便更加具体地执行相关地方检察厅的责任。所有的地方检察厅及地方检察厅支厅,分为两大分科,一是由检察官和检察厅(支厅)职员组成的检察及起诉分科,二是处理行政工作的事务局分科。这种分科根据犯罪、特殊侦查、刑事起诉、公安、毒品及组织犯罪侦查分科等专业领域进行安排。

韩国检察厅内部机构按工作职能,一般设有刑事部(负责对警察等一线调查机关送达的普通刑事案件进行审查后决定是否予以提起诉讼的部门),特殊部(是特别调查部的简称,主要是对警察不宜直接处理的涉及侵害民生及腐败等案件而设置的部门),毒品、有组织犯罪调查部(负责有组织暴力犯罪或毒品案件的调查),公判部(负责起诉案件公诉维持事务,不参与直接的调查工作),外事部(负责外国人或与外国人有关案件的调查及事务处理的部门)等部门。同时,在大检察厅还设有中央搜查部、监察部以及检察研究院等部门。但由于检察厅规模大小不一,所以其机构设置有所不同,上下级之间机构设置并不一一对应。

韩国检察官被称为检事,检事作为公共利益的代表执行检察事务。检事是具有行使检察权的独立职位,独立、不受干涉地行使法律规定的侦查、起诉和指挥等检察权。检事级别主要分为检事长、检事。各级检察厅有统辖其厅事务的检事长1人,在检事长下设有辅助检事长并在检事长因故不能视事时代理检事长职务的次长检事,在次长检事下有分管处理事务的部长检事若干人,各部配置检事。另外,检察厅有支持和辅助检事的一般职公务员。一般职公务员直属于各部或事务局,根据检事的命令负责处理使查事务,制作和保存刑事卷宗,辅助检事的讼务,以及有关检察行政的业务。取得检事资格,应首先具备律师资格。律师资格取得必须通过全国统一司法考试,考试合格后要在大法院运营的司法研究院进行2年的正规课程培训,合格后取得律师资格。其中,被任命为检事的人员还要进入法务研究院参加新任检察官的专门进修。

近年来,韩国检察改革也在不断推进,主要体现在强化人权保障、加强对公权力监督制约、提升检察系统权威、拉近检察系统与民众距离等方面，以提高检察厅的业务效率，提高国民对检察系统的信赖。

（操宏均）

韩国大检察厅

韩国行使检察权的最高检察机构，位于首尔市，负责人为检察总长。检察总长统筹管理一切检察事务，指挥和监督全国各检察厅所属公务员。检察总长由总统任命，任期为 2 年，且不得重任。检察总长由总统在下列职位上任职 15 年以上的人员中选任：(1)法官、检察官、辩护士；(2)具有辩护士的资格，并在国家机关、地方自治团体、国营企业、《政府投资机关管理基本法》第 2 条规定的政府投资机关以及其他法人从事法律事务的人员；(3)具有辩护士资格，并在公认的大学担任助教授以上职务的人员。

为了履行职责，大检察厅下设以下职能部门：(1)刑事部。处理在日常生活中所发生的各种犯罪和纷争，包括经济犯罪、违反交通法规行为等，以执行保护公共人权任务。刑事部监督警察的侦查，处理信访事项以及与环境及医疗有关的工作。(2)公审诉讼事务部。通过搜集证据、判刑、提出反诉等各种法律程序处置犯罪行为，该部不仅负责执行判决及刑事补偿，还负责以国家为对象的诉讼及行政诉讼。(3)反腐败部。为了深层分析社会病理现象，铲除腐败行为而设立的部门。反腐败部设有侦查指挥科与侦查支援科。侦查指挥科对于公务员、公共团体、国营企业员工、律师、其他从事法律事务者的犯罪案件以及金融、证券、租税、公正交易、高科技犯罪案件、检察总长下令的案件，负责指挥和监督。此外，侦查指挥科处理其他机关移交至大检察厅的犯罪案件之有关信息。侦查支援科为侦查指挥科所负责的案件提供侦查援助，处理有关追讨和回收犯罪所得工作，进行国际侦查协助等有关侦查之国际合作工作。(4)公安部。守护民主主义和市场经济，执行保障国家安全和法律秩序的义务。公安部致力于在恐怖行动、纷争、其他侵犯公共安全的非法行为及混乱当中保护国家和社会。此外，公安部侦查非法选举活动，为树立公正、透明的选举文化做贡献。公安部为构建共赢的劳资关系做努力，以达成提高韩国国家竞争力的终极目标。(5)强力部。下设组织犯罪科、毒品科、受害者人权科。组织犯罪科、毒品科负责黑社会暴力犯罪和有关毒品的犯罪，其目的在于打击威胁国民正常生活和财产的各种重特大犯罪，保护国民。毒品科积极应对近来超越国家的界限，日益扩大的有关毒品犯罪。通过加强与相关国际组织的合作，着力于构建毒品犯罪侦查情报系统，引进毒品特征分析技术等高科技犯罪侦查技术。受害者人权科，通过各种活动及训练计划，努力维护受害者的人权与权益。受害者人权科对犯罪受害者进行咨询并扩大他们的刑事诉讼参与机会，提供有关此程序的情报以及金钱上的迅速援助、医疗与法律服务、求职机会等。此外，受害者人权科还提供受害者与见证人的人身安全保护。受害者人权科通过上述措施，帮助受害者克服伤害，维护他们的基本权利。(6)事务局。负责人事、预算、文件及物品管理、安保等工作。(7)企划调整部。负责主要工作规划、行政管理、电子信息及通信设备管理和开发等工作。(8)科学侦查部。为适应进入 21 世纪以后 IT 及其他高科技飞速发展，着力研发和管理科学侦查手段。科学侦查部集中力量研发身份确认技术，包括搜集、分析并恢复毒品特征及 DNA 分析、数码证据，并且广泛开发并普及脑波分析等高科技心理分析技术。科学侦查部还负责企业审计分析、金融交易追踪、对非法获取的资金的收回、技术泄露检察支援、网络犯罪检察等。(9)互联网犯罪侦查中心。创立于2001年,其创立有利于更加有效地应对网络犯罪。该中心管理黑客活动、散布病毒、个人信息被窃取、非法信息传播等各种类型的互联网犯罪,致力于开发新的检察技术与制定互联网犯罪的应对策略。(10)国际协力团。为了有效打击和防范跨国犯罪,加强国际执法合作,2010年,韩国大检察厅设立了国际协力团,专门负责有关国家侦查合作和合作体系等工作。2013年11月,韩国大检察厅成立亚太追讨犯罪所得机构间网络合作组织(ARIN-AP),通过亚太区追讨犯罪所得机构网络,亚太国家间能够互相交换司法互助情资、提高司法互助效能以及扫除犯罪资产返还障碍,同时共同对抗跨国组织犯罪、贪污及洗钱犯罪,并追讨犯罪不法所得。

(操宏均)

韩国高等检察厅

设立于韩国高等法院的所在地,与之相对应。高等检察厅的负责人为高等检事长;下设相当于地方检察厅检察长级的次长检察官,辅佐高等检事长处理高等检察厅的业务;另设相当于地方检察厅部门领导级的检察官作为高等检察厅的检察官,实际负责相关具体业务。

高等检事长,由总统在下列职位上任职10年以上的人员中选任:(1)法官、检察官、辩护士;(2)具有辩护士的资格,并在国家机关、地方自治团体、国营企业、《政府投资机关管理基本法》第2条规定的政府投资机关以及其他法人从事法律事务的人员;(3)具有辩护士资格,并在公认的大学担任助教授以上职务的人员。

一般情况下,根据韩国《检察厅法》第30条的规定,高等检察厅的检察官、副首席检察官、部门首席检察官的任职条件,与高等检事长的任职条件相当,只是候选人员任职资历年限放宽至7年。

高等检察厅不负责具体搜查业务,而主要处理对地方检察厅检察官的搜查结果不服而提起的抗告案件,实际上是对地方检察厅的搜查实行再审职能。此外,其也可作为以国家为相对人提起的民事诉讼的当事人参加诉讼。

(操宏均)

韩国地方检察厅及地方检察厅支厅

与法院对应设立于地方法院及地方法院支院所在地,负责各种搜查实务的组织。检事长为地方检察厅的负责人,统筹管理地方检察厅的所有检察事务,指挥和监督包括检察官在内的所属全体公务员。

根据韩国《检察厅法》的规定,地方检察厅由检事长、次长检事、部长检事、检事、部事务局及课组成。韩国地方检察厅是韩国行使检察权的第一线中坚力量。因为在地方检察厅里,工作着韩国2/3以上的检察官,并肩负着侦查3/4以上案件的重担。地方检察厅支厅由支厅长、检事及课组成。地方检察厅支厅一般对2-5个市、区、郡进行管辖,并且指挥相应的2-5个警察署。支厅虽然隶属于地方检察厅,但是其管辖范围与地方检察厅的管辖范围有明确的划分。在地方检察厅管辖区域内,凡是地方检察厅不直接管辖案件的区域均由支厅管辖。同时,支厅在案件的侦查过程中可以独立地作出决定,并与地方检察厅作出的决定具有同等效力。

(操宏均)

加 拿 大

加拿大刑事法律局

加拿大2006年改革前联邦检察机构的总部,也称司法部联邦起诉局。刑事法律局位于加拿大司法部总部,由助理副总检察长(刑事法)领导,由刑事法律处和战略起诉政策处组成。刑事法律处由其处长管理,包括渥太华/赫尔起诉科、国际协助科和一些刑事法律专家,也包括加拿大最高法院刑事上诉协调科和环境起诉协调科。刑事法律处负责执行除毒品、犯罪收益和国家安全事务外的联邦刑事起诉职能,包括所有的税务和环境诉讼以及涉及移民法和渔业法的诉讼。战略起诉政策处由处长管理,负责毒品犯罪、洗钱犯罪和犯罪收益犯罪的侦查、监听和起诉,以及对国家安全事务提供支持和指导,并负责管理这些领域和其他专门领域有关的法律事务。该处主要任务是支持地方官署的检察官完成司法部对毒品犯罪、犯罪收益犯罪和国家安全起诉工作战略途径的发展和这些领域起诉政策的建立,也承担涉及毒品收益和国家安全诉讼问题时与政府机构的联系功能,并对实体刑事法和程序法的立法发展责任提供政策信息。战略起诉政策处的国家安全科负责依据《加拿大安全信息服务法》《国家秘密法》《国家安全犯罪法》产生的法律问题和一般的国家安全和秘密问题向助理副总检察长(刑事法)提供建议。

(郭立新　付　磊)

加拿大联邦检察署

加拿大于2006年12月12日依据《联邦检察署署长法》成立的联邦检察机构,也称加拿大公共起诉署。2006年,加拿大对联邦检察机构进行了改革,加拿大联邦检察署即由之前的加拿大司法部联邦检察机构(FPS)改组而来。改革后,联邦检察署独立于司法部,其前身加拿大联邦检察机构的助理副总检察长(刑事法)担任联邦检察署执行署长,独立于司法部长(总检察长),依据联邦法律独立地、负责地执行起诉职能,并就其工作向加拿大总检察长报告。

加拿大联邦检察署由位于渥太华的总部办公室、11个地方官署、5个地方分署和一些同时隶属于竞争局的擅长竞争法诉讼的联邦检察官员组成。联邦检察署执行署长和两个执行副署长在位于渥太华的总部供职。按照《联邦检察署署长法》的规定,联邦检察署署长在总检察长的领导下,以总检察长的名义工作。联邦检察署的成立旨在排除任何不当影响,使起诉独立原则更充分地体现,因此,总检察长和联邦检察署署长的关系以尊重起诉权行使的独立性为前提,以在涉及一般利益的重大问题时需要咨询总检察长为原则。为维护联邦检察署署长的独立,加拿大要求来自总检察长的所有指示都要以书面形式并在加拿大的政府公报上公布。反之,联邦检察署署长必须向总检察长通知能产生一般重要利益的任何起诉活动和介入计划,以便总检察长有机会介入诉讼活动。另外,联邦检察署必须向总检察长提供年度报表以备国会造册。

联邦检察署总部的功能有管理加拿大最高法院审判的刑事案件的协作和起诉工作;制定

起诉政策和总结实践经验;结合地区检察官提供战略建议、指导和诉讼支持;负责检察官教育培训的管理;提供合作服务、交流以及对公诉检察代理人的管理。联邦检察署在地方的组织机构主要包括大西洋区(覆盖四个大西洋地区省份)、魁北克地区、安大略地区、国家首都地区等11个地区检察署。

(郭立新　付　磊)

柬埔寨

柬埔寨检察机构

柬埔寨检察机构属法院系统的一部分,各级法院系统由相应的法官、书记员和检察官、检察官助理组成。检察官负责刑事诉讼,只有他们可以提起刑事诉讼。历经多次变革,柬埔寨法院系统最终形成了目前两级法院系统的架构,即初级法院包括省、直辖市法院和军事法院,高等法院包括上诉法院和最高法院。省、直辖市法院设在各省、直辖市,管辖该省、直辖市的所有案件;军事法院设在金边,管辖全国军人违反军事纪律犯罪案件及涉嫌军队财产犯罪案件,军人涉嫌其他一般普通犯罪案件由省、直辖市法院审理。军事法院审理案件程序与省、直辖市法院相同。初级法院中一般设置少量检察官负责刑事案件的调查和公诉工作,不设检察院。上诉法院和最高法院设在金边,对全国有管辖权。上诉法院审理省、直辖市法院,军事法院上诉案件。最高法院审理上诉法院上诉的案件,但一般只审理适用法律错误的案件,不对案件的事实部分进行审理;特别情况下可对适用法律和事实一起审理。上诉法院和最高法院设置总检察院,负责刑事案件的公诉工作,总检察院设总检察长1名,副检察长1名,若干名检察官。

柬埔寨法院内设检察院,检察官或检察官助理专门负责刑事案件的调查和公诉,接受公民、司法警察及相关机关的犯罪举报和控告,接受司法警察指挥犯罪的报告,对涉嫌犯罪案件进行庭前调查以及履行其他公共职责。检察官收到控告、报告应立即登记或转由其他人员在登记本上登记;如果检察官认为不构成刑事犯罪,即可终止控告、报告,并将终止理由进行登记。检察官终止控告、报告的,应将该决定告知原告,案件超过诉讼时效的除外。根据法律规定,如果控告涉嫌刑事犯罪或轻微刑事案件,检察官应立即开始司法调查,并向法院作出指控犯罪嫌疑人涉嫌犯罪并应负法律责任的决定。向法院移送案件前,检察官有权进行补充调查,要求警察补充相关的证据。在所有证据收集完毕,达到事实清楚的条件下,检察官应将案件移送法院判决。对轻微刑事案件,如被告人不到庭的,检察官可签发逮捕证将其逮捕归案。为调查案件真相,收集充足证据,检察官可搜查嫌疑人住宅并提取相关物证。检察官可对证人进行调查取证、录取口供,在必要情况下可指派技术专业人员对相关物证进行检验。检察官有权控制在犯罪现场的有关人员不能离开,经劝阻无效的,检察官可签发拘留证,拘留其24小时。对可能判处刑罚的犯罪嫌疑人,检察官应对其进行讯问。检察官对轻微刑事案件可直接提起公诉。总检察长的职责是依法在最高法院提起诉讼、审查省级检察官诉讼的合法性及组织和监督各级检察官的工作。此外,一般民事案件,检察官只提供法律意见,除非涉及公共利益,否则检察官不会主动参与案件。

初级法院检察官、上诉法院检察官助理由司法部部长提请国王任免、提拔、降级及调任等。初级法院检察官、上诉法院检察官助理与省、直辖市人民委员会副主席同级。省、直辖市初级法院检察官助理与省、直辖市人民委员会常委同级。上诉法院的总检察长、副总检察长和检察官由司法部长提请国王任免、提拔、降级及调任等。上诉法院院长、总检察长与部长同级。上诉法院副院长、副总检察长与副部长同级。上诉法院法官和检察官与省、直辖市法院院长同级。最高法院副总检察长在最高法院总检察长的同意下，由司法部部长提请国王任免、调动、升降。最高法院院长、总检察长经议会从3名选举出来的候选法官中选举产生，由国王任免、提拔、降级及调任等。最高法院院长、总检察长与部长内阁副主席同级。最高法院副院长、副总检察长与部长同级。最高法院法官、检察官与上诉法院法官、检察官同级。

根据《柬埔寨宪法》规定，加强法官、检察官纪律管理，以保证法官、检察官正确行使职权，设立以国王为主席，以司法部部长、最高法院院长、最高法院总检察长、上诉法院院长、上诉法院总检察长、3名资深法官代表为成员的最高司法委员会。最高司法委员会讨论决定所有法官、检察官的任免、提升、级别等问题。法官和检察官的纪律处分，由最高司法委员会会同纪律委员会，最高法院院长或总检察长开会讨论决定。国王和司法部部长不参加会议。如处分最高法院院长和总检察长，由国王或其指派代表任纪律委员会主席。关于上述人员处分的文件，必须在开会前15天送纪律委员会所有成员审查，并由纪律委员会主席决定开会时间。纪律委员会的决定要送最高司法委员会批准生效，且该决定不能上诉。

（操宏均）

马来西亚

马来西亚检察院

马来西亚行使检察权的机构。马来西亚为君主立宪制联邦国家，采责任内阁制，三权分立。现在的马来西亚司法制度源于英国普通法系。1957年，马来西亚宣布独立，马来西亚总检察院分散设立于政府各部委。其总部起初设于内政司法部，1959年9月迁至司法部，1964年又迁回内政司法部。1974年马来西亚成立法律和总检察长部，1980年改名为总检察院。马来西亚总检察院是马来西亚最高检察机关，是政府行政序列组成部分，其职责是政府、各部委和其他机构的法律顾问。

在组织结构上，马来西亚检察机关分为总检察院和12个州级检察院。检察机关职能包括：（1）为联邦和各州政府提供国际法和伊斯兰法律咨询服务；（2）为联邦政府提供法律服务；（3）为联邦政府起草法律；（4）刑事案件的公诉；（5）代表政府出席民事诉讼；（6）审查、修订法律、进行法律改革研究。

总检察院设总检察长1名，副总检察长1名，总检察长特别助理和公关助理各1名，副总检察长特别助理1名。总检察院内设审计部、公诉部、法律咨询部、起草法律部、民事部、国际关系部、行政管理部、法律修改与研究部、州务法律咨询部、总检察院吉隆坡分院。总检察长由首相从有资格的最高法院法官中提请国王任免，总检察长必须要有在最高法院、司法机关或律师事务所从事10年以上法律工作的经验。检察官由总检察长任免，必须有法学学士文凭。总检察长是政府首席法律顾问并根据《马来西亚宪法》第145条之规定履行其职责。根据宪法和法律的规定，总检察长的职责是为国王和内阁成员及各部部长提供法律意见，国王可赋予或解除总检察长职权。总检察长是首席国家公诉人，有权对刑事案件提起公诉、作出不起诉决定。总检察长对伊斯兰法院、土驻法院、军事法院的诉讼也有管辖权。总检察长不能兼任最高法院法官和内阁成员，如总检察长任最高法院法官或内阁成员，国王应决定免除其总检察长职务。总检察长负责国家法律的起草，代表国家出席民事诉讼。此外，总检察长还在有关政府部门中担任一定职务，如赦免委员会、国家教育委员会、国家土地委员会等。副总检察长根据法律规定协助总检察长行使总检察长部分职责。

公诉部的职责包括：出席高等法院上诉案件、基层法院的刑事案件庭审支持公诉。出席上诉法院和最高法院对上诉案件的庭审。向所有执法部门的侦查和刑事案件的起诉提供建议和指导。审查侦查案件，决定是否提起公诉。根据其案件类型和诉讼流程，总检察院公诉部下设了几个业务部：(1)上诉处，负责刑事案件在上诉法院和最高法院的上诉问题，即根据法律和案件事实审查决定是否向上诉法院和最高法院上诉；(2)商业犯罪处，主要负责商业欺诈、知识产权、网络犯罪等的公诉工作；(3)没收财产处，根据公诉决定和危险毒品法及反洗钱法的规定对非法财产予以没收；(4)毒品公诉处，负责全国毒品案件的公诉；(5)重大案件公诉处，负责涉及重大公共利益、重要政治人物、大公司负责人及公职人员犯罪的公诉；(6)性侵犯及普通犯罪公诉处，负责性侵犯及一般普通刑事案件的公诉；(7)研究、国际犯罪和监察处，负责刑事司法的研究，计划和协调培训，为总检察院其他部门提供国际犯罪和刑事司法问题的建议，监督公诉部行政管理，如财务和审计等，并向总检察长提供纪检建议。此外，在反贪机构、证券委员会、内政安全部、马来西亚中央银行、皇家海关等政府机构中，也设有公诉部，负责相关专门刑事案件的公诉工作。

民事部负责保护马来西亚政府在民事诉讼中的权益，保护公众利益，提供高效的法律咨询，确保任命合格的公证员，保护公众、宗教团体、慈善机构的合法权利等。其职责包括：民事部政府高级律师代表马来西亚政府参加各种民事诉讼；代表总检察长维护公众权益。

法律咨询部负责为国王、内阁、各部部长提供法律咨询服务，及交办法律事务。其职责包括：(1)在市政方面，为政府提供除伊斯兰法和国际法之外的法律服务，协助政府解释法，保护国家利益，为政府起草法律文件及以政府为一方当事人签订的合同、合作谅解备忘录；受政府指派开展法律研究，为政府起草的法令提供是否符合政府政策的法律意见并将法律草案提交议会审议批准；参加政府有关项目的合同谈判，根据法律规定受政府有关部门邀请出席有关会议时，对政府制定的方针政策提供法律意见；接受政府部门、非政府机构提供专业的法律学习与培训；出席议会会议，为各部部长提供所需的法律帮助。(2)在伊斯兰法律方面，为政府提供伊斯兰法律方面的意见，为政府法律文件、公约、合同、立法建议提供伊斯兰法的相关规定，研究全国法律是否存在法律冲突。

起草法律部负责确保所起草提交议会审议的法律符合宪法规定，法律用语准确无误，确保所起草的法律补充规定与其他法律不发生冲突。其职责包括：用国语和英语起草法律提交议会，根据法律规定起草法律补充规定，将合同、协议和法律文件翻译成国语；为总检察院和议会准备起草法律的书面或口头答复意见，为各部部长和政府有关机构准备议会开会及辩论所需的法律,为国王提供有关法律文本;对起草法律提供意见,为政府各部门提供法律文本。

法律修改与研究部负责翻印国语和英文法律文本。其职责包括:出版修订的法律文本;向全国发送法律文本;将1967年以前法律英文版翻译成国语;根据现实需要承担将马来西亚法律现代化的研究;使马来西亚法律与国际法责任和谐统一。

国际关系部负责保护马来西亚在国际上的合法权益,为政府提供国际法和原则的法律意见,确保马来西亚根据本国法和原则承担和履行国际任务。其职责包括:保护马来西亚在国际上的权益;根据国际法和国际原则为马来西亚政府提供法律建议和意见,维护马来西亚政府的政策和本国法实施,保障公众利益;行政管理部负责为检察机关提供人力资源、管理、财务保障、良好的工作环境,以促进总检察院的政策目标得到顺利实施。

(操宏均)

美 国

美国检察机构

美国联邦或州行使检察权的机构。美国检察机构由联邦和州两大部分组成,具有“三级双轨、相互独立”的特征。“三级”是指检察机构建立在联邦、州和市这三个政府“级别”上;“双轨”是指其检察职能分别由联邦检察系统和地方检察系统行使,各自独立,互不干扰。在联邦、州和市的检察机构之间不存在隶属关系,也没有监督和指导的关系。

在联邦一级,美国共有94个联邦地区检察署;在州一级,共有2700个州检察署,以及诸多城市检察机构。这些检察机构加上联邦司法部的有关部门,共同构成了美国的检察机构。总体上,美国检察机构具有多样性和分散性两大特征。其多样性体现在美国数千个检察机构中,它们的内部体制是多种多样的,没有统一的模式,不但检察机构的职权范围不同、规模大小不一,而且其专业化分工程度也大不相同。分散性则是为了顺应地方民情、强化地方责任的需要。美国幅员辽阔,作为地方执法系统中最重要人物的检察官,在分散性体制下,可以较多地考虑地方利益或当地选民意愿,制定并实施为当地民众欢迎的检察政策。

(季美君)

美国联邦检察机构

美国联邦层面行使检察权的国家机构。美利坚合众国成立之初,联邦总统需要一位法律顾问来帮助其处理各种法律事务。1879年,美国国会第一次会议即通过一项法案,授权总统任命一名联邦检察长。美国联邦检察机构由此发端,并进一步发展成一套庞大的机构和人员体系。美国联邦检察机构由联邦司法部中具有检察职能的部门和联邦地区检察署组成,其职能主要是调查、起诉违反联邦法律的行为,并代表联邦政府参与诉讼。联邦检察机构的首脑是兼任司法部部长的联邦检察长,主要职责是制定联邦政府的检察政策并领导司法部的工作。虽然联邦检察长是联邦政府的首席检察官,但其只在极少数案件中代表联邦政府参与诉讼,而且仅限于联邦最高法院和联邦上诉法院审理的案件。美国共有94个联邦司法管辖区,每区设1

个联邦地区检察署，由 1 名联邦地区检察官和若干名助理检察官组成。

（季美君）

美国联邦地区检察官办公室(联邦地区检察署)

美国根据1789 年《司法法》(the Judicial Act of 1789)设立的在联邦司法管辖区行使检察权的机构。根据1789 年《司法法》的规定，总统可在每一个司法区任命 1 名精通法律的人作为联邦地区检察官，负责起诉那些应该由联邦法院管辖的违法犯罪案件。美国在本土和海外领土共划分了 94 个联邦司法管辖区，每个区设 1 个联邦地区法院和联邦地区检察署。联邦地区检察署在很大程度上是按照各州地方检察官的模式建立的。联邦地区检察署由 1 名联邦检察官和若干名助理检察官组成，因关岛和北马里亚纳群岛两个司法管辖区共设 1 名联邦检察官，目前全国共有 93 名联邦检察官。联邦检察官在其辖区内享有独立的检察职权，但要接受联邦检察长的指导。各联邦地区检察署的规模大小不同，内设机构也各不相同，具有多样性的特点。规模比较大的州会分设几个地区检察署，如纽约州的联邦检察机构就分南区检察署和东区检察署。

（季美君）

美国州检察机构

美国各州行使检察权的机构，一般由州检察长和州检察官组成。州检察长名义上是一州的首席检察官，但一般不承担公诉职能，也很少干涉各检察署的具体事务。大多数州检察长与州检察官之间是一种咨询顾问性关系。州检察官的司法管辖区一般以县为单位，但在人口稀少地区也可能由几个县组成。州检察官的名称也不统一，如称为州检察官、地区检察官、县检察官、公诉律师、法务官、地区检察长等。州检察官主要负责调查和起诉违反本州法律的犯罪行为。

（季美君）

美国市检察机构

美国与联邦、州检察机构相并列的检察机构，是独立于州检察机构的地方检察机构。在美国，并非所有城市都有自己的检察机构，有些城市自身没有检察官，全部检察职能都由州检察官行使。而设有检察机构的城市情况也各不相同，有些城市的检察官无权起诉违反联邦或州法律的行为，只能调查和起诉那些违反城市法令的行为，但有些城市的检察官则负责起诉违反州法律的行为。如纽约市按地域分成五个区检察院，各区检察院与纽约州检察院互不隶属，各区检察院之间也相互独立；区检察院实行检察长负责制，人、财、物都由选举出来的检察长作出决定。市检察机构的规模及需聘用检察官的数量，主要依据本地犯罪数量、需逮捕的人数及人口数来决定。

（季美君）

美国司法部刑事局特别侦查办公室

美国司法部刑事局的一个下属部门。特别侦查办公室成立于 1979 年，负责追踪、调查、采取法律行动,以剥夺在1933年至1945年参加纳粹迫害活动的人员的国籍,并将他们驱逐出境。从2004年12月开始,特别侦查办公室还负责追踪、调查、采取法律行动,以剥夺在境外参加种族灭绝、非法杀戮、酷刑等犯罪人员的国籍。

(季美君)

美国司法部联邦检察官行政办公室

美国联邦司法部下设的一个机构。美国司法部联邦检察官行政办公室成立于1953年4月6日,受副总检察长的领导。其设立目的是加强司法部与联邦检察官之间的联系,主要任务是为在全国各地区联邦检察署工作的93位联邦检察官提供综合的行政服务,协调联邦检察官与司法部各部门及其他联邦机构之间的关系。该办公室的主要职责为:加强联邦检察官与司法部各机构之间的协调性;评估各地区联邦检察署的工作业绩,若有需要,则撰写专业的检查报告,并采取合适的行动以提供管理方面的帮助;发布联邦检察官工作手册(United States Attorney's Manual)和联邦检察官公告(a United States Attorney's Bulletin),为各地区联邦检察署以及与起诉有关的司法部其他部门提供内部指导;监督法律教育办公室的运作,法律教育办公室是负责拓展、组织和协助司法部所有法律人员和其他联邦法律人员的培训机构;在纪律、劳动关系和均等就业机会、道德、行为准则、外部活动以及行政、民事和刑事法律问题上提供建议及解释等。

(季美君)

美国总检察长联邦检察官顾问委员会

美国联邦总检察长办公室下设的一个部门。该顾问委员会成立于1973年,职责是就委员会认为最有利于实现司法公正所涉的有关事宜向总检察长、副总检察长和总检察长助理提出建议,具体包括:制定和修改司法部的政策及工作程序;提高管理能力,特别是司法部管理联邦检察官方面的能力;与州检察长和州及地方官员合作,以促进司法公正在全国的实现;在适用法律标准方面,扩大全国和各级政府的可持续性空间;协助总检察长、副总检察长和总检察长助理构想新项目以提升各级刑事司法系统的执法能力,包括就立法和法庭规则方面提出建议。该委员会成立以来,在影响各联邦地区检察署的政策、管理及运行问题上向总检察长及司法部的领导们提供了许多重要建议与意见,帮助他们制定了重要政策,以完成司法部在实现司法公正中的各项核心任务。总检察长经常向该委员会的检察官们咨询一些最为重要的执法问题和国家面临的公共安全问题,他们在指导司法部的工作中发挥着必不可少的作用。该委员会代表联邦检察官们的声音,通过副总检察长向检察长报告工作。在顾问委员会工作的联邦检察官由总检察长任命,通常任期为2年(法律规定不超过3年)。他们被分派到美国各地的联邦地区检察署以指导当地的检察工作,到期就轮换部分检察官,但不超过总数的1/3。

(季美君)

美国独立检察官处

美国根据1978年国会通过的《从政道德法》(the Ethics in Government Act of 1978)设立的旨在调查高级官员违法犯罪行为的机构。独立检察官处设在联邦上诉法院,由3名巡回法院的法官组成。独立检察官处任命“特别检察官”,其目的是通过在司法部外任命特别检察官这一程序,建立一个不受总统和司法部部长控制的临时机构,以便调查涉嫌实施了犯罪活动的高级政府官员并提起公诉,确保该调查和指控不受任何政治或金钱的影响。为充分促进这一目标的实现,美国国会又通过《独立检察官法》(Independent Counsel Act),将任命特别检察官的做法程序化、制度化,并在1982年修正《独立检察官法》时,将“特别检察官”改为“独立检察官”,明确规定独立检察官必须由法院同意,由司法部长任免,职权独立,从而在法律上确立了独立检察官制度。1994年,国会通过《再授权独立检察官法》(the Independent Counsel Reauthorization Act of 1994)时,又进一步完善了独立检察官制度。但《独立检察官法》最后一条规定该法的有效期为5年,期满后是否延续,由国会投票决定。

在美国历史上,共有8位独立检察官,历经卡特、里根、布什和克林顿4届政府。独立检察官曾对多位政府高官进行调查,但打击政治腐败的效果差强人意。设立独立检察官的初衷是在调查政府高官的违法犯罪行为时,排除政治干扰,更有成效地反对政治腐败,但在美国以政党政治为基本框架的政治体制下,独立检察官实际上却不可避免地沦为党派间政治斗争的工具。由于独立检察官制度在打击高层腐败方面未能实现初衷,导致《独立检察官法》在1999年6月30日期满后未能得到延续。

(季美君)

美国大陪审团

美国司法体系中负责刑事犯罪调查和审查起诉的专门机构。大陪审团通常由根据选民登记册随机选出的16－23名普通公民组成。担任大陪审团陪审员的条件为:年满18岁的美国公民,在法院所在地的县市居住1年以上,有英语语言能力等。大陪审团的主要功能为:一是审查功能,即对检察官提出的证据进行审查,并决定是否有足够的证据对被告人提起诉讼,确定被告人应否受到审判。如果大陪审团决定起诉,应立即通知检察官并由检察官草拟起诉书,经大陪审团团长签署后在法庭上公开宣读。二是调查犯罪的功能。大陪审团调查犯罪的权限很大,可以向任何人或机构发出传票,要求相关人员向大陪审团提供证词及与犯罪有关的书面证据,任何人不得抗拒大陪审团的要求,否则将因藐视法庭而被处以罚款或监禁。另外,当事人还必须提供真实的证词和证据,向大陪审团提供不实之词将构成伪证罪,检察官可以伪证罪对当事人提起刑事诉讼。负责调查犯罪的大陪审团由检察官召集,并由检察官主持调查活动。实际上,大陪审团是检察官调查犯罪的一种手段。在美国,检察官经常使用大陪审团来调查那些案情较为复杂、需要大量证据的犯罪,如集团犯罪、经济犯罪、政府工作人员犯罪等。

目前,美国大约有一半的州采用大陪审团制度,而其他州则采用预审制度。但由于受联邦宪法制约,联邦政府必须采用大陪审团制度。在两种制度并存的州,检察官可以自行决定采用哪种方式对被告人提出犯罪指控。但只有少数州规定所有刑事案件都必须经过大陪审团的审查,大多只规定重大刑事案件应当经过大陪审团的审查,但是在联邦法院起诉的重罪,都必须有大陪审团的起诉书。

(季美君)

缅 甸

缅甸检察机关

缅甸行使检察权的机构。历经时代更替,缅甸检察制度在带有英国法烙印的基础上形成了现在缅甸的检察制度,即1988年缅甸《总检察长法》。缅甸后于2001年颁布新《总检察长法》,并于2003年修订。

缅甸检察机关分四级,即中央、省、市、乡镇。在中央设总检察院,地方设省和省级区检察院、区检察院、乡镇检察院。较大的省、省级区检察院也设有分院。现缅甸设总检察院1个,1999年,缅甸在曼德雷设立总检察院分院,设检察长1名,由总检察长任命。地方14个省和省级区设省级检察院,3个省和省级区检察院分院,65个区检察院,322个乡镇检察院。

总检察长负责领导总检察院及全国各级检察机关的工作。总检察长指派1名副总检察长负责总检察院的法律顾问和行政管理工作,1名副总检察长负责公诉和法律起草工作,1名副总检察长负责协助领导、指导其他各级检察院工作。总检察院下设4个部门,分别是法律审查与起草厅、法律顾问厅、公诉厅、办公厅,各设厅长1名。根据缅甸宪法的相关规定,总检察长由首相从最高法院法官中提议,总统任命。其职责由总统授予,可在向首相、总统申请后辞职。首相有充足理由也可要求总检察长辞职。依照2001年《总检察长法》,总检察长有如下职能:根据需要,向国家和平与发展委员会,政府及其各部委、组织提供法律建议;代表国家出席刑事诉讼案件;代表政府出庭参加诉讼,应对政府为民事案件中的原告或被告的民事诉讼案件;对各级法院作出的与法律不符的判决,向最高法院提起上诉,或申请重审;审查、起草或翻译法律文本;向政府有关部门和组织提供关于国家是否应当加入国际公约或区域合作的法律建议;向政府各部门和组织就有关双边或多边条约、谅解备忘录、国内外的投资契约和其他契约等事宜提供法律建议;对政府各部门和组织作出的与法律不符的行为作出建议;充分保障人民法律赋予的权利和基本权力;领导总检察院和地方各级检察院及检察官的工作;履行其他法律法规或本法发布的规则、程序、命令和指令中规定的职责;履行国家和平与发展委员会赋予的其他职责。

法律审查与起草厅,在总检察长的指导下,与其他政府部门合作行使起草法律和修订补充法律的权力。草案通常由其他相关部委提出。相关部委先提交草案提纲,法律审查和起草部将与相关部委进行详细讨论,以便全面理解立法目的和内容。同时,审查是否符合国家政策、国家的现状和其他相关的立法规定,包括现存的法律和相关的国际法。经总检察长批准后,法律草案将送回相关部委,最后经内阁批准后,由国家和平与发展委员会颁布。法律审查和起草厅也负责法律翻译工作。缅甸的官方语言是缅甸语,法律文本以缅甸语为准。为照顾其他非缅甸语国民,该厅会将法律文本翻译成英文。

法律顾问厅的职能为:(1)国际法和东盟事务。对于国际和东盟的有关法律事务进行审查和提供法律咨询。对所有条约进行审查,以便将其提交国家批准,包括双边和多边条约。(2)商务合同。对于有关部委签定的合同中涉及的公司的董事会、领导和公司本身进行审查,包括合法性审查。(3)法律咨询。为政府部门和组织提供法律咨询。内容包括:翻译国际条约,提供与私人组织进行商务交易的部委和它的部门所具有的权力和义务说明,在与其他国家的交往中提供相关的政府各部委和部门所具有的权力和义务的证明,以及公民依法所享有的权力和义务的证明。

公诉厅可对于无罪判决进行抗诉,抗诉权由总检察长行使。对判决不公,认定事实、适用法律错误或其他相关错误的判决进行抗诉。公诉厅负责对全国各省、省级区、区检察院的业务进行指导,引导警察及其他刑事侦查部门的诉前刑事侦查活动。依照2001年《总检察长法》,总检察长代表政府向最高法院提起抗诉和申请重审。必要时,总检察长或由总检察长指派的检察官应出庭支持抗诉。

办公厅负责全国检察人员的人事、预算、财务、采购、纪检、培训、法律研究、计算机信息、档案、福利等事宜。其中从1999年至2005年,法律研究所编辑出版了73类共20多万册法律书籍和期刊。

按照2001年《总检察长法》,各级检察机关将履行如下职责:向本辖区内的和平与发展委员会和政府各部门、组织提供法律建议;代表国家出席刑事诉讼案件;当政府成为民事诉讼案件中的原告或被告方时,向政府提供法律建议并代表政府出庭;在刑事案件开庭审理之前,根据法律规定进行审查并提出法律意见;对侦查机关移送起诉的案件进行审查;审查上诉人提出的要求是否符合现行的法律、命令或指令;根据《缅甸刑事诉讼法典》规定,对刑事案件作出免予起诉的决定;根据法律规定审查并决定是否向法院提出撤回起诉;根据法律规定进行审查并决定不起诉;为可能被判处死刑的贫穷被告人,聘请辩护律师;对刑事案件辩护律师的庭审活动进行监督;对全国各级法院作出与法律不符的判决、裁定、决定申请重审;根据法律规定,向总检察院移送各级法院作出的无罪判决上诉申请;履行其他总检察长赋予的职责。

(操宏均)

老　挝

老挝检察院

老挝人民检察院组成包括:最高人民检察院、上诉人民检察院、省(市)人民检察院、县(区)人民检察院和军事检察院等专门人民检察院。上诉人民检察院、省(市)人民检察院、县(区)人民检察院称为地方人民检察院。最高人民检察院领导各级人民检察院,下级人民检察院对上一级人民检察院负责。在执行公务时,地方人民检察院只执行法律和最高人民检察院的命令。

老挝人民检察院依法对各部委(或相当于部级单位)、政府直属机构、建国阵线、群众组织、社会团体、地方政府、企业、公民正确统一地履行法律实施检察、监督职能并提起公诉。人民检察院与地方政府配合保证正确、统一执法,制定防止违法的必要措施,消除违法行为,保护被侵害公民的权利,对犯罪嫌疑人向人民法院提起公诉。人民检察院还承担着通过检察活动,教育公民自觉遵守法律,维护社会秩序、生活秩序的任务。老挝人民检察院具体职权包括:(1)对各部委(或相当于部级单位)、政府直属机构、建国阵线、群众组织、社会团体、地方政府、企业、公民正确统一地履行法律行使检察权。该项监督、检察的权力称为一般性监督权。(2)对公安机关的侦查活动是否合法实行监督。(3)对人民法院对案件的审理、判决、裁定的执行是否合法实行监督。(4)对拘留所、监狱、劳动改造机关执行拘押等强制措施的活动是否合法实行监督。(5)研究和提出为犯人减刑的建议。(6)开展打击违法犯罪活动,消除各种犯罪现象,消灭滋生犯罪的各种条件和因素。(7)保证刑事案件侦查的全面性、客观性,与其他政府机构和组织协调制定防止犯罪的措施,保证犯罪分子依法受到惩处,避免出现冤假错案。(8)对部分或全部在检察院职权范围内的案件依法进行侦查。(9)各级人民检察院依法对政府机关、建国阵线、群众组织、社会团体提出的建议和上访意见在规定时间内予以研究,制定必要措施恢复被侵害公民的权利,保护公民和各类组织的合法权益。

担任老挝人民检察长和检察员必须同时具备下列条件:属于老挝公民,年满25周岁;有坚定的政治信念;有良好的思想品质和职业道德,忠于国家利益;法律专业毕业或曾受过法律业务培训;身体健康。但任命各级人民检察院检察长和检察员的具体条件、标准和级别应根据不同规定执行。最高人民检察院检察长由国家主席提名,由国会选举或罢免,其每届任期同国会每届任期相同。

老挝人民检察员有如下职权:根据人民检察长的授权,开展案件侦查工作;根据授权,研究综合案件档案,起草检察声明或决定;参与案件审理,提交犯罪分子或他人证词;搜集与案件有关的证据、资料;依法行使其他职权。

(操宏均)

老挝最高人民检察院

老挝人民检察院系统的最高检察监督机构,领导各级人民检察院对全国范围内正确统一执法实行检察监督。设于首都万象。

最高人民检察院具有如下职权:对于全国范围内执法情况,依法实行监督;对于地方人民检察院的组成和工作实行管理;制订人民检察院系统干部培训计划;对全国范围内人民检察院的工作报告及案件、犯罪嫌疑人和罪犯统计进行综合研究;向地方人民检察院和军事检察院提供法律指导和法律咨询;与国外开展检察和司法合作等。此外,最高人民检察院在研究是否对犯人适用减刑时,有权成立工作组,负责研究中央及省(市)级罪犯减刑的提议;研究制定规章和下达关于对犯人适用减刑的决定、命令、指令和通告;对综合研究符合减刑条件犯人的工作进行指导,提交国会常委会研究后向国家主席报告。

最高人民检察院设检察长、副检察长、检察员若干及业务机构。为保证工作运转,完成任务,最高人民检察院机构由办公厅、人事局、一般性监督厅、刑事案件检察厅、民事案件检察厅和劳动改造机构局组成。

最高人民检察院检察长负责领导和监督各级人民检察院的工作;在发现新的材料或证据时向最高人民法院提出对案件进行复查;对认为刑事案件审理过程中出现的错误提出意见;指导研究和提请为罪犯减刑工作;对法律研究和提交法律文本供国会或国会常委会审议的工作进行指导;向国会常委会提出司法解释,确保正确统一执法;向国家主席提出最高人民检察院副检察长的任免建议;任命、调动或罢免地方人民检察院检察长、检察员及其他人民检察院机关干部;培养人民检察院干部;在国会不召开会议时,负责向国会或国会常委会报告人民检察院的组成和工作情况;出席法官大会,参与研究全国范围内在法院审理、裁决案件过程中的正确统一执法问题,如认为法官大会决议不符合法律规定,其可向国会常委会提出申诉;以及依法行使其他职权。

最高人民检察院副检察长由最高人民检察院检察长提请国家主席任免。最高人民检察院副检察长协助最高人民检察院检察长工作,并根据最高人民检察院检察长的委托主管某一方面工作。在最高人民检察院检察长空缺时,由受到委托的最高人民检察院副检察长代理检察长职务。

（操宏均）

老挝上诉人民检察院

老挝上诉人民检察院根据对各省(市)辖区划分的特别规定,分别设于老挝的北部、中部和南部。上诉人民检察院设检察长、副检察长、检察员若干及业务机构。为保证工作运转,上诉人民检察院业务机构由办公室及部分厅组成。其人员组成、业务机构组成及人员编制由最高人民检察院检察长决定。

（操宏均）

老挝地方人民检察院

老挝地方人民检察院包括省(市)人民检察院和县(区)人民检察院。省(市)人民检察院分别设于老挝的各省(市)。县(区)人民检察院分别设于老挝的各县(区)。如某县(区)尚不具备设立人民检察院的条件,最高人民检察院有权指定临近县(区)临时代管该县(区)工作。地方人民检察院设检察长、副检察长、检察员若干及业务机构。其人员组成、业务机构组成及人员编制由最高人民检察院检察长决定。

（操宏均）

葡　萄　牙

葡萄牙检察院

葡萄牙行使法律赋予的检察职能的司法机关。作为国家司法组织,葡萄牙检察机关包括共和国总检察长公署、区域检察长公署及共和国检察长公署。共和国检察长公署在初级法区总部运作,区域检察长公署在葡萄牙4个司法区域总部运作,而共和国总检察长公署为检察院最高机关。区域检察长公署及共和国检察长公署在协调、领导及监督检察院工作方面对相关地区行使职权。

葡萄牙检察院依法承担着相当广泛的职能,其中主要是在各个法院及诉讼中承担法定的司法职能,包括当国家涉及诉讼时,在法庭上代表国家;实行刑事诉讼;维护合法性,参与行政及税务争讼、维护弱势群体,包括未成年人、失踪人及劳工等的权益,同时亦承担咨询职能,并由总检察长公署负责。

检察院主要享有以下权限:依照合法性法促进及实行刑事诉讼,领导刑事侦查,预防犯罪活动;在法庭上代表国家、自治区域及地方自治机构;在维护具有社会属性的劳工权益方面担任劳工及其家人的法定代理人;依法保护集体利益及大众利益;监督法律的合宪性;维护法院司法活动的独立性,监督及促进审判职能依法进行;监督警察部门的刑事侦查;介入破产及无偿还能力的案件以及其他涉及公共利益的案件,在法庭上保障特殊的社群或集体利益,包括无行为能力人、不确定人或失踪人;法律规定的其他职权。

葡萄牙检察院的主体为检察院司法官,为一独立且与法官相对应的司法官团。入职检察院司法官,须通过与入职法官职务相同的考试及培训(由司法研习中心一并负责)。检察院人员分为总检察长、副总检察长、助理总检察长、共和国检察长及助理检察长。

葡萄牙总检察长公署作为检察院最高机关,被赋予多项职责,包括对整个检察院司法官团进行内部管理,即负责司法官的任免、安排、调任、晋升、评核及进行纪律惩戒;通过总检察长的领导,协调及监督司法官的活动,以及发出应遵守的指引、命令及指示。此外,总检察长公署亦具有咨询、维护合法性、提出立法及法律修改的建议,以及监督刑事警察诉讼活动的职能。执行上述所有职能是通过总检察长公署的从属机关,包括检察院高等委员会、共和国总检察长公署咨询委员会、司法参事及技术暨行政辅助部(该部门包括新闻办公室)为之。其中检察院高等委员会的主要职能是针对司法官团的内部管理,设有检察院查核员;而咨询委员会则就严谨的合法性问题,应共和国议会主席、政府官员或总检察长本人的要求发表意见。

总检察长公署内部设有多个附属部门,包括调查暨刑事诉讼中心厅、技术辅助组、档案暨比较法办公室及国家争讼厅,分别负责协调或领导涉及具有高度组织性、暴力罪行或特别复杂的罪行的刑事调查,承担预防犯罪的职能,向总检察长公署及检察院提供经济、财政银行、会计及证券市场方面的技术辅助及咨询,或在外国法、一般国籍法、共同体法或人权方面,向司法官提供数据或负责在国际合作方面提供法律技术援助。

(操宏均)

日　本

日本检察厅

日本依据《检察厅法》设置的统括检察官所从事的检察事务与检察行政事务的实体单位。在日本,检察厅是行政组织的一部分,设置于法务省,但其与国家行政组织法上的内部布局、派出机构、附属机关和地方分支布局都有所不同,是国家行政组织法中所谓的“特别机关”之一。

根据日本《检察厅法》和《规定最高检察厅的位置以及最高检察厅以外的检察厅的名称和位置的政令》的相关规定,日本检察厅共分四级,即最高检察厅、高等检察厅、地方检察厅和区检察厅,在数量、设置场所、管辖区域、诉讼行为上的职务范围等方面分别与最高裁判所,高等裁判所,地方裁判所和家庭裁判所、简易裁判所相对应。四级检察厅中,上下级之间存在严密的指挥监督权。其中,最高检察厅是最高检察机关,设在东京,负责办理对高等裁判所审判的刑事案件提出上告的案件等,管辖高等检察厅、地方检察厅和区检察厅。高等检察厅的设置与高等裁判所对应,共有8个,即东京高等检察厅、大阪高等检察厅、名古屋高等检察厅、广岛高等检察厅、福冈高等检察厅、仙台高等检察厅、札幌高等检察厅和高松高等检察厅。此外,根据《检察厅法第2条第4项规定的与各高等裁判所分院对应设置各高等检察厅分厅的省令》的规定,设置6个高等检察厅支部。高等检察厅及其支部办理对地方裁判所、家庭裁判所和简易裁判所审判的刑事案件提出控诉的案件。地方检察厅与各地方裁判所、家庭裁判所相对应,共有50个,并在全国设有203个支部,主要办理地方裁判所和家庭裁判所管辖的刑事案件等。区检察厅与简易裁判所相对应,设在全国主要的市、区、町,共计438个,主要办理轻微刑事案件。

从2005年至今,日本检察厅内部设置部。最高检察厅设总务、刑事、公安和公判4个部;东京高等检察厅设总务、刑事、公安和公判4个部,其他7个高等检察厅设总务、刑事、公安3个部;地方检察厅和区检察厅则根据需要设置相应的部。各部分别处理不同事项,此外,各检察厅还可以根据自己的规模设置相应的课,主要有庶务课、认识庶务课、文书事务课、电信课、会计课、教养事务课、案件课等。

根据日本《检察厅法》等有关规定,最高检察厅首长为检事总长,高等检察厅首长为检事长,地方检察厅首长为检事正。各检察厅分别设置如下职员:检察官、检事总长秘书官、检察事务官、检察官和其他人员。据2006年的统计数据,日本各级检察厅共有检察官2490名,分为检察总长、次长检事、检事长、检事和副检事五类。除一部分检察官分配在最高检察厅和高等检察厅外,大部分检察官都分配在地方检察厅和区检察厅。检察官并无身份证明书,而是使用检察官徽章,图案是在旭日中装点有菊花的花瓣和叶子,因此被称为"秋霜烈日章"。最高检察厅设检事总长1名,次长检事1名,检事长8名,其任免由内阁作出,并由天皇作出认证;高等检察厅设检事长1名,掌管厅务,并指挥和监督本厅及本厅对应的裁判所管辖区域内的地方检察厅及区检察厅的职员;地方检察厅设检事正1名,掌管厅务,并指挥和监督本厅及本厅对应的裁判所管辖区域内的区检察厅的职员。

检察厅的职权包括:(1)就刑事案件,享有实行公诉的权限、请求裁判所公正适用法律的权限及监督裁判执行的权限;(2)就属于裁判所权限的其他事项,在认为职务上有必要时,要求裁判所通知,或者陈述意见的权限;(3)作为公共利益代表人进行其他法令规定的属于自己权限的事务的权限;(4)对任何犯罪进行侦查的权限。

(郭立新 付 磊)

日本最高检察厅

日本最高检察机关。设在东京,负责办理高等裁判所审判的刑事案件提出上告的案件等。由于日本上下级检察厅之间存在严密的指挥监督权,因此,最高检察厅可将高等检察厅、地方检察厅和区检察厅置于其管辖之下。最高检察厅设总务、刑事、公安和公判4个部并分别处理不同事项。总务部负责计划调查、教养指导、宣传、案件的受理、有关证据物品的事项、令状的请求与执行、死刑及自由刑的执行、有关征收金的事项、犯罪履历调查与统计、有关恩赦的事项、有关检察审查会的事项、事务监察、有关保护事项、记录保存、各部局间的调整等;刑事部负责不属于公安、特别侦查两部所管辖的一般刑事案件的侦查与处分；公安部负责与公安、劳动有关的案件的侦查与处分，以及公安、劳动情况的调查与资料的收集和整备；公审部负责公审的运营、实行，以及公审中检察官的意见统一等。

最高检察厅设检事总长 1 名，为全国检察系统首长；设次长检事 1 名，辅助检察总长处理事务。检察总长和次长检事的任免均由内阁作出，并由天皇作出认证，因此和高等检察厅的 8 名检事长一起被特称为“认证官”。检察总长在最高检察厅是检察官所管事务的总管人。检察总长拥有掌管厅务和指挥监督检察厅的所谓职员的权限。所谓厅务，即指除对职员指挥监督以外的最高检察厅的行政事务。检察总长作为一般检察行政事务的最高负责人，除指挥监督职员以外，对庶务、人事、会计、计划调查、教养指导、宣传工作、事务监察及刑事政策上的各种措施的实施等所有事务，具有统一掌管的权限。检察总长对最高检察厅职员的指挥监督权包括由最高检察厅的检察官和其他职员分担的全部行政事务以及检察官所管的检察事务。同时，检察总长不仅总管最高检察厅的事务，还具有对全国检察官、检察事务官及其他所有检察厅的职员进行指挥监督的权限。次长检事隶属于最高检察厅，对检察总长掌管的厅务和包括最高检察厅在内的全部检察厅职员实行的指挥监督进行全面辅佐。次长检事辅佐检察总长，在检事总长发生事故时或者检事总长缺位时，行使检察总长的职务。

（郭立新　付　磊）

日本检察厅特别搜查部

日本检察厅所属的一个专门打击贪污腐败案件的刑事特别机构，简称“特搜部”。特搜部类似中国香港特别行政区的廉政公署，其主要职责是依据 1948 年公布的《政治资金规制法》，对涉及公务人员贪污、大规模偷税漏税及经济贿赂案件进行调查。特搜部的起源与驻日美军关系密切。日本在第二次世界大战战败前隐藏了大批物资，为了搜查这些物资，以美国将领麦克阿瑟为首的盟军司令部成立了一个叫“别动队”的组织，其成员大多是原来美国领事馆的日本工作人员以及盟军司令部的日方雇员，他们大多通晓英语，崇拜和接受英美社会理念。经过特殊训练之后，这批人员依靠远比美国人熟悉日本的优势，在为美军查获日军藏匿的资产方面立下汗马功劳。因此这个组织就被保留下来，逐渐开始专门调查日本政界和财界的贪污受贿行为，这就是特搜部的前身。在组织机构上，特搜部并非一个统一的机构，而是由东京、名古屋、大阪三个分部组成，分别归属当地地方检察厅管理。其他地方检察机关也设有与特搜部性质类似的“特别刑事部”。特搜部在行政上受检察厅管理，但在案件侦查上是独立的。这样设计的目的是在便利工作的同时，尽量避免特搜部权力过分集中而难以监督。

由于所要侦查的犯罪的特殊性，特搜部在选拔警官和检察官方面极为严格，同时在侦查、调查等方面享有较多权力。在强调行政权与司法权分立的日本，特搜部可以依据法律对包括首相在内的日本官员进行讯问、调查、搜查乃至逮捕。

（郭立新　付　磊）

瑞　典

瑞典检察机构

瑞典通过合法有效手段确保犯罪的人得到刑事追诉的独立司法机构。瑞典检察官在司法体制中扮演着非常重要的角色。检察官主导刑事案件的调查,决定采取何种强制措施、提起诉讼并出席法庭。瑞典全国共有大约1350名检察人员,其中900名为检察官,其余为检察辅助人员。

瑞典检察机构设置包括各层级的检察院、检察办公室和国家经济犯罪局。瑞典有39个检察办公室负责检察业务工作,其中包括32个地方检察院及其他一些单独设置的具有独立特殊功能的检察院或检察办公室,以及人事、财务、技术、通讯等检察辅助部门。总检察长办公室是全国检察系统最高机构,具体检察业务工作主要由分布于7个检察区的32个地方检察院负责开展和实施。这7个检察区的划分基本与郡县地理行政区的划分相对应,每区一个检察院,较大城市如斯德哥尔摩和马尔默设有多个检察院。此外,瑞典还设置有国家检察部(The National Public Prosecution Department)、独立检察官办公室(The Separate Public Prosecution Office)和国际检察办公室等具有特殊职能的部门。国家检察部由三个负责特殊领域检察工作的国家专门检察办公室组成,分别负责反贪污腐败、环境案件和涉及国家安全的案件。独立检察官办公室前身为专门负责处理警察犯罪案件的国家警察罪案部门(National Police – related Crimes Unit),负责办理犯罪嫌疑人为警察、检察官和法官的案件。国际检察办公室由具有专业知识的检察官负责处理有组织、跨境犯罪和与其他国家的检察业务合作和协作。

（王　欣）

瑞典总检察长办公室

瑞典检察机构的最高领导机关,全面负责支持和指导全国检察院和部门开展检察工作,行使在最高法院出庭公诉和其他职能。总检察长办公室下设三个直属部门,分别为法务部、监督部和检察发展中心。法务部总体负责在最高法院开展工作和一般性国际事务。监督部负责法律监督和控制。检察发展中心承担不同刑事领域的方法和法律方面的研究工作,在一些刑事专业领域发展和保持专业性和专家资源,以为全国检察工作提供专业领域的支持和指导。法律后续跟进和监察也由检察发展中心负责,如对检察决定提出的所有申诉都由检察发展中心处理。全国有三个检察中心,分别位于首都斯德哥尔摩,西南部城市哥德堡和南部城市马尔默。

总检察长是瑞典最高级别的检察官,是总检察长办公室的负责人,也是最高法院的唯一公诉人。总检察长同时也领导在经济犯罪局工作的检察官。总检察长将合适的案件递交最高法院,以此确保与法律实际执行相关的重要问题得到足够的重视。总检察长每年就大约20个高级法院的裁决向最高法院提起抗诉。检察长在大多数情况下必须以所谓“回函”的形式作出申明。检察长写的回函可以引起对重要法律问题的重视。

（王　欣）

瑞典经济犯罪局

隶属于国家检察机构体系的一个具有多学科特点的专门负责处理经济犯罪的机构。经济犯罪局的专属职能是调查、侦查和预防经济犯罪并负责此类犯罪的公诉。该局负责处理的经济犯罪案件既包括严重的经济犯罪，也包括日常、普通的经济犯罪，因为处理日常、普通的经济犯罪被认为具有重要的犯罪预防的意义。

经济犯罪局于1998年成立，目标是要有效整合具有处理经济犯罪专长和经验的检察官和警察的专业资源，更好地打击、追诉经济犯罪。在瑞典对其他的刑事案件的侦查调查中，虽然检察官也居于领导地位，但检察官和警察一般是相对独立的。考虑到经济犯罪的跨学科和较为复杂的特点，经济犯罪局创新地将检察官、警察和相关领域的专家同置于一个机构之内协同工作。

经济犯罪局是一个全国性机构。总部位于首都斯德哥尔摩。经济犯罪局有大约560名雇员，其中100名为检察官，230名为不同警种、具有不同专长的警察，其余为其他领域的专家或行政辅助人员。局长领导全局工作，局内设置下列各部门：人事部、公诉部、法务部、发展部、行政部和经济犯罪部。警察局长是经济犯罪局内经济犯罪部的领导人。这些部门及其负责人协助局长共同开展打击、追诉经济犯罪的工作。该局的工作具有跨越多学科的特点，开展工作时也强调和注重不同领域的专业人员的配合，是一个以团队合作为基础和导向的机构。这种工作模式在瑞典的司法机构里是比较独特的。全国共有10个经济犯罪庭、1个犯罪评估办公室、5个警察职能部门。各庭负责不同类型的经济犯罪或与经济犯罪相关的不同领域。如其中一个庭专门负责金融诈骗等金融犯罪案件，这样能够更好地整合此领域专业资源，并在打击、追诉此类犯罪时更能使专业力量得到集中有效的利用。一个经济犯罪庭通常由25－40人组成，由1名总检察官统领全庭工作，1名警察局长负责该庭的警务工作。每个经济犯罪庭通常都由检察官、警察、经济审计师和其他相关领域的专业人员组成，在调查案件开展工作时，不同专业领域的人员共同组成一个团队协同工作。从受理案件到最后法院审理的整个过程都需要这些来自各行各业的专业人员紧密合作，互为补充，利用各自专长共同完成打击、追诉以及预防经济犯罪的使命。

经济犯罪局的案件主要源于税务部门、处理破产的机构与国家和地区情报部门所提供的线索和信息。经济犯罪局所处理的案件通常被分为三类：普通/快速案件；项目案件；特别疑难复杂案件。因为这三类案件的调查复杂程度不同，所以审限也不同，分别为50天、180天和365天。

经济犯罪局的工作重心主要在如下四个领域：严重和有组织经济犯罪；金融市场犯罪；追缴犯罪所得；国际合作。除此之外，经济犯罪局的职能还包括：（1）总体负责整合、协调所有与打击、追诉和预防经济犯罪相关的各方力量和资源；（2）监测、分析社会和经济发展情况，以洞察和预测经济犯罪走向和趋势，提高经济犯罪预防的质量和效率；（3）向媒体，其他机构、部门和公众 提供经济犯罪方面的相关信息；（4）不断改进、发展经济犯罪侦查、调查的法律质量和手段，更有效地追诉严重经济犯罪。

（王　欣）

泰 国

泰国检察院

泰国行使检察权的组织机构。从1893年泰国开始建立现代检察制度发展至今,泰国检察院已经从作为司法部的组成部分,发展到独立于司法部行使职权,但是泰国总检察院仍要直接向司法部部长报告工作。司法部仍负责监督总检察院行政管理工作,但不能干预检察官独立处理案件权力。

泰国检察机关分为中央和地方两级。泰国中央检察机关设在曼谷。泰国地方检察院有曼谷地区检察院和省级检察院。曼谷地区设有9个地区检察院。3个在曼谷市区,曼谷北部、东北部和南部各2个。9个地区检察院管理负责所有省级检察院。在9个地区检察院中设有9个上诉诉讼部门。目前只有7个地区行政诉讼部,6个地区劳动争议诉讼部负责处理各省行政诉讼和劳动争议诉讼工作。省级检察院。泰国75个省中共设103个省级检察院。其中21个省级检察院负责处理人口密集省份的简易诉讼案件,51个省级检察院负责未成年人和家庭诉讼案件。

泰国检察机关的使命是代表国家对刑事案件提起公诉,维护公平正义。检察工作的目标是提高全体检察人员的业务知识、职业技能、业务素质和责任心,促使检察工作人员诚实、公正地履行使命,有效、高效地为人民服务。泰国检察机关有如下五个主要职能。(1)刑事司法职能方面,在一些未成年人犯罪案件、有组织犯罪或高级官员犯罪案件等特殊案件中,检察官具有一定侦查权或者有权介入侦查。同时,检察机关有权提起公诉和参与审判。(2)保障国家利益方面,泰国检察机关通过为政府各部门、国有企业提供法律建议,审查政府和国有企业与私营企业签订的合同草案,代表政府机关或国有企业参加诉讼活动。在泰国,政府机构可在有关民事、税务、劳动争议、行政案件中起诉或被起诉,由检察机关代表政府参加诉讼。当政府签订合同时,检察机关作为政府的法律顾问。(3)保障公民权益和提供法律援助方面,检察官可代表公民个人提起继承财产和管理继承的财产的诉讼或申请法院批准有关事宜,如收养、为孤儿指定监护人等。并且,检察官在被关押人员提起诉讼的民事或刑事案件中,代表被关押人提起诉讼。关于法律援助,检察院可为泰国国内外居住的,确实需要法律援助,但又无法支付律师费用的贫穷公民提供法律援助。法律援助的内容包括提供法律意见,解决争端。如在2004年海啸中,检察机关向受害人提供了法律援助,帮助其处理死亡、失踪人员的财产,尸体处理,协议解决争端等。(4)国际刑事司法协助方面,泰国总检察院在国际刑事司法协助,如引渡、双边司法协助方面发挥了极其重要的作用,如检察官可根据法院判决向有关国家引渡犯罪嫌疑人或向有关国家申请引渡泰国在逃犯罪嫌疑人。检察官在国家引渡委员会签订引渡条约方面也发挥了重要作用。现泰国已同美国、中国、柬埔寨、孟加拉、老挝、韩国等国家签订了10个引渡条约。泰国总检察院是决定是否向其他国家引渡犯罪嫌疑人和提供引渡的中央机关。泰国检察机关提供多方面的司法协助服务,包括追踪犯罪嫌疑人、提取物证和相关书证、向证人调查取证、没收犯罪所得等。现泰国已和英国、加拿大、美国、法国、挪威、印度、波兰、韩国、中国和斯里兰卡10个国家签订了司法协助条约。(5)法律发展研究方面,泰国总检察院负责国家法律的发展研究。泰国总检察院成立了专门的泰国刑事研究所开展刑法和刑事诉讼的研究工作。2004年,总检察院设立了法律发展部,确保泰国法律法规在迎接新世纪挑战的过程中不断进行更新和修订。

泰国检察官的任职条件为:必须具有法学学士学位,并通过泰国司法考试取得律师资格;年满25周岁,法律执业2年以上;通过检察官招考考试。通过招考考试的,任命为助理检察官,在1年的周详培训后,经培训考评合格的,任命为检察官。

泰国检察机关检察人员分两种,即检察官和行政工作人员。检察官行使检察机关所有主要检察职能。检察官分成8级。助理检察官为1级,总检察长为8级。副总检察长和总纪检组长为7级。总检察院各部门负责人和高级管理人员为6级。中级管理人员如各省级检察长为5级。大部分工作人员为2－4级。

在泰国,所有检察人员的管理,如提拔、任命、工作调动、纪律处分均由检察官委员会负责。检察官委员会由15名成员组成。主席为政府高级退休官员或全国选举出来的退休的高级检察官,总检察长和4名副总检察长是当然的委员会成员。6名成员从全国高级退休检察官和检察官中选举产生,其中3名从高级退休检察官中选举产生,3名从检察官中选举产生。2名成员从参议院成员中选举产生,1名成员由内阁任命。

行政管理人员进行行政管理和为检察官履行检察职责提供服务,包括预算、财务、采购、物资供应、记录等。泰国全国检察机关共有3000多名行政管理工作人员,其中包括短期合同工。总检察院设办公厅主任负责所有行政管理事务,特别是人员管理。不同于检察官管理的是,行政工作人员由首相府国家公务员管理委员会进行管理和监督。

泰国于1978年颁布了《检察工作行为规范法》,对检察官任职资格、检察官的选拔、培训及纪律处分均作出了详细的规定。

泰国把每年的4月1日作为全国检察官节,现在泰国检察官每年4月1日都会庆祝检察官节。

(操宏均)

泰国总检察院

泰国的中央检察机关,设在曼谷。主要处理在曼谷地区发生的刑事案件,在某些情况下,也可处理发生在省内的重大刑事案件。总检察院由总检察长领导,副总检察长若干名,并设诉讼部门和辅助部门。

总检察院刑事诉讼部、曼谷南部刑事诉讼部、吞布里地区刑事诉讼部负责中央一般刑事案件的诉讼。经济犯罪诉讼部和知识产权国际贸易诉讼部负责经济犯罪的刑事诉讼。特殊案件诉讼部负责腐败犯罪、洗钱犯罪,以及司法部特殊犯罪侦查部门侦查的特殊犯罪。总检察院在曼谷设有3个民事诉讼部,分别是总检察院民事诉讼部、曼谷南部民事诉讼部、吞布里地区民事诉讼部,此外,总检察院还设税务诉讼部、劳动争议诉讼部、行政诉讼部、毒品诉讼部、未成年人和家庭诉讼部、破产诉讼部、简易案件诉讼和上诉诉讼部。除此之外,总检察院还设有其他诉讼办公室。国际事务部负责国际刑事犯罪问题,如引渡、国际司法合作、双边司法协助。泰国刑法研究所负责法律发展与研究。技术部负责政策、计划及评估检察工作人员,以及保障总检察院的信息服务。培训与发展研究所负责人员的培训和人力资源的管理。检察官委员会负责检察官的管理。办公厅负责总检察院人员和行政管理。法律咨询部负责为政府和国有企业提供法律建议。公民权益保障与法律援助部负责向公民提供法律意见。

总检察院除履行一般职责(如对刑事案件提起公诉;为国家机构提供法律建议;代表国家参加诉讼及负责国际刑事司法协助;保护公民合法权益,根据需要提供法律援助等)外,还有向司法部长报告工作的职责,决定引渡等事项。

(操宏均)

文　莱

文莱检察机关

文莱行使检察权的组织机构。文莱的司法制度是以英美普通法为基础建立起来的。1959年9月29日,文莱颁布了第一部宪法,并于1971年和1984年二度修宪。宪法规定,苏丹为国家元首和宗教领袖,拥有立法、行政和司法等全部国家权力,同时设有宗教委员会(Religious Council)、枢密委员会(Privy Council)、行政委员会(Executive Council)、立法委员会(Legislative Council)及王位继承委员会(Council of Succession)5个委员会协助苏丹理政。在宪法颁布以前,英国驻文莱总督负责任命当地法官并管理司法机构。文莱颁布宪法后,任命了首任文莱总检察长。

依据《文莱宪法》,文莱检察机关主要承担以下职能:(1)政府法律顾问,即在职责范围内及时为政府各部门提供良好、高质量的法律意见,包括提供充分的背景信息和详细解释相关法律等。(2)代表国家出席刑事案件庭审支持公诉及应付对政府提起的民事诉讼。第一,总检察长根据宪法和法律的规定对刑事诉讼独立行使提起公诉或不起诉的职权。所有刑事公诉均应以国家公诉人名义提起。为履行该职责,总检察长独立行使职权,不受任何个人或权力部门的指令和控制。检察官代表总检察长,以国家公诉人的名义提起公诉,出席最高法院和各级法院刑事审判活动,指导文莱皇家警察及相关执法部门的起诉工作并担任其顾问,包括对其侦查活动提供法律意见。对移送审查起诉的案件,证据不足的,检察官可将案件退回补充侦查。对业已提起公诉的案件,可随时撤回起诉。此外,在文莱,政府各部门和公共公司也有权直接对发生在本部门或本公司的轻微刑事案件进行公诉,如果没有公诉人的,文莱检察机关也可指派检察官代表提起公诉。第二,以总检察长的名义,代表文莱政府应对各种对政府提起的民事诉讼。(3)起草法律,即总检察长同时负责起草相关法律。为此,总检察院和其他政府各部门紧密合作,负责文莱政府的所有法律的起草、修改工作。(4)为公众提供注册服务,具体包括公司、商业名称、商标、工业产权、发明、婚姻、贸易法律等方面的注册。

文莱的检察机关即总检察院。文莱总检察院设总检察长、副总检察长、检察官及法律工作人员等职位。总检察长、副总检察长、检察官均由文莱国王任免。总检察长是政府和苏丹的第一法律顾问,协助苏丹起草法律,协调总检察院与政府各部门的关系。同时,总检察长也是国家公诉人,在其他高级检察官的协助下,负责向全国所有法院起诉所有的刑事案件和民事案件。副总检察长协助总检察长为政府提供法律服务和对刑事案件代表国家出庭支持公诉,应付对政府提起的民事诉讼。检察官代表总检察长出席最高法院和各级法院的刑事审判活动。总检察长、副总检察长,检察官和法律工作人员同时还分别是国家公诉人,注册事务官(负责公司名称、商标、婚姻等相关注册工作)。文莱总检察院下设行政和财务部、立法和研究部、刑事部、民事部、国际部5个职能部门。

(操宏均)

新　加　坡

新加坡总检察院

新加坡唯一的检察机关,是司法体系的重要组成部分。新加坡检察体制可追溯到1867年英国殖民统治时期,发展至今新加坡总检察院共有150名训练有素的法律工作人员,150名行政管理人员。新加坡共和国政府主要由立法、行政、司法三大机关构成,实行三权分立。总检察院隶属于政府行政系统。

新加坡总检察院的职责主要是为政府各部门提供法律顾问;对刑事案件提起公诉及决定不起诉;应诉对政府诉讼,代表政府参加诉讼活动及其他民事行为;修订新加坡法律,提供法律研究报告、咨询报告等;为政府草拟法律文本、国际合作协议、合同文本等;参加国际合作协议的谈判;对外国律师事务所、合资律师及外国律师提供注册服务等。总检察院与司法部和财政部合作,为公众提供法律在线服务,出版各种法律文本和法律文件等。

根据《新加坡法律执业法》的规定,检察官从法律执业工作者中任命。法律执业工作者需获得马来亚大学、新加坡大学或新加坡国立大学授予的学士学位,或在英国、澳大利亚、新西兰获得被《新加坡法律执业法》认可的法学学士学位,从新加坡国立大学获得有关新加坡法的文凭或在英格兰等地从事过法律执业。法律服务委员会是负责任命所有法律执业工作者的领导机构。该委员会由总统、总检察长、公共服务委员会主席、1名最高法院法官和2名公共服务委员会成员组成。法律执业工作者分为8个等级,可由总检察长被直接任命到检察机构,履行检察官职责。

根据《新加坡宪法》的规定,总检察长是由总统根据总理的建议任命的。如果总统不同意总理的推荐,则可以拒绝总理的提名,但其在这样做之前必须征求总统顾问委员会的意见。总理在提出建议前,应与现任检察长、首席法官和公共服务委员会主席进行磋商。被提名者必须具有最高法院法官的任职资格。

总检察长为政府首席法律顾问,也是国家首席公诉人。总检察长为总检察院最高领导长官,下设2名副总检察长协助其工作。总检察长和副总检察长同为政府首席法律顾问,为政府各部委提供法律顾问,但不负责给公民个人提供法律顾问。如公民个人需法律服务,应通过法律协会聘请律师为其服务。如果公民无力聘请律师,刑事方面可通过政府刑事法律援助项目请求法律协会的律师帮助,民事方面可请求法律援助局提供帮助。如公民个人收入和其他情况符合援助规定,律师协会和法律援助局即决定援助。总检察长作为政府首席法律顾问,对新加坡依法治国、维护公正正义发挥了重要作用。作为国家公诉人，总检察长独立行使职权，不受国家行政干预和控制，有权决定刑事案件的公诉和不起诉，并负责应付对政府的起诉和代表政府提起诉讼。根据法律规定，总检察长还兼任慈善机构的法人代表、被收养人的监护人。副总检察长协助总检察长为政府提供法律顾问，并根据《新加坡刑事诉讼法典》第336条第2款之规定，代表总检察长行使公诉职责，在总检察长缺席时，代为行使总检察长职责。

总检察院分设业务部门和附属部门：业务部门包括民事部、刑事部、国际关系部、法律研究与修订部和立法部；附属部门为机关服务部（下设人事管理部、办公厅、财务部、人力资源部、公关部）、电脑信息部、图书资源部和内部审计部。

其中，民事部的主要职责是为新加坡依法行政提供高质量法律意见。民事部现有17名工作人员，负责为15个政府内阁、各部委、国家机构提供法律意见，起草合同和其他法律文件，应诉对政府的诉讼和代表政府提起诉讼，对公职人员违纪进行调查，并代表政府参加调解、仲裁和谈判，以及履行总检察长根据法律赋予的职责。现在民事部的职责范围已大大拓宽，如应对政府公私合营法律事务、大规模杀伤性武器不扩散、法律冲突、新加坡作为法律发展港等法律问题。民事部积极利用联合国国际贸易法协调跨国贸易，促进电子贸易、采购法等事宜。民事部还加强对公职人员遵守法律法规的教育，经常组织定期的宪法和行政法、政府采购等学术讲座，开展在线法律服务，让公职人员知道其工作职责的最新法律发展。

刑事部代表总检察长，以国家公诉人或助理国家公诉人身份出席法庭支持公诉。助理国家公诉人在下级法院和高等法院进行刑事诉讼，负责基层法院案件上诉和刑事案件上诉。同时还负责临场验尸，进行庭前调查或终结庭前调查。除刑事诉讼外，助理国家公诉人还对执法部门的刑事侦查活动进行监督和指导。执法部门对刑事犯罪侦查完毕，应向刑事部提交结案报告，助理国家公诉人对侦查终结报告进行审查，如构成犯罪，决定对犯罪嫌疑人提起公诉；如需进一步调查，则指导侦查部门进行补充侦查。随着全球化的发展，跨国刑事犯罪越来越多，刑事部也负责外国提起的国际司法协助事宜。而且刑事部官员还负责国际刑事司法条约、协议的谈判，参加国际刑事司法会议。助理国家公诉人还负责对国家部委和国家机构就刑事问题提供法律建议；对刑事律师执业申请进行审查；对警察公诉部门基层法院公诉活动进行管理。

国际关系部的主要职责是利用国际公法保护新加坡的海外合法权益。国际关系部为新加坡政府提供各方面国际法的法律意见，代表新加坡政府参加双边和多边谈判、国际争端的处理诉讼、贸易诉讼及其他国际法律事宜，并对新加坡国际责任进行本国立法解释。其工作广泛涉及民用航空法、国际银行和金融法、外交关系法、环境法、人权法、国际刑法、海商法、国际贸易法、国际投资法及有关联合国的相关法律事务。国际关系部还协助对外国律师事务所和外国律师在新加坡执业的管理；处理并对新加坡政府各种国际争端的诉讼进行建议，处理涉及贸易事宜，包括和美国、日本、澳大利亚、新西兰、印度、加拿大、墨西哥及其他国家谈判；负责起草新加坡签订的或正在商谈的各种双边地区多边自由贸易协议框架并提供建议；对世界贸易组织、亚太经合组织、东盟、亚欧会议的贸易合同等提供法律意见；参加各投资保证协议的谈判；对执行涉及贸易的知识产权协议情况及其他知识产权相关问题进行审查；审查并协助起草各种航空协议，并对进出新加坡航空领域合作协议提供法律意见；处理跨国犯罪，代表新加坡谈判签订跨国有组织犯罪条约；参加相关国际会议，并对政府机构参加国际法律事务的谈判提供法律意见，维护新加坡的权益；组织国际会议和国际研讨会；负责对所有外国律师事务所、合资律师事务所、外国律师事务所分支机构、外国律师的注册。

法律改革与修订部，主要是根据21世纪新加坡及其公民的需要及时审查和修订法律。与新加坡法律改革委员会合作，进行系统研究、咨询，开展法律改革，对不合时宜的新加坡法律进行编辑、更新、简化。

立法部，根据国会意见，起草简练、清晰、简明的法律法规，负责政府法规、政府各部委、法律委员会生效法规的补充立法的起草工作；对各部委法律委员会执行政府政策的立法提供法律意见；为各部委、法律委员会提供法律意见；维护立法数据库；等等。

（操宏均）

意 大 利

意大利检察机关

意大利行使检察权的各级检察院的总称。从历史缘起来看，意大利检察机关在早期呈现的更多的是类似行政机关的色彩。意大利检察机关是独立于行政机关依法设立的司法机关。

意大利检察机关机关分三级设立，自高至低分别为：驻最高法院总检察院、驻上诉法院总检察院以及检察院。意大利检察机关的组织制度与审判机构的组织制度完全平行对应，即检察机关按照审判机关的地域分布建立，其地域管辖权和案件管辖权根据其所驻的法院依法享有的管辖权来确立。三个层级的检察机关均各自独立履行法律赋予的职责，不存在业务上的领导关系。一方面，检察官或其指定的候补检察官的诉讼活动的合法性基础在于根据检察署组织规范所作出的案件分配，而无须凭借任何特别手续。另一方面，检察机关开展诉讼活动的程序合法性不仅在于它是诉讼利益的承载者，而且在于它归属于某一特定检察署的职权范围，即在法官面前进行诉讼的只能是驻该法院的检察机关所属的检察工作人员。在因管辖或者诉讼的层级等原因而出现审理法官改变的场合中，新介入诉讼的检察机关所作出的决定不受先前办理该案的检察机关所作决定的约束。

从宏观上看，意大利检察机关整体呈现较为明显的相对统一性的特征。首先，同一检察院内部的检察工作人员受该检察院负责人的监督节制。检察院的组织架构及其职能的复杂性要求负责人维持机构整体的有序运行。负责人有权力分配检察人员办理各类事项，根据对相关人员的立场倾向与业务能力的判断安排单个或系列关联案件，组织值班、出庭等活动，同时监督检察官以及书记人员的工作情况。而检察工作人员则有义务尊重、接受负责人对文案工作与出庭工作的监督，并及时向其反馈所办理事务的进展。在纪律层面，驻上诉法院总检察官可以对共和国检察官以及一般意义上的辖区检察机关工作人员行使监督节制的权力。前者有权视察下级检察机关的办公场所、调阅卷宗、监督辖区检察工作人员的业务活动，而各共和国检察院应当就其处理的告诉、控告、请求、要求、报告等事项以及涉及犯罪情报与应对措施的其他各类信息及时、完整地知会总检察官。

根据意大利有关法律规定，意大利检察机关主要享有如下职权：(1)侦查权。意大利刑事诉讼法将刑事诉讼程序明确划分为初步侦查(调查)、初步庭审、正式庭审三个阶段。驻一审法院的检察院在初步侦查阶段处于主导地位。根据法律规定,司法警察(包括三个警种:宪兵、国家警察、财政金融警察)在办理各类刑事案件时,必须通知检察官,检察官有权直接指挥司法警察进行侦查(调查活动),同时自身也可以直接参与侦查。在侦查期间,检察机关认为有必要采用限制人身自由的措施,必须向侦查法官提出申请,获得批准后才能实施。检察官未经法官许可,不得擅自采取严重干扰公民个人生活的手段,如窃听电话、监视生活环境等。(2)起诉权。检察机关负有提起公诉的义务。因此,检察机关只要在所完成的侦查活动中查明可能存在犯罪,行为人肯定实施了违法行为且该行为可能构成犯罪,则必须提起公诉。(3)抗诉权。检察机关对法院的审判程序、庭审活动是否合法以及作出的判决是否正确进行全面监督,如果认为有违法不公的判决,其有权提出抗诉。目前存在两种形式的抗诉,一是向上诉法院提出抗诉,通过审判重新认定一审案件的证据材料并作出裁判;二是向最高法院提出抗诉,最高法院采用书面审判的形式进行审理,且检察机关只能就上诉法院的判决在适用法律方面进行抗诉。(4)监督刑罚执行权。检察机关有权监督决定开始执行刑罚的法院的执行情况以及对被判刑人作出的新的刑罚决定;有权监督监狱对犯人执行刑罚的情况及狱政管理活动和改造教育活动;有权监督有关外国生效裁判的执行。(5)民事诉讼权。按法律规定,共和国检察长和驻上诉法院总检察长在特殊情况下,享有自行提出民事诉讼的权力(一般是关于认定公民法律地位的案件);在其他情况下,有权参与涉及公众利害关系的民事诉讼,如婚姻纠纷、涉及人的身份和职能的一些案件。对这些案件的判决认为不公或有错误,有权提起抗诉。

在刑事诉讼庭审环节,为了适应诉讼控诉环节的言词形式,进而确保公开对抗辩论的可能性,由出庭检察官、副检察官、荣誉检察官或其代表等依据法律规定履行检察机关的职责。检察机关的职能在一审重案庭中由共和国检察官或者通过其替补人员具体履行,在上诉重案庭则由总检察官或者通过其替补人员实际履行。此外,总检察官可以委托候补共和国检察官在上诉重案庭中履行其职责。

在检察官的遴选上,有意从事检察工作的公民首先需要通过统一的法律职业考试,其次要通过司法属员考试。参加司法属员考试的人员应当满足以下诸项条件:拥有意大利国籍;享有公民权利和政治权利;已取得法学专业文凭;除特定例外情形以外,年龄必须在 21 周岁至 40 周岁;生理健全;已履行义务兵役;本人及家人行为端正(特别要求一等亲以内直系亲属及二等亲以内旁系亲属不得因犯有《意大利刑事诉讼法典》第 407 条第 2 款 a 项所列举的罪名而受过刑事处罚);等等。

参考书目

吴沈括:《意大利检察机关角色发生转变》,载《检察日报》2016 年 5 月 10 日,第 3 版。

(郭立新　付　磊)

意大利驻最高法院总检察院

意大利的最高检察机关。驻最高法院总检察院的首长称为总检察长,与意大利总统、最高法院院长同是最高司法理事会的当然成员,可以参与最高司法理事会负责的检察官、法官的录用、晋升、调动、安排、处罚、经费预算等活动。

依据意大利有关法律规定,驻最高法院检察院总检察长不仅可以参与一切刑事诉讼,也可以参加一切民事诉讼,有权向审判机关阐述其对民事案件的看法,特别就最高法院应维持原判还是撤销判决表述自己的观点。同时，根据法律规定，驻最高法院总检察长有权监督法官（也包括检察官）对法律和职业道德的遵守，可以不受制约地自行决定对违法违纪的法官（检察官）提起法律起诉，要求进行审查处理；对最高司法理事会就检察官和法官违法违纪问题作出的处理决定，有权向最高司法理事会提出复审。但需要注意的是，驻最高法院总检察院对分布于意大利全境的检察机关的司法活动不享有任何权力，其可以被理解为保障“法律被正确遵守和统一解释的最高司法机关”。法律规定，驻最高法院总检察院对全国反黑手党检察局享有一般性的监督，但这种监督不包括任何对后者工作指导的权力。由于全国反黑手党总检察长及检察官均由最高司法理事会任命，只向驻最高法院总检察长通报反黑手党工作情况，因此，总检察长只能在每年年初向最高司法理事会提交的关于司法管理的报告中通报此类情况。

（郭立新　付　磊）

意大利驻上诉法院总检察院

意大利设置的对应于审理上诉刑事、民事案件的二审法院的检察机关。在意大利，上诉法院的地域分布与行政大区分布相似，每个上诉法院均管辖多个不同的一审法院。目前，意大利在其 26 个上诉法院都设立了驻上诉法院总检察院行使检察权。

（郭立新　付　磊）

意大利反黑手党检察机关

意大利依法设置的专门办理涉及黑手党和有组织犯罪案件的检察机关。根据 1991 年 11 月 20 日通过的《对有组织犯罪集团罪行而进行的诉讼中协调调查工作法令》，意大利专门设置了反黑手党检察机关，即区级反黑手党检察署和全国反黑手党检察局。区级反黑手党检察署设在 26 个驻上诉法院总检察院内，成员由所在检察院的检察官组成。其职能是负责处理一切在其所辖地区内有关黑手党和有组织犯罪的案件，旨在保障此类案件的侦查工作的协调性，对这些严重的犯罪进行有效的打击。全国反黑手党检察局设在驻最高法院总检察院内，负责协调意大利境内对黑手党和有组织犯罪的侦查活动。按法律规定，全国反黑手党总局有一套自成体系的、与驻最高法院总检察院相独立的组织制度。

（郭立新　付　磊）

印度尼西亚

印度尼西亚检察机构

印度尼西亚行使检察权的各级检察院的总称，根据印度尼西亚共和国第 5/1991 号法令和 55/1991 总统令，印度尼西亚检察机关可分为总检察院、高级检察院和地区检察院三等，地区检察院可视情况需要，设派出检察分院。军队设有军事检察院。

印度尼西亚法律赋予检察机关五大使命：（1）以维护安全稳定为首任，打击犯罪，维护印度尼西亚社会、国家、各州的安全与稳定。(2)维护国家的法制统一,坚持依法治国,坚持以事实为依据,以法律为准绳的原则,遵守宗教传统,公正执法,保障人权,维护司法公正。(3)积极参与司法改革进程,为建设公正、繁荣的印度尼西亚创建有利环境。(4)保障国家和政府机构行使权力。(5)保障公民的合法权益。

同时,印度尼西亚检察机关担负六大法定职责:(1)根据法律、法规、总统令,制定执行、实施法律的方针政策、指导意见及建议。(2)保护国家的财产,保障国家基础设施的发展。(3)根据法律、法规、总统令,公正执法,打击和预防犯罪。维护公共秩序和安全,代表国家参加民事、行政诉讼活动及其他法律活动,保证法律和国家权力的实施。(4)根据法院裁定,将无法照顾自己或由于其他原因危及他人、社会或本人的犯罪嫌疑人、被告人送医院、精神病院或其他适合的地方看管。(5)对中央及地方政府机构提供法律建议,参加草拟法律和法规,加强法制教育,提高全民法律意识。(6)根据法律、法规和总统令协调、指导、监督相关国家机构依法行政。

印度尼西亚总检察院设在首都,设总检察长1名,常务副总检察长1名,业务副总检察长6名,分别负责发展、情报、普通犯罪、特殊犯罪、民事行政案件和监察,检察官、检察业务专家和总检察长行政人员若干。高级检察院设在全国各省、直辖市首府,处理各省、直辖市刑事、民事、行政案件,设检察长1名,直接对总检察长负责。由副检察长1名、检察官若干组成高级检察院领导班子,副检察长和其他领导班子向检察长负责。地区检察院设在地区首府或市所在地,管辖该区或市刑事、民事、行政案件。地区检察院设检察长1名,直接对高级检察院检察长负责。由副检察长1名、检察官若干组成地区检察院领导班子,副检察长和其他领导班子向检察长负责。根据需要可设派出分院。

印度尼西亚检察机关对检察官实行分级管理制度,总检察长和副总检察长属行政一级A,专家不能超过行政区一级B,各副总检察长秘书处处长、各厅局长、中心主任、纪检组长、高级检察院检察长为二级A,总检察长行政工作人员不能超过二级B,高级检察院副检察长为二级B。

总检察长由总统任免,常务副总检察长、副总检察长由总检察长提请总统任免。检察业务专家由总检察长提请总统任免。其他副总检察长、秘书处处长、各厅局长,纪检组长、中心主任、高级检察院检察长、副检察长、检察官均由总检察长任免。经外交部批准,总检察长可指派检察官派驻领事馆从事司法外事活动(司法参赞)。现印度尼西亚驻香港总领事馆司法参赞负责中国港澳及大陆的司法外事活动。此外,全国检察机关经费由国家财政统一承担。

(操宏均)

印度尼西亚总检察院

印度尼西亚最高检察机关,总检察院设总检察长1名,常务副总检察长1名,业务副总检察长6名,分别负责发展、情报、普通犯罪、特殊犯罪、民事行政案件和监察,检察官、检察业务专家和总检察长行政人员若干。

根据印度尼西亚法律规定,总检察长由总统任免,常务副总检察长、副总检察长由总检察长提请总统任免。检察业务专家由总检察长提请总统任免。总检察长负责领导总检察院有效、充分地履行、发挥其职能作用;根据法律、法规规定,决定、监督法律的执行,开展预防和打击犯罪活动;根据法律、法规规定开展侦查、调查、公诉、执行法院判决及其他法律活动;根据法律、法规规定协调相关机构查办特别刑事犯罪；根据法律、法规规定防止涉嫌犯罪的嫌疑人进出国境，预防非法出版物危害社会，预防亵渎宗教行为的发生，对可能危及社会和国家安全的行为进行监督；根据法律、法规规定代表国家和政府参加民事、行政案件的庭审诉讼活动或庭外活动，维护国家在国内外的利益；保护公众利益，可终止刑事诉讼，对刑事、民事及行政案件上诉，为最高法院审理刑事上诉案件提供技术性建议；根据法律、法规规定向总统对死刑犯提出特赦法律建议；根据法律、法规规定，批准、决定犯罪嫌疑人、被告人在国内外保外就医；根据法律、法规和总统令规定，在其职责内决定批准或执行法律赋予的其他职责；根据需要和法律、法规及总统令规定，组织中央及地方各部门力量，包括印度尼西亚相关民事和军事部门，开展打击、根除特别犯罪及某些特定犯罪的行动；与其他政府各部门、非政府组织配合解决其他事宜，特别是其职责范围内的事宜；执行其他司法职责。

常务副总检察长协助总检察长工作，包括协助总检察长领导总检察院有效、充分履行发挥其职能作用；协助总检察长协调发挥其他副总检察长及地方检察长职责作用；总检察长缺席时，代为行使总检察长职责。

根据印度尼西亚法律的规定，印度尼西亚总检察院具有以下的权力和职责：(1)决定和监督法律和司法政策的执行。(2)协调处理相关机构查办的刑事犯罪案件。(3)为保障公共利益，决定终止案件的处理。印度尼西亚实施公诉垄断主义，总检察院可代表国家决定案件是否提起公诉，何时提起公诉。(4)要求最高法院审理刑事、民事和行政案件。(5)向最高法院提供技术性的法律建议。(6)向总统提出对死刑犯特赦的法律建议。(7)预防和禁止涉嫌犯罪的公民进出印度尼西亚国境。(8)有权终止海关调查的案件。为维护国家关税，也可对有关案件进行调查。

总检察院的发展部，由负责发展的副总检察长领导。该副总检察长支持、配合总检察长领导工作，履行其业务职责，主要负责检察机关的长远发展工作，直接对总检察长负责。其职责内容包括：推动检察管理，编制执行检察基础设施计划，管理计财、人事、办公厅、检察组织机构和体制，开展学习培训，参与起草法律和法规，对各级检察机关履行职责提供技术支持和行政服务等。下设发展副总检察长秘书处、计划局、办公厅、人事局、计财局、后勤部和法律与公共关系局。

总检察院的情报部，由负责情报的副总检察长领导。该副总检察长主要负责司法情报，直接对总检察长负责。其职责主要包括：根据法律、法规和总检察长决定，负责进行司法情报活动，包括理论、政治、经济、社会文化、公共秩序方面的情报活动，配合支持法律政策的落实及预防和打击犯罪活动；根据法律、法规和总检察长决定，参与维护公共秩序和稳定，维护国家安全和发展。下设副总检察长秘书处、政治处、经济与财政处、社会文化处、生产与情报设备处。

总检察院的普通犯罪部，由负责普通犯罪的副总检察长领导。该副总检察长主要负责刑法典规定的一切犯罪及刑法典规定以外的普通犯罪，直接对总检察长负责。根据法律、法规和总检察长决定，普通犯罪副总检察长主要进行诉前补充审查、提起公诉、执行法院判决和裁定、监督取保候审的执行和实施其他法律活动。具体职责包括：根据职责编制普通犯罪司法活动的技术性政策和指导手册；负责对国家安全和社会秩序犯罪，公民和财产犯罪，以及刑法典规定以外的普通犯罪进行诉前补充审查、提起公诉、执行法院判决和裁定、监督普通犯罪取保候审的执行等；根据法律、法规和总检察长决定，加强与相关执法部门的配合，对打击普通犯罪进行协调并提供技术指导；向总检察长对普通犯罪和其他法律执行的政策问题进行建议；提高检察官打击普通犯罪的业务技能、业务素质。下设秘书处、国家安全与公共秩序处、对公民和财产犯罪处、其他普通犯罪处。

总检察院的特殊犯罪部,由负责特殊犯罪的副总检察长领导。该副总检察长是总检察院的领导组成部分,主要负责特殊犯罪,直接对总检察长负责。其主要职责是根据法律、法规和总检察长决定进行特殊犯罪的侦查、审讯,提起公诉,执行法院判决和裁定,监督特殊犯罪取保候审的执行,以及实施其他法律活动。具体职责包括:根据职责编制特殊犯罪司法活动的技术性政策和指导手册;根据法律、法规和总检察长决定,进行特殊犯罪的侦查、审讯,提起公诉,执行法院判决和裁定,监督特殊犯罪取保候审的执行,以及实施其他法律活动;根据法律、法规和总检察长决定,加强与相关执法部门的配合,对侦查、审讯特殊犯罪进行协调并提供技术指导;向总检察长对特殊犯罪和其他法律执行的政策问题进行建议;提高检察机关打击特殊犯罪的业务技能、业务素质。下设秘书处、商业犯罪处、腐败犯罪处、颠覆国家犯罪处。

总检察院的民事行政检察部,由负责民事行政检察的副总检察长领导。该副总检察长主要负责民事行政诉讼活动,直接对总检察长负责。其主要职责是:根据法律、法规和总检察长决定,提供法律帮助,维护国家财产,代表国家机关和政府部门参加民事行政诉讼,为其提供法律建议和法律服务,以及其他法律活动。具体职责包括:根据职责编制民事行政司法活动的技术性政策和指导手册;负责法律援助、法律建议和法律服务,对法院判决国家赔偿的案件进行赔偿,对损害国家财政事宜,代表国家提起诉讼,确保国家和政府利益;为国家机构和政府部门提供法律帮助和法律服务,即以原告或被告身份出席民事或行政庭审;根据法律、法规和总检察长决定,对相关中央和地方国家机构、政府部门处理民事和行政案件进行协调,并提供技术指导和法律建议;根据法律规定和总检察长授权,在国内外代表国家和政府、社团的民事权益提起公益诉讼;向总检察长对民事行政检察和其他法律执行的政策问题进行建议;提高检察机关办理民事行政检察的业务技能、业务素质;为检察机关执行民事行政检察提供技术保障;向总检察长提出建议;执行总检察长交办的其他事务。下设秘书处、民事处、行政处、权益保障处。

总检察院的监察部,由负责监察的副总检察长领导。该副总检察长主要负责监察事宜,直接对总检察长负责。其主要职责是:根据法律、法规和总检察长决定,对日常工作的执行、检察机关各部门工作的进展进行监督,促进检察机关各部门公正执法,认真执行检察机关的计划和发展项目及总检察长决定的方针政策。具体职能包括:根据职责编制检察机关内部监督技术性政策;负责对检察机关各部门,特别是办公厅、计财、装备、发展项目、情报、普通犯罪、特殊犯罪、民事行政等部门的日常工作和工作进展进行观测、检查、测验、评估,编制指导法规,对工作进展作出安排;对不正确履行职权、滥用职权行为的报告、控告进行调查、审理,并对涉嫌违纪或涉嫌犯罪的检察机关及相关人员建议采取措施;对检察机关的跟踪监督机制进行监控;提高检察机关监察人员的监察业务技能、业务素质;与相关监察部门进行协调与配合;为检察机关执行监察提供技术保障;向总检察长提出建议;执行总检察长交办的其他事务。下设秘书处,人员和总务纪检组,计财、物资、发展项目纪检组,情报事务纪检组,普通犯罪纪检组,特殊犯罪纪检组和民事行政纪检组。

总检察院下设"五大中心",即教育与培训中心、研究与发展中心、法律咨询中心、情报行动中心、法律信息与犯罪数据中心。每一中心设 1 名主任,直接向检察长负责。其中,总检察院的教育与培训中心负责检察官的教育与培训;总检察院的研究与发展中心负责检察职权、作用、发展等研究；总检察院的法律咨询中心负责法律咨询、公众法制教育；总检察院的情报行动中心负责执行司法情报行动；总检察院的法律信息与犯罪数据中心负责法律信息的收集，犯罪数据的处理、查询。

此外，总检察院还设检察业务专家和总检察长行政工作人员若干。

（操宏均）

英　国

英国检察机关

英格兰和威尔士行使检察权的国家机构。在英国，英格兰和威尔士的刑事诉讼机构自成一体，并实行私诉制度。从中世纪开始，一旦有侵害国王或政府利益的犯罪，国王便雇用律师进行诉讼。1461 年，英国国王将国王律师更名为总检察长（Attorney General），1515 年又设立副检察长（Solicitor－General），其职责为：第一，代表国王及其所属行政机关在法院进行诉讼；第二，对国王及其所属行政机关所提出的法律问题提供意见或予以援助。到 1655 年，政府又任命了一位财政部律师（Solicitor to the Treasury）。其最初的职责是专替财政部处理法律事务，后又兼任内务部、外交部、殖民地部、枢密院及其附属机关的律师。虽然早在 19 世纪中叶，英国国会就开始讨论设立公诉人即检察官制度问题，但直至 1880 年英国才设立检察长（Director for Public Prosecutions，DPP）一职。约翰·莫尔爵士（Sir John Maule）被内务部任命为第一任检察长，但仅负责几类特别重要或疑难的案件，如谋杀、叛国、腐败案件等。其工作程序是：检察长作出起诉决定，再由其职员起诉，其他案件则由负责侦查的警察自行起诉。20 世纪 80 年代初，随着犯罪率的增长，人们对欺诈、抢劫、贩卖毒品、滥用武器和恐怖主义等活动日益担心，同时对由负责案件侦查工作的警察行使决定起诉权表示忧虑。人们对警察的侦查方式也产生极大的怀疑和不安。为此，英国决定设立统一的检察机构。1986 年，皇家检察署（the Crown Prosecution Service）成立，检察长负责该署的工作，并对总检察长负责。由独立的、受过良好法律培训的人员对警察的起诉工作进行把关，是提高刑事司法公正性的重要保证，也有助于增强公众对司法机关的信任。

自 1986 年成立后，皇家检察署的机构历经数次调整与改革。1999 年 4 月，其曾将皇家检察系统重组成 42 个地区检察院，基本上与英格兰和威尔士的警区划分相一致。目前，则是按地域分设为 13 个地区检察院。整个检察系统分为中央和地方两级，即皇家检察署和地区检察院。皇家检察署是一个领导机关，由检察长领导，负责全国的政策性问题，办理一些特别重大的案件，如严重欺诈、贪污、贩毒以及恐怖主义等犯罪案件。地区检察院则由地区检察长［通常由主任检察官（Chief Crown Prosecutor）担任］负责，承担日常起诉工作。

（季美君）

英国总检察长办公室

英国政府机构中的一个法律机构，是较小的部门之一，大约只有 40 位工作人员。它为法律部门提供法律及战略政策的建议与支持，协调各法律部门的关系，与皇家检察署、税务海关起诉署和反重大欺诈局一起领导英国刑事司法系统各方面的工作。总检察长监督皇家检察署总的工作，皇家检察署的检察长通过总检察长就皇家检察署的工作向议会负责。

（季美君）

英国皇家检察署

英国依法设立的在英格兰和威尔士地区行使刑事公诉权的国家机关。皇家检察署成立于1986年，总部设在伦敦和约克镇，主要负责制定全国的起诉政策并向地区检察院发布，同时也处理一些特别严重的案件，如恐怖主义、严重欺诈、贪污以及贩卖毒品等案件。

皇家检察署的决策顶层为皇家检察署委员会，其角色是为皇家检察署提供战略领导，对履行皇家检察署的使命集体负责。委员会组成人员包括检察长（委员会主席）、首席行政官、首席运营官、服务总监以及4位非执行委员。非执行委员主要是人事、财务、风险等管理方面的专家。委员会会议分为定期会议和临时会议，采取集体决策的形式，委员会每年要向议会提交皇家检察署年度工作报告和财务报告。目前，皇家检察署委员会下设4个专门委员会，分别是：审计和风险委员会，由会计主任领导，主要负责内部控制、审计和风险管理；任命与管理委员会，由检察长、首席行政官、首席运营官、人力资源主管、2名外部非执行委员（其中1名为主席）组成，主要负责人事和薪酬管理；行政团队，由检察长、首席行政官、首席运营官和服务总监组成，负责把握皇家检察署委员会的战略方向，制定皇家检察署委员会的具体战略计划，实施业务指导；业务运行团队，由检察长、首席行政官、首席运营官、服务总监、地方分支机构首席检察官、内部办案部门主管等组成，主要职责是执行皇家检察署的战略计划、方案，提高业务质量和效率，协调关系，反馈战略方案意见等。

在皇家检察署委员会、专门委员会之下，皇家检察署还设有内部案件办理部门和综合部门。其中，内部案件办理部门包括专业反欺诈部、有组织犯罪部、特殊犯罪和反恐部，主要负责重大、复杂案件的办理。综合部门主要包括业务服务、财务、人力资源、通讯等部门。此外，皇家检察署还有两个比较特殊的部门：皇家检察署热线，为全国警方提供全天候咨询建议服务；皇家检察署犯罪收益部，主要负责犯罪资产追回、没收等工作。

在成立之初，皇家检察署的地方分支机构包括31个地区检察院和55个地区检察分院，1987年增设西、南、北、中4个地区检察院，1999年分设42个地区检察院，以便与42个警区相一致。2010年上台的新政府致力于削减公共开支、减少财政赤字，因此，皇家检察署在地方的分支机构即地区检察院，已经由42个减少到13个。地区检察院在皇家检察署的领导下，由一位主任检察官带领检察官负责辖区内一般刑事案件的追诉活动。

在建立之初，皇家检察署的职能定位就是纯粹的公诉机关。除公诉权外，皇家检察署没有通常意义上的侦查权、侦查监督权、审判监督权、自主结案权等权能。即使是公诉权，在成立之初的很长时间里，皇家检察署都不是唯一的公诉机关，侦查机关（如警方）继续享有指控部分犯罪的权力，而出庭律师也继续享有在刑事法院起诉重罪案件的权力。皇家检察署主要负责起诉由治安法院管辖的轻罪案件，对其他机关的影响力非常有限。但是这一状况在进入21世纪以后有了很大变化，主要体现在以下几个方面。一是皇家检察署逐渐享有排他的起诉权。2003年《英国刑事司法法》颁布后，皇家检察署的指控权向法定起诉权方向转变，警方和其他侦查机构的起诉权不断向皇家检察署转移。例如,2010 年,皇家检察署合并了隶属于英国税务海关总署的税务和海关检察办公室。当然,这一趋势在最近几年又有所变化,由于案件量的增加和资源有限,皇家检察署通过多种方式将部分案件(如被告人作有罪答辩的轻微案件)的处理权归还给了警方。二是皇家检察署对侦查机关和其他机构的影响力提升。皇家检察署自身不享有侦查权,对侦查机关也不享有指挥或监督的权力,其主要通过案件退回补充侦查、侦查阶段提供咨询和建议、发布一般指引或具体犯罪起诉指引,乃至与侦查机关订立合作协议等方式对侦查机关施加影响。诸如《皇家检察官守则》《帮助自杀犯罪起诉指引》《检察长关于附条件警告的指引》等规范对侦查机关乃至其他起诉机构都有约束力。正如一些评论家认为的,皇家检察署的指引作为制定法、判例法的有效补充,成为盎格鲁 - 撒克逊法律体系的"第三只手"。三是皇家检察署的案件代理权和处理权扩大。除轻罪案件外,皇家检察署的皇家检察官逐渐具备了在高级别法院(如刑事法院)出庭支持重罪案件起诉的能力,支持重罪案件起诉的比例已经达到 1/4。在结案权方面,皇家检察署传统上除起诉或将案件退回侦查机关外,并不享有结案权,但是皇家检察署在退回案卷时,可以要求警方通过签发诸如附条件警告令等替代庭审方式解决案件。此外,皇家检察署在警方咨询时,可以根据条件,授权或批准警方签发替代起诉和审判的解决方案,包括简单警告、附条件警告等。四是辩诉交易权得到完善。皇家检察官享有辩诉交易的权力,相关规则已经日益完善。2013 年版的《皇家检察官守则》细化了相关规定,如皇家检察署在接受有罪答辩时,应该考虑公共利益,听取被害人或被害人家人的意见;辩诉交易必须有事实基础,检察官不能过度指控或只为了便宜而做辩诉交易等。

目前,皇家检察署共有员工 7000 名左右,其中 93% 的人根据《皇家检察官准则》的各项规定,在一线从事各类刑事案件的起诉工作。皇家检察署每年要向治安法院和皇家法院起诉 80 万起案件,其中绝大部分案件在治安法院审理,严重而复杂的案件则起诉到皇家法院。

(季美君)

英国地区检察院

英国皇家检察署下设的分支机构。在英格兰和威尔士地区,皇家检察署按地域设置了 13 个地区检察院,负责起诉各地区的刑事案件。每个地区检察院管辖数个郡,由 1 名主任检察官领导,负责该区的日常起诉活动。

(季美君)

英国反重大欺诈局

英国根据 1987 年《刑事审判法》于 1988 年 4 月成立,专门负责侦查和起诉英格兰、威尔士和北爱尔兰地区的重大欺诈犯罪案件(包括重大贪污贿赂案件)的国家机关。该局设局长 1 人,由总检察长任命,每年起诉 80 - 85 起案件。虽然案件数量不多,但每个案件涉及的因欺诈所造成的损失或可能造成的损失在 500 万英磅以上。所有重大欺诈案件至少要有 2 名律师参加侦查并提起公诉。尽管这些律师不是皇家检察官,但也必须遵守《皇家检察官准则》的起诉原则。案件结束调查后,由该局另外的资深律师来审查并决定是否起诉。

反重大欺诈局内设业务部门、技术支持部门、政策部门、财务与装备部门、局长办公室和新闻发布办公室等，分别履行不同的职能。

（季美君）

英国税务海关起诉署

英格兰和威尔士的主要起诉机构之一。英国税务海关起诉署起诉的案件通常由税务关税局和严重有组织犯罪调查局负责侦查，通常会涉及犯罪财产的罚没问题。英国税务海关起诉署每年办理的严重犯罪案件数量仅次于皇家检察总署。

（季美君）

英国社会保障部

英国享有起诉权的国家机关之一，负责处理涉案金额比较小的欺诈案件以及涉及社会福利和津贴的小额索赔案件。在办理案件过程中，社会保障部不但有权提起公诉，而且还负责侦查。

（季美君）

英国皇家检察署督察院

英国设立的旨在监督皇家检控总署等起诉机构工作的专门国家机构。皇家检察署督察院成立于2000年，其职责为审查皇家检察署的决定和日常实行的政策与实践情况，就皇家检察署的政策和实务向总检察长汇报。皇家检察署督察院的工作目标是通过评估检查、提出建议条款，评选出优良的实践做法等，以促进刑事司法体系内的多家机构通力合作，持续提高各起诉机构的工作效率、效果和公正性。成立之初，皇家检察署督察院只监督皇家检察署的工作，后来其监督范围扩大至其他起诉机构。皇家检察署督察院每年对皇家检察署及各地区检察院的履职情况进行检查并提出改进建议，形成年度报告。检查内容涉及皇家检察署与公众关系的多个方面，包括对被害人和证人的关注与待遇、对投诉的处理以及皇家检察官适用公共利益检验标准的情况等。同时，皇家检察署督察院还采取主题检查的方法以获取更多有价值的实证信息。对于皇家检察署督察院的督察，皇家检察署及各地区检察院都应积极配合，以不断提高办理刑事案件的质量，使两者保持协调而有建设性的关系。

（季美君）

英国财政律师部

英国苏格兰和威尔士地区为有关政府机关提供法律服务的专门国家机构。财政律师部最早出现于1655年，其最初职责是帮助总检察长和副总检察长办理与财政有关的法律事务，后又兼任内务部、外交部、殖民地部、枢密院及其附属机关的律师；1876年和1877年又先后兼任了建设部律师和陆军部与海军部律师。19世纪中叶以后，财政部律师除作为政府各部门民事案件的咨询人和代理人外，开始越来越多地介入刑事案件，尤其是在涉及假币、金融欺诈等案件中，财政部律师经常协助调查案情、收集证据或提供起诉意见。目前，该部门在总检察长领导下，已成为为部分案件提供法律顾问或提供起诉服务的重要机构。

（季美君）

英国皇家刑事司法委员会

英国内政部于1991年3月14日设立的、旨在审查英国刑事司法系统并提出改进建议以提高刑事司法系统的效率及程序公正性的专门机构。该委员会于1993年开始运作,除继续调查已由前上诉法院法官调查的“马圭尔七人”(Maguire Seven)刑事错案以及其他刑事错案外,特别调查以下几个问题:一是警察与监督官员的行为;二是检察官的正当程序;三是法庭科学与专家证人的作用;四是被告人获得恰当辩护的权利;五是司法程序中法庭权力的范围;六是程序包括上诉程序的全方位功效。皇家刑事司法委员会在1993年7月向议会提交了一份报告,建议成立一家独立机构以审查有怀疑的刑事错案并向上诉法院提交合适的案件。英国政府迅速回应,根据1995年《刑事上诉法》(Criminal Appeal Act 1995)成立了一个非政府部门的公共执行机构,即刑事案件复审委员会(the Criminal Cases Review Commission)。

(季美君)

英国刑事案件复审委员会

英国历史上著名的“伯明翰六人”刑事错案的产物。该案由于案情重大且涉及犯罪嫌疑人众多,给英国刑事司法变革带来了深远影响,其中之一就是在皇家刑事司法委员会的推动下成立刑事案件复审委员会。刑事案件复审委员会成立于1995年,专门负责对英格兰、威尔士及北爱尔兰地区涉嫌存在错判或审判不公问题的刑事案件进行调查,其目的是让被告人在用尽法律规定的诉讼程序后,仍有途径可以纠正错案。该委员会具有三大特征:一是独立性。CCRC不隶属任何部门,议会也不能干预其工作。为了保证其独立性,刑事案件复审委员会的成员由英国首相提名推荐并由女皇任命。二是广泛性。委员会调查案件,可以利用一切手段和方法在最大范围内搜查证据和资料。三是主动性。除根据申请提起再审之外,委员会还有权直接向上诉法院提交案件要求再审。据统计,CCRC成立后的第一年就接受了3000多件上诉案件,此后每年要接受1500件左右的上诉案件。CCRC扩大了上诉法院受理案件的范围,使更多的上诉案件有机会重新接受司法审查。

(季美君)

苏格兰检察总署

苏格兰最高检察机构。检察总署的职责是:受理警察局和其他机构侦查终结并移送起诉的犯罪案件,决定是否起诉以及谁应被起诉,同时还有权调查需要作出进一步解释的死刑案件以及警察涉及刑事犯罪的指控。检察总署设在爱丁堡,是苏格兰地方检察机关的总部,也是包括总检察长(Lord Advocate)、副检察长(Solicitor General)以及助理检察官等苏格兰高级法律官员的驻地。总检察长、副检察长以及助理检察官构成了苏格兰检察官群体的主要部分,助理检察官承担着大量检察工作。检察总署总部设有上诉部、反欺诈部、业务部、政策部和管理服务部等,下设与6个郡对应的6个地区检察院和49个地方检察院。

(季美君)

苏格兰地区检察院

苏格兰设置在郡并行使检察权的机构。苏格兰共分6个郡,每个郡设一个地区检察院,共有6个地区检察院。地区检察院受苏格兰总检察长的领导,地区检察官由总检察长任命。但地区检察院与地方检察院之间不存在直接的上下级领导关系。地区检察官有权调查涉及控告主管警察的案件,并负责向检察总署报告,但地区检察官无权干涉地方检察官就某一具体案件所作出的裁决。

(季美君)

苏格兰地方检察院

苏格兰最基层的检察机构。苏格兰共设49个地方检察院,受苏格兰检察总署的领导。由于苏格兰人口分布不均,导致一些地方检察院只有1名检察官,甚至1名检察官负责好几个地方检察院。地方检察官由总检察长任命,其主要职责为:调查、起诉及阻断犯罪,包括罚没犯罪收益;确定突发的、无法解释的、可疑的死亡原因;调查针对警察犯罪行为的指控;在郡法院或地区法院对刑事案件提起公诉,或对某些重罪如杀人罪进行调查等。

(季美君)

越　南

越南人民检察院

越南司法机构之一,依据《越南宪法》和《越南人民检察院组织法》成立的行使检察权的国家机关。由于越南检察制度深受苏联检察制度的影响,所以越南检察机关享有较为广泛的法律监督权,与法院和政府具有平行的法律地位,同时检察机关内部实行高度统一的垂直领导。

越南检察院的组织体系分为三级,即最高人民检察院,省、中央直辖市人民检察院,县、郡、省辖市人民检察院,以及各级军事检察院。人民检察院由检察长领导。下级人民检察院检察长接受上级人民检察院检察长的领导。地方省级人民检察院检察长、各级军事检察院检察长接受最高人民检察院检察长的统一领导。最高人民检察院,省、中央直辖市人民检察院,中央军事检察院,军区及同级军事检察院将成立检察委员会,按少数服从多数的原则对法定的重要问题进行讨论并作出决定。人民检察院检察长受同级人民议会的监督,对同级人民议会负责,并向其报告本地方执行法律情况和本地方人民检察院的工作情况,回答人民议会代表的质询。副检察长根据检察长的分工协助检察长工作。当检察长不在位时,检察长委托1名副检察长领导人民检察院开展工作。检察员根据本院检察长的分工并按检察员规章执行任务。

根据《越南宪法》的规定,最高人民检察院负责检察政府各部、部级机关和其他机关、地方各级政府机关、经济组织、社会团体、人民武装部队和全体公民遵守法律的情况,行使公诉权,保障法律的严格、统一实施。地方各级人民检察院、军事检察院在法律规定的范围内监督法律的实施,行使公诉权。具体而言,人民检察院依法履行自身职责,主要包括以下内容:检察政府所属各部委及同级机关和地方政权机关的法规、文件的合法性,检察政府所属各部委及同级机关和地方政权机关、经济组织、社会团体和人民武装部队执行法律情况;检察调查机关和被委托进行一些调查活动的单位在调查活动中遵守法律的情况;检察人民法院在审判活动中遵守法律的情况;检察对人民法院所作出的已经生效的判决、决定在执行过程中遵守法律的情况;检察在执行监禁、拘留和改造活动中遵守法律的情况;在《越南刑事诉讼法》规定的范围内调查犯罪。

与此同时,根据《越南人民检察院组织法》的规定,越南人民检察院在履行自己的职能时,有权抗议、建议和提出要求,并对自己所作出的决定负法律责任。当所作出的上述决定违反法律时,对作出违法决定的人按其性质和错误情节分别给予纪律处分,直至追究刑事责任。对越南人民检察院所作出的抗诉、建议和要求,越南各有关机关、组织、单位和个人必须依法严格执行。同时,在自己的任务、职能范围内,越南人民检察院有责任配合各有关机关、法院、公安、监察、司法、越南祖国阵线、各人民团体和人民武装部队预防、打击犯罪违法活动,进行法制宣传教育,健全法制,培养干部和法学研究人员。

越南检察人员的任职资格相对较为宽松,越南法律规定,忠诚于祖国、有优良的道德品质、有法律知识、有一定的检察和调查业务水平、有坚决保卫社会主义法制的决心的越南公民可被任命为越南检察机关的检察员、调查员。各级人民检察院选择检察员和调查员的具体标准、规章由越南国会常务委员会规定。

在检务保障方面,越南检察部门的工资制度、级别、证件、服装等由国会常务委员会规定。越南检察院的总编制由最高人民检察院检察长确定并呈国会常务委员会批准。根据越南国会常务委员会批准的总编制,最高人民检察院检察长确定各地方人民检察院的编制和最高人民检察院各直属单位的编制。越南检察部门的活动经费由政府预算,在会同最高人民检察院统一之后呈报国会决定。

(操宏均)

越南最高人民检察院

越南最高检察机关,依照越南宪法和法律的规定行使检察权。根据《越南人民检察院组织法》,越南最高人民检察院依法检察政府所属各部委及其他同级政府机关,地方政权机关、经济组织、社会团体、人民武装部队和公民执行宪法和法律的情况。行使公诉权以保障法律得到严肃、统一的执行。在自己的职能范围内,维护社会主义法制,捍卫社会主义制度,保护人民当家作主的权利,保护国家、集体的财产,保护公民的财产、生命、健康、自由、名誉和人格等方面的权利。保证让一切侵犯国家、集体财产和利益的行为,一切侵犯公民权利和利益的行为都受到法律的追究。

越南最高人民检察院的组织机构包括:检察委员会,各局、司、院、办公厅和培养检察干部的院校,中央军事检察院。

越南最高人民检察院检察委员会委员包括:检察长、各位副检察长和由检察长提名并呈国会常务委员会批准的一些检察员。最高人民检察院检察委员会会议由检察长主持,讨论和决定如下重要问题:(1)本部门的工作计划、任务、方向。(2)将法律、法令草案呈交国会、国会常务委员会,将最高人民检察院的工作报告呈交国会、国会常务委员会和国家主席。(3)最高人民检察院的工作机构。(4)将最高人民检察院的抗议、建议送交政府总理。讨论呈交国会常务委员会的关于最高人民检察院检察长对最高人民法院审判会议的决议的不同看法的报告。

(5)讨论由检察委员会1/3以上的委员提出的重大刑事、民事案件。检察委员会的决议必须有超过半数的委员赞成方能有效,如在表决时赞成票和否决票票数相等,则以检察长的意见为准。如果检察长不同意检察委员会多数委员的意见,则按多数委员的决定执行,但检察长有权向国会常务委员会和国家主席报告。

越南最高人民检察院包括:检察长、副检察长(若干名)、检察员(若干名)、调查员(若干名)。最高人民检察院检察长由国会根据越南国家主席的建议选举、免职或罢免。最高人民检察院检察长对国会负责并向国会报告工作,在国会闭会期间对国会常务委员会和国家主席负责并报告工作,回答国会代表的质询。最高人民检察院检察长的任期与国会的任期相同。

最高人民检察院副检察长和检察员由国家主席根据最高人民检察院检察长的建议任命、免职或革职。

最高人民检察院检察长有如下任务和权限:(1)全面领导最高人民检察院执行检察工作计划、任务,在检察委员会的权限外,规定各项检察工作。(2)颁行适用于检察部门的决定、指示、通知、条例、规则、工作制度。(3)指导、检察各级人民检察院的活动,培养检察干部。(4)规定最高人民检察院的工作机构并呈国会常务委员会批准。规定地方各级人民检察院的工作机构。(5)按法律规定指导起草法律、法令草案,必要时建议国会常务委员会解释宪法、法律、法令以使法律得到统一的适用。(6)向国家主席陈述自己对已结案的罪犯实行赦免的看法。(7)参加政府举行的讨论有关问题的各种会议,参加最高人民法院审判会议举行的讨论指导统一适用法律的各种会议。

(操宏均)

越南省、中央直辖市人民检察院

越南三级检察系统的第二层级别检察机构,设立在省、中央直辖市。越南省、中央直辖市人民检察院的组织机构包括:检察委员会,各处、办公室。省、中央直辖市人民检察院的检察委员会包括:检察长、各位副检察长及由检察长提名并报请最高人检察院检察长批准的省、中央直辖市人民检察院的一些检察员。省、中央直辖市人民检察院的检察委员会在检察长主持下讨论和决定如下重要问题:(1)对最高人民检察院的工作计划、任务、方向、指示、通知和决定的执行。(2)向最高人民检察院所作的工作总结报告,向同级人民议会所作的本地方执行法律情况和检察工作情况的报告。(3)最高人民检察院检察长规定的其他问题。检察委员会的决议必须经过半数的检察委员会委员赞成方能生效。赞成票和否决票票数相等时以检察长的意见为准。如果检察长不同意检察委员会多数委员的意见,则按多数委员的决定执行,但检察长有权向最高人民检察院检察长报告。

越南省、中央直辖市人民检察院人员包括:检察长、各位副检察长、各位检察员和调查员。省、中央直辖市人民检察院检察长决定检察委员会权限以外的问题。越南省、中央直辖市人民检察院检察长、副检察长、检察员和调查员由最高人民检察院检察长任命、免职或革职。检察长受同级人民议会的监督,对省、中央直辖市人民议会负责,并向其报告本地方执行法律情况和省、中央直辖市人民检察院的工作情况,回答人民议会代表的质询。

(操宏均)

越南县、郡、省辖市人民检察院

越南检察系统中的基层检察院,设立在越南的县、郡、省辖市,负责检察所在县、郡、省辖市政权机关、经济组织、社会团体的公民执行宪法和法律的情况,在本地方行使公诉权。县、郡、省辖市人民检察院检察长受同级人民议会的监督,对同级人民议会负责并向其报告所在县、郡、省辖市的执行法律情况和本地方人民检察院的工作情况,回答人民议会代表的质询。

越南县、郡、省辖市的人民检察院有工作机构,并由检察长、副检察长和检察员若干组成,根据检察长的分工负责某项工作。县、郡、省辖市人民检察院人员包括:检察长、副检察长和各位检察员,由最高人民检察院检察长任命、免职或革职。

(操宏均)

越南军事检察院

越南设立在军队内检察军队各机关、单位、组织,军人、国防人员和有关单位及个人遵守法律情况,按法律规定行使公诉权的专门检察机构。越南军事检察院包括:中央军事检察院、军区或同级军事检察院、省和地区军事检察院。根据各个不同时期军队的任务,越南最高人民检察院同国防部门协同,决定成立军区或同级军事检察院、省和地区军事检察院,并规定其组织、工作机构和编制。各军事检察院的组织和活动由国会常务委员会规定。中央军事检察院、军区及同级军事检察院将成立检察委员会,按少数服从多数的原则对法定的重要问题进行讨论并作出决定。

中央军事检察院在机构上属于最高人民检察院。在军事检察权的具体行使过程中,最高人民检察院有权检查、领导和监督各军事检察院的活动,建立健全军事检察权运行机制与保障体制,确保军事检察权内容得以全面落实,必要时向国会提出建议以释明军事检察权实践中遇到的重大疑难问题或模糊行为的界限,负责向国会报告军事检察权的实践情况。

中央军事检察院检察长兼任最高人民检察院副检察长,负责指导各级军事检察院的活动,对最高人民检察院负责并报告工作。中央军事检察院负有监督全军各机关、单位、组织,军人、国防人员和有关单位及个人守法执法的权能,依照国家法律规定在自己的职能范围内行使公诉权,领导、检查和监督下级军事检察院的工作,协助军内和社会上各机关、单位、组织开展预防违法犯罪教育。各级军事检察院检察长接受最高人民检察院检察长的统一领导。中央军事检察院副检察长,军区或同级军事机关检察长,省和地区军事检察院检察长、副检察长和检察员,由最高人民检察院检察长任命、免职或革职。按照《越南人民检察院检察官条例》的规定,越南军事检察官共分为三个等级:高级检察官、中级检察官和初级检察官;每级又分为一至四(或三)个等级。越南现役军事检察官最高军衔为少将,最低军衔为少尉,履行检察职能时着制式军服。在军事检察院工作的军人、国防工人和职员,其权利和义务等按军队制度的规定执行。

参考书目

张进红:《越南军事检察制度评析》,载《南洋问题研究》2015 年第 2 期。

(操宏均)

国际检察机构

国际检察官联合会

一个非政府、非政治性、世界上第一个且唯一一个检察官的国际组织，于 1995 年在维也纳创立，于 1996 年 9 月在匈牙利首都布达佩斯召开第一届会员大会(the General Meeting)。该协会旨在设定并提升世界各国检察官的职业行为与伦理规范标准；促进法治、公平、公正，尊重人权，倡导通过强化国际合作以打击犯罪。

国际检察官联合会致力于成为有关检察官刑事追诉事务的世界性权威机构和拥有国际信誉的组织。其确立了十大具体目标：(1)促进有效、公平、公正、迅速的刑事追诉；(2)尊崇并保障联合国大会于 1948 年 12 月 10 日公布的《世界人权宣言》中所揭橥的人权；(3)促进刑事司法行政的高标准及原则，包括避免或处理误判及支持法治的程序；(4)促进并加强普世认知，以维护适当且独立的刑事追诉之标准及原则；(5)给予检察官打击组织或重大犯罪之国际协助，加强搜集及提供证据，追查、扣押、没收重大犯罪所得，刑事逃犯追诉等的国际合作，以及加强此等国际合作之速度与效率；(6)强化消除公部门贪腐的措施；(7)提升检察官的专业利益，强化检察官作为实现刑事正义重要角色之认知；(8)增进个别检察官与检察机关间的良好关系，便利信息、专业与经验之交换与流通，并鼓励使用信息科技以达成此目标；(9)促进比较刑事法及刑事程序的检验，并协助检察官投身于司法改革之议题；(10)与其他国际司法机构合作以完成上述目标。

国际检察官联合会下设执行委员会(the IAP Executive Committee)、参议会(the IAP Senate)、秘书处(the IAP Secretariat)等职能部门。执行委员会为本联合会管理及行政机关。依据联合会的章程，执行委员会由 10 – 30 名尽可能代表世界各地区之执行委员(执委)组成。目前，国际检察官联合会由来自 26 个不同国家的 30 名委员组成，秘书长为本联合会之执行长，负责联合会日常业务。本联合会选任主席 1 名，副主席 9 名，秘书长 1 名。联合会正副主席及秘书长为执行委员会的当然成员。执行委员会依照年会的决议，为本联合会之行政主体。执行委员会任命本联合会总顾问。总顾问为执行委员会的当然成员，其任务在于协调、襄助本联合会之计划工作。联合会参议会属于咨询部门，旨在促进实现联合会目标与功能之任务，由管理委员会(Management Committee)负责管理及行政事项。该委员会由参议会召集人、参议会副召集人和荣誉秘书组成，任期为 3 年，并且可通过重新选举(召集人和副召集人)或重新任命(荣誉秘书)而连任。管理委员会根据参议会于 2011 年 6 月 26 日通过的《程序规则》(Rules of Procedures)运作。参议会由执行委员会卸任成员所组成，而实务上其以具有支持参议会运作热忱的参议委员作为核心成员(active membership)。参议会得依请求或主动向主席或执行委员会提出建议,参议会亦得承担指定的任务。联合会秘书处设于荷兰海牙。秘书处由秘书长、项目及社群经理、资深法律顾问、总顾问及执行经理组成。秘书长统筹处理联合会的日常事务。总顾问(General Counsel)为执行委员会之法律顾问,并处理联合会专业课程及项目计划。执行经理(Executive Director)负责招募并联系会员,以及保障联合会之人际网络发展及便利性。

根据国际检察官联合会宪章的规定,每年举办年会及大会,讨论与联合会成立宗旨相关主题。中国最高人民检察院是国际检察官联合会创始会员,始终积极参与、支持和推动联合会开展各项活动,见证了联合会这个全世界检察官共建共享的大家庭自 1995 年成立以来每一个发展壮大的历程。中国先后于 1999 年、2017 年承办了国际检察官联合会第四届年会、第二十二届年会,促进了中外检察同仁的交流与合作。

(操宏均)

欧洲检察署

欧盟的一个机构,成立于 2002 年,新总部大楼位于荷兰海牙,是专门处理跨国刑事案件的司法机构。欧洲检察署旨在鼓励与促进欧盟成员国关于重大跨境与组织犯罪的调查与追诉的合作。当涉及两个以上成员国的犯罪调查与追诉,欧洲检察署的目标是鼓励与促进这些成员国之间的合作,将成员国主管机关提出的请求,通过相关条约所架构出的机构,如欧洲司法网络(European Judicial Network)、欧洲刑警组织(Europol)、欧洲反欺诈办公室(OLAF)等,协助处理有关信息。同时,欧洲检察署还致力于促进相关主管当局之间的合作,特别是关于国际司法互助事务与欧洲逮捕令的执行,协助有关主体机构有效的侦查与起诉,包括协助成员国与非成员国之间的调查与追诉,或成员国与理事会之间涉及欧洲理事会财务利益的刑事犯罪。正因如此,欧洲检察署强化了成员国对重大跨境与组织犯罪(如恐怖活动、人口贩运、毒品贩运等)的侦查与起诉效能。

(操宏均)

东南欧检察官咨询组织

由东南欧国家组成的司法互助机构组织,目的在于协助重大跨境犯罪侦查与起诉的司法互助。基于跨国犯罪跨越国(边)境这一特点,该组织希望通过改善司法互助来显著提高成员国打击、侦查与起诉重大跨境犯罪的能力。

该组织的角色涉及两个密切相关但在概念上有所区分的功能:第一,该组织是由成员国富有办案经验的检察官所组成的网络,隶属于东南欧合作倡议中心(SECI Center),且最大可能地促进了跨境犯罪调查与证据收集的快速交换。这种交换可能通过司法协助进行,也可能通过更多非正式的信息交换途径进行。第二,该组织不时向立法者提供此区域关于司法与法律执行的信息材料,以给予立法者指导、协助与反馈。

(操宏均)

上海合作组织成员国总检察长会议

成立于 2002 年,是在上海合作组织框架下较早形成和发展的专业性机制之一。旨在打击本地区恐怖主义、分裂主义、极端主义，打击毒品、走私、腐败以及其他跨国犯罪，以维护地区稳定与安全。

上海合作组织成员国总检察长会议2002年在上海签署了《上海合作组织成员国总检察长会议联合声明》，明确指出，在当今经济和信息全球化进程迅速发展的时代背景下，加强成员国之间的司法合作，有助于找到应对新挑战和新威胁的适当措施，并有助于维护地区和平、稳定与安全，为该机制运行奠定基础。为了深化上海合作组织成员国检察机关之间的司法合作，总检察长们决定建立上海合作组织成员国总检察长定期会晤机制，每年1次，轮流在各成员国举行。迄今为止，已经举办了17次。

该机制致力于以下具体工作内容：在司法领域进一步加强彼此之间的合作，落实《上海合作组织宪章》《打击恐怖主义、分裂主义和极端主义上海公约》《关于建立地区反恐怖机构的协定》《联合国打击跨越国界有组织犯罪公约》及其他有关法律文件的规定，在打击恐怖主义、分裂主义、极端主义、非法贩卖毒品、武器和其他跨国有组织犯罪以及非法移民方面开展紧密协作；将进一步加强彼此之间的合作，通过多边合作，积极开展相互间的司法协助工作，在涉境外案件的调查取证、缉捕和引渡罪犯、涉案款物移送等领域进行合作；将进一步加强彼此之间的合作，拓宽司法合作渠道，提高合作效率，发展成员国边境地区检察机关的直接合作机制；将进一步加强彼此之间的合作，建立有效的司法信息交换机制，相互交换有关现行法律、执法实践以及打击犯罪方面的信息；将进一步加强彼此之间的合作，加强检察机关之间的交流，相互开展检察业务考察和培训，探讨、落实或完善具体的培训计划，相互交流、学习和借鉴检察工作方面的经验，提高检察官的素质。

此外，该组织还与其他非成员国司法机关，以及相关国际组织在有关国际条约和协议的框架内开展广泛的合作。

（操宏均）

伊比利亚美洲检察官协会

非营利组织，隶属于伊比利亚美洲检察官办公室。该协会的目标在于加强依比利亚美洲检察官的相互合作、团结与专业发展，以期建立共同策略以因应与促进刑事犯罪的追诉。

（操宏均）

中国—东盟成员国总检察长会议

经由中共中央批准，并由中国最高人民检察院于2004年发起的区域性多边国际检察合作机制，成员为中国最高人民检察院和东盟十国的最高检察机关。该合作机制是在经济和信息全球化迅速发展的时代背景下，基于2002年11月《中国与东盟关于非传统安全领域合作联合宣言》和2003年10月《中国与东盟面向和平与繁荣的战略伙伴关系联合宣言》而创立，旨在通过该合作机制，加强中国与东盟各国检察机关交流与合作，寻找应对毒品犯罪、人口贩卖、国际走私等跨国有组织犯罪的有效措施，维护地区和平、稳定与安全。

迄今为止已经先后举行12次会议，会议主题聚焦于“加强刑事司法协助合作，有效打击跨国有组织犯罪”“加强地区检察合作，保护人权”“检察官在维护刑事司法公信力中的作用”“打击犯罪，消除腐败，促进投资”“国际追逃追赃合作”“打击网络犯罪”“打击恐怖主义犯罪”“打击贩运妇女儿童犯罪”等方面,并在每次会议后发布《中国—东盟成员国总检察长会议联合声明》,表达与会各方共同打击跨国、跨地区犯罪活动的决心,充分发挥中国—东盟成员国总检察长会议机制这一重要区域性司法合作平台的作用,加强各国检察机关的合作与交流,共同打击恐怖主义、资助恐怖主义的行为,贩毒、跨国走私、腐败、洗钱、高科技犯罪和其他形式的跨国犯罪,以促进地区和平、安全、稳定,为中国和东盟各国人民带来更加美好的生活。

通过该平台的开展的合作主要有:(1)落实《联合国打击跨国有组织犯罪公约》及其他有关公约、法律文件的规定,在打击恐怖主义、资助恐怖主义、非法贩卖毒品、武器、贩卖人口(妇女和儿童)、洗钱、网络、腐败等犯罪及其他跨国有组织犯罪方面开展紧密协作。(2)切实履行双边司法协助条约、引渡条约,落实和深化中国与东盟各成员国最高检察机关之间合作协议或谅解备忘录的规定内容。在各自本国法允许的范围内,积极开展相互间的司法协助工作,在互涉案件的调查取证、缉捕和引渡罪犯、涉案款物追缴返还等领域进行合作,相互依法提供最大限度地协助。(3)拓宽司法合作渠道,提高合作效率,建立中国与东盟部分成员国边境地区检察机关的直接合作机制。(4)建立有效的司法信息交换机制,相互交换有关司法改革、执法实践以及打击犯罪等方面的信息。(5)加强检察机关之间的交流,互派代表团进行考察、访问,相互开展检察业务培训,学习和借鉴检察工作方面的经验。

(操宏均)

第四部分　侦查机构

中　国

中国内地(大陆)

国家安全部

中华人民共和国国务院主管国家安全的部门,是中国政府的反间谍机关和政治保卫机关。国家安全部于 1983 年 7 月由中共中央调查部(整体)、公安部政治保卫局以及中共中央统战部的部分单位、国防科工委的部分单位合并而成,内设反间谍情报、反间谍侦察、对内保防侦察、对外保防侦察、技术侦察、机要局等部门,负责对间谍活动等危害国家安全犯罪进行侦察。根据中国《刑事诉讼法》规定,国家安全机关办理危害国家安全的刑事案件,行使与公安机关相同的职权,可以对危害国家安全的犯罪进行立案,依法采取各种侦查措施和手段,对相关犯罪嫌疑人进行拘留、执行逮捕、取保候审、监视居住、预审等。

(刘方权)

公安部

中华人民共和国国务院组成部门,全国公安工作的最高领导机关和指挥机关。

根据我国《人民警察法》的规定,人民警察是国家重要的治安行政和刑事司法力量,主要任务是维护国家安全,维护社会治安秩序,保护公民人身安全、人身自由、合法财产,保护公共财产,预防、制止、惩治违法犯罪。具体包括以下职责:(1)预防、制止和侦查违法犯罪活动;(2)维护社会治安秩序,制止危害社会治安秩序的行为;(3)维护交通安全和交通秩序,处理交通事故;(4)组织、实施消防工作,实行消防监督;(5)管理枪支弹药、管制刀具和易燃易爆、剧毒、放射性等危险物品;(6)对法律、法规规定的特种行业进行管理;(7)警卫国家规定的特定人员,守卫重要的场所和设施;(8)管理集会、游行、示威活动;(9)管理户政、国籍、入境出境事务和外国人在中国境内居留、旅行的有关事务;(10)维护国(边)境地区的治安秩序;(11)对被判处拘役、剥夺政治权利的罪犯执行刑罚;(12)监督管理计算机信息系统的安全保护工作;(13)指导和监督国家机关、社会团体、企业事业组织和重点建设工程的治安保卫工作,指导治安保卫委员会等群众性组织的治安防范工作;(14)法律、法规规定的其他职责。

1949 年 7 月 6 日,中共中央革命军事委员会决定,在军事委员会下设立公安部,统辖各地公安机关的工作,并任命罗瑞卿为公安部部长。军委公安部是为筹建新的中央人民政府做准备而建立的。1949 年 10 月 19 日,中央人民政府委员会第三次会议决定:中央军委公安部即行撤销,改名为中央人民政府公安部,任命罗瑞卿为中央人民政府公安部长,杨奇清为副部长。随着全国公安体制的统一,铁路、民航、林业等系统的公安机构也逐步建立起来。2018 年 3 月,根据第十三届全国人民代表大会第一次会议批准的国务院机构改革方案,将公安部的消防管理职责整合,组建中华人民共和国应急管理部;将中华人民共和国公安部的出入境管理、边防检查职责整合建立健全签证管理协调机制,组建中华人民共和国国家移民管理局,由中华人民共和国公安部管理。同期,根据中共中央印发的《深化党和国家机构改革方案》,将中央防范和处理邪教问题领导小组及其办公室的防范和处理邪教工作职责交由中央政法委员会、公安部承担。2020 年 8 月 26 日,党中央授予中国人民警察警旗,中国人民警察警旗是人民警察队伍的重要标志,是人民警察荣誉、责任、使命的象征,是人民警察忠诚履行新时代使命任务的重要指引。

公安部设有办公厅、情报指挥、研究室、督察审计、人事训练、新闻宣传、经济犯罪侦查、治安管理、刑事侦查、反恐怖、食品药品犯罪侦查、特勤、铁路公安、网络安全保卫、监所管理、警务保障、交通管理、法制、国际合作、装备财务、禁毒、科技信息化等局级机构,分别承担有关业务工作。海关总署缉私局、中国民用航空局公安局列入公安部序列,分别接受公安部和海关总署、公安部和中国民用航空局双重领导,以公安部领导为主。

（操宏均）

海关总署缉私局

中国政府根据 1998 年 7 月中旬召开的全国打私工作会议决定组建的由海关总署和公安部双重垂直领导,以海关总署领导为主的海关缉私专门机构。1999 年 1 月 5 日,中国政府在北京成立海关总署走私犯罪侦查局,并组建国家海关缉私警察队伍,实行“联合缉私、统一处理、综合治理”的反走私斗争新体制。在中国境内,缉私警察负责依法查缉涉税走私犯罪案件,对走私犯罪案件和走私犯罪嫌疑人依法进行侦查、拘留、逮捕和预审工作。缉私警察既是海关的一支专职缉私队伍,又是公安部门的一个警种。组建缉私警察队伍并赋予其相应职能,不仅是海关执法权限的延伸,是反走私斗争的需要,也凸显了海关镇守国门和作为国家经济安全的钢铁长城的重要地位,有助于从缉私体制和执法权力上解决原来存在的打击走私手段不足和刑事处罚软弱无力的状况。2003 年 1 月 1 日,海关总署走私犯罪侦查局更名为海关总署缉私局,全国各海关走私犯罪侦查机构随之全部更名为“缉私”机构。更名后的海关总署缉私局又新增加了行政执法职能。2013 年,中国国务院在进行机构改革时,将缉私局海上缉私队伍和职能划入中国海警局。

（刘方权）

中国人民解放军保卫部门

中国负责现役军人犯罪或者发生在部队营区、军事设施内的犯罪侦查工作的专门机构。新中国成立之初,中国在成立公安部的同时,组建了公安部武装力量保卫局,专门负责军队内部的安全保卫工作,行使法律规定的侦查等职权。1950 年 4 月,武装力量保卫局改由总政治部和公安部双重领导,在总政治部称保卫部,成为总政治部负责管理全军保卫工作的职能部门。1965 年,在编制序列上完全划归总政治部领导。以后,全军保卫部门的编制体制虽几经调整,但一直保持了健全的体系，即总政治部设保卫部领导全军保卫工作，各大单位、海军舰队、军区空军、集团军、师、旅、团分别设保卫部、处、科、股，承担着打击军队内部发生的刑事犯罪的任务。从职能上看，军队保卫部门既负责军队内部的预防犯罪工作，还负责刑事案件侦查工作，主要包括现役军人，军队在编职员、职工犯罪的案件和发生在部队营区的案件；有关军地互涉案件的管辖分工仍按国家有关部门的规定执行。实践中，军队保卫部门和公安部门一直保持着十分密切的工作联系。对于公安部门有关侦查工作的文件及工作部署，军队保卫部门根据部队的实际情况参照执行。我国明确规定，军队保卫部门对军队内部发生的刑事案件行使侦查权。

（刘方权）

中国狱内犯罪侦查部门

中国依法在监狱内侦查犯罪的专门机构。对罪犯在监狱内犯罪的案件由监狱进行侦查，监狱办理刑事案件，适用《刑事诉讼法》的有关规定。对于发生在监狱内的犯罪案件由狱内侦查部门负责侦查。狱内侦查的主要对象是正在服刑改造的在押罪犯。对在押罪犯与监狱内部人员或狱外人员勾结罪犯的案件，主犯是监狱在押罪犯的，侦破工作以监狱为主，必要时请当地公安机关协助；主犯是监狱内部或狱外人员的，监狱应配合当地公安机关侦破。对在押犯判决时没有被发现的罪行，由监狱将有关案卷材料移送人民检察院处理。对监狱在押罪犯与境内外敌对势力勾连的案件，监狱应配合国家安全机关进行侦查。狱内发生的各类案件由监狱负责侦破，特大案件和涉及两个以上监狱的重大案件，由省、自治区、直辖市监狱管理局负责指导和协调侦破；涉外案件和跨省、自治区、直辖市的案件，由公安部监狱管理局负责指导和协调侦破。

（刘方权）

中国共产党中央特别行动科

中共中央于 1927 年在上海成立的政治保卫机构，简称中央特科，主要任务是保卫中央领导机关的安全，了解和掌握敌人动向，营救被捕同志和惩办叛徒特务。中国共产党在建党之初，并没有建立自身武装队伍，因此也没有负责开展情报收集、政治保卫、暗杀破坏的机构。1927 年 4 月 12 日，蒋介石发动“四一二”反革命政变，中共中央被迫从上海迁往武汉。同年 5 月，周恩来在当时处于武汉的中共中央军委会（此军委会负责在国民革命军内部的共产党活动，并不掌握军队，与日后的军委会不可同日而语）下属设特务科，又称中共中央军委特务工作处，负责中央的安全保卫工作。1927 年 7 月 15 日，汪精卫等人发动“七一五”反革命政变，中共中央再次被迫转移至上海租界内。10 月 9 日，中共中央召开临时政治局扩大会议，决定将特务工作处改组为特别行动科，加强安全保卫工作。大革命失败后，中共中央机关迁至上海。为保卫党中央的安全，1927 年 11 月，中央在上海建立政治保卫机构——中央特科，由周恩来直接领导。1928 年 11 月，中央又决定由向忠发、周恩来、顾顺章组成特别委员会，领导特科工作，由周恩来实际主持。中央特科设总务、情报、保卫三科，总务科（一科）负责设立机关，布置会场和营救安抚等工作，科长洪扬生；情报科（二科）负责收集情报，建立情报网，科长陈赓；保卫科（三科，也称红队、打狗队）负责保卫机关，镇压叛徒特务等，科长由顾顺章兼任。1928 年又增设了交通科（四科），负责设立电台，培训报务员，开展与各地的通讯联络工作，科长李强。中央特科在上海开展了大量卓有成效的工作。建立反间谍关系，派李克农、钱壮飞、胡底等人打入敌特机构,建立秘密电台,营救任弼时、关向应等领导干部,惩治叛徒何家兴、贺治华(女)、白鑫等,为保卫党中央的安全发挥了重大作用。1931 年 4 月顾顺章叛变后,中央特科重新调整,由陈云总负责并兼任一科科长,二科科长潘汉年,三科科长康生(化名赵容),原四科的工作 1932 年后交给中央。经整顿,中央特科改变工作办法,创立统一战线工作与情报工作相结合的独特方式,重建情报关系网。1933 年中央迁离上海后,中央特科工作由武和景等相继主持,并于 1935 年 9 月分批撤离,在上海设办事处。聂荣臻、旷继勋、柯麟等人也参加过中央特科的工作。

中央特科作为中共的第一个政治保卫和情报特工机构,在中国共产党的历史上有特殊的地位及影响。由于中央特科的高效率工作,尽管中共中央长期置身于上海这个国民政府的统治中心和外国势力有极强影响之地区,非但没有遭到毁灭性的打击,还能有效地指挥全国的共产党活动。中共中央在迁入苏区后,取消中央特科,成立国家政治保卫局,延续了中央特科的职能。随后,中央在抗战时期先后成立了中共中央城市工作部、中共中央社会部、中共中央调查部等机构。中华人民共和国成立后,在公安部下属成立政治保卫局,后又于 1983 年成立国家安全部作为政治保卫和情报机构。可以说,中央特科是中国共产党以及中华人民共和国政治保卫和情报工作机构的始祖。

(刘方权)

中国香港特别行政区

香港警务处

香港特别行政区的警察最高指挥机构。香港警队分四级设置,即警察总部、区警察总部、警察分局、警察署。警察总部即警务处,长官是警务处长。

警务处由行动处、刑事及保安处、人事及训练处、监管处、财务、政务及策划处和国家安全处组成。六个处之下的每个主要单位,各由 1 名警务处助理处长或同级的文职人员指挥,而策划及发展部则由 1 名总警司指挥,前线的警务工作由六个总区负责,各由 1 名警务处助理处长指挥。

香港警察由高到低分为:警务处处长、警务处副处长、警务处高级助理处长、警务处助理处长、总警司(警务处助理处长下一阶级,通常是部或区的指挥官)、高级警司(通常是部或区的副指挥官)、警司(通常是总部单位主管或分区指挥官)、总督察(通常是总部单位副主管或分区副指挥官)、高级督察(小队指挥官)、督察(小队指挥官)、见习督察(小队指挥官)、警署警长(小队指挥官,小队副指挥官)、警长(分段指挥,车辆指挥)、高级警员(巡逻人员)和警员(巡逻人员)。

(操宏均)

中国澳门特别行政区

澳门特别行政区警察机构

中国澳门特别行政区行使警察权的机构的统称。澳门警察可以分为三类:第一类是治安警察,由特别行政区保安政务司管辖;第二类是司法警察,由司法政务司主管;第三类是监狱警察,由司法政务事司主管。

澳门保安政务司是澳门治安警察的最高指挥机关,下辖治安警察厅和水警稽查队。治安警察占澳门警察总数的2/3,承担着维护社会治安的重任,具体职责是维护澳门公共秩序,预防、侦查及打击犯罪,维护公共及个人财产,管制非法移民,负责出入境工作,管制及监察车辆与行为通行等。治安警察厅下辖有澳门特警队这支负责打击拥有武力的严重暴力犯罪、对要人和重要设施进行安全保卫的特殊警察队伍。

司法政务司是司法警察的最高指挥机关,下设刑事调查厅、国际刑警分署、司法鉴定化验所、管理及计划厅、司法警察学校和情报处等机构,负责在检察官领导下对有组织犯罪、毒品犯罪、伪造犯罪等严重刑事案件进行侦查。司法警察为了预防犯罪,有权对从事买卖和租赁的场所、酒店、宾馆等公共娱乐场所进行监视和检查;为了侦查犯罪,有权采取一切必要的办法和手段进行与案件有关的调查,有权要求当事人提供情况,要求有关机关和组织对调查活动予以协助。为了保证司法警察的廉洁性,对司法警察在任职期间所取得的财产和收益应予以管制,并要求司法警察每年详细报告自己的财产。

（刘方权）

中国台湾地区

中国台湾地区警政署

我国台湾地区警察的领导机关。“警政署”负责执行警察行政事务,统一指挥、监督台湾地区警察机关执行警察任务。

（刘方权）

中国台湾地区警政署刑事警察局

我国台湾地区警政署直属单位,负责刑事犯罪预防与侦查工作。刑事警察局负责有关我国台湾地区社会犯罪侦防的规划督查,重大刑事案件的侦破,物证、书证鉴定的规划与鉴定等工作。

（刘方权）

澳大利亚

澳大利亚联邦警察局

澳大利亚联邦警察的最高机关。澳大利亚警察分别隶属于联邦和州司法部，包括联邦警察局、6个州警察机构、北部地区警察机构。其中，联邦警察局根据《联邦警察法》于1979年成立，总部设在堪培拉，在各州设地区办事处。联邦警察局负责调查、侦破非法进口毒品、洗钱、恐怖活动和违反外汇管理等触犯联邦法律的犯罪案件，维护首都地区的治安，同时还负责国际刑警国家中心局的有关警务及与境外警察机构的联系与合作。联邦刑事调查职能由设在6个州的地区指挥部、总部的调查部门驻外联络官员具体实施。

为了防止警察的腐败犯罪活动，澳大利亚联邦亚警察局内部一般设有反警察腐败的专门机构——内部人事调查部（又称内部纪监部）。该机构受警察诚信委员会的指导监督，主要调查涉嫌腐败犯罪的警察，包括妨碍司法公正（如提供虚假证据），索取、收受贿赂，不适当干预其他警察的案件调查，不适当截取资料和泄露发布不应公布的信息、警察从事毒品犯罪、刑讯逼供等可能导致3年以下刑罚的犯罪。

（刘方权）

澳大利亚全国犯罪控制署

澳大利亚为应对有组织犯罪而专门组成的国家机构。全国犯罪控制署是根据澳大利亚联邦和州议会共同立法，由警察、金融专家、犯罪问题专家和资深律师、情报分析员共同组成的，总部设在悉尼，在全国设有5个办公室，负责协调指挥相关机构的执法，主要处理国际有组织的走私贩卖毒品犯罪，严重的逃税、洗钱、腐败犯罪以及其他一些犯罪。全国犯罪控制署设有处理金融和诈骗犯罪的机构、处理东南亚地区有组织犯罪的机构、处理从事制毒和贩毒的汽车帮派的机构、处理有意大利黑手党背景帮派犯罪的机构等。

全国犯罪控制署通过对有组织犯罪进行调查和收集资料，协调各地区的执法机构进行侦查，各地区的执法机构均应配合国家灭罪局协调打击有组织犯罪的行动。全国犯罪控制署因受联邦和州政府的委托而拥有特权，可以行使一些警察无权行使的调查手段，如签发传票、强迫涉案人员接受调查以及强迫目击证人作证、强制提供重要的书面文件等，但在实施窃听、搜查、派警员打入犯罪组织内部实施卧底侦查等方面必须获得司法官员的特殊许可。全国犯罪控制署完成调查后,将案件移送警察局,由警察起诉或由警察局再移送检察机关起诉。

(刘方权)

澳大利亚联邦犯罪情报局

澳大利亚负责收集分析犯罪情报的调查机构。成立于1981年2月6日,主要职责是搜集和分析犯罪情报,并把有关情报提供给联邦、州和地区警察,帮助各级警察机关更为有效地开展侦查活动,具体包括:收集、分析和提供有组织犯罪的情报;负责各级警察机关之间的情报交换和联络;对国家要施行的打击国内犯罪的总体计划提出评估意见;为立法机关修改打击有组织犯罪的法律法规提出建议。

从犯罪情报收集的角度而言,澳大利亚联邦犯罪情报局收集的情报主要包括以下几个方面:非法毒品走私和交易;非法赌博;证券或秘密交易方面的诈骗犯罪和公司诈骗犯罪;国内与国际有组织犯罪的收益动向;腐败犯罪活动;高利贷犯罪;有组织犯罪集团控制区的卖淫活动;有组织犯罪集团有联系的其他商业活动;与有组织犯罪集团有联系的有关人员出入澳大利亚的动向及其在澳大利亚的活动情况。

(刘方权)

德 国

德国警察机构

德国行使警察权的机构的统称。德国警察机构分为联邦级和州级,分别由联邦内政部和各州内政部管理。为明确警察地位和职权,联邦和各州都有自己的警察和治安法。联邦警察由联邦内政部统一管理,主要包括:边防、铁路、水上、刑事警察等。德国各州警察主要包括:治安、刑事、交通、警备、水上治安警察等,由本州内政部统一管理;内政部下设警察厅、局、处、科、分局、派出所、站,各专业指挥中心,特派员、监视员、巡视员等。各州法律虽然规定了各州警察的具体任务,但多数大致相同,主要任务是依据法律对危害公共安全和秩序的行为采取必要的措施;依据刑事诉讼法追究刑事犯罪分子的刑事责任;追究违法问题;依据交通法规监视和调整交通等。

德国联邦警察机构主要有联邦刑事警察局(署)、联邦边防警察局(署)、联邦水上警察局(署)和联邦铁路警察局(署)等,均受联邦内务部领导。联邦刑事警察局于1953年根据联邦关于联邦警察局的法律得以建立,总部设在韦斯巴登,是联邦德国的刑事侦查中心,对联邦内务部负责。联邦刑事警察局的基本职责是侦破跨州界和跨国界的犯罪案件;保证重要人物的安全;协调各州刑事警察机构的工作;为全国警察机构提供刑事技术鉴定服务和犯罪信息咨询服务;指导各州刑事警察机构的工作;同国际刑警组织开展业务联系;收集全国犯罪活动的情报;为全国警察机构培训专门的侦查人才等。联邦边防警察局也是德国打击犯罪的一个重要工作机构,创建于1951年,直接对联邦内政部部长负责。联邦内政部警察事务司专设1名联邦边防督察长,分管边防事务。联邦边防警察类似于中国的武装警察部队,住在兵营,是一支机动化的联邦警察队伍。联邦边防警察局的主要职责是维护边境安全和进行边境检查;在边界前沿地区消除危险和平定骚乱;缉捕各种刑事犯罪分子,尤其是恐怖犯罪分子;警卫政府首脑机关、宾馆和重要机场等;保卫外国使领馆以及来访外国贵宾等;支援各州警察机构平定骚乱的紧急行动;协助联邦警察局搞好国家领导人的警卫等。由于德国境内水路众多,内河航运在全国交通运输中占有重要的位置;因此德国设立了专门的联邦水上警察局,负责监督管理河流、湖泊上所有船只的质量及安全,同时还承担水质的协助监管工作,为其他部门和机关提供帮助。水上警察一般都有丰富的内河和海运经验,其主要职责是执行水上巡逻和管理水上交通秩序。联邦铁路警察局设立于 1835 年,对联邦交通部长负责,主要任务是维持铁路设施领域的安全与秩序。

德国州警察机构受州内务部的领导,分为州和市两级。各级警察组织行政上属当地的政府部门领导,财政上由当地政府负担。但在业务上,上一级警察机关有权指挥下一级机关。州警察机构的主要任务是在本州范围内依据有关法律对危害公共安全和秩序的行为采取措施,依据刑事诉讼法侦查犯罪并追究犯罪人的刑事责任,依据交通法规监督和管理交通等。在松散的联邦制体制下,德国各州自行制定的警察法律各不相同,所以各州警察机构在机构设置、权限范围、服装设备、工资待遇等方面都很不统一,但一般都包括以下几个主要部门:治安警察部门、刑事警察部门、交通警察部门、警备警察部门等。治安警察也称保安警察,其主要职责是维护本州治安秩序,处理治安案件,原则上负责保证公共治安和秩序,其任务范围从防止危险直至依法追究,主要过问较轻的和中等程度的刑事案件。刑事警察部门的主要职责是对本州内发生的刑事案件开展侦查活动,打击和预防犯罪等。交通警察部门的主要职责是管理本州交通秩序,处理交通事故等。警备警察是州警察机构的后备性保安警察部队,编制独立,集中宿营,职能与联邦边防部队的保安职能相似,主要是在州自治警察力量薄弱的情况下,作为后备警察加入有效打击犯罪和处置各种突发事件中来。另外,个别州也有水上治安警察、边防警察、救援警察、自治警察、反恐特警等。

除履行一般的行政管理职权外,德国警察在侦查程序中也占据重要地位。通常而言,警察是检察官的助手,有权根据检察官的指示,在逮捕、使用技术仪器、确认身份等方面进行侦查行为。在不采取紧急措施进行秘密调查即有危险的情形下,警察需要将采取措施的情况向检察机关进行实时陈报,并于 3 日之内陈报法官核准。在紧急情况下,作为检察机关辅助人员的警察可以实施扣押、对犯罪嫌疑人抽取血样或采取其他身体检查措施,或对证人进行身体检查、命令设置检查站、设置缉捕网络追捕犯罪嫌疑人等。

参考书目

熊琦:《德国警察制度简析》,载《湖北警官学院学报》2006 年第 6 期。

(郭立新　付　磊)

德国联邦刑事警察局

德国依法设置的重要的联邦警察机构之一。1951 年,德国为了建立刑警的情报信息服务部门,在英占区刑警局的基础上建立了德国联邦刑警总局,总部位于威斯巴登。在德国统一后,联邦刑事警察局得到进一步发展。目前,联邦刑事警察局下设 9 个业务局,包括:警务国安部、有组织犯罪及危害公共犯罪部、保安部、中央刑事勤务部、刑事技术研究所、刑侦研究所、信息技术部、国际协调部、中央行政管理部,其主要任务在于打击跨国、跨州实施的或准备跨国、跨州实施的犯罪活动。联邦刑事警察局与州警察局的管辖范围可能出现重叠。一般而言,下列案件的管辖权集中于联邦刑事警察局:国际有组织犯罪、非法军火买卖犯罪、伪钞犯罪、毒品犯罪以及政治性的暴力犯罪。当出现下列情况时,本该由州警察局管辖的案件,可由联邦刑事警察局管辖:(1)州警察局请求联邦刑事警察局接管;(2)联邦内务部长出于重大事由,命令州警察局将案件移交联邦刑事警察局;(3)在由德国联邦总检察长办理的案件中,联邦总检察长或预审法官请求将案件移送联邦刑事警察局,或者向联邦刑事警察局发出接管案件的命令。

德国联邦刑事警察局有一特殊职能,即该机构为国际刑警组织在德国的"国家中心局"。因此,联邦刑事警察局代替全国所有的刑事警察办理涉外案件文书往来及司法协助工作。此外,联邦刑事警察局也是欧洲刑警组织及申根信息系统驻德国的中心局。

参考书目

熊琦:《德国警察制度简析》,载《湖北警官学院学报》2006 年第 6 期。

(郭立新 付 磊)

德国联邦宪法保卫局

德国联邦内政部领导的情报机关,负责搜集、调查、分析危害宪法实施行为的情报。所谓危害宪法实施的行为,在德国司法实践中主要是指各种政治极端行为、间谍行为和恐怖主义行为。联邦宪法保卫局成立于20 世纪50 年代,目前下辖7 个部,分别为:主管中心业务事务的一部、主管极右恐怖主义的二部、主管极左恐怖主义的三部、主管间谍破坏案件的四部、主管外国事务的五部、主管伊斯兰极端恐怖主义势力的六部、主管行政事务的七部。

根据《联邦宪法保卫局法》的规定,联邦宪法保卫局的首要任务是:搜集并分析处理敌视宪法和极端性质的情报、信息、材料,尤其是与具体的人或事联系在一起的情报、信息与材料。联邦宪法保卫局的工作重点是:一些反民主自由政党的有可能危害国家安全,损害德国国际声誉的政治活动,以一些较极端宗教组织的活动。同时,该机构也担负着侦查政治、军事乃至经济间谍的任务。与其他警察机构相比,联邦宪法保卫局一般只负责情报搜集与调查,不能直接执行抓捕、预审嫌疑人等警务活动。这是因为根据《联邦宪法保卫局法》的有关规定,联邦宪法保卫局不但不具有警察权,在它无权动用某些警务措施的时候,也不得提请有权的警察部门代为使用。如果联邦宪法保卫局在法定权限内,同时可以对相对人适用不同的行政措施,则它只能选择对相对人影响最轻微的那一种。一般情况下,该机构采取的侦查监控手段包括明察(从电视、报纸、政府公报、互联网等新闻网络搜集等)、暗访(电话窃听、邮件控制、电信监控、秘密探员、安插线人等)。

在德国,联邦宪法保卫局受到严格的法律限制,主要是为了防止出现集权专制主义。一方面,联邦宪法保卫局只能在宪法、法律许可的范围内活动;另一方面,联邦宪法保卫局绝不允许为某一政党之政治利益服务,也不允许为政府执掌政权或某种政治活动服务。这也就从根本上决定了联邦宪法保卫局本身要受到严格监控,监控主体是联邦议会下属的议会检查组。

参考书目

熊琦:《德国警察制度简析》,载《湖北警官学院学报》2006 年第 6 期。

(郭立新 付 磊)

德国侦查法官

德国负责对检察官所申请的侦查措施之合法性进行审查的官员。在德国,检察官是侦查程序的指挥者,可以采取为了查明案件事实,实现国家刑罚权所必要的诸多侦查措施。但根据法官保留原则,对于那些对公民基本权利存在重大威胁的措施,只有法官才有权决定是否采用。为了使这些措施能够在侦查程序中实施,同时又不至于对公民基本权利造成不必要的侵害,德国设立了侦查法官制度,规定适用那些可能对公民基本权利造成重大影响的侦查措施,检察官必须向其所属管辖区法院的法官提出申请,法官必须审核检察官所申请采用的侦查措施的合法性(但侦查法官不得就该措施的合目的性进行审查)。如果侦查法官认为检察官申请所附文件不足以支持相关命令(如搜查令、逮捕令)的核发,侦查法官不得自行侦查,而是要求检察官再行补充侦查,提供其他数据。如果检察官无法补充其他资料时,侦查法官则应拒绝检察官的申请。

根据德国法律,侦查法官的主要职权包括:作出证据保全决定、对证人及鉴定人进行宣誓讯问、签发羁押命令、对检察机关为确认被告人身份所实施的剥夺自由之合法性及期间长短进行裁判、命令实施身体检查或抽血检验、决定进行搜查或扣押、决定进行人身搜查、对通讯进行监听及录音、许可进行秘密侦查、命令设置检查站、追缉等,以及对检察官及其辅助人员或其他警察人员在迟疑即有危险时采取的紧急措施之正当性进行事后裁判。

(郭立新　付　磊)

丹　麦

丹麦警察机构

丹麦法定的对内武力拥有者,有权执行国家法律和维护社会公共秩序,负责边境巡逻。丹麦设有 3 个较为重要的警察机构,即国家警察总局、情报警察(负责丹麦国家安全情报)、特别警察部队。从组织机构上看,丹麦共分为 12 个警区和格陵兰岛、法罗群岛 2 个小警区,各警区由 1 名地方警察局长负责。在所有警区中,哥本哈根警区的规模最大,任务也最为繁重。

警察各项职权包括:预防犯罪、扰乱公共程序和可能对公民个人安全和公共安全存在危险的行为;对犯罪行为进行阻止、调查和起诉;为身处危险境地的公民提供帮助;根据现行法律法规进行治安监督和检查;根据现行法律法规为其他执法机构提供支持;根据现行法律法规执行其他任务,以及执行与本质上与警察职责相一致的其他任务。

(刘方权)

丹麦国家警察总局

丹麦国家警察的最高行政机关。丹麦国家警察总局最高长官为局长,在司法部长的指挥下直接领导国家警察总局工作。除此之外,国家警察总局局长还负责管理各警区警察局的人事、装备、车辆和财政工作,并对各警区警察局进行业务指导和颁布全国性的警察规章制度。

丹麦国家警察总局由 6 个业务局和 1 个直属机构组成。这 6 个业务局分别为“支援协调局”“人事管理局”“行政管理局”“全国警用计算机局”“特别任务局”“安全局”。其中,支援协调局下设交通处、战术支援处(负责协调和支援重大反恐与反骚扰行动)、警犬管理处、犯罪预防处、国际刑警联络处、要案处理处(负责协调各警区要案的侦破工作)、技术处、鉴别中心、特别经济犯罪处和毒品情报处;特别任务局负责外国人和出入境管理、刑事犯罪资料索引、失踪人口的查找和要犯的通缉工作;安全局主管反间谍以及收集与恐怖主义和颠覆政权活动有关的情报。

丹麦现有 12 个警区,每个警区设局长和局长助理各 1 名,另外还有 2 名副局长,分管起诉和警务工作。各警区警察局局长在本警区内独立履行管理职责。国家警察总局局长和各警区警察局局长共同组成丹麦国家警察管理委员会,集体对司法部部长负责,代表司法部部长集体管理丹麦境内所有的警察事务。

丹麦国家警察的具体职责是确保国家的法律、法规得到良好而忠实的遵守,预防和打击各种违法犯罪活动,调查犯罪、起诉犯罪嫌疑人,进行检查、控制和监管等日常治安管理活动,为公众提供服务和紧急救援,根据司法部部长的命令开展各种临时性的工作。

(刘方权)

丹麦军事警察

丹麦军事部队的下属机构。在丹麦,每支军事部队都其自己独立的军事警察组织,但是所有军事警察组织经常一起工作,并穿戴类似的标志。在丹麦军事部队体系中,所有军事警察执行的任务都被视为丹麦“列车兵团”(Train Regiment)行动的组成部分,但海军军事警察则是一个相对独立的行动组织,只受丹麦皇家海军“蛙人警察”(Danish Frogman Corps)和空军部队的指挥与控制,作为空军战役支援飞翼的一支保护力量。此外,海军军事警察还承担一些海上安全保卫任务和首都地区的一些重要军事区域,如丹麦国防指挥中心和丹麦国防部的保卫工作。

在非军事区域,丹麦军事警察通常对普通市民没有执法权,只对现役军人有执法权。但在一些对外开放的军事设施内(如位于哥本哈根的霍尔曼海军基地),丹麦军事警察对进入这些军事设施的普通公民也享有执法权。在特定情形下,军事警察可以协助民事警察的执法行动,但与丹麦国土保卫警察部队一样,军事警察在协助民事警察执法时,其所享有的权利并不比普通民事警察大多少。

(刘方权)

丹麦国土保卫警察部队

丹麦国土保卫部队五大组成部分(国土安全保卫陆军部队、海军部队、空军部队、警察部队、基础设施部队)之一。丹麦国土保卫警察部队由 47 支连队组成,每支连队由 1 名职业警察领导,但其成员主要是一些志愿者。国土保卫警察部队主要在丹麦节假日时协助国家警察进行交通管理、帮助国家警察寻找被害人、保护社区设施,而在一些与市民直接对抗(如暴力控制或准备逮捕)的行动中,从不使用国土保卫警察部队。国土保卫警察部队在履行职务或者提供服务的过程中,只享有比普通市民稍大的权力,而且通常都在国家警察的监督下行使。国家警察在执行任务过程中,可以请求国土保卫警察部队的协助。

(刘方权)

俄　罗　斯

俄罗斯警察机构

俄罗斯行使警察权的机构统称。在俄罗斯,所有警察机关统归俄罗斯国家内务部直接领导,警察机关的重要职务都由内务部任免。从组织机构上看,俄罗斯警察机构包括内务部直属的内卫部队总局、刑事侦查总局、反经济犯罪总局、反有组织犯罪总局、税警总局、重要设施保卫总局、社会治安总局、刑罚执行总局等总局级机构和国际刑警组织俄罗斯中心局、缉毒局等局级机构,以及各加盟共和国、边疆区、州、直辖市、自治州和自治区警察局、分局等区域性警察机关。

从类型上看,俄罗斯联邦的警察大致可以分为刑事民警和治安民警(地方民警)。刑事民警包括从事刑事侦查、刑事科学技术等业务工作的警察,其基本任务是预防、制止和侦破犯罪,特别是对必须进行预审的案件加以侦破,对逃避传讯、侦查、审判者及拒受刑事处罚者、下落不明者和有法律规定的其他犯罪分子组织实施搜捕。治安民警包括值勤民警、巡逻警和岗警、国家汽车监察民警、单位驻警、地段民警、临时拘留所及担负地方治安任务的民警,其基本任务是保障公民人身安全,维护社会秩序,保证公共安全,预防和制止犯罪及行政违法行为,侦破包括不需要进行预审的犯罪,同时按民警职权范围对公民企业和社会团体给予帮助。

(刘方权)

俄罗斯联邦内务部

俄罗斯联邦政府重要组成部门之一,主要职能是维护国家内部的安全,保护俄罗斯公民的权利和自由,捍卫法律秩序,制止和预防威胁国家统一的武装冲突。俄罗斯联邦内务部总部位于莫斯科,机构设置比较复杂,按警种分为刑警勤务、公安勤务、后方勤务和移民勤务等,各勤务部门下设总局和局。除中央机关外,俄罗斯联邦内务部在各联邦区设有内务总局。根据改革计划,俄罗斯联邦内务部今后将划分成联邦警察和地区警察。联邦警察作为中央机构负责阻止犯罪,维护社会秩序,保卫特殊设施;地区警察负责维护街道、地方和社会秩序。

内务部有自己的武装力量,分为内卫部队和特种警察部队,由内务部部长直接领导。内卫部队约有 20 万人,设 7 个军区,编制有内卫师、旅、团。就性质和任务而言,俄罗斯内卫部队相当于中国大陆地区各级公安机关所属的人民武装警察部队,但其武器装备的数量和质量明显优于中国武警。按照俄罗斯总统普京批准的 2010 年俄内卫部队改革计划,内卫部队将改编成国民近卫军,负责维护秩序和确保总统的稳定地位。

(刘方权)

俄罗斯联邦安全局

俄罗斯联邦直接负责联邦国家安全工作的执行机关,在权限范围内保障联邦国家安全,并协调其他拥有反间谍职能的联邦执行机关的活动。联邦安全局可在规定程序内建立分局、独立分局和其他机构形式，可建立地区安全机关、部队安全机关、特别培训中心甚至企业、社会机构和社会组织。

联邦安全局的主要任务包括向联邦总统和总理汇报有关联邦所面临威胁的情况，发现、防止和消除外国特工机关和人员所从事的危害俄罗斯联邦安全的情报和其他活动，在权限范围内保护国家秘密，发现、防止和消除恐怖活动和其他破坏活动，负责组织并与其他联邦国家机关共同与有组织犯罪，贪污贿赂犯罪，走私犯罪，非法买卖武器弹药、爆炸装置和剧毒物品犯罪，毒品和其他麻醉品犯罪等犯罪行为作斗争，负责与非法武装、犯罪组织和团伙、试图实施武装暴乱和以暴力手段改变联邦宪政制度并以暴力夺取和占有政权的社会团体和个人进行斗争，在权限范围内与联邦对外情报机关合作获取和分析情报，负责协助实施旨在保障俄罗斯联邦安全的措施等。

联邦安全局的职能包括：负责在联邦安全机关内履行俄罗斯联邦法律和联邦国家权力机关规范性法律文件；参与制定俄罗斯联邦安全保障国家纲要；在其权限范围内组织和实施反间谍行动，制定反间谍行动及反间谍行动中秘密手段的使用规则；就发现和制止犯罪实施侦查，并就联邦安全机关渗透犯罪团伙制定方法；制定和采取措施以发现和制止恐怖活动和犯罪活动等。为了完成其所承担的任务，实现其职能，俄罗斯联邦安全局拥有相对广泛的权力，包括：发现秘密合作关系，开展侦查活动，对外国特工机构和组织，以及犯罪集团进行渗透，对犯罪案件进行初步侦查和预审，开展密码工作，并监督国家机构、企业和组织的密码保密制度。为了执行公务，联邦安全局可以使用企业、机关、组织和公民的通讯设备、交通工作、进入其驻地和房屋，封锁出事地点、检查证件、进行搜身并没收物品，无偿地从国家机构、各种所有制企业、机关和组织获取履行公务所需要的信息等。

（刘方权）

俄罗斯联邦保卫局

俄罗斯联邦重要的情报和安全机构。俄罗斯联邦保卫局成立于1996年6月19日，由原克格勃第九局，第五总局的若干政治侦查单位，第八总局的若干单位以及“阿尔法”“信号旗”两个突出队，克里姆林宫卫队以及原克格勃第118伞兵团和第27摩托化步兵旅改组而成，主要负责联邦总统、总理、上下两院议长、总检察长、最高法院院长、最高仲裁法院院长、宪法法院院长、前总统、大牧首以及其他4位不方便公布名字的人的安全保卫工作。联邦保卫局的编制人数、保护对象、每次总统外出时派遣的警力等都被视为“国家机密”。

俄罗斯联邦保卫局的职能是在联邦法律和联邦总统令所规定的范围内，保障联邦总统和其他国家保卫客体在其常住地和出访地的人身安全，保障联邦总统家庭成员的人身安全；负责保卫联邦总统办公地、联邦政府办公楼、议会大厦；负责保障联邦总统在常住地和出访地保密电话线路的畅通，保障与外国国家元首和政府首脑国际加密电话线路畅通，保障总统通讯系统的可靠性和信息安全并采取措施对抗外国的技术侦听。

（刘方权）

俄罗斯联邦税警总局

俄罗斯联邦保障自身经济安全的国家力量的组成部分。1992年，俄罗斯在税务系统成立了专门打击税种犯罪并拥有执法权的机构,1995 年该机构被正式称为俄罗斯税警总局。俄罗斯税警总局归属政府领导,下设区域性税警机关,包括各共和国、边疆区、州、直辖市、自治州和自治区税警局、分局等,还有地方税警机关,包括莫斯科市税警局各区分局、圣彼得堡各区分局、税警总局各局的跨区分局和市分局等。

俄罗斯联邦税警总局的职能包括:组织行动侦查工作,预审、调查税务犯罪嫌疑人,采取措施弥补国家遭受的损失;保护税务监查员和税警免受非法侵害;预防、发现和制止税务机关和警察机关的贪污行为。税警机关有权就法律规定属于税警管辖范围内的问题进行侦查、预审,以及采取措施保障财产安全;履行义务时使用税务机关和外汇监督机关公职人员所享有的权力;根据银行和金融机构的账户暂停纳税人的业务;制作行政违法行为的笔录,实施行政拘留;扣押法人财物;进行司法经济鉴定和与文件调查有关的刑事鉴定;按民警法规定保存、携带和使用规定的武器、特别器械;向提供有关税务违法犯罪情报信息的人员支付报酬等。

(刘方权)

俄罗斯联邦对外情报局

俄罗斯国家安全保障体系的重要组成部分。俄罗斯联邦对外情报局是俄罗斯联邦对外情报系统的主体机构,直接对总统负责,主要职能是为联邦总统、议会和政府做好情报保障工作,向他们提供政治、经济、军事战略、科技和环境方面的情报以利于他们决策。

俄罗斯联邦对外情报局的工作包括获取和分析外国、境外组织和个人涉及俄罗斯重要利益的现实和潜在威胁、行动、计划和意图的情报,协助国家完成保卫俄罗斯联邦安全的其他行动。对外情报局的具体活动由局长领导,局长由总统任命,其组织机构主要包括侦查行动部门、分析部门和职能分支部门。对外情报局下设情报侦查局、侦查技术局、经济情报局、信息技术局、分析与信息局、境外反间谍局、经营保障局和对外情报科学院等。对外情报局拥有以下权力:发展秘密关系;使用掩护身份;与各级权力机关合作;与权力机关、企业、机关和组织签订必要的情报活动合同;用各种手段保护俄罗斯联邦驻外机构掌握的国家机密;保障驻外人员及其国内家属的安全;建立专门的教育、进修、科研和档案机构,出版某些著作;为开展工作成立必要的组织机构。

苏联解体后,随着国际形势和国内政治进程的变化,俄罗斯对外情报局的活动范围与任务也相应发生了变化。目前俄罗斯对外情报局的工作主要在政治、经济、国防、科技和生态五个方面展开。政治情报工作的主要任务是获取世界主要国家,特别是与俄罗斯有关国家的预警性情报,保卫国家利益;跟踪可能对俄罗斯国家利益带来威胁的热点地区危机局势的发展;获取一些国家研制可能对俄罗斯联邦构成威胁的新型武器,特别是核武器情报;通过自己的渠道对贯彻俄罗斯的对外政策施加积极影响。经济领域对外情报活动的主要任务是保卫俄罗斯的经济利益,获取经贸对象可靠性、涉及俄罗斯利益的国际经济和财政组织活动的秘密情报,保卫国家经济安全。科技领域情报活动的主要任务是获取最新科技成果,特别是有助于加强俄罗斯国防能力的军事技术。

(刘方权)

克格勃

苏联在1954年3月13日至1991年11月6日负责情报工作的机构,苏联国家安全委员会的简称,以实力雄厚和手段高明而著称于世。其前身为捷尔任斯基创立的苏联早期情报机构"契卡"(Cheka),总部设在彼得格勒(圣彼得堡)霍瓦亚大街2号。1918年苏俄政府迁都莫斯科,契卡总部也在1920年迁到莫斯科克里姆林宫附近的卢比扬卡广场11号;1991年苏联解体后,克格勃改组为俄罗斯联邦安全局,其第一总局另外成立俄罗斯对外情报局。克格勃与英国军情六处、美国中央情报局和以色列摩萨德一起并称为"世界四大情报组织"。

克格勃设有对外谍报局、国内反间谍局、军队管理局、边防军管理局、总务局、克格勃驻外站组等内设机构,工作人员曾一度达到50多万人,其中总部机关1万人,间谍、反间谍和技术保障等部门20万人,边防军30万人。此外,克格勃在全国有150万线人,在国外有25万谍报人员,年预算100亿美元。克格勃一直是苏联对外情报工作、反间谍工作、国内安全工作和边境保卫工作等的主要负责部门,是一个凌驾于党政军各部门之上的"超级机构",只对苏共中央政治局负责。

(刘方权)

法　国

法国警察机构

法国行使警察权的机构统称。法国现有国家警察(la Police nationale)、国家宪兵(la Gendarmerie nationale)、市政警察(police municipale)三大警察机构。其中,国家警察隶属内政部国家警察总局;国家宪兵隶属国家宪兵总局,由内政部、国防部双重领导,以内政部为主、国防部为辅。国家警察、国家宪兵均在地方设有派出机构,实行分级负责、垂直管理,经费预算由国家财政保障。市政警察由地方政府领导,经费预算由地方财政保障。

法国内政部国家警察总局是法国国家警察的最高管理机关,国家警察接受内政部长领导,由国家警察总局局长直接指挥。1966年7月9日,法国统一整合了国家安全局人员与巴黎市警察局的人员,组成"国家警察",自1968年1月1日起开始实现国家警察组织的统一化。法国将国家警察分为警监、警官、警员(Gardien de la paix,直译为和平卫士)、安全助理、警务科技工程师、警务科技技术员、警务科技专业代理人、行政与科技专业人员等八大类,分别行使不同职权,并由国家警察总局分类管理。

法国国家宪兵是世界上出现最早的专职警察组织。自从它产生以来,一直受到法国历代王朝和政府的高度重视。经过数百年的演变,它形成了具有典型大陆风格的宪兵组织,并为其他国家所效仿。在法国,它与警察共同担负着维护社会治安,实施国内法律,打击、预防犯罪的任务。具体而言,现代法国国家宪兵的职能主要有5项:(1)执行行政警察的任务,如交通警察、乡村警察、治安警察、外事警察等,这是国家宪兵的主要任务;(2)履行刑事警察的职能(根据1989年的统计,全国刑事案件总数的1/3是由国家宪兵侦破、处理的);(3)扮演军事警察的角色(在军队中执法,维护军人的纪律,调查有关军人的犯罪案件);(4)维护和恢复社会秩序,处置突发事件;(5)边防巡逻,抢险救灾。

市政警察是在人口不足1万人的市镇行政区维护社会治安的主要力量。1995年1月,法国在新确立的国家安全政策导向下,将"近邻警察"(社区警察)制度扩大到全国范围,以满足在安全方面的需要。根据1999年4月15日的法令,法国地方政府可以招募市政警察维护地方治安、调查交通违法,市政警察的预算由当地政府承担,并接受当地市议会和市长的领导。截至2015年,全国市政警察约有2万人。根据《地方行政部门总法典》第2212条的规定,城市警察在市长的领导下完成由市长交付他们的属于市长管辖权限的任务,如对违警罪的调查。市政警察分为3等8级,从高到低分别是:A等的市政警察总监,负责管理全市市政警察;B等的一级市政警察主管、二级市政警察主管、市政警察主管,负责管理所辖部门的市政警察;C等的市政警士长、市政警士、市政警员、实习市政警员,负责执行有关市政警务。各地市政警察一般根据当地警情需要进行业务编组,如设立摩托车巡逻队、自行车巡逻队、海巡队、岛巡队、夜巡队、交通安全队、警犬队等。

参考书目

赵旭辉:《法国最新警察管理体制之启示》,载《河南公安警察职业学院学报》2016年第1期。

(郭立新　付　磊)

法国内政部国家警察总局

法国国家警察的最高管理机关。国家警察总局成立于1966年,由当时的国家安全局与巴黎市警察局合并组成,归内政部管辖,其任务是在1万人以上的城镇维护社会治安,预防、打击刑事犯罪,进行城镇道路交通管理以及对政要的安全保卫。截至2015年年底,法国国家警察总局共下设9个业务局、10个直属机构、2个公共机构。其中,9个业务局分别是:资源管理和技能培训局、总督察局、司法警察中央局、公共安全管理中央局、边防管理中央局、安全部队中央局、国际合作局、警卫局、巴黎地区警察局。10个直属机构分别是:黑豹突击队、反恐办、效能办、信息和通讯服务办、警史办、禁毒办、受害人权益保护办、公共交通安全协调办、重大事件应急处理办、国土安全服务采购和物资装备办。2个公共机构分别是国家警察高等学院、国家警察科学研究所。

国家警察总局一方面与司法部长保持紧密联系,另一方面与宪兵部队与保持紧密联系。巴黎警察局及其各个分局和国家警察的各个部门都属于国家警察总局领导。国家警察总局的各部门与巴黎警察局的各分局通常属于平等的组织,但是,国家警察总局的各个部门分设在全国各地。巴黎警察局与国家警察总局在各自的组织方面保有很大的独立性。尽管它们的人员相同、地位相同,属于巴黎警察局领导的人员也属于国家警察的总体编制,但是他们要听从巴黎警察局局长的指挥。

参考书目

赵旭辉:《法国最新警察管理体制之启示》,载《河南公安警察职业学院学报》2016年第1期。

(郭立新　付　磊)

法国国家宪兵总局

法国国家宪兵的最高管理机关。国家宪兵总局隶属于国防部,由国家宪兵总局局长(宪兵总监)指挥整个宪兵部队,向国防部长负责。国家宪兵是一支军事性质的警察力量,其前身可追溯至法国国王亨利一世于1032年成立的旨在保护国王利益,管理王室财产的巴黎宪兵队。15世纪,法国对军事力量进行了重大改革,使对外作战的职能和维护国内安全的职能逐步分开。1439年,法国根据法令组建了由几个骑兵连组成的公安部队,其军人被称为“武装人员”(gens d'armes),当代法国宪兵开始显现雏形。1791年12月14日,法国正式组建国家宪兵,并由国防部国家宪兵总局管辖,负责维护人口1万人以下的城镇及农村地区的治安。1798年4月17日的法令为现代法国国家宪兵提供了法律保障,并决定要把宪兵部队建成一个高效率的组织。该法令的主要条文现在仍然有效,规定“国家宪兵是专门为维护共和国内部的秩序和执行法律而组建的一支武装力量”,其主要任务是“维护乡村和主要道路上的安全”;为了履行自己的职责,宪兵部队“通过长行军、巡逻的方式对防区实行不间断的监视和镇压”。同时,法令强调宪兵隶属于军队,执行武装部队的纪律和各项条令、条例;宪兵有责任执行各省、市行政机关和警察部门请求的任务,并为之提供所有有关公共安全和秩序的情报。该法令还赋予宪兵中尉和上尉治安官审判权。1820年10月27日的法令给予国家宪兵永久存在的地位,并第一次制定了完整的宪兵条例。该条例规定,宪兵是一支由15000人组成的部队,其任务是维持社会治安,执行国家的内部法律,通过部署在全国各地的宪兵步兵小队和骑兵小队,对全国进行不间断的镇压性监控;宪兵是国家军队的组成部分,在军队中招收新宪兵。1920年10月,宪兵部队在战争部内组建了一个独立的自制局(国家宪兵局),从此,国家宪兵有了统一的中央指挥机构。第二次世界大战后,国家宪兵得到更进一步发展。2009年8月3日,法国第2009-971号法律规定宪兵平时接受内政部的领导,宪兵的经费不再列入国防预算,但在战时以及与国防有关的工作,宪兵仍将接受国防部的征调和领导。

国家宪兵实行由上至下垂直领导机制。国家宪兵总局局长由局长办公室协助工作,总部依次下设宪兵军区司令部、宪兵团、宪兵营、宪兵队和宪兵小队。宪兵的装备除配备手枪以外,还配备机枪、装甲车、装甲运兵车、直升飞机、固定翼飞机、舰艇、迫击炮、军犬、军马等。国家宪兵在和平时期执行普通警察的任务,战时则执行作战任务,法国历史上每次对外作战都有宪兵参加,并在战争中充当重要角色。国家宪兵总局下设10个机构,分别是:(1)宪兵监察局,负责对全国宪兵的违纪处理。(2)宪兵院校局,负责对5所宪兵院校进行管理、学生的入学考试及录取工作,并对宪兵进行在职业务培训,管理全国的特种技术培训中心。宪兵院校局下设档案和教学研究中心(主要进行教学法研究)、宪兵高等教育中心。(3)宪兵技术中心,主要从事研究和档案管理,下设暴力恐怖综合情报处、警察技术和打字技术处、犯罪情报分析中心(CRRJ)、中心档案室、影像中心实验室、宣传处、国家交通信息中心。(4)宪兵行政中心,负责宪兵部队的日常管理。(5)宪兵空中运输指挥部,与民航总局密切合作,负责机场守卫和保证警察空中航行的安全。(6)宪兵航空兵指挥部,负责武装部队空军基地和各种航空设施的安全。(7)海上宪兵指挥部,对宪兵海上部队进行指挥、领导。(8)驻德宪兵指挥部。(9)海外宪兵指挥部,对驻法国海外省的宪兵进行指挥与协调。(10)武器装备指挥部,负责宪兵和警察各武器装备部门的安全。国家宪兵总局还直接领导一个国家宪兵安全干预支队(GSIGN),由巴黎宪兵机动团代管。国家宪兵安全干预支队除公共服务和行政部门以外,有3个业务组织:国家宪兵干预大队(GIGN)、国家宪兵伞兵干预大队(EPIGN)、共和国总统卫队(GSPR)。

国家宪兵总局在法国本土设置了6个宪兵军区,宪兵军区下设省宪兵部队和机动宪兵部队。省宪兵并不是各省的宪兵力量,而是担负固定任务的宪兵;机动宪兵则相反,没有固定的任务,只担负处置突发事件和其他临时性的勤务。一些特种宪兵部队具有特殊性,在同一宪兵军区的空中宪兵队组成一个空中宪兵营;空中运输宪兵队也依照此种方法组织。另外,法国还在经济大区设宪兵团,由所在宪兵军区宪兵司令指挥。全国共有22个宪兵团,团长为宪兵少将或上校军衔,指挥一个宪兵机动营和经济大区所辖各省的宪兵营。宪兵机动部队并没有固定的防区,根据情况需要可以在全国范围内执行任务。宪兵机动营下设宪兵队。在经济大区的上诉法院驻地还设一个宪兵侦查队,侦查队长为上尉军衔,直接受宪兵团长领导。侦查员负责上诉法院辖区的案件侦破任务。

(郭立新　付　磊)

法国国家司法警察中心局

法国国家警察总局下属的中心局之一。国家司法警察中心局负责集中查找最可怕的罪犯,发现最严重的犯罪,并对此向地方警察部门提供最有效的手段。司法警察中心局下属多个分局,包括刑事案件分局、经济与金融案件分局、技术与科学警察分局等。与此同时,该中心局还设有14个中心处,负责同特定的犯罪作斗争,如惩治匪盗抢劫、惩治贩卖人口、惩治盗窃艺术品、惩治贩卖武器、惩治非法毒品交易、惩治人民币与重大金融犯罪、惩治非法移民、惩治与信息和通信技术有关的犯罪行为、人员失踪、危害环境与公共健康、流动性犯罪以及非法用工等。

在司法警察中心局下,整个法国共有18个司法警察警务区,巴黎警察局所属的司法警察警务区不计算在内,巴黎警察局管辖的司法警察警务区包括巴黎市、对德尼斯、赛纳省、上赛纳省与马恩河谷省。每一个司法警察部门均由1名警察分局局长领导,下设若干处,其人员包括警长、督察员、侦查员和技术员。司法警察部门负责处理重大案件,由于其地域管辖权限有所扩张,所以效率比较高。同样,司法警察部门可以参与在地区行动组内开展的行动。

在法国,"司法警察"是一个统称,指在执行刑事侦查任务的宪兵、警察以及其他司法行政人员。司法警察主要包括司法警官、司法警员、助理司法警员。司法警官享有最广泛的权力,而司法警员及助理司法警员则隶属于司法警官管辖,只享有相对有限的权力。具有司法警官身份的人主要包括市长及市长助理,宪兵队的军官、军士和宪兵队中至少服役3年的宪兵,国家警察总监察、副总监察、总督察、警长和警官、国家警察全体人员和技术人员中至少任职3年的正式公务员,行使隶属于内政部司法警察总监察、副总监察职责或行使国防部队指挥或副指挥职责的人员。具有司法警员身份的人员主要包括不具有司法警官身份的、不具备司法警官身份的国家警察指挥与干部编制的正式公务员以及实习公务员与具有尉官衔的警校学生等。司法警察在正式侦查开始前后所行使的职权并不相同。在正式侦查开始之前,司法警察的职责是证实违法行为,收集证据并寻找犯罪行为的实施者。在正式侦查开始后,司法警察的职责则是执行预审法官的委托事项并听从预审法官的命令。

(刘方权)

法国预审法官

法国负责案件侦查并作出司法决定的司法官员,兼具侦查者和裁判者的双重身份。设置预审法官是法国刑事诉讼的一大特点。预审法官制度起源于国王弗朗西一世时期。1808年

《刑事审理法典》规定预审法官具有高级司法警官的身份,从命于检察官,在预审方面发挥侦查人员的作用。法国现行《刑事诉讼法典》取消了预审法官的司法警官身份,并规定由其单独组成一级预审法庭,同时在上诉法院设置二级预审法庭。实践中,共和国检察官在知悉犯罪案件或者接到告诉之后,根据案件的具体情况审查发动追诉的合法性与适当性,分别作出发动追诉、实行追诉替代措施或者不予立案的决定。如果检察官认为控告的理由不足或者证据不扎实,可以要求预审法官进一步听取告诉人的陈述并让其提出支持告诉的证据材料,如果告诉的事实不具备启动刑事追诉的条件或者不能认定任何刑事罪名,共和国检察官向预审法官提出不予立案侦查意见书。共和国检察官如果认为需要决定立案追诉,则须向预审法官提出立案侦查意见书,预审法官在接到该意见书后才能进行侦查。预审法官依法进行其认为有益于查明案件事实真相的一切侦查行动,查找有罪证据与无罪证据。预审法官可以前往现场,进行勘验、搜查、扣押,但应通知共和国检察官。检察官可以陪同预审法官,可以列席其要求进行的侦查行动。当检察官和预审法官同时都在现场时,可以当场要求预审法官开始侦查。如果有必要,预审法官在告知本法院的共和国检察官之后,可以在其书记员的陪同下前往全国任何地点进行任何预审行动,但事先应通知其打算前往地点所在管辖区的共和国检察官。

如果预审法官不能亲自进行全部预审活动,可以委托司法警官实施侦查行动。司法警官受预审法官的委派实施搜查、扣押、截留电话通信等活动。预审法官可以委派司法警官或任何有资格的人按照法令确定的条件对受审查人的具体情况及社会状况进行调查。预审法官认为可终结侦查时,口头或者用挂号信通知各当事人及他们的律师,并在法定期限内将案卷移送共和国检察官。对预审法官的任何裁定,检察官都有权向上诉法院预审法庭提出上诉,只有检察官有权要求就新的证据重新进行侦查。

法国法律将签发执法凭证的职权授予了预审法官。预审法官可以签发通缉令、传唤到案通知书、拘票与逮捕令等执法凭证。需要注意的是,这些执法凭证通常都是预审司法文书,但在特定情况下,审判法庭也可以使用,自由与羁押法官则可以签发押票。

（刘方权）

芬　兰

芬兰警察机构

芬兰行使警察权的机构统称。芬兰警察机构隶属于内政部,分三级设立,即作为中央警察机构的内政部警察厅、各省警察局和各省之下的警区警察局。内政部警察厅是芬兰国家警察的最高领导机构,负责指导和监督整个警察系统的工作,制定警察法规,开展与警察相关的研究和培训以及与欧洲刑警组织和国际刑警组织的合作,其首脑为警察总长。警察厅下设国家调查局、国家交通警察局、国家安全警察局、机动警察队、地方警察事务局、警务技术中心、警察通信技术管理中心、警察培训中心。另外,赫尔辛基警察局直属警察厅管理。警察厅国家调查局是一个可以在全国范围内行使权力的国家警察单位,在各省设有分局,其任务可以分为两个部分,一是打击有组织犯罪以及其他严重犯罪,二是提供专家服务。国家调查局还负责协调与芬兰海关、边防警察的联合打击行动。国家安全警察局负责调查和打击各类危害国家安全的犯罪活动,其主要职责是打击恐怖主义以及外国组织在芬兰的情报收集活动,打击国际有组织犯罪,监控和预防与国际恐怖主义有关的威胁活动,调查一切针对国家高层的犯罪活动,提供安全情报,开展安全清查,为出访的芬兰领导人和来访的外国代表提供人身保护。

芬兰共有90个警区警察局,各警区警察局下设有35个城市警察局和220个农村警察局作为其派出机构。另外,实行自治的奥兰群岛有自己独立的警察机构,并向奥兰群岛当局负责。除国家警察外,芬兰还有一支独立的铁路警察和一支准军事性的边防警察。

(刘方权)

芬兰中央刑事警察局

芬兰负责一些重大刑事案件的侦查和为地方各警区警察局刑事侦查部门提供特别技术服务的警察机构,类似于英国国家犯罪调查局和美国联邦调查局。芬兰中央刑事警察局成立于1954年,其主要目的是帮助其他警察机关有效打击刑事犯罪,特别是严重刑事犯罪和有着深厚根基的犯罪组织。近年来,芬兰中央刑事警察局主要关注发生在芬兰的白领犯罪。为了提升对白领犯罪的打击力度,芬兰中央刑事警察局进一步提升了案件办理的技术能力,保留了芬兰人的指纹和其他身份识别文件。除与地方警察警察合作外,中央刑事警察局还有权在芬兰全国范围内进行独立调查行动。

(刘方权)

芬兰海关和边境保卫部队

芬兰承担部分刑事执法职能的部队。芬兰海关和边境保卫部队主要针对货物或人员非法进出芬兰海关的犯罪行为进行调查,并享有大部分警察权力。在海关,逮捕权由海关高级检查员以上级别的人员行使;在边境保卫部队,逮捕权由边境控制小分队指挥官以上级别的人员行使。海关人员可以行使除化装侦查和诱惑侦查之外的警察所享有的调查权,边境保卫部队人员则可以行使警察所享有的全部调查权。此外,海关执法人员有时还可以执行燃油税法、机动车交通法等与货物进口无关的法律。

(刘方权)

芬兰国防武装部队

芬兰负责调查军人犯罪和现役军人对非普通市民实施的部分犯罪行为的军事机构。芬兰国防武装部队对保卫军事设施安全具有纠察责任和管辖权,有权实施反间谍活动,并调查与国防安全有关的阴谋破坏活动,但只限于国防军队内部。国防武装部队连级指挥官以上的军官有实施逮捕的权力,更严重的犯罪由芬兰国防指挥部调查处负责,或者由级别较低的军事检察官负责。与国家安全相关的军事警察行动和所有的技术监控行动由国防指挥部调查处执行,国防部本身无权采取窃听或其他针对芬兰公民通讯的强制性措施。

(刘方权)

韩　国

韩国警察机构

韩国行使警察权的机构统称。韩国实行中央集权制的国家警察体制，警察机构内务部统辖，共分三级，即国家警察总部、道（市）警察局和地方基层警察局。内务部由1名副部长兼任警察总监，全面领导全国警察工作。警察总部是国家警察的中央组织，共辖行政局、通讯局、刑事侦查局、情报局、规划局、公共安全局、保安局、技术局、国家警察学院、法庭科学技术研究所、海上警察等部门。韩国在1个特别市、5个直辖市和9个道分别设置警察局，各警察局设有与警察总部对应的直属机关，并各自负责消防和海岸警卫队。道（市）警察局下辖地方基层警察局，地方基层警察局又管辖若干警察所，各警察所辖若干警察站和岗亭。除此以外，韩国警察机构还包括总部设在首尔东北部郊外的秘密警察机构——国家安全计划局，由其对危害国家安全案件实施刑事侦查、拘捕、拘留、秘密讯问等活动。

根据任务性质，韩国警察可以分为服务警察与作战警察两类；按职责又可以分为普通警察、刑事警察、海上警察、机场警察、空中警察、铁路警察等几类。普通警察负责执行正常的社会治安、秩序、交通管理等警务；刑事警察负责刑事侦查、拘捕、审讯、押解、保护监狱、执行判决等；海上警察负责主要港口和海岸线的巡逻及海上运输的警备工作，保护渔船、救援及执行海商法律；机场警察负责机场安全、执行海关法律。

（刘方权）

加　拿　大

加拿大警察机构

加拿大行使警察权的机构统称。加拿大警察由联邦警察即加拿大皇家骑警（The Royal Canadian Mounted Police，RCMP）、省警察、市警察构成。皇家骑警的职责是负责除安大略省、魁北克省以外的各省刑事案件侦查及履行省法律规定的义务，并为育空地区、西北地区、努纳武特地区和190余个城市提供警察服务；安大略省和魁北克省都建有自己的警察部队，皇家纽芬兰警察与联邦警察分担纽芬兰省的警察任务，其余各省则与皇家骑警签订合同，由皇家骑警提供服务。大多数市都有自己的警察，或者是聘用省警察服务。总部位于渥太华的加拿大警察资讯中心（Canadian Police Information Center）是国家警察机构的一部分，所有主要警察机构可以在数秒钟之内获知加拿大的资讯，并凭借与美国联邦调查局的警察资讯中心连线的计算机系统，迅速获得美国的相关资讯。加拿大全国共有8个主要犯罪侦查实验室及28个国家情报部门，负责搜集关于有组织犯罪及犯人的特定资讯以补充加拿大警察资讯中心的资料,并将之储存在加拿大皇家骑警队的国家中央资料库供加拿大警察乃至国际刑警组织使用。

(刘方权)

加拿大皇家骑警

加拿大根据《皇家骑警法》设立的国家警察力量。皇家骑警隶属于加拿大公共安全部,总部设在渥太华,其历史可以追溯至1873年5月23日加拿大国会通过一项在西北地区成立骑警队以执行联邦法律的一项法案。骑警队在成立之后迅速壮大,并逐渐扩大管辖区域,进入育空地区后又扩展至其他北部地区。1905年,原来的西北地区分化出艾伯塔省及萨斯喀彻温省,这两个省分别与联邦政府签约冠以"皇家西北骑警队"继续执行公务,省政府分担其费用,"皇家"头衔则是英王爱德华为嘉赏骑警队的卓越成绩而于1904年赐予的。1920年,西北骑警队并入另一支在东部地区负责治安工作的"自治领警察部队"后改名为"加拿大皇家骑警",并将总部迁到了渥太华。

在领导体制上,加拿大公共安全部的1名总警监全面负责对皇家骑警的领导和管理,另有7名副总监分别负责各部工作。其中第一副总监分管联邦和国际警务处、安保处、首都地区警务办公室、魁北克省警务协调办公室、安大略省警务协调办公室;第二副总监分管刑事侦查处、战略谋划处、城镇和原住民社区警务协调办公室;第三副总监分管联邦武器管理中心、警察大学、公共信息官办公室、刑事犯罪情报中心、刑事科学实验室、信息和鉴定中心、青少年保护办公室;第四副总监分管财务处、后勤保障处;第五副总监纽芬兰和拉布拉多地区警务办公室、新斯科舍省警务办公室、新不伦瑞克省警务办公室、爱德华王子岛警务办公室;第六副总监分管曼尼托巴省警务办公室、萨斯喀彻温省警务办公室、西北地区警务办公室、阿尔伯达省警务办公室、里贾纳后勤基地;第七副总监分管大不列颠哥伦比亚省警务办公室。

作为维持社会治安的一支警察部队,加拿大皇家骑警负责加拿大的安全工作,调查间谍与颠覆活动,经营电信部门,管理国家警察机构,为所有加拿大及外国警察部队提供调查服务。加拿大皇家骑警在全世界设立负责护照管制与联邦工作的办事处,以便与其他警察部队合作,确保入境安全。

(刘方权)

加拿大军事警察

加拿大设立的服务于加拿大部队的警察机构。包括现役和预备役部队成员、国防部文职雇员、士官和居住在加拿大本土和海外军事基地内的家庭成员,其职责是通过与地方警察力量的合作,保护加拿大军事设施不受破坏。加拿大军事警察被定位为治安官员,并有权逮捕一切违反了加拿大军事纪律的人员;对那些实施了侵犯加拿大军事设施犯罪行为的不受军事纪律管辖的普通公民,根据公共安全部的指令、加拿大矫正服务中心主任或加拿大皇家骑警总监的命令可以实施逮捕。

加拿大军事警察有权在全球范围内的加拿大军事基地内进行执法,但其执法行为与其他警察机构一样,要遵照相同的法律和标准,其犯罪侦查活动同样受加拿大刑事法律规范的制约。另外,虽然加拿大军事警察的管辖权仅限于国防部在加拿大本土和全球范围内的军事设施和财产,但任何非法进入加拿大军事基地的行为都在其管辖权限之内。只要犯罪是针对加拿大的军事设施,或者与加拿大军事设施有关,加拿大军事警察即有权对犯罪行为人进行逮捕并提出指控。必须注意的是,加拿大军事警察的这些调查行为并非意在取代民事警察,而是为后者提供更多的安全和警务支持。另外,加拿大军事警察还有权执行加拿大省际高速公路交通法。

(刘方权)

加拿大边境武装部队

加拿大于2003年12月12日整合原加拿大海关、移民局、食品安全局的执法人员成立的一个负责加拿大边境、移民和海关执法的联邦机构。加拿大边境武装部队下设犯罪调查和起诉处作为刑事侦查的主要职能部门,负责对那些违反加拿大边境管理法律的犯罪行为进行调查和起诉。为追究这些犯罪行为,侦查人员可以采取的行动包括:对货物和人员进出加拿大的欺诈性犯罪行为进行调查;对一些案件线索进行审查、研究和收集相关的犯罪证据;对数字设施和媒介进行法庭科学鉴定;执行搜查令;为(民事、刑事)诉讼准备相关文件材料;协助外国海关对违反海关法的行为进行调查;协助公诉人准备刑事指控所需要材料。

美国"9·11事件"之后,加拿大对边境执法的重视程度急剧提升。在与美国签署"智能边境宣言"(Smart Border Declaration)后,加拿大又与美国共同成立了"美加联合边境执法小组"(Canada – United States Integrated Border Enforcement Teams, IBETs),作为加强两国相关执法机构在边境执法和情报收集合作措施。加拿大边境武装部队就是IBETs的成员。

(刘方权)

加拿大太平洋铁路武装警察部队

加拿大古老的警察机构之一,全面负责加拿大的铁路安全。CPPS原本是一个私人警务机构,但根据《加拿大铁路安全法》(Canada via the Railway Safety Act)和其他相关法律的授权而正式成为加拿大联邦警察组织体系中的一员。其主要职责是保护加拿大铁路公司的设施、雇员和财产安全,包括对公众进行不要横穿铁路的安全教育、在学校进行相关的安全意识教育、对破坏铁路设施和安全的犯罪行为进行调查、派出警员在铁路沿线进行巡逻等。

(刘方权)

美　国

美国警察机构

美国行使警察权的国家机构统称。美国警察机构分为联邦、州和市县三级,联邦和州警察机构分别行使联邦和州有关法律赋予的权力,州以下各种警察的权限由各州决定。除联邦警察外,州警察、城市警察和县警察及私人保安与联邦政府没有垂直领导关系,直接由地方政府领导。

美国没有统一的中央警察机构,目前约有60个联邦级别的警察机构,主要分属联邦政府司法部、国土安全部及美国邮政管理局,主要职能是执行各项联邦法律和打击全国性的重大违法犯罪。比较有代表性的联邦警察机构包括联邦调查局、缉毒署、烟酒枪炮及爆炸物管理局、海关/边境保卫局等。

美国各州政府都自行设立警察机构。州警察机构一般只执行本州的法律,对州长负责,不受联邦警察的领导和约束。州警察局长大多由州长亲自任命,负责领导本州警察开展警务活动。通常,州警察在县市等地方警察机构不管的地区来履行责任,如在州界公路上巡逻和解决交通事故等。

(刘方权)

联邦调查局

美国最早建立的现代化大型情报警务机构,美国司法部下属的主要特工调查部门。1908年,西奥多・罗斯福总统授权司法部长查尔斯・约瑟夫・波拿巴成立一个小型侦探机构,以调查美国西部地区的土地非法销售犯罪行为。1909年5月,该机构被命名为调查局(The Bureau of Investigation,BOI),1935年7月1日正式改为美国联邦调查局。联邦调查局局长由总统任命,并经参议院批准,任期10年,第一任局长为胡佛。联邦调查局总部设在华盛顿,现有工作人员2万多名,其中8600多人是外勤人员。每年的预算为23亿美元。

联邦调查局在响应公众需要和忠实于美国宪法的前提下履行职责,主要任务是调查违反联邦法律的犯罪行为,调查来自外国的情报和恐怖活动,对联邦、州、当地和国际机构提供帮助。在成立之初,联邦调查局只管辖少量犯罪案件,如土地诈骗、全国性银行诈骗、反垄断犯罪以及跨州界犯罪等。但随着时代发展,联邦立法逐渐扩大了联邦调查局的管辖案件范围。目前,联邦调查局可对超过二百种联邦罪名进行调查,并在反暴行、毒品或组织犯罪、外国反间谍活动、暴力犯罪和白领阶层犯罪等方面享有最高优先权。

联邦调查局总部下设10个由助理局长担任领导的职能部门,分管鉴定、训练、刑事调查、技术服务等工作,并在全国59个城市设立外勤办事处及从属于它们的400多个"地方分局",还有分布在世界22个国家的驻外机构,执行总部分配的任务。联邦调查局还设有罪犯司法信息服务部、刑事犯罪科学实验室、中央指纹档案馆(其中存储着近4700万个对象的指纹,乃世界同类数据库之最)、尖端人质拯救小组以及专门培训高级特工的国家学院等机构。其中,联邦调查局国家学院坐落在弗吉尼亚州匡蒂科美国海军陆战队基地内,主体包括3幢宿舍楼、1座餐厅、1座教学楼、1个法医研究与训练中心、1个有1000个座位的礼堂、1座小礼拜堂、1个大健身房、1条室外跑道和1家装备齐全的汽修厂。除此之外,国家学院里还有一座模拟城市,专供FBI和毒品管制局训练学院的学员实战模拟用。模拟城市附近还有1个室内靶场,8个室外靶场,4个飞碟靶场和1个200米步枪冲锋枪靶场。

(刘方权)

中央情报局

美国政府的情报、间谍和反间谍机构,主要任务是公开和秘密地收集和分析有关外国政府、公司、恐怖组织、个人、政治、文化、科技等方面的情报,协调其他国内情报机构的活动,并把这些情报提供给美国政府各部门。1941 年,时任美国总统罗斯福为应对第二次世界大战的严峻形势,决定成立美国情报协调局,负责破坏、谍报、反间谍和部署、实施秘密行动。1942 年 6 月 13 日,在参谋长联席会议和时任情报协调局局长多诺万的联合建议下,罗斯福下令将情报协调局与军方情报力量结合成立美国战略情报局(Office of Strategic Service),这是美国第一个统一的中央情报机构,也是美国中央情报局的前身。第二次世界大战结束后,杜鲁门总统解散战略情报局,成立国家情报局及其行动机构,即中央情报组(CIG)。1947 年杜鲁门总统批准《1947 年国家安全法案》,9 月 18 日中央情报局成立。

中央情报局总部设在弗吉尼亚州的兰利,局长是中央情报主任,负责管理整个美国情报界的活动。中央情报局分为四个主要组成部分,即管理处、行动处、科技处、情报处,每一部分由 1 名副局长领导,办公室、总审计办公室、总监办公室、平等就业机会办公室、人事主任办公室、政策与计划主任办公室 6 个办公室直接归局长和副局长领导。管理处下设通讯、后勤、安全、财务、医疗服务、人事、训练与教育、数据处理科;行动处下设反情报、国外情报、隐蔽行动、中央掩护科,评价、计划和设计科;情报处下设管理与分析、武器控制情报、搜集需求与评价科以及 5 个地区办公室和 5 个职能办公室,外加 1 个独立中心;科技处于 1962 年成立,当时称为研究处。美国中央情报局不同于其他美国政府机构,无须公开预算、雇员人数或工作情况,是与英国军情六处、苏联克格勃和以色列摩萨德等齐名的世界著名情报机构。

根据《1947 年国家安全法案》,中情局没有国内任务,也没有逮捕权,主要职责就是为总统的国家安全决策提供依据,中情局局长是国家安全委员会的情报顾问。这决定了中央情报局是最接近美国国家安全决策程序的情报机构,但中情局局长并不能对美国情报界的其他机构发号施令,而只起协调作用。中央情报局主要有以下五种职能:(1)向国家安全委员会提供协调政府各部门和机构有关国家安全方面情报活动的情况;(2)向国家安全委员会提供协调政府各部门和机构有关国家安全方面情报活动的建议;(3)联系和评价有关国家安全的情报,为政府内部适当传播情报,在适当的地点提供有用的机构和设施;(4)为现存情报机构的利益,从事共同关心的辅助服务,以便更有效、更集中地执行国家安全委员会的决定;(5)履行影响国家安全的有关情报的其他职能和义务,以便国家安全委员会能随时进行指导。

20 世纪 90 年代初开始,中央情报局逐渐将工作重点转向搜集经济情报和其他国际上的一些热点问题,如反恐怖主义、防止核武器扩散和防止毒品走私等。克林顿政府明确指示美国中央情报局在国际新形势下主要有三大使命:(1)努力掌握介入武器扩散和恐怖活动的国家的情况,其中最突出、最主要的国家是朝鲜和伊朗;(2)严密注视那些一旦它们的政治和经济发生不利的变化可能会使美国感到不安的国家的情况,如俄罗斯和中国;(3)尽一切努力协助美国政府确保美国企业能在国外生意场中进行公平交易,可以为了从敌国手中夺走经济合同而进行一切收买或行贿活动,以保障美国企业赢得商业竞争。

(郭立新 付 磊)

美国陆军犯罪调查司令部

美国调查发生在军队内部的重罪案件和严重违反军事法律行为的专门机构。第一次世界大战期间,在美国军事警察内成立了一个独立组织以预防和调查发生在美国驻法军队中的犯罪案件,由首席军事法官的犯罪侦查顾问领导,但在调查行动上仍由军事法官控制。第二次世界大战期间,随着军队规模的扩张,军人犯罪率上升,驻地军队指挥部缺乏进行充分调查所需要的人力和资源。1944 年 1 月,首席军事法官办公室成立陆军军内犯罪调查局,负责对所有军内犯罪侦查活动进行监督、协调,制定行动计划和政策以及制定犯罪调查人员标准。

1964 年,美国国防部认为,为了在全球范围内提高美国陆军军内犯罪调查的效率和能力,有必要对美国陆军军内犯罪调查活动实行完全的中央化控制,于是美国本土、欧洲、远东地区陆军驻军负责军内犯罪调查活动的各机构被重新整合并于 1969 年建立美国陆军犯罪调查司令部,以对美国在全球范围内的陆军驻军军内犯罪调查活动进行监督。

陆军犯罪调查司令部是一个具有独立调查权的陆军调查组织,其调查结果通过指挥系统向 USACID 指挥总长报告,并送交美国陆军部长。USACID 指挥总长通常也是美国首席军事法官。

(刘方权)

美国陆军反间谍部

美国陆军情报部的重要组成部分,主要职能是对外国情报机构、国际恐怖组织、美国陆军和国防部内部人员的威胁等实施侦探、识别、评估、对抗、利用、策反行动。第一次世界大战期间,美国陆军反间谍行动由情报警务特种部队(Corps of Intelligence Police,CIP)进行,第二次世界大战和“冷战”期间则由反间谍特种部队(Counter Intelligence Corps,CIC)负责,现在美国陆军反间谍部的特工行动是在美国陆军情报和安全指挥中心(United States Army Intelligence and Security Command)的支持下进行的。

美国陆军反间谍特工的职责包括通过特别调查程序对危害美国安全的犯罪进行调查、实施反间行动、处理情报证据、参与技术保护行动、准备和发布相关报告、为了收集情报询问有关人员、支持反恐怖行动等。高级反间谍特工还负责为那些初级特工提供指导、监督其训练,与美国和外国执法机构、安全和情报部门进行合作行动,计划和实施与美国国家安全相关的反间谍行动。实践中,一些接受过专门训练的军人和平民被任命为反间谍调查行动特工(Counter - intelligence Special Agents,CI),并持美国联邦执法人员工作证件。在陆军内部,这些特工享有执行逮捕和对叛国、间谍、煽动叛乱、颠覆、旨在破坏美国国防的阴谋破坏活动、国际恐怖主义等活动的侦查管辖权(其他发生在美国陆军内的犯罪活动由美国陆军犯罪调查司令部调查)。发生在美国其他兵种内部的间谍行为分别由空军特别调查办公室(Office of Special Investigations for the Air Force),海军和海军陆战队犯罪调查部(Naval Criminal Investigative Service for the Navy and Marine Corps)负责。

(刘方权)

美国海军犯罪调查局

美国海军部隶属的情报收集机构及反情报、反恐怖主义机构和联邦执法机关。海军犯罪调查局最早可以追溯至 1882 年由海军部长威廉·亨利·杭特(William Henry Hunt)所签署之海军部 292 命令而成立的海军情报室(ONI),最初任务为收集国外船只特性与军备、绘制国外河川、水域之海图、防御工事、工厂及造船厂。海军犯罪调查局拥有 2500 名雇员,其中大约一半的雇员为非现役情报特工。他们在接受相关训练之后,被派往全球各地执行任务。海军犯罪调查局的特工也与美国其他执法机构合作进行国内司法调查,并接受刑侦专家有关于取证、监视、侦查、计算机情报搜集、人身安全保护和测谎技术等方面的技术支持。

(刘方权)

美国海岸警卫队调查署

美国海岸警卫队的组成部分,主要负责对与美国海岸警卫队利益相关的犯罪行为进行专业调查,收集执法信息和情报,提供护卫性服务,建立和保持执法合作,以保证美国海岸警卫队的廉洁性和海岸警卫队职业的福祉,支持海岸警卫队和国土安全部军事法律的执行和美国在全球范围内的反恐行动。

作为美国联邦执法机构,美国海岸警卫队调查署的执法权源于《美国法典》第 14 篇第 95 条(14US C. § 95)。根据该条规定,海岸警卫队调查署的调查人员有权对事实上的或者被控实施犯罪行为的人或者有犯罪嫌疑的人采取调查行动,有权配备武器、执行刑罚和司法令状、实施逮捕等。海岸警卫队调查署的犯罪侦查部门与大都市警察局的重案侦查部门类似,专门负责对那些发生在海岸警卫队内部的欺诈、盗窃、谋杀、强奸案件和发生在海岸警卫队外部的与军事相关的偷渡、毒品走私、虚假的海上求救、破坏海洋环境等犯罪行为进行侦查。海岸警卫队调查署由 1 名职业的犯罪侦查专家集中指挥,并由其直接向海岸警卫队的情报司令助理报告工作。

(刘方权)

美国海关和边境防卫局

美国国土安全部下属机构,负责保护美国 7000 英里长的陆地边境和 2000 英里长的佛罗里达州与南加利福尼亚州的海岸边境,协同美国海岸警卫队共同保护 95000 英里长的美国其他海岸边境,主要任务是防止恐怖分子进入,打击偷渡、毒品走私、非法移民,防止对美国农业与环境有害的动植物及其他物品进入美国境内。现有雇员总数约 44000 人。

(刘方权)

美国国土安全部

美国在"9·11 事件"之后新成立的联邦部门。总部位于内布拉斯加大道广场(Nebraska Avenue Complex),主要任务是改善美国应对恐怖主义的能力,在发生恐怖袭击时将损失降低到最低限度并尽量恢复原状,并负责国境和交通安全、紧急状态的预警,对化学的、生物的、放射性的灾难以及核灾难进行回应和处置,并保护基础设施的安全。

国土安全部是美国联邦行政机关进行重大重组,整合原美国海关总署(属财政部管辖)、移民和归化局以及边境巡逻机构(属司法部管辖)、运输安全局(属运输部管辖)、美国海岸警卫队(属财政部管辖)、美国特工处(属财政部管辖)以及美国联邦应急管理局等机构而成立的。作为半个多世纪以来最大规模的一次联邦机构重组,国土安全部的成立涉及 22 个机构约 20 万名工作人员,机构重组过程中产生的行政问题在一定程度上影响了国土安全部在反恐怖主义行动中的有效性,特别是联邦调查局、中央情报局、国防部的情报和反恐部门都不在国土安全部的管辖范围之内,因此为了保证反恐行动的整体性,国土安全部必须与这些联邦机构进行不间断的沟通与协调,并将各个情报部门收集的恐怖主义情报信息进行汇总、分析。

国土安全部最公开的行动是其"安全顾问系统",即用五个等级标准来表明恐怖袭击不断增加的危险,当危险上升到"危险""高危险""极高危险"时,要求联邦和地方政府的执法机构以及军事力量,依次采取限制公众进入某个场所或将某个场所完全关闭之类的限制性措施。

(刘方权)

美国联邦邮政检查署

美国联邦邮政局下属的执法机构,负责对可能欺诈性利用美国邮政服务、邮政体系或邮政人员的犯罪,或对美国邮政局产生负面影响的犯罪进行调查,防止美国邮政服务体系被非法利用,保护和支持美国邮政局及其雇员、基础设施和用户。美国联邦邮政检查署是美国联邦执法机构中历史最为悠久的一个,可以追溯至1772年殖民地时期的邮政大臣本杰民·富兰克林第一次任命1名"调查员"对邮件进行管理和检查的制度。从某种程度上而言,美国联邦邮政检查署的历史比独立宣言乃至美国的历史还要长。1801年,联邦邮政检查署调查员的身份转变为特工,并于1830年被纳入邮件扣押和检查办公室(Office of Instructions and Mail Depredations)。邮政检查署是美国联邦第一个使用特工的执法机构。

作为案件调查机构,邮政检查署的调查人员是宣誓后的执法人员,有权持有武器、逮捕、执行搜查令,与美国联邦检察官、地方检察官等其他执法人员保持密切配合,对涉及邮政服务及邮政人员的案件进行调查,准备诉讼材料。整体上看,邮政检查署管辖的案件主要包括:通过邮政系统实施的欺诈案件、非邮政局工作人员实施的盗窃邮件案件、对邮政局工作人员实施的攻击案件、盗窃/抢劫邮政财产案件、邮递违禁品案件、与邮政服务相关的危害航空和国土安全的案件、与邮政服务相关的税务案件、与邮政服务相关的跨国犯罪案件。

目前,美国联邦邮政检查署大约有4000名雇员,其中犯罪调查人员大约1200名,着装武装人员1000名,其中制服警察约500人,建有法庭科学实验室、通讯系统,1000名技术和行政管理人员。

(刘方权)

美国五角大楼犯罪和内部事务调查处

美国国防部下属联邦警察局的下设机构,主要职责是对发生在五角大楼、国防部大楼、联邦政府所有的和租赁的位于美国首都地区的建筑物内发生的犯罪行为进行调查。PPD调查人员在调查前述犯罪案件过程中需要向弗吉尼亚州、马里兰州和哥伦比亚特区地方法院申请相关令状,因此调查人员必须熟知弗吉尼亚州、马里兰州和哥伦比亚特区的相关法律,同时与美国联邦检察官办公室和前述三州的地方检察官保持密切联系,从而更好地为检察官准备出庭材料,在大陪审团面前作证,以确保在联邦法院、军事法院、州和地方法院提起的指控成功。

五角大楼犯罪和内部事务调查处下设犯罪调查组、内部事件调查组和特别犯罪调查组。PPD调查人员都在联邦执法训练中心、军队等处接受过全面的犯罪侦查技能训练,包括法庭科学、犯罪现场勘查、审讯技术、犯罪现场照相、监视技术等。

（刘方权）

美国联邦储备委员会警察署

美国联邦储备委员会和中央银行下属的执法机构。主要职责是为联邦储备委员会的设施,无论是联邦储备委员会所有还是租赁的设施提供护卫服务和实施全面的执法行为。警察署对发生在联邦储备委员会办公场所内的治安、火灾、医疗事件负责,以保护公民的生命,并为其他执法机构提供支援与协助。警察署设有便衣警察,其地位和责任取决于其所在的地区,通常包括与其他执法机构、情报机构进行联合执法,并调查违反联邦储备银行法律的行政违法和犯罪行为。

联邦储备委员会警察署总部位于华盛顿特区,共设有 12 个独立的地方分局。分局除联邦法律的执法授权外,还有所在州和城市警察局的双重授权,但与华盛顿总部之间的关系较为松散。每个地方分局都有一支要人保护小组,由联邦储备委员会警察署的武装便衣警察为 12 个联邦储备委员会主席提供安保服务。联邦储备委员会警察署还在旧金山、明尼阿波利斯、亚特兰大、里奇蒙德、纽约市设有 5 个特别反应小组,以对全美联邦储备委员会的紧急事件进行应急反应。此外,该署还设有爆炸物品探测警犬队、狙击/巡逻快速反应小组、危险物品处理小组等以应对全美联邦储备委员会面临的可能危险,同时,还会将其派往一些地区执行临时紧急任务。

（刘方权）

美国毒品执法管理局

美国司法部下属的执法机关,也被翻译为美国药品强制管理局。毒品执法管理局在美国设有 21 个分局,227 个办事处,在其他 62 个国家设有 86 个国外办事处,截至 2006 年共有 10891 名雇员。在美国,毒品执法管理局的权力非常大,武器配备也很强,主要负责调查有关的犯罪行为、监视有关的犯罪活动、对贩毒集团的秘密渗透。该机构有一个独一无二的特权,即根据美国和某些国家的协议,如与墨西哥(“9・11 事件”后,毒品执法管理局的飞机可以飞越墨西哥边境执行任务)的协议,有权在这些国家采取调查行动。这是美国其他警察机构所没有的。

（刘方权）

美国国家公园警察

美国国家公园管理局(National Park Service)下属的美国历史悠久的联邦执法部门之一。1791 年,乔治・华盛顿组建了公园看守(Park Watchmen),负责保护哥伦比亚特区的联邦财产。1882 年,公园看守获得了和华盛顿特区大都会警察局同样的权限与职责,1919 年更名为美国公园警察,主要职责和管辖范围包括美国国家公园管理局负责的位于华盛顿特区、旧金山、纽约市等地的土地以及其他部分政府土地。除对常见犯罪的预防、调查和对犯罪嫌疑人的拘捕等其他城市警察局职责外,美国公园警察还负责管理美国的许多知名纪念碑,并在美国国家公园管理局管理的区域内同国家公园巡守员(National Park Rangers)共享管辖权。该部门同时还为美国总统和到访贵宾提供安保服务。

（刘方权）

美国海关空中和海上管理办公室

美国海关和边境保护局（US Customs and Border Protection，CBP）下属的一个联邦执法机构，美国国土安全部的组成机构。美国海关空中和海上管理办公室是全球最大的民用航空和海事执法机构，其使命是通过航空、航海资源的协调运用来侦查、制止、防范恐怖主义行动和非法移民、毒品运输以及其他违禁品进入美国，或通过美国边境，以保护美国人民和国家的重要基础设施。美国海关空中和海上管理办公室是唯一一个为其他执法机构提供空中和海上支持，以确保边境安全和在美国海域与本土之内的港口间进行执法的机构。

美国海关空中和海上管理办公室下设空中和海上管制处（Air and Marine Interdiction Agents），其除联邦执法机构共有的一般执法权外，还特别享有《美国法典》第8编（外国人和国籍）、第19编（海关）的授权。这些特别授权使美国海关空中和海上管理办公室的执法能力进一步增强，从而为国土安全部和其他联邦、州、地方执法机构的工作作出了重大贡献。

美国海关空中和海上管理办公室约有1200名联邦执法人员，分散在全美70个工作点，是美国海关和边境保护局下属的重要的行动机构之一。

（刘方权）

美国特勤局

美国国土安全部下属的联邦执法机构之一。其历史可以追溯到1865年成立于华盛顿特区的伪造货币调查机构，是当时美国第一个从事国内情报和反间谍工作的机构，后来其情报和反间谍等职能逐渐转移给了联邦调查局、联邦烟酒火器管制局（Bureau of Alcohol，Tobacco，Firearms and Ecplosives，ATF）和国内税务局（Internal Revenue Service）等机构，原由财政部管辖，2003年转由国土安全部管辖。目前美国特勤局的主要职责包括两个方面：调查金融犯罪和保护特定要员。

美国特勤局的调查工作主要集中在伪造美国货币、伪造美国财政债券、金融诈骗、计算机和通讯诈骗、利用虚假身份文件或虚假的资产设备抵押实施的诈骗、预付款诈骗、电子资金转账诈骗、洗钱等金融犯罪，以保护美国的财政体制和支付安全。

美国特勤局的保护对象主要包括总统、副总统、总统当选人和副总统当选人、前总统和他们的配偶（该配偶再婚除外）、大选前120天内确定的总统候选人和副总统候选人、现任和前任总统的未满16周岁的子女和孙辈、来访的外国国家首脑和政府元首及其配偶、总统令指定的个人和国土安全部指定的国家特别安全事件。美国特勤处制服部负责保护各国驻美大使馆、美国海军天文台和白宫。目前还有一些特勤处的任务处于保密状态。

（刘方权）

南　非

南非警察机构

南非国内刑事警察权的机构统称。1995 年 1 月 19 日，南非对全国警察机构进行了重新整合并进入一个新历史时期。目前，南非警察实行三级管理体制，即中央级、省级和地方级。中央级警察机构即国家警察服务部，由 1 名总警监全面负责日常管理工作。南非共有 9 个省，因此有 9 个省级警察机构。各省级警察局局长由总警监提名，安全部部长任命，任期 5 年，是一省警察力量的最高领导者，有权决定各派出机构的设立。地方级警察机构即各地方警察分局，9 个省级警察机构被划分为 43 个警察分局，下设 1116 个警署。

《南非警察服务法》第 5 章规定了南非警察的权力、责任以及警察职责问题。该法第 13 条明确规定新南非国家和建立南非警察服务部的目标是：“根据宪法，和对每个公民基本权利的充分尊重，警察应当根据法律的授权或指令行使其权力、履行其义务与职责。”该条进一步明确，当警察发现犯罪后，应当尽可能快地及时通知指挥人员。

除国家警察力量外，私人安保也是南非一支重要的警察力量。由于南非国家警察肩负预防与打击犯罪的双重使命，既要预防犯罪的发生，又要对已经发生的犯罪案件进行侦查、抓捕犯罪嫌疑人，因此，在警力不足的情况下难免捉襟见肘，南非私人安保力量对一些特定组织和个人安全的保障起到了较大的作用。

（刘方权）

南非国家警察服务部

南非警察的中央机构，总部位于南非行政首都比勒陀利亚，由 1 名总警监负责其日常工作。总警监由安全部部长提名，总统任命，任期为 5 年。如果总警监失去内阁信任，总统可以组成一个临时质询委员会，对总警监的工作展开全面调查，并提出处理意见，进而决定是将其解聘还是授权其继续留任。总警监有权决定经费的划拨、警察招募和警察培训的最低标准，以及全国范围内警察机构的建立、撤并和重组。

南非国家警察服务部下设的行政与业务部门较多，由 5 名副总监分工管理。与犯罪侦查工作相关的业务部门，包括犯罪情报处、犯罪侦查处、刑事科学实验中心等业务部门主要由第五副总监分管。

（刘方权）

南非国家警察服务部侦查局

南非国家警察服务部下属的主管全南非犯罪侦查工作的中央机构，下设刑事侦查处和特别行动处。特别行动处主要负责收集犯罪情报、对可能涉嫌刑事犯罪的人员进行监控、对煽动颠覆南非国家政权的行为进行调查等。特别行动处还下设刑事犯罪情报交换中心，为全南非各级警察机关的犯罪侦查部门提供指纹、犯罪记录档案等信息服务。此外,特别行动处还设有专门的毒品走私犯罪机动调查队,以及法庭科学实验室。

(刘方权)

日　本

日本警察机构

日本行使警察权的机关统称。1874 年(明治七年),日本政府首先设立东京警视厅负责东京的警察事务,并全面效仿欧洲警察实行的巡逻制、警察记录、交班等制度。此后,日本逐在全国建立警察机构。1877 年,东京警视厅被内务省警视厅吸收改为东京警视本署,并在 1947 年警察制度中被设置为“管辖特别区的自治体警察”。根据 1954 年《警察法修正案》,只有东京警察本部能够被称为警视厅,其他各都府道县警察机构总部只能称为警察本部。

日本主管全国警察业务的最高机构是国家公安委员会。该委员会由 1 名委员长和 5 名委员组成,委员一般在 5 年之内未从事过警察或监察工作的民间人士中任命,委员中不得有 3 名以上属于同一个政党。国家安全委员会主要负责统辖警官的教育、人事、装备、警察统计以及指导东京都、北海道、京都府、大阪府和其他 43 个县等 47 个省级地方政府的公安委员会。国家公安委员会和内阁总理大臣共同管辖警察厅。警察厅是日本警察机构的中央行政机关和枢纽,下设警察厅长官官房、生活安全局、刑事局、交通局、警备局、情报通信局等本部机关,并设有警察大学校等附属机关。警察厅下辖 7 个管区警察局和东京警视厅,管区警察局则下辖几个县警。县警的最高机关是警察本部,与东京警视厅一样,一般设有总务部、警务部、生活安全部、刑事部、交通部、警备部以及组织犯罪对策部等专业部门和地区性警察署,警察署下再设交番和驻地所作为派出机构,直接负责具体警务工作。比较特殊的是,警察本部只接受日本警察厅的间接监督,警察本部的最高长官——本部长享有独立指挥权,但东京警视厅直接受警察厅监督并接受警察厅长官的命令。东京警视厅的最高长官称为警视总监,而且警视总监不只是职务名称,也是日本警界最高警衔,因为警视总监的上级日本警察厅长官无警衔。

(刘方权)

日本警察厅

日本负责公共安全与警察部门的运营,职掌日本警察之态势整备、犯罪鉴识、犯罪统计等事务指挥,监督各都道府县警察,包括警视厅(けいしちょう)的最高警察行政机关。警察厅于 1954 年 7 月 1 日《警察法》(昭和二十九年 6 月 8 日法律第 162 号)施行之时设置,首长为警察厅长官(けいさつちょうちょうかん),由国家公安委员会经内阁总理大臣(日本首相)承认并任免。警察厅长官掌理警察厅之厅务统筹、所部级职员之任免及警察厅事务与都道府县警察之指挥监督。警察厅另设警察厅次长(けいさつちょうじちょう)1 人,等级为警视监(けいしかん)。长官公务外出时,职务由次长代理。

警察厅下设长官官房、生活安全局、刑事局、交通局、警备局、情报通信局等 6 个局以及国际部、暴力团对策部两大部,附设警察大学、警察科学研究所、皇宫警察本部等机构。其中,刑事局的主要业务范围包括:刑警业务、犯罪鉴定、犯罪统计、暴力团对策、打击涉毒涉枪犯罪活动、取缔有组织犯罪(不包括由其他局主管的业务)、有关侦查工作的国际合作事务以及跨国侦查业务、与国际刑警组织的联络。具体而言包括以下几个方面:负责由国家警察厅管辖的重大犯罪案件的侦查工作;指导并在必要时协助地区警察机构的案件侦查工作;负责各种与犯罪有关的鉴定事务;负责各种犯罪统计事务;负责国际侦查协作事务。刑事局下设刑事规划课、侦查第一课、侦查第二课、国际刑事课和鉴定课。

日本警察厅的地方机构由7个管区警察局和2个警察通讯部组成。管区警察局的基本职能是在本管区内执行警察职责并监督地方警察的工作。值得注意的是,日本最大的地方警察机构——东京警视厅并不在管区警察局的管辖范围,北海道建有管辖全道的警察本道,未设管区警察局。但是,为了加强国家警察机构的通讯联络与协作,日本警察厅在东京和北海道分别设立了警察通讯部。

(刘方权)

东京警视厅

日本管辖东京治安的警察部门。1874年(明治七年)1月15日,日本内务省设立东京警视厅,1948年(昭和二十三年)5月25日设立警视厅预备队,1954年(昭和二十九年)7月1日警察法最终确立了东京警视厅的现有制度。

东京警视厅本部所在地通称为“樱田门”,其本厅称为“本店”,东京都内其下辖各警察署称为“支店”。警视厅由日本警察厅直接监督管理,上级机构为东京都公安委员会。警视厅管辖东京都内102个警察署,所属警官人数超过4.3万人。东京警视厅最高长官为警视总监,设有1名警视厅副总监辅助警视总监开展工作,内设9个部门及分课,包括总务部、警务部、交通部、警备部、地域部、公安部、刑事部、生活安全部、组织犯罪对策部等,各部根据工作需要设立相应的课。

东京警视厅下设10个方面本部,介于本部与辖区警察署中间,负责各辖区警察署的合作。第一、四、八方面本部最高长官的警衔为警视长,其他方面本部最高长官的警衔为警视正。东京警视厅现共辖102个警察署。规模较大的19个警察署(曲町、丸之内、筑地、麻布、赤坂、蒲田、世田谷、涩谷、四谷、新宿、池袋、上野、浅草、本所、小松川、立川、八王子、町田、板桥)最高长官的警衔为警视正,其他各警察署最高长官的警衔为警视。

(郭立新 付 磊)

日本特高课

日本隶属于内务省的间谍组织,建立于19世纪末20世纪初。最初,特高课是应付日本国内事变的机构,但随着日本侵略中国和远东的需要,日本政府逐渐转变特高课的职能。比较显著的一个标志是:日本驻外国的使领馆官员在做情报工作的同时也配合其他间谍情报机构进行谍报活动。当时,日军占领中国一些地区后设立的“日本领事馆警察署”都会设立一个特高课,负责侵华特务活动和谍报活动。特高课的任务有五项:监视中国人的思想动态,取缔反日言行;搜集情报,汇编情报资料;破坏抗日地下组织,侦捕审讯处理特工人员;监视伪高官言行;

进行策反诱降等活动。第二次世界大战结束后,美军占领当局取缔了日本全部间谍机构,但特高课的一部分人员仍在美军间谍机关"加农"机关的控制下活动。

(刘方权)

瑞　典

瑞典警察机构

瑞典由司法部管辖、负责警务的专门机构。瑞典警察机构分三级,采用中央集权与地方自治相结合的体制。在中央一级,警察机构的最高机关为国家警察委员会,下辖国家警察总局。国家警察总局设总监1名、副总监1名,下辖三大国家级警察部门,即国家安全局、经济犯罪局,刑事犯罪侦查局及若干行政管理、财务、后勤保障单位。国家警察学院和国家法医实验室也直属于国家警察总局。在省一级,警察机构的最高机关为省警察委员会,其下辖省警察局。每个省又分为若干个区,每个区有独立的警察委员会,下辖区警察局。瑞典目前共有21个警察管辖区,警察管辖区的领导权在地方警察委员会,指挥权在县警察局局长,警察局局长和警察委员会的委员由政府任命。其中最大的是斯德哥尔摩警察委员会。瑞典警察三级机构之间不存在隶属关系,国家警察委员会不干涉省及地区警察局的日常警务工作,但是国家警察总局可通过经费划拨、人事任免、制定工作评估标准及警察招募培训计划,对地方警察工作进行调控和指导。

在对刑事犯罪的侦查上,国家警察总局所辖的国家安全局、国家刑事犯罪侦查局、国家经济犯罪局等负责刑事犯罪侦查工作。在地方层面上,瑞典各级警察组织中都有刑事侦查科,每个警察辖区都有一个特殊刑事侦查科,在县一级设有地区侦查麻醉品和经济犯罪侦查科。除此之外,瑞典还有一些特殊的国家和地方执法机关享有特殊种类犯罪的侦查权,包括瑞典海岸警卫队、财政检查署、竞争署、环境署等。

瑞典警察的工作以《警察法》和《警察条例》为标准。《警察法》规定的是警务工作的基本准则;《警察条例》在组织、工作和雇员方面规定了更为细致的条例。《警察法》第1条规定,警察应该维持公共秩序与安全,保证为公众提供保护和其他帮助;第2条规定,警察有责任预防犯罪和其他扰乱公共秩序与安全的行为,收集情报,依据一般诉讼秩序调查犯罪,为公众提供保护、信息和其他帮助、履行根据其他法规规定的警察职责。

(刘方权)

瑞典国家警察委员会

瑞典负责警察事务的中央行政管理机构。国家警察委员会成员包括国家警察总长、副总长和8名委员。总长和副总长由内阁政府任命,任期6年;8名委员由政府任命,其中2人负责行政管理,其余6人是国会成员。司法部长和6名兼任国会成员的委员都以文职人员的身份来管理警察部队。

瑞典国家警察委员会的权力主要是用来提高警察的执法效率,主要职责是对中央政府提供的警察经费进行管理与划拨、警察局长任命、制定全国的警察招募及培训规定、国家警察机构的装备引进和技术发展工作、系统计算机化和居民登记工作、为国家及地方警察工作提供咨询、帮助及协调地方与地区警察机关的工作。在对地方与地区警察机关的指导中,国家警察委员会的职权仅限于那些需要中央指挥或国际协调的事务。

与国家警察委员会对应,各省也设有警察委员会负责该省警察局的总体规划、资源分配、协调组织、联合行动和指导省警察机构的警务工作。省警察局负责日常警务工作及整个警察局的正常运转。地区警察委员会由警察局长、副局长和6-10名由选举产生的省一级任命的民选人士组成。委员会领导地区警务工作,对警务工作的计划和目标、组织管理和经费、警察局长的任命和其他由警察局长提交给委员会的重大问题进行决策。因此,委员会有权获取信息并对重大事务进行决策,但无权决定或干扰警方的具体行动。

(刘方权)

瑞典国家犯罪调查局

瑞典国家警察总局的主要职能部门之一,主要职责是打击严重有组织犯罪、与国际刑警组织和其他国家的警察展开执法合作、危机管理,包括对犯罪情报等各种侦查资源进行统筹和协调,边境安全控制、证人保护、为警察行动提供特别的专业和措施支持,以协助国家和地方警察机关完成执法任务。

国家犯罪调查局下设局长办公室、边境安全控制处、国际警务合作处、犯罪情报和调查处、特别行动处五个部门。

(刘方权)

瑞典国家安全武装部队

瑞典司法部下属的一个政府机构。瑞典国家安全武装部队成立于1989年10月1日,职责主要是开展反间谍、反恐怖犯罪活动,以保护瑞典宪法和其他一些易受伤害的目标,包括瑞典的皇室、外交。因此,瑞典国家安全武装部队的活动大多都是秘密进行的,但近年来其公开性得到了一定的增强。对危害瑞典国家安全的犯罪进行侦查,并采取措施予以打击是瑞典国家安全武装部队的义务,但有时此类犯罪也由普通警察机构进行侦查,国家安全武装部队只提供必要的情报支持。

(刘方权)

瑞典海岸警卫队

瑞典执法机构之一。海岸警卫队的主要任务包括:航海监控和其他控制及检查任务、在海上原油泄漏后进行环境清理工作;与需要航海监控和航海信息的市民进行合作;跟随国际形势的发展,参与国际行动,建立国境控制体系,进行海洋执法、海洋环境保护和执行其他航海监控任务。海岸警卫队还通过航空器执行其他监控任务。

瑞典海岸警卫队中央指挥部位于17世纪的航海之城卡尔斯克鲁纳,共有800名左右的雇员,在各地设有26个海岸工作站,包括1个航空海岸工作站,大致分为四大区域,即北区、东区、西区和南区,各区总部分别设在哈诺桑德(Härnösand)、斯德哥尔摩(Stockholm)、哥德堡

(Gothenburg)、卡尔斯克鲁纳(Karlskrona)。

(刘方权)

瑞典经济犯罪侦查局

瑞典司法部下属的专门进行经济犯罪侦查的政府机构。成立于1998年,总部位于斯德哥尔摩,共有大约560名雇员,其中大约100名检察官、230名具有各种专业知识的警察,以及分析师、司法会计师和行政管理人员。

经济犯罪侦查局是瑞典第一个警察与检察官合署办公的机构。经济犯罪侦查局有权对财政金融犯罪,如背信罪、虚假账目犯罪、市场滥用行为犯罪、税收犯罪等犯罪行为进行侦查和起诉,特别重视对发生在金融市场中的犯罪行为进行调查,并恢复因金融犯罪而受到破坏的金融市场秩序。此外,经济犯罪侦查局还负责对经济犯罪发展趋势进行监控和分析,在不同的执法机关之间发动打击经济犯罪的联合行动;为议会提出立法建议以遏制经济犯罪的发展。

根据不同任务,经济犯罪侦查局分为公诉部、法律部、发展部、行政管理部、经济犯罪办公室和局长办公室等几个部门。

(刘方权)

沙特阿拉伯

沙特阿拉伯公共安全警察局

沙特阿拉伯内政部管辖的最高警察机构。公共安全警察局是沙特阿拉伯的主要警察力量之一,最高首脑为公安总监,由国王任命,对内政部长负责。各省设公共安全局,其所辖各市设市公共安全局。省公共安全局接受国家公共安全警察局的领导。对于警务工作,省行政长官有事实上的调动支配权,但必须与国家公共安全警察局总监亲自联系。公共安全警察局内设管理处、技术事务处、调查处、交通安全处、侦查处、训练处、应急服务处、狱管处、计划预算处、财务处、警察特种部队、朝圣和节日警察部队等。

根据沙特阿位伯的有关规定,警察的基本职能与任务包括:保卫国家陆、海、空的安全;维护国家的社会秩序;打击违法犯罪活动;保护人民的生命财产;保护国家重要建筑物和设施。各警种的任务分工是:国民警卫队主要负责偏僻和边远地区的内部安全。在紧急情况下或有大规模的群众集会及发生骚乱时,国民警卫队协助公共安全警察控制局势。宗教警察主要负责有关宗教法规和道德法令的执行,如祈祷、吃斋、戒酒等。

(刘方权)

土　耳　其

土耳其国家公共安全总局

土耳其国家警察的最高指挥机关。1854 年，土耳其组建了第一支欧式警察队伍，1907 年颁布了《警察条例》，1917 年组建了行政、执勤和刑事警察。奥斯曼帝国解体后，土耳其重新设立了公共安全局，负责警务工作，并于 1932 年把警察划分为普通警察和刑事侦查警察。目前，土耳其共有国家警察和宪兵部队两类警察组织，都隶属于内政部，国家公共安全总局是国家警察的最高指挥机关。

国家公共安全总局下设普通警务部、交通警察部、刑事侦查部。各省设立警察厅，警察厅下设地区警察司令部。土耳其全国共设有 71 个警察厅，572 个地区警察司令部。省级警察厅直属机构包括公安行政管理处、刑事侦查处、司法预审处、政治处等，各地区警察司令部也辖有与省警察厅相适应的直属机构。国家警察主要分布于大城市，其中伊斯坦布尔市的警察占全国国家警察总数的 70% 左右，负责执法、预防犯罪、逮捕罪犯、保护国家财产、管理城市交通等工作，并执行某些政治和司法任务。

土耳其国家警察具体可区分为政治警察、安全警察、金融警察、交通警察、经济警察、公安行政警察、刑事警察、巡逻警察、海关警察、护桥安全警察、航空警察、边防警察、防暴警察等。其中公安行政警察主要负责日常警务工作，包括执法、预防犯罪、维持社会秩序、指纹技术鉴定、交通管理、检查印刷品、发放或吊销机动车辆执照以及预审等；政治警察主要负责反颠覆破坏活动；经济警察主要负责打击走私犯罪活动；防暴警察负责保护高级政府官员、国家要人的安全，平息暴乱以及在国家遭受自然灾害时实施紧急疏散；刑事警察主要负责侦查处理刑事案件，发布逮捕令，协助检察机关组织审查刑事案件证据材料。在一些因城市规模较小没有专设刑事侦查部门的警察机关，犯罪侦查工作更多的由行政管理部门的警察来负责，但他们不承担犯罪现场勘查、追踪犯罪人的任务。每个省警察厅都在该省公诉人办公室内附设有特别的司法警察机构，按照土耳其刑事程序法的规定开展其侦查工作，协助公诉人调查犯罪、签发逮捕令、发现和收集各种物证书证是其主要工作职责。

（刘方权）

新　加　坡

新加坡警察总司令部

新加坡国家警察的中央机构，隶属于内政部。新加坡警察总司令部包括 1 个警察总局和 8 个警察局以及交通警察局、水上警察局、保安处、警察后备队、警察训练学校、国民警卫队。警察总司令部设 1 名警察总监,3 名副总监和数名总监助理。警察总监统帅全国警察,并向内政部长报告工作。警察总司令部总部设有 4 个业务局,即刑事侦查局、交通局、移民局、中央麻醉管制局以及直辖于警察总监的公共关系局和视察参谋局。公共关系局负责处理涉及社会与警察公共关系方面的问题,视察参谋局则是新加坡警察的耳目,负责进行监听和为警察提供信息。

根据《新加坡警察法》规定,警察的主要职能是执行法律,打击刑事犯罪和维持治安,具体任务是控制、了解秘密社团,查处毒品犯罪、商业犯罪、管理武器炸药,度量衡检验及外侨登记等事项。根据警察所承担的职能不同,新加坡警察分为行政警察、刑事调查警察、安全警察、水上警察、航空警察、特种(机动)警察等不同警种。新加坡还有一支机动警察大队和四支特警部队,分属国防部与内政部。四支特警部队中的特工部队专门对付恐怖主义犯罪分子,警方特工突击队主要处理国内刑事案件,民防灾难拯救队主要负责救灾工作,监狱紧急应变特工队负责镇压监狱暴动等各种紧急事态情形。

(刘方权)

新加坡警察总局刑事侦查局

新加坡警察总局最为重要的犯罪侦查部门。根据新加坡法律规定,刑事侦查局承担大部分刑事案件的侦查任务,有权采取逮捕措施。刑事侦查局目前大约有 500 名警员,下设行政和专门犯罪调查处、反商业犯罪处、反团伙犯罪处、反赌博犯罪处、反秘密团伙犯罪处、起诉处、犯罪情报处和数据处理中心。行政和专门犯罪调查处主要负责谋杀、绑架、与赌博相关的有组织犯罪案件的侦查;商业犯罪调查处负责复杂的白领犯罪案件调查,接受国土安全部移送的涉及金额巨大的金钱案件,一些疑难商业犯罪案件的调查任务;犯罪情报处负责收集与犯罪相关的信息,并为各侦查部门提供相关的信息;反秘密团伙犯罪处主要负责对一些华人犯罪组织的活动进行监控与调查。

(刘方权)

新加坡海岸警卫队

新加坡警察部队中负责水上任务的执法单位,主要负责在新加坡的主权水域进行执法,跟新加坡海事港口局(Maritime and Port Authority of Singapore)和移民检查局(Immigration and Checkpoints Authority)协同进行海上搜救。自 1819 年成为贸易港后,新加坡海域一直受到海盗侵害。直到 1866 年,警方开始进行水上执勤,同时建立流动警察所,使用海警巡逻船在周围水域巡逻。1916 年,警方成立水上警察分部,但直到 1924 年它才成为一个独立的职能机构,改名为“海警”,并在新加坡河边的加文纳桥(Cavenagh Bridge)旁建立司令部,拥有一支装备有 26 条船、238 名警员的队伍。1951 - 1952 年,海警在丹戎克林(Tanjong Kling)、乌敏岛(Pulau Ubin)和德光岛(Pulau Tekong)等地建立了分支机构。1952 年,海警的船队增加到 68 艘。1965 年新加坡独立后,海警部门的地位随之提高,改称海事部。1993 年 2 月 13 日,海事部进行重组并改称海岸警卫队(PCG),在海上执法方面享有更大权力,包括阻止海上非法移民的入境、阻止外国非法船只的入境、保护新加坡海峡存在主权争议的白礁(Pedra Branca)上的霍士堡灯塔(Horsburgh Lighthouse)等。1993 年 5 月 7 日,根据任务不同,PCG 被分为三个中队:拦截中队、港口中队和海岸中队。1997 年 1 月 22 日，又新成立特种任务中队。2006 年 3 月 20 日，PCG 司令部重新搬迁到布拉尼（Brani）地区基地，并于 2007 年 2 月 8 日由内政部长黄根成宣布启用。

PCG 的任务是在新加坡领海内维护法律与秩序，确保海岸安全，并致力于提供优质的服务，提高专业技能，丰富业务经验，努力成为一支具有世界水准的海上警察力量。

（刘方权）

新　西　兰

新西兰警察机构

新西兰行使警察权的机构的统称。新西兰警察力量的最高机关为警察部，设警察总监 1 人，副总监 2 人。警察部有 2 个下属机构、2 个附属机构和 3 个直属机构。两个下属机构分别是业务部和行政部，其中业务部下辖犯罪侦查局和反恐局。为了业务需要，新西兰划分为 12 个警区，其中奥克兰警区由 1 名助理警监领导，其他警区则根据面积大小由总督察或助理副警监领导，对本区所有警务工作负责。

新西兰还有 3 支特别警务力量，分别是战术反应小组、警察谈判小组、外交保护小组。战术反应小组成立于 1964 年，是新西兰警察队伍中的非武装性力量，大多数时候并不配带武器。新西兰现在共有 17 个战术反应小组，其成员都是来自各个警察局的精英志愿者，平时在本单位工作，遇到突发事件时会迅速集合，通过拉封锁线、谈判等非武力的方式解决冲突。警察谈判小组与战术反应小组相伴而生，其成员要接受专门的心理和危机干预训练。每一个谈判小组都对应一个战术反应小组，其职能是协助战术反应小组处置突发性事件。

（刘方权）

新西兰警察部犯罪侦查局

新西兰警察部下属的重要业务局，成立于 1886 年。主要职责是对谋杀、蓄意暴力伤害、性犯罪、毒品犯罪、反社会犯罪、诈骗等严重犯罪案件进行侦查。犯罪侦查局的成员都是从那些接受过 5 年犯罪侦查业务和最新侦查技术训练并熟悉法律的制服警察中遴选出来的。这些训练包括在“皇家新西兰警察大学”（Royal New Zealand Police College）完成为期 3 周半的全脱产新警培训，经过为期至少 6 个月的实习期，至少需要完成 4 个犯罪调查训练模块，然后申请成为调查警员；在至少 24 个月的调查警员阶段，必须完成 6 个犯罪侦查高级训练模块、一份工作评估报告、一场以 15 个侦查训练模块为内容的 3 个小时任前考试和 3 个星期的侦查人员任职资格课程学习，然后才能申请成为侦查人员。

犯罪侦查局下设有组织犯罪响应小组，可以通过秘密侦查手段，潜入犯罪内部，或者接近那些习惯性从事毒品犯罪的人员，进行长时间的卧底调查，以完成对一些重要毒品犯罪的侦查任务。

（刘方权）

意 大 利

意大利国家警察总局

意大利主要警察机构之一。意大利主要警察力量包括国家警察、宪兵、监狱警察和金融警察,此外还有森林警察、校园警察、公园警察、港口警察等各种专业警察。但这些警察组织之间彼此独立,只有业务协作关系,而无行政隶属关系。其中,国家警察总局是国家警察的最高行政管理机关。国家警察局总部设在罗马,共有 8 个业务处室,最高首长为局长,由内政部部长提名,经部长委员会讨论通过后呈报总统,最后由总统任命。国家警察主要在城市工作,其职能包括行政管理;负责颁发有关执照和许可证;维护公共安全和秩序,预防犯罪;经国家检察官授权,调查犯罪活动,逮捕罪犯。国家警察总局下辖高速公路警察局、航空警察局、铁路警察局、边防警察局、邮政警察局 5 个特种警察机构,另外,国家警察机动队也由国家警察总局直接领导,可以随时派往全国各地处理各种突发性事件。

国家警察总局在各省都有分支机构,自上而下逐级设立警区指挥部、分局和派出所。根据意大利相关法律规定,省长是省内各种警察组织的最高指挥官,负责协调省内警务工作。各省设有公共秩序与安全委员会,作为省长指挥警察的辅助机构,其组成人员和作用与国家公共秩序与安全委员会相似。国家警察在各省的分支机构受国家警察总局和省长的双重领导。

(刘方权)

意大利宪兵部队

意大利于 1814 年由维多里奥·埃马努尔一世依照法国宪兵模式建立的一支兼有武装部队和治安部队双重性质的武装力量。意大利宪兵部队最初叫皇家宪兵,1846 年意大利建立共和国后改称宪兵。意大利宪兵部队的任务分为军事警察任务和民事警察任务两类。军事警察任务包括:收集军事情报;开展反情报战;军事司法职责,即调查和处理军人违法案件;保护和警卫重要军事设施;民事警察任务包括:为群众提供求助,在紧急情况下参与抢险;护送和警卫政要以及其他的为满足某些部门的特殊需要而执行的特殊任务。

意大利宪兵部队隶属于国防部,在社会治安和内卫工作中受内政部指导。宪兵部队实行垂直领导,总部设在罗马,作为全国宪兵活动的指挥中心,有总司令、副总司令、参谋长、副参谋长各 1 名。宪兵司令部内设三个局,其中第二局主管业务,下设治安、刑事、通信、训练、海上勤务、空中勤务等处。此外,意大利宪兵司令部设有应用心理学中心,专门从事犯罪心理学的研究,同时设立物证鉴定中心,负责对司法部门和各级警察组织送来的物证进行科学鉴定和分析。

(刘方权)

意大利财政警察总司令部

意大利财政警察最高机关。隶属于财政部,系 1958 年在海关警卫部队基础上组建的专门警察力量。财政警察总司令部向财政部报告工作,主要职责是打击走私犯罪和有组织犯罪活动,协助海关打击违反海关法的犯罪活动,征收关税,保卫边境,调查涉税、涉毒品案件,控制货币,保护环境,保护历史文物,打击非法出版音像制品活动,还负责海岸警卫和营救工作。

财政警察总司令部负责财政警察警务的综合管理、联络、控制和协调工作。设有人事局、国际关系局、行动局、后勤局、海—空财警与通信及计算机局、立法和新闻出版局6个部门,总司令部直接领导的机构包括:(1)中央警局,主要负责罗马地区的协调控制,下设税警总队等;(2)地方警局,负责指导调控各地工作,各地设有自己的财警团、税警行动队、培训中心等。值得注意的是,海—空财警与通信及计算机局负责海空巡逻警戒任务,设有财警飞行中心和财警航海中心,其海上巡逻队和空中巡逻队战时受海军指挥,受国防部管辖。

(刘方权)

意大利国家森林警察部队

意大利食品和森林资源部下属的非军事的具有警察、林业管理和职业技术能力的警察队伍,承担着与林业有关的全部执法职能。对于包括林地管理,林区污染管理,采伐监督管理,木材及林产品的运输监督管理,森林火灾的预防及扑救,自然保护区、森林公园甚至种苗的鉴定及运输等在内的工作,森林警察部队均有权管理,并可对违法犯罪案件进行处理。

森林警察部队实行"警政合一"垂直领导体制。森林警察总部与农林总局合署办公,下设13个处、1个研究室、3个检查机构。各大区设立森林警察协调机构即森林警察中心(相当于森林警察分局),直属于森林警察总部领导。各省设立森林警察协调机构(相当于县级警察局),市镇一级和保护区、森林公园等基层单位设立森林警察基层单位,全国共有基层单位1200多个。

(刘方权)

英　国

英国警察机构

英国行使警察权的机构统称。英国警察机构主要由中央警察管理机关、地方警察机关和专门警察机关组成。目前,英国共52个警察部队,其中英格兰和威尔士有43支,苏格兰8支,北爱尔兰1支。地方警察机关中,除大伦敦警察厅直属内政部领导外,其他警察局都受内政部和地方警政当局的双重领导。专门警察机关包括交通运输警察署、原子能总署警察局、邮政总局稽查处、内政部毒品管理署稽查处、港口警察局、机场警察局、国防部警察局、皇家陆军宪兵总队、皇家海军警察局、皇家空军警察局、皇家海军陆战队警察局等。这些专业警察机关都在一定范围内行使执法和犯罪侦查职能。英国警察机关名义上都归内政部管辖,但实际上各自独立,每一支警察部队的警服与标志各不相同,彼此也没有隶属关系。不过,由于伦敦警察机关最为庞大,承担的任务最重,人员也最多,因此,伦敦大都市警察厅的一些政策和做法对全国各地的警察机关有很大的影响,从而产生一些示范性作用。

内政部是英国的中央警务管理机关,内政部中具体负责管理警察事务的职能部门是警政司,其中三处负责犯罪侦查和犯罪对策,包括各种科学技术研究和情报资料统计,四处负责维护公共秩序、打击恐怖活动、防范各种颠覆破坏活动。在犯罪侦查活动中,内政部主要发挥着指导与协调的功能,特别是在加强地方警察机关间的合作以及打击流窜犯罪活动的问题上。1964 年,内政部决定在英格兰和威尔士建立 9 支由各地警察局中富有经验的侦探组成的地区犯罪侦缉队,接受该地区警察局长联席会议的领导,并由 1 名具有局长助理职衔的警官负责具体指挥与调度。

在英国,刑事案件的侦查全部由警察机关进行,1984 年《警察与刑事证据法》赋予警察从事侦查活动所必要的权力,同时对警察权施加了限制。由于办理刑事案件涉及公民权利保护问题,警察必须公正地开展侦查活动。根据法律要求,警察进行的每一项工作都必须有记录,即使不是起诉所需要的证据,也可能有助于破案,因此都必须作好记录。在侦查工作结束之后,警察收集的这些证据都必须向被告方开示。

(刘方权)

英国刑事犯罪侦查局

英国专门从事包括谋杀、重伤、抢劫、诈骗、性犯罪等严重刑事犯罪调查工作的职能部门。相比于普通警察部门,刑事犯罪侦查局在开展工作上享有特殊待遇。如为了保证高效开展侦查行动,CID 成员都必须具备专门技能,而且只针对已经发生的犯罪展开侦查,不承担路面巡逻任务。一般的制服警察要进入 CID,必须经过 2 年的试用期,再经面试竞争、岗位适应性评估才有机会。CID 内部设有专门从事犯罪预防的机构,包括毒品犯罪预防组、诈骗犯罪预防组等,进入犯罪预防组的工作人员此前必须有过基本的犯罪侦查经验。

(刘方权)

英国国家犯罪调查局

英国为应对犯罪新形势而专门成立的全国性犯罪调查机构。2011 年,为了提高工作效能,英国《2011 年警察改革与社会责任法》首次明确规划设置国家犯罪调查局,统一管理有组织犯罪、跨区域犯罪及边境犯罪侦查等事务。《2013 年犯罪与治安法院法》决定将内政部直属的国家严重有组织犯罪侦查局(Serious Organised Crime Agency,SOCA)、伦敦警察厅的网络犯罪侦查部(Police Central e – Crime Unit,PCeU)、国家边境署(UK Border Agency)、国家警务改良局(National Policing Improvement Agency,NPIA)的部分机构重组为国家犯罪调查局,负责有组织犯罪,人口、武器及毒品走私犯罪,经济犯罪,边境犯罪以及其他跨区域、跨国犯罪侦查工作。2013 年 10 月 7 日,国家犯罪调查局(National Crime Agency,NCA)正式成立,下设边境犯罪侦查、侵害儿童及在线保护、经济犯罪侦查、有组织犯罪侦查、情报、行动、行政 7 个部门,以及局长直属的办公室、法律顾问、职业化标准(professional standards)、风险管理等处室。其中,行动部下设网络犯罪侦查、特勤、情报收集、英格兰与威尔士信息化、苏格兰和北爱尔兰事务 5 个处;情报部下设情报中心、项目处、任务协调处;边境犯罪侦查部下设行动处、国际合作处;行政部下设人力资源与教育、规划、财务、装备等处。

根据《2013 年犯罪与治安法院法》规定,国家犯罪调查局长在其认为必要的时候,有权指令地方警察局长为其提供各种支援。此举大大提升了中央政府对刑事司法的控制力度,国家犯罪调查局也因此被媒体称为英国的 FBI。根据国家犯罪调查局 2014 年的年度报告,该局现有编制 4500 人,年度预算为 4.64 亿英镑。

(郭立新 付 磊)

英国皇家军事警察特别调查分局

英国皇家海军、陆军、空军三支军事警察部队调查部门的统称。由于陆军人数最多,因此主要指陆军军事警察调查分局。英国皇家军事警察特别调查分局设在堪培恩(Campion)、布拉德福德(Bradford)、威尔特(Wiltshire)三地,负责调查发生在英国本土三军基地及其海外军事基地(德国除外)的案件。1916 – 1926 年,英国驻莱茵河军事基地即已设有特别调查部,1940 年苏格兰场 20 名侦查人员被派往英国设在法国的海外军事基地处理营区偷盗案件时正式建立英国皇家军事警察特别调查分局。

(刘方权)

伦敦大都市警察厅

英国地方警察机关的典型代表。早在 1829 年 9 月,时任英国内政大臣罗伯特 · 比尔爵士在伦敦建立了第一支现代意义上的警察部队。由于当时警察总部的后门位于一条叫作苏格兰场的小巷,于是“苏格兰场”便成了伦敦警察机关的代名词。伦敦大都市警察厅共有警察 2.6 万余人,文职警员 1.5 万余人。总部下设警务行动处、交通管理处、犯罪侦查处、人事管理处、文职警务处、法律事务处、通讯室、犯罪情报资料室、法庭科学实验室和鉴定中心等科室以及飞捕队、凶杀侦缉队、诈骗侦缉队、盗窃侦缉队、集团犯罪侦缉队、危险毒品侦缉队、恐怖犯罪侦缉队、特警队和第九地区犯罪侦缉队等专门化的侦探队。其中犯罪侦查处协助各地警察局侦破疑难案件和重大案件,同时还是国际刑警组织在英国的国家中心局。目前犯罪侦查处共有 3000 多名侦探,大部分被派到伦敦各区负责当地的犯罪侦查工作。一般来说,每个警察署都有一支侦探队,每个警察分署都有一支侦探分队,很多警察所都有一个侦探组,有些巡区还固定有一名侦探与巡警共同工作。各区的侦探虽然具有犯罪侦查处的编制,但在工作上主要接受所在警局首长的领导,犯罪侦查处只负责业务指导和在形式上接受工作报告。各区侦探主要负责本地区的一般刑事案件,重大疑难案件由犯罪侦查处本部的侦探负责。

(刘方权)

越　南

越南警察机构

越南行使警察权的机构统称。越南实行中央集权的警察组织体制,公安部是全国警察机构的最高机关。公安部下辖 6 个直属机构、4 个总局和中央人民武装公安司令部。越南警察区分为职业行政公安警察和武装公安警察。在中央层面，行政公安警察由各总局管辖，武装公安警察由中央人民武装公安司令部管辖。

越南公安部直属的第一总局又称安宁总局，下设情报局、外线侦查局、间谍局、技术局、外国人及出入境管理局、安宁调查审讯局、思想文化局、人民安宁参谋局，主要负责情报、外线侦查、反间谍、业务技术训练、外国人管理、出入境管理、口岸管理以及思想文化等方面的工作；第二总局又称警察总局，下设刑事局、保卫局、调查审讯局、治安管理局、铁路交通警察局、消防局、人民警察参谋局，主要负责刑事侦查、审讯、保卫、维护公共秩序、铁路和公路交通管理、消防及武装警察的管理等工作；第三总局又称力量建设总局，主要负责政治工作、干部训练等；第四总局又称后勤总局，主要负责公安技术、物资供给、部机关管理等工作。根据《越南警察法》的规定，越南警察的职责和任务是贯彻执行国家政治、经济、军事政策，保卫政权；预防和打击各种刑事犯罪和反动势力；保护公共财产，确保国家土地、河流、空运、海运安全；维护社会秩序、经济秩序和生活秩序。

（刘方权）

越南人民武装公安司令部

越南负责管理指挥人民武装公安警察的机构。1959 年，越南在苏联的帮助下组建了现役武装公安警察队伍。1962 年，武装公安警察划归内务部管辖，同时受国防部领导。1975 年越南全国统一后，武装公安警察通过人民武装公安司令部接受越南公安部管辖，是一支具有军事性质的现役警察部队。

越南武装公安警察的权限有时与行政公安警察的管辖权相互重叠，但武装公安警察更为专业，主要负责保卫港口、码头、岛屿、海防、工厂、机场、国家重要建筑设施、交通运输、通讯中心、矿山安全、首脑机关、各国驻越大使馆、领事馆的安全警卫工作，维护乡村的治安工作，抢险救灾等。越南武装公安警察部队的权力很大，有权侦查党政军干部的任何犯罪行为，并负责高级干部的安全保卫工作。

（刘方权）

国际侦查机构

反恐怖主义委员会

简称反恐委员会。该机构是联合国安全理事会于2001年9月28日在美国“9·11”恐怖主义袭击事件发生后，根据安全理事会一致通过的第1373(2001)号决议建立的。该决议旨在加强成员国打击境内、区域和全世界恐怖主义活动的法律和机构能力，包括采取以下行动：将资助恐怖主义行为定罪；立即冻结同涉嫌恐怖主义行为的人员有关的任何资金；拒绝为恐怖主义集团提供一切形式的资金支持；禁止为恐怖分子提供庇护、支助或支持；与其他国家政府分享关于实施或策划恐怖主义行为的任何集团的信息；同其他国家政府合作调查、侦查、逮捕、驱逐并起诉参与此类行为的这类集团；在国内法中将主动或被动为恐怖主义提供援助的行为定为犯罪，并将违法者绳之以法；实施有效的边境管制措施。此外，该决议还呼吁各国尽快成为相关国际反恐怖主义法律文书的缔约方。

该机构包括15个安全理事会理事国，分为3个小组委员会，各小组委员会定期召开会议，审议委员会分配的各国关于各项决议实施情况报告的回信草稿，各国可以要求与有关小组委员会举行会议，澄清就本国报告所提及的事项。然后信函草稿被移交给委员会，供委员会全体会议通过并转递给相关国家。

为了加强反恐委员会的工作，联合国安理会于2004年通过了第1535(2004)号决议，并根据该决议成立了反恐委员会执行局(以下简称执行局)，以便反恐委员会向各国提供技术援助，促使联合国系统各组织内部以及区域和政府间机构相互之间开展更紧密的合作与协调。执行局的一个重要任务是为各国在技术、财政、管制和立法援助等方面提供帮助。除此之外，执行局还可以应国家请求访问该国，以监测反恐进展情况，评估特定国家可能需要的技术援助性质和水平，鼓励各国根据本国国情和需要采用已知的最佳做法、准则和标准，并且与相关国际、区域和次区域组织建立更密切的联系，以避免工作重复和资源浪费等。

目前，执行局包括约40名工作人员，约半数是法律专家，负责分析各国提交的立法起草、资助恐怖主义行为、边境和海关管制、警察和执法、难民和移民法、武器贩运、海洋和运输安全等领域的报告。执行局还拥有1名高级人权干事。执行局分为2个科：(1)评估和技术援助办公室。该科又分为3个地域小组，以使专家能够专注于世界某个领域。(2)行政和信息办公室。此外，评估和技术援助办公室中平行运作的5个技术小组负责确定问题和特定技术专业领域的评估标准，并将问题和标准分发给3个地域小组。技术小组分别负责处理技术援助；资助恐怖主义行为；边境管制；武器贩运和执法；一般性法律问题，包括立法、引渡和司法互助；第1624(2005)号决议提出的问题以及在第1373(2001)号决议背景下反恐怖主义的人权方面问题等。行政和信息办公室也下设了一个质量控制股,以改进技术质量并提高反恐执行局文件语言和格式的一致性,还下设一个对外交流和外联股,以加强其外联活动。

为了打击恐怖主义,委员会和执行局与各国际、区域和次区域组织积极展开合作。对于维护世界和平与安全,以及加强国际合作应对恐怖主义方面,反恐怖主义委员会和执行局发挥着举足轻重的作用。

(操宏均)

反洗钱金融行动特别工作组

国际社会为专门控制洗钱于1989年在巴黎召开的西方七国首脑会议上成立的政府间国际组织,其目标旨在为国际社会反洗钱、反恐怖融资和反危害国际金融体系整体性行为制定标准和推动有关法律、准则和可操行措施得以有效执行。该机构是目前国际反洗钱和反恐融资领域具有影响力和权威性的国际组织之一。其成员国遍布各大洲的主要金融中心。

该机构于1990年制定的《反洗钱四十项建议》(先后历经1996年、2001年、2003年、2012年修订)和针对恐怖分子和犯罪分子跨国境运输现金问题制定的《反恐融资9项特别建议》,是世界上反洗钱和反恐融资的最权威文件,已经得到全球100多个国家和地区承认,也获得国际货币基金组织和世界银行认可,成为打击洗钱和恐怖融资的国际标准,为各个国家制定本国反洗钱法律体系奠定了基础,也为在国际范围内打击恐怖主义分子洗钱行为提供了依据。

参考书目

参见反洗钱金融行动特别工作组官方网,http://www. fatf - gafi. org/。

(操宏均)

国际刑事警察组织

法语简称O. I. P. C. ,简称“国际刑警组织”。是一个政府间组织,也是全球最大的警察组织,旨在通过成员国警察的共同努力(包括共享有关犯罪和罪犯的数据、提供一系列技术和业务支持),使世界变得更加安全。目前国际刑事警察组织有来自全球五大洲的194个成员国。

国际刑警组织机构包括全体大会、执行委员会、秘书处和国家中心局。

全体大会为其最高权力机关,由各成员国代表团组成,每年召开一次全体大会,并就一些重大事项作出决策。国际刑警组织主席由全体大会选举产生,任期4年,同时设4名副主席。主席和副主席不能来自一个大洲,主席4年选举一次,副主席3年选举一次。

执行委员会由全体大会选出的13个成员国的代表组成,负责监督大会决议的执行情况、准备大会的工作日程、监督秘书长的管理情况等,每年召开3次。

秘书处由秘书长和该组织的技术、行政人员组成,负责执行大会和执委会的决议、编辑各种刊物、通缉作案逃犯等。

国家中心局是该组织在各国的常设机构,主要负责各国警方同国际刑警组织各成员国之间的合作。目前,国际刑事警察组织运作资金主要由成员国拨出。1984年国际刑警组织正式接纳中华人民共和国作为代表中国的唯一合法代表成为其成员国。中国并于同年组建国际刑警组织中国国家中心局,开始了与该组织成员国协查案件和交换犯罪情报的正常业务。

国际刑警组织是一个完全自主独立的组织,不受制于任何一个国家,国际刑警组织在政治上完全中立,所以它并不会介入任何政治、军事、宗教或种族罪行,也不会介入非跨国罪案,它的目标是以民众安全为先,主要调查恐怖活动、有组织罪案、毒品、走私军火、偷运“人蛇”、清洗黑钱、儿童色情、高科技罪案及贪污等。国际刑警组织不同于其他执法机构,该组织的成员不会亲自执行逮捕工作,也没有国际监狱,因此,它只是各成员国执法机构之间的一个行政代理,为他们提供通信和数据库帮助,旨在保证和促进各成员国刑事警察部门在预防和打击刑事犯罪方面的合作。它的主要任务是汇集、审核国际犯罪资料,研究犯罪对策;负责同成员国之间的情报交换;搜集各种刑事犯罪案件及犯罪指纹、照片、档案;通报重要案犯线索、通缉追捕重要罪犯和引渡重要犯罪分子;编写有关刑事犯罪方面的资料等。

国际刑警组织总部建有一个存有150余万名国际刑事罪犯材料的资料档案库和一座用以鉴定货币及其他有价证券真伪的实验室。国际刑警组织发行的国际通缉令有七种,分为红、蓝、黄、绿、黑、白、紫七色,具体分别是:国际逮捕通缉令(红色通缉令):在请求引渡的前提下逮捕逃犯。国际情报参照通缉令(蓝色通缉令):要求得到国际罪犯的所在地、身份、犯罪经过等有关情报。国际行踪不明者通缉令(黄色通缉令):要求得到行踪不明者和无自救能力者等的相关情报。国际防范通缉令(绿色通缉令):国际刑警通报国际惯犯,敦促各国搜查机关注意。国际身份不明死者通缉令(黑色通缉令):通报在国内发现的身份不明死者并提供身份参照。国际赃物通缉令(白色通缉令):委托调查被盗美术品、文化物品等。国际特殊犯罪手法通缉令(紫色通缉令):通报特殊的犯罪案件和手法,提醒各国搜查机关的注意。经由该组织发出的红色通缉令,被公认为是一种可以进行临时拘留的国际证书,它的通缉对象均是有关国家的法律部门已发出逮捕令、要求成员国引渡的在逃犯。每一张红色通缉令都包含有被通缉者的姓名、性别、出生日期、国籍、所涉罪名等基本身份信息描述。绝大部分还配有至少一张照片,并标注了头发、眼睛颜色等外貌特征。红色通缉令每5年重新发布一次,但是只要涉案人员一天没有归案,通缉令将长期有效。

(操宏均)

国际刑警组织中国国家中心局

国际刑事警察组织在中国的常设机构,隶属于公安部国际合作局,主要负责中国警方同国际刑警组织各成员国之间的合作,与国际刑警组织总秘书处及其成员国中心局保持密切合作,共同预防和打击跨国犯罪。在1984年9月召开的卢森堡国际刑警组织第53届全体大会上,中国正式恢复在国际刑警组织中的合法地位。同年,国际刑警组织中国国家中心局成立。

国际刑警组织中国国家中心局的主要职责有:负责协调国际刑警组织相关事务;指导协调派驻国际刑警组织工作人员以及中心局地方联络处、驻外警务联络官的业务工作;就执法合作事宜联络外国驻华警务联络官;综合归口、协调案件协查、刑事司法协助事宜;承办涉及港澳台案件、跨地区案件和专案;负责提供国际刑事犯罪情报信息、调研和相关法律支持。

目前,国际刑警组织中国国家中心局在北京、上海、广东、黑龙江、江苏、广西等地设立了国际刑警组织中国国家中心局地方联络办公室,归口管理本地区涉及国际刑警组织的执法合作事务和中心局交办的工作。具体而言,其在国际刑警组织中国国家中心局的授权范围内开展工作,接受国际刑警组织中国国家中心局的业务指导,负责国际刑警组织框架内的联络工作,统筹该地区涉外刑事案件的协调组织、犯罪情报搜集、国际警务交流合作等工作。

(操宏均)

联合国毒品和犯罪问题办公室

联合国的一个组织机构,也是全球在打击非法毒品和国际犯罪方面的领导者。于 1997 年 11 月由联合国药物管制规划署(the United Nations Drug Control Programme)和国际犯罪预防中心(the Centre for International Crime Prevention)合并而成,总部设在奥地利维也纳。其主要任务是预防恐怖主义,在全球进行反洗钱、反腐败、反有组织犯罪和反贩卖人口等活动,旨在增强安全,改善世界各地人民的日常生活,帮助各成员国打击非法药物、犯罪和恐怖主义,通过其广泛的外地办事处网络,在世界各地开展工作。本组织 90% 的预算资金来自自愿捐款,其中大部分来自各国政府。

该办公室还包括联合国麻醉品委员会、国际麻醉品管制局、联合国预防犯罪和刑事司法委员会等机构。办公室机构设置包括毒品预防和健康处、综合计划和监督处、司法处、打击有组织犯罪和非法贩运处、打击腐败和经济犯罪处、预防恐怖主义处、联合国预防犯罪和刑事司法计划网络、公共事务和政策支援处、研究和趋势分析处、纽约联络处、财政资源管理处、人力资源管理处、信息技术处和采购处。下设 22 个地区办公室,在纽约和布鲁塞尔设有联络办公室,在拉美地区已有 5 个地区办事处,分别设在哥伦比亚、墨西哥、玻利维亚、秘鲁和巴西。2009 年 3 月 24 日,联合国毒品和犯罪问题办公室与巴拿马政府签署协议,决定在巴拿马设立地区办事处,以便更有效地打击中美洲及加勒比地区的贩毒和有组织犯罪活动。

该组织主要工作为三项:通过实地技术协作项目提高各成员国打击非法药物、犯罪与恐怖主义的能力;通过调查与分析,增进对药物和犯罪问题的了解与认识,丰富政策和行动决策的证据基础;通过规范性工作协助各国批准、执行相关的国际条约,针对药物、犯罪及恐怖主义立法,为条约及理事机构提供秘书处及实质性服务。在此基础上,于 2010 年 10 月该组织发布了新的服务清单,扩大了提供服务和帮助的领域,主要包括:打击有组织犯罪及人口贩运、惩治腐败、预防犯罪与刑事司法改革、预防药物滥用与健康、预防恐怖主义五个方面,服务清单包含了联合国毒品和犯罪问题办公室推出的相关出版物与在线手段以及其在实地发挥影响的范例。

(操宏均)

欧亚反洗钱与反恐融资小组

一种类似反洗钱金融行动特别工作组的区域机构,该机构由白俄罗斯、中国、哈萨克斯坦、吉尔吉斯斯坦、印度、俄罗斯、塔吉克斯坦、土库曼斯坦和乌兹别克斯坦 9 个国家组成。欧亚反洗钱与反恐融资小组成立于 2004 年,是反洗钱金融行动特别工作组的准成员,旨在以下方面发挥重要作用:减少国际恐怖主义威胁;确保成员国金融系统的透明度、可靠性和安全性;融入国际反洗钱和反恐基本框架。同时,努力为该区域建立和发展有效的反洗钱系统创造条件。

该机构的主要目标是确保区域一级的有效互动与合作,并确保成员国按照反洗钱金融行动特别工作组的建议融入反洗钱和反恐融资的国际体系,对接其他反洗钱和反恐融资国际组织的标准。

该机构的主要任务包括:协助成员国执行反洗钱金融行动特别工作组关于反洗钱的 40 项建议和反恐融资的 9 项建议,即"409 建议";发展和开展旨在反洗钱和反恐融资的联合活动;根据反洗钱金融行动特别工作组"409 建议",在成员国之间就反洗钱/反恐融资工作领域采取的立法和其他措施的有效性进行相互评估;与相关国际组织、机构和有关国家开展国际合作和技术援助；分析洗钱和恐怖主义融资的趋势（类型），结合区域具体情况，交流打击此类犯罪的有效方法。

（操宏均）

欧洲刑警组织

欧盟的执法机构，旨在基于所有欧盟公民的利益让欧洲更加安全。其总部设在荷兰海牙，支持欧盟成员国打击恐怖主义、网络犯罪、有组织犯罪和其他严重犯罪（如国际贩毒和洗钱、有组织的欺诈、伪造欧元、贩卖人口等），同时还与许多非欧盟伙伴国和国际组织开展广泛合作。

欧洲刑警组织在欧盟一级对欧盟司法与内务部长理事会负责。该理事会负责领导欧洲刑警组织，任命欧洲刑警组织的执行主任和副主任，并与欧洲议会一起批准欧洲刑警组织的预算（这是欧盟总预算的一部分），还可以与欧洲议会一起通过与欧洲刑警组织工作有关的条例。该理事会每年向欧洲议会提交一份关于欧洲刑警组织工作的特别报告。

欧洲刑警组织由一名执行主任领导，他是欧洲刑警组织的法定代表人，由欧盟理事会任命。欧洲刑警组织的工作人员来自不同的背景和国家。目前该机构有 1000 多名员工，220 名联络官，大约 100 名犯罪分析人员，每年支持超过 40000 项国际调查。

2017 年 5 月 1 日，欧洲刑警组织在新条例生效后正式成为欧盟执法合作机构。新条例于 2016 年 5 月 11 日由欧洲议会投票通过，赋予欧洲刑警组织更强有力的权力用于打击恐怖主义、网络犯罪和其他严重有组织犯罪。

欧洲刑警组织支持欧盟的执法当局在其所有授权领域开展打击犯罪活动。这些活动主要针对在以下几犯罪行为：非法药物、贩卖人口、协助非法移民、网络犯罪、知识产权犯罪、走私香烟、伪造欧元、增值税欺诈、洗钱和资产转移、流动有组织犯罪、非法摩托车团伙、恐怖主义犯罪等。

（操宏均）

上海合作组织地区反恐怖机构

上海合作组织两大常设机构之一，于 2004 年成立，总部设在乌兹别克斯坦首都塔什干。依据《上海合作组织宪章》《打击恐怖主义、分裂主义和极端主义上海公约》《上海合作组织地区反恐怖机构条例》及其他上海合作组织框架内通过的文件和决议的规定，该机构的主要任务及职能包括以下六个方面：（1）同成员国和国际组织负责打击恐怖主义、分裂主义、极端主义问题的有关机构保持工作联系；（2）加强成员国在应有关成员国请求准备和举行反恐演习，以及准备和举行打击恐怖主义、分裂主义、极端主义的缉捕和其他行动中进行协作；（3）参与准备涉及打击恐怖主义、分裂主义、极端主义问题的国际法律文件草案；（4）收集并分析反恐机构从成员国获取的信息，建立及补充反恐机构资料库；（5）参与建立应对全球挑战与威胁的有效机制；（6）准备及举行学术会议、研讨会、协助就打击恐怖主义、分裂主义、极端主义问题交换经验。

该机构下设理事会和执行委员会。理事会是地区反恐怖机构的协商决策机关，由成员国反恐主管部门负责人或代表组成。执行委员会是常设执行机关，编制 30 人，执行委员会主任是该机构的最高行政官员，由反恐机构理事会从成员国公民中提名、成员国元首理事会任命，任期 3 年。

经过多年来的发展,该机构在协调各成员国间执法安全合作领域发挥了重要作用,协调各成员国主管部门共同努力,建立了一套比较完整的地区反恐怖法律体系和一系列行之有效的地区反恐怖合作机制,拓展了与其他国际和地区组织之间的合作关系,为有效打击"三股势力"、维护地区安全稳定作出了积极贡献。

(操宏均)

亚太反洗钱小组

一个政府间国际组织,成立于1997年,包括41个成员和40个观察员(32个组织和8个国家),是目前全球成员最多和覆盖区域最大的区域性反洗钱国际组织,在区域性反洗钱工作中发挥着重要作用,旨在确保其成员有效地执行反洗钱、反恐融资和打击资助大规模毁灭性武器扩散的国际标准。

自1997年以来,亚太反洗钱小组快速成长,类似于反洗钱金融行动特别工作组的区域机构,成为全球反洗钱网络体系的一部分。支持APG的一些主要国际组织包括国际货币基金组织、世界银行、经济合作与发展组织、联合国毒品和犯罪问题办公室、联合国反恐执行局、亚洲开发银行、英联邦秘书处、国际刑警组织和金融情报机构埃格蒙特小组。该机构秘书处设在澳大利亚悉尼。

亚太反洗钱小组有以下五个方面主要功能:(1)开展相互评估:APG通过相互评估计划(同行评审),评估其成员遵守全球AML/CFT标准的程度;(2)开展技术援助和培训:秘书处协调成员国双边之间的合作及捐助机构的技术援助和培训,以改进成员国对全球反洗钱标准的遵守情况;(3)开展类型研究:对洗钱和资助恐怖主义的手段、趋势进行研究和分析是该机构的一项关键职能,协助政策和法律制定者、执法机构和公众应对新出现的趋势、方法、风险和薄弱点;(4)参与全球反洗钱:APG有助于国际反洗钱反恐融资政策的制定,并积极参与FSRBs的全球网络,参加反洗钱金融行动特别工作组的若干工作组及其全体会议;(5)参与私营部门反洗钱:积极与亚太地区的金融和非金融机构、非营利组织、培训中心和大学接触,以便更好地向公众和专家通报与反洗钱、反恐融资和资助扩散有关的全球问题。此外,该机构还协助其成员建立国家协调机制,以便更好地利用资源打击洗钱和资助恐怖主义活动。

(操宏均)

第五部分　司法行政机构

中国内地(大陆)

中国司法部

中国主管全国司法行政工作的国务院组成部门。

司法部是国务院组成部门,为正部级。中央全面依法治国委员会办公室设在司法部。司法部负责贯彻落实党中央关于全面依法治国的方针政策和决策部署,在履行职责过程中坚持和加强党对全面依法治国的集中统一领导。其主要职责是:(1)承担全面依法治国重大问题的政策研究,协调有关方面提出全面依法治国中长期规划建议,负责有关重大决策部署督察工作。(2)承担统筹规划立法工作的责任。负责面向社会征集法律法规制定项目建议。(3)负责起草或者组织起草有关法律、行政法规草案。负责立法协调。(4)承办行政法规的解释、立法后评估工作。负责地方性法规、规章的备案审查工作。组织开展规章清理工作。(5)承担统筹推进法治政府建设的责任。承办申请国务院裁决的行政复议案件工作。指导、监督全国行政复议和行政应诉工作,负责行政复议和应诉案件办理工作。(6)承担统筹规划法治社会建设的责任。负责拟订法治宣传教育规划,组织实施普法宣传工作,组织对外法治宣传。推动人民参与和促进法治建设。指导依法治理和法治创建工作。指导调解工作和人民陪审员、人民监督员选任管理工作,推进司法所建设。(7)负责全国监狱管理工作,监督管理刑罚执行、罪犯改造的工作。指导、管理社区矫正工作。指导刑满释放人员帮教安置工作。(8)负责司法行政戒毒场所管理工作。(9)负责拟订公共法律服务体系建设规划并指导实施,统筹和布局城乡、区域法律服务资源。指导、监督律师、法律援助、司法鉴定、公证、仲裁和基层法律服务管理工作。负责香港、澳门特别行政区的律师担任委托公证人的委托和管理工作。(10)负责国家统一法律职业资格考试的组织实施工作。(11)负责国家法治对外合作工作。履行国际司法协助条约确定的对外联系机关(中央机关)职责,参与有关国际司法协助条约谈判。承担报送国务院审核的我国缔结或者参加的国际条约法律审查工作。组织开展法治对外合作交流。承办涉港澳台的法律事务。(12)负责本系统枪支、弹药、服装和警车管理工作,指导、监督本系统财务、装备、设施、场所等保障工作。(13)规划、协调、指导法治人才队伍建设相关工作,指导、监督本系统队伍建设。负责本系统警务管理和警务督察工作。协助省、自治区、直辖市管理司法厅(局)领导干部。(14)完成党中央、国务院交办的其他任务。

司法部设中央依法治国办秘书局、办公厅、政治部、法治调研局、法治督察局、立法一局、立法二局、立法三局、立法四局、监狱管理局、社区矫正管理局、戒毒管理局、行政复议与应诉局、行政执法协调监督局、普法与依法治理局、人民参与和促进法治局、公共法律服务管理局、律师工作局、法律职业资格管理局、国际合作局、装备财务保障局、机关党委、离退休干部局等内设职能机构23个;并设法治宣传中心、信息中心、机关服务中心、燕城监狱、法律援助中心、政府法制研究中心、预防犯罪研究所、法治日报社、法律出版社、中国法制出版社、中华全国律师协会、中国公证协会、中国监狱工作协会、中国司法行政戒毒工作协会、中央司法警官学院、司法行政学院、国家司法考试中心、中国法律援助基金会、司法协助交流中心、司法鉴定科学研究院、中国法律服务(香港)有限公司、中国法律服务(澳门)公司、司法部港澳台法律培训交流中心、中华全国人民调解员协会等直属单位24个。

(周晓霞　郑　红)

中国司法部监狱管理局

中华人民共和国司法部所属的国家监狱工作的最高业务管理机关。新中国监狱工作的管理体制与管理机关经过多次变化。1949年10月至1950年11月,监狱工作由司法部领导,在司法部内设立狱政司主管全国的监狱工作。1950年11月3日,政务院发布《关于加强人民司法工作的指示》,明确决定"关于监所管理,目前宜归公安部门负责,兼受司法部门指导,由省以上人民政府依各地具体情况适当决定之"。1950年11月30日司法部和公安部发出关于监狱、看守所和劳动改造队转归公安部门领导的指示,全国的监狱工作由此改由公安部管理,公安部治安局(公安部第三局)成立劳改处(第四处),负责监狱管理工作。1952年10月25日,中央劳改生产管理委员会成立,薄一波为主任委员,该委员会领导全国的罪犯劳动改造生产工作。1953年1月11日,中央同意成立劳动改造工作局,隶属公安部,同时作为中央劳改生产管理委员会的日常办事机构。该局设局长1人,由公安部调配;设副局长3人,分别由财政部、农业部和水利部各调配1人。1953年3月29日,公安部设立劳动改造工作管理局(以下简称公安部劳改局,序列为公安部第十一局),局长为孟昭良,该局下设办公室、狱政处、教育处、生产处、财务处。"文革"期间,公安部劳改局一度被撤销合并。1970年12月11日至1971年2月12日举行的第十五次全国公安会议决定,恢复劳动改造场所。根据这次会议的精神,1971年5月,公安部成立劳改组。1978年4月,公安部恢复劳改局建制,内设办公室、政治处、协办室、狱政处、教育处、工业处、农业处、计划处、财务处等机构。1983年7月1日,根据《中共中央批转全国公安工作会议的两个文件的通知》和国务院《关于将公安部劳改局、劳教局及其编制划归司法部的通知》,劳改局改由司法部领导和管理。划归司法部后的劳改局,内设办公室、政治处(含协办室)、研究室、狱政管理处、教育改造处、生活卫生装备处、劳动管理处、工业处、农业处、计划处、财务处。1992年3月增设科技处。1994年8月19日,司法部《关于统一规定监狱管理机关和监狱名称的通知》,要求根据《监狱法》的规定,将司法部内设的劳动改造工作管理局更名为监狱管理局,各省的监狱工作管理机构也统一更名为监狱管理局。司法部监狱管理局内设办公室和政治处、研究室、规划处、刑罚执行处、狱政管理处、狱内侦查处、教育改造处、生活卫生处、劳动和生产管理处、财务处、科技与信息化处。根据国务院办公厅2008年7月10日印发的《司法部主要职责内设机构和人员编制规定》,司法部监狱管理局的职责是:监督检查监狱法律法规和政策的执行工作;负责全国监狱的设置、布局和规划工作;监督管理全国监狱刑罚执行、狱政管理、生活卫生管理、教育改造、劳动改造和信息化建设工作；组织实施重要罪犯的关押改造和省际之间的调犯工作；指导全国监狱的财务、装备和资产管理等工作；管理燕城监狱。

（吴宗宪）

中国司法部社区矫正管理局

司法部内设立的全国社区矫正工作的指导管理机构。2010 年 11 月 8 日正式成立。其职责主要是：监督检查社区矫正法律法规和政策的执行工作；研究制定全国社区矫正工作的发展规划、管理制度和具体工作任务安排；指导监督全国社区矫正的刑罚执行、管理教育；与有关部门沟通协调，研究解决社区矫正工作中的重大问题；督促、检查和考核各地社区矫正工作的开展；负责指导社会工作者、社会志愿者的聘用、管理、考核等工作；组织指导社区矫正工作宣传、培训和理论研究工作以及司法部交办的其他工作。该局由综合处、刑罚执行处和矫正管理处组成。2003 年 10 月 7 日，最高人民法院、最高人民检察院、公安部、司法部《关于开展社区矫正试点工作的通知》，确定北京、天津、上海、江苏、浙江和山东等省（市）为进行社区矫正工作的第一批试点省（市）。根据这个文件，司法部及各级司法行政机关为社区矫正执行工作的牵头负责机构；在司法部内，由基层工作司管理具体负责社区矫正事务，直到成立专门的社区矫正管理局。《社区矫正法》自 2020 年 7 月 1 日起施行，其对社区矫正的适用范围、管理体制与工作机制、实施程序、监督管理和教育帮扶措施、未成年人社区矫正以及法律责任等作了明确规定。根据该法，国务院司法行政部门主管全国的社区矫正工作，县级以上地方人民政府司法行政部门主管本行政区域内的社区矫正工作。

（吴宗宪　郑　红）

中国劳动改造机关

1949 年至 1984 年 8 月中国对监狱机构的称呼，简称“劳改机关”。根据 1954 年 8 月 26 日政务院第二百二十二次政务会议通过的《中华人民共和国劳动改造条例》，中华人民共和国的劳动改造机关，是人民民主专政的工具之一，是对一切反革命犯（根据 1997 年《刑法》，“反革命罪”改为“危害国家安全罪”）和其他刑事犯实施惩罚和改造的机关。劳改机关主要包括监狱、劳动改造管教队、少年犯管教所以及看守所。其中，监狱主要监管不适宜在监外劳动的已判决死刑缓期执行、无期徒刑的反革命犯和其他重要刑事犯。劳动改造管教队，监管已判决的适宜在监外劳动的反革命犯和其他刑事犯。少年犯管教所，管教 13 周岁以上未满 18 周岁的少年罪犯。看守所是主要羁押未决犯的场所，但是，可以监管判处 2 年以下有期徒刑、不便送往劳动改造管教队执行的罪犯。根据司法部 1994 年 8 月 19 日发布的《关于统一规定监狱管理机关和监狱名称的通知》，将“监狱”和“劳动改造管教队”统一改称为“监狱”；根据 1994 年 12 月 29 日通过的《监狱法》，“少年犯管教所”改称“未成年犯管教所”。

（吴宗宪）

中国拘留所

中国对给予拘留处罚的人以及其他有关人员实行短期羁押的场所。从在押人员的构成上看，拘留所的收拘对象包括四类人：一是被公安机关、国家安全机关依法给予行政拘留处罚的人；二是被人民法院依法决定予以司法拘留的人；三是被公安机关依法给予现场行政强制措施性质拘留的人；四是被公安机关依法决定拘留审查的人，以及被依法决定、判处驱逐出境或者被依法决定遣送出境但不能立即执行的人。其中，第一类人员是拘留所羁押人员的主体，因而拘留所又被称为“治安拘留所”或“行政拘留所”。

中国拘留所的历史可以追溯到清末。清朝末年，清政府开始设置内、外城拘留所，分属内、外城巡警总厅管辖。国民政府时期，拘留所是由警察机关直接管辖的监禁场所，负责拘留违警及依其他法令应行拘留的人。拘留所设所长 1 人，由该警察机关委派，并设医士、书记和男女看守若干人。中华人民共和国成立后，根据 1956 年颁布的《治安管理处罚条例》，被行政拘留人员的羁押从看守所羁押人员中分离出来，另行关押在行政拘留所。为了规范拘留所的设置和管理，惩戒和教育被拘留人，保护被拘留人的合法权益，保障拘留的顺利执行，2012 年 2 月 15 日国务院第 192 次常务会议通过了《拘留所条例》，2012 年 12 月 3 日公安部部长办公会会议通过了《拘留所条例实施办法》。

根据现行的相关规定，拘留所由县级以上地方人民政府根据需要按照政府机构序列设置。拘留所的设置或者撤销，由县级以上地方人民政府公安机关提出意见，经同级人民政府机构编制管理部门和财政部门审核，报同级人民政府批准，并逐级上报省级人民政府公安机关备案；铁路、交通、森林系统公安机关和公安边防部门根据需要设置或者撤销拘留所时，按照规定的权限和程序审批。拘留所的建设应当符合国家有关建设标准，建设方案应当经省级人民政府公安机关审核批准。拘留所应当依照有关规定配备武器、警械、交通、通信、信息、技术防范、教育、培训、文体活动、应急处置、心理矫治、生活卫生、医疗、消防等装备和设施。拘留所的基础建设经费、修缮费、日常运行公用经费、办案（业务）经费、装备经费、被拘留人给养经费等由公安机关提请本级人民政府列入财政预算予以足额保障。县级以上地方人民政府公安机关应当会同本级财政部门每年对被拘留人伙食费、医疗费等给养经费标准进行核定。公安部主管全国拘留所的管理工作；县级以上地方人民政府公安机关主管本行政区域拘留所的管理工作；铁路、交通、森林系统公安机关和公安边防部门主管本系统拘留所的管理工作。

拘留所设所长 1 名，副所长 2 名以上，并按照有关规定设置政治委员或者教导员。拘留所根据工作需要设置相应的内设机构，配备相应数量的收拘、管教、监控、巡视、技术、财会等民警，建立岗位责任制度。公安机关可以聘用文职人员等参与、协助拘留所的综合文秘、教育培训、心理矫治、医疗卫生、监控技防、警务保障等非执法工作，聘用一定数量的工勤人员从事拘留所的勤杂工作。拘留所坚持依法、科学、文明管理，依法保障被拘留人的人身安全和合法权益，尊重被拘留人的人格，禁止侮辱、体罚、虐待被拘留人，或者指使、纵容他人侮辱、体罚、虐待被拘留人。拘留所执法公开，接受社会监督。

（彭玉伟）

中国拘役所

中国监禁和改造被判处拘役的罪犯的场所。拘役是中国刑罚体系中主刑的一种，主要适用于罪行较轻、需要短期剥夺自由的犯罪分子。为了便于对拘役犯实施惩罚和改造，从 20 世纪 80 年代初开始，各地公安机关陆续创建了拘役所，但由于条件所限，有些地区尚未建立。拘役所由公安机关管理,设所长 1 人,副所长若干人,并配备若干管教人员,设置若干职能机构。在 2006 年之前,对被判处拘役的罪犯,凡是当地已经建立拘役所的,交由拘役所执行;尚未建立拘役所的,交由就近的监狱执行,监狱对拘役犯应当单独编队,实行分押分管;远离监狱的,交由看守所代为执行,与未决犯分押分管。

根据《刑法》的规定,拘役的期限为 1 个月以上 6 个月以下;数罪并罚时,最高不能超过 1 年。被判处拘役的犯罪分子,由公安机关就近执行。凡是有劳动能力的,都要参加生产劳动,并按照法律的规定领取适当的报酬。在执行期间,被判处拘役的犯罪分子每月可以回家 1 ~ 2 天。但长期以来,由于拘役所设置极不规范,缺乏执法和管理依据,并且基础设施条件差、安全系数低,影响了拘役刑罚执行工作的顺利进行。同时,由于被判处拘役罪犯的数量相对较少,单独设置拘役所难以形成关押规模,致使拘役所普遍以关押留所服刑罪犯为主,名不符实。为全面规范对被判处拘役罪犯的刑罚执行工作,公安部于 2005 年 12 月 27 日发出《关于做好撤销拘役所有关工作的通知》,决定撤销拘役所,对于被判处拘役的罪犯,由看守所执行,各地撤销拘役所的工作应于 2006 年 4 月 30 日前完成。自此以后,拘役所在中国消失。

(彭玉伟)

中国看守所

中国依法羁押被拘留、逮捕的犯罪嫌疑人、被告人以及被判刑的短刑犯的场所。从在押人员构成上看,看守所羁押的人员可以分为三类:一是被刑事拘留的犯罪嫌疑人;二是被逮捕的犯罪嫌疑人、被告人;三是被判刑的轻微短刑犯,即被判处有期徒刑而在被交付执行刑罚前剩余刑期在 3 个月以下的罪犯和被判处拘役刑的罪犯。

中国看守所的历史可以追溯到清末监狱改良。清朝末年,清政府实行监狱改良,开始设置看守所,属大理院各级审判厅系统管辖。大理院附设的看守所设所长、所官、录事员等。北洋政府时期,看守所附设于审判厅、审检所,专门用于羁押尚未判决的刑事被告人。国民政府时期,看守所设立于高等以下法院,用以羁押未决的刑事被告人,但在特殊情况下也拘禁已决犯。新民主主义革命时期,根据地政治保卫机关和公安机关设立看守所,关押反革命、汉奸、特务之未决犯和已决犯;司法机关(裁判部、法院)设立看守所,关押普通刑事犯和已决犯。1931 年,中华苏维埃共和国临时中央政府成立后,统一工农民主政权看守所设置,羁押未决犯,包括反革命和一般刑事案犯,还关押改造被判处短期刑的罪犯。抗日战争时期,人民政权中公安机关设置的看守所负责关押汉奸、敌探、土匪等重大罪犯,法院设置的看守所负责关押由司法机关直接审理的普通刑事案犯和已决犯。解放战争时期,在接管和改造旧监所的同时,在各级公安机关设置看守所、拘留所,羁押汉奸、恶霸和反革命分子,在各级司法机关设置看守所,关押涉嫌一般刑事犯罪的未决犯。新中国成立后,县以上公安机关设立看守所,羁押被逮捕、拘留的反革命犯和其他刑事犯,同时监管改造少数已决的短刑犯。县(区)以上人民法院也设看守所,关押普通刑事案犯和公安机关移送起诉的案犯及已决待转出的罪犯。1950 年 11 月,中央政务院决定把司法行政部门管辖下的监狱、劳改队、看守所转归公安机关管辖。1954 年,政务院颁布《劳动改造条例》,以中央、省、市、专区、县为单位设置看守所,由各级人民公安机关管辖,主要羁押未决犯,并监管被判处徒刑在 2 年以下、不便送往劳动改造管教队执行的罪犯。1962 年 12 月,公安部制定《看守所工作制度》,首次具体明确了看守所的性质、任务、工作原则及犯人的收押、看守、提审、押解、生活卫生、劳动、通信检查、财务与处理、出所等规定。“文革”期间，全国各地的看守所自 1967 年 1 月起相继被军管，1973 年后陆续撤销军管。1978 年以后，公安机关各项监所工作逐步恢复并走上正轨。为保障刑事诉讼活动的顺利进行，1990 年 3 月 17 日，国务院颁布《看守所条例》。1991 年 10 月 5 日，为进一步规范看守所的各项工作，公安部发布《看守所条例实施办法（试行）》。

根据现行的相关规定，看守所以县级以上的行政区域为单位设置，由本级公安机关管辖。省、自治区、直辖市国家安全厅（局）根据需要，可以设置看守所。铁道、交通、林业、民航等系统相当于县级以上的公安机关，可以设置看守所。县级以上行政区域的公安机关未设置看守所需要设置时，应报本省、自治区、直辖市公安厅、局备案；铁道、交通、林业、民航系统相当于县级以上的公安机关未设置看守所需要设置时，应报各部（局）公安局备案。看守所设所长 1 人，副所长 1 ~ 2 人；看守所的干警配备，县（旗、市）一般不得少于 12 人，月平均在押人员数超过 100 人的，一般按 15% 配备；大中城市看守所，一般按月平均在押人员数的 20% 配备。看守所应当配备医务人员，根据实际需要，设立医务室或卫生所。看守所的炊事员，按月平均人犯数的 3% 的比例配备，但最少不得少于 2 人。看守所可根据需要，适当配备其他工勤人员。看守所对在押人员的武装警戒和押解由中国人民武装警察部队担任。看守所对执行任务的武装警察实行业务指导。

看守所的任务是依据国家法律对在押人员实行武装警戒看守，保障安全；对在押人员进行教育；管理其生活和卫生；保障侦查、起诉和审判工作的顺利进行。看守所监管工作，必须坚持严密警戒看管与教育相结合的方针，坚持依法管理、严格管理、科学管理和文明管理，保障在押人员的合法权益，严禁打骂、体罚、虐待在押人员。看守所的监管活动受人民检察院的法律监督。

（彭玉伟　郑　红）

中国劳动教养管理所

中国对劳动教养人员实施处罚和进行强制性劳动教育改造的场所，简称“劳教所”。1955 年 8 月 25 日，中共中央发出《关于彻底肃清暗藏的反革命分子的指示》，明确指出对于“不够判刑而政治上又不适宜继续留用，放到社会上又会增加失业”的“反革命分子”“坏分子”，采取与劳动改造不同的处理方式，即“让他们集中起来，但不完全失去自由，替国家做工，由政府发给一定的工资”。这种新的处置方式就是劳动教养制度的雏形。1957 年 8 月 1 日，第一届全国人民代表大会常务委员会第七十八次会议通过了《国务院关于劳动教养问题的决定》，正式确立劳动教养制度，各地设立劳动教养机关，看守所不再监管劳动教养人员。1982 年 1 月 21 日，国务院颁布《劳动教养试行办法》，更多人员被纳入劳动教养人员的范围。考虑到劳动教养制度运行中存在的诸多问题，2013 年 11 月 12 日，中国共产党第十八届中央委员会第三次全体会议通过了《中共中央关于全面深化改革若干重大问题的决定》，提出废止劳动教养制度。2013 年 12 月 28 日，第十二届全国人民代表大会常务委员会第六次会议通过了《关于废止有关劳动教养法律规定的决定》，全国各地劳动教养管理局和劳动教养管理所相继摘牌，释放被劳教者。至此，中国实施 50 多年的劳动教养制度被废止，各地的劳动教养管理所陆续更名为“强制隔离戒毒所”等。

在劳动教养制度废止之前，各省、自治区、直辖市和大中城市人民政府成立劳动教养管理委员会，由民政、公安、劳动部门的负责人组成，领导和管理劳动教养工作。各省、自治区、直辖市公安厅（局）、新疆生产建设兵团公安局和地区、地级市、州、盟公安局（处）设立劳动教养审批委员会，作为同级劳动教养管理委员会的审批机构，并以劳动教养管理委员会的名义作出是否劳动教养的决定。劳动教养审批委员会的日常工作由本级公安机关法制部门承担。各省、自治区、直辖市及新疆生产建设兵团的司法厅、局下设劳动教养工作管理局，作为劳动教养管理委员会的办事机构。地区、地级市、自治州等的司法局一般由内设的劳动教养工作管理处（室、科）等负责劳动教养工作。劳动教养管理所的主管部门是劳动教养管理局。劳动教养管理所依据全国人民代表大会常务委员会的决定和国务院法规中关于收容劳动教养人员的范围和对象的规定，负责收容劳动教养人员。对下列人员不予收容：不满16周岁的少年；精神病人、呆傻人、盲、聋、哑人、严重病患者（法律、法规有特殊规定的除外）；怀孕或哺乳未满1周岁婴儿的妇女；丧失劳动能力者。劳动教养的时间一般为1～3年，最长可以延长1年。根据劳动教养管理所接收的违法人员的不同，可分为成年人劳动教养管理所、未成年人劳动教养管理所、女子劳动教养管理所。成年人劳动教养管理所接收的对象是年满18周岁的成年男性违法人员；未成年人劳动教养管理所接收的对象是未满18周岁的未成年违法人员，也称少年管教所；女子劳动教养管理所接收的对象是年满18周岁的成年女性违法人员。劳动教养机关对劳动教养人员按照“教育、感化、挽救”的方针，实行强制性的教育改造。劳动教养机关对劳动教养人员的管理，必须全面贯彻“依法管理、严格管理、文明管理、科学管理”的原则，加强执法工作规范化建设，提高劳动教养管理工作水平。劳动教养机关的执法活动，受人民检察院的监督。

（彭玉伟）

中国强制隔离戒毒所

中国依法通过行政强制措施为吸毒人员提供科学规范的戒毒治疗、心理治疗、身体康复训练和相关教育与培训的场所。强制隔离戒毒是2008年6月1日起施行的《禁毒法》所规定的戒毒措施之一。强制隔离戒毒制度统一并取代了此前由公安机关负责的强制戒毒和司法行政机关负责的劳动教养戒毒。根据现行的相关规定，吸毒成瘾人员有下列情形之一的，由县级以上人民政府公安机关作出强制隔离戒毒的决定：（1）拒绝接受社区戒毒的；（2）在社区戒毒期间吸食、注射毒品的；（3）严重违反社区戒毒协议的；（4）经社区戒毒、强制隔离戒毒后再次吸食、注射毒品的。对于吸毒成瘾严重，通过社区戒毒难以戒除毒瘾的人员，公安机关可以直接作出强制隔离戒毒的决定。吸毒成瘾人员自愿接受强制隔离戒毒的，经公安机关同意，可以进入强制隔离戒毒所戒毒。强制隔离戒毒的期限为2年，最长可以延长1年。强制隔离戒毒的执行目前则分别由公安机关强制隔离戒毒所和司法行政机关强制隔离戒毒所负责。

根据2011年9月19日公安部部长办公会议通过的《公安机关强制隔离戒毒所管理办法》的规定，强制隔离戒毒所由公安机关提出设置意见，经本级人民政府和省级人民政府公安机关分别审核同意后，报省级人民政府批准，并报公安部备案。强制隔离戒毒所机构名称为“××省（自治区、直辖市）、××市（县、区、旗）强制隔离戒毒所”，同级人民政府设置有司法行政部门管理的强制隔离戒毒所的，公安机关管理的强制隔离戒毒所名称为“××省（自治区、直辖市）、××市（县、区、旗）第一强制隔离戒毒所”。强制隔离戒毒所，应当符合国家有关建设规范，其建设方案应当经省级人民政府公安机关批准。强制隔离戒毒所设所长1人，副所长2～4

人,必要时可设置政治委员或教导员。强制隔离戒毒所根据工作需要设置相应的机构,配备相应数量的管教、监控、巡视、医护、技术、财会等民警和工勤人员,落实岗位责任。公安机关可以聘用文职人员参与强制隔离戒毒所的戒毒治疗、劳动技能培训、法制教育等非执法工作,可以聘用工勤人员从事勤杂工作。强制隔离戒毒所的基础建设经费、日常运行公用经费、办案(业务)经费、业务装备经费、戒毒人员监管给养经费,按照县级以上人民政府的财政预算予以保障。各省、自治区、直辖市公安机关应当会同本地财政部门每年度对戒毒人员伙食费、医疗费等戒毒人员经费标准进行核算。强制隔离戒毒所应当根据戒毒人员性别、年龄、患病、吸毒种类等情况设置不同病区,分别收戒管理;根据戒毒治疗的不同阶段和戒毒人员的表现,实行逐步适应社会的分级管理。强制隔离戒毒所应当坚持戒毒治疗与教育康复相结合的方针,遵循依法、严格、科学、文明管理的原则,实现管理规范化、治疗医院化、康复多样化、帮教社会化、建设标准化。强制隔离戒毒所应当建立警务公开制度,依法接受监督。

根据2013年3月22日司法部部务会议审议通过的《司法行政机关强制隔离戒毒工作规定》的规定,设置司法行政机关强制隔离戒毒所,应当符合司法部的规划,经省、自治区、直辖市司法厅(局)审核,由省级人民政府批准,并报司法部备案。司法行政机关强制隔离戒毒工作所需经费,按照国家规定的标准纳入当地政府财政预算。强制隔离戒毒所设所长1人、政治委员1人、副所长若干人,设置职能机构和戒毒大队,根据收治规模配备从事管教、医疗和后勤保障的工作人员。强制隔离戒毒所设置医疗机构,接受卫生行政部门对医疗工作的指导和监督。司法行政机关强制隔离戒毒所对经公安机关作出强制隔离戒毒决定,在公安机关强制隔离戒毒所执行3~6个月后,或者依据省、自治区、直辖市具体执行方案送交的强制隔离戒毒人员,依法执行强制隔离戒毒。司法行政机关强制隔离戒毒工作应当遵循以人为本、科学戒毒、综合矫治、关怀救助的原则,教育和挽救吸毒成瘾人员。从事强制隔离戒毒工作的人民警察应当严格、公正、廉洁、文明执法,尊重戒毒人员人格,保障其合法权益。

(彭玉伟)

中国社区矫正机构

依法开展社区矫正工作的机构。在中国开展社区矫正工作的过程中,形成了不同层次的社区矫正机构,其中,县及其以上层次的社区矫正机构是社区矫正管理机关。在司法部,设立了司法部社区矫正管理局,具体负责社区矫正事务;在省级司法行政机关,设立了社区矫正处(局、办)等机构;在地级司法行政机关和县级司法行政机关内,也设立了类似的社区矫正部门,负责本辖区内的社区矫正工作事务。在这些社区矫正机构中,县级社区矫正管理机关具有十分重要的地位,是大量社区矫正工作事务的主要承担者和组织者。为了顺利开展社区矫正工作,县级社区矫正管理机关在乡(镇、街道)设立了派出机构——司法所等,实际负责当地的社区矫正工作。《刑法修正案(八)》明确规定了对判处管制、缓刑以及假释的罪犯依法实行社区矫正,标志着我国社区矫正法律制度的确立,为改革完善我国刑罚执行制度奠定了重要基础。2012年全国人民代表大会《关于修改〈中华人民共和国刑事诉讼法〉的决定》中规定:“……对被判处管制、宣告缓刑、假释或者暂予监外执行的罪犯,依法实行社区矫正,由社区矫正机构负责执行。”这一规定在法律上正式确立了社区矫正机构的地位。

(吴宗宪　郑　红)

中国司法所

司法行政机关最基层的组织机构。司法所是市（区、县）司法局在乡镇（街道）的派出机构，负责具体组织实施和直接面向广大人民群众开展基层司法行政各项业务工作。司法部1996年6月24日发布的《关于加强司法所建设的意见》中规定，司法所及司法助理员承担8项职能：(1)协助基层政府开展依法治理工作和行政执法检查、监督工作；(2)指导管理人民调解工作，参与重大疑难民间纠纷调解工作；(3)指导管理基层法律服务工作；(4)代表乡镇人民政府（街道办事处）处理民间纠纷；(5)组织开展普法宣传和法制教育工作；(6)组织开展对刑满释放和解除劳教人员的过渡性安置和帮教工作；(7)参与社会治安综合治理工作；(8)完成上级司法行政机关和乡镇人民政府（街道办事处）交办的其他有关工作。最高人民法院、最高人民检察院、公安部、司法部2003年7月10日联合发布《关于开展社区矫正试点工作的通知》中确定，街道、乡镇司法所要具体承担社区矫正的日常管理工作。在中国的绝大部分乡镇，都设立了司法所。司法所设所长、副所长等职务，司法所的正式工作人员被称为“司法助理员”。

（吴宗宪）

中国未成年犯管教所

中国对被判处有期徒刑、无期徒刑未满18周岁的罪犯执行刑罚，进行社会改造的场所，是监狱的一种，简称“未管所”。1994年12月29日《监狱法》颁布之前，被称为“少年犯管教所”；司法部2003年3月28日发布《关于将少年（犯）管教所统一更名为未成年犯管教所的通知》，从此以后，不在立法或者其他正式文献中使用“少年犯管教所”或者“少管所”的名称。根据中国法律的规定，未成年犯应当在未成年犯管教所接受教育改造，未成年犯年满18周岁时，剩余刑期不超过2年的，仍可以留在未成年犯管教所执行剩余刑期。未成年犯管教所贯彻“惩罚和改造相结合，以改造人为宗旨”和“教育、感化、挽救”的方针，将未成年犯改造成为具有一定文化知识和劳动技能的守法公民。经司法部批准，各省、自治区、直辖市根据需要设置未成年犯管教所。未成年犯管教所设置管理、教育、劳动、生活卫生、政治工作等机构。目前，中国的大多数省份至少有1所未成年犯管教所，一些省份有2所甚至更多所未成年犯管教所。

（吴宗宪）

中国香港特别行政区

赤柱监狱

由香港惩教署管理的一座关押成年男性犯人的高度设防监狱。它的前身为1937年1月建成的香港监狱（Hong Kong Prison）；位于香港赤柱东头湾道99号。在第二次世界大战期间，赤柱监狱及附近的圣士提反书院（St. Stephen’s College）等地，统称为“赤柱拘留营”，用来关押抗日人士和港英官员等3000余人。赤柱监狱也曾经是香港执行死刑的监狱，在该监狱1937年建成后到1966年秋季最后一个死刑犯被处决的近30年间，香港的死刑全部在该监狱内执行。由于沿用了英国的惯例,死刑犯是不设葬礼的,其遗体会被安葬在赤柱监狱附近的坟场内,他们的家属更没有领回其遗体安葬的权利,甚至无法入坟地内拜祭,7 年后死刑犯的尸骨始交由死刑犯的家属处理,无人处理或认领的死刑犯尸骨,则会交由当时市政事务处移送到罗湖的沙岭公众坟场埋葬。赤柱监狱也是曾经的笞刑(鞭刑)执行地,1990 年,香港正式宣布废除笞刑,撤销赋予法庭权力判处笞刑的法律条款。赤柱监狱是香港警戒等级最高、现代化程度最高的监狱,也是香港规模最大的监狱,其中的大多数人为重刑犯。

(吴宗宪)

香港惩教署

中华人民共和国香港特别行政区政府保安局下辖的监狱和相关机构的管理部门。该机构的前身是 1920 年 12 月成立的“监狱署”(Prisons Department),1982 年 2 月 1 日监狱署更名为“惩教署”。该署职能包括三个方面:管理矫正机构;提供监管羁押服务;提供更生(改造)服务。惩教署辖下有 28 所不同保安级别的惩教设施,其中 9 所为成年男性在囚人士而设,2 所为成年女性在囚人士而设。为年轻男性而设的有 1 所惩教院所(correctional dacility)、1 所劳教中心(detention centre)、1 所教导所(training centre)及 2 所更生中心(rehabilitation centre)。年轻女性则收纳于 1 所惩教院所及 2 所更生中心。喜灵洲戒毒所、励新惩教所、励顾惩教所及励敬惩教所的部分设施则收容被定罪的吸毒者。小榄精神病治疗中心分开收押须接受精神病观察、治疗和评估的各类男女在囚人士。在这些惩教设施当中,有 7 所可用作收押不同年龄的还押候审者。每所惩教设施一般设有囚仓、厨房、饭堂、洗衣房、工场、运动和休憩场地、图书馆及医院。惩教署亦管理 2 间位于公立医院的羁留病房(custodial ward),以收纳需要接受特别治疗或进行手术的在囚人士。惩教署管理 3 所中途宿舍(halfway house),协助受监管者重新融入社会,宿员可在日间外出工作或上学。截至 2018 年 12 月 31 日,该署有 6988 名职员,照料 8181 名在囚人士及 1412 名获释而接受监管的人士。

(吴宗宪　郑　红)

香港法律援助署

中国香港特别行政区设立的法律援助的行政管理机构,隶属于香港特别行政区政府律政司署。法律援助署于 1967 年设立,对香港特别行政区行政长官负责,不受任何其他机构的管辖和干预。法律援助署的职能是负责审查法律援助案件申请人的资格和条件,直接为符合法律援助条件的市民在刑事和民事诉讼中提供法律代表,并且资助律师公会推行法律辅导和当值律师计划。此外还就民事诉讼事宜向市民免费提供法律意见,以及为某些在裁判司法庭及儿童聆讯的刑事案件免费提供法律代表。法律援助署工作人员为政府公务员,必须具备律师资格,只能进行与法律援助活动相关的律师业务。法律援助署有三个主要部门:申请及审查科、诉讼科、政策及行政科。

(周晓霞)

香港善导会

中国香港特别行政区的协助曾违法或刑满释放的香港特别行政区公民回归社会并提供社

会大众社区教育、预防犯罪及精神健康服务的注册的志愿福利机构。香港善导会的历史可追溯至1955年,当时圣公会圣匠堂找来100多名刑释人员参与协助红磡圣匠堂的建筑工程,开始了最早期的刑释人员康复工作。工程完成后,这群刑释人员失去了生计,区炳南牧师把他们安置在堂内的青年工友之家暂住,1957年成立帮助刑释人员的团体——释囚协助会,由区牧师和一些兼职志愿工作者管理,这是香港善导会的前身。释囚协助会最初主要向出狱人员提供回归社会方面的帮助和服务,之后扩展帮助及服务的人员范围和具体内容,不仅扩展到正在监狱服刑的犯人,也扩展到一般公众。服务种类包括提供个人和家庭辅导、宿舍、康乐、法院社工、职业培训、就业安置、精神健康服务、社区教育和义工活动等。1982年释囚协助会改名为"善导会"(The Society for the Rehabilitation of Offenders),2001年改名为"香港善导会"(The Society of Rehabilitation and Crime Prevention of Hong Kong)。香港善导会提供电话咨询服务,每天24小时为求助者及其家人解答有关问题并提供即时援助。香港善导会的组织机构包括委员会(由赞助人、副赞助人、会长、副会长、审计师、义务法律顾问组成)、执行委员会、财务委员会、筹款委员会、人力资源委员会、精神健康服务委员会、服务发展委员会、社会企业委员会、机构改进计划督导委员会、仿真法庭(模拟法庭)、公义教育计划顾问组、法院设供服务顾问等。

(吴宗宪)

中国澳门特别行政区

澳门司法委员会

澳门各级法院被赋予"完全及专属"审判权后,根据《澳门司法组织纲要法》规定设立的对澳门法官进行管理和纪律执行机关,同时对法院办事处、检察院各部门,以及审计法院技术辅助部门成员行使管辖权。澳门回归之前,为摆脱澳门司法官员由葡萄牙司法机构委任和管理的传统做法,逐步实现澳门的司法自治及本土化,根据《澳门司法组织纲要法》规定设立了澳门高等司法委员会这样一种临时、过渡性机构。高等司法委员会由葡萄牙有关机构及澳门两个自身管理机构的代表组成。其成员包括:葡萄牙共和国最高法院院长担任澳门高等司法委员会主席、葡萄牙共和国总检察长、澳门总督或由其指定的代表、澳门立法会选举出的2名人士、葡萄牙共和国司法部1名代表、葡萄牙共和国总统指定1名人士共六个方面的人员担任委员。该委员会行使的职权是:(1)对澳门高等法院的院长、法官、助理总检察长、审计法院院长、法官以及检察院检察官的任命提出建议,由澳门总督任命或免职;(2)审议对澳门司法委员会的决议而提出的异议;对高等法院院长、法官、审计法院院长、法官,以及助理总检察长采取纪律行动;对澳门司法体系的组织方案发表意见。随着原保留于葡萄牙最高法院、宪法法院、最高行政法院及最高审计法院的终审权回归澳门法院行使,司法高等委员会终止工作,将各项权力归属于澳门司法委员会。根据澳门第55/92/M号法令第11章第99条之规定,澳门司法委员会的主要权限是:(1)对第一审法院法官、检察官、司法参事的任命、定期委任之续期及免职提出建议;(2)对司法官与司法参事作出纪律行动;(3)对无能力的司法官作出退休命令;(4)编制年资表,对澳门法院所有司法官与司法参事进行管理;(5)对司法官工作作出考评;(6)对法院办事处、检察院各部门及审计法院技术辅助部门作出工作考评或纪律行动;(7)审议第一审法院有关工作的年度报告书;(8)对司法委员会主席决定而提出异议者进行审议;(9)通过内部规章;(10)行使法律赋予的其他权力。澳门司法委员会是澳门本土化的机构,它的成员均由本地有关机构的成员组成:包括担任司法委员会主席的澳门高等法院院长、助理总检察长、1 名澳门律师代表、总督委任和立法会选出的各 2 名社会知名人士。

参考书目

肖扬主编:《当代司法体制》,中国政法大学出版社 1998 年版。

(周晓霞)

澳门法律和司法研修中心

澳门特别行政区提供司法及法律领域专业培训的公共专业教学机构,享有学术及教学自主,包括:法院司法官及检察院司法官的专业培训;登记局局长及公证员的专业培训;私人公证员的专业培训;司法人员的专业培训;登记暨公证文员的专业培训;举办再培训课程及进修课程;为公共行政当局的其他工作人员筹办法律领域的培训课程。

应澳门律师公会的请求,培训中心还可为律师及实习律师举办培训活动,亦可通过合作议定书,为外地的公务员、司法官及法律从业员筹办司法及法律领域的培训活动,可直接或间接在司法及法律领域内开展有利于履行其本身职责的研究、科研活动,以及筹办研讨会及会议。

该中心由主任、副主任和教学委员会组成。主任领导及作为代表,由副主任辅助其执行领导工作。主任主持教学委员会的运作,该委员会为具有对年度计划及工作报告提出意见,并编制培训课程的计划及大纲的权限的机关。主任由行政长官以定期委任方式委任,任期最长为 2 年,可按相同或较短的期间续期。主任职务得以兼任方式担任。主任缺勤或因故不能视事时,由副主任代任之。副主任也由行政长官以定期委任的方式委任,任期最长为 2 年,可按相同或较短的期间续期。教学委员会由培训中心主任、副主任及经行政长官批示任命的 4 名常设成员组成。

(操宏均)

中国台湾地区

中国台湾地区“法务部”

隶属于我国台湾地区的“行政院”的司法行政机关,其主管检察、监所、司法保护的行政事务及“行政院”的法律事务。

除本部之外,“法务部”另辖属 28 个检察机关、77 个矫正机关、调查局、行政执行署,各级政风机构,以及司法官训练所、法医研究所、矫正人员训练所等机关,直属机关共 124 个。按照业务性质,“法务部”直属机关可分为六大系统:检察机关、调查机关、矫正机关、行政执行机关、廉政机构、训练研究机关。

(董　坤)

中国台湾地区司法官学院(司法官训练所)

我国台湾地区专门负责司法官的培训业务及犯罪、刑事政策研究的机构,隶属于“法务部”。

司法官学院掌理下列事项:(1)司法官考试录取人员培训业务的执行。(2)“法务部”所属司法人员的训练。(3)依“法务部”核定由本学院举办前2项以外人员的培训。(4)犯罪问题与刑事政策的调查、分析及研究。

(周晓霞)

中国台湾地区看守所

我国台湾地区依法对未决被告人进行羁押的场所。看守所隶属于“高等法院”检察署,其设置地点及管辖,由“高等法院”检察署报请“法务部”核定。关于看守所羁押被告事项,受所在地地方法院及其检察署督导。

(周晓霞)

中国台湾地区管收所

我国台湾地区依据“强制执行法”对负有债务者进行限制人身自由的场所。管收所隶属于所在地的地方法院,设所长1人综理全所事务。管收所附设于看守所者,由看守所所长兼任所长,受该管地地方法院院长督导。

(周晓霞)

中国台湾地区少年观护所

我国台湾地区对少年保护事件中的少年进行收容和羁押的场所。少年观护所隶属于“高等法院”检察署,其设置地点及管辖由“高等法院”检察署报请“法务部”核定关于少年保护事件中少年的收容及少年刑事案件审理中少年的羁押事项,受“高等法院”及其检察署的督导。少年观护所以协助调查依法收容少年的品性、经历、身心状况、教育程度、家庭情形、社会环境及其他必要事项,供处理时参考。

(周晓霞)

中国台湾地区少年辅育院

我国台湾地区对少年进行矫正的场所,其目的是矫正少年不良习性,使其悔过自新;授予生活智能,俾能自谋生计;并按其实际需要,实施补习教育,得有继续求学机会。少年辅育院,由“法务部”或由“法务部”委托地方行政机关设置,受“法务部”指导、监督。

(周晓霞)

外　国

阿尔巴尼亚共和国

阿尔巴尼亚共和国最高司法委员会

1991年根据阿尔巴尼亚《宪法要则》组建的，属于立法、行政、司法三权之外的国家权力机关。1998年新宪法通过后，最高司法委员会成为有关法院队伍建设管理的组织。2003年国家通过了有关最高司法委员会组织与活动的专项法律。根据新宪法和该专项法律，最高司法委员会由15名成员组成：共和国总统、司法部部长、最高法院院长、议会选举的3名成员、全国法官大会选举的三级法院的9名法官。共和国总统、司法部部长、最高法院院长是当然成员。通过选举方式产生的成员任期5年，不得连任。共和国总统是最高司法委员会主席。根据总统的建议，最高司法委员会从其成员中选出专职副主席，主持最高司法委员会的日常工作。最高司法委员会设有巡视员和行政部门。最高司法委员会制定巡视制度、法官任免制度、法官惩戒制度、行政管理制度四项制度。其主要职责是：(1)依法决定法官惩戒与调配。最高司法委员会的巡视员负责对法官进行两年一次的考评，分为优秀、良好、及格、不及格四个等级。法官有违法行为或者被举报存在违法行为时，巡视员负责调查取证，然后向司法部部长汇报，司法部长提出处理意见(包括警告、降职到下一级法院、罢免)，最高司法委员会听取法官本人申诉后，以多数票通过方式作出决定。除因司法体系重组需要外，未经最高司法委员会的同意，法官不得被任意调配。法官履行职责期间因违反宪法或其他严重违法行为时，根据最高司法委员会的决定可被罢免，被罢免的法官有权向最高法院提出诉讼，由最高法院集体作出判决。(2)依法提出法官任命建议。最高司法委员会有权对地方法院和上诉法院法官的任命提出建议，然后由共和国总统任命。(3)适当干预最高法院滥用职权的行为。最高司法委员会对最高法院的判决一般不得干预，但最高法院滥用职权时(无任何理由释放犯人、判决明显不合理、故意拖延判决)，可进行适当干预。

（周晓霞）

阿尔巴尼亚共和国司法部

阿尔巴尼亚中央政府下设的司法行政管理机构。1967年被取消，1990年根据《欧洲人权公约》的要求，重新设立司法部。司法部机关设有：部长1名(政党代表)，副部长2名(政党代表)，部长顾问，部长办公室，秘书长和立法总局(负责法规制定、其他部门提交的法案审查以及负责处理本国与欧盟法律并轨问题)，司法行政事务总局(负责司法人员和自由法律职业人员的行政管理)，对外法律事务局(负责司法国际合作与司法协助)，司法事务局(负责未成年保护和公民有无犯罪证明等)，人事、组织与服务局(负责人事管理、组织建设与内外交流服务)，司法财务司(负责司法工程建设)等。此外，阿尔巴尼亚共和国司法部还直接管理4个单位：负责刑罚执行的监狱总局、负责民事执行的执行总局、负责出版政府公报的出版办公室和负责法医鉴定的法医研究所。

(周晓霞)

阿尔巴尼亚共和国监狱总局

阿尔巴尼亚直接管理全国监狱的机构，隶属于司法部。监狱总局过去名为监狱管理局，隶属公安部，1994年划归司法部。根据议会的决定，未决犯也由监狱进行管理。监狱总局管理全国9所监狱。此外，监狱总局还管理2所监狱医院、1所狱警培训学院。监狱录取警察主要条件为：出身状况、爱国程度、文化程度、体能条件。监狱工作人员分为两部分：一部分是警察，负责维护监狱安全；一部分是文职人员，负责后勤、财务、法制教育、对外关系。各监狱都设有法制部门，负责减刑、保外就医等。

(周晓霞)

埃　及

埃及司法部

埃及中央政府下设的司法行政管理机构。司法部根据《司法权力法》设一位部长、若干部长助理。司法部的主要职能是：管理法院、检察院的司法行政工作；负责法院、检察院的基本建设和不动产的管理；负责立法草案的审查；对法官、检察官违纪行为进行检查；对法官、检察官的培训；管理司法鉴定；调查公务员巨额财产不明；负责房产登记和公证；负责司法领域的对外国际交流与合作等。司法部设有15个司局，包括技术办公室、办公厅、立法工作司、法院基建房产管理司、司法人员社会保障保健司、法官和检察官法纪检查司、行政发展司、调解委员会工作司、公务人员巨额财产来源不明调查司、司法鉴定管理司、房产登记和公证管理司、司法服务局、国家司法研究中心、国际司法交流合作局、国家紧急状况批准局。每一个司局由一位部长助理负责管理。

(周晓霞)

澳大利亚

澳大利亚联邦司法部

1901年澳大利亚联邦建立时设置的部门之一,是联邦政府内行使司法行政权力的部门。它的职能主要是:为联邦议会各委员会和政府各部提供法律咨询;负责起草和审议有关法律法规;主管司法行政业务并就政策和行政法规提供咨询,保护和加强公民的权利和自由;对刑事犯罪行使侦查权、起诉权,并对罪犯进行改造;保护澳大利亚国家安全利益;为澳大利亚及国际商业活动提供法律保障;为政府机构提供可行性法律服务。澳大利亚联邦司法部部长属于负责政府法律事务的首席官员,司法部部长作为内阁和议会的成员,对内阁和议会负责。在联邦政府中,司法部部长作为内阁成员,领导司法部的工作,负责政府最高层次的法律事务,对日常的司法行政事务进行管理。同时,司法部部长兼任总检察长。总检察长的主要职责是对刑事犯罪的起诉工作,但实际上这一工作,大部分是由总律师或司法部内其他官员来承担的。司法部下设机构主要有:(1)政府律师局。其主要职责是提起公诉和支持公诉,提供商业法律法规,促进法律职业的发展以及为联邦政府和各政府机构提供法律信息服务。(2)法律政策服务局。负责向总检察长提供有关法律政策的建议,负责法律起草工作以及为联邦政府部门之间的法律协调工作提供建议。(3)社会事务局。它的职能包括两个方面:一是法律援助和家庭关系方面的法律服务;二是破产和托管服务,即对破产事务进行管理。(4)社会保护局。负责国家安全法的贯彻执行和安排安全保护活动,对澳大利亚高级官员和重要人物的安全保护,司法部内法律实施机构的协作,提供有关军火及非法毒品方面的政策和建议,打击暴力和刑事犯罪,向总检察长提交年度刑事犯罪的总体估测,法律实施计划以及有关控制诈骗等问题的年度报告。此外,司法部还下设一些其他部门,分别负责人权、行政审查等方面的工作。

(周晓霞)

德　国

德国联邦司法部

横跨行政、立法与司法三大权力所属范围的德国联邦中央机构。司法部长一般均为同级立法机构议员、同级政府行政内阁成员,同时还有相当大的管理法院并为之配备人员的职责。德国司法部分为联邦司法部和州司法部两级。联邦司法部由联邦司法部长主持,联邦司法部长向总理负责。联邦司法部由民法局、刑法局、商法局、经济法局、公法局、人事和金融管理局6个司法行政管理局组成。联邦司法部的职能主要有:联邦立法工作,包括研究起草刑事、民事、商事等基本法律草案,审查各主管部门提交的部门法草案等。管理司法行政工作,主要是负责编制联邦法院(普通法院)、联邦行政法院、联邦财政法院的经费预算,确定年度预算总额。对法院法官人选提出建议。联邦法院法官是选举产生的。司法部部长负责领导法官选举工作。联邦检察长由司法部部长任免,有义务向司法部提出有关案件情况的报告,特别是涉及政治领域、恐怖活动和重大刑事案件时,应及时向司法部部长报告。司法部负责监督检察院的业务工作,可以对检察机关自由裁量权提出建议。司法部设有刑事司、民事法律司、商事法律司、法院组织司等职能部门承担各项工作。

(周晓霞)

丹 麦

丹麦司法部

丹麦政府行使司法行政、公诉(重大刑事案件,因为检察机构隶属于司法部)和刑罚执行的部门。丹麦司法部是丹麦警察机构和检察院的最高领导机构。司法部长由议会任命,有权对检察机关和警察局的工作进行指导,并代表这两个机关向议会报告工作。司法部下设 4 个局:(1)民事司法局和法律服务局,下设民事司法司、法律服务地人调办公室、家庭法和法律协调司、国际法办公室、立法起草司、属地司;(2)刑事司法和安全局,下设刑事司法司、情报与安全法司、紧急应对司、保护安全协调中心;(3)情报与信息服务局,下设情报与交流技术司、信息服务司;(4)协调服务局,下设协调与支持服务司、财政管理司、人才资源司、部长与议会服务司。

司法部包含了司法行政、检察和警察的职能,主要有:(1)为联邦会各委员会和政府各部提供法律咨询;(2)负责起草和审议有关法律法规;(3)主管司法行政业务并就政策和行政法规提供咨询,保护和加强公民的权利和自由;(4)对刑事犯罪行使侦查权、起诉权,并对罪犯进行改造;(5)保护国家安全利益;(6)为国家及国际商业活动提供法律保障;(7)为政府机构提供可行性法律服务;(8)负责管理各级法院的司法行政事务;(9)归口统一管理对外司法协助与交流。

(周晓霞)

俄 罗 斯

俄罗斯联邦司法部

俄罗斯保障实现国家司法政策的联邦行政权力的中央机关。根据 1993 年的《俄罗斯联邦宪法》和《俄罗斯联邦司法部条例》设立。在各联邦主体(共和国、边疆区、州、联邦直辖市、自治州、自治专区)设有司法总局,联邦主体司法局与联邦主体政府没有关系,由联邦司法部直接管理。司法部是总统直接领导的五个强力部门之一。司法部主要任务是:(1)参与对俄罗斯联邦总统和俄罗斯联邦政府规范创制活动的法律保障。(2)对司法部改革实施组织保障和法律保障。(3)对联邦执行各种中央机关的规范性文件实行国家登记。(4)保证普通法院和军事法院开展工作所必需的各种条件。(5)向各种司法机关、机构和组织提供干部保障,并提高干部业务水平。(6)对各种社会联合组织和宗教联合组织的章程进行登记。(7)组织和发展法律服务体系。(8)参与对公民权利和合法利益的国际保护。

根据《俄罗斯联邦司法部条例》的规定,联邦司法部的主要职能是:(1)协调国家立法。非联邦政府提出法律草案,俄罗斯杜马先一读,收集议员和有关部门的意见和建议;将收集到的意见和建议交司法部,司法部从专业的角度对草案作出评价,再二读、三读。三读通过后交由俄罗斯联邦委员会审议。联邦政府提出法律草案先由与法律草案最密切联系的部门征求相关部门的意见,然后交由司法部作出评价,提出专业意见。然后向政府立法委员会提出,这个委员会由政府各方面的法律专家组成。立法委员会通过后,由政府送交杜马审议。(2)负责刑罚执行。联邦司法部设有刑罚执行局,主要负责管理监狱和看守所。刑罚执行局在全国 7 个联邦区设有派出机构,联邦主体司法总局不负责刑罚执行工作。罪犯的减刑与假释由法院作出裁定。(3)负责民事裁判的执行。联邦司法部设有民事裁判执行局。各联邦主体也有执行局,属于司法部民事裁判执行局的派出机构,各区还有执行员。民事裁判执行局负责执行的事项有:一是各级普通法院和仲裁法院作出的民事判决或裁定;二是税务部门强制缴纳税收的决定;三是国际法庭和外国法院有关国际债务的裁判。民事裁判执行局还负责法庭与法官的安全。执行员只是按照生效法律文书确定的执行内容执行。(4)承担国家登记工作。司法部设有注册登记局,各联邦主体司法局都有这个机构。主要登记政党、宗教组织、大众传媒,还包括律师、公证机构,以及土地、住宅、机场、船只、汽车、飞机等。(5)主管司法鉴定工作。司法部和各联邦主体司法行政机关都设有司法鉴定中心,主要对刑事方面、民事方面进行鉴定,为法院审判提供可靠的依据。司法鉴定中心还进行科研活动和培训工作,对社会提供服务。(6)培训系统人员。联邦司法部设有法学院,为司法行政系统培养人才。一般采取定向培养办法。培养人员包括律师、公证员、注册人员、执行人员。除进行业务培训外,还培养硕士和博士生。联邦司法部除部机关外,还设有俄罗斯联邦司法鉴定中心、法律信息科学中心、俄罗斯法学科学院、科学咨询委员会等机构。

(周晓霞)

法　国

法国司法部

法国负责法院管理及领导公诉政策的行政机构,旨在统一法国本土的政策适用,亦是监狱主管机关。司法部部长(garde des Sceaux, ministre de la Justice)统领司法部工作。司法部的司法官独立于行政权,由司法官最高委员会任命。旧制度中,司法部又称掌玺大臣公署,是当时最为重要的国家机构;司法部部长也有特殊称谓,即“掌玺大臣”。

法国司法部的职权包括:(1)司法管理:人事、不动产、设备及技术管理;(2)预备某些领域的法律文本及规章条例,如刑法、国籍法或家庭法;(3)看管司法机关判决所托管的主体,如少年犯或具有人身危险性的未成年人及处于司法掌控下的成年人;(4)制定及实施宏观的司法政策:帮助犯罪受害人,制定刑事政策,打击有组织犯罪,协调法律及司法的可接近性。法国司法部下属的中央机构有:总秘书处(le secrétariat general);司法事务管理处(la direction des services judiciaires);民事案件及签章管理处(la direction des affaires civiles et du sceau);刑事案件及特赦管理处(la direction des affaires criminelles et des grâces);监狱管理处(la direction de l'administration pénitentiaire);未成年人司法保护管理处(la direction de la protection judiciaire de la jeunesse)。此外,司法事务总监察官(inspecteur général des services judiciaires)负责协助司法部部长。

司法部部长是政府官员,负责统领司法管理事务,任命司法部官员。司法部部长须向国会呈交改革方案。司法部部长监督法院运转,但无权直接监督法官。司法部部长还负责制定年度刑事政策,由检察官执行。

（施鹏鹏　王晨辰）

法国司法官最高委员会

维护普通司法体系中司法官独立地位的机构。司法官最高委员会首次出现在 1883 年 8 月 30 日关于司法组织的法律当中,前身是最高法院纪律惩戒庭。在 1946 年 10 月 27 日《宪法》(法兰西第四共和国时期)中,司法官最高委员会成为独立机构,由共和国总统主持,6 名国会选举的成员及 6 名司法官(4 名经过选举产生,2 名由共和国总统指定产生)组成,负责法官的任命及惩戒。在 1958 年 10 月 4 日《宪法》(法兰西第五共和国时期)中,司法官最高委员会仍由共和国总统主持并任命组成人员,但共和国总统不再负责任命最高法院的法官及上诉法院的院长。司法官最高委员会仅有权对任命其他法官的方案提出简单意见,但仍然被视为司法官惩戒委员会。1993 年 7 月 27 日《宪法》及 1994 年 2 月 5 日的《组织法》在司法官最高委员会中创设了两个组,分别是法官组(magistrat du siège)及检察官组(magistrat du parquet)。司法官最高委员会仍由共和国总统担任主席,司法部部长担任副主席,组成的司法官由其同僚选举产生。司法官最高委员会须对所有司法官的任命发表意见,并对检察官的任命提出具有影响力的意见(检察官的职位由部长理事会任命的除外,例如驻最高法院的总检察长及驻上诉法院的总检察长)。

司法官最高委员会的职权包括司法官的任命、司法官的惩戒及维护司法机关独立三个方面。司法官任命方面,司法官最高委员会法官组负责提出高级别法官(包括最高法院的法官、上诉法院院长以及大审法院院长等)的任命建议,以及审批司法部所提交的其他法官的提名建议。司法官最高委员会检察组审批司法部所提交的提名建议,共和国总统以决议形式进行任命。这一规定也适用于司法部中央行政机构管辖的司法官。司法官的惩戒方面,请求主体可以是司法部、上诉法院院长或受裁判者。对于法官,司法官最高委员会法官组及检察官组共同负责制裁事项。法官是否有过错存在争议的,制裁结果依据大多数投票表决的结果。投票结果对半的,法官组及检察官组主席的投票有优先权。对于检察官,制裁主体及程序与法官相同,但最终的制裁的结果由司法部宣告。司法官的惩戒形式有九种:训诫并记入档案;调任;撤销某些职务;在最长5年的期限内禁止任命或委任为独任法官;降级;在最长1年的期限内暂时免职,并全部或部分停发薪酬;降职;强制退休或者在司法官未有退休金的情况下终止其职务;撤职。在维护司法机关独立方面,根据1958年10月4日《宪法》,共和国总统负责维护司法机关的独立,由司法官最高委员会予以协助。

司法官最高委员会成员的任职期限为4年,不可连任。司法官最高委员会法官组由最高法院院长主持,组成人员包括司法官及其他人员(最高行政法院法官、律师及6名有相关资质的人员)。司法官最高委员会检察官组由驻最高法院的总检察长主持,组成人员包括司法官及其他人员。司法官最高委员会则包括6名司法官及其他人员,由最高法院院长主持,驻最高法院总检察长有代理权。

(施鹏鹏　王晨辰)

法国国家司法官学校

为法国培养司法法院系统司法官(包括法官和检察官)的专门机构。学校成立于1958年,其前身为国家司法研究中心(Centre National d'Études Judiciaires),1972年更为现名。国家司法官学校隶属于法国司法部,但在行政管理及财政预算方面有完全的自主权。国家司法官学校由波尔多总部以及巴黎分部组成,依据1972年5月4日第72－355号法令第1条的规定,承担以下五项职能:(1)法国司法法院系统预备司法官(auditeur de justice)的职前培训和在职司法官(magistrat)的继续教育培训;(2)司法系统中非司法人员的培训,如检察官代表(délégués du procureur de la République)或司法调解员(médiateurs judiciaires)等;(3)依据合作协议,培训外国预备司法官和在职司法官;(4)欧洲和国际合作;(5)学术研究,特别是司法实践的比较研究。学校的招生方式以及组织管理等均由专门颁布的法令具体规定。

国家司法官学校每年负责组织选拔考试招收新学员,招收名额由司法部视每年空缺的司法官职位以及司法官岗位交流的情况而定。录取名单将由司法部长通过法令的形式公布。所有获准进入国家司法官学校学习的学员将同时被任命为预备司法官,并开始享受薪金及其他待遇。预备司法官必须在上诉法院宣誓,承诺作为预备司法官将保守职业秘密,并以正直、忠诚作为其行事原则。任何情况下,其在誓言下的义务都不得被解除。按照法律规定,预备司法官将接受为期31个月的带薪职前培训,分别为25个月的基础教育培训(学员确定岗位前的培训,包括在国家司法官学校的专业学习、在司法机关的实习,以及在非司法机构及域外的实习)和6个月的岗位专业培训(学员确定具体岗位后对其进行的职业培训)。完成所有学业的预备司法官将再次宣誓,标志其将作为正式司法官开始履职。在职司法官的继续教育培训由司法官学校巴黎分部负责,年培训班次大约为500期。根据法律规定,所有在职司法官每年必须接受至少5天的培训。继续教育培训主要与职业技能相关,具体内容由司法官本人根据学校提供的课程自由选定。司法官提出的继续教育申请由司法官学校统一受理,并负责决定该名司法官将会进行何种培训,以及具体的班次和培训地点等,同时通知司法官所在的法院或检察院。司法官参加继续教育培训所产生的相关费用由国家司法官学校承担。

(陈丽莉)

法国地方押候监狱

法国主要用于羁押未决犯的监狱，又称“地方监狱”“看守所”。根据法国《刑事诉讼法》第714条的规定，法国对犯罪嫌疑人、被告人的羁押场所是看守所。每一个大审法院、上诉法院以及重罪法庭都应附设一个看守所，通过法律指定成立的法院或法庭附设的看守所除外。在后者的情况下，应由法令来确定哪一个看守所来羁押犯罪嫌疑人或被告人。法国地方押候监狱除羁押未决犯之外，还负责监禁刑期不超过1年的罪犯。地方押候监狱附属于地区上诉法院和法庭，遍布法国全国各地，其规模和组织形式多种多样，羁押人员规模一般为20～30人。

（彭玉伟）

法国拘留中心

法国特地为被判处长期徒刑的罪犯重返社会而建立的一种监狱。从监狱类型上看，法国监狱分为中央监狱、地方监狱、女犯监狱和特别矫治机构。其中，中央监狱是羁押长期徒刑罪犯的机构，接收终审判决被判处1年以上刑罚的罪犯和被判处无期徒刑的罪犯。中央监狱又可分为监禁中心和拘留中心两类。监禁中心是高度警戒的监狱，一般能容纳250～550名罪犯，实行奥本监狱制度，特别危险的罪犯或者被认为会在大范围内制造事端的罪犯，被羁押在“特强警戒监禁中心”。拘留中心则是封闭式或开放式的机构，是特地为罪犯重返社会而建立的一种监狱。在拘留中心内，罪犯有较大的活动自由度和较多的与外界联系的机会。例如，罪犯可以打电话，可以与参观者交谈，可以自由进行不受监督的活动，可以获得更长时间的假期，等等。

（彭玉伟）

芬　兰

芬兰司法部

芬兰中央履行司法行政管理的机构。司法部成立于1918年，其前身是建于1892年的议会行政司法部。司法部在芬兰社会中的作用是维护法律秩序，确保法律规定的执行以及保护公民的民主等基本权利。司法部的主要职能是负责起草最重要的法律，保证司法体制的顺利运作和裁判的执行。司法部下设四个职能部门：法律起草司、司法行政司、监狱管理局和行政管理总局。法律起草司负责起草国家的重要立法，如制定关于总统、议会和政府之间关系的法律；起草刑法以及与法院有关的立法（例如与法律程序有关的条文）；起草规范自然人和公司法律地位的最主要的法律，包括家庭法、继承法、合同法、消费者权益保护法和公司法；起草司规划立法改革和立法修正。司法行政司履行司法行政的职能，负责法院经费预算及分配、法庭建设、行政人员管理、法官选拔、培训、法院信息技术管理、法律援助和免费法律诉讼有关的事务等，保证法院、检察官办公室和执行官办公室的有效运行，提高其工作效率。下设法院行政局、强制执行事务局、培训局和信息技术局。监狱管理局负责看押已决犯和未决犯。芬兰共有30

所监狱。大部分监狱是封闭性的,有一些关押刑期短的犯人的监狱是开放性的。监狱局监督狱外的假释和缓刑,以及非监禁措施,例如社区服务。行政管理总局负责选举行政事务,监督全国和市的组织选举以及公民大选。司法部保留各政党的登记并监督其财务。国家总统可以行使赦免权,司法部向总统提出赦免请求。司法部还负责处理与划分国家语言有关的问题。司法部本部现有雇员约400人,司法部管理的人员共计约9000人。法院、检察官办公室、法律援助办公室和执行官办公室约有6000名工作人员,还有2500名工作人员服务于监狱系统。司法部由部长领导,一名秘书长(副部长)协助部长领导和监督司法部的工作。

(韩 啸)

哈萨克斯坦

哈萨克斯坦司法部

哈萨克斯坦中央政府的行政部门之一。其主要职能为:起草法律草案和完善法律。政府立法的起草由司法部负责,各部门或议员提交国会的法案由司法部审查。司法部根据总统、政府、总理的指示,或在自愿的基础上,起草法律草案,对法律法规的草案进行司法鉴定,或对法律进行正式解释;利用预算内和预算外资金,邀请其他国际机关或社会组织或国外的专家开展咨询和科研工作;负责法律的编纂和分类,包括法律的信息化工作,建立法律法规的标准数据库和法律信息的统一的计算机系统;协调法律方面的科研工作,协调向国外提供法律协助和签署司法协助国际条约等领域的活动。此外,司法部还具有组织司法鉴定工作,组织司法协助和提供法律服务,进行法律宣传和普法工作,对司法部门的干部进行培训、再培训和管理全国的监狱等职能。其内设机构有:行政司、总会计师、保护国际机密工作处、国家司法鉴定中心、部长顾问、部长秘书、部长日常工作秘书、新闻秘书等。

(韩 啸)

韩 国

韩国法务部

韩国政府中主管司法行政的机构。其主要职责是领导检察系统;负责司法考试、司法协助工作、法律援助工作;管理、领导监狱工作;负责出入境管理和保卫、证人保护等工作。法务部设有矫正局、检察局、保护局、出入境管理局、司法考试委员会、中央法律援助委员会,主管行刑、检察、出入境、司法考试、司法协助、法律援助等事务。

(韩 啸)

韩国法务部矫正局

韩国在法务部下设的负责管理和指导全国的矫正工作的机构。矫正局设有矫正处和监狱工业处,负责对监狱生产劳动的规划、管理和调控。韩国在各地区设有矫正总部,矫正总部设有监狱工业处,负责管理、协调本地区各矫正所的生产劳动。

（韩　啸）

韩国司法研修院

韩国对法官、检察官、律师进行统一养成的机构。始建于 1971 年 1 月 1 日,隶属于韩国大法院主管。司法研修院的职能是将通过统一司法考试的合格者培养成具有高度法律道德意识和国民服务精神的法律专业人才。司法研修院把教育内容的重点放在各类法律职业人员所需要的实务知识方面,重实践轻理论,使司法研修生的参与最大化,通过体验熟悉和掌握法律专业知识及法律技能,在教育方式和评价方法上均不同于以理论教育为主的法学院教育。韩国司法考试合格人员,必须进入大法院主办的司法研修院完成司法研修学习,研修院的课程为期 2 年,分为 4 个学期,学生必须修满 66 个学分,学习的内容有法律基本知识、法律职业伦理、法律专门知识和实务技能,要学习法官、检事、律师的全部业务。在学习期间,给研修生提供在法院、检察厅、律师事务所实习的机会。通过毕业考试后,根据本人的愿望与成绩,安排其为法官、检事或律师。此外,司法研修院还负责韩国在职法官的业务培训。

（韩　啸）

荷　兰

荷兰司法部

荷兰王国中央政府下设的司法行政管理机构。司法部由司法大臣领导,司法大臣的工作对议会负责。司法部的法定职责是:为公民、政府和法院提供可行的立法;预防犯罪,保护青少年与儿童;执行法律;提供独立、可利用、有效的司法行政与法律援助,为犯罪的受害者提供协助;提供公平、一致、有效的执行处罚与其他法律制裁;规范进入荷兰的移民;协调反恐政策等。司法大臣对国家警察总负责。警察机关负责侦查,但所有负责侦查的警官都受检察机关指挥。司法大臣有权确定各个法院的法官人数,但对法院的审判工作无权过问。司法部的内设机构有立法国际事务及移民总司、预防青年及制裁总司、司法行政及执法总司、检察长会议、荷兰法医研究所。

（韩　啸）

荷兰押候所

荷兰称呼未决犯监狱的名称。荷兰的押候所主要有四种类型:(1)实行标准管理的押候所(remand house with a standard regime)。这种押候所关押审前被拘留者,日常活动主要是在监狱进行劳动。审前被拘留者可以参加教育计划;是否参加教育计划采取自愿原则,不强迫参加。(2)实行严格管理的押候所(remand house with a sober regime)。这种押候所收押那些不交纳罚金的被拘留者、外国人、被逮捕的人和其他可能会制造麻烦的人。在这种押候所关押的最长时间是60天。在这种押候所内,白天有一些矫正计划,但是晚上没有矫正计划。在这种押候所中,提供法律规定的最低限度的活动。(3)拘留被命令离境的非法外侨的押候所。拘留非法外侨(illegal alien)是一种行政措施,但是在有警戒措施的机构中执行。这里的条件与第一类押候所相同。平均拘留时间是50天左右。(4)感化治疗中心(penitentiary treatment centre)。这是强制性拘留那些经常进行不太严重的犯罪的持久性吸毒成瘾者(persistent drug addict)的机构。这些人的轻微犯罪行为,往往给公众造成很大的麻烦。过去由于判处的监禁刑很短,还没有开始有效的治疗,刑期就已经届满,因此,建立这种新的矫正机构。在这种机构内,可以将持久性吸毒成瘾者监禁2年,在此期间,对犯人实施治疗计划,进行戒毒和康复治疗;其中的一些治疗活动是在感化治疗中心之外进行的。

(吴宗宪)

加 拿 大

加拿大联邦司法部

加拿大联邦政府内行使司法行政权和检察权的机构,负责处理联邦政府法律事务,从事检察业务。司法部的主旨在于确保加拿大人享有一个公正、方便和高效的司法体系,确保加拿大成为一个有着公正、方便和高效的司法制度的公正、法治的社会,为联邦政府及相关机构提供高质量的法律服务和法律意见。联邦司法部长即联邦总检察长,为内阁成员。司法部的具体职能包括:制定立法政策,起草法律草案,解释法律;向政府提供法律意见,担当政府各部门的法律顾问;就刑事案件提起公诉;负责法院的司法行政工作,包括法官的推荐选任;代表联邦政府参与关涉重大社会公共利益的民事诉讼;负责对外交流和国际司法协助,通过引渡和司法协助承担国际条约义务。司法部内设立法局、咨询与国际法局、民法局、民事诉讼局、刑法局、财产和商法局、地区部和中央部服务局、税务诉讼局、法律研究计划局等。司法部职员中约一半由律师组成,许多律师被派驻在约30个联邦其他部门和机构;另一半由在研究领域、社会科学领域、传播领域以及教学领域的专家组成。

(韩　啸)

加拿大矫正局

负责监禁和矫正被判处2年或者更长监禁刑的罪犯的联邦机构。成立于1978年12月21日,以前称为“加拿大监狱局”(Canadian Penitentiary Service);目前隶属于加拿大公共安全部(Public Safety Canada);其负责人为局长(Commissioner),由总理任命,向公共安全部部长报告工作,通过议会向公众负责。总部在首都渥太华,负责宏观计划、政策发展和管理等事务;下设5个地区分局(regional headquarters),即大西洋地区、魁北克地区、安大略地区、大草原地区

(Prairies)和太平洋地区;每个地区分局直接管理具体矫正机构(包括监狱、社区矫正中心等),监督附条件释放到社区中的犯罪人。根据2000年的统计,加拿大矫正局负责管理53个不同警戒度的监狱(penitentiary)、17个社区矫正中心;它的19个地区办公室监督71个假释办公室。此外,还有约175个社区型住宿式机构,例如中途之家等,向加拿大矫正局管理的犯罪人提供食宿、咨询和矫正计划。这类机构由非营利性社区组织根据与加拿大矫正局签订的协议运作。

(吴宗宪)

加拿大地方看守所

加拿大羁押未决犯的监狱。加拿大监狱按管辖权可以分为联邦监狱和省监狱两个系统。其中,联邦监狱由联邦司法部监狱管理局负责管理,羁押被判处2年以上监禁刑的成年罪犯;省监狱由各省司法机关下辖的省监狱管理局负责管理,羁押被判处2年以下短期监禁刑的成年罪犯。省监狱系统包括省监狱和地方看守所等。羁押未决犯的监狱被称为"地方看守所",主要是因为未决犯监狱是由地方政府有关部门管理的。相对于已决犯监狱,加拿大的地方看守所存在经费不足、设施陈旧、人员素质低下、政策不统一、管理不规范等诸多问题。

(彭玉伟)

老　挝

老挝司法部

老挝中央政府下设的司法行政管理机构。司法部的主要职责是:负责政府部门的立法工作;对国家已颁布的法律的宣传普及;管理省、县两级法院的司法行政工作;管理全国的律师和公证工作;负责全国法院民事案件判决的执行;主管全国的仲裁机构登记管理和仲裁员的选任和管理;负责全国的调解工作和对调解员的管理与培训;对全国法官、检察官、公证员和仲裁员进行在职培训及继续教育;管理全国司法干部的任免、奖惩和调动;对外司法协助和交流;等等。司法部内设12个部门:办公室、法律司、法律宣传司、司法管理司、公证司、执行局、仲裁局、调解工作司、法律研究中心、培养审判员及司法干部中心、组织人事局、纪检监察机构。

(韩　啸)

罗马尼亚

罗马尼亚司法部

罗马尼亚政府负责规划、协调、保障国家法制和司法制度建设及运转的重要职能部门。根据罗马尼亚制定的《司法部组织法》,司法部的主要职能有:参与国家立法;负责司法机关的行政管理工作;管理全国监狱和公证工作;处理公民投诉,代理政府涉外法律事务等。司法部设有下列机构:(1)立法和政策研究局。负责立法规划、法案草拟和有关法制政策研究。(2)最高检察院关系局。负责管理、协调检察院系统行政事务和监督检察工作。(3)协调最高检察院同犯罪作斗争局。负责与检察系统协调打击刑事犯罪的对策。(4)法院设置和人事局。负责管理和协调法院系统的机构设置和人事工作。(5)司法局。负责研究、协调法院的审判业务。(6)军事法庭局。负责管理、协调有关军事专门法庭的行政事务。(7)监督局。负责管理全国监狱工作。(8)经济预算局。负责全国司法系统(包括法检系统)的财政计划和预算执行监督工作。(9)公证局。负责管理、指导全国公证工作。(10)公民投诉局。负责处理公民对政府和司法机关的重大投诉事务。(11)国际关系和欧洲一体化局以及欧洲人权委员会事务局。负责代表政府处理有关加入北约和欧盟、人权事务等涉及国际关系的法律事务,其代表由政府任命。司法部下设有3个直属单位:一是监狱生产经营总公司,负责统筹、安排和管理全国的监狱企业生产;二是法官学院,负责培训法官、检察官和对在职法官、检察官进行再教育;三是犯罪研究所,负责刑事犯罪对策的研究。

(韩　啸)

美　国

美国联邦司法部

美国联邦政府机构之一。联邦司法部成立于1870年,成立之初是负责联邦法院的司法行政管理工作。随着法院系统内部司法行政管理机构权力的扩张,司法部的司法行政管理权日渐衰弱。美国司法部是一个职能非常复杂的机构,其主要职能是:管理和监督联邦检察系统和警察系统,指导美国地区检察官工作;管理和监督联邦所属的全国监狱及其他惩罚机构;对违反联邦法律的各种犯罪活动包括颠覆活动等案件进行调查和起诉;负责调查并向总统汇报有关假释、缓刑、赦免的请求;执行移民法、国籍法和有关麻醉品管理的法律;协助起草联邦法律规程,应总统或政府首脑的请求,提供有关法律问题的意见等。司法部长是联邦政府法律事务的首要官员,由美国总统经参议院同意任命,是总统内阁的成员。司法部长的职权包括:在法律事务上代表合众国;充当总统和政府行政部门首长的法律顾问,向总统和行政首长提供法律咨询;监督司法行政工作;指导有关国家安全的法律问题的解决;监督监狱及其他惩办机构等。司法部长又是联邦总检察长,在联邦最高法院审理重大案件时,司法部长代表政府出庭,提起公诉;为维护公共利益,法律还可以授权司法部长提起诉讼,以防止其他官员违反法定权力。联邦司法部下设37个局(办公室),分别是司法副部长办公室,总检察长办公室,法律顾问办公室,法律政策办公室,情报政策和审查办公室,职业责任办公室,法规办公室,政府间和公众联络办公室,信息和隐私办公室,公共事务办公室,纠纷解决办公室,司法管理司,联邦检察官执行办公室,反托拉斯司,民事司,民权司,刑事司,环境和自然资源司,税务司,联邦监狱局,毒品管理局,联邦调查局,酒精、烟草、轻武器和爆炸物局,美国执法官署,美国国家中央局,移民审查执行办公室,赦免检察官办公室,美国假释委员会,国家托管人执行办公室,社区关系服务署,美国涉外赔偿处理委员会,司法项目办公室,社区警务服务办公室,国家毒品情报中心,职业责任咨询办公室,联邦羁押托管人办公室,对妇女暴力办公室。

(韩 啸)

美国联邦监狱局

美国联邦政府中负责管理联邦系统的监狱和社区矫正事务的政府机构。隶属于美国司法部(Ministry of Justice)。联邦监狱局是根据美国总统赫伯特·克拉克·胡佛(Herbert Clark Hoover)1930年5月14日签署的法律成立的。斯坦福·贝茨(Stanford Bates)担任第一任局长。联邦监狱局的主要任务是安全、人道、有效、适当地监管和矫正被监禁在各类联邦矫正机构的犯人,促使他们成功地回归社会,从而保护公共安全。同时,联邦监狱局也管理联邦系统中的社区矫正事务。联邦监狱局的总部设在美国首都华盛顿,下设6个地区办公室(regional office),由这些地区办公室直接管理监狱和社区矫正事务。这6个地区是:(1)中大西洋地区(Mid - Atlantic),地区办公室设在马里兰州的安纳波利斯汇合处(Annapolis Junction,MD);(2)中北部地区(North Central),地区办公室设在堪萨斯州的堪萨斯城(Kansas City);(3)东北部地区(Northeast),地区办公室设在宾夕法尼亚州的费城(Philadelphia);(4)中南部地区(South Central),地区办公室设在得克萨斯州的达拉斯(Dallas);(5)东南部地区(Southeast),地区办公室设在亚特兰大(Atlanta);(6)西部地区(Western),地区办公室设在加利福尼亚州的杜布林(Dublin,CA)。目前,联邦监狱局管理116个监狱、2个员工培训中心、22个社区矫正办公室。

(吴宗宪)

美国看守所

美国主要用来羁押未决犯的矫正机构,又称“未决犯监狱”。美国是联邦制国家,其监狱体系包括联邦监狱、州监狱、地区监狱和军事监狱四个部分,看守所往往属于地区监狱的组成部分,用来羁押候审的未决犯和被判处1年以下监禁刑的轻罪犯。由地方政府部门管理看守所的管理体制,在实践运行中存在种种弊端,如经费不足、设施陈旧、人员素质低下、政策不统一、管理不规范等。虽然美国联邦政府注意到地方看守所存在的严重问题,已经开始建立由联邦政府有关部门直接管理的未决犯监狱系统,即大都会矫正中心(metropolitan correctional center,MCC),但目前大部分看守所仍然是由地方政府管理的,只有6个州(阿拉斯加州、康涅狄格州、特拉华州、夏威夷州、罗得岛州和佛蒙特州)的看守所,是由州政府直接管理的。

美国看守所的规模大小不一,其分类标准如下:容量为49张床位或者更小的看守所是小型看守所,容量为50 - 245张床位的看守所是中型看守所,容量为250 - 999张床位的看守所是大型看守所,容量为1000张床位或者更多的看守所是超级看守所。在美国看守所监管的犯人中,有89%的犯人被羁押在看守所内,还有一些犯人是在看守所外监管的,对于这些在看守所外监管的犯人采取的监管措施主要是电子监控、不使用电子监控的家庭拘留、日间报告、社区服务、实施周末监禁计划、采取其他审前监督措施、参加工作小组、劳动集体和其他劳动替代措施、参加戒毒、戒酒、精神健康和其他治疗计划。

(彭玉伟)

美国拘留所

美国羁押接受刑事调查、初审期间的犯罪嫌疑人、被告人的场所。拘留所是美国的地区监狱系统的重要组成部分。拘留所归地区法律执行机关管辖,只负责羁押接受刑事调查、初审期间的刑事被告人,羁押时间不得超过72小时。

(彭玉伟)

美国临时拘留所

美国临时羁押接受刑事调查、初审期间的犯罪嫌疑人、刑事被告人的场所。临时拘留所隶属市政厅或警察局管理,属于临时性的羁押机构。在美国,未决犯监狱通常被称为"看守所",有时候也被称为"拘留所""临时拘留所"。使用这些名称的机构之间,有一定的细微差别。临时拘留所与看守所之间的区别在于:临时拘留所是临时性的羁押机构,缺乏单独固定的设施,通常建在市政厅或者警察局中,临时拘留的时间不得超过48小时,而看守所绝大多数都有自己单独的设施,羁押犯人的时间也更长。

(彭玉伟)

美国日间报告中心

要求犯罪人定期在白天进行报告从而对其进行监督和治疗的社区矫正机构。日间报告中心有不同的名称。例如,在美国纽约市被称为"监禁替代计划"(Alternative - to - Incarceration Programs,ATIs);在得克萨斯州,被称为"日间报告和日间资源中心"(Day Reporting and Day Resource Center);在犹他州,被称为"日夜报告中心"(Day/Night Reporting Center);在其他州,还使用"日间中心"(Day Center)、"日间治疗中心"(Day Treatment Center)、"日间报告计划"(Day Reporting Program)等。

日间报告的概念起源于20世纪70年代的英格兰。1972年,英国官员注意到,许多犯罪人在监狱被监禁,不是因为他们对公众具有很大的危险性,而是因为缺乏过守法生活的基本技能,这样的犯罪人往往吸毒和酗酒,因此,发展起了最初的"日间中心"(Day Center),又称为"日间培训中心"(Day Training Center,DTC)。现在,日间中心被称为"缓刑中心"(Probation Center),它主要用于对以前曾被监禁过并且有就业问题的年轻的男性财产犯罪人的前端监禁转处。到20世纪80年代中期时,在英格兰和威尔士有80多个日间中心。美国最初的日间报告中心是在20世纪80年代中期模仿英国的做法建立的。美国的第一个日间报告中心是1985年由康涅狄格州矫正局的官员建立的。2006年,在美国约有350个日间报告中心,有30000多名犯罪人处在日间报告中心的监督之下。相当数量的日间报告中心是由私营机构管理和运行的。日间报告中心的主要特点是:(1)非居住性。日间报告中心是一种非住宿式矫正机构,尽管它要求犯罪人定期向其报告,但是,日间报告中心本身并不给犯罪人提供住宿,它本身没有住宿设施。(2)高控制性。日间报告中心对犯罪人进行高度的控制,它要求犯罪人定期或者按照重新确定的频率到特定地点报告,报告通常在白天或者傍晚进行,以便密切关注和严格控制犯罪人的行为,从而满足保护公共安全的需要。要求犯罪人高频率地到日间报告中心进行报告,实际上是在高频率地对犯罪人进行直接监督,这种控制性要高于一些采用直接监督与间接监督相结合的社区矫正形式。(3)社区性。日间报告中心是一种社区矫正机构,它通常设在社区中，重视利用社区资源对居住在社区中的犯罪人开展社区矫正工作。(4)综合性。日间报告中心不仅对犯罪人进行监督和日常管理，而且还提供大量的服务来满足犯罪人被改造的需要，需要犯罪人参加诸如戒毒治疗、咨询、教育和职业培训、就业服务等活动，从而使日间报告中心的活动与功能具有综合性，不仅重视监督、控制和管理，也重视服务与改造。

(吴宗宪)

美国少年缓刑机构

负责执行少年缓刑的机构。美国的少年缓刑机构呈现出下列特点：(1)纵向来看，可以分为州县两级。从很多司法管辖区的情况来看，州一级的司法机构(judicial branch)和行政机构(executive branch)与县一级的司法机构和行政机构都负责少年缓刑事务。从州一级部门负责的情况来看，在康涅狄格州等10个州中，少年缓刑事务由州一级的司法机构负责，通常是由法院的行政办公室(administrative office)负责；在阿拉斯加州等23个州中，少年缓刑事务由州一级的行政机构负责，通常是由州矫正局、青年局(youth authority)或者类似机构负责。从县一级部门负责的情况来看，在亚拉巴马州等15个州和华盛顿哥伦比亚特区，少年缓刑事务由地方少年法庭(local juvenile court)负责管理；在加利福尼亚州等8个州中，少年缓刑事务由地方行政机构负责管理。在一些司法管辖区中，州和县两级机构都在管理少年缓刑事务。(2)横向来看，可以分为司法和行政两类。无论是在州一级，还是在县一级，都有司法机构和行政机构负责少年缓刑事务。在一些司法管辖区，司法机构和行政机构都管理少年缓刑事务。(3)从范围来看，有分有合。在大多数司法管辖区，缓刑机构同时也负责假释管理；在少数司法管辖区，缓刑机构和假释机构是分别开来的。同时，在一些司法管辖区，少年缓刑机构与成人缓刑机构是分开的，而在另一些司法管辖区中，少年缓刑机构与成人缓刑机构是合在一起的。

(吴宗宪)

美国少年假释机构

负责决定和执行少年犯罪人假释的机构。美国少年犯罪人的假释决定机构大体上可以分为五种类型：(1)州机构模式。由一个州或者地区性机构(state - level or district - wide agency)决定是否批准假释的模式。这是美国各州中最流行的模式。在大多数州中，只有这个机构的工作人员才能决定是否批准假释。(2)青少年监禁机构决定模式。在一些州，少年假释由青少年监禁机构(youth confinement facility)负责批准。根据这种模式，这类机构的一名高级管理人员(通常是主任)，会根据个案工作者或者其他治疗工作人员(treatment staff)的建议，提出假释某个少年犯的建议。缅因州、马里兰州、明尼苏达州、蒙大拿州、内布拉斯加州、内华达州、得克萨斯州和弗吉尼亚州都使用这类模式。田纳西州使用了稍有不同的机制：当决定假释的官员——主任建议假释时，必须与负责法官(committing judge)和矫正局长商议(consult)。(3)假释委员会(parole board)。一般而言，假释委员会是一个独立的机构，既不隶属于矫正机构，也不隶属于监督机构。假释委员会的成员通常由州长任命、立法机关确认或者批准，成员的任期是相互错开的。美国的假释委员会从适用对象来看，实际上分为两类：第一类是专门负责少年犯罪人假释工作的假释委员会，科罗拉多州、新罕布什尔州、新墨西哥州、南卡罗来纳州和犹他州的假释委员会就属于这类。第二类是综合性假释委员会，这类假释委员会既负责成年犯人的假释,也负责少年犯人的假释。这类假释委员会在很大程度上是过去的遗留,目前只有伊利诺伊州的假释委员会是如此。(4)独立委员会模式(model of independent board)。这类机构的名称很多,例如,少年考评委员会(juvenile review board)、监督评审委员会(supervisory review board)、青年机构委员会(youth authority board)、监管考评委员会(custody review board)、犯人考评委员会(prisoner review board)。在阿拉斯加州、亚利桑那州和加利福尼亚州,这样的独立委员会可以决定批准假释。在爱达荷州,一个监管考评委员会(custody review board)决定对19岁和20岁的高危险犯罪人的释放后安置。(5)负责法院(commitment court)模式。根据这种模式,只有负责法院才能对附条件释放过程进行控制。在实行这种模式的情况下,在有的司法管辖区中,负责法院对另一个机构提出的假释建议起咨询作用;在有的司法管辖区中,负责法院有权对另一个机构提出的假释建议作出最终决定。例如,在艾奥瓦州,即使少年假释犯已经处在成人、儿童和家庭服务处(division of adult, children and family services)的监督之下,县法院仍然具有管辖权,并且可以命令作出任何安置变更。同样,在路易斯安那州,少年和家庭法庭确定释放日期,即使在一个独立的行政机构进行监督的情况下,也可以这样。在一般情况下,负责假释决定的机构,往往也负责对于少年犯罪人假释的执行事务。

(吴宗宪)

美国中途之家

又称“过渡性矫正所”“过渡教习所”“重返社会训练所”等。为了帮助从监禁机构释放的犯罪人以及其他相关人员重新适应社会生活而设立的过渡性社区食宿和矫正机构。中途之家的概念起源于早期的欧洲。

在美国,中途之家的观念产生于1816年,而最早的中途之家是在19世纪40年代由贵格会教徒在帮助从监狱释放的犯罪人的过程中建立的。美国第一个中途之家,被认为是1845年由贵格会教徒的组织——公益会(Society of Friends)在纽约市建立的艾萨克·胡珀之家(Isaac T. Hooper Home)。这个中途之家是为男性犯人而建的。1864年,释放女犯临时收容所(Temporary Asylum for Discharged Female Prisoners)在波士顿建成。波士顿的这个中途之间是专门接受女犯的,而且在建立的过程中受到的反对不如建立男犯中途之家那样强烈,因为人们认为,妇女不会为了进行犯罪活动而一起交往;相信女犯会在这里继续进行改造。当时的中途之家仅仅为出狱犯人提供食宿,而不提供其他治疗和服务。在2000年,为州和联邦监狱中的犯人设立的中途之家,在11个州中有72所。与此相比,联邦监狱局提供了更多的释放准备计划,并且更多地使用中途之家。2000年,联邦监狱局与282家中途之家签订了合同,为18113名犯人提供服务,其中大约45%的是在当年释放的。在2005年,美国的43个州和联邦政府有适用于假释犯的中途之家,其中有39222名犯罪人。目前,在世界上很多国家和地区都已经建立了中途之家以及类似的机构。国际社会中的中途之家,普遍具有下列特点:(1)名称多样。在国际社会中,这种类型的社区矫正机构使用了很多类似的名称,例如,在美国使用的名称包括成人居住中心(adult residential center)、社区居住中心(community residential center)、社区居住计划(community residential program)、社区矫正中心(community corrections center)、社区释放中心(community release center)、假释居住中心(parole residential center)、过渡中心(transitional center)、居住式社区矫正中心(residential community correctional center)、居住式社区中心(residential community center)等。在英国,类似的机构被称为特许宿舍(approved hostel)等。(2)种类复杂。从中途之家的主办者的角度,可以划分为政府主办的中途之家和私人主办的中途之家。在美国,90%以上的中途之家是私营的。从中途之家的功能的角度,可以划分为简单的庇护所式中途之家和提供多种其他矫正服务的中途之家。从中途之家的入住要求的角度,可以划分为自愿入住的中途之家和强制要求入住的中途之家。从中途之家的收住对象的角度,可以划分为一般中途之家和特别中途之家。大多数中途之家是一般中途之家,收住对象包括假释犯、缓刑犯以及其他形式的社区刑罚的犯罪人。特别中途之家是为特定人群建立的中途之家,例如,专门为情绪紊乱的青少年建立的中途之家等。从中途之家的规模来看,中途之家大小不等。从中途之家的住宿者停留时间来看,他们在中途之家中停留的时间长短不等。在美国,这些人在中途之家停留的时间平均为 8 星期(56 天)到 16 星期(112 天,将近 3 个月)。(3)帮助全面。中途之家向犯罪人提供很多方面的帮助和服务。除提供食宿帮助外,中途之家还向符合条件的犯罪人提供其他很多方面的帮助和服务,例如,通过咨询等方式提供克服心理危机、消除不良情绪等方面的帮助;提供文化和职业培训方面的服务,提高犯罪人的寻找职业和谋生的能力;戒毒和戒酒方面的咨询帮助与治疗等。(4)实行监管。社区矫正机构要根据法律规定和法庭判决等要求,对在中途之家内获得食宿和进行其他活动的人员实行监督和管理。这些监督和管理可能涉及很多方面,例如,审查进入中途之家的犯罪人是否具备资格,确定与管理犯罪人在中途之家住宿时间的长短,监督和管理犯罪人的日常生活,管理犯罪人参加戒毒计划或者其他矫正计划,对于犯罪人进行有关的化验等。住在中途之家的犯罪人,要 24 小时接受监督,并且中途之家会向犯罪人提供接受矫治和其他改造服务的机会。(5)促进融入。中途之家通常位于社区内,往往是过去的私人住所或者通过改造社区内的其他机构而发展起来的,这种环境有利于促进中途之家中的犯罪人更好地融入社区生活。(6)双向兼顾。不仅帮助那些从监狱出来的犯罪人,同时也帮助那些有可能进监狱的犯罪人。(7)临时过渡。中途之家是一种供符合条件的犯罪人临时居住的过渡性矫正机构。当在这里居住的犯罪人完成预订的矫正计划,或者面临的问题与困难得到解决之后,或者违反了有关规定因而不适合继续在这里住宿时,他们就要离开。

(吴宗宪)

墨　西　哥

墨西哥联邦司法部

墨西哥联邦司法行政的最高机构。司法部长是联邦政府首席法律顾问,为联邦总统和政府行政部门提供法律方面的咨询意见,实施监督司法行政管理的职权,主持和管理制定政府立法方面的规划,起草规范性文件。司法部的主要职责是:协助政府和总统任命法官;管理法院行政事务;监督法律服务和法律援助项目的实施;负责缓刑和罪犯释放后的管理和监督;为政府提供法律咨询;代表政府出庭诉讼或应诉;主持行政复议或行政听证会议。司法部内设机构主要有:法律司、法院行政司、外事联络司、法律顾问司、财务与人事管理司等。

(韩　啸)

南　非

南非司法部

南非中央政府的一个重要机构。其主要职能包括以下五个方面:(1)担任政府法律顾问,代表政府参与诉讼,向政府各部门提供法律意见,解答各部门法律咨询。(2)管理司法行政工作,负责法院经费、装备、法庭建设;对基层法官、治安法官、公诉人和其他司法人员进行培训,负责支配全国司法行政业务费用,包括法院、检察总局的行政费用、基础建设和新建项目费用。(3)主管立法工作,凡属国家司法、国际条约等方面的法律均由司法部起草并上报议会审议。(4)从事对较大的治安法院的法律援助工作,如协助被罚款的或允许保障的犯人筹措费用;协助证人出庭作证并解决好其开支问题等。(5)领导检察机关,并负责重大经济案件侦查领导工作。司法部下设法律顾问司、司法行政司、立法司、法律援助局、检察官办公室等内设机构。

(韩　啸)

瑞　典

瑞典司法部

瑞典中央政府中一个规模较大、职能重要的部门。司法部的主要职能是:草拟法律、法规,经政府提请议会通过后颁布或者由政府公布;提名各级法院法官、检察官、警长和监狱长,最后由政府任命;负责法院编制等司法行政工作,以及对法院、检察院、警察机关和监狱的资金、预算及其人员的工资的发放;负责法律援助和律师事务所的财政预算等行政管理事务;负责赦免、引渡等方面的工作。司法部下设若干司、局,由以司法大臣为首的5名高级官员领导。检察机关的工作要向司法部负责,在具体的案件中,司法部不能对总检察长或其他检察官下达任何指示,但司法部可以对检察机关的一般性问题发出指示。

(韩　啸)

日　本

日本法务省

日本维持基本法制、制定法律、维护国民权利、统一处理与国家利害有关的诉讼的最高行政管理机关。1869 年(明治二年)明治维新后设置刑部省。1871 年(明治四年)刑部省被废除,改为司法省。1947 年(昭和二十二年)司法行政权移交至裁判所。1948 年(昭和二十三年)日本废除司法省,设立法务厅。1949 年(昭和二十四年)日本实行行政机构改革,将法务厅改称为法务府。1952 年(昭和二十七年)又将法务府改称为法务省(其首长为法务大臣),主管全国审判、检察、律师、监狱和司法行政等方面工作。根据 1946 年《日本宪法》规定,司法权由法院行使,法务省成为政府行政部门。法务省掌管的法务行政包括:(1)检察;(2)矫正;(3)赦免及更生保护;(4)有关国家利害关系的诉讼;(5)国籍、户籍、登记及委托保管;(6)人权保护;(7)出入境管理、难民认定及外国人的登记;(8)制定关于司法制度及法务的法令案;(9)司法援助和青少年权益保护等。法务省首长为法务大臣,法务省下设政务次官及事务次官、本省内部部局、审议会、研修与监管、检察厅、地方分支部局及外局等机构。其中,本省内部部局设有:大臣官房,负责人事、财务、设施管理,负责以国家为当事人的民事诉讼;民事局,负责民商事法律草案的起草,注册登记、户籍、国籍、公证等工作;刑事局,负责刑事法律草案的起草,检察院的职员的选拔与管理,以及国际合作、实施相关国际条约、引渡犯人等;矫正局,负责有关矫正的一般计划,矫正的人事、预算及其他一般管理的整顿、改善,制定有关矫正法令案,送交少年院的保护处分以及送交少年鉴别所等观察保护措施等;保护局,负责恩赦、假释等有关事项,地方更生保护委员会及保护观察所、更生保护法令案的制定,调查研究犯人及其更生的改善状况,促进民间犯罪预防;维护人权局,负责对侵犯人权案件的调查,对被害人进行救济和预防,法律援助;入境管理局,负责出入境管理和难民认定,外国人的登记管理等。审议会包括法制审议会、检察官适格审查会、中央更生保护审查会、检察官·公证人特别任用等审查会等。矫正收容设施包括监狱、少年刑务所、拘留监、少年院、少年鉴别所、妇女辅导院、入境者收容所等。

（韩　啸）

日本法务省矫正局

日本法务省下设的负责全国矫正工作的机构。矫正局的职能是负责有关矫正的一般计划,矫正的人事、预算及其他一般管理的整顿、改善,制定有关矫正法令案,送交少年院的保护处分以及送交少年鉴别所等观察保护措施等。矫正局设有总务课、保安课、作业课、医疗分类课、教育课及参事官。在各地设有矫正管区。矫正局管辖的执行设施有:(1)监狱。收容被处以徒刑、监禁、拘押的受刑者。(2)少年监狱(刑务所)。收容少年受刑者。(3)拘留监。拘禁未决刑事被告人、受死刑宣告者等。(4)少年院。收容家庭法院做出保护处分而送交的少年,对其进行矫正教育。(5)少年鉴别所。收容家庭法院做出观护措施而送交的少年,进行鉴别。

根据少年监狱、地方更生保护委员会和保护观察所等机构的委托进行鉴别。(6)妇女辅导院。收容因违反卖淫防止法而送交辅导处分的成年女子,为其更生进行必要的辅导。(7)入境者收容所。日本全国有59个监狱、8个少年监狱(主要关押26岁以下的罪犯)、7个拘置所,并分别有5个监狱分部、110个拘置所分部。

(韩 啸)

日本司法研修所

日本专门对法曹进行统一养成以及对法官、裁判所事务官进行业务培训的机构。司法研修所在组织机构上从属于最高裁判所。1939年(昭和十四年)7月6日在司法省内设置司法研修所。1947年5月3日司法研修所成立,司法研修所由最高裁判所主管。司法研修所的培训对象分为两部分:一是通过国家司法考试并被接纳进入研修所研修的人员。日本统一司法考试的合格者要成为裁判官、检察官或律师,必须作为司法修习生经过一年半司法研修所的学习。研修主要包括在所内的初始训练、实务研修,到地方裁判所、地方检察厅和地方律师协会进行的司法实务实习和在所内的后期训练。司法修习生在司法研修所是带薪学习,薪水标准大致相当于同年龄的国家公务员的水准。司法研修所被认为是法曹三者的统一、平等、公正的培训制度的基地。二是对在职法官的培训。有以下几种形式的研修:第一,简易法院法官的研修,这些法官为新任命的、任职三年和五年的三种;第二,候补法官的研修,分为新任命的以及任职一年、三年、六年和十年的五种;第三,法官研究会议,分不同的专题进行研究;第四,特殊研修,到新闻媒体、私人公司中去体验、观察,而不是在所内学习。

(韩 啸)

日本更生保护委员会

日本对假释委员会的称呼。在日本,法务省下设更生保护局(Rehabilitation Bureau),负责全国的假释工作。全国设立8个地方更生保护委员会(the Regional Parole Board),这8个地方更生保护委员会设在高等法院的8个司法管辖区。地方更生保护委员会的主要职责有两个方面:(1)作出假释决定:(2)如果假释犯不遵守假释条件的话,作出撤销假释的决定。

(吴宗宪)

日本拘置所

日本法务省控制下的羁押犯罪嫌疑人、被告人的场所。在日本,逮捕是羁押的前置程序,逮捕后是否予以羁押,由法官决定。原则上,未决羁押场所应当是监狱。日本的监狱可以分为两类:一类是拘留犯罪嫌疑人、被告人的拘置所;一类是羁押罪犯的刑务所。根据《日本刑事诉讼法》的规定,审前羁押的场所为监狱,也就是由日本最高司法行政管理机构法务省在全国设置的专门用来羁押未决犯的拘置所。由于这种拘置所由法务省设置和管理,因而能够独立于警察署,防止警察利用其羁押权力而滥用侦查权。不过,日本《监狱法》也允许在特殊情况下使用警察署控制下的留置场来替代监狱。日本法学界的主流观点认为,必须使侦查活动与拘禁事务在各自独立的基础上正确地进行,应当尽量避免使用代用监狱,特别是利用它来收容那些涉嫌犯有重罪、否认自己有罪以及正在行使沉默权的被疑人,将来应当增设隶属于法务省的拘置所,以逐步废止代用监狱。

(彭玉伟)

日本留置场

日本警察署控制下的羁押犯罪嫌疑人、被告人的场所。在日本,羁押犯罪嫌疑人、被告人的场所分为两种:一种是在警察署控制下的留置场,另一种是在法务省控制下的拘置所。根据日本法律,逮捕犯罪嫌疑人后的羁押场所原则上应是法务省设置在各地的拘置所。但是,考虑到当时各地的拘置所不足,1908 年日本制定《日本监狱法》时,允许在特殊情况下使用警察署留置场以代替法务省拘置所。这被称为代用监狱制度。当时,日本国会考虑到代用监狱可能产生的弊端,曾明确表示将来不将其作为监狱使用。但是,该制度在运行中却将本应在例外情况下才能使用的警察署留置场作为通常情况下羁押犯罪嫌疑人、被告人的场所。由于警察身兼侦查及监管职权,长时间控制着被拘禁人的自由,因而很容易利用这种权力逼取被拘禁人的自白。对此,日本律师联合会于 20 世纪 70 年代就将废除代用监狱作为立法问题提了出来,要求"迅速地在规定年限内彻底废除代用监狱"。1976 年 3 月,日本法务大臣表示需要修改《日本监狱法》,并逐步减少警察署留置场的使用。法务省已就修改《日本监狱法》提出了《刑事设施法案》和《留置设施法案》。1980 年,日本政府要求警察机构将侦查部门与监管部门分开,以此避免代用监狱制度的弊端。日本警察机构于当年进行了一次改革,将侦查部门与监管部门在组织上加以分离,同时从保护被拘禁人的角度对留置场的设置和建筑结构进行了改造。然而,在实践中,由于侦查官比留置场监管职员在地位上优越,侦查官在留置场侵犯人权的事件仍屡有发生。目前,代用监狱制度的存废问题,依然是日本司法制度改革的重点问题。

(彭玉伟)

日本刑务所

日语中对监狱的称呼。在日本监狱制度的发展过程中,创立了一套监狱概念体系,用不同的概念称呼不同类型的监狱。普通的监狱被称为"刑务所",分监狱被称为"刑务支所",已满 16 岁不满 20 岁的少年犯服刑的监狱被称为"少年刑务所",女犯服刑的监狱被称为"女子刑务所",患病犯人服刑的监狱被称为"医疗刑务所",此外还有羁押尚未判决的犯罪嫌疑人的"拘置所"等。

(吴宗宪)

日本少年院

日本少年矫正机构的一种类型。接受日本家庭裁判所判处保护观察处分的少年并对其进行矫正教育的机构。当日本的家庭裁判所(家庭法院)对少年犯罪人判处保护观察处分时,这类少年犯罪人就被送到少年院监禁,在监禁期间结束相关的矫正教育。少年院会根据导致少年犯罪人进行少年犯罪行为的问题的情况、少年犯罪人未来发展的情况、对少年犯罪人进行身心发展检查的情况、少年犯罪人的人格特质和未来生活计划等,对少年犯罪人进行分类,实行个别化的矫正活动,包括生活辅导、职业培训、学校教育、健康指导、体育课程和其他特别活动等。少年院包括四种类型:(1)初等少年院。收容身心无明显障碍、已满 14 岁不满 16 岁的少年犯罪人。(2)中等少年院。收容身心无明显障碍、已满16岁不满20岁的少年犯罪人。(3)特别少年院。收容身心虽无明显障碍但是犯罪倾向较强、已满16岁不满23岁的少年犯罪人。(4)医疗少年院。收容身心有明显障碍、已满14岁不满26岁的青少年犯罪人。

(吴宗宪)

斯里兰卡

斯里兰卡司法部

斯里兰卡中央负责司法行政管理工作的政府机构。其主要职能有:(1)领导指挥检察系统。(2)负责法律起草。(3)管理监狱。(4)对贪污、贿赂进行侦查。(5)负责劳工诉讼、债务调解和劳动赔偿等事务。(6)负责法院的法官任免事务、法院的物质保障、经费预算等。包括最高法院、上诉法院的住房都由司法部行政处负责。(7)负责国际司法情报工作。(8)向总统建议减刑、大赦和假释等。(9)承担联合国教科文组织的工作。司法部设有部长、副部长和常务秘书各一人,均由总统任命。常务秘书主持司法部的日常工作。司法部还设有总检察长署、法律起草司、监狱司、反贿赂司、公众委托司、法律委员会、劳工特别法庭、法令颁布司、联合国教科文组织、劳动者赔偿司和债务调解委员会11个独立单位。

(王韵洁)

泰　国

泰国司法部

泰国中央司法行政管理机构。其职能有:(1)管理法院的司法行政事务。司法部的核心职能是对各级法院提供人、财、物的保障。(2)负责起草法律和法规草案。国家各行政部门的立法草案须交司法部审查,由司法部报政府部门审查同意后,再交国会审议通过。(3)负责法官的选拔和培训。(4)负责国家年度司法经费预算的编制和申报。(5)负责全国法院选址及建设。(6)管理国家仲裁机构及仲裁员。泰国司法部专门设置了仲裁委员办公处,由一位主任负责。(7)负责国家的司法资料统计和管理。(8)负责司法罚没产物的保管及拍卖。(9)负责法院民事判决的强制执行。泰国司法部为了确保司法公正,专门设置了强制执行厅,由一位厅长负责。厅长由资深的六级法官担任。除设在曼谷的强制执行厅外,在全国各府还分设了很多强制执行厅办公室,负责执行所属法院所发出的执行命令。(10)归口管理对外司法协助和国际交流等。司法部下设4个厅,厅下设有局,其具体设置是:(1)司法部长秘书办公厅。其主要负责为部长起草文稿,协调各方工作及上情下达和下情上达。(2)司法部次长办公厅。该厅下设5个二级局,即中央局、财政局、人事局、设计建筑局和方针计划局。(3)司法事务厅。该厅下设6个二级局处,即秘书办公处、法官委员会书记处、法律学术局、法官培训局、司法监督局和仲裁委员办公处。(4)强制执行厅。该厅下设7个二级局处,即秘书办公处、保管拍卖产物局、财政局、计算平分产物局、民事强制执行局、中央产物安放处和递放令状局。

(王韵洁)

西　班　牙

西班牙司法部

西班牙主管司法行政管理工作的机构。其主要职能是:(1)负责法院的司法行政事务。法官的费用由司法部保障,法院中除法官以外的工作人员是司法部的职员,法庭的财产是司法部的财产。(2)管理检察院的工作。除负责检察院的行政事务外,司法部部长还任命除了总检察长和各大区检察长以外的检察官。(3)政府的立法工作。(4)管理公证工作。(5)登记工作及国家档案。(6)宗教事务等。

(王韵洁)

西班牙内政部监狱总署

西班牙管理监狱的司法行政机构。西班牙监狱由内政部管理。国家设有两个监狱总部:内政部监狱总署和加太罗尼亚自治大区监狱局,两者没有隶属关系,在监狱管理方面都有各自的机构、管理方式和独立的财政预算。西班牙内政部监狱总署署长由执政党组阁任命的副国务秘书(相当于副部长)担任,直接向内政部长负责。总署编制500人,对除加太罗尼亚自治大区以外的监狱实行统一直接管理。西班牙内政部监狱总署总部直接管理除加太罗尼亚自治大区以外的全国各地的监狱。

(王韵洁)

希　腊

希腊司法部

希腊中央政府的司法行政管理机构。希腊内阁总理负责监督司法部的工作,司法部要向部长会议及议会报告工作,司法部部长向总理报告工作。司法部的主要职能是:(1)司法部部长负责监督司法权的使用和管理,如法院的组成及职能设置。(2)根据国家宪法的要求,为法院提供经费和行政保证,使法院的法官能够独立行使审判权。(3)负责在中央政府的层面上提出立法建议,包括保证国内法和国际法的一致性。(4)负责全国公共法律服务,建立并加强民主法制的制度建设,促进国家司法体制建设。(5)负责青少年犯罪的预防工作,并设立专门机构,建立青少年犯罪的预防机制。(6)负责法官考试工作。司法部部长每年对外公布国家法官学院的入学考试事项。入学考试由考试委员会负责,该委员会由高级法官及1名大学教师组成。学生结业后进行统一考试,由3名高级法官组成的一个委员会负责有关事项。考试通过后,由司法部部长任命法官。(7)负责制定全国监狱管理工作的政策,并负责管理全国的监狱。(8)归口管理对外的司法协助工作,加强对外的司法协助和司法交流。司法部下设机关办公厅、法律法规起草司、监狱法律政策管理司、法院工作服务保障司、国内法与国际法协调司、预防青少年犯罪工作司等内设机构。司法部除了机关的各司之外,其管辖的直属机构有:(1)国家法官学院,主要负责教育培养全国的司法人员,保障司法人员的职业化;(2)司法建设储备基金会,主要负责管理国家司法体制建设所需要的储备资金,保障国家司法建设的财政资源;(3)雅典国别法及国际法研究所;(4)萨洛尼卡国家公法与国际关系研究所;(5)克里特法研究所;(6)爱琴海海商法研究所;(7)THEMES建设公司。

(王韵洁)

新 加 坡

新加坡法制部

新加坡政府中行使司法行政职权的部门。法制部主要处理按宪法规定由总检察厅主管的事务以外的一切与法律有关的行政事务。法制部的主要职能包括:(1)管理法院的司法行政事务,如法院经费预算,财物的管理与人员培训;(2)负责国家土地的登记、管理和利用;(3)负责管理公司的破产清算,破产财产的执行等;(4)负责因国家行政行为的侵权所造成的国家赔偿;(5)负责法院民事判决或裁决的强制执行;(6)管理国家版权保护事务;(7)管理全国的法律援助事务等。法制部下设土地局、土地执照和契税登记处、土地征收上诉委员会、司法援助局和版权法庭等机构。

(王韵洁)

新 西 兰

新西兰司法部

新西兰主管司法行政的机构。其主要任务是为政府各部和议会各委员会提供法律咨询;代表政府参与诉讼,负责起草审议有关法律、法规及法令;主管司法行政并提供有关政策咨询。司法部主要管理司法行政、监狱、法律改革、缓刑等工作。在新西兰,司法部部长是内阁成员,所负责的司法部工作对总理负责。因司法部部长又都是国会议员,内阁及议会事务繁忙,司法部的实际工作由秘书长主持,有若干名副秘书长作为秘书长的助手(没有副部长这个名称)。

新西兰司法部的机构设置基本上是分两级,即中央一级和州一级。司法部内设法院司(负责法院行政工作)、监狱司、缓刑司(负责对判处缓刑人员的行为考察监督)、法律改革司、商业事务司、行政管理司、土地契税司及专利司等。新西兰司法部的法律改革司负责对宪法、行政法、合同法、商法、刑法、婚姻法、财产法和侵权法等一百六十多项法律提供改革意见。新西兰司法部还主管一部分有关商业、贸易、专利等经济方面的法律活动。

(王韵洁)

新西兰国家法律办公室

新西兰专门的政府法律顾问机构。国家法律办公室是政府的一个内设部门,由许多高级律师组成,其最高负责人首席司法官是政府的法律顾问,在法律事务上代表政府。虽然政府可以请私人律师为其服务,但私人律师的服务只限于涉及一些专业的咨询,不能在法庭上代表政府。国家法律办公室的律师不能接受私人的聘请为其提供法律服务。国家法律办公室的律师是公务员,享受政府的薪金,但与私人律师之间可以相互流动,即做一段时间的私人律师后可以被国家法律办公室聘请做政府律师,反之,政府律师也可转做私人律师。所有的政府律师都是律师协会的会员。

(王韵洁)

意　大　利

意大利司法部

根据《意大利宪法》设立的司法行政管理机构。其主要职责是:(1)管理司法行政。司法部的核心职能是为司法机关提供服务,如法院、检察院的行政人员和后勤保障人员的配备和管理;司法机构的设置;司法经费的核算和运用等。(2)直接管理监狱。司法部在全国有 20 个派出机构直接管理监狱。监狱管理司有 1000 多人,都是文职人员。监狱管理司直接管理 4.5 万名监狱管理人员,其中有 4 万名监狱警察,5000 名文职人员。(3)管理公证事务。在意大利,实行公证人制度,不设公证处。目前意大利共有 5312 名公证人。司法部公证管理部门可以监管所有的公证人,但主要的职能是制定方针政策、具体组织公证员资格考试、批准公证员辖区范围调整的申请、监督和惩戒、监督确定公证收费标准。(4)归口统一负责对外司法交流与合作。司法领域的对外交流与合作归口统一由司法部负责,其他有关部门不得代表国家对外进行司法交流。(5)组织司法考试。(6)提出有关法律议案。涉及司法领域的法律草案,由司法部提交部长理事会讨论通过后报议会审改。(7)提出对法官、检察官的处分建议。根据宪法,司法部长对所有法官和检察官有监督权,可以对违纪法官和检察官提出处分的建议,但是是否给予处分,最终由最高司法委员会决定。司法部设有一个综合性行政管理机构,四个业务局司,即监狱管理司、民事与刑事事务司、司法事务司和少年犯罪管理局。

(王韵洁)

英　国

英国法律大臣办公室

英国行使司法部功能的机构。英国法律大臣办公室成立于1885年,其官方领导是常任法律大臣。法律大臣既是政府内阁成员,也是最高法院的大法官,同时又是上议院议长。在英国,法律大臣有广泛的职权,其中包括出任法官、上议院议长、内阁部长的职权,还肩负着有关司法管理方面的责任,包括法官的任命或对其任命提出建议,安排上议院和枢密院的司法事务,以及担任最高法院和刑事法院诉讼程序委员会的主席。法律大臣办公室的主要职能是:负责管理全国的法院系统;制定并监督执行司法方面的政策及行业标准;向议会提出修改法律的意见;管理全国的司法工作人员,包括录用、培训、考证及工资福利等;负责向全国司法机构的运转提供财政物资保障等。法律大臣部内设司法司,负责法官任命;设公共服务司,负责财务和人事的管理;设联络司,负责对外联络交流;设法院司,负责法院的财政预算及行政管理;此外还设有政策司、法律顾问司等。

2003年6月12日,英国政府新成立了宪政事务部(Department of Constitutional Affairs),代替了原来的法律大臣部,行使以前法律大臣部的大部分职能,同时也意味着过去法律大臣集法官、上议院议长和内阁部长于一身的时代的结束。宪政事务部的职责是围绕司法、权利和民主进行的,包括三个方面:(1)为全民提供高效、便利的司法。重点在于推进整个司法系统职责的履行,包括全国的刑事、民事、家事法院和其他行政法院以及处理政治庇护权的裁判所。具体职责包括:一是通过皇家法院服务署管理法院;二是大力提高各级法院的效率和促进职责的履行;三是改善刑罚的执行;四是制定一个高效的政治庇护权申诉程序。(2)确保公民的权利和义务。重点在于对弱势群体提供帮助和为公众提供服务。其包括进一步提高法律援助的效率和质量,确保为符合条件的刑事案件当事人出庭;在法律服务方面,以法规的形式设定法律服务量化要求,明确规定法律服务委员会、法律投诉办公室和其他法律职业者团体的责任;正确对待赔偿诉讼、杜绝滥诉行为。这方面的主要职责包括:一是完善人权方面的法律和政策;二是确保信息权,包括信息自由和数据库保护;三是确立法律上的性别认定标准。(3)通过法律和宪法的现代化提高民主自由。首要任务是增进国家和公民互动。具体职责包括:一是进一步深化上议院改革,通过立法对上议院通过法案的时间设立一个最长期限,逐步罢免上议院的世袭贵族,以在将来允许通过自由投票进入上议院;二是加强选举管理工作,宪政事务部将与各界合作,加强对选举活动的审查,建立公众对选举的信任以及公众和政府之间的信任。宪政事务部下设的机构主要包括:(1)战略司(Strategy),内设消费战略处、宪法事务处、法律援助战略处、公共监护人办公室、政府律师办公室、公共受托人办公室等。(2)法律和司法司(Legal and Judicial Services),负责司法政策的制定、司法官的任命、法律服务和法律咨询等。(3)皇家法院署(Her Majesty's Court Service),于2005年4月1日由治安法院服务署和法院服务署合并而来,是宪政事务部的一个执行部门,负责管理英格兰和威尔士的刑事、民事和家事法院。该署的工作目标是为社区、纳税人、受害人、证人和其他法院的权利享有者提供良好的服务。

(4)法律服务委员会(Legal Services Commission),是法律援助机构,下设社会法律服务机构和刑事辩护服务机构,分别在民事领域和刑事领域提供法律援助。(5)司法进修委员会(Judicial Studies Board),其资金由宪政事务部提供,指导和协助治安法院委员会培训治安法官,对其法官进行培训。(6)司法任命委员会(Commission for Judicial Appointments),于2001年4月成立,负责对王室法律顾问任命程序进行审查并对有关此程序运作的投诉进行调查。该委员会并不参与对司法官的任命。(7)司法官遴选司(Judicial Appointments Applications Service),司法任命指导委员会(Judicial Appointments Directorate)负责任命治安法官并就其他司法官的任命、选任提出建议。另外,还设有刑事司法改革办公室、法律服务检查专员、法律服务投诉处理委员、裁判所司、人事司、财政司、法院行政管理皇家检查管办公室、威尔士办公室、苏格兰办公室、北爱尔兰法院司、国家档案局、裁判所委员会等机构。

参考书目

胡耀芳、姜竑:《英国司法体制概述》,载《中国司法》2004年第3期。

(王韵洁)

英国内政部

英国专门负责国内事务的政府部门。内政部(Home Office)正式成立于1782年。其主要目的是:建立一个安全的、公正的和宽容的社会,为所有公民提供更多的机会,维护和提高社会安全。内政部主要负责管理:监狱和改造机构;犯罪、警务和反对恐怖主义;刑事司法和社区政策;移民和国籍。内政部在司法行政方面的主要职责有:(1)直接管辖大伦敦警察局;(2)确定整个英国地方警察的编制和配备;(3)批准地方警察委员会对警察局长、副局长和助理局长的任命;(4)确定大伦敦警察局的警察首脑及其下属的人选,并报请英王任命;(5)管理国家监狱及郡市的监狱;(6)处理犯罪,包括少年犯,负责缓刑和罪犯释放后的监督;(7)负责不由大法官处理的部分司法职责,如组织治安法院,创制刑法草案,任免书记官和领薪治安法官,任命检察长,制定刑事诉讼费用规则,向女王提出犯罪赦免的建议等。其内部设有消防和警察司,刑事、缓刑和安置司,广播、社区计划、平等机会、移民和国籍司,监狱司,编制司,财政和综合司等多种机构。

参考书目

何家弘主编:《中外司法体制研究》,中国检察出版社2004年版。

(王韵洁)

英国皇家监狱管理局

英国管理英格兰和威尔士地区监狱的政府机构。英国的监狱事务管理分为3个部分:皇家监狱管理局仅仅管理英格兰和威尔士的监狱事务,而苏格兰和北爱尔兰地区的监狱事务由它们各自的政府机构分别管理,其中,在苏格兰,监狱的最高业务管理机构是苏格兰行政委员会(Scottish Executive)下属的苏格兰监狱局(Scottish Prison Service);在北爱尔兰,监狱的最高业务管理机构是北爱尔兰事务部(Northern Ireland Office)下属的北爱尔兰监狱局(Northern Ireland Prison Service)。皇家监狱管理局是国家犯罪人管理局(National Offender Management Service,NOMS)的组成部分。2008年4月,原来的皇家监狱管理局和全国缓刑管理局(National Probation Service)合并,组成新的统一管理英格兰和威尔士地区矫正事务的机构——国家犯罪人管理局。现在的国家犯罪人管理局是英国司法部(Ministry of Justice)的一个组成部分和执行机构(Executive Agency),其任务是管理英格兰和威尔士地区的监狱和社区中的犯人,执行法院判处的刑罚和发布的判令,以便帮助犯人改变其生活,更加有效地利用公共资源、降低重新犯罪率,从而保护社会公众。国家犯罪人管理局每年通过监狱、缓刑机构以及其他矫正服务提供者管理被法院判处监禁刑和社区刑罚的约26万名犯罪人。它目前管理英格兰和威尔士地区的123个监狱,其中包括代表英国边境管理局(UKBA)管理的3个移民遣送中心(immigration removal centre);其中的14个监狱是通过签订协议的方式由私营机构管理的,其余的监狱由皇家监狱管理局管理。国家犯罪人管理局也通过分布在英格兰和威尔士的35个缓刑信托公司(probation trusts compang)管理这个地区的缓刑事务。

(吴宗宪)

英国法律援助委员会

法律援助委员会是根据英国《1988年法律援助法》的相关规定而成立的专门负责法律援助的机构。其在大法官的指导下为民事诉讼提供法律援助并负责地方法院审理的刑事案件的法律援助和刑事值班律师项目。随着新的《司法公正法》的通过,英国成立了专门的法律服务委员会负责管理法律援助事务,该委员会与其前身法律援助委员会相比责任范围有所扩大。

法律服务委员会是一个政府机构,在一定程度上独立于政府。它对政府各部长负责,由行政部门监督。委员会由一个理事会管理,由一位非执行主席主持,主席一职由工商资深人士担任。委员会的组成包括:主席、6~8名由工商业以及法律服务界资深人士担任的非执行理事、3名执行理事。委员会负责管理法律援助系统,制定政策完善这一系统,并就如何管理好国家资助的法律服务机构而向政府提出建议。原来具体负责法律援助工作的法律大臣办公室和法律服务委员会在法律工作方面仍有密切的合作关系,二者各司其职。法律大臣办公室将工作重心主要转移至制定法律援助方面的框架性文件和同财政部讨论拨款事宜。而后者则负责具体的落实工作包括制定实施性文件等。在英国,法律援助作为国家必须承担的责任和义务,其资金主要来源于政府拨款,政府每年在预算法案中单独列出法律援助的预算费用项目。

参考书目

何家弘主编:《中外司法体制研究》,中国检察出版社2004年版。

(王韵洁)

英国青少年犯罪人教养院

用来安置青少年犯罪人的教养院。又译为"教养学校"。1932年在英国建立,1968年被社区教养所(community home)取代。青少年犯罪人教养院类似于美国的教养学校(reform school)。青少年犯罪人教养院大多数在英国内政部(Home Office)或者苏格兰教育部(Scottish Education Department)的综合监督下由志愿团体(voluntary bodies)管理运行,受《1933年青少年教养院规则》(Approved School Rules 1933)的规制。内政部有一个督察员小组经常性地探视青少年犯罪人教养院。在苏格兰,教育部负责对其进行监督和管理。

(吴宗宪)

英国少年管教所

接受实施了轻微犯罪或者虽未犯罪但是处在有犯罪危险的环境中的儿童的地方。又译为“少年习艺学校”“工读学校”等。在英格兰,少年管教所是根据《1857 年少年管教所法》(1857 Industrial Schools Act)建立的,通过给贫穷儿童和被忽略儿童提供寄宿环境来应对少年犯罪问题。该法允许治安法官将有不良行为的儿童送到提供食宿的少年管教所。在苏格兰,1866 年生效的《少年管教所法》批准建立类似的机构,教被忽略儿童学习技艺,强调预防犯罪的作用。在爱尔兰,《1868 年少年管教所法》(Industrial Schools Act of 1868)批准建立少年管教所,用来安置被忽略儿童、孤儿和被遗弃儿童。英格兰 1876 年的一项立法批准建立类似的非住宿式少年管教所。由于这类机构中性虐待、身体虐待和精神虐待现象猖獗,因此,这类机构在 1932 年被青少年犯罪人教养院(Approved School)取代。

(吴宗宪)

英国霍华德协会

一是指以英国慈善家和刑罚改革家约翰·霍华德命名的世界上最古老的刑罚改革慈善组织。约翰·霍华德(John Howard)是英国著名的慈善家,也是英国第一个监狱改革家,他所从事的监狱改革事业,不仅促使英国监狱状况的改善和现代监狱制度的发展,也推动了世界范围内的监狱改革。以他的名字命名的霍华德协会,于 1866 年在英国伦敦成立,其宗旨是“促进最有效的刑罚待遇和犯罪预防”,“倡导教养院和对犯罪人的预防性处置”。1912 年,与 1907 年成立的刑罚改革联盟(Penal Reform League)合并,创立了新的刑罚改革组织——霍华德刑罚改革联盟(Howard League for Penal Reform)。霍华德刑罚改革联盟是独立于英国政府的社会团体,通过自愿捐款、会员捐助维持生存与活动;尽管它接受英国司法部所属法律服务委员会(Legal Services Commission)的资助,但是,这种资助只是一种契约关系。霍华德刑罚改革联盟的总部设在英国伦敦阿德利路 1 号(1 Ardleigh Road)。该联盟通过与英国议会、媒体等的广泛合作,从事减少犯罪、建设更加安全的社会、减少监狱中的犯人数量等方面的工作,目前从事的主要刑罚改革工作包括量刑改革(Reform Sentencing)、关注社区(Investing in the community)、促进儿童和青少年公平(Justice for children and young people)、改革监狱内部(Change inside prisons)等领域。其官方网站的网址为 www. howardleague. org。

二是指类似组织。在世界上其他一些国家和地区,还有一些类似的社会团体,从事大体类似的工作。在英国,还有苏格兰霍华德联盟(Howard League Scotland,1979 年创立)、监狱改革基金会(Prison Reform Trust,PRT,1981 年在伦敦创立)等。在加拿大,有约翰·霍华德协会(John Howard Society,1867 年成立)、加拿大伊丽莎白·弗赖协会(Canadian Association of Elizabeth Fry Societies,1969 年成立)。在美国,有伊利诺伊州约翰·霍华德协会(John Howard Association of Illinois,JHA,1901 年成立)等。在新西兰,有新西兰霍华德刑罚改革联盟(New Zealand Howard League for Penal Reform)、坎特伯雷霍华德刑罚改革联盟(Howard League for Penal Reform Canterbury,1924 年建立)。

(吴宗宪)

印　度

印度司法和公司事务部

印度政府下设负责部分司法行政工作的机构。印度司法和公司事务部的职权远逊色于西方发达国家司法部,其主要负责如下立法、司法行政事务:(1)就最高法院法官及印度总检察长人选问题提出意见;(2)代表政府起草宪法修正案或法律、法令、条例、章程,送议会讨论通过;(3)审理与外国签订的条约和协定;(4)办理中央政府各部的有关法律事项;(5)审理公营公司、私营公司和在印度的外国公司的有关法律事项等;(6)任命政府律师。司法和公司事务部设部长和政府秘书各1人,下设4个局。(1)法律事务局。法律事务局设有4个股。一是顾问股,负责向政府各部提供有关法律问题的建议;二是中央代理股,代表中央政府关心最高法院对重大民事和刑事案件的处理;三是诉讼股,处理有关中央各部和德里行政当局间的一切诉争;四是司法股,负责聘请政府所需要的法律官员。(2)法制局。负责起草法案、条例和规则,出版中央法令、条例和规则,编制印度法律大全等。法制局设有法制股、法制二股、议会股、出版股、翻译股、校勘股、印刷股、期刊股、法规和命令股以及官方语言股等。(3)司法局。司法局负责最高法院、高等法院法官的任命和他们的工作条件,关心审判权的行使以及直辖区法院的组织和工作。(4)公司事务局。根据1956年的《印度公司法》和其他中央法令,负责处理有关公司方面的事务。该局的业务主要由公司管理委员会承担。直属机构有设在孟买、加尔各答、马德拉斯等地的公司法管理处,附属机构有设在全国各大城市的公司注册办事处,咨询机构有公司法顾问委员会。

(王韵洁)

印度尼西亚

印度尼西亚司法部

印度尼西亚政府下设的司法行政管理机构。其主要职能有:(1)主管国家政府部门的立法工作,维护和加强国家行政法制建设,对国家民事、刑事、经济、社会保障、公共管理诉讼程序和司法制度进行国家规划等项提出政府部门的立法草案和建议;(2)参加国家法律的立、改、废和编纂工作;(3)管理除高等法院之外的其他所有法院的司法行政事务,比如地方法院的设置,人、财、物的管理等;(4)管理和监督监狱、少年管教院,以及指导和管理刑满释放人员;(5)管理、指导国家的法律救助工作,保障社会弱势群体的基本人权;(6)管理律师及其他法律服务工作;(7)管理和协助警察部门、外交部门实施罪犯引渡及司法协助等工作。司法部内设办公厅、法律局、民事局、刑事局、矫正局、维护人权局、保护局和国际合作事务局等机构。

（王韵洁）

越　南

越南司法部

越南中央政府下设主管司法行政的机构。根据《越南政府组织法》的规定，政府机构中设有司法部和各级司法行政机关。司法部的主要职能是：（1）负责政府各部门行政立法的起草工作和立法意见的提出；（2）管理法院的司法行政事务；（3）管理全国的公证工作；（4）管理全国的仲裁工作，主要是仲裁机构的等级和仲裁员的选任；（5）负责全国调解组织的建立、管理和对调解员的培训；（6）进行法律宣传和向公民提供法律咨询工作；（7）负责对法院作出的刑事判决和部分民事判决的执行；（8）对法官、检察官和律师等司法人员进行培训；（9）负责律师管理工作，主要是制定管理律师的法律法规和政策。司法部下设办公厅、法制司、法律宣传司、法院行政管理司、公证工作管理司、调解工作司、仲裁工作司、执行工作管理司、司法人员培训司、法律研究室等内设机构。

（王韵洁）

第六部分　律师机构

中　国

中国内地（大陆）

中国法律顾问处

法律顾问处是中华人民共和国成立后我国律师执业机构的名称。该名称受苏联影响而确立，沿用至1987年，被“律师事务所”代替。1954年7月31日，司法部发出《关于试验法院组织制度中几个问题的通知》，指定北京、上海、天津、重庆、武汉、沈阳等大城市试办律师工作，组建法律顾问处，开展律师业务，以便取得经验，逐步推广。至1957年6月，全国共建立法律顾问处817个。但是，随着1959年4月司法部被撤销，法律顾问处也全部被撤销。直至1980年《律师暂行条例》规定“律师执行职务的工作机构是法律顾问处。法律顾问处是事业单位，受国家司法行政机关的组织领导和业务监督”。这是计划经济时期立法对律师执业机构的定性。随着律师事业的发展，法律顾问处这一名称不能准确反映律师执业机构的特征，从1984年起，各地陆续成立律师事务所，1987年司法部正式下文要求将各地的“法律顾问处”更名为“律师事务所”。

（许身健　邓维瀚）

国家出资设立的律师事务所

又称国资律师事务所、国资所，由司法行政机关根据国家需要，由国家下达编制、拨给经费设立，以全部资产对其债务承担有限责任的律师事务所，是律师执业机构之一。国资律师事务所由司法行政机关负责指导和监督，方式主要有：审查国资律师事务所的年度预决算方案；审计监督其财务活动；批准任免律师事务所的主任；决定律师事务所的合并、分立和撤销等。国家出资设立的律师事务所，除符合《律师法》规定的一般条件外，应当至少有2名符合《律师法》规定并能够专职执业的律师。需要设立国资律师事务所的，由当地县级司法行政机关筹建，申请设立前须经所在地县级人民政府有关部门核拨编制、提供经费保障。

国资律师事务所有以下四个主要特征：第一，由国家出资设立。具体由司法行政机关根据需要设立，设立时由国家一次性投入开办资金。此外，根据情况，可以同时核拨编制、核拨经费，也可以不核拨编制和经费，但开办时律师事务所的资产由司法行政机关代表国家投入，律师事务所资产归国家所有。第二，自主经营，其业务活动不受干预。司法行政机关可以对其进行指导和监督，而不应干涉其业务活动；实行民主管理，实行由全体律师组成的律师会议制度，主任是事务所的法定代表人,应由全体律师选举产生,报司法行政机关批准。第三,分配实行效益浮动工资制。律师事务所依据按劳分配原则,实行效益浮动工资,在确定工资标准、等级时,应当考虑律师的年龄、资历以及办理法律事务的质量和数量。第四,国资律师事务所以其全部资产对其债务承担责任。国资律师事务所作为法人,独立承担有限责任,对于律师因故意或重大过失造成损失的,国资律师事务所承担责任后,有权向该律师追偿。

参考书目

胡志民主编:《律师制度与实务》,华东理工大学出版社2013年版。

（许身健　邓维瀚）

合作制律师事务所

与国家编制、财政脱钩,人员自愿组合,自负盈亏,资产实行集体所有制的律师事务所组织形式。合作制律师事务所在我国出现于20世纪80年代末,是介于国资所与合伙所之间的中间过渡形态。合作制律师事务所由于与国家编制、财政脱钩,人员自愿组合,盈亏自负这一系列特征,在一定程度上有利于调动律师的积极性。但当时按照所有制形式把合作制律师事务所置于"集体所有制"的形式之中进行定性,律师退职后无权分割律所财产,这就影响了律师为律师事务所积累资金、购置固定财产的积极性,因此严重制约了律师事务所的发展。由于上述弊端,2007年修改后的《律师法》取消了这一律师事务所组织形式。

参考书目

陈宜编著:《律师执业组织形式和律师管理体制研究》,中国政法大学出版社2014年版。

（许身健　邓维瀚）

个人律师事务所

律师个人单独开业的律师事务所,是律师执业机构之一。中国大陆允许设立个人律师事务所经历了较长的发展过程。1993年后,以个人名字命名的个人律师事务所开始出现,但数量较少,全国仅几十家。1997年开始施行的《律师法》对个人律师事务所未作规定,但设立个人律师事务所的试点仍在继续进行,而且已有地方法规对个人律师事务所作出规定,如1995年广东省人大常委会通过的《广东省律师执业条例》和1996年海南省人大常委会通过的《海南经济特区律师执业条例》规定律师可以以个人开业的形式申请设立律师事务所。2007年《律师法》修订后对个人律师事务所作出规定,从此个人律师事务所在中国大陆获得了完全合法的地位。设立个人律师事务所,除应当符合《律师法》第14条规定的条件外,设立人还应当具有5年以上的律师执业经历。个人律师事务所有三个主要特征:第一,个人出资,自负盈亏;第二,财产关系上是个人独有,且具有完全的所有权;第三,经营管理主要采用个人决策和个人管理经营,并由其独自承担全部责任和风险。

参考书目

胡志民主编:《律师制度与实务》,华东理工大学出版社2013年版。

（许身健　邓维瀚）

普通合伙律师事务所

依法设立的由合伙人依照合伙协议约定，共同出资、共同管理、共享收益、共担风险的律师执业机构。1979 年恢复律师制度后，律师执业机构主要是国资律师事务所；自 1988 年起，经国务院批准，司法部开始了设立合作制律师事务所的试点工作；1993 年 12 月后，司法部组织实施经国务院批准的《关于深化律师工作改革的方案》，方才开始出现普通合伙律师事务所。

从组织形式上看，普通合伙律师事务所属于合伙组织。合伙协议是其成立和存续的基础，设立普通合伙律师事务所时必须订立合伙协议，并将该协议提交审核部门。合伙协议应在合伙人平等、自愿、协商一致的基础上订立。合伙协议一经确立，即对每个合伙人都具有约束力。普通合伙律师事务所由合伙人按照合伙协议约定的比例共同出资，财产属合伙人共有。合伙人对律师事务所的债务承担无限连带责任。合伙人会议决定事务所一切重大事宜，合伙律师事务所也可以设立日常管理机构，负责执行合伙人会议决议，管理律师事务所的日常事务。

设立条件。设立律师事务所，应当具备一定的条件并经省、自治区、直辖市以上司法行政机关审核登记。根据《律师法》第 14 条和司法部 2008 年 7 月颁布并于 2018 年修正的《律师事务所管理办法》第 8 条的规定，设立律师事务所应当具备下列基本条件：(1)有自己的名称、住所和章程。(2)有符合《律师法》和《律师事务所管理办法》规定的律师。(3)设立人应当是具有一定的执业经历并能够专职执业的律师，且在申请设立前 3 年内未受过停止执业处罚。(4)有符合《律师事务所管理办法》规定数额的资产。《律师法》第 15 条第 1 款规定，设立合伙律师事务所，除应当符合本法第 14 条规定的条件外，还应当有 3 名以上的合伙人，设立人应当是具有 3 年以上执业经历的律师。《律师事务所管理办法》第 9 条规定，设立普通合伙律师事务所，除应当符合该办法第 6 条规定的条件外，还应当具备下列条件：有书面合伙协议；有 3 名以上合伙人作为设立人；设立人应当是具有 3 年以上执业经历并能够专职执业的律师；有人民币 30 万元以上的资产。

设立程序。申请设立律师事务所，应当向所在地设区的市级或直辖市的区(县)司法行政机关提出申请，并提交申请书、事务所名称、章程、合伙协议、设立人相关信息、住所证明、资产证明等材料，受理申请的司法行政部门应当在决定受理之日起 20 日内完成对申请材料的审查，审查后应出具审查意见，并将审查意见和全部申请材料报送省、自治区、直辖市司法行政机关。省、自治区、直辖市司法行政机关应自收到受理申请机关报送的材料之日起 10 日内予以审核，作出是否准予设立律师事务所的决定。成立 3 年以上并具有 20 名以上执业律师的合伙律师事务所，可以设立分所。设立分所须经拟设立分所的合伙律师事务所所在地的省、自治区、直辖市人民政府司法行政部门审核。

（许身健　邓维瀚）

特殊的普通合伙律师事务所

国外一般称之为有限责任合伙律师事务所，是指当一个或者多个合伙人在执业过程当中，因为过错造成律师事务所债务时，其他合伙人仅以其在律师事务所中的财产份额为限承担有限责任，而有过错的合伙人则需对律师事务所财产不足以清偿的债务部分承担无限连带责任的合伙制律师事务所。我国 2007 年新修订的《律师法》将特殊的普通合伙制度正式规定为我国律师事务所的组织形式之一。特殊的普通合伙律师事务所是普通合伙律师事务所的一种特殊形态，除法律另有特殊规定外，特殊的普通合伙律师事务所相关制度与普通合伙律师事务所相同。在特殊的普通合伙律师事务所有限责任的保护范围方面，我国法律将无过错律师的有限责任仅局限于有过错律师在执业过程中因故意或重大过失造成的债务。

设立条件。设立特殊的普通合伙律师事务所需要满足一定的条件并经省、自治区、直辖市司法行政机关批准。根据《律师法》第 14 条和司法部《律师事务所管理办法》第 8、10 条的规定，设立律师事务所应当具备下列基本条件：(1)有书面合伙协议；(2)有自己的名称、住所和章程；(3)有 20 名以上合伙人作为设立人；(4)设立人应当是具有 3 年以上执业经历并能够专职执业的律师，且在申请设立前 3 年内未受过停止执业处罚；(5)有人民币 1000 万元以上的资产。

设立程序。特殊的普通合伙律师事务所的设立程序与普通合伙律师事务所基本相同。

（许身健　邓维瀚）

中华全国律师协会

根据《律师暂行条例》(1980 年颁布)于 1986 年 7 月成立的社会团体法人，是全国性的律师行业自律性组织，依法对律师实行行业管理。我国律师行业实行双层管理体制，律师协会与司法行政机关共同对我国律师行业进行管理。中华全国律师协会的最高权力机构为全国律师代表大会。中华全国律师协会现有团体会员 31 个(各省、自治区、直辖市律师协会)，个人会员 23 万余人。

行使职权。依据《律师法》，中华全国律师协会的主要职责有：(1)保障律师依法执业，维护律师的合法权益；(2)总结、交流律师工作经验；(3)制定行业规范和惩戒规则；(4)组织律师业务培训和职业道德、执业纪律教育，对律师的执业活动进行考核；(5)组织管理申请律师执业人员的实习活动，对实习人员进行考核；(6)对律师、律师事务所实施奖励和惩戒；(7)受理对律师的投诉或者举报，调解律师执业活动中发生的纠纷，受理律师的申诉；(8)法律、行政法规、规章以及律师协会章程规定的其他职责。

组织机构。中华全国律师协会每四年举行一次全国律师代表大会，选举产生理事会，理事会选举产生会长、副会长和常务理事。在全国律师代表大会和理事会闭会期间，常务理事会行使理事会的职权，执行全国律师代表大会的决议。中华全国律师协会设秘书处，负责实施全国律师代表大会、理事会、常务理事会的各项决议、决定，承担协会日常工作。另设各类专门委员会与专业委员会。各专门委员会承担律师协会运作过程中的专门性工作，例如律师奖励与惩戒工作、律师维权工作等。各专业委员会负责某一特定法律领域中相关问题研究工作，例如刑事专业委员会、民事专业委员会等。

（许身健　邓维瀚）

中国香港特别行政区

香港出庭律师

即“大律师”，是业务范围仍局限于出庭担任辩护人的律师。香港律师制度自 19 世纪中后期诞生之日起，就继承英国的传统，存在出庭律师与事务律师两大分支的专业划分，在其中一支执业的法律专业人士不能同时在另一支执业。出庭律师只能办理诉讼事务，事务律师只能办理非诉讼事务。出庭律师不能与当事人直接接触，不能直接向当事人收费。接受当事人的案件委托，必须由事务律师转聘，即诉讼当事人首先要请事务律师，由事务律师代为聘请出庭律师。出庭律师在受聘后，根据事务律师对案情的介绍和准备好的法律文书，出庭辩护。时至今日，在事务律师方面，这种划分发生了重大的变化，着重表现为事务律师已被允许承办地方法院及以下法院管辖的诉讼案件。

出庭律师有普通出庭律师与资深出庭律师（香港回归前称为“御用出庭律师”）名衔之分。御用出庭律师是一种很高的荣誉，一旦获得此种荣誉，不仅能提高在出庭律师同业中的威信，而且在办案时也可收取更高的酬金。御用出庭律师工作的性质与普通出庭律师一样，负责在法庭进行辩论。但御用出庭律师出席任何法庭（包括审裁处的诉讼或仲裁）都需一名帮办出庭律师陪同。御用出庭律师还可接办控告英皇室的案件，而无须向英皇室请示。香港回归后，出于主权的考虑，将御用出庭律师改称为资深出庭律师，其审批程序也相应修改。

由事务律师申请出庭律师资格的，至少应在申请时的3年前已在香港获得事务律师资格，在这段时间内在香港执业为事务律师或在政府法律机构中受雇为律政人员，并在核准为出庭律师后不再继续自行开设、合伙开设或受雇于某律师行作为受薪事务律师。出庭律师只可以自己的名义单独挂牌，而不可采取合伙的形式。但出庭律师也可以与其他出庭律师合组一个办公室，称为“出庭律师事务处”。合署办公的出庭律师，在接案、办案、收费等业务和财政问题上泾渭分明，分别履行各自的职责，分别雇佣各自的秘书或助手，彼此互不相干，不能也无须为其他出庭律师的行为负任何的责任。

参考书目

任永安编著：《香港特别行政区司法制度》，中国商务出版社2015年版。

（许身健　邓维瀚）

香港事务律师

专门从事非诉讼业务或从事部分诉讼业务但其出庭时的发言权受到限制的律师。其承办的非诉讼业务主要包括：担任银行和其他经济组织的法律顾问，办理签订买卖契约和遗嘱，为当事人提供法律咨询、制作法律文书、调解纠纷，充当民事诉讼代理人等。事务律师可细分为普通事务律师与公证律师，但这仅仅是业务范围和职责上的分工，并不是地位或身份的区别。这里仅介绍普通事务律师，公证律师见专门词条。

香港律师制度继承英国的传统，有出庭律师与事务律师两大分支的专业划分，在其中一支执业的法律专业人士不能同时在另一支执业。出庭律师接受当事人的案件委托，必须由事务律师转聘，出庭律师在受聘后，根据事务律师对案情的介绍和准备好的法律文书，出庭辩护。但时至今日，这种划分发生了重大的变化，着重表现为事务律师已被允许承办地方法院及以下法院管辖的诉讼案件。

除执业范围不同外，事务律师在以下方面也区别于出庭律师：事务律师可以单独开业，也可与其他事务律师合伙开业；其执业机构是律师行，除了可以采用独营或合伙的形式外，还可以根据业务的需要，与在香港注册的外国律师行一起组建联营组织。

由大律师转而申请为事务律师的，至少在香港、英国和北爱尔兰取得大律师资格且执业五年以上。由海外人士或海外律师申请香港事务律师资格及执业证书的，除了应符合一定的学历、经历和品行等条件外，还需通过香港律师会设立的“海外律师资格考试”。

（许身健 邓维瀚）

香港公证律师

香港实行律师兼任公证人制度，即由具有一定年资的事务律师担任公证人。所以，公证人又称法律公证人或公证律师。法律公证业务被列为事务律师业务的一部分，不存在专门公证机关和专门公证人。香港公证律师的业务范围与内地公证员的业务范围相差无几，主要包括对经济合同的签订、财产赠与、遗嘱、楼宇买卖、物业按揭、住所、亲属关系、婚姻状况、学历文凭等在香港以外地区使用的法律文书进行公证。

只有执业7年以上，业绩优良，公正廉洁，为官方和社会所公认，有30名社会各界知名人士和2名公证人的签名推荐，经考试合格和法律公证人协会审议，在香港回归前，应报香港最高法院审核，最终还须报英国伦敦坎特伯雷大主教批准，在1997年7月1日以后，最终应由香港终审法院首席法官批准，方可成为公证律师。司法常务官在收到公证律师的身份誓章和法定费用后，将其姓名列入公证人名册。公证人名册由司法常务官保存，任何人在办公时间均可免费查阅。公证律师无等级之分，无任期限制。凡是担任公证人的律师，都须在香港高等法院和各国驻香港领事馆备案。发往香港地区以外的公证书，须由公证书使用国驻香港领事馆或香港高等法院认证。由于公证人由事务律师兼任，所以当事人需到律师行办理公证事项。

法律公证人受法律公证人协会及其章程的约束。公证人的收费标准由法律公证人协会统一制定。香港公证律师并不对文书内容的真实性负责，对公证的内容也不进行实质性的调查，而仅对文书形式的真实性负责。如经公证的事项发生纠纷，当事人不应找公证律师解决。若当事人作为声明人在公证律师面前作了伪誓，必须承担相应的法律责任；当事人已公证的文书内容失实，公证律师不承担法律责任。

参考书目

任永安编著：《香港特别行政区司法制度》，中国商务出版社2015年版。

（许身健 邓维瀚）

香港政府律师

应聘在立法会、香港行政会议、律政司、法律援助署、公司注册处、土地注册处、破产管理署、知识产权署、海关总署、廉政公署等政府机关中工作的律师，是香港政府的公务员。其中香港律政司可被称为政府常聘的专职律师事务所，管理涉及政府的所有法律事项，包括提出所有刑事检控，草拟政府提出的所有法律，以及为香港政府提供法律意见和法律的推行等，所以，律政司的政府律师最多，几乎占香港政府律师的60%。律政司的政府律师根据级别的不同，在律政司长和律政专员之下，分别为首席政府律师、副首席政府律师、助理首席政府律师、高级政府律师、政府律师，其中包括对刑事犯罪嫌疑人提起公诉的检察官。

政府律师和私人执业律师相对应，是依据律师执业身份的不同所作的划分，故政府律师首先是受法律承认的律师，同样有出庭律师和事务律师之分，受法院对其的司法管辖。根据《律政人员条例》的规定，凡毕业于世界各地的大学法律院系，或已在英联邦国家获得律师资格，精通英国或香港法律，本人提出申请经有关部门审核，均可被录用为政府律师，并可拥有大律师或事务律师的一切权利。政府律师以公务员的身份获得政府的薪金，从事政府法律专业工作，充当政府法律顾问，参与起草和制定法律，并在任何法庭和审裁处拥有出庭发言权等。

政府律师与任职单位间是雇佣关系，其身份具有双重性，即不仅是公务员又是律师，在执业方式及范围上有所限定，即任职期间不能接受当事人的委托办案，且不允许在私人开业的律师事务所做兼职，在任职单位同意的情况下，可兼职法律教学工作。政府律师和律师行业协会间无隶属关系，但是香港的律政司与香港大律师公会和香港律师会保持着紧密的联系，一旦政府律师承担香港政府制定与法律专业有关的政策涉及公众利益时，两大律师行业协会就会进行磋商，从中找到平衡各方利益的方案。一般政府律师要接受律师协会、任职机关及相关政府法律业务部门的监督管理。

参考书目

任永安编著：《香港特别行政区司法制度》，中国商务出版社2015年版。

（许身健　邓维瀚）

香港大律师公会

创于1949年，是根据香港《社团条例》注册的香港唯一的法定诉讼律师（或称大律师）专业团体，由会员和附属会员组成。大律师公会成立的宗旨是考虑所有影响本行业和执法相关的事务并采取相应得当的行动。其宗旨还包括：(1)维护大律师的名誉及独立；(2)改进香港的司法，促进和支持法律改革；(3)制定有关执业行为、纪律和礼仪的规则；(4)促进公会与同业、司法人员、市民及海外同业之间的良好的关系，加深彼此了解；等等。

大律师公会年度全体会员大会选举产生公会主席、1名副主席和1名义务秘书，主席和副主席的任期及任职条件有严格要求。大律师公会执行委员会是大律师公会的领导管理机构，由大律师公会主席、副主席、义务秘书以及其他9名由全体会员大会直接选举产生的执行委员会成员组成，执行委员会成员实行轮流替换制度。公会的行政由公会执行委员会主持，公会的一切政策均由公会执行委员会负责。执行委员会应按照大律师公会的组织章程规定以及由公会全体会员大会作出的不违反章程规定的规则和指引，执行本大律师公会为达到前述宗旨而设定的事项。公会也有常设的专责委员会协助处理专门事宜，如纪律、民事及刑事罪行法例和规程、专业教育及行业发展委员会等。

（许身健　邓维瀚）

香港律师会

香港事务律师的专业团体，于1907年注册为担保有限公司。其宗旨如下：(1)维护香港事务律师的特点、地位及利益；(2)维持专业水准及操守；(3)执行有关纪律之法则及规定；(4)协助会员发展及维持其业务；(5)确保准确地反映律师的意见；(6)为会员提供各项服务；(7)考虑所有涉及业界利益的问题，并代表业界推动法律或执业的改革。

行使职权。其行使的职权包括：理事会选举、授予委员会职责、委任职员及调查有关对执业事务律师专业操守之投诉。《法律执业者条例》（香港法例第159章）授予律师会于事务律师执业认可程序中的决策权及以下权力:(1)为本港事务律师发出周年执业证书,和处理外地律师及外地律师行之登记事宜;(2)调查及向律师纪律审裁组陈述有关律师之专业操守事宜;(3)如发现律师不诚实、故意延误个案进度、破产、死亡或遭遇其他意外,该会有权介入该律师行之日常运作;(4)为律师及实习律师之专业操守和教育制定规则;(5)安排及维持强制性专业赔偿计划。

管理架构。理事会是其管理机构,由20名理事组成,每月举行两次或以上的会议。律师会会长及两名副会长每年由理事会选出。理事会审阅所属六个常务委员会的报告并在主要事项上作出决策。各常务委员会简介如下:审查及纪律常务委员会负责执行律师专业的行政及监管职能;对外事务常务委员会负责处理公共政策议题及与法律专业(本地及国际性法律专业团体)、传媒、社区之关系;会员服务常务委员会负责制定加强会员利益的政策;政策及资源常务委员会负责政策之协调,管理本会资源及其预算案;执业者事务常务委员会负责处理对律师行业、执业事务质素及法律改革事务有所影响之法律政策;专业水准及发展常务委员会通过执业实务规则、指引和专业发展进修课程及风险管理计划,帮助制定和维持律师执业及专业操守质素之标准。

(许身健　邓维瀚)

中国澳门特别行政区

澳门法律代办

只能在法律规定的情况下代表诉讼参与人出任简易民事案件的代理人或轻刑案件的辩护人,不能办理其他重大案件,是澳门地区除了律师以外的另一种法律职业。担任法律代办无须专业资格,只要通过法院主持的业务考试并领取执业证明即可,但不能参加律师公会。法律代办是葡萄牙针对偏远地区和殖民地因缺乏律师执业而采取的替补和变通手段。根据澳门地区1999年10月8日颁布的第55/99/M号法令之规定,自其生效之日起,不再接纳任何人加入法律代办的职业。

参考书目

赵琳琳:《澳门司法制度新论》,社会科学文献出版社2015年版。

(许身健　邓维瀚)

澳门律师公会

澳门的律师组织主要由澳门律师公会和澳门律师业高等委员会组成。澳门律师公会是澳门律师队伍实行自治的独立社团法人,"其开展活动不服从任何其他公法人的指引权",并且在澳门地区拥有自己的住所。澳门律师公会依据澳门《律师通则》成立并运行,其宗旨是推动地区律师工作,发展律师业务,维护律师权益和增进律师间团结友爱。

行使职权。律师公会的职责为:(1)规范律师执业;(2)给予律师及实习律师职业资格;(3)提高律师职业的尊严与威望,并促进律师职业道德的遵守;(4)在不违反公共利益的前提下维护律师职业的利益、权利及特权;(5)增强公会成员之间的团结;(6)促进法律的认识和运用;(7)为规范司法组织、从事律师业、民事诉讼及刑事诉讼的法规提案或草案提出意见;(8)章程规定的其他职责。为了履行上述职责,律师公会可以行使下列职权:(1)制定和修改章程;(2)制定和修改《职业道德守则》;(3)制定其他职业规章;(4)组织及保持强制性职业登记;(5)组织及指导职业实习;(6)制定《纪律守则》;(7)对上述提案的修改提出意见。

组织机构。为使律师公会能更好地履行自己的职责和行使职权,律师公会设有执行、决议和监察机关,这些机关的组成、权限、管辖范围、其成员的委任方式均由律师公会章程规定。每个机关均由公会成员亲自以自由、直接及秘密、差额方式选举产生。各机关成员及其负责人的任期不得超过两年。在组织经费方面,澳门律师公会可以依法从下列渠道获得收入,来满足公会履行职责的需要:(1)成员交纳的会费;(2)罚款;(3)在本地区缴付的诉讼费用和司法税收分享额;(4)公证署及登记局征收的手续费收入的分享额。

参考书目

赵琳琳:《澳门司法制度新论》,社会科学文献出版社2015年版。

(许身健　邓维瀚)

澳门律师业高等委员会

根据澳门《律师通则》规定,澳门律师业高等委员会是律师的职业纪律机关,监管律师的执业纪律与操守,并行使对律师违纪行为的处分权。此外,它也负责审查申请律师注册者是否符合担任律师的道德条件。

行使职权。澳门《律师通则》规定,任何因作为或不作为导致违背该通则、《律师职业道德守则》《律师纪律守则》等所定义务并有过错的行为,都可构成违纪行为。对于违纪行为,律师业高等委员会可在完成调查程序后,根据被调查人过往的职业与纪律表现、过错的程度、行为的后果等,作出警告、谴责、罚款(最高限额为10万澳门元)、停业(最短10日,最长15年)的处分。对该委员会所作的决议,被调查人、其他有关人士、律师公会可提出异议,或依法向法院提出起诉。

组织机构。澳门律师业高等委员会为独立的合议机关,由9名成员组成,其中除6名律师外,还包括1名法官、1名检察官及1名社会人士。其中3名由澳门律师公会在执业10年或10年以上的律师中选出;3名由该会从执业不到10年的律师中选出;1名从法院法官中选出;1名从检察院司法官中选出;1名由行政长官委任。上述成员的任期为2年,最多连任2届。委员会设主席和副主席,由担任该会成员的6名律师秘密投票选出。

(许身健　邓维瀚)

中国台湾地区

中国台湾地区律师联合会

我国台湾地区各地律师公会的联合组织,成立于1929年。其职权为:对内方面,加强职业伦理并实施律师入职前训练及在职进修;对外方面,积极参与“法律”的增订修改,并监督制度改革。

（许身健　邓维瀚）

中国台北地区律师公会

我国台湾地区会员人数最多的地方律师公会,成立于1947年。其任务为:关于平民法律扶助之实施事项;关于“法令”修改或“司法”事务之建议事项;关于法律教育之提倡事项;关于法学研究及刊物出版事项;关于会员品德之砥砺与风纪之整饬事项;关于会员共同利益之维护增进及会员个人资料编制发送事项;关于行政及委办或咨询事项;关于人民权利保障、社会正义实现事项;其他事项。

（操宏均）

外　国

澳大利亚

澳大利亚律师协会

1962 年 7 月 27 日，成立澳大利亚律师协会的决议经数个州律师协会代表组成的会议通过；1963 年 1 月 24 日，协会正式成立。其目标是鼓励每个独立律师的继续存在和发展，维护并促进所有成员的利益，为所有协会成员构建一个澳大利亚联邦内的纽带，使其能够清晰、明确地表达观点，并有效交换能够为大律师提供便利的信息，使被认为可取的通用标准或规则被采纳。自成立以来，协会已成为各个州及地区律师协会成员利益的最高代表机构。

协会代表大律师寻求法律改革，代表了大律师的利益及其法律界独特的视角，强调其成员在司法和法治中扮演的独一无二的角色和独特的作用。协会旨在促进成员高品质的专业辩护和业务咨询服务；协助全部有需要的人诉诸司法；树立法律职业内最高的道德、平等和多样性的标准；实现法治和司法的有效管理。以其宗旨为指导，协会致力于联通英联邦及其他法院和法庭，以形成关系到大律师所有事项的一般政策；维持并提高对大律师及有志成为大律师者的教学和培训标准；保持法律界的联络，并在适当的时候配合澳大利亚法律委员会或行业的任何其他机构行使相应的职能工作；代表英联邦大律师及其他政府部门和机构的利益。

为实现协会的目标、宗旨和职能，每个州的律师协会每年通过选举任命一名官员，共同组成澳大利亚律师协会理事会，通过理事会来管理澳大利亚律师协会。

（许身健　邓维瀚）

德　国

德国联邦律师协会

由德国各地方律师协会发起成立的全国性律师自律组织，属于联合会性质。德国联邦律师协会会员为各地方律师公会，不包括律师和律师事务所。德国联邦律师协会应接受德国联邦司法部的监督。但监督权仅限于法律和章程是否得到遵守，尤其是托付给律师公会的任务是否得以完成。

行使职权。联邦律师协会主要负责协调地方律师公会之间的关系、制定行业性规范、对外宣传和联系等。其他具体的律师管理职权则由各地方律师公会及法院共同行使。

组织机构。德国联邦律师协会由地方律师协会的会长组成理事会，由理事会从理事中选举产生会长。但是，全国性律师协会与地方律师协会之间相互独立、互不隶属。

（许身健　邓维瀚）

德国地方律师公会

德国各地区律师实行自治的公会法人组织，享有高度自治权，独立于其他国家机关以及联邦律师协会。目前德国共有27个地方律师公会。德国实行律师强制入会制，所有执业律师都必须加入各地方律师公会。原则上一个州高等法院辖区的全体律师组成一个律师公会，律师公会的所在地即是州高等法院的所在地。如果在一个州高等法院的辖区内有500名以上的律师或律师公司，则州司法行政机关可以在该辖区内再成立一个律师公会。在成立一个律师公会之前，必须听取已成立的律师公会理事会的意见。各州司法行政机关对律师公会行使国家监督职能，但监督仅限于法律和章程是否得到遵守，尤其是托付给律师公会的任务是否得以完成。

行使职权。德国各地方律师公会的自治权限是较为广泛的，主要包括：制定律师执行职务的行为准则；制定职业教育和培训计划，制定会员福利计划；对会员提供业务咨询和指导；根据申请调解会员之间、会员与委托人之间的纠纷；监督会员履行义务，并有权给予训诫的处分；推荐律师担任律师纪律法庭法官和司法考试委员会成员；向司法行政部门出具申请领取律师资格人员的鉴定书；对实习律师进行培训。但是，律师资格授予的决定权由州司法行政机关享有，律师惩戒权大部分由律师法院享有。

组织机构。各地律师公会设立律师公会大会、理事会和主席团等决策和执行机构。律师公会大会是律师公会的权力机构，履行法律为其规定的任务。理事会是执行机构。理事会应当履行法律委托的任务，维护和促进律师公会的利益。理事会从理事中选出主席团。主席团由主席、副主席、秘书和财务主管组成。主席团履行由法律或由理事会决议委派给理事会的日常事务，对律师公会财产的管理作出决议，并每一季度向理事会作出报告。主席在诉讼中和诉讼外代表律师公会，协调律师公会和理事会的业务交往，执行理事会和律师公会的决议，主持理事会的会议和律师公会的大会。此外，主席每年要向州司法行政部门书面报告律师公会和理事会的活动。

（许身健　邓维瀚）

德国律师法院

行使律师惩戒权的主要机关之一，与德国各地方律师协会共同构成了德国律师惩戒权的行使主体，但律师法院拥有大部分实质性的律师惩戒权力。

行使职权。律师法院负责对有过错地违反《联邦律师条例》或《律师职业条例》规定的义务的律师，处以律师法院的制裁措施。律师在职业之外从事的某项行为构成违法或足以导致罚款的，如该行为依个案的具体情况在特别程度上足以明显破坏权利寻求者对律师职业的尊敬和信任，亦构成应由律师法院制裁的违反义务行为。律师法院的制裁措施有：警告，严重警告，最高不超过25000欧元的罚款，禁止在特定的法律领域担任代理人或辅佐人（时间为1年至5年），开除出律师界。其中严重警告和罚款这两项制裁措施可以并处。

组织机构。依据《联邦律师条例》的规定，每一个律师公会的辖区都设立一个律师法院。各州司法行政部门对律师法院实施监督。只有律师才能被任命为律师法院的成员，这些律师必须是律师法院所在地的律师公会的成员。律师法院的成员由州司法行政机关任命，他们从由律师公会理事会呈交给州司法行政机关的建议名单中选出。律师法院的成员任期为4年，任期届满后可以再次被任命为律师法院成员。律师法院的成员是荣誉法官，他们在其任期内具有职业法官的地位。在每一个州高等法院，设立高等律师法院。在联邦最高法院，为处理《联邦律师条例》赋予联邦最高法院的事务，在法院内设立一个律师案件大审判庭。大审判庭由联邦最高法院院长以及3名联邦最高法院成员和3名作为陪审法官的律师组成。审判庭的庭长由联邦最高法院院长担任，或由联邦最高法院主席团指定的首席法官作为院长的代理人担任。由联邦司法部长任命来自律师界的陪审法官，任期为4年。

（许身健　邓维瀚）

法　国

法国代诉人

接受当事人委托，帮助委托人处理诉讼程序性事务的法律工作人员。1972年前，法国的律师分为两类：代诉人和辩护律师。这两种职业相互独立，一方不得越权去干属于另一方范围内的事情。而代诉人又可细分为大审法院诉讼代理人和商事法院诉讼代理人。随着社会的发展，代诉人与辩护律师的区分招致越来越多的批评，于是1971年法国通过一项统一律师业立法，将上述两种职业融为一体，统称为律师。

代诉人的工作范围是“程序、文件以及诉讼代理”，例如：文件制作，处理审判初期阶段的工作，起草控告和答辩词以及其他文书，准备书面答辩状，收集判决，提起上诉，调查执行程序等。但是，代诉人并非一种独立职业，其身份是公务员。代诉人不能拒绝任何要求其服务的人。代诉人服务费依据官方标准收取。各类法院只接纳数量有限的代诉人，司法部不能任命任何人为代诉人。若要进入这种职业领域，候选人必须通过1名退休代诉人的举荐，或其本身便是退休者的后嗣。

参考书目

何家弘主编：《中外司法体制研究》，中国检察出版社2004年版。

（许身健　邓维瀚）

法国出庭律师

又称辩护律师，是在法庭上仅负责辩论活动的法律工作人员。1972年前，法国的律师分为两类:代诉人和辩护律师。这两种职业相互独立,一方不得越权去做属于另一方范围内的事情。出庭律师是独立职业,不依赖于国家机关。出庭律师的工作是“辩论”,即代表当事人在法庭上发表口头辩论。随着社会的发展,代诉人与辩护律师的区分招致越来越多的批评,于是1971年法国通过一项统一律师业立法,将上述两种职业融为一体,统称为律师。

(许身健　邓维瀚)

法国律师公会

包括法国全国律师公会以及法国各大审法院管辖区内的律师公会。法国全国律师公会成立于1990年,依法国《律师法》之规定,全国律师公会系具备法人资格的公益组织,负责全国律师行业的一般运作事宜以及向公共权力机构反映律师业意见。各地区律师公会互不隶属,系独立自治的私法人,各自有独立的预算、内部规范及组织机构。律师公会内设全体大会、理事会及一名公会会长。

行使职责。全国律师公会主要履行如下三项职责:其一,代表职责。在全国范围内代表律师业与公权力机构接洽,充分表达律师业的意见及建议。其二,规范职责。全国律师公会以总则的方式统一全国律师行业的规则及惯例。其三,培训职责。全国律师公会负责确定律师培训的组织原则及培训计划。各地区职业培训中心的培训行为均受全国律师公会的监督与协调。全国律师公会还负责确定获得专业化职衔的一般条件。而各地区律师公会负责本地区的律师培训、资格授予以及纪律惩戒等工作。

组织机构。律师公会全体大会由在本公会登记执业的所有律师及薪金律师组成,负责推选本公会会长以及理事会成员。全体大会还可以以咨询的形式参与律师行业相关问题的合议。

律师公会理事会系公会常设管理机构,由8名以上在本公会登记执业的律师及薪金律师组成。理事会成员任职3年,每年更换其中1/3。依法国《律师法》第17条,律师公会理事会有职责处理所有与律师职业履行相关的问题,并负责监督律师恪守职业义务以及保护律师的权利。

律师公会会长是律师公会的首脑,由全体会议选举产生。所有在本公会登记执业的律师及薪金律师均可参加选举。但会长本身并不享有其他特权,凡律师职业所应遵守之规定,会长都应遵守之。会长的职责主要有四个方面:其一,代表职责。会长是公会的法人代表,以公会的名义从事各种法律行为。其二,行政职责。会长负责召集本公会全体大会并主持理事会。其三,协调职责。本公会律师有违反律师纪律的,会长应予以警告。公会律师之间存有争议的,会长有义务进行协调。其四,利益保护职责。对公共权力机构或其他行业机构可能采取损及律师行业之利益的行为的,公会会长应予以干涉,并充分表达律师的意见。

(许身健　邓维瀚)

韩 国

大韩辩护士协会

韩国律师的自治性组织,独立于任何国家机关。协会由1名会长、5名副会长以及15名常任理事组成,全部由职业律师经直接选举产生。协会下设14个分会。韩国实行强制入会制度,所有韩国律师均要加入协会。

(许身健 邓维瀚)

加 拿 大

加拿大律师公会

从维护当事人利益出发而设立,各省和地区的律师公会根据该省或地区的立法议会的法令而成立。法律规定,律师必须加入律师公会。律师公会通过制定规则、规章等对管辖区的律师进行管理。

加拿大共有14个律师公会,魁北克省有2个律师公会,分别管理公证人职业和律师,其他九个省各有1个律师公会,加拿大的三个地区各有1个律师公会。每个律师公会由理事会管理,一般而言,理事是律师公会的老会员或国会议员,他们通常每半个月或一个月召开一次会议,对律师公会的事务进行商讨、管理。除了各省和地区的律师公会组织外,还有一个由14个律师公会代表组成的加拿大律师公会联盟,它对各省和地区的律师公会而言是一个总组织,主要是为成员提供交流观点和信息的场所。

律师公会的主要职责是:监督律师依法办案和遵守职业道德;组织律师资格的考试和专业培训;负责律师资格的审查、授予和撤销;制定法律职业的职业标准、职业责任保险和会员纪律;受理当事人对律师的控告,作出处分的决定等。同时,律师公会还形成了一系列的内部制度,其中较典型的如法律继续教育制度、信用基金管理制度、律师不当行为听证处罚制度。

(许身健 邓维瀚)

加拿大律师协会

最初是在1896年出现的一个自愿参加的职业组织,在1921年4月15日根据国会通过的一项特别法令正式组建成立。加入律师协会的人员包括律师、法官、公证人、法学教师、加拿大的法律学生,大约全加拿大2/3的执业律师是其会员。

加拿大的10个省和3个地区均有律师协会和律师公会。律师协会通过它的各个分支部门、委员会的工作,负责举行律师年会、组织律师参加各种业务交流活动,使律师的合法权利不受侵犯。加拿大联邦只有一个交流分会，全国律师协会每年召开一次年会，除各省律协代表参加外，还邀请有关国家律协的代表参加。

律师协会的目的和要求是为其成员服务，改善和提高司法人员的知识、技能、伦理标准和司法职业人员的生存状况；改善司法管理；争取公平的司法体系，推动有效的法律改革，提升加拿大律师协会成员的影响；同时致力于消除歧视，并对法律职业的所有成员予以支持，促进法律职业的平等。

律师协会是一个非政府组织，与政府之间是一种咨询协商的关系。律师协会通过游说议员，参加有关政府政策和法律的论坛，向有关行政部门提出改进现行法律与司法行政工作的要求或提出批评等方式，对影响到会员个人和职业生命的问题进行呼吁，从而改革司法体系，改善律师的待遇。因而，律师协会被看作一个对法律职业和公众都有着特殊意义的重要组织。

（许身健　邓维瀚）

美　国

美国个人开业律师事务所

只有一个所有者经营自己的律师事务所，传统上只有一个所有者的事务所都实行个人开业。但近年来由于事务所诉讼风险加大，美国个人开业律师事务所大多已改变组织形式，采取了有限责任制。

（许身健　邓维瀚）

美国普通合伙律师事务所

依法设立的由合伙人依照合伙协议约定，共同出资、共同管理、共享收益、共担风险的律师执业机构。普通合伙律师事务所必须有两个或两个以上的合伙人组成，一个人不能构成合伙。合伙人之间是一种共有人的关系。普通合伙律师事务所这一组织形式在美国有着悠久的历史，是美国律师事务所传统的组织结构之一，也曾经是美国最主要的律师事务所组织形式。普通合伙律师事务所与个人开业的律师事务所在组织形式、责任承担等方面较为相似，只不过普通合伙律师事务所有好几个所有者，即合伙人。普通合伙律师事务所的合伙人不享有有限责任的保护，要对律师事务所债务承担无限连带责任，与此同时普通合伙律师事务所本身也不用缴纳所得税。

（许身健　邓维瀚）

美国普通公司律师事务所

按照普通公司组织形式设立的律师事务所，律师事务所股东享有有限责任的保护，律师事务所本身以其资产对外承担无限责任。普通公司律师事务所的优势在于公司制事务所的股东只以其出资对事务所的债务承担有限责任，减少了股东在诉讼中所承担的风险。但是，这种组织形式与律师行业高度专业性的特征不相匹配，减损了公众对律师服务的信赖程度。出于以上考虑，美国律师以这种形式注册的事务所较少，同时美国许多州的法律也不允许律师在本州设立此种形式的律师事务所。

（许身健　邓维瀚）

美国职业公司律师事务所

全部由律师作为股东而成立的公司型律师事务所。在美国，律师属专业执业，他们向客户提供专业化的服务。职业公司律师事务所的股东可以是一人，也可以是多人。美国各州关于职业公司律师事务所的立法和所承担的法律责任在州与州之间差别巨大，有的州对职业公司律师事务所提供的法律保护与普通公司相同，但在另外一些州给予职业公司律师事务所的这种保护就很少，这使得其客户分布于不同州的职业公司律师事务所很难经营。

（许身健　邓维瀚）

美国有限责任公司律师事务所

美国法上的有限责任公司律师事务所是指股东承担有限责任的同时，公司不用作为纳税主体缴纳所得税的律所组织形式。这种组织形式结合了普通合伙与普通公司的优点，在结构和纳税上与一般的普通合伙企业相同，在承担责任这一点上又与普通公司一样，承担有限责任。如今美国几乎所有州都颁布了《有限责任公司法》，大多数州也允许律师事务所按照有限责任公司的形式经营。值得注意的是，美国法上的“有限责任公司”与我国《公司法》中的“有限责任公司”是完全不同的两个概念。我国《公司法》所规定的有限责任公司和股份有限公司均属于法人的范畴，公司自身需要缴纳所得税，大致分别相当于美国的封闭公司（close corporation）和公众公司（public corporation）；而美国法上的有限责任公司则是美国产生于 20 世纪 70 年代，兴盛于 20 世纪 90 年代的一种集公司的有限责任和合伙的税收待遇于一身的新型商业组织形式。

（许身健　邓维瀚）

美国有限合伙律师事务所

由普通合伙人和有限合伙人共同组成的事务所，前者普通合伙人是积极的经营者，控制合伙的经营管理，对合伙债务承担无限责任；后者有限合伙人是消极的投资者，不控制合伙的经营管理，以其投资额为限对合伙债务承担有限责任。有限合伙律师事务所必须至少有一个普通合伙人和一个有限合伙人。同公司一样，有限合伙律师事务所的设立实行注册生效制。有限合伙律师事务所的发起人必须制作有限合伙证书，列明普通合伙人和有限合伙人，并在州务卿处备案。有限合伙自备案之日起成立；未备案者在法律上将被作为普通合伙对待。

（许身健　邓维瀚）

美国有限责任合伙律师事务所

合伙人对于其他合伙人及其他合伙人所管理的下属因疏忽造成的损失以出资为限承担有限责任的律师事务所。这种组织形式的律师事务所可以由两个或者两个以上成员组成。有限责任合伙律师事务所是美国律师事务所组织形式当中较新的一种,但这种形式在美国已经被广泛地采用。有限责任合伙律师事务所在结构和纳税情况上与一般的普通合伙律师事务所相同,但有限责任合伙律师事务所对于个人责任保护方面不如普通公司律师事务所和有限责任公司律师事务所。每个有限责任合伙律师事务所的合伙人将要承担事务所的债务和责任,他们不仅要对自己的行为负责,而且还要对他们所管理的下属的行为负责。但对于其他合伙人或者非直接下属因疏忽造成的责任,合伙人可以不承担法律责任。因此,也可以理解为"有条件的无限责任"。

(许身健　邓维瀚)

美国在线法律服务机构

利用互联网技术为当事人提供法律服务的机构。其主要功能是帮助当事人制作法律文书、提供法律咨询以及充当中介撮合律师与当事人订立委托合同等。在线法律服务机构是律师行业在互联网技术影响下的最新发展,其最大的优势是降低了当事人获得法律服务的成本,包括金钱成本和时间成本。目前,美国已有几家规模较大的在线法律服务机构在证券市场上市(例如 Legal Zoom. com 已在纽交所上市),这标志着在线法律服务机构的发展进入了新的发展阶段。

参考书目

[美]加里·A. 马内尼克:《律师事务所管理导论》,王进喜等译,中国人民大学出版社 2015 年版。

(许身健　邓维瀚)

美国律师协会

美国全国性的非官方律师组织,不受政府部门的领导。其于 1878 年 8 月 12 日成立,最初采用邀请加入的方式,仅极少数人能够拥有其会员资格;经过一个多世纪的发展,该协会已成为世界上最大的、自愿参加的法律职业组织,其会员资格向律师、法律系学生以及其他对法律和法律职业感兴趣的人开放,截至目前拥有近 40 万会员。

美国律师协会的使命,是作为国家法律界的代表,通过捍卫自由、伸张正义来平等地服务于会员、专业人士和公众。为实现这一使命,美国律师协会努力达到以下四个目标:第一,为会员服务,促进其专业上的成长,并提高其生活质量;第二,提升专业能力,包括法学教育的质量、工作能力、道德操守、敬业精神等;第三,促进协会所有人的充分和平等的参与,消除法律职业和司法系统的偏见;第四,推进法治的发展。美国律师协会并没有具体的管理职能,即不直接管理任何一个律师。其职能主要是:起草示范性律师管理规则(经由各州最高法院确定选用后,即为本州的律师管理规章);全国律师的教育和资料中心,帮助律师进行专业继续教育;进行律师业的自我管理;反映律师关心的问题,保护律师行业的利益。

美国律师协会设主席委员会执行行政管理职能,并设有常务委员会处理协会的事务和活动。来自各州和大地区的律师协会的代表组成的代表会议是美国律师协会的政策制定机构。此外,协会有 30 个部门,这些部门下面又分 90 个专业委员会,涉及律师业及律师有关的方方面面。

(许身健　邓维瀚)

美国各州律师协会

在美国各州成立的律师协会。其始于19世纪70年代,起初均为自愿性组织,但一些州的法院和立法机构通过判例和立法逐步确定了强制加入律师协会的制度。因此,各州律师协会在性质上可以分为两种:一种是半官方性、具有一定管理职能的强制性的州统一律师协会;另一种是完全民间的、自愿性的律师协会。各州律师协会之间以及各州律师协会和美国律师协会之间均无隶属关系,彼此相互独立。在本州没有官方管理性律师协会的情况下,一个律师可以不加入任何律师协会,也可同时加入几个律师协会。所有的律师协会在经费上都不依靠财政,经费主要有三个来源:会员会费、社会捐助、协会自身的各项收入。

全美国过半数州的州律师协会属于半官方性的强制性律师协会,他们受州最高法院的领导,代表本州最高法院对本州的律师进行管理,这种律师协会是律师必须强制加入的组织。尽管如此,其本身的组织形式和管理形式也仍是民间自治的性质。其他州的律师协会均为民间性质,设立完全民间的自愿的律师协会是出于律师自我管理和自我服务的需要。

与美国律师协会(ABA)不同,各州的律师协会有许可律师执业、惩戒律师的职能。各州都在其法院的判例或立法中授权给各州的律师协会,可以在其管辖范围内许可律师执业、惩戒律师、协助法院规范律师行为和作为职业性的组织运作。

(许身健 邓维瀚)

日 本

日本司法书士

受当事人的委托,为当事人代写向法院、检察院、法务局呈报的有关法律文书的人。日本法律规定,要成为司法书士必须满足一定条件,即具有专门的知识和业务经验,经法务局统一考试合格,并注册登记,才能成为司法书士,开展代书业务。

司法书士的业务范围包括:登记或委托保管手续的代理,例如代理不动产的登记等;作成向法院、检察院、法务局及地方法务局提出的文书事务等。另外,2002年国会通过法律承认了司法书士享有在简易法院的案件代理权,意味着司法书士活动范围的扩大。

参考书目

曾尔恕、赵立新:《面向21世纪的日本司法制度改革》,载《比较法研究》2009年第3期。

(许身健 邓维瀚)

日本税理士

依据日本《税理士法》被授予资格的民间税务专家。日本税理士制度始建于1942年,当时出台了《税务代理士法》,标志着为纳税人提供税务服务的日本税务代理资格制度的诞生。税理士资格仅授予国家统一考试合格者或拥有同等知识的人。税理士可以应纳税人的请求,列席参加税务署的调查、解答税务疑难、进行会计账簿的记账等工作。在日本,法律严格禁止非税理士办理税理士业务。此外,由于日本税制比较复杂,委托税理士代办纳税业务已成为普遍现象。

税理士可以开展以下业务:作为纳税代理人的税务代理业务;税务文书(各种申报表、申请书、不服申诉书等)的制作;税务咨询;制作税务业务所需的会计账簿等。日本的税务代理机构称税理士事务所,以个人所为主。目前,日本全国有4万多个税理士事务所,大的有80多人,小的只有1人。根据业务发展的需要,日本正在研究设立法人所的必要性,但法律程序还未完成。虽然税理士也在从事一定的法律业务,但是其业务范围只限于其专业领域,不像律师那样拥有广泛的权限。同时,日本律师根据《律师法》的规定,可以从事税理士的业务。

(许身健　邓维瀚)

日本专利代理人

获得日本专利代理人资格证书并在专利代理机构专职从事专利代理工作的人员。其主要业务为:为申请专利提供咨询;代理撰写专利申请文件、申请专利和办理审批程序中的各种手续以及批准后的事务;代理专利申请的复审、专利权的撤销或者无效宣告中的各项事务,或为上述程序提供咨询;办理专利技术转让的有关事宜,或为其提供咨询;其他有关专利事务等。虽然专利代理人也从事相关法律业务,但是他们的业务范围只限于专利领域,不像律师那样拥有广泛的权限。日本律师根据《律师法》的规定,可以从事专利代理人的业务。同时,专利代理人经培训及认定后在关于专利等的特定侵权诉讼程序里可与律师一起作为共同代理人。

(许身健　邓维瀚)

日本律师联合会

又称日本辩护人联合会(以下简称日辩联),作为日本全体律师的统一组织,是日本律师的自治性法人组织,拥有高度自治权。日本于1876年制定了《代言人规则》,代言人首次被公认为一种专门的职业,即为律师的前身。后于1893年制定了《律师法》,规定律师应加入律师协会,但律师协会处于检事正(地方检察院院长)的监督之下,律师的工作范围也只限于法庭活动。此后,律师法经过修改,律师的工作不再限于法庭活动,而是扩展到了更广的范围,但律师协会却仍然处于司法大臣的监督之下。第二次世界大战后,随着日本和平宪法的颁布,日本于1949年制定了现行的《律师法》,并依照该法成立了拥有不受任何国家机关监督的自治权的日辩联。

行使职权。现行日本《律师法》声明,日辩联的任务即为"鉴于律师和律师法人的使命和任务,为保持律师品德,不断提高和改进律师及律师法人的工作,而对律师、律师法人及律师协会进行指导、开展联络、予以监督"。日辩联与日本地方律师协会一样,都是独立于裁判所以及政府机关并且有权规范律师行为的自治性团体。日辩联自治的唯一例外就是最高裁判所有权要求日辩联报告其工作,或是委托日辩联对律师、律师法人以及律师协会做相关调查。但是,此例外也仅仅是间接的,不构成直接的介入。不仅如此,日辩联的财政也保持独立于国家和其他机关,其财政主要由会员支付的会费来维持。日辩联主要的自律权限有以下几点:(1)根据律师法的规定,日辩联有权就其组织和运营自行规定会则(章程)、会规;(2)日辩联有权对律师予以惩戒处分;(3)日辩联有权自行对申请成为会员者予以审查。

组织机构。日辩联总会为日辩联的最高意思决定机关，决定预算决议、会则（章程）制定等一定的重要事项。日辩联会长由会员律师直接选举，任期为2年。日辩联理事会决定日辩联一般规则制定、总会议案、各种意见书等事项。另外，日辩联还有法定委员会、常设委员会以及特别委员会近百余个。

（许身健　邓维瀚）

日本律师协会

日本各地方的律师自治组织，拥有高度自治权。各地方律师协会必须加入作为其联合组织的日本辩护人联合会，日本律师则必须加入所在地的律师协会以及日本辩护人联合会。不加入律师协会与日本辩护人联合会的律师不准进行律师业务活动。各地律师协会负责直接指导、监督律师，而日本辩护人联合会则通过各地律师协会间接地指导、监督律师。凡对各地律师进行律师资格审查和惩戒不服的申诉，皆由日本辩护人联合会审查。但是，对于日本辩护人联合会的审查不服申诉，则由裁判所审理。

行使职权。日本地方律师协会与日本辩护人联合会一样，都是独立于裁判所以及政府机关并且有权规范律师行为的自治性团体。日本地方律师协会的主要的自律权限有以下几点：(1)地方律师协会有权对律师予以惩戒处分；(2)地方律师协会有权自行对申请成为会员者予以审查。

组织机构。日本各地律师协会组织机构与日本辩护人联合会组织机构类似。一般而言，各律师协会总会为最高意思决定机关，会长由会员律师直接选举产生，另外还有若干负责专门事务的委员会。

（许身健　邓维瀚）

英　国

英国“巴律师”律师公会

英国出庭律师的行业组织，即出庭律师公会。英国第一个出庭律师自治性行业团体是成立于1894年的出庭律师总委员会。该委员会由全体出庭律师选举产生的代表团组成，负责代表出庭律师处理与出庭律师行业相关的事务，并对出庭律师的纪律处分问题进一步实施监管。1966年，四大律师学院成立了“四大律师学院评议会”（以下简称“旧评议会”）。“旧评议会”由四大律师学院和出庭律师总委员会的代表组成，主要职责是负责处理对出庭律师的纪律惩戒以及其他影响整个出庭律师行业的事项。1974年，“旧评议会”和出庭律师总委员会经合并后成立了“律师学院和出庭律师公会评议会”（以下简称“新评议会”）。“新评议会”由四大律师学院的代表和出庭律师选出的代表共同组成。后者同时又组成出庭律师公会，取代了原先的出庭律师总委员会，成为代表律师行业的主要自治性团体。

行使职权。出庭律师公会的职能包括：制定和执行影响出庭律师教育和训练的政策，在与职业相关的事务方面代表出庭律师的利益，制定出庭律师的行为规范，处理针对出庭律师的投诉等。其基本目标是:使出庭律师职业成为一个现代化的、面向未来的职业,规范职业教育和培训,保持和提高职业标准,维护出庭律师行业的整体水平,提高出庭律师的法律服务质量,实现社会正义;为出庭律师公会的成员提供服务,促进律师与政府、事务律师协会和其他相关组织的利益。

组织机构。出庭律师公会内设有众多的委员会和秘书长。115 名选举产生的出庭律师代表组成出庭律师公会,代表律师学院、巡回律师协会和专业律师学会向委员会和分委员会提供建议。出庭律师公会选举其主席、副主席、司库。委员会在许多领域(如司法管理、与其他组织的关系)中代表其成员,除了法律改革咨询以外,还参与公共基金付酬的谈判。

(许身健　邓维瀚)

英国“沙律师”同业行会

事务律师的行业组织,即事务律师公会。其是一个高度自治的团体,实行完全自我监督,政府极少对其实施干预。但是,由于事务律师公会的管理职能有相当的部分是受政府委托或是代政府行使的,所以事务律师公会的办公费用有相当一部分是政府拨款。

行使职权。事务律师公会的主要职责是对事务律师进行管理。所有的事务律师只有在事务律师公会注册后,才能进入律师行业。注册时,事务律师公会必须认真审核,确保所有的新律师受过必要的培训,胜任事务律师工作。私营律师要从事务律师公会取得从业执照才可以营业。事务律师的职业规范由事务律师公会制定。事务律师违反相应规范将受到相应的惩罚。事务律师公会还设有律师监督室,专门处理对事务律师的投诉。事务律师公会还为会员提供各种服务,例如介绍和联系业务,开办图书馆,就有关业务问题和法律程序问题提供资料和咨询,为会员聚会提供便利等。事务律师公会还代表全体事务律师与政府及其他团体进行交流,并致力于推动法律的改革。

管理机构。理事会是事务律师公会的管理机构。1974 年《事务律师法》第 80 条规定,任何依法授权或要求事务律师公会从事的行为,都可以由理事会代为执行。理事会下设 5 个委员会和 1 个中心委员会。

(许身健　邓维瀚)

英国律师学院

英国有四大律师学院:林肯律师学院(Lincoln's Inn,成立于 1422 年)、中殿律师学院(The Middle Temple,成立于 1501 年)、内殿律师学院(The Inner Temple,成立于 1505 年)、格雷律师学院(Gray's Inn,成立于 1569 年)。还有一个资格比较低的具有同样组织和职能的衡平法律师学院。英国律师学院的培养目标是培养从事法律实践的应用型人才。

行使职能。英国法学院学生毕业后并不能直接从事律师工作,而必须先去“巴律师”律师公会或者“沙律师”同业行会开办的律师学院学习和参加法律实践,在成为“巴律师”律师公会或“沙律师”同业行会的会员并取得执业资格之后,才能从事律师工作。所以,英国律师学院的主要职能是对其学员提供出庭律师培训,培训的内容包括口头训练、会见技巧、谈判方法等一些侧重事务方面的训练,这与事务律师培训课程的要求是一致的。

组织机构。律师学院的组成人员主要包括主管、专门律师(或称为外席律师)、学生(或称为内席律师)、代理人以及法院书记官等。整个律师学院由资深出庭律师或成名法官所组成的主管予以管理,负责招收新学员以及轮流为学员讲课。他们在授课的时候被称作讲诵师,授课内容主要包括重要法规的讲解、典型案例分析以及自己的从业经历等,他们在整个律师界享有较高的权威,其讲课内容常常被辩护律师在法庭上引用。外席律师与内席律师是相对而言的,主要指的是律师学院的学员们在参加模拟法庭按照资质划分时的一种称谓。在模拟法庭的审判过程中,主管和讲诵师会密切观察内席律师的表现,以便决定哪些人可以转入外席律师的行列。一旦升为外席律师,就成为学院的正式成员,即律师协会的成员,同时获得出席正规法庭进行辩护的资格。

参考书目

徐美君:《司法制度比较——以英、美、德三国为主要考察对象》,中国人民公安大学出版社2010年版。

（许身健　邓维瀚）

国际律师机构

国际律师协会

创建于 1947 年，是全世界法律实务工作者、律师公会与法律协会的领先机构。该协会对国际法改革发展及法律实务的未来走向均有重要影响。目前共有超过 45000 个个人会员及超过 200 个律师公会或者法律协会的团体会员，会员遍及各全球大洲。该协会能对全球法律社群提供相当专业的协助。该协会下设刑事法委员会（Criminal Law Committee）、战争犯罪委员会（War Crimes Committee）以及人权法研究所（Human Rights Institute）等专业机构，并且与其他相关国际机构密切合作。

（操宏均）

第七部分　仲裁机构

中　国

中国内地(大陆)

北京仲裁委员会

解决平等主体的自然人、法人和其他组织之间发生的合同纠纷和其他财产权益纠纷的常设仲裁机构,成立于1995年9月28日。北京仲裁委员会(以下简称北仲)秉承“独立、公正、专业、高效”的价值理念,正在成为一个集仲裁、调解、建设工程评审等在内的多元争议解决实践中心,同时也是推动中国多元化争议解决发展的重要力量。北仲办公室是北仲的常设办事机构,由秘书长领导,负责执行委员会决议和处理日常事务。北仲现聘有500余名仲裁员,来自21个不同的国家和地区,其中我国港台地区的仲裁员有22名,外籍仲裁员有105名,均为精通法律、道德品行良好且在经贸等相关领域中具有一流专业水准的资深专家和学者。北仲的仲裁规则是国际化的仲裁规则,当事人可就仲裁程序事项、仲裁适用的法律和规则作出约定,当事人可以约定在北京以外的地点开庭,并允许国际商事案件的当事人在北仲的仲裁员名册之外选定仲裁员。此外,当事人可以在仲裁庭主持下进行调解,且国际商事案件的当事人在仲裁程序中调解不成功,可以要求更换仲裁员。当事人可以在仲裁过程中根据《北京仲裁委员会调解规则》向北仲申请调解员调解。仲裁员信息实施披露程序,仲裁员拒绝在仲裁裁决上签字,其意见要附在裁决书后送达当事人。在国际商事案件中,仲裁庭在任何情况下均应根据有效合同条款并考虑有关国际商事惯例作出裁决。

北仲《章程》规定,北仲主任及工作人员不兼任仲裁员,副主任和委员只有在双方选定的情况下才可担任仲裁员。北仲《仲裁员守则》规定,仲裁员不得在北仲案件中担任代理人。北仲制定了《仲裁员聘用管理办法》,采用公开、透明、注重专业素养的选聘标准,同时创设仲裁员培训制度,将经过仲裁员培训并考核合格作为选聘和优先指定仲裁员的条件,确保仲裁员的专业化、精英化。此外,北仲制定了一系列办案规范,就仲裁员在接受选定或指定、信息披露、庭前准备、开庭审理、制作文书、延长审限、鉴定等各个程序环节上的时间和重要事项提出明确要求,确保为当事人提供更加优秀的服务。北仲首先实行仲裁员暂不列入名册制度,对具有违反《仲裁员守则》以及《仲裁员聘用管理办法》中有关公正、独立规定嫌疑的仲裁员在查证核实情况前,暂时不列入仲裁员名册。北仲在国内首先制定单独的调解规则并设置调解员名册,创设独立于仲裁程序的调解程序,同时具备以下几大优势:遵循和强调自愿原则;受理范围不受书面协议限制;实行调解员推荐制;程序迅捷、灵活、保密;费用透明,成本小;独立于仲裁,又和仲裁相互衔接。2009年3月1日,《北京仲裁委员会建设工程争议评审规则》开始施行。建设工程争议评审是北仲在探索多元化争议解决机制方面的新尝试,为该领域的当事人解决商事争议提供了多样选择。

(靳　婷)

华南国际经济贸易仲裁委员会/深圳国际仲裁院

华南国际经济贸易仲裁委员会(又称深圳国际仲裁院,曾名中国国际经济贸易仲裁委员会华南分会、中国国际经济贸易仲裁委员会深圳分会,英文简称为"SCIA",以下简称华南国仲)于1983年设立在中国深圳经济特区,是解决境内外自然人、法人和其他组织之间发生的合同纠纷和其他财产权益纠纷的仲裁机构。华南国仲是中国第一个通过立法方式确立法人治理模式的仲裁机构,根据《深圳经济特区前海深港现代服务业合作区条例》和《深圳国际仲裁院管理规定(试行)》,引入国际商事仲裁先进制度,实行以理事会为核心的决策、执行和监督有效制衡的管理模式,保障仲裁机构运作和仲裁庭办案的独立性。华南国仲于1984年就在中国率先聘请境外仲裁员,1989年开创中国第一个内地仲裁裁决依照联合国《承认及执行外国仲裁裁决公约》获得境外法院强制执行的先例。华南国仲理事会理事有1/3以上来自境外,仲裁员也有1/3以上来自境外42个国家和地区。目前华南国仲的当事人已经遍及中国内地(大陆)各省、直辖市、自治区和中国港澳台地区以及50多个国家。华南国仲施行由理事会制定的国际化的仲裁规则,当事人可以依法约定仲裁规则、仲裁语言、仲裁地点、开庭地点、仲裁庭组成方式、证据规则、审理方式、适用法律。根据国务院《关于前海深港现代服务业合作区总体发展规划的批复》和《粤港合作框架协议》,华南国仲加大粤港合作力度,持续创新,探索符合境内外当事人需求的多元化争议解决机制(ADR),已在粤港地区建立起"商会调解+仲裁""展会调解+仲裁"和"香港调解+SCIA仲裁"的专业化争议解决业务体系,为境内外当事人提供多元化的争议解决服务。

(靳　婷)

人民调解委员会

依法设立的调解民间纠纷的群众性组织。人民调解委员会调解民间纠纷,不收取任何费用。调解民间纠纷时遵循下列原则:(1)在当事人自愿、平等的基础上进行调解;(2)不违背法律、法规和国家政策;(3)尊重当事人的权利,不得因调解而阻止当事人依法通过仲裁、行政、司法等途径维护自己的权利。国务院司法行政部门负责指导全国的人民调解工作,县级以上地方人民政府司法行政部门负责指导本行政区域的人民调解工作。基层人民法院对人民调解委员会调解民间纠纷进行业务指导。村民委员会、居民委员会设立人民调解委员会。企业、事业单位根据需要设立人民调解委员会。人民调解委员会由委员3-9人组成,设主任1人,必要时,可以设副主任若干人。人民调解委员会应当有妇女成员,多民族居住的地区应当有人数较少民族的成员。村民委员会、居民委员会的人民调解委员会委员由村民会议或者村民代表会议、居民会议推选产生;企业、事业单位设立的人民调解委员会委员由职工大会、职工代表大会或者工会组织推选产生。人民调解委员会委员每届任期3年,可以连选连任。人民调解委员会应当建立健全各项调解工作制度,听取群众意见,接受群众监督。村民委员会、居民委员会和企业、事业单位应当为人民调解委员会开展工作提供办公条件和必要的工作经费。人民调解委员会是依法设立的调解民间纠纷的群众性组织，主要进行诉讼外调解，通过说服、疏导等方法，促使当事人在平等协商基础上自愿达成调解协议，解决民间纠纷。

（靳　婷）

上海国际经济贸易仲裁委员会/上海国际仲裁中心

上海国际经济贸易仲裁委员会［同时使用“上海国际仲裁中心”的名称，原名“中国国际经济贸易仲裁委员会上海分会”（Shanghai International Economic and Trade Arbitration Commission/Shanghai International Arbitration Center，SHIAC），以下简称上海国仲］是由上海市人民政府于 1988 年批准设立并经司法登记，解决平等主体的自然人、法人及其他经济组织之间发生的合同和其他财产权益纠纷的独立仲裁机构。仲裁委员会受理案件除传统商事争议外，还涉及私募股权、互联网金融、融资租赁、航空服务、能源与环境权益等新型案件。案件当事人遍及全国各地及世界上 70 余个国家和地区，仲裁裁决依据《纽约公约》已在近 50 个国家和地区得到承认和执行。上海国仲的《仲裁员名册》共有仲裁员 965 名，分别来自 74 个国家和地区，其中中国内地（大陆）仲裁员 604 名，占 62.59%；外籍及中国港澳台地区仲裁员 361 名，占 37.41%。2013 年 10 月，上海国仲设立了中国（上海）自由贸易试验区仲裁院，制定了与国际接轨的《中国（上海）自由贸易试验区仲裁规则》，提供咨询、立案、开庭审理等仲裁服务。2014 年 8 月，上海国仲设立了世界首个航空仲裁平台——上海国际航空仲裁院，为解决国际航空纠纷提供了重要途径。2015 年 10 月，上海国仲设立了首个金砖国家间争议解决平台——金砖国家争议解决上海中心，为金砖国家之间产生的跨境争议提供解决机制。2015 年 11 月，上海国仲设立了首个中非间争议解决平台——中非联合仲裁上海中心，为中非商事主体提供纠纷解决法律服务。

（靳　婷　郑　红）

中国仲裁庭

对某一争议案件进行仲裁审理活动时的组织形式。根据仲裁庭仲裁员人数，仲裁庭可分为独任仲裁庭和合议仲裁庭。前者由 1 人组成，独任审理。独任仲裁员的产生，可由双方共同协商指定，也可由共同委托仲裁机构代为指定。后者一般由 2 名仲裁员和 1 名首席仲裁员组成，由双方当事人各选 1 名仲裁员，第三名仲裁员由当事人共同选定或共同委托仲裁委员会主任指定，首席仲裁员是合议仲裁庭的主持者，与仲裁员享有同等的权利。

（靳　婷）

中国国际经济贸易仲裁委员会

中国国际经济贸易仲裁委员会（以下简称贸仲委）是世界上主要的常设商事仲裁机构之一。贸仲委于 1956 年 4 月由中国国际贸易促进委员会（中国贸促会）组织设立，当时名称为对外贸易仲裁委员会。中国实行对外开放政策以后，为了适应国际经济贸易关系不断发展的需要，对外贸易仲裁委员会于 1980 年改名为对外经济贸易仲裁委员会，又于 1988 年改名为中国国际经济贸易仲裁委员会。2000 年，中国国际经济贸易仲裁委员会同时启用中国国际商会仲裁院的名称。贸仲委以仲裁的方式,独立、公正地解决经济贸易争议。

贸仲委设在北京,并在深圳、上海、天津、重庆、杭州、武汉和福州分别设有华南分会、上海分会、天津国际经济金融仲裁中心(天津分会)、西南分会、浙江分会、湖北分会和福建分会。贸仲委在香港特别行政区设立贸仲委香港仲裁中心。贸仲委及其分会/仲裁中心是一个统一的仲裁委员会,适用相同的《仲裁规则》和《仲裁员名册》。贸仲委《章程》规定,分会/仲裁中心是贸仲委的派出机构,根据贸仲委的授权接受并管理仲裁案件。为满足当事人的行业仲裁需要,贸仲委在国内首家推出独具特色的行业争议解决服务,为不同行业的当事人提供适合其行业需要的仲裁法律服务,例如粮食行业争议、商业行业争议、工程建设争议、金融争议以及羊毛争议解决服务等。此外,贸仲委还为当事人提供域名争议解决服务。针对快速解决电子商务纠纷及其他经济贸易争议的需要,于2009年5月1日推出《网上仲裁规则》。该规则在"普通程序"之外根据案件争议金额大小分别规定了"简易程序"和"快速程序"。贸仲委设名誉主任1人、顾问若干人。贸仲委由主任1人、副主任若干人和委员若干人组成。主任履行贸仲委《仲裁规则》赋予的职责,副主任受主任的委托可以履行主任的职责。贸仲委设秘书局,主要负责贸仲委行政管理事务,并负责贸仲委应参与、组织及协调的公共法律服务事务。贸仲委还设有仲裁院,在被授权的副主任和仲裁院院长的领导下履行《仲裁规则》规定的管理案件的职能。分会/仲裁中心设仲裁院,在分会/仲裁中心仲裁院院长的领导下履行《仲裁规则》规定由仲裁委员会仲裁院履行的职责。贸仲委下设四个专门委员会:(1)专家咨询委员会。负责仲裁程序和实体上的重大疑难问题的研究和提供咨询意见,对《仲裁规则》的修改提供意见,并负责仲裁员的培训和经验交流。(2)案例编辑委员会。负责已审理终结的案件的案例编辑和贸仲委的年刊编辑工作。(3)仲裁员资格审查考核委员会。按照《仲裁法》和贸仲委《仲裁规则》的规定,对仲裁员的资格和表现进行审查和考核,对仲裁员的续聘和解聘提出建议。(4)发展委员会。负责就仲裁事业发展等问题进行研究,提出意见和建议。

贸仲委仲裁具有以下特点:(1)受案范围宽,程序国际化。自1956年成立以来,贸仲委共受理了两万余件国内外仲裁案件。贸仲委既可受理涉外案件,也可受理国内案件;同时,其受理案件的范围也不受当事人行业和国籍的限制。近年来,贸仲委平均每年的受案数量近千件,始终位居世界知名仲裁机构前列。从《仲裁规则》和仲裁员的角度而言,贸仲委也实现了国际化。贸仲委第一套《仲裁规则》制定于1956年,之后进行了八次修改,其现行有效的《仲裁规则》自2015年1月1日起施行。贸仲委现行的《仲裁规则》与国际上主要仲裁机构的仲裁规则基本相同,在现行《仲裁法》允许的范围内最大限度地尊重了当事人的意思自治。此外,贸仲委的《仲裁员名册》中有近千名仲裁员,均为国内外仲裁或其他行业的知名专家。其中,外籍及我国港澳台地区仲裁员300多名,分别来自41个国家或地区。(2)独立、公正。作为国际上主要的仲裁机构,贸仲委独立于行政机关,其办案不受任何行政机关的干涉。贸仲委的仲裁员,包括当事人选定的仲裁员,均不代表任何当事人,必须保持独立和公正。在仲裁程序中,各方当事人均有平等的机会陈述自己的意见。在过去几十年中,贸仲委的独立、公正、廉洁以及裁决的质量得到了国内外当事人的广泛赞誉。(3)仲裁程序快捷、高效。在贸仲委的仲裁中,当事人可以约定仲裁程序如何进行。对于当事人提交的证据和陈述,贸仲委将以书面形式在当事人之间进行充分的交换。贸仲委的开庭审理一般只需1-3天。因此,贸仲委的仲裁程序具有快捷、高效的特点,其受理的仲裁案件绝大多数均在仲裁庭组成之后6个月内结案。(4)仲裁费用相对低廉。作为国际仲裁机构,贸仲委的仲裁收费标准在世界主要仲裁机构中相对低廉。

与国内其他仲裁机构相比,同等条件下收费基本相同。与诉讼相比,由于仲裁一裁终局、程序快捷等特点,使得采用仲裁对当事人而言更为经济。(5)仲裁与调解相结合。仲裁与调解相结合是贸仲委仲裁的显著特点。该做法将仲裁和调解各自的优点紧密结合起来,不仅有助于解决当事人之间的争议,而且有助于保持当事人之间的友好合作关系。仲裁和调解相结合可以在仲裁程序中进行。即经当事人请求或在征得当事人同意后,仲裁庭在仲裁程序进行过程中担任调解员的角色,对其审理的案件进行调解,以解决当事人之间的争议。如果任何一方当事人认为调解没有必要或者不会成功,可以随时要求终止调解,恢复仲裁程序。此外,当事人在贸仲委之外通过调解达成和解协议的,可以凭当事人达成的由贸仲委仲裁的仲裁协议和他们的和解协议,请求贸仲委主任指定1名独任仲裁员,按照和解协议的内容作出仲裁裁决。此时,贸仲委可以视工作量的大小和实际开支的多少,减少仲裁收费。(6)专业的仲裁管理服务。贸仲委及其分会/仲裁中心仲裁院拥有众多高素质的专业人员,对贸仲委受理的案件进行管理。在每个仲裁案件中,仲裁院向当事人发出仲裁通知后,即会指定1名工作人员负责该案件的程序管理工作。贸仲委的工作人员大多具有法学硕士、博士学位,精通英语、法语或俄语等外语,为仲裁员和当事人提供优质服务。

（靳　婷）

中国国际商会仲裁院

经中国国际商会于2000年9月5日所作的批准,自2000年10月1日起,中国国际经济贸易仲裁委员会在使用现有名称的同时,可同时启用“中国国际商会仲裁院”名称。

（靳　婷）

中国海事仲裁委员会

由中国国际商会组织设立,成立于1959年1月,当时名为“中国国际贸易促进委员会海事仲裁委员会”,1988年改为现在名称。该仲裁委员会专门负责解决产生于远洋、沿海和与海相通的水域的运输、生产和航行过程中的国内和涉外海事争议。现使用的仲裁规则为自2018年10月1日起实施(2020年11月6日修正)的仲裁规则。仲裁委员会设名誉主任1人、顾问若干人。仲裁委员会由主任1人、副主任若干人和委员若干人组成。主任履行仲裁委员会的有关职责,副主任受主任的委托可以履行主任的职责。

中国海事仲裁委员会设在北京,在上海、天津、重庆、广东、香港、福建、浙江设有分会。仲裁委员会分会可以受理并处理案件。仲裁委员会及其分会设秘书处,秘书处设秘书长,分别领导仲裁委员会秘书处和分会秘书处处理日常事务。仲裁委员会制定仲裁规则。仲裁委员会设立仲裁员名册。仲裁员由仲裁委员会从对航海、保险、法律等方面具有专门知识和实际经验的中外人士中聘任。仲裁委员会现有仲裁员279名,其中中国内地(大陆)仲裁员216人,中国港澳台及外籍仲裁员63人,外籍人士来自17个有影响力的航运国。

仲裁委员会建立并完善了委员会议、主任会议、秘书长会议和三地秘书会议制度,并设立了专家咨询委员会、案例编辑委员会和仲裁员资格审查考核委员会。随着业务发展的需要,仲裁委员会在有关沿海港口城市设立了仲裁委员会办事处。仲裁委员会建立委员会议和主任会议制度。委员会议每年召开一次,以研究解决仲裁委员会组织机构及业务发展等方面的重大问题。主任会议在委员会议闭会期间负责仲裁委员会的工作,每三个月召开一次。仲裁委员会也建立秘书会议制度,原则上每年召开一次,主要是互相沟通和交流办案经验,对秘书人员进行业务培训,以提高办案质量。仲裁委员会下设专家咨询委员会,主要负责仲裁程序和实体上的重大疑难问题的研究和提供咨询意见,对仲裁员的培训和经验交流提供意见,对仲裁规则的修改提供意见,以及对仲裁委员会的工作和发展提出建议等。专家咨询委员会由仲裁委员会主任会议聘请13名专家任委员组成,其中1人为主任委员,1人为副主任委员。仲裁委员会还下设案例编辑委员会,有主任委员1人、副主任委员1人,由仲裁委员会主任聘任。案例编辑委员会负责已审理终结的案例编辑和仲裁委员会的年刊编辑工作。此外,仲裁委员会还下设资格审查考核委员会,设主任委员1人、副主任委员1人,由仲裁委员会主任聘任。资格审查考核委员会的主要职责是,按照仲裁法和仲裁规则的规定,对仲裁员的资格和表现进行审核和考查,对仲裁员的续聘和解聘提出建议。

目前,为适应业务发展的需要,仲裁委员会先后在大连、广州、天津、宁波、青岛设立办事处。办事处是仲裁委员会及分会的仲裁专业联络和宣传机构,接受仲裁委员会的直接领导。根据《仲裁委员会办事处规则》的规定,仲裁委员会办事处不得从事仲裁案件的收费、立案和审理工作,不得向当事人收取咨询费,也不得在仲裁委员会及其分会所受理的仲裁案件中从事仲裁代理。为满足当事人的需要,中国海事仲裁委员会设立了渔业争议解决中心和物流争议解决中心。

中国海事仲裁委员会的受案范围主要有:(1)租船合同、多式联运合同或者提单、运单等运输单证所涉及的海上货物运输、水上货物运输、旅客运输争议;(2)船舶、其他海上移动式装置的买卖、建造、修理、租赁、融资、拖带、碰撞、救助、打捞或集装箱的买卖、建造、租赁、融资争议;(3)海上保险、共同海损及船舶保赔争议;(4)船上物料及燃油供应、担保、船舶代理、船员劳务、港口作业争议;(5)海洋资源开发利用、海洋环境污染争议;(6)货运代理,无船承运,公路、铁路、航空运输,集装箱的运输、拼箱和拆箱,快递,仓储,加工,配送,仓储分拨,物流信息管理,运输工具、搬运装卸工具、仓储设施、物流中心、配送中心的建造、买卖或租赁,物流方案设计与咨询,与物流有关的保险,与物流有关的侵权争议,以及其他与物流有关的争议;(7)渔业生产、渔业捕捞争议;(8)双方当事人协议由仲裁委员会仲裁的其他争议。

2017年12月16日,中国海事仲裁委员会航空争议仲裁中心、航空争议调解中心在北京正式成立。

(靳　婷　郑　红)

中国国际经济贸易仲裁委员会网上争议解决中心

中国国际经济贸易仲裁委员会(贸仲委)网上争议解决中心的前身是贸仲委域名争议解决中心。贸仲委域名争议解决中心成立于2000年12月,于2005年7月同时启用"贸仲委网上争议解决中心"名称,并于2007年8月在保留"贸仲委域名争议解决中心"名称的同时正式以"贸仲委网上争议解决中心"名称对外开展工作。

贸仲委网上争议解决中心以"网上争议解决"的方式,解决如下争议:(1)域名抢注纠纷(.CN/中文域名争议、.COM等通用顶级域名争议)。作为中国互联网络信息中心授权的争议解决机构,依据《中国互联网络信息中心域名争议解决办法》解决.CN/中文域名争议;作为美国互联网络名称和编码分配机构所指定的世界四家通用顶级域名争议解决机构之一的亚洲域名争议解决中心北京秘书处,依据互联网络名称和编码分配机构《统一域名争议解决政策》解决诸如.COM、.ORG、.NET等通用顶级域名争议。(2)通用网址抢注纠纷。作为中国互联网络信息中心授权的通用网址争议解决机构,依据《中国互联网络信息中心通用网址争议解决办法》,解决中国互联网络信息中心负责管理和维护的通用网址争议。(3)无线网址抢注纠纷。作为中国互联网络信息中心授权的无线网址争议解决机构,依据《中国互联网络信息中心无线网址争议解决办法》,解决中国互联网络信息中心负责管理和维护的无线网址争议。(4)短信网址抢注纠纷。作为中国移动通信联合会授权的短信网址争议解决机构,依据中国移动通信联合会短信网址联合信息中心《短信网址争议解决办法》,解决由中国移动通信联合会短信网址联合信息中心负责管理和维护的短信网址争议。

（靳　婷）

中国国际经济贸易仲裁委员会天津国际经济金融仲裁中心

中国国际经济贸易仲裁委员会天津国际经济金融仲裁中心(以下简称贸仲委天津国际经济金融仲裁中心)成立于2008年5月,是贸仲委设立在天津的分支机构,受理各类国内、涉外和国际仲裁案件。贸仲委天津国际经济金融仲裁中心设在天津滨海新区,是民间、非营利性的专业法律服务机构,致力于在金融、保险、贸易、投资、建筑工程、房地产等经济金融领域为中外当事人提供以仲裁为主的替代性争议解决服务。中心与总会以及其他分会一样,均在统一的仲裁员名册和仲裁规则之下为当事人提供仲裁服务。中心下设秘书处,在中心秘书长领导下负责处理日常事务。贸仲委天津国际经济金融仲裁中心突出和强化中心专业金融仲裁服务的特色,专业解决存贷款、票据、信用证、银行卡支付结算、保险、融资租赁、外汇、黄金交易、股票、债券、基金、信托投资、担保、委托理财、资产并购、委托审计以及金融衍生产品交易活动中发生的各类金融争议。同时,在货物买卖、合资合作、建筑工程、房地产、物流、三来一补、委托合同、特许经营等其他广泛的经济贸易仲裁服务领域,发挥贸仲委的仲裁优势。

（靳　婷）

中国香港特别行政区

香港国际仲裁中心

成立于1985年,由香港商界领军人物及专业人士建立,以满足亚太地区对解决争议的仲裁服务日益增长的需求。仲裁中心作为亚洲领先的争议解决中心,专注于仲裁、调解、审裁和域名争议解决。仲裁中心由理事会管理。理事会成员来自世界各地,且均为经验、技能丰富的商界人士及专业精英。仲裁中心设有一个国际咨询委员会,为香港国际仲裁中心的政策和未来发展不时提供意见。执行委员会是根据理事会批准的政策指引香港国际仲裁中心活动的核心机构,其下设三个常设委员会,即程序委员会、指定委员会、财政委员会。这些委员会负责仲裁中心的业务运作,以及仲裁中心的仲裁规则和香港仲裁条例授权香港国际仲裁中心履行的职能。仲裁中心设秘书处,由秘书长(亦为首席行政官和登记官)领导,处理各类日常争议解决事宜。秘书处负责对所有提交香港国际仲裁中心解决的案件进行日常管理,提供处理仲裁、调解、审裁和域名争议的管理服务,同时提供其他辅助服务。

(靳 婷)

中国国际经济贸易仲裁委员会香港仲裁中心

贸仲委香港仲裁中心是1956年中国国际经济贸易仲裁委员会(贸仲委)在中国内地以外设立的第一家分支机构,是历史最悠久的中国仲裁机构,也是世界上主要的常设商事仲裁机构之一。香港中心旨在香港推广仲裁,与国际仲裁机构开展交流与合作,提供信息交流和咨询服务,根据当事人的约定管理仲裁案件,为当事人提供仲裁服务,积极支持并促进香港仲裁发展。贸仲委受理的仲裁案件中,涉及香港当事人的案件占据总受案量的第二位,许多涉外合同的当事人选择将其纠纷在香港仲裁。贸仲委设立香港仲裁中心,以香港健全的仲裁法制为依托,就近管理案件程序,满足当事人的实际需求,为当事人在香港解决争议提供更多项的仲裁服务。贸仲委香港仲裁中心目前主要依据贸仲委现行《仲裁规则》的规定受理当事人约定提交贸仲委香港仲裁中心仲裁的案件,同时为当事人约定将争议提交贸仲委在香港仲裁的案件。由于当事人选择在香港仲裁与选择在内地仲裁所适用的程序法不同,香港与内地的仲裁实践也存在一定差别,为满足当事人选择贸仲委在香港仲裁有别于在内地仲裁的特殊性,贸仲委在《仲裁规则》中增加"香港仲裁的特别规定",专门适用于贸仲委香港仲裁中心管理的案件。为进一步满足当事人的需要,《仲裁规则》明确规定贸仲委香港仲裁中心管理案件的程序适用法为香港仲裁法律;其裁决为香港裁决;当事人可以在贸仲委仲裁员名册外选定仲裁员;仲裁收费实行机构管理费与仲裁员报酬分别收取的国际惯常做法等新内容。贸仲委以更加开放的姿态,积极融入香港国际仲裁实践,努力为当事人提供更加专业、高效和国际化的仲裁服务。

(靳 婷)

中国澳门特别行政区

澳门世界贸易中心仲裁中心

原称为"澳门世界贸易中心自愿仲裁中心",是依据澳门政府于1998年6月5日通过第48/GM/98号批示核准该仲裁中心而成立,按照国际商事仲裁法的法律模范来解决任何民事、行政或商事方面纠纷的裁判机构。回归后,该仲裁中心继续保留并运行。其办事处设于澳门世界贸易中心内。

该仲裁中心成立最主要的目的是在本地区推广及发展仲裁和调解这两种非司法性质的解决纷争的程序,以便让存在争议的当事人在选择解决纠纷的方式时,除可提起司法诉讼外,能有另外可以考虑的途径。自成立后,该仲裁中心一直为实现其目标而不断努力及在仲裁和调解的工作上积累丰富的经验,有足够的能力为当事人解决民事、行政或商事方面的争议。

该仲裁中心旨在通过仲裁途径或通过非司法替代性诉讼方法,以解决以下当事人之间的民事、行政或商事纠纷：(1)澳门世贸会员之间的纠纷；(2)其他世贸中心及/或世界贸易中心协会会员之间的纠纷；(3)以上两项所指会员与第三人之间的纠纷；(4)任何其他个人或实体之间的纠纷。

该仲裁中心的日常运作由一全体委员会领导，全体委员会则由1名主席、1名副主席、4名委员及1名秘书长组成。全体委员会成员在担任职务时，禁止在按中心规例组成的仲裁庭内所进行的任何程序中，充当为仲裁员、调解员或当事人之代表。

该仲裁中心的仲裁员须为澳门居民或非澳门居民的自然人，无论其国籍，但须具有适当的道德及专业操守，而不取决于该人的专业培训，只要有能力独立及公正无私地按中心规例将提交仲裁的争议作出裁决。经全体委员会主席同意，当事人可协议委任未载于中心仲裁员名单上之人士出任仲裁员。

该仲裁中心的认可调解员须为澳门居民或非澳门居民的自然人，不论其国籍，都须参与专业调解培训并通过“调解员资格评核试”，且具有适当的道德及专业操守，以及有能力独立及公正无私地按中心规例将提交调解的争议作出调停。经全体委员会主席同意，当事人可协议委任未载于中心认可调解员名单上之人士出任调解员。

仲裁员的委任主要遵循以下规则来进行：(1)当事人得在仲裁协议或随后签订的书面协议内委任组成仲裁庭的1名或数名仲裁员；(2)如仲裁庭的组成多于1名仲裁员时，只要在接受第一名仲裁员之前，当事人得以书面协定委任首席仲裁员；(3)当事人未有委任组成仲裁庭的独任仲裁员时，由全体委员会主席委任；(4)如仲裁庭须由3名仲裁员组成，而当事人未有委任仲裁员时，则每一当事人委任1名仲裁员，再由全体委员会主席委任第三名仲裁员，并由该第三名仲裁员主持仲裁庭；(5)当仲裁庭由3名仲裁员组成，而其中一方当事人未委任仲裁员时，由全体委员会主席委任；(6)如仲裁庭由3名仲裁员组成，而当事人又未委任仲裁员，亦不可能组成上述第四项规定的仲裁庭时，由全体委员会主席委任全数仲裁员；(7)按上述规定所委任的仲裁员，如在第一次会议中，当事人未能在当中选定首席仲裁员，则由全体委员会主席委任；(8)当事人委任的仲裁员须由全体委员会确认。

同样地，调解员的委任要遵循以下规则：(1)调解员由全体委员会主席从中心之调解员名单内的成员中委任；(2)调解员的委任应通知当事人；(3)自通知之日起十日期限内，当事人得拒绝该委任，并得建议委任另一特定调解员，或从一定组别的调解员中委任1名调解员。

提交该仲裁中心予以调解或者仲裁的案件，当事人在协议文本中载明以下建议条款。(1)本地或国际调解建议条款：有关合约的任何纠纷或争执应提交至澳门特别行政区的澳门世界贸易中心仲裁中心并按照其内部规章的规定进行调解；若调解未果，则双方同意提交至澳门世界贸易中心仲裁中心以仲裁解决。(2)本地或国际仲裁建议条款：有关本合约的任何纠纷或争执应提交至澳门特别行政区的澳门世界贸易中心仲裁中心并按照其目前有效的内部规章的规定进行仲裁。仲裁以独任庭的方式进行，但双方另有协议则除外（或者约定为：仲裁以合议庭的方式进行，但双方另有协议则除外）。仲裁员由双方协商指定，倘若双方对仲裁员的人选无共识的情况下，则由澳门世界贸易中心仲裁中心指定。仲裁程序使用的语言应为中文或者葡萄牙语或者英语。

仲裁庭的裁决为终局裁决。把争议交与澳门世界贸易中心仲裁中心仲裁即代表当事人放弃上诉，但有权根据法律规定声请撤销仲裁裁决。

（操宏均）

澳门消费争议仲裁中心

成立于1998年,旨在处理消费争议范围内的机构调解及仲裁,促进解决消费者与经营者之间因提供商品或服务而产生的民事或商事性质的争议。根据该中心的《规章》,该中心仅处理在澳门特别行政区发生的消费争议,不处理涉及不可处分权利之争议,也不处理存在刑事性质犯罪迹象的争议。

该中心是澳门消费者委员会的机构,且在消费者委员会总部内运作,运作所需的行政、技术及财政支援由消费者委员会负责提供。

该中心具有两项职责:(1)管理消费争议范围内的机构调解及仲裁;(2)通过组织及赞助与消费调解及仲裁有关的宣传、研究及深化活动,推广及宣传以替代性方式解决消费争议。

该中心设有理事会、执行委员会和秘书处。

理事会负责订定中心的策略目标。理事会由主席主持会议,平常会议每年最少举行两次,特别会议由主席召集或应最少1/3成员的要求而召开。

执行委员会由下列人士组成:消费者委员会执行委员会的1名成员,并由其担任主席;消费者委员会代表1名;具适当经验的人士1名。执行委员会成员由消费者委员会的监督实体通过批示委任。执行委员会成员的任期为2年,可续期。执行委员会具下列职权:领导中心的运作;执行理事会的决议;核准中心的调解员及仲裁员名单,以及该名单的修改;核准调解及仲裁规章,以及相关修改;制定中心的顾问名单;核准及组织推动消费调解及仲裁的研究及宣传的活动;决议中心举办调解员及仲裁员的专门培训活动;核准加盟商号的名单。执行委员会至少每两周举行一次平常会议,并得应其任何成员请求而举行特别会议。

秘书处由1名秘书长和技术及行政人员组成。秘书长具下列职权:指定调解员及仲裁员;管理中心管辖范围内组织的程序;为在中心参加的活动及相关数码平台上推广及提高中心及其活动的信誉度而编制所需的主题内容和信息内容。

调解由中心安排的调解员主持,协助争议双方寻找解决方案,当双方能签署和解协议,调解程序便告完成。仲裁由仲裁员听取双方的陈述及证人证言,最后作出仲裁裁决。如双方同意同时以调解及仲裁处理消费争议时,便会先进行调解,如调解不成功再进行仲裁。仲裁裁决具有等同于初级法院判决的执行效力。

(操宏均)

澳门律师公会自愿仲裁中心

根据澳门政府第26/GM/98号批示许可于1998年成立的,该仲裁中心旨在解决以下纷争:(1)律师间之争议;(2)律师与顾客间之争议;(3)涉及民事、行政事宜或商事之任何争议。该仲裁中心受理的前置条件为当事人通过预先订立之仲裁协议,同意将纷争提交本仲裁中心处理。

(操宏均)

澳门保险及私人退休基金争议仲裁中心

依据行政长官第259/2002号批示于2002年12月12日设立的,旨在通过中介、调解及仲裁方式,促进解决在澳门特别行政区发生而涉及金额不超过初级法院法定上诉利益限额(5万澳门元）的保险及私人退休基金争议（因保险合同或私法上退休基金的合同而产生的民事或商事争议）的机构。该仲裁中心于2003年1月1日在金融管理局总部开始运作，并遵循《保险及私人退休基金争议仲裁中心规章》。

该仲裁中心分别由数据组、调解组以及仲裁委员会组成。而调解组的成员则为由金管局委派的经过法律或保险及私人退休基金培训的专业人员，负责促进当事人的调解，但有关调解员人数不定。

该仲裁中心的尝试调解的运作及所确认的经调解后的协议的效力与由澳门消费争议仲裁中心负责进行的尝试调解情况大致相同。因此，“调解阶段”在提交给该仲裁中心解决的保险及私人退休基金争议中亦具有强制性。

（操宏均）

澳门楼宇管理仲裁中心

于2011年3月28日根据第66／2011号行政长官批示公布设立，并于2011年6月初开始运作。该仲裁中心在房屋局内运作，由房屋局提供技术及行政支持，并旨在通过调解及仲裁方式促进解决在澳门特别行政区发生的楼宇管理争议，即在分层建筑物管理方面产生的争议，尤其是分层建筑物所有人、管理机关及管理实体之间，有关分层建筑物的所有人大会的决议的有效性或楼宇管理的开支的争议。

该仲裁中心的运作受《澳门消费争议仲裁中心规章》所规范。该仲裁中心分别由数据及调解组以及仲裁委员会组成，而数据及调解组由房屋局专业技术人员组成，其中一项职权就是促进当事人之间的调解。

该仲裁中心的调解运作基本与由澳门消费争议仲裁中心和保险及私人退休基金争议仲裁中心所分别负责进行的尝试调解情况相同。在有关当事人自愿地向上述仲裁中心递交申请书后，有关当事人除会被通知进行答辩及提供证据方法或证人外，亦会被召集进行调解会议。该调解会议在仲裁中心内进行。提交答辩的期间届满后，仲裁中心会通知当事人进行调解会议的确定日期及地点，如果当事人在5日内不作回复，则视为拒绝调解邀请。若调解会议有条件进行，仲裁中心将通过数据及调解组，尝试调解当事人的争议。在尝试调解结束后，卷宗会被立即送交予仲裁委员会，以便根据调解成功与否来对有关协议进行确认或对争议进行审理。在无法进行调解的情况下，亦会由仲裁委员会作出仲裁裁决。

仲裁委员会对争议双方的协议进行确认时，亦必定会审查协议的有效性及各项法定条件是否成立。对于这种经调解而达成的协议的确认与仲裁委员会经审理有关争议所作的裁决具有相同法律价值与效力，亦即与初级法院所作出的裁决具有同等的执行效力。因此，对于提交予楼宇管理仲裁中心解决的消费争议中，调解同样作为有关仲裁程序中的一个必需及强制阶段。

（操宏均）

中国台湾地区

中国台湾地区“中华民国仲裁协会”

于1955年9月5日在台北成立，以仲裁依法得和解之争议及调解有关之争议为宗旨，为台湾地区首家具有准司法功能之公益社团法人。1999年始更名为“中华民国仲裁协会”，另设立“争议调解中心”，推展具有法律效力与便利的“诉讼外纷争解决机制”。

（操宏均）

中国台湾地区仲裁协会

其前身系“台湾营建仲裁协会”，为台湾地区唯一的营建专业仲裁机构，也是台湾地区首次成立的专业仲裁协会，具有准司法功能之仲裁机构。

协会以仲裁及调解有关营建及其相关之农林渔牧、矿业及土石采取业、不动产及租赁业争议为宗旨，进而提振营建纲纪，安定社会秩序，并促进营建产业发展。

（操宏均）

外　国

法　国

巴黎国际仲裁院

巴黎国际仲裁院(la Chambre Arbitrale Internationale de Paris,CAIP)建于1926年,是法国历史最悠久的仲裁机构。它旨在通过仲裁或调解协商方式解决不同规模、不同国家公司之间的争议。CAIP根据其仲裁规则组织仲裁,并按照相关规则界定在仲裁中不同的适用规则。常设秘书处提供所有与仲裁有关的程序组织形式、仲裁员、期限、用费等方面的信息。迄今为止,它已经有效地解决了4万多起工商业纠纷。随着国际商业的发展,CAIP越趋国际化,它接受的案件涉及经济的各个领域,例如农业产品的交易、交通业务、商标许可、特许经营、分销、销售以及其他技术方面的纠纷。CAIP办理的仲裁案件中,70%以上的案件涉及欧盟成员国与中国、美国、俄罗斯等其他国家公司之间的纠纷。由于法国政府签署了所有与仲裁相关的重要国际公约,所以,CAIP作出的仲裁裁决能在国际上获得最大范围的有效的法院执行令。一旦巴黎被指定为仲裁的地点,双方当事人的纠纷便可以到CAIP解决。CAIP将依照其章程和规则来组织仲裁。为了方便管理国内及国际仲裁,CAIP的常设秘书处可以给双方当事人提供英、法、俄三国语言的服务,以及中文咨询。CAIP的审理厅位于巴黎市中心,交通方便。如果某一方因地理原因无法出席辩论庭讯,CAIP可以通过视频会议的方式来组织辩论庭讯。为了方便双方指定仲裁员,CAIP拥有按照国内及国际仲裁员的专业进行分类的名册。双方也可以在CAIP主席允许的情况下,选择名册之外的仲裁员。如果双方不指定仲裁员,CAIP将替双方指定。如果仲裁需要,经CAIP主席允许,双方可以使用法语或英语作为辩论和所提供文件的语言。在双方辩护时,被请求人、代理人或外国律师可以代表外方出席。

就仲裁程序而言,CAIP依据国际仲裁法及仲裁院本身的规章制度组织仲裁。CAIP有四种不同的仲裁程序,分别是:(1)普通仲裁程序。如果一方当事人不同意一审裁决,他可以上诉,将案件提交二审仲裁庭进行重新审理。一审的仲裁庭由3个仲裁员组成,而二审的仲裁庭由不同于一审的仲裁员组成。二审裁决为最终的裁决。两审仲裁程序所需的时间取决于请求人的态度以及案件的复杂性,需3-5个月。(2)紧急仲裁程序。这种仲裁程序可以使案件立刻得到审理。紧急仲裁庭由5个仲裁员组成。一旦案件的紧急性得到证实,双方将会在几天内受到传讯。但这种仲裁的程序方式需要CAIP主席批准。(3)加急仲裁程序。它的主要目的是方便债权人能很快收回确定的、流动的、可索还的债权。债权的总额须等于或低于15万欧元。仲裁庭由独任仲裁员组成。独任仲裁员须核实和确定这一请求的真实性。仲裁裁决书在最迟30天内下达且可以立刻得到执行。在债务人已没有或者将没有清偿能力的情况下,此仲裁程序特别有效。(4)简易仲裁程序。此程序经济快捷,适用于纠纷总额低于4.5万欧元的案件。请求人可以在仲裁庭作出裁决30天内收到赔款。这个程序也是由独任仲裁员组成。独任仲裁员由CAIP主席在很短的时间内指定。但双方当事人可以商议选择CAIP的其他仲裁程序。

在CAIP进行仲裁时,仲裁协议有两种形式。为了能够使用仲裁来解决纠纷,双方须选择两者之一:一种形式是由双方当事人在争议发生之前订立的,表示愿意把将来可能发生的有关合同的达成、执行以及中断时发生的争议提交仲裁解决的协议。这种协议一般包含在主合同内,作为合同的一项条款,即仲裁条款。另一种形式是由双方当事人在争议发生之后订立的,表示同意把已经发生的争议提交仲裁解决的协议。这是独立于主合同之外的一种单独的协议,通常称之为提交仲裁的协议。这份文件必须满足四个要素:纠纷的陈述、仲裁员的指定、双方希望用仲裁方式解决纠纷的愿望以及仲裁程序的确定。一般仲裁条款格式中会指明由此合同产生的所有纠纷都将交由CAIP并根据它的规章来解决。

(靳　婷)

巴黎海事仲裁委员会

巴黎海事仲裁委员会(la Chambre Arbitrale Maritime de Paris,CAMP)有固定的仲裁机构和仲裁规则,主要解决国际海事贸易争议。CAMP有常设秘书处,负责处理日常的程序性问题。海事仲裁委员会主要由60多位独立的仲裁员组成,都是具有丰富职业经验的贸易、法律和技术专家。海事仲裁费用合理、程序简单快捷。当申请人的仲裁请求金额超过3万欧元时,任何一方(胜诉或败诉)都有权要求二审,此时一审裁决并不生效。实行两级仲裁的目的主要出于安全考虑,给予当事人救济的机会。

(靳　婷)

韩　国

韩国媒体仲裁委员会

韩国媒体仲裁委员会(Press Arbitration Commission,PAC)根据《基本媒体法案》(Basic Press Act)成立于1980年12月31日,是全球唯一的媒体纠纷仲裁机构,旨在调解、仲裁由新闻报道引发的纠纷,是权威和高效的准司法性机构。受害人可以要求纠正错误的新闻报道,回应、跟进新闻报道,并且要求赔偿由新闻报道引发的损失,所有调解和仲裁程序都是免费的。但如果当事人要求收集证据,则会收取有关证据收集的费用。2005年《新闻报道引起损害赔偿的媒体仲裁法案》(Act on Press Arbitration and Remedies,etc.,for Damage Caused by News Reports)进一步完善了PAC的职权。PAC由40－90位仲裁委员组成,包括1位主席、2位副主席。每个仲裁庭有5位委员,包括在职法官、律师和有10年以上工作经历的资深记者和以及媒体领域杰出的专家或学者。每个仲裁庭的主任由PAC主席任命,通常是在职法官或符合任命资质的律师。PAC在首尔有8个仲裁庭,另外在釜山、大邱、光州、京畿道和济州等大城市和省会城市还有10个仲裁庭。PAC的秘书处负责委员会的日常工作,帮助仲裁委履行职责并开展损害赔偿的调查研究工作,主要为受害人提供咨询、提出赔偿建议、研究媒体仲裁制度并出版相关成果、推动委员会工作、对委员进行培训并资助有关学术论坛和研讨会。具体案件管理者参与调解和仲裁程序,帮助仲裁庭顺利完成工作。PAC主席从仲裁委员中选出,每届任期3年,且任期每次一届,不连任。PAC主席经仲裁委同意任命1位秘书长。秘书长任期一届3年,处理委员会的行政事务并管理秘书处的职员。PAC主要是解决由媒体报道引起的损害赔偿争议。被媒体报道损害的当事人可以向仲裁委提出请求,PAC最开始会以纠正性的报道、与之前报道相反的言论或者进一步推进的报道帮助申请人减少损害。PAC也可以从收到请求的14日内进行免费的调解。如果PAC通过审慎考察发现媒体报道的内容确实损害了申请人的个人权益、公众利益或国家利益,它可以建议消息发布方不要重复同样的事件。如果PAC发现媒体报道的内容很多是不公正和偏私的,它可以命令消息发布方做出书面道歉或在同一家媒体进行纠正报道。近年来,由于媒体纠纷案件的爆炸式增长,该机构受理的调解申请量和仲裁申请量有了大幅攀升。相较于法院诉讼耗时长、花费多而言,PAC通过调解、仲裁解决纠纷用时短、费用低。PAC在对事实做出判断的基础上,主要通过四项具体措施解决纠纷,包括要求更正报道、要求媒体做出完全不同于之前报道的声明、要求媒体做进一步的深入报道、要求媒体对已经造成的损害进行赔偿。

(靳 婷)

美 国

美国仲裁协会

美国仲裁协会(American Arbitration Association,AAA)是1926年由美国仲裁学会(Arbitration Society of America)和仲裁基金会(Arbitration Foundation)合并成立的非营利组织,旨在为自然人和法人提供法院诉讼之外的争议解决服务。AAA在解决争议过程中提供立案、诉讼、结案的全套服务。AAA在美国境内提供行政管理服务,在美国之外通过其争议解决国际中心(the International Centre for Dispute Resolution,ICDR)提供服务。这种行政管理服务包括帮助指定调解员和仲裁员、进行庭审、为当事人提供争议解决选择的信息,或者以调解方式结案。最终,AAA通过公正和不偏私的仲裁或调解方式结案。根据当事人的协议或者AAA规则,选定仲裁员。如果当事人不能对选任1位仲裁员达成一致或者有一方当事人不能履行其指定仲裁员的权利时,AAA会在某些情况下任命仲裁员。AAA的其他服务包括为公司、协会、政府机构、律师事务所和法院设计和发展可替代的争议解决制度。为更深入和广泛地理解替代性争议解决方式,AAA也提供相关的教育培训和出版服务。

(靳 婷)

美国国际争议解决中心

国际争议解决中心（the International Centre for Dispute Resolution，ICDR）是美国仲裁协会于1996年创立的，为在美国之外的争议解决提供服务。至今，ICDR在美国纽约、爱尔兰都柏林、墨西哥的墨西哥城和新加坡等地都设有办公室，在全球80多个国家以12种语言提供仲裁解决争议服务。通过数以百计的独立仲裁员和调解员，以及加入全球听审的合作协议，ICDR为有关产业发展和地缘政治问题的纠纷提供更灵活的、以当事人为中心的仲裁程序。ICDR的服务包括帮助指定调解员和仲裁员、进行庭审、为当事人提供争议解决选择的信息，或者以调解方式结案。最终，ICDR通过公正和不偏私的仲裁或调解方式结案。

（靳　婷）

美国国家仲裁论坛

国家仲裁论坛（the National Arbitration Forum，NAF）成立于1986年，是全球著名的争议解决机构。NAF通过200多位前法官和资深律师，为当事人提供可预期的、高效的和优质的争议解决服务。NAF的《企业到企业的程序法典》（*Forum's Business - to - Business Code of Procedure*）是为各种规模的企业量身打造的，涵盖极为简单和极端复杂的争议。当事人可以选择文件为基础的庭审方式或者是电话、网络和可视电话技术的庭审方式。NAF也有知识产权和加盟商争议的特别规则。它为当事人和中立方提供客户服务，并持续创新案件管理技术，在同行业中立案简单、管理费用低廉。

NAF的专家仲裁员和调解员会适用适当的规则和法律去解决纠纷，相较于法院诉讼而言，其更为便捷、经济，能够让当事人得到与法院判决性质相同的裁决结果。NAF旨在为美国和全球各国解决民商事争议提供合理、高效的方式。

（靳　婷）

日　本

日本商事仲裁协会

日本唯一的常设商事仲裁机构，旨在公平解决国际和日本国内各种商业交易纠纷。日本商事仲裁协会（the Japan Commercial Arbitration Association）的总部设在东京，在大阪、神户、名古屋和横滨设有分会。当事人可以向总会或分会的任何一个秘书处申请仲裁。

该协会的工作包括仲裁、调解、提供避免商事争议的咨询意见，与国外仲裁机构交流和合作，管理仲裁员队伍，组织并参与国际仲裁研讨会，从事国际商事仲裁的研究并每月出版协会的仲裁杂志，介绍解决商事争议的经验。协会还根据联合国国际贸易法委员会仲裁规则作为委派机构指定仲裁员。协会设有仲裁员名单，由东京总部及各分会秘书处保管，供当事人指定仲裁员使用。协会本身并不审理仲裁案件，而由当事人指定的仲裁员组成的仲裁庭审理。协会使用的仲裁规则是1989年5月24日修订生效的商事仲裁规则。

日本商事仲裁协会的前身是日本国际商事仲裁委员会,其于1950年在日本工商会内成立,得到了日本经济组织联合会、日本对外贸易委员会和日本银行业联合会等6个其他商业组织的支持。其成立的目的是解决商业纠纷和促进国际贸易,从而促进日本经济的发展。1953年,随着国际贸易的进一步发展,日本国际商事仲裁委员会改组为日本商事仲裁协会,独立于日本工商会,以拓展其业务活动和提升其效率。在过去的50多年里,日本商事仲裁协会一直在尽力解决主要由国际商业交易引起的国际商业纠纷,并鼓励当事人通过向其咨询和向其购买信息服务的方式来解决此类纠纷。

成为该协会的会员可以享受以下福利:(1)接收有关各国仲裁制度的信息;(2)免费就合同文件中使用的仲裁条件的确定方法和其他仲裁问题进行协商;(3)免费领取每月信息杂志——JCA杂志;(4)免费或打折参加协会主办的报告会、学习小组和其他活动;(5)查看有关国际商务、国际交易和仲裁的文件;(6)免费或折价接收有关国际商务、国际交易和仲裁的资料和调查报告。

(操宏均)

瑞 典

瑞典斯德哥尔摩商事仲裁院

斯德哥尔摩商事仲裁院(the Arbitration Institute of the Stockholm Chamber of Commerce, SCC)成立于1917年,附设于斯德哥尔摩商会但其职能独立于斯德哥尔摩商会,下设理事会和秘书处,为瑞典和国际当事人提供争议解决服务。SCC在20世纪70年代得到美国和苏联承认,成为中立的东西方贸易争议解决中心。此后,SCC不断扩展其在国际商事仲裁领域的服务,成为国际上重要的、经常被选用的仲裁院之一。近年来,SCC国内与国际案件的受理量均显著增长。国际案件数量占比接近50%。每年,来自多达30–40个国家的当事人选择使用SCC的服务。瑞典和SCC在全球双边和多边投资保护领域也发挥着重要作用。目前至少有120份双边投资协定(Bilateral Investment Treaty, BIT)选择瑞典或SCC作为解决投资者与东道国之间争议的机构。如今,SCC是全球第二大的投资争议解决机构。

SCC秘书处的职责包括日常案件管理、活动组织和出版物制作等。秘书处由秘书长领导,9名成员掌握多种语言。秘书处下设3个分部,每个分部设1名法律顾问和1名办案秘书,可使用英语、瑞典语、俄语、西班牙语或德语来管理案件的进行。当事人也可以在仲裁庭组成之后,在仲裁程序中约定使用其他的语言。

SCC理事会由1名主席、2–3名副主席以及最多12名其他成员组成,他们来自瑞典国内外,并且均为国际商事争议解决领域声望卓著和专业水平高超的专家。SCC理事会的职能是根据SCC仲裁规则作出决定,这些决定的范围涵盖了初步管辖权、仲裁员任命、仲裁员资格异议和仲裁费用等各方面。

SCC于2017年1月1日起实行新修订的仲裁规则。

(靳 婷 郑 红)

英 国

伦敦国际仲裁院

伦敦国际仲裁院(London Court of International Arbitration, LCIA)是全球著名的商事争议解决的国际机构,旨在提供高效、灵活和公正的仲裁服务以及其他选择性争端解决程序。LCIA可以在任何地点、根据任何法律制度提供服务。1883年4月5日,伦敦市市议院成立委员会起草文件,成立了一个特别用以解决在伦敦发生的跨国商事争议的国内仲裁机构。这种裁判方式相较于法院诉讼而言,有便捷、经济等很多优点。1892年11月23日,伦敦仲裁委正式成立。1903年4月,裁判庭被重新命名为"伦敦仲裁院"。1981年,仲裁院的名字被改为"伦敦国际仲裁院",反映出它的业务主要集中在国际领域。1985年,LCIA颁布了具有创新意义的仲裁规则,正式成为一个非营利的、崭新的国际仲裁机构。LCIA有来自世界各地最著名和最有经验的仲裁员、调解员和专家。它的争议解决服务可以适用于所有的合同缔约方,而无须任何资质要求。为确保最高效的服务,LCIA的管理费、仲裁费并非根据争议标的金额总数计算,而是请求仲裁时支付一定的登记注册费,此后仲裁员和LCIA的服务按小时收费。

LCIA按照公司、仲裁院和秘书处三层级的结构运作。LCIA的理事长全职履行行政职员的角色,负责LCIA的日常事务,也是中心、理事会和仲裁院之间联系的重要角色。LCIA的理事会大部分由伦敦当地优秀的仲裁员组成,主要按照公司法的规定推进LCIA事务的运营和发展。理事会通过任命仲裁庭成员,管理LCIA。仲裁院由35位成员组成,包括相关机构的代表和前任主席,来自世界主要的贸易区域。仲裁院任命仲裁员,裁决对仲裁员的质疑和管理控制各项经费。秘书处在秘书长的领导下,对所有提交给LCIA的争议进行日常管理。LCIA的仲裁服务日趋具有国际性,80%以上所裁案件的当事人不是英国籍。

(靳 婷)

国际仲裁机构

国际商会国际仲裁院

国际商会国际仲裁院(the International Chamber of Commerce International Court of Arbitration,ICCICA)成立于1923年,总部设在巴黎,是国际商会的独立仲裁机构,也是国际仲裁领域最重要的多边条约《承认及执行外国仲裁裁决公约》缔结和通过的重要发起者、倡导者。它旨在为自然人、法人、国家、政府和国际组织提供替代法院诉讼的争端解决服务。ICCICA自身并不解决争议,而是根据国际商会仲裁规则对争议解决实施管理,由仲裁庭解决争议。ICCICA是唯一经授权对仲裁规则项下仲裁活动实施管理的机构,包括对按照仲裁规则所作的裁决进行核阅、批准。仲裁院由院长1人、副院长数人、委员若干人和替补委员若干人组成。仲裁院的工作由秘书处予以协助。秘书处由其秘书长领导。争端解决的仲裁员是由当事人选定或由仲裁院直接任命。ICCICA监督和管理仲裁进程的各个阶段,从而提高程序的公平性和强制执行力。ICCICA的仲裁是由中立的仲裁庭作出有约束力的裁决的灵活程序,当事人在仲裁过程中可以和解。ICCICA的裁决由当事人自愿履行;如果当事人不履行,会依照1958年《承认及执行外国仲裁裁决公约》的规定,在全球145个国家强制执行裁决。ICCICA于2012年1月1日起实行新的仲裁规则。

(靳　婷)

国际体育仲裁委员会

国际体育仲裁委员会(the International Council of Arbitration for Sports,ICAS)是国际体育仲裁法庭的最高机关。国际体育仲裁委员会由20名成员组成,他们必须都是熟悉仲裁与体育法问题方面的知名法学家。国际体育仲裁委员会成员获委任后,必须签署一份声明,承诺以个人身份行使职能,并具有完全的客观性和独立性。因此,这就意味着在任何情况下,该成员都不能作为CAS的仲裁员或当事一方的律师参与CAS的诉讼程序。它一年举行一次或两次会议。这20个成员中的16个将会是来自"奥林匹克家族"(国际奥委会、国际单项体育联合会、国家奥委会)内的高水平法学家以及运动员来担任,其他4个成员将从"奥林匹克家族"外选任。这20个成员不亲自裁决案件,只是对提名审理案件的专家小组负监督责任。此外,国际体育仲裁委员会列出了一个可作为国际体育仲裁法庭仲裁员的150人的名单。

国际体育仲裁委员会行使《国际体育仲裁法典》第S6条所列的若干职能,包括修改体育仲裁规则、保持和发展仲裁员名单、对国际体育仲裁法庭仲裁员提出质疑以及在必要时取消仲裁员的仲裁资格、管理其运作所需的资金、任命以及应主席的建议取消秘书长的资格、监督国际体育仲裁法庭的日常工作。这些职能可以由委员会自己来行使,也可以通过其董事会来行使。该董事会由国际体育仲裁委员会主席和2名副主席,以及2名国际体育仲裁法庭分部的主席组成。但是,有些职能国际体育仲裁委员会是不能委派的,例如对《国际体育仲裁法典》的任何修改只能由国际体育仲裁委员会全体会议决定,并且需要其2/3的成员过半数决定。在其他情况下,只要在作出决定时至少有半数国际体育仲裁委员会成员在场就足够了。

在人事任免上,国际体育仲裁委员会选出自己的主席,该主席同时也是国际体育仲裁法庭庭长,以及选举委员会的2名副主席、普通仲裁庭庭长、上诉仲裁庭庭长和这些庭的代表。此外,它还任命国际体育仲裁法庭的仲裁员,批准仲裁委员会的预算和账目。

(操宏均)

国际体育仲裁法庭

专门为解决体育纠纷而设立的国际性仲裁机构。1984年6月国际体育仲裁法庭(the Court of Arbitration for Sports,CAS)作为国际奥委会的一个下属机构正式成立,总部位于瑞士洛桑,在纽约和悉尼设有分院,同时在奥运会期间会设立特别法庭。

成立初期,国际体育仲裁法庭的任务是解决所有的体育争议,其运行费用由国际奥委会承担,同时,它可以在世界上的任何其他地方仲裁争议。国际体育仲裁法庭仲裁员由国际奥委会、国际单项体育联合会、国家或地区奥林匹克委员会以及国际奥委会主席四方各任命10名成员组成,并且国际奥委会主席任命的10名仲裁员必须在前三类组织之外选举产生。而且,国际体育仲裁法庭成员必须具有法律和相关的体育知识。国际体育仲裁法庭的工作语言是英语和法语,但是如果当事人之间达成合意并且得到了仲裁小组的同意,当事人可以选择另外一种语言。另外,根据有关仲裁规则,国际体育仲裁法庭即使是在其他地方仲裁争议,仲裁地也视为在洛桑,这意味着所有的国际体育仲裁法庭的仲裁都受《瑞士联邦国际私法》的支配,当事人的住所或登记地位于瑞士国外也是如此。

20世纪90年代初,由于民众对国际体育仲裁法庭的中立性、公正性产生怀疑,在民间和学界引发广泛关注,国际体育仲裁法庭开始进行改革,并于1994年成立国际体育仲裁委员会(ICAS),进而切断国际体育仲裁法庭(CAS)与国际奥委会(IOC)直接的隶属关系,以增进国际体育仲裁法庭的中立性、公正性。国际体育仲裁委员会负责国际体育仲裁法庭的相关的人事任免和经费保障,监督其公正仲裁。

关于国际体育仲裁法庭的任务,《国际体育仲裁法典》明确规定,其根据《国际体育仲裁法典》的"程序规则"的专章(第R27条及以下)通过各专家小组仲裁和/或调解解决体育纠纷。这些专家小组的职责包括:通过普通仲裁解决提交给他们的争议;作为初审机关或者独审机关解决反兴奋剂有关事项;以上诉程序解决与联合会、协会或者其他与体育有关的机构所作出的决定有关的争议,但以联合会、协会或者其他与体育有关的机构的法规或者具体协议为准;通过调解解决移交给他们的争议。

国际体育仲裁法庭庭长由国际体育仲裁委员会主席兼任,并由国际体育仲裁委员会根据《国际体育仲裁法典》的相关规定,确定该仲裁庭的仲裁员名单,仲裁员不得少于150人,调解员不得少于50人。

国际体育仲裁法庭的业务部门由普通仲裁庭、反兴奋剂仲裁庭和上诉仲裁庭三个部门组成。其中，普通仲裁庭由专门小组组成，其职责是解决提交普通程序的争议，并通过该仲裁庭庭长或其副手根据《国际体育仲裁法典》"程序规则"专章（第 R27 条及以下各条）履行与程序有效运行有关的其他所有职能。反兴奋剂仲裁庭也由专门小组组成，其职责是作为初审机关或独审机关解决与反兴奋剂有关的争议，并通过该仲裁庭庭长或其副手根据《国际体育仲裁法典》"程序规则"专章（第 A1 条及以下各条）履行与程序有效运行有关的其他所有职能。上诉仲裁庭同样由专门小组组成，其职责是根据上述体育相关机构的章程、条例或具体协议，解决与联合会、协会或其他体育相关机构的决定有关的争议；并通过该仲裁庭庭长或其副手根据《国际体育仲裁法典》"程序规则"专章（第 R27 条及以下各条）履行与程序有效运行有关的其他所有职能。

此外，国际体育仲裁法庭还下设一个由秘书长和 1 名或多名法律顾问组成的仲裁庭办公室，履行《国际体育仲裁法典》赋予它的相关职能。

提交到国际体育仲裁委员会的仲裁案件，由国际体育仲裁法庭办公室分配给具体的业务部门，案件双方不得对此类分配提出异议，也不得将其视为不正常的原因。在仲裁过程中，如果情况发生变化，国际体育仲裁法庭办公室在与专家组协商后，可以将该案件指定给另一个仲裁庭予以仲裁。这种重新分配不应影响专家组的组成，也不影响重新分配前任何程序、决定或命令的有效性。

当事人可以在国际体育仲裁法庭提供的仲裁员名册中选定仲裁庭组成人员。由国际体育仲裁法庭处理的案件主要有四类：普通体育案件，根据体育组织章程上诉的案件，调解社会体育团体之间的纠纷，以及根据国际奥委会的要求出具法律意见。第一类普通案件中常见的有商业赞助协议、体育赛事转播权纠纷等，第二类案件则常见于运动员不服某一体育组织就某一事项所作出的处理决定这一情形。此外，国际体育仲裁法庭的仲裁规则中还包含了非强制性的调解程序，通过调解员的介入，为当事人提供选择性的协商方案，并促使当事人达成和解协议。与国际体育仲裁法庭的受案类型相对应，其处理案件的程序包含四类：一般仲裁程序、上诉仲裁程序、非强制性的建议程序和调解程序。在国际体育仲裁法庭仲裁程序中，有两个典型阶段，分别是书面程序和口头程序。前者包含案件陈述的交换，后者主要指仲裁庭的开庭审理。虽然国际体育仲裁法庭的仲裁裁决是终局的，但当事人如果对仲裁裁决有异议，仍然可以向瑞士联邦法院提起撤销诉讼。

（操宏均）

解决投资争议的国际中心

解决投资争议的国际中心（the International Centre for Settlement of Investment Disputes，ICSID）成立于 1966 年，是世界上第一个专门解决国际投资争议的仲裁机构。ICSID 是一个独立的、去政治化的、高效的争议解决机构。为解决东道国政府与外国私人投资者之间的争端，它专门提供调解和仲裁的便利方式，在国家和投资者之间培育一种相互信任的氛围，不断促进外国投资的增加。提交该中心调解和仲裁完全是出于自愿。为了促进国际投资，它规定通过协商、仲裁或者事实调查的方式来解决争议。在程序设计方面，考虑了国际投资争议和所涉当事者的具体情况，维系着投资者和东道国利益之间的审慎平衡。每个案件都会由一个独立的协商委员会或者仲裁庭在听取当事人的证据和法律论据后进行考量。ICSID 也积极促进关于外国投资的国际法和ICSID程序的宣传，出版有关解决争端和外国投资法律方面的著作和期刊，为成员举办峰会。在国际投资争议解决领域，ICSID具有丰富的经验，已经作出了大量国际投资案件的裁决。在多数国际投资条约和大量投资法律和合同中，多数国家已经同意把ICSID作为投资国争议解决的场所。

（靳 婷）

世界贸易组织争端解决机制

《马拉喀什建立世界贸易组织协议》附件二《关于争端解决规则与程序的谅解协议》（Understanding on Rules and Procedures Governing the Settlement of Disputes）是世界贸易组织（World Trade Organization，WTO）关于争端解决最基本的法律文件，规定了适用于乌拉圭回合各项协议下可能产生的争端的一套统一规则，确立了统一性、高效性和强制性的WTO争端解决机制（World Trade Organization's Dispute Settlement Mechanism，DSM）。DSM具体是指WTO处理成员方之间贸易争端的办法，是WTO为多边贸易体制提供保障和可预见性的中心环节，也是WTO规则实际有效执行的根本保证。争端解决机构（Dispute Settlement Body，DSB）是WTO职能中与总理事会平行、以司法为核心的机构。DSM是适用于货物贸易、服务贸易及知识产权等所有领域统一的争端处理程序，范围广泛。专门设立的争端强制管辖机构DSB，具有独立履行司法职能的全部权力，使争端解决更加专业化、法制化。

DSM的争端解决程序有严格的时限要求。同时，DSM确立了反向一致原则（Negative Consensus），即决策会上没有人表示同意，就算是否决了本决议，本决议不能通过；但只要有1人表示同意，本决议即可通过。这实际上是一种"准自动通过"程序（Quasi Automatic Adoption）。DSM设有上诉评审程序和受理上诉的常设机构。DSM引入交叉报复权，加大了裁决的执行力度。此外，DSM采用政治说理与法律方法相结合处理纠纷。DSM的实质在于：不是决定当事国在有关案件中的胜败或制裁某一当事方，而是求得有关争端的有效解决，维持和恢复争端当事方依照有关协议的权利和义务之间的平衡。DSM是世界各国特别是发展中国家化解经济摩擦、维护自身正当权益的有效途径，为发展中国家有效化解国际经济摩擦提供了较为有利的途径。

（靳 婷）

第八部分　公证机构

中国内地（大陆）

中国行政体制公证机构

依照1982年《公证暂行条例》建立的公证机构，其编制、经费、人事都属于行政机关序列，公证体制改革以前全国各地的县级公证处都是按此建立的。行政体制公证机构有以下特征：行政体制公证机构在性质上属于行政机关，财产归国家所有；公证处接受司法行政机关的统一领导，重大事项由司法行政机关决定；公证处采取固定工资制；公证处是司法行政机关的组成部分，不是独立的民事主体，其民事责任由司法行政机关承担。我国现有公证处分为四级：国家公证处，省、自治区、直辖市公证处，市级公证处，县（县级市、市辖区）级公证处，但主要以县市为基本单位设立。每个行政区域设立一个公证处，但业务量较大的市可设多个，按此设立的公证处都属于行政性质。1993年，司法部着手公证处改革，打破了行政区域的界限，允许在同一区域内设立若干公证处，可以按经济区设立公证处，也可以设专业公证处，并开始在行政性质公证处的基础上进行改革。2000年国务院批准司法部《关于深化公证工作改革的方案》，提出了要将行政体制公证机构改为事业体制的改革任务，2017年11月14日，全国889家行政体制公证机构已全部转为事业体制。

（许身健　王士硕　郑　红）

中国事业体制公证机构

在性质上是事业单位的公证机构，公证员占国家事业编制，公证处实行自主经营、自负盈亏。公证处接受司法行政机关的监督，独立行使国家法律赋予的公证权。公证处是独立的法人单位，对外独立承担民事责任，公证处主任是公证处的法定代表人。我国事业单位体制公证机构是公证组织形式改革的第一步，它的出现在一定程度上克服了行政组织的弊端，增强了公证处的活力。事业体制公证机构的产生打破了公证处的单一形式，为公证体制改革开辟了一条道路。

（许身健　王士硕　郑　红）

中国合作体制公证机构

2000年，司法部律师公证工作指导司《关于开展合作制公证处试点工作的通知》对合作制试点工作进行了具体规定，并发布了《关于设立合作制公证处的规范性意见（试行）》。2017年司法部下发《关于推进合作制公证机构试点工作的意见》，对设立合作制公证机构的条件、程序、机构的组织形式、议事规则、权利义务以及管理作出具体规定。截至2019年4月，全国合作制公证机构共有84家。

《关于推进合作制公证机构试点工作的意见》规定，合作制公证机构由符合条件的公证员个人自愿组合，共同参与，共同出资；不要国家编制和经费，自主开展业务，独立承担民事责任，其财产由合作人共有，以其全部资产对债务承担有限责任。

参考书目

1. 章勇：《公证机构合作制试点改革的思与行》，载《中国公证》2018年第8期。
2. 刘疆：《机遇和挑战　合作制公证处试点改革若干重大问题》，载《中国公证》2019年第5期。

（许身健　王士硕　郑　红）

中国公证协会

成立于1990年3月29日，原称为“中国公证员协会”，由公证机构、公证员、地方公证协会以及其他与公证事业有关的专业人员、机构组成的全国性公证行业自律组织，属于非营利性的社会团体法人，接受司法部、民政部的监督和指导，住所设在北京市。协会宗旨是，坚持中国共产党的领导，团结和带领会员高举中国特色社会主义伟大旗帜，以邓小平理论、“三个代表”重要思想、科学发展观为指导，深入贯彻落实习近平总书记系列重要讲话精神和治国理政新理念新思想新战略，忠实履行职责使命，坚决贯彻执行党的基本路线、方针、政策，严格遵守国家宪法和法律，恪守职业道德和执业纪律，始终维护和不断增强公证公信力，加强公证队伍建设和行业自律，维护会员合法权益，促进公证事业改革和发展，为全面建成小康社会，实现中华民族伟大复兴的中国梦提供优质高效的法律服务。中国公证协会会员包括团体会员和个人会员。

行使职权。根据协会章程（2017年2月21日中国公证协会第八次代表大会修订通过），其职责包括：（1）协助司法部管理、指导全国公证工作，依照本章程对公证机构和公证员的执业活动进行监督；（2）指导地方公证协会工作；（3）制定行业规范；（4）维护会员的合法权益，保障会员依法履行职责；（5）依法举办会员福利事业；（6）对会员进行职业道德、执业纪律教育，对会员的违纪行为实施行业处分，协助司法行政机关查处会员的违法行为；（7）负责会员的培训，组织会员开展学术研讨和工作经验交流，根据有关规定对公证机构、公证员实施奖励；（8）组织开展公证行业信息化建设；（9）负责全国公证赔偿基金的使用管理工作，对地方公证协会管理使用的公证赔偿基金进行指导和监督；（10）负责公证宣传工作，主办公证刊物，对外提供公证法律咨询等服务；（11）负责与国外和我国港澳台地区开展有关公证事宜的研讨、交流与合作活动；（12）负责海峡两岸公证书的查证和公证书副本的寄送工作；（13）负责公证专用纸的联系生产、调配，协助司法部作好管理工作；（14）履行法律法规规定的其他职责，完成司法部委托的事务。

组织机构。中国公证协会的最高权力机构是会员代表大会。理事会由会员代表大会选举组成，是会员代表大会闭会期间的执行机构，对会员代表大会负责。协会设立常务理事会，常务理事会由理事会选举产生，在理事会闭会期间代为行使其部分职权，并决定聘任或解聘协会秘书长，对理事会负责。协会会长或秘书长为协会法定代表人。协会会长、副会长任期四年，可连选连任，但会长任期不得超过两届。

（许身健　王士硕　郑　红）

中国香港特别行政区

香港委托公证人

有资格对香港发往内地使用的有关文书予以证明的人。在香港，公证没有统一的立法，没有专职从事公证业务的公证人，公证事务是由取得相关资格的律师承担的。根据司法部相关规定，只有具备下列条件，且年龄一般不超过65周岁的香港执业律师，才可向司法部提出申请：（1）拥护《中华人民共和国宪法》，拥护《中华人民共和国香港特别行政区基本法》；（2）在香港具有永久居留权的中国公民；（3）担任香港律师10年以上；（4）职业道德良好，未有因不名誉或违反职业道德受惩处的记录；（5）掌握内地有关法律、法规和办证规则；（6）能用中文书写公证文书，能用普通话进行业务活动。经审查，对符合条件的还需参加司法部举办的法律知识和公证业务以及有关业务技能的短期培训，并参加司法部组织的考试。在香港，发往内地使用的公证文书必须由具有委托公证人资格的律师按照司法部规定的文书格式出具。委托公证人的行业自治组织是中国委托公证人协会，协会的性质是在港登记注册的非营利专业团体。

参考书目

张文章主编：《公证制度新论》（第2版），厦门大学出版社2005年版。

（许身健　王士硕）

香港国际公证人

有资格对涉及有关国际贸易等方面的文书予以证明的人。国际公证人是符合资格的资深律师，执业至少达7年。自1993年起，所有在香港委任的国际公证人都是通过考试而获取资格。国际公证人在履行公证服务时，受香港《法律执业者条例》有关公证人的特定条文所规管。香港国际公证人由香港高等法院委任，其认证资格及签章在香港高等法院备案留档。香港国际公证人根据当事人的申请，确认事实的真实性、合法性，经核实无误，提供公证服务。香港国际公证人受理承办各项香港境内、海外文件法律公证服务。香港国际公证人提供的服务包括但并不限于：拟备海外使用的授权书及见证其签署；核证身份；见证海外土地或物业买卖文件的签署；认证用作移民、婚姻、收养、继承等用途的个人文件及资料；认证公司、商业及业务文件；拟备海事报告；为交易、文件或事件提供认证及保存公证记录等。国际公证人在全球受到广泛的认可。国际公证人于文件上签署及加盖其个人印章，拟备证明文件或作验证。公证人的签名及印章已在香港高等法院及许多外国领事馆注册。此外还有进一步验证签名及印章的程序，即“验证”程序。

（许身健　王士硕）

香港国际公证人协会

香港公证人的行业组织，所有公证人都必须加入协会，接受协会的统一管理。香港国际公证人协会成立于1997年，为香港公证人的专业协会，是在港登记注册的非营利的专业团体。

行使职权。香港国际公证人协会行使以下职权：(1)委任公证人；(2)举行公证人考试；(3)制订专业发展计划；(4)指导及监察公证人的实务运作；(5)签发年度执业证书；(6)对公证人不当专业行为的指称和投诉进行调查和纪律处分。

组织机构。会员大会是协会的最高权力机构，理事会是协会的执行机构。理事会由11名成员组成，由年度会员大会选举，理事会至少每月召开一次会议。协会主席、副主席从理事会中选任。协会设置秘书处作为理事会日常事务的实施机构。协会另设若干辅助委员会，如管理委员会、标准化与发展委员会以及对外事务委员会等。

（许身健　王士硕）

中国委托公证人协会

1988年9月28日成立，按照香港特别行政区《公司条例》，在港登记注册的非营利专业团体。协会会员必须具备香港法例第159章《法律从业员条例》认可之法律从业员资格，并已获司法部委任为中国委托公证人（以下简称委托公证人）。根据司法部2002年第69号令《中国委托公证人（香港）管理办法》规定，委托公证人在任期内必须参加协会成为协会会员，截至2014年12月12日，会员人数为363人。

行使职权。协会主要的宗旨与职权如下：促进各委托公证人的团结，与司法部或其他机构和部门联系，以维持、促进及保障委托公证人之地位和权益；安排与中国司法界及其他政府机构、专业团体的交流、探访；研究有关委托公证人法律或实务的建议；裁定提交协会或其议会有关实务、专业习惯或仪节方面的事宜；确保委托公证人正当的执业及遏制不当的操守和陋习；制定、推行委托公证人划一执业、工作程序和收费标准；推荐人选供司法部委任为委托公证人。

组织机构。协会会员大会是协会最高权力机构。理事会为协会的管理中枢，执行协会一切事务。理事会名额不多于20人。理事会设主席、2名副主席、司库及秘书职位，同一人不得连续3年以上担任主席职位。协会须15个月内召开一次“周年会员大会”，出任理事任期最长的2名理事于“周年会员大会”上退职，由提名委员会提名候选人供会员投票选举，填补理事会空缺。根据协会章程规定，理事会最少每季举行会议，但正常情况下，理事会每月均举行一次例会商讨会务，听取秘书处汇报执行会务现况。协会设立秘书处执行理事会指示、提供理事会决定之服务予会员、联络通讯及日常会务运作。

（许身健　王士硕）

中国法律服务（香港）有限公司

1987年12月15日经司法部批准，在香港注册设立。公司遵循中央“一国两制”方针和香港《香港特别行政区基本法》，秉持公正、客观、严谨的宗旨，认真履行职责，为内地和香港居民、机构提供跨境法律服务。公司致力于增进内地与香港的法律交流，促进内地和香港司法机构、法律服务机构的联系与合作；积极参与内地和香港/澳门特别行政区、台湾地区以及世界其他国家和地区的法律交往和民商事活动；研究内地和香港间在“一国两制”下，因不同法律制度产生的冲突及解决机制，为促进和保障内地同香港民商事往来健康有序进行提供意见。根据中国委托公证业务发展的需要，公司设立公证文书审核转递办公室，对香港委托公证人出具的发往内地使用的公证文书进行审核加章转递。

（许身健　王士硕）

中国澳门特别行政区

澳门立契官公署

专责公证的机构。澳门回归前有 3 所立契官公署，其中澳门半岛 2 所（第一立契官公署和第二立契官公署），离岛氹仔 1 所。共设立契官 3 名，辅助人员 39 人，分为一、二、三等助理和书记员，其中一等助理员可担任代理公证员。立契官公署与澳门的各类民事商事登记机关同归司法事务司监护，并在行政上受司法事务司司长的领导。澳门回归后，立契官公署归行政法务司领导，第一立契官公署更名为第一公证署，第二立契官公署更名为第二公证署，离岛氹仔立契官公署更名为海岛公证署。

（许身健　王士硕）

澳门公职兼职公证员

立契官公署以外的政府部门中被指定的专责公证员。公职兼职公证员被赋予针对某些特定行为的立契官职权，是对统一立契官公署制度的一种补充，其主要是为了保护和促进特定领域的公共利益。

（许身健　王士硕）

澳门私人公证员

在立契官公署之外存在的担任兼职公证员的人，主要包括符合条件的律师、符合条件的前法官和检察官、在澳门实际执业并取得私人公证员资格的律师等。为了加快办证效率从而应对澳门人口剧增和社会经济急速发展给立契官公署带来的压力，1990 年澳门特别行政区政府颁布《私人公证员法令》《私人公证员法例若干修改》《私人公证员培训课程》，以此为标志正式建立了私人公证员制度。澳门法律规定公职公证员与私人公证员在公证业务分工上有所不同，对私人公证员的业务范围有所保留，集中在两个方面：一是与居民个人身份有关的事项，二是对法院外的法律行为给予确切性或确认性的特别保证，这些事项均由立契官公署负责。

参考书目

马光华：《澳门的登记及公证部门》，载《中国法律》1999 年第 S1 期。

（许身健　王士硕）

中国台湾地区

中国台湾地区地方法院公证部

设在我国台湾地区地方法院或其下属分院内部或在其辖区内适当处所设立的,并以法院的管辖区域作为公证管辖范围的公证处。

(许身健 王士硕)

中国台湾地区民间公证人事务所

我国台湾地区民间公证人的执业机构。民间公证人应于所属之地方法院或其分院管辖区域内,"司法院"指定之地设事务所。

(许身健 王士硕)

中国台湾地区法院公证人

设立在法院内部的公证人,被视为公务人员。

(许身健 王士硕)

中国台湾地区民间公证人

不在法院内部而在社会中独立执业公证人。民间公证人的监督机关为"司法院",及其所属高等法院、地方法院或其分院。监督的具体方法有:定期检查民间公证人保管的文书、对象;关于职务上的事项,得发命令促其注意;对有与其职位不相称之行为的,加以警告。

(许身健 王士硕)

中国台湾地区公证人公会

当在我国台湾地区高等法院或其分院所属地方法院或其分院登陆之民间公证人总数满9人时,而由登陆之全体公证人在该高等法院或其分院所在地组成的民间公证人自治组织。如果在该高等法院或其分院登陆之民间公证人不满9人,则应加入临近高等法院或其分院管辖区域内的地区公证人公会,或共同组织之。公证人公会为法人,应由民间公证人依法组建。民间公证人除执行律师业务外,都应加入公证人公会,公证人公会不得拒绝其加入。法院公证人及执行律师业务的民间公证人,得以赞助会员身份加入其所属法院所在地之地区公证人公会。

(许身健 王士硕)

中国台湾地区公证人公会联合会

我国台湾地区各地方公证人公会的联合组织。公证人公会联合会应由各地区公证人公会

3个以上发起,并经所有地区公证人公会过半数同意方能成立。地区公证人公会应以会员身份加入公证人公会联合会。公证人公会联合会的主管机关为台湾地区社会行政主管机关,但其目的事业应受“司法院”之指导、监督。

（许身健　王士硕）

外　国

阿　根　廷

阿根廷公证人事务所

公证人事务所是阿根廷公证人的执业机构。阿根廷所有公证事务所均由政府(联邦政府或者地方政府)设置,归政府所有。阿根廷法律规定公证人应当将公证事务所作为其执业场所。在联邦首都,公证事务所应不少于50个。各地方政府应当努力设置必要的公证事务所,以保证对公证的需求。在联邦各省,设置多少个公证人事务所由地方政府根据地方需要决定,但是每1万名居民最多只能设置一个公证事务所。各公证事务所有其明确的住所地,公证人应在其所属的公证管区内执行公证职务。

(许身健　王士硕)

阿根廷公证人公会

公证人公会是阿根廷全国性的公证人自治团体,其性质是民事团体,具有法人地位及法人权利义务。公证人公会代表联邦首都以及各省公证人公会会员的利益。在公证人公会登记本上登录注册的公证人自动成为公证人公会的会员。

行使职权。公证人公会行使以下职权:监督公证人执行公证人法和与公证职业有关的法律法规以及公证人公会章程;确认所有公证人是否严格执行职务,为此,定期监督公证人事务所及其业务;监督职业上的品德、公证业务的效率、履行职务上的伦理等情况;就公证人的手续费、公证规则及其修改提请地方政府批准;为统一公证程序、维护公证人之间的纪律和充分的联络,发布一般性决定;整理登记本的登记情况并定期公布;正确制作并保管职业登记和公证证书的统计;为确定公证人的履历和责任,了解一切针对公证人的诉讼情况;有关已登记的公证人的追诉,公证人公会可以根据职权或第三人的告发进行直接审理,或将诉讼移交给监督法院;根据公证人法的规定,组织晋升有资格公证人的考试,并就有关有资格者和欲成为副公证人的志愿者的履历及成绩向地方政府报告等。

组织机构。公证人公会的执行机构是理事会。理事会由1名会长、1名副会长、1名书记、1名代理书记、1名公证人公会推选的有资格的公证人以及5名代理人组成。代理人由选举产生，在有资格的公证人因故不能执行理事会职务时，按顺序代替有资格的公证人。理事会应直接由秘密投票选举产生，理事任期2年，每年替换理事会理事的半数，理事可以连选连任。

（许身健 王士硕）

阿根廷监督法院

监督法院是阿根廷对公证人惩戒的重要机构，其性质上是一种专门法院。设置在联邦首都的监督法院由1名院长、2名有资格的公证人以及2名代理者组成。其中院长由联邦首都高等法院民事庭的负责人担任，2名有资格的公证人以及2名代理者都由公证人公会推选并经联邦首都高等法院民事庭全体成员投票任命。但在联邦各省，监督法院则由各省高等法院的法官及管区法院富有经验的书记员组成。

监督法院的职责在于监督指导公证人、公证人公会、公证业务以及有关履行公证人法的一切事务。监督法院的监督职能通过行使消极的审判权实现。如果对公证人所适用的惩罚的最低限度是超过1个月的停职时，则由公证人公会预备审理。公证人公会预备审理和判断后，由监督法院作为唯一的审级进行审理。如果惩罚为1个月以下，一般由监督法院接受当事者的请求，就有关公证人公会宣布的决定进行审理。监督法院在审理之后，将根据包括院长在内的一般多数投票表决作出决定。一般而言，监督法院应当在案件起诉到法院之日起30日内作出判决。

（许身健 王士硕）

阿根廷副公证人

由公证事务所主任推荐，由地方政府根据推荐和公证人公会关于志愿者个人职业品行的通报而任命的人。在阿根廷，一个公证事务所可以由1名主任公证人和2名副公证人共同执业。副公证人完全从属于公证事务所的主任公证人，二者之间是一种服从关系。副公证人的任命程序较有资格公证人的任命简单，但也必须具备一定条件以保证副公证人能够正当地履行职务。副公证人是国家公务员，但是副公证人可以与主任公证人签订民事合同约定各自职权、收入和事务费的分配、相互之间的义务等事项。但是二者之间不能约定引起下列效果的合同：约定预付或赊付成为副公证人的等价报酬；或者主任公证人要求副公证人上交所办公证事务的手续费或就成为副公证人一事进行任何形式的交易。如果副公证人和主任公证人之间发生纠纷，不论何种原因均由公证人公会作为仲裁人处理。任何一方对公证人公会决定不服，可以向法院提出申诉。另外，在有资格公证人离职、完全不能履行职责或者死亡时，副公证人可以根据阿根廷法律并依照特定程序继任有资格公证人的职位。

（许身健 王士硕）

德　国

德国公证人事务所

德国专职公证人执业的场所。原则上德国专职公证人以个人名义独立开业,即开办单独执业的公证事务所,自己承担全部执业风险,并对公证行为承担无限责任。未取得律师资格的公证人,不得为共同执行职务而与律师联系或与其拥有共同的事务所。但为了德国各州的需要和习惯,各州政府或其指定的机关有权以条例形式规定,在取得监督机关批准后,专职公证人可以与律师公证人为共同执行职务进行联系或成立共同事务所。该批准可以附带条件或期限。

（许身健　王士硕）

德国专职公证人

亦称独立职业公证人,是指专门从事公证职业的独立的公职人员,为非营利性质。专职公证人是德国公证人类型中的一种。专职公证人资格由国家赋予,实行自己开业,从业务活动中收取报酬,自负盈亏,行业管理。《德国公证法》规定专职办理公证事务的专职公证人为终身职务。

专职公证人的设置数量由德国各州司法部决定,城市每 2 万名居民设置 1 名公证人,农村每 2.5 万名居民设置 1 名公证人。通过两次国家法律考试的人在公证人事务所实习 3 年,可以提出公证人申请,并再通过一次国家专门考试后,方可被任命为公证人。公证人的工作任务主要有三:一是咨询、顾问,帮助当事人设计合同,以防范可能产生的风险;二是证明,审查签名的真实性、有关法律关系内容的合法性并出具公证文书;三是支持,即公证人以自己的名义向法庭证明合同的合法性、文件的真实性。同时,公证人负有沉默义务与保密义务,不得泄露执业中获悉的当事人的个人隐私。但是,公证人应将有关土地买卖、公司股份转让等方面的信息告知税务机关。为防止公证人破产,公证人必须参加强制性职业责任保险。此外,公证人协会还提供补充保险。

参考书目

谢佑平主编:《公证与律师制度》,中国政法大学 1999 年版。

（许身健　王士硕）

德国律师公证人

律师兼职公证人。律师公证人的本职是律师,附带行使公证人的职务。律师公证人的设立需具备两个条件:一是该法院辖区内未设专职公证人;二是必须是在 1961 年 4 月 1 日以后,该法院辖区内仍允许律师兼职行使公证职务。由于律师公证人的本职是律师,所以可以与其他律师联合执业。同时,律师公证人为非终身职务,而是在特定法院登记许可执行律师业务期间的同时,兼行公证职务。

参考书目

马宏俊主编:《公证法学》,北京大学出版社 2013 年版。

(许身健 王士硕)

德国国家公证人

在法院或者政府机关内办理公证事务,收取公证费的公证人员。国家公证人是国家公职人员,包括法院公证人和公务公证人。他们收取的公证费的 90% 作为自己的工资支出,10% 上缴国库,其所有的办公用房、办公用品、各种设备和资料以及公证人秘书的工资均由国家负担。

(许身健 王士硕)

德国联邦公证人协会

联邦公证人协会是德国全国性的公证人自治组织,其会员是德国各地所有的公证人协会。联邦公证人协会是德国公法调整的一个团体,德国联邦司法部对联邦公证人协会进行国家监管,但此监管局限于法律和章程是否被重视,特别是赋予联邦公证人协会的职能是否被履行。

行使职权。联邦公证人协会应履行法律所赋予的职责,主要包括:在与各公证人协会全体有关的问题上,调查每一个公证人协会的看法,并通过共同交换意见来确定大多数的看法;在与各公证人协会全体有关的所有事务上,使联邦公证人协会的意见在主管法院和行政机关发生作用;在与行政机关和各类组织进行交往时,代表各公证人协会全体;为某个参与立法的行政机关或联邦法院在有关公证人事务方面所提出的请求做出鉴定;通过代表大会的决定,对各地公证人协会所应颁布的工作条例提出建议;为公证人助理培训制定工作条例;联邦公证人协会可以行使其他与其设立的目的相适应的职能。联邦公证人协会尤其可以采取服务于各地公证人协会及其成员科学性咨询、公证人的继续教育、公证人职务接班人以及公证人助理的培训和继续教育的措施。

组织机构。联邦公证人协会的组织机构是主席团和代表大会。主席团由 1 名主席、2 名副主席以及 4 名其他成员组成。主席团中必须有 4 名成员是专职公证人、3 名成员是律师公证人。主席团应向代表大会报告一切重要事项。各地公证人协会由其主席或者由另 1 名成员作为代表,参加联邦代表大会。联邦代表大会由主席召集,并由主席担任大会主持。在代表大会中,每个公证人协会都拥有一票表决权。

(许身健 王士硕)

德国公证人联合会

由各地方公证人自由选择参加,为本地区公证人提供业务交流、培训、联谊等服务的行业团体。该组织不是德国公法所调整的团体,而仅是自由的民间团体。此类联合会由公证人自发、自愿加入,加入费用也由公证人根据自己收入情况酌情决定。

(许身健 王士硕)

俄 罗 斯

俄罗斯国家公证所

由国家出资设立的公证事务所。俄罗斯法律规定,作为俄罗斯联邦成员的共和国、自治州、自治区、边疆区、州、莫斯科和圣彼得堡市由俄罗斯联邦司法部或受其委托的作为俄罗斯联邦成员的共和国的司法部、自治州、自治区、边疆区、州、莫斯科和圣彼得堡市的司法行政机关有权设立和撤销国家公证事务所。对国家公证事务所的监督由作为俄罗斯联邦成员的共和国、自治州、自治区、边疆区、州、莫斯科和圣彼得堡市的司法行政机关实施。由于国家公证所有着更强的公共性,所以俄罗斯法律规定国家公证所的业务范围要大于私人执业的公证人事务所。

(许身健　王士硕)

俄罗斯公证人事务所

非由国家出资设立的公证人事务所。俄罗斯法律规定私人执业的公证人有权设立并拥有事务所。对于私人开业的公证人事务所的监督由司法行政机关和公证人协会联合实施。

(许身健　王士硕)

俄罗斯联邦领事机构

俄罗斯拥有公证权的主体之一。俄罗斯法律规定,俄罗斯联邦领事机构的负责人有权实施以下公证行为:证明除了让渡位于俄罗斯联邦境内的不动产合同以外的法律行为;对遗产采取保存措施;颁发继承权证明书;颁发夫妇共有财产所有权份额证明书;证明文件的复印件和节本正确无误;证明在文件上的签名的真实性;证明文件从一种文字翻译成另一种文字正确无误;证明公民依旧存活的事实;证明公民在一定的地点存在过的事实;证明公民和照片上所拍摄的人的同一性;证明提示文件的时间;接受金钱和有价证券的提存;制作执行签注;保管文件;证据保全;制作海上遇难证明书等。另外,俄罗斯联邦立法可以规定俄罗斯联邦领事机构负责人实施其他公证行为。

(许身健　王士硕)

俄罗斯公证人协会

建立在私人执业的公证人基础上的代表职业联合组织的非商业团体。所有私人执业的公证人都必须加入公证人协会。公证人协会在作为俄罗斯联邦成员的每一个共和国、自治州、自治区、边疆区、州、莫斯科和圣彼得堡市建立。公证人协会为法人并在自治的原则下组织自己的工作。公证人协会的活动依照俄罗斯联邦、作为俄罗斯联邦成员的共和国的立法和自己的章程进行。

行使职权。公证人协会代表和维护公证人的利益，其主要职权是在私人执业活动中给以公证人帮助，组织希望得到公证人职位的人见习，并提高公证人的职业培训，补偿由于与公证人活动有关的案件法庭指定鉴定的费用，组织公证人执业保险等。

组织机构。公证人协会的最高机关为公证人协会的成员大会。在投票时，私人执业的公证人有实质性投票权，而公证人助理和见习人员则只有协商投票权。由公证人协会成员大会选举的公证人协会管理机关、公证人协会主席领导公证人协会。

（许身健　王士硕）

俄罗斯联邦公证人协会

代表作为俄罗斯联邦成员的共和国、自治州、自治区、边疆区、州、莫斯科和圣彼得堡市的公证人协会的职业联合组织，是非营利性质的组织。联邦公证人协会为法人并在自治的原则下组织自己的活动。联邦公证人协会的活动依照俄罗斯联邦法律和协会章程进行。

行使职权。联邦公证人协会的职权如下：从事公证人协会活动的协调工作；保证维护从事私人执业的公证人的社会和职业权利；参与俄罗斯联邦与公证活动有关的法律草案的鉴定工作；保证提高公证人、见习人员和公证人助理的职业技能；在国际组织中代表俄罗斯公证人的利益。

组织机构。联邦公证人协会的最高机关为公证人协会代表大会。由以秘密投票在公证人协会代表大会上选举的联邦公证人协会管理机关和主席领导联邦公证人协会。

（许身健　王士硕）

法　国

法国公证人事务所

法国公证人的执业机构，在法国有着悠久的历史。由于公证人在法国被定性为自由职业者，这决定了法国公证人事务所组织形式的多样性。总体来说，法国公证人事务所有三种组织形式：单一型公证人事务所、合伙型公证人事务所和公证公司。单一型公证人事务所是指以个人开业形式执业的公证人设立的事务所。合伙型公证人事务所是指公证人合伙执业形式的事务所。公证公司是指采取公司形式设立的公证人事务所。公证公司又可分为三种形式：公证人公司、拥有一个公证机构的公司以及自由执业公司。无论是在单一型公证人事务所、合伙型公证人事务所还是公证公司中，其工作人员都大致分为三类：包括公证人在内的高等级人员、技术人员和一般雇员。

参考书目

王公义等：《中国公证制度改革研究及国际比较》，法律出版社2006年版。

（许身健　王士硕）

法国省公证人公会

设在大审法庭司法管辖区内,即在省一级设立的公证人自治组织。法国各省公证人公会在性质上属于公用事业机关。

行使职权。省公证人公会的职权是:制定公证人执行职务以及公证人之间、公证人与当事人之间关系的规章,报司法部批准;根据案情宣布或提出对公证人的纪律处分;预防或调解本省公证人之间的一切纠纷,如调解无效,应作出决定解决该纠纷,该决定应该立即执行;审理第三者对公证人执行职务时提出的一切异议,通过纪律手段惩处违法行为,必要时可以向法院提起诉讼;审核公证人事务所的财务账目;在被问及时,就下列事项提出自己的意见:一是因公证职务行为而对公证人提出的损害赔偿诉讼,二是有关公证人酬金结算方面的争议以及所有提交大审法院审理的此类诉讼;为申请担任公证人的人出具其品行良好以及工作能力的证明书,如拒绝出具,应作出说明原因的决定;接收已被撤销的公证人事务所的公证证书原本和公证总簿,并妥为保管;制定本会预算并提交全体会员大会通过,管理公共资金,收纳会费。另外,省公证人公会还负有保证公证人高等理事会或大区公证人理事会的决定在本省得到执行的责任。

组织机构。省公证人公会的最高权力机构为全体会员大会,全体会员大会有权通过省公证人公会年度预算,并选举公会委员会委员。公会委员会是公会事务的执行机构,其委员由全体大会从内部选举产生,任期三年。如果若干省共有一个公证会,则每省至少要有1名公证员出任委员。

(许身健　王士硕)

法国地区公证人理事会

又称大区公证人理事会,是指设在上诉法院司法管辖区内的公证人自治机构,其性质上属于公用事业机关。地区公证人理事会代表该上诉法院管辖区内全体公证人的共同利益。

行使职权。地区公证人理事会的职权主要是预防和调解该上诉法院辖区内的各省公证人公会之间或不同省的公证人之间的一切职业纠纷;如调解无效,应作出决定解决该纠纷,此决定应立即执行。同时地区公证人理事会还有权选派5名公证人参加公证人考试委员会,该委员会在上诉法院所在城市负责对本地区内全体申请担任公证人的人进行考试,其还有权选派参加公证人高等理事会的代表。另外,地区公证人理事会还负有保证公证人高等理事会的决议在本辖区内得到执行的责任。

组织机构。地区公证人理事会由本区上诉法院管辖范围内的各省公证人公会会长和各省全体公证员大会选出的代表组成。当选为地区公证委员会的代表任期四年,任期届满后经过一年方可再次获得被选举的资格。地区公证人理事会从其代表中选出1名会长、1名副会长、1名秘书和1名司库,组成地区公证人理事会办事处。地区公证人理事会每季度至少应举行一次会议。

(许身健　王士硕)

法国公证人高等理事会

法国全国性质的公证人自治机构,在性质上属于公用事业机关。公证人高等理事会代表法国全体公证人利益。

行使职权。公证人高等理事会的职权主要是预防和调解不属于同一地区公证人理事会管辖的省公证人公会之间或公证人之间的一切职业纠纷;如调解无效,应作出决定解决该纠纷,此决定应立即执行。高等理事会还负责编制公证人员的全部社会事业的预算和决算。公证人高等理事会的混合委员会负责招聘和培训公证人事务所的书记员和职员、接纳公证人进修生参加公证业务学习、组建公证学校、创办和管理公证人事务所工作人员的社会福利事业并编制预算决算、解决公证人事务所的工作条件以及工作人员的工作报酬等问题。另外,公证人高等理事会应法国司法部长的要求,可就自己权限内的业务问题提出意见。

组织机构。公证人高等理事会由每个地区公证人理事会各选出 1 名代表组成。但是,委员超过 18 名的地区公证人理事会以及行使地区公证人理事会职能的巴黎跨省公证会可分别选出 2 名代表。公证人高等理事会代表任期四年,任满的代表经过一年后方有被再次选举的资格。公证人高等理事会每季度至少举行一次会议,会议只有在 2/3 以上成员出席时才能作出有效决议。公证人高等理事会从成员中选出 7 名成员组成办事处,7 名成员中包括 1 名会长和 1 名副会长。办事处成员任期两年,可以连选连任,但是任满的会长至少经过一年以后才能被再次选任担当会长一职。

（许身健　王士硕）

韩　国

韩国公证人事务所

韩国公证人的执业机构。韩国法律规定公证人设置或者迁移事务所,必须经司法部长批准。司法部长认为必要时,对于分属各地方检察厅的全部或一部分公证人,可命令其组成联合公证人事务所,或命令其迁移、取消、变动成员或吸收成员。联合公证人事务所的设置、营运以及其他必要事项有大总统令规定。公证人必须在公证人事务所执行职务。但事务的性质不允许或者法令另有规定时除外。

参考书目

王公义:《国外公证立法问题研究》,载《中国司法》2005 年第 2 期。

（许身健　王士硕）

墨 西 哥

墨西哥公证事务所

墨西哥公证人的执业机构。公证人执行公证业务,必须设立公证人事务所,并在相应的地域范围内执业。公证事务所称为“公证事务所X号”，公证事务所每日至少要办公7小时，出入口应设在公众容易接近的地方，入口处应悬挂写有公证人姓名以及公证事务所号码的牌子。墨西哥公证事务所一般由一人单独执业，但也允许2名公证人联合执业。联合执业的双方随时可以提出分开执业，以使联合执业终止。

（许身健　王士硕）

墨西哥公证人会

墨西哥公证人的行业自治团体，以墨西哥联邦直辖区的全体公证人为其会员。公证人会于每年十二月的第一个星期六召开全体年会，最少需要有公证人总数的1/2以上出席方能举行。公证人会的每次年会都要以同一形式举行，投票必须由公证人本人进行。

（许身健　王士硕）

墨西哥公证人协议会

公证人会的常设机构，公证人协议会由各执业公证人在公证人会上用公开、记名投票方式选举产生，得多数票者当选。公证人协议会由墨西哥联邦直辖区行政机关监督。

行使职权。公证人协议会行使下列职能：辅助联邦直辖区行政机关监督本法及其规章的施行，辅助监视本法就公证人职务所制定的规章的实施；研究联邦直辖区行政机关委托的事项；解答公证人关于执行联邦直辖区公证人职务的咨询；行使由联邦直辖区公证人会理事会根据章程所赋予的权限等。

组织机构。公证人协议会由会长和委员组成，设立统一的委员会。会长掌管执行联邦直辖区行政机关的决定事项和协议会的决定事项，主持公证人会以及协议会的讨论事项，代表作为法律上团体的协议会，监督协议会义务之切实履行以及监督会费的征收和使用。

（许身健　王士硕）

墨西哥联邦直辖区行政机关

墨西哥联邦直辖区公证人以及公证人事务所的监督机关。墨西哥法律规定，联邦直辖区行政机关至少要考虑5个人作为职员，担任公证事务所检察官，并可以由行政机关任意任命及解职。检察官在进行了执照登记的有公证人就业资格者当中任命。检察官的职务是：对公证事务所实施检查，查明事务所正规地执行职务的情况以及公证人使其行为符合法律规定的情况。对公证事务所的检查分为两种，即普通检查和特殊检查，对公证事务所至少每年要进行一次普通检查。联邦直辖区行政机关根据申诉或其他情况得知公证人违背法律时，应命令对该事务所进行特殊检查。这时的检查仅限于调查违法情况。

（许身健　王士硕）

美　国

全美公证人协会

美国全国性的公证协会之一，成立于1957年。全美公证人协会是美国最著名、最权威也是规模最大的公证员协会，现在已拥有30余万会员。全美公证人协会主要致力于为全美范围内的公证人提供培训和各方面的服务，并且向公众提供有关公证的信息。全美公证人协会在美国国内甚至海外公证领域都有重大影响。该协会已经起草了多部模范公证法，其中有很多都被美国各州所吸收、借鉴。

（许身健　王士硕）

美国公证事务所

美国公证人的执业场所，美国新墨西哥州和俄勒冈州规定公证人行使公证职责时需要设立公证事务所。但是上述州立法对公证人执业地域的限制并不像大陆法系公证制度那么严格，例如，新《墨西哥州公证法》第1条规定，公证人可以在本州任何地方设立公证事务所。而俄勒冈州也规定公证人可以在全州行使其职能。在新墨西哥州，公证人在设立公证事务所时应当准备一枚标有自己姓名并标有“公证人——新墨西哥州”字样的公证图章，公证人应当使用此图章来证实他的公务行为和确认事项。俄勒冈州对公证人特殊标记的图章有类似的规定。

（许身健　王士硕）

美国市民法公证人

又称民法公证人，是指有权签发“公证证书”的公证人。美国部分州规定了市民法公证人制度，例如，佛罗里达州规定州务卿有权任命任何一名从事法律职业至少5年的律师作为市民法公证人。市民法公证人相当于大陆法系公证制度下的公证人，他有权签发“公证证书”，同时必须保存一份摘要记录簿或者这些证书的登记簿。市民法公证人也享有一般公证人的公证权。

（许身健　王士硕）

美国公证协会

美国全国性的公证协会之一，致力于为会员提供培训和其他服务。美国公证协会成立于1965年，是美国最早的全国性、非营利公证协会组织之一。美国公证协会的宗旨是服务于美国公证教育，推动公证技术的开发与应用，为其成员提供教育、技巧以及技术服务，提高成员职业道德水平，增强成员社会责任感。

（许身健　王士硕）

日　本

日本公证人事务所

日本公证人的执业机构。根据《日本公证法》的规定，公证人在开业前应当在法务大臣指定的地点设立公证人事务所。除非公证事项的性质不允许或者法律另有规定，公证人应当在事务所执行职务。公证人设立公证人事务所应办理法定的手续，即向其所属法务局或地方法务局的局长提出申请，请求批准。申请时，公证人应当写明公证人事务所设立的位置、建筑物结构以及周围的状况。经批准后，公证人才可开设事务所。公证人须在其事务所设置写明“公证人某某事务所”的标记。如果公证人在执业过程中需要变换事务所的地点，亦应通过同样的程序进行。经法务大臣批准，2 人以上的公证人可以设立联合事务所。公证人设置联合事务所时，须制定有关规则，并报法务大臣批准。在规则中，公证人应当明确以下事项：事务所的名称及地点；事务所人员的数量及基本情况；事务所的收支及人员参加和退出的情况。

参考书目

董璠舆主编：《日本司法制度》，中国检察出版社 1992 年版。

（许身健　王士硕）

日本地方公证人会

日本各地公证人的行业自治性组织。按照日本法律规定，日本的地方公证人会是为了改善和统一公证人的品德的半官方半民间机构，其设立的目的在于指导公证业务，加强公证人之间的联系。地方公证人会设立在法务局或地方法务局的管辖区域内，辖区内的公证员都可以提出申请，并经公证人会审核批准后成为会员。

行使职权。地方公证人会可就公证事务向地方法务局提出建议和意见，并回答法务局对公证事务的咨询。对公证人会咨询的答复和建议，地方法务局局长应呈报法务大臣。此外地方公证人会还有一项重要职责，即对公证人的品德和执业行为进行监督。根据日本法律规定，地方公证人会在认定公证人有非法行为或有损品德的行为时，必须报告给领导该会的法务局或地方法务局局长。

组织机构。各级公证人会的成立需经征得半数以上作为会员的公证人的同意，其制定的会则必须报经法务大臣认可。公证人会的工作人员可以从公证人中选任。公证人会选任及解除工作人员职务，应及时向公证人会办事处所在地的法务局或地方法务局申报和备案。

（许身健　王士硕）

日本公证人联合会

日本全国性的公证人自治团体。第二次世界大战以前，日本曾成立过全国性的公证人团体——日本公证人协会。1950 年，日本公证人协会解散，取而代之的就是日本公证人联合会。

日本公证人联合会的主要职能是加强公证人之间的联系和交流，提高职业水平，进行行业自律。法务大臣可就公证事务向公证人联合会进行咨询，公证人联合会也可就公证事务向法务大臣提出改进建议。日本公证人联合会必须制定相应章程规则，并报经法务大臣批准。公证人加入联合会需提出申请，并经半数以上的会员同意。

（许身健　王士硕）

西　班　牙

西班牙公证人事务所

西班牙公证人的执业机构。在西班牙，公证人事务所的设置数量由司法部根据一个地区的人口数量和公证业务量确定。开设公证人事务所时，政府须听取该管区的高等法院、省长、省议会的意见，决定各公证人办公场所的位置。公证人的办公场所必须设在各事务所开设时所指定的地方。一般情况下，公证人只能在其事务所所在地的审判区，即拥有一个以上第一审法院的市、镇、乡内执行职务。公证人事务所的地址不得随意变更。公证人事务所分为一、二、三级，进行分类的标准并不是公证人的业务水平，而是所在地区的业务量和事务所的收入。业务量多、收入多的公证人事务所为一级，大城市的公证人事务所一般都为一级。中等城市和乡镇的公证人事务所依次为二级和三级。每个公证人都希望到一级公证人事务所工作，但是公证人在哪里执业并不是随意的，必须由司法部公证管理机构确定。一般刚开始工作的公证人只能到偏僻地区的三级公证人事务所，以后随着资历的增加和水平的提高可以逐步调到二级和一级事务所，这通常要很长时间。

（许身健　王士硕）

西班牙公证人协会

西班牙公证人的行业自治组织。公证人协会设在政府指定的地方，一般是一个司法区内设一个公证人协会，该区的全体公证人都隶属于该地区的公证人协会。全国按照司法区划分为16个公证区，每个公证区都有一个公证人协会。公证人协会的主要职责是负责对本地公证人进行指导和培训，同时协助司法部主管机关对本地公证人进行监督、管理。当公证人出现违反纪律或其他职业道德的行为时，公证人协会可以对公证人进行训诫、书面谴责或罚款，但公证人协会不得剥夺或停止公证人的职务。

（许身健　王士硕）

西班牙全国公证人协会管理委员会

西班牙全国性质的公证人行业自治组织。全国公证人协会管理委员会由16个地方公证人协会的会长组成，主要负责协调全国各地区公证人管理事务、制定全国公证人的执业道德规范以及调解跨区域公证人事务所和公证人之间的纠纷等。

（许身健　王士硕）

意 大 利

罗马公证人培训学校

意大利规模最大的公证人培训机构。意大利法律规定申请人如需申请公证人资格,必须经过实习,实习的方式之一便是到公证人培训学校学习并经过考试。公证人培训学校和学生所在的公证人事务所联系十分密切。学生入学不用考试,但要提交事务所出具的证明。学校每两个月将学生的学习情况向事务所报告。意大利每一个地区都有一所公证人培训学校,其中最大的就是罗马公证人培训学校,该校教师均由公证人、大学教授和法官组成。主要开设经济合同的制作、遗嘱的订立、未成年人有关民事法律行为的成立及公证书的制作等课程。

(许身健　王士硕)

意大利公证人事务所

意大利公证人的执业机构。意大利公证人实行人所合一的体制,一个公证人事务所只有一个公证人,没有合伙制的公证人事务所。近年来,为了节约开支,有些公证人采取联合办公的方式进行执业,这种方式是指公证人在一起办公,业务上相互分工合作,共同分担办公费用,但这种联合办公不同于合伙,公证人各自独立办证,独立承担法律责任。

(许身健　王士硕)

意大利公证人协会

罗马各地方公证人协会是各地公证人的自治组织,公证人协会由住所在同一管区内的公证人组成。每个公证人协会建立一个公证委员会。公证人协会会议分为年会和临时会议两种,均由公证委员会主席召集。公证人协会的年会应不迟于每年 2 月举行,它的职责是选举公证委员会成员、讨论委员会的决算和预算以及其他相关事务。此外公证人协会 1/3 以上的会员请求或者公证委员会认为必要时,得召开临时会议。公证人协会设主席和秘书长,其职务分别由公证委员会主席和秘书组担任。无论是召开年会还是临时会议,为了保证会议决议的效力,应有本协会一半以上的成员出席。出席人数不足半数时,应由公证委员会负责第二次召集,第二次会议不论出席人数多少,均可以通过决议并使之生效。无论第一次还是第二次会议,通过决议均需实际出席的公证人的多数同意,否则无效。

(许身健　王士硕)

意大利地方公证委员会

各地方公证人协会的常设机构,公证委员会的住所地与初审法院的住所地相同,如果数个公证管区合并,合并令指定的法院住地为公证委员会的住所地。

行使职权。公证委员会作为公证人协会的常设机构,担负着比较广泛的职责,是公证人自我约束、自我管理和自我服务的重要机构。根据《意大利公证法》的规定，公证委员会拥有以下职权：督促公证人在职务行为和个人行为中保持自己的仪态并正确地履行其义务；督促公证实习生履行义务和其品行，并就此发放证明书；应主管机关即司法部的要求，就同公证有关的问题发表自己的意见；每年编制并确认开业公证人和公证实习生的名册等；调解公证人之间、公证人与第三人之间应归还材料或文件、公证税费或其他任何与公证职务有关问题而发生的纠纷；每年年初编制上年决算以及本年预算，报公证人协会年会批准。

组织机构。公证委员会由委员组成，其委员的具体数额根据参加该公证人协会的公证人人数决定。公证委员会委员由该管区内开业的公证人选举产生，选举应以秘密投票方式进行。公证委员会设主席、秘书长和司库，均由公证委员会从委员当中选举产生，选举方式也是以秘密投票方式进行。委员会主席负责召集并主持公证人协会年会、临时会议以及委员会会议。秘书长制作会议记录、保存所有与会议有关的资料、并经主席批准发放其副本。主席和秘书长应在会议记录上签字。委员会会议作出决议需经多数委员同意才能生效。

（许身健　王士硕）

意大利全国公证人高等理事会

意大利各地公证人协会的联合体，同时也是意大利全国性的公证人自治组织。意大利法律规定，所有公证人都必须加入地区公证人协会。各地区公证人协会共同组成意大利公证人高等理事会。

行使职权。全国公证人高等理事会作为意大利全国公证人的最高行业组织，其职责包括：根据司法部的要求，在有关公证的法律法规颁布前，就有关问题提出建议；就公证制度和公证事务，向司法部和其他政府部门提出建议；支持或举办各种有关公证的学术研讨；维护公证人的合法权益；负责制定有关公证人职业道德和执业纪律的规范等。

组织机构。高等理事会理事共20人（含主席1人），其中17人从公证人中选举产生，其余3人由政府指定，责任是监督公证人行业组织，此3人中2人为非公证人，1人为公证人。理事会三年一届，理事连选可连任一次。理事会成员为理事会工作不拿报酬，但可报销必要费用。

（许身健　王士硕）

英　国

斯克莱温公会

斯克莱温最早是一些公共抄写员，14世纪发展为专门的财产转让契据撰写人的法律从业群体。斯克莱温公会成立于1373年，目的是垄断业务。到17世纪，该公会会员包括三类独立的专业从业人员，即斯克莱温、律师和公证人。

1760年，诉讼律师从事撰写财产转让契据的权利得以确立，该公会会员在伦敦城内及伦敦城周边三英里以内的地区垄断了所有契据、章程等在普通法及习惯法中要求必须盖章的文书的撰写业务。由于撰写财产转让契据是公证人业务的组成部分，为避免受到执业地域限制，公证人都必须申请加入该公会。《1801 年公证人法》确认了该公会在伦敦地区业务的控制权，但《1999 年接近正义法》废除了该公会在伦敦城及其周边地区的执业垄断权。

虽然斯克莱温公会在伦敦城及其周边地区的执业特权已经不存在，但该公会仍然有权对作为其成员的公证人制定教育以及培训资格方面的要求，因此除非满足这些要求，任何公证人不得称自己为斯克莱温公会公证人。

（许身健　王士硕）

威尔士地区执业公证人

由大法官办公厅所辖皇家书记官指定，受 1833 年法令调整，在威尔士地区执业的公证人。只有已获开业许可的诉讼律师方可提出申请，申请人须向皇家办公厅或皇家书记提交申请书、申请费、任职能力证明以及最近的年度执业报告。申请书必须有至少 10 位治安法官、银行家、商人和该地区的主要居民代表的背书。如该地区已有 2 名以上公证人开业，申请人应该通知他们，上述公证人或公证人协会可以提出反对，此时由大法官办公厅皇家书记官裁决。已被指定的公证人每年应向皇家书记官提交执业报告以供备案。《1990 年法院与法律服务法》废除了英格兰和威尔士执业的地区公证人的分类，所有在 1991 年 7 月 1 日以后被任命的公证人均被视为普通公证人，自即时起对此前地区公证人执业的地域限制随之取消。

（许身健　王士硕）

英国普通公证人

根据 1801 年国会颁布的法令设立，可以在英格兰和威尔士全境内进行业务活动的公证人。但普通公证人要在伦敦斯克莱温公会管辖区内执业，还必须取得该公会的许可，并经该教区主事的确认。

普通公证人必须先与 1 名开业公证人订立为期 5 年的担任其书记或实习生的书面协议，在该协议生效后 3 个月内，须将协议、协议见证人之一出具的附誓书面证言送交教区主事或其代理人或代表人归档，承办人要在协议上作背书说明，该附誓证言须在主事庭上公开宣读。该公民还须在法庭前作出宣誓，方可注册成为普通公证人。但是，如果该书记员或实习生有意在斯克莱温公会辖区范围内执业，则实习期需长达 7 年。此外，教区主事还可要求该申请人提交个人能力的证明。

（许身健　王士硕）

英国教会公证人

英国公证人的一种，有着非常悠久的历史。英格兰教会法庭的记录官、大主教的法律秘书或其他为教会公证事务所所需要的人，均可被指定为教会公证人。教会公证人不必经法律学院学习阶段，他也不得招收学徒为其服务。教会公证人虽由法院执业资格办公室指定，但不同于其他各类公证人，不适用《1801 年公证人法》《1843 年公证人法》。

（许身健　王士硕）

英国地区公证人

地区公证人根据1833年国会颁布的法令设立。地区公证人只能在城外、维斯特敏斯特各教区领地、南沃克郡和伦敦皇家交易所10英里以外的英格兰的某一地区开业，其具体执业的区域由授权书载明。

申报地区公证人不必有公证实习生的经历，凡居住在伦敦皇家交易所10英里以外的诉讼律师均可向坎特伯雷大主教下属专业资格办公室主事申请担任地区公证人。申请书须附有2名公证人签署的申请人适宜任职的鉴定书，申请还须有银行家、商人和该地区其他居民的支持。该地区的其他公证人可以要求驳回该项申请，如果有2名以上的公证人提出驳回请求，申请人应将申请通知反对人。只有在申请人达到了任职要求，且该地区公证人人数不足时，专业资格办公室主事方可同意申请。

《1990年法院与法律服务法》废除了英格兰和威尔士执业的地区公证人的分类，所有在1991年7月1日以后被任命的公证人均被视为普通公证人，自即时起对此前地区公证人执业的地域限制随之取消。

（许身健　王士硕）

英国海外地区公证人

在英国海外地区进行业务的公证人。主管教区主事有权指定某人在英国的宗主地、殖民地进行公证活动。该申请人可能没有公证实习经历或诉讼律师资格，但必须具备教区主事要求的公证业务能力。在有公证人协会的地方，申请应得到该会的同意。

（许身健　王士硕）

英国执业资格办公室

根据《1533年教会许可法》的规定设立，从属于坎特伯雷大主教，负责授予公证人任职资格，是监督公证人的主要机构。

《1833年公证人法》强化了该办公室主事的权力，使其可以就公证人准入资格制定相关规则。根据《1990年法院与法律服务法》的规定，执业资格办公室被授权制定有关人员担任公证人应具备的教育与培训资格的规则，保存公证记录与公证账册的规则，有关公证继续教育培训的规则，关于规范公证人执业活动、行为规范与纪律的规则，关于赔偿公证人因承担民事责任而蒙受损失的规则等。

参考书目

赵秀举：《发达国家公证制度》，时事出版社2001年版。

（许身健　王士硕）

国际公证机构

国际拉丁公证联盟

一个在联合国登记的非政府国际组织，它旨在促进、协调和发展全世界的公证活动。国际拉丁公证联盟力图维护公证员的独立与尊严从而使他们能够为社会提供更优质的服务。国际拉丁公证联盟于1948年由19个初始会员国成立，截至2013年年底该组织拥有86个成员国。国际拉丁公证联盟在家庭、继承、不动产、国际贸易及债务问题、国际司法协助等方面发挥了积极的作用。

行使职权。国际拉丁公证联盟具体的职权主要有以下几项：(1)推广和应用大陆法系公证制度的基本原则与具体制度；(2)代表公证人与国际组织展开合作；(3)与各国国家机构展开交流与合作；(4)研究公证领域法律并推动与公证相关的国际条约的确立；(5)推动、组织和发展公证领域的职业教育与培训；(6)举行国际性公证会议；(7)积极帮助公证制度欠发达国家和地区发展公证制度；(8)积极推动各国公证制度立法。

组织机构。国际拉丁公证联盟的最高决策机构是拉丁公证联盟国际大会，每个成员国都有平等的一票表决权。国际拉丁公证联盟设置常务理事会，常务理事会会议由联盟主席召集。国际拉丁联盟还设有秘书处，负责联盟的行政管理。除此之外，国际拉丁联盟还设有若干专门委员会，例如，非洲事务委员会、美洲事务委员会、欧洲事务委员会、亚洲事务委员会、国际公证合作委员会、咨询委员会以及人权委员会等。

（许身健　王士硕）

条 目 索 引

（以拼音为序）

A

阿尔巴尼亚共和国监狱总局 543
阿尔巴尼亚共和国司法部 542
阿尔巴尼亚共和国最高司法委员会 542
阿根廷副公证人 635
阿根廷公证人公会 634
阿根廷公证人事务所 634
阿根廷监督法院 635
阿留帕克 197
埃非特法院 198
埃及司法部 543
安抚司 3
犴狱 4
案狱仁恕掾 4
奥鲁 4
澳大利亚法院 245
澳大利亚高等法院 245
澳大利亚家事法院 246
澳大利亚检察机构 395
澳大利亚联邦法院 246
澳大利亚联邦犯罪情报局 483
澳大利亚联邦检察总署 395
澳大利亚联邦检察总署地方办公室 396
澳大利亚联邦警察局 482
澳大利亚联邦司法部 544
澳大利亚联邦巡回法院 248
澳大利亚律师协会 587
澳大利亚全国犯罪控制署 482
澳大利亚新南威尔士州反腐败独立委员会 398
澳大利亚新南威尔士州检察总署G6 398
澳大利亚新南威尔士州检察总署 397
澳大利亚州法院 247
澳大利亚州检察机构 396
澳门保险及私人退休基金争议仲裁中心 612
澳门法律代办 584
澳门法律和司法研修中心 540
澳门反贪污暨反行政违法性高级专员公署 393
澳门公职兼职公证员 631
澳门立契官公署 631
澳门廉政公署 392
澳门楼宇管理仲裁中心 613
澳门律师公会 584
澳门律师公会自愿仲裁中心 612
澳门律师业高等委员会 585
澳门世界贸易中心仲裁中心 610
澳门司法委员会 539
澳门私人公证员 631
澳门特别行政区法院 240
澳门特别行政区检察院 390
澳门特别行政区警察机构 481
澳门消费争议仲裁中心 612
澳门终审法院 242

B

巴黎国际仲裁院 615
巴黎海事仲裁委员会 616
巴西法院 248
巴西高等法院 250
巴西劳动法院 251
巴西联邦最高法院 249
巴西选举法院 251
巴息力斯 198
保护人 191
保甲 5
鲍街跑探 205
北京仲裁委员会 603
北军狱 5
北洋巡警 5
比部 7
边区高等检察处 389
边区政府审判委员会 6
辩护士 192
兵马司 7
病囚院 6
波雅尔杜马 186
伯爵公证人 187
伯克 8
捕快 8
布宪 8

C

财政法院 206
裁判部 9
蚕室 10
长安狱 10
长老会议 200

长沙巡捕局 10
厂卫 11
朝士 11
陈告司 12
丞相 13
丞相府 13
承审官 187
承审员 192
城市法院 207
赤柱监狱 537
初级检察厅 14
初级审判厅 14
黜陟使 15
辞曹 15
刺史 15

D

大韩辩护士协会 591
大理寺 16
大理寺卿 19
大理寺狱 19
大理寺左右寺 19
大理院 20
大陪审团 207
大司寇 21
大司马 22
大司徒 23
大主教法庭 202
大宗正府 23
大宗正司 24
丹麦国家警察总局 486
丹麦国土保卫警察部队 487
丹麦警察机构 486
丹麦军事警察 487
丹麦司法部 545
德国财政法院 263
德国地方法院 259
德国地方律师公会 588
德国地区法院 259
德国法院 255
德国公证人联合会 637
德国公证人事务所 636
德国国家公证人 637
德国警察机构 483
德国劳动法院 261
德国联邦公证人协会 637
德国联邦律师协会 587
德国联邦司法部 544
德国联邦宪法保卫局 485
德国联邦刑事警察局 484
德国联邦总检察院 399
德国联邦最高法院 258
德国律师法院 588
德国律师公证人 636
德国社会法院 262
德国宪法法院 257
德国行政法院 260
德国侦查法官 486
德国中央证据和记录中心 401
德国驻地方法院职务检察院 402
德国驻州高等法院检察院 400
德国专职公证人 636
登闻鼓厅 25
登闻鼓院 26
登闻检院 26
迪埃德特 198
迪凡－伊－魁柴 204
地方检察厅 27
地方审判厅 27
地方刑事简易庭 28
典签 28
典史 29
殿中侍御史 29
东部和南部非洲共同市场法院 375
东厂 29
东帝汶国际法庭 368
东京警视厅 509
东南欧检察官咨询组织 471
东市狱 30
都察院 31
都官 33
都官从事 34
都官尚书 34
都尉 34
都虞候 35
都指挥使司 36
督捕司 31
督邮 35
独裁官 193
独立国家联合体经济法院 375
断事官 36

E

俄罗斯公证人事务所 638
俄罗斯公证人协会 638
俄罗斯国家公证所 638
俄罗斯警察机构 488
俄罗斯联邦安全局 488
俄罗斯联邦保卫局 489
俄罗斯联邦调解法官 268
俄罗斯联邦对外情报局 490
俄罗斯联邦法院体系 264
俄罗斯联邦公证人协会 639
俄罗斯联邦共和国最高法院、边疆区法院、州法院、联邦级市法院、自治州法院、自治区法院 267
俄罗斯联邦检察机关 404
俄罗斯联邦检察院预审和侦查搜查活动监督局 412
俄罗斯联邦检察院侦查委员会 411
俄罗斯联邦军事法院 269
俄罗斯联邦军事检察院 407
俄罗斯联邦劳动改造机构检察机关 413
俄罗斯联邦领事机构 638
俄罗斯联邦内务部 488
俄罗斯联邦区法院 268
俄罗斯联邦税警总局 489
俄罗斯联邦司法部 545
俄罗斯联邦宪法法院 266
俄罗斯联邦仲裁法院 270
俄罗斯联邦主体检察院 409
俄罗斯联邦自然保护检察机关 410
俄罗斯联邦总检察院 405
俄罗斯联邦总检察院驻联

邦区总局 409
俄罗斯联邦总军事检察院 408
俄罗斯联邦最高法院 265
二千石曹 38

F

法部 38
法曹 39
法曹参军 39
法国财政与预算纪律法院 291
法国出庭律师 589
法国初审行政法院 288
法国大区审计法庭 290
法国大审法院 274
法国代诉人 589
法国地方押候监狱 549
法国地区公证人理事会 640
法国法院 271
法国公共报告人 425
法国公证人高等理事会 640
法国公证人事务所 639
法国共和国法院 293
法国国家司法官学校 548
法国国家司法警察中心局 494
法国国家宪兵总局 492
法国海商事法庭 286
法国检察院 420
法国近民法院(街区法院) 276
法国警察机构 491
法国拘留中心 549
法国军事法院 285
法国劳资争议委员会 277
法国律师公会 590
法国内政部国家警察总局 492
法国农村租约对等法院 279
法国轻罪法院 282
法国权限争议法院 292
法国商事法院 276
法国上诉法院 273
法国上诉行政法院 287
法国社会保险法院 279
法国审计法院 289
法国省公证人公会 640
法国司法部 546
法国司法官最高委员会 547
法国特别高等法院 293
法国违警罪法院 281
法国未成年人法院体系 284
法国宪法委员会 291
法国小审法院 275
法国预审法官 494
法国预审法院体系 280
法国重罪法院 283
法国驻财政与预算纪律法院检察院 425
法国驻大审法院检察院 423
法国驻军事法院检察院 423
法国驻上诉法院检察院 422
法国驻审计法院总检察院 424
法国驻最高法院检察院 422
法国总检察长 427
法国最高法院 272
法国最高行政法院 286
法老 189
法直官 39
藩镇幕府 40
反恐怖主义委员会 521
反洗钱金融行动特别工作组 522
方士 41
坊正 41
非洲人权与民族权法院 374
非洲人权与民族权委员会 374
菲律宾检察机构 427
芬兰 294
芬兰法院 294
芬兰国防武装部队 496
芬兰海关和边境保卫部队 496
芬兰警察机构 495
芬兰军事法院 297
芬兰普通法院 294
芬兰司法部 549
芬兰行政法院 295
芬兰中央刑事警察局 496
芬兰专门法院 296
芬兰最高法院 295
风俗使 41
副主教法庭 202

G

皋陶 42
高等法院 208
高等检察厅 42
高等审判厅 42
革命法庭公诉处 388
个人律师事务所 578
给事中 52
工矿区人民检察院 385
工农检察部 388
工巡局 43
弓兵 43
公安部 477
宫廷公证人 187
观察使 44
官代书 44
匦匣司 45
国际法院 363
国际海洋法法庭 364
国际海洋法法庭海底争端分庭 364
国际检察官联合会 470
国际拉丁公证联盟 650
国际劳工组织行政法庭 369
国际律师协会 600
国际商会国际仲裁院 621
国际体育仲裁法庭 622
国际体育仲裁委员会 621
国际刑警组织中国国家中心局 523
国际刑事法院 365
国际刑事警察组织 522
国家安全部 477
国家出资设立的律师事务所 577
国家政治保卫局 45
国家政治保卫局检察科 388
国王代表 426
国王库里亚 187

H

哈里发 185

哈萨克斯坦司法部　550
海关总署缉私局　478
海事法院　209
韩国大法院　298
韩国大检察厅　431
韩国地方检察厅及地方检察厅支厅　432
韩国地区法院　300
韩国法务部　550
韩国法务部矫正局　551
韩国法院　298
韩国高等法院　300
韩国高等检察厅　432
韩国公证人事务所　641
韩国家庭法院　301
韩国检察系统　429
韩国警察机构　497
韩国军事法院　302
韩国媒体仲裁委员会　616
韩国司法研修院　551
韩国宪法法院　299
韩国行政法院　301
韩国专利法院　301
合作制律师事务所　578
荷兰司法部　551
荷兰押候所　551
衡平法院　210
候官　46
湖南保卫局　47
虎头牢　48
户部现审处　46
户曹　46
护民官　193
华南国际经济贸易仲裁委员会/深圳国际仲裁院　604
皇城司　49
皇帝　49
黄门北寺狱　50
黄沙狱　50
黄沙御史　50
灰脚法院　211
会审公廨　51
火焰法庭　188

J

基层人民法院派出法庭　229
加拿大边境武装部队　499
加拿大地方看守所　553
加拿大法院　302
加拿大皇家骑警　498
加拿大矫正局　552
加拿大警察机构　497
加拿大军事法院　303
加拿大军事警察　498
加拿大联邦法院　303
加拿大联邦检察署　433
加拿大联邦司法部　552
加拿大联邦最高法院　302
加拿大律师公会　591
加拿大律师协会　591
加拿大省高级法院　303
加拿大省立法院　304
加拿大税务法院　303
加拿大太平洋铁路武装警察部队　499
加拿大刑事法律局　433
嘉石　52
监察官　194
监察官　188
监察御史　55
监察院　53
监督检察官　55
监督推事　56
监军司　57
监司　58
监御史　58
柬埔寨法院特别法庭　368
柬埔寨检察机构　434
检察厅　52
检法　56
检校御史　57
谏议大夫　58
江上诸军都统制司　59
教皇法庭　202
节度使　59
解决投资争议的国际中心　623
锦衣卫　60
锦衣卫狱　61
禁暴氏　59
禁杀戮　60
京师城瀐局　62
京师地方审判厅　62
京师高等检察厅　62
京师高等审判厅　63
京师警察厅　63
京师内外城巡警总厅　63
京师预审厅　65
京兆尹　67
京兆狱　67
警察总署　62
警巡院　66
警政司　67
纠察在京刑狱司　68
鞫司　68
决曹　69
军事裁判所　69
军事检察所　387
军头引见司　70
军巡院　71

K

卡迪　184
开封府　72
开封府尹　72
勘事官　72
考工狱　73
克格勃　491
魁齐　204

L

拉比阿努姆　190
拉欣布尔格　189
劳动法庭　73
劳动改造管教队　74
劳动感化院　74
牢城　73
老挝地方人民检察院　444
老挝检察院　442
老挝上诉人民检察院　444

老挝司法部 553
老挝最高人民检察院 443
黎巴嫩问题特别法庭 368
里 162
里长 79
理 76
理曹 76
理藩院 76
理检院 77
理事厅 78
理问所 79
理刑清吏司 79
吏目 78
联邦调查局 500
联合国毒品和犯罪问题办公室 524
联合国人权理事会 375
联合国行政法庭 369
林区人民检察院 384
临时最高法庭 80
囹圄 82
领事法院 81
领事公堂 81
令曹 80
令史 81
六察官 82
六官 83
六科给事中 84
六人院 190
卢旺达问题国际刑事法庭 367
陆军部 86
录事参军 86
律案检 87
律例馆 87
律令师 88
伦敦大都市警察厅 519
伦敦国际仲裁院 620
罗马公证人培训学校 646
罗马尼亚司法部 553

M

马步院 88
马来西亚检察院 435
马扎里姆 184
满洲将军 88
毛利土地法院及毛利上诉法院 337
媒氏 89
美国大陪审团 440
美国毒品执法管理局 505
美国独立检察官处 439
美国个人开业律师事务所 592
美国各州律师协会 595
美国公证事务所 643
美国公证协会 643
美国国际贸易法院 310
美国国际争议解决中心 618
美国国家公园警察 505
美国国家仲裁论坛 618
美国国土安全部 503
美国海岸警卫队调查署 503
美国海关和边境防卫局 503
美国海关空中和海上管理办公室 506
美国海军犯罪调查局 502
美国家庭法院 312
美国检察机构 437
美国警察机构 499
美国拘留所 556
美国看守所 555
美国联邦储备委员会警察署 505
美国联邦地区法院 307
美国联邦地区检察官办公室（联邦地区检察署） 438
美国联邦法院 304
美国联邦关税法院 311
美国联邦关税及专利权上诉法院 312
美国联邦监狱局 555
美国联邦检察机构 437
美国联邦军事上诉法院 312
美国联邦上诉法院 306
美国联邦税务法院 311
美国联邦司法部 554
美国联邦索赔法院 310
美国联邦邮政检查署 504
美国联邦最高法院 305
美国临时拘留所 556
美国陆军反间谍部 502
美国陆军犯罪调查司令部 501
美国律师协会 594
美国破产法院 314
美国普通公司律师事务所 592
美国普通合伙律师事务所 592
美国青少年法院 313
美国日间报告中心 556
美国少年缓刑机构 557
美国少年假释机构 557
美国市检察机构 438
美国市民法公证人 643
美国司法部联邦检察官行政办公室 439
美国司法部刑事局特别侦查办公室 438
美国特勤局 506
美国退伍军人上诉法院 312
美国五角大楼犯罪和内部事务调查处 504
美国遗嘱检验法院 314
美国有限合伙律师事务所 593
美国有限责任公司律师事务所 593
美国有限责任合伙律师事务所 593
美国在线法律服务机构 594
美国职业公司律师事务所 593
美国中途之家 558
美国仲裁协会 617
美国州初审法院 309
美国州检察机构 438
美国州上诉法院 308
美国州最高法院 308
美国总检察长联邦检察官顾问委员会 439
美洲国家间人权法院 373
美洲国家间人权委员会 373
门下督 89
门下省 89
盟长 90

秘鲁调解法院 255
秘鲁法院 252
秘鲁高等法院 254
秘鲁军事法院 254
秘鲁宪法法院 253
秘鲁刑事法院 253
秘鲁一审法院 255
秘鲁最高法院 253
缅甸检察机关 441
明法 90
墨西哥地区法院 316
墨西哥法院 315
墨西哥公证人会 642
墨西哥公证人协议会 642
墨西哥公证事务所 641
墨西哥联邦群众陪审团 317
墨西哥联邦司法部 559
墨西哥联邦直辖区行政机关 642
墨西哥联邦最高法院 315
墨西哥选举法院 317
墨西哥巡回法院 316
墨西哥州法院 317
墓大夫 91
穆夫蒂 183
穆哈台斯布 183

N

南北镇抚司 91
南非国家警察服务部 507
南非国家警察服务部侦查局 507
南非警察机构 507
南非司法部 560
南京刑部 92
内阁 92
内宫狱 94
内监 94
内侍省 94
内台 94
内务府 95
内务府慎刑司 96
内务府御史处 96
牛录额真 97
纽伦堡国际军事法庭 365
农垦区人民检察院 384

O

欧亚反洗钱与反恐融资小组 524
欧洲法院 371
欧洲检察署 471
欧洲联盟法院 370
欧洲联盟普通法院 370
欧洲联盟普通法院专门法庭 371
欧洲人权法院 372
欧洲人权委员会 372
欧洲刑警组织 525

P

拍达西 190
排岸司 97
潘查耶特 205
陪审法院 199
平政院 98
葡萄牙检察院 444
普通合伙律师事务所 579

Q

其他联邦专门法院 247
棋盘法院 211
前南斯拉夫问题国际刑事法庭 366
清吏司 99
请室 100
秋官府 100
秋审处 100
求盗 100
全美公证人协会 643

R

人民大会 194
人民调解委员会 604
人民检察署 385
日本裁判所 318
日本地方公证人会 644
日本法务省 561
日本法务省矫正局 561
日本更生保护委员会 562
日本公证人联合会 644
日本公证人事务所 644
日本家庭裁判所 320
日本检察厅 445
日本检察厅特别搜查部 447
日本警察机构 508
日本警察厅 508
日本拘置所 562
日本留置场 563
日本律师联合会 596
日本律师协会 597
日本商事仲裁协会 618
日本少年院 563
日本税理士 595
日本司法书士 595
日本司法研修所 562
日本特高课 509
日本刑务所 563
日本专利代理人 596
日本最高裁判所 319
日本最高检察厅 446
瑞典国家安全武装部队 511
瑞典国家犯罪调查局 511
瑞典国家警察委员会 510
瑞典海岸警卫队 511
瑞典检察机构 448
瑞典经济犯罪局 449
瑞典经济犯罪侦查局 512
瑞典警察机构 510
瑞典司法部 560
瑞典斯德哥尔摩商事仲裁院 619
瑞典总检察长办公室 448
瑞士法院 321
瑞士联邦刑事法院 322
瑞士联邦行政法院 322
瑞士联邦专利法院 323
瑞士联邦最高法院 321

S

若卢诏狱 101
萨德尔－乌斯－萨德尔 205
萨德尔－乌斯－索杜尔 205
塞拉利昂问题特别法庭 367

三法司 102
三辅都尉 102
三公曹 102
三司 103
三衙 104
散骑 103
啬夫 105
森林法院 211
僧正 105
沙根那库 191
沙皇 186
沙里阿法院 182
沙特阿拉伯公共安全警察局 512
山虞 107
陕甘宁边区高等法院 106
上海国际经济贸易仲裁委员会/上海国际仲裁中心 605
上海合作组织成员国总检察长会议 471
上海合作组织地区反恐怖机构 525
上林诏狱 107
上诉法院 213
上议院 214
尚书台(省) 108
申明亭 108
审检所 109
审判衙门 109
审刑司 110
审刑院 110
慎刑司监所 111
十人委员会 194
十人委员会 190
士 111
士师 111
世界贸易组织争端解决机制 624
世界银行集团行政法庭 369
市掾 112
市政官 195
侍御史 112
书状人 114
枢密院 113
枢密院司法委员会 215
水上运输检察院 385
税务检察室 386
司败 114
司刺 114
司法部(民国) 115
司法参军 116
司法院 116
司户参军 118
司稽 118
司救 118
司空 119
司空诏狱 119
司寇 120
司理参军 121
司理院 122
司厉 120
司隶 120
司隶台 121
司隶校尉 121
司录参军 122
司录司 123
司盟 123
司市 123
司徒 124
司刑 124
司狱司 124
司圜 118
司约 125
司直 125
斯克莱温公会 647
斯里兰卡司法部 564
四百人会议 199
四大律师学院 213
四季法院 212
苏格兰地方检察院 466
苏格兰地区检察院 465
苏格兰检察总署 465
苏联检察机关 413
苏联军事总检察院 416
苏联社会控诉人协会 419
苏联水上运输总检察院 418
苏联铁路运输总检察院 417
苏联总检察院 415
诉理所 126
肃政廉访司 126
肃政厅 128
遂士 128

T

太常 129
太守 129
太尉 129
太子家令 130
泰国检察院 450
泰国司法部 564
泰国总检察院 451
特区法院 215
特殊的普通合伙律师事务所 579
提点大理寺 130
提点刑狱公事 130
提督九门步军巡捕五营统领 131
提法使司 131
提举常平司 132
提牢厅 132
提刑按察使司 133
听诉法院 185
亭长 134
通判 134
投下官 135
土耳其国家公共安全总局 513
土司 135
推丞 136
推官 136
推勘院 136
推事 137

W

外监 137
外事裁判官 196
外事仲裁人 196
外宗正司 138
王 196
王室法官 191
王室公证人 189
王座法院 216
威尔士地区执业公证人 648

卫所 138
文莱检察机关 452
五百人会议 200
五城兵马司 138
五城察院 139
五军都督府 140
仵作 141

X

西班牙法院 323
西班牙公证人事务所 645
西班牙公证人协会 645
西班牙国家法院 326
西班牙军事法庭 327
西班牙内政部监狱总署 565
西班牙全国公证人协会管理委员会 645
西班牙省高等法院 327
西班牙司法部 565
西班牙宪法法院 325
西班牙自治区高等法院 327
西班牙最高法院 324
西厂 142
西市狱 142
希腊司法部 565
夏台 142
县丞 142
县令 142
县士 143
县司法处 143
县廷 144
县尉 144
乡村法院 218
乡民大会 218
乡师 145
乡士 144
乡谳局 146
乡谳局检察局 146
乡镇检察室 387
乡正 146
详刑寺 145
详谳处 145
香港惩教署 538
香港出庭律师 580
香港大律师公会 583
香港法律援助署 538
香港公证律师 582
香港国际公证人 629
香港国际公证人协会 630
香港国际仲裁中心 609
香港警务处 480
香港竞争事务审裁处 233
香港劳资审裁处 237
香港廉政公署 389
香港律师会 583
香港律政司 390
香港陪审团 239
香港区域法院家事法庭 235
香港善导会 538
香港少年法庭 236
香港事务律师 581
香港死因裁判法庭 236
香港特别行政区裁判法院 235
香港特别行政区法院 229
香港特别行政区高等法院 231
香港特别行政区区域法院 234
香港特别行政区终审法院 230
香港土地审裁处 237
香港委托公证人 629
香港小额钱债审裁处 238
香港淫亵物品审裁处 238
香港政府律师 582
小陪审团 219
小司寇 146
校事 147
新加坡初级法院 330
新加坡法院 328
新加坡法制部 566
新加坡海岸警卫队 514
新加坡警察总局刑事侦查局 514
新加坡警察总司令部 513
新加坡总检察院 453
新加坡最高法院 329
新西兰地区法院 333
新西兰法院 330
新西兰高等法院 334
新西兰国家法律办公室 567
新西兰环境法院 334
新西兰家庭法庭 336
新西兰警察部犯罪侦查局 515
新西兰警察机构 515
新西兰就业法庭 337
新西兰上诉法院 332
新西兰司法部 566
新西兰仲裁法庭 336
新西兰最高法院 332
星座法院 218
刑部 147
刑部八案 149
刑部尚书 149
刑部十三案 150
刑部狱 150
刑部左右厅 150
刑名师爷 151
行御史台 151
行冤狱使者 153
行政法院(民国) 154
绣衣御史 154
胥吏 154
巡按御史 156
巡捕房 157
巡城御史 157
巡抚 158
巡检司 158
巡警部 159

Y

雅典十将军委员会 200
亚太反洗钱小组 526
讶士 160
谳司 160
谒者台 161
伊比利亚美洲检察官协会 472
夷离毕院 161
以色列地区法院 343
以色列法院 342
以色列非犹太教宗教法院 345
以色列军事法院 344
以色列劳动法院 344

以色列犹太教宗教法院 344
以色列治安法院 343
以色列最高法院 342
议狱堂 162
异端裁判所 203
译人 161
意大利财政警察总司令部 516
意大利地方公证委员会 646
意大利法院 338
意大利反黑手党检察机关 457
意大利公证人事务所 646
意大利公证人协会 646
意大利国家警察总局 516
意大利国家森林警察部队 517
意大利检察机关 455
意大利军事法院 342
意大利普通法院 340
意大利全国公证人高等理事会 647
意大利审计法院 341
意大利司法部 567
意大利宪兵部队 516
意大利宪法法院 339
意大利行政法院 340
意大利驻上诉法院总检察院 457
意大利驻最高法院总检察院 456
印度地区法院 358
印度法院 354
印度高等法院 357
印度尼西亚法院 360
印度尼西亚检察机构 457
印度尼西亚军事法院 362
印度尼西亚司法部 572
印度尼西亚行政法院 362
印度尼西亚宗教法院 362
印度尼西亚总检察院 458
印度尼西亚最高法院 361
印度人民法庭 359
印度司法和公司事务部 572
印度乡村法院 359
印度最高法院 355
英国“巴律师”律师公会 597
英国财政律师部 464
英国地区公证人 649
英国地区检察院 463
英国法律大臣办公室 568
英国法律援助委员会 570
英国法院 345
英国反重大欺诈局 463
英国高等法院 346
英国国家犯罪调查局 518
英国海外地区公证人 649
英国皇家监狱管理局 569
英国皇家检察署 462
英国皇家检察署督察院 464
英国皇家军事警察特别调查分局 519
英国皇家刑事司法委员会 465
英国霍华德协会 571
英国检察机关 461
英国教会公证人 648
英国警察机构 517
英国军事法院 353
英国军事上诉法院 354
英国郡法院 350
英国律师学院 598
英国内政部 569
英国普通公证人 648
英国青少年犯罪人教养院 570
英国“沙律师”同业行会 598
英国上诉法院 347
英国少年法庭 351
英国少年管教所 571
英国社会保障部 464
英国税务海关起诉署 464
英国刑事案件复审委员会 465
英国刑事法院 348
英国刑事犯罪侦查局 518
英国行政法庭 352
英国验尸法院 352
英国执业资格办公室 649
英国治安法院 349
英国总检察长办公室 461
游徼 162
有秩 162
圄 163
狱丞 163
狱史 163
狱掾 164
狱卒 165
御史大夫 163
御史府 163
御史台 164
御史台狱 164
御史中丞 164
圜土 49
远东国际军事法庭 366
越南警察机构 519
越南军事检察院 469
越南人民检察院 466
越南人民武装公安司令部 520
越南省、中央直辖市人民检察院 468
越南司法部 573
越南县、郡、省辖市人民检察院 469
越南最高人民检察院 467

Z

贼捕掾 165
贼曹 165
札萨克 165
掌戮 166
掌囚 166
掌玺大臣 189
诏狱 166
政事堂 167
知法 167
知府 167
知匦使 168
知匦院 169
知州 170
执金吾 169
执政官 201
执政官 196
职金 169
职业代书人 197
制勘院 169
质人 170

治书侍御史 170
治书执法 170
中都官曹 171
中都官狱 171
中国—东盟成员国总检察长会议 472
中国法律服务（香港）有限公司 630
中国法律顾问处 577
中国公证协会 628
中国共产党中央特别行动科 479
中国国际经济贸易仲裁委员会 605
中国国际经济贸易仲裁委员会天津国际经济金融仲裁中心 609
中国国际经济贸易仲裁委员会网上争议解决中心 608
中国国际经济贸易仲裁委员会香港仲裁中心 610
中国国际商会仲裁院 607
中国海事仲裁委员会 607
中国合作体制公证机构 628
中国拘留所 531
中国拘役所 532
中国看守所 533
中国劳动改造机关 531
中国劳动教养管理所 534
中国内地（大陆） 627
中国强制隔离戒毒所 535
中国人民解放军保卫部门 478
中国社区矫正机构 536
中国事业体制公证机构 627
中国司法部 529
中国司法部监狱管理局 530
中国司法部社区矫正管理局 531
中国司法所 537
中国台北地区律师公会 586
中国台湾地区地方法院公证部 632
中国台湾地区“法务部” 540
中国台湾地区“法务部调查局” 394
中国台湾地区法院 243
中国台湾地区法院公证人 632
中国台湾地区公证人公会 632
中国台湾地区公证人公会联合会 632
中国台湾地区管收所 541
中国台湾地区检察署 394
中国台湾地区警政署 481
中国台湾地区警政署刑事警察局 481
中国台湾地区看守所 541
中国台湾地区“廉政署” 394
中国台湾地区律师联合会 585
中国台湾地区民间公证人 632
中国台湾地区民间公证人事务所 632
中国台湾地区少年辅育院 541
中国台湾地区少年观护所 541
中国台湾地区司法官学院（司法官训练所） 541
中国台湾地区“司法院”大法官 243
中国台湾地区“中华民国仲裁协会” 614
中国台湾地区仲裁协会 614
中国台湾地区“最高法院” 244
中国台湾地区“最高法院检察署” 394
中国台湾地区“最高行政法院” 244
中国铁路运输检察院 383
中国未成年犯管教所 537
中国委托公证人协会 630
中国行政体制公证机构 627
中国狱内犯罪侦查部门 479
中国仲裁庭 605
中华全国律师协会 580
中华人民共和国军事法院 226
中华人民共和国军事检察院 382
中华人民共和国人民法院 223
中华人民共和国人民检察院 379
中华人民共和国最高人民法院 225
中华人民共和国最高人民检察院 381
中书省 172
中尉 172
中央情报局 500
中央司法人民委员部 173
州牧 173
州院 173
主教法庭 204
驻藏大臣 173
驻黑森州宪法法院州检察院 403
驻联邦行政法院的联邦利益代表人 402
驻律师纪律法庭检察院 404
转运使司 175
庄园法院 219
追诉纳粹主义暴力犯罪的德国州司法行政中心 401
准人 176
自新学艺所 176
宗教裁判官 203
宗人府 178
宗人府空房 179
宗正 179
总部 176
总督 177
总检察厅 178
最高法院 220
最高法院检察署 180
最高人民法院巡回法庭 228
最高人民检察署 386
最高人民检察院特别检察厅 386
罪犯习艺所 180
左右尉 180